Bilingual phrase dictionary

Tweetalige frasewoordeboek

(E-A)

P. A. Joubert

Tafelberg

The L. W. Hiemstra Trust
has supported the publication of this
book with a donation

Die L. W. Hiemstra-Trust
het die publikasie van hierdie boek
met 'n skenking gesteun

Preface

The *Bilingual phrase dictionary* (English-Afrikaans), with its compre=
hensive collection of English and Afrikaans phrases, has been compiled
in such a way that users can easily find the combinations of words they
need to express themselves in the two languages. (See the "Guide to the
use of the dictionary" on pp. x-xiii.)

Its aim is not to compete with existing English-Afrikaans dictionar=
ies, but rather to be a specialised and practical guide to good usage and
to earn a place as such on the shelves of writers, speakers, translators,
students and other users of the two languages.

The English-Afrikaans format has been chosen for this edition be=
cause of the special need among both Afrikaans-speaking and English-
speaking people for a concise yet comprehensive source of Afrikaans
equivalents for English expressions. An Afrikaans-English version is
being planned as well.

The compiler and the publishers would appreciate any suggestions
for the improvement of the dictionary.

Acknowledgements
★ Among works consulted the compiler wishes to mention especially the
eighth, revised and enlarged edition of Tafelberg's *Tweetalige woorde=
boek/Bilingual dictionary* (D. B. Bosman, I. W. van der Merwe and
L. W. Hiemstra), edited by P. A. Joubert and J. J. Spies.
★ Professor J. G. H. Combrink of Stellenbosch suggested the use of the
male singular forms HE, HIS, HIM(SELF), printed in small capitals, in
cases where any corresponding personal pronoun may be used.

Voorwoord

Die *Tweetalige frasewoordeboek* (Engels-Afrikaans) met sy omvattende versameling Afrikaanse en Engelse frases is so opgestel dat die gebruikers maklik die woordkombinasies kan vind wat hulle nodig het om hulle in die twee tale uit te druk. (Sien die "Toeligting by die gebruik van die woordeboek" op bladsye 328-331.)

Die bedoeling is nie om met die bestaande Engels-Afrikaanse woordeboeke mee te ding nie, maar eerder om as gespesialiseerde en praktiese hulpmiddel by goeie taalgebruik 'n plek op die rak van die skrywer, spreker, vertaler, student of ander taalgebruiker te verdien.

Die Engels-Afrikaanse vorm is vir hierdie uitgawe gekies omdat by sowel Afrikaans- as Engelssprekendes 'n besondere behoefte bestaan aan 'n beknopte en tog omvattende werk waarin die Afrikaanse ekwivalente van Engelse uitdrukkings nageslaan kan word. 'n Afrikaans-Engelse weergawe word ook beoog.

Die opsteller en die uitgewer sal wenke verwelkom wat kan help om die woordeboek te verbeter.

Dankbetuiging

★ Onder die geraadpleegde werke wil die opsteller in die besonder noem die agtste, hersiene en vermeerderde uitgawe van Tafelberg se *Tweetalige woordeboek/Bilingual dictionary* (D. B. Bosman, I. W. van der Merwe en L. W. Hiemstra), wat deur P. A. Joubert en J. J. Spies versorg is.
★ Van prof. J. G. H. Combrink van Stellenbosch het die voorstel gekom dat die manlike enkelvoudsvorme HY, SY, HOM met klein hoofletters gebruik word in gevalle waar enige ooreenstemmende persoonlike voornaamwoord gebruik kan word.

Abbreviations/Afkortings

adj. adjektief *adjective*
adv. bywoord *adverb*
boekh. boekhou *bookkeeping*
bot. botanies *botanical*
Byb. Bybel *Bible*
drukw. drukwerk *printing*
elektr. elektrisiteit *electricity*
fig. figuurlik *figurative*
fin. finansies *finance*
form. formeel *formal*
fotogr. fotografie *photography*
jur. juridies *juridical*
kr. krieket *cricket*
lett. letterlik *literal*
mil. militêr *military*
mus. musiek *music*
n. selfstandige naamwoord *noun*
NAB Nuwe Afrikaanse Bybel=
   vertaling *New Afrikaans Bible
   Translation*

OAB Ou Afrikaanse Bybelver=
   taling *Old Afrikaans Bible
   Translation*
parl. parlementêr *parliamentary*
prep. voorsetsel *preposition*
pron. voornaamwoord *pronoun*
sterrek. sterrekunde *astronomy*
teenw.dw. teenwoordige deel=
   woord *present participle*
teenw.t. teenwoordige tyd *present
   tense*
uitspr. uitspraak *pronunciation*
v. werkwoord *verb*
verl.dw. verlede deelwoord *past
   participle*
verl.t. verlede tyd *past tense*
veroud. verouderd *obsolete*
voegw. voegwoord *conjunction*
w.g. weinig gebruiklik *rare*

Guide to the use of the dictionary

~

the tilde represents the headword
absentia *in* ~ = *in absentia*

~ ~

two tildes represent the two headwords
action stations *be at* ~ ~ = *be at action stations*

...

any appropriate English word(s) may be used here
accompany ~ *s.o. to* ... = *accompany someone to the theatre etc.*

—

any appropriate Afrikaans word(s) may be used here
iem. na — vergesel = iem. na die teater ens. vergesel

/

words separated by / are alternatives; any of them could be used
acceptance *find/gain* ~ ingang/inslag vind.
[= *find acceptance* or *gain acceptance*, with the Afrikaans "ingang vind" or "inslag vind"]

( )

letters or words in brackets may be left out
hulle is/lê (met mekaar) oorhoop(s)
[both "oorhoop" and "oorhoops" are correct and the words "met mekaar" may be left out]
where corresponding parts in the English and Afrikaans are in brackets both should be used or both left out
news *break the* ~ *(gently) (to s.o.)* (iem.) die nuus/tyding (versigtig) meedeel;
[the words *gently* and "versigtig" should either both be used or both be left out; similarly *to s.o.* and "iem."]

→

look for the word indicated by the arrow; **bold roman letters** indicate that it is a headword; *bold italics* indicate that it is in the same paragraph]
air *tread/walk on* ~ § in die wolke wees ⋆, baie bly wees, opgetoë wees; *be up in the* ~ § in die wolke wees ⋆, baie bly wees; in die lug hang ⋆, onseker wees *(bv. planne); walk/tread on* ~ →*tread/walk.*
[look for *tread/walk* in this paragraph]
Adam *not know s.o. from* ~ →**know**
[you'll find the phrase under the headword **know**]

§

the English immediately before the sign is informal
altogether *in the* ~ §
[this phrase is informal]

flak *pick up* ~, *run into* ~ lugafweer teëkom/teenkom; § teëkanting/teenkanting kry.
[the English is informal only when it means the following]

§§

the English is very informal; be careful how you use it!
bucket *kick the* ~ §§
[this phrase is very informal]

screw ~ *up s.t.* iets dig maak, iets opskroef; iets opfrommel; iets bymekaarskraap *('n mens se moed);* iets op 'n skrefie trek *('n mens se oë);* iets op 'n plooi trek, iets vertrek *('n mens se gesig);* iets saamtrek *('n mens se lippe);* §§ iets verbrou.
[the English is very informal only when it means the following]

★

the Afrikaans immediately before the sign is informal

HY is (van lotjie) getik ★, HY is nie reg wys nie ★,
HY het nie al SY varkies (in die hok) nie ★, daar
is 'n skroef los by HOM ★

where the ★ refers to the whole phrase it is put at the end
unattached, as above; where it refers only to a particu‐
lar word or words it is attached to it, as below

doodmoeg/gedaan/pootuit★ wees

[only "pootuit" is informal]

SY fut/gô★ is uit

[only "sy gô is uit" is informal]

★★

the Afrikaans immediately before the sign is very infor‐
mal; be careful how you use it!

lepel in die dak steek ★★, afklop ★★, bokveld toe
gaan/wees ★★

abbreviations

words repeated frequently in the Afrikaans text are
sometimes abbreviated to the first letter, as done with
the words "skool" and "ril/gril" respectively in the
extracts below

school *go to* ~ skoolgaan, skool toe gaan; *go
to the* ~ na die s. toe gaan; *in* ~ in die s.; *keep
s.o. after* ~ iem. laat skoolsit; *leave* ~ die
skool verlaat; *there will be no* ~ *today* daar sal
vandag nie s. wees nie; *be of the old* ~ van die
ou s. wees *(fig.)*, ouderwets wees;

shudder¹ [n.] *s.o. gives a* ~ iem. ril/gril; *it
gives one the* ~*s* dit is om van te r./g., dit laat
('n) mens r./g.

(as) ~ *as ...*

if ~ is an adjective such phrases are given under the
adjective

cool³ [adj.] *as* ~ *as a cucumber* doodkalm,
doodbedaard, doodluiters;

[see also ...*-dark* below]

(bv.)

examples of words that could be substitued for — are
given in brackets and in italics

subject³ [adj.] *be* ~ *to ...* aan — onderhorig
wees *(bv. 'n land);* aan — onderworpe wees
(bv. bekragtiging, goedkeuring, wette); aan —
onderhewig wees *(bv. siektes, storms);* vir —
vatbaar wees *(bv. siektes);* aan — blootgestel
wees *(bv. storms);* van — las hê *(bv. verkoue).*

...-dark

words like *pitch-dark, red-hot,* etc. are given under
dark, **hot**, etc.

dark² [adj.] *as* ~ *as night/pitch* so donker
soos die nag, pikdonker; *pitch-* ~ pikdonker.

E~

a capital in front of a tilde means that the first letter of
the word should or could in this case be a capital

/*etc.*
/*ens.*

a number of other appropriate words could be used

accusation *bring an* ~ *of theft/etc. against
s.o.* 'n beskuldiging van diefstal/ens. teen iem.
inbring

smattering *have a* ~ *of English/etc.* 'n paar
woordjies Engels/ens. ken, so 'n mondjie vol
Engels/ens. ken; *have a* ~ *of history/etc.* so 'n
bietjie van geskiedenis/ens. weet.

some ~ *twenty/etc. people* ongeveer/sowat
twintig/ens. mense, om en by (die) twintig/ens.
mense, 'n stuk of twintig/ens. mense.

space⁶ [n.] *in the* ~ *of an hour/etc.* binne 'n
uur/ens.;

far ~ *and wide*

phrases like *far and wide, hale and hearty,* etc. are given
under the first word

feet – foot

where the plural of a word has a different spelling from
the singular it is treated as a separate headword; thus
get cold feet is given under **feet**, and *go on foot* under
foot

going

phrases like *get going, keep going, catch someone napping, keep someone waiting*, etc. are given under **going**, **napping**, **waiting**, etc.

HE, HIS, HIM, HIMSELF
HY, SY, HOM, HOMSELF

---

when these words are printed in small capitals any other appropriate personal pronouns may be used there, e.g. *she, her, we, our*, etc.; or "sy", "haar", "ons", etc.

aim¹ [n.] *HE has achieved HIS* ~ HY het SY. doel bereik;

[it could also read: *I have achieved my aim* ek het my doel bereik; *she has achieved her aim* sy het haar doel bereik; *we have achieved our aim* ons het ons doel bereik; etc.]

---

iem.

"iem." (for "iemand") represents a person or persons, named or otherwise indicated

---

iets

"iets" represents anything appropriate

---

intransitive & transitive

the intransitive and the transitive use of verbs are distinguished by always indicating an object when it is transitive, in English by ..., *s.t.* or *s.o.*, and in Afrikaans by —, "iets" or "iem."

blow² [v.] ~ *out* uitwaai; bars *(bv. 'n motorband)*; ~ *out s.t.* iets uitblaas/doodblaas *(bv. 'n kers)*; iets uitblaas/skoonblaas *(bv. 'n pyp)*; ~ *up* ontplof *(lett. & fig.)*; in die lug vlieg; skielik ontstaan *(bv. 'n krisis)*; ~ *up s.t.* iets opblaas *(bv. 'n ballon)*; iets oppomp *(bv. 'n motorband)*; iets opblaas, iets in die lug laat spring *(bv. 'n brug)*; iets vergroot *('n foto)*; iets oordryf.

=*ise*, =*ize*

---

the word can be spelt with *s* or *z*
agonise, =**ize**

---

jy

in phrases where someone is addressed in English as *you*, the Afrikaans text for brevity's sake uses only the singular and familiar "jy"; the plural "julle" or the courteous "u" (singular or plural) should obviously be substituted for this where appropriate

---

like

phrases containing a verb followed by *like* are given under the verb

burn ~ *like a torch* soos 'n fakkel brand;
lie³ [v.] ~ *like a trooper* lieg soos 'n tandetrekker ★, op 'n streep lieg ★;

(mil.), *(rugby)*

where an Afrikaans equivalent of an English phrase is preceded by a label like *(mil.)*, *(rugby)*, etc. it indicates that the equivalent is the correct one in that field

open² [v.] ~ *up* (die deur) oopmaak; *(mil.)* begin skiet; *(rugby)* oper word; § openhartig praat, uitpak★; ~ *up s.t.* iets oopmaak; iets ontsluit; iets toeganklik maak; iets aan die gang sit *(bv. 'n myn)*; *(rugby)* iets oopmaak *(die spel)*;

---

of

expressions like *a slip of the pen, a stroke of lightning*, etc. are given under the second noun

pen *a slip of the* ~ 'n skryffout/verskrywing; *with a stroke of the* ~ met 'n haal van die pen, met 'n pen(ne)streek;

(ook)

(ook) before an Afrikaans equivalent of an English phrase indicates that it is supplementary to what has already been given; or that the English phrase has the following additional meaning

snap² [v.] ~ *at* ... na — hap/byt; na — gryp; — gretig aanneem; ~ *at s.o.*, *(ook)* iem. afjak/afsnou;

or: the meaning does not change, but it can also be translated as follows

squeak¹ [n.] *a narrow* ~ 'n noue ontkoming; *it was a narrow* ~ , *(ook)* dit was so hittete ★

[when *a narrow squeak* is used together with *it was a*, an Afrikaans equivalent, apart from "dit was 'n noue ontkoming", is "dit was so hittete"]

---

or – *of*

"or" between English words and *of* between Afrikaans words indicate that either word could be used there but that they don't mean the same
streak¹ [n.] *be on a winning* or *losing* ~ aan die wen *of* verloor bly;
[*be on a winning streak* = aan die wen bly; *be on a losing streak* = aan die verloor bly]

(P)

a (P) immediately after an English or Afrikaans entry indicates that it is a proverb

---

said – say

where the past participle has a different spelling from the infinitive form it is given as a separate headword; thus *no sooner said than done* appears under **said** and *you may well say that* under **say**, but *read aloud* and *s.o. is well/widely read* both appear under **read**

---

s.o.

s.o. (for *someone*) represents a person or persons, named or otherwise indicated

---

s.t.

s.t. (for *something*) represents anything appropriate

to ...
om te —

any appropriate verb can be used here

---

to do s.t.
om iets te doen

any appropriate verb can be used here

---

transitive
& intransitive

the transitive and the intransitive use of verbs are distinguished by always indicating an object when it is transitive, in English by ..., *s.t.* or *s.o.*, and in Afrikaans by —, "iets" or "iem."
[see the examples under "intransitive" above]

(*uitspr.: deursien*)

to prevent confusion the pronunciation of a word is sometimes indicated by printing the stressed part in bold letters – in this case the second part; see also the extract below (uitspr. = uitspraak)
keep ~ *down* *s.o.* iem. onderhou (*uitspr.: onderhou*); iem. onderdruk; iem. onder die duim hou; *HE ~s HIMSELF* HY onderhou HOMSELF (*uitspr.: onderhou*);

X

a cross represents the name of a person

Bilingual phrase
dictionary

A

A *from* ~ *to* Z van A tot Z, van (die) begin tot (die) end.
abandon¹ [n.] *do s.t. with* ~ iets met oorgawe doen, iets ongedwonge doen.
abandon² [v.] HE ~s HIMSELF *to* ... HY gee HOM aan — oor.
abase HE ~s HIMSELF HY verneder HOM.
abed *lie* ~ in die bed lê.
abeyance *fall into* ~ in onbruik raak; *be in* ~ in onbruik wees; opgeskort wees; *keep s.t. in* ~ iets agter= weë hou.
abhorrence *have an* ~ *of s.t.* 'n afsku van iets hê; *hold s.t. in* ~ iets verafsku.
abhorrent *s.o. finds s.t.* ~, *s.t. is* ~ *to s.o.* iem. veraf= sku iets, iets is vir iem. afskuwelik.
abide HE ~s *by* ... HY kom — na *(bv. 'n belofte, 'n reël, 'n voorwaarde)*; HY onderwerp HOM aan —; HY berus in —; HY hou aan — vas, HY bly by —.
ability *to the best of HIS* ~ so goed as HY kan, na SY beste vermoë; *have the* ~ *to* ... die vermoë hê om te —.
ablaze *set s.t.* ~ iets aan die brand steek; iets helder laat brand; *be* ~ *with* ... gloeiend van — wees *(bv. opwinding)*; *be* ~ *with light* helder verlig wees.
able *s.o. is* ~ *to do s.t.* iem. kan iets doen, iem. is in staat om iets te doen, iem. is tot iets in staat.
aboard *all* ~*!* opklim!, instap!; ~ *the* ... aan boord van die —`*(bv. skip)*.
abode *of/with no fixed* ~ sonder vaste verblyf; HE *takes up HIS* ~ *there* HY neem SY intrek daar.
abomination *be an* ~ *to s.o., be held in* ~ *by s.o.* vir iem. 'n gruwel wees, vir iem. 'n voorwerp van afsku wees; *have an* ~ *of s.t., hold s.t. in* ~ iets verafsku, 'n afsku van iets hê.
abound ~ *in/with* ... ryk aan — wees, vol — wees; oorvloei van —; krioel/wemel van —.
about *be* ~ (al) op wees; hier êrens/rond wees, in die rondte wees; op die been wees; *be* ~ *s.t.* met iets besig wees; ~ *here* or *there* hier of daar rond; *just* ~ ... naaste(n)by —; *just* ~ *here* or *there* hier of daar êrens; *that's just* ~ *it* so is dit naaste(n)by/ongeveer; *be* ~ *to* ... op die punt staan/wees om te —; *just as s.o. was* ~ *to* ... net toe iem. wou —; *s.o. is not* ~ *to* ... iem. is nie van plan om te — nie; *while s.o. is* ~ *it* terwyl iem. daarmee besig is; sommer terselfdertyd.
above ~ *and beyond* ... bo en behalwe —.
abreast *be* or *keep* ~ *of* ... op die hoogte van — wees of bly.
abroad *from* ~ uit die buiteland.
absence HE *is conspicuous by HIS* ~ HY skitter deur SY afwesigheid; *do s.t. in s.o.'s* ~ iets in iem. se afwesig= heid doen; *in the* ~ *of* ... by afwesigheid van — *(iem. of iets)*; by gebrek aan — *(iets)*.

absent¹ [v.] ~ *o.s. from* ... van — wegbly.
absent² [adj.] *be* ~ *from* ... van — afwesig wees.
absentia *in* ~ in absentia, in SY afwesigheid.
absolve ~ *s.o. from s.t.* iem. van iets onthef *(bv. 'n verpligting)*; iem. iets kwytskeld *(bv. sonde)*.
absorbed *be* ~ *in s.t.* in iets verdiep wees.
abstain HE ~s *from* ... HY bly van — weg; HY onthou HOM van —; HY bly buite — *(stemming)*; *kindly* ~ *from* ... moet asseblief nie — nie.
abstinence HIS ~ *from s.t.* die feit dat HY HOM van iets onthou *(bv. drank)*.
abstract¹ [n.] *make an* ~ *of s.t.* 'n opsomming/uit= treksel van iets maak; *in the* ~ op sigself beskou, in abstracto.
abstract² [v.] ~ *s.t. from* ... iets uit — haal/trek.
abundance ... *in* ~ volop —; *an* ~ *of* ... volop —, — in oorvloed; 'n weelde van —.
abuse *s.t. is open to* ~ iets leen hom tot misbruike; *shout* ~ *at s.o.* iem. beledigings toeskree(u); *a term of* ~ 'n skel(d)woord; *a torrent of* ~ 'n stortvloed van vloeke; *vulgar* ~ skeltaal.
abusive *become* ~ *(to s.o.)* (op iem.) begin skel.
abut ~ *on* ... aan — grens; aan — raak.
accede ~ *to s.t.* iets aanvaar *(bv. voorwaardes, 'n amp)*; aan iets voldoen, iets toestaan, aan iets gehoor gee *(bv. 'n versoek)*; iets bestyg *(die troon)*; tot iets toetree *(bv. 'n verdrag)*.
accent *a broad* ~ 'n plat aksent; *speak with a clipped* ~ afgebete praat; *a heavy/strong/thick* ~ 'n sterk aksent; *place/put the* ~ *on s.t.* iets benadruk/ beklemtoon; *speak with an* ~ met 'n aksent praat.
acceptance *find/gain* ~ ingang/inslag vind.
accepted *be generally* ~ algemeen aangeneem word.
access *gain/get/obtain* ~ *to* ... toegang tot — verkry; *have* ~ *to* ... toegang tot — hê.
accessary →accessory.
accessibility *the* ~ *of s.t. to s.o.* die toeganklikheid van iets vir iem.
accessible *make s.t.* ~ iets oopstel; *be* ~ *to s.o.* vir iem. toeganklik wees.
accession *s.o.'s* ~ *to office* iem. se ampsaanvaar= ding; *s.o.'s* ~ *to the throne* iem. se troonsbestyging.
accessory, accessary *an* ~ *to* ... 'n medeplig= tige aan — *('n misdaad)*; *an* ~ *after the fact* 'n begun= stiger *(van 'n misdaad)*; *an* ~ *before the fact* 'n aanstig= ter *(van 'n misdaad)*.
accident *a bad/nasty* ~ 'n lelike/nare ongeluk; *by* ~ per ongeluk; per toeval, toevallig; *a chapter of* ~s 'n reeks teënslae; *it was more by* ~ *than by design* dit was meer geluk as wysheid; ~s *will happen* ongelukke gebeur altyd; *have an* ~, *meet with an* ~ 'n ongeluk

hê/kry/maak/oorkom; *a mere* ~ 'n blote ongeluk; 'n
bykomstigheid; *it's no* ~ *that* ... dis geen toeval dat —
nie; *a serious* ~ 'n ernstige ongeluk.

acclamation *greet s.t. with* ~ iets met toejuiging
begroet; *pass s.t. by* ~ iets by akklamasie aanneem.

accommodate *s.t. can* ~ ... iets het plek vir —; ~
s.o. iem. van diens wees; *HE* ~*s HIMSELF to* ... HY pas
HOM by — aan, HY skik HOM na — *(bv. die omstandighe=
de);* ~ *s.o. with s.t.* iem. met iets help, iem. van iets
voorsien; iem. in verband met iets tegemoetkom.

accommodated ... *can be* ~ *in s.t.* iets het plek vir
—.

accommodation *reach an* ~ *with* ... 'n vergelyk
met — tref.

accompanied *be* ~ *by* ... van — vergesel wees
(mense, dinge); met — gepaard gaan *(dinge); (mus.)*
deur — begelei word; ~ *with* ... gepaard/tesame met
—.

accompaniment *to the* ~ *of* ... begelei deur —,
onder/met begeleiding van —.

accompany ~ *s.o. to* ... iem. na — vergesel.

accomplice *an* ~ *of a criminal in a crime* 'n mede-
pligtige van 'n misdadiger aan 'n misdaad.

accomplishment *s.t. is difficult or easy of* ~ iets is
moeilik of maklik bereikbaar/uitvoerbaar.

accord[1] [n.] *they are in (full)* ~ hulle is dit (volko-
me) eens; *be in* ~ *with* ... met — ooreenstem, met — in
ooreenstemming wees; *do s.t. with one* ~ iets eenparig
doen, iets soos een man doen; *of HIS own* ~ vanself,
uit eie beweging, uit SY eie; *reach an* ~ *with s.o.* 'n
ooreenkoms met iem. tref/aangaan.

accord[2] [v.] ~ *with* ... met — ooreenkom/ooreen=
stem/strook.

accordance *in* ~ *with* ... ingevolge —, ooreenkom-
stig —, in ooreenstemming met — *(bv. die wet, 'n oor=
eenkoms);* kragtens/volgens — *(bv. die wet, 'n ver=
drag);* volgens — *(bv. opdrag); be in* ~ *with* ... met=
ooreenkom/ooreenstem/strook *(bv. die feite).*

according ~ *as* ... namate —, na gelang —, al na —,
na die mate waarin —; ~ *to* ... volgens — *(bv. iem., die
wet);* volgens/luidens — *(bv. 'n berig);* na gelang van
— *(bv. omstandighede).*

account[1] [n.] *by/from all* ~*s* volgens alles wat ('n)
mens hoor; *balance an* ~ 'n rekening afsluit; *an* ~
balances 'n r. klop; *bring s.o. to* ~ *for s.t.* iem. vir
iets laat boet; *call s.o. to* ~ *for s.t.* iem. oor iets tot
verantwoording roep; van iem. rekenskap eis oor iets;
iem. oor iets laat les opsê ⋆; *charge s.t. to an* ~ iets op
'n rekening skryf/skrywe; *clear an* ~ 'n r.
afbetaal/vereffen; *close an* ~ 'n r. sluit; *cook* ~*s* reke=
nings vervals; *credit an* ~ 'n rekening krediteer; *give
a detailed* ~ 'n uitvoerige beskrywing gee *(van iets);*
'n gespesifiseerde rekening verskaf *(van wat betaal
moet word);* HE *gives a good* ~ *of HIMSELF* HY staan
SY man (goed); HY kwyt HOM goed van SY taak; HY
gedra HOM flink; *give an* ~ *of s.t.* van iets verslag
doen/gee, iets beskryf/beskrywe; *of great or little* ~

van groot *of* min belang/betekenis; *be held in some* ~
(by s.o.) (by iem.) in tel wees; *in* ~ *with* ... in rekening
met —; *keep* ~*s* boekhou, die boeke byhou; *leave s.t.
out of* ~ iets buite rekening laat; *of little or great* ~
→*great* or *little; make up* ~*s* rekenings opmaak; *of
no* ~ van geen belang/betekenis nie; *on no* ~, *not on
any* ~ volstrek nie, om die dood nie, in geen omstan=
dighede nie; *on* ~ op afbetaling/rekening; *on* ~ *of* ...
weens/vanweë —, omrede van —; uit hoofde van —;
ter wille van —; op grond van —; *on s.o.'s* ~ ter wille
van iem.; *on that/this* ~ daarom, om dié rede; *open an*
~ 'n rekening open; *on one's own* ~ op eie houtjie; op
eie verantwoording; vir eie rekening; *pay an* ~ 'n re=
kening betaal/vereffen; *pay s.t. into an* ~ iets op 'n r.
stort; *pay s.t. on* ~ iets afbetaal; *as per* ~ volgens
rekening; *render an* ~ 'n r. lewer/indien; verslag
doen; verantwoording doen; *to* ~ *rendered* aan/vir
gelewerde goedere/rekening; *run up* ~*s* op rekening
koop; *settle an* ~ 'n r. betaal/vereffen; *settle/square*
~*s with s.o.,* (lett. & fig.) met iem. afreken *(lett. &
fig.); take* ... *into* ~, *take* ~ *of* ... met — rekening
hou, — in aanmerking neem; *give a truthful* ~ *of s.t.*
'n getroue weergawe van iets gee; HE *turns s.t. to* ~ HY
maak die beste/volste gebruik van iets, HY wend iets tot
SY voordeel aan.

account[2] [v.] ~ *s.o. a* ... iem. as 'n — beskou *(bv. 'n
held);* ~ *for* ... van — rekenskap gee, van — verant=
woording doen; met — afreken *(iem.);* — verklaar
(iets); 'n end aan — maak *(iem., iets);* — plat skiet,
— omkap *(bv. 'n dier, 'n vyand)* ⋆; HE ~*s HIMSELF
lucky/etc. to* ... HY ag HOM gelukkig/ens. om te —; ~ *to
s.o.* aan iem. verantwoording doen.

accountable *hold s.o.* ~ *for* ... iem. vir — aan=
spreeklik hou; *be* ~ *to s.o. for s.t.* teenoor iem. aan=
spreeklik wees vir iets.

accounted *they are all* ~ *for* dit is bekend waar hulle
almal is, ons weet waar hulle almal is.

accredited *be* ~ *to* ... *by* — geakkrediteer wees.

accrue *s.t.* ~*s to s.o.* iets val iem. toe.

accusation *bring an* ~ *of theft/etc. against s.o.* 'n be=
skuldiging van diefstal/ens. teen iem. inbring; *make an*
~ 'n aanklag maak, 'n aanklag/beskuldiging inbring/
indien.

accuse ~ *s.o. of s.t.* iem. van iets beskuldig; iem.
weens iets aankla *(by die gereg).*

accused HE *is* ~ *of* ... HY word/staan van — beskul=
dig, HY word daarvan beskuldig dat HY —; HY word
weens — aangekla *(by die gereg).*

accustom HE *has to* ~ *HIMSELF to* ... HY moet aan —
gewoond raak, HY moet HOM aan — wen.

accustomed *be* ~ *to s.t.* aan iets gewoond wees; *get/
grow* ~ *to* ... aan — gewoond raak; *be* ~ *to do s.t.*
(daaraan) gewoond wees om iets te doen.

ace *hold all the* ~*s,* (fig.) al die wenkaarte hê *(fig.);
serve an* ~, (tennis) 'n kishou slaan; HE *has/keeps an*
~ *up HIS sleeve,* (fig.) HY het/hou 'n troef agter SY
hand *(fig.); come within an* ~ *of victory/winning* §

amper(tjies) wen; HE was **within** an ~ of being drowned § HY het so amper-amper/byna-byna ver= drink, dit het min geskeel of HY het verdrink.

ache¹ [n.] be full of ~s and pains vol piep/skete wees ★

ache² [v.] ~ for s.t. na iets hunker.

achievement no mean ~ 'n groot prestasie, geen geringe p. nie.

acknowledgement in ~ of ... ter erkenning van —; with ~s to ... met erkenning van —.

acquaint HE ~s HIMSELF with s.t. HY stel HOM op die hoogte van iets.

acquaintance s.o. **cultivates** an ~ iem. soek ken= nismaking/vriendskap; HE **improves** on/upon ~ as ('n) mens HOM beter leer ken, hou jy meer van HOM; **make** s.o.'s ~ met iem. kennis maak; have a **nodding** ~ with ... §— op 'n afstand ken, — oppervlakkig ken (iem.); § — oppervlakkig ken (iets); **pick** up an ~ with ... toevallig met — kennis maak; HE **scraped** an ~ with ... HY het HOM by — ingedring; have a **speak= ing** ~ with s.o. iem. oppervlakkig ken; **strike** up an ~ with s.o. 'n kennismaking met iem. aanknoop.

acquainted be ~ with ... met — bekend wees, — ken; become/get (better) ~ with ... (nader) met — ken= nis maak.

acquiesce HE ~s in ... HY berus in —, HY lê HOM by — neer; HY stem met — in; HY stem in/tot — toe.

acquit ~ s.o. of s.t. iem. van iets vryspreek; ~ s.o. on a charge iem. van 'n aanklag vryspreek; HE ~s HIMSELF well (of a task) HY kwyt HOM goed (van 'n taak), HY gedra HOM knap, HY presteer (goed).

across ~ from ..., (Am.) regoor/teenoor —; it is fifty centimetres ~ dit is vyftig sentimeter breed, dit is vyf= tig s. in deursnee/deursnit, dit is vyftig s. in die breed= te; right ~ ... dwarsoor —.

act¹ [n.] **catch/surprise/take** s.o. in the ~ (of doing s.t.) iem. op heter daad betrap; **get** in on the ~ §in die aksie deel; §'n aandeel in iem. se prestasie verkry; HE should **get** HIS ~ together §HY moet SY sake agterme= kaar kry; be **in** the ~ of doing s.t. met iets besig wees, juis iets aan die doen wees; the **provisions** of an ~ die bepalings van 'n wet; **put** on an ~ §komedie speel; a **section** of the ~ 'n artikel in die wet; in **terms** of an ~, **under** an ~ ingevolge/kragtens/ooreenkomstig 'n wet.

act² [v.] ~ **accordingly** dienooreenkomstig handel/ optree; ~ **as** ... as — fungeer; as — optree/dien (bv. voorsitter); ~ **for** s.o. vir iem. waarneem, iem. se amp waarneem; vir iem. optree; ~ **on/upon** ... 'n uitwer= king op — hê; aan — uitvoering gee (bv. 'n voorstel); ~ **up** § las/moeilikheid gee.

acted be ~ out (film) afspeel.

action **bring/institute** an ~ against s.o. 'n (hof)saak teen iem. maak, 'n aksie/geding teen iem. instel, iem. vervolg, 'n vervolging teen iem. instel, iem. laat dag= vaar; **come into** ~ in werking tree; begin skiet (kanon= ne); **concerted** ~ gesamentlike optrede; (take) a **course** of ~ 'n handel(s)wyse/gedragslyn (volg); take

evasive ~ iets ontwyk; **fight** an ~ 'n geveg voer; 'n (reg)saak verdedig; **firm** ~ beslisse/ferm/kragtige op= trede; take **firm** ~ beslis/ferm/kragtig optree; an ~ **for** ... 'n aksie om — (skadevergoeding); **full** of ~ vol aksie/handeling (bv. 'n toneelstuk); **galvanise**, =**ize** s.o. into ~ iem. tot aksie aanspoor; **go** into ~ hande= lend optree, tot handeling oorgaan, tot die daad oor= gaan; tot die aanval oorgaan, die stryd aanbind/aan= knoop; be **in** ~ in aksie wees; in werking wees; aan die gang wees; **industrial** ~ werkersoptrede; **institute/ bring** an ~ →**bring/institute;** s.o. was **killed** in ~ iem. het gesneuwel; an ~ **lies** dit is aksionabel, 'n ak= sie is ontvanklik; a **man** of ~ 'n man van die daad; **out** of ~ buite aksie; buite geveg; buite werking; **put** ... out of ~ — buite geveg stel (iem.); — buite werking stel (iets); be **ready** for ~ slaggereed/slagvaardig wees; **see** ~ onder vuur wees/kom, aan gevegte deel= neem; **swing** into ~ in aksie kom, aan die werk spring, tot aksie oorgaan; tot die aanval oorgaan; **take** ~ stap= pe doen, (handelend) optree, tot die daad oorgaan, tot handeling/aksie oorgaan; ingryp; 'n aksie instel; the ~ of the play **takes** place in ... die stuk speel in —; one cannot **undo** one's ~s jy kan jou dade nie ongedaan maak nie; **where** the ~ is §waar die dinge gebeur; ~s **speak** louder than **words** (P) woorde wek, (maar) voor= beelde trek (P), baie myle lê tussen doen en sê (P); **suit** the ~ to the **word** die daad by die woord voeg.

action stations be at ~ ~ gevegsklaar wees.

activity a burst of ~ 'n skielike groot bedrywigheid; it buzzes/hums with ~ dit gons van die bedrywigheid.

Adam not know s.o. from ~ →**know;** put off the old ~, lay aside the old ~ die ou Adam aflê.

adapt ~ s.t. for ... iets vir — verwerk; HE ~s (HIM= SELF) to ... HY pas HOM by — aan; HY skik HOM na — (bv. die omstandighede); ~ s.t. to ... iets vir — geskik maak; iets na — inrig.

adapted be ~ from ... van — verwerk wees; met wy= siging aan — ontleen wees; be ~ to ... vir — geskik wees; by — aangepas wees.

add ~ **in** butter/etc. botter/ens. byvoeg; ~ **on** s.t. iets byreken/bytel; ~ s.t. **to** ... iets tot — byvoeg, iets aan — toevoeg; iets by — inreken; ~ **up** s.t. iets optel/by= mekaartel (syfers); it ~s **up** §dit maak sin, dis logies; it ~s **up** to ... alles saam is —, dit kom op — uit (ge= tal); § dit kom op — neer, dit staan gelyk aan — (bv. afpersing).

addicted be ~ to ... aan — verslaaf wees.

addiction it can become an ~ ('n) mens kan daaraan verslaaf raak; have an ~ aan iets verslaaf wees; s.o.'s ~ to ... iem. se verslawing/verslaafdheid aan —.

addition in ~ boonop, buitendien; in ~ to ... (buite en) behalwe —, buiten —; in ~ to that daarbenewens; boonop, op die koop toe.

additional ~ to that behalwe dit; it is ~ to the ... dit kom by die —.

address¹ [n.] **deliver/give** an ~ 'n toespraak hou/ lewer; of/with no **fixed** ~ sonder vaste adres; live at a

good ~ in 'n goeie buurt woon; **pay** one's ~es to s.o. iem. komplimente maak; iem. die hof maak.

address² [v.] ~ a letter to s.o. 'n brief aan iem. adresseer; ~ a letter to a place 'n brief na/aan 'n plek adresseer; HE ~es HIMSELF to s.o. HY rig HOM tot iem.; HE ~es HIMSELF to the task HY pak die werk aan, HY lê HOM op die taak toe; ~ a remark to s.o. iem. iets toevoeg.

adept be ~ at/in s.t. in iets bedrewe wees.

adequate be ~ to a task vir 'n taak opgewasse wees.

adhere ~ to ..., (lett.) aan — kleef/klewe/vassit; (fig.) — aankleef/aanklewe/aanhang, aan — trou bly, aan — vashou, by — bly (bv. beginsels, 'n leier).

adieu bid s.o. ~ iem. vaarwel sê.

adjacent be ~ to ... aan — grens, langs — lê/wees.

adjourn ~ for a week tot 'n week later verdaag; ~ a meeting for a week 'n vergadering tot 'n week later verdaag; ~ to ... na — gaan ('n ander plek).

adjournment a motion for ~ 'n voorstel tot verdaging.

adjudicate ~ in a competition beoordelaar wees in 'n kompetisie; ~ (on) a matter 'n saak bereg, oor 'n saak uitspraak doen.

adjust HE ~s HIMSELF to ... HY pas HOM by — aan.

adjustment make ~s to s.t. iets aanpas/verstel; verstellings aan iets maak; out of ~ sleg gestel.

administer ~ s.t. to s.o. iets aan iem. toedien (bv. medisyne, straf); iets van iem. afneem ('n eed); iets aan iem. bedien (die sakramente).

admiration be the ~ of all deur almal bewonder word; be the ~ of s.o. die voorwerp van bewondering by iem. wees, deur iem. bewonder word; s.t. **fills** s.o. with ~ iets vervul iem. met bewondering; be **filled** with ~ for ... vol bewondering vir — wees, met bewondering vir — vervul wees; **have** a great ~ for s.o. groot bewondering vir iem. hê; in ~ of ... uit bewondering vir —; be **lost** in ~ for ..., be **struck** with ~ for ... met bewondering vir — vervul wees.

admire ~ s.o. for s.t. iem. om iets bewonder; ~ s.t. in s.o. iets in iem. bewonder.

admission gain ~ to ... toegang tot — verkry; **give** s.o. ~ to ... iem. toegang tot — verleen; **make** an ~ iets erken; by/on HIS **own** ~ HE ... HY het (self) erken dat HY —; **pay** the ~ die toegangsprys betaal; **refuse** s.o. ~ iem. wegwys, toegang aan iem. weier.

admit HE is **reluctant** to ~ it HY wil dit nie graag erken nie; I must ~ **that** ... ek moet erken/toegee dat —; ~ s.o. **to** ... iem. in — toelaat ('n plek); iem. tot — toelaat (bv. 'n eksamen, 'n plek); iem. in — opneem (bv. 'n hospitaal); s.o. ~s **(to)** s.t. iem. erken iets; HE ~s to doing s.t. HY erken dat HY iets gedoen het.

admittance gain ~ to ... toegang tot — verkry; **give** ~ to ... toegang tot — verleen; **no** ~ toegang verbode; **no** ~ except on business toegang alleen vir sake.

admitted it must be ~ that ... weliswaar is —.

admitting not mind ~ that ... geredelik erken dat —.

admonish ~ s.o. against s.t. iem. teen iets waarsku; ~ s.o. for s.t. iem. oor iets berispe/vermaan.

ado without further/more/much ~ sonder meer, sommerso, sonder verdere/vêrdere omslag/pligpleging; op stel en sprong (iets wil doen); ewe getroos ('n opdrag uitvoer); much ~ about nothing meer lawaai as wol, veel geskree(u) en weinig wol.

adopt ~ a motion by ... votes to ... 'n voorstel met — stemme teen — aanneem.

adoption an Englishman/etc. by ~ 'n Engelsman/ens. deur/uit eie keuse; the country of s.o.'s ~ iem. se aangenome/tweede vaderland; put a child up for ~ 'n kind laat aanneem.

adoration in mute ~ in stille aanbidding.

adorn ~ s.t. with ... iets met — versier.

adrift cast s.t. ~ iets losgooi, iets laat dryf ('n boot); cast HIM ... § HOM aan SY lot oorlaat.

adroit s.o. is ~ at/in s.t. iem. kan iets goed doen, iem. is behendig met iets.

adultery commit ~ egbreuk pleeg.

advance¹ [n.] in ~ vooruit, by voorbaat; in ~ of ... voor — (in die tyd); HE was in ~ of HIS time HY was SY tyd vooruit; ~s in science vooruitgang in die wetenskap; make s.o. an ~ (aan) iem. 'n voorskot gee; make ~s to s.o. toenadering tot iem. soek; make ~s to a girl by 'n meisie aanlê ∗, vryerig raak met 'n meisie; pay in ~ vooruitbetaal; well in ~ lank vooruit.

advance² [v.] ~ on/upon/towards ... op — aanruk, na — opruk (bv. vyandelike stellings, 'n stad); dreigend na — toe aankom (iem.)

advanced the most ~ die vers(te)/vêrs(te) gevorderde; be well ~ ver/vêr gevorder(d) wees.

advancement for the ~ of science ter bevordering van die wetenskap.

advantage to the best ~ op die voordeligste, tot die grootste/meeste nut/voordeel; **follow** up an ~ 'n voorsprong benut; **gain**/**get** an ~ 'n voordeel behaal; **get** or **have** the ~ of s.o. 'n voorsprong op iem. kry of hê, 'n voordeel bo iem. kry of hê; for **personal** ~ tot eie voordeel; **press** (home) an ~ 'n voordeel uitbuit; **take** ~ of s.t. munt uit iets slaan, voordeel uit iets trek, iets uitbuit (bv. die omstandighede); van iets gebruik maak, iets benut, iets te baat neem (bv. 'n geleentheid); van iets misbruik maak; **take** ~ of s.o. van iem. misbruik maak; iem. fop/uitoorlê; iem. verlei ('n meisie); to ~ met vrug/voordeel; be to s.o.'s ~ tot/in iem. se voordeel wees; **turn** s.t. to ~ voordeel uit iets trek; **with** ~ met vrug.

adventure have an ~ 'n avontuur beleef/belewe/hê; s.t. is high ~ iets is 'n groot avontuur.

adversity in the face of ~ in teenspoed/teëspoed; meet with ~/adversities teenspoed/teëspoed kry/ondervind; overcome ~/adversities teenspoed/teëspoed te bowe kom.

advertised be widely ~ alom geadverteer word.

advice get ~ raad/advies kry; raad/advies inwin; give s.o. ~ iem. raad gee, iem. van raad dien; take

legal ~ 'n advokaat raadpleeg, regsadvies inwin; *take*
medical ~ 'n dokter/geneesheer raadpleeg, genees=
kundige/mediese advies inwin; *on the* ~ *of* … op raad/
advies van —; *seek* ~ raad/advies vra/inwin; *take* ~
raad aanneem, na raad luister; raad/advies vra/inwin;
take my ~*!* volg my raad!; *a word of* ~ 'n bietjie/
stukkie raad.

advise ~ *s.o. against s.t.* iem. iets afraai; ~ *s.o. of*
s.t. iem. van iets in kennis stel, iem. van iets kennis gee,
iem. iets meedeel; ~ *s.o. on s.t.* iem. oor iets raad gee,
iem. oor iets adviseer; ~ *s.o. to* … iem. adviseer om te
—.

advisement *take s.t. under* ~, *(Am.)* iets oorweeg.
adviser, advisor ~ *to s.o.* adviseur/raadgewer van
iem.

advocate *brief an* ~ 'n advokaat opdrag gee; *be an* ~
of s.t. 'n voorstander van iets wees.

aegis *under the* ~ *of* … onder beskerming van —.

afar *from* ~ van ver/vêr (af), uit die verte/vêrte.

affair *have an* ~ *with s.o.* 'n (liefdes)verhouding/af=
fair met iem. hê, met iem. deurmekaar wees *; *HE*
meddles in s.o.'s ~*s* HY steek SY neus in iem. se sake *,
HY bemoei HOM met iem. se sake; *HE* **settles** *HIS* ~*s*
HY bring SY sake in orde; *the state of* ~*s* die stand/toe=
drag van sake.

affect ~ *s.t. adversely* iets aantas/benad^el, iets on=
gunstig beïnvloed; *s.t.* ~*s s.o. deeply* iets tref iem. diep.

affected *be deeply* ~ *by s.t.* diep deur iets getref wees.

affection *gain/win s.o.'s* ~ iem. se toegeneentheid
verkry; *have* ~ *for s.o.*, *feel* ~ *towards s.o.* iem. toege=
neë wees, (toe)geneentheid teenoor iem. voel; *s.o. is*
held in great ~ iem. is bemin(d)/gelief, almal hou van
iem.; *a mark of* ~ 'n liefdeblyk; *the object of s.o.'s* ~
die een wat iem. liefhet.

affectionate *be* ~ *towards s.o.* liefderik wees teenoor
iem.

affidavit *make/swear/take an* ~ 'n beëdigde verkla=
ring aflê; *evidence on* ~ getuienis by wyse van beëdig=
de verklaring; *take an* ~ *from s.o.* iem. 'n beëdigde
verklaring laat aflê.

affiliated *be* ~ *with/to* … by — geaffilieer wees.

affiliation *have* ~*s with* … bande met — hê, 'n ver=
band met — hê; *s.o.'s party/political* ~*(s)* iem. se par=
tyverband, iem. se politieke verband; *s.o.'s* ~ *with* …
iem. se affiliasie/aansluiting by —.

affinity *feel an* ~ *for/to s.o.* tot iem. aangetrokke voel;
feel an ~ *with s.t.* by iets aansluiting vind; *have an* ~
for s.t. deur iets aangetrek word.

affirmative *answer in the* ~ bevestigend antwoord;
the answer is in the ~ die antwoord is ja.

affix ~ *s.t. to* … iets aan — heg; iets op — plak.

afflicted *be deeply* ~ swaar beproef/getref wees; diep
bedroef wees; *be* ~ *by/with* … aan — ly, deur — aange=
tas wees; *be sorely* ~ deur diep waters gaan.

affliction *the bread of* ~ die brood van ellende; *suffer*
an ~ aan iets ly.

affluence *live in* ~ in weelde leef/lewe.

afford *HE can ill* ~ *it* HY kan dit beswaarlik/kwalik
bekostig; *s.o. can* ~ *to* … iem. dit kan bekostig
om te —.

affray *cause an* ~ 'n bakleiery veroorsaak.

affront *offer an* ~ *to s.o.* iem. beledig; *suffer an* ~
beledig word.

affronted *be/feel* ~ *by* … beledig/geaffronteer wees/
voel deur —.

afield *far* ~ ver/vêr weg, ver/vêr van huis.

afire, aflame *be* ~ *with* … gloeiend wees van —,
gloei van — *(bv. begeerte, geesdrif)*.

aflame →**afire.**

afraid *be* ~ *for s.o.* vrees wat met iem. kan gebeur; *be*
mortally ~ doodsbang wees; *be* ~ *of* … vir — bang
wees, — vrees; *I'm* ~ *so* ek vrees dit is so; *I'm* ~ *that*
… ek vrees dat —; *be* ~ *to* … bang wees om te —.

after[1] [prep.] *be* ~ *s.t.* iets naja(ag); agter iets aan
wees; op iets uit wees; iets voorhê; *be* ~ *s.o.* iem. soek,
na iem. op soek wees, op iem. se spoor wees; *right* ~
… dadelik/onmiddellik na —; *shortly/soon* ~ …
kort na —; *shortly/soon* ~ *the gate was closed* kort
nadat die hek toegemaak was; *well* ~ … geruime tyd
na —.

after[2] [adv.] *right* ~ dadelik/onmiddellik daarna;
shortly/soon ~ kort daarna; *shortly/soon* ~ *the gate was*
closed kort daarna is die hek toegemaak.

afternoon *all* ~ die hele middag, heelmiddag; *in/*
during the ~ in die (na)middag/agtermiddag; smid=
dags; ná die middag; *of an* ~ op 'n (na)middag; *s.t.*
happened one ~ iets het een middag gebeur, iets het
op 'n (sekere) middag gebeur; *this* ~ vanmiddag; *to=*
morrow ~ môremiddag, moremiddag; *yesterday*
~ gistermiddag.

afterthought *as an* ~ agterna.

again ~ *and* ~, *time and* ~ telkens (weer), keer op
keer, herhaaldelik; *never* ~ nooit weer nie; *once/yet*
~ nog 'n keer/maal/slag, nogmaals, nogeens, weer=
(eens), opnuut, andermaal; al weer; *then* ~ … aan die
ander kant —.

against *as* ~ … teenoor —, in teenstelling met —; *as*
~ *that* or *this* daarteenoor of hierteenoor; *be (dead)* ~
s.t. (sterk) op iets teë wees; (vierkant) teen iets wees; *I*
am ~ *it* ek is daarteen, ek is daarop teë; *(over)* ~ …
teenoor —, jeens —; oorkant —; *right up* ~ … teen=
aan —; *those* ~ die teenstemmers/teëstemmers.

age[1] [n.] *act/be your* ~*!* gedra jou soos 'n grootmens!;
at an advanced ~ op gevorderde leeftyd; *s.o.'s ad=*
vancing ~ iem. se klimmende jare; *the afflictions of*
old ~ die kwale/kwellings van die ouderdom; ~*s ago* §
lank gelede; *people of all* ~*s* mense van elke leeftyd/ou=
derdom; *at the* ~ *of* … op die ouderdom van —; *s.o.*
has died at the ~ *of* … iem. is in die ouderdom van —
oorlede; *the awkward* ~ die lummeljare; *be/act your*
~*!* →*act/be;* *HE* **bears** *HIS* ~ *well* HY dra SY jare
goed; *come of* ~ mondig/meerderjarig word; *down*
the ~*s* deur die eeue; *HE* **feels** *HIS* ~ HY voel SY jare;
for ~*s (and* ~*s)* §eeue lank; *HE has known s.o. for* ~*s* §

HY ken iem. al van toeka se dae (af) *; *be of full* ~ mondig/meerderjarig wees; *the golden* ~ die goue/gulde eeu, die bloeityd; *the infirmities of* ~ die gebreke/kwale van die ouderdom; *live to a great* ~, *live to a ripe old* ~ 'n hoë ouderdom bereik; HE *looks* HIS ~ HY wys SY ouderdom, HY lyk so oud soos HY is; *in middle* ~ op middelbare leeftyd; *be of* ~ mondig/meerderjarig wees; *ten/etc. years of* ~ tien/ens. jaar (oud); *they are of an* ~ hulle is ewe oud; *in s.o.'s old* ~ op iem. se oudag; *be over* ~ bo/oor die leeftyd wees; *from* ~s *past* van eeue her; *at a ripe* ~ op ryp leeftyd; *they are of the same* ~ hulle is ewe oud; *s.t. takes* ~s § iets duur 'n ewigheid *; *s.o. takes* ~s *over s.t.* § iem. het 'n ewigheid nodig om iets te doen *; *at a tender* ~ in SY prille jeug; *be of a tender* ~ bloedjonk wees; *the trials of old* ~ die kwellings van die ouderdom; *turn* ... *(a certain* ~, *e.g. 21)* — word *('n sekere ouderdom, bv. 21); of uncertain* ~ nie meer heeltemal so jonk nie; *be under* ~ minderjarig/onmondig wees; te jonk wees; *be under the* ~ onder/benede die jare/leeftyd/ouderdom wees; *have to wait for* ~s § eindeloos moet wag; *what is* HIS ~? hoe oud is HY?; *be worn with* ~ afgeleef wees.

age² [v.] *s.o. has* ~d iem. het oud geword.

agency *by/through the* ~ *of s.o.* deur die tussenkoms van iem.; deur bemiddeling van iem.

agenda *s.t. is on the* ~ iets is op die agenda; *put s.t. on the* ~ iets in die agenda opneem.

aggrandisement, aggrandizement *do s.t. for personal* ~ iets ter wille van selfverheerliking doen; *seek personal* ~ op selfverheerliking uit wees.

aggregate *in the* ~ oor die geheel, globaal (geneem).

aggrieved HE *feels* ~ *at/over/by s.t.* HY voel (HOM) veron(t)reg deur/oor iets.

aghast *be/stand* ~ *at s.t.* oor iets ontsteld/versteld wees/staan.

agitate ~ *for s.t.* om/vir iets agiteer.

agitated *be* ~ *about s.t.* oor iets ontsteld wees.

aglow *be* ~ *with* ... gloeiend van — wees *(bv. vreugde)*.

ago *days/etc.* ~ dae/ens. gelede.

agog *all* ~ *(with expectation)* die ene afwagting; *all* ~ *(with excitement)* die ene opgewondenheid.

agonise, =**ize** HE ~s *over s.t.* HY kwel HOM oor iets, HY bly HOM oor iets kwel.

agony *be in* ~ angs verduur; pyn verduur; *the last agonies* die laaste stuiptrekkings; *in talking about* HIS *experiences* HE *piles on the* ~ §HY maak die smart van SY ervaring dik aan *; *prolong the* ~ die moeilike besluit uitstel; *suffer agonies* groot angs uitstaan; *unspeakable* ~ naamlose/namelose/onuitspreeklike lyding; *s.o.'s soul was wrung with* ~ iem. het in hewige sielsangs verkeer.

agree ~ *to differ* dit daarby laat, vriendskaplik met mekaar verskil, dit in vrede oneens wees; *I couldn't* ~ *more* ek stem volmondig saam; ~ *on/upon s.t.* oor iets ooreenkom; dit oor iets eens wees/word, oor iets

saamstem; ~ *to s.t.* in/tot iets toestem, in/tot iets inwillig, met iets akkoord gaan, met iets instem/saamgaan; *s.t.* ~s *with s.t. else* iets rym/strook met iets anders, iets kom/stem met iets anders ooreen; ~ *with s.o.* met iem. ooreenkom *(oor iets);* met iem. saamstem, dit met iem. eens wees; *s.t. does not* ~ *with s.o.* iets akkordeer nie met iem. nie, iem. kan iets nie verdra nie; *the climate does not* ~ *with* HIM HY kan nie hier *of daar aard nie.

agreeable *be* ~ *to s.t.* tot iets bereid wees; met iets instem.

agreed *be* ~ dit (met mekaar) eens wees; *it is hereby* ~ ... hiermee word ooreengekom —.

agreement *arrive at an* ~, *come to an* ~ tot 'n ooreenkoms kom/geraak; *break an* ~ 'n ooreenkoms verbreek; *by* ~ *with* ... met vergunning/toestemming van —; *enter into an* ~ 'n ooreenkoms aangaan/tref/sluit; *(general)* ~ eenstemmigheid, eenparigheid; *they have an* ~ hulle het 'n ooreenkoms/verstandhouding; *they are in* ~ hulle is dit (met mekaar) eens; *be in* ~ *with s.o.* met iem. saamstem, dit met iem. eens wees; *be in* ~ *with what s.o. is saying* saamstem met wat iem. sê; *s.t. is in* ~ *with s.t. else* iets is in ooreenstemming met iets anders, iets rym/strook met iets anders; *s.t. is not in* ~ *with s.t. else, (ook)* iets is strydig met iets anders; *make/reach/strike an* ~ 'n ooreenkoms aangaan/bereik/tref/sluit; *they are in perfect* ~ hulle is dit roerend eens.

aground *be* ~ vassit, gestrand wees *('n skip); be hard* ~ rotsvas sit; *run* ~ strand *('n skip).*

ahead *be* ~ voorloop; *get* ~ voor kom; *go* ~ voortgaan; vooruitgaan; *go* ~! gaan jou gang!; *keep* ~ *of* ... voor — bly; *be* ~ *of s.o.* voor iem. wees; iem. voor wees; beter as iem. wees; *be right* ~ reg voor wees; *heel/los voor wees; straight* ~ reg vorentoe.

aid¹ [n.] *come/go to s.o.'s* ~ iem. (kom/gaan) help, iem. te hulp kom/snel; *give* ~ *to s.o.* (aan) iem. hulp gee/verleen, iem. help; *in* ~ *of* ... ten bate/behoewe van — *('n saak, 'n fonds, 'n vereniging); what is this in* ~ *of?, (ook)* § wat is die nut hiervan?; *lend* ~ hulp verleen; *seek s.o.'s* ~ by iem. hulp vra, by iem. om hulp aanklop, hulp van iem. verlang, die toevlug tot iem. neem; *with the* ~ *of s.o.* met die hulp van iem., met steun van iem.; *with the* ~ *of s.t.* met behulp van iets.

aid² [v.] ~ *and abet s.o.* iem. aanmoedig/bystaan, met iem. medepligtig wees *(aan 'n misdaad).*

ail *what* ~s HIM? § wat makeer/skeel HOM?

aim¹ [n.] HE *has achieved* HIS ~ HY het SY doel bereik; *defeat one's or its own* ~ die doel verydel; HE *makes it* HIS ~ *to* ... HY stel HOM (dit) ten doel om te —; *s.o.'s stated* ~ iem. se uitgesproke/verklaarde doel; *take* ~ *at* ... na — korrel(vat)/mik, op — aanlê *(met 'n vuurwapen); s.o.'s* ~ *is to* ... iem. se doel is om te —; *with unerring* ~ trefseker.

aim² [v.] ~ *at/for s.t.* na/op iets mik, na iets korrel; na iets streef/strewe; op iets aanstuur; HE ~s *to* ... HY beoog om te —, HY is van plan om te —.

aimed *s.t. is* ~ *at s.o.* iets is op iem. gemik/gemunt *(bv. 'n skimp)*.

air¹ [n.] *ascend into the* ~ in die lug opstyg; HE *beats the* ~ HY skerm in die lug; HY span HOM (te)vergeefs in; *get a breath of* ~ 'n luggie skep; *by* ~ per vlieg=tuig *(reis)*; per lugpos *('n brief)*; *a change of* ~ 'n verandering van lug; *clear the* ~, *(lett.)* die lug sui=wer; *(fig.)* helderheid bring; *fresh* ~ vars lug; *s.o. wants a breath/whiff of fresh* ~ iem. wil 'n bietjie vars lug skep; HE *gives* HIMSELF ~*s*, HE *puts on* ~*s* HY stel HOM aan, HY is aanstellerig, HY is vol aanstellings, HY verbeel HOM wat ⋆; *go on the* ~ uitsaai; ~*s and graces* aanstellings; *have an* ~ *of* ... na — lyk, die voorkoms van — hê; *hot* ~, *(lett.)* warm lug; § grootpratery; *there are rumours in the* ~ § gerugte doen die ronde; *reform is in the* ~ §daar is sprake van hervorming; *it is still up in the* ~ § dit hang nog in die lug, dit is nog onseker; *live on* ~ §van die wind leef/lewe ⋆; *off the* ~ nie aan die uitsaai nie, stil; *be on the* ~ uitsaai, aan die uitsaai wees; uitgesaai word; *hear s.t. on the* ~ iets oor die radio hoor; *in the open* ~ in die ope lug, in die buitelug; *play an* ~ *on the piano* 'n deuntjie/melo=die/wysie op die klavier speel; HE *puts on* ~*s*, HE *gives* HIMSELF ~*s* →*give/put;* a shout *rends the* ~ 'n geroep weerklink deur die lug; *scent the* ~ die lug insnuif/opsnuif; *sniff the* ~, *(lett.)* die lug insnuif/opsnuif; *(fig.)* die toestand verken; *take the* ~ (vars) lug skep, 'n luggie skep; *disappear/melt/vanish into thin* ~ §in die niet verdwyn, totaal verdwyn; *tread/walk on* ~ §in die wolke wees ⋆, baie bly wees, opge=toë wees; *be up in the* ~ §in die wolke wees ⋆, baie bly wees; in die lug hang ⋆, onseker wees *(bv. planne)*; *walk/tread* on ~ →*tread/walk.*

air² [v.] HE ~*s* HIMSELF HY skep lug.

airing *s.t. gets an* ~ iets word openlik bespreek; *give s.t. an* ~ (aan) iets lug gee *(lett. & fig.)*; iets openlik bespreek; *take an* ~ lug skep, 'n luggie skep.

air mail *by* ~ ~ per lugpos.

aisle *they were rolling in the* ~*s* hulle het gebrul/gerol van die lag.

aitch *drop one's* ~*es* die h weglaat, onbeskaaf(d) praat.

ajar *leave a door* ~ 'n deur op 'n skrefie laat staan.

akimbo HE *stands with arms* ~ HY staan hand in die sy, HY staan kieliebak in die wind ⋆

akin *be* ~ *to s.o.* aan/met iem. verwant wees; *be* ~ *to s.t.* soortgelyk wees aan iets.

alarm *beat the* ~ alarm maak; *a cry of* ~ 'n alarm=kreet; ~*s and excursions* konsternasie; *a false* ~ 'n blinde/vals alarm; *s.t. fills s.o. with* ~ iets ontstel/ver=ontrus iem., iets maak iem. onrustig; *give/raise/sound the* ~ alarm maak; *there goes the* ~ *(clock)* daar lui/gaan die wekker; *in/with* ~ met ontsteltenis/skrik; *take* ~ *at s.t.* deur iets verontrus word.

alarmed *be* ~ *at s.t.* deur iets verontrus word, oor iets verontrus wees.

albatross HE *has an* ~ *round* HIS *neck* HY dra die skuld met HOM saam.

aleck *a smart* ~ § 'n wysneus.

alert¹ [n.] *give the* ~ waarsku; *(iem.)* aansê om ge=reed te wees; HE *is on the* ~ HY is op SY hoede, HY hou 'n oog in die seil; HE *is on the* ~ *for* ... HY is op SY hoede teen/vir —; *put* HIM *on the* ~ HOM op SY hoede stel, HOM paraat stel; *be in a state of* ~ in gereedheid wees.

alert² [v.] ~ HIM *to s.t.* HOM teen/vir iets op SY hoede stel.

alert³ [adj.] HE *is* ~ *to* ... HY is op SY hoede teen/vir —.

alias *have/use an* ~ 'n alias hê/gebruik; *travel under an* ~ onder 'n vals naam reis.

alibi *have an* ~ *for* ... 'n alibi vir — hê.

alien *s.t. is* ~ *to s.o.'s way of life* iets is vreemd aan iem. se lewenswyse.

alienate ~ *s.o. from* ... iem. van — vervreem(d).

alienated *be* ~ *from* ... van — vervreem(d) wees.

alight¹ [v.] ~ *from* ... van — afklim *(bv. 'n voertuig)*; ~ *on/upon* ... op — neerstryk; op — afkom, — raak loop, — teëkom/teenkom.

alight² [adj.] *catch* ~ aan die brand slaan/raak; *keep s.t.* ~ iets brandende hou; *set s.t.* ~ iets aan die brand steek; *s.o.'s eyes are* ~ *with* ... iem. se oë straal van — *(bv. vreugde)*.

align HE ~*s* HIMSELF *with s.o.* HY vereenselwig HOM met iem., HY word 'n bondgenoot van iem.

alignment *in* ~ gestel, gerig; gespoor *(wiele)*; *out of* ~ ongelyk gestel/gerig; uit sporing, verkeerd gespoor *(wiele)*.

alike *as* ~ *as chalk and cheese* §heeltemal verskil=lend; *be as* ~ *as two peas (in a pod)* § soos twee druppels water na/op mekaar lyk, op 'n haar (na) een=ders/eners lyk, sprekend na/op mekaar lyk; *be* ~ een=ders/eners wees; na/op mekaar lyk; *treat people* ~ mense eenders/eners behandel.

alive *come* ~ lewendig word; *the greatest liar* ~ die grootste leuenaar wat rondloop; *keep* ~ aan die lewe bly, bly leef/lewe; *keep s.o.* or *s.t.* ~ iem. *of* iets aan die lewe hou; *keep interest* ~ die belangstelling gaan=de hou; *be* ~ *and kicking* § springlewendig wees; *stay* ~ aan die lewe bly, bly leef/lewe; HE *is* ~ *to* ... HY is van — bewus; HY gee HOM rekenskap van —; HY is gevoelig/vatbaar vir —; *be very much* ~ spring=lewendig wees; *be* ~ *and well* fris en gesond wees; *be* ~ *with* ... van — wemel *(bv. insekte)*, krioel van — *(bv. mense)*.

all¹ [n.] *s.o.'s* ~ alles wat iem. besit; *give one's* ~ *for* ... alles ter wille van — opoffer.

all² [pron.] *what's it* ~ *about?* waaroor gaan dit nou eintlik?; *above* ~ bo alles; veral, bowe(n)al, in die eer=ste plaas/plek; *after* ~ op die ou end, ten slotte, op stuk van sake, per slot van rekening, darem (maar), tog maar/wel, alles in aanmerking/ag geneem/genome, ag=terna beskou; ..., *and* ~ § —, almal; —, alles; ~ *of them are* ... hulle is almal —; *at* ~ hoegenaamd, ook maar enigsins; ooit; in die geheel; *if at* ~ indien wel; indien ooit; *the best of* ~ die allerbeste; *the biggest of*

~ die allergrootste; *for* ~ ... ondanks —; al het —; al is —; nieteenstaande —; *for good and* ~ eens en vir altyd; *hang it* ~*!* §vervlaks!⋆, verdomp!⋆; *in* ~ altesame; ~ *in* ~ alles tesame, alles en alles, alles in aanmerking/ag geneem/genome, oor die algemeen; ~ *of it* alles; *not at* ~ glad/hoegenaamd/heeltemal/volstrek nie; geensins; nie in die minste nie; *not at* ~*!* nie te danke!; ~ *of* ... 'n hele —; 'n volle —; nie minder nie as —; ~ *of it* (dit) alles; ~ *of them* hulle almal; ~ *of us* ons almal; ~ *of you* julle almal; *after*/*when* ~ *is said* and done per slot van rekening, op stuk van sake, alles in aanmerking/ag geneem/genome, op die keper beskou; ~ *and sundry* Jan en alleman, die laaste een, elkeen en almal; almal voor die voet; *that is* ~, *that will be* ~ dit is al, dis al; *that's* ~ *there is to it* dis al wat gebeur het; dis die hele geskiedenis; en daarmee basta ⋆; *it was* ~ *s.o. could do to* ... iem. kon skaars —; ~ *very well* alles goed en wel.

all³ [adj. & adv.] ~ *but* ... (so) amper —, byna/bykans/nagenoeg —; ~ *nations*/*etc.* alle volke/ens.; ~ *the nations*/*etc.* al die volke/ens.; *of* ~ *the* ...*!* dis vir jou —!; *the score is 2* ~ die telling is 2-2, die telling is twee elk; ~ *the better*/*etc.* des te beter/ens., soveel te beter/ens.; ~ *three of them* hulle al drie.

allegation *an* ~ *about* ... 'n aantyging/bewering oor —; *an* ~ *against* ... 'n a./b. teen —; *make an* ~ 'n a./b. maak.

alleged HE is ~ *to have killed s.o.* na bewering het HY iem. doodgemaak, daar word beweer dat HY iem. doodgemaak het; HE *was* ~ *to have killed s.o.* daar is beweer dat HY iem. doodgemaak het.

allegiance *have no* ~ *to a party* geen partyverband hê nie; *owe* ~ *to* ... aan — trou verskuldig wees; *swear* ~ *to* ... aan — trou sweer.

allergic *be* ~ *to* ... vir — allergies wees.

allergy *have an* ~ *to* ... 'n allergie vir — hê.

alley *this job is a blind* ~ hierdie betrekking/werk is sonder vooruitsigte; *s.t. is right up s.o.'s* ~ §iets is so reg in iem. se kraal ⋆

alliance *an* ~ *between states* 'n bondgenootskap/alliansie tussen state; *conclude*/*form an* ~ *with* ..., *enter into an* ~ *with* ... 'n bondgenootskap/alliansie met — aangaan; *in* ~ *with* ... in bondgenootskap/alliansie met —. →**ally.**

allied *be* ~ *to* ... aan/met — verwant wees; ~ *with* ... in bondgenootskap met —; gepaard met —, verenig met —. →**ally.**

allocation *make an* ~ *to* ..., *(iets)* aan — toewys *(iem.); (iets)* vir — t. *(bv. 'n saak).*

allocate ~ *s.t. to* ... iets aan — toewys *(iem.);* iets vir — t. *(bv. 'n saak).*

allot ~ *s.t. to* ... iets aan — toeken/toewys.

allow ~ *for* ... met — rekening hou, — in aanmerking neem; vir — inruim; HE ~*s HIMSELF s.t.* HY veroorloof HOM iets; HE ~*s HIMSELF to* ... HY veroorloof HOM om te —; ~ *me to* ...*!* mag ek —?, vergun my om te —!; *s.t.* ~*s of* ... iets laat — toe.

allowance *with due* ~ *for* ... met inagneming/inagname van —; *get*/*have*/*receive an* ~ 'n toelae kry; *make* ~ *for s.t.* iets in aanmerking/ag neem, met iets rekening hou; *make* ~*s for s.o.* toegeeflik wees teenoor iem., iets van iem. deur die vingers sien.

allowing ~ *for tax* met inagneming/inagname van belasting.

allowed *s.o. is* ~ *to do s.t.* iem. mag iets doen, iem. word toegelaat om iets te doen.

allude ~ *to* ... op — sinspeel/skimp, toespelings op — maak, — bedoel; na — verwys.

allusion *make an* ~ *to s.t.* 'n toespeling op iets maak; na iets verwys.

ally¹ [n.] HE *makes an* ~ *of s.o.* HY maak iem. tot SY bondgenoot.

ally² [v.] ~ *o.s. with* ... 'n bondgenoot van — word, 'n bondgenootskap met — aangaan. →**alliance; allied.**

alms *ask for* ~ 'n aalmoes vra; *dispense*/*give* ~ aalmoese uitdeel/gee.

alone *all* ~ manalleen, vingeralleen; *quite* ~ stokalleen, stoksiel(salig)alleen, moedersielalleen; *go it* ~ alleen klaarkom, alleen die mas opkom, op eie kragte vertrou.

along *all* ~ die hele tyd, heeltyd, deurentyd, voortdurend, almaardeur; *be* ~ by/saam wees; *s.o. will be* ~ *shortly* iem. sal nou-nou hier wees; *right* ~ almaardeur, reg vorentoe; ~ *with* ... saam/tesame met —.

alpha *the* ~ *and omega* die alfa en die omega, die begin en die einde/end.

also *not only* ... *but (* ~ *)* ... sowel — as —, nie net — nie, maar ook —.

altar *lead a girl to the* ~ 'n meisie na die altaar/kansel lei, met 'n meisie trou.

alter ~ *s.t. to* ... iets in/tot — verander.

alteration *make an* ~ *in s.t.* 'n wysiging in iets aanbring; *the* ~ *of s.t. to* ... die wysiging van iets tot —.

altercation *an* ~ *between* ... 'n woordewisseling/rusie tussen —; *have an* ~ *with* ... 'n w./r. met — hê; *they had an* ~, *(ook)* hulle het rusie gemaak.

alternate¹ [n.] *be the* ~ *to s.o.* die plaasvervanger van iem. wees.

alternate² [v.] ... ~*s with* ... — en — wissel mekaar af.

alternate³ [adj.] *work on* ~ *days* al om die ander dag werk.

alternative *an* ~ *for*/*to* ... 'n alternatief vir —; *have the* ~ *of (doing this or that)* die keuse hê om (dit of dat te doen); *in the* ~ of anders, so nie; *as alternatief; s.o. has no* ~ iem. het geen keuse nie; daar is vir iem. geen ander weg oop nie, daar bly vir iem. niks anders oor nie, iem. kan nie anders nie; *s.o. has no* ~ *to going*/*etc., s.o. has no* ~ *but to go*/*etc.* iem. kan niks anders doen as gaan/ens. nie; *leave s.o. no* ~ *but to* ... vir iem. geen keuse laat as om te — nie; *the* ~ *to peace is war* dis 'n keuse tussen vrede en oorlog.

altitude *at an* ~ *of 2 000 metres* op 'n hoogte van 2 000 meter.

altogether *in the* ~ § in Adamsgewaad *('n man)* ⋆, in Evasgewaad *('n vrou)* ⋆, poedelnakend, moeder-nakend; *not* ~ ... nie heeltemal — nie; ~ *too* ... glad/gans te —.

always *as* ~ soos altyd, soos gewoonlik; *if* HE *misses the bus* HE *could* ~ *walk* as HY te laat kom vir die bus kan HY (nog) altyd loop *of* kan HY mos maar loop.

am ~ *I to* ...? moet ek —?

amalgamate ~ *with* ... met — saamsmelt.

amazed *be* ~ *at s.t.* oor iets verstom staan; *be* ~ *to hear that* ... verstom wees om te hoor dat —.

amazement *s.o.'s* ~ *at s.t.* iem. se verbasing/ver-wondering oor iets; *be* **dumb** *with* ~ spraakloos/spra-keloos wees van verbasing; *listen to s.o.* **in** ~ verstom na iem. luister; *to s.o.'s* ~ tot iem. se verbasing/ver-wondering; **with** ~ met verbasing/verwondering.

ambit *fall within the* ~ *of the act/etc.* binne die tref-wydte van die wet/ens. val.

ambition HE *achieved/realised,* =ized HIS ~ HY het bereik waarna HY gestreef/gestrewe het; *s.o.'s towering/ vaulting* ~ iem. se sterk ambisie/eersug.

ambitious *be* ~ *for s.o.* ambisieuse planne vir iem. hê; *be* ~ *of s.t.* na iets begerig wees; *s.o. is* ~ *to* ... iem. se ambisie is om te —.

amble *at an* ~ op 'n stappie.

ambling *we are* ~ *along* § dit gaan so op 'n stappie ⋆

ambush *be/lie in* ~ in 'n hinderlaag lê; *lay an* ~ *for s.o.* iem. voorlê, 'n hinderlaag vir iem. lê/opstel; *attack out of* ~, *attack from an* ~ uit 'n hinderlaag aanval.

amen *say* ~ *to s.t.* § (ja en) amen sê op iets ⋆, met iets saamstem.

amenable *be* ~ *to* ... vir — vatbaar/ontvanklik wees *(bv. raad, rede, tug, vriendelikheid)*; aan — onderwor-pe wees *(bv. 'n wet)*.

amended ~ *by Act No. 8* gewysig deur/by Wet 8.

amendment *accept an* ~ 'n amendement aanvaar; **make** ~*s to the constitution* wysigings in die grondwet aanbring; *give* **notice** *of an* ~ van 'n amendement ken-nis gee; **propose** *an* ~ 'n a. voorstel; *an* ~ **to** *a motion* 'n a. op 'n voorstel.

amends *make* ~ *to s.o. for s.t.* iem. iets vergoed.

amiss *what is* ~? wat makeer/skort?; *s.t. is* ~ *with s.o.* iem. makeer iets.

amity *in* ~ *with* ... in vriendskap met —.

amnesty *declare an* ~ 'n amnestie afkondig; *grant* ~ *to* ... amnestie aan — verleen; *be released under an* ~ ingevolge 'n a. vrygelaat word.

amok *run* ~ amok maak, woes word, te kere gaan, handuit ruk.

among *from* ~ *them* uit hul midde; *in* ~ *them* tussen hulle (in).

amount¹ [n.] *have* **any** ~ *of money* geld soos bossies hê ⋆; *in the* ~ *of* ... ten bedrae van —; *a* **large** ~ *of money* 'n groot bedrag, 'n groot som geld; *no* ~ *of* ... geen —, hoe groot ook (al); *raise an* ~ 'n bedrag ver-

hoog; 'n b. byeenbring; *a* **stated** ~ 'n gegewe b.; *debt* **to** *the* ~ *of* ... skuld ten bedrae van —.

amount² [v.] *it* ~*s to* ... dit kom op — (uit), dit kom op — te staan *('n getal, 'n bedrag)*; dit kom op — neer, dit beteken —; dis soveel as 'n — *(bv. 'n belediging)*; *it doesn't* ~ **to** *very much* dit beteken nie veel nie; *it* ~*s to nothing* dit beteken niks; *it* ~*s to the same* dit kom op dieselfde neer, dit beteken dieselfde; *s.o. will never* ~ **to** *anything* iem. sal nooit opgang maak nie.

amounting ~ *to* ... ten bedrae van —.

amuse HE ~*s* HIMSELF *by* ... HY hou HOM besig deur te —, HY vermaak/amuseer HOM deur te —.

amused *be* ~ *at/by s.t.* deur iets geamuseer word, iets vermaaklik/amusant vind; *be highly* ~ dik van die lag wees; *keep s.o.* ~ iem. vermaak.

amusement *to the* ~ *of* ... tot vermaak van —.

amusing *find s.t.* ~ iets vermaaklik/amusant vind; *highly* ~ hoogs vermaaklik.

analogous ~ *to/with* ... analoog aan/met —.

analogy *by* ~ *with* ... na analogie van —; *draw an* ~ *between* ... *and* ... 'n a. tussen — en — aantoon; *on the* ~ *of* ... na a. van —.

analysis *in the final/last* ~ op stuk van sake, per slot van rekening; *make an* ~ *of s.t.* iets ontleed; *a pene-trating* ~ 'n indringende ontleding.

anathema *s.t. is* ~ *to s.o.* iem. vervloek iets.

ancestry *be of noble* ~ van edel afkoms wees.

anchor *be/lie at* ~ voor anker lê; *cast/drop* ~ a. gooi, die a. uitgooi, die a. laat val, voor a. gaan; *heave the* ~ die a. lig; *weigh* ~ (die) a. lig.

and ~ *so forth,* ~ *so on* ensovoort(s), en so meer, en dergelike.

anecdote *tell* ~*s about* ... staaltjies oor — vertel.

angel *be an* ~ *and* ...! § wees so gaaf om te —!; *a* **ministering** ~ 'n dienende engel; *the* **recording** ~ die e. met die pen; *on the* **side** *of the* ~*s* aan die kant van die goeie; *it is enough to make the* ~*s* **weep** dit skrei ten hemel.

anger *s.o.* **boils** *over with* ~ iem. wil bars van woede; *in a* **burst** *of* ~ in 'n vlaag van woede; HE **draws** *s.o.'s* ~ *down upon* HIMSELF HY haal HOM iem. se woede op die hals; *be* **filled** *with* ~ *about s.t.* baie kwaad wees oor iets; *in a* **fit** *of* ~ in 'n woedebui; *be* **flushed/red** *with* ~ rooi wees van woede/kwaadheid, woedend kwaad wees; HE *does it* **in** ~ HY doen dit in SY woede; *be* **livid** *with* ~ bleek wees van w.; **provoke/rouse** *s.o.'s* ~ iem. se w. opwek; **rouse** *s.o. to* ~ iem. kwaad maak; *a* **shot** *fired in* ~ 'n skoot in erns; *be* **transported** *with* ~ blind wees van woede; *s.o.'s* **unbridled** ~ iem. se onbeheerste w.; HE **vents** HIS ~ *on s.o.* HY koel SY w. op iem.

angered *be easily* ~ gou kwaad word.

angle¹ [n.] *at an* ~ skuins(weg); *at an* ~ *of* ... met 'n hoek van —; *view s.t. from a* **different** ~ iets uit 'n ander gesigspunt/oogpunt beskou; **figure** *all the* ~*s* § iets van alle kante bekyk; *from an* ~ uit 'n hoek; *from that* ~ uit dié/daardie gesigspunt/oogpunt; *an* ~ **on**

s.t. 'n blik/kyk op iets, 'n beskouing oor iets, 'n opvat=
ting van iets.

angle² [v.] ~ *for s.t.* iets vang *(vis);* na iets hengel/
vis, iets uitlok *(bv. komplimente).*

angled *s.t. is* ~ *at s.o.* iets is vir iem. bedoel.

angry ~ *about/at s.t.* kwaad/boos oor iets; *as* ~ *as a
bear with a sore head* § so kwaai soos 'n koei met
haar eerste kalf ✱; *be* ~ *at/with s.o.* vir iem. kwaad
wees; *get* ~ kwaad word; *make s.o.* ~ iem. kwaad
maak, iem. vererg; *be* ~ *over nothing* kwaad wees oor
niks; *then HE became* **properly/really** ~ toe was/
word HY ééls kwaad, toe was/word HY vir jou regtig
kwaad.

anguish *be in* ~ *over* ... oor — in angs verkeer; *suffer*
~ angs deurmaak/verduur.

animadvert ~ *on/upon* ... aanmerkings op — maak.

animated *be* ~ *by* ... deur — aangevuur word.

animosity ~ *against/towards* ... vyandigheid
teenoor —; ~ *between* ... vyandigheid tussen —; *re=
gard s.o. with* ~ iem. vyandig(gesind) wees, vyandig
teenoor iem. wees; *stir up* ~ vyandskap aanblaas.

ankle *HE has twisted HIS* ~ HY het SY enkel
verstuit/verswik.

annals *in the* ~ in die annale.

annex ~ *s.t. to a letter* iets by 'n brief aanheg.

anniversary *celebrate/commemorate/mark/observe
an* ~ 'n jaardag gedenk/vier; *to mark the* ~ by geleent=
heid van die jaardag.

announcement *make an* ~ 'n aankondiging/afkon=
diging doen.

annoyance *s.o.'s* ~ *at/over s.t.* iem. se ergernis oor
iets; *cause* ~ e. gee; *be red with* ~ rooi wees van e.;
HE shows ~ HY ruk HOM op; *be an* ~ *to s.o.* iem. tot
ergernis wees; *to s.o.'s* ~ tot iem. se e.

annoyed *HE is* ~ *about/at/by s.t.* HY erg(er)/vererg
HOM oor iets; *HE is* ~ *with s.o.* HY is vir iem. vies, HY
erg(er)/vererg HOM vir iem.

another *ask me* ~*!* § moenie vir my vra nie! ✱, vra
dit! ✱; *for* ~ *ten years* nog tien jaar; *quite* ~ *matter*
glad 'n ander saak; *quite* ~ *person* glad iemand an=
ders, 'n totaal ander persoon; *such* ~ nog so een.

answer¹ [n.] *a dusty* ~ § 'n droewe antwoord; *an
early* ~ 'n spoedige a.; *HE has an* ~ *for everything*
HY het altyd 'n a. klaar; *find an/the* ~*/solution to s.t.*
'n/die oplossing vir iets vind; *get an* ~ 'n antwoord
kry; *give s.o. an* ~ iem. 'n a. gee; *in* ~ *to* ... in a. op —;
(HE thinks) HE **knows** *all the* ~*s* HY dink HY weet
alles, HY meen HY het die wysheid in pag; *have no* ~
iem. die/'n antwoord skuldig bly; *an* ~ *to a letter* 'n a.
op 'n brief; *have an* ~ *pat* 'n a. klaar hê, met 'n a.
gereed wees; *a soft* ~ *turneth away wrath* (P) 'n sagte
a. keer die grimmigheid af (P); *the stock* ~ die gereel=
de/onveranderlike a.; *a straight* ~ 'n eerlike a.; *be
stuck for an* ~ nie weet wat om te sê nie; *the* ~ *to* ...
die antwoord op — *(bv. 'n vraag);* die oplossing van/
vir — *(bv. 'n probleem);* *wait for an* ~ vir/op 'n ant=
woord wag.

answer² [v.] ~ *back* terugantwoord; teenpraat/teë=
praat; ~ *for s.t.* vir iets verantwoording doen, iets ver=
antwoord; ~ *for s.o.* namens iem. antwoord; vir iem.
instaan; vir iem. goed staan; *HE has much to* ~ *for* HY
het baie op SY boekie/gewete/kerfstok; ~ *to* ... aan —
beantwoord, met — klop/ooreenkom *(bv. 'n beskry=
wing);* op — reageer; ~ *to s.o. for s.t.* aan iem. verant=
woording doen van iets, aan iem. rekenskap gee van
iets.

answerable *be* ~ *for s.t.* vir iets aanspreeklik wees;
be ~ *to s.o. for s.t.* aan iem. verantwoordelik wees vir
iets.

ant *HE has* ~*s in HIS pants* §§ HY sit op hete kole, HY is
gespanne/ongeduldig.

antagonism *s.t. arouses s.o.'s* ~ iets wek iem. se
vyandskap; *the* ~ *between them* die vyandigheid tus=
sen hulle; *feel* ~ *for s.o.* vyandig wees teenoor iem.;
s.o.'s ~ *to(wards)* ... iem. se vyandigheid teenoor —.

antagonistic *be* ~ *to(wards) s.o.* vyandig wees teen=
oor iem., teen iem. gekant wees.

ante *raise/up the* ~ § die inset verhoog; § die voor=
waardes moeiliker maak.

antecedent *be* ~ *to s.t.* iets voorafgaan.

anticipation *in* ~ by voorbaat, vooruit; *thanking
you in* ~ met dank by voorbaat; *in* ~ *of* ... in afwag=
ting van —; *look forward to s.t.* *with great* ~ gretig na
iets uitsien.

antics *perform* ~ kaperjolle maak; manewales uithaal.

antidote *an* ~ *against/for/to* ... 'n teëgif/teengif teen
—.

antipathy ~ *between persons* vyandigheid tussen
mense; *feel/have an* ~ *against/for/to(wards) s.o.* 'n
teensin in iem. hê, 'n afkeer van iem. hê.

antithesis *be the* ~ *of/to* ... 'n teenstelling met —
vorm.

anxiety *s.o.'s* ~ *about/for* ... iem. se kommer oor —;
s.t. causes ~ iets wek kommer/sorg, iets is kommer=
wekkend/sorgwekkend; *deep/grave/great* ~ diepe
kommer; *full of* ~ vol sorge; *relieve s.o.'s* ~ iem.
gerusstel.

anxious *be* ~ *about s.t.* oor iets bekommerd wees; *be*
~ *about/for s.o.* oor iem. ongerus wees; *s.o. is* ~ *to* ...
iem. is gretig/begerig om te —, iem. wil graag — *(bv.
help).*

any *few if* ~ weinig of geen; *hardly* ~ min of geen;
nie eintlik nie; *if s.o. has* ~ as iem. (daarvan) het, as
iem. so iets het/besit; *have you* ~ *apples/etc.?* het jy
appels/ens.?; *not have* ~ *apples/etc.* geen appels/ens.
hê nie; *HE isn't having* ~ § HY wil niks daarvan hoor
nie; *if* ~ as daar is; *comment, if* ~, *I leave to you* enige
kommentaar laat ek aan jou oor; *few if* ~ weinig of
geen; *not* ~ geen — nie.

anybody ... *if* ~ as daar iem. is wat —; *it's* ~'*s game*
or race elkeen/iedereen kan wen; *just* ~ die eerste die
beste; *HE's not just* ~ HY is nie sommer 'n hierjy nie ✱;
not ~ niemand. →**anyone.**

anyhow *do s.t.* ~ iets tog doen, iets in elk geval doen;

§iets sommerso doen, iets afskeep; HE *will have to* **do** *it*
~ HY sal dit in elk geval moet doen, HY sal dit tog moet
doen, HY sal dit moet doen of HY wil of nie; *just* ~ §
dit maak nie saak hoe nie; *not just* ~ §nie sommerso
nie; *any old how* §maak nie saak hoe nie.

anyone ~ *else* elke ander een, iemand anders; ~
else? nog iemand?; HE *doesn't want to speak to* ~ *else*
HY wil met niemand anders praat nie; *just* ~ die eer=
ste die beste; *scarcely* ~ byna niemand; ~ *who does
that* wie dit doen, iem. wat dit doen. →**anybody.**

anything *as ... as* ~ §baie —; *does* HE *have* ~ *at all?*
het HY hoegenaamd iets?; ~ *but* ... alles behalwe —;
HE *will do* ~ *for s.o.* HY sal alles vir iem. doen; HE *will*
do ~ HY gee nie om wat HY doen nie; HY is tot alles in
staat; HE *did not* **do** ~ HY het niks gedoen nie; ~ HE
does wat HY ook al doen; ~ *doing?* § gebeur daar
iets?; ~ *else* iets anders; ~ *else?* nog iets?; ~ *from
fifty to a hundred* tussen vyftig en honderd; ~ HE *can
get hold of* alles wat HY in die hande kan kry; HE *would*
give ~ *for* ... HY sou wát wou gee vir —; ~ *goes* alles
is veroorloof; net wat jy wil; *hardly* ~ byna niks; *it is,
if* ~, *better* dit is ewe goed of beter; *little* **if** ~ weinig of
niks; *if there is* ~ HE *dislikes, it is* ... een ding waarvan
HY niks hou nie, is —; *do you* **know** ~ *about it?* weet jy
iets daarvan?; *not* **know** ~ niks weet nie; ~ HE **likes**
net wat HY wil; *like* ~ § dat dit gons/help ★, dat dit 'n
aardigheid is ★, soos blits ★; soos nog iets ★; *not* ~ **like**
as good/etc. as ... § glad nie so goed/ens. soos — nie; *not*
make/think ~ *of s.t.* iets nie belangrik ag nie; *more
than* ~ meer as alles, veral; *who can ask for* ~ **more?**
wat wil ('n) mens nog hê?; *or* ~ of iets; *scarcely* ~
byna niks; *not* **think/make** ~ *of s.t.* →**make/think;**
~ *up to* ... tot —; ~ *which* ... al wat —.

anytime *just* ~ § wanneer ook al.

anywhere *it will not get* HIM ~ HY sal niks daarmee
bereik nie; *not be getting* ~ nie vorder nie; ~ *s.o.*
goes waar iem. ook al gaan; *not come* ~ *near* ... glad
nie naby — kom nie; *not* ~ nêrens; *or* ~ of waar ook
al.

apart *far* ~ ver/vêr uitmekaar; ~ *from* ... afgesien
van —, buiten —, (buite en) behalwe —; *be* ~ *from* ...
van — afgeskeie wees; *wide* ~ ver/vêr uitmekaar.

apathy *be sunk in* ~ in lusteloosheid gedompel wees;
s.o.'s ~ *towards* ... iem. se onverskilligheid omtrent/
teenoor —.

aplomb *do s.t. with* ~ iets selfversekerd doen.

apologetic *be* ~ *about s.t.* apologeties wees oor iets;
HE *was* ~ *for doing it* HY was apologeties omdat HY dit
gedoen het.

apologise, =**ize** HE ~*s for* HIS *behaviour* HY vra ver=
skoning vir SY gedrag; ~ *for s.o.* vir iem. verskoning
vra; ~ *to s.o. for s.t.* (by) iem. (om) verskoning vra vir
iets.

apology *an abject* ~ 'n kruiperige verskoning; *ac=
cept an* ~ 'n v. aanvaar; *it* **admits** *of no* ~ dis onver=
geeflik *(bv. iem. se gedrag)*; *this* ~ *for a visit/etc.* hier=
die sogenaamde kuier/ens.; *make one's apologies to s.o.*

by iem. verskoning vra, by iem. apologie aanteken/
maak; *offer an* ~ verskoning maak, ekskuus vra; *offer
s.o. an* ~ by iem. verskoning vra, iem. 'n v. aanbied.

appalled *be* ~ *at s.t.* oor iets ontsteld wees.

apparent *from the documents it is* ~ *that* ... uit die
dokumente blyk dat —; *s.t. is* ~ *to s.o.* iets is vir iem.
duidelik.

appeal¹ [n.] *allow/grant an* ~ 'n appèl toestaan/
handhaaf; *dismiss/reject an* ~ 'n a. van die hand
wys, 'n a. afwys/verwerp; *an* ~ *for contributions* or
help 'n oproep om bydraes *of* hulp; *go to* ~ appèl aan=
teken; *an* ~ *lies to the supreme court* daar is a. na die
hooggeregshof; *s.t. has little* ~ *for s.o.* iets het min
aantrekkingskrag vir iem.; *lodge an* ~ appèl aante=
ken; *s.t. has lost its* ~ *for s.o.* iets het sy aantrekkings=
krag vir iem. verloor; *make an* ~ *to s.o.* 'n beroep op
iem. doen; *s.t. has no* ~ *for s.o.* iets het geen aantrek=
kingskrag vir iem. nie; *note an* ~, *give* **notice** *of* ~
appèl aanteken.

appeal² [v.] ~ *against* ... teen — appelleer; ~ *to s.o.
for s.t.* op iem. 'n beroep doen om iets; *s.t.* ~*s to s.o.*
iem. hou van iets, iets vind by iem. ingang, iets slaan
by iem. in, iets spreek tot iem., iets lok/trek iem. aan,
iets val in iem. se smaak, iem. het sin in iets; ~ *to a
higher court* na 'n hoër hof appelleer, by 'n hoër hof in
beroep gaan.

appear ~ *for s.o.* vir iem. verskyn *(in 'n hof)*; *it* ~*s
that* ... blykbaar/vermoedelik —; *it* ~*s to me* ... dit lyk
(vir) my —; *an angel* ~*s to s.o.* 'n engel verskyn aan
iem.; *s.o.* or *it* ~*s to be* ... iem. *of* dit is blykbaar —; *s.o.*
or *it* ~*s to have* ... iem. *of* dit het blykbaar —; *it
would* ~ *as if* ... dit sou lyk asof —; dit wil voorkom
asof —; *it* **would** ~ *to be* ... dit is blykbaar —.

appearance *to/by/from all* ~*s* skynbaar, oënskyn=
lik, op die oog (af); *make a* **brief** ~ 'n kort rukkie
verskyn; *by* ~ in/na/volgens voorkoms; ~*s are de=
ceptive* skyn bedrieg; *enter* ~, *(jur.)* verskyning
aanteken; *keep up* ~*s* die skyn bewaar/red, die fatsoen
bewaar; HE **makes** *an* ~, HE *puts in an* ~ HY verskyn,
HY maak SY verskyning, HY daag op; *to all* **outward**
~*s* skynbaar, oënskynlik, op die oog (af); *s.o.'s* **per=
sonal** ~ iem. se voorkoms/uiterlik(e); *a personal* ~
'n persoonlike optrede, 'n verskyning in eie persoon;
make a **personal** ~ in eie persoon optree; *s.o. presents
a* **ragged** ~ iem. sien daar verflenter(d) uit; ~ *and
reality* skyn en wese.

append ~ *s.t. to* ... iets aan — heg.

appertain *s.t.* ~*s to* ... iets behoort/pas by —; iets het
op — betrekking.

appetite *have an* ~ *for s.t.* vir iets aptyt/lus hê, in iets
sin hê; *have an* ~ eetlus hê; *have no* ~ geen e./aptyt
hê nie, geen trek in die kos hê nie; *have a* **roaring** ~
rasend honger wees; *a* **sharp** ~ 'n stewige eetlus; *have
a* **sound** ~ 'n gesonde e. hê; *it* **tempts** *the* ~ dit prik=
kel die e.; *whet s.o.'s* ~ *for s.t.* iem. se aptyt/belang=
stelling vir iets (op)wek/prikkel; *work up an* ~ eetlus
kry.

applause *a burst/salvo of* ~ dawerende toejui=
ging; *s.o. gets/wins* ~ *for s.t.* iets van iem. vind groot
byval; *be greeted with* ~ met groot byval begroet
word; *rousing/thunderous* ~ dawerende toejui=
ging; *to* ~ onder toejuiging.

apple *a bad/rotten* ~ 'n vrot appel *(lett. & fig.); the*
~ *of s.o.'s eye* iem. se oogappel *(fig.).*

applecart *upset s.o.'s* ~ §(al) iem. se planne omver=
gooi/omvêrgooi/verydel; *upset the* ~ § die (hele) spul
verongeluk ★, die (hele) boel omskop ★

applicable *be* ~ *to* ... op — van toepassing wees.

applicant *an* ~ *for a job* 'n aansoeker om 'n betrek=
king.

application *an* ~ *for* ... 'n aansoek om — *(bv. 'n
betrekking);* 'n aanvraag om — *(bv. 'n patent, verlof);
the* ~ *of* ... die aanwending van — *(bv. fondse, medisy=
ne);* die toepassing van — *(bv. 'n beginsel, 'n reël);
make an* ~, *put in an* ~ aansoek doen; *on* ~ op
aanvraag; *an* ~ *to* ... 'n aansoek by — *(bv. die hof); the*
~ *of ointment to a wound* die aanwending van salf op 'n
wond.

apply ~ *for* ... om — aansoek doen *(bv. 'n betrek=
king);* — aanvra *(bv. 'n lisensie, 'n patent);* ~ *to s.o.
for s.t.* by iem. om iets aansoek doen *(bv. 'n betrek=
king);* iets by iem. aanvra *(bv. 'n lisensie, 'n patent);
HE applies HIMSELF to s.t.* HY lê HOM op iets toe *(bv. 'n
taak); s.t. applies to* ... iets is op — van toepassing, iets
slaan op —, iets geld vir —; ~ *s.t. to* ... iets op — sit,
iets aan — smeer *(bv. 'n wond);* ~ *s.t. towards* ... iets
vir — aanwend.

appoint ~ *s.o. as* ..., ~ *s.o. to be* ... iem. as — aanstel;
~ *s.o. to a post* iem. in 'n amp/pos aanstel, iem. tot 'n
a./p. benoem.

appointment *s.o.'s* ~ *as* ... iem. se aanstelling as —;
break an ~ 'n afspraak nie nakom nie, 'n a. versuim;
by ~ volgens afspraak; *cancel an* ~ 'n afspraak afsê/
afstel; *get an* ~ 'n afspraak kry; 'n aanstelling kry;
keep an ~ 'n afspraak hou/nakom; *s.o. did not keep
the* ~, *(ook)* iem. het nie opgedaag nie; *make an* ~ 'n
afspraak maak; 'n aanstelling doen; *take up an* ~ 'n
aanstelling aanvaar.

apportion ~ *s.t. among/between people* iets onder/
tussen mense verdeel.

apposite *be* ~ *to* ... op — toepaslik wees.

appreciate ~ *s.t. deeply* iets hoog op prys stel; *s.o.
has to* ~ *that* ... iem. moet besef dat —.

appreciation *express* ~ *of s.t.* waardering vir/oor
iets uitspreek; *have little* ~ *of s.t.* weinig besef van iets
hê *(bv. probleme); in* ~ *of* ... uit waardering vir —;
show ~ *of s.t.* waardering vir iets toon; *speak with* ~
of ... met w. van — praat.

appreciative *be* ~ *of s.t.* iets waardeer, waardering
vir iets hê.

apprehension *have* ~*s about s.t.* oor iets bedug
wees; *feel* ~ *for* ... bedug/bevrees wees vir — *(bv. iem.
se veiligheid).*

apprehensive *be* ~ *about s.t.* oor iets bedug wees;

be ~ *of s.t.* vir iets bedug/bevrees wees; *be* ~ *that* ...
bedug/bevrees wees dat —.

apprentice ~ *s.o. to a* ... iem. by — as vakleerling
inskryf/inskrywe.

apprenticeship *serve an* ~ vakleerling wees, 'n
leertyd deurmaak.

apprise ~ *s.o. of s.t.* iem. iets meedeel, iem. van iets
in kennis stel.

apprised *be* ~ *of s.t.* van iets kennis dra, van iets
bewus wees, van iets weet.

appro *on* ~ § op sig.

approach¹ [n.] *at the* ~ *of* ..., *(teenw.t.)* wanneer
die — nader kom, *(verl.t.)* toe die — nader kom;
make an ~ *to s.o. for s.t.* iem. om iets nader *(bv.
hulp); make* ~*s to* ... toenadering tot — soek; *s.o.'s* ~
to ... iem. se houding teenoor —, iem. se beskouing
omtrent —, iem. se opvatting van — *(bv. 'n onderwerp,
'n saak); s.o.'s* ~ *to life* iem. se lewensbeskouing; *the*
~*es to a place* die toegange na 'n plek.

approach² [v.] *HE* ~*s s.o. about s.t.* HY nader iem. oor
iets, HY wend HOM tot iem. oor iets, HY klop by iem.
oor iets aan.

appropriate¹ [v.] ~ *s.t. for* ... iets vir — aanwys/af=
sonder/bestem/toewys; ~ *money for* ... geld vir — be=
willig, geld vir — beskikbaar stel; *HE* ~*s* ... *to HIM=
SELF* HY eien HOM — toe, HY palm — in, HY lê — vas ★

appropriate² [adj.] *be* ~ *for/to* ... vir — gepas/ge=
skik/paslik/passend wees.

appropriation *make an* ~ *for* ... 'n bedrag vir —
bewillig.

approval *beam* ~ iets glimlaggend goedkeur; *HE
gives HIS* ~ *to* ... HY keur — goed, HY heg SY goed=
keuring aan —; *s.t. has the* ~ *of s.o.* iets dra die goed=
keuring van iem. weg; *meet with* ~ goedkeuring weg=
dra, byval vind; *on* ~ op sig; *be subject to s.o.'s* ~ aan
iem. se goedkeuring onderworpe wees; *meet with uni=
versal* ~ algemeen byval vind; *s.t. wins s.o.'s* ~ iets
dra iem. se goedkeuring weg; iets vind by iem. ingang.

approve *HE* ~*s of* ... HY keur — goed, HY heg SY
goedkeuring aan — *(iets);* HY hou van —, HY dink baie
van — *(iem.).*

approximate *s.t.* ~*s (to)* ... iets kom naby aan —.

approximation *by* ~ by benadering; *s.t. is an* ~
of/to ... iets is min of meer —, iets is naaste(n)by —.

apron strings *be tied to s.o.'s* ~ ~ § aan iem. se
rok(s)bande vassit, onder die plak wees, aan die lei=
band loop.

apropos ~ *of* ... na aanleiding van —.

apt *be* ~ *to do s.t.* iets lig/maklik doen *(bv. vergeet,
aanstoot neem).*

aptitude *have/show an* ~ *for s.t.* aanleg vir iets
hê/toon.

arbitrate ~ *between* ... skeidsregter/arbiter wees tus=
sen —.

arbitration *go to* ~ na arbitrasie verwys word *(ge=
skil);* hulle aan arbitrasie onderwerp *(partye); settle
s.t. by* ~ iets deur 'n skeidsgereg besleg, iets deur arbi=

trasie besleg; *submit s.t. to* ~ iets aan arbitrasie onder-
werp, iets aan 'n skeidsgereg onderwerp, iets aan 'n
skeidsregterlike uitspraak onderwerp.

arch ~ *over s.t.* 'n boog oor iets vorm.

ardour *damp(en) s.o.'s* ~ 'n demper/domper op iem.
plaas; *with undamped* ~ met onverminderde ywer.

area *it covers an* ~ *of* ... dit beslaan —; *a grey* ~ 'n
tussengebied; *over a wide* ~ oor 'n uitgestrekte gebied.

arguable *it is* ~ *that* ... ('n)mens kan redeneer dat—.

argue ~ *about/over* ... oor — stry/argumenteer;
s.o. ~*s against s.t.* iem. argumenteer teen iets; *the
facts* ~ *against s.t.* die feite getuig teen iets; ~ *away
s.t.* iets wegredeneer; ~ *in a* **circle** in 'n kring(etjie)
redeneer; ~ *for s.t.* ten gunste van iets argumenteer,
redes ten gunste van iets aanvoer; ~ *out s.t.* iets uit-
stry *(verskille);* ~ *s.o.* **out** of doing *s.t.* iem. ompraat/
oorreed om iets nie te doen nie; ~ *that* ... redeneer
dat —; ~ *with s.o.* met iem. stry.

argued *that cannot be* ~ *away* daar kom jy nie verby
nie; *be closely* ~ logies beredeneer(d) wees.

arguing *don't stand there* ~*!* moenie staan en teen-
praat/teëpraat nie!

argument *advance* ~*s* argumente aanvoer, redes
aantoon; *an* ~ *against s.t.* 'n argument teen iets; *be
beyond* ~ buite twyfel wees; *demolish an* ~ 'n ar-
gument afmaak; *develop an* ~ 'n redenering ont-
plooi; *an* ~ *for s.t.* 'n argument ten gunste van iets;
have an ~ *with s.o.* *about/over s.t.* met iem. oor iets
stry; *meet an* ~ 'n argument/redenering beantwoord/
weerlê; *pick an* ~ *with s.o.* 'n argument met iem. uit-
lok; *put forward an* ~, *raise an* ~ 'n a. aanvoer/op-
per; *reinforce an* ~ krag by 'n a. sit; *for* ~*'s sake*
argumentshalwe; *settle an* ~ 'n meningsverskil op-
los; *a solid/sound* ~ 'n gegronde argument; *a spe-
cious* ~ 'n vals(e) a., 'n drogrede(nasie).

arise *s.t.* ~*s from* ... iets spruit uit — (voort), iets vloei
uit — voort, iets ontstaan uit —.

arising ~ *from* ... na aanleiding van —.

arithmetic *do* ~ rekenkunde doen, somme maak.

ark *it comes (straight) out of the* ~ § dit kom uit die ark,
dit is stokoud.

arm[1] [n.] *with* ~*s across* met die arms oorkruis, met
die arms oormekaar, met die arms (oormekaar) gevou;
HE stands with ~*s akimbo* HY staan hand in die sy, HY
staan kieliebak in die wind ★; *chance one's* ~ § dit
waag, 'n kans waag, 'n risiko neem; *HE clasps s.o. in
HIS* ~*s* HY druk iem. in SY arms; *HE flings HIMSELF
into s.o.'s* ~*s* HY werp HOM in iem. se arms; *HE folds
HIS* ~*s* HY vou SY arms (oormekaar); *HE folds s.o. in
HIS* ~*s* HY neem/sluit iem. in SY arms; *with folded* ~*s*
met die arms oormekaar, met die arms (oormekaar)
gevou; ~ *in* ~ ingehaak, gearm(d), arm in arm; *walk*
~ *in* ~ ingehaak loop; *s.t. cost s.o. an* ~ *and a leg* §
iets het iem. 'n boel/hoop geld gekos ★; *at* ~*'s length*
'n arm(s)lengte ver/vêr; op 'n afstand; *keep s.o. at* ~*'s
length* iem. op 'n afstand hou; *link* ~*s with s.o.* by
iem. inhaak; *with* ~*s linked* ingehaak, gearm(d), arm

in arm; *a list as long as your* ~ §'n ellelang(e) lys ★; *s.o.
has a long* ~, *(fig.)* iem. het 'n lang arm *(fig.),* iem.
het baie invloed, iem. se mag reik ver/vêr; *the long* ~
of the law die lang arm van die gereg; *make a long* ~
rek om by te kom; *a baby on her* ~ 'n kind op haar arm;
a girl on his ~ 'n meisie aan sy arm; *receive/welcome
s.o. with open* ~*s* iem. met oop/ope arms ontvang,
iem. hartlik/vriendelik ontvang; *HE would give HIS
right* ~ *to* ... HY sou wat wil gee om te —; *HE takes
s.o. in HIS* ~*s* HY neem/sluit iem. in SY arms; *HE
throws HIS* ~*s about* HY swaai met SY arms; *throw
one's* ~*s about s.o.* iem. omarm/omhels; *throw one's*
~*s round s.o.'s neck* iem. om die hals val; *HE throws up
HIS* ~*s* HY maak 'n wanhoopsgebaar; *twist s.o.'s* ~,
(lett.) iem. se arm draai, iem. se arm 'n draai gee;
(fig.) §vir iem. die duimskroef aansit, iem. druk, druk
op iem. uitoefen, iem. onder druk plaas.

arm[2] [v.] *HE* ~*s HIMSELF with* ... *against* ... HY wapen
HOM met — teen —.

armed *go* ~ gewapen wees; ~ *to the teeth* tot die tan-
de (toe) gewapen; ~ *with* ... met — gewapen.

armful *send s.o. flowers by the* ~ arms vol blomme aan
iem. stuur.

armour *in* ~ geharnas.

arms *bear* ~ wapens dra, as soldaat dien; *call a na-
tion to* ~ 'n volk onder die wapen(s) roep; *the clash of*
~ die wapengekletter; *a feat of* ~ 'n wapenfeit; *fly to*
~ (na) die wapen(s) gryp, te wapen snel; *by force of* ~
met wapengeweld; *HE lays down HIS* ~ HY lê die wa-
pens neer, HY gee HOM oor; *present* ~ geweer presen-
teer; *present* ~*!* presenteer geweer!; *rise up in* ~ in
opstand kom, die wapen(s) opneem; *stack* ~ gewere
koppel; *they take up* ~ hulle neem die wapen(s) op,
hulle gryp na die wapen(s), hulle wapen hulle; *to* ~*!* te
wapen!; *trail* ~ die geweer in die hand hou; *have
50 000 men under* ~ 50 000 man onder die wapens hê;
be up in ~ *about/over s.t.* § oor iets in opstand/verset
wees; § oor iets verontwaardig wees; § oor iets op SY
agterpote wees *(fig.)* ★

army *join the* ~ by die leër aansluit, soldaat word.

around *all* ~ rondom; oral rond; *be* ~ § hier rond
wees, in die rondte wees; *s.o. has been* ~ § iem. het
baie ervaring; *s.o. will be* ~ § iem. sal hier langs
kom; *s.o. will be* ~ *for a long time* § iem. sal nog lank
met ons wees; ~ *here somewhere* hier êrens (rond); ~
a hundred/etc. ongeveer/omtrent/sowat honderd/
ens.; ~ *it* daar rondom; ~ *8/etc. o'clock* omstreeks
ag(t)uur/ens., om en by ag(t)uur/ens.; *right* ~ *the
country* oor die hele land; *turn right* ~ heeltemal
omdraai.

arouse ~ *s.o. from* ... iem. uit — wek.

arraign ~ *s.o. for* ... iem. weens — aankla *(bv.
diefstal).*

arrange ~ *for s.t.* vir iets reëlings tref; ~ *music for* ...
musiek vir — bewerk; ~ *for s.t. to be done* reël dat iets
gedoen word.

arrangement *by* ~ volgens afspraak; *by* ~ *with* ...

met vergunning van —; *come* to an ~ *with s.o.* 'n akkoord met iem. aangaan/tref, 'n reëling met iem. tref; *make* ~s *for* ... reëlings vir — tref.

array HE puts on HIS *finest* ~ HY dos/vat HOM uit.

arrayed *be* ~ *in* ... in — uitgedos/uitgevat wees.

arrears *catch up on* ~ 'n agterstand inhaal/af= werk/bywerk; *fall/get into* ~s *with s.t.* met iets agter= raak; *be in* ~ agter wees, in die skuld wees *(iem.)*; agterstallig wees *('n betaling, 'n paaiement)*; HE is *in* ~ *with HIS payments,* HIS *payments are in* ~ HY is agter met SY paaiemente, SY paaiemente is agterstallig.

arrest¹ [n.] *be in close* ~ in geslote arres wees; *court* ~ arrestasie uitlok; *make an* ~ iem. arresteer, iem. in hegtenis neem; *no* ~ *has been made* niemand is in heg= tenis geneem nie, niemand is gearresteer nie; *place/ put s.o. under* ~ iem. in hegtenis neem, iem. arresteer; *be under* ~ in hegtenis/arres wees.

arrest² [v.] ~ *s.o. for* ... iem. weens — in hegtenis neem, iem. weens — arresteer *(bv. moord)*.

arrival ~ *at* ... aankoms by —; *on (s.o.'s)* ~ by (iem. se) aankoms; *the time of* ~ die aankomstyd.

arrive ~ *at* ... by — aankom *(bv. die huis)*; op — aankom *('n dorp, 'n plaas)*; tot — kom *(bv. 'n besluit, 'n gevolgtrekking)*; ~ *in* ... in — aankom *('n stad)*.

arriving *on* ~ *at the office* HE *immediately* ... toe HY by die kantoor aankom, het HY onmiddellik —.

arrogate HE ~s ... *to* HIMSELF HY eien HOM — toe; HY matig HOM — aan.

arrow *shoot an* ~ 'n pyl afskiet.

arson *commit* ~ brand stig.

art *the fine* ~s die skone kunste; *have s.t. down to a fine* ~ § haarfyn weet hoe om iets te doen; *in* ~ in die kuns; *s.t. is state of the* ~ § iets is die allernuutste; *a work of* ~ 'n kunswerk; *the world of* ~ die kunswêreld.

article *the paper carried the* ~ die koerant het die artikel geplaas, die artikel het in die koerant verskyn; *s.t. is the genuine* ~ iets is eg; *an* ~ *on* ... 'n artikel oor —; HE *serves* HIS ~s HY dien SY leertyd (as proku= reur) uit; *write an* ~ 'n artikel skryf/skrywe.

articled *be* ~ *to* ... by — as leerklerk ingeskryf wees.

artillery *a piece of* ~ 'n stuk geskut.

as ~ *against* ... teenoor —, in teenstelling met —; ~ *against* that daarteenoor; ~ *against this* hierteen= oor; *even* ~ ... net soos —; *onderwyl* —; ~ *for* ... wat — betref; ~ *from* ... met ingang van —, ingaande op — *('n datum)*; ~ *if* ... (as)of —; *look* ~ *if* ... lyk (as)of —; ~ *in* ... soos in —; *sell s.t.* ~ *is* iets voetstoots verkoop; ~ *it is* in werklikheid, reeds; ~ *it were* as 't ware, so te sê, jy kan maar sê; *just* ~ ... nes —, net soos —; net na —; *just* ~ *you are* sommerso; *just* ~ *if* ... publiek asof —; *the position* ~ *on* ... die stand van sake op — *('n datum)*; ~ *though* ... (as)of —; ~ *to* ... aangaande —, wat — betref; *an indication* ~ *to how* or *what* or *when* ... 'n aanduiding van hoe of wat of wanneer —; ~ *s.o. was approaching* toe iem. nader kom; ~ *and when s.o. needs it* na gelang iem. dit no= dig kry; ~ *yet* nog, tot nog toe; voorasnog; ~ *you*

were soos voorheen; ~ *you were!, (mil.)* herstel!

as ... as (Vergelykende frases is onder die adjektief te vind, bv. *as cool as a cucumber* verskyn onder **cool**.)

ascendancy, ascendency *gain* or *have the* ~ *over* ... die oorhand oor — kry *of* hê.

ascendant *be in the* ~ oorheersend wees; aan die opkom wees, in opkoms wees *(van 'n mens, 'n ster)*.

ascent *make an* ~ *of a mountain* 'n berg klim/bestyg.

ascertain *as far as s.o. can* ~ vir sover/sovêr iem. kan nagaan.

ascribe ~ *s.t. to* ... iets aan — toeskryf/toeskrywe.

ash *burn* ~ *to* ~es iets tot as verbrand; *be burnt/re= duced to* ~es tot as verbrand wees; *drop* ~(es) as laat val; *be in* ~es (tot as) verbrand wees.

ashamed *be* ~ skaam kry; HE *is* ~ *of* ... HY is skaam vir —; HY skaam HOM oor/vir —; HE *ought to be* ~ *of* HIMSELF HY behoort HOM te skaam.

ashen *turn* ~ asvaal word.

ashes →ash.

ashore *drift* ~ aanspoel; *go* ~ aan land/wal gaan *(mense)*; strand *('n skip)*; *put s.o.* ~ iem. aan land sit; *run* ~ strand, op die strand loop *('n skip)*; *run a ship* ~ 'n skip op die strand laat loop.

aside¹ [n.] *say s.t. in an* ~ iets tersyde sê.

aside² [adv.] ~ *from* ... afgesien van —, behoudens —, buiten —, bo en behalwe —.

ask ~ *about/after/for* ... na — verneem/vra; ~ *af= ter s.o.('s health)* na iem. (se gesondheid) verneem; ~ *away!* vra (maar) gerus!; ~ *for s.o.* na iem. vra; ~ *for s.t.* (om) iets vra; § iets soek/uitlok *(bv. moeilikheid)*; *s.t.* ~s *for* ... iets eis — *(bv. aandag)*; ~ *s.o. for s.t.* iets by/van iem. vra; ~ *s.o. in* iem. innooi, iem. binne nooi; *don't* ~ *me!* § moenie vir my vra nie! ⋆; *if you* ~ *me* ... as ek moet sê —, — dink ek; *I* ~ *myself whether* ... ek vra my af of —; ~ *s.t. of s.o.* iem. iets vra; iets van iem. verwag; ~ *s.o. out (to dinner, to the thea= tre)* iem. (uit)nooi (om saam te gaan eet, om saam teater toe te gaan); ~ *s.o. over/round* iem. nooi/oorvra, iem. vra om aan/oor te kom; *one/you may well* ~! vra dit! ⋆; ~ *whether* ... vra of —; *I* ~ *you!* § (ek) bid jou aan!

asked *the thing* ~ *for* die gevraagde.

asking *s.t. is to be had for the* ~ ('n) mens hoef net (daarom) te vra; *it is yours for the* ~ jy hoef net te vra; *s.o. is* ~ *for it* § iem. maak/soek daarna.

asleep *be* ~ slaap, aan die slaap wees; *fall* ~ aan die slaap raak; *be fast/sound* ~ vas aan die slaap wees.

asperity HE *speaks with* ~ *about* ... HY laat HOM skerp oor — uit.

aspersion *cast* ~s *on/upon s.o.* iem. beswadder/be= laster.

aspirant *an* ~ *to* ... 'n aspirant na —.

aspiration *have* ~s *to* ... na — streef/strewe; daarna streef/strewe om te —.

aspire ~ *to* ... na — aspireer/streef/strewe.

ass HE *makes an* ~ *of* HIMSELF § HY maak HOM belag= lik, HY begaan 'n stommiteit; *you* ~! § jou asjas/as= koek/bobbejaan! ⋆

assailed *be* ~ *by* ... deur — oorval word *(bv. vrees)*; *be* ~ *with* ... met — bestook/oorval word *(bv. vrae)*.

assault *commit an* ~ 'n aanranding pleeg; *make an* ~ *on* ... 'n aanslag op — doen/maak.

assent¹ [n.] *by* **common** ~/*consent* eenstemmig, met algemene instemming; *by* **common** ~/*consent s.o. is* ... almal stem saam dat iem. — *is; HE* **gives** *HIS* ~ *to s.t.* HY betuig SY instemming met iets; *have s.o.'s* ~ iem. se instemming hê; *with* **one** ~ eenparig, soos een man. →**consent.**

assent² [v.] ~ *to s.t.* iets aanneem *(bv. 'n voorstel)*.

assert *HE* ~s *HIMSELF* HY laat HOM geld, HY staan SY man, HY maak SY stem dik ★

assertion *make an* ~ 'n bewering maak; *an unsup= ported* ~ 'n ongestaafde bewering.

assess ~ *s.t. at* ... iets op — waardeer/skat.

assessment *in s.o.'s* ~ na iem. se oordeel; *make an* ~ *of s.t.* iets waardeer/skat; 'n oordeel oor iets vorm *(bv. die situasie)*.

asset *s.o. is an* ~ *to a community/etc.* iem. is 'n waarde= volle lid van 'n gemeenskap/ens.

assign ~ *s.t. to s.o.* iets aan iem. toewys; ~ *a task to s.o.*, ~ *s.o. (to) a task* 'n taak aan iem. opdra.

assimilated *be* ~ *into/with* ... deur — opgeneem word.

assist ~ *at s.t.* met iets help; ~ *s.o. in doing s.t.*, ~ *s.o. to do s.t.* iem. help om iets te doen; ~ *s.o. with s.t.* iem. met iets help.

assistance *be of* ~ *to s.o.* iem. behulpsaam wees, iem. tot/van hulp wees; *can I be of* ~? kan ek help?; *come to s.o.'s* ~ iem. te hulp kom; *give/render* ~ hulp/bystand verleen; *jump/spring to s.o.'s* ~ iem. te hulp snel.

assistant *the* ~ *to* ... die assistent van —.

associate *HE* ~s *with* ... HY gaan met — om, HY verkeer met —, HY hou HOM met — op; *HE* ~s *HIM= SELF with* ... HY vereenselwig HOM met — *(iem. of iets)*; HY onderskryf/onderskrywe — *(bv. 'n mening)*; ~ *s.t. with s.t. else* iets met iets anders in verband bring.

association *s.o.'s* ~ *with* ... iem. se verbintenis met —; iem. se samewerking met —; *in* ~ *with* ... in oor= leg/samewerking met —, met medewerking van —; *do s.t. in* ~ *with another firm* iets in deelgenootskap met 'n ander firma doen.

assume *you can safely* ~ *that* ... jy kan gerus aan= neem dat —, jy kan met gerustheid aanneem dat —; ~ *that* ... aanneem/veronderstel dat —; *assuming that HE did it* laat ons aanneem dat HY dit gedoen het, gestel dat HY dit gedoen het.

assumption *make an* ~ iets veronderstel; *on the* ~ *that* ... in die veronderstelling dat —; *go/proceed/work on the* ~ *that* ... van die veronderstelling uitgaan dat —; *it is a* **safe** ~ *that* ... ('n) mens kan met gerustheid aanneem dat —.

assurance *give s.o. the* ~ *that* ... iem. die verseke= ring gee dat —; *a* **solemn** ~ 'n plegtige versekering;

s.o. wants to make ~ *doubly* **sure** iem. wil niks aan die toeval oorlaat nie, iem. wil iets bo alle twyfel stel; *to make* ~ *doubly* **sure** vir alle sekerheid; *do s.t. with* ~ iets vol selfvertroue doen.

assure ~ *s.o. of s.t.* iem. iets toesê *(bv. hulp, steun)*; ~ *s.o. that* ... iem. verseker dat —; *HE wants to* ~ *HIMSELF of s.t.* HY wil HOM van iets verseker.

assured *s.o. can rest* ~ iem. kan gerus wees.

astern *fall* ~ agterraak.

astir *be* ~ op die been wees, aan die roer wees ; *set s.t.* ~ iets in beroering bring.

astonished *HE is* ~ *at* ... HY is verbaas oor —, HY verwonder HOM oor —.

astonishment *s.o.'s* ~ *at s.t.* iem. se verbasing/ver= wondering oor iets; *in* ~ met verbasing; *out of* ~ uit verbasing; *to s.o.'s* ~ tot iem. se verbasing.

astray *go* ~ wegraak; verdwaal, van die spoor af raak, op 'n dwaalspoor raak; afdwaal, van die regte pad af= wyk; *lead s.o.* ~ iem. mislei, iem. op 'n dwaalspoor bring; iem. verlei/verlok.

asunder *rend/tear s.t.* ~ iets uiteenskeur, iets uitme= kaar skeur, iets aan stukke skeur.

asylum *ask for* ~, *seek* ~ asiel vra/soek; *grant s.o.* ~ aan iem. asiel verleen.

at *be* ~ *it again* §weer aan die gang/werk wees; §weer aan die baklei/twis wees; *while you are* ~ *it* §terwyl jy aan die gang is, terwyl jy (daarmee) besig is; *be hard* ~ *it* § hard werk; *be* ~ *s.o.* § iem. aanval; § met iem. rusie maak; §aan iem. torring *(oor iets)* ★; *what is HE* ~? §wat vang HY aan?; §wat werskaf HY?; §waarmee is HY besig?; §wat bedoel HY?; *HE doesn't know what HE's* ~ § HY weet nie wat HY doen nie.

atmosphere *in the thin* ~ in die yl atmosfeer.

atom *not an* ~ *of* ... geen greintjie — nie; *split an* ~ 'n atoom splyt.

atone ~ *for* ... vir — boet *(sonde)*.

atrocity *commit atrocities* gruwele/wreedhede pleeg.

attach ~ ... *to s.t.* — aan iets heg; *HE* ~es *HIMSELF to* ... HY voeg HOM by —.

attached *s.t. is* ~ *to* ... iets is aan — vas; *s.o. is* ~ *to* ... iem. is aan — geheg; *become* ~ *to* ... aan — geheg raak, aan — vasgroei; *be deeply* ~ *to s.o.* innig aan iem. ge= heg/verkleef/verknog wees.

attachment *have an* ~ *for s.o.* aan iem. geheg wees; *s.o.'s* ~ *to* ... iem. se gehegtheid aan —.

attack *a* **bad/severe** ~ 'n ernstige/hewige/kwaai aanval *(van siekte)*; *beat off an* ~, *repel an* ~ 'n aan= val afslaan/afweer; *a* **blistering/stinging** ~ 'n veny= nige a.; *conduct an* ~ 'n a. lei/aanvoer; ~ *is the best form of* **defence** a. is die beste verdediging; *have an* ~ *of* ... 'n a. van — hê; *launch an* ~ tot die a. oorgaan; *launch/make an* ~ *on* ... 'n a. op — doen, 'n a. teen — ontketen/rig, teen — te velde trek; *an* ~ *of* ... 'n a. van — *('n siekte)*; *an* ~ *on* ... 'n a. op —; *be on the* ~ aanval, aanvallend optree, aan die aanval wees; *return to the* ~ die aanval hernieu/hernu(we), weer/opnuut tot die a. oorgaan; *a* **slight** ~ 'n ligte a. *(van siekte)*;

sound *the* ~ tot die a. oproep; **stage** *an* ~ 'n a. onderneem; *an* **unbridled** ~ 'n onbeheerste a.; *be/come un= der* ~ aangeval word.

attempt[1] [n.] *make an* **all-out** ~, *make a* **concerted** ~ 'n bewuste poging aanwend; *an* ~ *at* ... 'n poging tot —; *fail in an* ~ *to* ... misluk in 'n p. om te —; *a* **feeble** ~ 'n swak p.; *at the* **first** ~ met die eerste p.; *foil/thwart an* ~ 'n p. verydel; *make an* ~ *to* ... 'n p. aanwend/doen om te —; *make an* ~ *on s.o.'s life* 'n moordaanslag op iem. doen/maak, 'n aanslag op iem. se lewe doen/maak; *succeed in an* ~ *to* ... slaag in 'n poging om te —; *a* **successful** ~ 'n geslaagde p.; *an* **unsuccessful** ~ 'n mislukte p.; *a vain* ~ 'n vergeef= se p.

attempt[2] [v.] *s.o.* ~*s to skate/etc.* iem. probeer skaats/ens.

attend ~ *on/upon s.o.* iem. bedien; iem. verpleeg; *s.t.* ~*s on/upon s.o.* iem. het met iets te kampe *(bv. gevaar)*; ~ *to s.o.* iem. versorg; iem. bedien/weghelp; na iem. luister; ~ *to s.t.* op iets let, op iets ag gee, na iets kyk; aandag aan iets gee, van iets werk maak; iets behartig/besorg *(bv. sake)*.

attendance *s.o.'s* ~ *at school/etc.* iem. se bywoning van die skool/ens.; *dance* ~ *on/upon s.o.* iem. na die oë kyk, iem. agterna loop; *be in* ~ byderhand wees, ter beskikking wees; *be in* ~ *on s.o.* iem. bedien of oppas of versorg; *the* **register** *of* ~ die presensielys.

attended *be* ~ *by* ... deur — vergesel wees *(iem.)*; met — gepaard gaan, van — vergesel gaan *(iets)*; *be* **poorly** ~ swak bygewoon word; *s.t. is being* ~ *to* iets geniet aandag; *have you been* ~ *to?* is u al gehelp?; *have s.t.* ~ *to* iets laat behandel *(bv. 'n wond)*.

attention *be all* ~ die ene aandag wees; *at* ~ op aandag; *s.t.* **attracts** ~ iets trek (die) aandag, iets val op; **bring** *s.t. to s.o.'s* ~ iets onder iem. se a. bring; *call* ~ *to* ... die a. op — vestig; *call soldiers to* ~ soldate tot a. roep; *catch the* ~ die a. trek; *come to* ~ op a. gaan staan *(soldate)*; *it has* **come** *to s.o.'s* ~ *that* ... dit het onder iem. se a. gekom dat —, iem. verneem dat —, iem. merk op dat —; *HE* **confines** *HIS* ~ *to HIS studies* HY bepaal SY aandag by SY studie; *devote* ~ *to s.t.* a. aan iets bestee/skenk/wy; 'n studie van iets maak; **direct** *s.o.'s* ~ *to s.t.* iem. se a. op iets vestig, iem. op iets attent maak; *distract s.o.'s* ~ *from s.t.* iem. se a. van iets aftrek; *divert* ~ *from s.t., draw* ~ *away from s.t.* die a. van iets aflei/aftrek; *draw* ~ *to s.t.* die a. op iets vestig; iets onder die a. bring; a. vir iets vra; *draw s.o.'s* ~ *to s.t.* iets onder iem. se a. bring; iem. se a. op iets vestig, iem. op iets attent maak; *s.t. has* **escaped** *s.o.'s* ~ iets het iem. se a. ontgaan; *HE* **fixes** *HIS* ~ *on/upon* ... HY spits SY a. op — toe; *for the* ~ *of* ... vir die a. van —; *give* ~ *to* ... a. aan — gee/skenk/wy; *HE* **keeps** *HIS* ~ *on* ... HY bepaal SY a. by —; ~ *Mr X* (vir) aandag mnr. X; *pay* ~ *to* ... aan — a. gee/ skenk/wy, op — ag gee/slaan; *pay* ~*s to s.o.* (aan) iem. beleefdhede bewys; *pay* ~*s to a girl* 'n meisie die hof maak; *listen with* **rapt** ~ met gespanne aandag luister;

receive ~ a. geniet; behandel word *(bv. 'n pasiënt, 'n wond)*; *rivet s.o.'s* ~ iem. (se aandag) boei; *seek* ~ (die) aandag probeer trek; *spring to* ~ flink op a. kom; *stand at/to* ~ op a. staan; *turn one's* ~ *to* ... aan — a. gee/skenk/wy; *HE gives HIS* **undivided** ~ *to* ... HY gee SY onverdeelde a. aan —.

attenuated *become* ~ verskraal.

attest ~ *to* ... van — getuig.

attestation *be an* ~ *to s.t.* getuienis van iets wees.

attire *HE* ~*s HIMSELF in* ... HY dos HOM in — uit.

attired *be* ~ *in* ... in — uitgedos wees.

attitude *adopt an* ~, *take up an* ~ 'n houding aanneem, 'n standpunt inneem; *a* **carefree** ~ 'n ongeërg= de houding; *strike an* ~ 'n houding aanneem, poseer; *s.o.'s* ~ *to(wards)* ... iem. se houding teenoor/jeens —; iem. se h. insake —, iem. se h. met betrekking tot —.

attract ~ *s.o.* or *s.t. to* ... iem. *of* iets na — aanlok.

attracted *be/feel* ~ *to* ... tot — aangetrokke wees/voel.

attraction *the centre of* ~ die middelpunt van belang= stelling; *s.t. has no* ~ *for s.o.* iets het vir iem. geen aantrekkingskrag nie.

attractive *s.o. finds* ... ~ iem. vind — aantreklik; *be* ~ *to s.o.* vir iem. aantreklik wees.

attributable *be* ~ *to* ... aan — toe te skryf/skrywe wees; *profit* ~ *to shareholders* wins aan die aandeelhou= ers toedeelbaar.

attribute ~ *s.t. to* ... iets aan — toeskryf/toeskrywe.

attuned *be* ~ *to s.t.* op iets ingestel wees; iets aanvoel, aanvoeling vir iets hê.

auction[1] [n.] *buy s.t. at an* ~ iets op 'n veiling/vandi= sie/vendusie koop; *hold an* ~ vandisie/vendusie hou; *put s.t. up to* ~, *sell s.t. by* ~ iets (laat) opveil; *be up for* ~ opgeveil word.

auction[2] [v.] ~ *(off) s.t.* iets opveil, van iets vandisie/ vendusie hou.

audacity *have the* ~ *to do s.t.* die vermetelheid hê om iets te doen.

audience *address an* ~ 'n gehoor toespreek; *HE has a captive* ~ die mense is verplig om na HOM te luister; *grant s.o. an* ~ aan iem. oudiënsie verleen; *receive s.o. in* ~ iem. in oudiënsie ontvang; *a thin* ~ 'n klein/ skraal gehoor/opkoms.

audition[1] [n.] *give s.o. an* ~ iem. 'n oudisie laat aflê/ doen; *have an* ~ 'n oudisie aflê/doen.

audition[2] [v.] ~ *for s.t.* 'n oudisie vir iets aflê/doen *(bv. 'n rol)*.

au fait *be* ~ ~ *with s.t.* van iets op die hoogte wees, met iets vertroud wees.

aught *for* ~ *I care* ... wat my betref — *(bv. kan hulle doen wat hulle wil)*; *for* ~ *I know* ... so ver/vêr ek weet — *(bv. is hulle dalk al almal dood)*.

augur *it* ~*s ill for* ... dit beloof/belowe sleg/weinig vir —, dit hou niks goeds vir — in nie; *it* ~*s well for* ... dit beloof/belowe goed/veel vir —, dit hou veel goeds vir — in.

aunt *my sainted* ~! § goeie genugtig!
auspices *under the* ~ *of*... onder beskerming van—.
austerity *practise* ~ soberheid beoefen.
authorised, =**ized** *be* ~ *by* ... deur — gemagtig wees; *be* ~ *to* ... gemagtig wees om te —.
authority *by* ~ op gesag, van gesagsweë; *by* ~ *of*... op gesag van —; *on* **good** ~ op goeie gesag, uit gesag= hebbende bron, van gesaghebbende kant; *have* ~ *over* ... seggenskap oor — hê; *have* ~ *to do s.t.* die gesag hê om iets te doen; *have it on good* ~ *that*... uit betroubare bron verneem dat—; *be in* ~ gesag dra/hê, aan die hoof wees; *on the* ~ *of*... op gesag van—; *be an* ~ *on* ... 'n kenner van — wees, 'n gesaghebbende op die gebied van — wees; *the* **proper** *authorities* die be= trokke/bevoegde instansie(s); *quote an* ~ *for a state= ment* 'n gesaghebbende aanhaal om 'n bewering/stel= ling te staaf; *the authorities* die owerheid.
autumn *in* ~ in die herfs.
avail[1] [n.] *be of little* ~ van weinig nut wees; *of/to no* ~, *without* ~ nutteloos, tevergeefs, verniet, vrugte= loos.
avail[2] [v.] ~ *against* ... teen — baat/help; *HE* ~*s HIM= SELF of* ... HY maak van — gebruik, HY gebruik/benut — *(bv. die geleentheid)*.
available *become* ~ beskikbaar kom/word; *s.t. is* **generally** ~ iets is oral verkrygbaar; iets is gewoonlik verkrygbaar; *make s.t.* ~ *to s.o.* iets aan iem. beskik= baar stel, iets aan iem. verskaf; *s.t. is* ~ *to s.o.* iets is vir iem. beskikbaar, iets is tot iem. se beskikking.
avenge *HE* ~*s HIMSELF on s.o. for s.t.* HY wreek HOM op iem. oor iets.
avenue *explore every* ~ alle moontlikhede onder= soek.
average[1] [n.] *better than* ~ bo die gemiddelde; *on the/an* ~ gemiddeld, in deursnee/deursnit, deur die bank.
average[2] [v.] *it* ~*s out at* ... dit kom uit op gemid= deld —.
averse *be* ~ *to* ... van — afkerig wees; wars wees van —; ongeneë wees tot —.
aversion *have an* ~ *to/for* ... 'n afkeer van — hê, 'n weersin in/teen — hê, 'n teensin in — hê; *s.t. is s.o.'s pet*

~ iem. kan iets nie verdra nie, iets is iem. se dood= steek, iem. het aan iets 'n broertjie dood.
avert *HE* ~*s HIS* ... *from s.t.* HY wend SY — van iets af *(bv. oë, gedagtes)*.
avoid ~ *s.o. or s.t. like the plague* iem. of iets soos die pes vermy.
awake *keep s.o.* ~ iem uit die slaap hou; *lie* ~ wak= ker lê; *HE is* ~ *to* ... HY besef —, HY is van — bewus; HY is op SY hoede teen —; *be* **wide** ~ helder/nugter/ wawyd wakker wees; op en wakker wees; waaksaam wees, wakker loop; uitgeslape wees.
awake(n) ~ *from* ... uit — wakker word, uit — ont= waak; ~ *to* ... van — bewus word.
awakening *have a rude* ~ 'n ontnugtering hê.
award[1] [n.] *an* ~ *for* ... 'n prys vir —; *gain an* ~ 'n onderskeiding/prys verwerf; *make an* ~ *to* ... 'n prys aan — toeken; 'n onderskeiding aan — verleen; 'n toe= kenning aan — doen.
award[2] [v.] ~ *s.t. to s.o.* iets aan iem. toeken.
aware *be* ~ *of s.t.* van iets bewus wees, van iets weet, vàn iets kennis dra; *become* ~ *of* ... van — bewus word; *be well* ~ *of s.t.* deeglik van iets bewus wees, goed van iets weet.
away *s.o. will be* ~ *for* ... *(days/etc.)* iem. sal — (dae/ens.) weg wees; ~ *from* ... weg van —; *a* **kilo= metre** ~ 'n kilometer ver/vêr; *right/straight* ~ da= delik, onmiddellik; *they're* ~! daar gaan/trek hulle!; *be well* ~ goed af wees; ~ *with HIM!* weg met HOM!; neem HOM weg!; ~ *with it!* verwyder dit!; *it is still five* **years** ~ dit lê nog vyf jaar in die verskiet.
awe *s.t. fills s.o. with* ~ iets vervul iem. met ontsag; *hold s.o. in* ~, *be/stand in* ~ *of s.o.* ontsag vir iem. hê/ toon/voel, vir iem. bang wees.
awful *it was something* ~ dit was iets verskrikliks.
awry *s.t. goes* ~ iets loop verkeerd.
axe *get the* ~ §in die pad gesteek word *; *give s.o. the* ~ §iem. in die pad steek *; *have an* ~ *to grind* §eiebe= lang soek, uit eiebelang handel, bybedoelings hê.
axis *the earth revolves on its* ~ die aarde draai/wentel om sy as.
aye *the* ~*s have it!, (parl.)* die meerderheid is daar= voor!, die voorstel is aangeneem.

B

babe *a* ~ *in arms* 'n suigeling, 'n kind op die skoot; *be a* ~ *in the woods* §(soos) 'n groot kind wees ★, 'n naïwe‧ ling wees, naïef wees.

baby *a* ~ *in arms* 'n suigeling, 'n kind op die skoot; *throw out the* ~ *with the bathwater* § die kind/baba met die badwater uitgooi ★; *expect a* ~ 'n kind ver‧ wag; *have a* ~ 'n kind kry; *be left holding the* ~ § met die gebakte pere bly sit ★, met iets opgeskeep sit; *s.t. is s.o.'s* ~ § iets is iem. se verantwoordelikheid; iets is iem. se troetelkind.

bachelor *a confirmed* ~ 'n verstokte oujongkê‧ rel/vrygesel.

back¹ [n.] *at the* ~ agter; *at the* ~ *of* ... agter —; agterin — *(bv. die saal); do s.t. behind s.o.'s* ~, *go behind s.o.'s* ~ iets agter iem. se rug (om) doen, iets buite iem. om doen, iets op 'n agterbakse/onderduim‧ se manier doen; *talk behind* HIS ~ agter SY rug van HOM praat; *break the* ~ *of s.t.* oor die hond se rug/ stert kom ★, iets baasraak; *break s.o.'s* ~ § iem. met werk oorlaai; HE *breaks* HIS ~ *to* ... §HY spook/werk hard om te —, HY sloof HOM af om te —; HE *has a broad* ~, *(fig.)* SY rug is breed *(fig.); s.o. has broken the* ~ *of the work* iem. is oor die hond se rug/stert ★; HE *falls on* HIS ~ HY val agteroor; HE *is/lies flat on* HIS ~ HY lê op die naat van SY rug; ~ *to front* agterstevoor; *get off s.o.'s* ~ §iem. met rus laat; *get/put s.o.'s* ~ *up* §iem. in die harnas ja(ag), iem. die hoenders in maak ★, iem. kwaad/koppig maak; *in the* ~ in die rug; *s.t. is in the* ~ iets is agterin; HE *is on* HIS ~ HY lê op SY rug; HY is bedlêend/siek; *on the* ~ *of s.t.* agterop iets; HE *has s.o. on* HIS ~ § iem. staan agter HOM, iem. hou HOM dop; iem. klim op HOM af ★; *pat s.o. on the* ~, *(fig.)* iem. op die skouer klop *(fig.)*, iem. 'n pluimpie gee; HE *pats* HIMSELF *on the* ~, *(fig.)* HY wens HOMSELF ge‧ luk; HY is tevrede oor HOMSELF, HY is in SY skik met SY werk; *put one's* ~ *into it* skouer aan/teen die wiel sit/ gooi, die skouers onder iets sit; *put/get s.o.'s* ~ *up* →*get/put; right at the* ~ heel agter; *go round the* ~ agter om gaan; *you scratch my* ~ *and I'll scratch yours* krap jy my rug, dan krap ek jou(n)e, die een hand was die ander; *see the* ~ *of s.o.* van iem. ontslae raak; *stab s.o. in the* ~ iem. in die rug steek *(lett. & fig.)*, iem. verraai; ~ *to* rug aan rug; HE *turns* HIS ~ HY draai HOM om, HY draai SY rug; HE *turns* HIS ~ *on s.o.* HY draai SY rug vir/na iem. *(lett. & fig.)*, HY keer iem. die rug toe, HY kyk iem. met die nek aan ★; HIS ~ *is turned to* ... HY staan met SY rug na —; *have one's* ~ *to the wall* met die rug teen die muur staan *(fig.)*, in die laaste loopgraaf wees *(fig.)*, in die knyp/noute wees, in 'n hoek geja(ag)/gedryf wees.

back² [v.] ~ *away from* ... van — terugstaan/terug‧ tree; vir — terugdeins; ~ *down* toegee; ~ *into s.t.* agteruit teen iets vasloop of vasry; ~ *off* padgee, te‧ rugwyk; terugdraai; agteruit ry; *the house* ~s *on to* ... die agterkant van die huis is teenoor —; ~ *out a car from* ... met 'n motor agteruit uit — ry; ~ *out of s.t.* uit iets kop uittrek; ~ *up* agteruit beweeg; opstoot *(van water)*; ~ *up s.o.* iem. (onder)steun/bystaan; ~ *up s.t.* iets bevestig/staaf.

back³ [adv.] *be* ~ terug wees; *as far* ~ *as 1950* reeds in 1950; ~ *and forth* heen en weer, vooruit en agter‧ uit; *be* ~ *from* ... van — terug wees; *be* ~ *from the war* uit die oorlog terug wees; ~ *of* ..., *(Am.)* agter —; *s.o. will be right* ~ iem. kom dadelik terug; ~ *soon* nou-nou weer hier *('n briefie op 'n deur); soon* HE *was* ~ HY was gou/spoedig terug, nie te lank nie of HY was terug; ~ *to* ... terug na —; *way* ~ §heeltemal agter‧ toe; §lank gelede; *years* ~ jare gelede; *some years* ~ 'n paar jaar gelede.

backbone *to the* ~ in murg/merg en been, deur en deur.

backdated ~ *to* ... met terugwerkende krag tot —.

backfire *s.t.* ~s *on s.o.* § iets slaan op iem. terug.

background *against a dark/etc.* ~ teen 'n donker/ ens. agtergrond; *in the* ~ op die agtergrond.

backward *be* ~ *to* ... in gebreke bly om te —.

backwards ~ *and forwards* heen en weer.

bacon *bring home the* § die broodwinner wees; ~ *and eggs* spek(vleis) en eiers, eiers met spek(vleis); *s.t. saves s.o.'s* ~ § iets red iem. se bas ★

bad¹ [n.] *take the* ~ *with the good* die slegte nes die goeie aanvaar; *be R100 to the* ~ R100 verloor, 'n ver‧ lies of tekort van R100 hê; *from* ~ *to worse* van kwaad tot erger; hoe later hoe kwater ★

bad² [adj] *feel* ~ *about s.t.* §oor iets spyt wees; *s.t. is* ~ *for* ... iets is nadelig/skadelik vir —; *go* ~ bederf, sleg word, verrot, vrot (word); *not* ~ *at all, not at all* ~ § glad/lank nie sleg nie, (glad) nie onaardig nie; *not (half/so)* ~ §nogal/taamlik goed, (glad) nie onaardig nie; *not all that* ~, *not as* ~ *as all that* nie heeltemal so sleg nie; nie heeltemal so erg nie; *a* ~ *one* 'n slegte; 'n slegte mens; *shockingly/terribly* ~ beroerd, bitter sleg; *is it that* ~?, *(Am.)* is dit so sleg?; *that's* ~ dit is erg/lelik/naar; *that's/it's too* ~ § dis (darem) te erg; § dis alte jammer, hoe jammer (tog)!, dit is ongelukkig; § daar is niks aan te doen nie, dit kan nie verhelp word nie.

badger ~ *s.o. for s.t.* by iem. oor iets neul/aanhou.

bag *(with)* ~ *and baggage* (met) sak en pak; *it's in the* ~ §dis 'n uitgemaakte saak, dis feitlik afgehandel; § dis 'n seker oorwinning; *the match is in the* ~ § die wedstryd is klaar gewen; *make a* ~ 'n klomp wild skiet; *a mixed* ~ §van alles wat, 'n mengelmoes; *a* ~ *of flour/etc.* 'n sak meel/ens.; *an old* ~ §'n ou slons; *pack a* ~ 'n (reis)tas pak; HE *packed* HIS ~*s* §HY het SY koffers gepak (en HY is weg).

bail¹ [n.] *estreat s.o.'s* ~ iem. se borgtog verbeurd verklaar; *find* ~ borgtog/vrystelling verkry; *go* ~ *for s.o.* vir iem. borg staan, vir iem. instaan; *grant* or *re= fuse* ~ borg toestaan *of* weier; *jump/skip* ~ onder borgtog verdwyn, borggeld verbeur; *let s.o. out on* ~, *remand s.o. on* ~ iem. op borg vrylaat, iem. onder borgstelling vrylaat.

bail² [v.] ~ *out s.o.* vir iem. borg staan; §iem. uit die penarie help, iem. te hulp kom.

bail³ [v.], **bale** ~ *out* uitspring *(met 'n valskerm uit 'n vliegtuig)*; ~ *out s.t.* iets uitskep *(water)*; iets leeg= skep, water uit iets skep *('n boot)*.

bait *rise to the* ~, *swallow/take the* ~, *(lett.)* aan die aas byt *('n vis)*; *(fig.)* in die val loop *('n mens)*.

bake ~ *s.t. through* iets deurbak; ~ *s.t. well* iets uitbak.

baked *freshly* ~ warm uit die oond.

balance¹ [n.] *a delicate* ~ 'n haglike ewewig; *s.t. hangs/is in the* ~ iets is nog onbeslis *(bv. 'n uitslag)*; iets hang aan 'n draadjie *(bv. iem. se lewe)*; iets staan op die spel; HE *keeps* or *loses* HIS ~ HY behou *of* verloor SY ewewig; *be off* ~ uit die ewewig wees; van stryk wees; *catch s.o. off* ~ iem. onklaar betrap; iem. onverhoeds betrap; *on* ~ op stuk van sake, per slot van rekening; *out of* ~ uit die ewewig; *hold the* ~ *of power* →**power**; HE *recovers/regains* HIS ~ HY herwin SY ewewig; *redress the* ~ die ewewig herstel; *strike the right* ~ *between … and …* die goue midde= weg tussen — en — vind; die regte verhouding tussen — en — bewaar; *strike a* ~ 'n balans opmaak; die ewewig vind; *throw s.o. off* ~ iem. van stryk bring/ maak; *tip/turn the* ~ die deurslag gee; *tremble in the* ~ aan 'n draadjie hang.

balance² [v.] ~ *out each other* teen mekaar opweeg.

bald *be (as)* ~ *as a coot* pankop wees ★

bale →**bail³**.

balk, baulk ~ *at s.t.* teen iets rem/skop ★

ball¹ [n.] *address a* ~, *(gholf)* aanlê; *the* ~ *is in* HIS *court* dis nou SY beurt om te —; *be on the* ~ §(op en) wakker wees, byderhand/gereed wees; *place the* ~, *(rugby)* die bal stel; *(tennis)* die bal stuur; *play* ~ met 'n bal speel; §saamgaan, saamspeel *(fig.)*, saamwerk, saamdoen, meedoen; *play the* ~, *not the man!* speel die bal, nie die man nie!; *keep the* ~ *rolling* die bal aan die rol hou, die saak aan die gang hou; *set the* ~ *roll= ing* die bal aan die rol sit, iets aan die gang sit, iets op tou sit, die eerste stap doen, die eerste stoot gee. →**ball game**.

ball² [n.] *give a* ~ 'n bal gee; *have a* ~ §dit baie ge= niet; *open the* ~ die bal open.

ballast *in* ~ in ballas.

ballet *perform a* ~ 'n ballet uitvoer/dans.

ball game *it's a (whole) new* ~ ~, *it's a different* ~

~ *(altogether)* §die saak het nou heeltemal verander.

balloon *when the* ~ *goes up* §wanneer die storm los= bars *(fig.)*.

ballot *hold/take a* ~ *about s.t.* oor iets laat stem; *vote by* ~ per (stem)briefie stem.

ban¹ [n.] *lift a* ~ *from s.t.* die verbod op iets ophef; *a* ~ *on s.t.* 'n verbod op iets; *place/put a* ~ *on s.t.* iets verbied; iets in die ban doen.

ban² [v.] ~ *s.o. from a place* iem. 'n plek belet, iem. uit 'n plek uitsit *of* uitsluit; ~ *s.o. from doing s.t.* iem. ver= bied om iets te doen.

bananas *drive s.o.* ~ § iem. dol maak; *go* ~ § dol word.

band¹ [n.] *a wide* ~ 'n breë band.

band² [n.] *a* ~ *of thieves/etc.* 'n bende diewe/ens., 'n diewebende/ens.

band³ [v.] ~ *together* verenig; saamspan; 'n groep(ie) vorm.

bandied *s.o.'s name is being* ~ *about* daar word met iem. se naam gesmous.

bandwagon *climb/get/jump on the* ~ §op die lawaai= wa klim ★, met die stroom saamgaan, die wenkant kies.

bane *be the* ~ *of s.o.'s existence/life* iem. se lewe vergal/versuur.

bang¹ [n.] *a big/loud* ~ 'n harde knal/slag; *the big* ~ die oerknal; *with a* ~ met 'n slag; *the door shut with a* ~ die deur het toegeklap; *s.t. goes (off/over) with a* ~ §iets is 'n reusesukses.

bang² [v.] ~ *away at s.t.* §hard met iets besig wees; ~ *down s.t.* iets neerplak; ~ *into s.o.* iem. raak loop; ~ *into s.t.* teen iets vasloop; ~ *out s.t.* §iets luidrug= tig speel *(bv. 'n deuntjie op die klavier)*; § iets gou klaarspeel ★

bang³ [adv.] *go* ~ bars, ontplof; ~ *on* §presies raak *of* reg.

banish ~ *s.o. from a country* iem. uit 'n land verban.

bank¹ [n.] *the river overflows its* ~*s* die rivier loop oor sy walle, die rivier oorstroom sy walle.

bank² [n.] *break a* ~ 'n bank bankrot laat raak; *money in the* ~ geld in/op die bank.

bank³ [v.] ~ *up* ophoop; ~ *up s.t.* iets opbank *('n vuur)*.

bank⁴ [v.] ~ *on …* op — reken/staatmaak.

banknote *issue* ~*s* banknote in omloop bring.

bankrupt¹ [n.] *an undischarged* ~ 'n ongerehabili= teerde bankroetier.

bankrupt² [adj.] *go* ~ bankrot speel/raak/gaan, uit= raak; *be* ~ *of …* (heeltemal) sonder — wees, (glad) geen — hê nie *(bv. idees)*.

banner *under the* ~ *of …* onder die banier van —.

banns *publish the* ~, *put up the* ~ die gebooie afkon= dig.

banter ~ *with s.o.* met iem. skerts/skoor.

bar¹ [n.] *admit/call s.o. to the* ~ iem. as advokaat toelaat, iem. tot die balie toelaat; *at the* ~ aan die balie; *at the* ~ *of history* voor die vierskaar van die geskie= denis; *at the* ~ *of the House, (parl.)* by die balie van die Raad; *be behind* ~s agter die tralies wees; *read/ study for the* ~ in die regte studeer; *be a* ~ *to s.t.* 'n beletsel vir iets wees.

bar² [v.] ~ *s.o. from s.t.* iem. uit iets uitsluit.

bargain¹ [n.] HE *makes the best of a **bad*** ~ HY skik HOM na die omstandighede; *get the **best** of the* ~ die beste daarvan afkom; *close a* ~ 'n koop (af)sluit; *drive a* ~ 'n akkoord aangaan/maak, 'n ooreenkoms tref; *find/get a* ~ 'n slag slaan, 'n kopie doen/maak; *drive a **hard*** ~ iem. duur laat betaal, iem. die vel oor die ore trek ★, iem. onbillik baie vra, iem. 'n woekerprys laat betaal; *into the* ~ op die koop toe, boonop; *it's/that's a* ~! akkoord!, top!, afgesproke!; *pick up a* ~ 'n kopie raak loop; *strike a* ~ 'n akkoord aangaan/maak, 'n ooreenkoms tref; *throw s.t. into the* ~ iets op die koop toegee; *get the **worst** of the* ~ die slegste daarvan afkom, aan die kortste ent trek/wees.

bargain² [v.] ~ *away s.t.* iets verkwansel; HE *did not* ~ *for/on that* HY het dit nie verwag nie, HY was dit nie te wagte nie, HY het HOM nie daarvoor klaargemaak nie, HY was nie daarop voorberei nie, HY het nie daarmee rekening gehou nie; *more than s.o.* ~*ed for/on* meer as wat iem. verwag het, meer as wat iem. te wagte was.

barge ~ *in* indruk; inbars; ~ *into* ... teen — stamp.

bargepole I *wouldn't touch* HIM *or it with a* ~ ek sal nie met 'n tang aan HOM *of* daaraan raak nie, ek wil niks met HOM *of* daarmee te doen hê nie.

bark¹ [n.] HIS ~ *is worse than* HIS *bite* § HY is nie so kwaai soos HY lyk nie.

bark² [v.] ~ *at s.o.* vir iem. blaf *(van 'n hond)*; iem. toesnou *(van 'n mens)*.

barometer *the* ~ *is falling* or *rising* die (weer)glas sak *of* styg.

barrage *be under a* ~ *of* ... met — bestook word.

barrel¹ [n.] *breach a* ~ 'n vat oopsteek *of* oopslaan; *a* ~ *of oil/etc.* 'n vat/vaatjie olie/ens.; HE *has s.o.* **over** *a* ~, HE's *got s.o.* **over** *a* ~ § HY het iem. in SY mag; *scrape the (bottom of the)* ~ § boomskraap wees ★

barrel² [v.] ~ *along* § voortja(ag).

barricade HE ~s HIMSELF *in* HY verskans HOM; ~ *off s.t.* iets afsper *('n plek)*.

barrier *break down* ~s grense/skeidsmure afbreek; *put up* ~s versperrings oprig; *be a* ~ *to* ... in die pad na — staan *(bv. vooruitgang)*.

barter ~ *away s.t.* iets verkwansel.

base¹ [n.] *not get to first* ~ *with s.o.* § geen kans by iem. hê nie; HE *returns to* ~ HY keer na die/SY basis terug.

base² [v.] ~ *s.t. on/upon* ... iets op — grond.

based *s.t. is* ~ *on* ... iets is op — gegrond; iets berus op —; iets is op die lees van — geskoei.

bash¹ [n.] *have a* ~/*crack*/*go*/*shot*/*stab at s.t.* § iets probeer (doen).

bash² [v.] ~ *down s.t.* iets platmoker; ~ *in s.t.* iets inslaan *(bv. 'n deur, 'n venster, iem. se kop)*.

basic *be* ~ *to s.t.* aan iets ten grondslag lê.

basis *be paid on a **daily*** ~ by die dag betaal word; *on an **equal*** ~ op gelyke voet; *on an **experimental*** ~, *on a **trial*** ~ by wyse van proefneming; *form the* ~ *of s.t.* aan iets ten grondslag lê; *on the basis of* ... op grond van —; aan die hand van —; in die lig van —; *on the* ~ *that* ... met die uitgangspunt dat —; *work on the* ~ *that* ... van die veronderstelling uitgaan dat —.

bask HE ~s *in* ... HY bak in — *(die son)*; HY koester HOM in — *(die son, iem. se guns)*.

basket *a* ~ *of eggs/etc.* 'n mandjie eiers/ens.; *shoot a* ~, *(basketbal)* 'n doel gooi.

bat¹ [n.] HE *has* ~s *in the belfry* § HY is (van lotjie) getik ★, HY het nie al SY varkies (in die hok) nie ★; *like a* ~ *out of hell* of die duiwel agter HOM is. →**bats.**

bat² [n.] *be at* ~ kolf, aan die kolf wees; HE *carried* HIS ~, *(kr.)* HY het onoorwonne gekolf, HY was onoorwonne; *at **full*** ~ § in volle vaart; *go to* ~ *for s.o.* § iem. verdedig; *right **off** the* ~ § sonder aarseling, dadelik; *do s.t. off one's **own*** ~ § iets op eie houtjie/inisiatief/verantwoordelikheid doen; *play with a **straight*** ~ § eerlik handel.

batch *in* ~*es* klompe-klompe, klompies-klompies; bondels-bondels; groepsgewys(e); *in one* ~ tegelyk.

bath *have/take a* ~ bad, 'n bad neem; *run a* ~ 'n bad laat volloop, water in die bad laat inloop.

baton *be under the* ~ *of* ..., deur — gedirigeer word, onder leiding van — staan.

bats HE's *gone* ~ § HY is van SY kop/wysie af.

batten¹ [v.] ~ *on/upon s.o.* or *s.t.* iem. *of* iets uitsuig.

batten² [v.] ~ *down (the hatches)* alles in veiligheid bring, alle voorsorg tref.

batter ~ *down s.t.* iets platmoker; ~ *in s.t.* iets inslaan.

battering *give s.o. a* ~ iem. erg toetakel; *(sport)* § iem. kwaai slae gee; *take a* ~ erg toegetakel word; *(sport)* § kwaai slae kry.

battery *charge a* ~ 'n battery laai; *a **dead**/**flat*** ~ 'n pap b.; *the* ~ *runs down* die b. word pap; *run down a* ~ 'n b. laat pap word.

batting *open the* ~, *(kr.)* die beurt begin/aanvang.

battle¹ [n.] *it is a* ~ § iem. kry swaar; *be **arrayed** for* ~ in slagorde opgestel wees; *die/fall in* ~, *be **killed** in* ~ sneuwel, val; *do/give/join* ~, *go into* ~ die stryd aanknoop/aanbind, slaags raak *(met)*; *fight a* ~ 'n slag lewer; 'n stryd voer; *be **locked** in (a)* ~ in 'n oorlog gewikkel wees; *that's **half** the* ~ daarmee is dit halfpad gewen; *fight a **losing*** ~ aan die verloorkant wees, geen kans hê om te wen nie; *the* ~ *of Waterloo* die slag by Waterloo; *in **order** of* ~ in slagorde; HE *fights* HIS *own* ~s HY staan op SY eie bene, HY sien self om die mas op te kom; *be **ready** for* ~ slaggereed/slagvaardig wees; *a* ~ *royal* 'n titaniese stryd; *a **running*** ~ 'n eindelose stryd.

battle² [v.] ~ *against* ... teen — veg/worstel; ~ *for s.t.* 'n stryd om iets voer; ~ *on* voortveg; *they* ~ *it out* hulle veg dit uit.

battle array/order in ~ ~ in slagorde.

bawl ~ out s.o. §iem. uitskel, met iem. raas.

bay be at ~ in die noute wees, vasgekeer wees; *bring* ... to ~ — vaskeer; *hold/keep* ... at ~ teen — weerstand bied, — op 'n afstand hou, — terughou; HE *stands* at ~ HY staan klaar (om HOM te verdedig), HY neem 'n verdedigende houding aan.

bayonet with fixed ~s met gevelde bajonette; *fix* ~s! bajonette op!

be that *cannot* ~ dit kan nie; it *could* well ~ so heel moontlik is dit so; s.o. is getting to ~ ... iem. word —, iem. is aan die — word; *leave/let* s.o. ~ iem. laat staan/begaan; iem. met rus laat; *let* s.t. ~ iets laat staan; as ... as *may* ~ so — as moontlik; ~ that as it *may* hoe dit (ook al) sy, laat dit wees soos dit (wese) wil; that is as *may* ~ dit is tot daarnatoe; dit sal nog moet blyk, dit sal nog bewys moet word; it *may* well ~ that ... dit is bes moontlik dat —; heel moontlik is —; that *may* not ~ dit mag nie; it *may* or may not ~ ... miskien is dit —, miskien ook nie; it *may* ~ (so) dit kan (so) wees; who *may* you ~? en wie is jy?; *so* ~ it laat dit so wees; s.o. or s.t. is *thought* to ~ ... iem. of iets is vermoedelik —; the ... to ~ die aanstaande/toekomstige — (bv. bruid, moeder).

bead draw a ~ on ... op — aanlê, na — korrel; *say/tell* one's ~s die rosekrans bid; a *string* of ~s 'n string krale; *thread* ~s krale (in)ryg.

be-all the ~ and end-all die begin en die einde/end; it is not the ~ and end-all dit is nie alles nie.

beam[1] [n.] be *broad* in the ~ § breed gebou wees, breed van heupe/stuk wees, geset wees; the ~ in s.o.'s own *eye* die balk in iem. se eie oog; be *off* (the) beam § van die spoor af wees; § die kluts kwyt wees; be *on* (the) ~ § op die regte spoor wees.

beam[2] [v.] ~ forth ... — uitstraal; ~ on/upon s.o. iem. vriendelik toelag; ~ with ... van — straal (bv. vreugde).

beam-ends be on its ~ op sy kant lê ('n skip); HE is on HIS ~ § HY is platsak ★

bean not care a ~ →care[2]; HE is full of ~s § HY is opgewek, HY is op sy stukke; not have a ~ § geen bloue duit besit nie; *know* how many ~s make five § weet waar Dawid die wortels gegrawe het ★; old ~ § ou maat; *spill* the ~s § die aap uit die mou laat, met die hele mandjie patats uitkom ★; HE *uses* HIS ~ § HY gebruik SY verstand; not *worth* a ~ § geen bloue duit werd nie.

bear[1] [n.] be like a ~ with a sore head § in 'n slegte bui wees.

bear[2] [v.] ~ *away* wegswaai; wegseil; ~ *away* s.t. iets wegdra; *bring* s.t. to ~ iets aanwend, iets laat geld; s.o. *cannot* ~ ... iem. kan — nie uitstaan/veel/verdra nie; ~ *down* s.o. or s.t. iem. of iets oorwin; ~ *down* on/upon ... swaar op — druk; op — afkom/afstorm/afstuur/toesak; ~ *hard* on/upon s.o. swaar op iem. druk; iem. verdruk; HE ~s HIMSELF *like* a ... HY het die houding van 'n —; ~ on/upon s.t. 'n invloed

op iets hê/uitoefen; op iets betrekking hê, met iets verband hou; ~ *out* s.t. iets beaam/bevestig/staaf; ~ *out* s.o. beaam/bevestig wat iem. sê; ~ *to* the left or right links of regs draai/afslaan; ~ *up* uithou, moed hou; HE ~s *up* against ... HY hou uit teen —, HY bied die hoof aan —, HY sit HOM teen — teen, HY verset HOM teen —; HE ~s HIMSELF *well* HY gedra HOM goed; ~ *with* s.o. geduldig wees met iem.

beard HE grows a ~ HY kweek 'n baard, HY laat SY b. groei; *sport* a ~ met 'n b. spog, baard dra.

bearing HE *finds/gets/takes* HIS ~s HY stel vas waar HY is, HY bepaal SY posisie; HY neem poolshoogte (fig.); HE has *lost* HIS ~s HY het SY rigting kwytgeraak, HY het dit verdwaal; HY is die kluts kwyt; have a ~ on s.t. op iets betrekking hê, met iets verband hou; 'n invloed op iets hê/uitoefen; *take* a ~ 'n peiling maak.

beastly be ~ to s.o. §iem. gemeen/smerig behandel.

beat[1] [n.] s.o.'s heart misses a ~ iem. se asem slaan weg; to the ~ of ... op die maat van —.

beat[2] [v.] ~ *back* teruglaveer; ~ *back* s.t. iets afslaan/terugslaan (bv. 'n aanval, die aanvallers); *can* you ~ that/it! §kan jy nou meer!, begryp jou aan!; ~ *down* s.o. iem. neerslaan, iem. plat slaan; ~ *down* s.t. iets afding/afknibbel ('n prys); the sun ~s *down* on the earth die son skroei die aarde; that ~s *everything* § dis nog die gekste; ~ s.o. to a *frazzle* §iem. pap slaan, iem. opdons tot by oom Daantjie in die kalwerhok ★; ~ s.o. *hollow* § iem. ver/vêr oortref; § iem. kafloop/uitstof★, iem. 'n groot pak gee; ~ *it* §loop, trap★; ~ *it!* §loop!, trap!★, maak dat jy wegkom!★; *if you can't* ~ *them, join them* sorg dat jy aan die wenkant bly; it ~s *me* § dit slaan my dronk, dis my oor; ~ *off* s.t. iets afslaan (bv. 'n aanval); ~ *off* the attackers die aanvallers verdryf; ~ *out* s.t. iets uithamer/uitklop (bv. metaal); iets uitklop (bv. 'n tapyt); ~ s.o. to s.t. iets voor iem. bereik, voor iem. by iets wees; iem. die loef afsteek; ~ *up* s.o. iem. aanrand.

beat[3] [adj.] be dead ~ § doodmoeg/gedaan/pootuit★/stokflou/uitgeput wees; s.t. has s.o. ~ § iets is bo(kant) iem. se vuurmaakplek ★

beaten be badly ~ erg geslaan word; lelik pak kry, ver/vêr verloor; get ~ pak kry; be soundly ~ deeglik geklop word.

beautiful too ~ for words wondermooi.

beating get a ~ ('n) pak kry, ('n pak) slae kry; *give* s.o. a ~ iem. ('n) pak gee, iem. ('n pak) slae gee; a *sound* ~ 'n deftige/gedugte pak (slae); *take* a ~ ('n) pak kry, ('n pak) slae kry; ly; (swaar) verliese ly; HE will *take* a lot of ~ dit sal moeilik wees om HOM te klop; it *takes* some ~, it takes a lot of ~ jy sal nie maklik iets beters kry nie.

beauty the ~ of it is that ... die mooiste daarvan is dat —; ~ is in the eye of the beholder (P) elkeen weet wat vir hom of haar mooi is; she has a doll-like ~ sy is popmooi; ~ is but skin-deep (P) mooi vergaan(, maar deug bly staan) (P).

beaver s.o. is an eager ~ §iem. is baie ywerig.

because ~ *of* ... omrede van —, weens —, vanweë —, oor —; ter wille van —; ~ *of that* or *this* daarom *of* hierom, daaroor *of* hieroor, om dié rede, derhalwe.

beck *be at s.o.'s* ~ *and call* tot iem. se diens gereed wees, altyd vir iem. klaarstaan, op iem. se wenke klaar= staan.

become *s.t.* ~*s s.o.* iets staan iem. goed; *what is to* ~ *of HIM* wat moet van HOM word?; *what is to* ~ *of it?* wat moet daarvan word?

becoming *it is* ~ *harder/etc.* dit word moeiliker/ens.

bed¹ [n.] ~ *and board* tafel en bed; kos en inwoning; *be separated from* ~ *and board* van tafel en bed geskei wees; ~ *and breakfast* bed en ontbyt, kamer met ont= byt; *HE is confined to HIS* ~ HY moet in die bed bly/lê, HY moet die bed hou, HY is bedlêend; *do a* ~ 'n bed opmaak; *get into* ~ in die bed klim; *get out of* ~ op= staan, uit die bed klim; *go to* ~ bed toe gaan, in die bed klim, gaan lê/slaap; *go to* ~ *with s.o.* § by iem. slaap, (geslags)gemeenskap met iem. hê; *be in* ~ in die bed wees; *keep to one's* ~ in die bed bly, die bed hou; *HE has made HIS* ~ *and HE must lie in it* HY moet die gevolge van SY eie dade dra; *make (up) a* ~ 'n bed opmaak; *put s.o. to* ~ iem. in die bed sit; *put a paper to* ~ 'n koerant op die pers sit; *a* ~ *of roses* 'n verebed *(fig.);* *seek one's* ~ gaan slaap, die bed opsoek; *take to one's* ~ (met siekte) gaan lê; *take s.o. to* ~ §by iem. gaan slaap, (geslags)gemeenskap met iem. hê; *to* ~ *with you!* bed/kooi toe, jy! *(aan 'n kind gesê)* ⋆; *get out of* ~ *on the wrong side* met die verkeerde been/voet uit die bed klim.

bed² [v.] ~ *down* 'n kooi maak; bed toe gaan, gaan slaap; ~ *in s.t.* iets inbed/vassit; ~ *out s.t.* iets uit= plant, iets in beddings plant; ~ *with s.o.* § by iem. slaap, met iem. (geslags)gemeenskap hê.

bed-linen *change the* ~ 'n bed skoon oortrek.

bedrock *get down to* ~ tot die grond/kern/wese deur= dring.

bedside *at s.o.'s* ~ by iem. se (siek)bed.

bee *have a* ~ *in one's bonnet about s.t.* §met iets behep wees, gedurig oor een ding maal; *a swarm of* ~*s* 'n swerm bye.

beef ~ *up s.t.* § iets versterk/verstewig.

beeline *make a* ~ *for* ... op — afpyl.

been *if it had not* ~ *for* ..., *had it not* ~ *for* ... as dit nie was dat — nie.

beer *a long* ~ 'n groot glas bier; *life is not all* ~ *and skittles* (P) § die lewe is nie (net) 'n speletjie nie, dis nie aldag Krismis nie (P) ⋆; *it is small* ~ § dit is beuselagtighede/bogtery/onbenullighede; *they are small* ~ § hulle is niksbeduidende mense; *thin* ~ dun bier; *toss off a* ~ 'n glas bier wegslaan⋆/uitdrink; *two* ~*s* twee biere.

before¹ [adv.] ~ *and behind* voor en agter; *the day* ~ die vorige dag; *long* ~ lank tevore; *shortly* ~ kort tevore.

before² [prep.] *not* ~ *next month/etc.* aanstaande maand/ens. eers; ~ *now* vroeër, eerder; ~ *one/etc.*

o'clock voor eenuur/ens.; *shortly* ~ ... kort voor —; ~ *that* voorheen, (van)tevore; ~ *this* voordese; *well* ~ ... geruime tyd voor —.

beg ~ *for s.t.* (om) iets bedel; ~ *from s.o.* by iem. bedel; ~ *(of) s.o. to do s.t.* iem. smeek om iets te doen; ~ *off* vra om verskoon te word. →**begging.**

beggar ~*s can't be choosers* (P) as jy verleë is, kan jy nie kieskeurig wees nie; *s.o. is a lucky* ~ § iem. is 'n geluksvoël; *poor* ~*!* § die arme/stomme kêrel/vent!

beggary *reduce s.o. to* ~ iem. tot die bedelstaf bring.

begging *go* ~ ongebruik bly; *it goes* ~ daar is geen aanvraag na/om nie.

begin ~ *again* weer begin; hervat; ~ *anew* van nuuts/voor af begin; ~ *at* ... by — begin; ~ *by (doing s.t.)* begin met (iets te doen); ~ *on s.t.* (aan) iets begin *(bv. 'n taak);* ~ *with s.t.* by/met iets begin; *to* ~ *with* vir eers, om (mee) te begin, allereers, vooraf, in die eerste plek.

beginning ~ ... *(date)* met ingang van — *(datum); as a* ~ vir eers, om (mee) te begin; *at the* ~ aan/by die begin, aanvanklik, eers; *at/in the* ~ *of December* in die begin van Desember, begin Desember; *from* ~ *to end* van (die) begin tot (die) einde/end; *from the* ~ van die begin af; van voor af, van meet/nuuts af; uit die staan= spoor; *from small* ~*s* van 'n klein begin; *at the very* ~ heel in die begin.

beguile ~ *s.o. into doing s.t.* iem. daartoe verlei om iets te doen.

begun *well* ~ *is half won* (P) goed begin/begonne is half gewin/gewonne (P), 'n goeie begin is halfpad ge= win (P).

behalf *on/in* ~ *of* ... ten behoewe van —; ten bate van —; namens —, uit naam van —; *on HIS* ~ ten behoewe van HOM, om SY ontwil; uit SY naam.

behave *HE* ~*s (HIMSELF)* HY gedra HOM; ~ *(your= self)!* gedra jou!; *HE* ~*s badly* HY gedra HOM sleg; ~ *badly to(wards) s.o.* iem. sleg behandel.

behaved *be well* ~ goed gemanierd wees.

behaviour *bad* ~ slegte gedrag, wangedrag; *HE is on HIS best* ~ HY gedra HOM goed, HY sit SY beste been= tjie/voet(jie) voor; *good* ~ goeie gedrag; *be of good* ~ van goeie gedrag wees; *shameful* ~ skandelike ge= drag; *s.o.'s* ~ *to(wards) s.o.* iem. se gedrag teenoor iem.

behest *at the* ~ *of* ... op aandrang/versoek van —; in opdrag van —.

behind¹ [adv.] *from* ~ van agter; *attack s.o. from* ~ iem. in die rug aanval; *s.o. is right* ~ iem. is heel agter; *be* ~ *with s.t.* met iets agterstallig wees *(bv. paaie= mente).*

behind² [prep.] *be* ~ *s.t., (lett.)* agter iets wees; *(fig.)* agter iets sit/steek; *be* ~ *s.o., (lett.)* agter iem. wees; *(fig.)* agter iem. staan, iem. steun; by iem. agter= staan; *close* ~ ... kort agter —; ~ *each other* agter mekaar; *be right* ~ *s.o.* kort agter iem. wees.

behindhand *HE is not* ~ HY laat nie op HOM wag nie; HY laat nie slap/sleg lê nie ⋆

beholden *be* ~ *to s.o.* aan iem. dank verskuldig wees.
beho(o)ve *it* ~*s s.o. to* … dit betaam/pas iem. om te —, iem. behoort te —.
being *bring s.t. into* ~ iets in die lewe roep; *come into* ~ ontstaan, tot stand kom; *the coming into* ~ *of* … die totstandkoming van —; *the Supreme B*~ die Opperwese.
belch ~ *forth s.t.* iets uitstoot *(bv. rook)*.
belief *to the best of my* ~ so ver/vêr ek weet, na my beste wete; *be beyond/past* ~ ongelooflik wees; *express the* ~ *that* … die oortuiging uitspreek dat —; *a firm/strong* ~ 'n vaste geloof/oortuiging; *HE did it in the mistaken* ~ *that* … HY het dit gedoen omdat HY verkeerdelik gedink het dat —; *it is s.o.'s* ~ *that* … iem. glo dat —; iem. is daarvan oortuig dat —; *s.o.'s unshakeable* ~ iem. se onwankelbare/onwrikbare geloof; *a widely held* ~ 'n algemene mening/opvatting; *the* ~ *is widely held that* … daar is 'n algemene mening/opvatting dat —.
believe ~ *blindly* op gesag glo; *it is hard to* ~ *that* … ('n) mens glo moeilik dat —; ~ *in* … in — glo *(bv. God, 'n saak)*; aan — glo *(bv. spoke)*; *I* ~ *HE is rich/etc.* HY is glo ryk/ens.; *lead s.o. to* ~ *that* … iem. laat glo dat —, iem. onder die indruk bring dat —, iem. in die waan bring dat —; *s.o. makes* ~ *that* … iem. gee voor dat —, iem. doen asof —; *HE makes* ~ *that* …, *(ook)* HY maak HOMSELF wys dat —; *make s.o.* ~ *s.t. (untrue)* iem. iets wysmaak, iem. iets diets maak; ~ *it or not* glo dit as jy wil, dis raar maar waar; ~ *s.t. of s.o.* glo dat iem. tot iets in staat is, glo dat iem. iets sou doen; *would you* ~ *it?* § wil jy glo!, kan jy nou meer!, begryp jou aan!
believed *s.o. is* ~ *to be* … iem. is glo —; *it is widely* ~ baie mense glo dit.
believer *s.o. is a great* ~ *in* … iem. het 'n groot geloof in —; iem. is 'n groot voorstander van —.
bell *the clang of* ~*s* die klokgelui/klokgebom; *there goes the* ~ daar lui/gaan die klok; *a peal of* ~*s* 'n stel klokke; *the peal(ing) of* ~*s* die gebeier/gelui van klokke; *ring a* ~ 'n klok lui; *it rings a* ~ § dit laat *(iem.)* aan iets dink, dit herinner *(iem.)* aan iets, dit wek 'n herinnering; *the* ~ *tolls* die klok lui (stadig).
belle *the* ~ *of the ball* die mooiste meisie op die dansparty.
bellyful *s.o. has had a* ~ *of* … § iem. is buikvol vir —★
belong *s.t. or s.o.* ~*s in* … iets of iem. (be)hoort in — *('n plek)*; *s.t.* ~*s to s.o.* iets behoort aan iem.; *s.o.* ~*s to a group* iem. is lid van 'n groep, iem. behoort tot/aan 'n groep; ~ *together* bymekaar (be)hoort; *s.t.* ~*s under/in* … iets ressorteer/val onder —, iets (be)hoort by —.
beloved *s.o.'s dearly* ~ … iem. se dierbare/teerbeminde —.
below¹ [adv.] *from* ~ van onder (af); *here* ~ hier benede; *see* ~ sien (hier)onder.
below² [prep.] *well* ~ … ver/vêr/heelwat onder —.
belt¹ [n.] *hit below the* ~, *(boks)* te laag slaan; § gemeen

baklei/veg; *HE pulls in HIS* ~, *HE tightens HIS* ~ HY gord SY maag in, HY bly sonder kos; § HY trek die gordel in/stywer, HY leef/lewe spaarsaam/spaarsamer/suinig; *HE has* … *under HIS* ~ § HY het — op SY kerfstok.
belt² [v.] ~ *out s.t.* § iets uitgalm; *HE* ~*s up* HY gord HOM vas; § HY bly stil; ~ *up!* § bly stil!
bench *appoint s.o. to the* ~ iem. as regter aanstel, iem. in die regbank benoem; *on the* ~ op/in die regbank; … *will be on the bench in this case* — sal die regter(s) in hierdie saak wees.
bend¹ [n.] *be round the* ~ om die draai wees; § (van lotjie) getik wees ★; … *drives.o. round the* ~ § — maak iem. gek.
bend² [v.] ~ *back* terugbuig; omkrul; ~ *back s.t.* iets terugbuig; ~ *down* buk, neerbuig; vooroor buk; ~ *over* buk, oorbuig; ~/*lean over backwards* § uiters tegemoetkomend wees, baie moeite doen; *HE* ~*s/leans over backwards to* … § HY doen SY allerbes om te —.
bender *go on a* ~ § aan die drink/suip★ gaan.
benediction *pronounce the* ~ die seën uitspreek.
beneficial *be* ~ *to* … vir — goed wees, vir — voordelig wees.
benefit¹ [n.] *derive* ~ *from s.t.* voordeel uit iets trek; *by* iets baat vind; *give s.o. the* ~ *of the doubt* iem. die voordeel van die twyfel gee; *for the* ~ *of* … ten bate/behoewe van —; *for s.o.'s* ~ tot iem. se nut/voordeel; ten bate/behoewe van iem.; ter wille van iem., met die oog op iem.; *HE has had the* ~ *of* … HY was bevoorreg om — te hê; *for personal* ~ vir eie gewin.
benefit² [v.] ~ *from/by s.t.* by iets baat vind; uit iets voordeel trek.
bent¹ [n.] *HE follows HIS* ~ HY doen waarvan HY hou; *have a* ~ *for s.t.* 'n aanleg vir iets hê.
bent² [adj.] *be* ~ *on/upon s.t.* vasbeslote wees om iets te doen; daarop uit wees om iets te doen, op iets uit wees *(bv. moord, plesier)*.
bequeath ~ *s.t. to s.o.*, ~ *s.o. s.t.* iets aan iem. bemaak/nalaat/vermaak.
bereaved *be* ~ 'n familielid verloor, iem. aan die dood afgee.
berserk *go* ~ berserk raak, amok maak, rasend word.
berth *give s.o. a wide* ~ § iem. vermy, van iem. wegbly, uit iem. se pad bly, 'n groot draai om iem. loop ★; *give s.t. a wide* ~ § iets vermy, van iets wegbly.
beset *be* ~ *with dangers/etc.* vol gevare/ens. wees.
beside *HE is* ~ *HIMSELF (with joy or rage)* HY is buite HOMSELF (van blydskap *of* woede).
besotted *be* ~ *with s.t.* deur iets benewel word *(bv. drank, liefde)*; *be* ~ *with s.o.* dol verlief wees op iem.
bespangled *be* ~ *with* … met — besaai(d) wees *(bv. sterre)*.
best¹ [n.] *all the* ~! alles van die beste!, dit gaan jou goed!; *the* ~ *of all* die allerbeste; *at* ~ op sy beste; hoogstens; *HE is at HIS* ~ HY is op SY beste; *sell at* ~ ten beste verkoop; *it brings out the* ~ *in HIM*, *it gets the* ~ *out of HIM* dit toon HOM op SY beste; *the* ~ *is yet to come* die beste lê nog voor; *HE does/tries HIS* ~

HY doen SY bes; *the* ~ *ever* die allerbeste; *(by) far the* ~ verreweg die beste; *it is all for the* ~ dit is maar goed so, dit is alles ten goede; *get the* ~ *of s.o.* iem. baasraak, die oorhand oor iem. kry; *it gets the* ~ *out of* HIM, *it brings out the* ~ *in* HIM →*brings;* HE *gives of HIS* ~ HY doen SY bes; *I give you* ~ ek gee my gewonne; *have the* ~ *of it* die beste vaar; *hope for the* ~ die beste hoop; HE *does HIS level* ~ HY doen SY uiterste bes; HE *looks HIS* ~ HY lyk op SY beste; HE *makes the* ~ *of* HIMSELF HY presteer na SY beste ver= moë; HE *makes the* ~ *of it, HE makes the* ~ *of a bad job* HY skik HOM daarin, HY skik HOM in die onaangena= me, HY neem dit vir lief, HY versoen HOM daarmee, HY lê HOM daarby neer; *the* ~ *of men* die beste man wat daar is; *with the* ~ *of intentions* met die beste bedoe= lings; *s.o. is one of the* ~ iem. is 'n puik kêrel/ens.; HE *is past HIS* ~ HY is nie meer in/op SY fleur nie; HE *tries/does HIS* ~ →*does/tries; the very* ~ die al= lerbeste; HE *does/tries HIS very* ~ HY doen SY uiterste bes; *with the* ~ so goed soos die beste; *the* ~ *of both worlds* →**world.**

best² [adj.] *the* ~ *possible* ... die beste moontlike —.

best³ [adv.] *as* ~ HE *can/may* so goed as HY kan, so goed moontlik; HE *had* ~ *do it* HY moet dit maar (lie= wer/liewers) doen, HY behoort dit te doen.

bestir HE ~s HIMSELF HY roer HOM ✶, HY span HOM in, HY stoot aan, HY woel.

bestow ~ *s.t. on/upon s.o.* iets aan iem. skenk/ver= leen.

bet¹ [n.] *accept a* ~ 'n weddenskap aanneem; *s.o.'s best* ~ *is to* ... § die beste wat iem. kan doen, is om te —; *do s.t. for a* ~ iets om 'n weddenskap doen; HE *hedges HIS* ~s HY wed op meer as een moontlikheid; *it's a* ~! top!; *lay a* ~ *on s.t.* op iets wed; *make a* ~ 'n weddenskap aangaan, wed; *place* ~s wed; *it is a safe* ~ *that* ... ('n) mens kan met sekerheid sê dat —; *what's the* ~? wat wed jy?

bet² [v.] ~ *on a horse* op 'n perd wed; ~ *R100 on a horse* R100 op 'n perd verwed; ~ *s.o. R100* iem. vir R100 wed; *you* ~! § dit kan jy glo!

bethink HE ~s HIMSELF HY bedink HOM.

better¹ [n.] *all the* ~ des te beter, soveel te beter; *a change for the* ~ 'n verbetering, 'n verandering ten goede; 'n gunstige wending; *be the* ~ *for s.t.* by iets baat vind; *get/have the* ~ *of s.o.* die oorhand oor iem. kry, iem. baasraak/ondersit/oorwin, iem. oor wees; iem. droogsit/koudsit/uitoorlê; *so much the* ~ des te beter; *be none the* ~ *for it* niks beter wees daarom nie; *think all the* ~ *of s.o.* 'n des te hoër dunk van iem hê *of* kry; *for* ~ *(or) for worse* in voor- en teenspoed/teë= spoed, in lief en leed.

better² [adj.] ~ *and* ~ al hoe beter; *far* ~ baie/stuk= ke✶/veel/ver/vêr beter; *get* ~ beter word, weer ge= sond word; verbeter; *much* ~ baie/veel beter; *ever so much* ~ oneindig beter; *it is no* ~ *than* ... dit is so goed as— *(bv. diefstal); a (long) sight* ~ § 'n hele ent beter, stukke beter ✶; *be* ~ *than* ... beter as— wees; *it*

would have been ~ *if* HE *hadn't* ... HY moes liewer(s) nie ge— het nie.

better³ [adv.] *do* ~ beter presteer, verbetering toon; iets beters lewer; aan die beterhand wees; *go one* ~ verder/vêrder gaan; *(iem.)* oortref/oortroef; HE *had* ~ *do it* HY moet dit maar (liewer/liewers) doen, HY behoort dit te doen; HY moet sorg dat HY dit doen; *think* ~ *of it* van gedagte/plan verander.

between *few and far* ~ seldsaam; *s.o.'s visits to* ... *are few and far* ~ iem. besoek — maar selde; *in* ~ tussenin; ~ *ourselves,* ~ *you and me* (net) onder/ tussen ons, in vertroue; *they share in* ~ *them* hulle deel dit met/onder mekaar; ~ *the two of them they can or have* ... hulle twee kan *of* het saam —.

betwixt ~ *and between* tussen die boom en die bas ✶, so-so.

bevel *on the* ~ op die skuinste.

beware *beware!* pas op!; HE *should* ~ *of* ... HY moet vir — oppas, HY moet vir — op SY hoede wees; HE *should* ~ *of being* ... HY moet oppas dat HY nie — word nie; HE *should* ~ *(of) how* HE ... HY moet oppas hoe HY —.

beyond *at the back of* ~ § uit die wêreld ✶, aan die ander kant van die wêreld ✶

bias *have a* ~ *against* ... teen — bevooroordeel(d) wees; *cut s.t. on the* ~ iets op die skuinste knip/sny; *show a strong* ~ 'n kwaai vooroordeel aan die dag lê.

bias(s)ed *be* ~ *against* ... teen — bevooroordeel(d) wees.

bib *in HIS best* ~ *and tucker* § in SY kisklere.

bicker ~ *with s.o. about/over s.t.* met iem. oor iets twis.

bid¹ [n.] *make a* ~ *for s.t.* op iets bie *(op 'n veiling);* iets probeer bereik/verkry; *a* ~ *of R500 for s.t.* 'n bod van R500 op iets; *raise the* ~ hoër bie.

bid² [v.] ~ *against s.o.* teen iem. bie; HE *does as HE is* ~ HY doen soos HY beveel/gesê word; *it* ~s *fair to* ... dit beloof/belowe om te—; ~ *for s.t.* op iets bie *(op 'n veiling);* na iets streef/strewe, iets probeer bereik/ verkry; ~ *R500* R500 bie; *I'm* ~ *R500* daar is 'n bod van R500; ~ *(the price of) s.t. up to* ... (die prys van) iets tot — opbie.

bidding *at s.o.'s* ~ op iem. se bevel; *do s.o.'s* ~ doen wat iem. beveel/sê.

big *a* ~ *enough quantity* 'n genoegsame/toereikende hoeveelheid; *fairly* ~ groterig; *how* ~ *a dog was it?* hoe 'n groot hond was dit?; *it is* ~ *of s.o. to do s.t.* dit is grootmoedig van iem. om iets te doen; *a* ~ *one* 'n grote.

bigger ~ *and* ~ al hoe groter; *grow* ~ groter word; *be* ~ *than* ... groter as — wees.

biggest *the* ~ *ever* die allergrootste, die grootste van almal, die grootste tot dusver/dusvêr.

bike *on your* ~! § kry jou ry! ✶

bill¹ [n.] *give s.o. a clean* ~ *(of health)* iem. gesond verklaar; *fill/fit the* ~ § aan die behoefte/vereistes voldoen, voldoende wees, (aan die doel) beantwoord;

foot *the* ~ § opdok★; § vir die koste instaan; § vir die gelag betaal; *head*/*top the* ~ boaan die program staan, die eerste/vernaamste nommer op die program wees, die vernaamste attraksie wees; *introduce a* ~ 'n wetsontwerp indien; *make out a* ~ 'n rekening op= maak; *pass a* ~ 'n wetsontwerp aanneem; *pay*/*settle a* ~ 'n rekening betaal; *present a* ~ 'n rekening le= wer; 'n wissel aanbied; *stick* ~s biljette aanplak; *stick no* ~s! aanplak verbode.

bill² [v.] ~ *s.o. for s.t.* iem. 'n rekening vir iets stuur; iem. vir iets laat betaal.

bill³ [v.] ~ *and coo* vry, mekaar liefkoos.

billed *be* ~ op die program staan; aangekondig word.

bind¹ [n.] *be in a* ~ § in die verknorsing sit/wees.

bind² [v.] ~ *a book in leather* 'n boek in leer bind; ~ *s.o. over to do s.t.* iem. (onder sekerheidstelling) ver= bind om iets te doen; ~ *s.o. to s.t.* iem. aan iets vas= bind; iem. tot iets verplig, iem. laat beloof/belowe om iets te doen; *HE* ~s *HIMSELF to s.t.* HY verbind HOM tot iets; ~ *things together* dinge verbind; dinge saam= bind; ~ *people together* mense saambind; ~ *up s.t.* iets opbind; iets verbind.

binge *go on a* ~ § aan die fuif gaan/raak.

biography *a* ~ *of s.o.* 'n biografie/lewensbeskrywing van iem.

bird *band*/*ring a* ~ 'n voël ring; *tell s.o. about the* ~s *and the bees* § iem. vertel waar kindertjies vandaan kom; *s.o. is an early* ~ iem. staan vroeg op; § iem. kom vroeg; *the early* ~ *catches the worm* (P) die mô= restond/morestond het goud in die mond (P), ('n) mens moet gou by wees; *they are* ~s *of a feather* hulle is voëls van eenderse/enerse vere; ~s *of a feather flock together* (P) soort soek soort (P); *the* ~ *has flown* die skelm is skoonveld; *it is (strictly) for the* ~s § dit is niks werd nie; dit is onbenullig; *get the* ~ § uitgefluit/ uitgejou/uitgelag word; *give s.o. the* ~ § iem. uitfluit/ uitjou/uitlag; *a* ~ *in the hand is worth two in the bush* (P) een voël in die hand is beter as tien in die lug (P); *it's an ill* ~ *that fouls its own nest* →**nest**; *an old* ~ § 'n ou kalant; *s.o. is a* ~ *of passage* iem. is 'n voël op 'n tak ★; *shoot a sitting* ~ 'n voël op die grond skiet, 'n v. in die sit skiet; *kill two* ~s *with one stone* § twee vlieë in een klap slaan; *a little* ~ *told me* § ek het 'n voël= tjie hoor fluit ★

birth *at* ~ by geboorte; *by* ~ van geboorte; *be a citi= zen by* ~ 'n gebore burger wees; *from* ~ van SY ge= boorte af; *be of gentle* ~ van deftige stand wees, van fatsoenlike afkoms wees; *give* ~ *to ...*, *(lett.)* die lewe aan — skenk; *(fig.)* — tot stand bring; *stifle s.t. at* ~ iets in die kiem smoor.

birthday *at*/*on s.o.'s* ~ op iem. se verjaar(s)dag; *cele= brate one's* ~ verjaar; *happy* ~! veels geluk met jou verjaar(s)dag!

biscuit *it takes the* ~/*bun*/*cake* § dit span die kroon, dit is die toppunt.

bishop *translate a* ~ 'n biskop oorplaas/verplaas.

bit *a* ~ 'n bietjie; *be a* ~ *...* 'n bietjie — wees, effens/ef=

fe(ntjies)/enigsins — wees; *after a* ~ na 'n rukkie; ~ *by* ~ stukkie vir stukkie, stuksgewys(e); bietjie(s)-bie= tjie(s); stappie vir stappie; *s.o. doesn't care two* ~s § iem. gee geen flenter om nie, iem. gee nie 'n f. om nie, iets kan iem. geen (bloue) duit skeel nie; *chafe*/ *champ at the* ~, *(lett.)* op die stang byt/kou; *(fig.)* ongeduldig wees; gretig wees; *HE does HIS* ~ § HY doen SY deel(tjie); *every* ~ elke stukkie, alles; heelte= mal, volkome; *be every* ~ *as ...* net so — wees; *every* ~ *as much* ruim soveel; *rest*/*etc. for a* ~ 'n bietjie/ruk= kie rus/ens.; *not the least* ~ glad nie; *a little* ~ 'n klein bietjie; *not believe s.o. one little* ~ iem. g'n stuk glo nie; *not like s.t. one little* ~ net niks van iets hou nie; *s.t. is a* ~ *much for s.o.* iets is vir iem. 'n bietjie te veel, iets is vir iem. bietjies te veel; *not a* ~ glad/heel= temal nie, nie in die minste nie, hoegenaamd nie; *not a* ~ *of good*/*etc.* glad nie goed/ens. nie; *not a* ~ *of it!* moenie glo nie!, daar is geen sprake van nie!, glad en geheel nie!; *a* ~ *of ...* 'n bietjie —; 'n stukkie —; *be a* ~ *of a ...* § nogal — wees; *be a* ~ *of a coward* § geen held wees nie; *be a* ~ *of a fool* § maar dommerig wees; *be a* ~ *of a hothead* § 'n bietjie heethoofdig wees; *a* ~ *of a problem* § 'n probleempie, 'n bietjie moeilikheid; *a* ~ *of a surprise* § 'n effense verrassing; ~s *and pieces* stukkies en brokkies; *stretch it a* ~ § tegemoetko= mend wees, dit nie so nou neem nie; § oordryf, te ver/ vêr gaan; *tear s.t. to* ~s iets in stukkies skeur; *the horse takes the* ~ *between its teeth* die perd byt die stang vas, die perd hardloop weg; *HE takes the* ~ *between HIS teeth* § HY volg SY eie kop; *wait a* ~! wag 'n bietjie/ oomblikkie!; *a wee* ~ 'n klein bietjie, 'n kriesel= tjie/rapsie.

bitch ~ *about s.t.* §§ oor iets kerm; ~ *up s.t.* §§ iets verknoei.

bite¹ [n.] *there's a* ~ *in the air* dis bytend koud; *get*/ *have another* ~ *or a second* ~ *at the cherry* § nog 'n kans kry om iets te doen; *not a* ~ *to eat* niks om te eet nie; *get a* ~ iets byt *('n vis)*; *have a* ~ § 'n stukkie eet; *put the* ~ *on s.o.* § iets van iem. afpers; § geld by iem. leen; § druk op iem. uitoefen.

bite² [v.] ~ *back s.t.* § iets insluk *(woorde)*; ~ *into s.t.* in iets byt; ~ *off s.t.* iets afbyt; *HE* ~s *off more than HE can chew* § HY neem te veel hooi op SY vurk, HY oorskat HOMSELF; ~ *on s.t.* (aan) iets byt.

biter *the* ~ *bit* § die fopper gefop, die bedrieër be= droë.

biting *what's* ~ *HIM?* § wat makeer HOM?, wat het dit oor SY lewer geloop? ★

bitten *be* ~, *(lett.)* gebyt word; *(fig.)* § bedrieg/beet= geneem/gefop word; *once* ~, *twice shy* (P) ('n) mens laat jou nie twee maal fop nie (P), 'n esel stamp hom nie twee maal teen dieselfde klip nie (P), eerste maal ge= vang, tweede maal bang (P); *what's* ~ *HIM?* § wat ma= keer HOM?, wat het dit oor SY lewer geloop? ★

bitter *the* ~ *and the sweet* lief en leed, voor- en teen= spoed/teëspoed.

black¹ [n.] *be in the* ~ uit die skuld wees; *be all in* ~

heeltemal in swart geklee(d) wees; *put s.t. (down) in* ~ *and white* iets op skrif stel, iets swart op wit gee.

black² [v.] *HE* ~*s out* HY word flou, HY verloor SY bewussyn; ~ *out s.t.* iets verdonker/verduister; iets uitvee/uitwis.

black³ [adj.] *as* ~ *as pitch* pikswart; *(as)* ~ *as sin* so swart soos die hel; *as* ~ *as thunder* woedend; *a face as* ~ *as thunder* 'n woedende gesig; *beat s.o.* ~ *and blue* iem. pimpel en pers slaan; *go* ~ verswart; *jet-*~ gitswart; *things look* ~ § dit lyk dreigend/gevaarlik; *a* ~ *one* 'n swarte; *not as* ~ *as HE is painted* nie so sleg soos HY voorgestel word nie; *not as* ~ *as it is painted* nie so erg soos dit voorgestel word nie; *pitch-*~ pikswart.

blackguard *an unmitigated* ~ 'n deurtrapte skurk, 'n skurk deur en deur.

blame¹ [n.] *absolve s.o. from* ~ iem. van blaam onthef; *affix* ~ skuld gee/uitdeel; *affix/attach* ~ *to ...* skuld aan — gee, s. op — werp; *apportion* ~ s. uitdeel; *no* ~ *attaches to HIM* HY dra geen s. nie, geen blaam tref HOM nie; *bear the* ~ die skuld dra; *cast/ lay/put the* ~ *on s.o. or s.t.* iem. *of* iets die s. gee, die s. op iem. *of* iets laai/pak/werp; *fasten the* ~ *on s.o.* iem. die s. gee; *cast/lay/put the* ~ *for s.t. on ...* die s. van iets op — laai/pak/werp, — die s. van iets gee; *the* ~ *lies with HIM* dit is SY s.

blame² [v.] ~ *s.o. for s.t.* iem. die skuld gee omdat iets gebeur het, iem. die s. van iets gee, iem. iets kwalik neem; ~ *s.t. on s.o.* iets verwyt, iets aan iem. toeskryf/toeskrywe, iem. die skuld gee omdat iets gebeur het; *HE is to* ~ *for ...* dis SY skuld dat —, HY dra die s. dat —; *HE has HIMSELF to* ~ *for ...* dis SY eie s. dat —, HY het dit aan HOMSELF te wyte dat —.

blank *draw a* ~ § niks kry nie, bedroë/teleurgestel(d) uitkom.

blanket *toss s.o. in a* ~ iem. laat beesvel ry; *a wet* ~ § 'n pretbederwer/spelbederwer, 'n jandooi; *be born on the wrong side of the* ~ § buite-egtelik gebore wees.

blast¹ [n.] *(at) full* ~ met/op volle krag.

blast² [v.] ~ *off* afgevuur word, wegtrek *('n vuurpyl)*.

blaze¹ [n.] *go to* ~*s* § na die duiwel gaan ★★; *go to* ~*s!* §§ gaan/loop bars! ★★, loop na die duiwel! ★★, loop/ vlieg na die maan! ★★; *in a* ~ in ligte laaie; *like* ~*s* § soos ('n) blits ★; § dat dit gons/help ★, dat dit 'n aardigheid is; *what the* ~*s* § wat d(i)e drommel/duiwel/ongeluk ★

blaze² [v.] ~ *away* losbrand; ~ *up* opvlam; opflikker.

bleed *HE* ~*s to death* HY bloei HOM dood; ~ *freely* erg bloei.

blend ~ *in with ...* met — saamsmelt; ~ *in well with ...* goed by — pas.

blessed *I'm* ~ *if I know* § ek weet dit regtig nie; *well I'm* ~*!* § nou toe nou!; *be* ~ *with s.t.* met iets geseën(d) wees; met iets bedeeld wees.

blessing *ask a* ~ 'n seën vra; oor tafel bid, die seën vra; *HE can count HIS* ~*s* HY kan van geluk spreek; *a* ~ *in disguise* 'n bedekte seën; *HE gives s.t. HIS* ~ HY

gee iets SY seën, HY keur iets goed; *invoke a* ~ 'n seën afbid; *s.t. is a mixed* ~ iets is 'n halwe seën; *rain/ shower* ~*s on/upon s.o.* iem. met seëninge oorlaai.

blind¹ [n.] *do s.t. as a* ~ iets doen om 'n skyn te gee; *in the kingdom of the* ~ *the one-eyed man is king* (P) in die land van die blindes is eenoog koning (P).

blind² [adj.] *as* ~ *as a bat/beetle/mole* § so blind soos 'n mol ★; *go* ~ blind word; *none so* ~ *as those who will not see* (P) siende blind wees; *be stark* ~, *be stone-*-~ stokblind wees; *strike s.o.* ~ iem. met blindheid slaan; *be* ~ *to s.t.* vir iets blind wees, iets nie wil raak sien nie; onverskillig wees omtrent iets; ongevoelig wees vir iets.

blindness *be stricken with* ~ met blindheid geslaan wees.

blink *be on the* ~ § buite werking wees, onklaar wees.

blinkers *wear* ~ oogklappe aanhê *(fig.)*, siende blind wees.

blister *raise a* ~ 'n blaar trek.

block¹ [n.] *knock s.o.'s* ~ *off* §§ iem. opfoeter ★★

block² [v.] ~ *in s.t.* iets ru skets; ~ *off s.t.* iets versper; ~ *out s.t.* iets ru skets, iets ontwerp; *(fotogr.)* iets afdek; ~ *up s.t.* iets versper; iets blokkeer, iets toeblok/toestop; iets toemessel.

blockade *lift/raise a* ~ 'n blokkade ophef; *run the* ~ deur die blokkade breek.

blood *be after s.o.'s* ~, *be out for s.o.'s* ~, *seek s.o.'s* ~ agter iem. (aan/in) wees, iem. se ondergang soek, op iem. wraak wil neem; *breed/set bad* ~ kwaad bloed set/sit, slegte gevoelens verwek; *there is bad* ~ *between them* hulle is kwaaivriende; *have blue* ~ blou/adellike bloed hê; *HIS* ~ *boils* SY bloed kook, HY is woedend; HY vererg HOM bloedig; *by* ~ van afkoms; *in cold* ~ koelbloedig, opsetlik, ewe goedsmoeds; *s.o.'s* ~ *ran cold* dit het iem. laat ys; *make s.o.'s* ~ *curdle* iem. se bloed laat stol; *draw* ~ b. laat loop/uitkom; *the* ~ *rushes to s.o.'s face* iem. word skielik bloedrooi (in die gesig); *enough to freeze the* ~ *in one's veins* genoeg om die bloed in jou are te laat stol; *fresh/new* ~ nuwe b.; *get s.o.'s* ~ *up* iem. se b. laat kook, iem. woedend maak; *give* ~ b. skenk; ... *will have s.o.'s* ~ *for s.t.* § — sal iem. oor iets braai ★; *let* ~ bloedlaat; ~ *will out* afkoms is belangrik; *purchase s.t. with* ~ iets met bloed koop; *it runs in the* ~ dit is/sit in die b.; *shed* ~ b. vergiet; *HE sheds HIS* ~ *for ...* HY laat SY lewe vir —; *spit* ~ bloed spoeg/spu(ug)/opgee; *s.t. stirs the* ~ iets laat die b. vinniger stroom; *you cannot get* ~ *out of or from a stone* (P) jy kan nie b. uit 'n klip tap nie (P); *stop the* ~ die b. stelp; *sweat* ~ § b. sweet; *taste* ~ b. ruik; *be thirsting for* ~ na b. dors; *they have ties of* ~ hulle is bloedverwante; *s.o.'s* ~ *is up* iem. se bloed kook, iem. is woedend; *send the* ~ *rushing through the veins* die b. laat bruis; ~ *is thicker than water* (P) waar b. nie kan loop nie, kruip dit (P).

bloom *in (full)* ~ in (volle) bloei; *in the* ~ *of ...* in die fleur van — *(iem. se lewe)*; *take the* ~ *off s.t.* § iets laat verswak.

bloomer *make a* ~ § 'n bok skiet ★, 'n flater begaan/maak.

blossom¹ [n.] *in (full)* ~ in (volle) bloei.

blossom² [v.] ~ *forth/out* uitblom; HE ~s *out into a* ... HY ontpop (HOM) as —.

blot¹ [n.] *s.t. is a* ~ *on s.o.'s escutcheon* iets is 'n klad op iem. se (goeie) naam; *s.t. is a* ~ *on the landscape* iets ontsier die omgewing.

blot² [v.] ~ *out s.t.* iets verberg, die uitsig op iets belemmer; iets uitwis *(bv. 'n herinnering)*; ~ *out people* mense uitwis.

blow¹ [n.] *break a* ~ 'n slag breek; ~ *by* ~ hou vir hou; *come to* ~s handgemeen/slaags raak; *cushion a* ~ 'n slag smoor/demp; *deal s.o. a* ~ iem. 'n hou/klap/ slag gee; *deal s.o. a staggering* ~ iem. 'n doodhou toedien, iem. 'n gevoelige/geweldige/hewige/swaar/ verpletterende slag/hou toedien; *deliver a* ~ 'n hou slaan; *exchange* ~s mekaar slaan, handgemeen raak, vuishoue wissel; *get a* ~ *in* 'n hou plant; *s.t. is a heavy* ~ *to s.o.* iets is vir iem. 'n swaar slag; *rain* ~s *on/upon s.o.* iem. moker; *a stinging* ~ 'n taai klap; *strike a* ~ *for s.t.* iets 'n stoot vorentoe gee; *a swing(e)ing* ~ 'n kwaai hou; ~ *upon* ~ slag op slag.

blow² [v.] ~ *away* wegvlieg; ~ *away s.t.* iets wegblaas; iets wegwaai *(van wind)*; ~ *down* omgewaai word; afblaas; ~ *down s.t.* iets omblaas; iets omwaai; iets laat afblaas; ~ *in* inwaai, binnewaai; *s.o.* ~s *in* § iem. kom aangewaai/ingewaai ★; ~ *in s.t.* iets inwaai; ~ *it* § 'n mislukking maak; ~ *out* uitwaai; bars *(bv. 'n motorband)*; ~ *out s.t.* iets uitblaas/doodblaas *(bv. 'n kers)*; iets uitblaas/skoonblaas *(bv. 'n pyp)*; ~ *over* oorwaai; verbytrek; ~ *up* ontplof *(lett. & fig.)*; in die lug vlieg; skielik ontstaan *(bv. 'n krisis)*; ~ *up s.t.* iets opblaas *(bv. 'n ballon)*; iets oppomp *(bv. 'n motorband)*; iets opblaas, iets in die lug laat spring *(bv. 'n brug)*; iets vergroot *('n foto)*; iets oordryf.

blowed *(well)* I'll be ~! § nou toe nou!

blown *be* ~ *up* opgeblaas word; oordryf word.

blow-out *s.o. has a* ~ iem. se band bars.

blue¹ [n.] *out of the* ~ onverwags, ewe skielik, sonder aanleiding; *appear out of the* ~ uit die lug val *(fig.)* ★

blue² [adj.] *till you are* ~ *in the face* § tot die perde horings kry ★, tot jy blou word ★; *feel* ~ § bedruk/neerslagtig voel; *a* ~ *one* 'n bloue.

blues *have (a fit of) the* ~ § bedruk/neerslagtig wees, in 'n neerslagtige bui wees.

bluff¹ [n.] *call HIS* ~ SY uitdaging aanvaar, HOM daag om SY dreigement uit te voer.

bluff² [v.] *HE* ~s *it out* § HY hou HOM doodluiters.

blunder¹ [n.] *make a* ~ 'n flater begaan/maak, 'n bok skiet ★

blunder² [v.] ~ *on/upon s.t.* oor iets struikel, op iets afkom.

blurt ~ *out s.t.* (onverwags) met iets uitkom, iets uitblaker.

blush *at (the) first* ~ op die eerste gesig; *spare s.o.'s*

~es iem. nie laat skaam word nie; *without a* ~ sonder blik of bloos, sonder om te blik of te bloos.

board¹ [n.] *across the* ~ deur die bank, deurgaans; *s.t. goes by the* ~ iets word oorboord gegooi, iets gaan verlore; iets verval, iets val weg; *go on* ~ aan boord gaan; ~ *and lodging* losies, kos en inwoning; *be on a* ~ in 'n raad dien/sit; in 'n direksie dien/sit; *on* ~ *(a) ship* aan boord van 'n skip; *on the* ~s op die planke/toneel; *tread the* ~s toneelspeel, toneelspeler wees; *sweep the* ~ alles wen.

board² [v.] ~ *off s.t.* iets afskut; ~ *out* buitenshuis eet; ~ *out s.o.* iem. buitenshuis laat eet; ~ *up a building* 'n gebou met planke toespyker; ~ *with s.o.* by iem. loseer.

boarder *take in* ~s kosgangers hou/neem.

boast¹ [n.] *HE makes a* ~ *of* ... HY beroem HOM op —.

boast² [v.] ~ *about/of s.t.* met iets spog, op iets roem.

boat *HE burns HIS* ~s HY verbrand die skepe agter HOM; *by* ~ met 'n skip *of* boot, per skip *of* b.; *launch a* ~ 'n skuit in die water stoot; 'n skip *of* boot te water laat; *miss the* ~, *(lett.)* die b. mis, die b. nie haal nie; *(fig.)* die kans laat glip, die kans verspeel/verkyk, agter die net vis, na die maal wees; *rock the* ~ § jukskei breek *(fig.)*; *be in the same* ~ in dieselfde skuitjie vaar, in dieselfde omstandighede verkeer; *take to the* ~s in die (reddings)bote gaan.

bob¹ [n.] *so help me* ~ § so help my Piet ★; *B* ~'s *your uncle!* § alles in die haak!

bob² [v.] ~ *up* op die oppervlak(te) verskyn; opduik, te voorskyn kom.

bode *it* ~s *ill for* ... dit beloof/belowe sleg vir —, dit hou niks goeds vir — in nie; *it* ~s *well for* ... dit beloof/ belowe goed/veel vir —, dit hou veel goeds vir — in.

body *over my dead* ~! § om die dood nie!, volstrek nie!, so nooit aste nimmer!; *a foreign* ~ 'n vreemde voorwerp; *a heavenly* ~ 'n hemelliggaam; *in a* ~ gesamentlik; *sound in* ~ *and mind* gesond na liggaam en gees; *keep* ~ *and soul together* siel en liggaam aanmekaarhou, aan die lewe bly; *taken as a* ~ in die geheel beskou.

bog ~ *down* vassteek, vasval.

bogged *be/get* ~ *down* vassteek, vasval.

boggle ~ *at s.t.* vir iets terugdeins.

boil¹ [n.] *bring s.t. to the* ~ iets op die kookpunt bring; *come to the* ~ kook *(lett. & fig.)*; *be off the* ~ van die kook af wees; *be on the* ~ aan die kook wees.

boil² [v.] ~ *away* droogkook; verder/vêrder kook; ~ *down s.t.*, *(lett.)* iets verkook; *(fig.)* § iets inkort, iets kort saamvat; *it* ~s *down to this* § dit kom hierop neer; ~ *dry* droogkook; ~ *over*, *(lett.)* oorkook; *(fig.)* § uitbars, tot uitbarsting kom; ~ *up* opkook.

boiling-point *at* ~ op die kookpunt; *reach* ~ die kookpunt bereik.

bold *as* ~ *as brass* § onbeskaam(d); *make* ~ *to* ... die vryheid neem om te —, dit waag om te —, so vry wees om te —; *I make* ~ *to say* ek verstout my om te sê.

bolster ~ *up s.t.* iets stut.

bolt¹ [n.] *like a* ~ *from the blue* soos 'n donderslag uit 'n helder hemel; *make a* ~ *for ...* §na— toe hardloop; *make a* ~ *for it* § vlug, weghardloop; *shoot a* ~ 'n grendel toeskuif/toeskuiwe; HE *has* SHOT HIS ~ HY het SY ergste gedoen, SY rol is uitgespeel, SY kruit is verskiet/weggeskiet

bolt² [v.] ~ *down food* kos vinnig sluk; ~ *together/up s.t.* iets vasbout.

bomb *it costs a* ~ §dit kos 'n fortuin; *plant a* ~ 'n bom plant/plaas/versteek.

bombard ~ *s.o. with ...* iem. met — bestook *(bv. vrae).*

bombed *be* ~ *out* deur 'n bombardement dakloos gelaat word.

bombshell *be a* ~ § 'n donderslag wees ★, 'n uiterste verrassing wees; *drop a* ~ § 'n bom los *(fig.)* ★, almal verras, 'n onverwagte/verrassende aankondiging doen.

bond *in* ~ in entrepot, in die doeanepakhuis *(goedere)*; *in* ~ *s* in boeie/kettings; *pass a* ~ 'n verband passeer; *take s.t. out of* ~ iets uit die doeanepakhuis los.

bone¹ [n.] *s.o. is a bag of* ~*s* §iem. is net vel en been; *the bare* ~*s* die belangrikste feite; *bred in the* ~ ingebore; *a* ~ *of* **contention** 'n twisappel; HE *feels it in* HIS ~*s* HY voel dit aan SY broek (se naat) ★; HE *works* HIS *fingers to the* ~ HY sloof HOM af; *make no* ~*s about it* geen doekies omdraai nie ★, kaalkop met die waarheid uitkom ★; *make no* ~*s about doing s.t.* nie aarsel/ontsien/skroom om iets te doen nie; *be near the* ~ § gewaag(d) wees; *make old* ~*s* oud word; *my old* ~*s* my ou lyf; *pick a* ~ 'n been afknaag/afeet; *have a* ~ *to pick with s.o.* 'n appeltjie met iem. te skil hê; *throw the* ~*s* dolosse gooi; *to the* ~ deur en deur, geheel en al.

bone² [v.] HE ~*s up on s.t.* §HY studeer hard aan iets.

bonkers HE *is* or *goes* ~ § HY is *of* raak van SY kop af.

boo *s.o. can't say* ~ *to a goose* §iem. kan nie boe of ba sê nie ★, iem. kan nie pruim sê nie ★

book¹ [n.] *according to the* ~ volgens (die) reël; *be in s.o.'s bad/black* ~*s* in iem. se slegte boeke wees, by iem. sleg aangeskrewe staan/wees, by iem. in 'n slegte blaadjie/boekie staan/wees, by iem. in onguns staan/wees; *balance the* ~*s* die balans opmaak; *ban a* ~ 'n boek verbied; *bring s.o. to* ~ met iem. afreken; iem. aankeer/betrap/vaskeer/vastrap; iem. tot verantwoording roep; *s.o. has been brought to* ~, *(ook)* iem. het aan die pen gery; *a* ~ *by ...* 'n boek deur/van —; *by the* ~ volgens (die) reël; *be a closed/sealed* ~ *to s.o.* vir iem. 'n geslote boek wees; *consult a* ~ 'n b. raadpleeg/naslaan; *cook the* ~*s* die boeke beknoei/manipuleer; *go by the* ~ volgens (die) reël handel/optree; *the good B*~ die Bybel; *be in s.o.'s good* ~*s* in iem. se goeie boeke wees, by iem. goed aangeskrewe staan/wees, by iem. in 'n goeie blaadjie/boekie staan/wees, in iem. se guns staan/wees; *in s.o.'s* ~ §na iem. se mening, volgens iem. se opvatting; *in my* ~, *(ook)* §

myns insiens; *keep* ~*s* boekhou; *kiss the B*~ op die Bybel sweer; *make (a)* ~ *on s.t.* weddenskappe op iets aanneem; *the B*~ *of Genesis/etc.* die Boek Genesis/ens.; *a* ~ *on ...* 'n boek oor —; *be on the* ~*s* ingeskryf/ingeskrewe wees, op die lys wees; *that is one for the* ~*s* §dit moet ('n) mens opteken; *an open* ~ geen geheim nie; *the* ~ *is out* die boek het verskyn, die b. is uit; *publish a* ~ 'n b. publiseer/uitgee; *the* ~ *was published last week* die b. het verlede week verskyn; *read s.o. like a* ~ iem. soos 'n b. lees; *a sealed/closed* ~ →*closed/sealed*; *speak/talk like a* ~ soos 'n b. praat; HE *speaks without* HIS ~ HY gaan buite SY boekie, HY praat sonder gesag; HY praat volgens geheue; *it suits* HIS ~ dit pas in SY kraam, dit pas HOM, dit is net wat HY wil hê; *throw the* ~ *at s.o.* §iem. sommer van alles aanklag; §iem. inklim ★, iem. die les lees; *unban a* ~ die verbod op 'n boek ophef.

book² [v.] ~ *for ...* vir — bespreek *(bv. 'n opvoering)*; *na* — bespreek *('n plek)*; ~ *s.o. for s.t.* iem. vir iets bespreek; iem. van iets aanklag *(bv. 'n oortreding)*; ~ *in* inteken *(bv. by 'n hotel)*; na die vertrektoonbank gaan *(op 'n lughawe).*

booked *be fully* ~ vol bespreek wees, ten volle bespreek wees; *be* ~ *into a hotel* by 'n hotel tuis wees; *be* ~ *out/up* vol bespreek wees, ten volle bespreek wees; *be* ~ *solidly* blokvas bespreek wees.

boom *s.t.* ~*s out* iets weergalm *(bv. 'n stem)*; ~ *out s.t.* iets uitbasuin/uitgalm.

boomerang *s.t.* ~*s on s.o.* iets boemerang teen iem.

boost *be a* ~ *for s.o.* or *s.t., give s.o.* or *s.t. a* ~ iem. *of* iets 'n stoot gee.

boot¹ [n.] ~*s and all* § (met) pens en pootjies ★, met skoene en al *(fig.)* ★; HE *is too big for* HIS ~*s* §HY is te groot vir SY skoene ★, HY is verwaand; *the* ~ *is on the other foot* § die bordjies is verhang; *get the* ~ § die trekpas kry ★, in die pad gesteek word ★; § uitgeskop word ★; *give s.o. the* ~ §iem. in die pad steek ★; §iem. uitskop ★; *lick s.o.'s* ~*s/shoes* §iem. lek ★, voor iem. in die stof kruip; *put the* ~ *in* § iem. skop/trap.

boot² [n.] *to* ~ boonop.

boot³ [v.] ~ *out s.o.* §iem. in die pad steek ★; §iem. uitskop ★

booted ~ *and spurred* gestewel(d) en gespoor(d).

bootstraps *pull o.s. up by one's (own)* ~ §uit eie krag opkom.

booze *be on the* ~ § suip ★

border¹ [n.] *(actually) on the* ~ op die grens; *on/near the* ~ aan die grens; *South Africa's* ~ *with Lesotho* die grens tussen Suid-Afrika en Lesotho.

border² [v.] *it* ~*s on/upon ...* dit grens aan —.

bore¹ [n.] *s.t. is a* ~ *to s.o.* iets verveel iem.; *be a crashing/unspeakable* ~ 'n bar/uiters vervelende vent wees, onuitstaanbaar vervelend wees.

bore² [v.] ~ *s.o. silly/stiff,* ~ *s.o. to death* iem. dodelik/gruwelik/vreeslik verveel, iem. tot die dood toe verveel.

bored HE *feels* ~ HY verveel HOM; *be* ~ *stiff* dodelik/

gruwelik/vreeslik verveeld wees, tot die dood toe ver=
veeld wees; *be ~ with* ... deur — verveel word.
boredom *utter ~ gryse* verveling.
borehole *sink a ~* 'n gat boor, 'n boorgat maak/
slaan/sink.
born *a ~ teacher/etc.* 'n gebore onderwyser/ens.; *~
again* wedergebore, weer gebore; *be ~* gebore word;
~ and **bred** gebore en getoë; *s.o. is* **British-~** iem. is
'n gebore Brit, iem. is Brits van geboorte; *~ of noble
parents* uit edele ouers gebore; *a child was ~ to them* 'n
kind is vir hulle gebore; *s.o. was ~ to s.t.* iem. is vir iets
in die wieg gelê; *s.o.* **was** *~ in London on June 15, 1960*
iem. is op 15 Junie 1960 in Londen gebore; **when** *were
you ~?* wanneer is jy gebore?; *s.o. was not ~* **yester=
day** § iem. is nie onder 'n kalkoen uitgebroei nie ⋆,
iem. is ouer as tien/twaalf ⋆
borne *be ~ away* meegesleep word; *it was ~ in on/
upon s.o. that* ... dit het tot iem. deurgedring dat —.
borrow *~ s.t. from s.o.* iets by/van iem. leen.
bosom *in the ~ of* HIS *family* in die skoot van SY
gesin; *take s.o. to one's ~* iem. liefkry, met iem. vriende
word.
botch *~ up s.t.* § iets verknoei.
both *on ~* **sides** (aan) weerskant(e); wedersyds; *~ of*
them hulle albei, hulle al twee; *~ of* **these** ... al twee
hierdie —; *~ of* **us** ons albei, ons al twee; *~ of* **you**
julle albei, julle al twee.
bother¹ [n.] *be a ~* lastig wees, *(iem.)* pla; HE **goes** *to
a lot of ~ to do it* HY getroos HOM baie moeite om dit te
doen; *no ~* dis geen moeite nie; *a* **spot** *of ~* § 'n las/
gelol/gefoeter⋆; *have a* **spot** *of ~ with s.t.* § las met
iets hê, met iets sukkel; *be in a* **spot** *of ~* § in die moei=
likheid wees; *it is* **such** *a ~* dit is baie lastig; **what** *a
~!* deksels! ⋆
bother² [v.] HE *does not ~* **about** ... HY bekommer
HOM nie oor — nie; *no one will ~* **about** *it* geen haan
sal daarna kraai nie; *don't ~* **yourself about** *that* be=
kommer jou nie daaroor nie; *don't ~!* moenie moeite
doen nie!; *can I ~ you for* ...? kan ek — by jou kry?;
kan jy die — vir my aangee?; *~ it!* § deksels! ⋆; *not
even ~ to* ... nie eens/eers die moeite doen om te —
nie; *~ o.s.* omslag maak; *~ the* ...! § die dekselse—! ⋆
bottle¹ [n.] *the blue ~* § die blou bottel ⋆, kasterolie;
crack *a ~* § 'n bottel aanspreek⋆/uitdrink; *be too* **fond**
of the ~ § te diep in die bottel kyk ⋆; **hit** *the ~* § aan die
drink raak; *a ~ of* **wine**/*etc.* 'n bottel wyn/ens.; *be* **off**
the ~ § nie meer drink nie; *be* **on** *the ~* 'n bottel drink,
bottelvoeding kry *('n baba);* § (te veel) drink, aan
drank verslaaf wees; **ply** *the ~* die bottel heen en weer
laat gaan; *a* **small** *~* 'n botteltjie/flessie; **take** *to the
~* § aan die drink raak.
bottle² [v.] *~ up s.t.* iets opkrop.
bottled *be ~ up* vasgekeer wees *(bv. van troepe).*
bottom¹ [n.] *at ~* in die grond, in wese; in SY hart; *at
the ~ of* ... onderaan — *(bv. die bladsy);* aan die voet
van — *(bv. die trap);* op die boom/bodem van — *(bv.
die glas);* aan die onderent van — *(bv. die tafel);* be **at**

the ~ of s.t. agter iets sit; *the ~ has* **dropped/fallen**
out of s.t. § iets het in duie gestort/geval *(bv. die mark);*
get *to the ~ of s.t.* agterkom hoe iets inmekaar sit, iets
grondig ondersoek, iets deurgrond, tot die kern van
iets deurdring; agterkom wat agter iets sit; **go** *to the ~*
sink, afsak, na benede gaan; **knock** *the ~ out of s.t.* §
iets in duie laat stort/val, iets die boom inslaan, iets
omvergooi/omvêrgooi; *on the ~ of the sea* op die bo=
dem van die see; **right** *at the ~* heel onder; **send** *a
ship to the ~* 'n skip kelder, 'n s. tot sink bring, 'n s. laat
sink; **touch** *~* grond raak/voel, vaste grond onder die
voete kry; 'n laagtepunt bereik; *~* **up** onderstebo; *~s
up!* § drink leeg jul glase!; **what** *is at the ~ of it?* wat sit
daaragter?
bottom² [v.] *~ out* by die laagste peil wees, die laagste
peil bereik *(bv. pryse).*
bottom line →**line**.
bought *dearly ~* ... duur gekoopte — *(bv. vryheid);
s.t. may be ~* iets is te koop.
bounce *~ back from* ... van — herstel *(bv. 'n terug=
slag).*
bound¹ [n.] *at a ~* in/met een sprong.
bound² [adj.] *be ~ for* ... na — onderweg wees, na —
op pad wees.
bound³ [verl.dw.] *I'll be ~* ek wed, ek is seker, ek
sweer; *be* **morally** *~* sedelik verplig wees; *be ~* **over**
to keep the peace onder sekerheidstelling verplig wees
om die vrede te bewaar; *s.o. is ~ to do s.t.* iem. moet
iets doen, iem. is verplig om iets te doen; iem. sal stel=
lig iets doen; *I am ~ to say* ek moet sê; *there is ~ to be
a clash* 'n botsing kan nie uitbly nie; *be (closely) ~* **up**
with one another (nou of ten nouste) met mekaar saam=
hang.
boundary *beyond the boundaries* buite(kant)/oor die
grense.
bounded *it is ~ by* ... dit grens aan —, dit word deur
— begrens.
bounds *break ~* wegloop; **exceed** *the ~* die perke
oorskry; **keep** *s.t. within ~* iets binne die perke hou;
HE **keeps** *within ~* HY beperk HOM; **know** *no ~* geen
perke ken nie; *be* **out** *of ~* verbode (gebied/terrein)
wees; buite die perke wees; *(gholf)* oor die grens wees;
set *~ to s.t.* grense aan iets stel, paal en perk aan iets
stel; **within** *~* binne die perke.
bow¹ [n.] HE *makes* HIS *~* HY maak SY debuut; *take a
~* die applous in ontvangs neem.
bow² [n.] *~ and* **arrow(s)** pyl en boog; **draw/bend** *a
~* 'n boog span; *draw the/a* **long** *~* spekskiet⋆; *draw a
~ over* **strings** met 'n boog oor snare stryk; *tie a ~* 'n
strik maak; *tie s.t. in a ~* iets strik.
bow³ [n.] *the ship is down by the ~* die skip se boeg is
onder water.
bow⁴ [v.] *~* **down** *to s.o.* voor iem. neerbuig; *~* **low**
diep buig; *~* **out** terugtree; uittree; *~ and* **scrape** *to
s.o.* voor iem. kruip; *bow* **to** *s.o.* vir iem. buig.
bowed *be ~ down with care* onder sorge gebuk gaan.
bowels *in the ~ of* ... in die skoot van — *(die aarde);*

diep binne-in — *(bv. die skip); s.o.'s* ~ *have moved* iem. het opelyf gehad; *s.t. opens s.o.'s* ~ iets gee iem. opelyf.

bowl ~ *along* vinnig ry; goed vorder; ~ *down s.t.* iets omboul; ~ *out s.o.* iem. uitboul; ~ *over s.o.* iem. onderstebo loop; § 'n diepe indruk op iem. maak.

bowled *be clean* ~ (uit)geboul word; *be* ~ *over by ...* § deur — oorweldig wees.

box¹ [n.] *the whole* ~ *and dice* §die hele boel/sous/spul ⋆, die hele boksemdais/boksendais ⋆; *be in the wrong* ~ in verleentheid wees, in die nood/moeilikheid wees.

box² [n.] *fetch s.o. a* ~ *on the ears* iem. 'n oorkon= kel/oorveeg gee.

box³ [v.] ~ *in people* mense inhok; ~ *off people* mense afhok; ~ *up people* mense saamhok.

boy *s.o.'s* **blue-eyed** ~ § iem. se witbroodjie ⋆; *a little/small* ~ 'n seuntjie; ~ *oh* ~! §man! ⋆; *old* ~ § ou kêrel ⋆; *be one of the* ~*s* §gewild wees by die manne *(van 'n man gesê); our* ~*s* ons manne.

brace¹ [n.] *splice the main* ~ drank uitreik; 'n dop steek ⋆; *splice the main* ~! besaanskoot aan!

brace² [v.] *HE* ~*s HIMSELF for ...* HY berei HOM op — voor *(bv. slegte tyding).*

bracket¹ [n.] *in* ~*s* tussen hakies.

bracket² [v.] ~ *(off) s.t.* iets tussen hakies plaas/sit; ~ *(together) people* or *things* mense *of* dinge saam groepeer; ~ *s.o.* or *s.t. with s.o.* or *s.t. else* iem. *of* iets met iem. *of* iets anders gelykstel.

brag ~ *about s.t.* met iets spog; *it is nothing to* ~ *about* dit is niks watwonders nie.

brain *HE* **beats/cudgels/racks** *HIS* ~*s* HY breek/ krap SY kop ⋆, HY maak SY kop moeg, HY beul/mar= tel/pynig/sloof SY harsings af, HY dink diep oor iets na; *HE* **beats** *HIS* ~*s out* §HY dink HOM suf; *HE* **blows** *HIS* ~*s out* HY skiet HOM(SELF) deur die kop, HY ja(ag) 'n koeël deur SY kop ⋆; *a* **clear** ~ 'n helder kop; *dash s.o.'s* ~*s out* iem. se harsings inslaan; *have* ~*s* verstand hê, 'n goeie kop hê, intelligent wees; *have s.t.* **on the** ~ aan iets bly dink, met iets behep wees; *pick/tap s.o.'s* ~*s* van iem. se kennis gebruik maak; *s.o.'s* ~ **turns** iem. se kop draai; iem. wil gek word; *s.t. has* **turned** *s.o.'s* ~ van iets is iem. se brein aangetas, iets het iem. se kop op hol gemaak, iets het iem. gek gemaak.

brake *act as a* ~ *on ...* 'n remmende uitwerking op — hê; *adjust* ~*s* remme stel; *apply the* ~ rem, die rem gebruik; *the* ~*s* **fail** die remme weier; *put on the* ~*s, (lett.)* rem, die rem aanslaan, rem trap; *(fig.)* § briek aandraai ⋆; *slam on the* ~*s* hard rem trap, die rempe= daal wegtrap.

branch ~ *off* afdraai; vertak; ~ *out* vertak; uitsprei; uitbrei; *HE* ~*es out on HIS own* HY word selfstandig; HY begin SY eie onderneming.

brand ~ *s.o. as a ...* iem. vir 'n — uitmaak/uitskel; *s.t.* ~*s s.o. as a ...* iets stempel iem. tot 'n —.

brandy *neat* ~ skoon brandewyn; *HE drinks HIS* ~ *neat* HY drink SY brandewyn skoon, HY drink SY b. net so.

brass *the (top)* ~ § die hoë offisiere.

brave *HE* ~*s it out* HY hou SY kop hoog, HY bied dit die hoof.

brawn *be all* ~ *and no brains* die ene spiere sonder verstand wees.

brazen *s.o.* ~*s it out* iem. kom met astrantheid daar= deur.

breach *close the* ~ in die bres tree; *in* ~ *of ...* stry= dig met —, in stryd met —; *make a* ~ *in ...* 'n bres in — slaan; *be a* ~ *of ...* 'n verbreking van — wees; 'n vergryp teen — wees; met — in stryd wees; *stand in the* ~ in die bres staan/tree; *step into the* ~ in die bres tree.

bread *break* ~ *with s.o.* met iem. saameet; ~ *and* **butter** brood en botter, botter en brood; *s.o.'s* ~ *and* **butter** iem. se broodwinning/lewensbestaan; *but=* **tered** ~ botter en brood; *HE knows on which side HIS* ~ *is* **buttered** HY ken SY (eie) voordeel; *HE wants HIS* ~ **buttered** *on both sides* alles moet in SY skoot val; *a* **crust** *of* ~ 'n broodkorsie; *our* **daily** ~ ons daaglikse brood; *HE* **earns** *HIS daily* ~ HY verdien SY daaglikse b.; *man shall not* **live** *by* ~ *alone* (P) die mens sal nie van b. alleen leef/lewe nie (P); *a* **loaf** *of* ~ 'n brood; *half a* **loaf** *of* ~ 'n halwe b.; *take the* ~ *out of HIS* **mouth** SY b. uit SY mond neem; *a* **slice** *of* ~ 'n sny b.; **soggy** ~ klewerige b.; ~ *is the* **staff** *of life* (P) sonder b. kan die mens nie leef/lewe nie; *HE casts HIS* ~ *on the* **waters** HY werp SY b. op die water; *how HE* **wins** *HIS* ~ hoe HY SY b. verdien.

bread-basket *hit HIM in the* ~ § HOM op SY ete en drinke slaan ⋆

breadline *be on the* ~ baie arm wees; *live under the* ~ broodloos wees, onder die armoedsgrens leef/lewe.

breadth *five metres in* ~ vyf meter breed, vyf meter in die breedte.

break¹ [n.] *get an even* ~ § 'n billike kans kry; *give s.o. an even* ~ § iem. 'n billike kans gee; *give s.o. a* ~ § iem. 'n kans gee; *a* **lucky** ~ 'n geluk(slag); *make a* ~ *for it* probeer wegkom/ontsnap; *take a* ~ rus, blaas; *without a* ~ sonder onderbreking/ophou, onafgebro= ke, ononderbroke, eenstryk.

break² [v.] *break!* los!; ~ *away from ...* van — los= breek/wegbreek; van — afskei/afstig/afsplits; van — afbreek/afbrokkel; ~ *away, (ook)* wegspring; weg= hardloop; ~ **down** onklaar/defek/kapot/stukkend raak; bly staan/steek; ontbind; (op)splits; in duie stort/ val; in(een)stort, inmekaar sak; in trane uitbars; mis= luk; afspring *(bv. onderhandelings);* ~ **down** *s.t.* iets afbreek; iets uit die weg ruim *(bv. teenstand);* iets ont= leed *(bv. syfers);* iets oorwin *(bv. vooroordele);* ~ **down** *s.t. into ...* iets in — onderverdeel; ~ *and* **enter** inbreek; ~ **even** gelyk(op) speel/uitkom, sonder ver= lies uitkom; ~ **free** losbreek, losruk; ~ *in* inbreek; ~ *in s.t.* iets mak maak, iets leer/tem *(bv. 'n perd);* iets touwys maak *(bv. 'n os);* iets inloop/inry *(bv. 'n mo= tor);* ~ **into** *s.t.* by iets inbreek *(bv. 'n huis);* ~ **loose** losbreek, losruk; ~ **off** ophou (praat); ~ **off** *s.t.* iets afbreek/staak *(bv. 'n geveg)*; iets verbreek/uitmaak *(bv. 'n verlowing)*; iets onderbreek; ~ *it off with s.o.* met iem. breek, 'n verhouding met iem. afbreek; ~ *open* oopbreek; ~ *open* *s.t.* iets oopbreek; ~ *o.s. of s.t.* iets afleer/afwen; ~ *out* uitbreek; ontvlug; uitslaan *('n uitslag op die vel)*; losbreek; losbars; ~ *out* *s.t.* iets losmaak; iets uithaal; ~ *through* deurbreek, deur= bars; ~ *through* *s.t.* deur iets breek; *s.t.* ~*s in two* iets breek middeldeur; ~ *s.t. in two* iets middeldeur breek; ~ *up* uiteenval, uitmekaar val, verbrokkel; ont= bind; verval; uiteengaan, uitmekaar gaan; sluit *(bv. skole)*; § onbedaarlik aan die lag gaan; ~ *it up!* hou op!, basta!*; ~ *up* *s.t.* iets verbreek, iets stukkend maak; iets sloop; iets afbreek; iets opbreek *(bv. 'n kamp)*; iets versprei *(bv. 'n versameling)*; iets uiteen= ja(ag) *(bv. 'n vergadering)*; iets uitmekaar maak *(bv. 'n bakleiery)*; iets fynmaak; ~ *with* *s.o.* met iem. breek, 'n vriendskap met iem. beëindig.

breakdown *s.o. has a* ~ *on the road* iem. se motor het langs die pad onklaar geraak.

breakfast *at* ~ by die ontbyt; *have/take* ~ ontbyt, die ontbyt nuttig/gebruik.

breaking ~ *and entering* inbraak.

breakthrough *make a* ~ 'n deurbraak maak.

breast *beat one's* ~ kerm; *make a clean* ~ *of s.t.* met die waarheid oor iets uitkom, alles erken.

breath *with bated* ~ met ingehoue asem, met ge= spanne aandag; HE *catches* HIS ~ HY snak na SY asem; *draw* ~ asemskep, rus; *take a deep* ~ diep asemhaal; *take a deep* ~*!* haal diep asem!; *fetch a* ~, *gather* ~ asemskep; *draw one's first* ~ gebore word; *gasp/pant for* ~ na asem hyg/snak; *get one's* ~ *back* asem kry, op asem kom; HE *holds* HIS ~ HY hou (SY) asem op; HE *draws* HIS *last* ~ HY blaas SY (laaste) asem uit, HY sterf, HY gee die gees; *in the next* ~ net daarna; *have no* ~ *left* uitasem wees; *in one* ~ in een asem; *be out of* ~ uitasem wees; *pant/gasp for* ~ →*gasp/pant; pause for* ~ asemskep; *recover one's* ~ asem kry, op asem kom; *in the same* ~ in een asem; HE *saves* HIS ~ HY hou SY mond; *be short of* ~ kort= asem wees; *not a* ~ *is stirring* daar trek geen luggie nie; *take* ~ asemskep, rus; *take a* ~ asemhaal; *it takes* HIS ~ *away* dit laat SY asem wegslaan, dit ver= stom HOM; *under one's* ~ fluisterend; *speak under one's* ~ fluister, saggies praat; HE *is wasting* HIS ~ HY mors SY asem, HY praat tevergeefs.

breathe ~ *again* weer asemskep; ~ *deeply* diep asemhaal; ~ *more freely* ruimer asemhaal; ~ *in* in= asem; HE ~*s* HIS *last* HY blaas SY (laaste) asem uit, HY gee die gees, HY sterf; ~ *out* uitasem.

breather *give a horse a* ~ 'n perd laat blaas; *give s.o. a* ~ iem. 'n blaaskans gee/gun; *have/take a* ~ blaas, rus.

breathing *shallow* ~ flou asemhaling.

breed ~ *in* inteel; in dieselfde familie trou; ~ *true* suiwer teel.

breeze¹ [n.] *a fresh/stiff* ~ 'n fris/stewige/stywe bries/windjie; *a light* ~ 'n sagte bries/windjie.

breeze² [v.] ~ *along* voortsnel; ~ *in* § binnewaai*, ingewaai kom *

brevity ~ *is the soul of wit* (P) (wees) kort maar kragtig.

brick¹ [n.] *drop a* ~ § 'n flater begaan/maak, 'n bok skiet *; *s.o. is a* ~ § iem. is 'n doring*/staatmaker; *lay* ~*s* messel; *come down on s.o. like a pile/ton of* ~*s* § op iem. afklim *, iem. verskriklik uittrap *; *you can't make* ~*s without straw* (P) jy kan nie yster met jou hande breek nie (P).

brick² [v.] ~ *in/up* *s.t.* iets toemessel.

bridge *a* ~ *across a river* 'n brug oor 'n rivier; HE *burns* HIS ~*s* HY verbrand die brûe agter HOM; *don't cross your* ~*s before you come/get to them* (P) moenie die bobbejaan agter die bult gaan haal nie (P); *throw a* ~ *over a river* 'n brug oor 'n rivier slaan.

bridle¹ [n.] *draw* ~ 'n perd inhou; *give a horse the* ~ 'n perd die teuels gee.

bridle² [v.] ~ *at s.t.* aan iets aanstoot neem.

brief¹ [n.] *hold a* ~ *for s.o.* onder opdrag van iem. handel; pleitbesorger/voorspraak vir iem. wees, iem. verdedig; *in* ~ kortliks, kortom, kortweg; *speak to a* ~ volgens opdrag praat; *hold a watching* ~ *for s.o.* sake ten behoewe van iem. dophou, 'n waarnemings= opdrag van iem. hê.

brief² [adj.] *be* ~ kort wees; *to be* ~ om kort te gaan, om 'n lang storie kort te maak, in een woord.

briefing *get a* ~ finale opdragte kry; oor iets ingelig/ voorgelig word; *give s.o. a* ~ *about/on s.t.* iem. finale opdragte oor iets gee; iem. oor iets inlig/voorlig.

bright ~ *and breezy* ewe opgewek; ~ *and early* baie vroeg.

brighten ~ *(up)* ophelder *(bv. iem. se gesig)*; ~ *up s.o.* iem. opvrolik.

brim¹ [n.] *fill s.t. to the* ~ iets tot oorlopens toe vol= maak; *full to the* ~ tot oorlopens toe vol.

brim² [v.] ~ *over with … van* — oorloop *(bv. geesdrif)*.

brimming ~ *with … vol* — *(bv. trane)*.

bring ~ *about* *s.t.* iets veroorsaak; iets bewerkstellig; iets tot stand bring; iets teweegbring; *help to* ~ *about* *s.t.* tot iets bydra; ~ *along* *s.o.* or *s.t.* iem. *of* iets saam= bring; ~ *back* *s.t.* iets terugbring; iets herstel; *it* ~*s* *back* *s.t. (to memory)* dit roep iets voor die gees, dit herinner aan iets; ~ *down …* — afbring; — neertrek/ plattrek; — neerskiet; — verminder *(bv. 'n meerder= heid)*; — verlaag *(bv. pryse)*; — laat instort/neerstort; — omstoot/omverwerp/omvêrwerp/omvergooi/om= vêrgooi; — laat val, — tot 'n val bring *(bv. 'n regering)*; ~ *forth* *s.t.* iets voortbring; iets te voorskyn bring; iets baar; ~ *forward* *s.t.* iets vervroeg; iets indien; iets voorbring, met iets voor die dag kom; *(boekh.)* iets oorbring/oordra; ~ *in* *s.o.* inbring/binnebring; iem. byhaal; ~ *in* *s.t.* iets inbring/binnebring; iets in= dien *('n wetsontwerp)*; iets uitbring *('n verslag)*; iets oplewer *(bv. 'n wins)*; iets byhaal; *s.t.* ~*s s.o.* *low* iets maak iem. siek; iets rig iem. te gronde; iets verneder iem.; ~ *off* *s.t.* iets regkry; iets uitvoer; ~ *on* *s.t.* iets teweegbring/veroorsaak, iets meebring, iets tot gevolg hê; iets te voorskyn bring; ~ *on* *s.o.* iem. laat optree/verskyn; HE ~*s it on* HIMSELF HY bring dit oor HOM-SELF, HY is self die oorsaak daarvan, HY soek daarna *; ~ *out* *s.t.* iets te voorskyn bring, iets voor die dag bring; iets uitbring/uitdruk, iets duidelik maak; iets na vore bring, iets laat uitkom, iets onderstreep; iets uit-gee/uitbring/publiseer *(bv. 'n boek);* ~ *out the … in* *s.o.* die — in iem. te voorskyn bring; ~ *over* *s.o.* or *s.t.* iem. *of* iets oorbring; ~ *round* *s.o.* iem. bybring; iem. omhaal/oorhaal/oorreed *(om iets te doen);* iem. saam-bring *(bv. 'n besoeker);* ~ *through* *s.o.* iem. deurhaal, iem. in die lewe hou; ~ *s.t. to* iets tot staan/stilstand bring; ~ *the number (up) to* … die getal op — bring; ~ *together* *people* mense byeenbring/bymekaar-bring; ~ *under* *s.o.* iem. onderwerp; ~ *up* *s.t.* iets opbring *(vomeer);* iets aanroer/opper/voorbring, iets ter sprake bring, iets te berde bring; ~ *up* *s.o.* iem. grootmaak/grootbring/opvoed; iem. voor die hof bring; ~ *up* *s.t. against* *s.o.* iets teen iem. aanvoer/in-bring; ~ *s.o.* *up* *against* *s.t.* iem. voor iets te staan bring; ~ *s.o.* *up* *short* iem. tot stilstand bring; iem. meteens laat stilbly; ~ … *with* *one* — saambring.

brink *on the* ~ *of* … op die rand van —.

bristle ~ *up* opstuif, opvlieg; ~ *with* … van — krioel/wemel, vol — wees.

broach ~ *s.t. with* *s.o.* iets teenoor iem. opper.

broad *it's as* ~ *as it's long* dis so lank as dit breed is, dis om 't ewe.

broadcast ~ *s.t. live* iets regstreeks uitsaai; ~ *to* … na — uitsaai.

broadside *give* *s.o.* *a* ~, *fire a* ~ *at* *s.o.*, *(lett. & fig.)* iem. die volle laag gee.

broke *be flat/stony* — § heeltemal/totaal platsak wees *, boomskraap wees *; *go* ~ § bankrot speel/gaan/raak; *go for* ~ § alles op die spel sit.

broken *be* ~ *in* touwys wees *(bv. 'n dier)*.

broker *an honest* ~ 'n (be)middelaar, 'n tussen-ganger.

brood ~ *over/about* *s.t.* oor iets tob.

broom *a new* ~ *sweeps clean* (P) nuwe besems vee skoon (P).

brother XYZ *Brothers (Bros.)* Gebroeders (Gebrs.) XYZ.

brought ~ *forward* oorgebring, oorgedra.

brow →**brows.**

brown *a* ~ *one* 'n bruine.

browned *be* ~ *off* § vies wees.

brows HE *knits* HIS ~ HY frons; *with knitted* ~/*brow* met gefronste voorhoof/wenkbroue.

bruit ~ *about/abroad* *s.t.* iets rugbaar maak, iets rond-basuin, iets aan die groot klok hang.

brunt *bear the* ~ die spit afbyt; *bear the* ~ *of* … die ergste van — verduur.

brush¹ [n.] *give* *s.t. a* ~ iets (af)borsel; *have a* ~ *with* *s.o.* 'n woordewisseling met iem. hê; 'n skermutseling

met iem. hê; *a* **stroke** *of the* ~ 'n penseelstreek; *be* **tarred** *with the same* ~ voëls van eenderse/enerse vere wees, dieselfde gebreke hê.

brush² [v.] ~ *against* *s.t.* teen iets skuur; ~ *aside* *s.t.* iets opsy stoot; geen notisie van iets neem nie; ~ *away* *s.t.* iets wegvee; ~ *back* *s.t.* iets agtertoe/agter-oor borsel; ~ *by* *s.t.* langs iets skuur, rakelings by iets verbygaan; ~ *down* *s.t.* iets afborsel; ~ *off* *s.t.* iets afborsel; iets wegvee; iets afslaan; ~ *off* *s.o.* or *s.t.* iem. *of* iets afskud *(fig.);* ~ *past* … by — verbyskuur; rakelings by — verbygaan; ~ *up* *s.t.* iets opborsel; iets oppoets; § iets opknap/opfris *(bv. kennis)*.

brush-off *get the* ~ § afgejak word; *give* *s.o. the* ~ § iem. afjak.

bubble¹ [n.] *blow* ~s belle blaas; *the* ~ *has burst* dit het soos 'n seepbel uiteengespat.

bubble² [v.] ~ *out/up* uitborrel; opbruis, opwel; ~ *over with* … van — oorloop *(bv. geesdrif);* uitgelate wees van — *(bv. pret)*.

buck¹ [n.] *make a fast* ~ § vinnig geld maak; *pass the* ~ § verantwoordelikheid afskuif/afskuiwe.

buck² [v.] ~ *off* *s.o.* iem. afgooi; ~ *up* § opskud *, gou maak; moed skep; ~ *up* *s.o.* § iem. opvrolik; ~ *up!* § komaan!, opskud! *, skud op! *; kop op!, hou moed!

bucket *it's coming down* *in* ~s § dit stort *(reën);* *kick the* ~ §§ lepel in die dak steek **, afklop **, bokveld toe gaan/wees **; *a* ~ *of water/etc.* 'n emmer water/ens.; *weep* ~s baie huil.

buckle ~ *down to doing* *s.t.* § iets met mening aan-pak; ~ *to* § aan die werk spring, baadjie uittrek *; HE ~*s up* HY maak SY gord vas *(in 'n motor);* ~ *up* *s.t.* iets toegespe, vasgespe; iets vasgord.

bud *be in* ~ in die knop wees, aan die bot wees; *nip* *s.t. in the* ~ iets in die kiem smoor; *put/send forth* ~*s* bot, uitloop.

budge HE *does not* ~ HY verroer HOM nie; HY hou voet by stuk; *refuse to* ~ viervoet vassteek, nie kopgee nie.

budget¹ [n.] *balance a* ~ 'n begroting laat klop, 'n begroting in ewewig hou; *do* *s.t. on a* ~ iets suinig doen; *a tight* ~ 'n knap begroting.

budget² [v.] ~ *for* … op — begroot/raam; — verwag, op — reken.

buff *in the* ~ § kaalbas *, nakend; HE *strips to the* ~ § HY trek HOM kaal uit.

bug *a big* ~ § 'n grootmeneer, 'n groot kokkedoor/ka-non *; HE *has been bitten by the* ~, HE *got the* ~ § die koors het HOM beet *, HY is baie geesdriftig *(oor iets)*.

bugle *blow a* ~ 'n beuel blaas.

build¹ [n.] *be slight of* ~ tengerig/tingerig wees, klein van persoon wees.

build² [v.] ~ *in* *s.t.* iets inbou; ~ *on/upon* *s.t.* op iets bou; op iets reken/staatmaak/vertrou; ~ *up* oplaai, styg, toeneem *(bv. die spanning);* saampak; ophoop *(bv. die verkeer);* ~ *up* *s.t.* iets hoër bou; iets verhoog *(bv. 'n pad);* iets opbou, iets tot stand bring; iets toe-bou *('n stuk grond);* iets ophoop; ~ *up* *s.o.* iem. opvysel.

building *put up a* ~, *raise a* ~ 'n gebou oprig/optrek; *a small* ~ 'n geboutjie; *a tall* ~ 'n hoë gebou.

build-up *give s.o.* or *s.t. a big* ~ §iem. *of* iets opvysel.

built *be* ~ *on* aangebou wees; *be* ~ *on s.t.* op iets berus; *be slightly* ~ tengerig/tingerig (gebou) wees; *be* ~ *over/up.* toegebou wees.

bulk¹ [n.] *in* ~ los, in losmaat, in massa; by die groot maat; *sell s.t. in* ~ iets by die groot maat verkoop.

bulk² [v.] ~ *large* groot vertoon; op die voorgrond wees.

bull *like a* ~ *in a china shop* §soos 'n aap in 'n porselein= kas ★, soos 'n bul in 'n glashuis/glaskas ★; *take the* ~ *by the horns* §die bul by die horings pak ★; *HE is a lone* ~ § HY is 'n alleenloper.

bulldoze ~ *s.t. through* § iets met mag en geweld deurdryf.

bullet *HE bites (on) the* ~ §HY byt op SY tande *(fig.); put a* ~ *through s.o.* iem. 'n koeël deur die lyf ja(ag) ★; *a spent* ~ 'n flou koeël; *stop a* ~ § 'n koeël in die lyf kry; *swishing* ~s fluitende koeëls.

bull's-eye *hit the* ~ die kol tref *(lett. & fig.).*

bully ~ *for you!* § veels geluk!

bump ~ *against* ... teen — bots/stamp; teen — aan= stoot; ~ *into s.o., (lett.)* teen iem. vasloop; *(fig.)* iem. raak loop; ~ *off* ... — afstamp/afstoot; ~ *off s.o.* § iem. van die gras af maak ★; ~ *up s.t.* § iets opstoot *(bv. pryse).*

bun *have a* ~ *in the oven* § swanger wees; *it takes the* ~/*biscuit/cake* § dit span die kroon, dit is die top= punt.

bunch¹ [n.] *the best/pick of the* ~ die allerbeste; *the whole* ~ *of them* § hulle hele spul ★

bunch² [v.] ~ *together/up* saambondel, saamdrom; ~ *up s.t.* iets saambol; iets opfrommel.

bundle¹ [n.] *tie up s.t. in a* ~ iets opbondel; *tie up s.t. in* ~s iets opbos, bondeltjies van iets maak.

bundle² [v.] *people* ~ *into* ... mense klim op 'n bon= del in —; ~ *s.o. into* ... iem. in — insmyt; ~ *people into* ... mense in — instop; ~ *off s.o. to* ... iem. haastig na — wegstuur; ~ *out* uitbondel; ~ *out s.o.* iem. uit= boender/uitsmyt; *HE* ~s *up* HY trek HOM warm aan; ~ *up s.t.* iets opbondel.

bung ~ *up s.t.* iets toestop; iets verstop.

bunged *be* ~ *up* verstop wees.

bunk¹ [n.] *do a* ~ §verdwyn; *s.o. has done a* ~ §iem. is skoonveld.

bunk² [v.] ~ *down somewhere* êrens slaapplek kry.

bunkers *load* ~, *take in* ~ olie/steenkool inneem.

buoy *s.t.* ~s *up s.o.* iets beur iem. op, iets gee iem. moed, iets boesem iem. moed in; *s.o.* ~s *up s.o.* iem. beur iem. op, iem. praat iem. moed in.

burden¹ [n.] *bear a* ~ 'n las dra/tors; *carry a heavy* ~ 'n swaar las dra; 'n groot verantwoordelikheid dra; *be a* ~ *on s.o.* 'n las op/vir iem. wees; *s.o. is a* ~ *on s.o., (ook)* iem. lê op iem. se nek ★; *place a* ~ *on/upon* ... 'n las aan — oplê; *HE shoulders the* ~ HY neem die las op HOM.

burden² [v.] ~ *s.o. with s.t.* iem. met iets opsaal; iem. met iets lastig val.

burdened *be* ~ *with s.t.* met iets belas wees; met iets opgesaal sit; onder iets gebuk gaan.

burglary *a* ~ *at* ... 'n inbraak by/in —.

buried *be* ~ *under* ... toe wees onder — *(bv. die werk).*

burn *s.t.* ~s *down* iets brand af *(bv. 'n huis);* iets brand korter *(bv. 'n kers);* ~ *down s.t.* iets afbrand, iets plat brand; ~ *like a torch* soos 'n fakkel brand; ~ *low* flou brand; ~ *off s.t.* iets afbrand/wegbrand; iets afskroei; ~ *out* verbrand, uitbrand; uitwoed *(van 'n brand);* doodgaan, uitgaan *(van 'n vlam);* ~ *out s.o.* iem. deur brand verdryf; *HE* ~s *HIMSELF out* HY oor= werk HOM; ~ *up* opbrand, uitbrand, verbrand.

burner *s.t. is on the back* ~ §iets is van minder belang.

burning *be* ~ *to do s.t.* brand/jeuk om iets te doen; *be* ~ *with* ... brand van — *(bv. nuuskierigheid, ongeduld).*

burnt *be* ~ *to ashes* tot op die grond afgebrand wees; *be* ~ *to a cinder* verkool wees, swart verbrand wees.

burst ~ *asunder* uiteenbars, uiteenspat; *HE was fit to* ~ §HY kon iets oorkom ★; ~ *in* instorm, binnestorm; ~ *in on/upon s.o.* by iem. instorm; ~ *into* ... — bin= nestorm *(bv. 'n kamer);* in — uitbars *(bv. trane);* aan die — gaan *(bv. sing);* ~ *open* oopbars, oopspring; ~ *out* uitbars; uitbreek; ~ *out crying/laughing/etc.* aan die huil/lag/ens. gaan; ~ *through* deurbreek.

bursting *be* ~ *to do s.t.* §brand/jeuk om iets te doen; *be* ~ *with* ... propvol — wees; oorloop van — *(bv. vreugde);* kook van — *(bv. woede).*

bus *catch a* ~ 'n bus haal; *go by* ~ per bus gaan, met die bus gaan; *miss the* ~, *(lett.)* die bus mis, die bus nie haal nie; *(fig.)* die kans laat glip, die kans verspeel/ verkyk, agter die net vis, na die maal wees; *take a* ~ per bus gaan, 'n bus neem.

bush *beat about the* ~ § doekies omdraai ★, om iets heen praat, rondspring, uitvlugte soek; *without beating about the* ~ § sonder doekies omdraai ★; *good wine needs no* ~ (P) goeie wyn behoef geen krans (P).

business *be away on* ~ vir sake weg wees; ~ *is bad* dit gaan nie goed met die sake nie; *it's a bad* ~ dis 'n ellende/ellendigheid/naarheid, dis 'n nare gedoente; dis baie jammer; *carry on a* ~, *conduct a* ~ 'n saak (be)dryf; *at the close of* ~ by kantoorsluiting; by beurssluiting; *do* ~ *with s.o.* met iem. sake doen; *HE does HIS* ~ §HY doen SY gevoeg ★; *be in a fair way of* ~ goeie sake doen; *funny* ~ § streke; *get down to* ~ ter sake kom; begin; 'n saak *of* taak met mening aan= pak; reguit praat; *HE goes about HIS* ~ HY gaan met SY gewone werk voort; *go into* ~ sakeman word, tot die sakewêreld toetree; *go out of* ~ toemaak; *do good* ~ goeie sake doen; *the* ~ *in hand* die lopende saak; *be in* ~ sake doen; sakeman wees; §aan die gang wees; ~ *is* ~ (P) sake is sake (P); *HE knows HIS* ~ HY ken SY vak; *a line of* ~ 'n vak; 'n bedryf; 'n tak van die handel; *in the line of* ~ in die loop van sake, op sakegebied; *make it one's* ~ *to* ... aan — aandag gee, vir — sorg;

mean ~ §erns maak *(met iets)*, dit ernstig meen, in erns wees; *have* **no** ~ *here* §niks hier te maak/soek hê nie; *have* **no** ~ *to* ... §geen reg hê om te — nie; *it is* **no** ~ *of HIS* § dit (t)raak HOM nie, dit gaan HOM nie aan nie; *it is* **nobody's** ~ dit gaan niemand aan nie; *like* **nobody's** ~ §baie goed *of* knap *of* vinnig; *it is* **none** *of HIS* ~ § dit (t)raak HOM nie, dit gaan HOM nie aan nie; *on* ~ vir sake, in verband met sake; *mind your own* ~! §bemoei jou met jou eie sake!; ~ *before* **pleasure** (P) plig gaan voor plesier (P), sake gaan voor vermake (P); **proceed** *to* ~ tot die werksaamhede oorgaan; *do a* **roaring** ~ druk/flink sake doen; *run a* ~ 'n saak/onderneming bestuur/(be)dryf/(be)drywe; *see s.o. on* ~ met iem. oor sake praat; *send s.o. about HIS* ~ iem. wegja(ag), van iem. ontslae raak, iem. die deur wys; *set up in* ~, *start a* ~ 'n onderneming/saak begin, 'n onderneming/saak op tou sit; *do a good* **stroke** *of* ~ 'n (goeie) slag slaan; *it's a* **terrible** ~ dis iets verskriklіks; *it's HIS* ~ *to* ... dis SY beroep om te —; *unfinished* ~ onafgehandelde sake; ~ *as* **usual** sake soos gewoonlik; niks besonders nie; *what a* ~! § wat 'n gedoente!; *the* **whole** ~ § die hele spul ★

bust¹ [v.] ~ *out* §uitbreek; ~ *up* §uitmekaar gaan; ~ *up s.t.* §iets opbreek.

bust² [adj.] *go* ~ §misluk, bankrot raak *('n sakeonderneming)*.

bustle ~ *about* heen en weer draf.

busy¹ [v.] *HE busies HIMSELF with* ... HY hou HOM met — besig.

busy² [adj.] *as* ~ *as a bee* druk besig; *be* ~ *at/with s.t.* met/aan iets besig wees; *be* ~ *doing s.t.* iets aan die doen wees; *get* ~ aan die gang kom/raak; *be very* ~ druk besig wees; baie te doen hê.

but ~ *for* ... as dit nie was dat — nie, as — nie — nie; ~ *for HIM* sonder HOM, sonder SY toedoen, as HY nie daar was nie; *no one* ~ *HIM* niemand behalwe HY nie, niemand anders as HY nie.

butt¹ [n.] *make a* ~ *of s.o.* or *s.t.* iem. *of* iets 'n voorwerp van spot maak.

butt² [v.] *HE* ~*s in* HY kom tussenin, HY steek SY neus in ★, HY meng HOM in.

butter¹ [n.] *draw* ~ botter wel; *HE looks as if* ~ *wouldn't* **melt** *in HIS mouth* § ('n) mens sou sê botter smelt nie in SY mond nie ★; *spread* ~ *on bread* botter op brood smeer; *work* ~ botter deurwerk.

butter² [v.] ~ *up s.o.* §by iem. flikflooi, iem. heuning om die mond smeer.

butterfly *HE has butterflies in HIS stomach* §HY het dit op SY senuwees; *break a* ~ *on the wheel* §mossies met kanonne skiet ★

button¹ [n.] *be on the* ~ § in die kol wees *('n antwoord)*; *press/push a* ~ op 'n knoppie druk.

button² [v.] *s.t.* ~*s at the back* iets word agter toegeknoop, iets knoop agter vas; ~ *up s.t.* iets toeknoop; § iets klaarmaak.

buttoned *have s.t. (all)* ~ *up* §iets in kanne en kruike hê.

buy¹ [n.] *s.t. is a good* ~ iets is 'n kopie.

buy² [v.] ~ *at a shop* by 'n winkel koop; ~ *back s.t.* iets terugkoop; ~ *s.t. from s.o.* iets by/van iem. koop; ~ *in s.t.* iets inkoop; ~ *it* §§die emmer skop ★★, lepel in die dak steek ★★; ~ *s.t.* **off** *s.o.* iets by/van iem. koop; ~ **off** *s.o.* iem. omkoop; ~ *out s.o.* iem. uitkoop; ~ *over s.o.* iem. omkoop; ~ *up s.t.* iets opkoop.

buzz ~ *off* §§verkas ★; ~ *off!* §§trap! ★, maak dat jy wegkom! ★

by¹ [n.] *by the* ~ terloops, tussen hakies; *in the (sweet)* ~ *and* ~ ver/vêr in die toekoms.

by² [adv. & prep.] ~ *and* ~ straks, aanstons; *north* ~ *east* noord ten ooste; *hard* ~ *a place* vlak by 'n plek; *HE is* ~ *HIMSELF* HY is alleen; ~ *and* **large** oor/in die algemeen, oor die geheel, in hoofsaak; *five* ~ *ten* **metres** vyf by tien meter; *be here* ~ *nine o'clock* sorg dat jy teen nege-uur hier is; ~ ... *(sire) out of* ... *(dam)* by — *(vaar)* uit — *(moer)*.

bygones *let* ~ *be* ~! vergeet die verlede!, moenie ou koeie uit die sloot grawe nie! ★

byword *become a* ~ spreekwoordelik word; *be a* ~ *for* ... vir — bekend/berug wees.

bye *draw a* ~ vryloot.

C

cabbage *a head of* ~ 'n koolkop; *talk of* ~*s and kings* land en sand gesels ★

cabinet *reshuffle a* ~ 'n kabinet hervorm.

cable *lay a* ~ 'n kabel lê.

caboodle *the whole (kit and)* ~ § die hele spul/pak= kaas/sous ★

cackle *cut the* ~ § ter sake kom; *cut the* ~! § genoeg gepraat!; *cut your* ~! § hou jou snater! ★★

Caesar *render unto* ~ *the things which are* ~'*s* (P) gee die keiser wat die keiser toekom (P).

cage ~ *in/up s.o.* iem. inhok/ophok.

caged *feel* ~ *in/up* ingehok/opgehok voel.

cahoots *be in* ~ *with s.o.* § met iem. kop in een mus wees

Cain *the brand/mark of* ~ die Kainsmerk/Kainsteken; *raise* ~ § 'n kabaal maak/opskop, (woes) te kere gaan, 'n yslike lawaai maak.

cajole ~ *s.o. into doing s.t.* iem. omrokkel om iets te doen; ~ *s.t. out of s.o.* iets van iem. afbedel.

cake *bake a* ~ 'n koek bak; *you cannot have your* ~ *and eat it, you cannot eat your* ~ *and have it* (P) § jy moet een van twee kies, jy kan nie albei tegelyk hê nie; *HE wants to have HIS* ~ *and eat it* § HY wil die een hê sonder om die ander te laat; *it sells like hot* ~*s* dit gaan soos soetkoek, dit gaan vlot van die hand; *a piece of* ~, *(lett.)* 'n stuk koek; *it's a piece of* ~ § dit is doodmak= lik, dit is kinderspeletjies ★; *a slice* ~ *of the* ~ § 'n aandeel; *it takes the* ~/*biscuit/bun* § dit span die kroon, dit is die toppunt.

caked *be* ~ *in/with* ... met 'n kors/laag — bedek wees *(bv. modder)*.

calculate ~ *on/upon s.t.* op iets reken; ~ *that* ... bereken dat —; meen dat —.

calculated *s.t. is* ~ *to* ... iets het die gevolg/strek= king om te —; iets is daarop bereken om te —.

calculating *in* ~ *the amount* by die berekening van die bedrag.

calculation *by s.o.'s* ~*s* volgens iem. se skatting; *do a* ~ *of the* ... die — bereken; *HE is out in HIS* ~*s* SY berekening is verkeerd.

calf *drop a* ~ 'n kalf werp; *kill the fatted* ~ die gemeste kalf slag; *be in/with* ~ dragtig wees.

calibre *s.o. of high* ~ iem. van formaat; *s.o. of HIS* ~ iem. van SY gehalte/stoffasie.

call¹ [n.] *the* ~ *to arms* die wapenkreet; *at* ~ op aan= vraag; *be at/on* ~ onder oproep wees, ter beskikking wees *(mense)*; dadelik opeisbaar/opsegbaar/opvraag= baar wees *(geld)*; *be at/within* ~ beskikbaar/byder= hand wees *(mense)*; *it was a close* ~ dit was 'n noue ontkoming, dit was so hittete ★; *feel a* ~ *to* ... 'n roe= ping voel om te —, geroepe voel om te —; *the* ~ *for* ...

die aandrang op/om —; *a* ~ *for contributions* 'n op= roep om bydraes; *give s.o. a* ~ iem. bel; *make a* ~ bel, telefoneer; 'n besoek bring; 'n oproep doen; *s.t. makes heavy* ~*s on/upon* ... iets stel groot eise aan —, iets neem — sterk in beslag *(bv. iem., iem. se tyd)*; *there is no* ~ *to be* or *do* ... daar is geen aanleiding/noodsaak om — te wees *of* doen nie; *be on/at* ~ →*at/on; pay s.o. a* ~, *pay a* ~ *on s.o.* 'n besoek by iem. aflê, iem. besoek, 'n besoek aan iem. bring, by iem. gaan kuier; *return a* ~ 'n teenbesoek bring/aflê; *return s.o.'s (telephone)* ~ iem. terugbel; *take a* ~ 'n (telefoon)op= roep neem; *a* ~ *to the nation* 'n oproep tot die volk; 'n wekroep tot die volk; *the clergyman has had a* ~ *to* ... die predikant staan onder beroep na —; *within* ~ bin= ne hoorafstand; *be within/at* ~ →*at/within.*

call² [v.] ~ *after s.o.* iem. naroep; ~ *aside s.o.* iem. opsy roep; ~ *at* ... by — aangaan, by — aanloop *of* aanry; ~ *away s.o.* iem. wegroep; ~ *back* weer kom; terugbel; ~ *back s.o.* iem. terugroep; iem. terugbel; ~ *for s.t.* om iets roep *(bv. hulp)*; iets vra *(bv. ten= ders)*; om iets vra *(bv. vrywilligers)*; iets kom haal, iets afhaal; iets (ver)eis/verg; iets opeis/opvra; iets bestel; iets bepleit, op iets aandring; ~ *for s.o.* iem. kom haal; *s.t.* ~*s for a celebration* iets moet gevier word; ~ *forth s.t.* iets te voorskyn roep; iets veroorsaak, tot iets lei; iets uitlok; ~ *in s.t.* iets intrek/opvra, iets aan die om= loop onttrek *(bv. geld)*; iets oproep *('n verband)*; iets laat inbring; ~ *in s.o.* iem. inroep; ~ *off s.o.* iem. weg= roep; ~ *off a dog* 'n hond verbie/wegroep; ~ *off s.t.* iets afstel *(bv. 'n byeenkoms)*; iets afgelas *(bv. 'n sta= king)*; iets staak *(wat reeds aan die gang is)*; ~ *on/ upon s.o.* iem. besoek; 'n beroep op iem. doen; iem. oproep; iem. aan die woord stel; op iem. se nommer druk ★; ~ *on/upon God* God aanroep; ~ *out* uitroep; ~ *out s.t.* iets aflees *(bv. name)*; ~ *out s.o.* iem. uit= roep; iem. uitdaag; iem. oproep/(op)kommandeer *(troepe)*; ~ *over s.t.* iets aflees/voorlees *(bv. name)*; ~ *round* aangaan, aanloop *(by iem., by 'n plek)*; ~ *to s.o.* na iem. roep, iem. toeroep; ~ *up s.t.* iets te voor= skyn roep; iets voor die gees roep; iets wek *(herinne= ringe)*; ~ *up s.o.* iem. bel; iem. oproep/(op)komman= deer; ~ *upon/on* →*on/upon.*

called *HE feels* ~ *upon to* ... HY voel HOM geroepe om te —; *s.t. is not* ~ *for* iets is onnodig; *to be* ~ *for* word afgehaal, af te haal; *s.t. is* ~ ... iets word — genoem; *what is it* ~? hoe noem ('n) mens dit?

calm¹ [v.] ~ *down* bedaar, tot bedaring kom, afkoel; ~ *down s.o.* iem. kalmeer, iem. tot bedaring bring.

calm² [adj.] *as* ~ *as a millpond* doodkalm *(die see)*; *dead* ~ bladstil, doodstil; *keep* ~ kalm bly, nie op loop sit nie; *perfectly* ~ doodkalm.

camera *in* ~ agter/met geslote deure.

camp¹ [n.] *break* ~ (die) kamp/laer opbreek; uit die kamp breek; *pitch* ~ kamp opslaan, kampeer; laer trek; *strike* ~ (die) kamp opbreek.

camp² [n.] *be high* ~ gekunsteld wees.

camp³ [v.] ~ *off s.t.* iets afkamp; ~ *out* kampeer, uit= kamp.

camp⁴ [v.] ~ *it up, (toneel)* oordrewe speel.

campaign¹ [n.] *serve in a* ~ 'n veldtog meemaak.

campaign² [v.] HE ~*s for* ... HY beywer HOM vir —.

can¹ [n.] *carry the* ~ §met die gebakte pere (bly) sit ★, die skuld kry; *be in the* ~ § voltooi wees *(bv. 'n rol= prent)*; § in die tjoekie★/tronk wees.

can² [v.] ~ *it!* § skei uit!, hou op!

cancel ~ *each other out* teen mekaar wegval, mekaar ophef/neutraliseer.

cancerous *become* ~ verkanker.

candid *be* ~ *with s.o.* openhartig teenoor iem. wees.

candidate *be a* ~ *for* ... kandidaat vir — wees; *put up a* ~ 'n k. stel; *reject a* ~ 'n k. uitstem; *an unop= posed* ~ 'n onbestrede k.

candle HE *burns the* ~ *at both ends* § HY ooreis SY kragte; HY leef/lewe roekeloos; *hold a* ~ *to the* **devil** medepligtig wees; HE *cannot* **hold** *a* ~ *to* ..., HE *is not fit to* **hold** *a* ~ *to* ... HY kan nie vir — kers vashou nie, HY kan nie in — se skadu(wee) staan nie ★, HY kom/ haal nie by — nie; *light a* ~ 'n kers opsteek; *put out a* ~ 'n kers doodmaak/doodblaas; *hold a* ~ *to the* **sun** water in die see dra; *not* **worth** *the* ~ →**game.**

candle-light *by* ~ by kerslig.

cannon ~ *into* ... teen — bots/vasloop.

cannot *s.o.* ~ *but* ... iem. kan nie anders as — nie.

canoe HE *paddles* HIS *own* ~ § HY krap SY eie potjie ★

canter¹ [n.] *ride at a* ~ op 'n kort galop ry; *go for a* ~ 'n entjie gaan ry *(te perd)*; *win in a* ~ § fluit-fluit/los= hand(e) wen ★, met gemak wen.

canter² [v.] ~ *home* § fluit-fluit/loshand(e) wen ★, maklik wen.

canvas *crowd/pack on all* ~ alle seile bysit; *under* ~ in tente, onder seil; *be under* ~ (in tente) kampeer.

cap¹ [n.] *the* ~ *fits* die skoen pas *(fig.)*; *if the* ~/*shoe fits,* **wear** *it* as die skoen jou pas, trek hom aan *(fig.)*; *get one's* ~ in die (verteenwoordigende) span kom, die span haal; *go to s.o.* ~ *in* **hand** met die hoed in die hand na iem. gaan, iem. (om) 'n guns vra; *a new* ~ 'n nuwe speler/spanlid; *set one's* ~ *at s.o.* na iem. vry ★, iem. probeer aanlok/inpalm; HE *puts on* HIS **thinking** ~ § HY begin dink/oorlê/prakseer, HY laat SY gedagtes gaan, HY begin planne maak.

cap² [v.] *that* ~*s it (all)* dit span die kroon. →**capped.**

capability *s.t. is beyond* or *within s.o.'s capabilities* iets is buite *of* binne iem. se vermoë; *have the* ~ *to* ... in staat wees om te —.

capable *be* ~ *of* ... tot — in staat wees; vir — vatbaar wees.

capacity *s.t. is* **beyond** or **within** *s.o.'s* ~ iets is buite *of* binne iem. se vermoë; *in a* **corporate** ~ as regsper= soon; *be* **filled** *to* ~ propvol/stampvol wees; *have a* ~ *for* ... die vermoë hê om te —; *s.o. has the* ~ *for* ... iem. het die talent om te — *(bv. om mense te verveel)*; *s.o.'s* ~ *for work* iem. se werkvermoë; *at* **full** ~ op volle krag/sterkte; *in* HIS ~ *of* ... in SY hoedanigheid van —; *a* **measure** *of* ~ 'n inhoudsmaat; *in* **what** ~? in watter hoedanigheid?, as wat?

Cape *at the* ~ aan die Kaap; *the* **Eastern** ~ Oos= Kaapland; *the* **Northern** ~ Noord-Kaapland; *off the* ~ voor/teenoor die Kaap; *the* **Southern** ~ Suid-Kaapland; *the* **Western** ~ Wes-Kaapland.

caper *cut* ~*s* bokkespronge/flikkers/kaperjolle/pas= sies maak.

capital *draw on the* ~ die kapitaal aanspreek; *issue* ~ kapitaal uitreik; *make* ~ *(out) of s.t.* uit iets munt slaan.

capitalise, =ize ~ *on s.t.* uit iets munt slaan.

capitulate HE ~*s to* ... HY gee HOM aan — oor.

captive *hold s.o.* ~ iem. gevange hou; iem. boei *(fig.)*; *lead s.o.* ~ iem. gevange weglei/wegvoer; *take s.o.* ~ iem. gevange neem, iem. vang.

capped *be* ~ in die (verteenwoordigende) span kom, die span haal.

car *drive a* ~ 'n motor bestuur; *go by* ~ per m. gaan, met die m. gaan; *ride in a* ~ in 'n m. ry; *run a* ~ 'n m. aanhou; *service a* ~ 'n m. versien, 'n m. in stand hou.

carburettor, carburetter *flood the* ~ die vergas= ser versuip.

carcass, carcase *move your* ~! § skuif/skuiwe op!, uit die pad uit!

card *s.o.'s* **best/strongest** ~ § iem. se sterkste argu= ment; HE *keeps/plays* HIS ~*s close to* HIS **chest** § HY laat nie in SY kaarte kyk nie, HY hou SY planne dig; *a* **game** *of* ~*s* 'n kaartspel; *get one's* ~*s* § afgedank/ontslaan word; *hold all the* ~*s* al die troewe hê; *collapse like a* **house** *of* ~*s* soos 'n kaartehuis inmekaar tuimel; **make/shuffle** *the* ~*s* die kaarte skommel/skud/was; *s.t. is* **on** *the* ~*s* iets word verwag, iets is moontlik/ waarskynlik; *a* **pack** *of* ~*s* 'n pak/stel kaarte; *play a* ~ 'n kaart speel; *play (at)* ~*s* kaartspeel; HE *plays* HIS ~*s right/well* § HY gaan oulik te werk, HY maak goed van SY kanse gebruik; *a* **real** ~ § 'n grapmaker; HE *shows* HIS ~*s* § HY laat in SY kaarte kyk, HY openbaar SY plan(ne); **shuffle/make** *the* ~*s* →**make/shuffle;** *have a* ~ *up one's* **sleeve** 'n slag om die arm hou, 'n kaart in die mou hê, 'n plan agter die hand hê; *the* ~*s are* **stacked** *against s.o.* § iem. se kanse is skraal; *s.o.'s* **strongest/best** ~ →**best/strongest;** *that is a* **sure** ~/*thing* § dit kan nie misloop nie; *lay/put one's* ~*s on the* **table** (met) oop kaarte speel; *s.t. depends on the* **turn** *of a* ~ iets hang af van hoe die kaarte val; **unlucky** *in* ~*s, lucky in love* (P) ongelukkig in die spel, gelukkig in die liefde (P).

care¹ [n.] **carking** ~ drukkende/knaende/kwellende sorge; ~ *killed the* **cat** (P) dit help nie om te huil nie (P); **commit** *... to the* ~ *of s.o.* — aan iem. se sorg toevertrou; *exercise/take* ~ oppas, versigtig wees, sorg beoefen/betrag; *be free from* ~ *(s)* geen sorge hê nie, onbesorg/kommerloos wees; *handle s.t. with* ~ iets versigtig hanteer; *handle with* ~*!* hanteer versigtig!; *have a* ~*!* pas op!, kyk tog wat jy doen!; *have the* ~ *of* ... met die sorg vir — belas wees, met die versorging van — belas wees; die opsig oor — hê; HE *has the* ~ *of s.o.* HY het iem. onder SY sorg; *be in/under the* ~ *of* ... onder — se sorg wees; *be in need of* ~ sorgbehoewend wees; *the* ~ *of* ... die sorg vir —, die versorging van —; ~ *of* ... per adres —; *take/exercise* ~ →*exercise/take; take* ~*!* pas op (vir jou)!; wees gewaarsku!; *take* ~ *not to do s.t.* oppas dat iets nie gebeur nie; *take* ~ *of* ... vir — sorg, — oppas/versorg; *take* ~ *of s.t.*, *(ook)* iets afhandel/besorg, vir iets sorg (dra); vir iets voorsiening maak; *I'll take* ~ *of that* laat dit aan my oor; *take* ~ *of yourself!* mooi loop! *; take more* ~ *over s.t.* meer moeite met iets doen, meer aandag aan iets bestee; *that takes* ~ *of that!* dit is dan afgehandel!; HE *took* precious good ~ *of that* § daarvoor het HY duiwels goed gesorg *; *be under/in the* ~ *of* ... →*in/under; do s.t. with* ~ iets versigtig doen; HE *hasn't a* ~ *in the world* HY bekommer HOM oor niks (ter wêreld) nie; *without a* ~ *in the world* heeltemal onbesorg/kommerloos.

care² [v.] HE ~*s about* ... HY gee vir — om; HY bekommer HOM oor —; *for all I* ~ wat my betref, vir my part; *for all one* ~*s* hoe ('n) mens ook al omgee; HE *doesn't* ~ *a* **bean/damn/fig/pin/rap/scrap/snap/ straw,** HE *doesn't* ~ *a red cent,* HE *doesn't* ~ *a brass farthing,* HE *doesn't* ~ *a hoot,* HE *doesn't* ~ *two hoots,* HE *doesn't* ~ *a tinker's curse/cuss/damn* § HY gee geen flenter om nie, HY gee nie 'n f. om nie, dit kan HOM nie skeel nie, dit kan HOM geen sier skeel nie; *I don't* ~ dit traak my nie; *I don't* ~ *if I do!* graag!; ~ *for* ... vir — omgee, van — hou; vir — sorg, na — kyk/omsien; 'n ogie oor — hou; — oppas; — verpleeg; *not* ~ *for s.t.* nie van iets hou nie; HE *couldn't* ~ *less* § dit kan HOM nie skeel nie, dit traak HOM nie, HY gee geen flenter om nie, HY geen nie 'n f. om nie, dis vir HOM volkome om 't ewe; *if you* ~ *to do it* as jy dit wil doen, as jy lus het (om dit te doen); *s.o. doesn't* ~ *to* ... iem. wil nie graag — nie; HE *doesn't* ~ *what* other *people think (of HIM)* HY gee nie om wat ander mense (van HOM) dink nie, dit kan HOM nie skeel wat ander mense (van HOM) dink nie; *who* ~*s?* wat daarvan?; *would you* ~ *for a* ...? wil jy 'n — hê?; *would you* ~ *to* ...? wil jy —?, het jy lus om te —? →**caring.**

cared *be very well* ~ *for* baie goed versorg wees.

career *choose a* ~ 'n beroep kies; *in full* ~ in volle vaart; HE *makes a* ~ *for* HIMSELF HY vestig HOM in 'n loopbaan.

careful *be* ~*!* pas op!, oppas!; *be* ~ *not to* ... oppas dat — nie — nie; *be* ~ *of s.t.* vir iets oppas; iets ontsien; *be* ~ *to do s.t.* nie vergeet om iets te doen nie; *be* ~ *with s.t.* met iets versigtig wees, iets oppas.

careless *be* ~ *of s.t.* oor iets onverskillig wees.

carelessness *through* ~ uit agte(r)losigheid.

caring *be beyond/past* ~ nie meer omgee nie.

carp ~ *at* ... op — vit.

carpet *beat a* ~ 'n tapyt klop; *be on the* ~ § verantwoording doen, voor stok gekry word; *be called on the* ~ § tot verantwoording geroep word, voor stok gekry word; *roll out the red* ~ *for s.o.* iem. met trompetgeskal ontvang *(fig.); shake a* ~ 'n tapyt uitskud/uitslaan; *sweep s.t. under the* ~ iets uit die gesig boender; iets in die doofpot stop.

carriage ~ *forward* vrag te betaal; ~ *free* vragvry; ~ *paid* vrag betaal.

carried *be* ~ *along by* ... deur — aangespoor word; *be/get* ~ *away* in vervoering raak; *be/get* ~ *away by* ... deur — meegesleep word; deur — meegesleur word; *be* ~ *unanimously* eenparig aangeneem word. →**carry.**

carrot *hold out a* ~ *to s.o.* § iem. 'n beloning voorhou; *the* ~ *or the stick* § beloning of straf.

carry HE *carries s.t. about (with* HIM*)* HY dra iets met HOM saam; ~ *away s.t.* iets wegdra; iets meesleur; ~ *back s.t.* iets terugdra; *s.t. carries s.o. back to* ... iets voer iem. terug na —; ~ *all/everything before one* alle teenstand oorwin; ~ *s.t. too far* iets te ver/vêr dryf; ~ *forward s.t.* iets vooruitdra; *(boekh.)* iets oorbring/ oordra; ~ *off s.t.* iets wegdra; sukses met iets behaal, met iets slaag; iets wen *('n prys);* ~ *off s.o.* iem. wegvoer; iem. na die graf sleep *(bv. 'n epidemie);* ~ *it off* dit regkry; ~ *on* voortgaan; § aangaan, te kere gaan; § kattemaai; § aaneen praat; ~ *on!* gaan (so) voort!, hou (so) aan!; ~ *on s.t.* iets voortsit; iets vooruitbring; iets doen *(sake);* iets dryf *('n saak, handel);* iets bedryf *(bv. die boerdery);* iets voer *('n gesprek);* ~ *on about s.t.* §oor iets te kere gaan; ~ *on with s.t.* met iets voortgaan; *s.t. to* ~ *on with* iets om mee te begin, iets om mee aan die gang te kom; ~ *on with s.o.* § met iem. 'n verhouding/affair hê; ~ *out s.t.* iets uitvoer; iets voltrek; ~ *over s.t.* iets oordra; ~ *through s.t.* iets deursit; iets afhandel; iets deurvoer *(bv. 'n plan); s.t. carries s.o. through s.t.* iets help iem. deur iets; ~ *o.s. well* 'n flinke houding hê/aanneem; ~ *s.o. with one* iem. meevoer; HE *carries s.t. with* HIM, *(lett.)* HY dra iets met HOM saam; *(fig.)* iets bly HOM by. →**carried.**

cart¹ [n.] *put the* ~ *before the horse* die kar voor die perde span, die wa voor die osse span, die perde agter die wa span, agterstevoor te werk gaan; *be in the* ~ §§ in die knyp/verknorsing sit.

cart² [v.] ~ *about/around* ... — rondkarwei; ~ *away/ off s.t.* iets wegry/wegkarwei.

carte blanche *give s.o.* ~ ~ iem. vry(e) spel gee/ laat.

cartridge *a blank* ~ 'n loskruitpatroon; *a spent* ~ 'n leë patroondoppie.

cartwheel *turn* ~*s* bol(le)makiesie slaan.

carve ~ *out s.t.* iets uitsny/uitkerf; iets uitbeitel/uitkap; *(fig.)* iets met moeite tot stand bring *(bv. 'n loop=*

baan); ~ **up** *s.t.* iets stukkend sny; §iets verdeel; ~ **up** *s.o.* §iem. met 'n mes toetakel.

case¹ [n.] *in all* ~s in alle gevalle, altyd; *that alters the* ~ dit gee die saak 'n ander voorkoms; *in any* ~ in elk/ieder/alle geval, tog; *argue/plead a* ~ 'n saak beredeneer/bepleit; *be the* ~ so wees; *break a* ~ 'n saak oplos; *in each/every* ~ in elke/iedere geval; *in either* ~ in albei gevalle; *the* ~ *for the defence* die beskuldigde se saak, die (saak vir die) verdediging; *the* ~ *for the prosecution/state* die staat se saak; *a good/strong* ~ 'n goed gegronde saak, 'n sterk saak; *there is a good/ strong* ~ *for it, a good/strong* ~ *may be made out for it* daar is veel voor te sê; *s.o. has a good/strong* ~ iem. staan sterk; *a hard* ~ § 'n moeilike geval; § 'n taai kalant ⋆; HE *has a* ~ HY het grond onder SY voete; *in* ~ …ingeval —, indien —, vir die geval dat —; *in* ~ *of* … in geval van —; *in the* ~ *of* … ten opsigte van —, by —; *the* … *in the* ~ die — in die spel; *just in* ~ vir die wis en die onwis, veiligheidshalwe; *a* ~ *can be made out for it* daar is iets voor te sê; *make out a* ~ *for* … gegronde redes vir — aanvoer, gronde vir — aanvoer; *as the* ~ *may be* al na die geval, al na dit val, na gelang van omstandighede; *it meets the* ~ dit is voldoende; dit los die saak op; *will that meet the* ~?, *(ook)* is dit goed so?; *in most* ~s in die meeste gevalle; HE *has no* ~ HY kan SY saak nie staaf nie; *plead/argue a* ~ →*argue/plead; a* ~ *in point* 'n goeie voorbeeld; 'n pertinente geval; *present a* ~ 'n saak stel; *in the present* ~ in dié geval, in die onderhawige/gegewe geval; *put a* ~ 'n saak stel; *settle a* ~ *(out of court)* 'n s. skik; *sit in a* ~ in/oor 'n s. sit *('n hof, 'n regter);* *state a* ~ 'n s. stel/uiteensit; *a strong/good* ~ →*good/strong; such is the* ~ so is dit, so staan die saak, so staan sake; *that is the* ~ so is dit, dit is die geval; *if that is the* ~ as dit so is; *in that* ~ in dié/ daardie geval, dan; *an unanswerable* ~ 'n onweerlegbare saak.

case² [n.] *pack a* ~ 'n (reis)tas pak.

cash¹ [n.] *it is* ~ *on the barrelhead/nail* § dis botter by die vis ⋆; ~ *and carry* haal en betaal; ~ *on delivery* kontant by aflewering; ~ *down* kontant; ~ *in hand* kontant in kas, kassaldo; *hard* ~ klinkende munt, kontantgeld; *in* ~ *or kind* in geld of goedere; *pay* ~ *on the nail* § in klinkende munt betaal; ~ *with order* kontant by bestelling; *pay (in)* ~ (in) kontant betaal; *petty* ~ die kleinkas; *ready* ~ kontantgeld.

cash² [v.] ~ *in on s.t.* uit iets munt slaan, uit iets voordeel trek; ~ *up* die kas opmaak.

cast ~ *about/around* rondtas *(fig.);* ~ *about/ around for* … na — soek; ~ *adrift s.t.* iets losgooi *('n boot);* ~ HIM *adrift* HOM aan SY lot oorlaat; ~ *aside s.t.* iets opsy gooi; ~ *aside s.o.* iem. verstoot; ~ *away s.t.* iets weggooi; iets verwerp; iets verkwis; *be* ~ *away* skipbreuk ly, strand; ~ *back s.t.* iets teruggooi; ~ *down s.t.* iets neergooi; iets neerslaan *(oë);* ~ *s.o. down* iem. ontmoedig; iem. verneder; *be* ~ *down* moedeloos wees *(van iem.);* neergegooi wees *(van*

iets); ~ *forth s.t.* iets uitwerp; iets verbrei/versprei; ~ *loose s.t.* iets losmaak/losgooi *('n boot);* ~ *off s.t.* iets afgooi/afwerp; iets weggooi; iets losgooi *('n skip);* iets afheg *(breiwerk);* ~ *off s.o.* iem. verstoot; ~ *on s.t., (breiwerk)* iets aanheg/opsit/opstel; ~ *out s.t.* iets uitgooi/uitsmyt; ~ *out s.o.* iem. verstoot; *be* ~ *out* verstoot wees; ~ *up s.t.* iets opgooi/opwerp; iets aan land gooi; iets bereken/optel *(syfers); (drukw.)* iets opmeet; iets opslaan *(oë).*

caste *lose* ~ aansien verloor; agteruitgaan in stand, afsak.

castle *build* ~s *in the air* lugkastele bou, drome droom.

casualty *there were no casualties* niemand is dood of beseer nie.

cat *when the* ~'s *away (the mice will play)* (P) as die kat weg is, is die muis baas (P); *let the* ~ *out of the bag* die aap uit die mou laat, alles uitblaker/uitlap; *bell the* ~ § die kat die bel aanbind; *be like a* ~ *on hot bricks, be like a* ~ *on a hot tin roof* op hete kole sit; *all* ~s *are grey in the dark* (P) snags is alle katte grou (P); *live like a* ~ *and dog* soos kat en hond leef/lewe, in onmin leef/ lewe; *s.o. is a fat* ~ § iem. is 'n rykaard; *see which way the* ~ *jumps* § die kat uit die boom kyk, kyk uit watter hoek die wind waai; *play* ~ *and mouse with s.o.* met iem. kat en muis speel; *put/set the* ~ *among the pigeons* 'n knuppel in die hoenderhok gooi ⋆; *it is raining* ~s *and dogs* § dit reën dat dit stort/giet, dit reën of jy water met emmers gooi, dit reën paddas en platannas ⋆; *like a scalded* ~ soos 'n pyl uit 'n boog; *shoot the* ~ § vomeer; *there is no room to swing a* ~, *there is not enough room to swing a* ~ § jy kan jou daarin nie draai nie; *has the* ~ *got your tongue?* § het jy jou tong verloor/ingesluk ⋆; HE *thinks* HE *is the* ~'s *whiskers/pyjamas* § HY dink HY is wie/wonderlik, HY verbeel HOM wat.

catch¹ [n.] *a good* ~ 'n goeie vangs *(vis);* 'n goeie huweliksmaat; *make a good* ~ 'n goeie vangs doen/ maak; 'n groot vis aan wal bring; iets goeds beetkry; 'n goeie huwelik doen; *hit/offer a* ~ 'n vangkans bied; *hold/make a* ~ 'n bal vang, 'n vangkans benut/gebruik, 'n vangslag hou; *miss a* ~ 'n bal mis vang, 'n vangkans/vangslag verbrou; *take a* ~ (raak) vang, 'n vangkans benut/gebruik, 'n vangslag maak; *there's a* ~ *in it (somewhere)* daar steek iets agter; dit is 'n strikvraag; *where's the* ~? wat steek daaragter?

catch² [v.] ~ *at s.t.* na iets gryp; ~ *s.o. at s.t.* iem. op iets betrap; *you won't* ~ *me doing that!* dit sal ek nie doen nie!; *s.o. will* ~ *it* § iem. sal dit gewaar, iem. sal in die moeilikheid beland; ~ *me!* § ek is nie onder 'n kalkoen uitgebroei nie! ⋆; *s.o.* ~es *on* § iem. begryp/ snap iets; *s.t.* ~es *on* § iets slaan in, iets vind ingang; ~ *on to* … aan — vashou, — vasgryp; § — agterkom; ~ *s.o. out, (lett.)* iem. uitvang; *(fig.)* iem. (op 'n fout/ misstap) betrap; iem. in 'n strik laat loop; ~ *s.o. red-handed* iem. op heter daad betrap; ~ *s.o. spying/ etc.* iem. op spioenasie/ens. betrap; ~ *s.o. unawares*

iem. verras; iem. oorval; onverwags met iets op iem.
afkom; ~ **up** *s.t.* iets opvang; iets opneem; iets oplig/
opgryp; ~ **up** *s.o.* iem. inhaal; ~ **up** *on s.t.* iets inhaal;
weer op die hoogte van iets kom; iets aangryp *(bv. nu=
wighede)*; *s.t.* ~*es* **up** *on s.o.* iets begin 'n uitwerking op
iem. hê; ~ **up** *with s.o.* iem. inhaal, by iem. kom.
→**caught.**

cater ~ *for* ... voedsel/verversings aan — verskaf; in
— se behoeftes voorsien, na — omsien, 'n diens aan —
bied; ~ *for all tastes* elke smaak bevredig; ~ *to s.o.*
iem. se smaak/wense bevredig/volg.

cathedra *ex* ~ ex cathedra, met gesag; uit die
hoogte.

cattle *one head of* ~ een bees; *fifty head of* ~ vyftig
beeste; *a herd of* ~ 'n beestrop; 'n beeskudde.

caught HE *does not* **allow** HIMSELF *to be* ~ HY laat
HOM nie vang nie; *be* ~ **between** ... *and* ... tussen —
en — vasgedruk word; tussen — en — vasgevang wees;
get ~ gevang word; betrap word; *be* ~ **short** §
onvoorbereid betrap word; § nie genoeg hê nie *(bv.
geld)*; § 'n dringende nood hê ★; HE *is not to be* ~ *so
easily* HY laat HOM nie sommer vang nie; *be* ~ **up** *in s.t.*
in iets vasgevang wees *(bv. dorings)*; in iets verdiep
wees; by iets betrokke raak. →**catch.**

cause[1] [n.] *it is* **common** ~ *between them* hulle stem
daaroor saam, hulle is dit daaroor eens; *it is* **common**
~ *that* ... almal stem saam dat —; *make* **common** ~
with s.o. met iem. gemene saak maak; ~ *and* **effect**
oorsaak en gevolg; *further a* ~ 'n saak bevorder; *give*
~ *for* ... rede tot — gee; *a* **good** ~ 'n goeie saak; *the*
immediate ~ *of s.t.* die (onmiddellike) aanleiding tot
iets; *in the* ~ *of* ... vir —; *a* **lost** ~ 'n verlore saak;
there is **no** ~ *for* ... daar is geen rede vir — nie; *serve a*
~ 'n saak bevorder/dien; *show* ~ gronde/redes aan-
voer, redes opgee/verstrek; *throw o.s. into a* ~ met
hart en siel vir 'n saak werk; *without* ~ sonder grond;
HE **works** *for a* ~ HY werk/ywer vir 'n saak, HY be=
ywer HOM vir 'n saak.

cause[2] [v.] ~ *s.t. to happen* maak dat iets gebeur; iets
veroorsaak.

caution[1] [n.] *caution!* pas op!; *act with* ~ omsigtig/
versigtig handel/optree; *cast/throw* ~ *to the winds* alle
versigtigheid oorboord gooi.

caution[2] [v.] ~ *s.o. about s.t.* iem. oor iets waarsku; ~
s.o. against s.t. iem. teen iets waarsku; iem. afraai om
iets te doen; ~ *and discharge s.o.* iem. met 'n berisping
ontslaan.

cave ~ *in, (lett.)* inkalwe(r), afkalwe(r), in(een)sak,
in(een)stort, intuimel; § *(fig.)* swig.

caveat *enter a* ~ voorbehoud aanteken; 'n waarsku=
wing gee.

caviar(e) *s.t. is* ~ *to the general* iets is kos vir die
fynproewer.

cavil ~ *at s.t.* oor iets hare kloof/klowe, op iets vit.

cease[1] [n.] *without* ~ sonder ophou, onophoudelik.

cease[2] [v.] ~ *(from) doing s.t.* met iets
ophou/uitskei.

ceiling *hit the* ~ § 'n kabaal opskop, te kere gaan, baie
kwaad word; *put a* ~ *on s.t.* 'n perk vir iets bepaal/stel.

celebrated *be* ~ *as* ... *as* — beroemd wees; *be* ~ *for*
... om/vir/weens — beroemd wees.

celebration *s.t. calls for a* ~ iets moet gevier word;
have/hold a ~ iets vier; *in* ~ *of* ... ter viering van —.

celery *a head of* ~ 'n kop sel(d)ery.

censorship *exercise* ~ *over s.t.* sensuur op iets uit=
oefen, iets aan sensuur onderwerp; ~ *of the* **press**
perssensuur; *strict/tight* ~ strenge sensuur; *sub=
ject s.t. to* ~ iets aan sensuur onderwerp, sensuur op
iets uitoefen; *be* **subject** *to* ~ aan sensuur onderworpe
wees.

censure[1] [n.] *a motion of* ~ 'n mosie van afkeu=
ring/sensuur.

censure[2] [v.] ~ *s.o. for s.t.* iem. oor iets berispe; ~
HIM *for doing s.t.* HOM berispe omdat HY iets gedoen
het.

census *take a* ~ *(of the population)* 'n volkstelling
hou; *take a* ~ *of s.t.* 'n sensus van iets opneem.

cent *not care a red* ~ § geen flenter omgee nie, nie
'n f. omgee nie; *not have a red* ~ § geen bloue duit
besit nie; *in* ~*s* in sente; *two* ~*s* twee sent (2c); *not
worth a red* ~ § geen bloue duit werd nie.

central *s.t. is* ~ *to* ... iets is die kern van —.

centre[1] [n.] *at/in the* ~ *of* ... in die middel van —; *the*
dead ~ die presiese middelpunt; *be out of* ~ uitmid=
delpuntig wees; *plumb* ~ doodwaterpas.

centre[2] [v.] *s.t.* ~*s in/on/upon* ... iets draai om —; iets
is gevestig op —; ~ *on/round* ... op — toegespits wees.

century *for centuries* eeue lank; *hit/make/score a* ~,
(kr.) 'n honderdtal aanteken/behaal; *at the turn of the*
~ by die eeuwisseling.

ceremony *perform a* ~ 'n plegtigheid verrig/vol=
trek; *stand on/upon* ~ formeel wees *(van iem.)*; *not
stand on/upon* ~ informeel wees *(van iem.)*; *do not
stand on/upon* ~! maak jou tuis!; *without* ~ infor=
meel.

cert *it is a dead* ~ § dit is doodseker; § dit is een ding
wat nie twee is nie ★

certain *be* ~ *about/of s.t.* van iets seker wees;
be **dead** ~ doodseker wees; *for* ~ vir seker, gewis,
vir vas, ongetwyfeld; *hold s.t. for* ~ iets as seker be=
skou; van iets oortuig wees; *it* **is** ~ dit staan vas; HE
makes ~ *of s.t.* HY verseker/vergewis HOM van iets;
make ~ *that* ... verseker dat —, sorg (dra) dat —; *be*
~ *of s.t.* van iets seker wees, van iets oortuig wees; op
iets kan reken; *be* ~ *that* ... seker wees dat —, daar=
van oortuig wees dat —; *be* ~ *to do s.t.* nie vergeet om
iets te doen nie; *s.o. is* ~ *to do s.t.* iem. sal iets beslis
doen.

certainly *certainly!* met plesier!, ja seker!; *most* ~ wel
deeglik, seer seker; ~ *not* volstrek nie.

certainty *for a* ~ vir seker, wis en seker, sonder twy=
fel; *know for a* ~ *that* ... seker weet dat —; *it is a* ~ *that*
... dit is seker dat —.

chafe ~ *at/under s.t.* oor iets ongeduldig/wrewelig raak.

chaff ~ *s.o. about s.t.* iem. oor iets pla/spot/terg.

chagrin *feel* ~ *at* ... oor — teleurgestel(d) wees; *to s.o.'s* ~ *s.t. happened* iem. was teleurgestel(d) dat iets gebeur het.

chain¹ [n.] *break one's* ~*s*, *shake off one's* ~*s* die kettings verbreek; *be in* ~*s* in kettings wees, geketting wees; *on the* ~ aan die ketting; *put s.o. in* ~*s* iem. in kettings slaan.

chain² [v.] ~ *s.o. or s.t. to* ... iem. *of* iets aan — (vas)= ketting; ~ *up s.o.* iem. ketting.

chained *be* ~ *to* ... aan — (vas)geketting wees.

chair¹ [n.] *address the* ~ die voorsitter aanspreek; HE *appeals* to *the* ~ HY beroep HOM op die voorsitter; *go* to *the (electric)* ~ in die elektriese stoel tereggestel word; *be in the* ~ voorsit, as voorsitter optree, die voorsitterstoel beklee/inneem, die vergadering lei; *the* ~ *of history/etc.* die leerstoel vir geskiedenis/ens.; *sit on a* ~ op 'n stoel sit; *take a* ~ gaan sit; 'n stoel neem; *take a* ~*!* gaan sit!, neem plaas!; *take the* ~ voorsit, die voorsitterstoel inneem; *tilt a* ~ 'n stoel laat agter= oor leun; *vote s.o. into the* ~ iem. tot voorsitter ver= kies.

chair² [v.] ~ *s.o. off the field* iem. op die skouers van die veld dra.

chairmanship *under the* ~ *of* ... onder voorsitter= skap van —.

chalk¹ [n.] *by a long* ~ §verreweg, 'n hele ent; *not by a long* ~ § op verre na nie, verreweg nie; *a (piece/stick of)* ~ 'n (stuk) kryt.

chalk² [v.] ~ *out s.t.* iets skets/uitstippel; ~ *up s.t.*, *(lett.)* iets aanteken/opskryf/opskrywe; *(fig.)* § iets behaal *(bv. sukses, 'n oorwinning)*.

challenge¹ [n.] *accept a* ~ 'n uitdaging aanneem; *fling down a* ~ 'n u. rig; *issue a* ~ *to s.o.* 'n u. tot iem. rig; *meet a* ~ 'n u. die hoof bied; *s.t. is a* ~ *to s.o.* iets is vir iem. 'n u.; *a* ~ *to a fight* 'n u. tot 'n geveg.

challenge² [v.] ~ *s.o. to a fight* iem. tot 'n geveg uitdaag.

chambers *a judge in* ~ 'n regter op kamerhof.

champion *declare s.o.* ~ iem. tot kampioen uitroep; *a* ~ *of liberty* 'n kampvegter vir vryheid.

championship *decide the* ~ die kampioenskap be= slis; *take part in the* ~*s* aan die kampioenskapsbyeen= koms deelneem.

chance¹ [n.] *accept a* ~ van 'n kans gebruik maak; *is there any* ~ *whatever?* bestaan/is daar ook maar die geringste/minste kans?; *by any* ~ dalk, miskien; *the* ~*s are that* ... waarskynlik sal —; *by* ~ toevallig, per/by toeval; *no earthly* ~ § geen kans hoegenaamd nie; *the* ~*s are equal* die kanse staan gelyk; *have a fat* ~ § nie die geringste/minste kans hê nie; HE *has a fighting* ~ HY het regtig 'n kans as HY hard probeer/ werk *of veg; a game of* ~ 'n gelukspel; *get a* ~ 'n kans kry; *not have the ghost of a* ~ nie die geringste/ minste kans hê nie, nie die skyntjie van 'n k. hê nie;

give s.o. a ~ iem. 'n k. gee; *the* ~ *is gone* die k. is verkyk/verlore; *stand a good* ~ 'n goeie k. hê; *s.o. stands a good* ~, *(ook)* iem. se kanse staan goed; *there is a good* ~ *of* ... heel waarskynlik sal —; *have a* ~ 'n kans hê; *not have a* ~ *in hell* §§ nie 'n kat se k. hê nie ★, nie die minste k. hê nie; *be in with a* ~ 'n k. staan; *leap at a* ~ 'n geleentheid/k. aangryp; *leave s.t. to* ~ iets aan die toeval oorlaat; *the* ~ *of a lifetime* 'n unieke geleentheid/kans, 'n k. wat nooit terugkeer nie; *there is a long/remote* ~ daar is 'n geringe k.; *lose/miss a* ~ 'n k./geleentheid misloop/verspeel/versuim, 'n k./geleentheid laat glip/verbygaan; *have an eye on the main* ~ eiebelang in die oog hou, op eie voordeel be= dag wees; *with an eye to the main* ~ met die oog op die grootste voordeel; *by the merest* ~ louter by/deur toeval; *miss/lose a* ~ →*lose/miss; not a* ~*!* geen sprake van nie!; *the* ~*s of* ... die kanse op —, die moontlikheid van —; *an off* ~ 'n geringe kans; *on the off* ~ *(that)* ... vir geval (dat) —; *have an outside* ~ 'n heel/uiters geringe kans hê; *by pure* ~ doodtoeval= lig; *s.o. runs a* ~ *of being* ... dit is moontlik dat iem. —; *seize on/upon a* ~ 'n kans waarneem; *a slender/ slim* ~ 'n geringe k./moontlikheid; *not a snowball's* ~ *(in hell)* §§ soveel k. as 'n wors in 'n hondehok ★, nie 'n kat se k. nie ★, nie die geringste/minste k. nie; *have/ take a sporting* ~ 'n k. hê/waag; *stand a* ~ 'n k. hê; *take a* ~ dit waag, 'n k. waag; 'n risiko loop; HE *takes* HIS ~ HY wag SY k. af; *take* ~*s* (baie) waag; *not take any* ~*s* nie/niks waag nie.

chance² [v.] ~ *it* dit waag; ~ *on/upon* ... toevallig op — afkom, — toevallig kry, — toevallig raak loop, — ontmoet/teëkom/teenkom; *it* ~*d that* HE ... toevallig het HY —; ~ *to do s.t.* iets toevallig doen.

change¹ [n.] *a* ~ *for the better* 'n verbetering; *a* ~ *has come* over *s.o.* iem. het 'n verandering ondergaan; *effect a* ~ 'n v. aanbring; *for a* ~ by wyse van v.; *today we have fine weather for a* ~ vandag is dit weer mooi weer; *get no* ~ *out of s.o.* § niks by iem. regkry nie, by iem. by die verkeerde adres wees; *give s.o.* ~ iem. kleingeld gee; *give s.o.* ~ *for a fifty-rand note* 'n vyftigrandnoot vir iem. kleinmaak; *a* ~ *is as good as a holiday* (P) verandering van spys gee nuwe eetlus (P); *introduce a* ~ 'n v. instel; *keep the* ~*!* hou maar (die kleingeld)!; *make* ~ *for a note* 'n noot kleinmaak; *it makes a* ~ dit is 'n slag iets anders, dit is darem af= wisseling; *make* ~*s to s.t.* iets verander; *there is no* ~ *in s.t.* iets is onverander(d); *a radical* ~ 'n grondige verandering; *ring the* ~*s, (lett.)* beier; *(fig.)* — afwis= sel; *give s.o. short* ~ iem. te min kleingeld gee; *small* ~ kleingeld; *the* ~ *to* ... die oorgang tot —; *work a* ~ 'n verandering teweegbring; *a* ~ *for the worse* 'n agteruitgang/verslegting.

change² [v.] ~ *back into* ... weer 'n — word; weer — aantrek; ~ *down, (mot.)* laer skakel, afrat; ~ *into s.t. else* in iets anders verander; in iets anders oorgaan; iets anders aantrek; ~ *s.t. into* ... iets in/tot — veran= der; ~ *out of s.t.* iets uittrek *(bv. vuil klere); they* ~

over hulle ruil plekke om; ~ *over from* ... *to* ... van —
na — oorslaan/oorskakel; ~ *over things* dinge omruil;
~ *round things* dinge omruil; ~ *to* ... tot — oorgaan;
na — oorslaan; ~ *s.t. to* ... iets in — verander; ~ *up*,
(mot.) hoër skakel, oprat.

channel *through diplomatic* ~s langs diplomatieke
weg; *through official* ~s langs die diensweg; *through
the usual* ~s langs die gebruiklike weg.

chaos *in* ~ in ('n) chaos.

chaps, chops HE *licks* HIS ~ §HY lek SY lippe af ⋆

chapter *close a* ~ 'n hoofstuk afsluit; 'n tydperk af-
sluit; *give/quote* ~ *and verse (for s.t.)* vers en kapittel
(vir iets) noem.

character *be full of* ~ karaktervol wees; *give s.o. a
good* ~ iem. 'n goeie getuigskrif gee; *be of good* ~ van
goeie inbors/gedrag wees; *s.t. is in* ~ *for s.o.* iets is
kenmerkend vir/van iem.; *s.t. is out of* ~ *for s.o.* iets is
strydig met iem. se aard/karakter; *act out of* ~ onna-
tuurlik optree; *a shady* ~ §'n verdagte vent; *a sinis-
ter* ~ §'n ongure vent; *without a stain on one's* ~ met
'n onbevlekte karakter; *s.o.'s strength of* ~ iem. se
karaktervastheid; *true to* ~ in ooreenstemming met
iem. se karakter.

characteristic *be* ~ *of* ... kenmerkend/kensketsend
vir/van — wees, — kenmerk/kenskets/tipeer.

charge¹ [n.] *a* ~ *against an estate* 'n eis/vordering
teen 'n boedel; HE *has to answer a* ~ HY moet HOM op
'n aanklag verantwoord; *bring/lay/lodge/prefer a*
~ *against s.o.* 'n aanklag teen iem. indien/inbring, 'n
aanklag teen iem. aanhangig maak, iem. aankla/verkla;
drop a ~, *(jur.)* 'n aanklag terugtrek; *face a* ~ *of* ...
van — beskuldig staan, daarvan beskuldig word dat
—; op 'n aanklag van — teregstaan; *the* ~ *for doing s.t.*
die koste om iets te doen; *frame a* ~ 'n aanklag opstel;
free of ~ kosteloos; *give s.o. in* ~ iem. aan die polisie
oorgee, iem. in hegtenis stel; *be in* ~ die beheer hê;
onder bewaking wees; *be in* ~ *of* ... die beheer oor —
hê/voer, met — belas wees, toesig oor — hê; vir —
verantwoordelik wees, aan die hoof van — staan, baas
oor — wees; *be in the* ~ *of* ... onder die sorg van —
wees, onder bewaking/toesig van — wees; *lay a* ~ 'n
saak aangee, 'n aanklag indien; *lay/bring/lodge/
prefer a* ~ *against s.o.* →*bring/lay/lodge/prefer;
leave* ... *in s.o.'s* ~ — aan iem. se sorg toevertrou;
level a ~ *against/at s.o.* iem. beskuldig, 'n aanklag
teen iem. inbring; *lodge/bring/lay/prefer a* ~
against s.o. →*bring/lay/lodge/prefer; there is no* ~
dit is gratis/kosteloos/verniet; *on a* ~ *of* ... op aanklag
van —; *prefer/bring/lay/lodge a* ~ *against s.o.*
→*bring/lay/lodge/prefer; press a* ~ met 'n aan-
klag deurgaan/volhou; *put s.o. in* ~ *of s.t.* die beheer
oor iets aan iem. toevertrou; *return to the* ~ die aan-
val hernieu/hernu(we)/hervat/vervat; *sound the* ~
tot die aanval oproep; *take* ~ die beheer oorneem, die
leisels in hande neem; *take* ~ *of* ... vir — sorg; — in
hande neem; *a trumped-up* ~ 'n valse/versonne
aanklag; *what's the* ~? wat kos dit?

charge² [v.] ~ *s.t. against/to s.o.('s account)* iets op
iem. se rekening plaas/sit; ~ *at s.o.* or *s.t.* iem. *of iets*
(be)storm/bevlieg/stormloop; ~ *R50 for s.t.* R50 vir
iets vra; ~ *into* ... teen — bots; ~ *s.o. with s.t.* iem.
van iets beskuldig; iem. weens iets aankla; iem. iets ten
laste lê; iets aan iem. opdra, iem. met iets belas, iets aan
iem. toevertrou.

chargeable *make s.t.* ~ *to s.o.'s account* iets op iem.
se rekening plaas/sit.

charged *be* ~ *with* ... weens — aangekla wees, van —
beskuldig staan; met — gelaai wees; vol — wees.

charity *ask for* ~ 'n aalmoes vra, aalmoese vra; ~
begins at home (P) die hemp is nader as die rok (P);
wat die naaste lê, moet die swaarste weeg; *live on* ~
van aalmoese/liefdadigheid leef/lewe, van gunste en
gawe leef/lewe; *do s.t. out of* ~ iets uit barmhartigheid
doen.

charlie *feel* or *look a proper* ~ §soos 'n dwaas/gek voel
of lyk.

charm *ooze* ~, *turn on the* ~ oorloop van vriendelik-
heid; *s.t. works like a* ~ iets werk perfek.

charmed *I'm* ~ *to meet you!* aangename kennis!; *I
would be* ~ *to* ... dit sal my genoeë doen om te —; *s.o. is*
~ *with s.t.* iets bekoor iem.

chary *be* ~ *of doing s.t.* iets nie graag/maklik doen nie;
ongeneë wees tot iets; *be* ~ *of s.t.* suinig met iets te
werk gaan.

chase¹ [n.] *give* ~ *to s.o.* iem. agternasit/agtervolg/
agternaja(ag); *give up the* ~, *abandon the* ~ die agter-
volging laat vaar.

chase² [v.] ~ *about/around* rondhardloop; rond-
ja(ag); ~ *about/around s.o.* iem. rondja(ag); ~ *after
s.o.* agter iem. aanhardloop/aanja(ag); agter iem. aan-
loop; ~ *away/off s.o.* iem. wegja(ag); ~ *down/up s.t.*
iets opspoor; ~ *out s.o.* iem verdryf/verwilder/weg-
ja(ag).

chat¹ [n.] *have a* ~ 'n bietjie gesels.

chat² [v.] ~ *to/with s.o.* met iem. gesels; ~ *up s.o.* §
met iem. gesels; § by iem. aanlê *(bv. 'n meisie)* ⋆

cheap *s.t. comes* ~ iets kom goedkoop uit; *s.t. is dirt*
~ §iets is spotgoedkoop; *feel* ~ sleg voel; *hold s.t.* ~
iets geringag/geringskat/verag, iets waardeloos ag; HE
makes HIMSELF ~ HY verlaag SY status; HY gooi
HOMSELF weg ⋆; *on the* ~ § goedkoop, vir 'n appel en
'n ei.

cheat¹ [n.] *a regular* ~ 'n aartsbedrieër.

cheat² [v.] ~ *at a game* skelm speel; HE ~s *(on)* HIS
wife HY bedrieg SY vrou; ~ *s.o. out of s.t.* iem. van iets
beroof.

cheated *s.o. was* ~ *of s.t.* iets is iem. nie gegun nie;
iem. is van iets beroof.

check¹ [n.] *check!* skaak!; reg!; ~s *and balances* rem-
me/wigte en teenwigte; *be in* ~, *(in 'n skaakspel)* skaak
staan; *keep s.o.* or *s.t. in* ~ iem. *of iets* in toom hou;
keep a ~ *on s.t.* iets steeds kontroleer; *keep a* ~ *on
s.o.* iem. dophou; *make a* ~ *on s.t.* iets kontroleer/na-
gaan; *s.t. is a* ~ *on s.o.'s progress* iets belemmer iem. se

vordering; **put** *a* ~ **on** *s.t.* iets beteuel/inhou; **without** ~ ongehinderd.

check² [v.] ~ *in* aankom; aanteken, inskryf/inskry=we, registreer; die kontrole bereik; na die vertrektoon=bank gaan *(op 'n lughawe);* ~ *into a* ... in 'n — opge=neem word *('n hospitaal);* as gas by 'n — registreer *('n hotel);* ~ *off* *s.t.* iets aftel; iets aftik; ~ *on* *s.t.,* ~ *up* *on* *s.t.* iets kontroleer/nagaan/nasien; ~ *out* vertrek; afteken; die kontrole verlaat; ~ *out of the hotel* die hotel verlaat; *it* ~*s out with* ... dit klop met —; ~ *over* *s.t.* iets nasien; ~ *through* *s.t.* iets nagaan; ~ *up on* *s.t.* →*on;* ~ *up on* *s.o.* iem. se agtergrond nagaan; ~ *s.t.* *with* *s.o.* iets in oorleg met iem. kontroleer; by iem. vasstel of iets in orde is.

check-up *give* *s.o.* *a* ~ iem. deeglik (medies) onder=soek; *have a* ~ deeglik (medies) ondersoek word.

cheek *of all the* ~*!, the* ~ *of it!, what (a)* ~*!* dis vir jou astrantheid/skaamteloosheid/vermetelheid!; *give* *s.o.* *a lot of* ~ baie astrant/parmantig wees teenoor iem.; *have the* ~ *to* ... die vermetelheid hê om te —; ~ *by jowl* dig bymekaar; wang aan wang; sy aan sy; *I like your* ~*!* §wat verbeel jy jou? ★; *(I want) none of your* ~*!* §moenie jou nek (vir my) dik maak nie! ★; *s.o.'s* ~*s have sunk* iem. se wange het ingeval, iem. se wange het hol geword; ~ *to* ~ wang aan wang; *turn the other* ~ die ander wang aanbied.

cheer¹ [n.] *cheers!* § gesondheid!; § tot siens!; *s.t.* *brings* *loud* ~*s from the crowd* iets kry luide toejuiging van die skare; *(good)* ~ lekker kos; *be of good* ~ opgeruimd wees, vol moed wees, moed hou; *be of good* ~*!* hou moed!; *ragged* ~*s* verspreide toejui=ging; *three* ~*s* drie hoera's; *to the* ~*s of the crowd* onder toejuiging van die skare; *words of* ~ bemoedi=gende woorde.

cheer² [v.] ~ *s.o.* *to the echo/rafters* iem. dawerend toejuig; ~ *on* *s.o.* iem. aanmoedig/aanspoor; ~ *up* moed skep; ~ *up!* kom aan!, kop op!, wees vrolik!; ~ *up* *s.o.* iem. moed inpraat, iem. opbeur/opkikker/op=vrolik, iem. vrolik stem.

cheerful *s.t. makes* *s.o.* ~ iets stem iem. vrolik.

cheese¹ [n.] *say* ~*!* glimlag! *(vir iem. voor die kame=ra);* *turn into* ~ verkaas.

cheese² [v.] ~ *it!* §skei uit!, hou op!

cheesed *be* ~ *off with* ... §sat wees van — *(iets),* sat wees vir — *(iem.).*

chemist *one gets it at a* ~*'s* ('n) mens kry dit by 'n apteek.

cheque *a blank* ~ 'n blanko tjek *(lett.);* *give* *s.o.* *a blank* ~ §iem. vry(e) spel gee/laat; *the* ~ *bounced* § die tjek is (deur die bank) geweier; *by* ~ per t., met 'n t.; *cash a* ~ 'n t. trek/wissel; *clear a* ~ 'n t. wissel; *cross a* ~ 'n t. kruis; *draw a* ~ 'n t. trek; *a* ~ *for* *R100* 'n t. van/vir R100; *pay by* ~ met 'n t. betaal, per t. betaal; *present a* ~ 'n t. aanbied; *stop a* ~ 'n t. keer; *write a* ~ 'n t. uitskryf/uitskrywe.

chess *a game of* ~ 'n spel skaak; *play (at)* ~ skaak speel.

chest *HE beats HIS* ~ →**breast;** *HE gets* *s.t.* *off HIS* ~ §HY praat HOM uit, HY lug SY hart, HY stort SY hart uit; *HE has* *s.t.* *on HIS* ~ §HY het iets op die hart; *HE puffs/throws out HIS* ~ HY stoot SY bors uit.

chestnut *pull the* ~*s out of the fire for* *s.o.* die kastai=ings vir iem. uit die vuur haal/krap.

chew ~ *off* *s.t.* iets afkou; ~ *on/upon* *s.t.* §oor iets nadink; ~ *out* *s.o.* § iem. uittrap★/berispe, iem. 'n skrobbering gee; ~ *over* *s.t.* §oor iets nadink; ~ *up* *s.t.* iets opvreet; iets stukkend trap.

chewed *HE is* ~ *up about* *s.t.* §HY kwel HOM oor iets.

chicken¹ [n.] ~ *count one's* ~*s before they are hatched* die vel verkoop voor die beer geskiet is, die vleis braai voor die bok geskiet is, hoera skree(u) voor jy oor die voortjie is; *s.o. is a mere* ~ §iem. is sommer 'n kuiken ★; *s.o. is no (spring)* ~ §iem. is nie meer nat agter die ore nie, iem. is nie meer so jonk nie; *play* ~ § bang-bang speel ★; *pluck a* ~ 'n hoender pluk; *HIS* ~*s will come home to roost* SY sonde sal HOM vind, kierang sal braai ★

chicken² ~ *out* §kop uittrek (uit vrees); ~ *out of* *s.t.* § kop uittrek uit iets.

child *a* ~ *by his first wife* 'n kind by sy eerste vrou; *the* ~ *is father to the man* (P) so kind so man (P); *from a* ~ van jongs/kleins af; *any* ~ *knows that* elke kind weet dit; *s.o. is a mere* ~, *s.o. is only a* ~ iem. is nog maar 'n k., iem. is sommer 'n k., iem. is 'n pure/skone k.; *be* *s.o.'s only* ~ iem. se enigste k. wees, al k. wees wat iem. het; *s.t. is (no)* ~*'s play* iets is (nie) kinder=speletjies (nie) ★; *an unmanageable* ~ 'n ongeseg=like/lastige kind; *be with* ~ swanger wees; *get* *s.o.* *with* ~ iem. swanger maak; *be great/heavy with* ~ hoog swanger wees.

childbirth *die in* ~ met 'n/die bevalling sterf.

childhood *from* ~ van jongs/kindsbeen/kleins af; *s.o.'s second* ~ iem. se kindsheid; *be in one's second* ~ kinds wees.

children *bear* ~ kinders kry/baar; *raise/rear* ~ kin=ders grootmaak.

chill *cast a* ~ *over* *s.t.* iets demp; *catch a* ~ koue vat, verkoue kry/opdoen; *feel a* ~ *down one's spine* yskoud word van iets; *s.t. takes the* ~ *off* iets neem die ergste koue weg.

chilled *s.o. is* ~ *to the bone/marrow* iem. verkluim, iem. is (totaal) verkluim.

chime ~ *in* §tussenin praat; *s.t.* ~*s in with* ... §iets stem met — ooreen; §iets pas by — in.

chimney *the smoke goes up the* ~ die rook trek in die skoorsteen op.

chin *s.o.'s double* ~ iem. se onderken; *keep one's* ~ *up* § moed hou; *keep your* ~ *up!* §hou moed!; *HE scrapes HIS* ~ HY skeer HOM; *HE sticks HIS* ~ *out* § HY soek moeilikheid; *take* *s.t.* *on the* ~ §iets moedig verdra; *s.o. takes it on the* ~ §iem. kry 'n mokerhou *(fig.);* ~ *up!* §hou moed!

chink *a* ~ *in* *s.o.'s armour, (fig.)* iem. se swak punt.

chip¹ [n.] *a* ~ *of(f) the old block* § 'n aardjie na SY vaartjie ★, die appel val nie ver/vêr van die boom nie; **cash** one's ~s, **hand** in one's ~s §§ lepel in die dak steek ★★; *when the* ~s *are* **down** §as puntjie by paaltjie kom, wanneer die beslissing moet val; HE *has* **had** HIS ~s §dis klaar met HOM ★, SY doppie het geklap ★; *have a* ~ *on* one's **shoulder** § 'n ou grief hê; §liggeraak wees.

chip² [v.] ~ *in* § tussenin praat; § bydra; § deelneem; *s.t.* ~s *off* iets breek af; ~ *off s.t.* iets afbreek.

chisel ~ *s.o. out of s.t.* § iem. van iets beroof.

chocolate *a box of* ~s 'n doos sjokolade; *a slab of* ~ 'n staaf/stafie sjokolade.

choice *the* ~ *is* **between** *A and B* dit lê tussen A en B, die keuse lê tussen A en B; **by|for** ~ by voorkeur; *exercise a* ~ 'n keuse uitoefen; *be* **faced** *with the* ~ *to* ... voor die keuse staan om te —; *the* ~ **falls** *on s.o.* die keuse val op iem.; *have* **first** ~ voorkeur hê; *a* ~ *from* ... 'n keuse uit —; *have a* ~ 'n keuse hê; *have|* *take* one's ~ kies, 'n keuse doen; *Hobson's* ~ 'n keuse van een; *have* **Hobson's** ~ geen keuse hê nie; **make** *a* ~ 'n keuse doen; *have* **no** ~ *but to* ... nie anders kan nie as om te —; *s.t. of s.o.'s* ~ iets van iem. se keuse; *do s.t.* **by|of** one's **own** ~ iets uit eie keuse doen; *it was* HIS ~ HY wou dit so gehad het; *a* **wide** ~ 'n ruim(e) keuse, baie om uit te kies; 'n groot verskei= denheid.

choke ~ **back** *s.t.* iets onderdruk; iets bedwing *(bv. trane, woede)*; ~ **down** *s.t.* iets afsluk/inwurg; iets on= derdruk; ~ **off** *s.o.* §iem. afsnou/stilmaak; §iem. sleg= sê/inklim★; ~ **on** *s.t.* aan iets stik *(bv. kos)*; iets nie kan uitkry nie *(bv. woorde)*; ~ **up** *s.t.* iets verstop; ~ **with** *s.t.* van iets stik *(bv. van die lag, van woede)*.

choked *be* or *get all* ~ *up* heeltemal verstop wees *of* raak; § heeltemal oorstuur(s) wees *of* raak.

choose ~ *s.o.* **as** *a friend* iem. tot vriend kies; *do as you* ~! doen/maak soos jy verkies; ~ **between** ... *and* ... tussen — en — kies; ~ *A* **for** *B* A in die plek van B kies, A in plaas van B kies; *there is* **little** *to* ~ *between them, there is not* **much** *to* ~ *between them* daar is min onderskeid tussen hulle; *there is* **nothing** *to* ~ *between them* hulle is vinkel en koljander, die een is so goed *of* sleg soos die ander.

chop¹ [n.] *get the* ~ §afgedank word; *give s.o. the* ~ § iem. afdank.

chop² [v.] ~ **down** *s.t.* iets afkap/omkap; ~ **off** *s.t.* iets afkap; ~ **up** *s.t.* iets opkap, iets fynkap; iets stukkend kap; iets kerf.

chop³ [v.] ~ *and change* rondspring, weifel.

chops →**chaps.**

chord *touch the right* ~ die regte snaar aanraak/aan= roer; *strike a* ~ 'n snaar aanraak/aanroer.

chore *do* one's ~s die (daaglikse) huiswerk doen.

chorus *they speak in* ~ hulle praat in koor, hulle praat almal gelyktydig.

chosen ~ *from among them* uit hul midde gekies.

Christ *after* ~ na Christus; *before* ~ voor C.; *brother in* ~ broeder in C.

Christmas *at* ~ met Kersfees/Kersmis; *celebrate* ~

Kersfees/Kersmis vier/hou; *merry* ~!, *a merry* ~ *to you!* geseënde/gelukkige Kersfees!, geluk met die Kersfees!

chuck¹ [n.] *get the* ~ §afgedank word; *give s.o. the* ~ § iem. afdank.

chuck² [v.] ~ *away s.t.* §iets wegsmyt; ~ **down** *s.t.* § iets neersmyt; ~ *it (in)* §ophou, uitskei; ~ *it!* §skei uit!, hou op!; ~ *it all* §alles laat vaar; ~ *off s.o.* or *s.t.* § iem. *of* iets afsmyt; ~ **out** *s.o.* or *s.t.* § iem. *of* iets uit= smyt; ~ **up** *s.t.* § iets opgooi; § iets opgee *(bv. 'n betrekking)*.

chuckle HE ~s *over s.t.* HY verkneukel HOM oor iets.

chug ~ *along* voortpuf.

chum¹ [n.] *they are great* ~s § hulle is groot maats.

chum² [v.] ~ *up with s.o.* §met iem. maats maak.

chummy *they are very* ~ § hulle is groot maats, hul= le is dik vriende; *be* ~ *with s.o.* § met iem. maats wees.

chump *be* or *go off* one's ~ § getik wees *of* raak ★

church *after* or *before* ~ na *of* voor die kerk/diens; *at|in* ~ in die kerk; *attend* ~ kerk toe gaan; *enter|* *join the* ~ in die (kerklike) bediening tree, predikant word; *the* **established** ~ die staatskerk; *go to* ~ kerk toe gaan; *join a* ~ lidmaat van 'n kerk word; ~ *is* **over** die kerk is uit.

churn ~ *out s.t.* §iets by die groot maat produseer; ~ *up s.t.* iets omwoel.

cigarette *have a* ~ 'n sigaret rook *of* neem/kry; *a packet of* ~s 'n pakkie sigarette.

cinch *it's a* ~ § dis doodmaklik/kinderspeletjies★; § dis doodseker.

cipher, cypher *in* ~ in geheimskrif/kode; *be a mere* ~ 'n (groot) nul wees.

circle¹ [n.] *argue in a* ~ in 'n kring redeneer; *form a* ~ in 'n kring gaan staan *of* sit; *come* **full** ~ by die beginpunt terugkom, 'n kringloop voltooi; *go round in a* ~ in 'n kring loop; *in a* ~ al in die rondte; *in s.o.'s* ~ in iem. se kring; *move in high* ~s in hoë kringe ver= keer; *run round in* ~s §rondskarrel, rondval, dit druk hê; *run* ~s *round s.o.* § iem. ver/vêr oortref; *try to* **square** *the* ~ die onmoontlike probeer; *a* **vicious** ~ 'n bose/noodlottige/skadelike kringloop; *a* **wide** ~ *of friends* 'n breë vriendekring.

circle² [v.] ~ *(a)round* ronddraai.

circulation *come into* ~ in omloop kom; *put s.t. into* ~ iets in omloop bring.

circumference *five kilometres in* ~ vyf kilometer in omtrek.

circumspection *act with* ~ omsigtig optree.

circumstance *according to* ~s na (gelang van) omstandighede, na bevind van sake; *aggravating* ~s verswarende omstandighede; *be in* **easy** ~s gegoed/ welgesteld wees; *extenuating* ~s versagtende om= standighede; *by* **force** *of* ~s deur die dwang van om= standighede; *in|under the* ~s in die omstandighede; *in|under no* ~s glad (en geheel) nie, hoegenaamd/vol= strek nie; *be in* **reduced|straitened** ~s in armoedige/

behoeftige omstandighede verkeer; **under/in** the ~s →**in/under; without** ~ sonder omslag.

city the ~ of *Johannesburg* die stad Johannesburg.

civilisation, =**zation** a standard of ~ 'n beska= wingspeil.

civvies in ~ § in burgerdrag/burgerklere.

civvy street, Civvy Street in ~ ~ § in die bur= gerlike/gewone lewe.

clad be scantily ~ karig/skraps geklee(d) wees, min klere aanhê; armoedig geklee(d) wees, dun aangetrek wees.

claim¹ [n.] *abandon* a ~ van 'n eis afsien; *allow* a ~ 'n e. handhaaf/toestaan; *bring* a ~ against ... 'n e. teen — instel; *enter* a ~ 'n e. instel; a ~ *for damages* 'n e. om skadevergoeding; a ~ *for/of* R1 000 'n e. van R1 000; *have* a ~ on/to ... 'n aanspraak op — hê, reg op — hê; *lay* ~ to s.t. op iets aanspraak maak; HE *makes* no ~ to be ... HY beweer nie dat HY — is nie; it *makes* no ~ to be ... dit het geen pretensie van — nie; *press* a ~ op 'n eis aandring; *prove* a ~ 'n e. bewys; *put* in a ~ 'n e. indien; *stake (out)* a ~ 'n kleim afpen; *stake (out)* a ~ for/to s.t. op iets aanspraak maak; *turn down* a ~ 'n eis afwys; *waive* a ~ van 'n e. afsien.

claim² [v.] ~ *back* s.t. iets terugeis; ~ s.t. *from* s.o. iets van iem. eis; ~ *that* ... beweer dat —; HE ~s *to be* the ... HY beweer dat HY die — is.

clam¹ [n.] *shut up like* a ~ § tjoepstil bly of raak .

clam² [v.] ~ *up* § tjoepstil bly of raak.

clamour¹ [n.] the ~ *for* ... die aandrang op —.

clamour² [v.] ~ *against* ... teen — protesteer; ~ *for* ... op — aandring, om — roep/skree(u); ~ *to* ... daar= op aandring om te —.

clamp ~ *down* streng optree, ingryp; ~ *down* s.t. iets vasklamp; ~ *down on* ... op — toeslaan, — vasvat, — streng beperk; ~ ... *on* s.t. iets onder strenge — plaas *(bv. beheer);* — op iets hef *(bv. be= lasting).*

clanger drop a ~ § 'n bok skiet ★, 'n flater begaan.

clap ~ *on* s.t. iets (haastig) opsit; ~ ... *on* s.t. — op iets hef *(bv. belasting).*

clapped s.o. is ~ *out* § iem. is pootuit ★

clash ~ *with* ... met — bots, met — in botsing kom; teen — bots; met — in stryd wees, teen — indruis; met — saamval.

class¹ [n.] be *above* s.o.'s ~ bo iem. se stand wees; *attend* ~es klasse/lesse bywoon, klas loop; *two* ~es *clash* twee klasse val saam; *cut* ~es § van klasse weg= bly; *take* a *first* or *second* ~ in die eerste of tweede klas slaag; *give/hold* ~es les(se) gee; *have* ~ § styl hê; *in* ~ in die klas; be *in* a ~ *of* HIS or its *own* die beste wees, onoortreflik wees; *not in the same* ~ nie van dieselfde gehalte nie; *they're not in the same* ~ ('n) mens kan hulle nie vergelyk nie; the *upper* ~(es) die hoër stand(e); the *working* ~(es) die werkerstand/ar= beiderstand.

class² [v.] ~ s.o. or s.t. *as* ... iem. of iets as — beskou;

~ s.o. or s.t. *with* ... iem. of iets op een lyn met — stel, iem. of iets onder — rangskik.

classed be ~ *among/with* ... onder — ressorteer; be ~ *as* ... as — beskou/gereken word.

clause under the ~ kragtens/volgens die artikel/bepaling.

claw HE gets HIS ~s into s.o. § HY kry iem. in SY kloue; HE shows HIS ~s § HY wys SY tande *(fig.).*

clean¹ [v.] ~ *out* s.t. iets skoonmaak; iets leegmaak *(bv. 'n laai);* ~ *out* s.o. § iem. kaal maak/uittrek ★, iem. uitskud ★; HE ~s *up* HY was HOM; HY ruim op; § HY wen alles; § HY vat alles; ~ *up* s.t. iets skoonmaak; iets aan die kant maak; iets opvee; § iets suiwer van misdaad *(bv. 'n stad).*

clean² [adj. & adv.] be as ~ *as a new pin* soos 'n (splinter)nuwe sikspens lyk; as ~ *as a whistle* silwer= skoon; *come* ~ § met die waarheid uitkom, rondbor= stig vertel, (op)bieg; *lick* s.t. ~ iets uitlek, iets skoon= lek; *spotlessly* ~ silwerskoon; *wipe* s.t. ~ iets skoonvee.

cleaner take s.o. to the ~s § iem. uitskud ★, iem. kaal maak/uittrek ★

cleanliness ~ *is next to godliness* (P) 'n rein liggaam is die naaste aan 'n rein hart.

clear¹ [n.] *in the* ~ in gewone taal, nie in kode nie; be *in the* ~ uit die skuld wees, sonder skuld wees; nie verdink word nie.

clear² [v.] ~ *away* s.t. iets opruim/wegruim; iets uit die weg ruim; iets opklaar; ~ s.o. *of* s.t. iem. van iets vryspreek; ~ *off/out* § trap★, die spat neem ★; ~ *off/ out!* § trap!★, maak dat jy wegkom! ★; ~ *off* s.t. iets verwyder; iets afbetaal *(skuld);* ~ *out* s.t. iets op= ruim/skoonmaak; iets leegmaak *(bv. 'n laai, 'n huis);* ~ *out* s.o. § iem. platsak maak ★; ~ *up* opklaar *(van die weer);* verdwyn *(bv. probleme);* ~ *up* s.t. iets op= ruim; iets verklaar/verduidelik; ~ s.t. *with* s.o. iem. se goedkeuring vir iets kry.

clear³ [adj. & adv.] be ~ *about* s.t. iets duidelik begryp; *give the all* ~ die veiligheidsein gee; sê dit is veilig; *(as)* ~ *as a bell* klokhelder; as ~ *as day= light* so duidelik as die dag, sonneklaar, so helder as glas; as ~ *as mud* § so klaar soos koffiemoer ★; *crystal* ~, *(lett.)* kristalhelder; *(fig.)* glashelder, sonneklaar; *get* ~ *of* s.t. van iets ontslae raak; *get* s.t. ~ iets goed begryp; *keep* ~ uit die pad bly; *keep* ~ *of* s.o. uit iem. se pad bly; *have* I *made myself* ~?, is *that* ~? is dit duidelik?; *make* s.t. ~ iets verklaar/ verhelder; HE *makes* HIMSELF ~ HY druk HOM dui= delik uit; ~ *of* ... vry van —, suiwer van —; buite bereik van —; it is ~ *that* ... dit is duidelik dat —; s.o. is ~ *that* ... iem. is seker dat —; *is that* ~? is dit duidelik?

cleave ~ *to* ... aan — (vas)kleef/(vas)klewe; aan — vashou; aan — getrou bly.

clemency show ~ genade betoon.

clergyman call a ~ 'n predikant beroep.

clever as ~ *as they come* so slim as kan kom, so slim as kome kan; *not over* ~ nie danig slim nie; *s.o. is too* ~ *by half* iem. is glad te slim; slim vang sy baas.

click ~ *with s.o.* § goed met iem. klaarkom.

client *see a* ~ 'n kliënt te woord staan, 'n k. ontvang.

climax *come to a* ~, *reach a* ~ 'n klimaks/hoogtepunt bereik; *bring s.t. to a* ~ iets tot 'n k./hoogtepunt voer; *work up to a* ~ tot 'n k./hoogtepunt styg.

climb¹ [n.] *it is a stiff* ~ dit is steil.

climb² [v.] ~ *down* afklim; terugkrabbel, 'n toontjie laer sing; ~ *s.t.* iets klim *(bv. 'n berg, 'n trap)*; in iets klim *(bv. 'n boom)*; ~ *up s.t.* teen iets opklim.

clinch *they are in a* ~ hulle hou mekaar vas *(boksers)*; § hulle omhels mekaar *('n man en 'n meisie)*.

cling ~/*stick like a bur(r)/leech/limpet* klou soos klits= gras, (vas)klou, vassit; ~ *to* ... aan — vassit *(bv. grond aan vingers)*; aan — vasklou *(bv. aan verouderde siens= wyses)*.

clink *in the* ~ § in die tjockie ✶, agter die tralies.

clip¹ [n.] *at a fast* ~ § taamlik vinnig, met 'n taamlike vaart.

clip² [v.] ~ *off s.t.* iets afknip; ~ *s.t. on to* ... iets aan — vasspeld; iets met 'n knippie aan — vasmaak; ~ *out s.t.* iets uitknip.

cloak *under the* ~ *of* ... onder die dekmantel van — *(bv. geheimhouding)*.

clock¹ [n.] *against the* ~ in die grootste haas; *around the* ~ →*round; everything is done by the* ~ alles gaan volgens die klok; *the* ~ *is fast* die horlosie/ oorlosie/klok is voor; *the* ~ *gains* die h./o./k. loop voor; *the* ~ *does not go* die h./o./k. loop nie; *the car has 20 000 kilometres on the* ~ § die motor het al 20 000 kilometer afgelê; *put a* ~ *back* 'n horlosie/oorlosie/ klok agteruit stel; *put/set/turn the* ~ *back* die wys= (t)ers terugdraai *(fig.)*, in die verlede leef/lewe; *put a* ~ *forward/on* 'n horlosie/oorlosie/klok vorentoe sit; *read the* ~ op die h./o. kyk, kyk hoe laat dit is; *round the* ~ twaalf *of* 24 uur aaneen, twaalf *of* 24 uur per dag, dag en nag ononderbroke; *set a* ~ 'n horlosie/oorlosie stel; *set/put/turn the* ~ *back* →*put/set/turn; the* ~ *is slow* die horlosie/oorlosie/klok is agter; *the* ~ *strikes* die h./o./k. slaan; *turn/put/set the* ~ *back* →*put/set/turn; watch the* ~ net wag om op te hou.

clock² [v.] ~ *four minutes/etc.* die afstand in vier minute/ens. aflê; ~ *in/on* inklok; begin werk; ~ *out /off* uitklok; ophou werk; ~ *up s.t.* § iets bereik *(bv. 120 km/h)*; § iets aflê *(bv. 'n afstand)*; § iets oploop *(bv. skuld)*.

clockwork *like* ~, *as regular as* ~ so gereeld soos 'n klok; *s.t. goes like* ~ iets verloop seepglad.

clog ~ *up* verstop raak; vassit.

close¹ [n.] *at the* ~ aan die einde/end; *at the* ~ *of business* met sluitingstyd; by kantoorsluiting; by beurssluiting; *at the* ~ *of day* teen die aand; *draw to a* ~ ten einde loop; *at the* ~ *of play* met uitskeityd.

close² [v.] ~ *down* sluit, toemaak; ~ *down s.t.* iets sluit/toemaak; iets verbied; ~ *in* nader kom; opskuif/ opskuiwe; korter word *(van dae)*; ~ *in s.t.* iets insluit;

~ *in on/upon s.o.* iem. omsingel; iem. omring; ~ *up* toegaan; verstop raak; aansluit, die geledere sluit; ~ *up like a clam*, ~ *up like an oyster* § tjoepstil bly/raak; ~ *up s.t.* iets toemaak; iets afsluit; ~ *with s.o.* met iem. handgemeen/slaags raak; 'n transaksie met iem. beklink.

close³ [adv.] ~ *by* naby, digby, vlak by; byderhand; *come* ~ *to* ... na aan — kom; ~ *on/upon (a hundred)* naby (die honderd), byna (honderd); ~ *to* ... naby —, na aan —; *from* ~ *up* van naby, van vlak by.

closed *tightly* ~ dig gesluit; bottoe, pottoe, potdig.

closer ~ *and* ~ al hoe nader.

closeted *be* ~ *with s.o.* agter geslote deure met iem. praat.

cloth *a bolt of* ~ 'n rol (kleding)stof; *draw the* ~ die tafeldoek afneem; *lay the* ~ die tafel dek; *a man of the* ~ 'n geestelike.

clothe ~ *s.t. in words* iets in woorde inklee, iets onder woorde bring; ~ *s.o. with powers* iem. met bevoegdhe= de beklee.

clothed *be* ~ *in* ... in — geklee(d) wees.

clothes *a change of* ~ skoon klere, 'n verskoning; 'n verkleding; HE *changes* HIS ~ HY trek HOM skoon aan; HY verklee HOM; HE *gets into* HIS ~ HY trek HOM aan, HY trek SY klere aan; *with* HIS ~ *off* sonder SY klere; HE *has* HIS ~ *on* HY het SY klere aan; *with* HIS ~ *on* in/met SY klere; HE *puts on* HIS ~ HY trek HOM aan, HY trek SY klere aan; *she spends everything on* ~ SY hang alles aan haar lyf ✶; HE *takes off* HIS ~ HY trek HOM uit, HY trek SY klere uit; *wear* ~ klere dra.

clothing *an article of* ~ 'n kledingstuk.

cloud¹ [n.] *a* ~ *bursts* 'n wolk breek; *cast a* ~ *on/ upon s.t.* 'n skadu(wee) op/oor iets gooi; *the* ~*s gather* die wolke pak saam, die lug trek toe; HE *has* HIS *head in the* ~*s*, HE *is in the* ~*s* HY sweef/swewe in die lug ✶; *every* ~ *has a silver lining* (P) geen kwaad sonder baat, by elke ongeluk 'n geluk, agter die wolke skyn tog die son (P); *be on* ~ *nine* § in die sewende hemel wees ✶; *be on a* ~ § in die wolke wees *(fig.)* ✶; *be under a* ~ onder verdenking wees; in onguns wees.

cloud² [v.] *s.o.'s face* ~*s over* iem. se gesig betrek; *the sky* ~*s over* die lug trek toe, die wolke pak saam; *s.t.* ~*s up the window* iets laat die ruit aanwasem.

clout *have (a lot of)* ~ § (baie) invloed hê.

clover *be/live in* ~ § lekker leef/lewe, die vet van die aarde geniet.

club¹ [n.] *join the* ~! § jy ook!

club² [v.] ~ *together* saammaak *(om vir iets te betaal)*.

clue¹ [n.] *follow up a* ~ die spoor volg; *s.o. hasn't (got) a* ~ *about s.t.* § iem. het geen benul van iets nie, iem. weet glad nie/niks van iets nie.

clue² [v.] ~ *s.o. in about s.t.* § iem. oor iets inlig, iem. van iets op die hoogte bring.

clued *be* ~ *up about/on s.t.* § goed oor iets ingelig wees.

cluster ~ *(a)round* ... — omring.

clutch¹ [n.] *disengage the* ~, *let out the* ~ die kop= pelaar trap, ontkoppel; *engage the* ~, *let in the* ~ die

koppelaar los, inkoppel; *fall into s.o.'s* ~*es* in iem. se
kloue verval; *be in the* ~*es of ...* in die greep/kloue van
— wees.

clutch² [v.] ~ *at s.t.* na iets gryp.

clutter¹ [n.] *be in a* ~ deurmekaar wees *(bv. 'n
kamer)*.

clutter² [v.] ~ *(up) a place* 'n plek vol rommel maak;
'n plek volprop/verstop.

cluttered *be* ~ *with ...* vol — lê *of* staan *of* wees, met
— besaai(d) wees.

coach *drive a* ~ *and horses through s.t.* § iets maklik
ontsenu *(bv. 'n argument)*; §iets maklik omseil *(bv. 'n
wet)*.

coal *burn* ~ steenkool as brandstof gebruik; *heap* ~*s
of fire on s.o.'s head* vurige kole op iem. se hoof hoop,
kwaad met goed vergeld; *haul s.o. over the* ~*s* iem.
voor stok kry, iem. berispe/roskam, iem. laat verby=
kom; *a live* ~ 'n vurige kool; *carry* ~*s to Newcastle*
water in die see dra, uile na At(h)ene dra.

coast¹ [n.] *the* ~ *is clear* alles veilig; die gevaar is ver=
by; *just off the* ~ baie naby die kus; *on the* ~ aan/op die
kus.

coast² [v.] HE ~*s along* HY ry sonder om te trap *(op 'n
fiets)*; HY ry voort sonder om petrol te gee *(met 'n
motor)*; HY span HOM nie in nie.

coat HE *has to cut* HIS ~ *according to* HIS *cloth* HY
moet SY rieme na SY vel sny, HY moet die tering na die
nering sit, HY moet binne SY vermoë leef/lewe; HE
puts on HIS ~ HY trek SY baadjie *of* jas aan; HE *re=
moves* HIS ~, HE *takes off* HIS ~ HY trek SY baadjie
of jas uit; *trail one's* ~ uittartend/uitdagend wees,
rusie/skoor soek.

coated *be* ~ *with ...* met 'n laag — bedek wees *(bv.
modder, stof)*.

coat-tails *on s.o.'s* ~ met iem. se hulp.

coax ~ *s.o. into doing s.t.* iem. met mooipraat so ver/
vêr kry om iets te doen; ~ *s.t. out of s.o.* iets met mooi=
praat uit iem. kry.

cob *the maize is forming* ~*s* die mielies kop.

cobweb *blow away the* ~*s* § vars lug laat deurwaai.

cock¹ [n.] *at full* ~ oorgehaal *('n vuurwapen)*; *go
off at half* ~ ontydig afgaan *('n vuurwapen)*; § deur
voorbarigheid misluk; *that* ~ *won't fight* § daardie
vlieër gaan nie op nie; *live like fighting* ~*s* § 'n
koninklike lewe lei; *old* ~ § ou kêrel ⋆; *be* ~ *of the
walk* kaatjie van die baan wees ⋆, haantjie die voorste
wees ⋆

cock² [v.] ~ *up s.t.* iets spits *(ore)*; §§ iets ver=
knoei/verfoes.

cock-up *make a* ~ *of s.t.* §§ iets verknoei/verfoes.

code *break a* ~ 'n kode ontsyfer; *in* ~ in geheimskrif.

coffee *have a (cup of)* ~ 'n (koppie) koffie drink; *may
I have a cup of* ~? kan ek 'n koppie koffie kry?; *one* ~
een koffie, koffie vir een.

coffin *place s.o. in a* ~ iem. kis.

cog *(only) a* ~ *in the machine* (maar net) 'n ratjie in die
masjien; *a vital* ~ 'n belangrike deel.

cognisance, =**zance** *take* ~ *of s.t.* van iets kennis
neem.

cognisant, =**zant** *be* ~ *of s.t.* van iets weet, van iets
kennis dra, oor iets ingelig wees, van iets bewus wees,
met iets bekend wees.

coil¹ [n.] *this mortal* ~ die aardse beslommerings/be=
slommernisse.

coil² [v.] ~ *up s.t.* iets oprol; *the snake* ~*s (itself) up*
die slang krul hom op.

coin¹ [n.] *flip a* ~ 'n munt opskiet; *pay s.o. in* HIS *own*
~, *pay s.o. in the same* ~ iem. met dieselfde/gelyke
munt betaal; *the other side of the* ~ die keersy; *strike*
~*s* munte slaan.

coin² [v.] ~ *it* § geld soos bossies/water verdien ⋆

coincide *s.t.* ~*s with ...* iets val met — saam; iets stem
met — ooreen.

coincidence *it is mere/pure* ~ dit is blote/volslae
toeval.

coincidental *it is purely* ~ dit is blote/volslae toeval.

cold¹ [n.] *have a bad/heavy/severe* ~ ('n) swaar
verkoue hê, 'n nare verkoue hê; *the bitter/intense/
severe* ~ die bitter/kwaai koue; *catch (a)* ~ koue
vat/opdoen; *the common* ~ verkoue; *contract/get
a* ~ koue vat, ('n) verkoue kry/opdoen, verkoue raak;
die of ~ verkluim; *have a* ~ verkoue wees, ('n)
verkoue hê; *a nasty* ~ 'n nare verkoue; *nurse a* ~
'n verkoue dokter; *be (left) out in the* ~ veron(t)ag=
saam word, verbygegaan word, weggelaat word, uitge=
sluit wees; *pick up a* ~ ('n) verkoue kry/opdoen; *the
piercing* ~ die snerpende/deurdringende/snydende
koue; *quake/shake/shiver with* ~ beef/bewe/bib=
ber/ril/rittel van die koue; *have a slight* ~ effens/ef=
fe(ntjies) verkoue wees; *suffer from a* ~ bars van die
verkoue ⋆; *take a* ~ koue vat.

cold² [adj.] *(as)* ~ *as charity* ongevoelig; onvriende=
lik; *as* ~ *as ice, ice-*~ yskoud; *be* ~ koud wees; koud
kry; *bitterly* ~ bitter koud; *feel* ~ koud kry; *get/go*
~ koud word; *s.t. leaves s.o.* ~ iets laat iem. koud;
s.o.'s blood ran ~ dit het iem. laat ys; *stone-*~ ys=
koud; volkome/totaal koud *(fig.)*; *be* ~ *to s.o.* iem.
koud/koel behandel.

collaborate ~ *with s.o.* met iem. saamwerk; met
iem. heul *(bv. die vyand)*.

collaboration *in* ~ *with ...* saam met —, in same=
werking met —, met die medewerking/samewerking
van —; in oorleg met —.

collar *get hot under the* ~ § ergerlik/onthuts/omge=
krap/verontwaardig raak; *grab/seize s.o. by the* ~ iem.
aan die kraag pak; *put on a* ~ 'n boordjie omsit.

collect HE ~*s* HIMSELF HY beheers HOM, HY ruk HOM
reg, HY bedaar, HY kom tot SY positiewe.

collection *take up a* ~ 'n kollekte hou/opneem; *the*
~ *will now be taken up* die liefdegawes/kollekte sal nou
ingesamel word *(in die kerk)*.

collide ~ *with ...* teen — bots, teen — vasloop *of*
vasry.

collision *be in* ~ bots; *be in* ~ *with s.t., come into* ~

with s.t. teen iets bots; *be in* ~ *with s.o., come into* ~ *with s.o.* met iem. bots.

collision course *be on a* ~ ~ ~ op 'n botsing afstuur.

collude ~ *with* ... met — heul/saamspan.

collusion ~ *between* ... heulery/samespanning tus= sen —; *be in* ~ *with* ... met — heul/saamspan.

collywobbles *HE gets* or *has the* ~ §HY kry *of* het dit op SY senuwees.

colour¹ [n.] *add/give/lend* ~ *to* ... kleur aan — ver= leen; 'n skyn van waarheid aan — gee *(bv. 'n verhaal); a blaze of* ~ 'n kleureprag/kleuregloed; *s.o. changes* ~ iem. bloos; iem. verbleek; *s.t. changes* ~ iets ver= wissel van kleur; iets verskiet; *the* ~*s clash* die kleure vloek met/teen mekaar; *complementary* ~*s* aanvul= lende/komplementêre kleure; *a dash of* ~ 'n kleur= spatsel, 'n spatsel kleur; *give a false* ~ *to s.t.* iets in 'n verkeerde lig stel; *sail under false* ~*s* onder 'n valse vlag vaar; *a fast* ~ 'n vaste kleur; *with flying* ~*s* met vlieënde vaandels, seëvierend; *in full* ~ in volle kleur; *gain* ~ kleur kry; *s.o. has a high* ~ iem. is rooi in die gesig; *in* ~ in kleur(e); *join the* ~*s* in die leër *of* vloot *of* lugmag gaan; *lose* ~ bleek word, verbleek; *nail one's* ~*s to the mast* pal staan, vastrap, tot die bitter(e) einde veg; *we must nail our* ~*s to the mast* ons moet oorwin of sneuwel; *be off* ~ §kaduks★/olik/ongesteld wees; *feel off* ~ §nie lekker voel nie; *a shade of* ~ 'n kleurskakering; *HE shows HIS (true)* ~*s, HE comes out in HIS true* ~ HY beken kleur, HY toon HOM in SY ware gedaante; *stick to one's* ~*s* voet by stuk hou; *strike one's* ~*s* die vlag stryk; *a touch of* ~ 'n bietjie kleur; *in HIS true* ~*s* in SY ware gedaante; *turn* ~ bloos; *what* ~ *is the* ...*?, what is the* ...*'s* ~*?* watter kleur het die —?, wat is die — se kleur.

colour² [v.] ~ *(in) s.t.* iets inkleur; ~ *(up)* bloos.

coma *be in a* ~ in 'n koma wees; *fall/go/lapse into a* ~ in 'n koma raak.

comb ~ *out s.t.* iets uitkam *(bv. hare, iets uit die hare);* iets afskei; iets uitsoek; iets verwyder.

combat *the* ~ *between* ... die geveg/stryd tussen —; *break off* ~ die g. staak; *go into* ~ gaan veg, in die g. tree; *be ready for* ~ vir die g. oorgehaal wees; *in sin= gle* ~ in 'n tweegeveg.

combination *in* ~ *(with* ...*)* saam/tesame (met —).

combine ~ *with* ... met — meng; met — saam= maak/saamspan.

combined ~ *with* ... saam/tesame met —, gepaard met —.

come *come, come!* kom, kom!; *s.t.* ~*s about* iets ge= beur, iets vind plaas; iets verander van rigting, iets draai *('n skip, die wind);* ~ *across s.o.* iem. raak loop, iem. ontmoet/teëkom/teenkom; ~ *across s.t.* op iets afkom, iets raak loop, iets teëkom/teenkom; ~ *across as a* ... §na 'n — lyk; ~ *across with s.t., (Am.)* §met iets te voorskyn kom; §iets betaal *of* oorhandig *of* ver= skaf; *B* ~*s after C* B kom na C; ~ *after s.o.* agter iem. wees *(in die ruimte);* na iem. wees *(in die tyd);* iem. agtervolg; ~ *again?* § ekskuus?; ~ *along* saamkom;

vorder; ~ *along!* maak gou!; ag nee!; toe nou!; kom= aan!; ~ *along/on* nicely mooi beter word *(iem.);* goed vorder *(iets); s.o.* ~*s along with s.t.* iem. kom met iets aangesit ★; *it will not* ~ *amiss* dit sal goed te/van pas kom; ~ *apart* uitmekaar val, stukkend raak; *as* ... *as they* ~ so — as kan kom; *take things as they* ~ koffie drink soos die kan hom skink ★, sake aan= vaar soos hulle kom; ~ *at* ... — bykom, — in die han= de kry; — (be)storm, — aanval; ~ *at s.t., (ook)* iets agterkom *(bv. die waarheid);* ~ *away* losgaan; ~ *away from* ... van — losgaan; ~ *away with* ... met — weggaan; ~ *back* terugkom; weer kom; weer in die mode kom; weer beter speel/vertoon; ~ *back strongly* goed herstel; ~ *back at s.o.* iem. antwoord; ~ *back to s.t.* op iets terugkom; *s.t.* ~*s back to s.o.* iem. onthou iets, iets skiet iem. te binne; *s.t.* ~*s before s.t. else* iets gaan iets anders vooraf; ~ *between two people* verwy= dering tussen twee mense bring; twee mense skei; twee mense uitmekaar maak *(as hulle baklei);* ~ *by* verby= kom; ~ *by s.t.* aan iets kom, iets in die hande kry; iets opdoen; ~ *clean* § met die waarheid uitkom, rond= borstig vertel, (op)bieg; *do* ~*!* kom gerus!; ~ *down* afkom; neerdaal, neerstryk; neerstort *(bv. reën);* daal *(bv. pryse); the rain* ~*s down* die reën giet/stort, dit giet/stort; ~ *down on/upon s.o.* iem. straf; met iem. raas, iem. berispe, iem. inklim/uittrap ★; ~ *down to* ... op — neerkom; ~ *down with measles* masels kry; ~ *down in the world* agteruitgaan in die lewe; *easy/ lightly* ~, *easy/lightly go* (P) erfgeld is swerfgeld (P), so gewonne, so geronne (P); ~ *for* ... — kom haal; kom om te —; ~ *forth* uitkom, te voorskyn kom; ~ *forward* vorentoe kom, na vore kom; *HE* ~*s forward* HY bied HOM aan; HY meld HOM aan; ~ *from* ... van — kom; van — afstam; ~ *and go* kom en gaan; *have s.o.* ~ iem. laat kom, sorg dat iem. kom; ~ *here!* kom hier!; *just* ~ *here!* kom ('n) bietjie hier!; ~ *home* huis toe kom; *s.t.* ~*s home to s.o.* iets dring tot iem. deur; *how* ~*!* hoe so?; hoekom?; *how (did it)* ~*?* hoe het dit gebeur?; ~ *in* inkom, binnekom; aankom; eindig, die wedloop voltooi; verkies word; opkom *(die gety);* in die mode kom; te pas kom; ~ *in!* kom in!, (kom) bin= ne!; *do* ~ *in!* kom gerus in/binne!; *where does HE* ~ *in?* wat is SY rol?; *where do I* ~ *in?* wat is my aandeel?; watter voordeel het dit vir my?; *HE* ~*s in for* ... HY kry —; HY trek *(bv. aandag);* HY lok — uit *(bv. kritiek);* HY haal HOM — op die hals; ~ *in handy* (goed) te pas kom; ~ *in on s.t.* 'n aandeel in iets kry; ~ *in third/etc.* in die derde/ens. plek eindig; ~ *in useful* nuttig wees; ~ *into s.t.* iets kry/ontvang *(bv. 'n erfenis, geld);* iets erf; *lightly* ~, *lightly go* →*easy/lightly;* ~ *what may* wat ook al gebeur, laat kom wat wil; *s.t.* ~*s natu= rally* iets kom vanself; ~ *near* nader (kom); ~ *near doing s.t.* iets byna doen; ~ *now!* kom, kom!; ~ *of* ... van — afstam; van — teregkom; ~ *of an afternoon/ etc.!* kom op 'n middag/ens.!; *what came of it?* wat het daarvan teruggekom?; wat was die uiteinde?; ~ *off* wegkom; losgaan, los raak; afbreek; afgaan; afgee; af=

comment

val; plaasvind; slaag, geluk, suksesvol wees; *a play came off after a week* 'n toneelstuk se speelvak is na 'n week beëindig; ~ *off it!* § skei uit daarmee!; § sak, Sarel!; ~ *off badly* sleg daarvan afkom; ~ *off lightly* lig(gies) daarvan afkom; ~ *off worst* die onderspit delf; ~ *on* agternakom; vooruitkom; opkom, vooruitgaan, verbeter; opkom *(onweer)*; aan die orde kom; op die toneel verskyn; voorkom *('n hofsaak)*; ~ *on!* kom aan!; *s.o.* ~*s on* ... § iem. maak 'n ... indruk; ~ *on| along* →*along|on*; ~ *on|upon* ... op — afkom; ~ *out* uitkom; uitkom, te voorskyn kom; aan die lig kom, blyk; verskyn *('n boek)*; uitwerk; staak; haar debuut maak; *HE* ~*s out against* ... HY verklaar HOM teen —; HY maak beswaar teen —; *it* ~*s out at* ... dit kom op — (te staan); *HE* ~*s out for* ... HY skaar HOM by —, HY verklaar HOM ten gunste van —; ~ *out of s.t.* uit iets kom; iets oorleef/oorlewe; ~ *out with s.t.* met iets voor die dag kom, met iets te voorskyn kom; iets erken; ~ *over* oorkom; kom kuier; ~ *over!* kom hiernatoe!; ~ *over queer* §'n nare gevoel kry; *what has* ~ *over HIM?* wat makeer HOM?, wat het in HOM gevaar?; ~ *(out) right* regkom, in orde kom; ~ *round* aangaan, aanloop, *(iem.)* besoek; van opvatting verander; *HE* ~*s round, (ook)* HY kom by, HY herwin SY bewussyn; *when* ... ~*s round again* wanneer dit weer — is *(bv. Kersfees)*; ~ *round to a view* tot 'n sienswyse oorgehaal word; ~ *the* ... wanneer die — kom; ~ *through* deurkom; aan die verwagting voldoen; ~ *through with s.t.* met iets te voorskyn kom; iets betaal *of* oorhandig *of* verskaf; ~ *to* bykom *(uit 'n floute)*; *HE* ~*s to HIMSELF* HY kom by; HY herwin SY selfbeheersing; HY kom tot besinning; ~ *to a place* by/op 'n plek aankom; *it* ~*s to eight* die getal kom op ag(t) (te staan); *s.t.* ~*s to s.o.* iets val iem. te beurt; ~ *to do s.t.* iets kom doen; naderhand iets doen; ~ *to o.s.* tot besinning kom; *if it* ~*s to that* as dit so ver/vêr kom; *when it* ~*s to that*, ~ *to that* § wat dit betref; *it* ~*s to this* dit kom hierop neer; *that is still to* — dit kom nog; *things to* ~ toekomstige dinge, die toekoms; *there are eight to* ~ daar kom nog ag(t), daar moet nog ag(t) wees; ~ *together* saamkom, byeenkom, vergader; ~ *true* uitkom, bewaarheid/waar/verwesenlik word; ~ *under* ... onder — ressorteer/val; ~ *up* opkom; ter sprake kom; opgebring word; *s.t. has* ~ *up* iets het voorgeval; *HE* ~*s up against* ... HY loop HOM teen — vas; ~ *up to* ... tot — reik *(bv. 'n bepaalde hoogte)*; aan — voldoen *(bv. die verwagting)*; ~ *up to s.o.* na iem. toe kom; ~ *up with s.o.* iem. inhaal; ~ *up with s.t.* met iets (te voorskyn) kom; iets aan die hand doen *(bv. 'n oplossing)*; ~ *upon s.t.* op iets afkom; ~ *upon s.o.* iem. raak loop, iem. teëkom/teenkom; op iem. afkom; iem. aanval; ~ *with s.o.* met iem. saamkom; iem. vergesel. →**coming.**

comeback *HE made/staged a* ~ HY het teruggekeer *(bv. na die kryt, die span, die politiek)*, HY staan weer SY plek vol.

comer *all* ~*s* almal; *take on all* ~*s* almal uitdaag.

come-uppance *HE gets HIS* ~ § HY kry SY verdiende loon.

comfort *too close for* ~ glad te naby; *it/that is cold* ~ dit is ('n) skrale troos; *the creature* ~*s* die liggaamlike/stoflike genietings; *in* ~ op SY gemak; *it is a* ~ *to know that* ... dit is gerusstellend om te weet dat —; *s.o. lives in* ~ iem. het dit gerieflik; *s.o. is the* ~ *of* ... iem. is die troos van —; *seek* ~ *in* ... troos by/in — soek; *HE takes* ~ *from/in* ... HY put troos uit —, HY troos HOM daaraan dat —; *be a* ~ *to s.o.* iem. troos; iem. se troos wees.

comfortable *HE feels/is* ~ HY voel op SY gemak; *make HIM* ~ HOM gemaklik laat lê *of* sit; HOM op SY gemak sit/stel, HOM op SY gemaak laat voel; *HE makes HIMSELF* ~ HY neem SY gemak; HY maak HOM tuis.

coming¹ [n.] ~ *(s) and going(s)* kom en gaan; *s.o.'s* ~*s and goings* iem. se doen en late.

coming² [teenw.dw.] *coming?* kom jy?; *coming!* ek kom!; *be* ~ aan die kom wees; in aantog wees; *HE doesn't know whether HE is* ~ *or going* HY weet nie hoe HY dit het nie; *HE's got it* ~, *HE has it* § dit sal SY verdiende loon wees, HY verdien dit; *keep* ~ steeds kom, aanhou (met) kom; *the play is* ~ *off* die toneelstuk se speelvak word beëindig; *s.o. is* ~ *over* iem. kom hiernatoe; iem. kom besoek my *of* ons; *what are we* ~ *to?*, *what is the world* ~ *to?* waar moet dit heen?, wat word van die wêreld?; ~ *up!* § dit kom!; *it is* ~ *up for* ... § dit word tyd vir —; *it is* ~ *up for/to eight/etc. o'clock* § dit is byna ag(t)uur/ens., dit sal nou-nou ag(t)uur/ens. wees.

comma *in inverted* ~*s* tussen aanhalingstekens.

command *do s.t. at/by s.o.'s* ~ iets op iem. se bevel doen; *(I'm) at your* ~*!* tot u diens!; *the chain of* ~ die bevelsorde/bevelsweg; *execute a* ~ 'n bevel uitvoer; *have a good* ~ *of a language* 'n taal (goed) beheers; *s.o.'s* ~ *of HIMSELF* iem. se selfbeheersing; *be in* ~ *of* ... die bevel oor — voer; aan die hoof van — staan; *s.o.'s* ~ *of a language* iem. se beheersing/meesterskap van 'n taal; *obey a* ~ 'n bevel gehoorsaam; *observe a* ~ 'n b. nakom; *on* ~ op b.; *put s.o. in* ~ die b. aan iem. opdra; *take* ~ *of* ... die b. oor — oorneem; *under the* ~ *of* ... onder aanvoering/b. van —.

commandment *transgress a* ~ 'n gebod oortree.

commemoration *in* ~ *of* ... ter (na)gedagtenis aan/van — *(iem.)*; ter herdenking aan/van — *('n gebeurtenis)*.

commencing ~ *on* ... met ingang van —.

commended *be highly* ~ eervol vermeld word; *highly* ~ eervolle vermelding *(op 'n tentoonstelling)*.

commensurable *be* ~ *to/with* ... met — vergelykbaar wees.

commensurate *be* ~ *with* ... aan — gelyk wees; by — pas.

comment¹ [n.] *make* ~*s on* ... opmerkings oor — maak; kommentaar op — lewer; *no* ~ geen kommentaar; *offer* ~*s* kommentaar lewer; ~ *is superfluous!* kommentaar oorbodig!

comment² [v.] ~ *on/upon s.t.* kommentaar op iets lewer; 'n opmerking oor iets maak; HE *refused to* ~, *(ook)* HY wou niks sê nie.

commiserate ~ *with s.o.* medelye met iem. hê *of* toon.

commission *give the* ~ *for s.t. to s.o.* die opdrag vir iets aan iem. gee; *hold a* ~ offisiersrang hê/beklee; *be in* ~ in bedryf/diens/gebruik wees; *be out of* ~ buite bedryf/diens/gebruik wees; uit die vaart wees *(van 'n skip)*; buite werking wees, onklaar wees; *put s.t. in(to)* ~ iets in gebruik neem, iets in bedryf/diens stel; iets in die vaart bring *('n skip)*; *put s.t. out of* ~ iets buite werking stel.

commissioned *be* ~ *by s.o. to* ... van iem. opdrag ontvang om te —.

commit HE ~*s* HIMSELF HY verbind HOM; ~ *o.s. on s.t.* 'n standpunt oor iets inneem; HE ~*s* HIMSELF *to* ... HY verbind HOM tot —; HY neem dit op HOM om te —.

commitment HE *makes a* ~ HY verbind HOM; HY gaan 'n verpligting aan; *s.o.'s* ~ *to* ... iem. se gebondenheid aan —; iem. se verbondenheid tot —; iem. se partykiesing vir —; iem. se betrokkenheid by —.

committed *be* ~ *to s.t.* aan iets gebonde wees *(bv. 'n beleid)*; tot iets verbonde wees, iets met oorgawe dien *(bv. 'n saak)*.

committee *be/serve/sit on a* ~ in 'n komitee dien; *be/serve/sit on the* ~ *of a society* bestuurslid van 'n vereniging wees, in die bestuur van 'n vereniging dien/sit; *go into* ~ in komitee gaan; in komitee sit, agter/met geslote deure sit.

common¹ [n.] *have s.t. in* ~ iets gemeen hê; *they have much in* ~ *(with each other)* hulle het baie (met mekaar) gemeen; *in* ~ *with* ... net soos (in die geval van) —; *out of the* ~ buitengewoon; *nothing out of the* ~ niks besonders nie.

common² [adj.] *quite* ~ doodgewoon; *s.t. is* ~ *to* ... *and* ... — en — het iets (met mekaar) gemeen.

commons *on short* ~ op (half)rantsoen.

communicate ~ *with s.o.* met iem. in verbinding staan/wees, met iem. in aanraking wees; met iem. in verbinding tree, met iem. in aanraking kom; met iem. oorleg pleeg; met iem. kommunikeer, tot iem. deurdring.

communication *cut* ~*s* die verbindings afsny; *be in* ~ *with s.o.* met iem. in verbinding staan/wees, met iem. in aanraking wees.

Communion *partake of (Holy)* ~ die Nagmaal gebruik, aan die Nagmaal deelneem.

communion HE *holds* ~ *with* HIMSELF HY dink diep na.

company *float a* ~ 'n maatskappy stig/oprig; *be good* ~ gesellig wees; *be in good* ~ in goeie geselskap wees; *have* ~ gaste/mense hê; geselskap hê; *in* ~ in geselskap; *in the* ~ *of* ... in die geselskap van —, saam met —; *keep s.o.* ~ iem. geselskap hou; *keep* ~ *with s.o.* met iem. uitgaan, in iem. se geselskap verkeer, met iem. omgaan; *know* HIM *by the* ~ HE *keeps* HOM aan SY

vriende ken; *part* ~ *with s.o.* van iem. afskeid neem; *they parted* ~ hulle het geskei, hulle het uitmekaar gegaan; *be poor* ~ ongesellig wees; *present* ~ *excepted/excluded* die aanwesiges uitgesonder; *request the* ~ *of s.o.* iem. uitnooi; *two's* ~, *three's none; two's* ~, *three's a crowd* (P) twee is 'n paar, drie onpaar (P).

comparable *be* ~ *to/with* ... met — vergelykbaar wees; *not be* ~ *to/with* ... nie met — te vergelyk wees nie.

compare¹ [n.] *beyond/past/without* ~ weergaloos, sonder weerga, onvergelyklik.

compare² [v.] ~ *X and Y* X en Y vergelyk; *s.t.* ~*s with the best* iets is gelyk aan die beste, iets staan gelyk met die beste; ~ *favourably with* ... gunstig by — afsteek; ~ *poorly with* ... sleg by — afsteek; ~ *X to Y* X met Y vergelyk; X met Y gelykstel; ~ *X with Y* X met Y vergelyk.

compared *(as)* ~ *to/with* ... in vergelyking met —, vergeleke met/by —; *not to be* ~ *to/with* ... nie met — te vergelyk nie.

comparison *bear/stand* ~ *with* ... die vergelyking met — deurstaan; *by* ~ vergelykenderwys(e); *degrees of* ~ trappe van vergelyking; *draw a* ~ 'n vergelyking maak/trek; *in* ~ *with* ... in vergelyking met —, vergeleke met —; *there is no* ~ *between them* hulle is nie te vergelyk nie; ~*s are odious* (P) vergelykings is uit die bose (P); *a standard of* ~ 'n vergelykingsbasis/vergelykingsnorm.

compass *be beyond* or *within the* ~ *of* ... buite *of* binne die bestek van — wees; buite *of* binne die bereik van — wees; *box the* ~ die 32 windrigtings opnoem; omspring, omdraai; bol(le)makiesie slaan *(fig.)*; *in a narrow* ~ in 'n klein bestek; *set the* ~ die kompas inpeil.

compassion HE *has* ~ *for/on* ... HY het deernis met —; HY ontferm HOM oor —.

compatible *be* ~ *with* ... met — bestaanbaar wees; by — inpas; goed by — inskakel; HOM by — kan aanpas; met — oor die weg kan kom; met — versoenbaar wees *(bv. rekenaars)*.

compelled HE *is* ~ *to* ... HY moet —, HY is genoodsaak om te —.

compensate ~ *s.o. for a loss* iem. se verlies vergoed.

compete ~ *against s.o.* teen iem. meeding; ~ *with s.o. for s.t.* met iem. om iets meeding.

competition *face* ~ mededinging hê; *in* ~ *with* ... in mededinging met —; *organise, -ize a* ~ 'n wedstryd uitskryf/uitskrywe; *severe/stiff* ~ skerp/sterk/strawwe mededinging.

competitive *be highly* ~ hoogs mededingend wees.

complain ~ *about/of s.t.* oor iets kla; *(I) can't* ~ (ek) kan nie kla nie; ~ *of a headache* oor/van hoofpyn kla.

complaint *file/lay/lodge/make a* ~ 'n klag indien/inlewer, kla; *no* ~*s* (ek) kan nie kla nie, niks te kla nie.

complementary *be* ~ *to* ... aanvullend wees by —, — aanvul.

complete ~ *with* ... met — daarby, — ingeslote.

completeness *for the sake of* ~ volledigheidshal≈we.

completion *the work is nearing* ~ die werk nader sy voltooiing; *on* ~ *of* ... by die voltooiing van —.

complexion *put a different* ~ *on*/*upon s.t.* iets in 'n ander (dag)lig stel.

compliance *in* ~ *with* ... ingevolge —, ooreenkom≈stig —; ~ *with* ... die nakoming van —.

complicity *s.o.'s* ~ *in s.t.* iem. se medepligtigheid aan iets.

compliment¹ [n.] *angle*/*fish for* ~*s* na komplimen≈te vis/hengel, komplimente uitlok; *a backhanded* ~ 'n dubbelsinnige kompliment; *pay s.o. a* ~ iem. 'n kompliment maak, iem. *(met iets)* komplimenteer; *re*≈*turn the* ~ die beleefdheid beantwoord; ~*s of the sea*≈*son* feesgroete; *take s.t. as a* ~ iets as 'n kompliment beskou; *s.o. knows how to turn a* ~ iem. kan 'n goeie kompliment maak; *with the author's* ~*s* van die skry≈wer; *with my* ~*s* met my komplimente.

compliment² [v.] ~ *s.o. on s.t.* iem. met iets gelukwens/komplimenteer.

comply *HE complies with* ... HY kom — na, HY voldoen aan —, HY onderwerp HOM aan —, HY gee gehoor aan —; HY stem toe in —, HY staan — toe *(bv. 'n versoek)*.

comport *HE* ~*s HIMSELF with dignity* HY gedra HOM waardig.

compose ~ *o.s.* bedaar.

composed *it is* ~ *of* ... dit bestaan uit —.

composition *perform a* ~ 'n (musiek)stuk uitvoer/voordra.

comprehension *s.t. is above*/*beyond s.o.'s* ~, *s.t. passes s.o.'s* ~ iets is iem. oor, iets is vir iem. te hoog, iets is bo iem. se begrip/verstand, iets gaan iem. se verstand te bowe, iets is bo(kant) iem. se vuurmaak≈plek ⋆; *it passes all* ~ dit gaan ('n) mens se verstand te bowe.

compromise¹ [n.] *come to a* ~, *reach a* ~, *work out a* ~ 'n vergelyk tref.

compromise² [v.] *HE* ~*s HIMSELF* HY kompromit≈teer HOM, HY stel HOM bloot; ~ *with* ... 'n kompromis met — aangaan/maak.

compulsion *under* ~ onder dwang; *be under no* ~ *to do s.t.* nie gedwing word om iets te doen nie, deur nie≈mand gedwing word om iets te doen nie.

compunction *have no* ~ *about doing s.t., do s.t. without (the slightest)* ~ (dit) nie ontsien om iets te doen nie.

conceal ~ *s.t. from s.o.* iets vir iem. wegsteek, iets vir iem. geheim hou; ~ *o.s.* wegkruip, skuil.

concede ~ *s.t. to s.o.* iets aan iem. toegee.

conceded *it is generally* ~ *that* ... daar word alge≈meen erken dat —.

conceit *be bursting with* ~ opgevreet wees van eie≈waan; *be full of* ~ verwaand wees; *have a good* ~ *of o.s.* vol selfvertroue wees.

conceive ~ *of s.t.* iets bedink, 'n begrip/denkbeeld

van iets vorm; *HE* ~*s of it as* ... HY stel HOM dit as — voor.

concentrate *HE* ~*s on*/*upon s.t.* HY gee al SY aandag aan iets; HY lê/spits HOM op iets toe.

conception *not have the remotest* ~ *of what s.o. means* nie die geringste idee hê van wat iem. bedoel nie.

concern¹ [n.] *s.o.'s* ~ *about*/*over s.t.* iem. se be≈kommernis/besorgdheid oor iets; *s.t. arouses*/*caus*≈*es* ~ iets baar sorg, iets wek kommer; *it gives cause for* ~ *that* ... dit baar sorg dat —, dit wek kommer dat —; *with deep* ~ met groot belangstelling *of* besorgd≈heid; *feel* ~ *for s.o.* oor iem. bekommerd voel; mede≈lye met iem. hê; *a going* ~ 'n lopende saak; *it is no* ~ *of mine* dit is nie my saak nie, dit gaan my nie aan nie; *my* ~ *is with* ... dit gaan by my om —; *s.t. is of no* ~ *to s.o.* iets is vir iem. van geen belang nie; *s.t. is of* ~ *to s.o.* iets is vir iem. van belang; *a paying* ~ 'n betalen≈de/lonende saak; *voice* ~ bekommernis/besorgdheid uitspreek; *the whole* ~ die hele affère⋆/gedoente.

concern² [v.] *HE* ~*s HIMSELF with* ... HY bemoei HOM met —; HY bekommer HOM oor —; *don't let that* ~ *you* moenie daaroor bekommerd wees nie, maak jou daaroor geen sorge nie; *to whom it may* ~ aan wie dit mag aangaan; heil die leser; *s.t. does not* ~ *s.o.* iets gaan iem. nie aan nie, iets raak iem. nie; iets het nie op iem. betrekking nie.

concerned *be* ~ *about*/*over* ... oor — begaan/be≈kommerd/besorg wees; *all* ~ alle belanghebbendes/betrokkenes; *as far as I'm* ~ wat my aangaan/(aan)≈betref; *as far as this is* ~ wat dit (aan)betref; *be* ~ *in s.t.* by/in iets betrokke wees; *the person* or *thing* ~ die betrokke persoon *of* ding; *be* ~ *with* ... by — be≈lang hê, daarby belang hê om te —; met — besig/doe≈nig wees.

concert *act in* ~ gesamentlik optree; *give a* ~ 'n konsert gee/hou; *in* ~ *with* ... in oorleg/samewerking met —; *work in* ~ saamwerk.

concert pitch *things are at* ~ alles is in die groot≈ste gereedheid.

concession *as a* ~ *to s.o.* by wyse van toegewing/te≈gemoetkoming aan iem.; *make a* ~ *to s.o.* 'n toegewing aan iem. doen, iem. tegemoetkom.

conclave *in* ~ in geheime sitting.

conclude ~ *s.t. from* ... iets uit — aflei, iets uit — opmaak; ~ *that* ... aflei dat —; tot die gevolgtrekking/slotsom kom dat —.

concluded *to be* ~ slot volg.

conclusion *arrive at a* ~, *come to a* ~, *reach a* ~ tot 'n gevolgtrekking/slotsom kom/geraak; *at the* ~ *of* ... aan die einde/end/slot van —; *draw a* ~ *from s.t.* 'n gevolgtrekking uit iets aflei/maak; *it is a foregone* ~ dit is 'n uitgemaakte saak; *in* ~ ten slotte, ten besluite, ter afsluiting; *it is an inescapable* ~ *that* ... dit is 'n onafwysbare gevolgtrekking dat —; *jump to a* ~ 'n voorbarige gevolgtrekking maak; *try* ~*s with s.o.* met iem. kragte meet.

concordance *in* ~ *with* ... in ooreenstemming met —, volgens —; *a* ~ *of*/*to the Bible* 'n konkordansie op/van die Bybel.

concur ~ *in s.t.* met iets saamstem, met iets akkoord gaan; ~ *in a jugd(e)ment* met 'n uitspraak saamstem, 'n uitspraak onderskryf/onderskrywe; ~ *with s.o.* met iem. saamstem, met iem. akkoord gaan.

concurrence *s.o.'s* ~ *in s.t.* iem. se instemming met iets; *in* ~ *with* ... saam met —; *with the* ~ *of* ... met die instemming van —.

concurrent ~ *with* ... saam met —.

condemn ~ *s.o. to death* iem. ter dood veroordeel; ~ *s.o. to imprisonment* iem. tot gevangenisstraf veroordeel.

condescend *HE* ~*s to* ... HY is so vriendelik om te —; HY verwerdig HOM om te —.

condescending *be* ~ *towards s.o.* iem. neerbuigend behandel.

condition *accept the* ~*s* die voorwaardes aanvaar; *change one's* ~ van lewenstaat verander, trou; ~*s are favourable for* ... die toestand is gunstig vir —; *impose*/*make* ~*s* voorwaardes stel; *in bad* or *good* ~ in slegte *of* goeie kondisie/staat; *make it a* ~ *that* ... as voorwaarde stel dat —; *be in no* ~ *to* ... nie geskik wees om te — nie, nie in staat wees om te — nie; *on no* ~ glad nie; nooit; in geen omstandighede nie; *on* ~ *that* ... op voorwaarde dat —, mits —; *be out of* ~ nie fiks wees nie; *be in the pink of* ~/*health* perdfris wees, in blakende gesondheid/welstand verkeer, 'n toonbeeld van gesondheid wees; *satisfy the* ~*s* aan die vereistes/voorwaardes voldoen; *s.o. is in a serious* ~, *s.o.'s* ~ *is serious* iem. verkeer in 'n bedenklike toestand, iem. se toestand is bedenklik; *be subject to* ~*s* aan voorwaardes onderhewig wees; *under these* ~*s* in dié omstandighede; *weather* ~*s* die weersgesteldheid.

conditional ~ *on*/*upon* ... op voorwaarde dat —; *make s.t.* ~ *on*/*upon* ... iets van — afhanklik stel.

conditioned *be* or *become* ~ *to s.t.* aan iets gewoond wees *of* raak.

condole ~ *with s.o.* deelneming aan/teenoor iem. betuig.

condolence *HE conveyed*/*expressed*/*offered HIS sincere* ~*s (to them) on the death of their father* HY het SY innige deelneming (aan/teenoor hulle) betuig met die dood van hul vader; *express* ~*s in s.o.'s bereavement* deelneming betuig met iem. se verlies.

conducive *s.t. is* ~ *to* ... iets is vir — bevorderlik, iets strek tot —, iets dra tot — by.

conduct¹ [n.] *bad* or *good* ~ slegte *of* goeie gedrag; *s.o.'s exemplary* ~ iem. se voorbeeldige gedrag; *a line of* ~ 'n gedragslyn.

conduct² [v.] *HE* ~*s HIMSELF* ... HY gedra HOM —.

conducted *s.t. is* ~ *by* ... iets staan onder die leiding van —.

confer ~ *s.t. on s.o.* iets aan iem. toeken *(bv. 'n graad)*; ~ *together* (met mekaar) beraadslaag; ~ *with*

s.o. (on/*about s.t.)* met iem. (oor iets) beraadslaag, met iem. (oor iets) oorleg pleeg.

conference *at a* ~ op 'n konferensie; *convene a* ~ 'n k. belê; *hold a* ~ *on s.t.* 'n k. oor iets hou; *be in* ~ in 'n k./vergadering wees; *be in* ~ *with s.o.* met iem. in k. wees.

confess *I have to* ~ *that* ..., *I must* ~ *that* ... ek moet sê dat —; ~ *to s.o.* aan iem. bieg; ~ *s.t. to s.o.* iets teenoor iem. beken.

confession *extract a* ~ *from s.o.* 'n bekentenis van iem. afpers; *go to* ~ na die bieg gaan, gaan bieg; *make a* ~ 'n bekentenis aflê/doen; *on s.o.'s own* ~ soos iem. self erken/toegee.

confide *HE* ~*s in s.o.* HY neem iem. in SY vertroue; ~ *s.t. to s.o.* iem. iets vertroulik sê/meedeel; ~ *s.o. or s.t. to* ... iem. *of* iets aan — toevertrou.

confidence *create* ~ vertroue wek; *gain s.o.'s* ~ iem. se vertroue wen; *have*/*place* ~ *in s.o.* or *s.t.* vertroue in iem. *of* iets hê/stel; *in* ~ vertroulik; *be in s.o.'s* ~ iem. se vertroue geniet; *a matter*/*question of* ~ 'n vertrouensaak/vertrouenskwessie; *restore* ~ vertroue herwin; *in strict* ~, *strictly in* ~ streng vertroulik; *HE takes s.o. into HIS* ~ HY neem iem. in SY vertroue; *have that* ~ *in s.o.* or *s.t.* soveel vertroue in iem. *of* iets hê/stel; *a vote of* ~ 'n mosie van vertroue; *a vote of no* ~ 'n mosie van wantroue.

confident *be* ~ *of* ... oortuig wees dat —; *be* ~ *that* ... oortuig wees dat —, vas glo dat —, vol vertroue wees dat —.

confidential *strictly* ~ streng vertroulik.

confine ~ *s.t. to* ... iets tot — beperk; *HE* ~*s HIMSELF to* ... HY bepaal HOM by — *(bv. die onderwerp)*.

confined *be* ~ 'n bevalling hê; *s.o. is* ~ *to barracks* iem. is in kasernearres; *s.o. is* ~ *to bed* iem. moet in die bed bly, iem. moet die bed hou, iem. is bedlêend.

confinement *in close* ~ in geslote arres; *in solitary* ~ in eensame opsluiting; *put s.o. in* ~ iem. (laat) opsluit.

confines *to the utmost* ~ *of the earth* tot aan die uiterstes van die aarde; *within the* ~ *of* ... binne die grense van —.

confirmation *in* ~ *of s.t.* ter bevestiging van iets; ~ *of*/*for s.t.* bevestiging van iets; *subject to s.o.'s* ~ behoudens bevestiging/bekragtiging deur iem.

confiscation *the* ~ *of s.t.* die beslaglegging op iets.

conflict¹ [n.] *they come into* ~ *(with each other)* hulle bots (met mekaar); *in direct* ~ *with* ... lynreg in stryd met —; *in* ~ *with* ... strydig met —, in stryd met —.

conflict² [v.] ~ *with* ... met — bots, met — in stryd wees, strydig wees met —; teen — indruis.

conform ~ *to* ... aan — voldoen, — nakom *(bv. die vereistes)*; *HE* ~*s to* ..., *(ook)* HY skik HOM na —, HY pas HOM by — aan.

conformable ~ *to* ... ooreenkomstig —, in ooreenstemming met —.

conformity *in* ~ *with* ... ooreenkomstig —, in ooreenstemming met —.

confound ~ *it!* § vervlaks! *, verbrands! *

confront ~ *s.o. with* ... iem. met — konfronteer, iem. voor — stel.

confronted *be* ~ *by* ... deur — gekonfronteer word *(iem.); be* ~ *with* ... met — te kampe hê, teenoor/voor — staan, voor — te staan kom *(bv. 'n probleem)*.

confrontation *the* ~ *between* ... *and* ... die konfrontasie tussen — en —; *s.o.'s* ~ *with* ... iem. se konfrontasie met —.

confuse ~ *s.o.* or *s.t. with s.o.* or *s.t. else* iem. *of* iets met iem. *of* iets anders verwar; ~ *s.o. with s.o. else, (ook)* iem. vir iem. anders aansien.

confused *be* or *become* ~ verward wees *of* raak; onthuts/verleë wees *of* raak.

confusion *it is* ~ *worse confounded* dit is 'n groot deurmekaarspul, dit is 'n volslae warboel; *be covered in* ~ heeltemal verleë wees; *in* ~ in die war; *throw s.t. into* ~ iets in die war stuur; *throw s.o. into* ~ iem. verwar.

congratulate ~ *s.o. on/upon s.t.* iem. met iets gelukwens.

congratulation *congratulations!* veels geluk!

conjecture *it is based on* ~ dit berus op gissings; *it is mere* ~ dit is blote gissing.

conjunction *in* ~ *with* ... saam/tesame met —; in oorleg/samewerking met —, met die medewerking van —.

conjure ~ *up s.t.* iets oproep; iets te voorskyn tower; *a* ... *to* ~ *with* 'n — wat wonders verrig *(bv. 'n naam)*.

conk *s.t.* ~*s out* §§ iets gee die gees *, iets raak onklaar, iets gaan staan *(bv. 'n masjien); s.o.* ~*s out* §§ iem. kap om **

connect ~ *s.t. to* ... iets aan — verbind; *s.t.* ~*s with* ... iets sluit by — aan.

connected *be closely* ~ eng verbonde wees; *not be remotely* ~ nie die geringste verband met mekaar hê nie; *be well* ~ invloedryke familie/vriende hê, van goeie familie wees, tot 'n invloedryke kring behoort; *be* ~ *with* ... by — betrokke wees; met — verbonde wees; met — verband hou, met — in verband staan, met — saamhang; aan — verwant wees.

connection *the* ~ *between two things* die verbinding tussen twee dinge; die verband tussen twee dinge; *in that* ~ in daardie verband, in verband daarmee; *in* ~ *with* ... in verband met —, met betrekking tot —; na aanleiding van —.

connive ~ *at s.t.* iets oogluikend toelaat, iets deur die vingers sien, die oë vir iets sluit; ~ *with s.o.* met iem. saamspeel *(om iets onwettigs te doen)*.

connoisseur *a* ~ *of* ... 'n kenner van —, 'n — kenner.

conquest *make a* ~ *of s.o.* or *s.t.* iem. *of* iets verower.

conscience *in all* ~ regtig; *s.o. cannot do s.t. in all* ~ iem. kan iets onmoontlik nie doen nie nie; *a bad/ guilty* ~ 'n slegte/skuldige gewete; *a clean/clear/ good* ~, *an easy* ~ 'n geruste/rein/rustige gewete; *HE obeys the dictates of HIS* ~ HY gehoorsaam die stem van SY gewete; *do s.t. with a good* ~ iets met 'n rein g. doen; *HE has a guilty* ~ SY g. pla HOM; *make s.t. a matter of* ~ van iets 'n gewetensaak maak; *HE has it on HIS* ~ HY het dit op SY gewete; *s.o.'s pangs/ pricks/stings of* ~ iem. se gewetenswroeging; *HIS* ~ *pricks HIM* SY gewete kwel HOM; *the promptings of s.o.'s* ~ die stem van iem. se g.; *HE salves/soothes HIS* ~ HY sus SY g.; *HE searches HIS* ~ HY ondersoek SY g.; *HIS* ~ *smites/stings HIM* SY g. kla HOM aan, SY g. kwel HOM; *a tender* ~ 'n teer g.; *have a twinge of* ~ gewetenswroeging hê.

conscious *be* ~ *of* ... van — bewus wees; *be* ~ *that* ... bewus wees dat —.

consciousness *HE loses* ~ HY verloor SY bewussyn; *s.o.'s* ~ *of* or *that* ... iem. se bewustheid van *of* dat —; *HE recovers/regains* ~ HY kom by, HY herwin SY bewussyn.

consecrate *HE* ~*s HIS life to* ... HY wy SY lewe aan — (toe).

consensus *reach* ~ *on s.t.* ooreenstemming oor iets bereik.

consent¹ [n.] *by (mutual)* ~ met wedersydse goedvinde/instemming; *by common* ~/*assent, with one* ~/*assent* eenparig, eenstemmig, met algemene instemming; *by common* ~/*assent s.o. is* ... almal stem saam dat iem. — is; *give one's* ~ *to s.t.* toestemming tot iets gee; *s.o.'s tacit* ~ iem. se stilswyende instemming/toestemming.

consent² [v.] ~ *to s.t.* iets goedkeur, tot iets toestem.

consequence *as a* ~ ..., *consequently* ... gevolglik —; *bear/face/suffer/take the* ~*s* die gevolge aanvaar, ly wat daarop volg, die wrange vrugte pluk; *damn the* ~*s!* laat (daarvan) kom wat will; *in* ~ gevolglik; *in* ~ *of* ... ten gevolge van —, as gevolg van —; *have incalculable* ~*s* onafsienbare gevolge hê; *be of little* ~ van min belang wees; *a man* or *woman of* ~ 'n man *of* vrou van aansien/gesag/gewig; *be of no* ~ onbelangrik/onbeduidend wees, van geen belang wees nie; *it is of no* ~ dit kom nie daarop aan nie, dit maak nie saak nie, dit maak niks; *(people) of* ~ (mense) van aansien/gesag/gewig; *regardful of the* ~*s* met inagneming/inagname van die gevolge; *regardless of the* ~*s* sonder inagneming/inagname van die gevolge; *weigh the* ~*s* die gevolge oordink/oorweeg.

consequent ~ *on/upon* ... ten gevolge van —, as gevolg van —, voortspruitende uit —.

consider ~ *s.t. favourably* iets gunstig/simpatiek oorweeg; ~ *s.t. fully* iets deurdink. →**considered.**

consideration *after due* ~ na behoorlike oorweging; *for a* ~ om 'n beloning; *submit s.t. for s.o.'s* ~ iem. iets ter oorweging gee; *on further* ~ by nader oorweging; *in* ~ *of* ... as vergoeding/teenprestasie vir —; ter wille van —, met die oog op —; *leave s.t. out of* ~ iets buite bespreking laat; *on no* ~ volstrek nie, in geen omstandighede nie; *out of* ~ *for* ... uit agting vir —; *take s.t. into* ~ iets in aanmerking neem; *taking everything into* ~ alles in aanmerking/ag geneem/ge-

nome; *it is* **under** ~ dit word oorweeg, dit is in oor=
weging.
considered *be* ~ ... vir — deurgaan; *as* — beskou
word; *be* ~ *for s.t.* vir iets in aanmerking kom; *all
things* ~ alles in aanmerking/ag geneem/genome.
considering ~ *that* ... gesien dat —, gelet op die feit
dat —; *HE did well,* ~ HY het, alles in aanmerking ge=
neem/genome, goed gevaar.
consign ~ *s.o* or *s.t. to* ... iem. *of* iets aan — toever=
trou.
consist ~ *in* ... in — bestaan; ~ *of* ... uit — bestaan.
consistent *be* ~ *with* ... met — rym/strook, met —
in ooreenstemming wees.
consolation *it is a poor* ~ dit is 'n skrale troos.
console *HE* ~*s HIMSELF with* ... HY troos HOM aan/
met —.
consonance *in* ~ *with* ... in ooreenstemming met
—.
consort¹ [n.] *in* ~ *with* ... saam/tesame met —.
consort² [v.] ~ *with* ... met — omgaan.
conspicuous *HE makes HIMSELF* ~ HY trek die aan=
dag; HY dring HOM op die voorgrond.
conspire ~ *against s.o.* teen iem. saamsweer; ~ *with
s.o.* met iem. saamsweer.
consternation ~ *about* ... ontsteltenis oor —;
cause ~ ontsteltenis veroorsaak; *be filled with* ~ ont=
steld wees; *to s.o.'s* ~ tot iem. se ontsteltenis.
constrained *feel* ~ *to do s.t.* verplig voel om iets te
doen.
constraint *the* ~*s on s.t.* die beperkings op iets; *HE
exercises/shows* ~ HY bedwing HOM, HY hou HOM in;
act under ~ onder dwang handel.
construction *the words admit of such a* ~ die woor=
de is vir so 'n uitleg vatbaar; *put a **bad** or **good** or
wrong* ~ *on s.t.* iets sleg of goed *of* verkeerd opneem;
*be in **course/process*** *of* ~ in aanbou wees; *put a* ~
on/upon s.t. iets vertolk, 'n vertolking aan iets gee, 'n
betekenis aan iets heg; *be **under*** ~ in aanbou wees.
construe ~ *s.t. as* ... iets as — vertolk.
consult ~ *s.o.* iem. raadpleeg, iem. se raad vra; ~
together raad hou; ~ *with s.o.* met iem. oorleg pleeg.
consultation *in* ~ *with* ... in oorleg met —.
consumed *be* ~ *with* ... van — verteer wees *(bv.
afguns)*; van — vergaan *(bv. hoogmoed)*.
consumption *for human* ~ vir menslike gebruik; *be
unfit for human* ~ oneetbaar wees.
contact *break* ~, *(elektr.)* kontak verbreek; *come
into* ~ *with* ... met — in aanraking kom; *establish/
make* ~ *with* ... met — aanraking/voeling kry; *have*
~ *with s.o.,* *be **in*** ~ *with s.o.* met iem. in aanraking
wees; *lose* ~/*touch with s.o.* voeling met iem. verloor;
make ~, *(elektr.)* kontak maak; →*establish/
make;* *out of* ~ *with* ... buite voeling met —.
contain *HE* ~*s HIMSELF* HY hou HOM in.
contained *s.t. is* ~ *in* ... iets is in — begrepe/vervat.
contemplation *be deep in* ~ in gedagtes verlore/
versonke wees.

contemporaneous ~ *with* ... uit dieselfde tyd as
—; net so oud soos —.
contempt *beneath* ~ benede kritiek; *bring s.t. into*
~ iets 'n slegte naam gee; ~ *for* ... minagting/verag=
ting vir —; *hold s.o.* or *s.t. in* ~ iem. *of* iets minag/ver=
ag, minagting vir iem. *of* iets voel.
contemptuous *be* ~ *of s.t.* iets minag/verag.
contend ~ *against s.o. for s.t.* teen iem. stry om iets;
have s.o. to ~ *with* met iem. te doen hê; *have s.t. to* ~
with met iets te kampe hê.
contender *be a* ~ *for s.t.* 'n mededinger om iets
wees, 'n aanspraakmaker op iets wees.
content¹ [v.] *HE* ~*s HIMSELF with* ... HY volstaan met
—; HY vergenoeg HOM met —.
content² [adj.] *be perfectly/quite* ~ doodtevrede
wees; *be* ~ *with* ... met — tevrede wees.
contention *a* or *the bone of* ~ 'n *of* die twisappel;
s.o.'s ~ *is that* ... iem. betoog/beweer dat —, iem. hou
vol dat —.
contest *a **close*** ~ 'n gelyke stryd; *the* ~ *for s.t.* die
stryd om iets; *join in a* ~ aan 'n wedstryd deelneem;
it's no ~ dis 'n ongelyke stryd.
context *it appears from the* ~ dit blyk uit die same=
hang; *in* ~ in (sy *of* hul) verband; *in the* ~ *of* ... teen
die agtergrond van —; *out of* ~ buite (die) verband;
take s.t. out of its ~ iets uit (sy *of* hul) verband ruk;
*in **this*** ~ in hierdie verband; teen hierdie agter=
grond.
contiguous *s.t. is* ~ *to* ... iets grens aan —.
continent *on the* ~ op die vasteland.
contingency *in this* ~ as dit sou gebeur.
contingent *s.t. is* ~ *on/upon* ... iets hang van — af,
iets is van — afhanklik.
continued *to be* ~ word vervolg.
contract¹ [n.] *abandon a* ~ uit 'n kontrak terugtree;
*it is a **breach*** *of* ~ dit is kontrakbreuk; *by* ~ op kon=
trak; *cancel a* ~ 'n k. opsê; *conclude a* ~, *enter into
a* ~ 'n k. aangaan/sluit; *give s.t. out on* ~ iets uitbe=
stee *(werk);* *make a* ~ 'n kontrak aangaan/sluit; *on*
~ op k.; *put out a* ~ 'n k. aanbestee; *terminate a* ~
'n k. opsê; *the* ~ *terminates* die k. loop af; *under* ~
op k.
contract² [v.] ~ *out* uitkontrakteer; *HE* ~*s out of s.t.*
HY onttrek HOM aan iets.
contradiction *a* ~ *in terms* 'n selfweerspreking.
contradictory *be* ~ *to* ... met — strydig wees.
contradistinction *in* ~ *to* ... in teenstelling met —.
contrary¹ [n.] *on the* ~ inteendeel; *evidence to the* ~
bewys van die teendeel.
contrary² [adj. & adv.] ~ *to* ... in stryd met —; in
teenstelling met —.
contrast¹ [n.] *as a* ~ *to this* as teenstelling hiermee; *a
harsh/sharp* ~ 'n skerp teenstelling; *in* ~ *to/with* ...
in teenstelling met —; *be **in*** ~ *to/with* ... 'n teenstel=
ling met — vorm.
contrast² [v.] ~ *with* ... 'n teenstelling met — vorm.
contrasted *as* ~ *with* ... in teenstelling met —.

contravention *in ~ of* ... in stryd met —; *be in ~ of* ... met — in stryd wees, strydig met — wees, teen — indruis.

contribute *~ to(wards)* ... tot — bydra.

contribution *make a ~ to* ... 'n bydrae tot — lewer.

contrive *~ to do s.t.* dit regkry om iets te doen, 'n plan maak om iets te doen.

control[1] [n.] *bring s.t. under ~* iets in bedwang bring, iets baasraak; *get ~ of s.t.* die beheer oor iets verkry; *have ~ of/over* ... die beheer oor — hê; *be in ~* die beheer hê, die mag (in die hande) hê; *be in ~ of an office* 'n kantoor behartig; *be in ~ of the situation* die situasie beheers; *s.t. is in the ~ of s.o.* iets word deur iem. beheer; *keep ~ over o.s.* kalm/bedaard bly; *keep s.o. under ~* iem. in toom hou; *keep s.t. under ~* iets in bedwang hou; *lose ~ of s.t.* die beheer oor iets verloor; *HE loses ~ of HIMSELF* HY verloor SY self= beheersing; *be out of ~* buite beheer wees, handuit wees ★, onkeerbaar/onbeheerbaar wees; stuurloos wees; *run out of ~* buite beheer raak, op loop gaan/sit; *take ~* die leiding neem; *take ~ of s.t.* die beheer oor iets oorneem; die leiding van iets oorneem; *tighten up ~* strenger beheer/toesig uitoefen; *under the ~ of* ... onder beheer van —; *the fire is under ~* die brand is in bedwang.

control[2] [v.] *HE ~s HIMSELF* HY hou HOM in, HY be= heers HOM, HY bly kalm.

controversy *a ~ about* ... 'n stryd oor —; *s.t. arouses/causes ~* iets is strydwekkend.

convenience *at s.o.'s ~* wanneer dit iem. pas; *at your earliest ~* so spoedig moontlik; *it is a great ~ to* ... dit is baie nuttig om te —; *for the sake of ~* gerief(likheid)shalwe.

convenient *s.t. is ~ to s.o.* iets pas iem.

converge *~ on* ... uit alle oorde na — stroom; uit alle rigtings na — saamloop.

conversation *carry on a ~* 'n gesprek voer; *the ~ drags* die gesprek wil nie vlot nie; *draw s.o. into ~* iem. aan die praat kry; iem. in 'n gesprek betrek; *drop a ~* 'n g. afbreek; *enter into a ~ with s.o.* 'n g. met iem. aanknoop; *have a ~ with s.o.* 'n g. met iem. voer; *in ~ with* ... in g. met —; *be in ~ with s.o.* met iem. aan die gesels wees; *join in a ~* aan 'n gesprek deel= neem, saampraat; *make ~* iets kry om oor te gesels; *a private ~* 'n vertroulike gesprek; *run out of ~* uitge= sels raak.

converse *~ with s.o.* met iem. praat/gesels.

conversion *the ~ from* ... *into/to* ... die omskake= ling/omskepping/verandering van — tot —; die om= setting van — in —; die omrekening van — tot —; *the ~ from* ... *to* ... die bekering van — tot —.

convert[1] [n.] *a ~ to* ... 'n bekeerling tot —.

convert[2] [v.] *~ s.t. from* ... *into/to* ... iets van — tot — omskakel/omskep/verander; iets van — in — omre= ken *(bv. geld, mate)*.

converted *be ~* bekeer word, tot bekering kom; *preach to the ~* vir die bekeerdes preek.

convict *~ s.o. of s.t.* iem. aan iets skuldig bevind *(bv. diefstal)*.

conviction *s.t. carries ~* iets oortuig; *HE has the courage of HIS ~s* HY het die moed van SY oortuiging; *be open to ~* vir oortuiging vatbaar wees; *previous ~s* vorige vonnisse; *it is s.o.'s profound/sincere ~* dit is iem. se heilige oortuiging; *strong ~s* 'n sterk oortuiging.

convince *~ s.o. of s.t.* iem. van iets oortuig.

convinced *be ~ of s.t.* van iets oortuig wees; *be ~ that* ... oortuig wees dat —.

convoy *sail in ~* in 'n konvooi vaar; *under ~ of* ... onder geleide van —.

convulsed *be ~ with laughter* krom lê van die lag, skud van die lag.

cook[1] [n.] *too many ~s spoil the broth* (P) te veel koks bederf die bry (P).

cook[2] [v.] *~ up s.t.* § iets versin/fabriseer.

cooked *half ~* halfgaar.

cookie *that's the way the ~ crumbles* § dit is nou maar die beloop, dit is nou (maar) eenmaal so.

cooking *what's ~?*, *(lett.)* wat is aan die kook?; *(fig.)* § wat is aan die gang?

cool[1] [n.] *keep one's ~* § kalm bly, die kalmte bewaar; *lose one's ~* § opgewonde raak.

cool[2] [v.] *allow s.t. to ~* iets laat afkoel; *~ down* afkoel *(lett. & fig.)*; bedaar; *~ down!* bedaar!; *let s.t. ~ down* iets laat afkoel; *HE ~s HIMSELF down* HY koel HOM af; *s.t. ~s s.o. down* iets laat iem. bedaar, iets bring iem. tot bedaring; *~ it* § kalm/bedaard/rustig bly; *~ it!* § bly kalm!, bedaar!, moenie opgewonde raak nie!; *~ off* afkoel *(lett. & fig.)*; bedaar.

cool[3] [adj.] *as ~ as a cucumber* doodkalm, dood= bedaard, doodluiters; *be ~, calm and collected* kalm en bedaard wees; *keep ~*, *(lett.)* koel bly; *(fig.)* kalm/ bedaard bly; *keep s.t. ~* iets koel hou; *be quite ~ about s.t.* ewe ongeërg wees oor iets; *that's ~!* § dis wonderlik!

coop *~ up s.o.* iem. inhok.

cooped *be ~ up* ingehok wees.

cooperate, co-operate *~ with s.o.* met iem. saamwerk.

cooperation, co-operation *HE gives HIS ~* HY gee/verleen SY samewerking, HY werk saam; *in ~ with* ... met die medewerking/samewerking van —, in sa= mewerking met —.

coordinate *~ s.t. with s.t. else* iets met iets anders koördineer/ko-ordineer.

cop[1] [n.] *it's a fair ~!* §§ jy of julle het my!

cop[2] [v.] *HE will ~ it* §§ HY sal HOM vasloop, HY sal teenspoed/teëspoed kry; *~ out of s.t.* §§ iets ontduik, uit iets kop uittrek.

cope *~ with s.t.* iets baasraak, met iets klaarspeel ★, met iets raad weet, teen/vir iets opgewasse wees.

copy[1] [n.] *a certified ~* 'n gewaarmerkte afskrif; *make a clear/fair ~ of s.t.* 'n netskrif van iets maak; *s.t. makes good ~* iets maak 'n interessante berig uit;

make *a* ~ *of s.t.* 'n afskrif van iets maak; *a rough* ~ *of s.t.* 'n klad van iets.

copy² [v.] ~ *from s.o.* by/van iem. afkyk/afskryf/ afskrywe *(in die skool);* ~ *out s.t.* iets oorskryf/ oorskrywe.

copybook HE blots HIS ~ § HY bederf SY naam, HY begaan 'n flater.

copyright *the* ~ *in s.t.* die kopiereg van iets; *s.t. is out of* ~ iets is kopieregvry/outeursregvry.

cordon¹ [n.] *draw/put/throw a* ~ *round* ... 'n kordon om — slaan/span/trek.

cordon² [v.] ~ *off s.t.* iets afsluit, 'n kordon om iets slaan/span/trek.

core *the hard* ~ die harde kern; *to the* ~ deur en deur.

cork ~ *up s.t.* iets toeprop, iets kurk *(bv. 'n bottel);* iets opkrop *(bv. gevoelens).*

corn *step/tread on s.o.'s* ~*s/toes* § op iem se tone trap, iem. te na kom, iem. aanstoot gee.

corner *around the* ~ →*round; cut a* ~*, (lett.)* 'n draai te kort maak; *(fig.)* § werk afskeep; *have a* ~ *in/on s.t.* die monopolie van iets hê; *drive s.o. into a* ~ iem. vaskeer, iem. in 'n hoek ja(ag); *round the* ~ om die hoek, om die draai; net agter die bult *(fig.);* op hande, aanstaande, sommer hier; uit die moeilikheid/ nood; *in some* **odd** ~ êrens in 'n hoek; *take a* ~ 'n draai vat, om 'n draai gaan; *be in a* **tight** ~ in die knyp/noute wees/sit; **turn** *a* ~ om 'n hoek gaan/kom; **turn** *the* ~ §buite gevaar kom; HE has **turned** the ~ § HY is deur die ergste heen, HY het die ergste gehad, HY het die ergste agter HOM, HY is oor die hond (se rug) ★; **within** *the four* ~*s of* ... binne die perke van— *(bv. die wet).*

corrected *I stand* ~ ek erken my fout, ek het my vergis.

correction *make a* ~ 'n verbetering aanbring; *I speak under* ~ ek praat onder korreksie.

correlate ~ *s.t. with s.t. else* iets met iets anders korreleer.

correlation *establish a* ~ *between things* 'n korrela= sie/verband tussen dinge vind.

correspond ~ *with s.o. about s.t.* met iem. oor iets korrespondeer, met iem. 'n briefwisseling oor iets voer; ~ *with s.t.* met iets ooreenkom/ooreenslaan/oor= eenstem/klop/rym; met iets saamval; by iets aansluit.

correspondence *carry on a* ~, *conduct a* ~ 'n briefwisseling voer.

cost¹ [n.] *at all* ~*s, at any* ~ tot elke prys; al kos dit (ook) wat, ongeag die koste, kom wat wil, (laat dit) kos wat dit wil; *at* ~ teen kosprys; *at the* ~ *of* ... ten koste van —; *bear the* ~ die koste dra; *count the* ~ die nadele oorweeg; *defray* ~*s* koste bestry; *at no extra* ~ sonder bykomende/ekstra k.; *at great* ~ met groot k.; *at little* ~ met geringe k.; *regardless of* ~ onge= ag die k.; *tax the* ~*s, (jur.)* die k. takseer; *to s.o.'s* ~ tot iem. se nadeel/skade; *at what* ~*?* tot watter prys? *(fig.).*

cost² [v.] *it* ~*s a bomb/packet, it* ~*s the earth* § dit kos

'n fortuin; *it* ~ HIM *dear(ly)* dit het HOM duur te staan gekom.

cotton¹ [n.] *a reel of* ~ 'n tolletjie gare/garing.

cotton² [v.] ~ *on to s.t.* § iets begryp/snap, agterkom wat iets is; ~ *to s.o.* § met iem. maats maak, van iem. hou; ~ *to s.t.* § iets goedvind.

cough¹ [n.] *s.o. has a bad* ~ iem. hoes lelik/sleg; *s.o. gives a* ~ iem. hoes.

cough² [v.] ~ *out s.t.* iets uithoes; iets hoestende sê; ~ *up s.t.* iets uithoes; iets opbring *(bv. bloed);* § iets opdok *(bv. geld)* ★

coughing *have a fit/spasm of* ~ 'n hoesbui hê.

counsel¹ [n.] *brief* ~ 'n advokaat kry, 'n a. opdrag gee; *hold/take* ~ *with s.o.* iem. raadpleeg; HE **keeps** HIS *(own)* ~ HY hou SY mond, HY bewaar die stilswye, HY swyg; HY praat nie oor SY planne nie; *they are* **taking** ~ *(together)* hulle beraadslaag, hulle pleeg (met mekaar) oorleg; **wiser** ~*s have prevailed* hy *of* sy *of* hulle het hom *of* haar *of* hulle bedink.

counsel² [v.] ~ *s.o. against s.t.* iem. afraai om iets te doen.

count¹ [n.] *on all* ~*s* op al die aanklagte; *beat the* ~ betyds regkom; *be* **down/out** *for the* ~ uitgetel wees, platgeslaan/uitgeslaan wees; *keep* ~ *of s.t.* iets tel; *lose* ~ *of* ... nie (meer) weet hoeveel — nie; *make/ take a* ~ *of s.t.* iets tel; *take the* ~ uitgetel word, bly lê.

count² [v.] HIS *youth/etc.* ~*s against* HIM SY jonk= heid/ens. is 'n nadeel; HE ~*s s.o.* **among** HIS *friends,* HE ~*s s.o. as one of* HIS *friends* HY reken/tel iem. onder SY vriende; *s.t.* **doesn't** ~ iets tel nie; *s.o.* **doesn't** ~ iem. tel nie (mee nie); ~ **down** *s.t.* iets aftel; iets neer= tel; *it* ~*s for* ... dit tel; *it* ~*s for ten points* dit tel tien punte; ~ *in s.t.* iets bytel/meereken/saamtel; ~ *me* **in!** §ek kom *of* speel saam!; §ek sal ook —!; ~ *off s.t.* iets aftel; ~ **on/upon** ... op — reken/staatmaak; ~ *out s.t.* iets aftel/uittel; iets neertel; ~ *out s.o.* iem. uittel; §iem. nie meetel nie; ~ *me* **out** §buiten my!, ek kom *of* speel nie saam nie!; §ek sal nie — nie!; ~ *up s.t.* iets bymekaartel, iets optel.

countenance *give/lend* ~ *to s.t.* iets steun; HE *keeps* HIS ~ HY bewaar 'n ernstige gesig, HY hou SY gesig in die plooi, HY hou SY lag (in); *put* HIM *out of* ~ HOM skaam/verleë maak, HOM van SY stukke bring.

counter¹ [n.] *under the* ~ § in die geheim; § on= wettig.

counter² [v.] ~ *with* ... met — antwoord.

counter³ [adv.] ~ *to* ... teen —.

counting *not* ~ ... buiten —.

country *across* ~ deur die veld; *across the* ~ oor die land (heen); oor die hele l.; *go to the* ~ 'n verkie= sing uitskryf/uitskrywe, die parlement ontbind; *in the* ~ in die land; op die platteland; *jump/skip the* ~ § uit die land dros/verdwyn/vlug; *the old* ~ die moeder= land; *a party* **sweeps** *the* ~ 'n party behaal 'n oorwel= digende meerderheid in die land; *in this* ~ hier te lande, in ons land; *tramp the* ~ die land platloop; *up*

~ na die binneland, landinwaarts; *up and down the* ~ oor die hele land.

coup *pull off a* ~ § 'n slag slaan, 'n (groot) ding reg= kry ★; *stage a* ~ 'n staatsgreep uitvoer.

couple¹ [n.] *a married* ~ 'n egpaar; *a* ~ *of* ... 'n paar — *(dae/ens.)*.

couple² [v.] ~ *on s.t.* iets aanhaak/aankoppel; ~ *to= gether/up s.t.* iets vaskoppel; ~ *s.t. with* ... iets aan — paar.

coupled ~ *with* ... gepaard met —.

courage *HIS* ~ *fails HIM* SY moed begeef/begewe HOM; *HE takes HIS* ~ *in both hands* HY skraap (al) SY moed bymekaar; *inspire s.o. with* ~ iem. m. gee/in= boesem/inpraat; *keep one's* ~ *up* m. hou; *keep your* ~ *up!* hou m.!; *lose* ~ m. verloor; *HE lost HIS* ~, *(ook)* SY m. het HOM begeef/begewe; *HIS* ~ *oozes away* SY m. begeef/begewe HOM (stadigaan); *pick up* ~ (weer) m. skep; *HE plucks/musters/screws/ summons up HIS* ~ HY skraap (al) SY m. bymekaar; *prove s.o.'s* ~ iem. se m. op die proef stel; *s.o.'s* ~ *is rather shaky* iem. se m. is maar wankelbaar; *take* ~ m. skep/vat.

course *adopt a* ~ 'n weg inslaan; *alter/change (one's)* ~ van koers verander; 'n nuwe rigting inslaan; *chart a* ~ 'n koers bepaal/vasstel; *a dangerous* ~ 'n gevaarlike rigting; *in due* ~ mettertyd, naderhand, op sy tyd, te(r) geleëner/gelegener/bekwamer tyd; *follow a* ~ 'n kursus volg; 'n gedragslyn/weg volg; *in the* ~ *of* ... tydens —, gedurende —, in die loop van —; *HE keeps (to) HIS* ~ HY hou koers; HY gaan SY gang; *as a matter of* ~ vanselfsprekend; *steer a middle* ~ 'n middeweg kies; *of* ~ natuurlik; dit spreek vanself; soos jy weet; *be off* ~ uit die koers wees; *be on* ~ koers hou; *in the ordinary* ~ *(of events)* gewoonlik; in ge= wone omstandighede, in die gewone loop van sake; *pursue a* ~ 'n gedragslyn/weg volg; *things must run/ take their* ~ die sake moet hul gang gaan; *HE sets (a)* ~ *for* ... HY stuur na —; HY stel HOM ten doel om te —; *shape a* ~ *for/to* ... na — koers vat, die koers op — rig, op — aanstuur; *stay the* ~ byhou, bybly, enduit hou; (die vaart) volhou; *steer a straight* ~ § padlangs loop *(fig.)* ★; *take a* ~ 'n kursus volg; 'n rigting in= slaan; *let s.t. take its* ~ iets sy gang laat gang; *things must take/run their* ~ →*run; the wisest* ~ *would be to* ... die verstandigste sou wees om te —.

court *appear in* ~, *appear before the* ~ voorkom, voor die hof kom, in die hof verskyn; *the* ~ *finds that* ... die hof bevind dat —; *in full* ~ in die volle hof; *go to* ~ 'n saak maak; *HE appeals to a higher* ~ HY appel= leer na 'n hoër hof, HY beroep HOM op 'n hoër hof, HY gaan by 'n hoër hof in beroep; *hold/keep* ~ oudiënsie hou; *in* ~ in die hof; *laugh s.o. out of* ~ iem. of iets doodlag; *be out of* ~ geen saak hê nie; *be ruled out of* ~ summier afgewys word; in die ongelyk gestel word; *pay* ~ *to s.o.* iem. die hof maak; *settle s.t. out of* ~ iets (in der minne) skik; *the supreme* ~ die hoog= geregshof; *take s.o. to* ~ iem. voor die hof bring/daag.

courtesy *by* ~ *of* ... met vriendelike vergunning van —; *as a matter of* ~, *out of* ~ beleefdheidshal= we/hoflikheidshalwe; *treat s.o. with scant* ~ iem. met min/weinig beleefdheid/hoflikheid behandel; *treat s.o. with* ~ iem. beleef(d)/hoflik behandel; *with un= failing* ~ met volgehoue/onveranderlike beleefd= heid/hoflikheid.

cover¹ [n.] *blow s.o.'s* ~ § iem. se ware identiteit ont= hul; *break* ~ uit skuiling spring; *from* ~ *to* ~ van voor tot agter, van A tot Z; *keep s.t. under* ~ iets be= dek; *under plain* ~ in 'n gewone koevert; *under sepa= rate* ~ onder afsonderlike/aparte omslag; *seek* ~ dekking/skuiling soek; *set a* ~ 'n plek dek; *set a* ~ *for two* vir twee mense dek; *take* ~ (gaan) skuil, dekking/ skuiling soek; *under* ~ onder dak/dekking; bedekte= lik, in die geheim; *under* ~ *of* ... onder bedekking/ beskutting van —, onder die sluier van — *(bv. die nag)*; onder die dekmantel van — *(bv. vriendskap)*.

cover² [v.] ~ *for s.o.* iem. beskerm; ~ *in s.t.* iets toemaak; iets toegooi; ~ *over s.t.* iets toemaak; iets bedek; ~ *up s.t.* iets toemaak; iets bedek; iets ver= berg/verbloem/verdoesel/wegsteek; iets geheim hou, iets toesmeer; ~ *up for s.o.* iem. beskerm; *the report* ~*s the years 1990 and 1991* die verslag gaan oor die jare 1990 en 1991.

coverage *give a lot of* ~ *to s.t.* uitvoerig oor iets be= rig; *the* ~ *of an event* die beriggewing oor 'n gebeur= tenis.

covered *be* ~ *against s.t.* teen iets verseker wees *(bv. brand, ongeskiktheid)*; *keep s.o.* ~ iem. onder skoot hou, 'n vuurwapen op iem. gerig hou; *be (all)* ~ *with* ... vol — wees, die ene — wees *(bv. bloed, modder)*; *met/van* — oortrek wees *(bv. blomme)*; *toe lê onder/ van* — *(bv. die sneeu)*.

covetous *be* ~ *of s.t.* iets begeer.

cow *till the* ~*s come* HOME § tot die perde horings kry ★; *a sacred* ~, *(lett.)* 'n heilige bees; *(fig.)* § 'n heilige huisie; *serve a* ~ 'n koei dek.

coward *be a bit of a* ~ § geen held wees nie.

crack¹ [n.] *have a* ~/*bash/go/shot/stab at s.t.* § iets pro= beer (doen); *make a* ~ § 'n kwinkslag maak, 'n sarkas= tiese/snedige aanmerking maak; *paper/paste over the* ~*s* § die foute toesmeer.

crack² [v.] ~ *down on* ... § op — toeslaan; § in — ingryp; § — hokslaan; ~ *up* § uitbars van die lag; § ineenstort; ~ *up s.o. or s.t.* § iem. of iets opvysel.

cracked *HE or it is not as good as HE or it is* ~ *up to be* § HY *of* dit is nie so goed as wat beweer word nie.

cracking *get* ~ § aan die werk spring, aan die gang kom, wegval★, opskud★, baadjie uittrek ★

cradle *from the* ~ van jongs af, van die wieg af; *from the* ~ *to the grave* van die wieg tot die graf.

craft *learn/master a* ~ 'n ambag leer; *ply/practise a* ~ 'n ambag beoefen/uitoefen.

cram ~ *for an examination* vir 'n eksamen blok; ~ *s.t. into* ... iets in — prop/stop; ~ *up on s.t.* § haastig oor iets nalees.

cramp *get* or *have* ~s krampe kry *of* hê.

cramped *be* ~ *for room* min ruimte hê, vasgedruk wees.

crane HE ~s *forward* HY rek SY nek ★

crank¹ [n.] *turn a* ~ 'n slinger draai.

crank² [v.] ~ *up a car* 'n motor aanslinger.

crash ~ *down* neerstort; ~ *into s.t.* in/teen iets bots.

crave ~ *for s.t.* na iets hunker/smag.

craving *have a* ~ *for s.t.* na iets hunker/smag, 'n begeerte/verlange na iets hê, 'n drang na iets hê, 'n behoefte aan iets hê, 'n lus vir iets hê.

craw *s.t. sticks in s.o.'s* ~ iets steek iem. (dwars) in die krop.

crawl ~ *before/to s.o.* §voor iem. kruip; ~ *into s.t.* in iets kruip; ~ *out of s.t.* uit iets kruip; ~ *with* … van — krioel/wemel.

crazy *be* ~ *about* … § gek wees na —, mal wees oor — ★, dol wees op —; *drive s.o.* ~ iem. gek/mal maak; *be plumb* ~ § stapelgek wees.

cream¹ [n.] *beat/whip/whisk* ~ room klits/klop; *skim off the* ~ *from* … die beste van — neem.

cream² [v.] ~ *off s.t.* iets afskep *(fig.)*.

creation *it licks* ~ § dit oortref alles.

credence *give* ~ *to s.t.* iets glo, geloof aan iets heg; *be unworthy of* ~ ongeloofwaardig wees.

credit¹ [n.] *it does s.o.* ~, *it is/redounds to s.o.'s* ~ dit strek tot iem. se eer; *it does* HIM ~, *it is/redounds to* HIS ~ dit strek HOM tot eer; *extend* ~ *to s.o.* krediet aan iem. verleen; *get* ~ *for* … vir — erkenning ontvang; *give* ~ krediet gee; *give s.o.* ~ *for s.t.* iem. eer gee vir iets, iem. iets as verdienste aanreken/toereken; iem. tot iets in staat ag; *on* ~ op krediet/rekening; *take (the)* ~ *for s.t.* die eer vir iets inoes; *s.t. is a* ~ *to s.o.* iets doen iem. eer aan; *say s.t. to s.o.'s* ~ iem. iets ter ere nagee; *there is R100 to s.o.'s* ~ daar staan R100 in iem. se krediet.

credit² [v.] ~ *s.t. to s.o.* iets aan iem. toeskryf/toeskrywe; ~ *s.o. with s.t.* iem. tot iets in staat ag, iets by iem. soek, iets van iem. verwag; iem. met iets krediteer *(geld)*.

creek *be up the* ~ §§ in die knyp/noute/verknorsing sit/wees.

creep ~ *in* binnesluip; insluip *(lett. & fig.)*; inkruip *(lett.)*; ~ *out* uitkruip, uitsluip; ~ *up on s.o.* iem. bekruip; *s.t.* ~s *up on s.o.* iets kom ongemerk vir iem. nader.

creeps *s.t. gives s.o. the* ~ § iets maak iem. kriewelrig; § iets laat iem. ys, iets gee iem. hoendervel ★, iets laat iem. hoendervel kry ★

crib *crack a* ~ §§ by 'n huis inbreek.

cricket *it is not* ~ dit is nie sportief/eerlik nie.

crime *a capital* ~ 'n halsmisdaad; *commit a* ~ 'n misdaad pleeg; *there has been a serious increase in* ~ die misdade het erg toegeneem; *the* ~ *of theft/etc.* die misdaad van diefstal/ens.; *be steeped in* ~ verstok/verhard wees in misdadigheid; *take to* ~ 'n misdadiger word; *it is a* ~ *that* … § dit is skandalig dat —; *it*

is a ~ *to* … dit is 'n misdaad om te —; *it is a* ~ *the way* … § dit is skandalig soos —.

criminal *a hardened* ~ 'n verstokte misdadiger; *a habitual* ~ 'n gewoontemisdadiger.

crimson *turn* ~ (hoog)rooi word, bloos.

cringe ~ *before/to s.o.* voor iem. kruip; *s.t. makes s.o.* ~ § iets vervul iem. met weersin.

crisis *avert a* ~ 'n krisis afweer/voorkom; *cause a* ~ 'n k. veroorsaak; *go/pass through a* ~ 'n k. deurmaak; *precipitate a* ~ 'n k. verhaas; *resolve a* ~ 'n k. oplos/beëindig.

criterion *apply a* ~ 'n maatstaf aanlê; *by this* ~ volgens dié m.

critical *be* ~ *of* … krities wees (teen)oor —; krities staan teenoor —; *go* ~ die kritieke punt bereik, aktief word.

criticism *be above/beyond* ~ bo kritiek verhewe wees; *come in for a lot of* ~ kwaai onder kritiek deurloop; *level* ~ *at* … k. op — uitoefen; *s.o.'s* ~ *of* … iem. se k. op —; *offer* ~ k. uitoefen; *be open to* ~ aanvegbaar wees *(iets)*; na kritiek luister *(iem.)*; *scathing/stinging* ~ snydende/vernietigende k.

crock¹ [n.] *an old* ~ § 'n ou knol/kruk *('n mens)* ★; § 'n ou rammelkas *('n motor)* ★

crock² [v.] ~ *up* § kapot/pootuit raak ★; *s.t.* ~s *s.o. up* § iets maak iem. kapot/pootuit ★

crop¹ [n.] *a bumper* ~ 'n buitengewoon ryk oes; *harvest/reap a* ~ 'n o. maak/wen; 'n o. insamel; *a fine/good* ~ *of wheat/etc.* 'n goeie koringoes/ens.

crop² [v.] ~ *out* uitkom, aan die oppervlak(te) kom; ~ *up* opduik, voor die dag kom, op die lappe kom, ter sprake kom.

cropper HE *comes a* ~ §HY val hard, HY steek baken ★; § HY kom 'n ongeluk oor; § HY loop SY rieme styf ★

cross¹ [n.] *everyone has to bear his own* ~ elkeen moet sy eie kruis dra; *be a* ~ *between* … *and* … 'n kruising van — en — wees; *cut s.t. on the* ~ iets op die skuinste sny; *make a* ~ 'n kruisie trek/maak; *nail s.o. to the* ~ iem. aan die kruis slaan; *on the* ~ skuins, op die skuinste; *make the sign of the* ~ die kruisteken maak, 'n kruis maak/slaan; *take up one's* ~ geduldig ly.

cross² [v.] ~ *off/out s.t.* iets deurhaal/deurstreep/ skrap/uitkrap; ~ *over* oorgaan, oorstap; oorvaar; ~ *o.s.* die kruisteken maak, 'n kruis maak/slaan; ~ *s.o.* iem. dwarsboom; iem. die voet dwars sit; ~ *an animal* or *a plant with* … 'n dier *of* 'n plant met — kruis.

cross³ [adj.] *as* ~ *as two sticks* § so boos/kwaad soos 'n geitjie ★, so briesend soos 'n meerkat ★; *be* ~ *with s.o.* vir iem. kwaad/vies wees.

cross-examination *conduct a* ~ 'n kruisverhoor waarneem; *under* ~ in/onder kruisverhoor.

cross-examined *be* ~ 'n kruisverhoor ondergaan, aan 'n kruisverhoor onderwerp word, in/onder kruisverhoor geneem word.

cross-purposes *they are at* ~ hulle verstaan mekaar mis; hulle ry mekaar in die wiele; *they are talking* *at* ~ hulle praat nie oor dieselfde ding nie, hulle praat by mekaar verby.

crossroads *at the* ~, *(lett.)* by die dwarspad/kruis= pad; *(fig.)* op die tweesprong; op die keerpunt.

crossword (puzzle) *do a* ~ *(* ~ *)* 'n blokkiesraai= sel invul.

crow¹ [n.] *eat* ~ §nederig 'n fout erken; *as the* ~ *flies* in 'n reguit lyn, soos 'n/die voël vlieg; *have a* ~ *to pick/pluck with s.o.* § 'n appeltjie met iem. te skil hê.

crow² [v.] ~ *about/over s.t.* §oor iets spog; ~ *over* ..., *(ook)* § in — behae skep *(bv. iem. se teenspoed/teë= spoed)*.

crowd¹ [n.] *draw a* ~ 'n skare lok; *disperse a* ~ 'n skare uiteenja(ag); *follow the* ~, *go/move with the* ~ die stroom volg, met die stroom saamgaan; *a* ~ *gathers* mense drom saam; *they are a nice* ~ hulle is 'n gawe klomp; *be just one of the* ~ in die massa verlore raak; *it might pass in a* ~ §dit kan gaan ★; ~*s of people* 'n duisternis/magdom van mense, 'n mens= dom/mensemassa; HE *rises* above the ~, HE *raises* HIMSELF above the ~ HY styg bo die massa uit, HY verhef HOM bo die m.; *the* ~ die massa/menigte; *get in with the wrong* ~ § in die verkeerde geselskap beland.

crowd² [v.] *many thoughts* ~ *in* on/upon *s.o.* baie ge= dagtes dring hulle aan iem. op; ~ *into a place* 'n plek binnedring, in 'n plek saamdrom; ~ ... *into a place* — in 'n plek prop; ~ *out s.o.* iem. uitdruk/verdring; ~ *round* ... om — saamdrom, — toedam; ~ *together* saamdrom.

crowded *be* ~ *to overflowing* stampvol wees *(bv. 'n saal).*

crown¹ [n.] *wear the* ~ die kroon dra; *win the* ~, *(boks)* die titel verower.

crown² [v.] *that* ~*s (it) all* §dit sit die kroon daarop; *to* ~ *it all* §om die naarheid te kroon, tot oormaat van ramp, wat die ergste is *of* was; ~ *s.o. king* iem. tot koning kroon.

crucial *s.t. is* ~ *for/to* ... iets is vir — deurslagge= wend, iets is vir — van deurslaggewende betekenis, iets is vir — uiters belangrik.

cruelty ~ *to* ... wreedheid met/teenoor —.

crumble ~ *away* wegbrokkel, afkalwe(r); ~ *off* afkrummel.

crumple ~ *up* kreukel; verskrompel; §ineenstort, in= mekaar sak; ~ *up s.t.* iets opfrommel/verfrommel.

crunch *if/when it comes to the* ~ §as dit begin knyp ★, as puntjie by paaltjie kom, as die nood aan die man kom, as dit by die nou draai kom ★

crusade¹ [n.] *a* ~ *against* or *for s.t.* 'n kruistog teen *of* vir iets; *conduct a* ~ 'n kruistog onderneem/voer; *em= bark/go on a* ~ op 'n kruistog gaan.

crusade² [v.] ~ *against* or *for s.t.* 'n kruistog teen *of* vir iets voer.

crush¹ [n.] *be caught in a* ~ in 'n gedrang beland; *have a* ~ *on s.o.* §op iem. beenaf wees ★

crush² [v.] ~ *in* indruk; ~ *into a place* in 'n plek in=

druk; ~ ... *into a place* — in 'n plek indruk/inprop; ~ *out s.t.* iets uitdruk/uitpers; ~ *s.t. out of* ... iets uit — druk/pers; ~ *up s.t.* iets fynmaak; iets saampers; iets verfrommel.

crust *be off one's* ~ §(van lotjie) getik wees ★; *the upper* ~ § die hoëlui, die hoogste kringe, die elite.

crutch *go on* ~*es, walk with* ~*es* met/op krukke loop.

crux *this is the* ~ *of the matter* alles draai hierom, dit is die kern van die saak.

cry¹ [n.] *that is a far* ~ *from* ... dit is nie naaste(n)by — nie; dit is iets heeltemal anders as —; *in full* ~ warm op die spoor; *be in full* ~ *after* ... ore in die nek agter — aan wees ★; *give/utter a* ~ 'n skree(u) gee, skree(u); HE *had a good* ~ HY het HOM uitgehuil; *raise a* ~ 'n kreet aanhef; *a sharp* ~ 'n deurdringende gil.

cry² [v.] ~ *about s.t.* oor iets huil; ~ *bitterly* bitter huil, lang trane huil ★, trane met tuite huil ★; ~ *down s.t.* iets (ver)kleineer/slegmaak; *I felt fit to* ~ ek kon sommer huil; ~ *for s.t.* om iets huil; om iets roep/vra; ~ *for* ... van — huil *(bv. vreugde)*; HE *cries* HIS *heart out* HY huil HOM dood; ~ *off from s.t.* kop uittrek uit iets; ~ *out* uitroep, skree(u); ~ *out against s.t.* heftig teen iets protesteer; ~ *out for s.t.* om iets roep; ~ *out to s.o.* tot iem. toeroep; ~ *over s.t.* oor iets kla, iets be= treur; ~ *up s.t.* iets ophemel/opvysel.

crying *be* ~ aan die huil wees; *be* ~ *out for s.t.* iets baie nodig hê; *for* ~ *out loud!* § deksels!★, ver= brands!★, verduiwels!★; *start* ~ aan die huil gaan.

cuckoo *s.o. is* ~ § iem. is mal, iem. is (van lotjie) getik ★, iem. is gek(lik).

cud *chew the* ~, *(lett.)* herkou; *(fig.)* § *(iets)* herkou, oordink, oorpeins, *(oor iets)* maal.

cuddle ~ *up* opgerol gaan lê; HE ~*s up to s.o.* HY lê of sit styf teen iem., HY nestel HOM teen iem.; *they* ~ *up together* hulle lê of sit styf teen mekaar, hulle nestel hulle teen mekaar.

cudgel *take up the* ~*s for* ... 'n lansie vir — breek, die handskoen vir — opneem, vir — in die bres tree, vir — opkom, — verdedig.

cue¹ [n.] *give* HIM HIS ~ HOM die sein/teken/wag= woord gee; *on* ~ net op die regte oomblik; *take one's* ~ *from s.o.* § iem. se voorbeeld volg, maak soos iem. maak.

cue² [v.] ~ *in s.o.* iem. inwink *(bv. 'n orkeslid)*; iem. die sein/teken gee.

cuff *off the* ~ §uit die vuis, onvoorbereid; *on the* ~ § op rekening.

culminate *it* ~*s in* ... dit loop op — uit.

cultivation *land under* ~ bewerkte grond, grond on= der die ploeg, bougrond.

cup *a bitter* ~ 'n bittere beker; *s.o.'s* ~ *is full* iem. se maat is vol; *half a* ~ 'n halwe koppie, 'n halfkoppie; *be in one's* ~*s* aangeklam wees ★; *a* ~ *of coffee/etc.* 'n koppie koffie/ens.; *two* ~*s of coffee/etc.* twee koppies koffie/ens.; *take the* ~ die beker wen; *take a* ~ *of coffee* or *tea* 'n koppie koffie *of* tee drink; *(not) be s.o.'s* ~ *of tea* →**tea.**

cur *a mean* ~ 'n gemene hond *(van 'n mens gesê)*.
curatorship *under* ~ onder kuratele.
curb *keep/put a* ~ *on* ... — in bedwang/toom hou, — bedwing.
curds ~*s and whey* dikmelk.
cure¹ [n.] *effect a* ~, *(iem.* of *iets)* genees; *a* ~ *for* ... 'n middel teen —.
cure² [v.] ~ *s.o. of s.t.* iem. van iets genees.
cured *be* ~ *of s.t.* van iets genees wees.
curiosity *burn with* ~ brand van nuuskierigheid; ~ *killed the cat* (P) van nuuskierigheid is die tronk vol (en die kerk leeg) (P); *from* ~, *out of* ~ uit nuuskie= righeid; *satisfy s.o.'s* ~ iem. se nuuskierigheid bevre= dig; *whet s.o.'s* ~ iem. baie nuuskierig maak.
curious *be* ~ *about s.t.* nuuskierig wees na/oor iets; *be* ~ *to know* nuuskierig wees om te weet; *I would be* ~ *to know what* ... ek sou graag wil weet wat —.
curiously ~/*funnily enough* merkwaardigerwys(e).
curl ~ *up* opkrul, opdraai; inmekaar sak; dubbel vou; *HE* ~*s up, (ook)* HY krul/rol HOM op, HY gaan ingerol lê.
curled *be* ~ *up* ingerol wees.
curler *put hair in* ~*s* hare indraai.
currency *gain* ~ in omloop kom; ingang vind; *give* ~ *to s.t.* iets versprei, aan iets rugbaarheid gee, iets in omloop bring.
current [n.] *against the* ~ stroomop; *with the* ~ stroomaf.
curry ~ *and rice* kerrie(vleis) en rys.
curse¹ [n.] *call down* ~*s upon s.o.* iem. vervloek, 'n vloek oor iem. uitspreek; *s.o. does not care/give a* ~ *about s.t.* § iem. gee geen flenter vir iets om nie, iem. gee nie 'n f. vir iets om nie, iets kan iem. niks skeel nie; *lift a* ~ *from* ... 'n vloek van — verwyder; *be the* ~ *of* ... 'n vloek vir — wees; *put a* ~ *on/upon s.o.* 'n vloek oor iem. uitspreek; *a* ~ *rests on/upon s.t.* daar rus 'n vloek op iets; *a smothered* ~ 'n binnensmondse vloek; *s.t. is under a* ~ daar rus 'n vloek op iets; *utter a* ~ vloek.
curse² [v.] ~ *HIM!* §§ so 'n vervloek(s)te kêrel/vent! **; ~ *it!* §§ vervloeks! **; ~ *you!* §§ jou vloek! **
cursed *be* ~ *with* ... met — gestraf wees.
curtain¹ [n.] *behind the* ~*s* agter die skerms; *the* ~ *comes down* die gordyn/skerm sak; *draw/pull the* ~*s* die gordyne toetrek; die gordyne ooptrek; *draw a* ~ *over s.t.* die gordyn oor iets laat val, iets laat rus, nie meer oor iets praat nie; *the* ~ *drops/falls* die gordyn/ skerm sak; *drop the* ~ die g./s. laat sak; *the* ~ *goes up* die g./s. gaan op; *lift the* ~ die sluier lig *(fig.)*; *lower the* ~ die gordyn/skerm laat sak; *put up* ~*s* gordyne hang; *raise the* ~ die gordyn/skerm optrek; *ring down the* ~ die g./s. laat sak; *ring up the* ~ die g./s. optrek; *the* ~ *rises* die g./s. gaan op/oop.
curtain² [v.] ~ *off s.t.* 'n gordyn voor iets hang, iets met 'n gordyn afskerm.
curtain call *take a* ~ ~ deur die gehoor teruggeroep word, 'n buiging maak.

curtains *it will be* ~ *for s.o.* § dit sal met iem. klaar= (praat) wees *, dit sal iem. se einde wees.
curts(e)y *drop a* ~ 'n kniebuiging/knieknik maak.
curve¹ [n.] *the road makes a* ~ die pad maak 'n draai; *have nice* ~*s* mooi rondings hê; *plot a* ~ 'n kromme uitsit/konstrueer; *a sharp* ~ 'n kort draai.
curve² [v.] *the road* ~*s sharply* die pad maak 'n kort draai; *it* ~*s to the left/right* dit draai links/regs.
custody *award/grant* ~ *of a child to the father or mother* die toesig oor 'n kind aan die vader of moeder toeken; *get* ~ *of a child* die toesig oor 'n kind kry; *in* ~ in bewaring/hegtenis/voorarres; *be in/under s.o.'s* ~ onder iem. se sorg/toesig wees; *release s.o. from* ~ iem. uit bewaring ontslaan/vrystel; *remand s.o. in* ~ iem. in voorarres/hegtenis hou/terugstuur; *take s.o. into* ~ iem. aanhou/arresteer, iem. gevange neem, iem. in hegtenis neem; *take s.t. into* ~ iets in bewaring neem.
custom *according to* ~ na/volgens gewoonte, ouder gewoonte, oudergewoonte; *introduce a* ~ 'n ge= woonte invoer, 'n g. in swang bring; *a long* ~ 'n ou gebruik; *HE makes a* ~ *of doing s.t.* HY wen HOM aan om iets te doen.
customary *it is* ~ *to* ... dit is gebruiklik om te —.
customer *a nasty* ~ § 'n nare vent; § 'n gevaarlike kalant; *HE is a slippery* ~ jy kry geen vat aan HOM nie; *a tough* ~ § 'n ruwe kalant; *an ugly* ~ § 'n ge= vaarlike kalant, 'n derduiwel *
cut¹ [n.] *be a* ~ *above* ... § 'n entjie beter as — wees; *HE gets HIS* ~ §HY kry SY deel; *get* ~*s, be given* ~*s* houe/slae kry, houe toegedien word; *a* ~ *in s.o.'s salary* 'n verlaging van iem. se salaris; *make a* ~ *in s.t.* 'n sny in iets maak; *make* ~*s in a play/etc.* dele/ stukke uit 'n toneelstuk/ens. sny; *a short* ~ 'n kort= pad; *take a short* ~ kortpad kies; *it is only a super= ficial* ~ dis maar net 'n skrapie; *in the* ~ *and thrust of the debate* in die hitte van die debat; *the unkindest* ~ die griewendste steek.
cut² [v.] ~ *across the veld* oor die veld steek, sommer deur die veld loop of ry; ~ *across a principle* teen 'n beginsel indruis, met 'n b. in stryd wees; ~ *across rights* op regte inbreuk maak; ~ *adrift a boat* 'n boot se tou deurkap; ~ *HIM adrift* HOM aan SY lot oorlaat; ~ *ahead of s.o.* voor iem. inhardloop of inry of invaar; ~ *away s.t.* iets wegsny; *be* ~ *away* uitgesny wees; ~ *back* teruggaan; ~ *back (on) s.t.* iets besnoei *(fig.)*, iets verminder/inkrimp; ~ *back s.t.* iets snoei; iets afknot; ~ *s.t. to the bone* iets erg besnoei; *HE* ~*s s.o. cold/dead* HY maak asof HY iem. glad nie sien nie, HY negeer iem. heeltemal; ~ *and come again!* § val maar weg! *; ~ *down s.t.* iets afkap; iets besnoei *(fig.)*, iets verminder; ~ *down s.o.* iem. neersabel; ~ *down on s.t.* iets besnoei *(fig.)*, iets inkrimp/verminder; ~ *and dried* kant en klaar; ~ *it fine* dit presies afpas, amper te lank wag, amper laat wees; ~ *...from s.t.* — van iets afsny; ~ *s.o. from* ... iem. uit — (weg)laat *(bv. 'n testament)*; ~ *s.t. in half* iets middeldeur sny; ~ *in* §

tussenin kom; § *(iem.)* in die rede val; § indraai, in=
skiet, inswaai, inswenk; § indring *(by 'n dans);*
(elektr.) inskakel; ~ *s.o.* **in** *on s.t.* §iem. 'n aandeel in
iets gee; ~ **into** *s.t.* 'n sny in iets maak; op iets inbreuk
maak; iets onderbreek; ~ **loose** *s.t.* or *s.o.* iets *of* iem.
lossny; ~ **off** *s.t.* iets afsny; iets afkap; iets afsit/afsluit
(bv. 'n motor); iets afsluit *(bv. iem. se elektrisiteit, wa=
ter);* iets stopsit *(bv. 'n toelae);* ~ **off** *s.o.* iem. onder=
skep; iem. onterf; *s.o. is* ~ **off,** *(telef.)* iem. se verbin=
ding is verbreek; *be* ~ **off** *from ...* van — afgesluit
wees; ~ **open** *s.t.* iets oopsny; iets oopkloof/oopklo=
we; ~ **out** uitswaai, uitswenk; gaan staan, staak *('n
motor); (elektr.)* uitskakel; ~ **out** *s.t.* iets uitsny; iets
uitknip/sny *(bv. 'n rok);* iets skrap; iets afsluit *(bv. 'n
motor);* §iets staak, met iets ophou; §iets laat vaar; ~
s.t. **out** *of ...* iets uit — knip/sny; iets uit — uitsny/
weglaat; ~ **out** *s.o.* §iem. uitsit, iem. se hand in die as
slaan *(by 'n meisie)* ★; ~ *s.o.* **out** *of ...* § iem. uit —
weglaat *(bv. 'n testament);be* ~ **out** *for ...,be* ~ **out** *to*

be ... vir — uitgeknip wees ★, uitgeknip wees om — te
wees ★, die regte lyf vir — hê ★; *HE has HIS work* ~ **out**
(for HIM) §HY sal HOM moet roer ★, HY sal moet wik=
kel ★, HY het 'n swaar taak voor HOM; ~ *it* **out!** §skei
uit!, hou op!; ~ *and* **run** § weghardloop, die rieme
neerlê/bêre ★, laat spat ★; ~ **short** *s.t.* iets kort afsny;
iets afbreek; iets inkort/bekort; ~ **short** *s.o.* iem. in
die rede val; ~ **through** *s.t.* deur iets sny; ~ *s.t.*
through iets deursny; ~ *s.t. in two* iets deursny; ~
up *s.t.* iets in stukke sny; iets opsny; iets versnipper;
be/feel ~ **up** *about s.t.* §gegrief/gekrenk/gekwets/ont=
steld/seer/sleg voel oor iets; *be badly* ~ **up** *in an acci=
dent* kwaai snywonde opdoen in 'n ongeluk; ~ **up**
rough § kwaad word, uitvaar, te kere gaan.

cutting *take* ~*s* steggies maak.

cylinder *be firing on all* ~*s* §met/op volle krag werk.

cynosure *s.o. is the* ~ *of all eyes* almal se oë is op iem.
gerig.

D

dab ~ *on s.t.* iets aansmeer; ~ *up s.t.* iets opvee.

dabble *HE* ~*s in s.t.* HY hou HOM so 'n bietjie met iets besig.

daddy *the* ~ *of them all* § die ergste *of* grootste van almal.

daft *be* ~ *about* ... § dol wees oor/op —.

dagger *they are at* ~*s drawn* hulle is/lê (met mekaar) oorhoop(s), hulle is hatig op mekaar, hulle leef/lewe in vyandskap met mekaar; *look* ~*s at s.o.* iem. woedend aankyk.

daisy *push up the daisies* § onder die sooie lê *

dally ~ *over s.t.* met iets talm, iets tydsaam doen; ~ *with s.t.* met iets speel; ~ *with s.o.* met iem. vry.

dam ~ *(up) s.t.* iets opdam *(bv. 'n rivier);* iets opkrop *(bv. gevoelens).*

damage *cause/do great* ~, *cause/do a lot of* ~ groot/ baie skade aanrig/doen; *cause/do s.o.* ~ iem. skade aandoen/berokken; iem. benadeel; *claim* ~*s* skadevergoeding eis; *extensive* ~ groot skade; *make good the* ~ die skade vergoed; *pay* ~*s* skadevergoeding betaal; *suffer/sustain* ~ skade ly; *what's the* ~? § wat kos dit?

damn¹ [n.] *HE doesn't care/give a* ~ § HY gee geen flenter om nie, HY gee nie 'n f. om nie, dit kan HOM niks skeel nie; *not worth a* ~ § niks werd nie.

damn² [v.] ~ *the fellow!* § so 'n vervlakste/vervloekste vent! *; ~ *it!* § vervlaks!*, vervloeks!*, verdomp!*; ~ *you!* § loop na die duiwel! **

damnation *what in* ~ ...? § wat d(i)e drommel/duiwel —? *; ~ *take you!* § loop na die duiwel! **

damned *I'll be* ~! § verdomp! *; *I'll be* ~ *if I do!* § ek sal dit verdomp nie doen nie *; *I'll be* ~ *if I know* § die duiwel alleen weet (dit) *; *be* ~ *to you!* § na die duiwel met jou! **

damnedest *do your* ~! § doen wat jy wil!; *HE does/ tries HIS* ~ § HY doen so al wat HY kan.

damp ~ *down s.t.* iets demp/doof *(bv. 'n vuur);* iets demp *(bv. iem. se geesdrif).*

damper *put a* ~ *on s.o. or s.t.* 'n demper op iem. *of* iets plaas.

dance¹ [n.] *lead the* ~ voordans; *lead s.o. a (merry/ pretty) dance* § die wêreld vir iem. moeilik maak.

dance² [v.] ~ *about* ronddans; ~ *to the music* op die musiek dans.

dander *s.t. gets s.o.'s* ~ *up* § iets maak iem. die hoenders/joos/josie in *

danger ~ *ahead* gevaar voor, gevaar op die pad; *there is an* **element** *of* ~ *in it* dit hou gevaar in; *be* **fraught** *with* ~ gevaarvol wees; *imminent* ~ naderende/dreigende gevaar; *be in* **imminent** ~ *of falling/ etc.* dreig om te val/ens.; *be in* ~ in gevaar verkeer/ wees; *be in* ~ *of ...* gevaar loop om te —; *incur* ~ gevaar loop; *be out of* ~ buite gevaar wees; *a pressing* ~ 'n dreigende gevaar; *it is a* **public** ~ dis 'n gevaar vir die publiek; *put s.o. or s.t. in* ~ iem. *of* iets in gevaar stel; *s.t. is a* **source** *of* ~ iets hou gevaar in; **stand** *in* ~ *of* ... gevaar loop om te —; *a* ~ *to s.o.* or *s.t.* 'n gevaar vir iem. *of* iets; *s.o. can do s.t.* **without** ~ iem. kan iets veilig doen.

danger list *be off* or *on the* ~ ~ buite *of* in lewensgevaar wees/verkeer.

dangerous *extremely* ~ uiters gevaarlik; *be* ~ *to* ... vir — gevaarlik wees; *very* ~ baie/hoogs gevaarlik.

dangle ~ *s.t. in front of s.o.,* ~ *s.t. before s.o.* vir iem. iets in die vooruitsig stel, iem. met iets lok.

dangling *keep s.o.* § iem. aan die *of* 'n lyntjie hou *

dare¹ [n.] *HE does it for a* ~ HY doen dit omdat HY uitgedaag is.

dare² [v.] *how* ~ *you* ...? hoe durf jy —?; *I* ~ *say* ... ek veronderstel —.

dark¹ [n.] *after* ~ in die aand, na sononder; *before* ~ voor donker; *in the* ~, *(lett.)* in die donker; *(fig.)* in die duister; *(fig.)* in die geheim, agteraf; *be in the* ~ *about s.t.* in die duister wees/verkeer oor iets; *keep s.o. in the* ~ iem. in die duister hou/laat, iem. onkundig hou; *keep s.o in the* ~ *about s.t., (ook)* iets vir iem. dighou; *a* **leap** *in the* ~ 'n sprong in die duister.

dark² [adj.] *as* ~ *as* **night/pitch** so donker soos die nag, pikdonker; *it is* **getting/growing** ~ dit word donker; *keep s.t.* ~ iets dighou, iets geheim gehou; *pitch-*~ pikdonker.

darkness *under* **cover** *of* ~ in die donker; *pitch-*~ pikdonker(te); *be* **plunged** *in/into* ~ in duisternis gedompel wees/word; ~ *sets in* dit word donker; *in* **thick** ~ in digte/diepe duisternis; **utter** ~ volslae duisternis; *be* **wrapped** *in* ~ in duisternis gehul wees.

darn ~ *(it)!,* ~ *it all!* § deksels!*, verbrands!*, vervlaks!*

darned *well I'll be* ~! § deksels!*, verbrands!*, vervlaks!*

dart¹ [n.] *make a* ~ *for s.t.* na iets toe pyl.

dart² [v.] ~ *to s.t.* na iets toe pyl.

dash¹ [n.] *cut a* ~ § uithang*; § die aandag trek; *make a* ~ *(for it)* die rieme bêre/neerlê *; *make a* ~ *at/for s.t.* op iets afpyl/afsnel, na iets toe storm; *a* ~ *of* ... 'n knippie/knypie — *(bv. peper);* 'n tikkie — *(bv. humor);* 'n streek/streep van — *(bv. die pen).*

dash² [v.] ~ *against* ... teen — bots; ~ *s.t. against* ... iets teen — aanslaan; iets teen — aansmyt; ~ *away/off* wegspring, wegvlieg; haastig gaan/vertrek; ~ *away s.t.* iets haastig afvee *(bv. trane);* ~ *for s.t.* op iets afpyl/afsnel, na iets toe pyl; ~ *it (all)!* § dek

sels!★, verbrands!★, vervlaks!★; ~ *off/away* →*away/
off;* ~ *off s.t.* iets gou/haastig skryf/skrywe *of* teken.

dashed *well I'll be* ~*!* § deksels!★, verbrands!★,
vervlaks!★

date¹ [n.] *it bears the date* … dit is gedateer —; *a
blind* ~ 'n toe-oë-afspraak; 'n toe-oë-maat; *by* … *(a*
~ *)* voor (of op) — *('n datum); change the* ~ *to* … die
datum tot — verander; *a clash of* ~*s* 'n saamval van
datums; *at no distant* ~ binne afsienbare tyd; *at an
early* ~ binnekort, spoedig; *of even* ~ van dieselfde
datum; *have a* ~ *with s.o.* 'n afspraak met iem. hê; *at a
later* ~ later (van tyd); *make a* ~ 'n afspraak maak;
be out of ~ verouderd/ouderwets wees, uit die mo=
de/tyd wees, agter wees; nie meer geldig wees nie; *go
out of* ~ verouder, uit die mode raak; *HE is out on a* ~
HY het met iem. uitgegaan; *of recent* ~ met 'n onlang=
se datum; modern, nuut; *at short* ~ op kort sig; *s.o.'s
steady* ~ iem. se vaste kêrel *of* no(o)i; *to* ~ tot op
hede, tot nou/vandag toe; *under* ~ *May 2* onder da=
tum 2 Mei; *up to* ~ tot nou/vandag toe *(bv.: het iets
nie gebeur nie); be up to* ~ modern/nuwerwets wees,
op die hoogte van die tyd wees; *HE is up to* ~ *with HIS
work* HY is by met SY werk; *the books are up to* ~ die
boeke is bygewerk/bygeskryf; *bring s.t. up to* ~ iets tot
op hede bywerk *(bv. boeke); bring s.o. up to* ~ iem. op
die hoogte bring; *what is the* ~ *today?* die hoeveelste
is dit?, wat is vandag se datum?

date² [v.] *s.t.* ~*s back to* …, *s.t.* ~*s from* … iets dag=
teken/dateer uit/van —; ~ *s.t. forward* iets later da=
teer; *to* ~ *from* … met ingang van —; ~ *s.t. to* … iets
tot — terugvoer.

dating ~ *from* … met ingang van —; uit die jaar —.

daubed *be* ~ *with* … met — besmeer(d) wees *(bv.
modder);* met — beplak wees *(bv. verf).*

daunted *nothing* ~ sonder om HOM te laat afskrik.

dawdle ~ *away s.t.* iets verbeusel.

dawn¹ [n.] *at* ~ met dagbreek/daglig; *before* ~
voordag; ~ *is breaking* die dag breek aan; *at the
crack of* ~ douvoordag; *from* ~ *till dark* van die og=
gend tot die aand, van vroeg tot laat.

dawn² [v.] *s.t.* ~*s on/upon s.o.* iets dring tot iem. deur,
iets word vir iem. duidelik; iets val iem. by.

day *so much a* ~ soveel per dag; ~ *after* ~, ~ *by* ~
dag vir/na dag; *after a* ~ na 'n dag; *the* ~ *after* die d.
daarna/daarop, die volgende d.; *the* ~ *after that* die d.
daarna/daarop; *against* the ~ *when* … met die oog op
die tyd wanneer —; *in this* ~ *and age* in vandag se dae;
all ~ *(long), throughout* the ~, *the whole* ~ *long*
heeldag, die hele dag (deur); *today of all* ~*s* juis van=
dag, en dit nogal vandag; *you can come any* ~ jy kan
kom watter dag jy wil; *it can happen any* ~ *now* dit kan
nou elke dag gebeur; *s.o. will do s.t. any* ~ iem. sal iets
sonder aarseling doen; *believe s.o. any* ~ iem. altyd
glo; *at* ~ met/teen dagbreek; *the* ~ *before* die vorige
dag, die d. tevore; *HE has seen HIS best* ~*s* SY dae/tyd
is verby; *s.o. has seen better* ~*s* iem. het beter dae
geken, iem. was dit beter gewend, iem. se beste dae is

verby; *s.t. has seen better* ~*s* iets se beste dae is verby;
not in (all) my born ~*s* in my dag des lewens nie; *the*
~ *breaks* die dag breek (aan), die rooidag kom uit; *it
is broad* ~ dit is helder dag; *by* ~ bedags, oordag; ~
by ~ dag vir/na dag; *by the* ~ by die d.; *call it a* ~ §
(met iets) ophou/uitskei; § dit daarby laat, die byltjie
daarby neerlê; *carry/gain/win the* ~ die oorwinning
behaal; die slagveld behou; *in* ~*s to come* in die toe=
koms; *during the* ~ in/gedurende die dag; bedags,
oordag; *to HIS dying* ~ tot SY dood; *it happened a few*
~*s earlier* dit het 'n paar dae tevore gebeur; *it's early*
~*s (yet)* dis nog te vroeg om te praat; *in s.o.'s early* ~*s*
in iem. se jeug; *at the end of the* ~, *(lett.)* aan die einde
van die dag; *(fig.)* op stuk van sake, per slot van reke=
ning, in laaste instansie, op die ou end; *HE wants to end
HIS* ~*s somewhere* HY wil SY laaste dae êrens slyt;
every ~ elke dag; daagliks; by/met die dag; *every
other/second* ~ al om die ander dag; *every three* ~*s* al
om die derde d.; *better or worse every* ~ by die d.
beter *of* erger; *the evil* ~ die kwade d.; *fall on/upon
evil* ~*s* slegte tye beleef/belewe, agteruitgaan; *it will be
an evil* ~ *when* … dit sal 'n kwade dag wees wanneer
—; *sufficient unto the* ~ *is the evil thereof* (P) elke d. het
genoeg aan sy eie kwaad (P); *in a few* ~*s* oor 'n paar
dae; *one fine* ~ op 'n goeie dag; *for* ~*s (on end)* dae
(lank), dae aaneen; *this* ~ *fortnight* vandag oor veer=
tien dae; *from this* ~ *forward* van vandag af (aan);
from ~ *to* ~ van d. tot d.; *gain/carry/win the* ~
→*carry/gain/win;* bid *s.o. (a) good* ~ vir iem.
goeiedag sê; *in the good old* ~*s* in die goeie ou dae/
tyd; *HE has had HIS* ~ SY dae/tyd is verby, HY is uitge=
dien(d); *high* ~*s and holidays* feesdae en vakansiedae;
in the ~ in/gedurende die dag; bedags, oordag; *in s.o.'s*
~ in iem. se lewe/tyd; *in HIS* ~*/time HE could or was*
… op SY dae/dag kon *of* was HY —, in SY tyd kon *of* was
HY —; *do s.t. in a* ~ iets binne/in 'n dag doen; *s.t. will
happen in ten/etc.* ~*s* iets sal oor tien/ens. dae gebeur;
~ *in,* ~ *out* dagin en daguit; *it just isn't my* ~ § alles
loop vandag vir my verkeerd; *the last* ~*s* die laaste der
dae; *it's (rather) late in the* ~, *(fig.)* dit is taamlik laat;
for the length of HIS ~*s* SY lewe lank; *for many a long*
~ tot in lengte van dae; *HE looks fifty if HE looks a* ~
HY lyk minstens vyftig, HY lyk nie 'n dag jonger as
vyftig nie; *lose the* ~ die stryd verloor; *make s.o.'s* ~
§ iem. bly maak; *make a* ~ *of it* die dag daar(mee) *of*
hier(mee) deurbring; *name the* ~ die d. bepaal/vas=
stel; § die troudag bepaal; *the next* ~ die volgende d.,
die d. daarna/daarop; *have a nice* ~*!* geniet die dag!;
~ *and night* d. en nag; *by* ~ *and (by) night* d. en nag;
turn ~ *into night* van die d. nag maak; *s.o.'s* ~*s are
numbered* iem. se dae is getel; *have an off* ~ 'n dag
vry hê, 'n vry(e) d. hê; § 'n slegte d. hê, nie goed voel
nie; § van stryk wees; *in (the)* ~*s of old, in the olden*
~*s* in die ou dae/tyd, vanmelewe, vanslewe, in toeka se
dae ★; *one* ~ een dag *(tydruimte); eendag, eenmaal
(in die verlede of die toekoms);* een dag, op 'n (sekere)
d.; *from one* ~ *to another, from one* ~ *to the next*

skielik; *from* ~ *one* van die eerste dag (af); *s.t. is the order of the* ~ iets is aan die orde van die d.; *the other* ~ nou die d., 'n paar dae gelede, 'n d. of wat gelede, onlangs; *every other* ~ al om die ander dag; ... *of our* ~ — van ons tyd; *the* ~ *is ours* die oorwinning is ons s'n; *the* ~ *has passed when* ... die tyd is verby dat —; *per* ~ per dag, by die d.; *at the present* ~ teenswoor= dig, deesdae, tans; *the previous* ~ die dag tevore, die vorige d.; *provide/save s.t. for a rainy* ~, *put away s.t. for a rainy* ~ iets vir die kwade dag opsysit, iets vir tye van nood opsysit, 'n appeltjie vir die dors bewaar; *save the* ~ die posisie red; *every second* ~ al om die ander dag; *s.o. has not seen s.o. for* ~s iem. het iem. in geen dae gesien nie; *s.o. will never see the* ~ iem. sal die dag nooit beleef/belewe nie; *set a* ~ 'n d. bepaal; *some* ~ eendag, eenmaal *(in die toekoms)*; *(on) some* ~s party dae; *some* ~ *soon* een van die dae, binnekort; *that'll be the* ~*!* dit sal iets aardigs wees!; nog so nooit!, so nooit aste nimmer!, (h)aikôna!*, daar kom niks van nie!, daar kom dadels van! *; these* ~s in ons tyd/dae, deesdae; *one of these (fine)* ~s een van die dae, binnekort; *this* ~ hierdie dag; vandag; *to this* ~ tot vandag toe, tot op hede, tot op die huidige d.; *in those* ~s in daardie dae, destyds; *those were the* ~s! dit was groot dae!; *one of those* ~s 'n dag waarop alles verkeerd loop; *throughout the* ~ →*all*; *s.t. will hap= pen in ten/etc.* ~'s *time* iets sal oor tien/ens. dae ge= beur; *the time of* ~ die uur; *at this time of* ~ op hierdie tyd; nou nog; *I wouldn't even give* ... *the time of* ~ §ek sou — nie eens groet nie; *not know the time of* ~ §maar dom wees; *pass the time of* ~ *with s.o.* §iem. groet, vir iem. goeiedag sê, 'n rukkie met iem. gesels; *so that's the time of* ~*!* §is dit sulke tyd?, is dit so laat?, staan sake so?; *to the* ~ op die dag; *the* ~ *after tomor= row* oormôre, oormore; *in a* ~ *or two* oor 'n dag of wat; *an unlucky* ~ 'n onheilsdag/ongeluksdag; *this very* ~ vandag nog; hierdie einste dag; *a year to the very* ~ presies 'n jaar, op die kop 'n jaar; *this* ~ *week* vandag oor agt dae, vandag oor 'n week; *win/gain/ carry the* ~ →*carry/gain/win*; *it's all in a/the* ~'s *work* dis maar alles deel daarvan; *a tidy* ~'s *work* 'n goeie dag se werk; *the* ~ *before yesterday* eergister; *in s.o.'s young* ~ in iem. se jong jare/dae.

daybreak → **dawn**.

daylight *in broad* ~ helder oordag; in die volle dag= lig; *by* ~ by daglig; *in full* ~ in die volle daglig; *beat/ knock the living* ~s *out of s.o.* § iem. goed opdons/ opfoeter *; *scare the living* ~s *out of s.o.* § iem. die doodskrik op die lyf ja(ag); *s.o. sees* ~ 'n lig gaan vir iem. op.

dead¹ [n.] *from the* ~ uit die dood; *in the* ~ *of* ... in die middel van — *(die nag)*; in die hartjie van — *(die winter)*; *raise the* ~ die dooies opwek; vaste slapers wakker maak; *raise s.o. from the* ~ iem. uit die dood opwek.

dead² [adj.] *more* ~ *than alive* lewendig-dood; *as* ~ *as a doornail, as* ~ *as mutton* § so dood soos 'n

klip/mossie *; *as* ~ *as the dodo* dood en begrawe; *drop* ~ dood neerval; *drop* ~*!* §§gaan/loop bars! **; *s.o. falls (down)* ~ iem. val dood neer; *a hundred are feared* ~ honderd is vermoedelik dood; *be given up for* ~ vir dood aangesien word, dood gewaan word; ~ *and gone* dood en begrawe; *s.o.'s foot/etc. has gone* ~ iem. se voet/ens. slaap; *as good as* ~ feitlik dood, op sterwe na dood; *leave s.o. for* ~ iem. vir dood agter= laat; *lie* ~ dood lê; *I wouldn't be seen* ~ *in* ... ek sou vir geen geld in — verskyn nie; *stark/stone* ~ mors= dood; *s.o. is well* ~ dit is maar goed dat iem. dood is.

deadline *give s.o. a* ~ vir iem. 'n tydgrens stel; *meet a* ~ 'n tydgrens haal/nakom; 'n saktyd/afsluittyd haal *(by 'n koerant)*.

deadlock *break a* ~ oor 'n dooie punt kom; *come to a* ~, *reach a* ~ 'n dooie punt bereik.

deaf *as* ~ *as a (door)post* stokdoof, so doof soos 'n kwartel; ~ *and dumb* doofstom; *stone-*~ stokdoof, potdoof; *be* ~ *to* ... vir — doof wees.

deal¹ [n.] *big* ~*!* §en wat daarvan! *; *no big* ~ §niks besonders/watwonders nie; *clinch/close a* ~ *with s.o.* 'n transaksie met iem. beklink; *a good/great* ~ baie; *it's a* ~*!* akkoord!; *make/do a* ~ *with s.o.* met iem. 'n ooreenkoms aangaan; met iem. 'n transaksie aangaan; *a new* ~ 'n nuwe bedeling; *a (good/great)* ~ *of* ... baie —; *get a raw* ~ §onbillik/skurf*/onregver= dig behandel word; *have a great* ~ *to say about s.t.* die mond van iets vol hê *; *get a square* ~ §billik behan= del word; *swing a* ~ § 'n transaksie beklink; *the* ~ *is with* ... dit is — se beurt om (kaarte) te gee.

deal² [v.] ~ *at/with a shop* in 'n winkel koop/handel; ~ *gently with s.o.* saggies/sagkens met iem. handel/ werk; ~ *in s.o.* §iem. laat deelneem, iem. 'n aandeel gee; ~ *in s.t.* in iets handel (dryf); ~ *out s.t.* iets uit= deel *(bv. straf)*; ~ *out justice* regspreek; ~ *with s.t.* iets afhandel; aandag aan iets gee; op iets ingaan; iets behandel *(bv. 'n onderwerp)*; ~ *with s.o.* iem. weg= help; met iem. afreken; *let me* ~ *with* ... ek sal met — afreken *(iem.)*; laat — aan my oor *(iets)*.

dealings *have* ~s *with s.o.* met iem. sake doen; met iem. te doen hê.

dear¹ [n.] ~*/goodness knows* nugter weet; *oh* ~*!* liewe hemel/vader!, o aarde(tjie)!; ..., *there's a* ~ wees nou 'n skat en —; *sal jy so gaaf wees om te* —?

dear² [adj.] *hold s.t.* ~ waarde aan iets heg; ~ *me!* liewe hemel/vader!, o aarde(tjie)!; *a* ~ *one* 'n geliefde; *be very* ~ *to s.o.* vir iem. dierbaar wees.

dearth *a* ~ *of* ... 'n gebrek/skaarste aan —.

death *after* ~ na die dood; *at* ~ by afsterwe; *at/on the* ~ *of* ... by die dood van —; *be the* ~ *of* ... die d. of ongeluk of val van — veroorsaak; HE'll *be the* ~ *of me!* HY sal my nog in die graf bring!; §ek lag my dood vir HOM! *; *beat s.o. to* ~ iem. doodslaan; *be beaten to* ~ doodgeslaan word; *bite s.o. to* ~ iem. doodbyt; HE *bleeds to* ~ HY bloei HOM dood; *burn s.o. to* ~ iem. lewend verbrand; HE *can catch* HIS ~ HY kan HOM die dood op die lyf haal; *condemn s.o. to* ~ iem. ter d.

veroordeel; ~ *and* **destruction** d. en verderf(enis); **dice‖flirt** *with* ~ die d. trotseer, 'n gevaarlike spel speel; *do s.t. to* ~, *(lett.)* iets doodmaak, iets van kant maak; *(fig.)* iets holrug ry ⋆; *do s.o. to* ~ iem. dood= maak; *be at* ~*'s* **door** vlak by die dood wees, op die rand van die graf wees; *s.o. was at* ~*'s* **door** iem. het by die d. omgedraai; HE **drinks** HIMSELF *to* ~ HY drink HOM dood; **escape** ~ aan die d. ontkom, die d. vry= spring; *by die* d. omdraai; *in the face of* ~ met die d. voor oë; *put the* **fear** *of* ~ *into s.o.* iem. die doodskrik op die lyf ja(ag); HE **fell** *(a hundred metres) to* HIS ~ HY het HOM (honderd meter ver) doodgeval; **flirt‖dice** *with* ~ →**dice‖flirt; flog** *s.t. to* ~ iets holrug ry; *s.o.* **freezes** *to* ~ iem. verkluim; *like* **grim** ~ soos 'n bese= tene; *op lewe en dood; s.o.'s* **hour** *of* ~ iem. se sterf= uur/sterwensuur; *be* **in** *at the* ~ *of* ... die einde/end van — meemaak, die slot van — sien; HE **jumps** *to* HIS ~ HY spring na SY dood; **kick** *s.o. to* ~ iem. doodskop; *be* **kicked** *to* ~ doodgeskop word; *the* **kiss** *of* ~ die soen van die dood, die doodsomhelsing; HE **met** HIS ~ HY het aan SY einde/end gekom; *the* **pangs** *of* ~ die laaste stuiptrekkings; *be at the* **point** *of* ~ op sterwe wees, sterwende wees; **put** *s.o. to* ~ iem. doodmaak, iem. om die lewe bring; iem. teregstel; **ride** *s.t. to* ~ § iets holrug ry ⋆, altyd weer op iets terugkom; *sen-* **tence** *s.o. to* ~ iem. ter dood veroordeel; **stab** *s.o. to* ~ iem. doodsteek; *die a* **thousand** ~*s* duisend dode sterf; *to the* ~ tot die dood toe; tot in die d.; op lewe en d.; ~ *to the dictator/etc.!* maak dood die diktator/ens.!; **unto** ~ tot die d. (toe); HE **works** HIMSELF *to* ~ HY werk HOM dood; *s.t. is* **worked** *to* ~ § iets is holrug gery ⋆

deathbed *be on one's* ~ sterwend wees.

deathblow *give the* ~ *to s.t.* iets die doodsteek gee/ toedien; *be the* ~ *to s.t.* die doodsteek vir iets wees.

debarred *be* ~ *from s.t.* van iets uitgesluit wees.

debatable *it is* ~ *whether* ... dit is 'n vraag of —.

debate¹ [n.] *a* ~ *about/on s.t.* 'n debat oor iets; *the* ~ *is about/on* ... die debat gaan oor —; *conduct a* ~ 'n d. voer; *enter a* ~ tot 'n d. toetree, aan 'n d. deel= neem; *be* **open** *to* ~ vatbaar wees vir bespreking; *be* **under** ~ onder bespreking wees.

debate² [v.] ~ *s.t. with s.o.* met iem. oor iets debat= teer.

debt *cancel a* ~ skuld delg; skuld kwytskeld; *con-* **tract** ~ skuld maak; *fall into* ~ in die s. raak, in s. verval; *be in* ~ in die s. wees; *be deeply/greatly in s.o.'s* ~ diep by iem. in die s. staan/wees, baie/veel aan iem. verskuldig wees; *be up to the ears in* ~ §tot oor die ore in die skuld wees ⋆, hard van die s. wees ⋆, diep in die s. wees; *incur* ~*s* skuld maak; *meet* ~*s* skuld(e) dek; *a* ~ *of R500* R500 skuld; *(re)pay/settle a* ~ skuld be= taal/vereffen; *run into* ~ in die s. raak; *run up* ~*s* skuld(e) aangaan, skuld maak; *service a* ~ delging en rente dek.

debut *make one's* ~ debuteer; 'n debuut maak.

decay *fall into* ~ verval, in verval raak; aftakel.

deceit *s.o. is incapable of* ~ iem. is doodeerlik.

deceive ~ *s.o. into doing s.t.* iem. deur 'n skelmstuk iets laat doen.

decency *in common* ~ ordentlikheidshalwe; *ob-* **serve** *the decencies* die fatsoen bewaar; *for* ~*'s* **sake** ordentlikheidshalwe; *a* **sense** *of* ~ ordentlikheids= gevoel.

decide ~ *against s.o.* teen iem. uitspraak doen, teen iem. beslis, ten nadele van iem. beslis; ~ *against doing s.t.* besluit om iets nie te doen nie; ~ *between* ... tussen — kies; ~ *in favour of* ..., ~ *for* ... ten gunste van — beslis; ~ *on s.t.* oor iets besluit; tot iets besluit; iets kies; *s.t.* ~*d s.o.* iets het iem. laat besluit, iets het by iem. die deurslag gegee.

decision *a* ~ *about/on s.t.* 'n besluit oor iets; *ar-* **rive** *at a* ~, **come** *to a* ~, **reach** *a* ~, **take** *a* ~ 'n besluit/beslissing neem, tot 'n beslissing/besluit kom/ geraak; *be faced with a* ~ voor 'n beslissing staan; *a* **firm** ~ 'n vaste/definitiewe besluit; **give** *a* ~ 'n be= slissing gee; *a* **man** *or* **woman** *of* ~ 'n besliste man *of* vrou; **uphold** *a* ~ 'n uitspraak bekragtig/bevestig.

decisive *be* ~ *of* ... vir — beslissend wees.

deck¹ [n.] HE **clears** *the* ~*s for action* HY maak HOM slaggereed; *go* **up** *on* ~ aan dek gaan; **hit** *the* ~ §plat neerval; *on* ~ op (die) dek, aan dek.

deck² [v.] ~ *out s.t.* iets tooi/versier; HE ~*s* HIMSELF *out* HY dos/vat HOM uit.

decked *be* ~ *out in* ... met — versier wees; in — uitge= dos/uitgevat wees; *be* ~ *with* ... met — versier wees *(bv. vlae)*.

declaration *make a* ~ verklaar.

declare HE ~*s against* or *for* ... HY verklaar HOM teen *of* ten gunste van —; HE ~*s* HIMSELF HY stel SY stand= punt; HY sê wat HY gaan doen; *well, I* ~! grote genade!

decline¹ [n.] *fall/go into a* ~ (begin te) kwyn; *the* ~ *in the price of gold* die daling van die goudprys; *be on the* ~ agteruitgaan, op die afdraand(e) wees ⋆, op die af= draande pad wees ⋆

decline² [v.] ~ *to* ... weier om te —.

decomposition *in an advanced state of* ~ in 'n ge= vorderde staat van ontbinding.

decorate ~ *s.t. with* ... iets met — versier.

decrease¹ [n.] *the* ~ *in* ... die daling van —; die vermindering van —; *be on the* ~ aan die afneem/daal wees.

decrease² [v.] ~ *by* ... met — afneem/daal; *s.t.* ~*s from* ... *to* ... iets neem van — af tot —, iets daal van — tot —.

decree *govern by* ~ by dekreet regeer; *issue/promul-* **gate** *a* ~ 'n dekreet/verordening uitvaardig.

dedicate ~ *a book to s.o.* 'n boek aan iem. opdra; HE ~*s* HIMSELF *to s.t.* HY wy HOM aan iets.

deduce ~ *s.t. from* ... iets van — aflei.

deduct ~ *s.t. from* ... iets van — aftrek; *after* ~*ing* ... na aftrek van —.

deduction *after* ~ *of* ... na aftrek van —.

deed *a daring* ~ 'n waagstuk; *execute a* ~, *(jur.)* 'n

akte verly; *do a good* ~ 'n goeie daad doen/verrig.
default *by* ~ by verstek; *in* ~ *of* ... by gebrek aan —;
by gebreke aan/van —; *let s.t. go by* ~ iets laat verby=
gaan, iets versuim, nie van iets gebruik maak nie.
defeat *accept/acknowledge/admit/concede* ~
dit gewonne gee, die stryd gewonne gee; *a crushing*
~ 'n verpletterende ne(d)erlaag; *inflict a* ~ *on s.o.*
iem. 'n n. toedien; *HIS* ~ *of HIS opponent* SY oorwin=
ning oor SY teenstander; *an outright* ~ 'n volkome
ne(d)erlaag; *stand* ~ 'n n. dra; *suffer* ~ 'n/die n. ly,
verslaan word; *sustain a* ~ 'n n. ly.
defect¹ [n.] *a congenital* ~ 'n aangebore gebrek; *s.t.
has a glaring* ~ daar is groot fout met iets.
defect² [v.] ~ *from* ... van — wegbreek *(bv. 'n par=
ty); uit* — uitwyk *(bv. 'n land); ~ to* ... na — oorloop.
defence *s.t. is a* ~ *against* ... iets bied beskerming
teen —; *come to s.o.'s* ~ iem. verdedig; *for the* ~ vir
die verdediging; *in* ~ *of* ... ter verdediging van —; *say
s.t. in s.o.'s* ~ iets ter verdediging van iem. sê; *HE puts
up a* ~ HY verdedig HOM; *in a state of* ~ in staat van
verdediging.
defend ~ *s.o.* or *s.t. against* ... iem. *of* iets teen —
verdedig; *HE* ~*s HIMSELF* HY verdedig/verweer HOM;
HY behartig SY eie verdediging/verweer *(in 'n hof)*.
defensive *on the* ~ verdedigend/defensief ingestel;
in die verdediging; be on the ~ verdedig, verdedigend
optree, aan die verdedig wees, 'n verdedigende hou=
ding aanneem.
defer *HE* ~*s to s.o., HE* ~*s to s.o.'s wishes* HY lê HOM by
iem. se wense neer, HY onderwerp HOM aan iem. se
wense; ~ *to s.o., (ook)* iem. eerbiedig.
deference *in* ~ *to* ..., *out of* ~ *to* ... uit agting/eer=
bied vir —; *with all due* ~ *to* ... met alle verskuldigde
agting/eerbied vir —.
defiance *bid* ~ *to* ..., *set* ... *at* ~ — trotseer/uitdaag/
weerstaan; *in* ~ *of* ... ondanks/ongeag/trots —, ten
spyte van —.
deficiency *make up a* ~, *remedy/supply a* ~ 'n leem=
te/tekort aanvul, 'n leemte vul; *a* ~ *of* ... 'n gebrek/te=
kort aan —.
deficient *be* ~ *in nitrogen/etc.* arm wees aan stikstof/
ens.; *HE is* ~ *in* ... dit ontbreek HOM aan — *(bv. moed)*.
deficit *make up a* ~ 'n tekort aanvul; *wipe out a* ~ 'n t.
goedmaak; 'n agterstand inhaal.
defined *sharply* ~ skerp onlyn(de).
definition *by* ~ op grond van die definisie, uiteraard.
deflect ~ *s.t. from* ... iets van — laat afskram; ~ *s.o.
from* ... iem. van — laat afwyk.
deflected *the bullet was* ~ die koeël het weggeskram.
defraud ~ *s.o. of s.t.* iem. van iets beroof.
deft *s.o. is* ~ *at doing s.t.* iem. kan iets goed doen; *be* ~
with ... handig/knap/vaardig wees met —.
degenerate ~ *into a* ... in/tot 'n — ontaard.
degree *by* ~*s* trapsgewys(e), langsamerhand, gelei=
delik, gaandeweg, algaande; *10* ~*s C* 10 grade C; *to a
certain* ~ in sekere mate, tot (op) sekere hoogte; *the
comparative* ~ die vergrotende trap; *confer a* ~

on/upon s.o. 'n graad aan iem. toeken; *do a* ~ vir 'n
graad studeer; *get/take a* ~ gradueer, 'n graad be=
haal/verwerf; *of high* ~ van hoë stand; *to the highest*
~ in die hoogste mate; *a* ~ *in history/etc.* 'n graad in
die geskiedenis/ens.; *to the last/nth* ~ in die hoogste
graad; uiters; *the positive* ~ die stellende trap; *read/
study/work for a* ~ vir 'n graad studeer/werk; *to
some* ~ in sekere mate, tot (op) sekere hoogte;
study/read/work for a ~ →*read/study/work; to
such a* ~ *that* ... dermate/soseer dat —; *the superla=
tive* ~ die oortreffende trap; *take/get a* ~ →*get/
take; give s.o. the third* ~ iem. hardhandig ondervra;
be ... *to a* ~ uitermate — wees, in besondere mate
— wees; *in varying* ~*s* in meerdere of mindere mate;
to what ~ ... in watter mate —; *work/read/study
for a* ~ →*read/study/work.*
deign *HE* ~*s to* ... HY verwerdig HOM om te —.
delay¹ [n.] *it brooks no* ~ dit duld geen uitstel nie;
have a ~ opgehou word; *without* ~ dadelik, onmid=
dellik, onverwyld.
delay² [v.] *don't* ~*!* moenie wag nie!, doen dit
dadelik!
delegate ~ *s.t. to s.o.* iets aan iem. oorlaat/opdra.
delete ~ *s.t. from* ... iets uit — skrap.
deliberate ~ *about/on/over s.t.* oor iets nadink, iets
oorweeg; ~ *about/on/over s.t. with s.o.* met iem. oor
iets beraadslaag, met iem. oor iets oorleg pleeg.
deliberation *after careful/due* ~ na sorgvuldige oor=
weging/oorleg; *s.t. comes under* ~ iets kom onder be=
spreking; *with* ~ opsetlik.
delight¹ [n.] *HE takes* ~ *in s.t.* HY geniet iets, HY skep
in iets behae, HY verlekker/verlustig HOM in iets; *to
s.o.'s* ~ tot iem. se vreugde.
delight² [v.] *HE* ~*s in s.t.* HY geniet iets, HY skep in
iets behae, HY verlekker/verlustig HOM in iets.
delighted *I shall be* ~ met die grootste plesier, met
groot genoeë; *I shall be* ~ *to* ... ek sal met die grootste
plesier/genoeë —; *be* ~ *with s.t.* (hoog) ingenome wees
met iets, opgetoë wees oor iets.
delirious *be* ~ yl, deurmekaar praat; *be* ~ *with* ... dol
wees van — *(bv. blydskap)*.
deliver ~ *s.o. from s.t.* iem. van iets verlos; *HE* ~*s
HIMSELF of an opinion* HY raak 'n opinie kwyt; ~ *s.o.
or s.t. up to* ... iem. *of* iets aan — afgee/oorhandig; iem.
aan — uitlewer; *HE* ~*s HIMSELF up to* ... HY gee HOM
aan — oor.
deliverance *s.o.'s* ~ *from s.t.* iem. se verlossing van
iets, iem. se (uit)redding uit iets.
delivered *be* ~ *of* ... van — verlos/ontslae wees *(bv.
'n oorlas)*; die lewe aan — skenk *('n kind)*.
delivery *on* ~ by aflewering; *take* ~ *of s.t.* iets in
ontvangs neem.
delude ~ *s.o. into* ... iem. daartoe verlei om te —; *HE*
~*s HIMSELF* HY maak HOMSELF iets wys.
deluge *a* ~ *of* ... 'n stortvloed —.
delve ~ *among* ... onder — grawe; *HE* ~*s into* ... HY
grawe in —; HY verdiep HOM in —.

delusion *be/labour under the* ~ *that* ... in die waan verkeer/wees dat —; *be under no* ~*s* nie onder 'n verkeerde indruk wees nie.

demand¹ [n.] *the* ~ *for* *s.t.* die (aan)vraag na iets; die behoefte aan iets; *s.t. is (much) in* ~, *s.t. is in (great)* ~ daar is baie aanvraag na iets, daar is 'n groot (aan)vraag na iets, iets kry/vind (goeie) aftrek; *s.o. is in* ~ iem. is gewild, iem. is in tel; *make a* ~ 'n eis stel; *make* ~*s on* ... eise aan — stel; *meet/supply a* ~ aan 'n aanvraag voldoen; *on* ~ op aanvraag; *by popular* ~ op algemene aandrang; *by public* ~ op aandrang van die publiek.

demand² [v.] ~ *s.t. from/of* ... iets van — vereis/verg/verlang.

démarche *make a* ~ 'n démarche doen.

demented *HE became* ~ HY het van SY kop/verstand (af) geraak.

demon *a* ~ *for work* § 'n werkesel ★, 'n duiwel om te werk ★; *be a* ~ *for work* § werk soos 'n besetene/esel★

demonstrate ~ *against* ... teen — betoog; ~ *s.t. to s.o.* iets aan iem. toon.

demonstration *give a* ~ *of s.t.* iets vertoon; *hold a* ~ 'n betoging hou.

demonstrative *be* ~ *of s.t.* iets (aan)toon/bewys.

demoralising, =izing *s.t. is* ~ *to s.o.* iets is vir iem. demoraliserend, iets werk demoraliserend op iem in, iets ontmoedig iem.

demur¹ [n.] *without* ~ sonder teenspraak.

demur² [v.] ~ *at s.t.* bedenkings teen iets opper.

denial *a flat* ~ 'n volstrekte ontkenning; *a* ~ *of* ... 'n ontkenning van — *(bv. skuld)*; 'n miskenning van — *(die reg)*; 'n verloëning van — *(God)*. →**deny.**

denounce ~ *s.o. as a* ... iem. vir 'n — uitmaak; iem. as 'n — aan die kaak stel.

dent *make a* ~ *in s.t.*, *(lett.)* 'n duik in iets maak; *(fig.)* § met iets vorder *(bv. werk)*.

denude ~ *s.t. of* ... iets van — ontbloot; iets van — beroof; iets — ontneem.

denuded *be* ~ *of* ... sonder — wees.

denunciation *a ringing* ~ 'n klinkende veroordeling.

deny ~ *absolutely/flatly* ten stelligste ontken; *it cannot be denied that* ... dit is onteenseglik dat —; *HE denies HIMSELF* HY beoefen selfverloëning; *HE denies HIMSELF s.t.* HY ontsê HOMSELF iets, HY kom sonder iets klaar; ~ *s.o. s.t.* iem. iets ontsê. →**denial.**

denying *there is no* ~ *that* ... dit is onteenseglik dat —.

depart ~ *from* ... van — vertrek *('n plek)*; van — afwyk *(bv. 'n plan)*; ~ *for* ... na — afreis/vertrek; ~ *(from) this life* die tydelike met die ewige verwissel, sterf.

department *the* ~ *of agriculture/etc.* die departement van landbou/ens.

departure *on s.o.'s* ~ by iem. se vertrek; *make a new* ~ 'n nuwe rigting inslaan; *take one's* ~ vertrek; *the time of* ~ die vertrektyd.

depend *it* ~*s on/upon* ... dit hang van — af; *HE* ~*s on/upon* ... HY maak op — staat, HY reken op —, HY verlaat HOM op —; HY is van — afhanklik; *you can* ~ *on/upon it* jy kan daarvan seker wees, jy kan jou daarop verlaat; ..., ~ *on/upon it!* —, so seker as wat!; ~ *on/upon s.o. for s.t.* op iem. reken om iets te verskaf; ~ *on/upon s.o. to do s.t.* op iem. staatmaak om iets te doen; *that (all)* ~*s* dit hang heeltemal daarvan af, dis al na dit val.

dependent *be* ~ *on/upon* ... van — afhanklik wees; op — aangewese wees; *be* ~ *on/upon s.o., (ook)* iem. na die oë kyk.

depending ~ *on/upon the quantity* al na die hoeveelheid, na gelang van die hoeveelheid; ~ *on/upon the weather* as die weer dit toelaat.

deport¹ [v.] ~ *s.o. from a country* iem. uit 'n land sit/deporteer.

deport² [v.] *HE* ~*s HIMSELF well* HY gedra HOM goed.

deposit *form a* ~ 'n neerslag/afsetsel vorm; *make a* ~ 'n deposito stort, iets deponeer/inlê *(geld)*; *on* ~ in deposito; *pay a* ~ *on s.t.*, *put down a* ~ *on s.t.* 'n d. vir iets betaal.

deposition *make a* ~ 'n verklaring aflê; *take a* ~ 'n v. afneem.

depression *in a state of* ~ in 'n terneergedrukte stemming.

deprive ~ *s.o. of s.t.* iem. van iets beroof, iem. iets ontsê; *HE* ~*s HIMSELF of* ... HY ontsê HOM —.

deprived *be* ~ *of* ... sonder — wees, van — ontstoke wees.

depth *at a* ~ *of 100 metres* op 'n diepte van 100 meter; *do s.t. in* ~ iets deeglik/grondig doen; *a study/etc. in* ~ 'n deeglike/grondige studie/ens.; *be 100 metres in* ~ 100 meter diep wees; *in the* ~ *of* ... in die hartjie van — *(die winter)*; in die middel van — *(die nag)*; *in the* ~*s of* ... in die diepste — *(bv. wanhoop)*; *be* or *get out of one's* ~ in diep water wees of raak; *HE is (getting) out of HIS* ~, *(ook)* dit is/raak nou bo(kant) SY vuurmaakplek ★; *plumb the* ~*s of* ... die diepste/ergste — deurmaak *(bv. ellende, wanhoop)*; — volkome deurgrond; die laagtepunt van — uitmaak.

deputation *see a* ~ 'n afvaardiging te woord staan, 'n a. ontvang.

deputise, =ize ~ *for s.o.* vir iem. instaan/waarneem.

derailed *the train was* ~ die trein het van die spoor geloop, het t. het ontspoor.

derision *arouse/provoke* ~ spot uitlok; *bring s.o. into* ~ iem. belaglik/bespotlik maak; *be an object of* ~ bespot word, 'n spot wees.

derive ~ *from* ... uit — ontstaan het, uit — spruit; van — afstam; aan — ontleen wees; ~ *s.t. from* ... iets uit — put; iets aan — ontleen; iets van — kry; iets van — aflei.

derived *be* ~ *from* ... van — afkomstig wees.

derogate ~ *from s.t.* aan iets afbreuk doen; op iets inbreuk maak.

descend ~ *on/upon* ... op — afkom; op — toesak; —

oorval; HE ~s to … HY daal tot — (af); HY verlaag HOM tot —.

descended be ~ from … van — afstam.

describe ~ s.o. or s.t. as a … iem. of iets 'n — noem; iem. of iets as 'n — bestempel; ~ s.t. as good/etc. sê dat iets goed/ens. is; HE ~s HIMSELF as a … HY gee HOM vir 'n — uit, HY noem HOMSELF 'n —.

description answer to a ~ met 'n beskrywing klop/ ooreenkom, aan 'n b. beantwoord; no … of any ~ geen — hoegenaamd nie, hoegenaamd geen — nie; beg= gar/defy ~ onbeskryflik wees, alle beskrywing te bowe gaan; boats/etc. of every ~ allerhande soorte bo= te/ens.; give a ~ of s.o. or s.t. iem. of iets beskryf/ beskrywe, 'n beskrywing van iem. of iets gee; s.o. of that ~ so iemand; give a vivid ~ of … 'n aanskoulike beskrywing van — gee, — met geur en kleur beskryf/ beskrywe.

descriptive be ~ of s.t. iets beskryf/beskrywe.

desert ~ to the enemy (na die vyand) oorloop.

deserts according to HIS ~ na SY verdienste; HE gets HIS just ~ HY kry SY verdiende loon.

deserve ~ better of s.o. iets beters van iem. verdien; richly ~ s.t. iets volkome verdien; HE ~s well of … HY het HOM teenoor — verdienstelik gemaak.

deserved richly ~ volkome verdien(d).

deserving be ~ of s.t. iets verdien; iets waardig wees.

design by ~ met opset, opsetlik; have ~s on … die oog op — hê; iets teen — in die skild voer.

designed be ~ for … vir — bedoel wees; be ~ to … bedoel wees om te —.

designate ~ s.o. as … iem. as — aanwys; ~ s.t. as … iets tot — verklaar.

desire¹ [n.] cherish a ~ 'n begeerte koester; ex= press a ~ 'n wens uitspreek; a fervent ~ for … 'n brandende begeerte na —; a ~ for … 'n begeerte/ver= lange na —; 'n sug na —; 'n wens om —; gratify s.o.'s ~ iem. se begeerte/lus bevredig; a ~ to do s.t. 'n be= geerte om iets te doen.

desire² [v.] s.o. ~s to do s.t. iem. wil graag iets doen.

desired as ~ na wens; all that can be ~ alles wat ('n) mens kan verlang; if ~ desverkiesend; it leaves much to be ~ dit laat veel te wense oor.

desirous be ~ of … verlang om — te hê of wees.

desist ~ from s.t. met iets ophou.

despair¹ [n.] in black ~ in diepe wanhoop; drive/ reduce s.o. to ~, fill s.o. with ~ iem. tot wanhoop bring/dryf; in ~ in/uit wanhoop; be in ~ wanhopig wees; be the ~ of s.o. iem. wanhopig maak.

despair² [v.] ~ of s.t. aan iets wanhoop; alle hoop op iets opgee.

despatch →dispatch.

desperate be ~ for s.t. wanhopig op iets wag (bv. hulp).

desperation in ~ in/uit wanhoop.

despondent be ~ about/over s.t. oor iets moedeloos wees.

destined be ~ for … vir — bestem(d) wees; vir — in

die wieg gelê wees; was ~ to … was voorbestem(d) om te —, sou —.

destiny HE fulfils HIS ~ HY vervul SY roeping; a man or woman of ~ 'n man of vrou met 'n roeping, 'n be= skikte/voorbestemde man of vrou, 'n geroepe man of vrou, 'n geroepene; it is s.o.'s ~ /lot to be or do s.t. dit is iem. beskore om iets te wees of doen, die lot is iem. beskore om iets te wees of doen.

destruction cause ~ verwoesting aanrig; the total/ utter ~ of … die algehele verwoesting van —; wanton ~ moedswillige vernieling.

destructive be ~ of s.t. iets verniel/verwoes.

detached become ~ from … van — los raak.

detail full ~s nader(e) besonderhede; go into ~ in besonderhede tree; in great ~ tot in besonderhede; in greater ~ meer in besonderhede; in ~ (tot) in be= sonderhede, omstandig, uitvoerig, haarfyn; s.t. is a matter of ~ iets is van ondergeskikte belang; a mere ~ 'n bysaak/kleinigheid, 'n ondergeskikte punt; tell s.t. in ~ iets haarfyn vertel.

detection escape ~ nie ontdek word nie.

deter ~ s.o. from s.t. iem. van iets afskrik; ~ s.o. from doing s.t. iem. daarvan afskrik om iets te doen. →deterrent.

deterred be ~ by s.t. from doing s.t. deur iets daarvan afgeskrik word om iets te doen; HE won't be ~ HY sal HOM nie laat afskrik nie.

determination steely ~ stale vasberadenheid/wils= krag; s.o.'s ~ to do s.t. iem. se vaste voorneme om iets te doen.

determine s.t. ~s s.o. to do s.t. iets laat iem. besluit om iets te doen.

determined be ~ beslis/vasberade wees (van aard); s.t. is largely ~ by … iets word tot groot hoogte deur — bepaal; be ~ to do s.t. vasbeslote wees om iets te doen.

deterrent act as a ~ as afskrikmiddel dien, tot af= skrik dien. →**deter**.

detour ~ ahead verlegging voor ('n padteken); make a ~ om iets loop of ry, met 'n ompad loop of ry.

detract ~ from s.t. aan iets afbreuk doen; this does not ~ from the fact that … dit verander nie die feit dat — nie, dit doen niks af aan die feit dat — nie.

detriment to the ~ of … tot nadeel/skade van —; without ~ to … sonder om — te benadeel.

detrimental be ~ to … vir — nadelig/skadelik wees.

deuce ~ alone knows § die drommel/duiwel/joos al= leen weet ★; a ~ of a … § 'n verskriklike —; there will be the ~/devil to pay § daar sal perde wees ★, die poppe sal dans ★; play the ~/devil/dickens with s.t. § iets in die war stuur; § 'n gemors van iets maak ★; § iets ruïneer; § roekeloos met iets omspring; ~ take it! § verdui= wels! ★; the ~/devil take you! § die duiwel haal jou! ★; what or where or who the ~/devil/dickens …? § wat of waar of wie die drommel/duiwel —? ★

devastation cause ~ verwoesting aanrig; the total/ utter ~ of s.t. die algehele verwoesting van iets.

develop *allow things to* ~, *let things* ~ sake hul loop laat neem; ~ *from* … uit — ontstaan; uit — ontwikkel; ~ *into* … tot — ontwikkel, 'n — word.

development *await* ~*s* 'n afwagtende houding aan= neem.

deviate ~ *from* … van — afwyk.

deviation *a* ~ *from* … 'n afwyking van —.

device *leave s.o. to HIS own* ~*s* iem. aan SY lot oorlaat; iem. SY eie gang laat gaan.

devil *be a* ~ § 'n doring wees *; *be a* ~! §waag dit!; *the blue* ~*s* § neerslagtigheid, terneergedruktheid; *give the* ~ *his due* die duiwel gee wat hom toekom; *go to the* ~ §te gronde gaan; HE *can go to the* ~ §HY kan na SY peetjie gaan *; *go to the* ~! §§ loop na die dui= wel! **, loop na jou peetjie! **; ~ *take the hindmost* § red jouself as jy kan; *like the* ~ §soos 'n besetene, of die duiwel agter HOM is *; *a* ~ *of a* … §'n doring van 'n — *(kêrel)* *; §'n duiwelse/helse — *(bv. lawaai)*; *there will be the* ~/*deuce to pay* §daar sal perde wees *, die poppe sal dans *; *play the* ~/*deuce*/*dickens with s.t.* § iets in die war stuur; §'n gemors van iets maak *; §iets ruïneer; § roekeloos met iets omspring; *the poor* ~ § die arme drommel *; *be possessed by the* ~ deur die duiwel besete wees; *between the* ~ *and the deep (blue) sea* § tussen twee vure, tussen hamer en aambeeld, tussen hang en wurg *; *sup with the* ~ met die duiwel omgaan; *he must have a long spoon that sups with the* ~ (P) sorg altyd dat jy 'n slag om die arm hou; *the* ~/*deuce take you!* §die duiwel haal jou! *; *talk of the* ~! §praat van die duiwel! *; *it is the very* ~ *to* … §dit is baie moeilik om te —; *what* or *where* or *who the* ~/*deuce*/*dickens* …? § wat of waar of wie de drommel/ duiwel —? *

devilment *for* ~ uit/van kwaaddoenerigheid.

devoid *be* ~ *of* … sonder — wees; van — ontbloot wees *(bv. alle waarheid)*.

devolve *s.t.* ~*s on*/*upon s.o.* iets gaan op iem. oor.

devote ~ … *to s.t.* — aan iets wy *(bv. tyd)*.

devoted *be* ~ *to* … aan — toegewy wees; aan — ver= knog wees; aan — geheg wees; aan — (ge)trou wees.

devotee *a* ~ *of* … 'n aanhanger van —; 'n liefhebber van —.

devotion *with doglike* ~ met slaafse gehoorsaamheid; *s.o.'s* ~ *to* … iem. se toewyding aan —; iem. se gehegt= heid aan —; iem. se verering van —.

diagnosis *make a* ~ 'n diagnose (op)maak.

diagram *draw a* ~ 'n diagram teken.

diameter *in* ~ in deursnee/deursnit.

diamond *cut* ~*s* diamante slyp; *a rough* ~ 'n ruwe diamant *(lett. & fig.)*; *set s.t. with* ~*s* iets met diaman= te beset; *split a* ~ 'n diamant kloof/klowe.

diary *keep a* ~ 'n dagboek hou.

dice¹ [n.] *the* ~ *are heavily loaded against HIM* HY het alles teen HOM, alles is teen HOM; *but no* ~ § maar tevergeefs; *no* ~! §dit (sal nie) help nie!; *roll*/*throw the* ~ dobbelstene gooi.

dice² [v.] ~ *with* … met — speel *(bv. die dood)*.

dickens *play the* ~/*deuce*/*devil with s.t.* § iets in die war stuur; §'n gemors van iets maak *; §iets ruïneer; § roekeloos met iets omspring; *what* or *where* or *who the* ~/*deuce*/*devil* …? §wat of waar of wie de drommel/dui= wel —? *

dictate¹ [n.] *the* ~*s of* … die stem van — *(die gewete)*; die ingewing van — *(die hart)*.

dictate² [v.] ~ *to s.o.* aan iem. dikteer *(bv. 'n brief om te tik)*; (aan) iem. voorskryf/voorskrywe.

dictation *take (down)* ~ diktaat opneem.

dictionary *compile a* ~ 'n woordeboek opstel; *consult a* ~ 'n w. raadpleeg/naslaan; *look s.t. up in a* ~ iets in 'n w. naslaan.

did HE ~ *it!* HY het dit reggekry!; *why* HE *acted as* HE ~ waarom HY so opgetree het.

die¹ [n.] *the* ~ *is cast* (P) die teerling is gewerp (P); *cut a* ~ 'n stempel sny.

die² [v.] ~ *a pauper*/*etc.* as armlastige/ens. sterf; ~ *away* wegsterf; ~ *back,* (*bot.)* afsterf; *s.o. would* ~ *before lying*/*etc.* iem. sou eerder sterf as (om te) lieg/ ens.; ~ *down* wegsterf; verflou; bedaar; *s.o.* ~*s hard* iem. het 'n swaar doodstryd; *s.t.* ~*s hard* iets is (baie) taai *(bv. 'n gewoonte)*; ~ *of* … aan — sterf *('n siekte)*; van — doodgaan *(bv. honger, skrik)*; ~ *off* afsterf; uitsterf; ~ *on s.o.* §voor iem. se oë sterf; ~ *out* uit= sterf; *never say* ~! §hou (goeie) moed!, moenie moed verloor nie!, aanhou(er) wen!. →**dying**.

diet *go on a* ~ op dieet gaan, 'n d. begin volg; *be on a* ~ op d. wees, 'n d. volg; *put s.o. on a* ~ iem. op d. stel, vir iem. 'n d. voorskryf/voorskrywe; *be on a spare* ~ skraal kos kry.

differ ~ *about*/*on s.t.* oor iets verskil, in verband met iets v., met betrekking tot iets v.; *agree to* ~ besluit om dit daarby te laat, vriendskaplik met mekaar ver= skil; *I beg to* ~ ek stem nie saam nie; ~ *by* … met — verskil; ~ *from* … van — v., anders as — wees; met/ van — v., nie met — saamstem nie; ~ *widely* hemels= breed v.; baie verskillend wees; baie verskillende me= nings hê; ~ *with s.o.* met/van iem. verskil, nie met iem. saamstem nie.

difference *adjust*/*resolve*/*settle* ~*s* geskille by= lê/skik, geskille uit die weg ruim; *the* ~ *between* … *and* … die verskil tussen — en —; die geskil tussen — en —; *the* ~ *in* … die verskil in —; *make a* ~ 'n v. maak; *it makes all the* ~ dit is belangrik, dit verander die saak; *it makes no* ~ dit maak geen verskil nie, dit verander die saak nie; *it makes no* ~ *(to me)* dit is vir my om 't ewe; *a marked* ~ 'n duidelike onderskeid; *not see any* ~ geen verskil sien nie; *sink* ~*s* geskille laat vaar; *split the* ~ die verskil deel; *what's the* ~? §wat maak dit saak?; *a* … *with a* ~ § 'n (heel) beson= derse —; *a world of* ~ 'n hemelsbreë verskil/onder= skeid.

different *as* ~ *as chalk from cheese* § heeltemal verskillend; *s.t. is far* ~ iets is glad/heel anders; *be* ~ *from* … van — verskil, anders as — wees; *be no* ~ *from* … maar net soos — wees; *s.t. is quite* ~ iets is glad/heel anders; *two things are* **quite** ~ twee dinge is heel verskillend.

differentiate ~ *between* ... tussen — onderskei; — verskillend behandel.

difficulty *difficulties* **arise** moeilikhede ontstaan, moeilikhede doen hulle voor; *find o.s. in difficulties* in die moeilikheid beland, in die nood raak; *have* ~ *in doing s.t.* swaar kry om iets te doen, iets swaar doen *(bv. praat);* **help** *s.o. out of a* ~ iem. uit die moeilik= heid help; *be in difficulties* in die moeilikheid/nood wees; *labour under difficulties* swaar leef/lewe, met moeilikhede te kampe hê; *land in difficulties* in die moeilikheid beland; in die nood raak; *land s.o. in diffi= culties* iem. in die moeilikheid bring, iem. in die moei= likheid laat beland; *every little* ~ elke ou moeilikheid= jie; *make difficulties* besware opper; *meet with a* ~ op 'n moeilikheid stuit; *it presents some* ~ dit gee moeite, dit lewer moeilikheid op; *run into difficulties* in die moeilikheid beland; die wind van voor kry; *do s.t. with* ~ iets met moeite doen, iets beswaarlik kan doen.

diffident *be* ~ *about doing s.t.* skroom om iets te doen.

dig¹ [n.] *a* ~ *at s.o.* § 'n steek vir iem.; *have a* ~ *at s.o.* § iem. 'n steek gee; *give s.o. a* ~ *(in the ribs)* iem. (in die ribbe) stamp.

dig² [v.] ~ *for s.t.* na iets delf; na iets grawe; ~ *in* § weglê *(aan kos)* *; ~ *in s.t.* iets inspit; in iets spit; in iets grawe; HE ~s HIMSELF *in* HY grawe HOM in *(lett. & fig.);* §HY vestig HOM stewig, HY verstewig SY posi= sie; ~ *into s.t.* § aan iets weglê *(kos)* *; § iets onder= soek, in iets snuffel; *s.o.* ~s *it* § iem. begryp/snap dit; ~ *out s.t.* iets uitgrawe; iets uithol; iets aan die lig bring; iets oprakel; ~ *up s.t., (lett.)* iets opgrawe; iets omspit *('n stuk grond); (fig.)* iets uitgrawe; § iets by= mekaarkry *(bv. genoeg geld).*

digestion *have the* ~ *of an ostrich* § 'n volstruismaag hê *

dignity HE **bears** HIMSELF *with* ~ HY gedra HOM waardig; *s.t. is beneath s.o.'s* ~ iets is benede iem. se waardigheid; *lend* ~ *to* ... waardigheid aan — ver= leen; HE **stands** *on* HIS ~ HY is op SY waardigheid gesteld; HE has been **stripped** *of* HIS ~ HY is van SY waardigheid ontdaan/ontbloot.

digress ~ *from* ... van — afdwaal *('n onderwerp).*

dilate ~ *on/upon s.t.* oor iets uitwei.

dilemma *be on the horns of a* ~, *be in a* ~ voor 'n dilemma staan, in 'n d. wees.

dim *grow* ~ verswak; dof word.

dime *they are a* ~ *a dozen, they are ten/two a penny* § jy kan hulle agter elke bos(sie) uitskop *, hulle is volop; § hulle is nie veel werd nie.

din¹ [n.] *kick up a* ~, *make a* ~ lawaai maak; *what a* ~ *there was!* dit was vir jou 'n lawaai!

din² [v.] ~ *s.t. into s.o.*, ~ *s.t. into s.o.'s ears* iets by iem. inhamer, iets oor en oor vir iem. sê.

dine ~ *in* tuis eet; ~ *off/on s.t.* iets eet, 'n maaltyd van iets maak; ~ *out* uiteet *(nie tuis nie);* ~ *out on s.t.*

uitgenooi word oor iets; ~ *and wine s.o.* iem. feestelik onthaal.

dinner *after* or *before* ~ na *of* voor die aandete; *at* ~ by die aandete; aan tafel; *we're having* ~ ons eet; ~ *is served* die ete/kos is op (die) tafel; *take* ~ aand= ete nuttig/gebruik.

dint *by* ~ *of* ... deur (middel van) —, deur te —.

dip¹ [n.] *go for a* ~, *have/take a* ~ gaan swem, in die water spring; *go through a* ~ deur 'n duik gaan; 'n daling beleef/belewe; *a lucky* ~ 'n gelukspakkie/ver= rassingspakkie; *the road takes a* ~ daar is 'n duik in die pad; *the profits took a* ~ die wins het gedaal.

dip² [v.] ~ *s.t. in/into* ... iets in — steek; iets in — doop; ~ *into a book* 'n boek deurblaai; ~ *into the future* 'n blik in die toekoms werp; HE ~s *into* HIS *savings* HY gebruik van SY spaargeld, HY spreek SY spaargeld aan; ~ *into a subject* vlugtig met 'n onder= werp kennis maak.

direct ~ *s.t. to s.o.* iets aan iem. addresseer/rig; ~ *s.o. to a place* iem. die pad na 'n plek beduie.

directed *be* ~ *against* ... teen — gerig wees; *be* ~ *at* ... *vir* — bedoel wees; *be* ~ *by* ... onder regie van — opgevoer word; onder leiding van — staan.

direction *follow the* ~s die aanwysings volg *(bv. i.v.m. medisyne); in the* ~ *of a place* in die rigting van 'n plek; *keep* ~ koers hou; *s.o.'s sense of* ~ iem. se rigtinggevoel; *take a* ~ 'n koers/rigting inslaan; *in that* ~ in daardie rigting, soontoe; *under the* ~ *of* ... onder regie van — *('n regisseur);* onder leiding van — *(iem.).*

dirt *do s.o.* ~ § iem. gemeen/smerig behandel *; *eat* ~ in die stof kruip, beledigings sluk; *fling/throw* ~ met modder gooi; *fling/throw* ~ *at s.o.* iem. beswad= der; *treat s.o. like* ~ iem. soos 'n voetveeg behandel.

dirty *do the* ~ *on s.o.* § iem. gemeen/smerig behandel.

disabuse ~ *s.o. of s.t.* iem. van iets bevry, iem. iets uit die kop praat; HE ~d HIMSELF *of s.t.*, HE ~d HIS *mind of s.t.* HY het iets uit SY kop gesit.

disadvantage *be at a* ~ benadeel wees/word, sleg af wees; *have s.o. at a* ~ 'n voordeel bo iem. hê; *la= bour under a* ~ gekniehalter/geknelter wees; met moeilike omstandighede te kampe hê; *place/put s.o. at a* ~ iem. benadeel; *to s.o.'s* ~ in iem. se nadeel, ten nadele van iem.

disagree ~ *with s.o. about/over s.t.* oor iets met/van iem. verskil, nie met iem. saamstem oor iets nie; *s.t.* ~s *with s.o.* iets akkordeer nie met iem. nie *(bv. 'n soort kos, die klimaat).*

disagreement *a* ~ *about/over s.t.* 'n meningsver= skil oor iets; ~ *among/between* ... meningsverskil tussen —; *there was flat* ~ daar was 'n volslae me= ningsverskil; *be in* ~ *with s.o.* nie met iem. saamstem nie.

disappointed *be* ~ *at/with s.t.* oor/met iets teleur= gestel(d) wees; *be grievously* ~ deerlik t. wees; *be* ~ *in/with s.o.* in iem. t. wees; *be* ~ *in s.t.* in iets t. wees.

disappointment *s.o.'s* **acute** ~ iem. se diepe te=

leurstelling; *s.o.'s* ~ *at/over* *s.t.* iem. se t. oor iets; *quite* *a* ~ 'n hele t.; *to* *s.o.'s* ~ *s.t.* *did not happen* iem. was teleurgestel(d) dat iets nie gebeur het nie; *be a* ~ *to* *s.o.* 'n teleurstelling vir iem. wees.

disapproval HE *expresses* HIS ~ *of* *s.t.* HY spreek SY afkeuring oor iets uit; *in* ~ afkeurend; *s.o.'s* ~ *of* … iem. se afkeuring van —; *speak with* ~ *of* … afkeu= rend van — praat.

disapprove ~ *of* *s.t.* teen iets wees, iets afkeur; ~ *of* *s.o.* *doing* *s.t.* dit afkeur dat iem. iets doen.

disarray *in* ~ in wanorde.

disassociate →**dissociate.**

disaster *s.t.* *will bring* ~ iets sal rampspoedig wees; HE *courts* ~ HY is roekeloos, HY bring 'n ramp oor HOMSELF; *s.t.* *is doomed to* ~ iets is tot rampspoed gedoem; *end in* ~ op 'n ramp uitloop; *that would mean* ~ dit sou 'n ramp meebring; *meet with* ~ deur 'n r. getref word; *it was a near* ~ dit was byna 'n r.; ~ *overtook* *s.o.* 'n r. het iem. getref/oorgekom; *s.t.* *is a* ~ *to* *s.o.* iets is vir iem. 'n r.

disastrous *s.t.* *is* ~ *to* *s.o.* iets is vir iem. rampspoe= dig.

disbelief *s.o.'s* ~ *in* *s.t.* iem. se ongeloof aan iets; *in* ~ ongelowig.

disc, disk *cut* *a* ~ 'n plaat maak/sny; *have* *s.t.* *on* ~, *(rekenaars)* iets op 'n skyf hê; *press* *a* ~ 'n plaat druk; *a slipped* ~ 'n verskuifde werwel.

discern ~ *between good and evil* tussen goed en kwaad onderskei.

discernment *show* ~ (goeie) oordeel aan die dag lê.

discharge¹ [n.] HE *buys/purchases* HIS ~ HY koop HOM uit.

discharge² [v.] ~ *s.o.* *from* … iem. uit — ontslaan *(bv. die diens, die hospitaal)*; ~ *s.t.* *from* … iets van — aflaai; iets uit — laat loop; ~ *s.t.* *into* … iets in — laai; iets in — laat loop.

discipline¹ [n.] *maintain* ~ die tug/dissipline hand= haaf; *strict* ~ strenge tug/dissipline; *be under* ~ onder tug/dissipline staan.

discipline² [v.] HE ~*s* HIMSELF HY beheers HOM, HY beoefen selftug/selfdissipline.

disciplined *badly* ~ ongedissiplineer(d); *well* ~ ge= dissiplineer(d).

discomfort *bear* ~ ongemak/ongerief verduur; *cause* ~ ongemak/ongerief veroorsaak; *suffer* ~ ongemak/ ongerief deurmaak/verduur.

disconnect ~ *s.t.* *from* … iets van — ontkop= pel/loskoppel.

disconnected *they were* ~ die verbinding tussen hulle is verbreek.

disconsolate *be* ~ *about/at* *s.t.* troosteloos wees oor iets.

discontent *s.o.'s* ~ *about/at/with* *s.t.* iem. se onte= vredenheid oor iets; *fan* ~, *stir up* ~ ontevredenheid aanblaas/aanwakker; *be seething with* ~ gis van onte= vredenheid.

discord ~ *among/between* *people* onenigheid tus=

sen mense; *the apple of* ~ die twisappel; *create/sow* ~, *stir up* ~ kwaad/tweedrag/twis stook, tweedrag saai, kwaad/onenigheid stig; ~ *in* a *family* or *party* onenigheid in 'n familie *of* party.

discount *allow/give* *a* ~ *on the price of* *s.t.* korting op die prys van iets gee/toestaan; *at* *a* ~ met korting; *be at* *a* ~, *(lett., fin.)* onder pari wees; *(fig.)* in onguns wees, nie geag word nie.

discourage ~ *s.o.* *from doing* *s.t.* iem. afraai om iets te doen.

discourse ~ *on/upon* *s.t.* iets bespreek/behandel, oor iets praat.

discourteous *be* ~ *to* *s.o.* onhoflik wees teenoor iem.

discovery *make* *a* ~ 'n ontdekking doen.

discredit *bring* ~ *on/upon/to* *s.o.*, *bring* *s.o.* *into* ~ iem. in die skande steek; *be in* ~ in onguns wees; *be a* ~ *to* … die goeie naam van — skaad.

discretion *act with* ~ versigtig handel/optree; *the age/years of* ~ die jare van onderskeid; *at* *s.o.'s* ~ na iem. se goeddunke; *s.t.* *is at* *s.o.'s* ~ iets berus by iem.; *it is/lies in/within* *s.o.'s* ~ dit berus by iem., dit is binne iem. se bevoegdheid; *at* *s.o.'s* *sole* ~ geheel na iem. se eie goeddunke; *be the soul of* ~ uiters diskreet wees, die ene diskresie wees; *use one's own* ~ na eie goeddunke handel; ~ *is the better part of valour* (P) versigtigheid is die moeder van die wysheid (P); lie= wer(s) bang Jan as dooi Jan (P).

discriminate ~ *against* *s.o.* onderskeid maak ten koste van iem., iem. agterstel/benadeel; ~ *between* … tussen — onderskei; ~ *in favour of* *s.o.* onderskeid maak ten gunste van iem., iem. bevoordeel/voortrek.

discuss ~ *s.t.* *with* *s.o.* iets met iem. bespreek.

discussed *be much/widely* baie bespreek word; *a much/widely* ~ *matter* 'n veelbesproke saak.

discussion *come up for* ~ in behandeling kom, aan die orde kom; ter sprake kom; *be down for* ~ op die agenda wees; *have* ~*s* samesprekings voer; *be under* ~ in behandeling wees, aan die orde wees; onder be= spreking wees.

disdain¹ [n.] *have the greatest* ~ *for* *s.o.* or *s.t.* iem. *of* iets met die grootste minagting bejeën.

disdain² [v.] HE ~*ed to* … HY het HOM nie verwerdig om te — nie.

disdainful *be* ~ *of* *s.t.* iets minag.

disease *a* ~ *breaks out* 'n siekte breek uit; *catch/ contract/get* *a* ~, *come down with a* ~ 'n s. kry/op= doen; *catch* *a* ~, *(ook)* aansteek, aangesteek word; *catch a* ~ *from* *s.o.* by iem. aansteek, deur iem. aange= steek word; *the outbreak of a* ~ die uitbreking van 'n siekte; *a* ~ *spreads* 'n s. versprei; *transmit a* ~ 'n s. oordra.

disembark ~ *from a ship* van 'n skip aan land/wal gaan/stap.

disembarrass ~ *s.o.* *from* *s.t.* iem. van iets verlos.

disenchanted *be* or *become* ~ *with* … met — teleur= gestel(d) wees *of* raak.

disengage *HE ~s HIMSELF from* … HY wikkel HOM uit — los.

disentangle *HE ~s HIMSELF from* … HY wikkel HOM uit — los.

disfavour *fall into ~ with s.o.* by iem. in ongenade val, by iem. in onguns raak, by iem. uitbak ⋆; *be in ~ with s.o.* by iem. in ongenade/onguns wees; *regard/ view … with ~* 'n ongunstige mening oor — hê.

disgrace¹ [n.] *bring ~ on/upon s.o.* iem. in die skan= de steek; *fall into ~ with s.o.* by iem. in ongenade val; *be in ~ with s.o.* by iem. in ongenade wees; *be a ~ to s.o.* or *s.t.* iem. *of* iets in die skande steek; iem. *of* iets tot skande strek.

disgrace² [v.] *HE ~d HIMSELF* HY het skande ge= maak, HY het HOM skandelik gedra, HY het in die skan= de gekom/geraak.

disgraced *be ~* skande maak, in die skande kom/ raak; in ongenade val.

disgruntled *be ~ at s.t.* oor iets ontevrede wees.

disguise¹ [n.] *be in ~* vermom wees; *a blessing in ~* 'n bedekte seën; *shed a ~*, *throw off a ~* 'n masker afwerp; *a thin ~* 'n skrale/swak vermomming.

disguise² [v.] *HE ~s HIMSELF* HY vermom HOM.

disguised *be ~ as a* … as 'n — vermom wees; *be thinly ~* effens/effe(ntjies) vermom wees.

disgust *s.o.'s ~ at s.t.* iem. se walging vir/van iets; *fill s.o. with ~* iem. met afsku vervul; *HE left in ~* HY was so vies dat HY geloop het; *to s.o.'s ~* tot iem. se wal= ging; tot iem. se ergernis; *HIS ~ with s.o. is so great that …* HY walg HOM so vir iem. dat —; HY is so vies vir iem. dat —.

disgusted *be ~ at/by s.t.* van iets walg; oor/vir iets buikvol/maagvol wees ⋆, oor iets ontevrede wees; *HE is ~ with s.o.* HY walg HOM vir iem.; HY is vir iem. vies.

dish¹ [n.] *do/wash the ~es* die skottelgoed was; *the main ~* die hoofgereg; *prepare a ~* 'n gereg berei/ gaarmaak, ete/kos maak; *she is quite a ~* §sy is prag= tig; *wipe ~es* skottelgoed afdroog.

dish² [v.] *~ s.o.'s chances* §iem. se kanse bederf; § iem. se hand in die as slaan *(by 'n meisie)* ⋆; *~ out s.t.* § iets uitdeel; *~ it out* §kritiek *of* straf uitdeel; *~ up s.t.* iets opskep/uitskep/opdien/opdis *(kos)*; § iets opdis *(stories)*.

dishabille *in ~* onaangetrek.

dishonour *bring ~ on/to s.o.* iem. in die skande steek, iem. tot skande strek.

disillusioned *be* or *become ~ about/at/with s.t.* oor iets teleurgestel(d) wees *of* raak; *be* or *become ~ with s.o.* met iem. teleurgestel(d) wees *of* raak.

disinclined *be ~ to do s.t.* ongeneë wees om iets te doen, nie lus wees om iets te doen nie.

disinvest *~ from a country* beleggings aan 'n land onttrek.

disk →**disc.**

dislike¹ [n.] *have a ~ of/for s.t.* 'n afkeer van iets hê, nie van iets hou nie; *take a ~ to* … 'n hekel aan — kry,

teensin in — kry, 'n renons in — kry, 'n afkeer van — kry.

dislike² [v.] *~ s.o. cordially* 'n hartgrondige hekel aan iem. hê.

dislodge *~ s.t. from* … iets uit — loswikkel; *~ s.o. from* … iem. uit — lig; iem. uit — verdryf.

disloyal *be ~ to* … aan — ontrou wees.

dismay *s.o.'s ~ at s.t.* iem. se onthutsing/ontsteltenis oor iets; *feel ~* onthuts/ontsteld voel; *s.t. fills s.o. with ~* iets vervul iem. met onthutsing/ontsteltenis; *do s.t. in ~* onthuts/ontsteld iets doen; *to s.o.'s ~* tot iem. se onthutsing/ontsteltenis.

dismayed *be ~ at s.t.* oor iets onthuts/ontsteld/ver= slae wees.

dismiss *~ s.o. from* … iem. uit — ontslaan *(die diens)*; *HE ~es it from HIS mind* HY sit dit uit SY gedagtes.

dismissed *be ~* ontslaan word; verdaag word.

dismount *~ from s.t.* van iets afklim *(bv. 'n fiets, 'n perd)*.

disobedient *be ~ to* … aan — ongehoorsaam wees.

disorder *be in (a state of) ~* deurmekaar wees; *~s broke out* onluste het uitgebreek.

disparity *the ~ in age between … and* … die ouder= domsverskil tussen — en —.

dispatch, despatch *be mentioned in ~es* eervol ver= meld word; *with (great) ~* met bekwame spoed; *the time of ~* die tyd van afsending.

dispense *~ with* … sonder — klaarkom; van — af= sien; — agterweë laat; *it ~s with* … dit skakel — uit, dit maak — onnodig.

display *give a ~* 'n vertoning gee; *s.o.'s love of ~* iem. se vertoonsug; *make a (great) ~ of s.t.* 'n (groot) vertoon van iets maak, met iets te koop loop; *s.t. is on ~* iets word ten toon gestel.

displeased *be ~ at s.t.* oor iets ontevrede/vies wees; *be ~ with s.o.* vir iem. vies wees.

displeasure *HE shows HIS ~ at* … HY wys dat HY vies is oor —; *HE incurs s.o.'s ~* HY haal HOM iem. se ongenoeë op die hals, HY maak iem. vies.

disport *HE ~s HIMSELF* HY vermaak/verlustig HOM, HY baljaar.

disposal *s.t. is at s.o.'s ~* iets is/staan tot iem. se beskikking; *have the ~ of* … oor — beskik, die beskik= king oor — hê; *place s.t. at s.o.'s ~* iets tot iem. se beskikking stel.

dispose *God ~s* God beskik; *~ of s.t.* iets van die hand sit; iets verwyder/wegmaak/wegdoen; iets afhan= del; iets wegwerk; iets (op)ruim, iets onskadelik maak *('n bom)*; iets weerlê *(bv. 'n argument)*; iets kafloop ⋆; *s.t. ~s s.o. to do s.t.* iets maak iem. geneig om iets te doen, iets bring iem. daartoe om iets te doen.

disposed *be kindly/well ~ towards* … goedgesind wees teenoor —; *be ~ to* … geneig wees om te —; tot — geneig wees.

disposition *be of a cheerful/etc. ~* blymoedig/ens. van aard/geaardheid wees.

dispossess ~ *s.o. of s.t.* iets van iem. onteien; iem. van iets beroof.

disproportionate *be* ~ *to* ... buite verhouding tot — wees.

dispute *s.t. is beyond* ~ oor iets val daar nie te stry nie, iets is onbetwisbaar, iets is buite kwessie, iets staan buite twyfel; *the matter/point in* ~ die geskil= punt, die saak waarom dit gaan; *s.t. is not in* ~ iets word nie betwis nie, iets staan buite twyfel; *there is room for* ~ daar is aanleiding tot onenigheid; *settle a* ~ 'n geskil besleg; *without* ~ sonder twyfel, onge= twyfeld, ontwyfelbaar, onteenseglik.

disqualify *s.t. disqualifies s.o. for a post* iets maak iem. ongeskik vir 'n pos; ~ *s.o. from doing s.t.* iem. onbe= voeg/ongeskik verklaar om iets te doen; *s.t. disqualifies s.o. from doing s.t.* iets maak iem. onbevoeg om iets te doen.

disregard *in complete* ~ *of* ... met volkome veron(t)= agsaming van —; *with a fine* ~ *for* ... met 'n hooghar= tige minagting vir —; *s.o.'s* ~ *for* ... iem. se geringskat= ting van —.

disrepair *fall into* ~ verval, bouvallig word; *be in* ~ vervalle/bouvallig wees.

disrepute *bring s.o.* or *s.t. into* ~ iem. *of* iets 'n slegte naam gee, iem. *of* iets in diskrediet bring; *fall into* ~ 'n slegte naam kry, in 'n slegte reuk kom.

disrespect ~ *for/to* ... oneerbiedigheid teenoor —; *mean no* ~ nie bedoel om oneerbiedig te wees nie; *show* ~ oneerbiedig wees.

disrespectful *be* ~ *to* ... teenoor — oneerbiedig wees.

dissatisfaction *s.o.'s* ~ *about/at/with s.t.* iem. se ontevredenheid met/oor iets; *deep/keen* ~ diepe onte= vredenheid; HE *expresses/shows* ~ *about/at/with s.t.* HY gee SY o. met/oor iets te kenne.

dissatisfied *be* ~ *with* ... ontevrede wees met — *(iem. of iets)*, ontevrede wees oor — *(iets)*.

dissension *sow (the seeds of)* ~ (die saad van) twee= drag saai.

dissent ~ *from s.o.'s opinion* 'n ander mening as iem. hê/huldig.

disservice *do s.o. a* ~ iem. 'n ondiens bewys; *a* ~ *to* ... 'n o. aan —.

dissimilar *be* ~ *to* ... anders as — wees, van — verskil.

dissociate HE ~*s* HIMSELF *from* ... HY maak HOM van — los, HY distansieer HOM van —, HY staan van — weg.

dissociation ~ *from* ... distansiëring/losmaking van —.

dissuade ~ *s.o. from doing s.t.* iem. ompraat/oorreed om iets nie te doen nie.

distance¹ [n.] *the* ~ *across* die breedte; *at a* ~ op 'n afstand; *at a* ~ *of 100/etc. metres from* ... 100/ens. me= ter van —; *cover a* ~ 'n afstand aflê; *disappear into the* ~ in die verte/vêrte verdwyn; *from a* ~ uit die verte/vêrte; *go any* ~ gaan so ver/vêr as iem. wil; §

niks ontsien nie; *go/stay the* ~ enduit hou, volhard; *in the* ~ in die verte/vêrte/verskiet; *keep one's* ~ op 'n afstand bly, die afstand bewaar; *keep s.o. at a* ~ iem. op 'n afstand hou; *keep your* ~! bly waar jy is!, bly daar!; *over long* ~*s* oor lang afstande; *it is no* ~ *at all* dis sommer naby, dis glad nie ver/vêr nie; *a good* ~ *off* 'n taamlike ent weg; *quite a* ~ *from here* 'n hele ent hiervandaan; *a short* ~ 'n kort afstand, 'n hanetree= tjie *; *within shouting* ~ binne roepafstand; *within speaking* ~ binne praatafstand; *stay/go the* ~ →*go/stay; within striking* ~ binne bereik, binne trefafstand; *it is within walking* ~ dit is binne loopaf= stand, ('n) mens kan daarnatoe/soontoe loop.

distance² [v.] HE ~*s* HIMSELF *from* ... HY distansieer HOM van —, HY maak HOM van — los.

distaste *s.o.'s* ~ *for* ... iem. se afkeer van —, iem. se teensin in —.

distasteful *s.t. is* ~ *to s.o.* iets is vir iem. onaange= naam, iem. het 'n afkeer van iets, iem. het 'n teensin in iets.

distil(l) ~ *s.t. from* ..., *(lett.)* iets uit — stook; *(fig.)* iets uit — haal.

distinct *be* ~ *from* ... van — verskil; *be* ~ *from each other* van mekaar verskil; *as* ~ *from* ... teenoor —, in teenstelling met —, anders as —.

distinction *confer a* ~ *on/upon s.o.* 'n onderskeiding aan iem. toeken; *a* ~ *without a difference* 'n onbedui= dende verskil; *draw/make a* ~ *between* ... 'n onder= skeid tussen — maak; *get a* ~ *in a subject* 'n onderskei= ding in 'n vak behaal; *a nice/subtle* ~ 'n fyn onder= skeid; *a man* or *woman of* ~ 'n man *of* vrou van aansien/betekenis; 'n vername man *of* vrou; *an artist/ etc. of* ~ 'n vooraanstaande/gerekende kunstenaar/ ens.; *pass with* ~ met lof slaag/deurkom; *a sharp* ~ 'n skerp onderskeid.

distinctive *be* ~ *of* ... kenmerkend vir/van — wees.

distinguish ~ *between* ... die onderskeid/verskil tus= sen — ken; tussen — onderskeid maak; — uiteenhou; ~ *s.t. from* ... iets van — onderskei; HE ~*es* HIMSELF HY onderskei HOM, HY maak naam.

distinguishable *be* ~ *by* ... aan — herkenbaar wees.

distinguished *be* ~ *by* ... vir — bekend wees; ~ *for* ... vir — bekend wees; in — uitmunt; *as* ~ *from* ... in teenstelling met —; wat van — onderskei moet word.

distract ~ *s.o. from s.t.* iem. se aandag van iets aflei.

distracted *be* ~ *with* ... dol wees van — *(bv. opwin= ding)*.

distraction *drive s.o. to* ~ iem. dol/gek/radeloos maak; *love s.o. to* ~ dol verlief op iem. wees.

distraught *be* ~ *with* ... radeloos wees van — *(bv. angs)*.

distress *a cry of* ~ 'n angskreet/noodkreet; *be in dire/sore* ~ in groot nood verkeer/wees, lelik in die nood wees; *be in* ~ in nood verkeer/wees; *relieve* ~ nood lenig.

distressed *be* ~ *about s.t.* oor iets ontsteld wees; oor

iets bedrôef wees; *be deeply/profoundly* ~ diep bedroef
wees.

distribute ~ *s.t. among* … iets onder — uitdeel; ~
s.t. to … iets aan — uitdeel.

distrust *look on s.o.* or *s.t. with* ~ iem. *of* iets wantrou;
s.o.'s ~ *of* … iem. se wantroue in —.

distrustful *be* ~ *of s.o.* or *s.t.* iem. *of* iets wantrou.

disturbance *cause/create a* ~ onrus veroorsaak, die
rus versteur/verstoor.

disuse *fall into* ~ in onbruik raak.

ditch *the last* ~ die laaste loopgraaf; *die in the last* ~
tot die bitter(e) einde volhard.

ditto ~ *for me* § vir my ook; *I say* ~ §ek stem saam.

dive¹ [n.] *make a* ~ duik; *make a* ~ *for s.t.* na iets duik;
na iets gryp; na iets toe vlieg; *take a* ~ §vinnig daal/sak
(bv. pryse); § 'n boksgeveg opsetlik verloor.

dive² [v.] ~ *behind s.t.* agter iets wegduik; ~ *for s.t.*
na iets duik; iets uitduik; na iets gryp; na iets toe vlieg;
~ *in* induik; § weglê *(aan kos)* ∗; ~ *into s.t.* in iets
duik *(bv. water);* vinnig in iets spring; *HE* ~s *into the
subject* HY verdiep HOM in die vak; *HE* ~s *into HIS
pocket* HY voel haastig in SY sak.

diverge ~ *from* … van — afwyk.

diversion *create a* ~ die aandag aflei.

divert ~ *s.t. from* or *to* … iets van *of* na — wegkeer.

divest ~ *s.o. of* … iem. van — beroof; iem. — ont=
neem; iem. se — uittrek *('n kledingstuk); HE* ~s *HIM=
SELF of* … HY lê — af, HY doen afstand van —; HY trek
— uit *('n kledingstuk);* ~ *s.t. of* … iets van — bevry;
— uit iets verwyder.

divide ~ *s.t. among/between* … iets onder/tussen
— verdeel; ~ *by* … deur — deel; ~ *the House,*
(parl.) die Raad laat stem; ~ *into* … in — deel; ~ *s.t.*
into two parts iets in twee dele verdeel; ~ *up s.t.* iets
verdeel; iets uitdeel; iets onderverdeel.

divided *be* ~ *among themselves* onderling verdeel(d)
wees; *be deeply* ~ skerp verdeel(d) wees; *be* ~ *from* …
van — afgeskei wees.

dividend *cum* ~ met dividend; *declare a* ~ 'n d.
verklaar; *distribute a* ~ 'n d. uitkeer; *ex* ~ sonder
d.; *pass a* ~ 'n d. oorslaan/passeer; *pay a* ~, *(lett.)* 'n
d. betaal/uitkeer; *s.t. pays* ~*s, (fig.)* iets werp vrugte
af.

division *call for a* ~, *(parl.)* (om) 'n hoofdelike stem=
ming vra; *long* or *short* ~ lang *of* kort deling.

divorce¹ [n.] *get a* ~ skei, egskeiding verkry; *sue for*
~ 'n egskeiding aanvra.

divorce² [v.] ~ *s.o.* van iem. skei.

divorced *be* ~ skei, egskeiding verkry; *s.t. is* ~ *from
reality* iets is ver/vêr van die werklikheid.

divulge ~ *s.t. to s.o.* iets aan iem. openbaar/onthul.

dizzy *feel* ~ duiselig voel, dronk in die kop voel; *make*
s.o. ~ iem. duiselig maak; iem. verbyster.

do¹ [n.] *a big* ~ §'n groot affêre ∗; *dos/do's and don'ts* §
moete/moets en moenies ∗; *get a fair* ~ § regverdig
behandel word.

do² [v.] *do!* ja, (doen dit) gerus!; ~ *s.t. about a matter*

iets aan 'n saak doen, werk maak van iets; *what can one*
~ *about/with* HIM? wat kan ('n) mens met HOM aan=
vang/maak?; *as a man does, so is he done by* (P) na jy
handel, sal jy behandel word (P); ~ *to others as you
would be done by* (P) behandel ander soos jy self behan=
del wil word, doen aan ander soos jy aan jou gedoen wil
hê; ~ *away with s.t.* iets wegdoen/wegmaak; iets af=
skaf; van iets ontslae raak; iets uitskakel; ~ *away with
s.o.* iem. van kant maak; *HE did away with HIMSELF* §
HY het SY hand aan SY eie lewe geslaan, HY het self=
moord gepleeg; ~ *badly* sleg vaar; sleg daarvan af=
kom; ~ *better* beter presteer, verbetering toon; beter
vaar; iets beters lewer; aan die beterhand/herstel wees;
HE just could not ~ *it* HY kon dit glad/eenvoudig nie
doen nie; *what it did* ~, … wat dit wel gedoen het, —;
~ *or die* (P) oorwin of sterf; buig of bars ∗; *it doesn't*
~ *to* … dis nie goed om te — nie; dit help nie om te —
nie; *I don't* …, ~ *you?* ek — nie, en jy?; *you don't* …,
~ *you?* jy — nie, of hoe?; *you* ~, *don't you?* nie waar
nie?; ~ *s.o. down* §iem. in die nek kyk ∗, iem. toesit ∗,
iem. te kort doen; ~ *for* … vir — genoeg/voldoende
wees; vir — deug; ~ *for s.o.* §vir iem. huiswerk doen; §
iem. opdons ∗; §iem. ruïneer; §§iem. doodmaak; *what
can I* ~ *for you?* waarmee kan ek u van diens wees?;
what does HE ~ *for* …? wat gebruik HY as …?; ~ *s.t.*
for … iets vir — doen; iets ter wille van — doen; *get to*
~ *s.t.* 'n kans kry om iets te doen; *get s.o. to* ~ *s.t.* iem.
iets laat doen; iem. beweeg/oorhaal om iets te doen; *go
and* ~ *s.t.* iets gaan doen; *s.t. does s.o. good* iets doen
iem. goed; *s.o. has to* ~ *s.t.* iem. moet iets doen, iem.
is verplig om iets te doen; *it has to* ~ *with* … dit het
met — te doen/make, dit staan met — in verband; *s.o.*
has to ~ *with s.t.* iem. is in iets betrokke; *what has it
got to* ~ *with* …? wat het dit met — te doen/make?;
have s.t. to ~ iets te doen hê; *how* ~ *you* ~? aangena=
me kennis!; *I* ~ ja; ~ *s.o. in* §iem. van kant maak,
iem. van die gras af maak ∗; *does it now?* regtig?; *that
does it!* dis net reg!; dis te erg!; *don't I just!* §dit sou ek
dink!; ~ *ten kilometres* tien kilometer aflê; ~ *140
kilometres an hour* teen 140 kilometer per uur ry; *not
know what to* ~ *with o.s.* verveeld wees; *there is little
HE can* ~ *about it* HY kan nie veel daaraan doen nie;
make s.o. ~ *s.t.* iem. dwing om iets te doen; *HE
makes s.t.* ~ §HY behelp HOM met iets; *HE makes* ~
with … HY kom met — klaar, HY behelp HOM met —;
you may safely ~ *it* jy kan dit veilig doen; *that will* ~
nicely dit is net die ding ∗; *there is nothing one can* ~
about it daar is niks aan te doen nie, ('n) mens kan niks
daaraan doen nie; *there is nothing HE can* ~ *about it*
HY kan niks daaraan doen nie; *that has nothing to* ~
with it dit het niks daarmee te doen/make nie; *have
nothing to* ~ *with s.o.* niks met iem. uit te waai hê
nie ∗; ~ *s.o. out of s.t.* §iem. van iets beroof; ~ *s.o. out
of a large amount* §iem. met 'n groot bedrag inloop ∗;
~ *over s.t* iets oordoen; iets herhaal; §iets opknap; ~
over s.o. §iem. opdons ∗; ~ *as you please!* maak soos
jy wil!; *you may safely* ~ *it* jy kan dit veilig doen; ~

what you will, **I shall** not ~ it al staan jy op jou kop, sal ek dit nie doen nie ★; one **shouldn't** ~ it ('n) mens behoort dit nie te doen nie; ~ s.t. **to** s.o. iem. iets aan= doen; you can't ~ that **to** me! dit kan jy my nie aan= doen nie!; how could you ~ that **to** me? hoe kon jy my so iets aandoen?; the only one **to** ~ so die enigste wat dit doen; die enigste wat dit gedoen het; ~ **up** s.t. iets opkam (hare); iets vasmaak (knope); § iets herstel/ regmaak; §iets opknap (bv. 'n huis); ~ **up** a parcel 'n pakkie maak; ~ **up** s.o. § iem. opdons ★; s.o. cannot **very well** ~ it iem. kan dit nie bra/eintlik doen nie; ~ **well** goed vaar; (goed) presteer; goed speel of leer of werk; goeie werk doen; voorspoedig wees, vooruit= gaan; goeie sake doen; verstandig/wys handel; gedy, goed aard (bv. diere, plante); ~ **well** by s.o. iem. goed behandel; ~ **well** for o.s. voorspoedig wees, vooruit= gaan; HE does HIMSELF **well** HY doen HOM te goed, HY skeep HOMSELF nie af nie; ~ **well** out of s.t. uit iets wins maak; HE would ~ **well** to ... HY moet liewer(s) —, dit sou verstandig van HOM wees om te —; s.o. did **well** to come/etc. dit was goed dat iem. gekom/ens. het, iem. het reg gehandel deur te kom/ens.; ~ s.t. **well** iets goed doen; what am I to ~? wat staan my te doen?; HE does not know what to ~ with HIMSELF HY is opge= skeep met HOMSELF; **will** ~ ! §ja goed, ek sal; it **will** ~ dit sal gaan; a ... **will** also ~ 'n — sal ook goed wees; that **will** ~, that'll ~ dis genoeg; that **will** ~!, that'll ~! hou (nou) op!, skei uit!, so nou!; that **will not** ~, that **won't** ~ dit is nie genoeg nie; dit is nie goed genoeg nie, dit deug nie, dit sal nie betaal/gaan nie; s.t. **will not** ~ for s.o., s.t. **won't** ~ for s.o. iets is nie vir iem. geskik nie; s.o. could ~ **with** s.t. iem. het iets nodig (bv. geld, hulp); iets sal vir iem. welkom wees; iem. het lus vir iets (bv. 'n drankie); s.t. could ~ **with** ... — sou iets verbeter; ~ **without** daarsonder klaar= kom; ~ **without** s.t. sonder iets klaarkom; s.o. could ~ **without** ... iem. sou dit waardeer as — nie — nie; s.o. could ~ **worse** than ... iem. sou geen fout maak deur te — nie. →**doing; done.**

dock¹ [n.] in the ~ in die beskuldigdebank.

dock² [v.] a ship ~s at a port 'n skip loop 'n hawe binne.

dock³ [v.] ~ s.t. from s.o.'s wages iets van iem. se loon terughou.

doctor call (in) a ~ 'n dokter ontbied; **consult/see** a ~ 'n d. raadpleeg/spreek, d. toe gaan, na 'n d. gaan; be under ~'s **orders** onder doktersbehandeling wees; just what the ~ **ordered** § die ware Jakob ★

doctorate a ~ in history/etc. 'n doktoraat/doktors= graad in geskiedenis/ens.

doctrine preach a ~ 'n leer verkondig; reject a ~ 'n leer verwerp.

document draw up a ~ 'n stuk/dokument opstel; lodge a ~ 'n stuk indien/inlewer.

dog every ~ has HIS day (P) daar kom 'n dag vir elk= een/iedereen, eendag is eendag; the **dirty** ~ § die skurk/vark★; it is (a case of) ~ **eats** ~ dit is almal teen

almal; **go** to the ~s §na die hoenders/haaie gaan ★, te gronde gaan, versleg; help a **lame** ~ over a stile 'n swakkere (broeder) help; lead a ~'s **life** 'n hondelewe lei; lead s.o. a ~'s **life** §(van) iem. hond maak ★; s.o. is a **lucky** ~ §iem. is 'n gelukskind/geluksvoël; **lucky** ~! § gelukkige vent!; be a ~ in the **manger** ander niks gun nie, ander nie die bene gun wat HY self nie kan kou nie ★; **set** a ~ on sa sê vir 'n hond; **set** a ~ on/upon s.o. 'n hond op iem. loslaat; let **sleeping** ~s lie (P) moenie slapende honde wakker maak nie (P); a **sly** ~ § 'n platjie, 'n geslepe kêrel; like a ~ with two **tails** §hoogs in SY skik; **throw** s.o. to the ~s § iem. wegsmyt ★; be (the) **top** ~ §bobaas wees; **treat** s.o. like a ~ §iem. soos 'n hond behandel ★, (van) iem. hond maak ★; you can't teach an old ~ new **tricks** (P) jy kan nie nuwe wyn in ou leersakke gooi nie (P); **walk** a ~ met 'n hond gaan stap; 'n hond lei.

dogged ~ does it, it's ~ as does it (P) aanhou(er) wen (P).

doggo lie ~ § wegkruip, skuil.

doghouse be in the ~ §in die skande wees, in onge= nade wees.

doing¹ [n.] have all the ~s for ... alles hê wat vir — nodig is; it is all HIS ~ dit is alles SY werk; dit is alles SY skuld; there is **no** ~ anything with HIM ('n) mens kan niks met HOM aanvang nie; it **takes** some ~, it **takes** a lot of ~ §dis nie (sommer) elke man se werk nie ★, dit wil gedaan/gedoen wees ★, dit is nie maklik nie, dit is geen kleinigheid nie; it **wants** ~ § dit moet gedoen word; **what's** ~ here? § wat is hier aan die gang?

doing² [teenw.dw.] s.o. is ~ nicely iem. vorder goed; dit gaan goed met iem.; s.o. is ~ well dit gaan goed met iem..

doldrums be in the ~ neerslagtig wees.

dole¹ [n.] be on the ~ toelae vir werkloosheid kry.

dole² [v.] ~ out s.t. iets karig/spaarsaam uitdeel.

doll she ~s herself up §sy dos haar uit, sy smuk haar op.

dollar you can bet your bottom ~ § jy kan jou laaste sent wed ★, jy kan daarvan seker wees.

dolled be ~ up § uitgedos/uitgevat/opgesmuk wees.

domiciled be ~ in ... in — woonagtig/gevestig/gedo= misilieer(d) wees, in — woon.

dominate ~ (over) s.o. iem. oorheers.

domination ~ of/over people heerskappy oor mense; under Russian ~ onder Russiese oorheersing.

domineer ~ over s.o. oor iem. baasspeel, iem. oor= heers.

donate ~ s.t. to s.o. iets aan iem. skenk.

donation make a ~ to ... 'n skenking aan — doen.

done done! akkoord, afgespreke!, goed!, top!; it can be ~ dit kan gedoen word; ~ and **contracted** gedaan en ooreengekom; s.o. is ~ **for** §dis klaar(praat) met iem. ★, iem. is oor die muur ★; **get** s.t. ~ iets klaarkry; iets gedaan/gedoen kry; **get** ~ with s.t. met iets klaarmaak; 'n einde/end aan iets maak; it has **got** to be ~ dit moet gedoen word; **half** ~ halfklaar; halfgaar; be **hard** ~ by stief behandel word; **have** ~ klaarkry; § ophou, uitskei; *have* s.t. ~ iets laat doen; *have* ~ *with* s.t. iets klaar hê; § met iets ophou/uitskei; *have* ~ *with it!* § skei uit daarmee!; *I have* ~ *with* HIM ek is klaar met HOM, ek wil niks meer met HOM te doen hê nie; s.t. *has to be* ~ iets moet gedoen word; HIS *having* ~ *that* die feit dat HY dit gedoen het; *I'm* ~ *(for)!* § ek is doodmoeg/gedaan/pootuit*!; *be* ~ *in* § doodmoeg/ge= daan/pootuit* wees; *that's* ~ *it!* § daar het jy dit! *, dis nou 'n ding! *; *neatly* ~ knap/handig gedaan; *it's (just) not* ~ dit doen ('n) mens nie; *it is not to be* ~ dit kan nie gedoen word nie; dit mag nie (gedoen word nie); *what has* HE *gone an* ~ *now?* wat het HY nou gestaan en doen?; *after/when all is* said *and* ~ →said; ~ *to a turn* § goed/reg gaar *(kos)*; *what's* ~ *cannot be* undone (P) gedane sake het geen keer nie (P); *be* ~ *up* opgemaak wees *(gesig, hare)*; toegedraai wees; § opgeknap wees; § doodmoeg/gedaan/pootuit* wees; *be* well ~ goed gaar wees *(biefstuk)*; hard gebak wees *(eiers)*; well ~*!* mooi so!, knap gedaan!; *s.t. is* ~ *with* iets is gedaan/klaar; iets is afgehandel.

donkey *talk the hind leg off a* ~ →talk; *it's been there for* ~*'s years* § dit is van toeka se dae/tyd af daar *; *I have not seen* HIM *for* ~*'s years* § ek het HOM in lange jare nie gesien nie.

doom *the* crack *of* ~ die oordeelsdag, die laaste oor= deel; HE *goes to* HIS ~ HY gaan SY ondergang tege= moet; HE *meets* HIS ~ HY vind SY ondergang; *s.t. seals* s.o.'s ~ iets beseël iem. se lot; *send* HIM *to* HIS ~ HOM SY ondergang instuur.

doomed *be* ~ *to* — tot — gedoem wees *(bv. misluk= king, ondergang)*; HE *is to* ... dit is SY lot om te —.

doomsday *till* ~ vir altyd; tot in die oneindige.

door *answer the* ~ (die deur) oopmaak, na die deur gaan, gaan kyk wie by die d. is; *at the* ~ by die d.; *the* back ~ die agterdeur; *by the* back ~ agterbaks, skelm; *leave a* back ~ *open* 'n skuiwergat laat; *bang/ close/shut the* ~ *on* s.t. iets onmoontlik maak; *bang/ close/shut the* ~ *on* s.o. die deur in iem. se gesig toe= maak; *behind* closed ~s agter/met geslote deure; *s.o. has not* darkened *my* ~ iem. het nie oor my drumpel gekom nie; *do not* darken *my* ~ *again!* jy sit jou voet nie weer hier nie!; *from* ~ *to* ~ van huis tot huis; *the* front ~ die voordeur; *kick down/in a* ~ 'n deur uit= skop, 'n d. stukkend skop; *lay* s.t. *at* s.o.'s ~ iem. van iets beskuldig, iem. iets ten laste lê, die skuld vir iets op iem. pak, die skuld vir iets by iem. soek, die skuld vir iets aan iem. gee, iem. iets voor die kop gooi, iem. iets verwyt, iets op iem. se brood smeer; *it lies at* s.o.'s ~ dit is iem. se skuld; *next* ~ *to* ... langsaan —; *it is next* ~ *to the* ..., *(ook)* dit grens aan die —; *all* ~s *are open to* s.o. alle deure staan vir iem. oop; *keep open* ~s gas= vry wees; *leave the* ~ *open for* s.o. *or* s.t. die deur vir iem. *of* iets ooplaat; *open the* ~ *to* ... die d. vir — oopmaak *(iem.; iets nadeligs)*; die weg tot — baan *(iets voordeligs)*; *out of* ~s buite(kant), buitenshuis, in die buitelug, in die ope lug; *see* s.o. *to the* ~ iem. uitlaat, iem. deur toe bring; *show* s.o. *the* ~ iem. die deur wys

(lett. & fig.), iem. by die d. uitsit; *shut/bang/ close the* ~ *on* s.o./s.t. →*bang/close/shut; slam the* ~ *in* s.o.'s *face* die d. in iem. se gesig toeklap; HE *should* sweep *before* HIS *own* ~ HY moet voor SY eie d. vee; *throw open the* ~ die deur oopmaak; die pad oop= maak, die weg voorberei, dit moontlik maak; HE *turns* s.o. *from* HIS ~ HY laat iem. voor SY deur omdraai; *walk out of the* ~ by die d. uit stap.

doorpost *between you and me and the* ~ § onder/tus= sen ons meisies *

doorstep s.t. *is on* s.o.'s ~, *(fig.)* iets is digby iem.

dope *give* s.o. *the* ~ *on* s.t. §§ iem. (vertroulike) inlig= ting oor iets gee.

doss ~ *down* § slaap.

dot¹ [n.] ~s *and* dashes punte en strepe; ~, *dash*, ~ kort, lank, kort *(Morsekode)*; *on the* ~ presies op tyd, op die minuut; *twelve o'clock* on *the* ~ op die kop twaalfuur.

dot² [v.] ~ s.o. § iem. 'n hou gee.

dotage *be in one's* ~ kinds wees.

dote ~ *on* s.o. *op* iem. versot wees.

dotted *be* ~ *about* versprei(d) wees; *be* ~ *with* ... met — besaai(d) wees.

dotty *be* ~ *about* ... § mal wees oor — *

double¹ [n.] *at the* ~ op 'n draf; *(mil.)* in die looppas; *do* s.t. *on the* ~ § iets onmiddellik doen; ~ *or quits* dubbel of niks.

double² [v.] ~ *as* ... ook as — dien; ~ *back* om= spring; ~ *back* s.t. iets omvou; ~ *up* iets deel *(bv. 'n kamer)*; ~ *up* s.t. iets dubbel vou; iets verdubbel; HE ~s *up with laughter* HY lê krom van die lag *, HY lag HOM krom *; ~ *up* HOM 'n boggel(tjie) *; ~ *up with pain* ineenkrimp van (die) pyn.

double³ [adj.] *it is* ~ *the distance between* ... *and* ... dit is twee maal so ver/vêr as tussen — en —, dit is dubbel so ver/vêr as tussen — en —; *it is* ~ *the size of* ... dit is twee maal so groot as —, dit is dubbel so groot as —.

doubt¹ [n.] ~ *about* ... twyfel oor —; twyfel aan —; *give* s.o. *the* benefit *of* ~ iem. die voordeel van die twyfel gee; *be* beset *by* ~s deur twyfel oorval word; *it is* beyond *(all)* ~ dit staan buite (alle) twyfel; *place/ put* s.t. beyond ~ iets buite twyfel stel; *cast* ~ *on/ upon* s.t. iets in twyfel trek, twyfel oor iets opper; twy= fel oor iets wek; *have* ~s *(about* ...) (oor —) twyfel; *I have my* ~s ek is nie so seker nie, ek weet nie so bra/ mooi nie, ek het my bedenkings; *be in* ~ in die onseke= re wees/verkeer, in twyfel wees/verkeer; *s.t. is in* ~ iets is onseker/twyfelagtig *(bv. die uitslag)*; *no* ~ on= getwyfel; heel/hoogs waarskynlik; seker (maar); *have no* ~s nie twyfel nie; *there is no* ~ *about it* daar is geen twyfel aan nie, dit ly geen twyfel nie, dit staan vas; dis nie altemit nie *, dis maar klaar *; *I have* no ~ *(but) that* ... ek is oortuig dat —; *be* open *to* ~ aan twyfel onderhewig wees; *so as to* preclude *all* ~ om alle twy= fel uit te skakel; *raise* ~s twyfel opper/wek; *a* reason= able ~ gegronde twyfel; *remove all* ~ *as to* s.t. iets buite alle twyfel stel *(bv. iem. se lojaliteit)*; *all* ~*s were resolved* alle twyfel het verdwyn, alle twyfel is weggeneem; *there is* **room** *for* ~ daar is nog twyfel; *there is no* **room** *for* ~ daar is geen twyfel meer nie, sonder (enige) twyfel is *of* sal —; *throw* ~ *on/upon* ... twyfel omtrent — opper; *there is no* ~ *whatever* daar is hoegenaamd geen twyfel nie; *when in* ~ ... wanneer jy twyfel —; *without* ~ ongetwyfeld, sonder twyfel; *without a shadow of a* ~ sonder die minste twyfel.

doubt² [v.] *I don't* ~ *that* ... ek betwyfel nie dat — nie, ek twyfel nie of — nie; *I* ~ *it* ek twyfel, ek betwyfel dit; ~ *whether* ... twyfel of —.

doubtful *be* ~ *about/of s.t.* oor iets twyfel; oor iets onseker wees; *it is* ~ *that* ... dit is te betwyfel of —; *it is* ~ *whether* ... dit is onseker of —.

dough *knead* ~ deeg knie; *the* ~ *rises* die deeg rys.

dovetail *s.t.* ~*s with* ... iets pas by — in.

down¹ [n.] *have a* ~ *on s.o.* § 'n hekel aan iem. hê.

down² [adj. & adv.] *deep* ~ (onder) in die diepte; in SY diepste wese; *be* ~ *for s.t.* vir iets op die lys staan *('n bydrae, 'n taak)*; *be* ~ *on s.o.* §op iem. afklim ★, op iem. pik ★, iem. sleg behandel; *be one/etc.* ~ een/ens. agter wees; *be* ~ *and out* uitgesak/gesonke wees; ~ *to* ... tot — (toe); ~ *under* § in *of* na Australië *of* Nieu-Seeland; *s.t. is* **well** ~ iets is heelwat minder, iets het heelwat gedaal *(bv. die wins)*; *be* ~ *with s.t.* aan iets lê *('n siekte)*; ~ *with* ...! weg met —!

downfall *be s.o.'s* ~ iem. se ondergang veroorsaak.

downgrade *be on the* ~ op die afdraand(e) wees ★

downstairs *go* ~ ondertoe gaan, met die trap afgaan; *throw s.o.* ~ iem. die trap afgooi.

downtown *go* ~, *(Am.)* (midde)stad toe gaan.

doze ~ *off* indut, insluimer, aan die slaap raak.

dozen *by the* ~ §by die dosyn ★; *HE does HIS* **daily** ~ HY doen SY gereelde oefeninge; *half a* ~ 'n halfdosyn; 'n stuk of ses; *a* **round** ~ 'n volle dosyn; *two* ~ *eggs* twee dosyn eiers.

draft *in* ~ in klad; *make a* ~ *of s.t.* iets in klad skryf/skrywe; *a rough* ~ 'n ruwe ontwerp, 'n klad/skets. →**draught.**

drag¹ [n.] *a man in* ~ 'n man in vrouedrag.

drag² [v.] *HE* ~*s HIMSELF* **along** HY sleep HOM voort; ~ *at s.t.* aan iets trek; aan iets suig *(bv. 'n sigaret)*; ~ **away** *s.t.* iets wegsleep; ~ *by* voortsleep; verbykruip; ~ *down s.t.* iets afsleep; iets neertrek; ~ *in s.o.* or *s.t.* iem. *of* iets insleep; iem. *of* iets bysleep/byhaal; ~ *s.o.* or *s.t.* **into** ... iem. *of* iets in — sleep; ~ *off s.o. to* ... iem. na — saamsleep; *s.t.* ~*s on* iets sloer, iets sleep voort *(bv. onderhandelings)*; iets kruip om *(bv. die ure, die minute)*; ~ *on s.t.* aan iets suig *('n sigaret)* ~ *out s.t.* iets uitsleep, iets uittrek; iets (uit)rek *(bv. 'n debat)*; ~ *s.t.* **out** *of s.o.* iets uit iem. pers/trek; ~ *up s.t.* § iets ophaal.

dragon's teeth *sow* ~ ~ draketande saai.

dragoon ~ *s.o. into doing s.t.* iem. (hardhandig) dwing om iets te doen.

drain¹ [n.] *be* or *go* **down** *the* ~ §verlore wees *of* gaan;

be a ~ *on* ... 'n groot gat in — maak *(bv. iem. se spaargeld)* ★; veel van — verg *(bv. iem. se kragte)*; *pour money down the* ~ § geld weggooi ★

drain² [v.] ~ *away* wegvloei; ~ *away s.t.* iets laat wegvloei; ~ *off s.t.* iets laat afvloei; iets afgiet.

drat ~ *it!* § vervlaks! ★

draught *beer on* ~ bier uit die vat; *feel the* ~, *(lett.)* die trek voel; *(fig.)* in die knyp sit.

draw¹ [n.] *beat s.o. to the* ~ vóór iem. skiet; *end in a* ~ gelykop eindig *(bv. 'n wedstryd)*; *s.o. is* **quick** *on the* ~ §iem. kan vinnig skiet, iem. is 'n snelskut; *take a* ~ 'n skuifie neem.

draw² [v.] ~ **ahead** voor kom; verbygaan; ~ *ahead of s.o.* 'n voorsprong op iem. kry; ~ **alongside** ... langs — kom loop *of* ry; langs — stilhou; ~ **apart** van mekaar wegstaan; vervreem(d) raak; ~ **aside** *s.o.* iem. opsy trek; ~ **away** terugdeins, terugtree; *HE* ~*s away from s.o.* HY kry 'n voorsprong op iem.; ~ **back** *from s.t.* vir iets terugdeins; ~ *closer* nader kom; ~ **down** *s.t.* iets aftrek; ~ *for s.t.* vir iets lootjies trek; ~ **forth** *s.t.* iets uitlok; ~ *in* korter word *(bv. die dae)*; aankom *(die trein)*; ~ *in s.t.* iets intrek; ~ *in s.o.* iem. betrek; ~ *s.o.* **into** *s.t.* iem. in iets betrek; ~ **level** kop aan kop kom; ~ *near* nader kom, nader; ~ *off* verder/vêrder gaan, terugval; ~ *off s.t.* iets uittrek *(bv. kouse)*; iets aftap; ~ *off s.o.* iem. weglei, iem. op 'n dwaalspoor lei; iem. wegneem; ~ *on* nader (kom); ~ *on s.o.* iem. aanmoedig; van iem. gebruik maak; 'n vuurwapen op iem. rig; ~ *on s.o. (financially)* op iem. (se rekening) trek; ~ *a knife on s.o.* 'n mes teen iem. uitpluk/uithaal; ~ *on s.t.* iets aantrek *(bv. kouse)*; uit iets put *(bv. bronne)*; ~ *out* langer word *(bv. die dae)*; vertrek *(die trein)*; ~ *out s.t.* iets (uit)rek; ~ *out s.o.* iem. laat praat/ontdooi; ~ *s.t.* **out** *of* ... iets uit — haal; ~ *s.t.* **out** *of s.o.* iets uit iem. kry; ~ *and* **quarter** *s.o.* iem. vierendeel; ~ */pull s.t.* **tight** iets vastrek, iets styf trek; ~ *up* stilhou *(met 'n rytuig, 'n voertuig)*; ~ *up s.t.* iets optrek; iets opstel *(bv. 'n dokument, 'n plan)*; ~ *up to s.o.* nader aan iem. kom; ~ *up with s.o.* iem. inhaal; *HE* ~*s HIMSELF* **up** hy rig HOM op; ~ *upon* ... van — gebruik maak; aan — ontleen.

drawer *the top* ~ die boonste laai; *out of the top* ~, *(fig.)* § van die boonste rak *(fig.)* ★

drawing *do/make a* ~ 'n tekening maak.

drawing-board *it is back to the* ~ §daar moet van voor af oor begin word; *s.t. is on the* ~ §die planne vir iets word opgestel.

drawn *feel* ~ *to* ... tot — aangetrokke voel.

dread¹ [n.] *have a* ~ *of* ... doodsbang wees vir —; *go/live in* ~ *of* ... 'n ewige vrees vir — hê; 'n ewige vrees hê dat —.

dread² [v.] ~ *doing s.t.*, ~ *to do s.t.* doodsbang wees om iets te doen; *s.o.* ~*s to think of it* iem. wil nie daaraan dink nie.

dream¹ [n.] *s.t. is like a* **bad** ~ iets is soos 'n nare droom; *s.o.'s* ~ *comes true* iem. se droom word bewaarheid; *have a* ~ 'n droom hê, droom; *have a* ~

about … van — droom; *s.t. goes* or *works* **like** *a* ~ §iets
loop *of* ry *of* werk uitstekend; *be* **lost** *in* ~s droomver=
lore wees, in drome versonke wees; *not in* HIS **wildest**
~s *did* HE *expect it* dit oortref SY hoogste/stoutste ver=
wagtings.

dream² [v.] ~ *about* s.o. van iem. droom; s.o. *would*
never/*not* ~ *of* … iem. sou nooit/nie daaraan dink
om te — nie; HE *could* **not** ~ *that* … HY kon nie droom
dat — nie, HY kon HOM nie indink dat — nie, HY het
geen idee gehad dat — nie; *pleasant*/*sweet* ~s!
droom lekker!; ~ **up** s.t. iets uitdink/uitvind.

dredge ~ *up* s.t. iets opvis *(uit 'n rivier, die see)*; iets
ophaal *(herinnerings)*.

dregs *drain* s.t. *to the* ~ iets tot die bodem (toe) drink.

drenched *be* ~ *to the skin* deur en deur nat wees.

dress¹ [n.] *in a blue*/*etc.* ~ in 'n blou/ens. rok; *wear a*
~ 'n rok dra *of* aanhê.

dress² [v.] ~ *down a horse* 'n perd roskam; ~ **down**
s.o. § iem. roskam/skrobbeer, met iem. raas, iem. se/
die kop was ★, iem. slegsê, iem. die waarheid sê/ver=
tel ★; ~ *shabbily* armoedig aangetrek/geklee(d) wees;
~ *up* s.t. iets versier, iets mooi voorstel; HE ~es **up** *for*
… HY trek HOM netjies/deftig aan vir —; *(always)*
~ *well* altyd goed aangetrek wees, altyd goed ge=
klee(d) wees/gaan.

dressed *be* *fully* ~ ten volle geklee(d) wees; HE *gets*
~ HY trek HOM aan; HE *is* *immaculately* ~ ('n) mens
kan HOM deur 'n ring trek ★; *be* ~ *in* … — aanhê; *be* ~
(fit) to kill, be ~ *up to the nines* § piekfyn uitgevat
wees ★; *be* *smartly* ~ deftig geklee(d) wees; *be all* ~
up § gestewel(d) en gespoor(d) wees *(fig.)* ★; *be*
well ~ goed geklee(d) wees.

dresser *be a flashy*/*sharp* ~ § altyd windmakerige
klere dra.

dressing¹ [n.] *put a* ~ *on a wound* 'n wond behan=
del/verbind.

dressing² [teenw.dw.] HE *is* ~ HY trek HOM aan.

dressing-down *give* s.o. *a* ~ § iem. roskam/skrob=
beer, met iem. raas, iem. se/die kop was ★, iem. slegsê,
iem. (goed) die waarheid sê/vertel ★

driblet *by*/*in* ~s →**dribs**.

dribs *in* ~ *and drabs, by*/*in driblets* § bietjie(s)-bie=
tjie(s), druppelsgewys(e), drupsgewys(s); klompies-
klompies, klompiesgewys(e).

drift¹ [n.] *catch*/*get the* ~ *of* s.t. § die bedoeling/bete=
kenis van iets snap; *if I catch*/*get your* ~ § as ek jou
reg verstaan.

drift² [v.] ~ *about* ronddobber, ronddryf; ~ *apart*
(from one another) (van mekaar) vervreem(d) raak; *let*
things ~ sake hul gang laat gaan, Gods water oor Gods
akker laat loop, dinge aan hulself oorlaat.

drill¹ [n.] *what's the* ~? § wat moet ('n) mens doen?

drill² [v.] ~ *for* … na — boor *(bv. olie, water)*; ~ s.o.
in s.t. iem. in iets afrig; ~ s.t. *into* s.o. § iets by iem.
inhamer.

drink¹ [n.] *have a* ~ iets drink, 'n drankie drink, 'n
snapsie maak ★; *be* *in* ~ dronk wees; *join* s.o. *in a* ~,

have a ~ *with* s.o. iets saam met iem. drink; *may I*
have *a* ~? kan ek iets te drink(e) kry?; kan ek 'n slukkie
kry?; *the* ~s *are* **on** *me* §ek betaal vir die drankies; *have*
a **quiet** ~ stilletjies/skelm(pies) drink; **serve** ~s
dranke/drankies skink; **stand** ~s drankies (vir ander)
bestel; **stand** s.o. *a* ~ iem. op 'n drankie/glasie trak=
teer; *a* **stiff** ~ 'n stywe dop; **strong** ~ sterk drank;
take *to* ~/*drinking* begin drink, aan die drink raak;
the ~ §§ die see; HE *is the* **worse** *for* ~ HY het te veel
gedrink, HY is onder die invloed van drank.

drink² [v.] HE ~s HIMSELF *to* **death** HY drink HOM
dood; ~ *deep* stewig drink, groot/lang teue drink;
diep delf *(fig.)*; ~ *deep of* s.t. iets indrink; ~ *down*/
off s.t. iets wegsluk; *don't* ~ *and* *drive* moenie drink
en ry/bestuur nie; ~ *to excess* te veel drink, aan die
drank verslaaf wees; s.t. *is not fit to* ~ ('n) mens kan
iets nie drink nie; ~ *from a cup*/*etc.* uit 'n koppie/ens.
drink; s.o. *has had* s.t. *to* ~ iem. het gedrink, iem. is
aangeklam ★; ~ *hard*/*heavily* kwaai/swaar drink,
diep in die bottel kyk ★, kwaai stook ★; ~ *in* s.t. iets
indrink; ~ *like a fish* § drink soos 'n vis ★; ~ *off*/
down →**down**/*off*; ~ s.o. *under the* **table** § iem. on=
der die tafel drink ★; ~ *to* … op — drink *(iem., iets,*
iem. se gesondheid); ~ *up* s.t. iets opdrink/uitdrink; ~
up! drink dit uit!; drink klaar!

drinker *a hard*/*heavy* ~ 'n strawwe/swaar drinker.

drinking *excessive* ~ oormatige drankgebruik, drank=
misbruik; s.o.'s *hard*/*heavy* ~ iem. se kwaai/swaar
drinkery; *leave off* ~ die drank/drinkery laat staan.

drinking bout *go on a* ~ ~ aan die drink/suip★
gaan/raak.

drip¹ [n.] *be on a*/*the* ~ aan 'n/die druppelaar wees.

drip² [v.] ~ *down* afdrup(pel).

drive¹ [n.] *go for a* ~, *take a* ~ gaan ry; *have the* ~
to do s.t. die deursettingsvermoë hê om iets te doen; *it's*
only an hour's ~ *from here* dis maar 'n uur se ry hier=
vandaan; *launch a* ~ *for funds* 'n geldinsameling be=
gin; *take* s.o. *for a* ~ met iem. gaan ry.

drive² [v.] ~ *along* aanry; *wonder what* s.o. *is driving*
at § wonder wat iem. bedoel; wonder wat iem. in die
skild voer; ~ *away*/*off* s.o. or s.t. iem. *of* iets weg=
ja(ag)/verdryf/verja(ag); ~ *back a crowd* 'n skare te=
rugdryf; ~ *carefully* versigtig ry; ~ *people* **hard**
mense hard laat werk; HE ~s HIMSELF **hard** HY oor=
werk HOM; HE ~s HIMSELF HY ry self; ~ *home* s.t. iets
laat inslaan *(bv. 'n argument)*; ~ *in* inry; ~ *in* s.t. iets
inja(ag) *(bv. skape in 'n kraal)*; iets inslaan *(bv. 'n spy=*
ker in 'n muur); *let* ~ *at* s.o. § na iem. slaan; ~ *off*
wegry; ~ *off*/*away* →*away*/*off*; ~ *on* aanry; ~ *on*
s.o. or s.t. iem. *of* iets aanja(ag); ~ *out* s.o. iem. uit=
ja(ag); ~ *past* verbyry; ~ *past* … by — verbyry; ~
through … deur — ry; ~ *a nail* *through* … 'n spy=
ker deur — slaan; ~ *up* aangery kom; voor die deur
stilhou.

driven *be* ~ *by* … deur — aangedryf word *(bv. elektri=*
siteit); *be* ~ *to do* s.t. daartoe gedryf word om iets te
doen.

driver *be in the* ~*'s seat* die hef in die hande hê.

drone *s.t.* ~*s on* iets duur eindeloos voort; ~ *on about s.t.* vervelig oor iets voortpraat.

drool ~ *over* ... dol wees op —.

drop¹ [n.] *(only) a* ~ *in the bucket/ocean* (net) 'n druppel aan die emmer; ~ *by* — drup(pel)sgewys(e); *get* or *have the* ~ *on s.o.* §iem. onder skoot kry *of* hê; § iem. voor wees; *s.o. has had a* ~ *too much* §iem. het te diep in die bottel gekyk ⋆; *the* ~ *in* ... die daling van — *(bv. pryse, die temperatuur)*; HE *likes* HIS *a* ~ HY is lief vir sy/'n sopie; *a* ~ *of water/etc.* 'n druppel water/ ens.; *a sharp* ~ 'n skerp/skielike daling *(bv. van pry= se)*; *a sheer* ~ 'n ononderbroke val; *a* ~ *of some= thing* 'n snapsie ⋆

drop² [v.] ~ *away* afval; minder word; ~ *back* te= rugval; ~ *behind* agterraak, agterbly; ~ *by* §by iem. aankom *of* aanloop *of* aanry; ~ *dead* dood neerval; ~ *dead!* §§ gaan/loop bars! ⋆⋆; ~ *down* neerval; ~ *from* ... van — val; van — daal; ~ *in* §inval; §inloop; ~ *in* on *s.o.* §by iem. inloop/inloer; ~ *into* ... in — verval *(bv. 'n gewoonte)*; ~ *it!* §hou op!, skei uit!; *let s.t.* ~ iets laat val; §iets laat val ⋆, iets uitlaat; ~ *off* afval; afneem, minder word; §indut, insluimer, aan die slaap raak; ~ *off s.o.* § iem. aflaai; ~ *off s.t.* § iets aflewer; ~ *out* uitval; §uitsak; *(rugby)* afskop; ~ *out of s.t.* §iets verlaat *(bv. die skool)*; ~ *s.o.* §iem. plat slaan; §iem in die steek laat; ~ *s.t.* iets laat val; §iets laat val ⋆, iets uitlaat; ~ *to* ... tot op — val; tot — daal.

drought *the* ~ *has been broken* die droogte is gebreek.

drown ~ *out a speaker* 'n spreker doodskree(u).

drowned *be* ~ verdrink *(van mense)*; versuip *(van diere, plante)*.

drubbing *give s.o. a* ~, *(sport)* iem. 'n loesing/pak gee; *take a* ~, *(sport)* 'n pak/loesing kry.

drug *hard* ~*s* sterk dwelms/dwelmmiddels; *be on* ~*s*, *take* ~*s* dwelms/dwelmmiddels gebruik; *push* ~*s* § met dwelms/dwelmmiddels smous; *soft* ~*s* swak dwelms/dwelmmiddels.

drum¹ [n.] *beat the big* ~ §die groot trom roer ⋆; *beat the* ~ *for s.t.* §vir iets propaganda maak; *a* ~ *of petrol/ etc.* 'n konka/drom petrol/ens.; *a roll of* ~*s* 'n tromge= roffel.

drum² [v.] ~ *s.t. into s.o.*, ~ *s.t. into s.o.'s head* iets by iem. inhamer; ~ *out s.o.* iem. in die pad steek ⋆; ~ *up business/trade* klante werf.

drunk *as* ~ *as a fiddler/lord/top* so dronk soos'n hoender/matroos/tol; *beastly/blind/dead/roaring* ~ papdronk, smoordronk, stomdronk; ~ *and disor= derly* dronk en wanordelik; *get* ~ dronk word; *get/ make s.o.* ~ iem. dronk maak; *get* ~ *on s.t.* van iets dronk word; *be* ~ *with* joy dol wees van blydskap/ vreugde; *be* ~ *with* power magsdronk wees.

drunkard *a confirmed* ~ 'n verstokte dronklap/suip= lap.

dry¹ [v.] HE *dries* HIMSELF HY droog HOM af; ~ *out* uitdroog; droog word; van die drinkgewoonte/drank= sug ontslae raak, 'n kuur teen dranksug ondergaan;

~ *out s.t.* iets uitdroog; iets laat droog word; ~ *up* opdroog; uitdor; §stilbly; §die woorde vergeet *('n ak= teur)*; ~ *up s.t.* iets afdroog/opdroog; ~ *up!* §§ bly stil!, hou jou mond!

dry² [adj.] *(as)* ~ *as dust* horingdroog, vervelig; *as* ~ *as tinder, tinder-*~ horingdroog, kurkdroog; *as* ~ *as a whistle* kurkdroog *(iem. se keel)*; *bone-*~ horingdroog, kurkdroog; *s.o. feels* ~ iem. het/is dors, iem. se keel is droog; *go* ~ opdroog *(ook 'n koei)*; *keep* ~ droog bly; *keep s.o.* or *s.t.* ~ iem. *of* iets droog hou; *run* ~ opdroog; leeg raak, leegloop; droogloop, vasbrand.

duck¹ [n.] *the batsman breaks* HIS ~, *(kr.)* die kolwer teken SY eerste lopie aan; *be a dead* ~ §nie meer in= vloed/mag hê nie; *play* ~*s and drakes with* ... §met — mooiweer speel ⋆, — in die water gooi *(geld)* ⋆; *a lame* ~ 'n sukkelaar; 'n invalide; *(Am.)* iem. wat SY amp binnekort moet ontruim; *the batsman was out for a* ~, *(kr.)* die kolwer het 'n eier gelê ⋆, die kolwer het geen lopies aangeteken/gekry nie; *a sitting* ~ § 'n dood= maklike teiken; HE *takes to it like a* ~ *to water* HY is dadelik/sommer in SY element.

duck² [v.] ~ *into* ... in — wegkoes; ~ *out of s.t.* §kop uittrek uit iets, iets ontduik/ontwyk.

duckling *an ugly* ~ 'n lelike eendjie.

dudgeon *in high* ~ hoog die duiwel/smoor in ⋆

due¹ [n.] *give the devil his* ~ die duiwel gee wat hom toekom; *give everyone his* ~ elkeen gee wat hom toe= kom.

due² [adj.] *become/fall* ~ verval, verstryk, betaalbaar word; *be* ~ *for* ... moet —; aan die beurt kom om te —; ~ *to* ... aan — toe te skryf/skrywe; aan — te danke *(gunstig)*; aan — te wyte *(ongunstig)*.

duel *fight a* ~ 'n tweegeveg hê.

dug *be* ~ *in* ingegrawe wees.

dull *as* ~ *as dishwater/ditchwater* §, *deadly* ~ doods, morsdood, stom vervelend.

dumb *be struck* ~ dronkgeslaan wees, verstom staan; *be* ~ *with* ... spraakloos/sprakeloos wees van — *(bv. verbasing)*.

dummy *act the* ~ die stomme speel; *sell s.o. a* ~ §iem. pypkan ⋆

dump¹ [n.] *be down in the* ~*s* §bedruk/bekaf⋆ wees.

dump² [v.] ~ *down s.t.* iets neergooi; ~ *off s.o.* §iem. aflaai.

dun ~ *s.o. for payment* iem. aanskroef/opskroef (om te betaal).

duplicate *in* ~ in tweevoud/duplo.

duration *for the* ~ *of* ... so lank — duur; *of long* ~ langdurig; *of short* ~ kortstondig.

duress *do s.t. under* ~ iets onder dwang doen.

dusk *at* ~ wanneer dit skemer word.

dust¹ [n.] *bite/kiss/lick the* ~ § grond eet ⋆, in die sand/stof byt ⋆; *in a cloud of* ~ in 'n stofwolk; *clouds of* ~ stofwolke; *be covered with* ~ toe wees onder die stof; *throw* ~ *in s.o.'s eyes* §iem. 'n rat voor die oë draai, sand in iem. se oë strooi ⋆; HE *shakes the* ~ *off*

HIS *feet* §HY skud die stof van SY voete ★; *kick up a lot of* ~, *raise* a lot of ~, *(lett.)* baie stof maak; *(fig.)* § stof opja(ag)/opskop ★, 'n herrie opskop ★, lawaai maak *(fig.)*; *lay the* ~ verhinder dat die stof opwaai of rond= waai; *return to* ~ tot stof terugkeer; *let the* ~ *settle* dinge eers laat bedaar; *when the* ~ *had settled* toe dinge eers bedaar het; *trample* s.o. *in the* ~ iem. in die stof vertrap; *turn to* ~ tot stof vergaan.

dust² [v.] ~ *off* s.t. iets afstof; iets weer te voorskyn bring/haal.

dusty *not so* ~ § nie so sleg nie.

Dutch *we go* ~ elkeen betaal vir homself of haarself.

dutch *my old* ~ § my ou beste ★

Dutchman *I'm a* ~ *if I do* § ek sal dit so nooit aste nimmer doen nie.

duty *assume* ~ diens aanvaar; s.o.'s *attention to* ~ iem. se pligsbetragting; *be in* ~ *bound* to do s.t. gebon= de/verplig wees om iets te doen, iets pligshalwe moet doen; *beyond the call of* ~ bo en behalwe die plig; ~ *calls* my plig roep my; *come off* ~ van diens (af) kom, van die werk af kom; s.o.'s *devotion to* ~ iem. se pligsbetragting/pligsgetrouheid; *it is a dereliction of* ~ dit is 'n pligsversuim; *the discharge of* s.o.'s *duties* iem. se diensverrigting, die nakoming/vervulling van iem. se pligte; HE *discharges* HIS *duties* HY vervul SY pligte, HY kom SY pligte na; *a distasteful* ~ 'n onaan= gename taak; HE *does* HIS ~ HY doen SY plig, HY kom SY p. na, HY vervul SY p.; s.t. *can do* ~ *for* ... iets kan as — dien, iets kan as — gebruik word; HE *fails in* HIS ~

HY versuim SY plig; *go off* ~ uitskei, van diens gaan; s.o. *has a* ~ *to do* s.t. dit is iem. se plig om iets te doen; HE *knows* HIS ~ HY weet wat HOM te doen staan; *in the line of* ~ pligshalwe, in die loop van iem. se pligte; HE *neglects* HIS ~ HY versuim SY plig; *be off* ~ vry (van diens) wees, los wees, buite diens wees, geen diens hê nie; *on* ~ op/in diens, in/by die werk, diens= doende, dienshebbend; op wag; s.o. *is on* ~ iem. werk, iem. is in/by die werk, iem. het/doen diens, iem. is diensdoende; *pay (excise* or *import)* ~ *on* s.t. aksyns= reg of invoerreg op iets betaal; *perform a* ~ 'n plig nakom/vervul; ~ *before pleasure* eers werk en dan speel; *release* s.o. *from* ~ iem. aflos; iem. vrygee; HE *is remiss in* HIS ~ HY verwaarloos SY pligte; *a sacred* ~ 'n heilige plig; s.o.'s *sense of* ~ iem. se pligsgevoel/ pligsbesef; *never swerve an inch from one's* ~ nooit 'n duimbreed(te) van die weg van plig wyk nie; *teach* HIM HIS ~ HOM tot SY plig bring; s.o.'s ~ *to/towards* ... iem. se plig teenoor —; *do a turn of* ~ 'n diens= beurt/dienstyd hê.

dwell ~ *on/upon* s.t. by iets stilstaan, oor iets uitwei, op iets nadruk lê; s.o.'s *eyes* ~ *on/upon* s.t. iem. se oë rus op iets.

dwindle ~ *(away) to* ... tot — krimp/verminder.

dye *of the blackest/deepest* ~ van die ergste soort.

dying *be* ~ op sterwe lê; *be* ~ *for* s.t. na iets smag; s.o. *is* ~ *to do* s.t. iem. wil iets dolgraag doen.

dynamite *be* ~ § 'n bom wees ★; § 'n sensasie wees ★; § gevaarlik wees; *a stick of* ~ 'n dinamietkers.

E

each ~ *and* **all** almal; ~ *and* **every** *one* die laaste een, 'n ieder en 'n elk, almal (wat leef en beef); ~ *of them* or *us has* … hulle of ons het elk(een)—, elk(een) van hulle of ons het —; ~ *other* mekaar.

eager *be* ~ *after/for s.t.* begerig/verlangend wees na iets, op iets belus wees; *be* ~ *to do s.t.* gretig/lus wees om iets te doen.

ear¹ [n.] *be* **all** ~*s* een en al ore wees, aandagtig luister; *HE couldn't* **believe** *HIS* ~*s* HY kon SY ore nie glo nie; **box** *s.o.'s* ~*s* iem. 'n oorveeg/oorkonkel gee; *s.o.'s* ~*s are* **burning** § iem. se ore tuit; *s.o.'s* ~*s* **buzz** iem. se ore tuit; *HE* **cocks** *HIS* ~*s* HY spits SY ore; *s.t. has* **come** *to s.o.'s* ~*s* iem. het iets gehoor, iem. het iets te hore gekom, iets het iem. ter ore gekom; *HE is* **deaf** *in one* ~ SY een oor is doof; *s.t. falls on* **deaf** ~*s* iets vind geen gehoor nie; *turn a* **deaf** ~ *to s.t.* doof wees vir iets, nie na iets wil luister nie, geen gehoor aan iets gee nie; *HE turns a* **deaf** ~ *to* …, *(ook)* HY hou HOM doof vir —; *s.t.* **falls** *about s.o.'s* ~*s* iets stort/val om iem. in duie; *the dog* **flaps** *its* ~*s* die hond skud sy ore; **gain** *s.o.'s* ~ by iem. gehoor vind; **give** ~ luister, gehoor gee; *it* **grates** *upon the* ~ dit kras in ('n) mens se ore, dit pynig ('n) mens se ore; *HE keeps HIS* ~ *(s) (close) to the* **ground** HY hou SY ore oop, HY hou sake fyn dop, HY bly goed op die hoogte; *HE* **has** *s.o.'s* ~ HY het invloed by iem.; iem. luister aandagtig na HOM; **have** *an* ~ *for* … 'n oor/gevoel vir — hê *(bv. musiek)*; *in (at) one* ~, *out (at) the other* by die een oor in en by die ander oor uit; **lend** *an* ~ luister, gehoor gee; *HE* **lends** *HIS* ~*s to* … HY leen SY ore aan —; *HE is* **out** *on HIS* ~ §HY is uitgeskop ★, HY is in die pad gesteek ★; *HE* **pins** *back HIS* ~*s* §HY spits SY ore, HY luister aandagtig; **play** *by* ~ op (die) gehoor (af) speel *(musiek)*; **play** *it by* ~ §improviseer; *HE* **pricks** *(up) HIS* ~*s* HY spits SY ore, HY luister aandagtig; *it is for your* **private** ~ dis net vir jou bedoel, dit bly tussen ons; **pull** *s.o.'s* ~*s* iem. se ore trek; *have a* **quick** ~ 'n fyn/skerp oor hê; *s.o.'s* ~*s are* **ringing/singing** iem. se ore tuit/ suis; **set** *people by the* ~*s* mense aan die stry maak, mense aanmekaarsit, mense in die harnas ja(ag), men= se aanhits; *HE* **stops** *HIS* ~*s* HY stop SY ore toe; *HE* **strains** *HIS* ~*s* HY spits SY ore; *give s.o. a* **thick** ~ § iem. 'n oorveeg gee; *be in s.t.* **up** *to one's/the* ~*s* §(met) pens en pootjies by iets betrokke wees ★; *be* **up** *to the* ~*s in debt* §tot oor die ore in die skuld wees ★; *be* **up** *to the* ~*s in* **work** §onder die werk toegegooi wees ★, tot oor die ore in die werk wees ★; *still* **wet** *behind the* ~*s* nog nat agter die ore, nog nie droog agter die ore nie.

ear² [n.] *shoot* ~*s* in die aar skiet.

earful *give s.o. an* ~ §iem. goed die waarheid sê/ver= tel ★

early *arrive an hour* ~ 'n uur voor die tyd aankom, 'n uur te vroeg aankom; *as* ~ *as last year* reeds verlede jaar; ~ *on* al vroeg; in die begin, aanvanklik; *as* ~ *as* **possible** so spoedig moontlik; **rather** ~ vroeërig; *be* **rather** ~ 'n bietjie vroeg wees.

earmark ~ *s.t. for* … iets vir — bestem.

earmarked *be* ~ *for* … vir — bestem(d) wees.

earnest *in* **deadly** ~ in dodelike erns; *be in* **deadly** ~ doodernstig wees; *in* ~ in alle erns; met mening; *HE is in* ~ HY meen dit (regtig/werklik); *HE is in* ~ *about s.t.* iets is SY erns; *s.o. is in* ~ *about s.t.* iets is iem. se e.

earshot *out of* ~ buite hoorafstand; *within* ~ binne hoorafstand.

earth¹ [n.] *in the* **bowels** *of the* ~ diep onder die grond, in die skoot van die aarde; **bring** *s.o. back/down to* ~ iem. na die werklikheid laat terugkeer; **come** *back/down to* ~ na die werklikheid terugkeer; ontnug= ter word; **commit** *s.o. to the* ~ iem. ter aarde bestel, iem. begrawe; *the four* **corners** *of the* ~ die uithoeke van die aarde; **cost** *the* ~ §(amper) 'n fortuin kos, baie duur wees; **cumber** *the* ~ die aarde nutteloos be= slaan; *be* **down** *to* ~ nugter/realisties wees; *wipe people from the* **face** *of the* ~ mense uitdelg/uitwis; **go** *to* ~ in 'n gat kruip *('n wilde dier)*, êrens gaan wegkruip/skuil *('n voortvlugtige)*; *on* **God's** ~ op Gods aarde; **how** *on* ~? §hoe in hemelsnaam? ★; **nothing** *on* ~ niks ter wêreld; *like* **nothing** *on* ~ §sleg, glad nie goed nie; *feel like* **nothing** *on* ~ § miserabel/verskriklik voel; *look like* **nothing** *on* ~ §lyk soos wie weet wat ★; *on* ~ op die aarde; ter wêreld; **pay** *the* ~ *for s.t.* § (amper) 'n fortuin vir iets betaal; **promise** *s.o. the* ~ §iem. goue berge beloof/belowe ★; **run** … *to* ~ — in 'n gat ja(ag); — na 'n lang soektog vind; — in die hande kry; *what on* ~? § wat op aarde? ★

earth² [v.] ~ *up s.t.* iets operd.

earthly *not have an* ~ § nie 'n kat se kans hê nie ★

ease¹ [n.] *HE is at (HIS)* ~ HY is op sy gemak; HY is rustig; HY is gemaklik; HY is/voel tuis; HY is houtgerus/ perdgerus; *HE* **feels** *at* ~ HY voel op SY gemak; **ill** *at* ~ ongemaklik; ontuis; **put/set** *HIM at* ~ HOM gerus= stel; HOM op SY gemak laat voel, HOM tuis laat voel; **put/set** *s.o.'s mind at* ~ iem. gerusstel; **stand** *at* ~! op die plek rus!; *HE* **takes** *HIS* ~ HY neem SY gemak; **with** ~ (ge)maklik, speel-speel, op SY gemak; **with** *the greatest of* ~ dood(ge)maklik, loshand(e)★, op SY dooie gemak.

ease² [v.] ~ **back** *on the throttle* die petrolpedaal laat skiet; ~ **down** vaart verminder; ~ **off/up** ontspan, nie so hard werk nie; *s.t.* ~*s* **off/up** iets verslap; iets word rustiger; ~ **off/up** *on s.o.* minder druk op iem. uitoefen; minder streng wees teenoor iem.; ~ **off** *s.t.*

iets versigtig afhaal; iets laat skiet; ~ *out* a *rope* 'n tou laat skiet, 'n t. uitvier.

easily ~ a *thousand spectators* goed/ruim duisend toeskouers.

east¹ [n.] *from the* ~ uit die ooste, van die ooste=(kant); *in the* ~ in die ooste; *the wind is in the* ~ die wind is oos; *to the* ~ ooswaarts, na die ooste; *to the* ~ *of* ... oos van —, ten ooste van —.

east² [adv.] ~ *by north* or *south* oos ten noorde of suide; *due* ~ reg oos; *go* ~ ooswaarts gaan; ~ *of* ... oos van —, ten ooste van —.

Easter *at* ~ met/gedurende Pase.

easy *it is as* ~ *as easy/pie*, *it is as* ~ *as falling off a log*, *it is as* ~ *as winking* § dit is doodmaklik, dit is kinderspeletjies ★, dit is so maklik soos brood en bot=ter ★, dit is so maklik soos koek eet ★; ~ *come*, ~ *go* (P) so gewonne, so geronne (P); *dead* ~ doodmaklik; ~ *does it!* § saggies!; § stadig!; *it is* ~ *for* s.o. *to* ... iem. kan maklik —; *go* ~ *on* ... →**go**; *I'm* ~ § dis vir my om 't/die ewe (wat besluit word); *make* s.t. *easier* iets vergemaklik; *the easiest of kicks/etc.* 'n dood=maklike skop/ens.; *quite* ~ doodmaklik; *take it* ~ →**take**.

eat ~ s.o. *alive* § gou-gou met iem. klaarspeel ★; ~ *away* s.t. iets wegvreet; s.t. *is good to* ~ iets is lek=ker/smaaklik; *have* s.t. *to* ~ iets te ete hê, iets hê om te eet; iets eet, 'n stukkie eet; ~ *heartily* smaaklik eet; ~ s.o. *out of house and home* § iem. die ore van die kop af eet ★; ~ *into* s.t. in iets invreet; 'n hap in iets maak *(bv. spaargeld)* ★; ~ *of* s.t. aan/van iets eet; ~ *off* s.t. iets afeet; iets afvreet; ~ *off* a *plate* uit/van 'n bord eet; ~ *out* uiteet *(nie tuis nie)*; ~ *sparingly* matig eet; ~ *up* s.t. iets opeet; iets verslind *(bv. die afstand)* ★; iets uitput *(bv. spaargeld)*.

eaten *be* ~ *up with* s.t. deur iets verteer wees *(bv. hoogmoed)*.

eater a *hearty* ~ 'n stewige eter.

eating s.t. *is* ~ s.o. *up* iets hinder iem., iets knaag aan iem; *what's* ~ *HIM?* § wat hinder HOM?, wat knaag aan HOM?

eavesdrop ~ *on* s.o. iem. afluister.

ebb¹ [n.] *the* ~ *and flow* die eb en vloed; *at a low* ~ op 'n lae peil, in verval.

ebb² [v.] ~ *away* wegvloei; afloop; afneem *(bv. die geesdrif)*; ~ *and flow* daal en styg.

echelon *the higher/upper* ~s die hoër range.

echo¹ [n.] *find an* ~ *from* s.o. by iem. weerklank vind; *to the* ~ dawerend.

echo² [v.] ~ *with* ... van — weerklink.

eclipse *be in* ~ verduister wees *(bv. die son)*; op die agtergrond raak *(iem.)*.

economise, =**ize** ~ *on* s.t. op iets besuinig.

economy *for reasons of* ~ spaarsaamheidshalwe, om te bespaar.

ecstasy *be in ecstasies over* ... oor — in ekstase/ver=voering wees; *go into ecstasies over* ... oor — in e./v. raak.

ecstatic *be* ~ *about* s.t. in ekstase/vervoering wees oor iets.

edge¹ [n.] *give an* ~ *to* s.t. iets skerpmaak/slyp; iets opwek *(bv. aptyt)*; *have the/an* ~ *on/over* s.o. 'n voor=sprong op iem. hê, iem. voor wees; *on the* ~ *of* ... op die kant van —; op die rand van —; aan die rand van —; *be on the* ~ *of doing* s.t. op die punt staan om iets te doen; *HE is on* ~ HY is senu(wee)agtig, HY het dit op SY senuwees; *put an* ~ *on* s.t. iets skerpmaak/slyp; *have/hold a slight* ~ *on* s.o. iem. effens/effe(ntjies) voor wees; *take the* ~ *off* s.t. die ergste wegneem *(bv. koue)*; iets versag *(bv. pyn)*; iets stil *(bv. eetlus)*; iets ontsenu *('n argument)*.

edge² [v.] ~ *away/off* wegskuif(el)/wegskuiwe; ~ *in* indruk; ~ *out* s.o. iem. uitskuif/uitskuiwe; iem. net-net klop; ~ *up to* s.o. nader na iem. skuif(el)/skui=we.

edged s.t. ~ *with* ... iets met 'n rand van —.

edit ~ *out* s.t. iets skrap.

edited ~ *by* ... onder redaksie van —, geredigeer deur —.

editorship *under the* ~ *of* ... onder redaksie van —.

efface *HE* ~s *HIMSELF* HY trek HOM terug, HY bly op die agtergrond.

effect *have an adverse* ~ *on/upon* ..., *have a bad* ~ *on/upon* ... — aantas; — benadeel, vir — nadelig wees; — ongunstig beïnvloed; *be calculated for* ~ op effek bereken wees; *come into* ~ van krag word, in werking tree; *give* ~ *to* s.t. iets uitvoer, aan iets uitvoering gee, iets ten uitvoer bring; *to good/great* ~ met goeie ge=volg; s.t. *has an* ~ *on* ... iets het 'n uitwerking op —; *with immediate* ~ dadelik ingaande; — word dade=lik van krag, — tree dadelik in werking; *in* ~ in werk=likheid, prakties; *be in* ~ van krag wees, in werking wees; s.t. *has no* ~ iets werk nie; iets is sonder uitwer=king; iets is nutteloos/(te)vergeefs; *be of no* ~ ongeldig wees; kragteloos wees; *to no* ~ (te)vergeefs, sonder uitwerking; *the* ~(s) *on* ... die uitwerking op —, die gevolg(e) vir —; *strain/strive after an* ~ iets op effek bereken; *suffer no ill* ~s niks *(van iets)* oorkom nie; *take* ~ in werking tree, van krag word *(bv. 'n wet)*; 'n uitwerking hê; werk *(bv. medisyne)*; *allow* s.t. *to take* ~ iets laat deurwerk; *to the* ~ *that* ... ten effekte dat —; *to that* ~ in dier voege, te dien effekte, met dié strekking; *with* ~ *from* ... met ingang van —.

effective *become* ~ *from* ... met ingang van — van krag word, met i. van — in werking tree.

effigy *burn* s.o. *in* ~ 'n beeld van iem. verbrand, iem. simbolies verbrand.

effort s.t. *costs* s.o. *an* ~ iets kos iem. moeite; *make every* ~ hard probeer; *make a frantic* ~ 'n wanhopi=ge poging aanwend; *HE makes an* ~ HY wend 'n po=ging aan, HY probeer, HY span HOM in; *by* s.o.'s *own* ~s deur iem. se eie inspanning; *HE puts a lot of* ~ *into it* HY werk hard daaraan, HY span HOM werklik in daar=voor, HY doen baie moeite daarmee; *spare no* ~, *be unsparing in one's* ~s geen moeite ontsien/spaar nie;

the **sustained** ~ die onafgebroke inspanning; *it is an* ~ *to* ... dit is/kos moeite om te —, dit kos inspanning om te —; **unsparing** ~*s* onvermoeide pogings.

effrontery *it is bare-faced* ~ dit is skaamtelose ver= metelheid; *have the* ~ *to do s.t.* die vermetelheid hê om iets te doen.

egg¹ [n.] *a bad* ~, *(lett.)* 'n vrot eier; *(fig.)* § 'n niks= nut(s); *one should not put all one's* ~*s in one basket* (P) ('n) mens moenie al jou geld op een kaart sit nie (P); **beat** ~*s* eiers klits/klop; *a clutch of* ~*s* 'n broeisel eiers; *HE has* ~ *on HIS face, HE has* ~ *all over HIS face* §HY slaan 'n belaglike figuur, HY het HOM belaglik ge= maak; *a good* ~ § 'n gawe kêrel *of* vrou; *lay an* ~, *(lett.)* 'n eier lê; § *(fig.)* 'n windeier lê ★; **shell** ~*s* eiers afdop; *teach one's grandmother to suck* ~*s* §die eier wil wyser wees as die hen ★; **tread** *on* ~*s* §versigtig wees; *you cannot* **unscramble** ~*s* gedane sake kan nie onge= daan gemaak word nie.

egg² [v.] ~ *on s.o.* iem. aanhits/aanpor/opsteek.

ego *s.t. boosts/feeds s.o.'s* ~ iets verhoog iem. se eie= dunk.

ego trip *s.o. is on an* ~ ~ §iem. is met selfverheerli= king besig.

eight *HE has had one over the* ~, *HE is one over the* ~ § HY is lekkerlyf ★

eighties *HE is in HIS* ~ HY is in SY tagtigerjare, HY is in die tagtig; *it happened in the E*~ dit het in die tagti= gerjare gebeur, dit het in die jare tagtig gebeur.

either *HE* **doesn't** *know* ~ HY weet ook nie; *HE* **doesn't** *know* ~ *(of them)* HY ken geeneen van die twee nie; **not** *that* ~ ook dit nie; ~ *of them may go* een van hulle (twee) mag gaan *(maar nie albei nie)*; ~ *of them is suitable* hulle is albei geskik; ~ *A or B* óf A óf B; ~ *come in or go* kom in óf loop.

eject ~ *s.o. from a place* iem. uit 'n plek sit/smyt.

eke ~ *out food/etc.* langer met kos/ens. uitkom; *HE* ~*s out HIS income by doing extra work* HY vul SY inkomste aan deur ekstra werk te doen; ~ *out an existence,* ~ *out a livelihood/living* op 'n manier 'n bestaan maak, met moeite 'n bestaan maak.

elaborate ~ *on/upon s.t.* oor iets uitwei.

elated *HE is* ~ *at* ... HY is opgetoë/uitgelate/verruk oor —, HY is in SY noppies oor — ★

elbow¹ [n.] *at one's* ~ byderhand; *be at s.o.'s* ~ aan iem. se sy wees; **bend/lift** *one's* ~ §in die bottel kyk ★; *be* **out** *at* ~, *be* **out** *at the* ~*s* verslete wees *(bv. 'n kledingstuk)*; armoedig geklee(d) wees *(iem.)*; **rub** ~*s/shoulders with* ... met — omgaan; *up to the* ~*s* §tot oor die ore ★

elbow² [v.] ~ *aside s.o.* iem. opsy stoot; ~ *out s.o.* iem. uitstoot.

elder *the* ~ *of the two* die oudste van die twee.

elect ~ *s.o. (as) chairman* iem. tot voorsitter (ver)= kies; ~ *s.o. to a council* iem. in 'n raad verkies; ~ *to do s.t.* verkies om iets te doen.

elected *declare s.o. (duly)* ~ iem. (behoorlik) verko= se verklaar.

election *at/in the* ~*s* by die verkiesing; **call** *an* ~ 'n v. uitskryf/uitskrywe; **carry** *an* ~ 'n v. wen; **contest** *an* ~ aan 'n v. deelneem; *an* **early** ~ 'n spoedige v.; **fight** *an* ~ 'n v.(stryd) voer; **hold** *an* ~ 'n v. hou; **lose** or **win** *an* ~ 'n v. verloor *of* wen; *HE* **makes** *HIMSELF available for* ~, *HE* **seeks** ~ HY stel HOM verkiesbaar; *s.o.'s* ~ *to* ... iem. se verkiesing in —; *an* **unopposed** ~ 'n onbetwiste verkiesing.

electricity *cut off the* ~ die elektrisiteit afsluit.

element *HE is in HIS* ~ HY is in SY element.

elevate ~ *s.o. to* ... iem. tot — verhef.

elicit ~ *s.t. from s.o.* iets uit iem. kry, iets aan iem. ontlok.

eligible *be* ~ *for* ... vir — in aanmerking kom *('n amp)*; op — geregtig wees *(bv. 'n pensioen)*.

eliminate ~ *s.t. from* ... iets uit — uitskei; iets uit — uitskakel; ~ *s.o. from* ... iem. uit — uitskakel.

elope ~ *with s.o.* met iem. wegloop.

else *or* ~ ... anders —.

emanate ~ *from* ... van — afkomstig wees; van — uitgaan.

embargo *impose/lay/place/put an* ~ *on s.t.* 'n verbod op iets lê/plaas; *lift/remove the* ~ *from* ... die verbod op — ophef; *s.t. is under* ~ iets is verbode *(bv. invoer)*.

embark ~ *for* ... per skip na — vertrek; *HE* ~*s on/ upon s.t.* HY onderneem iets, HY pak iets aan, HY be= geef/begewe HOM in iets.

embarrassed *be* ~ *by s.t.* deur iets in verleentheid gebring wees, oor iets verleë wees; *feel* ~ *about s.t.* oor iets verleë voel.

embarrassing *s.t. is* ~ *to s.o.* iets is vir iem. 'n ver= leentheid, iets bring iem. in verleentheid; *find s.t.* ~ oor iets in verleentheid wees.

embarrassment *be flushed with* ~ skaamrooi wees; *s.t. is an* ~ *to s.o.* iets bring iem. in verleentheid, iets is vir iem. 'n verleentheid.

embedded *be* ~ *in the* ... in die — vassit; in die — vasgelê wees; in die — begrif wees.

embellish ~ *s.t. with* ... iets met — versier.

ember *fan the* ~*s* die vuur aanblaas.

emblematic(al) *be* ~ *of s.t.* iets versinnebeeld.

embodied *be* ~ *in* ... in — beliggaam wees.

embroil ~ *s.o. in s.t.* iem. in iets insleep/intrek.

embroiled *become* ~ *in s.t.* in iets ingesleep/ingetrek word, in iets verwikkel raak.

embryo *in* ~ in die kiem/dop, in wording.

emerge ~ *from s.t.,* ~ *out of s.t.* uit iets te voorskyn kom, uit iets verskyn.

emergency *declare/proclaim a state of* ~ 'n noodtoe= stand afkondig/uitroep; *in an* ~, *in case of* ~ in geval van nood; desnoods.

emigrate ~ *from a country (to another country)* uit 'n land (na 'n ander land) emigreer.

emotion *s.o.'s voice is shaking/trembling with* ~ iem. se stem beef/bewe van aandoening; *stir/whip up* ~*s* die gevoelens gaande maak, die gevoelens opsweep; *with* ~ met gevoel.

emphasis *lay/place/put the* ~ *on s.t.* op iets nadruk lê, iets beklemtoon.

employ *be in s.o.'s* ~ in iem. se diens wees, by iem. in diens wees, by/vir iem. werk.

employed *be* ~ *on s.t.* met iets besig wees.

employment *be out of* ~ sonder werk wees; *have regular* ~ 'n vaste verdienste/werk hê; *throw s.o. out of* ~ iem. werkloos maak, iem. op straat gooi *

empty *the river empties (itself) into the Indian Ocean* die rivier loop in die Indiese Oseaan uit; ~ *(out) a bag onto the ground* 'n sak op die grond leegmaak.

enable ~ *s.o. to do s.t.* iem. in staat stel om iets te doen; dit vir iem. moontlik maak om iets te doen; iem. die bevoegdheid gee/verleen om iets te doen.

enamoured *be* ~ *of/with s.o.* op iem. verlief wees; *be* ~ *of/with s.t.* deur iets bekoor wees.

encapsulated *s.t. is* ~ *in* ... iets word deur — saamgevat/opgesom.

encased *be* ~ *in* ... in — gehul wees.

enchanted *be* ~ *with* ... deur — bekoor/betower wees.

enchantment *lend* ~ *to* ... bekoring aan — verleen.

encircled *be* ~ *by/with* ... deur — omring wees *(bv. bome)*; *be* ~ *by the enemy* deur die vyand omsingel wees.

enclose ~ *s.t. in/with a letter* iets by 'n brief aan= heg/insluit.

encore *give an* ~ 'n toegif sing *of* speel.

encounter *have an* ~ *with* ... 'n ontmoeting met — hê; 'n botsing/geveg/skermutseling met — hê.

encourage ~ *s.o. to* ... iem. aanmoedig om te —.

encouragement *a word of* ~ 'n bietjie aanmoedi= ging.

encroach ~ *on/upon s.t.* op iets oortree *(bv. grond)*; op iets inbreuk maak, iets aantas *(bv. regte)*.

encumber ~ *s.o. with s.t.* iem. met iets belas.

encumbered *be* ~ *by s.t.* deur iets belemmer word; *s.o. is* ~ *with s.t.* iets is iem. tot las.

end¹ [n.] *HE has achieved HIS* ~ HY het SY doel be= reik; *at the* ~ *of* ... aan die einde/end van —; *at the* ~ *of January* einde Januarie, aan die einde/end van Janu= arie; *s.t. is at an* ~ iets is op 'n end, iets het ten einde geloop; iets is gedaan; iets is uit *('n verhouding)*; *come to a bad* ~ 'n nare uiteinde hê *(iem. of iets)*; 'n nare dood sterf *(iem.)*; *to the bitter* ~ tot die bitter(e) ein= de; *bring s.t. to an* ~ iets afsluit/beëindig; iets stopsit; *by the* ~ *of the year/etc.* teen die einde/end van die jaar/ens.; *come to an* ~ eindig; ('n) end kry, op 'n end kom; ten einde loop; doodloop; opraak *(bv. iem. se ge= duld)*; *at the* ~ *of the day, (lett.)* aan die einde/end van die dag; *(fig.)* op stuk van sake, per slot van reke= ning, in laaste instansie, op die ou end; *come to a dead* ~ doodloop *('n straat)*; 'n dooie punt bereik; *go off the deep* ~ § woedend word, te kere gaan, lostrek, uit= pak *; *be thrown in at the deep* ~ sommer dadelik moeilike werk moet doen; *draw to an* ~ ten einde loop; einde/end se kant toe gaan/staan *; *at either* ~

op een van beide punte *of* hoeke; *at the far* ~ *of* ... anderkant —; *HE gains HIS* ~*s* HY bereik SY doel; *in the* ~ op die ou end; uiteindelik; ten slotte; op stuk van sake, per slot van rekening; op die duur; *s.t. is an* ~ *in itself* iets is 'n doel op sigself; *HE keeps HIS* ~ *up* §HY staan SY man, HY hou (die stryd) vol; *HE is at a loose* ~ HY het niks te doen nie, HY is ledig, HY is opgeskeep met HOMSELF, HY weet geen raad met SY tyd nie, HY loop met SY siel onder SY arm *; HY is sonder vaste werk; *loose* ~*s* onafgehandelde sake; *make an* ~ *of s.t.* iets stopsit; *the* ~ *justifies the means* (P) die doel heilig die middele (P); *be a means to an* ~ 'n middel tot 'n doel wees; *make (both)* ~*s meet* uitkom/rond= kom; *find it hard to make (both)* ~*s meet* dit nie breed hê nie; *HE meets HIS* ~ HY kom aan SY einde; *near the* ~ naby die einde/end, (hier) teen die einde/end; *HE enjoys HIMSELF no* ~ §HY geniet dit geweldig; *no* ~ *of* ... §geweldig baie —, 'n mag der menigte —; *no* ~ *of a* ... § 'n volslae —; *think no* ~ *of s.o.* § 'n hoë dunk van iem. hê; *there is no* ~ *to it* daar is geen ein= de/end aan nie; *there is no* ~ *to s.o.* iem. is sonder end/einde; *there is no* ~ *to s.o.'s* ... daar is geen ein= de/end aan iem. se — nie; *the* ~ *is not yet* dit is nog nie die end/einde nie; nog is het einde niet; ... *will be the* ~ *of me*! §— maak my (nog) klaar! *; *collide* ~ *on* kop teen/aan kop bots; *on* ~ orent; agtermekaar; *for days/ etc. on* ~ dae/ens. aaneen/aanmekaar; *place/stand s.t. on* ~ iets regop sit, iets regop laat staan, iets staan= maak *; *private* ~*s* persoonlike oogmerke; *put an* ~ *to s.t.* 'n end/einde aan iets maak; *put an* ~ *to s.o.* iem. om die lewe bring; *be on the receiving* ~ *of s.t.* die een wees wat die gevolge moet dra, die een wees wat die klappe moet verduur; *HE has secured HIS* ~*s* HY het SY doel bereik; *not see the* ~ *to s.t.* nie die einde/end van iets sien nie; *HE serves HIS own* ~*s* HY bevorder SY eie planne; *stand on* ~ rys *(hare)*; *stand/place s.t. on* ~ →*place/stand;* *come to a sticky* ~, *meet (with) a sticky* ~ § 'n nare dood sterf *(iem.)*; § 'n nare uiteinde hê *(iem. of iets)*; *be at the* ~ *of one's tether* →*tether;* *to that* ~ met dié doel; *and that's the* ~ *of it!* en daarmee basta! *; *s.t. is the (absolute)* ~ §iets is uiters power/swak; *till the* ~ tot die einde/end (toe); ~ *to* ~ kop aan kop; *toward(s) the* ~ teen die ein= de/end; *beat an opponent all* ~*s up* § 'n teenstander behoorlik/deeglik kafloop/uitstof *; *at the very* ~ op die allerlaaste; *with that* ~ *in view* met dié doel, te dien einde; *to what* ~? met watter doel?, waarvoor?; *be without* ~ sonder end/einde wees; *wrong* ~ *up* onderstebo.

end² [v.] ~ *by* ... eindig met —; ~ *in* ... op — uit= gaan, met — eindig; op — uitloop; ~ *it (all)* §self= moord pleeg; ~ *off s.t.* iets afsluit; *(naaldw.)* iets af= end; ~ *up as s.t.* (op die ou end) iets word; ~ *up by doing s.t.* uiteindelik iets doen; op die ou end iets doen; ~ *up somewhere* êrens beland/teregkom; ~ *up with* ... op die ou end met — sit.

endear *HE* ~*s HIMSELF to s.o.* HY maak HOM by iem.

bemin(d)/gelief; *s.t.* ~s *s.o.* to *s.o. else* iets maak iem. by iem. anders bemin(d)/gelief.

endeavour¹ [n.] *make every ~ to do s.t.* alles in die werk stel om iets te doen.

endeavour² [v.] *~ to do s.t.* iets probeer doen.

endemic *be ~ in/to an area* in 'n gebied endemies wees.

endow *~ s.o. with s.t.* iets aan iem. skenk.

endowed *be ~ with* ... met — begaaf(d) wees.

endurance *it is beyond/past ~* dit is ondraaglik, dit is onmoontlik om langer uit te hou; *s.o.'s powers of ~* iem. se uithouvermoë.

enemy HE *makes an ~ of s.o.* HY maak iem. tot SY vyand; *s.o.'s* **mortal** *~* iem. se doodsvyand; *be an ~ of/to s.o.* 'n vyand van iem. wees, iem. se vyand wees; *s.o. is a* **public** *~* iem. is staatsgevaarlik, iem. is 'n volksvyand; *they are* **sworn** *enemies* hulle is geswore/volslae vyande; HE *is* HIS *own* **worst** *~* HY doen HOM self (die grootste) skade aan.

energy *in a burst of ~* met kragtige inspanning; HE **devotes** HIS *~/energies to s.t.* HY wy SY kragte aan iets; HE **conserves** HIS *~* HY spaar SY kragte; *s.t.* **saps** *s.o.'s ~* iets ondermyn iem. se kragte; HE **spares** HIS *~* HY spaar SY kragte; *do s.t. with* **unflagging** *~* iets met onvermoeide ywer doen.

engage HE *~s in s.t.* HY doen iets *(bv. navorsing)*; HY hou HOM met iets besig/onledig; HY neem aan iets deel *(bv. sport)*.

engaged *become/get ~* verloof raak; *be ~ in s.t.* in iets betrokke wees; met iets besig wees, iets aan die doen wees; *be* **otherwise** *~* iets anders te doen hê; 'n ander afspraak hê; *be ~ to s.o.* aan/met iem. verloof wees.

engagement *break (off) an ~* 'n verlowing (ver)= breek/uitmaak; *break off an ~* 'n geveg afbreek/ staak; *the ~ is* **off** die verlowing is uit/af; *have a* **pre= vious/prior** *~* reeds 'n (ander) afspraak hê.

engine *the ~ failed* die motor het gaan staan, die mo= tor het geweier.

English *in ~* in/op Engels; *tell s.o. s.t. in plain ~* § iem. iets in plat Afrikaans sê ★, iem. iets in duidelike taal sê, iem. iets onomwonde sê.

engraved *s.t. is ~ in/on s.o.'s memory* iets is/staan in iem. se geheue gegrif/(in)geprent.

engrossed *be ~ in s.t.* deur iets geboei wees; in iets verdiep wees; van iets vervul wees.

engulfed *be ~ in s.t.* deur iets verswelg wees.

enhanced *be ~ by* ... deur — versterk word; deur — verhoog word.

enjoy *~ doing s.t.* dit geniet om iets te doen; *~ o.s.* iets geniet, dit geniet, pret/plesier hê; *~ s.t.* iets ge= niet.

enjoyment *get a lot of ~ from s.t.* iets baie geniet.

enlarge *~ on/upon s.t.* oor iets uitwei.

enlighten *~ s.o. about/on s.t.* iem. oor iets inlig, vir iem. lig op iets werp.

enlist *~ in* ... by — aansluit.

enmeshed *be or become ~ in s.t.* in iets verstrik wees *of* raak.

enmity *~ against/towards s.o.* vyandigheid teenoor iem.; *bear s.o. no ~* iem. nie vyandiggesind wees nie; HE *incurred s.o.'s ~* HY het HOM iem. se vyandskap op die hals gehaal.

enough *~ is as good as a* **feast** (P) tevredenheid is beter as 'n erfenis (P), te veel is ongesond; *~ for* ... genoeg vir —; genoeg om te —; *s.o. has had ~* iem. het genoeg gehad; *s.o. has* **had** *more than ~ of s.o. else* iem. is (keel)vol vir iem. anders ★; *be ~ of a* ... — genoeg wees; *~ and to* **spare** meer as genoeg; *that's ~!* so nou!, dis nou genoeg!; basta nou! ★; *it's ~ to make one cry/etc.* dit is om van te huil/ens.

enquire →**inquire**.

enquiry →**inquiry**.

enraged *be ~ at/by s.t.* oor iets woedend wees.

enraptured *be ~ by/with s.t.* oor iets in vervoering wees, met/oor iets verruk wees.

enrol(l) HE *~s for s.t.* HY laat HOM vir iets inskryf/ inskrywe *(bv. 'n kursus)*.

ensconced *be ~ in* ... in — weggestop wees.

enshrined *be ~ in* ... in — vasgelê wees *(bv. wetge= wing)*; in — bewaar wees *(bv. die geheue)*.

ensue *s.t. ~s from* ... iets volg uit —, iets vloei uit — voort.

entangled *become/get ~ in s.t.* in iets verstrik raak; *be ~ with s.o.* met iem. deurmekaar wees.

enter HE *~s for s.t.* HY laat HOM vir iets inskryf/ inskrywe; HY neem aan iets deel; *~ into s.t.* iets aan= gaan *(bv. 'n ooreenkoms)*; deel van iets uitmaak; iets behandel *(bv. 'n onderwerp)*; *~ on/upon s.t.* iets aan= vaar *(bv. pligte).*; *~ up s.t.* iets inskryf/inskrywe *of* opskryf/opskrywe *of* aanteken.

enterprise *show ~* ondernemingsgees aan die dag lê.

entertain *~ s.o. at/to dinner* iem. op 'n aandete ont= haal; *~ s.o. with s.t.* iem. met iets vermaak; iem. op iets vergas.

entertainment *provide ~ for s.o.* iem. vermaak bied; *to s.o.'s ~* tot iem. se v.

enthuse *~ about/over s.t.* oor iets geesdriftig wees, hoog oor/van iets opgee ★

enthusiasm *s.o.'s ~ about/for s.t.* iem. se geesdrif vir iets; *arouse ~ for s.t.* geesdrif vir iets wek; *s.t. fills s.o. with ~* iets maak iem. geesdriftig.

enthusiastic *become/get ~ about/over s.t.* oor iets geesdriftig raak/word.

entirety *in its ~* in sy geheel.

entitle *~ s.o. to s.t.* iem. reg/aanspraak op iets gee; iem. op iets geregtig maak.

entitled *be ~ to s.t.* op/tot iets geregtig wees, reg/aan= spraak op iets hê.

entrance *effect an ~* ingaan, toegang verkry; *force an ~* met geweld indring; *make an ~* inkom, binne= kom; *no ~* geen toegang; *~ to* ... toelating tot — *(bv. 'n universiteit)*.

entranced *be ~ at/by/with* ... oor — verruk wees,

oor — in vervoering wees, deur — meegesleep wees.

entrée *have* ~ *into* ... toegang tot .. hê.

entrench ~ *on/upon s.t.* op iets inbreuk maak.

entrust ~ *s.t. to s.o.*, ~ *s.o. with s.t.* iets aan iem. toevertrou; iem. met iets belas; iets aan iem. oorlaat.

entry *s.o.'s* ~ *into* ... iem. se binnekoms in — *(bv. 'n vertrek)*; iem. se intog in — *(bv. 'n stad)*; iem. se toetrede tot — *(bv. die stryd, 'n groep)*; *no* ~ geen toegang.

envelop ~ *s.o.* or *s.t. in* ... iem. *of* iets in — hul; iem. *of* iets in — wikkel.

envious *be* ~ *of* ... op — afgunstig wees; *be* ~ *of s.o. because of s.t.* iem. iets beny.

envy *HIS* ... *is the* ~ *of all* almal beny HOM SY —; *be consumed/green with* ~, *be eaten up with* ~ deur afguns verteer wees, die geel baadjie/pak aanhê *; *excite* ~ afguns/nyd wek; *out of* ~ uit afguns; *to the* ~ *of* ... tot nyd van —.

epitome *the* ~ *of* ... die toppunt van —.

equal[1] [n.] *HE has no* ~, *HE is without* ~ SY gelyke bestaan nie, HY is sonder weerga; niemand kan HOM dit nadoen nie; *be the* ~ *of s.o.* iem. se gelyke wees; teen iem. opgewasse wees.

equal[2] [v.] ~ *s.o. in intelligence/etc.* iem. ewenaar wat intelligensie/ens. betref; *nothing* ~*s it* niks kom/haal daarby nie; *X* ~*s 100* X is gelyk aan 100.

equal[3] [adj.] *all things being* ~ as alle faktore gelyk is; in gelyke omstandighede; *feel* ~ *to s.t.* vir iets kans sien; *s.t. is* ~ *to s.t. else* iets is gelyk aan iets anders; *s.o. is* ~ *to s.o. else* iem. staan gelyk met iem. anders; *s.o. is* ~ *to s.t.* iem. is tot iets in staat; iem. is vir iets opgewasse *(bv. 'n taak)*; iem. is teen iets opgewasse *(bv. die omstandighede)*.

equality *achieve/attain* ~ *with* ... gelykheid met — bereik/verkry; *have* ~ *of opportunity* gelyke geleenthede hê; *be on an* ~ *with* ... op gelyke voet met — wees, op voet van gelykheid met — wees; van dieselfde gehalte as — wees.

equanimity *with* ~ onversteur(d), onverstoor(d), gelate.

equate ~ *s.t. with s.t. else* iets met iets anders gelykstel.

equation *solve an* ~ 'n vergelyking oplos.

equidistant ~ *from* ... ewe ver/vêr van —.

equilibrium *be in* ~ in ewewig wees; *stable* ~ bestendige/stabiele/vaste ewewig; *upset the* ~ die ewewig versteur/verstoor.

equip ~ *s.o. for s.t.* iem. vir iets toerus; ~ *s.o. with s.t.* iem. met iets toerus, iem. van iets voorsien.

equipped *be well* ~ *for s.t.* goed vir iets toegerus wees; *be* ~ *with* ... met — toegerus wees.

equity *in* ~ billikerwys(e), billikheidshalwe.

equivalent[1] [n.] *be the* ~ *of* ... die ekwivalent van — wees.

equivalent[2] [adj.] ~ *to* ... gelykstaande met —, gelyk aan —; *(doing) that is* ~ *to* ... dit is soveel as om te —.

equivocal *be* ~ *about s.t.* oor iets onduidelik wees.

era *the end of an* ~ die einde/end van 'n era/tydperk/tydvak.

erase *HE* ~*s s.t. from HIS mind* HY wis iets uit SY gedagtes.

erection *a building is in course of* ~ 'n gebou is in aanbou.

err *to* ~ *is human* (P) dis menslik om te dwaal (P), 'n mens bly maar 'n mens (P); ~ *on the side of* ... te — wees.

errand *go on* ~*s, run* ~*s* boodskappe doen/dra; *send s.o. on an* ~ iem. met 'n boodskap uitstuur.

error *commit an* ~ 'n fout begaan/maak; *fall into* ~ mistas, in 'n dwaling verval; *a gross* ~ 'n growwe fout; *a human* ~ 'n menslike fout; *be in* ~ dit mis hê, mistas; *HE is in* ~ HY vergis HOM, HY het dit mis, HY tas mis; *do s.t. in* ~ iets per abuis doen; iets verkeerdelik doen, iets ten onregte doen; *be liable to* ~ feilbaar wees; *the margin of* ~ die foutgrens; ~*s and omissions excepted* foute en weglatings uitgesonder, behoudens foute en weglatings.

escape[1] [n.] *cut off s.o.'s* ~ iem. voorkeer; *s.o.'s* ~ *from* ... iem. se ontsnapping aan — *(bv. die dood)*; iem. se ontvlugting uit — *(bv. gevangenskap)*; *make (good) one's* ~ (dit regkry om te) ontsnap, wegkom; *have a narrow* ~ ternouernood ontsnap/ontkom; *it was a narrow* ~ dit was 'n noue ontkoming; *there is no* ~ daar is geen uitweg nie; *a way of* ~ 'n uitspringplek.

escape[2] [v.] ~ *from* ... uit — ontsnap; aan — ontkom; — ontduik; *s.o. narrowly* ~*d death* iem. het by die dood omgedraai; *s.t.* ~*s s.o.* iets het iem. ontgaan; ~ *unhurt* ongedeerd daarvan afkom; ~ *with one's life* lewendig daarvan afkom.

escort[1] [n.] *under military* ~ onder militêre geleide; *under* ~ *of* ... onder bewaking van —.

escort[2] [v.] ~ *s.o. to* ... iem. na — begelei.

escorted *be* ~ *by* ... deur — begelei word; onder geleide van — wees.

essay *an* ~ *about/on* ... 'n opstel oor —; 'n essay oor — *(letterkundig)*.

essence *in* ~ in wese; *the* ~ *of* ... die wesenlike van — *('n saak)*; die toonbeeld van — *(bv. hoflikheid)*; die toppunt van — *(bv. hoflikheid)*; ... *is of the* ~ alles hang van — af, — is van wesenlike belang.

essential *be* ~ *for/to* ... vir — noodsaaklik/onmisbaar/onontbeerlik wees.

essentials *the bare* ~ die allernodigste.

establish *HE* ~*es HIMSELF* HY vestig HOM.

established *become* ~ gevestig raak; posvat; ingeburger raak.

estate *administer an* ~ 'n boedel beredder; *be of high* ~ van hoë rang/stand wees.

esteem *s.o. is held in high* or *low* ~ daar is hoë *of* weinig agting vir iem.; *hold s.o. in (high)* ~ iem. (hoog)ag, agting vir iem. hê; *s.t. lowers s.o. in s.o. else's* ~ iets laat iem. in iem. anders se agting daal; *rise* or *sink in s.o.'s* ~ in iem. se agting styg *of* daal; *be worthy of* ~ agtenswaardig wees.

esteemed *be highly* ~ hoog gewaardeer word *(iets)*; hoë agting geniet *(iem.)*.

estimate¹ [n.] *form/make an* ~ 'n raming maak; *s.o.'s* ~ *of s.t.* iem. se skatting van iets; iem. se beoor= deling van iets; *a rough* ~ 'n ruwe skatting; *at a rough* ~ na ruwe skatting; *vote the* ~s die begroting aanneem.

estimate² [v.] ~ *s.t. at* ... iets op — raam/skat.

estimated *an* ~ *100 000 people* na skatting 100 000 mense.

estimation *hold s.o. in* ~ iem. (hoog)ag, agting vir iem. hê; *in HIS* ~ na SY oordeel, volgens SY mening; *rise or sink in s.o.'s* ~ in iem. se agting styg *of* daal.

estranged *be or become* ~ *from s.o.* van iem. ver= vreem(d) wees *of* raak; *two people are* ~ twee mense is (van mekaar) vervreem(d).

estrangement *the* ~ *between two people* die ver= vreeming/verwydering tussen twee mense; *s.o.'s* ~ *from s.o. else* iem. se vervreemding van iem. anders.

etched *s.t. is* ~ *in s.o.'s memory* iets is in iem. se ge= heue gegrif/(in)geprent.

eternity *to all* ~ tot in (alle) ewigheid; *send s.o. to* ~ iem. die ewigheid instuur.

eulogy *deliver a* ~ *on* ... 'n lofrede op/oor — lewer.

evacuate *people* ~ *a place* mense ontruim 'n plek; ~ *people from a place* mense uit 'n plek verwyder; ~ *wounded soldiers from the front to the hospital* gewonde soldate van die front na die hospitaal afvoer.

eve *on the* ~ *of* ..., *(lett.)* op die aand voor —, op die vooraand van —; *(fig.)* vlak voor —, aan die vooraand van —.

even¹ [v.] *s.t.* ~s *out* iets word gelyk; ~ *out s.t.* iets gelykmaak; iets uitstryk; iets versprei; ~ *up the score* die telling gelykop maak.

even² [adj. & adv.] *an* ~ *better way to* ... selfs 'n beter manier om te —; *get* ~ *with s.o.* met iem. afreken, iem. met dieselfde/gelyke munt betaal.

evening *all* ~ die hele aand, heelaand; *good* ~*!* (goeie)naand!; *in the* ~ in die aand; saans; *make an* ~ *of it* die hele aand daar(mee) *of* hier(mee) deurbring; *of an* ~ een aand; *on an* ~ op 'n aand; *on the* ~ *of the 21st* op die aand van die 21ste; *s.t. happened* *one* ~ iets het een aand gebeur, iets het op 'n (sekere) aand ge= beur; *this* ~ vanaand; *all through the* ~, *through= out the* ~ die hele aand, heelaand; *tomorrow* ~ mô= reaand, moreaand; *toward(s)* ~ teen die aand (se kant); *yesterday* ~ gisteraand.

event *after the* ~ agterna; *at all* ~s in elk/alle geval; *in any* ~ in elk/ieder/alle geval; *a chain of* ~s 'n reeks gebeurtenisse; *the course/trend of* ~s die (ver)loop van gebeurtenisse/sake; *let* ~s *take their course* sake maar laat loop; *in either* ~ in albei gevalle; *the happy* ~ die blye gebeurtenis, die geboorte; *in the* ~ ten slotte, op stuk van sake; agterna beskou; *in the* ~ *of* ... in geval van —; *in the* ~ *it was* ... in werklikheid was

dit —; *mark an* ~ 'n gebeurtenis gèdenk/vier; *do s.t. to* **mark** *an* ~ iets doen na aanleiding van 'n gebeurte= nis, iets doen ter ere van 'n gebeurtenis; *quite an* ~ 'n hele gebeurtenis; *it is easy to be* **wise** *after the* ~ (P) dis maklik om nou/agterna te praat.

eventuate ~ *in* ... op — uitloop.

ever ~ *after* daarna, van dié tyd af; ~ *and again* voortdurend, gedurig; ~ *and anon* van tyd tot tyd; *as* ... *as* ~ so — as ooit; *as well as* ~ HE *could* so goed as (wat) HY maar kon; *for* ~ *and aye, for* ~ *and a day* vir ewig en altyd; *did/have you* ~*?* §(ek) bid jou aan!, nou toe nou!, kan jy nou meer!, reken nou net! *for* ~ (vir) ewig, vir altyd; *for* ~ *and* ~ tot in (alle/der) ewigheid; *hardly* ~ byna nooit, so goed as nooit; ; *if* ~ *s.t. happens* as iets ooit gebeur; *s.o. is a* ... *if* ~ *there was one* iem. is 'n — so erg as (wat) daar ooit was; *not* ~ so nooit aste nimmer; *or* ~ *it happened* eer/voordat dit ooit gebeur het; *scarcely* ~ amper/byna nooit, so goed as nooit; *be* ~ *so* ... § baie — wees; § erg — wees.

everybody, everyone ~ *else* al die ander; *it's not* ~ *who can* ... elkeen kan nie — nie.

everything ... *and* ~ §— en sulke dinge; ~ *but* ... alles behalwe —; ~ *else* al die orige, (al) die res, al die ander (dinge); ~ *possible* al die moontlike, al wat moontlik is *of* was; *something of* ~ van alles wat.

everywhere *they come from* ~ hulle kom van oral= oor; ~ *s.o. goes* oral waar iem. gaan, waar iem. ook al gaan.

evict ~ *s.o. from a house* iem. uit 'n huis sit; ~ *s.o. from premises* iem. uit 'n gebou/kantoor sit; iem. van 'n erf/ perseel afsit.

evidence *adduce/produce* ~ getuienis aanvoer/ bring; bewys lewer; *admit s.t. in* ~ iets as getuienis toelaat; *give* ~ *against s.o.* teen iem. getuig; *bear* ~ *of s.t.* van iets getuig; *call s.o. in* ~ iem. as getuie op= roep; *damaging* ~ beswarende getuienis; *give* ~ *for s.o.* vir iem. getuig; *furnish* ~ bewys lewer; *give* ~ getuienis aflê, getuig; *give* ~ *of s.t* . tekens van iets vertoon; blyk(e) van iets gee; *hear* ~ getuienis aan= hoor; *be in* ~ te sien wees; *be much in* ~ die aandag trek, op die voorgrond wees; *lead* ~ *that* ... getuienis aanvoer dat —; *Mr X led the* ~ adv. X het die getuies ondervra; *there is no* ~ *of it* niks dui daarop nie; ~ *of s.t.* aanduidings/spore/tekens van iets; *on the* ~ *of* ... op grond van —; *produce/adduce* ~ →*adduce/ produce; s.o. says/states in* ~ *that* ... iem. getuig dat —; *not a* **scintilla** *of* ~, *not the* **slightest** ~ geen sweempie bewys nie, hoegenaamd geen b. nie; *take* ~ getuienis afneem; *take down s.o.'s* ~ iem. se getuienis neerskryf/neerskrywe/opteken; *the* **taking** *of* ~ die getuieverhoor; *tender* ~ getuienis aanbied; ~ *that* ... getuienis dat —; aanduidings/spore/tekens dat —.

evident *it is* ~ *that* ... dit lê voor die hand dat —.

evil *brew* ~ onheil stig; *deliver us from* ~ verlos ons van die bose; *choose the* **lesser** *of two* ~s die minste van twee kwade kies; *a* **necessary** ~ 'n noodsaaklike

kwaad; *speak* ~ *of s.o.* van iem. sleg praat, iem. belas=
ter/beskinder.

evolve *s.t.* ~s *out of* … iets ontwikkel uit —.

exact ~ *s.t. from s.o.* iets van iem. verg; iets van iem.
opeis; iets van iem. afpers.

exactly *not* ~ nie juis nie; *what* ~ *do you mean!* wat
bedoel jy eintlik/presies?

exaggerated *be grossly* ~ erg oordrewe wees.

exalt ~ *s.o. to* … iem. tot — verhef; ~ *s.o. to the skies*
iem. hemelhoog prys.

examination *on closer* ~ by nader ondersoek;
conduct an ~ 'n eksamen afneem; *cram for an* ~ vir
'n e. blok; *fail in an* ~ (in) 'n e. sak; *fail s.o. in an* ~
iem. (in) 'n e. laat sak; *the* ~ *in a subject* die e. in 'n vak;
an ~ *into* … 'n ondersoek na —; *an* ~ *of* … 'n onder=
soek van —; *on* ~ by ondersoek; *pass an* ~ (in/by) 'n
eksamen slaag, (in) 'n e. deurkom; *sit for an* ~, *take*
an ~ ('n) e. aflê/doen/skryf/skrywe; *a stiff* ~ 'n moei=
like/swaar e.; *s.t. is under* ~ iets word ondersoek; *un=*
dergo an ~ geëksamineer word; *write an* ~ ('n) ek=
samen skryf/skrywe.

examine ~ *s.o. in s.t.* iem. in iets eksamineer.

examination paper *mark* ~ ~s eksamenskrifte
nasien.

examined *have s.t.* ~ iets laat ondersoek.

example *a bad* or *good* ~ 'n slegte *of* goeie voor-
beeld; *follow an* ~ 'n voorbeeld volg; *for* ~ byvoor-
beeld; *make an* ~ *of s.o.* iem. so straf dat dit ander sal
afskrik, iem. tot afskrikkende voorbeeld stel; *a prime*
~ 'n treffende v.; *s.t. serves as an* ~ *to s.o.* iets is vir
iem. 'n v., iets strek iem. tot v.; *set an* ~ 'n v. stel/
wees; *a shining* ~ 'n ligtende v.; *a splendid* ~ 'n
prageksemplaar *(bv. van iets op 'n veiling)*; *by way of*
~ as voorbeeld, by wyse van v.

exasperated *HE becomes/gets* ~ *with* … HY vererg
HOM vir —; *s.o. is* ~ *at/by s.t.* iem. is ergerlik/omge=
krap oor iets.

exasperation *do s.t. in* ~ ergerlik iets doen.

excel ~ *as a* … as — skitter; ~ *at/in s.t.* in iets
uitmunt.

excellence *par* ~ by uitstek/uitnemendheid.

except¹ [v.] ~ *s.o. from s.t.* iem. van iets uitsluit.

except² [prep.], **excepting** ~ *for* … behalwe/bui=
ten —, met uitsondering van —; ~ *for that* afgesien
daarvan, behalwe wat dit betref; *all came* ~ HIM almal
het gekom behalwe HY; *it happened to everybody* ~
HIM dit het met almal behalwe/buiten HOM gebeur; *all*
~ *one* almal op een na.

excepted … *not* ~/*excepting* met inbegrip van —, —
nie uitgesonder nie.

exception *make an* ~ 'n uitsondering maak; *an* ~
to the rule 'n uitsondering op die reël; *the* ~ *proves the*
rule (P) dic uitsondering bevestig die reël (P); *take* ~
to s.t. teen iets beswaar maak; aan iets aanstoot neem,
iem. iets kwalik neem; *(jur.)* teen iets eksepsie aante=
ken/opwerp; *by way of* ~ by (wyse van) uitsondering;
with the ~ *of* … met uitsondering van —, — uitgeson=

der(d), buiten —; *with the* ~ *of ten/etc.* op tien/ens.
na; *without* ~ sonder onderskeid/uitsondering, voor
die voet.

excerpt¹ [n.] *make an* ~ *from s.t.* 'n uittreksel uit iets
maak.

excerpt² [v.] ~ *from* … uittreksels *of* 'n uittreksel uit
— maak.

excess *HE commits* ~es, *HE is guilty of* ~es HY
gaan HOM te buite; HY pleeg gruweldade, HY is aan
gruweldade skuldig; *in* ~ *of* … meer as —, bo —; *an*
~ *of zeal/etc.* alte veel ywer/ens.; *carry s.t. to* ~ iets
oordryf; *HE does s.t. to* ~ HY doen iets oormatig, HY
gaan HOM te buite.

exchange¹ [n.] *in* ~ *for* … in ruil vir —; *a medium of*
~ 'n ruilmiddel.

exchange² [v.] ~ *s.t. for* … iets vir — ruil; iets vir —
verruil; iets vir — inwissel/uitwissel; iets deur — ver=
vang.

excited *HE is* ~ *about s.t.* HY is oor iets opgewonde;
HY is in SY skik/noppies* met iets; *HE becomes/gets* ~
about s.t. HY raak/word oor iets opgewonde; HY maak
HOM oor iets druk, HY wen HOM oor iets op; *don't get*
~*!* bly kalm!

excitement *quiver with* ~ tintel van opwinding.

exclude ~ *s.o. from s.t.* iem. van iets uitsluit.

exclusion *to the* ~ *of* … met uitsondering van —.

exclusive ~ *of* … sonder —; *s.t. is* ~ *to* … iets is
net/uitsluitend by — te koop *of* kry/vind; iets kom net
by — voor.

exculpate ~ *s.o. from s.t.* iem. van iets vryspreek
(bv. 'n beskuldiging).

excursion *go on an* ~ 'n uitstappie doen/maak/on=
derneem.

excuse¹ [n.] *a flimsy/lame/poor/sorry/thin* ~ 'n
flou(e)/niksseggende verskoning/ekskuus; *a valid* ~
'n wettige verskoning; *by way of* ~ ter verskoning.

excuse² [v.] ~ *s.o. for s.t.* iem. iets verskoon; ~ *s.o.*
from s.t. iem. van iets vrylaat/vrystel; *HE* ~s *HIMSELF*
HY vra om verskoon te word; HY vra om verskoning; ~
me! ekskuus!, pardon!, verskoon my!

excused *beg to be* ~ vra om verskoon te word.

execution *put s.t. into* ~ iets uitvoer, aan iets uitvoe=
ring gee, iets in werking stel.

exemple *par* ~ byvoorbeeld.

exempt¹ [v.] ~ *s.o. from s.t.* iem. van iets vrystel.

exempt² [adj.] *be* ~ *from s.t.* van iets vrygestel wees.

exercise *the aim/object of the* ~ *is* … die oogmerk
daarmee is —; *do* ~s oefeninge doen; *get enough* ~
genoeg oefening kry; *hard/stiff/strenuous/vig-*
orous ~ strawwe oefening; *by the* ~ *of HIS imagi-*
nation/etc. deur SY verbeelding/ens. te gebruik.

exert *HE* ~s *HIMSELF* HY span HOM in, HY haal uit, HY
doen SY bes; HY doen moeite; HY stel alles in die
werk.

exhibition *HE makes an* ~ *of HIMSELF* HY maak HOM
belaglik; *s.t. is on* ~ iets word ten toon gestel; *put on an*
~, *stage an* ~ 'n tentoonstelling hou.

exile¹ [n.] *go into* ~ in ballingskap gaan; *be in* ~ in b. wees/verkeer; *live in* ~ in b. leef/lewe; *send s.o. into* ~ iem. verban.

exile² [v.] ~ *s.o. from ... to ...* iem. uit—na—verban.

exist *allow s.t. to* ~ iets laat voortbestaan, iets duld; ~ *on s.t.* van iets leef/lewe.

existence *a carefree* ~ 'n onbekommerde lewe; *come into* ~ ontstaan; *be in* ~ bestaan; *lead a miser= able* ~ 'n hondelewe hê *; *the only one in* ~ die enigste wat daar is; *lead a precarious* ~ 'n sukkelbestaan voer.

exit *make a hasty* ~ inderhaas vertrek; HE *made HIS* ~ HY het van die toneel verdwyn.

exonerate ~ *s.o. from s.t.* iem. van iets vryspreek.

expand ~ *into ...* tot — (uit)groei; ~ *s.t. into ...* iets tot — uitbrei; ~ *on/upon s.t.* oor iets uitwei.

expanse *a vast* ~ *of water* or *sand* 'n eindelose water= vlak *of* sandvlakte.

expatiate ~ *on/upon s.t.* oor iets uitwei.

expect ~ *s.t. of s.o.* iets van iem. vereis/verlang/ver= wag; ~ *s.o. to be ...* verwag dat iem. — sal wees; vereis dat iem. — sal wees; daarop reken dat iem. — sal wees; ~ *s.o. to do s.t.* van iem. verwag om iets te doen; ver= moed/verwag dat iem. iets sal doen.

expectation *beyond all* ~*(s)* bo verwagting; *come up to* ~*s* aan die verwagting(s) beantwoord; *contrary to* ~, *contrary to all* ~*s* teen die verwagting (in); *cherish/have great/high* ~*s of s.o.* or *s.t.* hoë ver= wagtings van iem. *of* iets koester/hê; *in* ~ *of ...* in afwagting van —; *in the* ~ *that ...* in die verwagting dat —; *raise* ~*s* verwagtings (op)wek.

expected *it is* ~ *that ...* daar word verwag dat —; *it is* ~ *that it will ...* na verwagting sal dit —; *s.o. is not* ~ *until after ...* iem. word eers na — verwag; *s.o. is not* ~ *before/until ...* iem. word eers — verwag; *it is* ~ *of s.o. to ...* van iem. word verwag om te —; *s.o. is* ~ *to win/etc.* daar word verwag dat iem. sal wen/ens.; *it is to be* ~ dit is te verwagte, ('n) mens kan dit te wagte wees.

expecting *be* ~ *s.t.* or *s.o.* iets *of* iem. verwag, iets *of* iem. te wagte wees.

expedient *find/think it* ~ *to do s.t.* dit gerade/raad= saam ag/vind om iets te doen.

expel ~ *s.o. from school* iem. uit die skool sit.

expend ~ *s.t. on ...* iets aan — bestee.

expenditure ~ *on ...* uitgawe aan —.

expense *at the* ~ *of ...* op koste van —; ten koste van —; *at s.o.'s* ~ op iem. se k.; ten k. van iem.; *a joke at s.o.'s* ~ 'n grap ten k. van iem.; *defray* ~*s* (on)koste bestry; *at no extra* ~ sonder bykomende koste; *go to the* ~ *of doing s.t.* die k. aangaan om iets te doen; *at great* ~ met groot k., ten duurste; *go to great* ~ groot (on)koste aangaan/maak/oploop; *incidental* ~*s* onvoorsiene uitgawe(s); *incur* ~ (on)koste aangaan/ maak; *meet* ~*s* (on)koste bestry; *at one's own* ~ op eie koste; *at the public* ~ op staatskoste; *put s.o. to the* ~ *of doing s.t.* iem. die koste laat aangaan om iets te

doen; *be regardless of* ~, *spare no* ~ geen (on)koste ontsien nie.

expensive *be* ~ duur wees; *come* ~ duur uitkom.

experience *acquire/gain* ~ ondervinding kry/op= doen; *by/from* ~ uit ondervinding/ervaring; HE *has had no* ~ *of s.t.* HY het iets nog nooit beleef/belewe/er= vaar/ondervind nie; HY het iets nog nooit gedoen nie; *in my* ~ *...* so ver/vêr ek weet —; *learn by/from* ~ deur/uit ervaring/ondervinding leer, deur e./o. wys word; *the* ~ *of a lifetime* 'n eenmalige ondervinding; *in the light of* ~ agterna beskou; *a rewarding* ~ 'n lonende ondervinding; *have wide* ~ *of s.t.* ruime o. van iets hê, groot ervaring van iets hê; ~ *is the mother of wisdom* (P) ondervinding is die beste leermees= ter (P).

experienced *be* ~ *in s.t.* in iets ervare wees.

experiment¹ [n.] *as an* ~ by wyse van proef(ne= ming); *conduct an* ~ 'n proefneming uitvoer; *make an* ~ 'n proefneming doen, 'n proef neem.

experiment² [v.] ~ *on/upon ...* op — eksperimen= teer, proewe op — doen; ~ *with s.t.* iets op die proef stel.

expert¹ [n.] *an* ~ *at/in/on s.t.* 'n deskundige oor iets.

expert² [adj.] *be* ~ *at/in/on s.t.* oor iets kundig wees, 'n deskundige oor iets wees; *be* ~ *at/in s.t., (ook)* in iets bedrewe wees.

expertness *s.o.'s* ~ *at/in/on s.t.* iem. se kundigheid oor iets; *s.o.'s* ~ *at/in s.t., (ook)* iem. se bedrewenheid in iets.

explain ~ *away s.t.* iets wegpraat/goedpraat; *what happened is difficult to* ~ wat gebeur het, is moeilik verklaarbaar; *the matter is difficult to* ~ dit is moeilik om die saak te verduidelik; *be easy to* ~ maklik wees om te verklaar; HE ~*s HIMSELF* HY verduidelik wat HY bedoel; HY verduidelik SY optrede; *that* ~*s it!* dis die verklaring!; ~ *s.t. to s.o.* iets aan iem. verduidelik; iem. iets aan die verstand bring.

explanation *an* ~ *of ...* 'n verduideliking/uiteenset= ting van —; *in* ~ *of ...* ter verduideliking van —; ter verklaring van —.

explode ~ *with laughter* uitbars van die lag.

expose HE ~*s HIMSELF* HY ontbloot HOM; HE ~*s HIMSELF to s.t.* HY stel HOM aan iets bloot *(bv. gevaar)*.

exposed *be* ~ *to ...* na — oop wees *(bv. die ooste, weste)*; aan — blootgestel wees *(bv. gevaar)*.

expostulate ~ *with s.o. about/on s.t.* iem. oor iets aanpraat/kapittel/vermaan.

exposure ~ *to ...* blootstelling aan —.

express HE ~*es HIMSELF badly* or *well* HY druk HOM sleg *of* goed uit.

expressed *s.t. is* ~ *as ...* iets word as — uitgedruk.

expression *be beyond* ~ onuitspreeklik wees; *find* ~ tot uiting kom, uiting/uitdrukking vind; *freedom of* ~ vrye meningsuiting; *give* ~ *to s.t.* aan iets uiting gee; *a vacant* ~ 'n wesenlose uitdrukking *(op iem. se gesig)*.

expressive *be* ~ *of s.t.* aan iets uitdrukking gee.

expropriated *the farmer's land has been* ~ die boer se grond is onteien.

expulsion *s.o.'s* ~ *from* ... iem. se uitsetting uit —.

expunge ~ *s.t. from* ... iets uit — skrap; iets uit — wis.

extant *be* ~ bestaan.

extend HE ~*s* HIMSELF *to the utmost* HY span al SY kragte in, HY haal alles uit; *s.t.* ~*s over* ... iets strek oor —; *s.t.* ~*s to* ... iets reik tot (aan) —; ~ *s.t. to* ... iets tot — verleng; iets tot — uitbrei; ~ *s.t. to s.o.* iets aan iem. verleen *(bv. hulp, krediet)*.

extended *be fully* ~ ten volle uitgerek wees; lank uitgestrek wees; ten volle in beslag geneem wees.

extenso *in* ~ breedvoerig, uitvoerig, volledig.

extent *to a certain* ~ in sekere mate; tot (op) sekere hoogte; *the full* ~ *of* ... die volle omvang van —; *to a great/large* ~ in groot/hoë mate, grotendeels, vir 'n groot deel; *to a greater or lesser* ~ in meerdere of mindere mate; *to the* ~ *of* ... tot die bedrag *of* grootte *of* omvang van —; na die mate van —; *to some* ~ in sekere mate; tot (op) sekere hoogte; *to such an* ~ *that* ... dermate dat —; soseer dat —; *to that* ~ in dié mate; *to the* ~ *that* ... in die mate dat —; *to what* ~ in watter mate.

extenuation *in* ~ *of* ... ter vergoe(i)liking/verontskuldiging van —.

extinct *become* ~ uitsterf/uitsterwe.

extort ~ *s.t. from s.o.* iets van iem. afpers *(bv. geld);* iets van iem. afdwing, iem. dwing om iets te verklap *(bv. 'n geheim)*.

extract ~ *s.t. from* ... iets uit — afskei; iets aan — onttrek; iets uit — ekstraheer.

extraction *of French* ~ van Franse afkoms.

extrapolate ~ *from* ... uit — ekstrapoleer.

extravagant *be* ~ *with s.t.* spandabel wees met iets *(bv. geld);* vrygewig wees met iets *(bv. lof)*.

extreme *carry s.t. to an* ~ iets op die spits dryf; *be driven to* ~*s* tot die uiterste toe gebring word; *go to* ~*s* tot uiterstes oorgaan, in uiterstes verval; *be* ... *in the* ~ uiters — wees *(gunstig of ongunstig)*, — in die hoogste mate wees *(gunstig)*, — in die ergste graad wees *(ongunstig);* *at the other* ~ aan die teenoorgestelde kant; *go from one* ~ *to the other* van die een uiterste in die ander verval, van die een uiterste na die ander oorslaan.

extremis *in* ~ op die uiterste, op sterwe, sterwend(e).

extremity *in the last* ~ in die uiterste geval.

extricate HE ~*s* HIMSELF *from* ... HY bevry HOM uit —, HY maak HOM van — los; ~ *s.o. from s.t.* iem. uit iets bevry/red; ~ *s.t. from* ... iets uit — ontwar/losmaak/trek.

exult ~ *at/in s.t.* oor iets juig, iets toejuig; HE ~*s over s.t.* HY kraai oor iets, HY verlustig HOM in iets.

eye *be all* ~*s* § een en al oë wees, fyn oplet; *it's all my* ~ →*my; avert* one's ~*s* wegkyk; *look at s.o. with a beady* ~ iem. vorsend aankyk; *before/under s.o.'s* ~*s* voor iem. se oë, ten aanskoue van iem.; HE *couldn't believe* HIS ~*s* HY kon SY oë nie glo nie; *give s.o. a black* ~, *black s.o.'s* ~ iem. blouoog slaan; *turn a blind* ~ *to s.t.* iets deur die vingers sien, 'n ogie vir iets toemaak, iets oogluikend toelaat, iets kastig nie sien nie; *by* ~ met/op die oog; HE *casts down* HIS ~*s* HY slaan SY oë neer; *catch s.o.'s* ~ § iem. se aandag trek; *catch the chairman's* ~ § die woord kry; *s.t. catches the* ~ § iets tref die oog, iets val/spring in die oog, iets val op, iets trek die aandag; *clap/lay* ~*s on* ... § — te sien kry, — onder die oë kry; — in die oog/gesig kry; HE *closes/shuts* HIS ~*s* HY maak SY oë toe; HY bedek SY oë (met SY hande); HY knyp SY oë toe; HE *closes/shuts* HIS ~*s to s.t.* HY druk/maak SY oë vir iets toe, HY sluit SY oë vir iets, HY laat iets oogluikend toe; *cock one's* ~ 'n knipogie gee; *the corner of the* ~ die ooghoek; *see s.t. out of the corner of the* ~ iets met 'n skimp sien, iets skrams sien; *cry/weep one's* ~*s out* § bitterlik huil; *do s.o. in the* ~ § iem. fop/kul/toesit★, iem. in die nek kyk ★; HE *drops* HIS ~*s* HY slaan SY oë neer; *be easy on the* ~ § iets vir die oog wees ★; *look on s.t. with envious* ~*s* iets met lede oë aanskou; *as far as the* ~ *can reach* so ver/vêr as die oog reik, so ver/vêr as ('n) mens kan sien; HE *fastens* HIS ~*s on* ... HY vestig SY oë op —; HE *feasts* HIS ~*s on* ... HY verlustig HOM in —, HY verkyk HOM aan —; *feed the* ~*s* die oë laat wei; HE *fixes* HIS ~*s on/upon* ... HY vestig SY oë op —; *an* ~ *for an* ~ ('n) oog vir ('n) oog, oog om oog; ~*s front!* oë front!; *get one's* ~ *in* ingeskiet *of* ingespeel raak; *give s.o. the (glad)* ~ § vir iem. knipoog; *s.t. greets the* ~ iets vertoon hom aan die blik/oog; *see s.t. with half an* ~ iets met 'n oogopslag sien; *have an* ~ *for s.t.* oog vir iets hê; verstand van iets hê; *have an* ~ *on s.t.* die oog op iets hê, iets in die oog hê; *s.t. hits s.o. in the* ~ § iets val iem. op; *s.t. hits one in the* ~ § iets spring in die oog; *in the* ~*s of* ... in die oë van —, volgens — *(bv. die gereg, die wêreld);* *look on/upon s.t. with jaundiced* ~*s* iets met lede oë aanskou; *keep an* ~ *on* ... § 'n ogie/oog oor — hou *(iem., iets);* die oog op — hou *(iets);* — in die oog hou, — in die gate hou ★, — dophou *(iem.);* *lay/clap* ~*s on* ... →*clap/lay; s.t. leaps to the* ~ iets spring in die oog; ~*s left!* oë links!; HE *lifts up* HIS ~*s* HY hef/slaan SY oë op; *look s.o. full/squarely in the* ~/*face* iem. vas/waterpas in die oë kyk, iem. reg in die gesig kyk; *greed looks through s.o.'s* ~*s* die gierigheid staan in iem. se oë te lees; HE *lowers* HIS ~*s* HY slaan SY oë neer; *make* ~*s at s.o.* vir iem. knipoog, vir iem. ogies maak; *measure s.o. with one's* ~*s* iem. van bo tot onder bekyk; *meet s.o.'s* ~ iem. in die oë kyk; 'n blik van iem. opvang; *meet the* ~ sigbaar word, voor die oë verskyn; *there is more to it than meets the* ~ § daar steek meer agter as wat jy dink; daar skuil iets agter; *in* HIS *mind's* ~ in SY verbeelding, voor SY geestesoog; *it's all my* ~ § dis sommer bog/stories; *my* ~! § bog!; *see s.t. from the tail of the* ~ iets skrams sien; *with the naked* ~ met die blote oog; HE *narrows* HIS ~*s* HY trek SY oë op 'n skrefie;

keep one ~ *on* ... §— dophou; *give/land* *s.o.* *one in the*
~ §iem. 'n hou op die oog gee; §iem. 'n hou/klap gee;
only have ~*s for* ... net vir — oë hê; *HE opens HIS* ~*s*
HY maak SY oë oop; *open s.o.'s* ~*s* iem. ontnugter, iem.
se oë oopmaak, iem. uit die droom help; *make HIM*
open HIS ~*s* HOM laat opkyk; *HE does s.t. with HIS* ~*s*
open HY doen iets met oop oë; *HE keeps HIS* ~*s*
open/peeled/skinned § HY hou SY oë (goed/wyd)
oop; *I saw it with my own* ~*s* ek het dit met my eie oë
gesien, ek het dit self gesien; *pass one's* ~*s over s.t.* gou
na iets kyk; gou iets lees; *pipe one's* ~*s* huil; *s.o.'s* ~*s*
pop with amazement § iem. se oë rek van verbasing,
iem. se oë val amper uit van verbasing ★; *be in the pub-*
lic ~ op die voorgrond wees, die algemene aandag
trek; *put out s.o.'s* ~*s* iem. se oë uitsteek; *have a quick*
~ 'n skerp oog hê; *HE raises HIS* ~*s* HY kyk op, HY
hef/slaan SY oë op; *the mountains/etc. reel before s.o.'s*
~*s* die berge/ens. dans op en neer voor iem.; ~*s right!*
oë regs!; *s.o.'s* ~*s are riveted on s.t.* §iem. kyk stip na
iets; *have a roving* ~ 'n dwalende oog hê; *HE rubs*
HIS ~*s* HY vryf SY oë uit; *HE runs HIS* ~*s along/*
down/over s.t. HY bekyk iets vlugtig, HY kyk gou na iets,
HY laat SY oë oor iets gly; *run one's* ~*s down a page* 'n
bladsy vinnig deurgaan; *s.o.'s* ~*s are running* iem. se
oë traan; *HIS* ~*s sank* HY het SY oë neergeslaan; *HE*
screws up HIS ~*s* HY trek SY oë op 'n skrefie; *they see*
~ *to* ~ hulle is dit eens, hulle stem saam, hulle gaan
akkoord; *see* ~ *to* ~ *with s.o.* dit met iem. eens wees,
met iem. saamstem, met iem. akkoord gaan, dieselfde
kyk op iets hê as iem.; *set* ~*s on s.t.* iets te sien kry, iets
onder die oë kry; *I have never set* ~*s on s.o.* ek het iem.
nog nooit met 'n oog gesien nie; *have sharp* ~*s* skerp
oë hê; *have a sharp* ~ *for s.t.* 'n goeie oog vir iets hê;
shifty ~*s* skelm/onrustige oë; *HE can do it with HIS* ~*s*
shut § dis vir HOM kinderspeletjies ★; *HE shuts/*
closes HIS ~ *(to s.t.)* →*closes/shuts; a sight for*
sore ~*s* § 'n verruklike gesig; *there should be some-*
thing for the ~*s too* § die oog moet ook wat hê ★; *look*
s.o. *squarely/straight in the* ~ *(s)* iem. reg/vas/

waterpas in die oë kyk; *HE strains HIS* ~*s* HY ooreis SY
oë; *take the* ~ die aandag trek; *take one's* ~*s off s.t.*
van iets wegkyk; *HE couldn't take HIS* ~*s off* ... HY kon
SY oë nie van — afhou nie; *have an* ~ *to s.t.* iets op die
oog hê; *to the* ~ op die oog (af); *see* ~ *to* ~ →*see;*
with the unaided ~ met die blote oog; *under/before*
s.o.'s ~*s* →*before/under; be up to the* ~*s in work* §
onder die werk toegegooi wees ★, tot oor die ore in die
werk wees ★; *HE does not use HIS* ~*s* HY kyk teen SY
oogvelle vas ★; *a vigilant* ~ 'n wakende oog; *s.o.'s* ~*s*
are watering iem. se oë traan; *HE wipes HIS* ~*s* HY
droog SY trane af; HY vee SY oë uit; *wipe s.o.'s* ~ §iem.
voorspring, iem. die loef afsteek; *with an* ~ *to* ... met
die oog op —.
eyeball *they meet* ~ *to* ~ hulle kom direk teenoor
mekaar te staan.
eyebrow *HE plucks HIS* ~*s* HY dun SY wenkbroue
uit; *raise one's* ~*s* skeef/verbaas opkyk; *cause raised*
~*s* die oë laat rek, mense skeef laat opkyk; *be up to the*
~*s (in work)* § tot oor die ore (in die werk) wees ★
eyeful *get an* ~ *of s.t.* §heelwat van iets te sien kry; *get*
an ~ *of this* or *that!* § kyk ('n) bietjie hier *of* daar!; *be*
quite an ~ § iets vir die oog wees ★
eyelid *not bat an* ~ geen ooglid verroer nie; *HE flutters*
HIS ~*s* HY knipper met SY oë; *hang on by the* ~*s* §ter-
nouernood vashou.
eye-opener *s.t. is an* ~ *to s.o.* §iets vir iem. 'n open-
baring, iets gee iem. (glad) 'n ander kyk op sake.
eyeshot *beyond* ~, *out of* ~ uit die gesig; *in/within* ~
in die gesig.
eyesight *bad* or *good* ~ slegte *of* goeie oë; *s.o.'s* ~ *is*
failing iem. se oë gee in; *HE lost HIS* ~ HY het SY gesig
verloor, HY het blind geword.
eyeteeth *cut one's* ~, *(lett.)* oogtande kry; *(fig.)* §
iets van die wêreld leer, ervaring opdoen; *HE would*
give HIS ~ *for it* §HY sou wat daarvoor wou gee, HY
sou SY regterhand daarvoor wou gee.
eyewitness *be an* ~ *of/to s.t.* ooggetuie van iets
wees.

F

face¹ [n.] *HE puts on HIS best* ~ HY doen HOM aange=
naam voor; *HE puts a bold|good* ~ *on it* HY skik HOM
daarin, HY maak asof HY nie omgee nie; *HE crams|*
stuffs HIS ~ *(with food)* §HY prop SY mond vol kos;
put a different|new ~ *on|upon s.t.* iets in 'n ander lig
stel, 'n ander kleur aan iets gee; *she does her* ~ SY
maak haar gesig op; ~ *down(wards)* op die gesig,
plat (op die maag); onderstebo, met die voorkant na
onder; *HE falls* ~ *down* HY val op SY gesig; *HE falls*
flat on HIS ~, *(lett.)* HY val op SY gesig; *(fig.)* § HY
misluk klaaglik; *HIS* ~ *fell* HY het verslae gelyk, SY
gesig het betrek; *fly in the* ~ *of ...* teen — indruis,
lynreg teen — ingaan; — tart/trotseer; *HE puts a good|*
bold ~ *on it* →*bold|good;* *grind* the ~ (*s*) *of the*
poor die armes verdruk/vertrap; *have the* ~ *to do s.t.*
die astrantheid/onbeskaamdheid/vermetelheid hê om
iets te doen, so astrant/onbeskaam(d)/vermetel wees
om iets te doen; *s.t. hits s.o. right in the* ~ iets val iem.
op; *in the* ~ *of ...* in die aangesig van —, teenoor —.;
ondanks/ongeag —, ten spyte van —; *laugh in s.o.'s* ~
iem. uitlag; *laugh on the other/wrong side of one's*
~*/mouth* § lag soos iem. wat tandpyn het *, nader aan
huil as aan lag wees; *HE had HIS* ~ *lifted* HY het SY
gesig laat ontrimpel; *make/pull à long* ~ 'n lang/suur
gesig trek; *look s.o. full/squarely in the* ~*/eye* iem. reg
in die gesig kyk, iem. vas/waterpas in die oë kyk; *lose*
~ aansien verloor, in die skande gesteek word; *a loss*
of ~ 'n verlies van aansien, 'n vernedering; *she made*
up her ~ sy het haar gesig gegrimeer/opgemaak;
make/pull a ~ skewebek trek *, 'n gesig trek; *on the*
~ *of it* op die oog (af), oënskynlik; oppervlakkig be=
skou; *pull* ~*s at s.o.* vir iem. skewebek*/gesigte trek; *I*
must put on my ~ ek moet my grimeer *(deur 'n vrou*
gesê); s.o.'s ~ *is red, s.o. is red in the* ~ iem. bloos van
skaamte; *HE saved (HIS)* ~ HY het SY aansien gered;
HE screws up HIS ~ HY trek SY gesig op 'n plooi, HY
vertrek SY g.; *HE puts on a serious* ~ HY trek SY g. op
'n ernstige plooi; *with a set* ~ met 'n strak g.; *HE sets*
HIS ~ *against ...* HY opponeer — sterk, HY kant/verset
HOM teen —; *HE shows HIS* ~ HY verskyn; HY laat
HOM sien; *HE will never show HIS* ~ *there again* HY sal
nooit weer daar kom nie; *smash s.o.'s* ~ *in* iem. pap/
flenters slaan; *with a solemn* ~ met 'n ernstige gesig;
it stares you in the ~ dit is so duidelik soos die dag; dit
is vlak voor jou, as dit 'n slang was het dit jou gepik *;
famine or poverty stares HIM in the ~ honger of ar=
moede staar HOM in die gesig, honger *of* armoede staan
vir HOM voor die deur; *keep a straight* ~ ernstig bly,
geen spier vertrek nie; *HE could hardly keep a straight*
~ HY kon skaars SY lag hou; *HE stuffs/crams HIS* ~
(with food) →*crams/stuffs; a* ~ *like thunder, a* ~

as black as thunder 'n woedende gesig; *do s.t. to s.o.'s*
~ iets in iem. se gesig doen *(bv. iets sê);* ~ *to* ~ van
aangesig tot aangesig; *be* ~ *to* ~ *with s.t.* voor iets
staan; *come* ~ *to* ~ *with s.o., meet s.o.* ~ *to* ~ iem. van
aangesig tot aangesig ontmoet; *tell HIM s.t. to HIS* ~
vir HOM iets in SY gesig sê; *an unlined* ~ 'n ongerim=
pelde gesig; ~ *up(wards)* met die g. na bo, op die
rug, oop; *HE wipes HIS* ~ HY vee SY g. af; *s.o.'s* ~
worked iem. se g. het getrek; *make a wry* ~ 'n suur g.
trek.
face² [v.] *the house* ~*s away from ...* die huis staan met
sy rug na —, die huis kyk weg van —; *HE* ~*s away*
from ... HY kyk weg van —; *the house* ~*s north, the*
house ~*s to(wards) the north* die huis kyk/wys noord,
die huis kyk uit op die noorde; *let's* ~ *it* § laat ons
eerlik wees; ~ *out s.t.* iets uithou; die gevolge van iets
dra; ~ *up to s.t.* iets onder die oë sien.
faced *be* ~ *with s.t.* voor iets staan, voor iets te staan
kom, met iets te doen kry.
face-lift *s.t. gets a* ~ iets word opgeknap/vernu(we)/
vernieu, iets kry 'n nuwe aanskyn/voorkoms; *give s.t. a*
~ iets opknap/vernu(we)/vernieu, iets 'n nuwe aan=
skyn/voorkoms gee; *HE has a* ~ HY laat SY gesig ont=
rimpel.
face value *accept/take s.t. at* ~ ~ iets sommer
aanneem/aanvaar/glo.
facing *sit* ~ *s.o.* teenoor iem. sit.
fact *in actual* ~ in werklikheid; *after the* ~ na die
daad; *that does not alter the* ~ *that ...* dit neem nie
weg dat — nie; *before the* ~ voor die daad; *the bru=*
tal/hard/naked/stark ~*s* die naakte feite; *the* ~*s of*
the case die toedrag van sake; *establish a* ~ 'n feit
vasstel/konstateer; *it is an established* ~ dit is 'n vas=
staande feit; *in the face of the* ~*s* met die oog op die
feite; *face* ~*s, look* ~*s in the face* feite onder die oë
sien, die werklikheid onder die oë sien; *s.t. fits the* ~*s*
iets strook met die feite; *the hard/brutal/naked/*
stark ~*s* →*brutal/hard/naked/stark; in (point*
of) ~ in werklikheid, inderdaad, eintlik, trouens, om
die waarheid te sê; *it is a* ~ dit staan vas; *it is a* ~ *that*
... dit is so dat —; *the* ~ *is that ...* eintlik —; *is that a*
~? regtig?, sowaar?; *know s.t. for a* ~ iets seker weet,
iets met sekerheid weet; *the* ~ *of the matter is that ...*
die waarheid is dat —; *a matter of* ~ 'n feit; 'n kwes=
sie van feite; *as a matter of* ~ in werklikheid, eintlik,
inderdaad, trouens, om die waarheid te sê; as iets
doodgewoons; *the mere* ~ die blote feit; *the naked/*
brutal/hard/stark ~*s* →*brutal/hard/naked/*
stark; in point of ~ →*in; recognise, =ize* ~*s* feite
erken; *the* ~ *remains that ...* dit bly 'n feit dat —, feit
is dat —; *HE sticks to the* ~*s* HY bly by die feite, HY

hou HOM aan die feite; *in sober* ~ sonder oordrywing; *the stark/brutal/hard/naked* ~*s* →*brutal/hard/naked/stark; it is stone-cold* ~ dit is die nugtere waarheid; *that's a* ~*!* dis nou klaar!; *a vital* ~ 'n beslissende/deurslaggewende feit.

faculty *HE is in possession of all HIS faculties* HY is by SY volle verstand, HY is by SY sinne.

fade ~ *away* vervaag; wegkwyn; wegraak *('n geluid);* ~ *in s.t.* iets indoof; ~ *out* van die toneel verdwyn; wegsterf *('n geluid);* ~ *out s.t.* iets uitdoof.

fag¹ [n.] *it is too much of a* ~ § dit is te veel moeite.

fag² [v.] *s.t.* ~*s s.o. out* iets mat iem. af, iets put iem. uit.

fagged *be/feel* ~ *out* afgemat/uitgeput/pootuit★/ doodmoeg wees/voel.

fail¹ [n.] *without* ~ (vir) seker.

fail² [v.] *HE cannot* ~ *to* HY kan nie anders nie; *HE cannot* ~ *to see that* ... HY kan nie anders nie as insien dat —; ~ *to do s.t.* iets nie kan doen nie; iets nie doen nie, versuim om iets te doen; *s.t. just* ~*s* iets misluk net-net; *I have never known it to* ~ so ver/vêr ek weet, het dit nog altyd geslaag/gewerk; ~ *s.o.* iem. in die steek laat; iem. laat dop/sak *(in 'n eksamen).*

failing ~ *HIM* as HY nie kan *of* wil nie; ~ *which* ... as dit nie moontlik is nie —, anders —; ~ *whom* ... as HY nie kan *of* wil nie —.

failure *s.o.'s* ~ *to do s.t.* iem. se versuim om iets te doen; *end/result in* ~ op 'n mislukking uitloop; *s.o.'s* ~ *to* ... iem. se versuim om te —; iem. se onvermoë om te —.

faint¹ [n.] *be in a dead* ~ totaal bewusteloos wees; *fall in a* ~ flou val/word.

faint² [adj.] *grow* ~ flou word; dof word; wegsterf *('n geluid); be* ~ *with hunger* flou wees van die honger.

faintest *not have the* ~*/foggiest* § nie die minste/vaagste benul hê nie, glad nie weet nie.

fair bid ~ *to* ... beloof/belowe om te —, tekens gee dat —; ~ *enough!* dis nie onredelik nie!; nou goed!; *fair is* ~, *fair's* ~ wat reg is, is reg; *through* ~ *and foul* deur dik en dun; *it is hardly* ~ dit is nie eintlik/juis billik nie; ~ *to middling* nie te sleg nie, taamlik; *it is only* ~ *to say* ... dis nie meer as billik nie om te sê —, billikheidshalwe moet gesê word —; *be set* ~ bestendig wees *(van die weer);* ~ *and square* eerlik; reg; *to be* ~ ... billikheidshalwe —.

fairness *in (all)* ~ billikheidshalwe, billikerwys(e), om billik te wees; *in common* ~ bloot uit billikheid.

fair play *s.o. has to see* ~ ~ iem. moet sorg dat dit eerlik toegaan.

faith *in bad* ~ te kwader trou; *HE broke* ~ *with s.o.* HY het SY woord teenoor iem. gebreek; *embrace a* ~ 'n geloof aanneem; *in (all) good* ~ te goeder trou; *have* ~ *in* ... geloof/vertroue in — hê; *have/put implicit* ~ *in* ... volkome vertroue in — hê, 'n blinde geloof in — hê/stel; *keep* ~ woord hou, 'n belofte hou/nakom, 'n belofte gestand doen; *keep* ~ *with s.o.* teenoor iem. woord hou, 'n belofte teenoor iem. hou/

nakom; *accept s.t. on* ~ iets op gesag aanvaar; *pin one's* ~ *on* ... volle vertroue in — stel, — geheel en al vertrou, op — staatmaak; *HE pledges/plights HIS* ~ HY sweer trou, HY verpand/gee SY woord; *s.o.'s* ~ *in* ... *is shaken* iem. se vertroue in — is geskok.

faithful *be* ~ *to* aan — (ge)trou wees.

faithfulness *s.o.'s* ~ *to* ... iem. se trou aan —.

fall¹ [n.] *have a bad/nasty* ~ lelik val; *break a* ~ 'n val breek; *HE is heading/riding for a* ~ HY soek moeilikheid; HY gaan onverstandig/onverskillig/roekeloos te werk; HY is op pad na die verderf(enis); HY gaan SY ondergang tegemoet; *a sharp* ~ 'n skerp/ skielike daling *(bv. van pryse); take a* ~ val, neerslaan.

fall² [v.] ~ *about* § rol/skud (van die lag); ~ *among* ... onder — verval, onder — verseil raak; ~ *apart* uitmekaar val, uiteenval, stukkend raak; ~ *asleep* aan die slaap raak; ~ *astern* agterraak; *the motion* ~*s away* die voorstel verval; ~ *away to* ... na — hel, skuins loop na —; daal tot —; ~ *back* agteroor val; wyk, terugtrek; daal, sak *(bv. pryse); HE* ~*s back on/upon* ... HY behelp HOM met —; HY neem SY toevlug tot —; HY maak van — gebruik; *have to* ~ *back on/upon* ... op — aangewese wees; *HE has nothing to* ~ *back on/upon* HY het niks om HOM aan die gang te hou nie, HY het geen voorraad/reserwe nie; HY kan niks anders doen nie; ~ *behind* agterraak, agterbly; ~ *behind with s.t.* met iets agterraak, met iets agterstallig raak *(bv. paaiemente);* ~ *below* ... tot onder — daal; *HE fell (100 metres) to HIS death* HY het HOM (100 meter ver) doodgeval; ~ *down* (neer)val, neerslaan; neerstort; omval; afval; § misluk; ~ *down on the job* § die werk nie gedoen kry nie; ~ *flat* plat val *(lett.);* neerslaan; § misluk, nie inslaan nie; ~ *for s.o. (in a big way)* § op iem. beenaf★/verlief raak, baie tot iem. aangetrokke voel; ~ *for s.t. (hook, line and sinker)* § iets aanvaar/glo/sluk★; *HE fell for it, (ook)* § HY het HOM daardeur laat beetneem; ~ *foul of* ... met — bots, met — in botsing kom, met — deurmekaar raak; ~ *to the ground* in duie stort/val; ~ *heavily* hard val; ~ *in* inval; instort; afkalwe(r); verval; aantree *(soldate);* ~ *in/into s.t.* in iets val *(bv. 'n gat, water);* ~ *in the soldiers* die soldate laat aantree; ~ *in alongside/beside s.o.* langs iem. gaan loop; ~ *in with s.o.* iem. raak loop, iem. teëkom/teenkom; ~ *in with s.t.* met iets akkoord gaan, met iets saamgaan; *HE fell in with the decision, (ook)* HY het HOM by die besluit neergelê, HY het HOM na die besluit geskik; ~ *into/in s.t.* →*in/into; the river* ~*s into the sea* die rivier loop/val in die see; *the sermon* ~*s into three parts* die preek bestaan uit drie dele; *let s.t.* ~ iets laat val *(lett.);* § iets laat val ★, iets uitlaat; ~ *like a log* soos 'n os neerslaan; ~ *off* afval; agteruitgaan; afvallig word; afneem, verminder; ~ *off a ladder* van 'n leer (af)val; ~ *on/upon* ... op — val; — aanval; — oorrompel/oorval; op — neerkom; — tref; — verslind *(bv. kos); Christmas* ~*s on a Sunday this year* Kersfees val vanjaar op 'n Sondag; ~ *out* uitval *(lett.)*; uit die gelid tree *('n soldaat)*; *the way it fell out* die afloop; ~ *out with s.o.* met iem. rusie/stry kry, 'n uitval met iem. hê; ~ *over* omval; ~ *over s.t.* oor iets val; ~ *over each other* oor mekaar val; § mekaar flikflooi; ~ *over backwards, (lett.)* agteroor val; § *(fig.)* oorgretig wees; ~ *over o.s.* § oorgretig wees; ~ *short* (te) kort skiet; ~ *short of it* nie daarby haal nie; ~ *through, (lett.)* deurval; *(fig.)* deur die mat val, nie deurgaan nie; misluk; ~ *to* begin; wegval *(met die ete)* ⋆; aanmekaarspring, slaags raak; *s.t.* ~*s to s.o.* iets verval aan iem; iets val iem. ten deel; ~ *to the enemy* in die vyand se hande val, deur die vyand ingeneem word *(bv. 'n stad)*; *s.t.* ~*s under* ... iets ressorteer onder —; iets behoort tot —; ~ *upon/on* →*on/upon;* ~ *within* ... binne (die perke van) — val.

fallow *lie* ~ braak lê.

false *s.t. rings* ~ iets klink vals/oneg/onopreg; *be* ~ *to* ... aan — ontrou wees.

fame *get* ~ roem behaal/verwerf; *a house of ill* ~ 'n slegte huis, 'n huis van ontug; *be unknown to* ~ onbe= roemd wees.

familiar *s.o. or s.t. looks/seems* ~ iem. *of* iets kom bekend voor; *that sounds* ~ dit het ek al tevore ge= hoor; *be* ~ *with s.o.* gemeensaam/familiaar/familiêr met iem. omgaan; *be* ~ *with s.t.* iets goed ken; met iets vertroud wees; HE *made* HIMSELF ~ *with it* HY het HOM daarmee vertroud gemaak.

familiarise, =ize HE ~*d* HIMSELF *with it* HY het HOM daarmee vertroud gemaak.

familiarity ~ *breeds contempt* (P) goed bekend, sleg geëerd (P).

family *have a* ~ kinders hê; *s.o.'s immediate* ~ iem. se naaste familie; HE *joins* HIS ~ HY voeg HOM by SY gesin; *raise a* ~ 'n gesin grootmaak; *it runs in the* ~ dit is 'n familietrek.

family way *be in the* ~ § in die ander tyd wees ⋆, swanger wees; *put s.o. in the* ~ § iem. laat swanger word.

famine *die of* ~ doodgaan van die honger.

famished *I'm* ~! § ek gaan dood van die honger ⋆

famous *become* ~ roem verwerf; *be* ~ *for* ... om/vir/ weens — beroemd wees.

fan[1] [n.] *unfurl a* ~ 'n waaier uitsprei.

fan[2] [v.] ~ *out* uitswerm, uitwaaier.

fancy[1] [n.] *s.t. catches/takes/tickles s.o.'s* ~ iets val in iem. se smaak, iets trek iem. aan, iem. hou baie van iets; *a flight of* ~ 'n verbeeldingsvlug; *a passing* ~ 'n verbygaande gril; *take a* ~ *to* ... baie van — begin hou.

fancy[2] [v.] HE *fancies* HIMSELF *as a speaker* HY verbeel HOM HY is 'n goeie spreker; *just* ~ *(that)!* verbeel jou!, stel jou voor!, reken nou net!, nou toe nou!

far *as/so* ~ *as, in so* ~ *as* ... in sover/sovêr/soverre —, namate —; *as* ~ *as I am concerned* wat my betref/aan= gaan; HE *will travel as* ~ *as* HE *can reach by car* HY sal so ver/vêr reis as wat HY per motor kan kom; *go as* ~ *as Cairo* tot by Kaïro gaan; *from as* ~ *as* ... tot van/uit

—, *selfs van/uit* —; *as* ~ *back as the last century* reeds in die vorige eeu; *as* ~ *east as China* oos tot in China; ~ *away* veraf/vêraf, ver/vêr weg; afgeleë; ~ *and away the best/etc.* verreweg die beste/ens.; *be* ~ *from being* ... nie naaste(n)by — wees nie; *by* ~ verreweg; *not by* ~ op verre na nie; *it could be heard ever so* ~ *(away)* dit kon (wie weet) waar gehoor word; *from* ~ van ver/vêr (weg); *it is* ~ *from enough/etc.* dit is lank nie genoeg/ens. nie; *s.o. is* ~ *from well/etc.* iem. is lank nie gesond/ens. nie; ~ *from doing it,* HE ... in plaas van dit te doen, het HY —; ~ *from encouraging* HIM, I ... ek het HOM nie aangemoedig nie, inteendeel, ek het —; *be* ~ *from saying that* ... glad nie beweer dat — nie, ver/vêr daarvan wees om te sê dat —; ~ *from it!* verre daarvan(daan)!; ~ *be it from me* dit sy verre van my; *so* ~, *so good* tot sover/sovêr goed, tot sover/sovêr gaan/stryk dit; *how* ~, *(lett.)* hoe ver/vêr; *(fig.)* in hoeverre; ~ *into the* ... tot diep in die — *(bv. nag)*; ~ *and near* wyd en syd; *from* ~ *and near* van heinde en ver/vêr/verre; ~ *off* veraf/vêraf, ver/vêr weg; ~ *out* ver/vêr weg; glad mis/verkeerd; vergesog/vêrgesog; eksentriek; *so* ~ so ver/vêr; tot sover/sovêr, tot dus= ver/dusvêr, tot nog/nou toe; *so* ~ *as* HE *knows* so ver/ vêr (as) HY weet; *in so* ~ *as* ... in sover/sovêr/soverre —; *thus* ~ so ver/vêr, tot dusver/dusvêr, tot hiertoe; ~ *and wide* wyd en syd; in breë kring; *from* ~ *and wide* van heinde en ver/vêr/verre.

fare ~ *badly/ill* teenspoed/teëspoed kry, dit sleg tref, daar sleg van afkom; ~ *well* gelukkig wees, dit goed tref.

farewell *bid* ~ *to* ... van — afskeid neem, aan — vaarwel sê/toeroep; *bid s.o.* ~ van iem. afskeid neem, aan iem. vaarwel sê.

farm ~ *out s.t.* iets uitbestee.

farther *go* ~ *and fare worse* beter soek en slegter kry.

farthing *not a brass* ~ § geen bloue duit nie; HE *doesn't care a brass* ~ § HY gee geen flenter om nie, HY gee nie 'n f. om nie, dit kan HOM nie skeel nie, dit kan HOM geen sier skeel nie; *it does not matter a brass* ~ § dit maak geen duit verskil nie, dit kom daar niks op aan nie.

fascinated *s.o. is* ~ *by s.t.* iem. word deur iets ge= boei, iets boei iem.

fascination *s.t. has a* ~ *for s.o.* iem. word deur iets geboei, iets boei iem., iets het 'n aantrekkingskrag vir iem; *s.o.'s* ~ *with s.t.* iem. se aangetrokkenheid tot iets.

fashion[1] [n.] *do s.t. after a* ~ iets op 'n manier doen, iets so-so doen ⋆; *s.t. comes into* ~ iets word mode; *what* ~ *dictates* wat die mode voorskryf/voorskrywe; *follow a* ~ 'n m. volg; *s.t. goes out of* ~ iets raak uit die m.; *in the height of* ~ hoog in die m., na/volgens die nuutste m.; *be in* ~ in die m. wees; *in the latest* ~ na/volgens die nuutste m.; *lead/set the* ~ die m./toon aangee; *out of* ~ uit die m., oudmodies, ouderwets; uit die ou(e) doos.

fashion[2] [v.] ~ *s.t. after* ... iets na die voorbeeld van — maak.

fashionable *very* ~ hoog in die mode.

fast¹ [n.] HE broke HIS ~ HY het opgehou vas; *observe a* ~ vas; *well over the* ~! mag die vas u wel bekom!

fast² [adj. & adv.] ~ *by* ... digby—, vlak by—; ~ *and furious* vinnig; geweldig; uitbundig; ~ *and loose* →play; *make* s.t. ~ iets vasmaak/vasbind. →**fast one.**

fasten ~ s.t. to ... iets aan — vasmaak; ~ *on/upon* s.t. iets aangryp; ~ *up* s.t iets toebind; iets toeknoop.

fastest *the* ~ *growing/etc.* ... die — wat die vinnigste groei/ens.

fastidious *be* ~ *about* s.t. op iets kieskeurig wees.

fast one *pull a* ~ ~ *on* s.o. § iem. in die nek kyk ⋆

fat¹ [n.] *chew the* ~ §gesels, klets; *the* ~ *is in the fire* die gort is gaar ⋆, die duiwel is los ⋆, die poppe is aan die dans ⋆, daar is perde ⋆; *live off/on the* ~ *of the land* die vettigheid van die aarde geniet; *run to* ~ tot vetheid geneig wees.

fat² [adj.] *get/grow* ~ dik/vet word.

fatal *be* ~ *to* ... vir — noodlottig wees; vir — dodelik wees.

fatality *cause fatalities* sterftes veroorsaak; *there were many fatalities* daar was baie dooies.

fate *decide* s.o.'s ~ iem. se lot beslis; *it is* s.o.'s ~/*destiny/lot to be* or *do* s.t. dit is iem. beskore om iets te wees *of* doen, die lot is iem. beskore om iets te wees *of* doen; *leave* HIM *to* HIS ~ HOM aan SY lot oorlaat; HE *reconciles* HIMSELF *to* HIS ~ HY berus in SY lot; s.o.'s ~ *is sealed* iem. se lot is beseël/beslis; *tempt* ~/*Providence* die noodlot/gevaar trotseer, roekeloos wees.

father¹ [n.] *be gathered to one's* ~s sterf; *the* ~ *and mother of a* ... § 'n verskriklike —; *on the* ~'s *side* aan/van vaderskant; *like* ~, *like son* (P) aardjie na SY vaartjie (P), die appel val nie ver/vêr van die boom nie (P).

father² [v.] ~ s.t. *on/upon* s.o. iem. iets in die skoene skuif/skuiwe, beweer dat iem. die vader van iets is, iets aan iem. toeskryf/toeskrywe.

fathom ~ *out* s.t. agter iets kom, iets verklaar.

fatigues *in* ~, *(mil.)* in werkdrag.

fatten ~ *on/upon* s.t. op iets teer; ~ *up an animal* 'n dier vet voer.

fault *be at* ~ ongelyk hê; die spoor byster wees; *be blind to* ...'s ~s blind wees vir — se gebreke; *confess a* ~ skuld beken; *find* ~ *with* ... kapsie/aanmerking op—maak,—afkeur, op—vit; iets op—teë hê; *the* ~ *lies with* s.o. dit is iem. se fout/skuld; *the* ~ *lies with* s.t. die fout skuil by iets; *I have no* ~ *to find with it* ek het niks daarop teë nie, ek het niks daarop aan te merk nie, ek het niks daarop te sê nie; *through no* ~ *of* HIS *own* buite/sonder SY (eie) toedoen; *it was not* HIS ~ dit was nie SY skuld nie, HY kon nie daarvoor nie, HY kon dit nie help nie; s.o.'s *own* ~ iem. se eie skuld; *it is* s.o.'s ~ dit is iem. se skuld; *be* ... *to a* ~ oordrewe—wees, deur en deur — wees, alte — wees.

faux pas *commit/make a* ~ ~ 'n blaps/flater begaan/maak, 'n domheid begaan.

favour¹ [n.] *do* s.t. *as a* ~ *to* s.o. iets uit vriendskap vir iem. doen; *ask* s.o. *a* ~ iem. 'n guns vra; *curry* ~ *with* s.o. by iem. witvoetjie soek ⋆, in iem. se guns probeer kom; by iem. aanklamp ⋆; *distribute* ~s gunste (en gawe) uitdeel; *do* s.o. *a* ~ iem. 'n guns bewys; *fall from* ~ in onguns raak; *fall out of* ~ *with* s.o. iem. se guns verloor, by iem. in onguns raak; *find* ~ *with* s.o. in iem. se guns kom; s.t. *finds* ~ *with* s.o. iets vind by iem. byval; iets val in iem se smaak; s.t. *goes in* s.o.'s ~ iets verloop ten gunste van iem.; *be in high* ~ hoog in die guns staan; *in* ~ *of* ... ten gunste van —; ten behoewe van —, ten voordele van —; *be in* ~ *of it* ten gunste daarvan wees, daarvóór wees; *be in* ~ *of* s.t., *(ook)* vir iets voel; *in* HIS ~ ten gunste van HOM; in/tot SY voordeel; *that is* s.t. *in* HIS ~, *(ook)* dit strek HOM tot voordeel; dit pleit vir HOM; *be in* ~ *with* s.o. iem. se guns geniet, by iem. in die guns staan; *those in* ~ *of the motion* die wat ten gunste van die voorstel is; *look with* ~ *on/upon* s.t. iets gunstig gesind wees, iets goedkeur; *lose* ~ in onguns raak, uitbak⋆; *lose* s.o.'s ~, *(ook)* iem. se guns verloor; *be out of* ~ *with* s.o. by iem. in onguns wees; *be restored to* ~ in die guns herstel wees; *return* s.o.'s ~ iem. 'n wederdiens bewys; *show* s.o. *a* ~ iem. 'n guns bewys; *vote in* ~ *of* s.t. vir iets stem, ten gunste van iets stem; *win* s.o.'s ~ iem. se guns verwerf/wen.

favour² [v.] ~ s.o. *with* s.t. iem. iets gee/toestaan/verleen; iem. met iets begunstig/vereer.

favoured *be* ~ *with* ... met — begunstig wees; met — bedeel(d) wees.

favourite *the hot* ~ § die groot/sterk/vernaamste gunsteling, die moontlike wenner.

fawn ~ *on/upon* s.o. by iem. flikflooi, by iem. witvoetjie soek ⋆

fear¹ [n.] *be assailed by* ~s *that* ... oorval word deur die vrees dat—; *bodily* ~ v. vir letsel; *be devoid of* ~, *be without* ~ sonder v. wees; *without* ~ *or favour* sonder aansien des persoons, sonder aansien van (die) persoon; *for* ~ *of* ... uit vrees vir—; *for* ~ *that* ... uit v. dat — *(iets sal gebeur)*; *from* ~ uit v.; *go in* ~ *of* ... vir — bang wees; *be in* ~ angstig/bang/beangs/bevrees wees; *inspire* ~ *in* s.o. vrees by iem. inboesem; HE *does not know (the meaning of)* ~ HY het geen bang haar op SY kop nie ⋆, HY weet nie wat dit is om bang te wees nie, HY ken geen vrees nie; HE *goes in* ~ *of* HIS *life* HY vrees vir SY lewe; *in mortal* ~ in doodsangs; *there's no* ~ *of it happening* moenie bang wees (dat dit sal gebeur) nie, daar is geen gevaar (dat dit sal gebeur) nie, dit sal eenvoudig nie gebeur nie; *no* ~! § moenie glo nie! ⋆, watwo(u)!⋆; *put* s.o. *in* ~ *of* s.t. iem. vir iets bang maak; *register* ~ vrees toon, met angs reageer; *shake/tremble with* ~ bewe/bibber van angs; HE *is a stranger to* ~ HY het geen bang haar op SY kop nie ⋆, HY weet nie wat dit is om bang te wees nie, HY ken geen vrees nie; *strike* ~/*terror into* s.o.('s *heart)* iem. (se hart) met vrees vervul; *in* ~ *and trembling* met vrees/vrese en bewing.

fear² [v.] ~ *for s.o.'s life* vir iem. se lewe vrees, vir iem. se lewe bevrees wees; ~ *for s.o.'s safety* oor iem. se veiligheid bekommerd wees; *never* ~*!* §moenie bang wees (dat dit sal gebeur) nie!, daar is geen gevaar (dat dit sal gebeur) nie!; moenie glo nie! ★

fearful *be* ~ *of* ... vir — bang/bevrees wees; *be* ~ *that* ... bang/bevrees wees dat —.

feast¹ [n.] *enough is as good as a* ~ (P) tevredenheid is beter as 'n erfenis (P), te veel is ongesond.

feast² [v.] *HE* ~*ed on/upon* ... HY het HOM op — ver= gas, HY het HOM aan — te goed gedoen.

feat *a daring* ~ 'n waagstuk; *that is quite a* ~*!* dit wil gedoen wees! ★

feather *fine* ~*s make fine birds* (P) die klere maak die man (P); *a* ~ *in s.o.'s cap* 'n pluimpie vir iem.; *cast* ~*s* verveer; *be in fine/high* ~ in feesstemming wees, in die dolliwarie wees ★; *make the* ~*s fly* die hare laat waai ★; *you could have knocked me down/over with a* ~ §jy kon my omgeblaas het ★, ek was skoon verstom/ dronkgeslaan; *ruffle s.o.'s* ~*s* § iem. vererg; *HE singed HIS* ~*s* §HY het SY vingers verbrand ★; *throw* ~*s* verveer; *show the white* ~ lafhartig wees, tekens van bangheid toon.

feature *HIS only redeeming* ~ al wat ten gunste van HOM gesê kan word, SY enigste goeie eienskap; *the sa= lient* ~*s* die hooftrekke/hoofpunte, die besondere ken= merke; die hoofvorme *(van 'n terrein)*.

fed *be scantily* ~ karig gevoed wees; *be* ~ *up (to the back teeth, to the gills) (with s.o.)* § buikvol/dik/keel= vol/kropvol/maagvol/sat/vies wees (vir iem.) ★, die duiwel/joos/josie in wees (vir iem.) ★; *be well* ~ deur= voed/welgevoed wees.

fee *charge a* ~ 'n koste hef; *what is your* ~*?*, *what are your* ~*s?* wat sal dit kos?

feed¹ [n.] *HE is off HIS* ~ HY eet sleg, HY het nie eetlus nie.

feed² [v.] ~ *back s.t.* iets terugvoer; ~ *on s.t.* van iets leef/lewe; ~ *s.o. something* iem. iets voer, iem. iets laat eet; ~ *up animals* diere vet maak/voer.

feel¹ [n.] *get the* ~ *of s.t.* met iets vertroud raak, aan iets gewoond raak.

feel² [v.] ~ *for* ... na — soek/voel; ~ *for s.o., (ook)* meegevoel met iem. hê; *how do you* ~ *about it?* wat is jou mening daaroor?; *I* ~ *like a* ... ek het lus vir 'n —; ~ *like doing s.t.* lus hê/voel/wees om iets te doen; *not* ~ *like it* nie lus hê daarvoor nie, nie daarna voel nie, nie in die stemming daarvoor wees nie; *it* ~*s like* ... dit voel na —; *HE* ~*s out of it* HY voel nie op SY gemak nie, HY voel nie in SY element nie; ~ *out s.o.* iem. aan die tand voel ★; *HE* ~*s strongly about it* HY voel sterk daaroor, HY het besliste menings/oortuigings daaroor; HY trek HOM dit erg aan; ~ *up to s.t.* §tot iets in staat voel; ~ *well* goed voel; gesond voel. →**felt**.

feeler *put/throw out* ~*s or a* ~ die gevoel(ens) toets, iem. oor iets pols.

feeling *HE expresses HIS* ~*s* HY lug SY gemoed/ge= voelens/hart; *the general* ~ die algemene mening; *no*

hard ~*s!* geen aanstoot bedoel nie!; geen aanstoot ge= neem nie!; *HE has a* ~ *that* ... HY het so 'n gevoel dat —; ~*s run high* die gemoedere/gevoelens loop hoog; *hurt s.o.'s* ~*s* iem. krenk/kwets/grief/seermaak; *a nasty* ~ 'n nare/onaangename gevoel; *HE relieves HIS* ~*s* HY gee aan SY gevoelens lug; *HE shares the* ~ HY onderskryf/onderskrywe die gevoel; *have a sink= ing* ~ 'n bang (voor)gevoel hê; *spare s.o.'s* ~*s* iem. se gevoelens ontsien; *if HE had a spark of* ~ *left* as HY nog 'n greintjie gevoel gehad het; *have strong* ~*s about s.t.* besliste menings/oortuigings oor iets hê, sterk oor iets voel; *HE has no strong* ~*s either way* dit is vir HOM om 't/die ewe; *there is a* ~ *that* ... daar word gevoel dat —; *an uneasy* ~ 'n onrustige gevoel; *with* ~ gevoelvol.

feet *at s.o.'s* ~ aan iem. se voete; *carry HIM off HIS* ~ SY voete onder HOM uitslaan; *have* ~ *of clay* voete van klei hê; *get cold* ~ §kleinkoppie trek ★, bang word, in die knyp raak; *have cold* ~ §bang wees; *come to one's* ~ opstaan, orent kom; *drag one's* ~*/heels* met die voe= te sleep; §skoorvoetend wees, rem; *HE falls/lands on HIS* ~ HY kom op SY voete tereg; *find one's* ~*/legs* regkom, op dreef/stryk kom, op die been kom; touwys/ tuis raak *(met iets);* *get on one's* ~ opstaan (om te praat); aan die gang kom; op die been kom, regkom; *get to one's* ~ opstaan, orent kom; *have/keep both/one's* ~ *on the ground* vierkant op die aarde wees; *help HIM to HIS* ~ HOM ophelp; *have itchy* ~ §swerflustig wees; *jump/spring to one's* ~ opspring; *keep (on) one's* ~ staande bly, op die been bly; *HIS* ~ *are kill= ing HIM* §SY voete moor HOM ★; *HE lands/falls on HIS* ~ →*falls/lands; have two left* ~ §lomp wees; *HE is on HIS* ~ HY staan (op SY bene); HY is (weer) gesond; HY het 'n verdienste; *HE was on HIS* ~ *the whole day* HY het die hele dag op SY bene gestaan; *be out on one's* ~ §pootuit wees ★; *the patter of* ~ die getrippel van voete; *put/set HIM on HIS* ~ HOM op die been help; *HE puts up HIS* ~ §HY laat SY voete rus; *raise HIM to HIS* ~ HOM laat opstaan; *regain one's* ~*/footing* weer op die been kom; *rise to one's* ~ opstaan; *HE is run/ rushed off HIS* ~ § HY kan skaars grondvat ★, HY is verskriklik besig, HY het dit verskriklik druk; *HE scrapes HIS* ~ HY skuif/skuiwe met SY voete; *HE shuffles HIS* ~ HY skuifel met SY voete, HY skuif/skui= we SY voete heen en weer; *sit at s.o.'s* ~ aan iem. se voete sit; *spring/jump to one's* ~ →*jump/spring; HE stands on HIS own (two)* ~*/legs* HY staan op SY eie bene, HY is onafhanklik; *sweep HIM off HIS* ~ HOM meesleur/oorrompel/oorweldig; *think on one's* ~ vin= nig dink, uit die vuis dink; *throw o.s. at s.o.'s* ~ iem. te voet(e) val; *HE is unsteady on HIS* ~ HY is onvas op SY voete; HY trap hoog ★; HY meet die straat ★ →**foot**.

fellow *a* ~ *can't* ... §('n) mens kan nie —; *a jolly good* ~ § 'n gawe/puik kêrel; *the poor* ~ § die arme kêrel; vent; *a sorry* ~ §'n treurige vent; *an unsavoury* ~ § 'n ongure vent.

felt *it is widely* ~ *that* ... baie mense meen dat —.

fence¹ [n.] *come down* on one side of the ~ kant kies; *jump* a ~ oor 'n draad/heining spring; *mend* one's ~s vrede maak met iem. of mense; *rush* one's ~s oorhaastig handel; *sit on the* ~ op die draad sit, nie kant kies nie; *take* a ~ oor 'n draad/heining spring; § 'n hinderpaal te bowe kom.

fence² [v.] ~ *in* s.t. iets omhein/toespan/inkamp; ~ *in* s.o. § iem. inperk/afpaal; ~ *off* s.t. iets afkamp/toekamp/afhein; ~ *with* ... met — skerm; — ontwyk.

fend HE ~s *for* HIMSELF HY sorg vir HOMSELF, HY kom alleen klaar, HY kom self die mas op; HE ~s *off* ... HY weer — af, HY hou — van SY lyf af, HY keer/stoot weg.

ferment be in a ~ in beroering wees.

ferret ~ *out* s.t. iets uitsnuffel.

festooned be ~ *with* ... met — behang wees.

fetch ~ *and carry for* s.o. vir iem. heen en weer draf, iem. se handlanger/kalfakter wees; ~ *up somewhere* § êrens opdaag; § êrens beland.

fetish *make* a ~ *of* s.t. van iets 'n afgod maak, iets oordryf/oordrywe.

fetters be in ~ in boeie wees.

fettle HE is in *fine/good* ~ HY is baie fiks; HY is op SY stukke.

fever be *down with* ~ lê aan die koors; *have a high* ~ hoë koors hê.

fever pitch at ~ ~ op die hoogtepunt.

few a ~ 'n paar, enkele; ~ *if any* min/weinig of geen; as ~ *as five/etc.* maar net vyf/ens.; ~ *and far between* seldsaam, skaars, dun gesaai; s.o.'s *visits to* ... *are* ~ *and far between* iem. besoek — maar selde; a *good* ~ § 'n hele paar, heelparty; s.o. *has had* a ~ § iem. het 'n paar kappe gemaak ★, iem. is effens/effe(ntjies) aangeklam ★; *just* a ~ net 'n paar; *not* a ~ 'n hele paar, heelparty; *only* a ~ net 'n paar; ~ *people/etc.* min mense/ens.; a ~ *people/etc.* 'n paar mense/ens.; *precious* ~ § bedroef min; *quite* a ~ 'n hele paar, heelparty; *the* ~ die minderheid; *there are very* ... daar is baie/bitter min —; *what* ... s.o. *has* die paar — wat iem. het.

fewer be ~ *than* ... minder as — wees; *no* ~ *than* ... nie minder as — nie.

fib *tell* ~s kluitjies bak ★, spekskiet★, jok.

fiddle¹ [n.] *play second* ~ *(to* s.o.*)* tweede viool speel (by iem.), 'n ondergeskikte plek inneem (teenoor iem.).

fiddle² [v.] ~ *with* s.t. aan/met iets peuter.

fidget ~ *with* s.t. senu(wee)agtig met iets speel.

field *cover a wide* ~ 'n groot/ruim(e) gebied/veld dek; *hold/keep the* ~ die (slag)veld behou; *in the* ~ in die veld; te velde; *in the* ~ *of science/etc.* op die gebied van die natuurwetenskappe/ens.; *lead the* ~ op die voorpunt wees; HE *plays the* ~ HY wei rond ★; *take the* ~ uittrek, optrek, te velde trek; op kommando gaan; op die veld stap; *(kr.)* gaan veldwerk doen; *win the* ~ die slag wen.

field day *have* a ~ ~ verjaar★, baljaar.

fifties HE *is in HIS* ~ HY is in SY vyftigerjare, HY is in die vyftig; *it happened in the F*~ dit het in die vyftigerjare gebeur, dit het in die jare vyftig gebeur.

fig¹ [n.] HE *doesn't care/give* a ~ *for* s.t. § iets kan HOM geen duit skeel nie, iets traak HOM nie, HY gee niks vir iets om nie.

fig² [n.] HE *is in fine/good* ~ HY is op SY stukke; *be in full* ~ uitgedos/uitgevat wees, in volle mondering wees.

fight¹ [n.] *the* ~ *against* ... die stryd teen — *(bv. siekte)*; *it is a* ~ *to the finish* daar sal enduit gebaklei word; *be full of* ~ strydlustig/veglustig wees; *give up the* ~ die stryd laat vaar; *fight the good* ~ die goeie stryd stry; *have a* ~ *with* s.o. met iem. baklei; met iem. rusie maak; *there is* ~ *in HIM yet* HY kan HOM nog goed teësit/weer; *join the* ~ saamveg; *pick* a ~ rusie soek; *put up a* ~ teenstand bied; HE *puts up a good* ~ HY weer HOM goed/fluks, HY gee HOM nie maklik gewonne nie; HE *shows* ~ HY is veglustig, HY wys tande ★; HY verset HOM, HY sit HOM teë, HY staan SY man; s.o. *is spoiling for a* ~ iem. se hande jeuk om te baklei ★, iem. is daarop uit om rusie te soek, iem. is in 'n strydlustige stemming, iem. is veglustig; a *stand-up* ~ 'n hewige bakleiery; a *stiff* ~ 'n hewige geveg; *throw* a ~ § 'n (boks)geveg (opsetlik) verloor/weggooi★.

fight² [v.] ~ *against* ... teen — veg; HE ~s *back* HY sit HOM teë, HY (ver)weer HOM, HY slaan terug, HY bied teenstand/weerstand; ~ *down* s.t. iets bedwing/onderdruk; ~ *for* s.t. vir iets stry; ~ *like a Trojan* soos 'n held/leeu veg; ~ *like one possessed* soos 'n besetene/rasende veg; ~ *off* s.t. iets afweer/afslaan *(bv. 'n aanval)*; *they will* ~ *it out* hulle sal dit uitbaklei/uitspook/uitveg; ~ *shy of* s.t. iets (probeer) ontduik/ontwyk, op 'n afstand van iets bly, vir iets padgeer; ~ s.o. teen iem. veg; ~ s.t. teen iets veg; teen iets stry; HE *fought with the Irish* HY het vir die Iere geveg, HY het aan Ierse kant geveg.

figure¹ [n.] *cut a* ... ~ 'n — figuur slaan; *the* ~s *are down on last year* die syfers is laer as verlede jaar; *cut a fine/good* ~ 'n goeie figuur slaan; s.o. *is good at* ~s iem. kan goed reken; s.o. *is a public* ~ iem. is 'n bekende persoon; a *round* ~ 'n ronde syfer; *significant* ~s sprekende syfers; *six* ~s 'n bedrag of getal van ses syfers; *cut a sorry* ~ 'n droewige/treurige figuur slaan; a *trim* ~ 'n vietse lyfie *(van 'n meisie)*.

figure² [v.] s.o. ~s *in* s.t. iem. speel 'n rol in iets; iem. kom in iets voor; *it* ~s § dis te begrype, dit lê voor die hand; HE ~s *on (doing* s.t.*)* HY meen/reken dat (hy iets sal doen); ~ *out* s.t. iets uitreken; iets uitsyfer; iets oplos; iets snap/verstaan; ~ *prominently/strongly* 'n belangrike rol speel, prominent wees; ~ *up* s.t. iets optel *(syfers)*.

file¹ [n.] *have/keep a* ~ *on* ... 'n lêer/legger oor — hê/aanhou; *have* s.t. *on* ~ 'n lêer/legger oor iets hê; *in single* ~ een-een (agter mekaar), op 'n streep, met ene.

file² [v.] ~ *away* s.t. iets liasseer; ~ *past* defileer.

fill¹ [n.] HE *drinks HIS* ~ HY drink HOM vol; HE *eats HIS*

~ HY eet HOM vol, HY versadig HOM; *HE looks HIS* ~ HY kyk HOM sat.

fill² [v.] ~ *in for s.o.* vir iem. instaan/optree, iem. se plek neem; ~ *in s.t.* iets invul *(bv. 'n vorm);* iets opvul/toemaak; iets toegooi *('n gat);* ~ *s.o. in on s.t.* § iem. van iets op die hoogte bring; *s.o.* ~*s out* iem. word dikker/voller; ~ *out s.t.* iets uitbrei; iets voltooi; iets aanvul; iets invul *(bv. 'n vorm); s.t.* ~*s up* iets word vol; ~ *up s.t.* iets volmaak *(bv. 'n tenk);* iets byskink/byvul *(bv. 'n glas);* iets invul *(bv. 'n vorm);* iets toegooi *('n gat);* iets toestop *('n opening);* ~ *(her) up!* skink vol! *('n glas);* maak vol! *('n tenk).*

filled *be* ~ *with sand/etc.* vol sand/ens. wees; *be* ~ *with melancholy/etc.* met weemoed/ens. vervul wees.

filling *it is very* ~ dit maak ('n) mens gou vol.

fillip *give s.o. or s.t. a* ~ iem. *of* iets 'n stoot (vorentoe) gee.

film *a* ~ *of …* 'n lagie — *(bv. olie, stof); shoot a* ~ 'n rolprent opneem.

filter *s.t.* ~*s through, (lett.)* iets syfer/sypel deur *(bv. water); (fig.)* iets lek uit *(bv. nuus).*

final¹ [n.] *reach the* ~*s, go through to the* ~ *(s)* tot die eindstryd/eindronde deurdring; *HE takes HIS* ~*s* HY lê SY eindeksamen af.

final² [adj.] *and that's* ~! en daarmee basta! ⋆

finality *reach* ~ tot 'n beslissing kom; 'n eindoplossing vind.

find¹ [n.] *make a* ~ 'n vonds doen.

find² [v.] *the court* ~*s against s.o.* die hof doen teen iem. uitspraak, die hof stel iem. in die ongelyk; *one does not* ~ *it among the Greeks* by die Grieke tref ('n) mens dit nie aan nie, by die Grieke kom dit nie voor nie; *take things as one* ~*s them* sake vir lief neem; *the court* ~*s for s.o.* die hof doen uitspraak ten gunste van iem., die hof stel iem. in die gelyk, die hof gee iem. gelyk; *HE* ~*s HIMSELF* HY kom reg; HY kom tot HOMSELF/selfkennis, HY vind HOMSELF; HY voorsien in SY eie koste; ~ *out s.t.* iets agterkom/uitvind, iets te wete kom; iets verneem; iets vasstel; ~ *out s.o.* iem. betrap; iem. opspoor; ~ *s.o. out* iem. nie tuis tref nie; *HE found HIMSELF there* HY het HOM daar kom kry.

finder ~*s keepers = findings keepings* (P) optelgoed is hougoed (P).

findings →**finder.**

fine¹ [n.] *incur a* ~ 'n boete oploop; *levy a* ~ *on s.o.* (aan) iem. 'n b. oplê; *pay a* ~ 'n b. betaal.

fine² [v.] ~ *s.o. R500* iem. met R500 beboet. →**fined.**

fine³ [adj. & adv.] *(as)* ~ *as gossamer* ragfyn; ~ *and dandy!* §goed!; *s.o. is doing* ~ iem. voel gesond/goed/lekker; iem. vaar goed; iem. gaan goed vooruit; *feel* ~ gesond/goed/lekker voel; *I'm* ~ dit gaan goed (met my), dit gaan eersteklas; *that's* ~! dis gaaf!; *that's all very* ~ dis alles goed en wel; *s.t. is* ~ *with s.o.* iets is in orde wat iem. betref.

fined *be* ~ *R500* met R500 beboet word.

fine-tooth comb *go over s.t. with a* ~ ~ iets fynkam.

finger *HE works HIS* ~*s to the bone* § HY sloof HOM af; *HE burnt HIS* ~*s, HE got HIS* ~*s burnt, (fig.)* HY het SY vingers verbrand; *cross one's* ~*s (and touch wood), keep one's* ~*s crossed* § duim vashou ⋆; *have green* ~*s* 'n hand met 'n plant hê, 'n groeihand hê, 'n goeie/gesonde hand in die tuin hê; *s.o.'s* ~*s itch to do s.t.* §iem. se hande jeuk om iets te doen ⋆; *not lay a* ~ *on s.o.* nie aan iem. raak nie; *HE cannot lay/put HIS* ~ *on it* HY kan nie SY vinger daarop lê nie, HY kan nie presies aantoon wat dit is nie; *not lift/raise/stir a* ~ *to …* geen vinger verroer/uitsteek om te — nie; *have light* ~*s* § lang vingers hê ⋆; *have a* ~ *in the pie* § in iets betrokke wees, die hand in iets hê; *have a* ~ *in every pie* § die hand in alles hê; *point the* ~ *(of scorn) at s.o.* met die vinger na iem. wys, iem. beskuldig; *HE'll have to pull HIS* ~ *out* §§ HY sal SY hande uit die moue moet steek ⋆, HY sal HOM moet roer ⋆; *HE keeps HIS* ~ *on the pulse* HY bly op die hoogte; *put the* ~ *on s.o.* §§ iem. aangee/verklap/verklik *(by die polisie); HE cannot put/lay HIS* ~ *on it* →*lay/put; not raise/lift/stir a* ~ *to …* →*lift/raise/stir; HE runs HIS* ~*s over s.t.* HY laat SY vingers oor iets gly; *HE lets s.t. slip through HIS* ~*s* HY laat iets deur SY vingers glip, HY laat iets verbygaan *(bv. 'n geleentheid); HE snaps HIS* ~*s* HY klap (met) SY vingers; *snap one's* ~*s at s.o.* iem. uitlag, iem. minagtend/onverskillig behandel; *not stir/lift/raise a* ~ *to …* →*lift/raise/stir; HE is all* ~*s and thumbs, HIS* ~*s are all thumbs* § SY hande staan verkeerd, HY is onhandig; *HE twists/winds s.o. round HIS (little)* ~ HY draai iem. om SY vinger/pinkie, HY laat iem. na SY pype dans ⋆; *HE wags HIS* ~ HY hou SY vinger dreigend op.

fingertip *HE has it at HIS* ~*s* HY ken dit deur en deur, HY ken dit op SY duim(pie) ⋆; *to one's* ~*s* deur en deur.

finish¹ [n.] *a close* ~ 'n gladde afwerking; 'n kop aan kop uitslag; *fight to the* ~ enduit baklei/veg; dit uitspook/uitveg; *be in at the* ~ die end/einde meemaak.

finish² [v.] ~ *off with …* met — eindig; ~ *off s.t.* iets klaarmaak; iets afhandel; iets opgebruik, iets opeet, iets opdrink; iets afmaak, iets van kant maak; iets die doodsteek/genadeslag gee; ~ *off/up with …* met — eindig.

finished *be/have* ~ *with s.t.* met iets klaar wees; *be half* ~ halfklaar wees.

finishing touch *give/put the* ~ ~*es to s.t.* die laaste hand aan iets lê, iets finaal afrond/afwerk.

fire¹ [n.] *answer the enemy's* ~ na die vyand terugskiet, die vyand se vuur beantwoord; *attract/draw* ~ onder skoot kom; *a ball of* ~, *(lett.)* 'n vuurbol; *(fig.)* § 'n deurdrywer, 'n voorslag; *bank a* ~ 'n vuur opbank; *s.o.'s baptism of* ~ iem. se vuurdoop; *HE has* ~ *in HIS belly* § HY is op en wakker; *catch* ~ vlam/vuur vat, aan die brand raak/slaan; *cease* ~ die vuur staak; *cease* ~! staak v.!; *come under* ~ onder skoot kom; *be consumed by* ~ verbrand wees; *the* ~ *is un-*

der **control** die brand is in bedwang; **draw/attract**
~ →**attract/draw;** the house was **gutted** by ~ die
huis het uitgebrand; the matter **hangs** ~ die saak
draai/sloer; HE **holds** HIS ~ HY hou SY vuur terug; HY
wag SY kans af; **hold** your ~! moenie skiet nie!; **lay** a
~ 'n vuur aanpak/aanlê; **light** a ~ 'n v. aansteek; ('n)
v. maak; **make** a ~ ('n) v. maak; **on** ~ aan die brand;
be **on** ~ about s.t. vuur en vlam wees oor iets, geesdrif=
tig/opgewonde wees oor iets; **open** ~ on ... na/op —
begin skiet, op — losbrand/lostrek; **open** ~, (ook) die
vuur open; the ~ **is out** die v. is dood/uit; die brand is
geblus; **play** with ~ met v. speel; **poke** the ~ die v.
pook/rakel; **pull** s.t. out of the ~ 'n verlore saak red;
put out a ~ 'n vuur doodmaak/blus/doof; 'n brand
blus; **raise** a ~ brand stig; a **roaring** ~ 'n knetteren=
de vuur; **set** ~ to s.t., **set** s.t. **on** ~ iets aan die brand
steek; s.o. **spits** ~ § iem. gaan gal af *; **start** a ~ 'n
vuur (aan)maak, v. maak; 'n brand veroorsaak, brand
stig; **strike** ~ from ... vuur uit — slaan; **take** ~ vlam
vat, aan die brand raak/slaan; be between two ~s tussen
twee vure sit, van twee kante bedreig word; **under** ~
onder skoot/vuur; go through ~ and **water** for s.o. vir
iem. deur die v. loop.

fire² [v.] ~ at ... na/op — skiet; ~ **away** § lostrek; ~
away! § trek maar los!; ~ **off** s.t. iets afskiet; iets af=
steek ('n toespraak); iets haastig afstuur ('n brief); iets
kwytraak (bv. 'n opmerking).

firearm discharge a ~ 'n vuurwapen afvuur; **point** a
~ **at** s.o. 'n vuurwapen op iem. rig.

firing line be in the ~ ~ in die vuurlinie wees, aange=
val word.

firm¹ [v.] ~ **up** vas(ter) word; bestendig word (bv.
pryse).

firm² [adj. & adv.] as ~ **as a rock** rotsvas, onwrikbaar
soos 'n rots, so vas soos 'n klipsteen; **hold** ~ standhou;
remain/stand ~ pal/vas staan, voet by stuk hou; be
~ **with** s.o. beslis teenoor iem. optree.

firmament in the ~ aan die hemel.

first¹ [n.] a ~ 'n nuwigheid; ... is a ~ for s.o. iem. is
die eerste wat —; **at** ~ eers, aanvanklik, in die begin;
be an **easy** ~ maklik wen; the ~ **ever** die allereerste;
from the (very) ~ van die begin af, uit die staan=
spoor; from ~ to **last** van (die) begin tot (die) end/ein=
de; be the ~ **to do** s.t. die eerste wees wat iets doen; die
eerste wees wat iets gedoen het; be the ~ **to** come (die)
eerste daar wees; be the ~ **to die** die eerste wees wat
sterf; be the ~ **to have died** die eerste wees wat gesterf
het; be the ~ **to go** die eerste wees wat gaan.

first² [adj. & adv.] ~ **of all** allereers, in die eerste plaas/
plek, vir eers, ten eerste; **come** ~ eerste staan/wees
(in 'n klas); eerste daar wees; (die) eerste wees, wen;
s.t. **comes** ~ **with** s.o. iets is/staan by iem. eerste, iets
staan by iem. nommer een, iets gaan by iem. voor/bo
alles; my family or work **comes** ~ my gesin of werk
eerste, my gesin of werk (gaan) bo/voor alles; **come** in
~ eerste wees (bv. in 'n wedloop); ~ **come, first**
served (P) eerste kom, eerste maal (P); s.o. has to **do** s.t.

~ iem. moet eers iets doen; ~ **and foremost** aller=
eers, in die eerste plaas/plek; **go** ~ voorgaan; be ~ **and
last** a ... deur en deur 'n — wees; **place/put** s.t. ~
iets vooropstel; the **very** ~ ... die allereerste —, die
heel eerste —; s.o. **would** die/etc. ~ iem. sou eerder/
liewer(s) sterf/sterwe/ens.

fish¹ [n.] s.o. is a **big** ~ § iem. is 'n groot kokkedoor *;
neither ~ nor **flesh** (nor good red herring) (nóg) vis nóg
vlees; have other ~ **to fry** iets anders hê om te doen;
belangriker dinge te doen hê; a pretty **kettle** of ~ § 'n
mooi spul *; § 'n breekspul *; **lots** of ~ baie vis; **many**
~ baie visse; **play** a ~ 'n vis laat uitspook; a **queer** ~
§ 'n snaakse kêrel/vent; the ~ **are running** die vis
loop; HE cries stinking ~ § HY maak SY eie goed sleg,
HY skend SY eie neus; HE is like a ~ **out of water** HY
soos 'n vis op droë grond, HY is uit SY element.

fish² [v.] ~ **for** s.t. iets soek, na iets hengel (bv. 'n
kompliment); na iets vis (bv. inligting); ~ **out** s.t. iets
opvis (uit die water); iets uitvis (geheime); iets opdiep
(feite); ~ **out** the sea die see leeg vang; ~ **up** s.t. iets
opvis.

fishing go ~ gaan visvang/hengel.

fist tackle s.o. with **bare** ~s iem. met die kaal vuis by=
dam; HE **doubles/clenches** HIS ~ HY bal SY vuis, HY
maak vuis; ~s **fly** vuishoue val, daar word vuisgeslaan;
HE **puts up** HIS ~s HY staan reg om te baklei of boks;
HE **shakes** HIS ~ at s.o. HY maak/wys vir iem. vuis,
HY wys SY vuis vir iem.; HE **uses/wields** HIS ~s HY lê
vuis in *

fit¹ [n.] **have** a ~ 'n toeval kry, stuipe kry; § (die) stuipe
kry *; be **in** ~s krom lê van die lag, onbedaarlik lag;
work by/in ~s and **starts** met rukke en stote werk; be
subject to ~s las van toevalle hê, aan toevalle onder=
hewig wees; **throw** a ~ § (die) stuipe kry *

fit² [n.] it is a close ~ dit gaan net in of deur, dit is nog
net nommer pas; it is a good ~ dit pas/sit goed (van
klere); it is a tight ~ dit sit knap (van klere); dit kan
skaars in.

fit³ [v.] ~ **in with** ... by — aangepas wees; by — pas; in
— pas; met — klop/strook; ~ s.t. **in with** ... iets met —
in ooreenstemming bring; s.t. ~s **into** ... iets pas in —;
~ s.t. **into** ... iets in — inpas; it ~s **like** a glove dit is
nommer pas, dit pas of dit aangegiet is; ~ **on** s.t. iets
aanpas; iets aansit; ~ **out** s.o. iem. toerus/uitrus; it ~s
together dit pas inmekaar; how it all ~s **together** hoe
die saak inmekaar sit; ~ things **together** dinge inme=
kaar pas/sit; ~ **up** s.t. iets monteer/opstel; iets inrig;
~ **up** s.o. with s.t. § iem. van iets voorsien, iem. met
iets toerus, iets aan iem. verskaf.

fit⁴ [adj.& adv.] as ~ **as a fiddle** so reg soos 'n roer,
perdfris; **feel** ~ gesond/lekker voel; be **fighting** ~
fiks en fluks wees, perdfris wees, veggereed wees; be ~
for ... vir — geskik wees; vir — deug; vir — opgewasse
wees ('n taak); **keep** ~ fiks of gesond bly; s.o. **looks**
~ iem. lyk fiks; iem. sien daar gesond uit; a ~ **and
proper** ... 'n geskikte —; **see/think** ~ to ... dit goed/
gepas/diensstig/raadsaam ag om te —.

fix¹ [n.] *be in a* ~ §in die knyp/moeilikheid/nood/ver=
knorsing sit/wees; *get (o.s.) into a* ~ § in die knyp/
moeilikheid/nood/verknorsing beland/kom; *there is no*
quick ~ § daar is geen kitsmiddel nie.

fix² [v.] ~ *on s.o.* op iem. pik ⋆; ~ *on/upon s.t.* iets
kies, oor iets besluit *(bv. 'n datum);* ~ *up s.t.* iets
regmaak; iets skik; iets inrig; iets reël; ~ *up s.o.* §iem.
huisves/herberg, iem. onderdak gee; ~ *up s.o. with s.t.*
§iem. aan iets help; iem. van iets voorsien; ~ *it/things*
up with s.o. § dit/sake met iem. reël.

fixed *how are you* ~ *for money/etc.?* § het jy genoeg
geld/ens.?; *be* ~ *up* §geholpe wees; *s.o. is well* ~ §iem.
is goed af, iem. sit daar goed in.

fizzle ~ *out* doodloop.

flag¹ [n.] *dip the* ~ met die vlag salueer; *fly a* ~ 'n v.
laat waai/wapper, 'n v. voer; 'n v. hys; *keep the* ~
flying die stryd voortsit, volhard; *go down with all* ~*s*
flying met eer ondergaan; *haul/take down one's* ~,
lower/strike one's ~ die vlag stryk; *hoist a* ~, *put/*
run up a ~, *raise a* ~ 'n v. hys; *show the* ~ 'n ampte=
like besoek bring *(van vlootskepe in vreemde hawens);*
unfurl a ~ 'n vlag ontplooi, 'n v. laat wapper; *wear a*
~ 'n v. voer; *hoist the white* ~ die wit v. opsteek.

flag² [v.] ~ *down a car* or *taxi* 'n motor *of* taxi voor=
keer, (vir) 'n motor *of* taxi wink.

flair *have a* ~ *for s.t.* aanleg vir iets hê, 'n (goeie) neus
vir iets hê.

flak *pick up* ~, *run into* ~ lugafweervuur teëkom/teen=
kom; § teëkanting/teenkanting kry.

flake ~ *off* afskilfer, opskilfer; ~ *out* §flou val; §om=
val van uitputting; § aan die slaap raak.

flame¹ [n.] *burst into* ~*s* in vlamme slaan; *fan the* ~*s*
die vuur aanblaas/aanwakker; *go up in* ~*s* in vlamme
opgaan, verbrand; *be in* ~*s* in vlamme staan; *an old* ~
of s.o. § 'n ou stuk van iem. ⋆, 'n ou kêrel *of* no(o)i van
iem.; *a sea of* ~*s* 'n vlammesee, 'n see van vlamme;
smother the ~*s* die vlamme smoor.

flame² [v.] ~ *up* opvlam, ontvlam; opstuif, opvlieg
(in woede), uitbars, woedend word; oplaai *(bv. vuur,*
haat, woede).

flank *on the* ~ op die flank; *turn the* ~ *of an army* 'n
leërmag omtrek.

flap *there is a big/great/terrific* ~ *(on) about/over s.t.* §
daar is 'n groot opskudding oor iets; *be in a* ~ §opge=
wonde *of* paniekerig *of* verbouereerd wees; *get into a* ~
§ opgewonde *of* paniekerig *of* verbouereerd raak.

flare ~ *up* opvlam; opstuif, opvlieg *(in woede),* uit=
bars, woedend word.

flash¹ [n.] *in a* ~, *like a* ~ in 'n kits/oogwenk/oog=
wink, blitsvinnig; *a* ~ *in the pan* 'n opflikkering; 'n
geluksdag.

flash² [v.] ~ *by/past* verbyflits.

flat¹ [n.] *a block of* ~*s* 'n woonstelgebou/woonstelblok;
on the ~ op die gelykte.

flat² [adj. & adv.] *as* ~ *as a pancake* so plat soos 'n
pannekoek; *dead* ~ spieëlglad; volkome plat; *go* ~
verslaan *(bier);* pap word *('n band, 'n battery); in ten*

seconds ~ in net/presies tien sekondes; ~ *out* §in volle
vaart; §met volle krag; §dat dit so kraak ⋆; §oop en toe
(hardloop) ⋆; *and that's* ~! §en daarmee is dit uit en
gedaan!, en daarmee basta! ⋆

flat-footed *catch s.o.* ~ § iem. onverhoeds betrap.

flatten ~ *out* gelyk/plat word; ~ *out s.t.* iets gelyk=
maak; iets glad stryk; iets plat hamer/slaan.

flatter HE ~*s* HIMSELF *that* HE ... HY verbeel HOM HY
—.

flattered *be/feel* ~ *at/by* ... deur — gevlei voel.

flattery *be susceptible to* ~ vir vleiery vatbaar wees.

flaunt ~ *s.t. in front of s.o.* voor iem. met iets pronk/
spog; ~ *o.s.* pronk, spog.

flavoured *be highly* ~ sterk gekrui wees; ~ *with* ...
met 'n smaak van —; *be* ~ *with* ... 'n smaak van — hê.

flay ~/*skin s.o. alive* § iem. vermorsel *(fig.).*

flea *come away with a* ~ *in the ear* §droëbek tuiskom ⋆;
send s.o. away/off with a ~ *in the ear* § iem. droëbek
huis toe stuur ⋆, iem. afjak; *be infested with* ~*s* van die
vlooie vergewe/vervuil wees.

flecked *be* ~ *with* ... met — bespikkel(d) wees; met
— besaai(d) wees; met — bespat wees.

flee ~ *(from) a country* uit 'n land vlug; ~ *from s.o.* vir
iem. vlug.

flesh¹ [n.] *all* ~ alle vlees/mense; *s.o.'s own* ~ *and*
blood iem. se eie vlees en bloed; *more than* ~ *and*
blood can bear meer as wat 'n mens kan verdra; *s.o.'s*
~ *creeps* iem. kry hoendervel, iem. ys; *s.t. makes*
s.o.'s ~ *creep* iets laat iem. hoendervel kry, iets laat
iem. ys; *the desires of the* ~ die vleeslike luste; *in* ~
goed in die vleis; *in the* ~ in lewende lywe; *mortify*
the ~ die vlees dood/kasty; HE *wants* HIS *pound of* ~
HY wil tot die laaste druppel bloed hê; *the sins of the* ~
die sondes van die vlees; *go the way of all* ~ die weg
van alle vlees gaan.

flesh² [v.] ~ *out* dikker/vetter word; ~ *out s.t.* meer
inhoud aan iets gee, iets versterk *(bv. 'n argument).*

flick ~ *away s.t.* iets wegruk; iets wegja(ag)/wegslaan;
~ *s.t. from/off* ... iets van — afslaan/aftik; iets van —
vee; ~ *on s.t.* iets aanskakel *(bv. 'n lig); s.t.* ~*s out* iets
skiet/wip uit; ~ *through a book* 'n boek (vinnig)
deurblaai, (vinnig) deur 'n b. blaai.

flicker ~ *out* flikker en doodgaan *(bv. 'n kers);* weg=
sterf *(bv. die hoop).*

flier, flyer *take a* ~ § dobbel, waag.

flies →**fly.**

flight *be in the first/top* ~ *of* ... onder die belangrik=
ste/eerste — wees; *in* ~ in die vlug/vlieg; *be in* ~ op
die vlug wees, op loop wees; *put s.o. to* ~ iem. op die
vlug ja(ag), iem. op loop ja(ag); *take (to)* ~ vlug, op
die vlug slaan; *a* ... *in the top* ~ 'n — van die eerste
rang.

flinch ~ *from s.t.* vir/van iets terugdeins.

flinching *without* ~ sonder om 'n spier te vertrek;
sonder weifeling.

fling¹ [n.] *have a final* ~ vir oulaas nog die lewe ge=
niet, vir oulaas nog pret hê; *at full* ~ in volle vaart;

give *s.t. a* ~, *have* ~ *at s.t.* iets probeer (doen); HE *is having* HIS ~ HY leef/lewe HOM uit, HY geniet die lewe; HY leef/lewe losbandig.

fling² [v.] ~ *s.t. at s.o.* iets na iem. gooi; iem. met iets gooi; ~ *down s.t.* iets neergooi/neersmyt; HE ~ *s* HIM= *SELF into it* hy werp HOM daarin *(bv. 'n onderneming)*; ~ *out of a room* 'n kamer uitstorm, uit 'n kamer storm; ~ *out s.o.* iem. uitgooi/uitboender.

flip ~ *off s.t.* iets aftik *(bv. sigaretas)*; ~ *over* omkan= tel; ~ *over s.t.* iets omdraai; ~ *through a book* 'n boek (vinnig) deurblaai, (vinnig) deur 'n b. blaai.

flirt ~ *with s.o.* met iem. flirt; ~ *with an idea* met 'n gedagte speel.

flit *do a (moonlight)* §met die noorderson vertrek ★; *s.o. has done a (moonlight)* § iem. is skoonveld ★

flock ~ *after s.o.* iem. agternaloop/volg; ~ *in* in= stroom; ~ *out* uitstroom; ~ *to* ... na — toe stroom; ~ *together* saamdrom.

flooded *they have been* ~ *out* hulle is deur die oorstro= ming/water uit hul huis(e) geja(ag).

floodgate *open the* ~*s, (fig.)* die sluise laat oopgaan.

flooding *people are* ~ *into* ... mense stroom — binne.

floor *cross the* ~, *(parl.)* (na die ander kant) oorloop; *a motion from the* ~ 'n voorstel uit die vergadering; *have the* ~ die woord hê; *s.o. is holding the* ~ iem. is aan die woord; *mop/wipe the* ~ die vloer dweil/feil; *mop/wipe the* ~ *with s.o.* § iem. kafloop★/platloop/ (uit)looi/afransel, van iem. fyngoed maak ★; *take the* ~ die woord neem, aan die woord kom; gaan dans.

flop ~ *about/around* rondslof; rondspartel; ~ *down* neerplof.

flotsam ~ *and jetsam, (lett.)* wrakhout en uitskot, seedrifsel; *(fig.)* skuim.

flounder ~ *about/around* rondspartel.

flourish¹ [n.] *do s.t. with a* ~ iets spoggerig/swierig doen.

flourish² [v.] ~ *like the green bay* tot groot bloei kom.

flow¹ [n.] *a steady* ~ *of* ... 'n voortdurende stroom —; *stop the* ~ die stroom keer; *stop the* ~ *(of blood)* die bloed stelp.

flow² [v.] ~ *from* ... uit — (voort)spruit/voortvloei; ~ *off* afloop, afvloei, wegvloei; ~ *over* oorloop, oor= vloei; ~ *together* saamvloei. →**flowing**.

flower *a bunch of* ~*s* 'n bossie blomme, 'n ruiker; *fresh* ~*s* vars blomme; *gather* ~*s* blomme pluk; *in* ~ in die blom, in bloei; *be in* ~ blom, in die blom wees, in bloei staan; *the* ~ *of* ... die blom van — *(bv. die volk)*; *a wild* ~ 'n veldblom.

flowing *the river has stopped* ~ die rivier het gaan staan.

fluent *s.o. is* ~ *in Afrikaans* iem. praat vloeiend/vlot Afrikaans.

fluff ~ *out s.t.* iets opblaas *(bv. 'n voël se vere)*; ~ *up s.t.* iets oppof *(bv. 'n kussing)*.

fluke *by a* ~ § per geluk; § by/per toeval.

flurried *get* ~ verbouereerd raak.

flush¹ [n.] *in the (first)* ~ *of* ... in die roes van — *(bv.*

die oorwinning); in die fleur van — *(iem. se lewe)*.

flush² [v.] ~ *down s.t.* iets wegspoel; ~ *out s.t.* iets uitspoel; iets opja(ag)/uitja(ag).

flush³ [adj.] *be* ~ *with* ... §kwistig wees met — *(bv. geld)*; gelyk met — wees *(die rand van iets)*.

flushed ~ *with* ... in die roes van — *(bv. die oorwin= ning)*; rooi van — *(bv. skaamte, woede)*; uitgelate van — *(bv. blydskap)*.

flustered *get* ~ van stryk raak, verbouereerd raak.

flutter¹ [n.] *cause a* ~ ligte opspraak (ver)wek; *cause a* ~ *in the dovecote* 'n knuppel in die hoenderhok gooi ★; *have a* ~ §iets op 'n weddenskap waag; *be in a* ~ die bewerasie hê, opgewonde wees; *put s.o. in a* ~ § iem. die bewerasie gee, iem. opgewonde maak.

flutter² [v.] ~ *about* rondfladder; ~ *about s.t.* om iets fladder.

fly¹ [n.] *s.o. would not harm/hurt a* ~ iem. sal geen vlieg kwaad doen nie; *there are no flies on s.o.* §iem. is nie onder 'n kalkoen uitgebroei nie ★; *a* ~ *in the oint= ment* 'n vlieg in die salf; *I would like to be a* ~ *on the wall* ek sou graag om die hoekie wou loer, ek sou graag wou hoor wat daar gesê word.

fly² [v.] ~ *against s.t.* teen iets aanvlieg/vasvlieg; ~ *SA Airways* met die SA Lugdiens vlieg; ~ *apart* uiteenvlieg; ~ *at s.o.* iem. aanval/invlieg★; ~ *away* wegvlieg; ~ *blind* met instrumente vlieg; ~ *the country* uit die land vlug; ~ *in* per vliegtuig aankom, op die lughawe aankom; *let* ~ afhaak, lostrek; *let* ~ *at s.o.* afhaak en iem. slaan; *I must* ~ ek moet weg wees; ~ *off* wegvlieg; ~ *open* oopspring; ~ *out* uit= vlieg; per vliegtuig vertrek.

flying *send* HIM ~ HOM slaan/stamp dat HY daar trek, HOM omstamp, HOM onderstebo loop/stamp; *send s.t.* ~ iets uitmekaar laat spat.

foal *drop/throw a* ~ 'n vul werp, vul.

fob ~ *s.o. off* iem. met 'n kluitjie in die riet stuur; ~ *s.t. off on(to) s.o.*, ~ *s.o. off with s.t.* iets aan iem. afsmeer ★

focus¹ [n.] *bring s.t. into* ~ die kamera op iets instel; die soeklig op iets werp; *s.t. comes into* ~ iets kom duidelik in beeld; die soeklig val op iets; *be in* ~ in fokus wees; *be out of* ~ uit fokus wees, sleg ingestel wees, onskerp wees.

focus² [v.] ~ *on s.t.* die kamera op iets instel; HE ~ *es (HIS attention) on/upon* ... HY spits SY aandag op — toe.

fog¹ [n.] *dense/thick* ~ digte/dik mis; *be in a* ~ §die kluts kwyt wees, nie voor- of agteruit weet nie; *the* ~ *lifts* die mis trek oop; *be wrapped in* ~ toe wees on= der die mis.

fog² [v.] ~ *up* aanwasem, aanslaan, aangeslaan raak.

foggiest *not have the* ~*/faintest* §nie die minste/vaag= ste benul hê nie, glad nie weet nie.

foil *a* ~ *to* ... 'n teëhanger/teenhanger vir —.

foist ~ *s.t. off on s.o.* iets aan iem. afsmeer ★; ~ *s.t. on/upon s.o.* iets op iem. afskuif/afskuiwe; HE ~ *s* HIM= *SELF on/upon s.o.* HY dring HOM aan iem. op.

fold *s.t.* ~*s back* or *down* iets klap op of af; ~ *s.t.*

back or **down** iets opklap *of* afklap; *s.t.* ~*s in* iets vou in; ~ *in s.t.* iets invou; *s.t.* ~*s over* iets slaan oor; ~ *over s.t.* iets oorslaan; *s.t.* ~*s together* iets vou op/saam/toe; ~ *together s.t.* iets opvou/saamvou/toevou; ~ *up*, *(lett.)* opvou; *(fig.)* § misluk, bankrot raak, tot 'n end kom, in duie stort/val; ~ *up s.t.* iets opvou.

follow as ~*s* as/soos volg; *do you* ~ *(me)?* begryp/volg jy my?; *that does not* ~ dit volg nie (daaruit nie), dit is nie te sê nie; ~ *on*, *(kr.)* volg, 'n (op)volgbeurt kry; *(drukw.)* deurloop; *s.t.* ~*s on/upon s.t. else* iets volg op iets anders; *it* ~*s that ...* daaruit volg dat—; *it does not* ~ *that ...* dit beteken nie dat—nie, dit wil nie sê dat—nie; ~ *through, (gholf)* deurswaai; ~ *s.t. through* iets deurvoer, met iets deurgaan; *letter to* ~ brief volg; *would you like anything to* ~*?* wil u nog iets hê?; ~ *up s.t.* iets verder/vêrder voer, iets voortsit; werk van iets maak; iets nagaan *(bv. leidrade)*; ~ *up s.t. with s.t. else* iets op iets anders laat volg.

following ~ *on ...* na aanleiding van—.

folly *the crowning/supreme* ~, *the height of* ~ die opperste dwaasheid, die toppunt van dwaasheid.

fond *be* ~ *of ...* baie van—hou, erg wees oor—; *be* ~ *of laughing/etc.* lief wees om te lag/ens.; *be very* ~ *of ...* gek wees na—.

food *be off one's* ~ geen eetlus hê nie; *peck/pick at* ~ langtand eet, met lang tande eet, aan kos peusel; ~ *for thought* stof tot nadenke; *tuck into* ~ wegval★/weglê★/smul aan kos.

fool[1] [n.] *be a* ~ *to do s.t.* gek wees om iets te doen; *don't be a* ~! moenie so dwaas wees nie!; *be a bit of a* ~ §maar dommerig wees; *an egregious* ~ 'n opperste dwaas; *be* ~ *enough to ...* so dwaas wees om te—; *an infernal* ~ §'n vervlakste gek ★; *like a* ~ HE *did it* HY was só dwaas om dit te doen, HY was dwaas genoeg om dit te doen; *look a* ~ soos 'n dwaas/gek lyk, 'n gek figuur slaan, 'n dwase vertoning maak; *make a* ~ *of s.o.* iem. belaglik maak; iem. vir die gek hou; HE *makes a* ~ *of* HIMSELF HY maak HOM belaglik, HY slaan 'n gek figuur; *(the) more* ~ HE *for doing it* des te dommer van HOM om dit te doen, dat HY so dom kan wees om dit te doen; HE *is no/nobody's* ~ HY is nie onder 'n kalkoen uitgebroei nie ★, HY is ouer as twaalf ★, HY laat HOM nie kul nie, HY is geen swaap nie; *s.o. is a* ~ *not to ...* dit is dwaas van iem. om nie te—nie; *(there's) no* ~ *like an old* ~ (P) hoe ouer gek hoe groter gek (P); *play the* ~ gekskeer, die gek skeer; *a regular* ~ §'n regte swaap; ~*s rush in where angels fear to tread* (P) 'n dwaas storm in waar 'n wyse huiwer; *suffer* ~*s gladly* geduld hê met domheid; *s.o. does not suffer* ~*s gladly* iem. kan 'n dwaas nie veel nie, iem. het geen geduld met domheid nie; *take s.o. for a* ~ dink dat iem. gek is, iem. vir 'n gek aansien; *an utter* ~ 'n opperste dwaas/gek; *the veriest* ~ *knows that* die grootste swaap weet dit; *what a* ~ HE *is!* wat 'n gek is HY tog! →**fool's errand; fool's paradise.**

fool[2] [v.] ~ *about/around* rondspeel; ~ *around with s.t.* met iets speel; ~ *around with s.o.* met iem. flirt; ~ *away s.t.* iets verbeusel *(bv. die tyd)*; iets verkwis *(bv. geld)*; ~ *s.o. into believing s.t.* iem. iets wysmaak.

fooled *we had* HIM ~ HY het dit regtig geglo.

fool's errand *send s.o. on a* ~ ~ iem. vir die gek laat loop *of* ry.

fool's paradise *live in a* ~ ~ in 'n gekkeparadys leef/lewe, in illusies leef/lewe.

foot[1] [n.] *at the* ~ *of the ...* onderaan die— *(bv. bladsy)*; by die onderent/voetenent van die — *(bed)*; HE *puts* HIS *best* ~/*leg forward* HY sit SY beste beentjie/voet(jie) voor; *have a* ~ *in both camps* nie kant kies nie; *get or have a* ~ *in the door* 'n voet in die stiebeuel kry *of* hê; *go on* ~ loop, stap; *have one* ~ *in the grave* op die rand van die graf staan, een been/voet in die graf hê; *be light of* ~ ligvoet(ig)/rats wees; *... my* ~*!* §—se voet! ★; *on* ~ te voet; *put one's* ~ *down* § ferm optree; §ingryp; *put one's* ~ *in(to) it* § 'n flater begaan, 'n stel aftrap; HE *is quick of* ~ HY is rats (op SY bene/voete); *get off on the right* ~ 'n goeie begin maak; *set* ~ *in Africa* in Afrika voet aan wal sit; *I will not set* ~ *there again* ek sal my voete nie weer daar sit nie, jy kry my nie weer daar nie; *set s.t. on* ~ iets op tou sit, iets aan die gang sit; *without stirring a* ~ sonder om 'n voet te verroer; *tread under* ~ (met die voete) vertrap; *catch s.o. on the wrong* ~ iem. betrap, iem. onkant/onklaar/onverhoeds/onvoorbereid betrap/vang; *get/start off on the wrong* ~ uit die staanspoor mis trap, verkeerd begin; *not put a* ~ *wrong* geen (enkele) fout begaan/maak nie, geen (enkele) misstap doen nie, geen verkeerde stap doen nie, nêrens mistas nie. →**feet.**

foot[2] [v.] ~ *it* §voetslaan, loop, stap; skoffel★, dans.

foothold *get a* ~ vaste voet kry.

footing *on an equal* ~ op gelyke voet; *gain a* ~ vaste voet kry; *on a loose* ~ op losse skroewe; *miss one's* ~ mis trap; *regain one's* ~/*feet* weer op die been kom.

footloose ~ *and fancy-free* vry en ongebonde.

footsie *play* ~ *with s.o.*, *(lett.)* § met iem. voetjie-voetjie speel; *(fig.)* §skelmpies met iem. saamwerk.

footstep *dog s.o.'s* ~*s* iem. op die voet volg; *follow/tread in s.o.'s* ~*s* in iem. se voetspore stap, iem. se voetspore/voetstappe druk, in iem. se voetstappe tree; iem. se voetspoor volg.

for *be all* ~ *s.t.* heeltemal ten gunste van iets wees; *as* ~ *X* wat X betref; *be* ~ *s.t.* vir iets wees, ten gunste van iets wees; *if it hadn't been* ~ *...* as—nie daar was nie; *what is there* ~ *breakfast* or *dinner* or *lunch?* wat is daar te ete?; *but* ~ HIM, *except* ~ HIM, *if it had not been* ~ HIM, *if it wasn't* ~ HIM sonder HOM, sonder SY toedoen, as HY nie daar was nie, as HY nie gehelp het nie; ~ *(three) days* or *hours* or *minutes* or *months* or *weeks* or *years* (drie) dae *of* uur *of* minute *of* maande *of* weke *of* jaar lank; *not* ~ *days* or *weeks* or *months* or *years* in geen dae *of* weke *of* maande *of* jare nie; *s.o. is* ~ *s.t.* iem. is ten gunste van iets; iem. wil iets doen; *s.o. is* ~ *it* iem. is daarvoor, iem. is ten gunste daarvan; §iem. is aan die pen ⋆, iem. sal bars ⋆, iem. se doppie gaan klap ⋆; ~ *50 kilome=tres* 50 kilometer (ver); *it is not* ~ *s.o. to* ... iem. kan nie — nie; *now* ~ *a drink* (en) nou 'n drankie; *oh* ~ ...! as ek maar — gehad het!; *over to X* ~ *the news* nou sal X die nuus lees; ~ HIM *to have done it is impossible* HY kan dit onmoontlik gedoen het; ~ HIM *to say so, is* ... dat HY dit sê, is —; *it is* ~ HIM *to* ... dit berus by HOM om te —, HY moet besluit of —; dit is SY beurt om te —; *that's* ... ~ *you* so is — nou (maar) eenmaal; dis nou —!

forage ~ *for s.t.* iets soek.

foray *go on a* ~, *make a* ~ 'n strooptog onderneem/uitvoer; *s.o.'s* ~ *into s.t.* iem. se poging om aan iets mee te doen.

forbid ~ *s.o. to do s.t.* iem. belet/verbied om iets te doen.

forbidden *it is* ~ *to do s.t.* dit is verbode om iets te doen.

force¹ [n.] *add* ~ *to s.t.* krag by iets sit *(bv. 'n argu=ment); by (main)* ~ met geweld; *by* ~ *of* ... deur middel van —; uit krag van —; *come into* ~ in wer=king tree, van krag word; *be of **full*** ~ *and effect* ten volle van krag wees; *be in* ~ van krag wees, in werking wees; *in* ~, *(ook)* in groot getalle; *they are **joining*** ~*s (with one another)* hulle werk/span (met mekaar) saam, hulle reik mekaar die hand; *by **main*** ~ met geweld; *s.o. is a **major**/**powerful*** ~ *in* ... iem. het baie invloed in —, iem. is baie invloedryk in —; *put s.t. into* ~ iets in werking stel, iets van krag maak; *raise a* ~ 'n (krygs)mag op die been bring; *resort to* ~ geweld gebruik; *by **sheer*** ~ deur brute krag/ge=weld; *s.o. is a **spent*** ~ dis klaar met iem. ⋆ , iem. is uitgedien(d)/afgetakel, iem. se tyd is verby; *use* ~ geweld gebruik.

force² [v.] ~ *down s.t.* iets met geweld afsluk; iets grond toe dwing; ~ *s.t.* **on/upon** *s.o.* iets aan iem. opdwing; HE ~*s* HIMSELF **on/upon** *s.o.* HY dring HOM aan iem. op; ~ *open s.t.* iets oopbreek; ~ *out s.t.* iets uitstamp *(bv. 'n ruit)*; ~ *out s.o.* iem. uitboender; ~ *s.t. out of s.o.* iets van iem. afpers; ~ *s.t. or s.o. out of* ... iem. *of* iets uit — stoot; ~ *up s.t.* iets opdruk; iets opja(ag)/opdryf *(bv. die prys)*.

fore *be to the* ~ op die voorgrond wees; byderhand wees; *bring s.t. to the* ~ iets na vore bring, op iets wys, iets beklemtoon; *come to the* ~ na vore kom/tree, te voorskyn tree, op die voorgrond tree.

forecast *make a* ~ *about s.t.* 'n voorspelling oor iets doen.

foredoomed *be* ~ *to* ... tot — gedoem wees.

forefront *be in the* ~ vooraan wees; op die voorgrond wees, op die voorpunt wees, aan die spits wees; *in the* ~ *of the movement* in die voorste geledere van die beweging.

foreground *in the* ~ op die voorgrond.

foreign *s.t. is* ~ *to s.o.* iets is vreemd aan iem.

forest *a thick* ~ 'n digte bos.

forewarned ~ *is forearmed* (P) voorkennis maak voorsorg (P).

forfeit *declare s.t.* ~ iets verbeurd verklaar.

forge¹ [v.] ~ *and utter* vervals en uitgee.

forge² [v.] ~ *ahead* vorentoe beur, vooruitstreef/vooruitstrewe, vooruitkom, vooruitgaan.

forgery ~ *and uttering* vervalsing en uitgifte.

forget ~ *(about) s.t.* iets vergeet; van iets afsien, iets maar laat staan, iets uit die kop sit; ~ *all about it* die hele ding vergeet; *one is apt to* ~ *it* ('n) mens vergeet dit maklik/lig; *clean/completely* ~ *s.t.* iets skoon/heeltemal vergeet; HE ~*s* HIMSELF HY verloor SY self=beheersing; ~ *it!* niks daarvan nie!, sit dit uit jou kop!; dit is niks!, nie te danke!; *and don't you* ~ *it!* en onthou dit goed!; ~ *that* ... vergeet dat —; ~ *to* ... vergeet om te —.

forgetting *not* ~ *that* ... bygesê dat —.

forgive ~ HIM *for doing s.t.* HOM vergeef/vergewe dat HY iets gedoen het; ~ *s.o. s.t.* iem. iets vergeef/ver=gewe.

forgiveness *ask or beg s.o.'s* ~ iem. om vergif(fe)nis vra *of* smeek.

forgotten *s.o. has clean/completely* ~ *s.t.* iem. het iets heeltemal/skoon vergeet.

fork ~ *out/up s.t.* § iets opdok (geld, 'n bedrag) ⋆

form¹ [n.] *s.t. is bad* ~ iets is ongemanierd/onfyn; *complete a* ~ 'n vorm invul; *in due* ~ in behoorlike orde; *fill in/out/up a* ~ 'n vorm invul; *s.t. is good* ~ iets is goeie maniere, iets is fatsoenlik; *be in (good/great)* ~ in goeie kondisie wees; (goed) op stryk wees, op dreef wees; HE *is in (good/great)* ~, *(ook)* HY is op SY stukke; *in the* ~ *of* ... in die vorm/gedaante van —; *be off* ~, *be out of* ~ van stryk (af) wees, nie op dreef wees nie; *strike* ~ op stryk/slag kom; *s.t. takes* ~ iets neem vorm aan; *s.t. will take the* ~ *of a* ... iets sal 'n — wees; HE *is at the top of* HIS ~ HY is (so reg) op SY stukke; *run true to* ~ bestendig/konsekwent wees.

form² [v.] ~ *s.t. into* ... iets tot — vorm; ~ *up* aantree *(bv. soldate)*; ~ *up the platoon* die peloton laat aantree, die p. opstel.

former *the* ~ eersgenoemde *(van twee)*.

forrader *get no* ~ § nie vorder nie, nie vooruitkom nie.

fort *hold the* ~ na alles omsien *(bv. die huishouding, die kantoor)*.

forth *and so* ~ ensovoort(s), en so meer, en wat dies meer sy.

forties HE *is in* HIS ~ HY is in die veertig, HY is in SY veertigerjare; *it happened in the F*~ dit het in die veer=tigerjare gebeur, dit het in die jare veertig gebeur.

fortnight *today* ~ vandag oor veertien dae.

fortress *carry/seize a* ~ 'n vesting (in)neem, 'n v. in besit neem.

fortune *amass a* ~ 'n fortuin maak; *come into a* ~ 'n fortuin erf; *it costs a (small)* ~ §dit kos (amper) 'n

f.; ~ *favours s.o.* die geluk loop iem. agterna; ~ *fa=*
vours the bold/brave (P) wie waag, die wen (P); *good*
~ 'n geluk(slag); *it was s.o.'s good* ~ dit was iem. se
geluk; *have the good* ~ *to* ... gelukkig genoeg wees om
te —; *make a* ~ 'n fortuin maak; ~ *smiles on/upon*
s.o. die geluk lag iem. toe, die geluk begunstig iem.;
tell s.o.'s ~ iem se toekoms voorspel; § iem. roskam/
skrobbeer, iem. die les lees; *a turn of* ~'s *wheel* 'n
wending van die noodlot; *s.t. is worth a (small)* ~ §
iets is (amper) 'n fortuin werd.

forty →**forties.**

forward *from this day* ~ van vandag af (aan).

foul *s.t.* ~ *up* iets raak in die war *(bv. toue)*; ~ *up s.t.* §
iets verknoei.

foul play ~ ~ *is not suspected* geen misdaad word
vermoed nie.

found¹ [v.] ~ *s.t. on/upon* ... iets op — grond/baseer.
→**founded.**

found² [verl.dw.] *all* ~ alles inbegrepe/vry; *s.t. is to be*
~ *somewhere* iets is êrens te vind.

foundation *a firm/secure* ~ 'n vaste/hegte fonda=
ment; *lay a* ~ 'n fondament lê; *lay the* ~ *of s.t.* die
grondslag vir iets lê; *the report has no* ~, *the report is*
without ~ die berig is ongegrond, die berig is sonder
grond.

founded *it was* ~ *in 1910* dit is in 1910 gestig *(bv. 'n*
stad, 'n firma).

four *go on all* ~*s* kruip, hande-viervoet loop; *s.t. is on*
all ~*s with s.t. else* iets klop/strook met iets anders; *the*
cases are not on all ~*s* die gevalle is nie gelyk nie; *hit a*
~, *(kr.)* 'n vier(hou) slaan; *hit a bowler for* ~, *hit a* ~
off a bowler, (kr.) 'n vier teen/van 'n bouler slaan.

fowl *pull a* ~ 'n hoender pluk.

franchise *grant the* ~ *to* ... die stemreg aan — ver=
leen; *hold the* ~ *for s.t.* die agentskap *of* verspreidings=
reg vir iets hê; *universal* ~ algemene stemreg.

fraternise, =**ize** ~ *with s.o.* met iem. verbroeder.

fraught *be* ~ *with* ... vol — wees *(gevaar).*

fray¹ [n.] *be eager for the* ~ strydlustig wees; *be ready*
for the ~ strydvaardig wees.

fray² [v.] ~ *(out)* uitrafel.

frazzle *beat s.o. to a* ~ § iem. pap slaan; *be burnt to a* ~
§ verkool wees *(iets)*; § gaar gebrand wees *(van iem. in*
die son); *be worn to a* ~ § verslete wees; § uitgeput
wees.

freak ~ *out* § dwelmnagmerries kry; § rasend (opge=
wonde) raak; ~ *s.o. out* § iem. rasend (opgewonde)
maak.

free¹ [v.] ~ *s.o. from s.t.* iem. van iets bevry; HE ~*s*
HIMSELF *from s.t.* HY maak HOM van iets vry.

free² [adj. & adv.] *as* ~ *as air* so vry soos 'n voël in die
lug; *s.o. is* ~ *to do s.t.* iem. kan iets doen, dit staan iem.
vry om iets te doen; ~ *and easy* ongedwonge; on=
geërg; familiaar/familiêr; *feel* ~ *to do s.t.* die vrymoe=
digheid hê om iets te doen; *feel* ~ *to do it!* doen dit
gerus!; *be* ~ *from s.t.* van iets vry wees *(bv. siekte)*;
sonder iets wees *(bv. kommer)*; van iets ontslae wees;

get s.t. (for) ~ iets verniet/gratis kry; *go* ~ vrygelaat
word; vry rondloop; *get a day* ~ 'n dag vry kry; *make*
~ *with s.t.* met iets vryhede neem, iets op 'n ongeoor=
loofde manier gebruik; *set s.o.* ~ iem. vrystel/vrylaat,
iem. op vrye voete stel, iem. in vryheid stel; iem. be=
vry; *s.o. is* ~ *to* ... dit staan iem. vry om te —; *win* ~
loskom; *be* ~ *with s.t.* vrygewig met iets wees; kwistig
met iets wees.

freedom ~ *from s.t.* vryheid van iets; *they gained*
their ~ hulle het hul vryheid verkry/verwerf; *s.o. has*
the ~ *to do s.t.* dit staan iem. vry om iets te doen.

freeze ~ *in* vasys; ~ *off* afvries; ~ *on to* ... § aan —
vasklou; ~ *out s.o.* § iem. uitstoot/uitwerk; ~ *over*
toeys, toevries; ~ *up* verys; digvries; § koel/styf word
(iem.).

frenzy *in a* ~ *of* ... dol van — *(bv. blydskap)*; *in* 'n
vlaag van — *(bv. wanhoop)*; waansinnig van — *(bv.*
haat); *work an audience up to a* ~ 'n gehoor rasend
maak.

fresh *(as)* ~ *as a daisy* lekker uitgerus; lewendig; *as*
~ *as paint* vonkelnuut; *be/get* ~ *with s.o.* § parman=
tig wees teenoor iem.; § vrypostig wees teenoor iem.;
s.o. is ~ *from* ... iem. is pas terug van —; *keep* ~
goedhou; *perfectly* ~ neutvars.

freshen HE ~ *s up* HY fris HOM op; ~ *up s.t.* iets opfris.

fret¹ [n.] *be or get in a* ~ § angstig wees *of* word.

fret² [v.] ~ *and fume* kook van ergernis.

friend *be* ~*s* bevriend wees; *they are bad* ~*s* hulle is
kwaaivriende; *they are the best of* ~*s* hulle is die groot=
ste vriende; *have a* ~ *at court* 'n invloedryke vriend
hê; *they are fast/firm* ~*s* hulle is dik vriende, hulle is
baie bevriend; *gain/win* ~*s* vriende maak/wen; *be*
great ~*s* groot/dik vriende wees, groot maats wees;
an intimate ~ 'n boesemvriend, 'n intieme vriend;
HE *keeps* HIS ~*s* HY behou SY vriende; *kiss and be* ~*s*
'n rusie afsoen; *they made* ~*s* hulle het bevriend ge=
raak; *make* ~*s with s.o.* met iem. bevriend raak,
vriendskap met iem. aanknoop/sluit; HE *makes a* ~
of s.o. HY maak iem. tot SY vriend; *a* ~ *in need is a* ~
indeed (P) in die nood leer ('n) mens jou vriende ken
(P); *a* ~ *of* ... 'n vriend van —; *they parted* ~*s* hulle
het as (goeie) vriende uitmekaar gegaan; *see a* ~ 'n
vriend besoek/opsoek; *they are sworn* ~*s* hulle is boe=
semvriende; *win/gain* ~*s* →*gain/win.*

friendly *become* ~ *with s.o.* met iem. bevriend raak; *be*
~ *to s.o.* teenoor iem. vriendelik wees; *be* ~ *with s.o.*
vriendskaplik met iem. omgaan.

friendship *cultivate a* ~ kennismaking/vriendskap
soek; *extend* ~ *to s.o.* vriendskap aan iem. bewys; *a*
fast/firm ~ 'n hegte/troue vriendskap; *in* ~ uit
vriendskap.

fright *get a big* ~ groot skrik; *get/have a* ~ skrik; ~
give s.o. a ~ iem. skrikmaak; *be in a* ~ bang wees, in
die nood wees; HE *gets the* ~ *of* HIS *life* HY skrik HOM
dood; *look a* ~ § soos 'n voëlverskrikker lyk ⋆; HE
turns pale with ~ HY skrik HOM asvaal ⋆; *take* ~ *at s.t.*
vir iets skrik; vir iets bang word.

frighten ~ *away/off s.o.* iem. afskrik/wegja(ag)/ver=
wilder; *s.o.* or *s.t.* ~*s* HIM *to death* iem. *of* iets laat HOM
HOM doodskrik; ~ HIM *out of* HIS *senses/wits* HOM die
doodskrik op die lyf ja(ag).

frightened *be badly* ~ baie bang wees; *be* ~ *by* ...
vir — skrik; *s.o. is not easily* ~ iem. skrik nie vir koue
pampoen nie ★; *be* ~ *of* ... vir — bang wees; HE *was* ~
out of HIS *senses/wits* HY het HOM (boeg)lam/kapot★
geskrik.

frill ~*s and furbelows* tierlantyntjies.

fringe *the lunatic* ~ die mal randeiers; *on the* ~ *(s) of*
... aan die rand van —.

fringed ~ *with* ... met fraiings van —; met — om=
ring/omsoom.

fritter ~ *away s.t.* iets verspil; iets verbeusel *(bv. die
tyd)*.

frog *the* ~ *croaks* die padda kwaak; *have a* ~ *in one's/
the throat* § 'n padda in die keel hê ★, hees praat/wees.

from *as* ~ ... met ingang van —, ingaande op — *('n
datum)*; *ten* **kilometres** ~ *the end* tien kilometer van
die end/einde af; *ten* **kilometres** ~ *town* tien kilome=
ter uit die dorp; ~ **London/etc.** uit/van Londen/ens.;
five **metres** ~ *each other* vyf meter uit mekaar; ~
Mother to John van Ma aan Jan; *decrease* or *increase
from* ... *to* ... van — tot — verminder *of* vermeerder;
van — tot — daal *of* styg; van — tot — afneem *of* toe=
neem; ~ *here* **to** *there* van hier tot daar; *work from nine
to five (o'clock)* van nege(-uur) tot vyf(uur) werk; ~
the **Transvaal** van Transvaal af; uit Transvaal;
travel ~ *the Cape to the Transvaal* van die Kaap af na
Transvaal reis.

front¹ [n.] *at the* ~ aan die voorkant; *(mil.)* aan die
front; HE *puts on a* **bold/brave** ~ HY hou HOM moe=
dig; *change* ~ van standpunt verander, omslaan, om=
swaai, draai; *a* **change** *of* ~ 'n omswaai, 'n verande=
ring van standpunt; *be a* ~ *for s.t.* as dekmantel vir iets
dien; *go to the* ~ vorentoe gaan; *(mil.)* na die front
gaan; *be in* ~ voor wees, op die voorpunt wees; *be right
in* ~ heel voor wees; *in* ~ *of the church/etc.* voor die
kerk/ens.; *do s.t. in* ~ *of s.o.* iets voor iem. doen; *in the*
~ *of* ... voorin — *(bv. 'n motor)*; HE *looks in* ~ *of* HIM
HY kyk voor HOM; *right in* ~ heel voor; *turn to the* ~,
(mil.) front maak; *a* **united** ~ 'n aaneengeslote/ver=
enigde front; *up* ~ voor; vooruit; *go* **up** ~ vorentoe
gaan; *on a* **wide** ~ aan/oor 'n breë front.

front² [v.] *the house* ~*s on/onto/towards/upon* ... die
huis kyk/sien op — uit.

frost *be covered with* ~ wit geryp wees; *2 degrees of*
~ 2 grade onder (die) vriespunt; *a* **heavy/severe** ~
strawwe/skerp ryp; *be killed by* ~ doodryp; *a* **killing**
~ kwaai ryp.

frosted *be* ~ *over* toegeys wees.

frown ~ *at s.o.* vir iem. frons; ~ *on/upon s.t.* iets
afkeur.

frozen *s.o. is* ~ *to the bone/marrow* iem. verkluim,
iem. is (totaal) verkluim; ~ *in/up* vasgeys; ~ *over*
toegeys.

fruit *bear* ~ vrugte dra; *the* **bitter** ~*s of* ... die wran=
ge vrugte van —; *forbidden* ~ verbode vrugte; *the* ~*s
of s.o.'s* **labour** die vrugte van iem. se arbeid; *reap the*
~*s* die vrugte pluk; die gevolge dra; *a* **tree** *is known by
its* ~ (P) aan die vrugte ken ('n) mens die boom (P).

fruition *bring s.t. to* ~ iets verwerklik; *s.t. comes to* ~
iets word verwerklik.

fry *be small* ~ van min(der) belang wees; *the small* ~
die kleinspan.

frying-pan *out of the* ~ *into the fire* van die wal in die
sloot.

fuel *add* ~ *to the fire/flames* olie op die vuur gooi; *the
car is heavy on* ~ die motor gebruik baie brandstof.

fugitive *a* ~ *from justice, a* ~ *from the law/police* 'n
voortvlugtige.

full¹ [n.] *the moon is at the* ~ die maan is vol; *in* ~ ten
volle, volledig, in sy geheel; voluit; *to the* ~ ten volle,
voluit, geheel en al; HE *lives to the* ~ HY leef/lewe HOM
uit.

full² [adj. & adv.] ~ *to the* **brim** boorde(ns)vol; *be* ~
of water/etc. vol water/ens. wees; *be* ~ *of s.t., (ook)* vol
van iets wees *(bv. die nuus, 'n onderwerp)*; HE *is* ~ *of
HIMSELF* HY verbeel HOM (nogal) wat; ~ *out* met alle
mag/krag; *s.o. goes* ~ *out* iem. haal alles uit ★; *be* ~ *to
overflowing* tot oorlopens toe vol wees, oorvol wees
(bv. 'n bad, 'n glas); kant en wal lê *(bv. 'n dam)*; *be* ~
up heeltemal beset/vol wees; §§ dik★/versadig wees.

fulminate ~ *against* ... teen — uitvaar.

fumble ~ *for s.t.* na iets soek/tas.

fume ~ *at s.t.* briesend wees oor iets.

fun *for* ~, *just for the* ~ *of it* (net) vir die aardigheid/
grap; HE'*s not doing it for the* ~ *of it* HY doen dit nie vir
SY plesier nie; ~ *and* **games** pret en jolyt; **great** ~,
lots *of* ~ baie pret; *have* ~ pret hê/maak; *do s.t. in* ~
iets vir die aardigheid/grap doen; *s.o. is* ~ iem. is ver=
maaklik, iem. is goeie geselskap; *it is* ~ *to* ... dit is
prettig om te —; *join in the* ~ saam pret maak; *make*
~ *of s.o., poke* ~ *at s.o.* met iem. die gek skeer, met
iem. gekskeer/spot, met iem. die spot dryf, iem. be=
spot, met iem. die draak steek, iem. vir die gek hou; *it's
no* ~ *working on the night-shift* § dis nie 'n grap om
nagskof te werk nie ★; *have* **rare** ~ die grootste pret
hê; *now we'll see some* ~ §nou gaan die poppe dans ★;
that **sounds** *like* ~ dit klink goed; *spoil the* ~ die
pret bederf.

function¹ [n.] *in* HIS ~ *as* ... in SY hoedanigheid as —;
perform a ~ 'n funksie uitoefen/waarneem; 'n amp
vervul.

function² [v.] ~ *as* ... as — fungeer/dien/optree.

fundamental¹ [n.] *get down to* ~*s* tot op die bodem
kom.

fundamental² [adj.] *be* ~ *to s.t.* aan iets ten grond=
slag lê.

funds *be in* ~ genoeg geld hê; hard van die geld
wees ★; *a* **lack/shortage** *of* ~ 'n gebrek aan geld/
kontant/middele; *be pressed for* ~, *be short of* ~
knap van geld wees, in geldnood wees, geld kort(kom);

raise ~ geld insamel; *strengthen the* ~ die fondse/
kas styf; *s.t.* **swells** *the* ~ iets styf die fondse/kas.
funeral *at a* ~ by/op 'n begrafnis; *that is HIS* ~ § dit
is SY probleem/saak.
funk *s.o. is in a (blue)* ~ § iem. se broekspype beef/be=
we ★, iem. sit dodelik in die knyp, iem. is doodsbang/
beangs.
funnily ~/*curiously enough* merkwaardigerwys(e).
funny *it is excruciatingly/screamingly* ~ dit is
om jou dood/slap te lag, dit is allersnaaks/skree(u)=
snaaks; *feel* ~ § aardig voel; **something** ~ *is going on*
§ iets is nie pluis nie; *are you* **trying** *to be* ~? probeer jy
'n grap maak?; *be too* ~ *for* **words** skree(u)snaaks
wees.
fur¹ [n.] *the* ~ *is flying* § die hare waai ★, die poppe
dans ★; *make the* ~ *fly* § die hare laat waai ★, die poppe
laat dans ★
fur² [v.] ~ *up* aanpak. →**furred.**
furious *be* ~ *with s.o.* vir iem. woedend (kwaad) wees,
vir iem. die hoenders in wees ★
furlough *be on* ~ met verlof wees.
furnished *be* ~ *with* ... met — gemeubileer wees;
van — voorsien wees.
furniture *a piece of* ~ 'n meubelstuk.
furore *cause/create a* ~ dawerende sukses behaal; 'n
opskudding veroorsaak.
furred *be* ~ *up* aangepak wees *(bv. 'n ketel, 'n tong)*.
furrow *plough a lonely* ~ eensaam deur die lewe gaan;

alleen staan/loop, 'n alleenloper wees, op eie houtjie te
werk gaan.
further ~ *and* ~ al hoe verder/vêrder; **anything** ~?
nog iets?; ~ *from* ... verder/vêrder van —; *no* ~ niks
verder/vêrder nie; ~ *on* verder/vêrder; later; vervol=
gens; ~ *to* ... met verwysing na —.
furtherance *for the* ~ *of* ..., *in* ~ *of* ... ter bevorde=
ring van —.
fury *fly into a* ~ woedend word; *in a* ~ woedend; *work
like* ~ § werk dat dit gons/klap/kraak ★
fuse *blow a* ~ 'n sekering laat uitbrand; § (SY) selfbe=
heersing verloor; *the* ~ *has/is blown* die sekering is uit=
gebrand; *time a* ~ 'n lont reël/stel.
fuss¹ [n.] *kick up a* ~ *about s.t.*, *make a* ~ *about/over*
s.t. § 'n herrie oor iets maak/opskop ★, drukte/lawaai
maak oor iets; *make a* ~ *of/over s.o.* 'n ophef van iem.
maak.
fuss² [v.] ~ *about* rondpeuter; ~ *over* ... 'n ophef van
— maak.
future *a* **bright** ~ 'n rooskleurige toekoms; *a* **dark** ~
'n duister toekoms; *in the* **distant** ~ in die verre t.; *in*
the **foreseeable** ~ binne afsienbare tyd; **have** *a* ~ 'n
toekoms hê, goeie vooruitsigte hê; *in the* **immediate**
~ in die naaste t.; *in* ~ voortaan, in die vervolg, van
nou af; *in the* ~ in die toekoms; *in the* **near** ~ in die
nabye t.; *there's* **no** ~ *in it* dit het geen t. nie; **read** *the*
~, **see** *into the* ~ die t. voorspel, in die t. sien; HE
stakes HIS ~ *on s.t.* HY waag SY t. aan iets.

G

gab *have the gift of the* ~ §glad wees met die mond, 'n gladde mond hê.

gad¹ [v.] ~ *about/around* rondjakker, rondrits, rinkink.

gad² [tw.] *by* ~*!* § wil jy glo!, wraggies/wragtie!★

gaff *blow the* ~ § die aap uit die mou laat, klik, die geheim verklap; *blow the* ~ *on s.o.* § iem. verklik/verraai.

gaffe *make a* ~ 'n blaps/flater maak.

gaga *go* ~ § besimpeld raak.

gain¹ [n.] *s.o.'s* **ill-gotten** ~*s* iem. se onregmatige winste; *a* ~ *in* ... 'n toename in —; *not for* ~ sonder winsbejag/winsmotief/winsoogmerk; *for* **personal** ~ vir eie gewin.

gain² [v.] *HE* ~*s nothing* **by** *it* dit bring vir HOM niks in die sak nie; HY wen niks daardeur/daarmee nie, HY bereik niks daarmee nie; *what does HE* ~ *by that?* wat bereik HY daarmee?, wat wen HY daardeur/daarmee?; ~ *in* ... aan — wen; in — toeneem; ~ *on/upon s.o.* iem. begin inhaal; 'n voorsprong op iem. behaal/kry; *HE* **stands** *to* ~ *by it* HY kan wins daarvan verwag.

gall *have the* ~ *to* ... § die vermetelheid hê om te —; ~ *and wormwood* gal en alsem.

gallantry *conspicuous* ~ uitnemende dapperheid.

gallery *play to the* ~ na die massa vry, die menigte na die mond praat, gewildheid/popiulariteit soek.

gallon *a* ~ *of water/etc.* 'n gelling/gallon water/ens.

gallop¹ [n.] *at a* ~ op 'n galop, in galop; *strike into a* ~ begin galop.

gallop² [v.] ~ *through s.t.* deur iets ja(ag).

gallows *die on the* ~ aan die galg sterf.

gamble ~ *away s.t.* iets verspeel; ~ *on s.t.* op iets reken, op iets spekuleer.

gambler *a confirmed* ~ 'n verstokte dobbelaar.

gambling *take to* ~ aan die dobbel raak.

game¹ [n.] *play a* **double** ~ vals speel; dubbelhartig handel; *the* ~ *is not worth the* **candle** § die kool is die sous nie werd nie; *draw a* ~ gelykop speel; *fair* ~ geoorloofde wild; *that is* **forbidden** ~ dit is verbode wild; hou jou hande daarvan af ★; *give the* ~/*show away* § die aap uit die mou laat, met die (hele) mandjie patats uitkom ★, die geheim uitblaker/uitlap/verklap; *have a* **good** ~ lekker speel; goed speel; *have a* ~ 'n potjie speel; *it is all* **in** *the* ~ , *it is (all)* **part** *of the* ~ § dit hoort daarby; *still be* **in** *the* ~ nog 'n kans hê om te wen, nog kan wen; *so that is HIS* **little** ~*!* dan is dit SY plannetjie!; *lose the* ~ die wedstryd verloor; die pot verteer; *play a* **losing** ~ aan die verloorkant wees, geen kans hê om te wen nie; *make a* ~ *of it* die spel speel; *make* ~ *of s.o.* met iem. die gek skeer; *none of your* ~*s!* moenie streke (probeer) uithaal nie!; *that is*

not *the* ~ dit is nie billik *of* eerlik nie; *be* **off** *one's* ~ van stryk wees; *be* **on** *one's* ~ op stryk wees; *the* ~ *is* **on** die spel het begin; die wedstryd sal plaasvind; *it is (all)* **part** *of the* ~ , *it is all* **in** *the* ~ →**in**; *play the* ~ eerlik speel; eerlik/reg handel/optree; *play the* ~*!* moenie kierang nie!; *not* **play** *the* ~ nie mooi/reg maak nie, nie reg handel/optree nie; *two can* **play** *at that* ~ daardie speletjie kan ek ook speel; *play s.o.'s* ~ in iem. se kaarte speel; *raise* ~ wild opja(ag); *throw a* ~ § 'n wedstryd (opsetlik) weggooi ★; *the* ~ *is* **up** die saak is verlore, dis 'n verlore saak; dis klaar (met HOM) ★, SY doppie het geklap ★; *a* **vital** ~ 'n beslissende/deurslaggewende wedstryd; *HE plays a* **waiting** ~ HY kyk die kat uit die boom, HY wag SY kans af; *what is HIS* ~*?* wat voer HY in die skild?, watse plannetjies is dit met HOM?

game² [adj.] *be* ~ *for s.t.* vir iets te vinde wees, vir iets kans sien.

gamut *run the (whole)* ~ *of* ... alle moontlike — deurloop/deurmaak/ens.

gander *have/take a* ~ § ('n) bietjie kyk/loer.

gang ~ *up against/on s.o.* teen iem. saamspan.

gangway ~ *please!* gee pad (voor) asseblief!

gaol →**jail**.

gap *bridge/close a* ~ 'n gaping oorbrug; *fill a* ~ 'n leemte aanvul, in 'n leemte voorsien; *stop a* ~ 'n gat stop/vul; *take a* or *the* ~ § deur 'n *of* die gaping skiet ★

gape ~ *at s.o.* or *s.t.* iem. *of* iets aangaap; ~ *open* gaap, oop staan.

garden *everything in the* ~ *is lovely* alles is rooskleurig.

garden path *lead s.o. up the* ~ ~ § iem. om die bos lei.

garnish ~ *s.t. with* ... iets met — versier.

gas *s.o. steps on the* ~ § iem. gee vet ★; *step on the* ~*!* gee vet! ★

gasket *HE blew a* ~, *(lett.)* SY motor se pakstuk het deurgeblaas; *(fig.)* § HY het ontplof (van woede).

gasp¹ [n.] *give a* ~ hyg, snak; *HIS last* ~ SY laaste asemtog.

gasp² [v.] ~ *at s.t.* oor iets verstom staan; ~ *for breath* na asem snak; *make s.o.* ~ iem. se asem laat wegslaan; ~ *out s.t.* iets met moeite uitbring.

gatepost *between you and me and the* ~ § onder ons meisies ★

Gath *tell it not in* ~ verkondig/vertel dit nie in Gat nie.

gather *as far as I can* ~ so ver/vêr ek kan nagaan; *HE* ~*s HIMSELF for the jump* HY maak HOM klaar om te spring; ~ *from* ... *that* ... uit — aflei/opmaak dat —; ~ *in s.t.* iets inoes; *HE* ~*s HIMSELF to* ... HY maak HOM klaar om te —; ~ *round* ... om — saamkom; ~

together s.t. iets vergaar/versamel; ~ *up* s.t. iets op=
tel; iets optrek; iets bymekaarmaak.

gauntlet¹ [n.] *pick/take up the* ~ die uitdaging aan=
vaar; *throw down the* ~ *to* s.o. iem. uitdaag.

gauntlet² [n.] *run the* ~ (onder die aapstert) deur=
loop, die spitsroede loop.

gawk ~ *at* s.o. or s.t. iem. *of* iets aangaap.

gay *go* ~ vrolik word; § homoseksueel gaan leef/lewe.

gaze ~ *(fixedly) at* ... strak/stip na — kyk, — aan=
staar; ~ *on/upon* ... — aanskou.

gear¹ [n.] *change* ~*(s)*, *shift* ~*s* ratte wissel/verstel,
oorskakel, verrat; *in* ~ in rat; *out of* ~ uit rat; *put/*
throw a car into ~ 'n motor se rat inskakel; *throw* a
car out of ~ 'n motor se rat uitskakel/losskakel; *throw*
s.t. out of ~ iets in die war stuur; *in top* ~ in die
hoogste versnelling.

gear² [v.] ~ *down* afrat, (na 'n laer versnelling) terug=
skakel; ~ *up* oprat, (na 'n hoër versnelling) opskakel.

geared *be* ~ *to* ... *by* — aangepas/ingeskakel wees; *be*
~ *up* gereed wees.

gearing HE *is* ~ *up for* ... HY maak HOM vir — gereed.

gee ~ *up!* hup!

geese *all* HIS ~ *are* *swans* HY sien SY uile vir valke
aan, SY eie goed is altyd beter as 'n ander s'n.

gem *set a* ~ 'n steen monteer/set.

gen¹ [n.] *give* s.o. *the* ~ *about/on* s.t. § iem. van inlig=
ting oor iets voorsien.

gen² [v.] ~ *up about/on* s.t. § inligting oor iets inwin;
~ s.o. *up about/on* s.t. § iem. van inligting oor iets
voorsien.

general *in* ~ oor/in die algemeen, oor die geheel.

genius *an evil* ~ 'n bose gees; *have a* ~ *for* ... 'n
besondere gawe vir — hê; die gawe hê om te —; *a*
stroke of ~ 'n geniale set.

gentleman *you're a fine* ~! § jy is 'n mooi meneer! ★

George *by* ~! § wraggies/wragtie! ★, by my kool! ★

gesture *an empty* ~ 'n holle gebaar; *make a* ~ 'n
gebaar maak.

get s.o. ~*s about* iem. kom van plek tot plek; iem.
(kan) loop; iem. reis heelwat rond; s.t. ~*s about* iets
word rugbaar; HE ~*s above* HIMSELF HY matig HOM
te veel aan; HY hou HOM slimmer *of* vernamer as wat HY
is; ~ *abreast of* ... naas/langs/teenoor — kom; op
dieselfde vlak as — kom; op die hoogte van — kom; s.t.
~*s abroad* iets word rugbaar; ~ *across* s.t. oor iets
(heen) kom; ~ s.t. *across to* s.o. iets by iem. ingang
laat vind, iem. iets aan die verstand bring; ~ s.t.
afloat iets vlot maak/kry *(bv. 'n boot)*; ~ *after* s.o.
iem. agtervolg, agter iem. ja(ag), agter iem. in wees; ~
ahead voor kom; vooruitgaan, vooruitboer; ~ *ahead*
of s.o. iem. agterlaat; ~ *along* vooruitkom, oor die
weg kom; ~ *along!* § loop!, maak dat jy wegkom! ★;
they don't ~ *along/on* hulle stryk nie, hulle kom nie
goed klaar nie; ~ *along/on with* s.o. met iem. oor die
weg kom, goed met iem. klaarkom; ~ *along/on fa-*
mously with s.o. lekker met iem. oor die weg kom; ~
along (with you)! § ag loop! ★, loop jy! ★, jou voet! ★,

nou praat jy kaf! ★; ~ *along without* s.t. sonder iets
klaarkom; s.o. ~*s around* iem. gaan baie rond; s.t. ~*s*
around iets raak bekend; s.o. ~*s around/round* *to*
s.t. iem. kom by iets, iem. kan aandag aan iets gee; HE
could not ~ *around/round to it, (ook)* HY kon nie SY
draai kry nie ★; ~ *at* s.o. iem. in die hande kry; § iem. te
lyf gaan; § iem. pla/terg, iem. vir die gek hou; § iem.
oorhaal/omkoop; ~ *at* s.t. iets bykom; iets in die han=
de kry; ~ *away* wegkom; ontsnap, wegkom; vry=
spring; s.o. *could not* ~ *away* iem. is verhinder om te
gaan *of* kom; ~ *away* s.t. iets wegkry; ~ *away!* §
maak dat jy wegkom! ★, weg is jy! ★, loop!, trap! ★; ~
away from it all 'n slag behoorlik wegbreek; ~ *away*
with s.t. iets wegdra; iets regkry, met iets deurglip; HE
~*s away with it* HY bly ongestraf/skotvry; ~ *away*
with murder →**murder;** ~ *back* terugkom; ~ *back*
s.t. iets terugkry; ~ *back at* s.o. § op iem. (weer)wraak
neem; ~ *behind* s.t. agter iets gaan staan/wegkruip;
vasstel wat agter iets sit/skuil/steek; ~ *behind* s.o.
iem. steun; ~ *behind with* s.t. met iets agterraak; ~
by verbykom; die toets deurstaan; ~ *by with* s.t. met
iets deurkom/klaarkom; ~ *clear* los raak; ~ *down*
afklim; onder kom; ~ *down* s.t. iets afhaal; iets onder
kry; iets neerskryf/neerskrywe, iets op papier kry; iets
inkry *(kos, drank)*; s.t. ~*s* s.o. *down* iets maak iem.
neerslagtig, iets druk iem. terneer; iets maak iem. moe=
deloos, iets ontmoedig iem.; ~ *down to it* aan die werk
spring; ~ *down to doing* s.t. iets begin doen; ~ *even*
with s.o. met iem. afreken, iem. met dieselfde/gelyke
munt betaal; *play hard to* ~ teenstribbel, teëstribbel;
I'll ~ `HIM § ek sal HOM kry ★; ~ *in* inkom; inklim,
instap; verkies word; ~ *in* s.t. iets inkry; iets insamel
(bv. die oes); ~ *in* s.o. iem. laat kom; ~ *one's eye or*
hand in gewoond raak, op stryk kom; ~ *in a blow* gou
'n hou plant; ~ *in on* s.t. § by iets betrokke raak; ~ *in*
with s.o. § op goeie voet met iem. kom; ~ *into* s.t. in
iets kom; in iets klim *(bv. 'n motor)*; iets aantrek *(kle-*
re); in iets kom/beland *(bv. die moeilikheid)*; in iets
betrokke raak; ~ s.o. *into trouble* iem. in die moeilik=
heid bring; s.o. ~*s it* § iem. snap dit; iem. loop deur,
iem. word berispe *of* gestraf; *it* ~*s me when* ... § ek
vererg my so wanneer —; ~ *off* afklim; ontsnap; vry=
kom; afkry, vry kry; wegspring; ~ *off* s.t. van iets af=
klim; van iets loskom; iets afkry; ~ *off lightly* lig daar=
van afkom; ~ *off unscathed* heelhuids daarvan afkom;
tell HIM *where* HE ~*s off* § HOM op SY plek sit; § HOM sê
om HOM met SY eie sake te bemoei; ~ *off with* s.o. § 'n
(liefdes)verhouding met iem. aanknoop; ~ *off with a*
caution met 'n waarskuwing daarvan afkom; ~ *on* op=
klim; vooruitgaan, vorder; vooruitkom; ~ *on (in*
years) ouer word; ~ s.t. *on* s.o. § iets teen iem. te wete
kom; ~ *on to* s.t. § iets agterkom; ~ *on to* s.o. § met
iem. in verbinding tree; § van iem. (se bestaan/teen=
woordigheid) bewus word; ~ *on with* s.t. met iets vor=
der; *let* s.o. ~ *on with* s.t. iem. toelaat om iets te doen;
~ *on/along with* s.o. →**along/on;** ~ *on without* s.t.
sonder iets klaarkom; ~ *out* uitkom; uitklim; uitlek,

rugbaar word; ~ *out s.t.* iets uithaal; iets uitkry; iets uiter *(woorde, 'n geluid)*; iets uitgee/uitreik *(bv. 'n publikasie)*; ~ *out (of here)!* §maak dat jy wegkom! ⋆, trap!⋆, weg hier! ⋆; ~ *out of s.t.* uit iets klim *(bv. die bad, 'n motor)*; aan iets ontsnap; HE ~*s* **out** *of it, (ook)* HY wikkel HOM daaruit los; ~ *s.t.* **out** *of s.o.* iets uit iem. kry; *be* **out** *to* ~ *s.o.* agter iem. in wees; ~ **over** *s.t.* oor iets kom; oor iets klim; iets te bowe kom *(bv. 'n moeilikheid)*; iets oorwin *(bv. senuweeagtigheid)*; van iets herstel *(bv. siekte, 'n skok)*; berusting vind; HE *can't* ~ **over** *the man's bad behaviour yet* HY kan die man se slegte gedrag nog nie begryp nie; ~ *s.t.* **over** iets inhamer, iets ingang laat vind; ~ *it* **over** *with* dit agter die rug kry; ~ **past** *s.t.* by iets verbykom; ~ **rid** *of* ... van — ontslae raak; ~ *s.t.* **right** iets reg doen; iets reg begryp/verstaan; ~ *s.o.* **right** iem. reg begryp/ verstaan; ~ **round** *s.t.* om iets kom; by iets verbykom; iets omseil; ~ **round** *s.o.* § iem. ompraat; *s.o.* ~*s* **round|around** *to s.t.* →*around|round;* HE *could not* ~ **round|around** *to it* →*around|round;* ~ **there** daar aankom; §dit haal; §slaag, die doel bereik; § dit snap; ~ **through** deurkom *(ook telef.)*; ~ **through** *s.t.* iets klaarkry *(bv. werk)*; iets (op)ge= bruik; ~ *s.t.* **through** iets deurkry *(ook 'n wetsont= werp)*; ~ **through** *to s.o., (ook)* iem. iets aan die ver= stand bring; ~ **through** *with s.t.* iets klaarkry; ~ *to* ... *by* — (uit)kom; — bereik; *s.t.* ~*s to s.o.* §iets gryp iem. aan; §iets het 'n uitwerking op iem.; ~ *to* **do** *s.t.* 'n kans kry om iets te doen; ~ *s.o.* **to do** *s.t.* iem. iets laat doen; iem. beweeg/oorhaal om iets te doen; ~ *to= gether* saamkom, byeenkom; ~ *together* **people** or *things* mense of dinge byeenbring; ~ *it* **together** §dit regkry; ~ **under** *s.t.* onder iets inkom; ~ **up** opstaan; ~ **up** *s.t.* op iets kom; teen iets uitkom *(bv. 'n berg)*; iets *(êrens)* opkry; iets bo kry; iets regop kry; iets maak; iets reël/organiseer; ~ **up** *s.o.* iem. laat opstaan; ~ **up** *to s.t.* §iets aanvang; ~ **up** *with s.o.* iem. inhaal; ~ **well** beter/gesond word; ~ **well** *soon!* spoedige/ goeie/alle beterskap!; **where** *did you* ~ *that?* waar kom jy daaraan?; ~ *s.t.* **wrong** iets verkeerd begryp; iets glad mis hê; ~ *s.o.* **wrong** iem. verkeerd begryp/ verstaan; *don't* ~ *me* **wrong** moenie my verkeerd ver= staan nie; *you* ~ ... *there* ('n) mens kry — daar.

getaway *make a* ~ ontsnap.

getting *what s.o. is* ~ *at* wat iem. wil sê; *there is no* ~ *away from it* dit is nou (maar) eenmaal so; ('n) mens kan dit nie wegredeneer nie; *it is* ~ **dark|etc.** dit word donker/ens.; *how are you* ~ *on?* hoe gaan dit met jou?; hoe vorder jy?; *s.o. is* ~ *on for sixty|etc.* iem. staan sestig/ens. se kant toe ⋆; *it is* ~ *on for two|etc. o'clock* dit gaan (na) twee-uur/ens. se kant toe ⋆, dit is naby twee-uur/ens.

ghost *give|yield up the* ~ die gees gee; *lay a* ~ 'n gees besweer; *not a* ~ *of a chance|etc.* nie die gering= ste/minste kans/ens. nie; *raise a* ~ 'n gees oproep; HE *is a* ~ *of* HIS *former* **self** HY is 'n skadu(wee) van wat HY was.

giddy *s.o. feels* ~ iem. se kop draai; *grow* ~ duisel, duiselig word.

gift *have a* ~ *for* ... 'n aanleg vir — hê; *have s.t. in one's* ~ iets te gee hê, oor iets beskik; *make s.o. a* ~ *of s.t.* iets aan iem. skenk.

giggle *do s.t. for a* ~ §iets vir die grap/pret doen; *have the* ~*s* die lagsiekte hê.

gill *go white about the* ~*s* wit word van die skrik.

gilt *the* ~ *is off the gingerbread* §die aardigheid is daar= van af.

ginger ~ *up s.t.* iets verlewendig; ~ *up s.o.* iem. opkikker.

gird HE ~*s* HIMSELF *(up) for the fight* HY gord HOM vir die stryd aan; ~ *on s.t.* iets aangord *(bv. 'n swaard)*. →**girt.**

girl *a chit/slip of a* ~ 'n klein of jong of skraal meisie= tjie; *a plain* ~ 'n onaansienlike meisie, 'n vaal (ou) meisietjie; *a sweet* ~ 'n liewe meisie.

girt ~ *with* ... deur/met — omring.

give ~ *away* ... — weggee; — afgee *(die bruid)*; — uitdeel *(pryse)*; — uitlap/verraai/verklap/verklik *(ge= heime)*; HE ~*s* HIMSELF *away* HY verraai HOMSELF, HY laat die aap uit die mou; ~ *s.t.* **back** *to s.o.* iets aan iem. teruggee; ~ *forth s.t.* iets afgee; iets uit(er); iets uit= strooi; HE ~*s as* HE *gets* HY staan SY man; ~ *it* HIM! § dons HOM op! ⋆, klim HOM in! ⋆, peper HOM goed! ⋆; ~ *in* opgee, kopgee, tou opgooi; ~ *in s.t.* indien/inlewer; ~ *off s.t.* iets afgee *(bv. rook, 'n reuk)*; ~ *on to* ... op — uitkom/uitloop; op — uitsien; ~ *out* beswyk, dit opgee; opraak *(bv. suiker, water)*; opdroog *(water)*; ~ *out s.t.* iets uitgee, iets bekend maak; iets afgee/uitstraal; iets uitdeel; ~ *out s.o., (kr.)* iem. uit= wys; HE ~*s* HIMSELF *out as* ... HY gee HOM vir — uit, HY gaan vir — deur; ~ *s.t.* **over** *to s.o.* iets aan iem. oorhandig; ~ *and* **take** gee en neem; ~ *or* **take** *a hun= dred|etc.* §honderd/ens. meer of minder; ~ *s.t.* **to** *s.o.* iets aan/vir iem. gee; ~ *up* (dit) opgee; ~ *up s.t.* iets afgee; iets afstaan; iets afskaf; iets laat staan/vaar, van iets afsien; ~ *up on s.o.* §geen hoop vir iem. hê nie; HE ~*s* HIMSELF *up to* ... HY gee HOM aan — oor; *what* ~*s?* §wat is aan die gang?; *I will* ~ HIM *that, (lett.)* ek sal dit aan HOM gee; *(fig.)* ek gee HOM dit ter ere na.

giveaway *s.t. is a dead* ~ § iets verraai alles.

given *be* ~ *over to* ... aan — verslaaf wees; *be* ~ *to* ... tot — geneig wees; *it was not* ~ *to* HIM *to* ... dit was nie vir HOM beskore/weggelê om te — nie; *be* ~ *up for dead* vir dood aangesien word, dood gewaan word.

gizzard *it sticks in* HIS ~ § dit steek HOM (dwars) in die krop, HY kan dit nie kleinkry/verkrop nie.

glad *be* ~ *of s.t.* oor iets bly wees; *be right* ~ regtig bly wees; *I shall be* ~ *to do it* ek sal dit graag doen, ek sal dit met genoeë doen.

glance[1] [n.] *at a* ~ met een oogopslag; *dart a* ~ *at* ... 'n blik op — skiet/werp; *at first* ~ op die eerste gesig; *a quick|transient* ~ 'n vlugtige blik; *steal a* ~ *at* ... skelmpies/steels na — kyk.

glance[2] [v.] ~ *at* ... 'n blik op — werp; vlugtig na —

kyk, na — loer; — sydelings aankyk; — deurblaai *(bv. 'n boek); ~ **off** (s.t.)* (van iets) afskram; *~ **over**/ **through** s.t.* iets vlugtig deurkyk; *~ **round*** vlugtig rondkyk.

glare *~ at s.o.* iem. kwaad/woedend aankyk/aanstaar.

glass[1] [n.] *clink/touch ~es* glase klink; *drain/ empty a ~* 'n glas uitdrink; *a ~ of water/etc.* 'n glas water/ens.; *two ~es of water/etc.* twee glase water/ens.; *over a ~ of wine* by 'n glas(ie) wyn; *a pair of ~es* 'n bril; *raise a ~ to s.o.* op iem. (se gesondheid) drink; *a tall ~* 'n lang glas; *under ~* onder glas; agter glas; *s.o. wears ~es* iem. dra ('n) bril, iem. bril.

glass[2] [v.] *~ in s.t.* iets met glas toemaak; glas voor iets sit.

glass houses *people/those who live in ~ ~ should not throw stones* (P) mense wat in glashuise woon moe= nie met klippe gooi nie (P).

glaze *~ in s.t.* iets met glas toemaak; glas voor iets sit; *~ over* glasig word *(bv. iem. se oë)*.

glean *~ s.t. from …* iets uit — haal; iets van — verneem.

glide *~ across* oorseil; *~ down* afgly; afsweef, afswe= we; *~ off s.t.* van iets afgly.

glimpse *catch/get a ~ of …* — met 'n skimp sien, — skrams sien, — vlugtig sien; 'n vlugtige blik op — kry.

glisten *~ with …* van — blink/glinster.

glitter *~ with …* van — skitter.

gloat *HE ~s over s.t.* HY verlustig HOM in iets.

glory[1] [n.] *~ be!* dank die hemel!; §wil jy nou meer! ★; *HE covered HIMSELF in ~* HY het HOM met roem oor= laai; *gain/win ~* roem verwerf; *in all its ~* in sy volle glorie; *send HIM to HIS ~* §HOM bokveld toe stuur ★★

glory[2] [v.] *HE glories in s.t.* HY is trots op iets, HY be= roem HOM op iets; HY is bly/verheug oor iets, HY ver= heug HOM in/oor iets.

gloss[1] [n.] *s.t. loses its ~* iets verloor sy glans; *take the ~ off s.t.* iets sy glans ontneem.

gloss[2] [v.] *~ over s.t.* iets verbloem/verdoesel/toe= smeer.

glove *s.t. fits like a ~* →**fit**[3]; *the ~s are off* hulle pak mekaar met mening; *take off the ~s, (lett.)* die hand= skoene uittrek; iem. *of* mekaar met die kaal vuis pak; *(fig.)* iem. *of* mekaar met mening pak; *take up the ~* die handskoen opneem, die uitdaging aanvaar; *throw down the ~ to s.o.* iem. die handskoen toewerp, iem. uitdaag; *handle/tackle … without ~s* — hard/streng aanpak; *HE is not to be handled without ~s* jy kan HOM nie sonder handskoene aanpak nie.

glow[1] [n.] *be in a ~* gloeiend wees.

glow[2] [v.] *~ with …* van — brand/gloei.

glower *~ at s.o.* iem. kwaad aankyk.

glue *~ on s.t.* iets opplak; iets vaslym; *~ things to= gether* dinge aanmekaarlym, dinge vaslym.

glued *HIS eyes were ~ to …* SY oë was strak op — gerig/gevestig; *HE keeps HIS eyes ~ to the road* HY hou die pad strak dop, HY kyk nie van die pad af weg nie.

glut *there is a ~ of …* daar is 'n oorvloed —.

glutted *be ~ with …* met — oorvoer word.

glutton *HE is a ~ for punishment* § HY werk HOM dood ★; *a ~ for work* § 'n werkesel ★

gnat *strain at a ~ and swallow a camel* die muggie uitsyg/uitskep en die kameel insluk.

gnaw *~ at s.t.* aan iets knaag; *s.t. ~s at s.o., (fig.)* iets knaag aan iem.; *~ off s.t.* iets afknaag; *~ through s.t.* iets deurknaag.

go[1] [n.] *give s.t. a ~, have a ~/bash/crack/shot/stab at s.t.* § iets ('n slag) probeer (doen); *make a ~ of s.t.* § sukses met iets behaal; *it's no ~* § dit help nie; *be on the ~* § aan die gang wees; § druk besig wees; *at one ~* op een slag; in een klap; *it is a rum ~* § dit is 'n snaakse gedoente; *from the word ~* § uit die staanspoor, van die staanspoor af.

go[2] [v.] *go!* trap! ★; *~ about* rondgaan; rondloop; rondreis; 'n ompad loop; die ronde doen *(bv. 'n ge= rug); (sk.)* van koers verander; *~ about s.t.* iets aan= pak; met iets besig wees; *show s.o. how to ~ about it* iem. wys hoe om te werk te gaan; *HE goes about with s.o.* HY hou HOM met iem. op; *~ abroad* na die buite= land gaan; *~ across s.t.* iets oorsteek; *~ across to s.t.* na iets aan die oorkant gaan; *~ after s.o.* iem. (agter)= volg, iem. agternasit; *~ after s.t.* iets nastreef/nastre= we/naja(ag); *~ against s.t.* teen iets ingaan; *s.t. goes against s.o.* iets loop vir iem. ongunstig/sleg af; *every= thing goes against s.o.* alles loop iem. teë; *~ ahead* voortgaan; vooruitgaan, vorder, vorentoe kom; *HE will just ~ ahead* HY sal eenvoudig SY gang gaan; *~ ahead!* gaan jou gang!; *~ all out* (alles) uithaal, alles ingooi/inwerp, alle kragte inspan; *~ it alone* alleen klaarkom, alleen die mas opkom, op eie kragte vertrou; *~ along* saamgaan; *as one goes along* algaande; *~ along with s.o.* met iem. saamgaan; *~ along with …* met — saamstem, met — akkoord gaan; *~ along with s.t., (ook)* vir iets te vinde wees; *it goes along with …* dit maak deel van — uit; dit hoort by —; *~ and do s.t.* iets gaan doen; *~ and wash your hands!* gaan/loop was jou hande!; *~ around/round* rondgaan; rondloop; rondreis; die ronde doen *(bv. 'n gerug); HE goes around/round with s.o.* HY hou HOM met iem. op; *as actors/etc. ~* in vergelyking met die gewone toneelspe= ler/ens.; *as HE goes in/onder die loop, terwyl HY loop; *~ ashore* aan land/wal gaan *(mense);* strand *('n skip); ~ aside* opsy gaan; *~ astray* verdwaal; verlo= re raak; afdwaal, van die regte pad afwyk; *~ at s.o.* iem. te lyf gaan; iem. inklim/invlieg ★; *~ at s.t.* iets aanpak; *~ away* weggaan; op die wittebroodsreis ver= trek; *~ back* teruggaan; agteruitgaan; *it goes back to the … century* dit kan tot die — eeu teruggevoer word; dit dagteken van die — eeu; dit het sy oorsprong in die — eeu; *~ back on s.t.* iets nie nakom nie, iets nie ge= stand doen nie *(bv. 'n belofte); ~ before s.o.* voor iem. verskyn; aan iem. voorgelê word; *~ before s.t.* iets voorafgaan; *~ between … and …* tussen — en — deurgaan; tussen — en — pas; *~ beyond …* verder/ vêrder as — gaan; *~ bust* § misluk; *~ by* verbygaan;

~ **by** ... by — verbygaan; — verbysteek; ~ **by/on/ upon** *s.t.* op iets afgaan, volgens iets oordeel/redeneer; *nothing to* ~ **by/on/upon** niks waarop ('n) mens kan afgaan nie; ~ **down** afgaan; daal; sink; (neer)val, neerstort; verloor; ondergaan *(bv. die son);* agteruitgaan; ~ **down** *a mine* in 'n myn afgaan; ~ **down** *as* ... *as —* beskou word, as — aanvaar word; HE goes **down** on HIS *knees* HY val op SY knieë, HY werp HOM op SY knieë; *s.o.* goes **down** *to a blow* iem. word deur 'n hou plat geslaan; ~ **down** *well* inslaan, ingang vind, byval vind; *how s.t. goes* **down** *with s.o.* hoe iets deur iem. aanvaar word; ~ **down** *with measles/etc.* masels/ens. kry, aan masels/ens. siek word; ~ **downhill** agteruitgaan; ~ **easy** stadig gaan; ~ **easy** *on s.t.* spaarsaam werk met iets; ~ **easy** *on s.o.* iem. sagkens behandel; ~ *as* **far** *as to* ... selfs —, nie huiwer/skroom om te — nie; *as* **far** *as it goes* op sigself; *this is as* **far** *as we can* ~ ons kan nie meer aanbied *of* doen *of* toegee nie; *s.o. will* ~ **far** iem. sal dit ver/vêr bring; ~ *that* **far** so ver/vêr gaan; *it will* ~ **far** *to* ... dit sal baie help om te —, dit sal baie daartoe bydra om te —; ~ *too* **far**, *(lett.)* te ver/vêr gaan; *(fig.)* iets te ver/vêr dryf; ~ **fast** vinnig loop/ry; ~ *for* ... — gaan haal; gaan om te —; as/vir — gereken word, as/vir — tel; vir — verkoop word; vir — geld; van — waar wees; vir — gaan *(weke/maande/ens.);* § van — hou; § — bydam, — te lyf gaan *(iem.);* § — inklim/invlieg *(iem.)* ★; ~ **forth** uittrek; afgekondig word; ~ **forward** vorentoe gaan; ~ **further** verder/ vêrder gaan; *it will* ~ **hard** dit sal moeilik/swaar gaan; **here** *goes!* § daar gaat hy/jy! ★; § vooruit!; *how* goes *it?* hoe gaan dit?, hoe staan sake?; ~ *in* ingaan; *(kr.)* gaan kolf; HE goes *in* *for s.t.* HY lê HOM op iets toe, HY wy HOM aan iets; HY neem aan iets deel *(bv. sport);* HY boer met iets *(bv. beeste, mielies);* HE goes *in* *for farming/etc.* HY (gaan) boer, HY lê HOM op die boerdery toe; ~ *into* ... in — ingaan; — binnegaan *(bv. 'n kamer);* op — ingaan; ~ *it* § alles uithaal, alle kragte inspan; § (laat) nael; *so* **it** *goes* so gaan dit; *let* ~ (laat) los, loslaat; lostrek; HE *lets* ~, *(ook)* HY hou HOM nie in nie; *don't let* ~*!* hou vas!; HE *lets* HIMSELF ~ HY draai die rem los ★, HY laat HOM gaan, HY hou HOM nie in nie; HY lug SY gevoelens; HY draai nie doekies om nie ★; HY verwaarloos HOM; *let* *s.o.* ~ iem. vrylaat, iem. laat loop; *let* ~ *of s.t.* iets los(laat), iets (laat) los; *let me* ~*!* los my!, laat my los!; laat my gaan/loop!; *let us* ~*!* kom ons gaan *of* loop *of* ry!, laat ons gaan *of* loop *of* ry!; laat ons (toe om te) gaan!; *let it* ~ *at that* dit daarby laat; *s.t. goes* *like a bomb/dream* § iets loop *of* ry uitstekend; ~ *like clockwork* seepglad verloop; ~ *like the wind* (so) vinnig) soos die wind gaan; ... *must* ~ — moet weg; ... *must* ~*!* weg met —!, — moet weg!; ~ *off* weggaan; wegloop; wegspring; heengaan; sterf; verdwyn; wegraak; agteruitgaan, afgaan, swak word, insink; uitgaan, doodgaan *(ligte);* afgesluit word *(elektrisiteit);* sleg word *(kos);* suur word *(melk);* afgaan *('n geweer),* ontplof *('n bom);* lui *(die wekker);* bewusteloos word; aan die slaap raak; flou val; *s.t. goes*

off *well* iets verloop goed; iets loop goed/vlot van stapel; ~ *off* *with s.o.* saam met iem. weggaan; ~ *off* *with* *s.t.* § iets wegdra; ~ *off* *s.t.* van iets afstap *(bv. 'n onderwerp, die goudstandaard);* § nie meer van iets hou nie, nie meer in iets belang stel nie; ~ *off the road* van die pad af loop/raak; *off we* ~*!* § weg is ons! ★; *off you* ~*!* § weg is jy! ★; ~ *on* aanhou, voortgaan, verder/vêrder gaan; voortduur; aan die gang wees; aangaan *('n lig);* aangeskakel word *(elektrisiteit);* opkom *(op die toneel);* verbygaan *(die tyd);* § te kere gaan, uitvaar; *(kr.)* gaan boul; ~ *on!* gaan voort!; § jy speel! ★; § ag loop! ★; § nou toe nou; § sowaar?; § skei uit!; ~ *on about s.t.* § oor iets bly sanik; § oor iets te kere gaan; ~ *on at s.o.* § teen iem. uitvaar; *it cannot* ~ *on forever* dit kan nie vir altyd duur nie; *it cannot* ~ *on like this* so kan dit nie aanhou nie; *don't* ~ *on like that!* § moenie so te kere gaan nie!; ~ *on with s.t.* met iets aanhou/voortgaan; *it is enough to* ~ *on with* dit is vir eers genoeg, dit is voorlopig genoeg; ~ *on the pill/etc.* die pil/ens. begin gebruik; ~ *on/by/upon* *s.t.* →*by/on/upon;* *one, two, three,* ~*!* een, twee, drie, weg!; ~ *out* uitgaan; buite(n)toe gaan; doodgaan, uitgaan *(bv. 'n vuur, 'n lig);* uittrek; uit die mode raak; in onbruik raak; afgaan, afloop *(die gety);* heengaan; ~ *out like a light* § dadelik aan die slaap raak; § bewusteloos raak van 'n hou; ~ *out with s.o.* met iem. uitgaan; ~ *over* omval, omslaan; ~ *over to* ... na — oorgaan/oorstap *(bv. 'n ander party);* na — oorskakel *(bv. 'n ander uitsaaier);* *s.t. goes* *over big (with s.o.)* iets is baie gewild (by iem.); iets maak 'n groot indruk (op iem.); ~ *over* *well* goed ontvang word, inslaan, ingang vind; ~ *over* *s.t.* iets nagaan *of* nalees *of* nasien; iets ondersoek; oor iets val; iets repeteer *('n rol);* iets haastig aan die kant maak *('n kamer);* ~ *past* verbygaan; ~ *pop* klap; ~ *round* omgaan; beweeg, draai; met 'n ompad gaan; genoeg wees; ~ *round/around* →*around/round;* *it goes without* *saying* dit spreek vanself; ~ *short* kortkom; ~ *slow* stadig gaan *of* loop *of* ry; rem, sloer; stadig *of* versigtig te werk gaan; briek aandraai *(fig.)* ★; sloerstaak; ~ *slow with s.t.* spaarsaam met iets wees, suinig met iets te werk gaan; ~ *steady with s.o.* iem. se vaste no(o)i *of* kêrel wees; HE goes *straight, (lett.)* HY gaan *of* loop *of* ry reguit; *(fig.)* HY bewandel die regte pad/weg, HY laat die slegtigheid staan, HY verlaat SY bos e weë; ~ *straight at* it met die deur in die huis val; ~ *straight for s.o.* iem. trompop loop; ~ *swimmingly* § so glad soos seep gaan ★; § klopdisselboom/ klinkstiebeuel gaan ★, vlot gaan, voor die wind gaan; *there* HE goes*!* daar trek hy!; *who goes* **there?** werda?; ~ *through* deurgaan; slaag; aangeneem/goedgekeur word; ~ *through* *s.t.* deur iets gaan; iets deursoek; iets nasien/ondersoek; iets beleef/belewe/deurmaak/ deurleef/deurlewe/deurstaan; iets deurbring *(geld);* iets opgebruik; ~ *through with s.t.* met iets voortgaan/deurgaan; iets uitvoer/deursit; ~ *to Durban/etc.* na Durban/ens. gaan, Durban/ens. toe gaan; *the money* goes **to** ... die geld word aan — nagelaat; die geld word vir — gebruik; *the prize goes* **to** … die prys word aan — toegeken; *the road goes* **to** … die pad lei/loop na —; ~ **to** *it!* aan die werk!; *s.o. is* **to** ~ iem. sal gaan; iem. moet gaan; *where is* HE **to** ~? waar moet HY heen?; *there are* … *kilometres* **to** ~ daar lê nog — kilometer voor; *there are* … *minutes* **to** ~ daar is (nog) — minute oor; *two are finished with one* **to** ~ twee is klaar en een kom nog; … *and* … ~ **together** — en — kom saam voor; — en — pas (goed) by mekaar; ~ **under** onder= gaan, te gronde gaan, ten onder gaan; sink *('n skip)*; bankrot gaan/raak *(iem., 'n firma)*; ~ **up** opgaan, boontoe gaan; opgaan, styg *(bv. pryse, die tempera= tuur)*; ontplof; gebou word; ~ **upon/by/on** *s.t.* →*by/on/upon; it goes* **well** dit gaan goed; dit vlot; ~ **with** *s.o.* met iem. saamgaan; ~ **with** *s.t.* met iets ge= paard gaan; met iets ooreenstem/strook; by iets pas; met iets instem/saamgaan; ~ **without** daarsonder bly/klaarkom; ~ **without** *s.t.* sonder iets bly/klaar= kom; ~ **wrong** 'n fout begaan, mistas; onklaar raak *(bv. masjinerie)*; verdwaal; verlei word, op die ver= keerde pad raak, die verkeerde weg opgaan; *if s.t. goes* **wrong** as iets verkeerd loop; *you can't* ~ **wrong** *with it* jy kan daarop staatmaak; *you can't* ~ **wrong** *if you do that* jy sal g'n fout maak nie.

goad ~ *s.o. into doing s.t.* iem. daartoe dryf om iets te doen; ~ *s.o. on* iem. aandryf/aanpor.

go-ahead *get* or *give the* ~ toestemming/verlof kry *of* gee om te begin *of* om voort te gaan *of* om iets te doen.

goal *achieve/attain/reach a* ~ 'n doel bereik; *keep* ~ doelwagter wees; *kick a* ~ 'n doel skop; *score a* ~ 'n d. aanteken; HE *sets* HIMSELF *a* ~ HY stel HOM iets ten doel.

goat *s.t. gets s.o.'s* ~ *s* § iets maak iem. vies, iets maak iem. die hoenders in ★; *play the giddy* ~ §dwaas/ligsin= nig wees; § die gek skeer.

gobble ~ *up s.t.* iets opvreet/verslind.

go-by *give s.o. the* ~ §iem. verbygaan, iem. nie (wil) raak sien nie; *give s.t. the* ~ §iets negeer, iets links laat lê.

God *by* ~ so waar as God; *fear* ~ G. vrees, G. voor oë hou; ~ *forbid* mag G. (dit) verhoed; HE *thinks* HE *is* ~'s *gift to* … HY verbeel HOM HY is net wat — nodig het; *grant* ~ G. gee; ~ *knows!* G. weet dit!; *in* ~ *knows how many places* op wie weet hoeveel plekke; *a* **man** *of* ~ 'n Godsman; 'n geestelike; *with* ~ *all things are* **possible** alles is moontlik by God; *for* ~'s **sake** om godswil; *thank* ~ goddank; *under* ~ naas God; met Gods hulp; ~ *willing* so die Here wil, met die hulp van die Here.

god *in the lap of the* ~*s* in die hand/skoot van die gode; *make a* ~ *of s.t.* van iets 'n afgod maak; *ye* ~*s (and little fishes)!* § grote Griet! ★, goeie genugtig!

Godspeed, godspeed *bid/wish s.o.* ~ iem. 'n goeie reis toewens.

goggle ~ *at* … § — aangaap.

going¹ [n.] *the* ~ *is good* daar is goeie vordering; dit gaan voor die wind; die pad *of* baan is goed; *while the* ~ *is good* so lank daar kans is; terwyl die geleentheid daar is; *it is* **hard** ~ dit gaan swaar, dit gaan broek= skeur ★; *it is* **heavy** ~ dit laat ('n) mens swaar kry; dit is vervelig *(bv. 'n boek)*; *it is* **rough/tough** ~ dit is moeilik, dit gaan broekskeur ★; *it is* **slow** ~ dit gaan stadig.

going² [teenw.dw. & adj.] HE *has s.t.* ~ *for* HIM iets begunstig HOM; *get* ~ aan die gang kom; op dreef kom/raak; vertrek; *get s.t.* ~ iets aan die gang kry/sit; iets op tou sit; ~, ~, **gone** vir die eerste, die tweede, die laaste keer/maal; *how is it* ~? hoe gaan dit daar= mee?; *keep* ~ aan die gang bly; *keep s.o.* ~ iem. aan die gang hou; *keep s.t.* ~ iets aan die gang hou, iets gaande hou; iets in stand hou; *s.t. is* **not** ~ iets loop nie *(bv. 'n trein, 'n horlosie/oorlosie)*; HE *is* ~ *on for sixty* § HY staan sestig se kant toe ★; *it is* ~ *on for two o'clock* § dit staan (na) twee-uur se kant toe ★, dit is naby twee-uur; *it has been* ~ *on for a long time* dit is al lank aan die gang; *to be* ~ *on with* vir eers, voorlopig; *set s.t.* ~ iets aan die gang sit; *they are* ~ **steady** hulle is vaste no(o)i en kêrel; *still* ~ **strong** nog flink; HE *is* ~ *to do it* HY gaan dit doen; HY is van plan om dit te doen; HY staan op die punt om dit te doen; *everything is* ~ **well** alles gaan voorspoedig, alles gaan na wens; *things are* ~ **well** dit gaan goed, die sake loop goed; *things are* ~ **wrong** dit loop verkeerd/mis.

going-over *give s.o. a* ~ §iem. deursoek; §iem. af= ransel; § iem. slegsê; *give s.t. a* ~ § iets goed deur= kyk/nagaan.

gold *all that glitters is not* ~ (P) skyn bedrieg (P); *s.o. is as good as* ~ iem. is so goed/lief as kan kom; iem. is stroopsoet *('n kind)*; *have a heart of* ~ 'n hart van goud hê.

golly *by* ~! §wraggies!/wragtie! ★

gone *it is all* ~ dit is alles op; ~ **away** weg; *be* ~ weg wees; *be* ~! maak dat jy wegkom! ★, trap!★; *what has* ~ **before** wat tevore gebeur het; *days/times* ~ **by** ver= vloë dae/tye; *be* **clean** ~ skoonveld wees ★, baie weg wees ★; *what has* HE *(been and)* ~ *and done now?* wat het HY nou gestaan en doen?; *it's* ~ *eight* dit is oor ag(t); *it's just* ~ *eight* dit was pas ag(t)uur; *far* ~ ver/vêr heen; HE *is* **far** ~, *(ook)* HY is naby SY ein= de/end; §HY is hoog in die takke ★; *s.o. is* **long** ~ §iem. is lankal weg; HE *is a* ~ **man** §dis klaar met hom ★; *be* *six* **months** ~ §ses maande heen wees ★, ses maande swanger wees; *be* ~ *on s.o.* § smoorverlief/benaf★ wees op iem.; *be* ~ **quickly** gou weg wees *(iem.)*; gou oor wees *(bv. die pyn)*.

goner HE *is a* ~ §dis klaar(praat) met HOM ★, HY is in SY maai/peetjie ★

good¹ [n.] *the* ~ *and the* **bad** die goeie en die slegte; *bring out the* ~ *in s.o.* die goeie uit iem. haal; *do* ~ goed doen, weldoen; *it will do* HIM ~ dit sal HOM goed doen; *it won't do any* ~ dit sal niks help/baat nie; *do* ~ *to others* aan ander goed doen; ~ *and* **evil** goed en kwaad; *for* ~ *(and all)* vir altyd/goed; eens (en) vir

altyd; *for the* ~ *of* ... vir die beswil van —; tot voor=
deel van —; ... *for* ~ *or* **ill** nou eenmaal —; *s.o. is* **no** ~
iem. is niks werd (nie); *it is* **no** ~, *it is* **not** *much* ~ dit
baat/help niks, dit is nutteloos; *for s.o.'s* **own** ~ vir
iem. se eie beswil, in iem. se eie belang; *s.t. does s.o. a*
power *of* ~ iets doen iem. baie goed; *be* **some** ~ iets
beteken; *be R100/etc. to the* ~ R100/ens. oorhê;
R100/ens. wen; *it is (all)* **to** *the* ~ dit werk (mee) ten
goede, dit is voordelig; *be* **up** *to no* ~ §met kattekwaad
besig wees ★; bose planne hê, iets in die skild voer;
what *is the* ~ *of it?* wat baat/help dit?; **what** ~ *will it*
do? watter nut sal dit hê?

good² [adj.] *s.t. is* ~ *and hard/etc.* iets is lekker/mooi
hard/ens.; *as* ~ *as gold•*so goed/lief as kan kom;
stroopsoet (*'n kind*); *A is* **as** ~ *as B* A en B is ewe
goed; A is (net) so goed as B; *that is* **as** ~ *as any* dit is
heeltemal goed genoeg; *as* ~ *as dead* op sterwe na
dood; *as* ~ *as the next man* so goed as wie ook al; *HE*
gives **as** ~ *as HE gets* §HY weer HOM goed; *HE* **as** ~ *as*
told me ... §HY het feitlik in soveel woorde gesê —; *s.o.*
is ~ *at* ... iem. kan goed —; iem. munt uit in —; iem. is
knap in —; *s.o. is* ~ *at centre* iem. speel goed as senter;
be ~ *at languages* goed/knap wees in tale; *s.o. is* ~ *at*
tennis iem. speel goed tennis; *be so* ~ *as to* ... wees so
goed en —, wees so goed om te —; ~ *enough* goed
genoeg; **fairly** ~ taamlik goed; redelik; **far** *from* ~
lank nie goed nie; *be* ~ *to a* **fault** doodgoed wees
(*iem.*); *s.t. is* ~ *for s.o.* iets is goed/heilsaam vir iem.;
be ~ *for s.t.* vir iets deug; *the tyres are* ~ *for another*
... *kilometres* die buitebande kan nog — kilometer hou;
have *it* ~ goed af wees, goed daaraan toe wees, goed
daarin sit; *the rule* **holds** ~ die reël is van toepassing;
jolly ~ §deksels goed ★; *s.t.* **keeps** ~ iets bly vars; *a*
mighty ~ ... §'n baie goeie —, 'n uitstekende —; *not*
all that ~ glad nie so waffers★/watwonders nie; *not*
nearly as ~ *as* ... nie half so goed as — nie; *not so* ~
nie te/danig goed nie; **nothing** *but* ~ niks as goeds
nie; *be* **nothing** *like as* ~ lank nie so goed wees nie; *a*
~ **one** 'n goeie; **rather** ~ nogal goed; *that's/there's*
a ~ ...! toe nou!; *s.o. is* ~ *to s.o.* iem. is vir iem. goed;
be **too** ~ *for s.o.* te sterk wees vir iem. *(in mededin=*
ging); *too* ~ *to be* **true** te goed om te glo; **very** ~ baie
goed, uitmuntend, uitstekend; **very** ~! mooi so!, knap
gedaan!; **very** ~/*well!* (nou) goed!, goed dan!, in orde!;
toe (dan) maar!; ~ *for you!* §mooi skoot! ★

goodbye *kiss s.o.* ~ iem. 'n afskeidsoen gee; *HE can*
kiss that ~ §HY kan dit maar vergeet; *say* ~ vaarwel sê,
afskeid neem, dagsê.

goodness ~ *gracious/me!, my* ~! § o my goei=
ste! ★, goeie genade! ★, liewe hemel(tjie)! ★; *have the* ~
to ... wees tog so goed om te —, wees asseblief so vrien=
delik om te —; ~/*dear knows* § goeiste weet ★, die
Vader/hemel weet ★; nugter weet ★, (dit mag die) joos
weet ★; *for* ~' *sake* om hemelswil, in hemelsnaam, om
liefdeswil; **thank** ~ die hemel sy dank; *to* ... in he=
melsnaam.

goodnight *say* ~ nagsê.

goods *s.o.'s* ~ *and* **chattels** iem. se hawe en goed; *HE*
delivers *the* ~ §HY kom SY belofte na, HY doen wat
van HOM verwag word, HY presteer, HY bring SY kant ★;
think *s.o. is the* ~ § dink iem. is watwonders; *to* ~
(supplied) aan bestelling, aan (gelewerde) goedere.

goodwill ~ *to man* in mense 'n welbehae.

goose *HE cannot say* **boo** *to a* ~ §HY kan nie boe of ba
sê nie ★; *HE looks as if HE cannot say* **boo** *to a* ~ §HY lyk
of HY nie pruim kan sê nie ★; **cook** *s.o.'s* ~ *(for HIM)* §
iem. se planne verydel; *HE has* **cooked** *HIS* ~ §HY het
HOMSELF opgehang *(fig.)* ★; *HIS* ~ *is* **cooked** § dis
klaar(praat) met HOM ★; **kill** *the* ~ *that lays the gold=*
en eggs die hen met goue eiers slag. →**geese**.

goose-flesh, goose-pimples *get* ~ hoender=
vel/hoendervleis kry/word.

gorge¹ [n.] *s.t. makes s.o.'s* ~ *rise, s.o.'s* ~ *rises at s.t.*
iets walg iem., iem. w. van iets.

gorge² [v.] *HE* ~*s HIMSELF on* ... HY eet HOM te barste
aan — ★

gorged *be* ~ *with* ... oorversadig wees van —.

gospel *take s.t. as/for* ~ iets vir evangelie aanneem.

gossip *HE listens to* ~ HY leen SY ore uit ★; *peddle/*
spread ~ praatjies rondvertel, skinder; *a piece of* ~ 'n
skinderstorie.

got *s.o. has been* ~ *at* §iem. is (onbehoorlik) beïnvloed;
s.o. **has** ~ *s.t.* iem. het iets; ~ *it?* het jy dit?; §snap jy
dit?; *HE's* ~ *s.t. there* daar het HY iets beet *(fig.)*; *s.o.*
has ~ *to* ... iem. moet —; *you've* ~ *to* ... jy moet —; jy
moet —, ('n) mens moet —; *where* **have** *you* ~ *to?*
waar het jy beland?, waar is jy?

government *bring down a* ~, *topple a* ~ 'n regering
laat val, 'n r. tot 'n val bring.

grab¹ [n.] *make a* ~ *at* ... na — gryp.

grab² [v.] ~ *at* ... na — gryp; *how does that* ~ *you?* §
wat dink jy daarvan?

grabs *s.t. is up for* ~ §iets is reg om gevat te word.

grace *with a bad* ~ met teësin, teësinnig, onwillig; op
onhoflike wyse; **fall** *from* ~ in sonde verval; in onge=
nade val; *by the* ~ *of God* deur Gods genade; *King by*
the ~ *of God* koning by die grasie Gods; *with a* **good**
~ bereidwillig; op hoflike wyse; *be in s.o.'s* **good** ~*s* by
iem. in die guns staan/wees; *not be in s.o.'s* **good** ~ by
iem. in ongenade wees; **have** *the* ~ *to* ... so beleef(d)
wees om te —, ordentlik genoeg wees om te —; *HE has*
the **saving** ~ *of humour* SY sin vir humor is SY red=
ding, SY sin vir humor red HOM; **say** ~ die/'n seën vra,
oor tafel bid/dank, die/'n tafelgebed doen.

gracious *good* ~!, ~ *me!* § goeie genade! ★, liewe
hemel(tjie)! ★

grade *make the* ~ §die paal haal, die pyp rook ★, die
mas opkom, slaag, sukses behaal, die doel bereik.

gradient *the* ~ *is 1 in 7* die helling is 1 op 7.

graduate ~ *in languages/etc.* 'n graad in tale/ens. be=
haal/kry/verwerf; ~ *to* ... tot — vorder.

graft [n.] *a* ~ *takes* 'n ent groei.

grain *across the* ~ dwarsdraads; *against the* ~ teen
die draad in; *s.t. goes* **against** *the* ~ *with s.o.* iets stuit

iem. teen die bors, iets druis teen iem. se gevoel in; *the* ~ *is* **shooting** die graan/gesaaides kom in die pyp; *with the* ~ met die draad.

grandmother HE's *trying to teach* HIS ~ *to suck eggs* § die eier wil slimmer wees as die hen *, HY hou HOM baie/danig slim.

grant¹ [n.] *award/give/make a* ~ 'n toelae toestaan; *study on a* ~ met 'n beurs studeer.

grant² [v.] *I* ~ *you that* dit erken ek, dit gee ek toe.

granted *granted!* reg genoeg!, dit gee ek toe!; HE **takes** s.o. *for* ~ HY steur HOM min aan iem., HY sien iem. oor die hoof, HY hou nie met iem. rekening nie; **take** s.t. *for* ~ iets as vanselfsprekend aanneem/beskou, iets (sonder bewys) aanneem; iets veronderstel; iets as uitgemaak beskou; ~ *that* ... toegegee dat —; gestel dat —.

grape *a* **bunch** *of* ~s 'n tros druiwe, 'n druiwetros; **sour** ~s suur druiwe *(lett. & fig.)*; *the* ~s *are* **sour** die d. is suur *(lett. & fig.)*; **tread** ~s d. trap.

grapevine *hear* s.t. *on/through the* ~ § iets per bos-telegraaf/riemtelegram hoor *

graph *draw a* ~ 'n grafiek trek.

grapple ~ *with* ... met — worstel.

grasp¹ [n.] s.t. *is beyond* s.o.'s ~ iets is buite iem. se bereik; *have a good* ~ *of a subject* 'n goeie begrip van 'n vak hê, 'n v. goed beheers; s.t. *is within* s.o.'s ~ iets is binne iem. se bereik.

grasp² [v.] ~ *at* s.t. na iets gryp; iets gretig aanneem.

grass¹ [n.] *a* **blade** *of* ~ 'n grashalm, 'n grassie; *the* ~ *is always* **greener** *on the other side* (P) die verste/vêrste gras is die groenste (P); HE *does not let the* ~ **grow** *under* HIS *feet* HY laat geen gras daaroor groei nie, HY wag nie lank nie; **keep** *off the* ~! bly van die gras af!, moenie op die gras loop nie!; **put** *a horse out to* ~ 'n perd halter afhaal; **put/send/turn** s.o. *out to* ~ § iem. (die) halter afhaal, iem. pensioeneer; **tall** ~ hoë gras.

grass² [v.] ~ *on* s.o. §§ iem. verklik/verraai.

grassed *be well* ~ dig met gras begroei(d) wees.

grasshopper s.o. *is knee-high to a* ~ § iem. is drie bakstene hoog *

grateful *be* ~ *to* s.o. *for* s.t. iem. dankbaar wees vir iets; *be truly* ~ opreg d. wees.

gratitude *convey* s.o.'s ~ iem. se dank oorbring; *in* ~ *for* ... uit dankbaarheid vir —; *a mark of* ~ 'n blyk van erkentlikheid.

grave **beyond** *the* ~ anderkant die graf; HE *is* **dig-ging** HIS *own* ~ § HY grawe SY eie graf *, HY bewerk self SY ondergang; *have one* **foot** *in the* ~ § op die rand van die graf staan *, met die een been/voet in die graf staan *; **rise** *from the* ~ uit die dood opstaan; **sink** *into the* ~ in die graf neerdaal; *it will make* HIM **turn** *in* HIS ~ § dit sal HOM in SY graf laat omdraai *

gravitate ~ *to/towards* ... na — beweeg.

gravy train *get on the* ~ ~ § 'n voordelige baantjie kry.

graze *put* s.o. *out to* ~/*pasture* § iem. (die) halter afhaal.

great *be* ~ *at* s.t. in iets uitblink/uitmunt; *feel* ~ § baie goed voel, kerngesond voel; *it* **feels** ~ § dit is 'n heerlike gevoel; *the* ~ **ones** die grotes; *the* ~*est* **possi-ble** ... die groots moontlike —; *that's* ~! § pragtig/mooi!; *that would be* ~ § dit sou heerlik wees.

greed s.o.'s ~ *for money/etc.* iem. se geldgierigheid; s.o.'s ~ *for power* iem. se magsug.

greedy *be* ~ *for* ... begerig wees na —.

Greek s.t. *is* ~ *to* s.o. § iets is Grieks vir iem. *, iets is te geleerd vir iem.; ~ *meets* ~ § bul teen bul *, hard teen hard.

green HE *is not as* ~ *as* HE *is* **cabbage-looking** § HY is nie so dom soos HY lyk nie; *the* ~ **one** die groene; **staring** ~ knalgroen; **turn** ~ groen word; **vivid** ~ helgroen.

greeted *be* ~ *with* ... met — begroet word.

greeting *convey* ~s groete oorbring; *return a* ~ te-ruggroet, 'n groet beantwoord; *warm* ~s hartlike groete.

grey *go* ~ grys word, vergrys.

grief *be* **brought** *to* ~ →**come**; *cause* s.o. ~ iem. leed aandoen; **come** *to* ~ 'n ongeluk kry, verongeluk; skipbreuk ly; misluk; in die verknorsing beland/kom; *good* ~! § grote Griet! *; *in a* **spasm** *of* ~ in 'n opwel-ling van smart.

grievance *air/ventilate a* ~ 'n grief lug; *harbour/nurse a* ~ *against* s.o. 'n g. teen iem. koester.

grieve s.t. ~s s.o. iets spyt iem., iets doen iem. leed; ~ *for* s.o. meegevoel met iem. hê; ~ *over* ... oor — spyt wees; oor — bedroef wees, oor — treur.

grilling *give* s.o. *a* ~ *about* s.t. § iem. oor iets onder kruisverhoor neem.

grimace¹ [n.] *make* ~s gesigte trek.

grimace² [v.] s.o. ~s *with pain* iem. se gesig vertrek van die pyn.

grin¹ [n.] *wipe that* ~ *off your face!* § daar's niks om oor te grinnik nie! *

grin² [v.] ~ *and bear it* uithou; ~ *from ear to ear* breed glimlag; ~ *like a Cheshire cat* ewig gryns.

grind¹ [n.] *the daily* ~ § die daaglikse/alledaagse sleur.

grind² [v.] ~ *down* s.t. iets fynmaal; ~ *out* s.t. reëlmatig voortbring; § iets grom.

grindstone *back to the* ~ weer aan die werk; *nose to the* ~ →**nose**.

grip¹ [n.] *be at* ~s *with* s.t. met iets worstel; **change** *one's* ~ vervat; **come/get** *to* ~s *with* s.t. iets aanpak, met iets worstel; **come/get** *to* ~s *with* s.o. met iem. handgemeen raak; *have a* **firm** ~ *on* ... 'n sterk houvas op — hê; *take a* **firm** ~ *on* s.t. iets vasvat/vasgryp; *get a* ~ *on* s.t. 'n houvas op iets kry; HE **gets** *a* ~ *on* HIM-SELF HY ruk HOM reg; *have a* **good** ~ *of a subject* 'n goeie begrip van 'n vak hê, 'n vak goed beheers; *be in the* ~ *of* ... in die kloue van — wees *(bv. 'n skelm)*; deur — geknel word *(bv. droogte)*; *the country is in the* ~ *of winter* die winter is nou behoorlik hier; **lose** *one's* ~ die kluts kwytraak; **relax/release** *one's* ~ *on* s.t. iets loslaat; HE **takes** *a* ~ *on* HIMSELF HY beheers

HOM; *keep a* **tight** ~ *on s.t.* iets stewig vashou; **tight= en** *one's* ~ *on s.t.* iets stywer/vaster vat; **tighten** *one's* ~ *on s.o.* meer druk op iem. uitoefen.

grip² [v.] ~ *s.t. tightly* iets styf/stewig vashou.

grist *that is* ~ *to HIS mill* dit is water op SY meul.

groan¹ [n.] *heave a* ~ 'n kreun uitstoot.

groan² [v.] ~ *with* ... van — kreun.

groomed *be well* ~ goed versorg wees; fyn uitgevat wees.

groove *get out of the* ~ uit die sleur kom; *be in a* ~, *fall/get into a* ~ die ou sleur volg; *in the* ~ § uitste= kend; § in die mode.

grope ~ *about* rondtas.

ground¹ [n.] **break** ~ grond braak; begin grawe; aanvoor; **break** *(fresh/new)* ~ baanbrekerswerk/pio= nierswerk doen, nuwe terrein ontgin; **bring** ... *to the* ~ — neertrek; — grond toe bring; *s.t.* **burns** *to the* ~ iets brand af; **burn** *s.t. to the* ~ iets afbrand; *that is* **common** ~ daaroor bestaan geen verskil nie; *they or we are on* **common** ~ ons *of* hulle is dit eens, ons *of* hulle stem saam; **cover** *the* ~ die terrein/veld dek; **cover** *much* ~, **cover** *a lot of* ~ 'n lang afstand aflê; 'n groot veld bestryk; veel omvat; **dash** *s.t. to the* ~ iets neergooi/neersmyt; *be* **dashed** *to the* ~ in duie stort/ val; ontmoedig wees; *it suits s.o.* **down** *to the* ~ § dit is so in iem. se kraal ⋆, dit is net so na iem. se sin, dit pas iem. uitstekend/volkome, dit kon iem. nie beter pas nie; **fall** *to the* ~ op die grond val; in duie stort/val, verongeluk; *HE has HIS* **feet** *on the* ~ HY staan op die platte van SY voete; *cut the* ~ *from under HIS* **feet** SY voete onder HOM uitslaan; *be on* **firm** ~ op vaste grond wees; ~ *(s) for* ... grond vir —; *from the* ~ *up* heelte= mal, geheel en al; **gain/make** ~ veld wen, vooruit= kom; **gain** ~ *upon s.o.* 'n voorsprong op iem. kry; **get** *off the* ~, *(lett.)* die lug ingaan; *(fig.)* § aan die gang kom, op dreef kom; **get** *s.t. off the* ~ § iets lanseer, iets aan die gang kry; **give** ~ padgee, wyk; die veld ruim; **go** *over the* ~ alles deurgaan; **go** *to* ~ in 'n gat kruip *('n dier)*; onderduik *('n mens)*; *HE* **holds/keeps/ stands** *HIS* ~ HY staan SY man, HY staan pal, HY hou stand, HY trap vas ⋆; *on* **humanitarian** ~*s* uit oorwe= gings van menslikheid; *on* **insubstantial** ~*s* op losse gronde; *HE* **keeps/holds/stands** *HIS* ~ →**holds/ keeps/stands; kiss** *the* ~ § in die stof byt; § in die stof kruip; **leave** *the* ~ opstyg; **level** *s.t. with the* ~ iets tot op die grond afbreek; iets gelykmaak; **lose** ~ agteruitgaan, veld verloor; **make/gain** ~ →**gain/ make; break new** ~ →**break; on** *the* ~ *(s) that* ... op grond daarvan dat —; *HE is on HIS* **own** ~ HY is op SY eie gebied; **prepare** *the* ~ aanvoorwerk doen; **raze** *s.t. to the* ~ iets tot op die grond afbreek; *HE has* **run** *HIMSELF into the* ~ § HY het HOM kapot gewerk ⋆; **run** *s.o. or s.t. of* iem. *of* iets opspoor; *HE is on* **shaky** ~ HY het geen grond onder SY voete nie *(fig.)*; **shift** *one's* ~ van standpunt verander; dit oor 'n ander boeg gooi; **solid** ~ vaste grond/aarde; *HE* **stands/hold/keeps** *HIS* ~ →**holds/keeps/stands; HE is** **sure** *of HIS* ~

HY is seker van SY saak; *s.t.* **sweeps** *the* ~ iets sleep op die grond; *be* **thick** *on the* ~ dik gesaai wees, volop wees; *be* **thin** *on the* ~ dun gesaai wees, skaars wees; *till the* ~ die grond bewerk/bebou; **touch** ~ grond= vat; die grond raak.

ground² [v.] ~ *s.t. on* ... iets op — grond/baseer.

ground³ [verl.dw.] *be* ~ *down by* ... verpletter wees onder —. →**grind.**

grounded *be well* ~ gegrond wees; *be well* ~ *in a subject* 'n goeie kennis van 'n vak hê, goed in 'n vak onderleg/onderlê wees.

ground floor *be/get in on the* ~ ~ § in alle voorregte deel.

grounding *have a good* ~ *in* ... 'n goeie kennis van — hê, goed in — onderleg/onderlê wees.

groundless *quite/utterly* ~ van alle grond ontbloot.

group¹ [n.] *in* ~*s* groepsgewys(e); *a* ~ *of people/etc.* 'n groep mense/ens.

group² [v.] ~ *together people* or *things* mense *of* dinge bymekaarsit; mense *of* dinge oor een kam skeer.

grouse ~ *about s.t.* § oor iets brom⋆/tjommel⋆/kla.

grovel ~ *before s.o.* voor iem. kruip.

grow ~ *away from s.o.* van iem. vervreem(d) raak; ~ *in* ingroei; ~ *into* ... tot — opgroei; *s.t.* ~*s on s.o.* iets kry hoe langer hoe meer vat op iem., iets val hoe langer hoe meer in iem. se smaak, iets boei iem. hoe langer hoe meer; ~ *out of s.t.* iets afleer *('n gewoonte)*; *s.t.* ~*s out of* ... iets spruit uit — voort, iets ontstaan uit —; ~ *to* ... — word; tot — aangroei; ~ *together* saam= groei, ineengroei, vasgroei; ~ *up* grootword *(iem.)*; ~ *up on s.t.* met iets grootword; ~ *up!* word groot!, moenie kinderagtig wees nie!

grower *it is a fast* or *slow* ~ dit groei vinnig *of* stadig.

growth *attain full* ~ volle wasdom bereik.

grudge¹ [n.] *bear s.o. a* ~, *have a* ~ *against s.o.* 'n wrok teen iem. hê/koester; *pay off an old* ~ 'n ou reke= ning vereffen *(fig.)*.

grudge² [v.] ~ *s.o. s.t.* iem. iets nie gun nie, iem. iets beny; *HE* ~*s HIMSELF nothing* HY ontsê HOM niks.

grumble ~ *about/at/over s.t.* oor iets kla/brom⋆/ tjommel⋆

guarantee¹ [n.] *a* ~ *against s.t.* 'n waarborg teen iets; *give a* ~ 'n w. gee; *make good a* ~ 'n w. gestand doen; *there is a* ~ *on s.t.* iets is gewaarborg; *s.t. is still* **under** ~ iets is nog onder w.

guarantee² [v.] ~ *s.t. against* ... iets teen — waar= borg.

guard¹ [n.] *HE has HIS* ~ *down, HIS* ~ *is down* HY is nie op SY hoede nie; *HE* **drops/lowers** *HIS* ~ HY laat SY vuiste *of* swaard sak; HY verswak in waaksaamheid; **keep** ~ *over* ... oor — wag hou/staan, — bewaak; **mount** *the* ~ die wag opstel/uitsit; **mount** ~ *over* ... oor — (gaan) wag staan; *HE is* **off** *HIS* ~ HY is nie op SY hoede nie, HY let/pas nie op nie; *catch HIM* **off** *(HIS)* ~ HOM onverhoeds betrap; *the* **old** ~ die ou garde; *be on* ~ (op) wag staan; *HE is* **on** *HIS* ~ *against* ... HY is op SY hoede/pasoppens teen —, HY pasop vir —; **post** *a* ~ 'n

wag opstel/uitsit; *put* HIM *on* HIS ~ *against* s.t. HOM
teen iets op SY hoede stel, HOM teen iets waarsku;
put/throw HIM *off* HIS ~ HOM gerus maak; *relieve
the* ~ die wag aflos; HE *slipped* HIS ~ HY het SY wag
ontglip (*'n gevangene*); *stand* ~ *over* ... oor — wag
staan; *take* ~ reg staan, in posisie gaan staan; *be
under* ~ onder bewaking wees.

guard² [v.] ~ *against* s.t. teen iets waak; ~ *s.o.* or *s.t.*
closely iem. *of* iets streng bewaak.

guarded *be closely* ~ streng bewaak word; *a close-
ly* ~ ... 'n streng bewaakte —; *be heavily* ~ sterk
bewaak word; *a heavily* ~ ... 'n sterk bewaakte —.

guess¹ [n.] *it's anybody's* ~ dis heeltemal onseker,
dit kan niemand weet nie; *at a (rough)* ~ na skatting;
by ~ op die gis, op goeie geluk (af); *an educated* ~ 'n
ingeligte raai(skoot); *have/make a* ~ raai; *hazard a*
~ 'n raai(skoot) waag; *it was a near* ~ dis amper raak
geraai; *make a rough* ~ min of meer skat; *make a
shrewd* ~ veilig raai; *a wild* ~ 'n blinde raaiskoot;
make a wild ~ sommer blindweg raai; *your* ~ *is as
good as mine* ons weet dit albei ewe min.

guess² [v.] ~ *at* s.t. na iets raai; *I* ~ ... § ek sou
dink/reken —; ~ *right* reg/raak raai; ~ *what?* raai
wat?; ~ *wrong* mis raai.

guessing *keep* s.o. ~ § iem. in die duister hou.

guest *have* ~s gaste hê; *be my* ~! § gaan gerus voort!;
an unbidden ~ 'n ongenooide gas.

guff *not take any* ~ *from* s.o. §§ geen teenpratery van
iem. wil hê nie.

guidance *for the* ~ *of* ... ter voorligting/inligting van
—; *give* ~ voorligting gee; *under the* ~ *of* ... onder
leiding van —.

guilt *pay an admission of* ~ 'n afkoopboete betaal;
admit/confess ~ skuld beken/bely; *a confession of*
~ 'n skuldbekentenis; *throw the* ~ *on* s.o. *else* die
skuld op iem. anders skuif/skuiwe.

guiltless *be* ~ *of* s.t. nie aan iets skuldig wees nie; nie
met iets kennis gemaak het nie.

guilty *as* ~ *as sin* doodskuldig; *find* s.o. ~ *of* s.t. iem.
aan iets skuldig bevind; *not* ~ onskuldig; *find* s.o. *not*
~ iem. onskuldig bevind, iem. vryspreek; HE *is* ~ *of*
s.t. HY is aan iets skuldig; HY maak HOM aan iets skul-
dig; *plead* ~ skuld erken, (*jur.*) skuldig pleit; *plead
not* ~ skuld ontken, (*jur.*) onskuldig pleit.

guise *in/under the* ~ *of* ... onder die skyn/masker
van —.

gull ~ *s.o. out of* s.t. met 'n kullery iets van iem. kry.

guip¹ [n.] *at a* ~ in een teug/sluk/hap.

gulp² [v.] ~ *down* s.t. iets inwurg; iets wegsluk.

gum¹ [n.] *by* ~! § gits! ★, deksels! ★

gum² [v.] ~ *down* s.t. iets toeplak; ~ *up the works* § 'n
stok in die wiel steek.

gum-tree *be up a* ~ § in 'n hoek wees, in die verknor-
sing/penarie/knyp wees/sit, met die hand in die hare
sit. →**tree.**

gun¹ [n.] HE *brings up* HIS *big* ~s HY bring SY sterk
argumente *of* voorstanders te voorskyn; *cock a* ~ 'n
geweer oorhaal; *discharge a* ~ 'n geweer *of* rewolwer
afvuur; *draw a* ~ 'n rewolwer uitpluk; *go great* ~s §
vinnig vorder; *jump the* ~ te vroeg wegspring, die
sein/teken voorspring; § iem. voorspring; *at the point
of a* ~ →**gunpoint;** *produce/pull a* ~ 'n rewol-
wer uitpluk/uithaal; *pull a* ~ *on* s.o. 'n rewolwer op
iem. rig; *reach for a* ~ 'n geweer *of* rewolwer gryp; *the
roar of* ~s kanongebulder; *serve the* ~s die geskut
bedien; *spike a* ~ 'n kanon vernael; *spike* s.o.'s ~s
iem. droogsit ★; vir iem. 'n stok in die wiel steek;
stand/stick to one's ~s voet by stuk hou, nie kopgee
nie; *train a* ~ *upon* ... 'n kanon op — rig.

gun² [v.] ~ *down* s.o. § iem. neerskiet, iem. plat skiet;
~ *for* s.o. § iem. (met 'n vuurwapen) agtervolg, op iem.
jag maak.

gunning *be/go* ~ *for* s.o. § iem. vervolg; § op iem.
pik ★, die geringste kans gebruik om iem. te kriti-
seer.

gunpoint *hold* s.o. *at* ~ iem. met 'n vuurwapen aan-
hou.

gush ~ *about/over* s.o. met iem. dweep; ~ *forth* uit-
stroom, uitspuit.

gust *in* ~s in/met/by vlae.

gusto *with* ~ smaaklik; geesdriftig.

guts *hate* s.o.'s ~ § die pes aan iem. hê ★, iem. nie kan
veel/verdra nie; *have the* ~ *to do* s.t. § die moed hê om
iets te doen; *have no* ~ § geen fut/ruggraat hê nie; HE
works HIS ~ *out* § HY werk HOM kapot ★

gutter *out of the* ~ van die straat af.

guy *the bad* ~s *and the good* ~s § die slegte ouens en
die goeie ouens ★; *a nice/regular* ~ § 'n gawe kêrel/
ou★; *a tough* ~ 'n hardekoejawel ★; *a wise* ~ § 'n
wysneus.

H

h *drop one's h's* die h weglaat.

habit *take to* **bad** ∼*s* slegte gewoontes aankweek/aan‑
leer; *break o.s. of a* ∼ 'n gewoonte afleer; *by* ∼ uit
gewoonte; *contract a* ∼ 'n g. aankweek/aanleer/aan‑
wen; *drop/fall into a* ∼ in 'n g. verval/raak, 'n g. aan‑
kweek/aanleer; *it is force of* ∼ dit is die mag van die g.;
by/from force of ∼ uit (pure) g.; *form a* ∼ 'n g. aan‑
kweek/aanleer; *from (force of)* ∼ uit (pure) g.; *get
into the* ∼ *of doing s.t.* 'n g. daarvan maak om iets te
doen; *get out of the* ∼ *to …* (die g.) afleer om te —; *s.t.
grows into a* ∼ iets word 'n g.; *grow out of a* ∼ 'n g.
afleer; *have a* ∼ *of doing s.t.* die g. hê om iets te doen;
be in the ∼ *of doing s.t.* gewoond wees om iets te doen,
die gewoonte hê om iets te doen; *kick a* ∼ § 'n g.
afwen/afleer; *make a* ∼ *of doing s.t.* 'n g. daarvan
maak om iets te doen; *master a* ∼ die oorhand oor 'n
g. kry; *that is a matter of* ∼ dit is 'n g.; *out of* ∼ uit g.;
pick up a ∼ 'n g. aankweek/aanleer; *a regular* ∼ 'n
vaste g.

habituate *HE* ∼*d HIMSELF to …* HY het HOM aan‑
gewen; ∼ *s.o. to s.t.* iem. aan iets gewoond maak.

hack ∼ *down s.t.* iets afkap/omkap; ∼ *off s.t.* iets
afkap.

hackles *get s.o.'s* ∼ *up*, *raise s.o.'s* ∼, *make s.o.'s* ∼
rise iem. se nekhare laat rys ★, iem. vererg; *HIS* ∼ *rise*
SY nekhare rys ★, HY vererg HOM; *with HIS* ∼ *up* op SY
agterpote/perdjie ★, strydlustig, veglustig.

had *it is to be* ∼ *at …* dit is by — te kry; *HE has been*
∼ §HY is geflous/gefop/gekul; *HE has* ∼ *it* §dis klaar‑
(praat) met HOM ★, SY doppie het geklap ★; *I have* ∼ *it* §
ek het genoeg daarvan; *HE* ∼ *to …* HY moes —, HY was
verplig om te —; *s.o. was* ∼ *up for s.t.* §iem. is oor iets
voor die hof gebring.

haggle ∼ *about/over s.t. with s.o.* met iem. oor iets
kibbel.

hail ∼ *s.o. or s.t. as …* iem. of iets as — herken; *s.o.* ∼*s
from …* iem. kom uit/van —, iem. is uit/van — afkom‑
stig.

hair *escape by a* ∼*'s breadth* naelskraap(s)★/ternouer‑
nood ontkom; *HE missed another car by a* ∼*'s breadth*
dit was (so) op 'n haar na of HY het teen 'n ander motor
gebots; *to a* ∼*'s breadth* op 'n haar; *make s.o.'s* ∼ *curl*
§iem. skok; *cut* ∼ hare knip/sny; *do s.o.'s* ∼ iem. se
hare kap/opmaak/opdoen; *HE takes a* ∼ *of the dog that
bit HIM* §HY drink 'n regmakertjie; *get in/into s.o.'s* ∼ §
iem. irriteer/vererg; *not harm a* ∼ *on s.o.'s head* geen
haar op iem. se hoof krenk nie, iem. geen leed aandoen
nie; *have a head of* ∼ 'n bos hare hê; *keep your* ∼ *on!*
§ moenie op jou perdjie klim nie! ★, bedaar!, moenie
kwaad word nie!; *she lets her* ∼ *down*, *(lett.)* sy maak
haar hare los, sy laat haar hare hang; *HE lets HIS* ∼

down, *(fig.)* § HY breek los, HY is ongebonde/onge‑
dwonge/uitgelate; *she makes up her* ∼ sy maak haar
hare op; *HE parts HIS* ∼ *in the middle* HY kam SY hare
(met 'n) middelpaadjie, HY dra SY hare (met 'n) mid‑
delpaadjie; *not a* ∼ *out of place* piekfyn; *she puts up
her* ∼ sy kam/sit haar hare op; *shed* ∼ verhaar; *have
s.o. by the short* ∼*s* §§iem. in 'n hoek hê; *split* ∼*s* hare
kloof/klowe, haarkloof, haarklowe; *s.o.'s* ∼ *stands on
end* iem. se hare rys, iem. se hare staan orent/regop;
make s.o.'s ∼ *stand on end* iem. se hare (te berge) laat
rys, iem. se hare orent/regop laat staan; *stroke s.o.'s*
∼ iem. se hare streel, oor iem. se hare stryk; *HE tears
HIS* ∼ §HY trek SY hare uit (sy kop) ★; *s.o.'s* ∼ *is thin‑
ning* iem. se hare word yl/min, iem. se hare is aan die
uitval; *tousled* ∼ deurmekaar hare; *not turn a* ∼
geen spier vertrek nie, doodbedaard bly, doodluiters
wees, ewe ongeërg wees.

haircut *HE has a* ∼ HY laat SY hare knip/sny; *HE needs
a* ∼ HY moet SY hare laat knip/sny.

hale ∼ *and hearty* fris en gesond, perdfris.

half¹ [n.] *a* ∼ 'n helfte; die helfte; ∼ *and* ∼ om die
helfte; ∼ *an apple* 'n halwe appel; *the better* ∼ die
grootste helfte; die beste helfte; *s.o.'s better* ∼ §iem.
se wederhelf(te), iem. se ou beste ★; *cut s.t. in* ∼ iets
middeldeur sny, iets in die helfte sny; *give s.o.* ∼ *of …*
iem. die helfte van — gee; *give s.o. a* ∼ *of …* iem. 'n
halwe — gee; *in* ∼ middeldeur; ∼ *a litre* 'n halfliter,
'n halwe liter; *not the* ∼ *of it* (nog) nie al nie; ∼ *of …*
die helfte van —; *one and a* ∼ … anderhalf/anderhal‑
we —; *at* ∼ *the price* vir/teen die helfte van die prys;
reduce s.t. by ∼ iets met die helfte verminder; *tear
s.t. in* ∼ iets middeldeur skeur, iets in twee skeur; ∼
the … die helfte van die —. →**halves.**

half² [adj. & adv.] *be* ∼ *as big as …* die helfte so groot
as — wees; ∼ *as much again* die helfte meer, ander‑
half maal soveel; *not* ∼ §baie, nie ('n) bietjie nie; *(iro‑
nies)* §glad/hoegenaamd nie, o nee!; §dit wil ek hê! ★;
∼ *past five* halfses.

half-cock *go off at* ∼ ontydig afgaan; deur voorbarig‑
heid misluk.

half-mast *the flag is flying at* ∼ die vlag hang half‑
stok.

half-seas *be* ∼ *over* §hoenderkop wees ★

halfway *meet s.o.* ∼ iem. tegemoetkom.

halt *bring s.t. to a* ∼ iets tot stilstand bring; *call a* ∼
halt hou/maak; halt kommandeer/roep; *call a* ∼ *to s.t.*
'n end/einde aan iets maak, iets stopsit; *come to a* ∼
tot stilstand kom, halt hou/maak; *grind to a* ∼ (sta‑
dig) tot stilstand kom.

halves *by* ∼ om die helfte; vir die helfte; *do s.t. by* ∼
iets (maar) half doen; *do nothing by* ∼ alles deeglik

doen; **cry** ~ 'n deel vra, die helfte vra; *they go* ~ §
hulle deel gelykop; *go* ~ *with s.o.* §iets met iem. gelyk=
op deel; *in* ~ in twee gelyke dele.

ham ~ *up s.t.* iets oorspeel *(uitspr.: oorspeel) (op die
toneel)*.

hammer[1] [n.] *s.t.* **comes/goes** *under the* ~ iets kom
onder die hamer, iets word opgeveil; *throw(ing) the*
~ hamergooi; *go at s.t.* ~ *and tongs* §iets met (alle)
mag/geweld aanpak, iets met alle mag en krag aanpak;
go for s.o. ~ *and tongs* § iem. verwoed aanval, iem.
met die kaal vuis bydam; iem. trompop loop.

hammer[2] [v.] ~ *away at s.t.* aan iets swoeg; ~
down s.t. iets vasspyker; ~ *s.t.* **into** *s.o.*, ~ *s.t.* **into**
s.o.'s head iets by iem. inhamer, iets in iem. se kop
indreun; ~ *out s.t., (lett.)* iets uitklop; *(fig.)* iets uit=
werk/uitprakseer *(bv. 'n plan, 'n ooreenkoms)*.

hammering *take a* ~ § 'n loesing/pak kry, 'n pak
slae kry, 'n groot nederlaag ly.

hammock *swing a* ~ 'n hangmat ophang.

hand[1] [n.] *accept s.o.'s* ~ *(in marriage)* iem. die ja=
woord gee; *on all* ~s aan alle kante; van alle kante;
allersyds; *ask a woman's* ~ *(in marriage)* 'n vrou om
haar hand vra; *s.t. is at* ~ iets is byderhand *(bv. 'n
artikel, hulp)*; iets is op hande, iets staan voor die deur
('n gebeurtenis); *at s.o.'s* ~s deur iem. se toedoen *(bv.
ly, sterf)*; *know a place like the* **back** *of one's* ~ 'n plek
deur en deur ken; *be a* **bad** ~ *at s.t.* swak wees in iets;
with HIS **bare** ~s met (SY) kaal hande; *give s.o. a* **big/
good** ~ §iem. hartlik toejuig; *bite the* ~ *that feeds one*
goedheid met ondank beloon, stank vir dank gee; *by*
~ met die hand; met die h., per bode, in hande *(op 'n
brief)*; **change** ~s verkoop/verhandel word, van eie=
naar verwissel, in ander h.e oorgaan; *HE* **clasps** *HIS*
~s HY vou/knyp SY h.e saam; *they* **clasp** ~s hulle druk
mekaar die h.; *s.o.'s* ~s *are* **clean** iem. het nie skuld
nie; *s.t. is* **close/near** *at* ~ iets is baie naby *(plek)*;
iets is byderhand; iets is op hande, iets staan voor die
deur *(tyd)*; **come** *to* ~ opdaag, ter hand kom, voor
die h. kom; *HE* **cups** *HIS* ~s HY hou SY h.e bak; *be a*
dab ~ *at* ... § 'n ervare — wees; knap/vernuftig wees
met —; *die at the* ~ *of s.o.* deur iem. gedood word; *win*
~s **down** §fluit-fluit★/loshand(e)★/maklik wen; *draw
out of* ~ loshand teken; **eat** *out of s.o.'s* ~ gedwee
wees; *on* **every** ~ aan alle kante; **fall** *into s.o.'s* ~s in
iem. se hande val; **feed** *out of s.o.'s* ~ uit iem. se hand
eet *(lett.)*; *with a* **firm** ~ beslis; *write a* **firm** ~ 'n
vaste handskrif hê, met 'n vaste hand skryf/skrywe; *at*
first ~ uit die eerste hand, direk; *s.t. is increasing* ~
over **fist/hand** iets neem h. oor h. toe; *with the* **flat** ~
met die plat h.; *with* **folded** ~s met gevou(d)e h.e, met
die h.e in die skoot; *wait on/upon s.o.* ~ *and* **foot,** *serve
s.o.* ~ *and* **foot** iem. slaafs dien; *be tied* ~ *and* **foot** aan
hande en voete gebind wees, magteloos wees; **force**
s.o.'s ~ iem. dwing/genoodsaak; *have a* **free** ~ vry(e)
spel hê; *give s.o. a* **free** ~ aan iem. vry(e) spel laat/gee;
HE has HIS ~s **full** HY het SY hande vol, HY het dit
druk, HY het baie te doen, HY is baie besig; *get one's* ~

in gewoond raak, op dreef/stryk kom; **get** *one's* ~s *on
s.o. or s.t.* iem. *of* iets in die hande kry; **get** *out of* ~
→**out;** **give/lend** *s.o. a* ~ hand bysit; **given** *under
s.o.'s* ~ *and seal* →**seal;** *give s.o. the* **glad** ~ §iem.
hartlik verwelkom; *be* ~ *in* **glove** *with s.o.* kop in een
mus met iem. wees; *be a* **good** ~ *at s.t.* goed wees
in/met iets; *hold a* **good** ~ goeie kaarte hê; *be in* **good**
~s in goeie hande wees; *be a* **great** ~ *at s.t.* knap/ver=
nuftig wees met iets; *have a* ~ *in s.t.* 'n aandeel in iets
hê, die/'n hand in iets hê; *have s.t. in* ~ met iets besig
wees; *have s.t. well in* ~ iets goed in bedwang hê; *be*
heavy *on the* ~ swaar op die hand wees; *with a* **heavy**
~ hardhandig; *extend/give/lend a* **helping** ~ hand by=
sit; *with a* **high** ~ eiegeregtig, eiemagtig; aanmati=
gend, willekeurig; **hold** ~s hande vat; hande/handjies
vashou; *HE* **holds** *HIS* ~ HY neem 'n afwagtende hou=
ding aan, HY hou SY optrede terug; *HE* **holds** *out HIS*
~ *to s.o.* HY steek/strek SY hand na iem. uit, HY reik
iem. die h.; *HE has s.o. in the* **hollow** *of HIS* ~ HY het
iem. volkome in SY mag; *in* ~ in hande; onder hande;
in voorbereiding; ~ *in* ~, *(lett.)* h. in h.; *s.t. goes* ~ *in*
~ *with* ..., *(fig.)* iets gaan saam met —, iets gaan met
— gepaard, iets gaan h. aan h. met —; *the matter* **in** ~
die onderhawige saak; *money* **in** ~ geld in kas; *it is well
in* ~ daar word goed mee gevorder; *rule with an* **iron**
~ met 'n ystervuis regeer; **join** ~s mekaar die hand
gee; by mekaar aansluit; saamspan, saamwerk; gemene
saak maak; **keep** *one's* ~ *in* in oefening bly; **keep** *your*
~s *off it!* hou jou hande tuis!; **kiss** ~s, **kiss** *the* ~ 'n
handkus gee; **lay** ~s *on/upon s.o.* iem. in die hande kry;
iem. aanpak/beetkry/beetpak; **lay** ~s *on/upon s.t.* iets
in die hande kry; iets vat; *HE cannot* **lay** *HIS* ~ *on it* HY
kan dit nie kry/opspoor nie; *HE* **lays** ~s *on HIMSELF*
HY slaan SY hand aan SY eie lewe; **leave** *s.t. in s.o.'s* ~s
iets aan iem. oorlaat; *the* **left** ~ *does not know what the
right* ~ *is doing* die linkerhand weet nie wat die regter=
hand doen nie; **lend/give** *a* ~ →**give/lend;** *HE*
lifts/raises *HIS* ~ HY lig SY hand, HY tel SY h. op; *HE*
lifts/raises *HIS* ~ *against s.o.* HY lig/tel SY h. teen
iem. op; *HE* **plays** *a* **lone** ~ HY speel SY eie spel, HY
werk op SY eentjie; *the* **long** ~ die lang wys(t)er *(van
'n horlosie/oorlosie)*; *live from* ~ *to* **mouth** van die
hand in die tand leef/lewe, 'n sukkelbestaan voer;
near/close *at* ~ →**close/near;** *a* **new** ~ 'n nuwe=
ling; *the matter is* **off** *HIS* ~s HY is klaar met die saak,
HY is van die las ontslae; ~s **off**!! hande tuis!; **oil** *s.o.'s*
~ iem. omkoop, iem. se hande smeer; *be an* **old** ~ *at
s.t.* baie ondervinding van iets hê, in iets gekonfyt
wees ★; handig met iets wees; *s.t. is* **on** ~ iets is in
voorraad, iets is voorhande, iets is byderhand; iets is
aan die kom, iets is op hande, iets staan voor die deur;
s.o. is **on** ~ iem. is aanwesig/teenwoordig; *have s.t. on
one's* ~s met iets opgeskeep/opgesaal sit; met iets te
kampe hê *(bv. 'n krisis)*; *on the* **one** ~ aan die een kant,
enersyds; *have an* **open** ~ 'n oop hand hê, goedgeefs/
gulhartig/mededeelsaam/rojaal/vrygewig wees; *on the
other* ~ aan die ander kant, andersyds, daarteenoor;

out of ~ →*refuse, reject; the matter is* **out** *of s.o.'s*
~*s* iem. is van die saak ontslae, iem. dra nie die verant=
woordelikheid vir die saak nie; iem. kan niks in ver=
band met die saak doen nie; *be* or *get* **out** *of* ~ handuit
wees *of* ruk, onregeerbaar wees *of* word; op loop wees
of gaan; rumoerig wees *of* word; *s.o.'s* **outstretched**
~ iem. se uitgestrekte/uitgestoke hand; ~ **over** ~/*fist*
→*fist/hand;* **overplay** *one's* ~ te veel waag, te ver/
vêr gaan, dit te ver/vêr dryf; *HE died by HIS* **own** ~ HY
het SY hand aan SY eie lewe geslaan; *HE* **passes** *HIS* ~
over s.t. HY stryk SY h. oor iets; **play** *into s.o.'s* ~*s* in
iem. se kaarte speel, iem. se planne bevorder; *HE* **puts**
HIS ~ *in HIS* **pocket,** *(lett.)* HY steek SY hand in SY
sak; *(fig.)* HY spandeer geld; HY dra fluks by; *put s.t. in*
~ iets aan die gang sit, iets aanpak, iets ter hand neem;
HE **puts** *out HIS* ~ HY steek SY h. uit; *HE* **puts** *up HIS*
~, *HE* **raises** *HIS* ~ HY steek SY h. op; **raise/lift** *one's*
~ →*lift/raise;* **reach** *out a* ~ 'n h. uitsteek; *with*
red ~*s* met bloedbevlekte hande; **refuse** *s.t. out of* ~
iets botweg weier; **reject** *s.t. out of* ~ iets sonder meer
verwerp, iets voor die voet verwerp; *be s.o.'s* **right** ~
iem. se regterhand wees; *HE* **rubs** *HIS* ~*s* HY vryf SY
hande; *HE* **rubs** *HIS* ~*s with joy* HY verkneukel/ver=
kneuter HOM; *a picture by the* **same** ~ 'n skildery van
dieselfde hand; *I cannot* **say** *out of* ~ ek kan nie uit die
vuis sê nie; *given under s.o.'s* ~ *and* **seal** deur iem.
geteken en geseël/verseël; *at* **second** ~ uit die tweede
hand; *they* **shake** ~*s* hulle gee mekaar die hand, hulle
groet mekaar met die h.; **shake** ~*s with s.o.,* **shake** *s.o.*
by the ~, **shake** *s.o.'s* ~ iem. handgee, iem. die hand
gee, iem. met die h. groet, iem. se h. skud; **shake** ~*s!* §
vat so! ⋆; **shake** ~*s on s.t.* § iets met 'n handdruk be=
klink; *s.o.'s* ~ **shakes** iem. se hand beef/bewe; *the*
short ~ die kort wys(t)er *(van 'n horlosie/oorlosie);*
HE **shows** *HIS* ~ HY laat SY kaarte sien; *vote by* **show**
of ~*s* stem deur die opsteek van hande, stem deur die
h.e op te steek; *HE* **sits** *on HIS* ~*s* § HY doen niks; *keep*
a **slack** ~ laks wees, sake hul eie gang laat gaan;
squeeze *s.o.'s* ~ iem. se hand druk; *a* **steady** ~ 'n
vaste h.; **strengthen** *s.o.'s* ~ *(s)* iem. se h.e sterk;
take *a* ~ *in s.t.* in iets ingryp; aan iets deelneem; met
iets help; *HE* **takes** *s.o. by the* ~ HY neem iem by die
hand; HY neem iem. aan onder SY sorg; **take** *s.t. in* ~ iets
aanpak/onderneem; *HE* **takes** *s.o. in* ~ HY neem iem.
onder SY sorg; HY hou iem. in toom; **take** *the law into*
one's own ~*s* eie reg gebruik, eiemagtig optree; *HE*
takes *HIS life into HIS* ~*s* HY waag SY lewe, HY stel SY
lewe in gevaar; **take** *your* ~*s off me!* los my!, (hou jou)
hande tuis!; *set one's* ~ *to the* **task** die werk aanpak,
aan die werk spring, die hand aan die ploeg slaan; *the*
task *on* ~ die taak voor HOM; **throw** *in one's* ~ tou
opgooi, opgee, die saak gewonne gee; *HE* **throws** *up*
HIS ~*s* HY hendsop, HY steek SY hande op; HY maak 'n
wanhoopsgebaar; **tie** *s.o.'s* ~*s, (lett.)* iem. se hande
vasbind; *(fig.)* iem. bind/beperk; *s.o.'s* ~*s are* **tied** §
iem. se hande is afgekap ⋆, iem. is magteloos; *s.t. is to*
~ iets is byderhand; ~ **to** ~ van hand tot hand; **try**

one's ~ *at s.t.* probeer om iets te doen; *not do a* ~*'s*
turn niks doen nie; **turn** *one's* ~ *to s.t.* iets aanpak/
aanvat; *HE can* **turn** *HIS* ~ *to anything* HY kan alles
aanpak/aanvat; ~*s up!* hande in die lug!, (steek jou of
julle) h.e op!; *give s.o. a* ~ *up* iem. ophelp; iem. op die
been help; *get* or *have the* **upper** ~ *of/over s.o.* die
oorhand oor iem. kry *of* hê; *HE lays* **violent** ~*s on s.o.*
HY tree gewelddadig teen iem. op; HY vergryp HOM aan
iem; *HE has to* **wash** *HIS* ~ § HY moet 'n draai(tjie)
loop ⋆; *HE* **washes** *HIS* ~*s of s.o.* HY onttrek HOM aan
iem., HY trek SY hande van iem. af; *HE* **washes** *HIS* ~*s*
of s.t. HY was SY h.e in onskuld omtrent iets, HY aan=
vaar geen verantwoordelikheid vir iets nie, HY wil niks
(meer) met iets te doen hê nie; *have a* **weak** ~ slegte
kaarte hê; *win a woman's* ~ die jawoord van 'n vrou
kry; *work on* ~ werk voorhande; onvoltooide werk;
many ~*s make light* **work** (P) baie hande maak ligte
werk (P); **wring** *s.o.'s* ~ iem. 'n stywe handdruk gee;
HE **wrings** *HIS* ~*s* HY wring SY h.e.

hand² [v.] ~ *around/round s.t.* iets rondgee/rond=
dien; ~ *back s.t.* iets teruggee; ~ *down s.t.* iets aan=
gee; iets oorlewer *('n tradisie);* iets lewer *('n uit=*
spraak); ~ *down* s.o. iem. afhelp; ~ *in s.t.* iets
indien/ingee/inlewer; ~ *off s.o.* iem. afstamp/afweer;
~ *on s.t.* iets aangee; iets oorlewer *('n tradisie);* ~
out s.t. iets uitreik/uitgee/uitdeel; iets present gee; ~
over s.t. iets oorhandig; iets oordra; iets oorgee/afgee;
~ *over s.o.* iem. uitlewer; ~ *round/around s.t.*
→*around/round;* ~ *s.o. s.t.,* ~ *s.t. to s.o.* iets aan
iem. oorhandig; iets vir iem. aangee; ~ *it to s.o.* § iem.
iets ter ere nagee.

handful *a* ~ *of people* 'n handjie vol mense.

handicap *overcome a* ~ 'n gebrek te bowe kom; 'n
agterstand inhaal.

handle *fly off the* ~ § opvlieg, opstuif, vlam vat ⋆,
woedend word; *have a* ~ *to one's name* § 'n titel hê.

handshake *a firm* ~ 'n stewige/ferme handdruk; *get*
a golden ~ 'n groot uittreebetaling kry; *give s.o. a*
golden ~ iem. 'n groot uittreebetaling gee.

handsome ~ *is as* ~ *does* (P) mooi blyk is mooier as
mooi lyk.

handy *come in* ~ (goed) te pas kom; *HE is* ~ *with HIS*
fists HY kan goed vuisslaan.

hang¹ [n.] *get the* ~ *of s.t.* § die slag van iets kry; § iets
verstaan/snap.

hang² [v.] ~ *about/around* rondhang, rondstaan,
rondslenter; ~ *it all!* § vervlaks ⋆, verdomp! ⋆; ~ *back*
agterbly; aarsel; agteraan kom; *(you)* **go** ~! §§ loop na
die duiwel! ⋆⋆; ~ *in there* § vasbyt ⋆; ~ *in there!* § byt
vas! ⋆; ~ *on* § vashou; § vasklou; § aanhou, uithou; §
aanbly, aanhou, vashou *(telef.);* ~ *on!* § hou vas!; §
wag ('n bietjie)!; § bly/hou aan!, hou vas! *(telef.);* ~
on to ... § aan — vasklou; ~ *on like grim death* § op
dood en lewe vasklou; ~ *on/upon s.o.'s lips/words* aan
iem. se lippe hang; *the picture* ~*s on the wall* die prent
hang aan/teen die muur; ~ *out somewhere* § êrens uit=
hang ⋆/woon; *HE lets it all* ~ *out* §§ HY leef/lewe HOM

uit; ~ *out* *s.t.* iets (buite) ophang *(bv. die wasgoed)*; *s.t.* ~*s* over *s.o.* →**head;** ~ *together* saamhang; saamstaan; ~ *up* afbel *(telef.)*; ~ *up* on *s.o.* iem. afsny *(oor die telef.)*; ~ *up* *s.t.* iets ophang. →**hung.**

hanged *I'll be* ~ *if I do it* §ek sal dit verduiwels/vervlaks nie doen nie ⋆

hangover *s.t. is a* ~ *from* … iets is 'n oorblyfsel van —; *have a* ~ bab(b)elas hê *of* wees.

hang-up *have a* ~ *about* *s.t.* §'n obsessie oor iets hê.

hanker ~ *after/for* *s.t.* na iets hunker, iets begeer.

hankering *a* ~ *after/for* *s.t.* 'n hunkering/begeerte na iets.

happen ~ *along* toevallig daar aankom; *as it* ~*ed* HE *was there*, *it so* ~*ed* HE *was there* HY was toevallig daar; ~ *on* … op — afkom, — raak loop, — teëkom/ teenkom; *s.t.* ~*s to* *s.o.* iets kom iem. oor, iets gebeur met iem.; *s.o.* ~*s to do* *s.t.* iem. doen toevallig iets.

happy *s.o. is* ~ *about* *s.t.* iem. hou van iets, iets geval iem.; *as* ~ *as the day is long*, *(as)* ~ *as a lark*, *(as)* ~ *as a sandboy* so vrolik soos 'n voëltjie, doodgelukkig; *make* *s.o.* ~ iem. bly maak; *be* ~ *to do* *s.t.* iets graag doen, iets met genoeë doen; *be* ~ *with* *s.t.* met iets tevrede wees; oor iets tevrede wees.

harbour *in* ~ in die hawe; *put into a* ~ 'n h. binnevaar.

hard *(as)* ~ *as nails* klipsteenhard *(fig.)*, so taai soos 'n ratel; in uitstekende kondisie; *(as)* ~ *as stone* kliphard; ~ *by/upon* … digby —; ~ *and fast* onbuigsaam; *a* ~ *and fast rule* 'n vaste/bindende reël; *be* ~ *on* *s.t.* iets verniel, iets ru behandel; *be* ~ *on* *s.o.* iem. hard/streng/straf behandel; *s.t. is* ~ *on* *s.o.* iets is vir iem. moeilik; *find* *s.t.* *pretty* ~ § iets nogal moeilik vind; *be* ~ *up* platsak wees ⋆, in geldnood wees; ~ *up against* … styf teenaan —; ~ *upon* … kort agter —; kort na —.

hardness *the degree of* ~ die hardheidsgraad.

hare *run with the* ~ *and hunt with the hounds* blaf met die honde en huil met die wolwe, by almal in die guns probeer bly, op twee stoele probeer sit.

hark ~ *back to* *s.t.* op iets terugkom; na iets terugverlang; ~ *back to the past* die verlede weer oproep.

harm *inflict (grievous) bodily* ~ (ernstige) letsel toebring; *come to* ~ iets oorkom; *come to no* ~ niks oorkom nie; *do* ~ kwaad doen; skade aanrig/berokken/doen; *it can do* HIM *no* ~ HY kan niks daarvan oorkom nie, dit kan HOM nie/geen kwaad doen nie; *no* ~ *done* dis niks; *intend/mean no* ~ geen kwaad bedoel nie, dit goed bedoel; *there's no* ~ *in trying* dit kan nie/geen kwaad doen om te probeer nie; *think no* ~ geen kwaad vermoed nie; *out of* ~*'s way* buite gevaar, in veiligheid, veilig; *keep out of* ~*'s way* uit die gevaar bly; *keep* *s.o.* *out of* ~*'s way* iem. uit die gevaar hou.

harmless *render* *s.t.* ~ iets onskadelik maak.

harmony *be in* ~ *with* … met — in ooreenstemming wees; *they live in* ~ hulle kom goed (met mekaar) oor die weg.

harness[1] [n.] *die in* ~ in die tuig sterf; *in* ~ aan die werk; *work in* ~ *with* *s.o.* met iem. saamwerk.

harness[2] [v.] ~ *horses to a wagon* perde voor 'n wa span.

harp ~ *on (about)* *s.t.* steeds weer op iets terugkom, voortdurend oor iets praat.

harvest *have a bad/poor* ~ 'n misoes hê; *gather the* ~ die oes insamel/binnehaal; *reap a* ~ 'n oes maak/wen.

has →**have**[2].

hash[1] [n.] *make a* ~ *of* *s.t.* §iets verbrou; *settle* *s.o.'s* ~ § met iem. afreken/klaarspeel⋆

hash[2] [v.] ~ *s.t.* *up* §iets verbrou.

haste *in* ~ haastig, inderhaas, in haas; *in great/hot* ~ in aller yl; in vlieënde haas; HE *makes* ~ HY maak gou, HY haas HOM, HY roer HOM ⋆, HY roer SY litte/ riete ⋆; *make* ~ *slowly* (P) haas jou langsaam (P); *(the) more* ~, *(the) less speed* (P) hoe meer haas, hoe minder spoed (P), haastige spoed is selde goed (P), haastige hond verbrand sy mond (P); *undue* ~ buitensporige haas, oorhaastigheid.

hasten ~ *away* haastig vertrek; ~ *back* haastig terugkom; ~ *off* haastig vertrek; ~ *to add that* … dadelik byvoeg dat —.

hat *a bad* ~ § 'n gemene vent; HE *cocks* HIS ~ HY toon SY hoed, HY slaan SY h. op, HY sit SY h. skeef op; *knock* *s.o.* *into a cocked* ~ §iem. opdons/kafloop/vermorsel ⋆, iem. kort en klein slaan, iem. pap slaan, iem. 'n afgedankste pak gee; *do* *s.t.* *at the drop of a* ~ iets op die daad doen; *then I'll eat my* ~ §dan wil ek my naam nie hê nie; ~ *in hand* met die hoed in die hand, beleef(d); HE *hangs up* HIS ~ *in* … §HY neem SY intrek in —; *keep it under your* ~! § hou dit dig!, hou dit onder ons meisies! ⋆; ~*s off to* …! hoede af vir —!; *s.t. is old* ~ § iets is afgesaag/uitgebak/uitgedien(d)/verouderd, iets is outyds, iets is uit die ou(e) doos; *pass/ send the* ~ *round* met die hoed rondgaan, die hoed laat rondgaan, 'n kollekte hou; *put on a* ~ 'n hoed opsit; HE *raises* HIS ~ *to* *s.o.*, HE *takes off* HIS ~ *to* *s.o.* HY haal SY hoed vir iem. af *(lett. & fig.)*; HY bewonder iem.; HE *removes* HIS ~ HY haal SY hoed af; HE *throws/tosses* HIS ~ *into the ring* HY werp HOM in die stryd, HY tree tot die stryd toe; *take off one's* ~ →**raises;** HE *talks through* HIS ~ §HY praat kaf ⋆, HY praat deur SY nek ⋆; HE *tilts* HIS ~ HY dra SY hoed skuins; HE *tips* HIS ~ *to* *s.o.* HY lig SY hoed vir iem.; *wear two* ~*s* 'n dubbele funksie vervul; HE *wears a* ~ HY dra hoed; HY het 'n hoed op.

hatch[1] [n.] *batten down the* ~*es* die luike vasskroef; alles in veiligheid bring, alle voorsorg tref; *down the* ~! § daar gaat hy! ⋆, drink leeg jul glase!

hatch[2] [v.] ~ *(out)* *s.t.* iets uitbroei *(bv. eiers, planne)*; ~ *up* *s.t.* iets uitbroei *(bv. planne)*.

hatchet *bury the* ~ die strydbyl begrawe, die swaard in die skede steek.

hate[1] [n.] *s.o.'s* ~ *for/of* … iem. se haat jeens/teen —; *s.t. is* *s.o.'s pet* ~ §iem. kan iets nie verdra nie, iem. het aan iets 'n broertjie dood ⋆

hate² [v.] ~ *s.o. like poison/sin* iem. soos die pes haat, iem. soos gif haat; *I* ~ *to* … ek moet tot my spyt —.
hated *the best* ~ … die mees gehate —.
haul¹ [n.] *it's a long* ~ *to* … dis ver/vêr na —; *over the long* ~ op die duur.
haul² [v.] ~ *down* s.t. iets neerhaal/stryk *('n vlag)*; ~ *in* s.t. iets binnehaal; HE ~s *off and hits me* §HY haak af en slaan my; ~ *out* s.t. iets uithaal/uitsleep/uittrek; ~ *up* s.t. iets ophaal/ophys/optrek; ~ *up* s.o. § iem. voor die hof bring; § iem. voor stok kry.
haunches *on* HIS ~ op SY hurke, gehurk; HE *sits on* HIS ~ HY hurk, HY sit op SY hurke.
have¹ [n.] *the* ~s *and the have-nots* dié wat baie het en dié wat niks het nie, die besitters en die niebesitters, die rykes en die armes.
have² [v.] HE *has money about* HIM HY het geld by HOM; ~ *s.t. against* s.o. iets teen iem. hê; ~ *at* s.o. iem. aanval/inklim*; ~ *s.o. around/over/round* iem. onthaal; iem. uitnooi; ~ *back* s.t. iets terugkry; ~ *back* s.o. iem. terugneem; *I* ~ *it from* … — het my gesê/vertel; HE *has to* ~ *it* HY moet dit hê; ~ *s.t. for breakfast/etc.* iets vir ontbyt/ens. eet; ~ *s.o. (in) for/ to dinner/etc.* iem. as gas vir aandete/ens. hê; ~ *s.o. in* besoek ontvang; *s.o. has the builders in* die bouers werk by iem., die bouers werk aan iem. se huis; ~ *it in for s.o.* §'n/die pik op iem. hê *; HE *has it in* HIM dit sit in HOM, HY is die man daarvoor; dit sit in SY bloed; HE *doesn't* ~ *it in* HIM dit sit nie in SY broek nie *; *s.o. will* ~ *it that* … iem. hou vol dat —; *as Plato has it* soos Plato sê; *tradition has it that* … volgens die oorlewering het *of* is —; *let* s.o. ~ *it, (lett.)* dit aan/vir iem. gee; *(fig.)* §iem. opdons *; §op/teen iem. lostrek; *you* ~ *me there!, there you* ~ *me!* §nou het jy my vas!, daarop het ek geen antwoord nie!; ~ *no Greek* geen Grieks ken nie; ~ *s.t. on* iets aanhê *(klere)*; iets te doen hê, met iets besig wees, iets aan die gang hê; 'n afspraak hê, van plan wees om iets te doen; ~ *s.o. on* § iem. vir die gek hou, iem. flous/fop; ~ *s.t. on* s.o. §iets teen iem. weet, iets teen iem. kan inbring; ~ *nothing on* s.o. § niks teen iem. weet nie, niks teen iem. kan inbring nie; HE *has it on* HIM HY het dit by HOM; ~ *s.t. out* iets laat uithaal *(bv. mangels)*; iets laat trek *('n tand)*; ~ *it out with* s.o. § dit met iem. uitpraat/uitspook; ~ *s.o. over* iem. oorvra; ~ *s.t. over* s.o. 'n voorsprong op iem. hê; *s.o. has to do* s.t. iem. moet iets doen; iem. is verplig om iets te doen; HE *will just* ~ *to,* HE *will jolly well* ~ *to* HY sal maar mooitjies moet; ~ *s.o. (in) to/for dinner/etc.* →*for/to; you* ~ *to* … jy moet —; *you* ~ *to* …, *one has to* … jy moet —, *('n)* mens moet—; ~ *s.o. up* iem. laat kom, iem. ontbied; § iem. voor die hof bring, iem. voorbring; *and what* ~ *you* §en wat dies meer sy, ensovoort; HE *has it with* HIM HY het dit by HOM.
havoc *cause/wreak* ~ verwoesting aanrig/saai *(bv. 'n storm); play/wreak* ~ *with* s.t. iets verwoes; 'n verwoestende uitwerking op iets hê; iets in die war stuur *(bv. planne)*.

hay *hit the* ~*/sack* § in die kooi kruip *, (gaan) inkruip *, gaan slaap; *make* ~ hooi maak/oopgooi; *make* ~ *while the sun shines* (P) smee die yster so lank dit warm is (P).
haywire *go* ~ §deurmekaar raak, gek word.
hazard *at/in* ~ in gevaar; s.t. *is a* ~ *to* s.o. iets is 'n gevaar vir iem.
haze¹ [n.] *be in a* ~ in 'n dwaal wees, benewel(d) wees.
haze² [v.] ~ *over* wasig raak/word.
head¹ [n.] s.t. *is above* s.o.'s ~ iets is bo(kant) iem. se begrip/vuurmaakplek*; *be at the* ~ eerste/vooraan/ voorop staan/wees, op die voorpunt wees; *be at the* ~ *of* … aan die hoof van — staan; op die voorpunt van — wees; *at the* ~ *of the list* boaan die lys; HE *talks through the back of* HIS ~ §HY praat deur SY nek *, HY praat kaf *; *beat* s.t. *into* s.o.'s ~ iets in iem. se kop (in)hamer; *bite/snap* s.o.'s ~ *off* §iem. afjak/afsnou; *go and boil your* ~! §§gaan bars! **, loop na die maan! **; HE *bothers* HIS ~ *about it* HY breek SY kop daaroor; HE *bows* HIS ~ HY buig SY hoof; HY berus *(in iets); bring* s.t. *to a* ~ iets op die spits dryf, iets na 'n punt (toe) dryf; *a hundred* ~ *of cattle* honderd beeste; HE *has* HIS ~ *in the clouds* HY sweef/swewe in die lug, HY leef/lewe in illusies; *come to a* ~ 'n kritieke punt bereik; tot uitbarsting kom; *uneasy lies the* ~ *that wears the crown* (P) vir regeerders is daar min rus; *over* ~ *and ears* tot oor die ore *; *over* ~ *and ears in love* smoorverlief, tot oor die ore verlief *; HE *should have* HIS ~ *examined* §HY het nie al SY varkies (in die hok) nie *; ~ *first/foremost* met die kop vooruit; vooroor; halsoorkop; *from* ~ *to foot* van kop tot tone/toon; van bo tot onder; *have a* ~ *for figures/etc.* 'n kop vir syfers/ens. hê, aanleg vir syfers/ens. hê; *the cabbage forms a* ~ die kool kop; *gather* ~ toeneem, sterker of erger word; *get one's* ~ *down* §gaan slaap; §iets met mening aanpak; *get* s.t. *into one's* ~ iets in die kop kry; *get* s.t. *into* s.o.'s ~ iem. iets aan die verstand bring; *give a horse its* ~ 'n perd die teuels gee; *give* HIM HIS ~ HOM SY gang laat gaan, HOM SY eie kop laat volg; *the wine goes to* s.o.'s ~ die wyn gaan/styg na iem. se kop toe; *the praise* or *success goes to* s.o.'s ~ die lof of sukses gaan/styg na iem. se kop toe, die lof of sukses bring iem. se kop op hol; HE *has a good* ~ *on* HIS *shoulders,* HIS ~ *is screwed on the right way,* HE *has* HIS ~ *screwed on right* §HY is 'n slimkop, HY het 'n goeie kop; HE *hangs* HIS ~ HY laat SY kop sak/hang, HY laat SY ore hang; s.t. *hangs over* s.o.'s ~ iets hang bo iem. se kop *(lett. & fig.)*; ~ *over heels* halsoorkop; *fall over heels in love with* s.o. smoorverlief raak op iem; *turn* ~ *over heels* bol(le)makiesie slaan; *have a* ~ *for heights* geen hoogtevrees hê nie; HE *hides* HIS ~ HY laat SY kop hang (van skaamte), HY weet nie waar om SY kop weg te steek nie; *hold one's* ~ *high, hold up one's* ~ die wêreld in die oë kyk; HE *keeps* HIS ~ HY bly kalm, HY hou kop *, HY hou SY kop/positiewe bymekaar; *knock* s.o.'s ~ *off* §iem. pap slaan; *knock* s.o. *on*

the ~ iem. op die kop slaan; **knock** *s.t. on the* ~ §iets die nekslag gee, iets die bodem inslaan, iets die kop indruk, iets verongeluk *(bv. 'n plan)*; **knock** *people's* ~*s together* §mense tot besinning/rede bring; *HE* **lays** *down HIS* ~ HY lê SY kop neer; *have a* **level** ~ koel/ bedaard/verstandig wees; *HE* **lifts** *up HIS* ~ HY lig SY kop op; *have a* **long** ~ skrander wees; uitgeslape wees; *HE* **loses** *HIS* ~, *(lett.)* HY verloor SY kop, HY word onthoof; *(fig.)* HY verloor SY kop/selfbeheersing, HY raak die kluts kwyt, HY raak van SY positiewe; *HE* **puts** *HIS* ~ *in the* **noose** HY steek SY kop in die strop/strik; *HE is* **off** *HIS* ~, *HE is* **out** *of HIS* ~ §HY is gek/besim= pel(d), HY is van SY verstand/wysie af; *HE is going* **off** *HIS* ~ §HY raak van SY verstand (af); **off** *with HIS* ~! SY kop moet af!; *HE has an* **old** ~ *on young shoulders* HY is heel verstandig vir SY jare; *collide* ~ *on* kop teen/aan kop bots, reg van voor bots; *on that* ~ op daardie punt, wat daardie punt betref; *stand s.t. on its* ~ iets onderstebo (neer)sit, iets op sy kop (neer)sit; *on your (own)* ~ *be it* jy sal die verantwoordelikheid dra, jy sal ly wat daarop volg; *be* **out** *of one's* ~ →**off**; *over s.o.'s* ~ bo(kant) iem. se kop; oor iem. se kop; bo(kant) iem. se begrip/vuurmaakplek★; buite iem. om, sonder om iem. te raadpleeg; *promote s.o.* **over** *another's* ~ iem. met verbygaan van iem. anders bevorder, iem. oor iem. anders heen bevorder; *talk* **over** *s.o.'s* ~ te hoog vir iem. praat; *on HIS* **own** ~ *be it* dit sal SY eie skuld wees, HY sal die verantwoordelikheid dra, HY sal ly wat daarop volg; **put** *s.t. into s.o.'s* ~ iem. op 'n gedagte bring; iem. iets in die kop praat, iem. iets wysmaak; *HE* **puts** *it out of HIS* ~ HY laat dit vaar, HY gee dit op, HY sit dit uit SY kop; *they* **put** *their* ~*s together* hulle sit/ steek koppe bymekaar, hulle beraadslaag/besin saam; *s.t. has* **raised/reared** *its* ~ iets het kop uitgesteek *(fig.)*; *read s.o.'s* ~ §iem. se kop lees/ondersoek; *a snake* **rears** *its* ~ 'n slang lig sy kop; *s.t. has* **reared/ raised** *its* ~ →**raised/reared;** *s.o.'s* ~ **reels** iem. se kop draai, iem. word duiselig, iem. se kop word dronk; *HE is not* **right** *in HIS* ~ HY is nie heeltemal reg nie, HY is nie goed/reg wys nie, HY het nie al SY varkies (in die hok) nie ★, HY is nie by SY volle verstand nie, HY is (van lotjie) getik ★; ~*s will* **roll** §koppe sal waai ★; *s.t.* **runs** *in s.o.'s* ~ iets maal/draai deur iem. se kop; *thoughts* **run** *through s.o.'s* ~ gedagtes vlieg deur iem. se kop; *HE* **buries** *HIS* ~ *in the* **sand** HY steek SY kop in die sand; *scratch one's* ~ kopkrap, met die hande in die hare sit; *HE has HIS* ~ **screwed** *on right, HIS* ~ *is* **screwed** *on the right way* →**good;** *HE* **shakes** *HIS* ~ HY skud SY kop; *win by a* **short** ~ met 'n kort kop wen; *have a good* ~ *on one's* **shoulders** →**good;** *be/stand* ~ *and* **shoulders** *above other people* or *things* § baie beter as ander mense *of* dinge wees, verreweg die beste wees; *snap/bite s.o.'s* ~ *off* →**bite/snap;** *be* **soft** *in the* ~ §in die bol gepik wees ★; *HE goes* **soft** *in the* ~ § HY raak SY varkies kwyt ★; *HE is like a bear with a* **sore** ~ §HY is lelik uit SY humeur; *s.t. makes s.o.'s* ~ **spin** iets maak iem. duiselig, iets maak iem. se kop dronk,

iem. se kop draai van iets; *s.o.'s* ~ *is* **splitting** iem. se kop wil bars; **stand** *s.t. on its* ~ iets onderstebo (neer)= sit, iets op sy kop (neer)sit; *HE could do s.t.* **standing** *on HIS* ~ §HY kan iets in SY slaap doen ★; *get a* **swol= len/swelled** ~ § verwaand word; *have a* **swollen/ swelled** ~, *suffer from a* **swollen/swelled** ~ §ver= waand wees; *s.o.'s* ~ **swims** iem. word duiselig, iem. duisel, alles draai voor iem. se oë; *s.o. cannot make* ~ *or* **tail** *of s.t.* iem. kan niks uit iets wys word nie, iem. kan nie/g'n kop of stert van iets uitmaak nie; ~*s or* **tails** kop/kruis of munt; *HE* **takes** *it into HIS* ~ HY kry dit in SY kop; *HE* **talks** *HIS* ~ *off* §HY praat HOMSELF flou, HY praat aan 'n tou ★; **taller** *by a* ~ 'n kop groter; *lie* ~ *to* **toe** op en punt lê/slaap; *off the* **top** *of one's* ~ § uit/voor die vuis; *with a* **toss** *of the* ~ met die kop agteroor gegooi; *HE* **tosses** *HIS* ~ HY gooi SY kop ag= teroor; *HE* **troubles** *HIS* ~ *about s.t.* HY breek SY kop oor iets; *s.o.'s* ~ **turns** iem. se kop draai; *success has* **turned** *s.o.'s* ~ voorspoed het iem. se kop op hol ge= bring/gemaak; **two** ~*s are better than one* (P) twee weet meer as een (P); **under** *this* ~ onder hierdie hoof; *HE* **wags** *HIS* ~ HY skud SY kop; *bang/knock/run one's* ~ *against a (brick/stone)* **wall** met die kop teen die muur loop; *HE keeps HIS* ~ *above* **water** §HY hou kop bo water; *wet a baby's* ~ §'n kind se geboorte (met 'n drankie) vier; **win** *by a* ~ met 'n kop(lengte) wen; *be* **wrong** *in the* ~ (van lotjie) getik wees ★

head² [v.] ~ *back* terugkeer; ~ *for ... na .. koers vat, na — afsit; op — afstuur; ~ *off s.o.* iem. afkeer/voor= keer/wegkeer.

headache *develop/get a* ~ hoofpyn kry; *this is a* ~ *for the Government* §dit gee die regering hoofbrekens; **have** *a* ~ hoofpyn hê; *have a* **slight** ~ effens/effe= (ntjies) h. hê; *a* **splitting** ~ 'n barstende h.

headed ~ *by ...* deur — gelei, onder — se leiding, met — aan die hoof/spits.

heading¹ [n.] *under the* ~ *of ...* onder die hoof —.

heading² [teenw.dw.] *be* ~ *for ...* op — afstuur, na — op pad wees; na — koers vat, na — afsit

headline *hit the* ~*s* in die nuus kom, groot aandag trek.

head start *get/have a* ~ ~ met 'n voorsprong begin, 'n voorsprong kry; los voor wees; *a* ~ ~ *on/over s.o.* 'n voorsprong op iem.

headway *make* ~ vorder, vooruitgaan.

health *a* **clean** *bill of* ~ 'n bewys van geskiktheid; *give s.o. a* **clean** *bill of* ~ verklaar dat iem. heeltemal gesond is; *s.o.'s* **delicate** ~ iem. se swak/wankele ge= sondheid; **drink** *(to) s.o.'s* ~ (op) iem. se gesondheid drink; *you are not here* **for** *your* ~ §jy is nie vir jou plesier hier nie ★; *s.o.'s* **frail** ~ iem. se swak gesond= heid; *enjoy* **good** ~, *be in* **good** ~ goeie gesondheid geniet; *here's* ~! gesondheid!; *s.o. is in* **indifferent** ~ iem. is nie baie gesond nie; **keep** *in good* ~ gesond bly; *be a* **picture** *of* ~ 'n toonbeeld van gesondheid wees, blakend gesond wees, in blakende gesondheid verkeer; *be in the* **pink** *of* ~/*condition* perdfris wees, in blakende gesondheid/welstand verkeer, 'n toonbeeld van gesondheid wees; *be in poor* ~ in swak gesond= heid verkeer; *propose s.o.'s* ~ 'n heildronk op iem. instel; *recover one's* ~ herstel, gesond word; *restore s.o. to* ~ iem. genees, iem. gesond maak; *be in robust/ ruddy/rude* ~ blakend gesond wees, in blakende ge= sondheid verkeer; *s.t. saps s.o.'s* ~ iets ondermyn iem. se g.; *s.o. is in tolerable* ~ met iem. se g. gaan dit taamlik; *s.o.'s uncertain* ~ iem. se wankele g.; *you are not here for your* ~! §jy is nie vir jou plesier hier nie! ⋆

heap¹ [n.] ~*s better* §baie/stukke⋆ beter; ~*s of ...* § 'n hoop — *(bv. geld)* ⋆; §hope/troppe — *(bv. mense)* ⋆; § 'n menigte —, 'n magdom van — *(dinge)*; §oorge= noeg/volop — *(bv. tyd)*; *be struck all of a* ~ §lamge= slaan/verbyster(d) wees; *throw things in a* ~ dinge op 'n hoop gooi.

heap² [v.] ~ *up s.t.* iets ophoop/opstapel; iets opeen= hoop; ~ *s.t. upon s.o.* iem. met iets oorlaai; ~ *s.t. with ...* iets met — vol laai.

hear ~ *about/of ...* van — hoor; *if I heard aright* as ek goed gehoor het; *do you* ~? hoor jy?, gehoor?; *s.o. cannot* ~ *for the noise* weens die lawaai kan iem. nie hoor nie; ~ *from s.o.* van iem. hoor, van iem. tyding kry; ~ *of ...* van — hoor; *s.o. won't* ~ *of s.t.* iem. wil nie van iets hoor nie, iem. wil iets nie toelaat nie; *one* ~*s that often* dit hoor ('n) mens dikwels; ~ *s.o. out* iem. uithoor, iem. laat uitpraat, tot die end na iem. luister.

heard *HE makes HIMSELF* ~ HY maak HOM hoorbaar; *... wasn't* ~ *of again* ('n) mens het nooit weer van — gehoor nie.

hearing *get a* ~ aangehoor word; *give s.o. a fair* ~ iem. onpartydig aanhoor; geduldig na iem. luister; *give s.o. a* ~ iem. te woord staan; na iem. luister; *be hard of* ~ hardhorend wees; *in s.o.'s* ~ waar iem. by is, ten aanhore van iem; *within* ~ binne hoorafstand.

hearsay *from* ~ van hoorsê.

heart *HIS* ~ *aches for s.o.* HY het medelye met iem.; *after s.o.'s own* ~ so reg na iem. se hart/sin; *with all one's* ~ van ganser harte; *at* ~ te moede; in die grond; *HE bares HIS* ~ HY lê SY hart bloot, HY lug SY h.; *s.o.'s* ~ *missed/skipped a beat* iem. se h. het byna gaan staan; *s.o.'s* ~ *beats warmly for ...* iem. se h. klop warm vir —, iem. voel baie vir —; *s.o.'s* ~ *bleeds* iem. is diep bedroef; *HIS* ~ *is in HIS boots, HIS* ~ *sank into HIS boots* SY hart het in SY skoene gesak/gesink, SY moed het HOM begeef/begewe; *at the bottom of HIS* ~ in die grond van SY hart; *from the bottom of HIS* ~ uit die grond van SY h.; *break s.o.'s* ~ iem. se h. breek; *a broken* ~ 'n gebroke h.; *get/learn s.t. by* ~ iets van buite leer, iets uit die kop/hoof leer; *know s.t. by* ~ iets van buite ken, iets uit die kop/hoof ken; *a change of* ~ 'n gemoedsverandering, 'n veranderde gesindheid; *have/undergo a change of* ~ tot inkeer kom; *warm the cockles of s.o.'s* ~ §iem. se hartsnare roer; *to one's* ~*'s content* na hartelus; *cross my* ~ *(and hope to die)* § op my erewoord, mag ek doodval (as dit nie waar is

nie) ⋆; *cry one's* ~ *out* bitterlik huil; *s.t. cuts s.o. to the* ~ iets grief iem. diep, iets gaan iem. aan die hart; *HE is eating HIS* ~ *out* HY verknies HOM; HY vergaan van hartseer; *HIS* ~ *failed HIM* SY moed het HOM begeef/ begewe; *HE could not find it in HIS* ~ *to ...* HY kon dit nie oor SY hart kry om te — nie; *from the ful(l)ness of the* ~ *the mouth speaks* (P) waar die h. van vol is, loop die mond van oor (P); *give* ~ *to s.o.* iem. moed gee; *HE gives HIS* ~ *to ...* HY gee/skenk/verpand SY hart aan —; *with a glad* ~ blymoedig; *go to the* ~ *of a problem/ etc.* aan die kern van 'n probleem/ens. raak; *HIS* ~ *goes out to s.o.* HY het medelye met iem., SY hart gaan na iem. uit; *have a* ~ *of gold* 'n h. van goud hê; *be in good* ~ vol moed wees, goeie moed hê, welgemoed wees; *s.t. does s.o.'s* ~ *good* iets doen iem. se hart goed; *HE has HIS* ~ *in it* dit is SY erns; *have a* ~ genadig wees; *have a* ~! §wees billik/redelik!; *have s.t. at* ~ iets op die hart dra; *HE did not have the* ~ *to ...* HY kon dit nie oor SY h. kry om te — nie; *in HIS* ~ *of hearts HE knows that ...* hy weet voor SY siel dat —, in die grond van SY h. weet hy dat —; *with a heavy* ~ hartseer, met 'n swaar h.; *HE hoards s.t. in HIS* ~ HY bewaar iets in SY h.; *in HIS* ~ in SY hart/binne(n)ste; heimlik; *in the* ~ *of ...* midde-in —, in die hartjie van —; *s.o.'s* ~ *is not in it* iem. het nie die hart daarvoor nie; *s.o.'s* ~ *leaps up* iem. se h. spring op; *lose* ~ moed verloor; *lose one's* ~ *to s.o.* op iem. verlief raak; *be lowly in* ~ nederig van hart wees; *go to the* ~ *of the matter, reach the* ~ *of the matter* tot die kern (van die saak) deurdring; *HE has HIS* ~ *in HIS mouth* SY hart sit in SY keel, HY voel SY h. in SY keel klop; *s.t. moves/touches s.o.'s* ~ iets doen iem. se h. aan; *s.t. is near s.o.'s* ~ iets lê iem. na aan die h., iets gaan iem. ter harte; *s.o. has no* ~ iem. het g'n hart nie; *HE opens HIS* ~ HY praat/stort SY h. uit, HY lug SY h.; *be out of* ~ moedeloos wees; *the promptings of the* ~ die roerse= le van die hart; *HE pours out HIS* ~ HY praat/stort SY h. uit, HY lug SY h.; *God proves all* ~*s* God deursoek elke h.; *put (new)* ~ *into s.o.* iem. moed inpraat; iem. moed gee; *HE puts HIS* ~ *into it* HY lê HOM met hart en siel daarop toe; *the inmost recesses of the* ~ die diep= ste skuilhoeke van die h.; *s.o.'s* ~ *is in the right place* iem. se h. sit op die regte plek; *HE searches HIS (own)* ~ HY steek SY hand in SY (eie) boesem; *in s.o.'s secret* ~ in iem. se binne(n)ste, in die diepste van iem. se hart; *HE sets HIS* ~ *on s.t., HE has HIS* ~ *set on s.t.* HY sit SY h./sinne op iets, HY hang SY h. aan iets; HY neem HOM iets voor, HY stel HOM iets ten doel; *sick at* ~ hartseer, mistroostig, neerslagtig, treurig; *HIS* ~ *sinks* SY moed begeef/begewe HOM; *HE wears HIS* ~ *on HIS sleeve* HY dra/het SY hart op SY tong; *a soft* ~ 'n teer h.; ~ *and soul* (met) h. en siel; *steal s.o.'s* ~ iem. se h. steel/verower; *HE steels HIS* ~ HY ver= hard SY h.; *have a* ~ *of stone* 'n h. van steen hê; *keep a stout* ~! hou goeie moed!; *take* ~ moed skep; *HE takes s.t. to* ~ HY neem iets ter harte, HY trek HOM iets aan; *HE takes s.o. to HIS* ~ HY sluit iem. in SY hart;

s.t. **tears** *s.o.'s* ~ *out* iets gee iem. 'n steek in die h.;
have a **tender** ~ 'n teer h. hê; ~ *to* ~ openhartig;
intiem; *s.t.* **touches/moves** *s.o.'s* ~ →*moves/*
touches; HIS ~ **warms** *to s.o.* SY hart begin warm
klop vir iem., HY voel HOM tot iem. aangetrokke; *wear*
s.o. in one's ~ besonder geheg wees aan iem.; *be young*
in ~ jonk van hart/gees wees; *the young in* ~ die jeug=
diges of gees.

heart failure *s.t. (nearly) gave s.o.* ~ ~ iem. se hart
het byna gaan staan oor iets.

hearth ~ *and home* huis en haard.

heartstrings *tug at s.o.'s* ~ iem. se hartsnare aan=
raak/roer.

heat[1] [n.] *blistering* ~ skroeiende warmte/hitte;
broiling/sweltering ~ smoorhitte; *it is a* **dead** ~
hulle is gelykop, hulle is kop aan kop; *s.t.* **generates** *a*
lot of ~, *(lett.)* iets wek baie hitte op; *(fig.)* iets maak
die gemoedere gaande; *in the* ~ *of* ... in die hitte van
— *(die stryd);* in die opwinding van — *(die oomblik);*
the ~ *is* **off** §die gevaar is verby, *(iem.)* kan weer asem
skep; *be* **on/in** ~ loops/bronstig/hitsig wees; togtig
wees *(varke),* buls wees *(beeste),* hingserig wees *(per=*
de); the ~ *is* **on** §die wêreld raak vir iem. benoud; die
polisie is kort op iem. se hakke; *parching* ~ skroeien=
de warmte/hitte; *red* ~ gloeihitte; *take the* ~ *out of*
s.t. iets ontlont *(bv. 'n argument);* **throw** *out* ~ warm=
te afgee; *turn on the* ~ § druk uitoefen, die wêreld
benoud maak *(vir iem.);* *unbearable* ~ ondraaglike
hitte; *white* ~ witgloeihitte.

heat[2] [v.] ~ *up* warm word; ~ *up s.t.* iets verwarm
(bv. 'n kamer); iets opwarm *(bv. kos).*

heated *get* ~ driftig word.

heave ~ *at s.t.* aan iets trek; ~ *s.t. at* ... iets na —
gooi; ~ *to, (sk.)* bydraai, tot stilstand kom; ~ *up* §
opgooi, vomeer.

heave-ho *give s.o. the (old)* ~ § iem. die trekpas
gee ★

heaven H~s *above/alive!* § goeie hemel! ★, liewe
land! ★; *call to* ~ die hemel aanroep; *it cries (aloud)*
to (high) ~ dit skrei ten hemel; *move* ~ *and* **earth**
hemel en aarde beweeg, alles probeer; H~ *forbid!* die
hemel behoede!; *(good)* ~*s!* §(goeie/liewe) hemel! ★,
(op dees) aarde! ★; H~ *help us* die hemel bewaar ons;
in ~ in die hemel; § baie gelukkig; *in the* ~*s* aan
die hemel/uitspansel; H~ *(only)* **knows** die hemel
weet ★, goeiste weet ★; *for* H~'*s* **sake** in hemelsnaam,
om hemelswil/liefdeswil; *be in the* **seventh** ~ §in die
wolke wees ★; *it* **stinks** *to (high)* ~ § dit skrei ten
hemel; *thank* ~ dank die hemel.

heck *a* ~ *of a* ... §'n verdeksele — ★; *oh,* ~*!* §verdek=
sels! ★; *what the* ~ §wat de/die drommel/duiwel ★

hedge[1] [n.] *a* ~ *against* ... 'n beskerming teen —.

hedge[2] [v.] ~ *about s.t.* iets toekamp; ~ *in s.t.* iets
inkamp; ~ *off s.t.* iets afkamp.

heed *give/pay* ~ *to* ..., *take* ~ *of* ... op — ag gee/slaan,
op — let; *van* — notisie neem; HE *takes* ~ *of* ..., *(ook)*
HY is vir/teen — op SY hoede, HY pas op vir —.

heedful *be* ~ *of* ... op — let, op -– ag gee/slaan, — in
ag neem.

heedless ~ *of* ... sonder om op — te let.

heel[1] [n.] *be at/on/upon s.o.'s* ~*s* op iem. se hakke
wees; *bring s.o. to* ~ iem. mak maak; HE *clicks* HIS
~*s* HY klap SY hakke; HE *comes to* ~ HY gee kop, HY
onderwerp HOM; *cool/kick one's* ~*s* § staan en wag,
rondstaan, rondtrap; HE *digs in* HIS ~*s* HY skop vas,
HY steek viervoet vas, HY steek in SY vier spore vas, HY
slaan ysterklou in die grond ★; *down at* ~ afgetrap;
slordig, armoedig; *drag one's* ~*s/feet, (lett.)* met die
voete sleep; *(fig.)* skoorvoetend wees, rem; *follow on*
s.o.'s ~*s* op iem. se hakke bly; *hard/hot on s.o.'s* ~*s*
kort op iem. se hakke; *kick/cool one's* ~*s* →*cool/*
kick; kick up *one's* ~*s* agteropskop; *lay s.o. by the* ~*s* §
iem. gryp/vang/pak; §iem. gevange neem; §iem. in die
hande kry; *show s.o. a clean pair of* ~*s* § vir iem. weg=
hardloop; § skoon onder iem. uithardloop; *take to*
one's ~*s* (laat) spaander ★, skoonveld wees ★, die hase=
pad kies ★, voet in die wind slaan ★, op loop sit, die
rieme neerlê ★, ysterklou in die grond slaan ★, vlug, die
hakke/hiele lig; *tread on s.o.'s* ~*s* iem. op die hakke
volg, onmiddellik op iem. volg; *turn on one's* ~ op die
plek omdraai, kort om draai; *under the* ~ *of* ... onder
die hiel van — *('n tiran).*

heel[2] [v.] ~ *(over)* oorhel *(bv. 'n skip).*

height *at its* ~ op sy hoogste/hoogtepunt; *at a* **dizzy**
~ op 'n duiselingwekkende hoogte; HE *draws* HIM=
SELF *up to* HIS *full* ~ HY rig HOM in SY volle lengte op;
gain ~ klim, styg; *lose* ~ daal, sak; *be the same* ~
ewe lank wees *(mense);* ewe hoog wees *(geboue).*

heir *appoint an* ~ 'n erfgenaam instel; *be the* ~ *to a*
fortune die erfgenaam van 'n fortuin wees.

held *it is* ~ *that* ... daar word beweer dat —; daar
word betoog dat —. →**hold.**

hell *beat the* ~ *out of s.o.* § iem. 'n helse pak (slae)
gee ★, iem. uitlooi ★; ~'*s* **bells!** §§op dees aarde! ★; *all*
~ *breaks* **loose** die duiwel is los ★; HE *catches/gets*
~ §HY kry op SY duiwel ★; *be* ~ *on* **earth** hel op aarde
wees; *have* ~ *on* **earth** hel op aarde hê/kry; *(just) for*
the ~ *of it* §(net) vir die aardigheid; HE *gets/catches*
~ →*catches/gets;* *give s.o.* ~ § iem. 'n hel laat
deurmaak; iem. hotagter gee ★; iem. uittrap ★; *go to* ~
na die hel gaan; *go to* ~*!* §§loop na die duiwel! ★★; *s.o.*
is going through ~ iem. maak 'n hel deur, iem. se lewe
is 'n hel; *it is to* ~ *and* **gone** §§ dit is baie/omtrent
ver/vêr; *come* ~ *or* **high water** buig of bars ★, kom
wat wil; *kick* up ~, *raise* ~ §'n kabaal maak/opskop,
te kere gaan, 'n helse/yslike lawaai maak; *run* ~ *for*
leather §ooplê ★; *s.o.'s* **life** *is* ~ iem. se lewe is 'n hel,
iem. maak 'n hel deur; *a* ~ *of a* **life** §'n helse lewe, 'n
hondelewe; *like* ~ § soos die duiwel ★; *like* ~*!* §nog
(so) nooit!, so nooit aste nimmer!; *all* ~ *broke* **loose,**
all ~ *was* *let* **loose** toe was die duiwel los ★; *a* ~ *of a* ...
§'n helse — *(lawaai)* ★; §'n lang/yslike — *(tyd);* §'n
nare/vreeslike — *(tyd);* § 'n yslike/groot — *(pro=*
bleem); §'n gawe — *(meisie); get the* ~ *out of here!* §§

trap hier uit! ★, maak dat jy wegkom! ★; *be ~ on s.t.* § iets verniel; *be ~ on s.o.* §vir iem. onaangenaam wees; *there was ~ to pay* §toe het die poppe gedans ★, toe was die gort gaar ★; *play ~ (merry) with s.t.* §§ iets befoeter ★★; *raise ~ →kick; to ~ with it!* §§ na die duiwel daarmee! ★★; *what in/the ~ ...?* §§ wat d(i)e drommel/duiwel —? ★; *why in/the ~ ...?* §§wat d(i)e drommel/duiwel —? ★

hell-bent *be ~ on* ... § vasbeslote wees om te —.

helm *the ship answers (to) the ~* die skip gehoorsaam die roer; *at the ~* aan die stuur *(van 'n skip)*; aan die roer (van sake); *shift the ~* die roer omwend.

help¹ [n.] *be beyond ~* reddeloos wees; *call/cry for ~* om hulp roep; *enlist s.o.'s ~* iem. se hulp inroep; *be a great ~ to s.o.* 'n groot hulp vir iem. wees; *not be much ~ to s.o.* geen groot hulp vir iem. wees nie; *do you need any ~?* kan ek help?; *there is no ~ for it* dit kan nie verhelp word nie; daar is niks aan te doen nie; daar is geen middel/raad voor nie; *be of ~ to s.o.* iem. help, iem. behulpsaam wees; iem. tot/van hulp wees; *can I be of any ~?* is daar iets waarmee ek kan help?; *rush to s.o.'s ~* iem. te hulp snel; *with the ~ of s.o.* deur/met iem. se hulp, deur/met die hulp van iem.; *with the ~ of s.t.* met behulp van iets.

help² [v.] *~ along/forward s.o.* iem. vooruithelp/voorthelp, iem. op dreef help; *~ along/forward s.t.* iets bevorder; *be anxious to ~* hulpvaardig wees; gretig/begerig wees om te help; *not more/etc. than HE can ~* nie meer/ens. as wat nodig is nie; *not if I can ~ it* nie as ek iets (daaroor) te sê het nie; *HE cannot ~ it* HY kan dit nie help nie, dis nie SY skuld nie; *s.o. cannot ~ but ...* iem. kan nie anders as — nie; *HE cannot ~ HIMSELF* HY kan nie anders nie, HY kan daar niks aan doen nie; *s.o. cannot ~ laughing/etc.* iem. moet lag/ens., iem. kan nie anders as lag/ens. nie; *so ~ me!* op my woord!; *~ HIM off or on with HIS coat* HOM uit of in SY jas help; *~ out* hand bysit; *~ out s.o.* iem. help/bystaan, vir iem. inspring; *~ s.o. out of ...* iem. uit — help; *~ s.o. to s.t.* iem. met iets bedien, iem. iets gee *(om te eet)*; iem. aan iets help *(bv. 'n antwoord)*; *HE ~s HIMSELF to s.t.* HY vat iets; HY kry/neem iets *(om te eet)*; *~ s.o. to do s.t.* iem. iets help doen; *~ up s.o.* iem. ophelp.

helped *it can't be ~* daar is niks aan te doen nie; dit kan nie anders nie.

helpful *be ~ to s.o.* iem. help.

helpless *render s.o. ~* iem. lamslaan.

hem¹ [n.] *take the ~ up* die rok korter maak.

hem² [v.] **→hum.**

hemline *lower ~s* rokke langer maak; *raise ~s* rokke korter maak.

hemmed *be ~ in by ...* deur — omring wees *(bv. berge)*.

hep →hip.

herd¹ [n.] *the common/vulgar ~* die groot massa; *a ~ of cattle or sheep* 'n beestrop of skaaptrop, 'n trop beeste of skape.

herd² [v.] *they ~ together* hulle drom saam; *~ people together* mense saamhok/saamja(ag).

here *about ~* hier rond, hier in die buurt/omtrek; *it was about ~* dit was omtrent hier; *along ~* hier langs; *from ~* hiervandaan; *from ~ to there* van hier tot daar; *get out of ~!* maak dat jy wegkom! ★; *in ~* hier binne; *~ HE is* hier kom HY; *just ~* net hier; *~ and now* op die daad/plek, dadelik; *out ~* hier buite; *over ~* hierso, hier duskant/deuskant; *right ~* net hier, hier op dié plek; op die oomblik; *~ and there* hier en daar; plek-plek; *it is neither ~ nor there* dit is nie ter sake nie; *~, there and everywhere* oral(s); *to ~* tot hier; *~'s to ...!* op —!; *~'s to you!* op jou geluk/gesondheid!; *~ we are* hier is ons; hier is dit; hier is die plek; *up ~* hier bo; *~ you!* §§ hier jy! ★★; *~ you are!* vat hier!, hier is dit!, hierso!★, dè!★

herring *a red ~* 'n poging om die aandag af te lei; *draw a red ~ across the track/trail* die aandag aflei.

hers *it is ~* dit is hare.

herself →himself.

het *be ~ up about s.t.* §oor iets opgewonde wees.

hew *~ down s.t.* iets afkap; *~ off s.t.* iets afkap.

hewer *~s of wood and drawers of water* houthakkers en waterdraers.

hex *put a ~ on s.t.* § iets toor.

heyday *in s.o.'s ~* in iem. se fleur; *in the ~ of ...* op die hoogtepunt van —.

hide¹ [n.] *~ (n)or hair of ...* § geen spoor van — nie; *save s.o.'s ~* §iem. se bas★/lewe red; *tan s.o.'s ~* §iem. (uit)looi ★

hide² [v.] *~ from s.o.* vir iem. wegkruip; *~ s.t. from s.o.* iets vir iem. wegsteek; *~ out* wegkruip.

hiding¹ [n.] *get a ~* §slae kry, ('n) pak kry, 'n loesing kry/oploop; *a good/sound ~* § 'n gedugte/deftige pak slae, 'n gedugte/deftige loesing; *HE is on a ~ to nothing* SY poging is tot mislukking gedoem..

hiding² [n.] *be in ~* wegkruip; *go into ~* wegkruip; *remain in ~* wegkruip.

high¹ [n.] *be at an all-time ~*, *reach an all-time ~* hoër as ooit wees; *from on ~* van bo, van/uit die hemel, van omhoog; *hit/reach a ~* 'n hoogtepunt bereik; *the ~ and the low* hoog en laag, ryk en arm; *move into ~* na die hoogste versnelling oorskakel; *a new ~* 'n nuwe hoogtepunt; *on ~* (daar) bo, in die hemel, omhoog; na bo, na die hemel.

high² [adj. & adv.] *(as) ~ as a kite* §hoog in die takke ★; *temperatures as ~ as 30 degrees* 'n temperatuur van tot 30 grade; *fly as ~ as 7 000 metres* tot 7 000 meter hoog vlieg; *~ and dry* hoog en droog; *get ~ on ...* § in 'n bedwelming raak van — *('n dwelmmiddel)*; *hunt/search ~ and low* oral(s) rondsoek; *be ~ and mighty* hooghartig wees, uit die hoogte wees, aanmatigend wees; verwaand wees; *~ up* omhoog; hooggeplaas.

higher *~ and ~* al hoe hoër.

hill *up ~ and down dale* bergop en bergaf; *be over the ~*, *(lett.)* oorkant die bult wees; *(fig.)* § oor die muur wees ★, op die afdraand(e) wees ★; *up the* ~ (teen) die bult/heuwel op/uit.

hilt *(up) to the* ~, *(lett.)* tot aan die hef; *(fig.)* diep *(bv. in die moeilikheid);* tot oor die ore *(bv. in die skuld)* ★; *(iem.)* ten volle *(steun).*

himself *by* HIMSELF alleen; op SY eie; *HE does it* HIMSELF HY doen dit self, HY self doen dit; *HE is HIM-SELF again* HY is weer reg, HY is weer pure perd ★; *HE knows s.t.* HIMSELF HY weet iets self; *HE is not HIM-SELF today* HY is vandag nie op SY stukke nie; *HE is quite* HIMSELF HY is heeltemal by SY positiewe; *HE has a room to* HIMSELF HY het SY eie kamer, HY het 'n kamer vir HOM alleen.

hindrance *be a* ~ *to s.o.* iem. hinder; *be a* ~ *to s.t.* iets belemmer.

hindsight *with* ~ van agterna beskou.

hinge *it* ~*s on/upon* ... dit draai om —; dit rus op —; dit hang van — af; dit staan in verband met —.

hint¹ [n.] *a broad* ~ 'n duidelike wenk; *drop a* ~ 'n woordjie laat val, iets uitlaat, iets laat deurskemer/deurstraal; *give a* ~ 'n wenk gee; *with a* ~ *of* ... met 'n tikkie — *(bv. hartseer); with the* ~ *of a smile* met 'n effense glimlag; *take a* ~ 'n wenk begryp/vat; 'n w. aanneem/aanvaar; *s.o. can take a* ~ iem. het net 'n halwe woord nodig; *throw out a* ~ 'n wenk gee; iets te kenne gee; iets insinueer.

hint² [v.] ~ *at s.t.* op iets sinspeel.

hip¹ [n.] *smite s.o.* ~ *and thigh* iem. lendelam slaan, iem. verwoed aanval; iem. totaal verslaan.

hip² [adj.] *be* ~/*hep to s.t.* §oor iets ingelig wees, op die hoogte van iets wees.

hire¹ [n.] *for* ~ te huur; *ply for* ~ teen huur ry, huurrytuie aanhou.

hire² [v.] ~ *out s.t.* iets verhuur.

hire purchase *buy s.t. on* ~ ~ iets op afbetaling koop.

his *it is* ~ dit is syne.

hissed *be* ~ *off (the stage)* weggefluit/weggejou word.

history *it is ancient* ~ § dit is ou nuus; *HE or it will go down in* ~ *as* ... HY *of* dit sal in die geskiedenis as — bekend staan; *in* ~ in die geskiedenis; *make* ~ geskiedenis maak; *that is* ~ *now* dit behoort tot die verlede/geskiedenis; ~ *repeats itself* die geskiedenis herhaal hom.

hit¹ [n.] *be a* ~ §'n sukses wees; *a direct* ~ 'n voltref-fer; *make a* ~ *with s.o.* § by iem. sukses behaal, by iem. gewild wees, op iem. indruk maak; *register a* ~ raak skiet, 'n treffer behaal; *score a great* ~, *(lett.)* raak skiet, 'n treffer behaal; *(fig.)* § groot sukses be-haal; *a smash* ~ § 'n groot sukses, 'n voltreffer.

hit² [v.] ~ *at* ... na — slaan; ~ *back* terugslaan; wraak neem; ~ *back at s.o.* 'n teenaanval op iem. doen; *be hard* ~ swaar getref/getroffe wees; *it was* ~ *or miss* dit was lukraak, dit was maar in die wilde weg; ~ *off s.o.* §iem. presies weergee; §iem. presies naboots; ~ *it off with s.o.* § (goed) met iem. klaarkom, (goed) met

iem. oor die weg kom; *they don't* ~ *it off* §hulle kom nie klaar nie, hulle kom nie oor die weg nie, hulle sit nie langs dieselfde/een vuur nie; ~ *on/upon s.t.* §op iets afkom, iets aantref/vind; ~ *on/upon an idea* §op 'n idee kom; ~ *out* hard/wild/woes slaan; ~ *out at* ... hard na — slaan; §— aanval, teen — lostrek/uitvaar; ~ *and run* tref en trap; ~ *up runs* lopies maak/opstapel.

hitch¹ [n.] *where is the* ~? waar haper dit?; *s.t. goes off without a* ~ iets verloop vlot.

hitch² [v.] ~ *horses to a wagon* perde voor 'n wa span; ~ *up s.t.* iets optrek *(bv. 'n broek).*

hitched *be/get* ~ §§ afhaak ★, trou.

hither ~ *and thither* heen en weer; vorentoe en agter-toe; herwaarts en derwaarts.

hive ~ *off* afstig; 'n eie koers inslaan.

hoax *play a* ~ *on s.o.* iem. 'n poets bak.

hobble ~ *along* voortstrompel.

hobby *do s.t. as a* ~ iets uit liefhebbery doen.

hobnob ~ *with s.o.* vriendskaplik/familiaar/familiêr met iem. omgaan.

Hobson *it is* ~'s *choice* daar is geen keuse nie.

hock *s.t. is in* ~ § iets is verpand.

hog *go the whole* ~ § iets ten volle doen; *s.o. is living high on the* ~ § iem. leef/lewe in weelde.

hold¹ [n.] *with no* ~s *barred* sonder beperkings, alles is toelaatbaar; *catch/get/grab/lay/seize/take* ~ *of* ... — (vas)gryp, — raak vat; — aangryp; — beetkry/beetgryp/beetpak; *get* ~ *of* ... — beetkry, — in die hande kry; *HE gets/takes* ~ *of HIMSELF* HY hou HOM in, HY bedwing/beheers HOM; *HE lets go HIS* ~ *of* ... HY laat — los; *HE has a* ~ *over s.o.* HY het 'n houvas op iem., HY het iem. in SY greep; *keep* ~ *of s.t.* iets vas-hou; *leave* ~ *of s.t.* iets loslaat; *HE loses* ~ *of* ... HY verloor SY houvas/greep op —; *have a* ~ *on/over s.o.* 'n houvas op iem. hê; *put s.t. on* ~ §iets uitstel; *seize* ~ *of s.t.* iets (vas)gryp; *s.t. takes* ~ iets slaan in; *take* ~ *of s.t.* iets (vas)gryp; iets aangryp.

hold² [v.] ~ *s.t. against s.o.* iem. iets kwalik neem, iem. iets verwyt, iem. iets voor die kop gooi; iets teen iem. hê; *HE* ~s HIMSELF *aloof (from* ...) HY hou HOM afsydig (van —), HY vermy geselskap; ~ *aloft s.t.* iets omhoog hou, iets ophou; ~ *back* aarsel; *HE* ~s *back from doing s.t.* HY onthou/weerhou HOM daarvan om iets te doen; ~ *s.o. back* iem. iets verhinder iem., iets laat iem. aarsel; ~ *back s.t.* iets agterhou; iets terug-hou; iets verswyg; ~ *by/to s.t.* by iets bly, in iets vol-hard *(bv. beginsels);* ~ *down s.o., (lett.)* iem. onder-hou/vasdruk; *(fig.)* iem. onderdruk; ~ *down s.t.* iets laag hou *(bv. pryse);* iets vashou; §iets behou *(bv. 'n betrekking);* ~ *everything!* wag!; ~ *fast to s.t.* aan iets vashou; ~ *forth on s.t.* oor iets uitwei/oreer; *s.t.* ~s *good* iets bly waar; iets bly geldig; iets is van toe-passing; ~ *hard!* wag!; hou stil!; ~ *in s.t.* iets opkrop; ~ *it!* wag!; net 'n oomblik!; bly net so sit of staan!; *s.t.* ~s *off* iets bly weg *(bv. die reën); HE* ~s *off* HY hou HOM afsydig, HY bly op 'n afstand; ~ *off s.o.* of *s.t.* iem. of iets weghou/keer; ~ *on* vashou; wag; *(telef.)* aan-

bly; ~ *on!* hou vas!; wag 'n bietjie!; *(telef.)* bly/hou
aan!, hou vas!; ~ *on like grim death* §op dood en lewe
vasklou; ~ *on to* ... aan — vashou; — behou *(bv. 'n
voorsprong)*; ~ *out* uithou; volhou; nie opraak nie; ~
out s.t. iets bied *(bv. hoop)*; iets uitsteek/uitstrek *('n
hand)*; ~ *out for s.t.* §op iets aandring; ~ *out on s.o.* §
iets van iem. weerhou; §iets vir iem. wegsteek; ~ *over
s.t.* iets agterhou/uitstel, iets laat oorstaan; ~ *s.t.*
tight(ly) iets styf/stewig vashou; ~ *tight!* hou vas!,
vashou!; ~ *s.o. to a contract/etc.* iem. aan 'n kontrak/
ens. hou; *they* ~ *together* hulle bly byeen; ~ *them
together* hulle byeenhou/saamhou; *it* ~*s true for* ...
dit is waar van —, dit geld vir —; *s.o.* ~*s up* iem. hou
uit/vol; *s.t.* ~*s up* iets bly goed *(bv. die weer)*; iets hou;
~ *up s.o.* iem. regop hou; iem. (met 'n wapen) dreig,
iem. hendsop; iem. beroof/oorval; ~ *up s.t.* iets regop
hou; iets omhoog hou, iets ophou; iets opsteek *(bv. 'n
hand)*; iets ophou/vertraag; iets opstop *(die verkeer)*;
~ ... *up as an example* — as voorbeeld voorhou; *not* ~
with s.t. §nie met iets saamgaan nie, iets nie goedkeur
nie.

holding *there's no* ~ *him* or *her* niks kan hom *of* haar
keer nie.

hold-up *stage a* ~ 'n roofaanval uitvoer; *this is a* ~*!*
jou geld of jou lewe!, gee jou/die geld!

hole¹ [n.] *fill in/up a* ~ 'n gat toegooi; 'n g. toestop/
demp; *be full of* ~*s*, *(lett.)* vol gate wees; *(fig.)* swak/
gebrekkig wees *(bv. 'n argument)*; *I need that like a* ~
in the head! § daarsonder kan ek regtig klaarkom!; *be
in a* ~ §in 'n verknorsing wees, in die knyp sit; *make
a* ~ *in s.t.*, *(lett.)* 'n gat in iets maak; *(fig.)* §'n groot
hap uit iets wees ★; *a* ~ *of a place* §'n agteraf ou dorpie;
'n pondok van 'n huis; *pick* ~*s in s.t.* iets uitmekaar
trek; *s.t. is burning a* ~ *in s.o.'s pocket* §iem. is haastig
om iets uit te gee *(geld)*; *s.t. makes a* ~ *in s.o.'s pocket*
§iets vat aan iem. se sak ★, iets kos iem. baie geld; *stop
a* ~ 'n gat (toe)stop.

hole² [v.] ~ *into* ... in — deurbreek; ~ *out*, *(gholf)*
(die bal) inspeel, input; ~ *through s.t.* deur iets
breek; ~ *up* § wegkruip.

holed *be* ~ *up somewhere* § êrens wegkruip.

holiday *HE cuts short HIS* ~ HY kort SY vakansie in;
during the ~*s* in die vakansie; *get a* ~ v. kry; *give
s.o. a* ~ iem. v. gee; *go on a* ~ met v. gaan; *have a* ~ v.
hê; *observe a* ~ 'n v. in ag neem; *be on* ~ v. hou,
met/op v. wees; *on* ~ *we sleep late* op v. slaap ons laat;
take a ~ v. neem, met v. gaan.

hollow ~ *out s.t.* iets uithol.

homage *pay* ~ *to s.o.* iem. huldig, hulde aan iem.
bewys, eer aan iem. betoon.

home¹ [n.] *at* ~ *and abroad* binnens- en buitens-
lands; *at* ~ tuis *(ook 'n wedstryd)*; by die huis; bin=
nenslands; in iem. se eie land; *HE is at* ~ HY is tuis; HY
is op SY gemak; HY ontvang gaste; *be at* ~ *in s.t.* in/met
iets tuis wees; met iets vertroud wees; touwys wees in
iets; *away from* ~ van huis, van die h. af (weg); *s.t. is
close to* ~ iets is digby die waarheid; *HE feels at* ~ HY

voel tuis, HY voel op SY gemak; *feel at* ~ *in a language*
in 'n taal tuis voel; *find s.o. at* ~ iem. tuis tref; *HE
makes HIS* ~ *at X* HY gaan op X woon, HY vestig HOM
op X; HY woon op X; *HE makes HIMSELF at* ~ HY
maak HOM tuis; *HE makes HIS* ~ *with s.o.* HY woon by
iem.; *there's no place like* ~ (P) oos wes, tuis bes (P);
sit at ~ tuis sit/lê, 'n huishen wees ★; *stay at* ~
tuisbly; *a long way from* ~ ver van die huis af; ver van
iem. se land af.

home² [v.] ~ *in on* ..., ~ *onto* ... reguit op — afpyl; op
— aanstuur *('n vliegtuig op 'n baken)*.

home³ [adv.] *arrive* ~ tuiskom; *be* ~ tuis wees; by
die wenpaal wees; *bring/take s.o. or s.t.* ~ iem. *of* iets
huis toe bring; *bring s.t.* ~ *to s.o.* iem. van iets oor-
tuig; iets by iem. laat insink, iem. iets aan die verstand
bring; *come* ~ huis toe kom; *s.t. comes* ~ *to s.o.* iets
dring tot iem. deur, iem. word van iets bewus; *drive*
~ huis toe ry; *drive s.o.* ~ iem. h. toe ry; *drive s.t.* ~
iets laat inslaan *(bv. 'n argument)*; *s.o. is* ~ *and dry*
iem. het veilig deurgekom; iem. het dit klaargespeel;
first ~ eerste tuis; eerste by die wenpaal; *get* ~ tuis-
kom; by die huis kom; die doel bereik; *go* ~ huis toe
gaan; *the thrust goes* ~ die skoot is raak, dit is 'n raak
skoot; *s.o. wants to go* ~ iem. wil huis toe (gaan); *s.o.
has gone* ~ iem. is h. toe, iem. het h. toe gegaan;
press ~ *s.t* iets (diep) indruk *(bv. 'n mes)*; iets deur-
dryf *(bv. 'n sienswyse)*; iets uitbuit *(bv. 'n voordeel)*;
return ~ tuis kom; *scrape* ~ naelskraap(s)★/net-net
wen, net die paal haal; *strike* ~ raak slaan; iem. 'n
kopskoot gee *(fig.)*; ~ *sweet* ~ (P) oos wes, tuis bes
(P); *take s.o.* ~ iem. huis toe bring; *take s.t.* ~ iets
saamneem; *write* ~ huis toe skryf/skrywe; *it is
nothing to write* ~ *about* dis niks waffers★/watwon-
ders nie, dis niks om oor te kraai nie.

homeless *make people* ~ mense dakloos laat.

Homer ~ *nods* Homerus dut.

homework *HE did HIS* ~ *well* HY is goed voorberei.

honest *downright/scrupulously* ~ doodeerlik; *be* ~
with s.o. met iem. eerlik wees.

honesty ~ *is the best policy* (P) eerlikheid duur die
langste (P); *scrupulous* ~ stipte eerlikheid.

honeymoon *it is no* ~ §dit is geen plesier nie; *they
are on (their)* ~ hulle is op hul wittebroodsreis; *the* ~
is over die tydelike vriendskap is verby.

honour *be in* ~ *bound to do s.t.* eershalwe verplig
wees om iets te doen; ~ *bright!* §op my erewoord!;
confer an ~ *on s.o.* iem. 'n eer bewys; 'n ereteken aan
iem. toeken; *do* ~ *to s.o.* eer aan iem. betoon/bewys;
do the ~*s* as gasheer *of* gasvrou optree; *s.t. does s.o.* ~
iets strek iem. tot eer; ~ *to whom* ~ *is due* ere aan wie
ere toekom; *be equal to the* ~ die eer waardig wees;
extend an ~ *to s.o.* iem. eer bewys; *impugn s.o.'s* ~
iem. in SY eer aantas; *in* ~ *of* ... ter ere van —: *in s.o.'s*
~ tot iem. se eer; *be loaded with* ~*s* met eerbewyse
oorlaai wees; *be buried with full military* ~*s* met volle
militêre eer begrawe word; *on/upon my* ~ regtig, op
my erewoord; *HE is on HIS* ~ HY is op SY erewoord

gestel; *be the* **soul** *of* ~ die eerlikheid self wees; *s.t. is to s.o.'s* ~ iets strek iem. tot eer; ~ *above* **wealth** eer bo rykdom; *on my* **word** *of* ~ op my woord van eer, op my erewoord.

honoured *I shall be* ~ *to* ... dit sal vir my 'n eer wees om te —.

hoof¹ [n.] *on the* ~ op vier pote, lewend *(vee)*.

hoof² [v.] ~ *it* § loop, stap; § dans; ~ *out s.o.* § iem. uitskop ★

hook¹ [n.] *by* ~ *or by* **crook** buig of bars ★, al bars die bottel (en al buig die fles) ★, hoe ook al, op die een of ander manier; *HE* **gets** *HIS* ~*s into/on s.o.* HY kry iem. in SY kloue; *swallow s.t.* ~, **line** *and* **sinker** iets met huid en haar sluk ★, iets met huitjie en muitjie sluk ★, iets vir soetkoek opeet ★; *be off the* ~, *(lett.)* van die haak wees *('n telefoon); (fig.)* § uit die verknorsing wees; *get* **off** *the* ~ § uit die verknorsing kom; *let s.o.* **off** *the* ~ § iem. uit die verknorsing red; *have a fish on the* ~ 'n vis aan die hoek hê.

hook² [v.] ~ *up s.t.* § iets aanhaak; *HE* ~*s up with* ... § HY sluit HOM by — aan.

hooked *be* ~ *on s.t.* § aan iets verslaaf wees *(bv. dwelmmiddels);* § dol wees op/oor iets, baie van iets hou *(bv. popmusiek)*.

hook(e)y *play* ~ § stokkiesdraai.

hoop *go through the* ~*s* § les opsê ★, bars★ *(fig.); put s.o. through the* ~ *(s)* § iem. laat les opsê ★

hoot¹ [n.] *not care/give a* ~, *not care/give two* ~*s* § geen flenter omgee nie, nie 'n f. omgee nie; *it doesn't matter two* ~*s* § dit maak nie die minste saak nie.

hoot² [v.] ~ *with* ... brul van — *(bv. die lag)*.

hop¹ [n.] *be on the* ~ § druk besig wees, bedrywig wees; *catch s.o. on the* ~ § iem. onkant/onverhoeds betrap; *keep s.o. on the* ~ § iem. aan die gang hou.

hop² [v.] ~ *in* § inwip, inspring; ~ *it* § spore maak ★; ~ *it!* § maak spore! ★; ~ *off* § afspring; § padgee; ~ *out* § uitspring.

hope¹ [n.] *abandon* ~ die hoop opgee, die h. laat vaar; ~ *for s.o. has been* **abandoned** iem. is buite h.; *is there* **any** ~? is daar nog (enige) h.?; *be* **beyond/past** ~ hopeloos wees; *HE* **builds** *HIS* ~*s on* ... HY vestig SY hoop op —; *cherish/entertain a* ~ *that* ... die h. koester dat —; *s.o.'s* ~*s were* **dashed** iem. se verwagtings is verydel; *entertain/cherish a* ~ *that* ... →*cherish/entertain;* ~*s* **fade** die hoop vervlugtig; *a* **faint** ~ 'n effense/swak h.; *HE* **fastens** *HIS* ~*s on* ... HY vestig SY h. op —; *a* **fervent** ~ 'n innige/vurige h.; *a* **flash/gleam/glimmering** *of* ~ 'n flikkering/ glimp/straaltjie van h.; *in the* **fond** ~ *that* ... in die ydele h. dat —; *a* **forlorn** ~ 'n ydele h.; 'n hopelose saak; *be* **full** *of* ~ hoopvol wees, vol hoop/moed wees; **give** *up* ~ die h. opgee, die h. laat vaar, moed opgee; *a* **gleam/glimmering/flash** *of* ~ →*flash/gleam/ glimmering;* *you've* **got** *a* ~! § daar kom niks van nie!; *not have a* ~ *in* **hell** §§ nie 'n kat se kans hê nie ★, nie die geringste/minste kans hê nie; *have* **high** ~*s* groot/hoë verwagtings hê/koester; *have* **little** ~ slegte

moed hê; **hold** *out* ~ *for* ... hoop op — bied; *in the* ~ *of* ... op h. van —; *in the* ~ *that* ... in die h. dat —; **indulge** *a* ~ 'n h. koester; *have* **little** ~ slegte moed hê; **live** *in* ~*s* bly hoop, op h. leef/lewe; **live** *in* ~*s that* ... die h. koester dat —; **lose** ~ *of doing s.t.* die hoop laat vaar om iets te doen; *there's* **no** ~ *of* ... daar is geen vooruitsig op — nie; *not a* ~! § nie die geringste/minste kans nie!; *s.o.'s* **one** *and* **only** ~ iem. se enigste hoop, al h. wat iem. het; *past/beyond* ~ →*beyond/ past;* *HE* **pins/places** *HIS* ~*s on* ... HY vestig SY hoop op —; *there is a* ~ *of* **rain** daar is h. op reën; **raise** ~*s* verwagtings wek; **shatter** *s.o.'s* ~*s* iem. se verwagtings die bodem inslaan; *a* **slender** ~ 'n geringe hoop; *a* **vain** ~ 'n ydele h.; *s.t. is beyond s.o.'s* **wildest** ~*s* iets oortref iem. se stoutste verwagtings.

hope² [v.] *HE* ~*s* **against** *hope* HY hoop teen SY beterwete in, HY koester 'n wanhopige hoop; ~ *for the* **best** (op) die beste hoop; *I* **do** ~ *that* ... ek h. regtig/ werklik dat —; ~ **fervently** innig/vurig h.; ~ *for s.t.* op iets h., iets verwag; *I* ~ **not** ek h. (van) nie; hopelik nie; *I* ~ **so** ek hoop (van) wel; hopelik; *HE* ~*s* **to** *do s.t.* HY h. dat HY iets sal kan doen.

hoped *it is to be* ~ dit is te hope; *it is to be* ~ *that it will* ... hopelik sal dit —.

hopeful *be* ~ *that* ... vol hoop wees dat —.

hoping *here's* ~ laat ons hoop; *s.o. keeps* ~ iem. bly h.

horde *a* ~ *of* ... 'n horde —.

horizon *on the* ~ op die gesigseinder, aan die horison; *in die verskiet; sweep the* ~ die hele horison in die oog hou; *wide* ~*s* verre horisonne.

horn¹ [n.] *HE* **draws/pulls** *in HIS* ~*s* HY kruip in SY dop/skulp; *lock* ~*s, (lett.)* hul horings vasdraai; *(fig.)* kragte meet.

horn² [v.] *HE* ~*s in* § HY meng HOM in; *HE* ~*s in on s.t.* § HY meng HOM in iets in, HY bemoei HOM met iets.

hornet *HE stirs up a* ~*'s nest* HY steek SY kop in 'n by(e)nes.

horoscope *cast s.o.'s* ~ iem. se horoskoop trek.

horror *horrors!* afskuwelik!; *get the* ~*s* die horries kry ★; *give s.o. the* ~*s* iem. laat (g)ril; *have a* ~ *of* ... 'n afsku van — hê; *in* ~ ontset, ontsteld.

horse¹ [n.] *back a* ~ op 'n perd wed; *the* ~ **bolts** die p. gaan op hol; **break** *in a* ~ 'n p. leer; ~ *and* **cart** kar en perde; **change/swap/swop** ~*s in midstream* in die middel van die rivier omspan; *never* **change/swap/ swop** ~*s while crossing the stream* (P) hou wat jy het as die nood daar is, moenie in die middel van die rivier omspan nie; *a* ~ *of another* **colour,** *a* ~ *of a different* **colour** glad iets anders, 'n totaal ander ding/saak; ~*s for* **courses** elke persoon na sy of haar aard, die beste persoon vir die werk; *a* **dark** ~ 'n buiteperd *('n perd of 'n mens); HE is flogging a* **dead** ~ HY verspil SY kragte, HY doen vergeefse werk; *don't look a* **gift** ~ *in the mouth* (P) moenie 'n gegewe perd in die bek kyk nie (P); *mount the* **high** ~ 'n hoë toon aanslaan, grootmeneer speel; *HE is on HIS* **high** ~ HY is op SY perdjie ★; **hold** *your* ~*s!* § wag 'n bietjie!, nie so haastig nie!, stadig (oor die klippe)!, bly kalm!; *put* **money** *on a* ~ op 'n perd wed; *(straight) from the* ~*'s* **mouth** §uit die eerste hand, uit die allerbeste bron; *play the* ~*s* § op perde wed; *pull a* ~ 'n perd inhou; *run a* ~ 'n p. laat deelneem; *scratch a* ~ *from a race* 'n p. aan 'n wedren onttrek; *swap/swop/change* ~ →*change/swap/swop; to* ~*!* opsaal!; *a* **troop** *of* ~ 'n troep ruitery; *a* **troop** *of* ~*'n* trop perde; *walk a* ~ 'n perd op 'n stap ry; 'n p. lei; *you can lead/take a* ~ *to the* **water** *but you can't make it drink* (P) jy kan 'n perd by die water bring, maar nie laat suip nie (P); *wild* ~*s would not drag* HIM *there* jy sal HOM met geen stok daar kry nie; *wild* ~*s would not drag the secret from* HIM HY sal die geheim in geen omstandighede prysgee nie; *a* **willing** ~ 'n werkesel *(fig.)* ★; *the* **winged** ~ die gevleuelde perd, Pegasus; HE *backs the* **wrong** ~, *(lett.)* HY wed op die verkeerde perd; *(fig.)* HY misgis/misreken HOM.

horse² [v.] ~ *about/around* te kere gaan.

horseback *on* ~ te perd.

hose ~ *down s.t.* iets afspoel/afspuit, iets skoonspuit.

hospital *admit s.o. to* ~ iem. in 'n/die hospitaal opneem; *s.o. is in* ~ iem. is in die hospitaal.

hospitality *extend* ~ *to s.o.* gasvryheid aan iem. bewys/verleen, iem. ontvang; iem. herberg, iem. in huis neem; *offer* ~ *to s.o.* iem. gasvryheid aanbied.

host¹ [n.] *a* ~ *of* ... 'n duisternis van —.

host² [n.] *play* ~ *to s.o.* iem. se gasheer wees, as gasheer vir iem. optree.

hostage *give* ~*s to fortune* die toekoms verpand; *take s.o.* ~ iem. as gyselaar aanhou; *take* ~*s* gyselaars aanhou.

hostile *be* ~ *to s.o.* vyandig wees teenoor iem.; teen iem. gekant wees.

hot¹ [adj. & adv.] *(as)* ~ *as* **hell** §§ deksels warm ★; *be* ~ *at s.t.* § knap wees in/met iets; *be* ~ warm wees *(iets)*; w. kry *(iem.)*; *blow* ~ *and cold* uit twee monde praat, besluiteloos wees; *be or get (all)* ~ *and* **bothered** § ontsteld wees of raak, van stryk wees of raak; *broiling* ~ skroeiend warm; *feel* ~ warm kry *(iem.)*; *s.o. is not* **feeling** *too* ~ § iem. voel nie goed/lekker nie; ~ *from the* ... vars uit die —; *get* ~ warm word; spannend word; *get it* ~ § les opsê ★, verjaar*(fig.)*; *make it* ~ *for s.o.* § iem. opdreun, die wêreld vir iem. benoud maak; *s.t. is* **not** *so* ~ §iets is nie waffers nie ★; *be* ~ *on s.t.* § gaande/geesdriftig wees oor iets; *piping* ~ vuurwarm, kokend/sissend warm *(bv. kos, drank)*; *red*-~ rooiwarm; vuurwarm; § vurig; *run* ~ warmloop; *scalding* ~ kokend/skroeiend warm; *sizzling* ~ skroeiend warm; *a* **steaming** ~ *meal* 'n dampende maaltyd; *stiflingly/suffocatingly* ~ snikwarm, stikwarm, stikkend warm, smoorwarm; *a place is becoming too* ~ *for s.o.* §'n plek word vir iem. te gevaarlik; *s.t. is too* ~ *to* **handle** § iets is 'n warm patat *(fig.)* ★ →**hots.**

hot² [v.] *s.t.* ~ *up* §iets verhewig; ~ *up an engine* §'n enjin aanja(ag).

hotbed *a* ~ *of* ... 'n broeines van —.

hotel *keep a* ~ 'n hotel hou.

hothead *be a bit of a* ~ §('n) bietjie heethoofdig wees.

hots *have the* ~ *for s.o.* §seksueel tot iem. aangetrokke wees.

hound¹ [n.] *a pack of* ~*s* 'n trop honde; *ride to* ~*s* die jakkalsjag/vossejag gaan.

hound² [v.] ~ *down s.o.* iem. agtervolg; ~ *out s.o.* iem. uitdryf.

hour *after* ~*s* na kantoortyd of skooltyd of sluitingstyd of werktyd, buiten(s)tyds; *at* **all** ~*s* voortdurend; *till* **all** ~*s* tot laat in die nag, tot wie weet hoe laat; *by the* ~ by die uur; per uur; ure (lank/aaneen); *from an* **early** ~ van vroeg af; *keep* **early** ~*s* vroeg gaan slaap; *at the* **eleventh** ~ ter elder ure; *s.t. happens every* ~ iets gebeur om die uur; *in an* **evil** ~ in 'n onsalige oomblik; *for* ~*s* ure (lank); *for* **five**/*etc.* ~*s* vyf/ens. uur (lank); HE *has not seen s.o. for* ~*s* HY het iem. in geen ure gesien nie; *(for) a* **full** ~ 'n volle/ronde uur (lank); *half an* ~ 'n halfuur; *complete s.t. in an* ~ iets in 'n uur voltooi; *s.t. will happen in an* ~ iets sal oor 'n uur gebeur; *at a* **late** ~ laat in die aand of dag of nag, teen die laatte; *even at this* **late** ~ selfs nou nog; *keep* **late** ~*s* laat opbly of uitbly, laat gaan slaap; *the man of the* ~ die man van die oomblik; *the buses depart* **on** *the* ~ die busse vertrek op die uur; *keep* **regular** ~*s* 'n gereelde lewe lei; *in the* **small**/**wee** ~*s (of the morning)* in die nanag; in die vroeë môre-ure/more-ure, vroeg-vroeg; *the clock* **strikes** *the* ~*s* die klok slaan die ure; *in s.o.'s* **waking** ~*s* wanneer iem. nie slaap nie; *within the* ~ binne 'n uur; *working* ~*s* werktyd.

house *about/around the* ~ om/rondom die huis; in die h. rond; *at s.o.'s* ~ by iem. se h.; by iem. aan h.; *bring the* ~ *down* die saal laat dawer, groot toejuiging uitlok, die gehoor in vervoering bring, met groot applous/byval begroet word; almal aan die skater hê; *condemn a* ~ 'n huis onbewoonbaar verklaar; *they are getting on like a* ~ *on* **fire** §hulle word groot maats, hulle kom baie goed oor die weg; *full* ~, ~ *full* vol beset/bespreek; ~ *and* **home** huis en haard; *eat s.o. out of* ~ *and* **home** iem. rot en kaal eet; *keep* ~ huishou; *move* ~ verhuis; *it's on the* ~ dis verniet/present; *keep* **open** ~ ope tafel hou; gasvry wees; HE *keeps* HIS *own* ~ *in* **order** HY vee voor SY eie deur; HE *puts/sets* HIS ~ *in* **order** HY kry SY sake in orde, HY sit SY sake agtermekaar; *put up a* ~ 'n huis bou; *set up* ~ h. opsit, 'n (eie) huishouding begin/opsit; HE *does not* **stir** *out of the* ~ HY steek nie SY neus by die deur uit nie ★; *take a* ~ 'n huis huur; *a* **thin** ~ 'n klein/skraal gehoor; *a* **tied** ~ 'n gebonde huis/dranksaak, 'n drankwinkel onder koopverpligting; *vacate a* ~ 'n huis ontruim.

housetops *proclaim/shout s.t. from the* ~ iets van die dakke verkondig.

hove *the* *ship* *lies* ~ *to* die skip lê bygedraai. →**heave.**

hover ~ *about/around* ronddrentel; rondfladder; ~ *about/around* ... om— fladder; ~ *between* hope *and fear* tussen hoop en vrees dobber; ~ *between life and death* tussen lewe en dood sweef/swewe.

how ~ *about* …? wat van —?; ~ *about it?* hoe lyk dit (daarmee)?; *and* ~*!* §moenie praat nie! ★; *do s.t. any old* ~ §iets sommerso doen, iets afskeep; ~ *else can HE do it?* hoe kan HY dit anders doen?; ~ *is HE?* hoe gaan dit met HOM?; *here's* ~*!* §gesondheid!; *just* ~ *did it happen?* hoe het dit presies gebeur?; ~'s *that?* hoe's daai?; ~ *is it that* …? hoe kom dit dat —?; *that's* ~ *it is* so is dit; *is that* ~ *it is?* is dit hoe sake staan?, is dit sulke tyd? ★; ~ *are you?* hoe gaan dit (met jou)?

however ~ … *s.o. may be* al is iem. nog so —.

howl ~ *down s.o.* iem. doodskree(u).

howler *commit/make a* ~ §'n bok skiet *(fig.)* ★

huddle *go into a* ~ §koukus (hou).

huddled *be* ~ *up* opgerol wees, ingekrimp wees.

hue *a* ~ *and cry* 'n geroep/lawaai/ophef; *raise a* ~ *and cry* 'n ophef maak, moord en brand skree(u) ★

huff¹ [n.] *be in a* ~ nukkerig wees; *HE goes into a* ~ HY ruk HOM op, HY raak nukkerig.

huff² [v.] ~ *and puff* blaas en snuif.

hug *give s.o. a* ~ iem. omhels.

hum ~/*hem and haw* stotter; weifel; *make things* ~ § dit laat gons; ~ *with* … gons van —.

human *it is only* ~ dis maar menslik; *I am only* ~ ek is ook maar ('n) mens.

humour *be in the best of* ~s in 'n baie goeie bui wees; *a gleam of* ~ 'n sprankie humor; *in a good* ~ in 'n goeie bui; *HE is in an ill* ~, *HE is out of* ~ HY is nukkerig/nors, HY is in 'n slegte bui, HY is uit SY humeur; *have a sense of* ~ humorsin hê, 'n sin vir humor hê.

hump *be over the* ~ oor die ergste (heen) wees.

humped *be* ~ *up* ineengedoke/ineengekrimp wees.

hunch *have a* ~ 'n vermoede/voorgevoel/suspisie hê; *do s.t. on a* ~ iets op 'n ingewing doen.

hunched *be* ~ *up* ineengedoke/ineengekrimp wees.

hundred *a* ~ … honderd —; *by the* ~ *(s)* by honderde; *live to be a* ~ honderd jaar oud word; ~s *of people* or *kilometres* or *rands* honderde mense *of* kilometers *of* rande; *one in a* ~ een uit (die) honderd; *he or she is one in a* ~ hy *of* sy is 'n man *of* vrou h.; *a* ~ *to one chance* 'n kans van h. teen een; *over a* ~ meer as h., oor die h.; ~s *of thousands* honderdduisende.

hung *s.t. is* ~ *up* iets is vertraag, iets is op die lange baan geskuif/geskuiwe; *s.o. is* ~ *up about s.t.* §iem. het 'n obsessie oor iets. →**hang²**.

hunger¹ [n.] *appease s.o.'s* ~ iem. se honger stil; *suffer death from* ~ 'n hongerdood sterf; *be faint with* ~ flou wees van die honger; *gnawing* ~ knaende/nypende h.; *pangs of* ~ knaende h.; *HE satisfies HIS.* ~ HY stil SY h.

hunger² [v.] ~ *after/for* … na — honger/hunker.

hungry *as* ~ *as a wolf/hawk/hunter* so honger soos 'n wolf; *be* ~ honger hê/wees; *be* ~ *for s.t.* vir iets lus hê; na iets verlang, iets begeer; *get* ~ honger

kry/word; go ~ honger ly; sonder kos bly, niks eet nie.

hunt¹ [n.] *the* ~ *is on for* … die soektog na — het begin; *be on the* ~ *for* … na — op soek wees; *HE is out of the* ~ §HY het geen kans nie.

hunt² [v.] ~ *after/for* … na — soek; na — streef/strewe; ~ *down* … — agtervolg; — vang/vaskeer; — opspoor; ~ *out* … — opspoor/(op)soek; — uitvis *(fig.);* ~ *up* … — opspoor/(op)soek.

hunting *go out* ~ gaan jag; *in* ~ by die jag.

hunting-ground *a happy* ~ 'n vrugbare veld *(vir iem. se bedrywighede);* *the happy* ~s die jagtershemel, die ewige jagveld.

hurdle *clear/take a* ~, *(lett.)* oor 'n hekkie spring; *(fig.)* 'n moeilikheid oorkom.

hurl ~ *s.t. at* … iets na — gooi; ~ *s.t. at s.o.,* *(ook)* iem. iets toeslinger *(bv. beledigings);* *HE* ~s *HIMSELF at* … HY werp HOM op —; ~ *away s.t.* iets wegslinger; ~ *out s.o.* or *s.t.* iem. *of* iets uitsmyt.

hurry¹ [n.] *be in a* ~ haastig wees; *do s.t. in a* ~ iets in haas doen, iets haastig doen; iets in aller yl doen; *not do s.t. again in a* ~ iets nie gou weer doen nie; *there is no* ~ daar is geen haas/nood nie; *s.o. is in no* ~ iem. is nie haastig nie; *be in a steaming/tearing* ~ in 'n vlieënde haas wees; *don't be in such a* ~! moenie so haastig wees nie!; *what's the/your* ~? hoekom/waarom so haastig?, hoekom/waarom so 'n haas?

hurry² [v.] ~ *after s.o.* iem. haastig agternaloop/agternasit; *HE hurries along/on* HY haas HOM voort, HY loop haastig verder/vêrder; HY ja(ag) voort; ~ *along/on s.o.* iem. aanja(ag); *HE hurries away/off* HY haas HOM weg, HY gaan haastig weg, HY vertrek haastig; ~ *away/off s.o.* iem. haastig wegbring; *HE hurries to* … HY haas HOM na —; ~ *s.t. to* … iets haastig na — bring; ~ *up* gou maak/speel; ~ *up!* maak gou!, opskud!★; ~ *up s.o.* iem. aanja(ag); ~ *up s.t.* gou/haas maak met iets.

hurt *be badly* ~ erg/swaar beseer wees; *be* ~ seerkry; beseer wees; *feel* ~ seer/gekrenk voel; *get* ~ seerkry; *HE got* ~ HY het seergekry, HY het HOM seergemaak; *HE* ~s *HIMSELF* HY maak HOM seer, HY kry seer; *it* ~s dit maak seer.

hurtle ~ *down* neerstort.

husband *they are* ~ *and wife* hulle is man en vrou, hulle is getroud.

hush¹ [n.] *a* ~ *falls/descends* dit word stil.

hush² [v.] ~ *up* stilbly; ~ *up!* bly still!; ~ *up s.o.* iem. stilmaak; ~ *up s.t.* iets stilhou.

hush money *pay s.o.* ~ ~ iem. betaal/omkoop om stil te bly.

hussy *a brazen/shameless* ~ 'n skaamtelose meisiemens *of* vroumens.

hustings *at/on the* ~ in 'n verkiesing(stryd).

hustle *in the* ~ *and bustle* in die gestamp en gestoot.

hysterics *go into* ~ histeries raak/word; §onbedaarlik aan die lag raak.

I

i *dot the/one's i's and cross the/one's t's* § die puntjies op die i's sit.

I ~ *for one, ~ for my part* ek vir my; *if ~ were you* as ek jy was, in jou plek, as ek in jou plek was.

ice¹ [n.] *break the ~* die ys breek *(lett. & fig.); it cuts no ~* dit sny geen hout nie, dit maak geen hond haaraf nie ★, dit maak geen indruk nie, dit het geen invloed nie, dit vind geen ingang nie; *keep/put s.t. on ~* iets uitstel, iets tydelik agterweë hou; *be like ~* yskoud wees; *HE is skating/treading on thin ~* HY begeef/begewe/waag HOM op gladde ys, HY begeef/begewe/waag HOM op gevaarlike terrein; *turn to ~* verys.

ice² [v.] *~ over/up* verys, toeys.

iceberg *it is just/only the tip of the ~* dit is net die puntjie van die ysberg.

idea *that's not a bad ~* dis nie 'n slegte plan nie; *have big ~s* grootse planne hê; *have a bright ~* 'n blink gedagte kry, 'n ingewing kry, 'n goeie inval kry; *develop an ~* 'n gedagte uitwerk; *have a faint ~ of s.t.* 'n vae/flou(e) begrip/denkbeeld/idee van iets hê; *not have the faintest/foggiest ~* nie die vaagste benul hê nie; *a fixed ~* 'n obsessie, 'n idée fixe; *HE forms an ~ of s.t.* HY stel HOM iets voor, HY maak HOM 'n voorstelling van iets; *fresh ~s* nuwe gedagtes; *s.o. is full of ~s* iem. het honderde planne; *get the ~ that...* die gedagte kry dat —; *don't get ~s* §moenie dink — nie; *s.o. is getting the ~* iem. begin iets verstaan; *it gives you an/some ~ of it* dit gee jou enigsins 'n begrip daarvan; *what gives HIM that ~?* wat bring HOM op daardie gedagte/idee?, wat bring HOM daarop?; *have an ~ that ...* vermoed dat —; *put ~s into s.o.'s head* iem. op allerlei gedagtes/idees bring; *have a high ~ of ...* 'n hoë dunk/opinie van — hê; *hit on/upon an ~* op 'n gedagte/idee kom; *it is an ~* §dit is 'n idee, daar sit iets in, dit kan goed of waar wees; *I have no ~* §ek weet niks daarvan nie; *s.o. has no ~ of s.t.* §iem. het geen benul van iets nie; *it is not HIS ~ of a ...* §dit is nie wat HY 'n — noem nie; *a man or woman of ~s* 'n man of vrou met idees; *~s on ...* gedagtes oor —; opvattings omtrent —; *sell an ~* 'n idee/denkbeeld laat inslaan, 'n idee/denkbeeld aan die man bring; *a set ~* 'n vooropgesette mening; *an ~ strikes s.o.* 'n gedagte tref iem.; 'n gedagte skiet iem. te binne; *that's an ~!* dis nogal 'n plan!; *that's the ~* dis dié bedoeling/plan; *that's the ~!* dis die ding! ★, dis net hy! ★; *the ~ is to ...* die plan is om te —; *the ~!, what an ~!* §wat 'n idee!; *have a vague ~ of doing s.t.* so half 'n plan hê om iets te doen; *the very ~!* § die blote gedagte/idee!; *what's the (big) ~?* §wat bedoel jy?; §wat wil jy maak?; *with the ~ of ...* met die gedagte/idee om te —.

ideal *have high ~s* hoë ideale hê/koester; *realise an ~* 'n ideaal verwesenlik.

identical *be ~ with ...* dieselfde as — wees, identies/identiek met — wees.

identify *HE identifies HIMSELF* HY identifiseer HOM; *HE identifies HIMSELF with ...* HY vereenselwig HOM met —.

identity *HE can prove HIS ~* HY kan SY identiteit bewys; *a prove of s.o.'s ~* 'n bewys van iem. se i.

idiot *a blithering ~* § 'n vervlakste gek ★; 'n volslae stommerik; *a congenital ~* 'n idioot gebore, 'n i. van die geboorte af; *HE was an ~ to do it* HY was dwaas om dit te doen.

idiotic *don't be ~!* moenie 'n idioot wees nie!

idle *be bone ~* aartslui wees; *s.o. is ~* iem. lê leeg; iem. het nie werk nie; *the engine runs ~* die masjien loop vry.

if¹ [voegw.] *as ~ ...* (as)of —; *it isn't as ~ HE ...* HY het nie regtig — nie; *just as ~ ...* publiek asof —; *~ s.o. can do it* as iem. dit kan doen; *even ~ it is ...* al is dit —; selfs as dit — is.

if² [n.] *if ~s and ans were pots and pans* (P) as is verbrande hout (P); *it/that is (still) a big ~* dit is (nog) die groot vraag; *~s and buts* mare, 'n gemaar, 'n maardery.

ignorance *~ compounded by arrogance* onkunde vererger deur hoogmoed; *dense ~* growwe onkunde; *keep s.o. in ~ of s.t.* iem. omtrent iets onkundig laat, iem. omtrent iets onwetend hou; *~ of ...* onkunde/onwetendheid aangaande/omtrent —; onbekendheid met —; *profound ~* volslae onkunde; *sin in ~* onwetend sondig; *be in total ~ of s.t.* totaal niks van iets weet nie.

ignorant *be ~ of s.t.* onkundig wees omtrent/oor/van iets; met iets onbekend wees.

ill *it becomes HIM ~* dit pas HOM sleg; *become/fall/go ~* siek word; *come over ~* siek voel; *be pretty ~* § net/taamlik siek wees; *be seriously ~* erg/ernstig siek wees; *speak ~ of s.o.* iem. slegmaak, kwaadpraat van iem.; *take ~* (skielik) siek word; *take s.t. ~* iets sleg/verkeerd opneem; *not take it ~ of s.o.* iem. iets nie kwalik neem nie; *be taken ~* (skielik) siek word; *use s.o. ~* iem. mishandel, iem. sleg behandel; *think ~ of s.o.* kwaad/sleg dink van iem.

illness *on account of ~* weens siekte; *contract an ~* 'n s. opdoen/kry; *get over an ~, recover from an ~* van 'n s. regkom, van 'n s. herstel, 'n s. oorkom *(uitspraak: oorkom); a long ~* 'n lang(durige) siekbed; *a serious ~* 'n ernstige/gevaarlike siekte.

illusion *HE has no ~s about ...* HY het geen illusies oor — nie, HY maak HOM geen illusies oor — nie; *cherish* *the* ~ *that* ... die illusie koester dat —; *be under the* ~ *that* ... in die waan verkeer dat —.

illustrated *profusely* ~ ryk geïllustreer(d).

illustration *by way of* ~ by wyse van illustrasie.

illustrative *be* ~ *of* ... kensketsend vir/van — wees.

image *created in the* ~ *of* **God** na die beeld van God geskape *(OAB)*, as beeld van God geskep *(NAB)*; **improve** *s.o.'s* ~ iem. se beeld/figuur verbeter; *s.o. is the (spitting/very)* ~ *of* ... iem. is die ewebeeld van —, iem. is — uitgedruk/uitgeknip ★; *have a poor* ~ 'n swak figuur maak/slaan; *be the spit and* ~ *of* ..., *be the spitting* ~ *of* ... § uitgedruk/uitgeknip — wees ★

imagination *s.t. appeals to the* ~ iets spreek tot die verbeelding; **capture/catch** *the* ~ die v. (beet)pak/ aangryp; **draw** *upon one's* ~ die v. laat werk; iets uit die duim suig ★; *a figment of the* ~ 'n hersenskim; *it is only s.o.'s* ~ dit is maar iem. se verbeelding; *by no stretch of the* ~ nie in iem. se wildste drome nie; *stir the* ~ die verbeelding aangryp/(beet)pak; *have a vivid* ~ 'n lewendige/sterk verbeelding(skrag) hê.

imagine *just* ~! stel jou voor!, verbeel jou!, reken net!, nou toe nou!; ~ *that* ... dink/veronderstel dat —; ~ *s.o. or s.t. to be* ... veronderstel dat iem. *of* iets —is; *HE can't* ~ *what* ... HY kan HOM nie voorstel wat — nie.

imaginings *vain* ~ dwase verbeelding.

imbue ~ *with* ... met — vul; met — deurdring; met — besiel.

imbued *be* ~ *with* ... van — vervul wees *(bv. haat)*.

imitation *a pale* ~ *of* ... 'n flou nabootsing van —.

immaterial *it is quite* ~ dit maak glad nie/geen saak nie; *it is* ~ *to me* dit is my om 't/die ewe.

immersed *be* ~ *in* ... in — gedompel wees *(bv. skuld)*; in — verdiep wees *(bv. werk)*; in — opgaan *(bv. werk)*; onder — begrawe wees *(bv. werk)*.

immigrate ~ *to a country (from another country)* na 'n land immigreer (uit 'n ander land).

immune *be* ~ *from* ... vry van — wees; van — gevry= waar wees; *be* ~ *to* ... vir — onvatbaar wees, teen/vir — immuun wees *('n siekte)*.

immunise, =**ize** ~ *s.o. against* ... iem. teen — im= muniseer *('n siekte)*.

immunity ~ *from* ... vrystelling van —; ~ *to* ... on= vatbaarheid vir —, immuniteit teen/vir — *('n siekte)*.

impact *have an* ~ *on/upon* ... 'n uitwerking op — hê; *on* ~ wanneer dit bots/tref; toe dit bots/tref *(verl.t.)*; *the point of* ~ die trefpunt.

impale ~ *a head on a spear* 'n kop op 'n spies sit.

impaled *be* ~ *on/upon a* ... deur 'n — deurboor wees.

impart ~ *s.t. to* ... iets aan — gee/verleen.

impasse *be at an* ~ op 'n dooie punt wees; *reach an* ~ 'n d. p. bereik.

impatience *s.o. is fuming with* ~ iem. brand van on= geduld; *s.o.'s* ~ *with* ... iem. se o. met —.

impatient *be* ~ *at s.t.* oor iets ongeduldig/kwaad wees; *become* ~ geduld verloor, ongeduldig word; *be* ~ *with s.o.* nie geduld met iem. hê nie.

impediment *s.t. is an* ~ *to progress* iets is 'n hinder= nis op die pad van vooruitgang.

impervious *be* ~ *to flattery/etc.* onvatbaar wees vir vleiery/ens.; *be* ~ *to water* waterdig wees.

impetus *the* ~ *behind s.t.* die dryfkrag agter iets; *gain* ~ vaart kry; *give an* ~ *to s.t.* iets 'n stoot gee.

impinge ~ *on/upon s.t.* iets raak; op iets inbreuk maak.

implant ~ *s.t. in s.o.* iets by iem. inprent.

implicate ~ *s.o. in s.t.* iem. in iets betrek.

implicated *be* ~ *in s.t.* by iets betrokke wees *(bv. 'n misdaad)*; in die gedrang kom.

implication *by* ~ by implikasie.

implicit *s.t. is* ~ *in* ... iets word deur — geïmpliseer.

import[1] [n.] ~*s and exports* invoer en uitvoer, in- en uitvoer.

import[2] [v.] ~ *s.t. to a country (from another country)* iets in 'n land invoer (uit 'n ander land).

importance *attach* ~ *to s.t.* waarde/gewig aan iets heg; *be of the first* ~, *be of primary* ~ van die groot= ste/hoogste belang wees; *a matter of minor* ~ 'n by= saak; *of no* ~ onbelangrik, van geen belang nie; *a per= son of* ~ iem. van betekenis/gewig; *of paramount* ~ van die allergrootste belang, van oorwegende belang; *of vital* ~ van die allerhoogste/uiterste belang, onont= beerlik, van lewensbelang; *not of vital* ~ nie lewens= belangrik nie.

important *highly* ~ van die grootste belang; *not all that* ~ nie so belangrik nie; *a very* ~ *person* 'n hoog= geplaaste, 'n hoogwaardigheidsbekleër, 'n baie belang= rike persoon; *vitally* ~ van lewensbelang, onontbeer= lik, van die allerhoogste/uiterste belang.

impose ~ *on s.o.'s friendship/etc.* van iem. se vriend= skap/ens. misbruik maak; *HE* ~*s HIMSELF on s.o.* HY dring HOM aan iem. op.

impossibility *it is a sheer* ~ dit is volstrek onmoont= lik.

impossible[1] [n.] *s.o. asks for the* ~ iem. wil die on= moontlike hê, iem. begeer die o.; *attempt the* ~ die o. probeer doen; *do/perform the* ~ die o. doen/verrig.

impossible[2] [adj.] *s.t. is* ~ iets is onmoontlik, iets kan nie; *it is just* ~ dit is eenvoudig o.; *it is* ~ *for s.o. to do s.t.* iem. kan iets onmoontlik doen, dit is vir iem. onmoontlik om iets te doen.

impregnate ~ *s.t. with* ... iets met — deurdrenk/ impregneer/versadig.

impregnated *be* ~ *with s.t.* van iets deurtrek wees.

impress ~ *s.t. on s.o.* iem. iets op die hart druk.

impressed *be* ~ *at/by/with* ... deur — getref/geïm= poneer/beïndruk wees.

impression *convey the* ~ *that* ... die indruk wek dat —, iem. laat verstaan dat —; *create an* ~ indruk maak; 'n i. wek; *a fleeting* ~ 'n oombliklike i.; *form/ gain/get an* ~ 'n i. kry/opdoen; *get the* ~ *that* ... die i. kry dat —; *give an* ~ 'n i. wek; *s.t. makes an* ~ iets maak i.; *make an* ~ *on s.o.* op iem. i. maak; *an* ~ *of s.t.* 'n i. van/omtrent iets; *be under the* ~ *that* ... onder die i. wees dat —; *leave s.o.* **under** *the* ~ *that* … iem. in die waan laat dat —.

imprimatur *under the* ~ *of* … onder die imprimatur van —; met die goedkeuring van —.

imprint *bear the* ~ *of* … die stempel van — dra; *HE left HIS* ~ *on HIS pupils* HY het SY s. op SY leerlinge afgedruk.

imprinted *s.t. is* ~ *on s.o.'s memory* iets is in iem. se geheue ingegrif.

imprisonment *serve a term of* ~ 'n gevangenis=termyn uitdien, 'n straftyd/straftermyn uitdien.

improve ~ *on/upon s.t.* iets verbeter, iets beter doen; iets verbeter, iets oortref *(bv. 'n rekord)*; *no one can* ~ *on/upon it* niemand kan dit beter doen nie.

improvement *a distinct* ~ 'n besliste verbetering; *an* ~ *on/upon* … 'n verbetering teenoor —; 'n voor=uitgang teenoor —; *there is room for* ~ dit kan beter; *a vast* ~ 'n enorme verbetering.

impudence *have the* ~ *to* … die vermetelheid hê om te —, so astrant wees om te —; *it is sheer* ~ dit is niks anders as astrantheid/onbeskaamdheid/parmantig=heid/vermetelheid nie.

impulse *an irresistible* ~ 'n onweerstaanbare aan=drang; *act on (an)* ~, *do s.t. on (an)* ~ impulsief han=del/optree; iets in 'n opwelling van drif doen.

impunity *with* ~ ongestraf, straf(fe)loos.

impute ~ *s.t. to s.o.* iets aan iem. toedig.

in¹ [n.] *the* ~*s and outs of it* die toedrag van sake; die besonderhede daarvan, die fyn puntjies daarvan; *know the* ~*s and outs of s.t., (ook)* weet hoe die vurk in die hef steek.

in² [adj. & adv.] *be all* ~ pootuit★/stokflou wees; *be* ~ *at* … by — (aanwesig) wees; ~ *between* tussenin; *be* ~ *for it* §aan die pen ry ★; *we are* ~ *for more rain/etc.* § ons gaan nog reën/ens. kry, ons kan nog reën/ens. te wagte wees; *HE is* ~ HY is tuis; HY is in SY kantoor; HY is gekies/verkies *('n kandidaat); (kr.)* HY kolf; *s.t. is* ~ iets is in; iets kolf *('n krieketspan);* iets is aan die bewind *('n party);* iets is in die mode; *be* ~ *on s.t.* §by iets betrokke wees; § in 'n geheim deel/wees; *be* ~ *with s.o.* § op goeie voet met iem. wees; § kop in een mus met iem. wees; *keep* ~ *with s.o.* § op goeie voet met iem. bly.

in³ [prep.] ~ *five* **days** or **hours** or **minutes** or **months** or **weeks** or **years**, *in five days'* or *hours'* or *minutes'* or *months'* or *weeks'* or *years' time* oor vyf dae of uur of minute of maande of weke of jaar; ~ *a new* **dress** met 'n nuwe rok (aan); ~ *their* **hundreds** or **thousands** by (die) honderde of duisende; *there was little* ~ *it* § die verskil was klein; § dit was byna gelyk=op; *there is not much* ~ *it* dit beteken nie veel nie, daar sit nie veel in nie; *s.o. is not* ~ *it* iem. is nie daarby betrokke nie; § iem. het geen kans nie; § iem. kom nie in aanmerking nie; § iem. tel nie mee nie; *there is nothing* ~ *it for s.o.* iem. kry niks daaruit nie, dit bring iem. niks in nie; *with sugar* ~ *it* met suiker (in/daarin); *s.o. has been* ~ *and out of jail/gaol* or *hospital* iem. het in

die tronk *of* hospitaal geboer ★; ~ *a place* op 'n plek; *nine* ~ *ten* nege uit die tien; ~ *that HE* … deurdat HY —; aangesien HY —; *there is something* ~ *that* daar sit iets in, daar is iets van waar.

inasmuch ~ *as* … aangesien —; deurdat —.

incapable *be* ~ *of doing s.t.* nie in staat wees om iets te doen nie, iets nie kan doen nie.

incensed *be* ~ *at/by s.t.* gebelg/smoorkwaad/woe=dend wees oor iets.

incentive *an* ~ *to* … 'n aansporing om te —.

inception *from its* ~ van sy ontstaan af.

inch¹ [n.] *not* **budge/give/yield** *an* ~ geen duim=breed(te) wyk nie; ~ *by* ~ duim vir duim; voetjie vir voetjie, stadig, langsamerhand; *be* **every** ~ *a* … deur en deur 'n — wees; **give** *HIM an* ~ *and HE'll take an ell/a yard/a mile* (P) as jy HOM 'n/die pinkie gee, vat HY die hele hand (P); **miss** … *by* ~*es* — net(-net) mis; *not* **swerve** *an* ~ *from* … geen duimbreed(te) van — wyk nie; *to an* ~ op 'n haar, presies; **win** *by* ~*es* met enkele duime wen, net-net wen; *be beaten* **within** *an* ~ *of one's life* (so) amper doodgeslaan word; **within** ~*es* binne enkele duime.

inch² [v.] ~ *ahead/forward* duim vir duim vorentoe skuif/skuiwe.

incidence *a high* or *low* ~ *of crime* or *disease* 'n hoë *of* lae misdaadsyfer *of* siektesyfer.

incident *without* ~ rustig; voorspoedig.

incidental *it is* ~ *to* … dit gaan met — gepaard, dit hang met — saam.

incite ~ *s.o. to s.t.* iem. tot iets aanhits/aanstook/op=hits/opstook.

inclination **against** *s.o.'s* ~ teen iem. se sin; *HE* **fol-lows** *HIS own* ~ HY volg SY eie sin; **have** *an* ~ *to* … 'n geneigdheid tot — hê; **have** *an* ~ *to do s.t.* geneig wees om iets te doen.

incline¹ [n.] *a sharp* ~ 'n steil opdraand(e) *of* af=draand(e).

incline² [v.] ~ *to* … na — oorhang/oorhel; *tot* — neig, tot — geneig wees, 'n neiging tot — toon; ~ *towards s.o.* na iem. oorleun.

inclined *be* ~ *to do s.t.* geneig wees om iets te doen; *I am* ~ *to think* … ek dink amper —; *feel* ~ *to* … lus hê om te —.

include *it* ~*s* … daaronder is —; — is daarby inbe=grepe; *s.o.'s works* ~ … onder iem. se werke is —.

included *be* ~ *in* … in — inbegrepe wees; in — ver=vat wees; onder — wees; *be* ~ *with* … by — ingeslote wees.

including ~ … met inbegrip van —.

inclusive ~ *of* … met —.

income *a steady* ~ 'n vaste inkomste; *HE keeps/lives within HIS* ~ HY leef/lewe binne SY inkomste, HY sit die tering na die nering.

incommunicado *hold s.o.* ~ iem. in afsondering hou.

incompatible *be* ~ *with* … met — strydig/onbe=staanbaar/onverenigbaar wees.

inconceivable *it is* ~ *to HIM* dit is vir HOM ondenk=
baar, HY kan HOM nie daarin indink nie.

inconsistent *be* ~ *with* ... met — strydig/onbe=
staanbaar/onverenigbaar wees.

inconvenience *at great* ~ met groot ongerief; *put
s.o. to* ~ iem. o. veroorsaak; *suffer* ~ o. ondervind.

incorporate ~ *s.t. with* ... iets by — inlyf.

increase[1] [n.] *be on the* ~ aan die groei/toeneem
wees; *set* ~s periodieke verhogings; *a steep* ~ 'n skerp
styging.

increase[2] [v.] *s.t.* ~s *from* ... *to* ... iets neem toe van
— tot —; ~ *s.t. from* ... *to* ... iets van — tot — ver=
hoog/vermeerder; ~ *greatly* sterk toeneem.

inculcate ~ *s.t. in s.o.* iets by iem. inprent.

incumbent *it is* ~ *on/upon s.o. to do s.t.* dit is iem. se
plig om iets te doen, iem. is verplig om iets te doen.

incursion *make an* ~ *into* ... 'n inval in — doen.

indaba *hold an* ~ indaba hou; *it is HIS own* ~ § dit is
SY indaba ★

indebted *be deeply* ~ *to s.o.* diep in die skuld staan/
wees by iem.; *be* ~ *to s.o. for s.t.* iets aan iem. dank, iets
aan iem. te danke hê; *be* ~ *to s.o.* by iem. in die skuld
staan/wees.

indeed *indeed?* regtig?; is dit so?; *lions,* ~! watwo(u),
leeus! ★

indemnify ~ *s.o. against s.t.* iem. teen iets vrywaar.

indemnity ~ *against s.t.* vrywaring teen iets.

independence *achieve/attain/gain* ~ onaf=
hanklik word; *the country declared its* ~ die land het
hom onafhanklik verklaar; *grant a country* ~ 'n land
onafhanklik verklaar; *s.o.'s* ~ *of* ... iem. se onafhank=
likheid van —.

independent *be* ~ *of* ... van — onafhanklik wees.

index *an* ~ *to* ... 'n register op —.

indication *an* ~ *as to when s.o. is coming/etc.* 'n aan=
duiding van wanneer iem. kom/ens.; *there is every* ~
that ... alles dui daarop dat —; *give an* ~ 'n aandui=
ding gee; *an* ~ *of* ... 'n a. van —.

indicative *be* ~ *of s.t.* op iets dui, iets aandui.

indict ~ *s.o. for s.t.* iem. van iets beskuldig, iem.
weens iets aankla *(bv. moord).*

indifference *HE affects* ~ HY doen HOM onverskillig
voor; *with an assumption of* ~ asof HY nie omgee nie.

indifferent *s.o. is* ~ *to s.t.* iem. is vir iets ongevoelig;
iem. het geen belangstelling vir iets nie; iets laat iem.
koud.

indigenous *be* ~ *to a region* inheems wees in 'n
streek.

indignant *be* ~ *about/at/over s.t.* oor iets verontwaar=
dig wees; *wax* ~ verontwaardig word.

indignation *be bursting with* ~ kook van verontwaar=
diging; *raise* ~ v. (ver)wek; *to s.o.'s* ~ tot iem. se v.

indignity *inflict an* ~ *on s.o.* iem. verneder, iem. on=
waardig behandel; *suffer indignities* beledigings/verne=
derings verduur.

indirection *by* ~ onregstreeks, langs 'n omweg.

indiscretion *commit an* ~ 'n indiskresie begaan.

indispensable *be* ~ *for/to* ... vir — onmisbaar
wees.

indistinguishable *be* ~ *from* ... nie van — te on=
derskei wees nie.

indoctrinate ~ *s.o. with s.t.* iem. met iets indoktri=
neer.

indoors *go* ~ na binne gaan, in die huis ingaan; *stay*
~ binne bly, in die huis bly.

indulge *HE* ~s *in* ... HY geniet — na hartelus, HY gee
HOM aan — oor, HY veroorloof HOM —.

indulgent *be* ~ *towards s.o.* teenoor iem. toegeeflik
wees; *s.o. is too* ~ iem. gee te veel toe.

inevitable *HE accepts the* ~ HY skik HOM in die on=
vermydelike, HY berus in die o.

infancy *the enterprise is still in its* ~ die onderneming
staan nog in sy kinderskoene.

infatuated *be* or *become* ~ *with s.o.* smoorverlief wees
of raak op iem.

infected *be* ~ *with* ... met — besmet wees.

infer ~ *s.t. from* ... iets uit — aflei/opmaak.

inference *draw/make an* ~ *from s.t.* 'n gevolgtrek=
king uit iets maak; *an irresistible* ~ 'n onontkombare g.

inferior *be* ~ *to* ... by — agterstaan, vir — onderdoen,
slegter as — wees; aan — ondergeskik wees *(iem.).*

infested *be* ~ *with* ... van — vervuil wees *(bv. on=
kruid, vlooie);* krioel/wemel van — *bv. (vlooie).*

infiltrate ~ *into* ... in — infiltreer; ~ *s.o. into* ... iem.
in — laat infiltreer.

inflict ~ *s.t. on/upon s.o.* iem. iets toedien *(bv. 'n ne=
derlaag);* iem. iets oplê *('n straf);* iets aan iem. op=
dring.

influence *bring* ~ *to bear on/upon* ..., *exert* ~ *on/
upon* ... invloed op — uitoefen; *have* ~ *on/over* ... i.
op — hê; *have* ~ *with s.o.* i. by iem. hê; *a profound* ~
'n diepgaande i.; *be under the* ~ *(of liquor)* onder die
i. van drank wees; *be under the* ~ *of* ... onder die i.
van — wees; *HE uses HIS* ~ HY laat SY i. geld.

inform ~ *s.o. about/on s.t.* iem. oor iets inlig; *HE* ~s
HIMSELF about/on s.t. HY stel HOM op die hoogte van
iets; ~ *against s.o.* iem. verkla/verklik; ~ *s.o. of s.t.*
iem. iets meedeel, iem. van iets in kennis stel, iem. van
iets verwittig.

information ~ *about/on* ... inligting omtrent/oor
—; *ask for* ~ i. vra; *for* ~ ter i., ter kennis(neming);
for the ~ *of* ... ter i. van —; *gather* ~ i. inwin; *have
inside* ~ eerstehandse i./kennis hê; *a mine of* ~ 'n
ryk bron van i.; *pick up* ~ dinge te wete kom, dinge
uitvis; *a piece of* ~ inligting; *private* ~ vertroulike i.

informed *be* ~ *about* ... oor — ingelig wees; *be
badly* ~ sleg ingelig wees; *keep s.o.* ~ iem. op die
hoogte hou; *be reliably* ~ *that* ... uit goeie bron ver=
neem dat —; *HE has been* ~ *that* ... HY is meegedeel
dat —; *be well-* ~ goed ingelig wees, op die hoogte van
sake wees.

infraction *an* ~ *of* ... 'n skending van —; 'n inbreuk
op —.

infringe ~ *on/upon* ... op — inbreuk maak, — skend.

infringement *an* ~ *on/upon* ... 'n inbreuk op —, 'n skending van — *(bv. regte)*.

infuriated *be* ~ *about/at/over s.t.* woedend wees oor iets; *be* ~ *with s.o.* woedend wees vir iem.

infuse ~ *with* ... met — besiel.

ingrained *s.t. is deeply* ~ *in s.o.* iets is diep by iem. ingewortel.

ingratiate *HE* ~*s HIMSELF with s.o.* HY maak HOM by iem. bemin(d); HY dring HOM by iem. in, HY probeer in iem. se guns kom.

ingratitude *base/black/rank* ~ growwe ondankbaarheid, snode ondank; *the world pays with* ~ ondank is wêreldsloon (P).

inhere *it* ~*s in* ... dit is eie aan —, dit is in — gevestig/opgeslote.

inherent *it is* ~ *in* ... dit is eie aan —, dit is in — gevestig/opgeslote, dit is inherent in —.

inheritance *by* ~ deur vererwing.

inhibit *s.t.* ~*s s.o. from doing s.t.* iets weerhou iem. daarvan om iets te doen.

inimical *be* ~ *to* ... skadelik wees vir —; vyandig wees teenoor —.

iniquity *a den of* ~ 'n nes van ongeregtigheid; *visiting the* ~ *of the fathers upon the children, (Byb.)* wat die misdaad van die vaders besoek aan die kinders *(OAB)*, reken kinders die sondes van hulle vaders toe *(NAB)*.

initiate ~ *s.o. into s.t.* iem. in iets inwy.

initiative *on the* ~ *of* ... op inisiatief van —; *on one's own* ~ uit eie beweging, op eie inisiatief; *take the* ~ die inisiatief/leiding neem, die eerste stap doen.

inject ~ *s.t. into* ... iets in — inspuit; ~ ... *into s.o.* iem. — inblaas *(bv. lewe)*.

injection *get* or *give an* ~ 'n inspuiting kry *of* gee.

injured *be badly/seriously/severely* ~ erg beseer wees; *be/get* ~ b. word; *be slightly* ~ lig b. wees.

injurious *be* ~ *to* ... skadelik wees vir —.

injury *a serious/severe* ~ 'n ernstige besering; *a slight* ~ 'n ligte besering; *suffer/sustain an* ~ beseer word, seerkry, 'n besering opdoen.

injustice *a crying/glaring* ~ 'n skreiende onreg; *do s.o. an* ~ iem. o. aandoen, iem. verongelyk/veron(t)=reg; *suffer an* ~ o. ly.

ink¹ [n.] *write in* ~ met ink skryf/skrywe.

ink² [v.] ~ *in s.t.* iets met ink aanbring; ~ *out s.t.* iets met ink onleesbaar maak, iets met ink deurstreep.

inkling *have an* ~ *of s.t.* 'n vermoede van iets hê; *have no* ~ *of s.t., not have an* ~ *of s.t.* geen v. van iets hê nie.

inlaid *be* ~ *with* ... met — ingelê wees.

innings *s.o. has had a good* ~ §iem. het 'n gelukkige lewe gehad; *s.o. has had a long* ~ §iem. het lank geleef/gelewe *of* gedien.

innocence *in all* ~ in alle onskuld; *HE protests HIS* ~ HY hou vol dat HY onskuldig is, HY betuig SY onskuld.

innocent *as* ~ *as a lamb* doodonskuldig; *be* ~ *of s.t.* aan iets onskuldig wees; sonder iets wees; *quite* ~ doodonskuldig.

inoculate ~ *s.o. against s.t.* iem. teen iets (in)ent.

inquest *conduct/hold an* ~ 'n geregtelike lykskouing hou.

inquire, enquire ~ *about* ... omtrent — navraag doen; ~ *after* ... na — verneem; ~ *into s.t.* iets ondersoek, ondersoek na iets instel; ~ *within* vra (hier) binne.

inquiry, enquiry *conduct/hold/institute an* ~ *into s.t.* 'n ondersoek na iets instel; *make inquiries/enquiries about* ... na/omtrent — navraag doen; *on/upon* ~ by navraag.

inroads *make* ~ *into* ... in — indring *(bv. 'n land, 'n mark)*; *make* ~ *on/upon* ... op — inbreuk maak *(bv. regte)*.

insensible *be* ~ *of s.t.* nie van iets bewus wees nie; ~ *to s.t.* vir iets ongevoelig wees.

insensitive *be* ~ *to s.t.* vir iets ongevoelig wees.

inseparable ~ *from s.o.* onafskeidelik van iem.

insert ~ *s.t. in/into* ... iets in — insteek/invoeg.

inside¹ [n.] *know s.t. from the* ~ iets uit die eerste hand ken/weet; *know s.t.* ~ *out* iets deur en deur ken; *turn s.t.* ~ *out* iets omdop.

inside² [adv.] *be* ~ binne wees; §in die tronk wees.

inside³ [prep.] ~ *(of) an hour* §binne 'n uur.

insight *have a deep* ~ *into s.t.* 'n diep(e) insig in iets hê; *gain an* ~ *into s.t.* 'n i. in iets kry; *have a keen* ~ 'n skerp i. hê.

insinuate *HE* ~*s HIMSELF* HY dring/werk/wurm HOM in.

insinuation *make an* ~ skimp.

insist ~ *on/upon s.t.* op iets aandring, iets eis ; op iets nadruk lê; *by/met iets volhard; s.o.* ~*s on/upon doing s.t.* iem. wil opsluit iets doen; *s.o.* ~*s that* ... iem. hou vol dat —.

insistence *s.o.'s* ~ *on/upon s.t.* iem. se aandrang op iets.

insolence *I can support such* ~ *no longer* ek kan sulke onbeskaamdheid nie langer verdra nie.

insolvent *go* ~ insolvent raak, bankrot gaan/raak/speel.

insomuch ~ *as* ... aangesien —, daar —.

inspection *carry out an* ~, *make an* ~ ondersoek instel; *on closer* ~ by nader o.

inspiration *draw* ~ *from* ... besieling uit — put; *a stroke of* ~ 'n inspirasie.

inspire ~ *s.t. in s.o.*, ~ *s.o. with s.t.* iets by iem. inboesem *(bv. vertroue)*; ~ *s.o. to do s.t.* iem. besiel om iets te doen.

instalment *pay in* ~*s* in paaiemente betaal; *pay an* ~ 'n paaiement betaal.

instalment plan *buy s.t. on the* ~ iets op afbetaling koop.

instance *at the* ~ *of* ... op aandrang van —; in op=drag van —; op versoek van —; op inisiatief van —; *in the first* ~ in die eerste plaas/plek; *for* ~ ... byvoor-

beeld —; *in the present* ~ in dié geval, in die onder=
hawige/gegewe geval.

instant *in an* ~ in 'n oomblik; *in that* ~ op daardie
oomblik; *on the* ~ op die daad/plek, onmiddellik; *the*
~ *it happened* dadelik toe dit gebeur; *this* ~ onmid=
dellik.

instead ~ *of* ... in plaas/stede van —, pleks van —; ~
of doing it HE ... pleks dat HY dit doen het HY —, pleks
van dit te doen het HY —.

instigation *at the* ~ *of* ... op aandrang/aansporing/
aanstigting van —.

instil(l) ~ *s.t. in/into s.o.* iem. met iets besiel/vervul,
iets by iem. inboesem.

instinct¹ [n.] *s.t. appeals to the lower* ~*s* iets prikkel
die laer instinkte.

instinct² [adj.] *be* ~ *with* ... met — besiel wees, vol —
wees, een en al — wees.

instruct ~ *s.o. in s.t.* iem. iets leer, iem. in iets on=
derrig; ~ *s.o. to do s.t.* iem. opdrag gee om iets te
doen.

instructed ~ *by* ... in opdrag van —.

instruction *according to* ~*s* volgens opdrag; *carry
out* ~*s, follow* ~*s* opdragte uitvoer; *give* ~*s* opdrag
gee; ~ *in* ... onderrig in —; *on the* ~ *of* ... in opdrag
van —; ~*s for use* gebruiksaanwysings.

instrument *be an* ~ *for good* 'n middel ten goede
wees.

instrumental *be* ~ *in* ... met — behulpsaam wees,
tot — bydra.

instrumentality *through the* ~ *of* ... deur middel
van —; deur bemiddeling van —.

insufficient *be* ~ te kort skiet, onvoldoende/ontoe=
reikend wees.

insulate ~ *s.o. against/from s.t.* iem. teen iets
beskerm.

insult *a calculated* ~ 'n opsetlike belediging; *fling/
hurl an* ~ *at s.o.* 'n belediging na iem. slinger; *add* ~
to injury, (iem.) benadeel en boonop beledig, skande
by skade voeg; *a stinging* ~ 'n griewende belediging;
a studied ~ 'n opsetlike b.; *have to swallow* ~*s* b.s
(maar) moet sluk; *take an* ~ 'n b. verdra; *an* ~ *to* ...
'n b. vir —.

insurance ~ *against* ... versekering teen —; *carry* ~
verseker wees; *take out* ~ *on s.t.* iets verseker.

insure ~ *against* ... teen — verseker.

insusceptible *be* ~ *to* ... ongevoelig/onvatbaar/
onontvanklik wees vir —.

intellect *a keen/sharp* ~ 'n skerp verstand.

intelligible *be* ~ *to s.o.* vir iem. verstaanbaar wees.

intend ~ *to do s.t.* van plan/voorneme wees om iets te
doen, voornemens wees om iets te doen; *what s.o.* ~*s
(to do)* wat iem. wil (doen), wat iem. se plan is.

intended *be* ~ *as* ... as — bedoel wees; *be* ~ *for* ...
vir — bestem(d) wees; vir — bedoel wees; *it is* ~ *to* ...
die gedagte/plan is om te —; *s.t. is* ~ *to* ... iets is daar=
op bereken om te —.

intent¹ [n.] *with evil* ~ met kwade bedoelings, met

bose opset; *to all* ~*s and purposes* feitlik, prakties; *with*
~ *to* ... met die opset om te —.

intent² [adj.] *be* ~ *on/upon* ... in — verdiep wees, met/
van — vervul wees; met die aandag op — gerig wees;
op — uit wees *(bv. wraak)*; *be* ~ *on doing s.t.* vasbeslo=
te wees om iets te doen.

intention *with the best of* ~*s* met die beste bedoe=
lings; *s.o.'s declared* ~ iem. se uitgesproke voorne=
me; *have every* ~ *of doing s.t., have every* ~ *to do s.t.*
vas van plan wees om iets te doen; *have honourable*
~*s* eerlike bedoelings hê.

intercede ~ *with s.o. for s.o. else* by iem. voorspraak
wees vir 'n ander.

intercourse *the* ~ *among/between countries* die ver=
keer tussen lande; *have* ~ *with s.o.* (geslags)gemeen=
skap met iem. hê.

interdict ~ *s.o. from doing s.t.* iem. belet om iets te
doen.

interest¹ [n.] *have/take an active* ~ *in s.t.* 'n lewen=
dige/daadwerklike belangstelling in/vir iets hê; *keep* ~
alive die belangstelling gaande hou; *arouse* ~ be=
langstelling wek; *at* ~ op rente; *bear/carry* ~ rente
dra/gee; *a clash of* ~*s* 'n belangebotsing; *be of cur=
rent* ~ van aktuele belang wees; *further the* ~*s of* ...
die belange van — bevorder/behartig; *have an* ~ *in
s.t.* belang by iets hê; 'n aandeel in iets hê; *have* ~*s in
s.t.* belange in iets hê; *an* ~ *in s.t.* belangstelling in/vir
iets; *an* ~ *in s.o.* belangstelling in iem.; *in the* ~*s of* ...
in die belang van —; *in s.o.'s (best)* ~ *(s)* in iem. se
belang; *in the (best)* ~ *(s) of the country* in die lands=
belang; *a keen* ~ 'n sterk/lewendige belangstelling; *a
lack of* ~ geen belangstelling nie; *HE knows where HIS*
~ *lies* HY weet wat SY belang is, HY weet aan watter
kant van die perd HY moet opklim ★; *a lively* ~ 'n
lewendige belangstelling; *lose* ~ belangstelling ver=
loor; *s.o. has many* ~*s* iem. het baie belange; iem. stel
in baie dinge belang; *as a matter of* ~ interessant=
heidshalwe; *in the national* ~ in die landsbelang/
volksbelang; *be of* ~ van belang/betekenis wees, be=
langwekkend wees; interessant wees; *s.t. of* ~ iets van
belang/betekenis; iets interessants; ~ *on* ... rente op
—; *pay* ~ rente betaal; *a point of* ~ 'n interessant=
heid; *as a point of* ~ interessantheidshalwe; *pro=
mote the* ~*s of* ... die belange van — bevorder/behar=
tig; *s.t. serves s.o.'s* ~*s* iets is in iem. se belang, iets
bevoordeel iem.; *show* ~ belangstelling toon; *take
an* ~ *in s.t.* in iets belang stel; *s.t. is of topical* ~ iets is
van aktuele belang; *vested* ~*s* gevestigde/bestaande
belange; *have a vested* ~ *in s.t.* belang by iets hê; *be of
vital* ~ *to* ... van lewendige belang wees vir —; *whet
s.o.'s* ~ iem. se belangstelling prikkel/wek; *with* or
without ~ met *of* sonder rente; met *of* sonder belang=
stelling.

interest² [v.] *s.t.* ~*s s.o. greatly* iem. stel baie in iets
belang, iets interesseer iem. baie; ~ *s.o. in s.t.* iem. in
iets belang laat stel; *HE* ~*s HIMSELF in* ... HY stel in —
belang, HY interesseer HOM vir —.

interested *be ~ in* ... in — belang stel, in — geïnteresseer(d) wees; *be ~ to know that* ... met belangstelling verneem dat —.

interesting *profoundly ~* hoogs belangwekkend; *it should be ~* dit sal (wel) interessant wees; dit beloof/belowe om interessant te wees.

interfere HE ~*s in/with* ... HY bemoei HOM met —; HY meng HOM in -- in; HY gryp in — in; HY maak inbreuk op —; *HE ~s with ..., (ook)* HY val — lastig *(iem.)*; HY molesteer — *(iem.)*; HY dwarsboom — *(die gereg); s.t. ~s with* ... iets maak inbreuk op —, — ly onder iets *(bv. iem. se werk)*; iets verhinder dat — *(bv. iem. haar of sy werk doen).*

interim *in the ~* intussen.

interior *in the ~* in die binneland.

interpretation *the facts admit of only one ~* net een vertolking van die feite is moontlik; *give an ~ of s.t.* iets uitlê.

interruption *without ~* sonder ophou, onophoudelik, onafgebroke, ononderbroke.

interspersed *~ with* ... met — deurspek; met — tussenin; *be ~ with* ... met — deurspek wees; — tussenin hê.

interval *at ~s* by/met tussenposes, van tyd tot tyd, af en toe, nou en dan; *at frequent ~s* dikwels, telkens; *at ~s of an hour* elke uur; *at ~s of ten metres* tien meter uit mekaar; *at regular ~s* op gesette/vaste tye; *at stated ~s* op gesette tye.

interview *give/grant s.o. an ~* iem. te woord staan, 'n onderhoud aan iem. toestaan; *request an ~* om 'n onderhoud vra.

intimacy *they are on terms of ~* hulle is op intieme voet.

intimate *be ~ with s.o.* vertroulik/intiem met iem. omgaan/wees; (geslags)gemeenskap met iem. hê.

into *be ~ s.t.* § in iets belang stel, geesdriftig aan iets deelneem; *have been ~ s.t.* iets al bespreek *of* ondersoek het.

intolerance *s.o.'s ~ of* ... iem. se onverdraagsaamheid teenoor —.

intolerant *s.o. is ~ of* ... iem. is onverdraagsaam teenoor —; iem. kan — nie verdra nie, iem. verdra — nie.

introduce *~ s.o. to s.o. else* iem. aan iem. anders voorstel, iem. aan iem. anders bekend stel.

introduction *the ~ of s.o. to s.o. else* die voorstelling van iem. aan iem. anders; *the ~ to a book* die inleiding van 'n boek; *the ~ to a subject* die inleiding tot 'n vak.

intrude *~ on s.o.'s time* iem. se tyd in beslag neem.

intruding *I hope I'm not ~* ek hoop ek kom nie ongeleë nie.

intrusion *s.o.'s ~ into* ... iem. se inmenging in —.

inundated *be ~ with* ... onder — toegegooi word *(bv. navrae).*

invalid¹ [v.] *~ s.o. out* iem. weens siekte ontslaan.

invalid² [adj.] *declare s.t. ~* iets ongeldig verklaar.

invasion *an ~ of* ... 'n inbreuk op —, 'n aantasting/skending van — *(bv. regte).*

inveigh HE ~*s against* ... HY vaar teen — uit, HY verhef SY stem teen —.

inveigle *~ s.o. into doing s.t.* iem. verlei om iets te doen.

inventory *make an ~ of* ... 'n inventaris van — opmaak/opstel, — opskryf/opskrywe.

invest *~ in* ... in — belê; *~ s.o. with* ... iem. met — beklee *(bv. bevoegdhede, 'n orde).*

invested *be ~ with meaning* vol betekenis wees, met betekenis vervul wees.

investigation *carry out an ~* ondersoek instel; *closer ~* by nader o.; *an ~ into* ... 'n o. na —; *a thorough ~* 'n deeglike/deurtastende o.

investment *make an ~* 'n belegging maak/doen; *an ~ in* ... 'n b. in —.

invitation *by ~* op uitnodiging; *extend/send an ~ to s.o.* iem. uitnooi, 'n uitnodiging tot/aan iem. rig; *your kind ~* u vriendelike u.; *on the ~ of* ... op u. van —; *a standing ~* 'n vaste u.; *an ~ to a function* 'n u. na 'n byeenkoms; *a warm ~* 'n hartlike u.

invite *~ s.o. in* iem. innooi; *~ s.o. to a function* iem. na 'n byeenkoms nooi; *~ s.o. to a meal* iem. na 'n ete nooi, iem. vir ete vra.

involve *~ s.o. in s.t.* iem. by iets betrek; iem. in iets insleep; *~ s.o. in difficulties* iem. in moeilikhede verwikkel.

involved *be or become/get ~ in s.t.* by/in iets betrokke wees *of* raak, in iets gemoeid wees *of* raak; *be ~ in a struggle* in 'n stryd gewikkel wees; *s.t. is ~* iets is ingewikkeld; iets staan op die spel, iets is daarmee gemoeid; *be or become ~ with s.o.* met iem. deurmekaar wees *of* raak.

ire *arouse/rouse s.o.'s ~* iem. se toorn opwek.

iron¹ [n.] *have several ~s in the fire* met verskeie dinge tegelyk besig wees; HE *has too many ~s in the fire* HY het te veel hooi op SY vurk; *a man or woman of ~* 'n man *of* vrou van yster; *a piece of ~* 'n (stuk) yster; *put s.o. in ~s* iem. in boeie slaan; *rule with a rod of ~* met 'n ystervuis regeer; *the ~ entered s.o.'s soul* iem. het verhard geraak; *strike while the ~ is hot* (P) smee die yster so lank dit warm is (P).

iron² [v.] *~ out s.t.* iets uitstryk.

irreconcilable *be ~ with* ... strydig wees met —, onverenigbaar wees met —, nie met — te rym wees nie.

irregular *highly ~* hoogs onreëlmatig.

irrespective *~ of* ... ongeag —, sonder om op — te let; *~ as to whether* ... ongeag/onverskillig of —.

irritate *s.o. ~s HIM* HY vererg HOM vir iem., iem. irriteer HOM.

irritated HE *is ~ at s.t.* HY vererg HOM oor iets.

is *as ~* soos dit is, voetstoots; *sell s.t. as ~* iets voetstoots verkoop; *as it ~* reeds; in werklikheid; *(it ~) ~ it not?* of hoe?, is dit nie so nie?; *~ it now?* regtig?; *amateurs, that ~* dit wil sê amateurs.

island *the* ~ *of St Helena* die eiland St. Helena; *on an* ~ op 'n eiland.

isle *the Isle of Man* die eiland Man.

isolation *in* ~ in afsondering; *in splendid* ~ in brawe onverbondenheid.

issue¹ [n.] *address an* ~ 'n kwessie aanpak/aanroer; *they are at* ~ hulle verskil met mekaar; *s.t. is at* ~ iets is in die geding, iets word betwis; *cloud/confuse the* ~ die saak vertroebel; *dodge the* ~ die vraag/pro= bleem vermy; *force the* ~ sake forseer; *they join* ~ hulle verskil; hulle knoop/bind die stryd aan; *(jur.)* hulle tree in geding; *join/take* ~ *with s.o.* met iem. verskil; met iem. in geding tree; die stryd met iem. aanknoop/aanbind; *that's just the* ~ dis juis die moei= likheid; *make an* ~ *of s.t.* 'n geskilpunt van iets maak; *on* ~ by uitgifte/uitreiking; *the point at* ~ die geskil= punt/twispunt, die kwessie waaroor dit gaan, die om= strede saak, die strydvraag; *raise an* ~ 'n saak in be= spreking bring; *it raises an* ~ dit werp 'n strydvraag op; *without* ~ sonder kroos.

issue² [v.] ~ *forth* te voorskyn kom, na buite kom; ~ *from* … uit — voortkom/voortspruit; ~ *in* … op — uitloop; ~ *guns to the soldiers*, ~ *the soldiers with guns* gewere aan die soldate uitreik.

it *that's (just) about* ~ so is dit ongeveer/naaste(n)by; *while s.o. is about* ~ terwyl iem. daarmee besig is; sommer terselfdertyd; *be finished with* ~ *all* met die hele spul klaar wees ⋆; *be at* ~ *again* weer aan die gang/werk wees; §weer aan die baklei wees; *while you are at* ~ terwyl jy aan die gang is, terwyl jy (daarmee) besig is; *s.o. will catch* ~ →**catch;** *s.o. has had* ~ →**had;** *as* ~ *is* reeds; in werklikheid; *of* ~ daarvan; *that's* ~ § dis dan al; *is that* ~? is dit die ding?; *that's (just)* ~! §presies!, net so!; § daar lê juis die knoop!; *this is* ~ §nou kom die moeilike deel; §nou kom ons kans; §nou gaan die poppe dans ⋆, nou is die gort gaar ⋆, nou is die duiwel los ⋆; *as* ~ *were* as 't ware, so te sê, jy kan maar sê.

italics *in* ~ kursief; *my* ~, *the* ~ *are mine* ek kursi= veer, kursivering van my.

itch¹ [n.] *s.o. has an* ~ *to* … §iem. se hande *of* vingers *of* voete jeuk om te — ⋆

itch² [v.] *s.o.* ~*es to tell it* §dit brand op iem. se tong ⋆

itching *be* ~ *for* … §vir — lus hê, na — soek.

itself *be politeness/etc.* ~ die beleefdheid/ens. self wees; *by* ~ op sigself; alleen; vanself; *in a class by* ~ in 'n afsonderlike klas; *in* ~ op sigself; *of* ~ van= self.

J

jab ~ *at s.o.* na iem. steek; ~ *out s.t.* iets uitsteek.

jack ~ *it in* §ophou; ~ *up a car* 'n motor opdomkrag; ~ *up the price* § die prys opstoot.

jacket *dust/trim/warm HIS* ~ §HOM op SY baadjie/tabernakel gee ★, HOM uitlooi/vel ★, HOM vuurwarm klop ★

jackpot *hit the* ~ § 'n groot slag slaan.

Jack Robinson *before you can* or *could say* ~ ~ §in 'n kits, soos blits ★

jail, gaol *clap s.o. in* ~ iem. in die tronk stop; *go to* ~ *for … weens* — tronk toe gaan *('n misdaad)*; *in* ~ in die tronk.

jam¹ [n.] *get into a* ~ §in die knyp/moeilikheid beland, in die/'n verknorsing beland; *be in a* ~ § in die knyp sit/wees, in die/'n verknorsing sit/wees.

jam² [v.] ~ *s.t. into …* iets in — (in)prop; ~ *on the brakes* die remme (hard) aanslaan; *HE* ~*s on HIS hat* HY plak SY hoed op SY kop ★

jar¹ [n.] *on a/the* ~ op 'n skrefie.

jar² [v.] *s.t.* ~*s on/upon s.o.'s nerves* →**nerve**; *s.t.* ~*s with …* iets bots/vloek met —; iets druis teen — in.

jaunt *go on a* ~ 'n uitstappie doen/maak.

javelin *throw the* ~ spiesgooi.

jaw *hold/stop your* ~*!* § hou jou bek/smoel/snater! ★★; *HE gives s.o. a lot of* ~ §HY hou HOM baie astrant/parmantig; *none of your* ~*!* §moenie jou astrant/parmantig hou nie!

jazz¹ [n.] *and all that* ~ §§ en dies meer.

jazz² [v.] ~ *up s.t.* § iets opvrolik.

jealous *make s.o.* ~ iem. afgunstig/jaloers maak, iem. vermaak; *HE is* ~ *of HIS …* HY is afgunstig/jaloers op SY — *(bv. geld)*; HY is gesteld op SY — *(bv. eer)*; *be* ~ *of s.o.* op iem. jaloers/nydig wees, iem. beny; *be* ~ *of s.o.'s …* op iem. se — jaloers wees, iem. haar *of* sy — beny.

jealousy *s.o. is green with* ~/*envy* iem. is groen van afguns/jaloesie, iem. het die geel baadjie/pak aan ★

jeer ~ *at s.o.* iem. uitjou/uitkoggel/uitlag, met iem. spot.

jelly *beat s.o. to a* ~ iem. pap slaan.

jeopardy *be in* ~ in gevaar wees, op die spel staan/wees; *put s.o. in* ~ iem. in gevaar bring/stel; *put s.t. in* ~ iets in gevaar bring/stel, iets op die spel plaas/sit.

jerk *give a* ~ ruk; *physical* ~*s* § liggaamsoefeninge; *s.t. brings s.o. up with a* ~ iets bring iem. tot besinning; *stop with a* ~ met 'n ruk tot stilstand kom.

jest¹ [n.] *the cream of the* ~ die mooiste van die grap; *in* ~ vir die grap, skertsend.

jest² [v.] ~ *about s.t.* oor iets grappies maak; ~ *with s.o.* met iem. jil/korswel/korswil.

jesting ~ *aside* in erns, alle grappies op 'n stokkie ★

jib¹ [n.] *the cut of s.o.'s* ~ §iem. se gesig/voorkoms; *HE doesn't like the cut of s.o.'s* ~ §iem. se gesig/voorkoms staan HOM nie aan nie.

jib² [v.] ~ *at s.t.* steeks wees vir iets, van iets wegskram.

jibe ~ *with s.t.* met iets strook.

jiffy *in a* ~ §in 'n japtrap★/kits/oomblik/ommesientjie, gou-gou, een-twee-drie★, so gou soos nou ★; *wait a* ~*!* § wag 'n bietjie!

jiggered *well, I'll be* ~*!*; *well, I'm* ~*!* § dit slaan my dronk!

jingo *by* ~*!* (so) by my kool! ★

jinx *there is a* ~ *on it* dit word deur die ongeluk gery; *put a* ~ *on s.t.* iets tot teenspoed/teëspoed veroordeel.

jitters *get* or *have the* ~ die ritteltit(s) kry *of* hê ★

job *a bad* ~ slegte werk; vergeefse w.; § 'n nare gedoente, 'n ellende/ellendigheid; *do a bad* ~ slegte werk doen; *give … up as a bad* ~ — afskryf/afskrywe; *HE makes the best of a bad* ~ HY skik HOM daarin, HY skik HOM in die onaangename, HY neem dit vir lief, HY versoen HOM daarmee, HY lê HOM daarby neer; ~*s for the boys* §baantjies vir boeties; *HE does HIS* ~ HY doen SY plig; *fall down on the* ~ die werk nie gedoen kry nie; *get a* ~ ('n) w. kry; *get on with the* ~ aan die w. spring; *do a good* ~ goeie w. doen/lewer; iets deeglik doen; *it's a good* ~ *that …* dit is 'n goeie ding dat —, dit is 'n geluk dat —, dit is ook maar goed dat —; *make a good* ~ *of s.t.* iets deeglik doen; *HE is making a good* ~ *of it, (ook)* HY kwyt HOM goed van SY taak; *HE has a* ~ *to …* §HY het SY hande vol om te —; *it's an inside* ~ §dis die werk van mense binne; *just the* ~ § net wat nodig is; *lie down on the* ~ §lyf wegsteek ★; *HE is looking for a* ~ HY soek werk; *on the* ~ §in die w.; *be on the* ~, *(ook)* §besig wees, aan die gang wees; *be out of a* ~ sonder werk wees; ~*s for pals* baantjies vir boeties; *pull a* ~ §§ 'n plek beroof; *a put-up* ~ § 'n deurgestoke kaart; *quite a* ~ § 'n hele werklikheid; *a soft* ~ 'n maklike/lekker baantjie; *tackle a* ~ aan die werk spring; *take up a* ~ 'n pos aanvaar; *HE finds it a tough* ~ §HY het SY hande vol daarmee, HY kom agter dat dit nie speletjies is nie; *a* ~ *of work* 'n stuk werk.

jockey *HE* ~*s for position* HY probeer SY eie kanse verbeter.

jog ~ *along/on* voortdraf; § voortsukkel, op die ou trant voortgaan, op 'n sukkeldraffie gaan ★

join ~ *in* deelneem, meedoen, nader staan; inval *(by 'n singery)*; ~ *in s.t.* aan iets deelneem; ~ *in the singing/etc.* saamsing/ens.; *HE* ~*s s.o.* HY sluit (HOM) by iem. aan, HY voeg HOM by iem.; ~ *s.t.* by iets aansluit *(bv. die leër)*, lid van iets word, tot iets toetree *(bv. 'n vereniging)*; ~ *s.t. to …* iets aan — vasmaak; iets aan

— las *of* vasknoop; iets met — verbind; ~ *up* diens neem; aansluit; ~ *together* ... — verbind; *will you ~ us?* gaan jy saam?; kom jy by ons sit?; ~ *with s.o. in doing s.t.* saam met iem. iets doen.

joint *be out of ~, (lett.)* uit lit wees; *(fig.)* ontwrig wees; *put s.t. out of ~* iets ontwrig, iets uit die voeë ruk.

joke¹ [n.] ~*s apart* alle grappies/gekheid op 'n stok‡ kie ⋆, sonder speletjies ⋆, in erns; *do s.t. as a ~* iets vir die grap doen; *it is/goes beyond a ~* dit gaan te ver/ vêr; *a broad ~* 'n growwe/skurwe grap; *crack a ~* 'n g. maak/vertel; *a feeble ~* 'n flou/soutelose g.; *a hoary ~* 'n g. met baard ⋆; *it's a hoary ~* die g. het al baard ⋆; *do s.t. in a ~* iets vir die g. doen; *make a ~* 'n g. maak/vertel; *it is no ~* §dit is niks om oor te lag nie, dit is geen g. nie; *the ~ is on s.o.* die g. gaan teen iem.; *play a (practical) ~ on/upon s.o.* iem. 'n poets bak; *a practical ~* 'n poets; *HE doesn't see the ~* HY snap nie die grap nie; HY vind dit nie grappig/snaaks nie; *a smutty ~* 'n skurwe grap; *that was some ~* §dit was vir jou 'n g., dit was omtrent 'n g.; *stand a ~* 'n g. verdra; *a standing/stock ~* 'n ou/staande g.; *take a ~* 'n g. verdra; *treat s.t. as a ~* iets as 'n g. beskou; *by way of a ~* in 'n g., vir die g., by wyse van 'n g.; skertsend, skertsenderwys(e).

joke² [v.] ~ *about s.t.* 'n grap van iets maak; *you are joking!* jy speel!

joking ~ *apart* alle grappies/gekheid op 'n stokkie ⋆, sonder speletjies ⋆, in erns.

jolly ~ *along s.o.* §iem. met flikflooiery aanmoedig.

jot¹ [n.] *not a ~ of* ... geen jota/krieseltjie — nie; *not one ~ or tittle* geen jota of tittel nie.

jot² [v.] ~ *down s.t.* iets aanteken.

Jones *keep up with the Joneses* byhou by die bure.

journey¹ [n.] *break a ~* 'n reis onderbreek; *make a ~* 'n reis maak/onderneem; *be on a ~* op reis wees; *start on a ~* op r. gaan, 'n r. begin; in die pad val ⋆; *take a ~* 'n r. maak/onderneem.

journey² [v.] ~ *on* verder/vêrder reis.

Jove *by ~!* §vaderland! ⋆

joy *be delirious with ~* in ekstase wees, dol wees van blydskap/vreugde; *be filled with ~* oorloop van b./v.; *be flushed with ~* uitgelate wees van b./v.; *I give you ~!* veels geluk!; *jump/leap for ~* (op)spring/huppel van blydskap/vreugde; *get/have no ~* §geen sukses hê nie; *in ~ and sorrow* in lief en leed; *to s.o.'s ~* tot iem. se vreugde; *be transported with ~* verruk wees van blydskap/vreugde; *undiluted ~* ongemengde/ onvermengde v.; *for very ~* uit louter v.; *wish s.o. ~* iem. gelukwens; *wish s.o. ~ of s.t., (ironies)* iem. met iets gelukwens.

jubilant *be ~ at s.t.* oor iets in die wolke wees ⋆

judge¹ [n.] *be a good ~ of s.t.* 'n kenner van iets wees; *be no ~ of s.t.* geen k. van iets wees nie.

judge² [v.] ~ *by appearances* na/volgens die uiter‡ lik(e) oordeel; *judging by/from* ... te oordeel na —.

judg(e)ment *against HIS better ~* teen SY beter‡

wete; *deliver ~* uitspraak doen/lewer; *divine ~* die goddelike straf, die godsgerig, die strafgerig van God; *commit an error of ~* 'n oordeelsfout begaan; *give ~* uitspraak doen/lewer; *in s.o.'s ~* na/volgens iem. se mening/oordeel; *the Last J~* die Laaste Oordeel; *pass ~ on/upon* ... oor — uitspraak doen; 'n oordeel oor — vel; *reserve ~* 'n oordeel opskort; *(jur.)* die uitspraak voorbehou; *sit in ~ on s.o.* oor iem. reg‡ spreek; 'n oordeel oor iem. vel; *suspend ~* 'n oordeel opskort; *HIS ~ was warped by self-interest* eiebelang het SY oordeel benewel, HY is deur eiebelang bevoor‡ oordeel(d) gemaak.

jug *a ~ of milk/etc.* 'n beker melk/ens.

juggle ~ *with s.t.* met iets goël *(bv. syfers)*; iets ver‡ draai *(bv. die feite)*.

juice *let HIM stew in HIS own ~* §laat HOM in SY eie sop/vet gaar kook ⋆

jumbled *be ~ up/together* deurmekaar wees.

jump¹ [n.] *be/stay one ~ ahead of s.o.* §voor iem. bly; *at a ~* met een sprong; *HE gathers HIMSELF for a ~* HY maak HOM klaar om te spring; *get the ~ on s.o.* § iem. voor wees, iem. voorspring; *give a ~* (weg)‡ spring; (op)skrik; *s.o. is for the high ~* § dis klaar‡ (praat) met iem. ⋆; *be on the ~* aan die gang wees; *take a running ~* 'n aanloopsprong doen; *(go and) take a running ~!* §§ kry jou ry! ⋆

jump² [v.] ~ *about/around* rondspring; ~ *aside* 'n sysprong maak; uit die pad spring; ~ *at* ... na — spring; na — gryp; op — spring *(bv. 'n prooi)*; — aan‡ gryp *(bv. 'n geleentheid)*; ~ *down* afspring; ~ *for* ... na — s., s. om — te kry *(bv. die bal)*; (op)spring van — *(bv. vreugde)*; *HE gathers HIMSELF to ~* HY maak HOM klaar om te s.; ~ *in* inspring; ~ *into s.t.* in iets s.; ~ *off* afspring; begin; ~ *off s.t.* van iets (af)spring; ~ *on s.t.* op iets s.; ~ *on s.o.* §iem. te lyf gaan; §teen iem. uitvaar; ~ *on (to) a chair/etc.* op 'n stoel/ens. spring; ~ *out* uitspring, uitwip; ~ *over s.t.* oor iets spring; ~ *s.o.* iem. bespring; iem. oorval; iem. oorslaan; ~ *to* ... met een sprong tot — styg; ~ *to it* §gou maak; ~ *to it!* §maak gou!, opskud!⋆, skud op ⋆; ~ *up* opspring, (op)wip.

jumps *give s.o. the ~* §iem. die bewerasie gee; *have the ~* § die b. hê.

juncture *at this ~* op dié tydstip.

jungle *the law of the ~* die reg van die sterkste.

junior *be s.o.'s ~* jonger as iem. wees; onder iem. staan; *be ~ to s.o.* onder iem. staan.

jurisdiction *found ~* jurisdiksie vestig; *be/come/fall under/within the ~ of* ... onder — ressorteer; binne/ onder die jurisdiksie/regsbevoegdheid van — wees; *outside the ~ of* ... buite die j./r. van —.

jury *charge the ~* die jurie opdrag gee; *trial by ~* 'n jurieverhoor.

just ~ *about* →**about;** *only ~* (nou) pas, so pas, nou net; net-net, (so) hittete ⋆, ternouernood; *it is only ~* dit is nie minder as reg nie.

justice *administer ~* regspreek; *the administra‡*

tion of ~ die regspleging; *be* **amenable** *to* ~ bereg‍baar wees; **bring** *s.o. to* ~ iem. voor die gereg bring; *interfere with the* **course** *of* ~ die gereg dwarsboom; **deal** *out* ~ regspreek; *a* **denial** *of* ~ 'n miskenning van die reg; **deny** *s.o.* ~ iem. geregtigheid ontsê; *do* HIM ~, *do* ~ *to* HIM billik wees teenoor HOM; reg aan HOM laat geskied, HOM tot SY reg laat kom; HOM eer aandoen; *HE* **does** *HIMSELF* ~ HY gee SY beste, HY kwyt HOM met eer van SY taak; *defeat the* **ends** *of* ~ die regsbedeling verydel, die loop van die gereg dwars‍boom; *a* **failure** *of* ~ 'n onreg; *there has been a* **failure** *of* ~ reg het nie geskied nie; *be* **founded** *in* ~ op ge‍regtigheid gegrond wees; *in* ~ billikheidshalwe; *in* ~ *to* ... uit billikheid teenoor —, om billik te wees teen‍oor —; *temper* ~ *with* **mercy** reg met genade versag; *a* **miscarriage** *of* ~ 'n regsdwaling; **poetic** ~ poëtiese geregtigheid; ~ *must* **prevail** reg moet geskied;

rough ~ hardhandige/haastige beregting, summiere geregtigheid; *do* **scant** ~ *to* ... nie genoeg reg aan — laat geskied nie, — nie genoeg reg laat wedervaar nie; ~ *must be* **seen** *to be done* reg moet sigbaar geskied; **summary** ~ summiere beregting, snelreg, standreg; *a* **travesty** *of* ~ 'n bespotting van die gereg; *with* ~ met reg.

justification *in* ~ *of* ... ter regverdiging van —.

justified *it is fully* ~ dit is heeltemal/allesins gereg‍verdig; *be* ~ *in complaining/etc.* geregtig wees om te kla/ens.

justify *HE justifies HIMSELF to s.o.* HY regverdig HOM teenoor iem.

justly *very* ~ heel/seer tereg.

jut ~ *out* uitsteek; ~ *out from* ... uit — steek.

juxtaposition *in* ~ naas mekaar.

K

keel¹ [n.] *be on an even* ~ in ewewig wees *(fig.)*, rustig wees; *keep things on an even* ~ sake in ewewig hou, die ewewig in sake bewaar; *a false* ~ 'n los kiel; *lay down a* ~ 'n skip op stapel sit.

keel² [v.] ~ *over* omkantel *(iets)*; omval, omkap★ *(iem.)*.

keen *(as)* ~ *as mustard* vol vuur/ywer; *be* ~ *on s.t.* lief wees vir iets, gek wees na iets, versot wees op iets; iets sterk begeer; *s.o. is* ~ *on doing s.t.* iem. wil iets dolgraag doen; *be* ~ *on s.t. happening* iets sterk begeer; *HE is not very* ~ *(on it)* HY is nie baie gretig nie, dit kan HOM nie (so)veel skeel nie.

keep¹ [n.] *HE earns HIS* ~ HY verdien SY kos, HY is SY loon werd. →**keeps.**

keep² [v.] ~ *abreast* bybly; op die hoogte bly; ~ *s.o. abreast of s.t.* iem. van iets op die hoogte hou; ~ *s.t. afloat* iets vlot hou *('n boot)*; iets aan die gang hou *(bv. 'n onderneming)*; ~ *after s.o.* iem. bly agtervolg; ~ *ahead of s.o.* voor iem. bly; ~ *alive* →**alive;** ~ *people* or *things apart* mense of dinge van mekaar skei/weghou; ~ *at s.t.* met iets aanhou; met iets deurgaan; ~ *at s.o. to do s.t.* aan iem. knaag/torring om iets te doen ★; ~ *away from* … van — wegbly; op 'n afstand van — bly; ~ *away s.o.* or *s.t.* iem. of iets weghou; ~ *s.t. away from s.o.,* ~ *s.t. from s.o.* iets vir iem. wegsteek, iets vir iem. dighou, iets vir iem. verswyg; ~ *back* agterbly; ~ *back the crowd* die skare bedwing/terughou; ~ *back s.t.* iets agterhou *(bv. van iem. se loon)*; iets agterweë hou, iets verswyg, iets geheim hou *(bv. inligting)*; iets bedwing *(bv. trane)*; iets beperk *(bv. uitgawe)*; ~ *clear of* … — vermy; — ontwyk; ~ *down s.t.* iets binnehou/inhou *(bv. kos)*; iets laag hou *(bv. HY hou SY kop laag)*; iets in bedwang hou *(bv. onkruid, insekte)*; ~ *down s.o.* iem. onderhou *(uitspr.: onderhou)*; iem. onderdruk; iem. onder die duim hou; *HE* ~*s from s.t.* HY onthou HOM van iets; ~ *s.t. from s.o.* →**away;** *s.t.* ~*s HIM from doing it* iets weerhou HOM daarvan om dit te doen; *HE* ~*s HIMSELF* HY onderhou HOMSELF *(uitspr.: onderhou)*; ~ *hoping/etc.* bly hoop/ens.; ~ *in s.o.* iem. inhou; iem. op skool hou, iem. laat skoolsit; ~ *s.o. in* … iem. van — voorsien; *HE* ~*s in HIS anger/etc.* HY bedwing SY woede/ens.; ~ *in with s.o.* op goeie voet met iem. bly; ~ *off s.t.* van iets wegbly; van iets afbly *(bv. die gras)*; iets vermy *(bv. 'n onderwerp)*; iets laat staan *(bv. die drank)*; ~ *off s.o.* or *s.t.* iem. of iets weghou/afweer, iem. of iets op 'n afstand hou, iem. of iets van die lyf hou; ~ *on* aanhou; verder/vêrder gaan of loop of ry; ~ *on talking/etc.* aanhou (met) praat/ens.; ~ *on about s.t.* oor iets bly praat, gedurig oor iets praat; ~ *on at s.o.* aan iem. knaag/torring ★, iem. nie met rus laat nie;

~ *straight on* reguit aanloop of aanry; reg vorentoe gaan; ~ *on s.o.* iem. behou, iem. in diens hou; ~ *out* wegbly; buite bly; ~ *out s.o.* or *s.t.* iem. of iets buite hou; ~ *out a party* 'n party uit die bewind hou; *HE* ~*s out of s.t.* HY bly uit iets; HY bemoei HOM nie met iets nie; ~ *s.o. out of s.t.* iem. uit iets hou; ~ *over s.t.* iets oorhou, iets laat bly/oorstaan; ~ *s.t. short* iets korthou; ~ *to s.t.* by iets bly/hou, aan iets vashou *(bv. beginsels)*; iets in ag neem *(bv. reëls)*; in iets volhard; *HE* ~ *(HIMSELF) to HIMSELF* HY hou HOM eenkant, HY vermy geselskap, HY sonder HOM af; *HE* ~*s s.t. to HIMSELF* HY swyg oor iets; ~ *together* bymekaarbly; ~ *body and soul together* siel en liggaam aanmekaarhou; ~ *together people* or *things* mense of dinge bymekaarhou; ~ *s.o. under* iem. onderhou/onderdruk; ~ *s.t. under* iets onderdruk, iets in bedwang hou; ~ *up s.t.* iets handhaaf/hooghou, iets in ere hou; iets volhou; met iets volhard; ~ *up s.o.* iem. wakker hou; ~ *it up* daarmee volhou; daarmee volhard; ~ *it up!* hou so aan!, hou vol!; ~ *up with* … by — bybly, by — byhou, met — tred hou; ~ *up with the Joneses* byhou by die bure; ~ *up with things* op die hoogte van sake bly; ~ *well* gesond bly; goedhou; *s.t. will* ~ iets kan wag; iets sal goed bly, iets sal hou, iets sal nie bederf nie *(bv. melk, vleis)*; *I won't* ~ *you* ek sal jou nie ophou nie; *you* ~ *it!* hou jy dit!

keeping¹ [n.] *in s.o.'s* ~ onder iem. se sorg; *in* ~ *with* … in ooreenstemming met —; *it is in* ~ *with* … dit is in ooreenstemming met —; dit strook met —; dit pas by —; *it is out of* ~ *with* … dit is in stryd met —, dit is strydig met —, dit is nie in ooreenstemming met — nie; dit strook nie met — nie; dit pas nie by — nie; *in safe* ~ in veilige/versekerde bewaring; onder veilige hoede.

keeping² [teenw.dw.] *what is* ~ *HIM (so long)?* waar bly HY (so lank)?

keeps *for* ~ §om te hou; §vir altyd; *it is HIS for* ~ § HY mag dit hou; *play for* ~ § in erns speel.

ken *s.t. is beyond s.o.'s* ~ iets is bo iem. se begrip, iets is bo(kant) iem. se vuurmaakplek ★

kettle *a pretty* ~ *of fish* →**fish;** *put the* ~ *on* water kook *(bv. vir koffie)*.

key¹ [n.] *a bunch of* ~*s* 'n bos sleutels; *cut* ~*s* sleutels maak; *in* ~ *with* … in harmonie met —; *turn a* ~ *in a lock* 'n sleutel in 'n slot omdraai; *in a low/minor* ~, *(fig.)* gedemp; *off* ~ vals; *in the same* ~ in dieselfde trant; *the* ~ *to success/etc.* die sleutel tot welslae/ens.; *the* ~ *to the front/etc.* door die sleutel van die voordeur/ens.

key² [v.] ~ *in s.t.* iets intik.

keyed *be (all)* ~ *up* gespanne wees; slaggereed wees.

kibosh *put the* ~ *on s.t.* §§iets die kop indruk, 'n end/ einde aan iets maak.

kick¹ [n.] *a drink with a lot of* ~ § 'n drank(ie) met skop ⋆; *do s.t. for* ~*s* § iets vir die aardigheid/lekker= (te)/pret doen, iets vir opwinding doen; *get a* ~ *out of s.t.* § genot/plesier uit iets kry, iets geniet, behae skep in iets; *HE still has a lot of* ~ *in HIM* §SY fut/gô⋆ is nog (lank) nie uit nie; *HE has no* ~ *left (in HIM)* §SY fut/ gô⋆ is uit; *more* ~*s than halfpence* meer slae as kos; stank vir dank; *be on a* ... ~ §met — behep wees; *get a* ~ *in the pants* § 'n skop onder die agterstel⋆/sitvlak kry; *give s.o. a* ~ *in the pants* §iem. 'n skop onder die agterstel⋆/sitvlak gee; *a* ~ *in the teeth* 'n hou in die gesig, 'n kinnebakslag/kennebakslag.

kick² [v.] ~ *about/around* §ronddrentel, rondhang, ronddwaal; *s.t. has been kicking about/around* the house §iets het in die huis rondgelê; ~ *about/around s.o.* §iem. rondstoot; ~ *about/around s.t., (lett.)* iets rondskop; *(fig.)* §iets rondgooi, (aan) iets herkou *(bv. 'n gedagte, 'n plan)* ⋆; *HE* ~*s against s.t.* HY verset HOM teen iets, HY kom teen iets in opstand; ~ *at* ... na — skop; ~ *away s.t.* iets wegskop; ~ *down s.t.* iets stukkend skop *(bv. 'n deur)*; ~ *s.o.* **downstairs** iem. die trap afsmyt; §iem. 'n kleiner possie gee; *HE could* ~ *HIMSELF* § HY kon SY hare uit SY kop trek ⋆, HY het HOMSELF verwyt; ~ *in s.t.* iets inskop *(bv. die bal)*; iets stukkend skop *(bv. 'n deur, iem. se gesig)*; ~ *in (with) s.t.* § iets bydra; *HE* ~*s off* HY skop (die bal) af; § HY begin; *HE* ~*s off HIS shoes* HY skop SY skoene uit; ~ *out (the ball)* (die bal) uitskop; ~ *out s.o.* § iem. uit= skop/uitsmyt ⋆, van iem. ontslae raak; ~ *out at* ... na — skop; ~ *over (the ball)* (die bal) oorskop; ~ *over s.t.* iets omskop; *the ball* ~*s up* die bal spring (op); ~ *up a row* §'n herrie opskop/veroorsaak ⋆; ~ *s.o. up= stairs* § iem. met 'n pos/titel paai.

kid *it's* ~*'s stuff* § dis kinderspeletjies ⋆, dis dood= maklik/doodeenvoudig.

kidding¹ [n.] *no* ~ § sonder grappies ⋆

kidding² [teenw.dw.] *you're* ~*!* § jy speel!, jy skeer (seker) die gek!

kid gloves *handle s.o. with* ~ ~ iem. sagkens behan= del.

kidney *s.o. of that* ~ iem. van daardie allooi/kali= ber/slag.

kill¹ [n.] *be in at the* ~ by die end/einde aanwesig wees; *the boxer goes in for the* ~ die bokser maak hom reg om die uitklophou te plant.

kill² [v.] *it is a case of* ~ *or* **cure** § dit is daarop of daaronder; ~ *off* ... — afmaak; — uitroei; ~ *out* ... — uitroei; ~ ... **outright** — op die plek doodmaak; *an animal* ~*s well* 'n dier slag voordelig.

killed *be* ~ *accidentally* verongeluk; *be* ~ *in action/ battle* sneuwel; *be* ~ doodgemaak word; sterf, om= kom, die lewe laat/inskiet; *have s.o.* ~ iem. laat dood= maak; *be* ~ **outright** op slag dood wees, op slag gedood word.

killing *make a (big)* ~ § 'n (groot) slag slaan.

kilogram *about 10* ~*s* ongeveer 10 kilogram, 'n stuk of 10 kilogram; *carry 1000* ~*s* 1000 kilogram ophê; *a* ~ *of sugar/etc.* 'n kilogram suiker/ens.; *two* ~*s of* ... twee kilogram —; *hundreds* or *thousands of* ~*s* honder= de *of* duisende kilogramme.

kilometre *in* ~*s* in kilometers; *hundreds* or *thousands of* ~*s* honderde *of* duisende kilometers; *fifty* ~*s off* vyftig kilometer ver/vêr; *fifty* ~*s on* vyftig kilometer verder/vêrder; *fifty* ~*s out of* ... vyftig kilometer van — (af).

kin¹ [n.] *s.o.'s next of* ~ iem. se naasbestaande(s); *we* or *they are* ~ ons *of* hulle is familie/verwant; *we* or *they are no* ~ ons *of* hulle is nie familie/verwant nie.

kin² [adj.] *be* ~ *to s.o.* aan/met iem. verwant wees, fa= milie van iem. wees.

kind¹ [n.] *of all* ~*s* van alle soorte; *all* ~*s of people/etc.* alle soorte mense/ens.; *all* ~*s of things* allerhande din= ge; *they are all of a* ~ hulle is almal eenders/eners; *s.t. is the best of its* ~ iets is die beste in sy soort; *be diffe= rent in* ~ andersoortig wees; *in* ~ →**pay; repay;** *my* ~ *of man* or *woman* die soort man *of* vrou van wie ek hou; *it is not my* ~ *of* ... dit is nie soort — waarvan ek hou nie; *nothing of the* ~ →**nothing;** *s.t. is one of a* ~ iets is enig in sy soort; *a* ... *of a* ~ 'n soort —; ~ *of expect s.t.* §iets so half verwag; *be* ~ *of disappointed/ etc.* § 'n bietjie teleurgestel(d)/ens. wees, nogal teleur= gestel(d)/ens. wees; *pay in* ~ in goedere betaal; *repay s.o. in* ~ iem. in gelyke munt betaal; *something of the* ~ iets van die aard; *people of that* ~, *that* ~ *of people* daardie soort mens(e); *that* ~ *of car/etc.* daardie soort motor/ens.; *they are two of a* ~ hulle is eenders/eners; *what* ~ *of* ...? watter soort —?

kind² [adj.] *s.o. is* ~ *enough to* ... iem. is so vriendelik om te —; *be so* ~ *as to* ... wees so goed/vriendelik om te —; *be* ~ *to s.o.* vriendelik wees teenoor iem.; vir iem. goed wees; *these shoes are* ~ *to HIS feet* hierdie skoene pas/sit lekker aan SY voete, met hierdie skoene loop HY lekker; *it's very* ~ *of you* dis baie vriendelik van jou.

kindness *kill s.o. with* ~ iem. verstik met liewigheid, iem. dood vertroetel; *HE shows* ~ *to s.o.* HY is vriende= lik teenoor iem., HY betoon vriendskap teenoor iem.

king *a* ~ *among men* 'n vors onder die mense; *crown s.o. (as)* ~ iem. tot koning kroon; *proclaim s.o.* ~ iem. tot koning uitroep.

kingdom *go to* ~ *come* §na die ander wêreld verhuis; *HE had to wait till* ~ *come* §HY moes SY peetjie af wag ⋆.

kip¹ [n.] *have a* ~ § gaan slaap/dut.

kip² [v.] ~ *down* § gaan slaap; § slaapplek vind.

kiss¹ [n.] *blow s.o. a* ~ vir iem. 'n soentjie gooi; *give s.o. a* ~ iem. 'n soen gee, iem. soen; *seal s.t. with a* ~ iets met 'n soen beseël; *a smacking* ~ 'n klapsoen.

kiss² [v.] ~ *away s.t.* iets wegsoen; ~ *s.o. back* iem. terugsoen; ~ *s.o. goodbye* iem. 'n afskeidsoen gee; *you can* ~ *that goodbye!* §dis die laaste sien van die blikkantien! ⋆; ~ *s.o. goodnight* iem. 'n nagsoen gee.

kit¹ [n.] *the whole (* ~ *and) caboodle* →**caboodle.**

kit² [v.] ~ *out s.o.* iem. uitrus. →**kitted.**

kitchen sink *everything but the* ~ ~ § al iem. se besittings.

kite *fly a* ~, *(lett. & fig.)* 'n vlieër oplaat, 'n vlieër laat opgaan.

kith *s.o.'s* ~ *and kin* iem. se familie/bloedverwante; *s.o. has neither* ~ *nor kin* iem. het kind nóg kraai.

kittens *have* ~ § op hete kole sit.

kitted *be* ~ *out with* … met — uitgerus wees, van — voorsien wees.

knack *get the* ~ *of doing s.t.* die slag kry om iets te doen, die kuns aanleer om iets te doen; *have the* ~ *of doing s.t.* die slag hê om iets te doen, die kuns ken/verstaan om iets te doen; *s.o. has lost the* ~ iem. is die slag kwyt.

knave *an arrant* ~ 'n deurtrapte skelm.

knavery *a piece of* ~ 'n skelmstreek/skelmstuk.

knee *the trousers are* **bagging** *at the* ~s die broek kry knieë; **bend/bow** *the* ~ *to* … die knie voor — buig, voor — kniel; *on* **bended** ~ *(s)* knielend, gekniel(d), op SY knieë; **bring** HIM *to* HIS ~s HOM op SY knieë bring/dwing, HOM onderwerp; HE **gives** *at the* ~s SY knieë swik; HE *goes (down) on* HIS ~s HY kniel, HY val op SY knieë; HE *is on* HIS ~s HY is op SY knieë; **put** *s.o. across/over one's* ~ iem. oor die knie/skoot trek; **water** *on the* ~ water in die knie; *feel* **weak** *at/in the* ~s lam in die bene voel, swak/wankelrig voel; *go* **weak** *at/in the* ~s lam in die bene word.

kneel ~ *before/to s.o.* voor iem. kniel; ~ *down* (neer)kniel.

knell *ring/sound/toll the* ~ *of* … die doodsklok oor/van/vir — lui, die end/einde van — beteken.

knife *a(n)* … *that one could* **cut** *with a* ~ § 'n onmiskenbare — *(bv. aksent)*; § 'n gespanne — *(bv. atmosfeer)*; *draw a* ~ 'n mes uithaal/uitpluk; *draw a* ~ *on s.o.* 'n mes teen iem. uitpluk/uithaal; HE *puts* HIS ~ *and* **fork** *down* HY lê SY mes en vurk neer; **get/have** *one's* ~ *in(to) s.o.* § hatig wees op iem., 'n/die pik op iem. hê ★, op iem. pik ★, iem. vervolg; *put a* ~ *into s.o.* iem. met 'n mes steek; *before you can or could* **say** ~ § in 'n kits, soos blits ★; *have/put a* ~ *to s.o.'s* **throat** § iem. die mes op die keel druk/sit ★, die mes op iem. se keel druk/sit ★, iem. dreig; *be or come or go* **under** *the* ~ geopereer word.

knife-edge *be on a* ~ *about s.t.* in groot spanning verkeer oor iets; *s.t. is balanced on a* ~ iets is hoogs onseker.

knife-point *hold s.o. up at* ~ iem. met 'n mes bedreig.

knighthood *confer a* ~ *on s.o.* iem. tot ridder verhef.

knit *be closely* ~ nou verweef wees *(bv. belange)*; ~ *together s.t.* iets saamsmee *(fig.)*.

knob *and the same to you with* ~s *on!* §en jy nog meer!

knock¹ [n.] *a* ~ *on the* **door** 'n klop aan die deur; *s.t. is a* **hard** ~ *to s.o.* iets is vir iem. 'n swaar slag; *get/take* **hard** ~s stampe en stote kry; *a* **nasty** ~ 'n kwaai/lelike hou/klap; *take a* ~ 'n hou/klap kry; slae verduur; 'n terugslag kry.

knock² [v.] ~ *about/around* § rondslenter; § rond-

reis; ~ *about/around s.o.* § iem. opdons★/toetakel; ~ *against s.t.* teen iets slaan *of* stamp; teen iets bots, teen iets vasloop *of* vasry; die kop teen iets stamp; ~ *at* … aan — klop; *by* — aanklop; ~ *back s.t.* § iets wegslaan *('n drankie)* ★; ~ *s.o.* **cold** §iem. katswink slaan; ~ *on a* **door** aan 'n deur klop; ~ *down s.o.* iem. plat slaan, iem. onderstebo slaan; iem. omry; ~ *down s.t.* iets omstamp *of* omstoot *of* omry; iets afbreek/sloop, iets plat slaan *('n gebou)*; iets afslaan/verminder *(prys)*; ~ *down s.t. to s.o.* iets op iem. toeslaan *(op 'n veiling)*; ~ HIM **flying** HOM slaan *of* stamp dat HY dáár lê ★, HOM slaan *of* stamp dat HY so trek/waai ★; ~ *in s.t.* iets inslaan *('n spyker)*; ~ *into s.t.* teen iets bots, teen iets vasloop *of* vasry; ~ *into s.o.* teen iem. bots, teen iem. vasloop *of* vasry; *(fig.)* §iem. raak loop; ~ … *into s.t.* — in iets slaan; ~ *off (work)* § uitskei (met werk), ophou (werk); ~ *off s.t.* iets afslaan, § iets wegslaan ★; § iets afklits *(werk)* ★; § iets steel; §iets beroof *(bv. 'n bank)*; ~ *s.t.* **off** *the price* iets van die prys afslaan; ~ *off s.o.* § iem. doodmaak; ~ *it* **off!** § hou op (daarmee)!, skei uit (daarmee)!; ~ *on,* *(rugby)* aanslaan; ~ *out s.t.* iets uitslaan/uitstamp; ~ *out s.o.* iem. uitklop/uitslaan, iem. 'n uitklophou gee; iem. katswink slaan; iern. aan die slaap maak *('n dwelmmiddel)*; iem. uitskakel *('n mededinger, 'n span)*; HE ~s HIMSELF *out* § HY sloof HOM af; *s.t.* ~s *s.o.* **out/over** §iets slaan iem. dronk; ~ *over s.t.* iets omstamp/omstoot *of* omry; ~ *over s.o.* iem. omry; iem. onderstebo loop; *s.t.* ~s *s.o.* **sideways** § iets ontstel iem.; §iets slaan iem. uit die veld; ~ *s.o.* **silly** §iem. katswink slaan; ~ *together s.t.* iets aanmekaartimmer; iets saamflans; ~ *two things* **together** twee dinge teen mekaar slaan; ~ *up against s.t.* teen iets bots; ~ *up s.t.* iets opslaan; iets aanmekaarslaan; iets saamflans; ~ *up s.o.* iem. opklop; ~ *up a century, (kr.)* 'n honderdtal aanteken.

knocked *be* ~ *up* § doodmoeg/pootuit★ wees.

knot *cut the (Gordian)* ~ die (Gordiaanse) knoop deurhak; *tie a* ~ 'n knoop maak; *tie the* ~ §trou, die huwelik sluit; HE *ties* HIMSELF *(up) in* ~s §HY raak heeltemal verstrik, HY raak die kluts kwyt; *a* **tight** ~ 'n stywe knoop; **undo/untie** *a* ~ 'n knoop losmaak.

know¹ [n.] *be in the* ~ *about s.t.* §alles van iets weet, op die hoogte van iets wees, ingelig wees omtrent iets.

know² [v.] ~ *about/of s.t.* van iets weet; ~ *about horses/etc.* perde/ens. ken, kennis/verstand van perde/ens. hê; HE *does not want to* ~ *about it* HY wil daar niks van hoor/weet nie; *not* ~ *s.o. from* **Adam** iem. van geen kant af ken nie, iem. hoegenaamd nie ken nie; … *would* ~ *s.o.* **again** — sou iem. herken; *s.o. will* ~ **all** *about it* iem. sal dit hotagter kry ★, iem. sal les opsê ★; HE *did/tried* **all** HE *knew to* … HY het SY uiterste bes gedoen om te —, HY het alles in SY vermoë gedoen om te —; *for* **all** HE *knows* wie weet, so ver/vêr HY weet, moontlik; *be* **anxious** *to* ~ nuuskierig wees om te weet; ~ *two people or things* **apart** twee mense of dinge uitmekaar ken; HE ~s *it* **backwards,** HE ~s *it* *inside out* §HY ken dit op SY duimpie ⋆, HY ken dit deur en deur; *before you* ~ *where you are* as jy jou weer kom kry; *HE* ~*s better (than that)* HY weet van beter; ~ *s.t.* *better* iets beter ken; *HE* ~*s better than to* ... hy is verstandig/oulik genoeg om nie te — nie; *HE* ~*s better than to do that* HY sal sorg om dit nie te doen nie; ~ *best* die beste weet; ~ *s.o.* or *s.t.* *by* ... iem. of iets aan — (her)ken; ~ *for certain* seker weet, met sekerheid w., vir vas w.; *come to* ~ *s.t.* iets te wete kom; *come to* ~ *s.o.* iem. leer ken; *come to* ~ *what hardship is* ervaar wat ontbering is; *s.o. doesn't* ~ iem. weet nie; *I have been waiting since I don't* ~ *when* § ek wag al van wanneer af ⋆, ek wag al wie weet hoe lank ⋆; ~ *for a fact* seker weet, met sekerheid weet; *know s.o.* or *s.t. for* ... weet dat iem. of iets — is; *HE* ~*s full well that* ... HY weet heel goed dat —; *get to* ~ *s.o.* iem. leer ken; *God* ~*s how* or *where* or *how many* wie weet hoe of waar of hoeveel; *s.o. has to* ~ *it* iem. moet dit weet; *s.o. does not have to* ~ *it* iem. hoef dit nie te weet nie; *HE* ~*s s.t.* HIMSELF HY weet iets self; *s.o.* ~*s how to do s.t.* iem. kan iets doen; *if I* ~ *John, he'll* ... soos ek John ken, sal hy —; *s.o.* ~*s s.t. inside out, s.o.* ~*s s.t. backwards →backwards; let s.o.* ~ iem. laat weet; *HE* ~*s it like the back/palm of HIS hand* HY ken dit soos die palm van SY hand; *little does HE* ~ weinig weet HY; *as you may* ~ soos jy miskien weet; *you never* ~ ('n) mens weet nooit, ('n) mens kan nooit weet nie; *the next thing HE knew* ... toe HY weer sien —, toe HY HOM kom kry; *not that I* ~ *of* nie so ver/vêr ek weet nie, nie by/na my wete nie; *s.o. was not to* ~ *that* ... iem. kon nie weet dat — nie; dit moes vir iem. dig gehou word dat —; *I don't rightly* ~ ek weet nie so mooi/reg nie; ~ *right well* baie/heel goed weet; *scarcely* ~ *s.o.* iem. byna nie ken nie; ~ *s.o. by sight* iem. van sien ken; ~ *s.t.* iets weet; *I thought you knew* ek dog/dag jy het daarvan geweet; ~ *s.t. to be true* weet dat iets waar is; *s.o. wants to* ~ iem. wil weet; ~ *s.o. well* iem. goed ken; ~ *well enough that* ... baie goed weet dat —; ~ *what poverty/etc. is* armoede/ens. ken; *HE doesn't quite* ~ *what HE is doing* or *saying* HY weet nie bra/mooi/reg wat HY doen of sê nie; *do you* ~ *what you are saying?* besef jy wat jy sê?; *HE* ~*s what HE is talking about* HY is goed ingelig, HY is op die hoogte van sake, HY ken SY storie ⋆; *HE doesn't* ~ *what HE is talking about* HY weet nie wat HY praat nie; *HE* ~*s what's what* §HY is ouer as twaalf ⋆, HY is nie onder 'n kalkoen uitgebroei nie ⋆; *what do you* ~? §nou toe nou!, is dit so?; *HE* ~*s which is which* HY kan hulle van mekaar onderskei, HY ken hulle uitmekaar; *I wouldn't* ~ ek sou nie kon sê nie, ek weet nie, ek het geen benul nie; *you* ~, *I* ... §weet jy, ek —.

know-how *have the* ~ *to do s.t.* weet hoe om iets te doen.

knowing *s.o. needs* ~ ('n) mens moet iem. (leer) ken;

there's no ~ ('n) mens weet nooit, ('n) mens kan nooit weet nie; ('n) mens kan dit nie weet nie.

knowledge *acquire* ~ kennis opdoen; *HE airs HIS* ~ HY lug SY kennis, HY loop met SY k. te koop; *to the best of HIS* ~ so ver/vêr HY weet, na SY beste wete; *a branch of* ~ 'n gebied van die wetenskap; *bring s.t. to s.o.'s* ~ iets onder iem. se aandag bring; *HE brushes up HIS* ~ HY knap SY kennis op; *it has come to HIS* ~ *that* ... HY het te wete gekom dat —, dit het HOM ter ore gekom dat —; *it is common/general/public* ~ dit is algemeen bekend, almal weet dit; *firsthand* ~ eerstehandse kennis; *get* ~ *of s.t.* iets agterkom, die snuf in die neus kry van iets; *have* ~ *of s.t.* kennis/verstand van iets hê; *have no* ~ *of s.t.* van iets weet nie; *in the* ~ *that* ... in die wete dat —; *intimate* ~ diepgaande/intieme kennis; *to my* ~ so ver/vêr ek weet, by/na my wete; *not to my* ~ nie so ver/vêr ek weet nie; *s.o. has personal* ~ *of s.t.* iets is aan iem. persoonlik bekend; *pick up* ~ kennis op= doen; *the pursuit of* ~ die strewe na k.; *HE refreshes HIS* ~ HY knap SY k. op; *s.o.'s* ~ *of s.t. is rather shaky* iem. se k. van iets is maar oppervlakkig/dunnetjies; *sketchy* ~ oppervlakkige k.; *I bow to your superior* ~ jy weet meer daarvan; *to HIS* ~ so ver/vêr HY weet; *a wide* ~ *of s.t.* 'n breë kennis van iets; *with the* ~ *of* ... met medewete van —; *s.t. was done with s.o.'s* ~ iets is met iem. se medewete gedoen; *s.t. is within s.o.'s* ~ iets is aan iem. bekend; *without s.o.'s* ~ son= der iem. se medewete, sonder dat iem. weet; *HE has a working* ~ *of the language* HY besit 'n basiese/ele= mentêre/gangbare/praktiese kennis van die taal, HY ken genoeg van die taal om oor die weg te kom, HY ken genoeg van die taal om HOM te behelp.

knowledgeable *be* ~ *about s.t.* goed op die hoogte wees van iets.

known *be* ~ *as* ... as — bekend staan; *become* ~ bekend raak/word *(iem.)*; bekend/rugbaar raak/word, uitlek *(feite)*; *be* ~ *for* ... bekend wees/staan vanweë/ vir/weens —; *make s.t.* ~ iets bekend maak/stel, iets openbaar maak; *HE makes HIMSELF* ~ *to s.o.* HY stel HOM aan iem. voor; *s.o. should have* ~ *s.t.* iem. moes iets geweet het; *be* ~ *to s.o.* aan/by iem. bekend wees; *s.o. is* ~ *to be* or *have* ... dit is bekend dat iem. — is of het; *be widely* ~ algemeen bekend wees, alombekend wees, in breë kring bekend wees, wyd en syd bekend wees.

knuckle¹ [n.] *be near the* ~ gewaag(d) wees *(bv. 'n grap)*; *rap s.o. over the* ~*s, give s.o. a rap on/over the* ~*s* iem. op die vingers tik.

knuckle² [v.] ~ *down to s.t.* iets met mag aanpak; *HE* ~*s under to* ... § HY swig vir —, HY gee HOM aan — gewonne, HY onderwerp HOM aan —.

ko(w)tow ~ *to s.o.* voor iem. neerbuig; voor iem. (in die stof) kruip.

kraal ~ *off people* mense afhok.

L

laager *form a ∼, go into ∼* laer trek.

label¹ [n.] *pin a ∼ on s.o.* iem. etiketteer.

label² [v.] *∼ s.o. as …* iem. as — bestempel.

labour¹ [n.] *go into ∼* in die kraam kom; *hard ∼* dwangarbeid; *be in ∼* in kraam wees; in barensnood wees; *lose one's ∼* vergeefse moeite doen; *it is ∼ lost* dis vergeefse moeite, dis botter aan die galg smeer ★

labour² [v.] *∼ over s.t.* aan iets swoeg; *∼ under …* onder — gebuk gaan; onder — verkeer; met — te kam= pe hê.

labourer *the ∼ is worthy of his hire* (P) die arbeider is sy loon werd (P).

lace *∼ into s.o.* §iem. te lyf gaan; §iem. inklim ★, iem. slegsê; *∼ up s.t.* iets opryg *of* toeryg *of* vasryg; *HE ∼s HIS coffee with whisky* HY meng whisky by SY koffie.

lack¹ [n.] *for a ∼ of …* by/uit/weens gebrek aan—; *no ∼ of …* geen gebrek aan — nie, volop —; *a ∼ of …* 'n gebrek aan — *(bv. ruimte);* 'n afwesigheid van — *(bv. formaliteit); a sad ∼* 'n jammerlike gebrek/tekort.

lack² [v.] *∼ for nothing* niks kortkom nie.

lacking *be found ∼* te kort skiet, nie aan die verwag= tings voldoen nie; *be ∼ in s.t.* aan iets gebrek hê; iets kortkom; *s.o. is ∼ in …* dit ontbreek iem. aan — *(bv. moed); s.t. is ∼* iets ontbreek, iets kom kort; *s.o. is sadly ∼ in …* iem. skiet ver/vêr te kort wat — betref.

ladder *start at the bottom of the ∼* heel onder begin; *a step up the ∼* 'n tree vorentoe *(fig.); reach the top of the ∼* die hoogste sport bereik.

laden *be heavily ∼* swaar belaai wees; *the heavily ∼ …* die swaar belaaide/belade —; *∼ with …* met — belaai; *the tree is ∼ with fruit* die boom sit vol vrugte.

ladle *∼ out s.t.* iets uitskep; iets oplepel; iets uitdeel.

lag *∼ behind* agterbly, agterraak, uitsak.

laid *have s.t. ∼ on* iets gereël hê; *be ∼ up* siek wees, in die bed wees *(iem.);* uit die vaart geneem wees *('n skip).* →**lay.**

lake *go jump in the ∼!* §§ gaan blaas doppies! ★★, gaan slaap in die Kaap! ★★

lam¹ [n.] *be on the ∼* §§ op die vlug wees, voortvlugtig wees.

lam² [v.] *∼ into s.o.* §iem. te lyf gaan.

lamb *drop a ∼* 'n lam werp; *be in ∼* dragtig wees; *come like a ∼* soos 'n lammetjie kom; *like a ∼ to the slaughter* soos 'n lam ter slagting.

lame *go ∼* kreupel *of* mank word.

lamp *it smells of the ∼* dit ruik na die studeerkamer.

land¹ [n.] *back to the ∼* terug na die grond; *by ∼* oor land; *the lay/lie of the ∼* die stand van sake, die toe= stand; die vooruitsigte; *find out how the ∼ lies, see how the ∼ lies* agterkom hoe sake staan, agterkom uit wat= ter hoek die wind waai, agterkom wat die toestand is,

agterkom hoe die vurk in die hef steek; poolshoogte neem; *make ∼* die kus bereik; *on ∼* aan land; aan wal; op land; *on the ∼* in die boerdery; *by ∼ and sea* op (die) land en (op die) see, op land en te water, te land en ter see; *∼ under beans/etc.* grond wat met boontjies/ens. beplant is; *vacant ∼* onbeboude grond.

land² [v.] *∼ in trouble* §in die moeilikheid beland; *s.t. ∼s s.o. in trouble* §iets bring iem. in die moeilikheid, iets laat iem. in die moeilikheid beland; *∼ up some= where* § êrens beland; *∼ s.o. with s.t.* §iem. met iets opsaal.

landed *be ∼ with s.t.* § met iets bly sit ★, met iets opgeskeep wees.

landfall *make a ∼* land nader, land in sig kry.

language *acquire a ∼* 'n taal aanleer; *use bad ∼* lelik praat, lelike taal besig, vloek; *have a command/ mastery of a ∼* 'n t. beheers; *s.o.'s command/ mastery of the ∼* iem. se beheersing van die t.; *be fluent in a ∼, speak a ∼ fluently* 'n taal vloeiend/vlot praat; *pick up a ∼* 'n t. (oppervlakkig) aanleer; *in plain ∼* in eenvoudige t.; *salty ∼* gekruide t.; *not speak the same ∼, (lett.)* nie dieselfde t. praat nie; *(fig.)* niks met mekaar gemeen hê nie; *the spoken ∼* die spreektaal; *strong ∼* kragtige taal; kras(se)/ge= kruide t.; *HE uses strong ∼* HY druk/laat HOM kras/ skerp uit; *the written ∼* die skryftaal.

lap¹ [n.] *s.t. drops into s.o.'s ∼* iets val in iem. se skoot, iets val iem. in die skoot; *sit in/on s.o.'s ∼* op iem. se skoot sit; *on the last ∼* in die laaste rondte; op die laaste skof.

lap² [v.] *∼ up s.t.* iets oplek; iets opslurp; § iets vir soetkoek opeet ★

lapse¹ [n.] *after a ∼ of a month* na (verloop van) 'n maand; *a ∼ from …* 'n afwyking/afdwaling van —; 'n vergryp teen — *(bv. goeie maniere).*

lapse² [v.] *∼ from …* van — afdwaal *(bv. die geloof); ∼ into …* tot — verval.

lard *∼ s.t. with …* iets met — deurspek.

larded *be ∼ with …* met — deurspek wees.

large¹ [n.] *be at ∼* op vrye voete wees/verkeer, los/vry wees; los loop; *people at ∼* mense in/oor die algemeen.

large² [adj.] *as ∼ as life* lewensgroot; *fairly ∼* grote= rig; *the ∼ one* die grote.

larger *∼ and ∼* al hoe groter; *be ∼ than …* groter as — wees.

lark¹ [n.] *be/get up with the ∼* douvoordag opstaan.

lark² [n.] *do s.t. for a ∼* §iets vir die grap doen.

lark³ [v.] *∼ about/around* §pret maak, streke uithaal.

lash *∼ at …* na — slaan; *∼ down s.t.* iets vasbind; *∼ out* hard slaan, afhaak, lostrek; §baie uitgee; *∼ out at*

... (meteens/wild) na — slaan; teen — uitvaar; ~ *out on s.t.* § baie geld aan iets bestee; ~ *things together* dinge aanmekaarbind.

lashings ~ *of* ... § volop —, 'n oorvloed van — *(bv. kos).*

last¹ [n.] *at* ~ eindelik, op die end, oplaas; *be a bad* ~ ver/vêr agter wees; *breathe one's* ~ die (laaste) asem uitblaas; *never hear the* ~ *of it* nooit die end/einde daarvan hoor nie; *at long* ~ eindelik (en) ten laaste; op die ou end, op langelaas; *look one's* ~ vir die laaste maal kyk; *the* ~ *but one* op een na die laaste; *have seen the* ~ *of s.o.* iem. nooit weer sien nie; *to the* ~ tot op die laaste, tot die end/einde; *s.o. would be the* ~ *to do such a thing* iem. sou die laaste wees wat so iets doen, iem. sou so iets nooit doen nie; *I'm always the* ~ *to hear the news* ek hoor die nuus altyd laaste; *the very* ~ die allerlaaste, die heel laaste.

last² [n.] *HE must stick to HIS* ~ HY moet HOM by SY lees hou, HY moet HOM nie bemoei met sake waarvan HY niks weet nie.

last³ [v.] *HIS water/etc. will* ~ *(for) a day* HY sal 'n dag met SY water/ens. kan uitkom; *s.o. cannot* ~ *long* iem. kan dit nie lank maak/uithou nie; *s.t.* ~ *s s.o. long* iem. kom lank met iets uit; ~ *out* volhou; nie opraak nie; ~ *till tomorrow* môre/more haal *(iem.)*; nie voor môre/more opraak nie *(iets).*

last⁴ [adv.] ~ *but not least* les bes, die laaste maar nie die minste nie.

latch¹ [n.] *be off the* ~ van die knip af wees; *be on the* ~ op (die) knip wees; *put the door on the* ~ die deur op (die) knip sit.

latch² [v.] ~ *on* § iets snap; ~ *on to* ... § — aangryp, — vasgryp, aan — klou.

late *as* ~ *as yesterday* gister nog; *until as* ~ *as* ... nog tot —, tot — nog; *as* ~ *as 1980* nog pas in 1980, selfs nog in 1980; *it is getting* ~ dit word laat; *better* ~ *than never* (P) beter/liewer(s) laat as nooit (P); *of* ~ in die laaste tyd; *it is never too* ~ *to mend* (P) beter/lie=wer(s) laat as nooit (P), dit is nooit te laat om te verbe=ter nie.

lately *until* ~ tot kort gelede.

lateness *because of the* ~ *of the hour* weens die laat/ late uur.

later *not later than May 1* voor of op 1 Mei, uiterlik op 1 Mei; ~ *on* naderhand; ~ *tomorrow* or *yesterday* môre/more *of* gister teen die late.

latest *at the* ~ op die/sy laa(t)ste, uiterlik; *on May 1 at the* ~ voor of op 1 Mei, uiterlik op 1 Mei; *HIS* ~ SY nuutste grap *of* storie *of* streek *of* verskoning; *the very* ~ die allernuutste; *what is the* ~? wat is die nuus?

lather *HE is in a* ~ *about it, HE gets into a* ~ *about it* HY wen HOM daaroor op.

latitude *allow/give s.o.* ~ iem. speelruimte gee, aan iem. speelruimte laat; *at a* ~ *of* ... *degrees* ... *minutes* op die breedte — grade — minute; *a degree of* ~ 'n breedtegraad.

laugh¹ [n.] *just for a* ~ § net vir die grap; *do s.t. for* ~ s

§ iets doen om mense te laat lag; *have a good* ~ lek=ker l.; *have a* ~ lag; *have the* ~ *on s.o.* iem. uitlag; *s.t. is a* ~ § iets is belaglik; *have the last* ~ laaste lag; *have a quiet* ~ *over s.t.* stilletjies oor iets l.; *raise a* ~ mense aan die l. maak, mense laat l.; *a strained* ~ 'n gedwonge/gemaakte laggie; *have a* ~ *with s.o.* met iem. (saam)lag.

laugh² [v.] *HE* ~ s *at s.t.* HY lag oor iets; HY steur HOM nie aan iets nie *(bv. 'n gevaar); *~ *at s.o.* iem. uitlag, vir iem. lag; *HE* ~ s *it away/off* HY lag dit weg, HY maak HOM al laggende daarvan af, HY maak HOM lag=lag daarvan af; ~ *away!* lag maar!; *begin to* ~ aan die l. gaan, uitbars van die l.; *HE* ~ s *fit to burst, HE* ~ s *HIS head off, HE* ~ s *HIMSELF sick* § HY l. HOM dood/krom/siek, HY l. HOM 'n boggel(tjie)/papie ★, HY l. HY krom lê; *HE cannot help but* ~ hy kan sy lag nie hou nie; *HE who* ~ s *last* ~ s *longest, HE* ~ s *best who* ~ s *last* (P) wie (die) laaste l., l. (die) lekkerste (P); *make s.o.* ~ iem. laat l., iem. aan die l. maak; *don't make me* ~! jy laat my l. (kry)!, moenie my laat l. (kry) nie!, moenie laat ek l. (kry) nie; ~ *off/away s.t.* →*away/off*; ~ *out* hardop l.; ~ *out loud,* ~ *uproariously* brul/skater van die l.; ~ *over s.t.* oor iets l.; *HE* ~ s *to HIM= SELF* HY l. by HOMSELF.

laughing *burst out* ~ uitbars van die lag, aan die l. gaan; *HE cannot help* ~ HY kan SY l. nie hou nie; *set s.o.* ~ iem. aan die l. maak/sit; *start* ~ aan die l. gaan, begin l.

laughing matter *it is no* ~ ~ dit is niks om oor te lag nie, dit is nie iets om oor te l. nie, dit is nie snaaks nie, dit is nie 'n grap nie.

laughter *a burst of* ~ 'n geskater; *be convulsed with* ~ krom lê van die lag, skud van die l.; *HE doubles up with* ~ HY lag HOM krom, HY l. dat HY krom lê; *join in the* ~ saamlag; *there is loud* ~ daar is 'n geskater; *a peal of* ~ 'n skaterlag; *peals of* ~ 'n geskater; *raise* ~ 'n gelag (ver)wek; *a ripple of* ~ 'n gegiggel; *roar/scream/shriek with* ~ skater/brul van die lag, skater(lag), dit uitskater; *scornful* ~ hoongelag.

launch ~ *into* ... met — begin; ~ *out into s.t.* begin/onderneem.

laundry *do the* ~ was *(die wasgoed).*

laurels *HE looks to HIS* ~ HY sorg dat HY voor bly, HY sorg dat HY SY voorsprong behou; *HE is resting on HIS* ~ HY rus op SY louere.

lavish¹ [v.] ~ *money/etc. on* ... kwistig wees met geld/ ens. vir —.

lavish² [adj.] *be* ~ *with s.t.* kwistig wees met iets.

law *according to* ~ kragtens/volgens die wet, reg=tens; *against the* ~ onwettig, teen die wet, strydig met die w., in stryd met die w.; *a* ~ *against s.t.* 'n w. teen iets; *at* ~ volgens die w.; *be bad in* ~ regtens ongegrond wees; *before the* ~ voor die wet; *break the* ~ die w. oortree/skend/verbreek; *by* ~ volgens die w., regtens; *by a* ~ volgens 'n w., by 'n w.; *enact a* ~ 'n w. uitvaardig; *enforce the* ~ die w. (streng) handhaaf/toepas/uitvoer; *evade the* ~ die w. ontduik; *in the eye of the* ~ voor die w.; *go to* ~ hof toe gaan, 'n saak maak, geregtelike stappe doen, 'n aksie instel; *take the* ~ *into one's own hands* eie reg gebruik, eiemagtig optree; *have the* ~ *on s.o.* §iem. verkla; *HE is a* ~ *unto HIMSELF* HY maak soos HY wil, HY gaan SY eie gang, HY steur HOM aan niks en niemand nie; *in* ~ volgens die wet, regtens; *HE keeps the* ~ HY kom/leef/ lewe die w. na, HY gehoorsaam die w., HY bly by die w., HY hou HOM aan die w.; *lay down the* ~ die w. voorskryf/voorskrywe; *lay down the* ~ *to s.o.* (die w.) aan iem. voorskryf/voorskrywe; *the* ~ *lays down that* ... die w. bepaal dat —; *the letter of the* ~ die letter van die w.; *the long arm of the* ~ die lang arm van die gereg; *a* ~ *of the Medes and Persians* 'n wet van Mede en Perse; *observe the* ~ die w. nakom/naleef/nalewe, die w. in ag neem; ~ *and order* reg en orde; *practise* ~ in die regte praktiseer; *the* ~ *provides that* ... die w. bepaal dat —; *a provision of a* ~ 'n wetsbepaling; *read* ~ (in die) regte studeer; *repeal a* ~ 'n wet herroep; *the full rigour of the* ~ die uiterste strengheid van die w.; *study* ~ (in die) regte studeer; *be subject to the* ~*s of nature* aan die natuurwette onderworpe wees; *be under the* ~ onder die wet staan; *under our* ~ volgens/kragtens ons w.; *be valid in* ~ regsgeldig wees; *be versed in* ~ wetsgeleerd wees; *violate a* ~ 'n wet oortree; *be void in* ~ regsongeldig wees; *within the* ~ binne die perke van die wet; *HE keeps within the* ~ HY hou HOM aan die wet(te), HY bly binne die perke van die wet.

lawn *mow a* ~ 'n grasperk sny.

lawyer *consult a* ~ 'n regsgeleerde raadpleeg.

lay¹ [n.] *the* ~ *of the land* →**land.**

lay² [v.] *HE* ~*s about HIM* HY slaan links en regs; ~ *aside s.t.* iets wegsit; iets opsysit; met iets ophou, iets laat vaar; ~ *bare s.t.* iets blootlê/openbaar, iets aan die lig bring; ~ *s.t. before s.o.* iets aan iem. voorlê; ~ *by s.t.* iets wegsit; iets spaar; ~ *down s.t.* iets neerlê/ neersit; iets bepaal; iets voorskryf/voorskrywe; iets (begin) bou *('n skip); the law* ~*s down that* ... die wet bepaal dat —; ~ *s.o. flat* iem. plat slaan; ~ *in s.t.* iets inslaan, iets in voorraad neem; ~ *into s.o.* §iem. te lyf gaan; ~ *s.o. low* iem. teen die grond slaan; iem. platloop; *s.t.* ~*s s.o. low* iets trek iem. plat *('n siekte); ~ off s.t.* § met iets ophou *(bv. werk, 'n gekskeerdery);* iets laat staan *(bv. die drank); ~ off (it)!* § hou op (daarmee)!; ~ *off s.o.* iem. (tydelik) ontslaan; § iem. met rus laat, iem. los, iem. laat staan; ~ *on s.t.* iets aanlê *(bv. elektrisiteit, water);* iets verskaf; iets reël; iets oplê *('n boete);* iets aansmeer *(verf);* ~ *it on* oordryf, vergroot; ~ *it on thick,* ~ *it on with a trowel* §dit dik aanmaak ⋆, erg oordryf/vergroot; ~ *open s.t.* iets blootlê, iets openbaar maak; *HE* ~*s HIMSELF open to* ... HY stel HOM aan — bloot; ~ *out s.t.* iets uitlê/uitsprei/uitsit; iets uitlê *(bv. 'n tuin);* iets regsit *(klere);* iets opmaak *('n blad);* iets uitgee *(geld);* ~ *out s.o.* iem. uitlê *('n lyk);* § iem. neerslaan, iem. plat slaan,

iem. katswink slaan; *HE* ~*s HIMSELF out to* ... HY doen SY bes om te —; ~ *up s.t.* iets bêre/wegsit/bymekaarmaak; iets uit die vaart neem *('n skip);* ~ *s.t. (to) waste* iets verwoes. →**laid.**

layer *in* ~*s* laagsgewys(e); gelaag; ~ *on* ~ laagsgewys(e).

laze ~ *about/around* rondlê, rondluier; ~ *away s.t.* iets verluier *(die tyd, die dae).*

lazy *be bone* ~ aartslui wees; *HE is too* ~ *for words* HY is so lui dat HY iets kan oorkom.

lead¹ [n.] *fill s.o. full of* ~ § iem. laat lood eet ⋆; *HE swings the* ~ § HY steek lyf weg ⋆

lead² [n.] *give a* ~, *take a/the* ~ leiding gee, die voortou neem; die toon aangee; *go into the* ~ voor kom; *have a* ~ voor wees; 'n leidraad hê *(bv. die polisie); be in the* ~ voorloop, voor wees, op die voorpunt wees, eerste wees; *on a* ~ aan 'n leiband/leiriem/ leitou; *have a* ~ *over s.o.* 'n voorsprong op iem. hê; iem. voor wees, voor iem. wees; 'n voordeel bo iem. hê; *play the* ~ die hoofrol speel; *have/hold a slender* ~ effens/effe(ntjies) voor wees, effens/effe(ntjies) voorloop; *take over the* ~ *from s.o.* die voortou by/van iem. afneem/oorneem *(in 'n wedstryd); a wide* ~ 'n groot voorsprong; *have/hold a wide* ~, *(ook)* ver/vêr voor wees.

lead³ [v.] ~ *s.o. astray* iem. mislei, iem. op 'n dwaalspoor bring; iem. verlei/verlok; ~ *s.o. away from* ... iem. van — weglei; ~ *off with* ... met — begin/wegspring; ~ *on s.o.* iem. verder/vêrder lei; iem. uitlok/ aanlok; ~ *out s.o.* iem. uitlei; *it* ~*s to* ... dit lei tot —; dit loop op/in — uit; dit veroorsaak —, dit gee aanleiding tot —; ~ *s.o. to* ... iem. na — lei; ~ *up to* ... tot — lei; tot — aanleiding gee; op — aanstuur; *the boxer* ~*s with the left* die bokser slaan eers met die linker(vuis); *the hurdler* ~*s with the left leg* die hekkiesloper spring met die linkerbeen eerste oor; *the paper* ~*s with a report on* ... die koerant se hoofberig gaan oor —, die koerant wy sy hoofberig aan —.

leader *deny a* ~ 'n leier verloën; *follow a* ~ 'n leier volg.

leadership *exercise* ~ leiding gee; *under the* ~ *of* ... onder leiding van —.

leading *be* ~ voor wees, voorloop; *who is* ~? wie is voor?

leading-strings *be in* ~ aan 'n leiband loop.

leaf¹ [n.] *take a* ~ *out of s.o.'s book* iem. navolg, iem. tot voorbeeld neem; *cast/shed leaves* blare afgooi/ verloor; *come into* ~ blare kry; *be in* ~ blare hê; *turn over a new* ~ 'n nuwe begin maak, 'n nuwe weg inslaan, 'n beter lewe lei; *put forth leaves, shoot leaves* blare kry; *the tree sheds its leaves* die blare val van die boom af, die boom verloor sy blare.

leaf² [v.] ~ *through a book* 'n boek deurblaai, in 'n boek blaai.

league *be in* ~ *against s.o.* teen iem. saamspan; *be in* ~ *with s.o.* met iem. saamspan, met iem. kop in een mus wees; *not be in the same* ~ *as* ... §nie van dieselfde gehalte as — wees nie; *top the* ~ eerste staan op die liga se puntelys, boaan die liga staan.

leak¹ [n.] *go for a* ~, *have a* ~ §§ water afslaan ★★; *spring a* ~ 'n lek(plek) kry/opdoen; §§water afslaan ★★

leak² [v.] *s.t.* ~s *out*, *(lett.)* iets lek uit; *(fig.)* iets lek uit, iets word rugbaar; ~ *s.t. (out)* iets laat uitlek, iets rugbaar maak.

lean ~ *against* ... teen — leun; ~ *s.t. against* ... iets teen — laat leun; ~ *back* agteroor leun; ~ *for= ward* vooroor leun; ~ *on|upon* ... op — leun; ~ *on|upon s.o., (ook)* op iem. steun/vertrou; §iem. pro= beer dwing, druk op iem. uitoefen; ~ *out* uitleun; ~ *out of* ... uit — leun; ~ *over* oorleun; oorhel; oor= hang; ~/*bend over backwards* § uiters tegemoetko= mend wees, baie moeite doen; HE ~s/*bends over back= wards to* ... § HY doen SY allerbes om te —; ~ *toward(s)* ... tot — neig; die voorkeur aan — gee.

leap¹ [n.] *by* ~s *and bounds* met lang hale; met rasse skrede *(vorder)*, hand oor hand *(toeneem)*; *a* ~ *in the dark* 'n sprong in die duister; *take a* ~ spring, 'n sprong doen.

leap² [v.] ~ *at s.o.* iem. bespring; ~ *at s.t.* iets aan= gryp *(bv. 'n kans)*; ~ *down* afspring; *look before you* ~ (P) besin eer jy begin (P); ~ *out* uitspring; *s.t.* ~s *out at s.o.* iets val iem. op; ~ *out of s.t.* uit iets spring; ~ *over s.t.* oor iets spring; ~ *up* opspring.

learn ~ *authoritatively* op goeie gesag verneem, uit gesaghebbende bron v., van gesaghebbende kant v.; ~ *from experience* deur ondervinding wys word; *s.o. has much to* ~ iem. moet nog baie leer; iem. het nog baie om te leer; *I have yet to* ~ *that* ... ek het nog nooit gehoor dat — nie, ek betwyfel dit —.

learning *s.o. is apt at* ~ iem. leer gou; *a man of* ~ 'n geleerde man.

lease¹ [n.] *take a* ~ *on s.t.* iets huur; *a new* ~ *on life* →**life.**

lease² [v.] ~ *back s.t.* iets terughuur of terugverhuur; ~ *s.t. from s.o.* iets by/van iem. huur; ~ *(out) s.t. to s.o.* iets aan iem. verhuur.

leash *on a* ~ aan 'n leiband/leiriem/leitou; *slip the* ~ los raak; ... *is straining at the* ~ — wil losruk.

least¹ [n.] *at* ~ ten minste, minstens *('n aantal);* ten minste *(iets doen); at the (very)* ~ op sy (aller)min= ste; *not in the* ~ glad nie, hoegenaamd nie; nie in die minste nie; op verre na nie, nie in die verste/vêrste verte/vêrte nie; *to say the* ~ *(of it)* op die/sy sagste gesê, om dit (maar) saggies te stel.

least² [adv.] ~ *of all* die minste van alles *of* almal.

leave¹ [n.] *beg* ~ *to* ... verlof vra om te —; *by your* ~ met u verlof/permissie; *cancel s.o.'s* ~ iem. se verlof intrek; *take French* ~ wegloop, dros, met die noor= derson vertrek ★; *long* ~ langverlof; *be on* ~ met ver= lof wees; HE *overstays HIS* ~ HY bly oor SY v. weg/ uit; *put in for* ~ v. vra; *short* ~ kortverlof; *take* ~ verlof neem; *take* ~ *of* ... van — afskeid neem; *do s.t. without (so much as) a by your* ~ sommer eie reg gebruik.

leave² [v.] *5 from 10* ~s *5* 5 van 10 laat 5; ~ *s.t. about/around* iets laat rondlê; ~ *s.o. alone* iem. al= leen laat; iem. laat staan; iem. met rus laat, iem. onge= hinderd laat, iem. uitlos; ~ *s.t. alone* iets laat staan; iets uitlos, van iets wegbly *(bv. drank);* ~ *s.t. severely alone* iets heeltemal links laat lê; ~ *s.o. severely alone* iem. volkome negeer, glad nie van iem. notisie neem nie; ~ *well alone* iets laat rus; ~ *aside s.t.* iets buite rekening laat; ~ *it at that* dit daarby laat (bly); ~ *it at that!* laat dit daarby (bly)!; ~ *s.o. be* iem. laat staan/ begaan; iem. met rus laat; ~ *behind s.o. or s.t.* iem. of iets agterlaat, iem. *of* iets laat agterbly; ~ *s.o. for dead* iem. vir dood agterlaat; ~ *for* ... na — vertrek *('n plek);* ~ *for home* huis toe vertrek; ~ *s.o. for s.o.* iem. laat staan en iem. anders neem *('n man of vrou);* ~ *s.t. for s.o.* iets vir iem. laat oorbly; ~ *in s.t.* iets inbly; iets laat staan; iets nie skrap nie; ~ *off work* ophou (met) werk; *where did I* ~ *off?* waar het ek op= gehou?, waar was ons (laas)?; ~ *off s.t.* iets nie aantrek nie; iets nie opsit nie; ~ *off doing s.t.* iets nie meer doen nie; ~ *on s.t.* iets laat opbly; iets laat aanbly; ~ *open s.t.* iets oop laat staan; iets onbeslis laat; ~ *out s.t.* iem. weglaat/uitlaat; iem. oor die hoof sien, iem. verby= gaan/oorslaan; ~ *out s.t.* iets weglaat/uitlaat; iets oor= slaan; ~ ... *out of it* — buite spel laat; ~ *over s.t.* iets laat bly, iets oorlaat; ~ *s.t. to* ... iets aan — oorlaat; iets aan — toevertrou; iets aan iem. nalaat; ~ *HIM to HIM= SELF* HOM laat begaan/staan/vaar; *I'll* ~ *you to it* ek laat dit aan jou oor; ek sal jou nie langer ophou nie; ~ *up s.t.* iets laat opbly; ~ *s.t. up to s.o.* iets aan iem. oorlaat; *that* ~s HIM *where HE was* nou is HY nog net waar HY was.

lecture¹ [n.] *deliver/give a* ~ 'n lesing hou; *read s.o. a* ~ iem. berispe/kapittel, iem. die les lees, iem. die le= viete voorlees.

lecture² [v.] ~ *on s.t.* 'n lesing oor iets hou; ~ *to students* 'n lesing vir/voor studente hou; ~ *s.o. about s.t.* iem. oor iets berispe.

lecturer *a* ~ *in pysics/etc.* 'n lektor in fisika/ens.

led ~ *by* ... onder aanvoering/leiding van —.

lee *under the* ~ *of* ... onder beskutting van —.

leer ~ *at s.o.* iem. beloer; iem. aangryns.

leery *be* ~ *of s.o.* § iem. nie vertrou nie.

leeway *make up* ~ 'n agterstand inhaal.

left¹ [n.] *keep to the* ~ links hou; *on the* ~ links, aan die linkerkant, op linkerhand; op die linkerflank; *on s.o.'s* ~ aan iem. se linkerkant, links van iem.; *the* ~ links, die linksgesindes *(in die politiek); to the* ~ (na) links, links weg, linkerkant toe, na die linkerkant; aan die linkerkant; *to the* ~ *of* ... links van —.

left² [adv.] *keep* ~ links hou; ~ *of* ... links van —; ~ *and right,* ~, *right and centre* §links en regs ★, hot en haar ★, aan/na alle kante; *turn* ~ links af gaan of loop of ry.

left³ [verl.dw.] *be* ~ *for dead* vir dood agtergelaat wees; *get* ~ *(behind)* agterbly; *have you any* ~? het jy nog oor?; *there is nothing* ~ daar is niks oor nie, daar

het niks oorgebly/oorgeskiet nie; HE *has* **nothing** ~
HY het niks oor nie; *be* ~ **over** oorbly; oorstaan.

leg¹ [n.] HE *puts* HIS **best** ~/*foot forward* HY sit SY
beste beentjie/voet(jie) voor; *cross one's* ~s met die
bene oormekaar sit; *with* **crossed** ~s met gekruiste
bene, met die bene oorkruis, met die bene oormekaar;
find one's ~s/*feet* regkom, op dreef/stryk kom, op die
been kom; touwys/tuis raak *(met iets)*; *get on one's* ~s
opstaan; *get* HIM *back on* HIS ~s HOM help om weer op
die been te kom; *have the* ~s *of s.o.* langer as iem. aan
die loop *of* hardloop kan bly; vinniger as iem. wees; *on*
HIS *hind* ~s op SY agterpote *(van 'n hond, 'n perd)*; §
op SY agterpote *(van 'n mens)* ★; HE *gets up on* HIS *hind*
~s HY ruk HOM op ★; *keep one's* ~s op die been bly;
on its **last** ~s op sy uiterste; HE *is on* HIS **last** ~s HY is
pootuit ★; HY is op sterwe na dood; HE *loses* HIS ~s,
(lett.) HY verloor SY bene; *(fig.)* HY verloor SY ewe=
wig; *on one's* ~s op die been; aan die woord; *pull s.o.'s*
~ iem. terg, met iem. die gek skeer; *you are* **pulling**
my ~! jy speel met my!, jy skeer die gek met my!;
recover one's ~s weer op die been kom; *set* HIM *on*
HIS ~s HOM op die been help; HE *shakes a* ~ §HY
skud op ★; *shake a* ~! §opskud!, skud op! ★; *show a*
~ § uit die bed klim; HE *stands on* HIS *own (two)*
~s/*feet* HY staan op SY eie bene, HY is onafhanklik; *have*
no ~ *to* **stand** *on*, *not have a* ~ *to* **stand** *on* geen argu=
ment hê nie; *stretch one's* ~s 'n entjie gaan stap; *take*
to one's ~s/*heels* →**heel**; *give s.o. a* ~ *up* iem. (op die
been) help, iem. 'n hupstoot(jie) gee; HE *walked* HIS
~s *off* HY het geloop tot HY omgeslaan het; *walk s.o.*
off HIS ~s/*feet* iem. disnis★/flou/gedaan loop.

leg² [v.] ~ *it* § voetslaan; § die rieme neerlê ★

legion *their name is* ~, *their numbers are* ~ hul aantal
is legio, hulle is talloos.

legislate ~ *against* ... 'n wet teen — maak; ~ *for* ...
'n wet maak met die oog op —.

legislation *by* ~ deur wetgewing.

leisure *be at* ~ vry wees, niks te doen hê nie; HE *can*
do it at HIS ~ HY kan dit doen wanneer HY tyd het, HY
kan dit op SY gemak doen; *have the* ~ *to do s.t.* tyd hê
om iets te doen.

lend ~ *s.t. to s.o.* iem. iets leen, iets aan/vir iem. leen; *it*
~s *itself to* ... dit is geskik vir —, dit leen hom tot —;
HE ~s HIMSELF *to* ... HY leen HOM tot —, HY laat HOM
vir — gebruik.

length *at* ~ eindelik, einde ten laaste; naderhand; ten
slotte; breedvoerig, uitvoerig, in besonderhede;
throughout the ~ *and* **breadth** *of the country* die hele
land deur, oor die hele land heen; *at* **full** ~ uitgestrek,
in volle lengte; *go to any* ~ niks ontsien nie; *go to*
great ~s groot moeite doen; *go to the* ~ *of* ... so ver/
vêr gaan om te —; *keep/maintain a good* ~, *(kr.)* die
bal op 'n goeie lengte plant; *at* **great** ~ lank en breed
(fig.); ... *metres in* ~ — meter lank, — meter in die
lengte; HE *measures* HIS ~ *with the ground* HY slaan
op die grond neer, HY val lankuit; *a* ~ *of rope* 'n stuk
tou; *at* **some** ~ taamlik breedvoerig; *a speech of some*

~ 'n taamlik lang/uitgerekte toespraak; *a stay of* **some**
~ 'n taamlik langdurige verblyf.

leopard *can the* ~ *change his spots?* (P) 'n jakkals ver=
ander van hare, maar nie van snare/streke nie (P).

less ~ *and* ~ al hoe minder; *not any the* ~ ... nie/
niks minder — nie; HE *could not care* ~ §HY gee niks
om nie, HY gee geen flenter om nie, HY gee nie 'n f. om
nie; *far/much* ~ *than* ... baie/veel minder as —; *just*
~ *than* ... iets minder as —; *a little* ~, **slightly** ~ 'n
bietjie/rapsie minder, effens/effe(ntjies) minder; *little*
~ weinig minder; *no* ~ *a person than* ... niemand
minder as — nie; *none the* ~ nietemin, nogtans, des=
nieteenstaande; *be* ~ *of a leader/etc. than* ... minder
leier wees as —; ~ *than a hundred/etc.* minder as hon=
derd/ens.; *be less than fair/etc.* nie heeltemal/juis bil=
lik/ens. wees nie; *not* ~ *than* ... minstens —; *the* ~
... hoe minder —.

lesson *give* ~s les gee; *learn a* ~ 'n les leer; *read the*
~ die Skriflesing waarneem, die Skrifgedeelte voor=
lees; *read s.o. a* ~ iem. die les/leviete lees, iem. die
leviete voorlees; HE *says* HIS ~ HY sê SY les op; *take*
~s *from s.o.* by iem. l. neem; HE *takes a* ~ *from s.o.* HY
spieël HOM aan iem.; *teach s.o. a* ~ iem. 'n les leer; *be a*
~ *to s.o.* vir iem. 'n l. wees; *let that be a* ~ *to you!* laat
dit vir jou 'n l. wees!

let¹ [n.] *without* ~ *or hindrance* ongehinderd.

let² [v.] ~ *s.o.* or *s.t.* **alone** iem. of iets laat bly/staan;
iem. *of* iets met rus laat; ~ **alone** ... laat staan —, om
nie van — te praat nie, wat nog te sê —; ~ *s.o.* **be** iem.
laat staan/begaan; iem. met rus laat; ~ *s.t.* **be** iets laat
staan; met iets ophou; ~ **down** daal *(van 'n vliegtuig)*;
~ **down** *s.t.* iets laat sak, iets neerlaat; iets afblaas *(bv.*
'n band); ~ **down** *s.o.* iem. in die steek laat; ~ *in s.o.*
iem. binnelaat/inlaat, iem. laat binnekom, iem. toelaat;
~ *in s.t.* iets binnelaat/inlaat; iets inlas; HE ~s HIM=
SELF *in for s.t.* HY begeef/begewe HOM in iets, HY haal
HOM iets op die hals; ~ *s.o.* *in for s.t.* iem. in die moei=
likheid bring; ~ *s.o.* *in on s.t.* iem. van iets op die hoog=
te bring; iem. by iets betrek; iem. aan iets laat deel=
neem; ~ *s.o.* **into** ... iem. in — binnelaat/inlaat; iem.
in — inwy, iem. van — op die hoogte bring; ~ **loose**
s.o. iem. loslaat/losmaak; ~ **loose** *s.t.* iets loslaat; iets
gaande maak; ~ **off** *s.o.* iem. vrylaat/vrystel, iem. laat
loop; ~ **off** *s.t.* iets aftrek/afskiet *('n geweer)*; iets af=
blaas/uitlaat *(stoom)*; ~ *s.o.* **off** *lightly* iem. sag(kens)
behandel, iem. lig laat afkom; *be* ~ **off** *lightly* lig af=
kom; ~ *on about s.t.* §iets verklap; ~ *on that* ... §laat
blyk dat —; ~ **out** *s.t.* iets uitlaat; iets laat uitkom; iets
verklap/verklik *('n geheim)*; iets skiet gee *('n tou)*; iets
groter *of* langer *of* wyer maak *(klere)*; iets verhuur *('n*
huis); iets uit *(bv. 'n gil)*; ~ **out** *s.o.* iem. uitlaat, iem.
laat uitkom; iem. loslaat *('n gevangene)*; ~ **through**
s.o. or *s.t.* iem. *of* iets deurlaat; *to* ~ te huur; ~ *up*
verslap; ontspan; ophou; ~ *up on s.o.* §minder druk
op iem. uitoefen; §iem. sagter behandel; ~ *us* ... kom
ons —. →**letting**.

letter *answer a* ~ 'n brief beantwoord, op 'n b. ant=

woord; *by* ~ per b.; *a dead* ~ 'n onbestelbare b.; 'n dooie letter *(van die wet); drop s.o. a* ~ vir iem. 'n reëltjie skryf/skrywe; *in* ~ *and spirit* na die letter en die gees; HE *sticks* to the ~ HY hou HOM aan die letter; *take* down a ~ 'n brief opneem; *a threatening* ~ 'n dreigbrief; *to the* ~ tot in die kleinste besonderhede.

letterbox *clear a* ~ 'n briewebus lig.

letters *a man of* ~ 'n letterkundige; 'n geleerde.

letting *without* ~ *up* sonder ophou.

level¹ [n.] *come* down to s.o.'s ~ tot iem. se peil daal; *at diplomatic* ~ langs diplomatieke weg; HE has *found* HIS ~ HY het SY plek gevind; *be on the* ~ § eerlik wees; § eg/waar wees; *in* a ~ *with* ... waterpas met —; op een lyn met —, op dieselfde peil as —, van dieselfde standaard as —; *at top* ~ op die hoogste vlak.

level² [v.] ~ *s.t. at s.o.* iets teen iem. rig *(bv. 'n beskul=diging); ~ down s.t.* iets gelykmaak; *s.t.* ~s *off* iets plat af; iets verslap; ~ *off s.t.* iets gelykmaak; iets af=stryk; *s.t.* ~s *out/off* iets plat af; iets vlieg horisontaal *('n vliegtuig); ~ up s.t.* iets gelykmaak *of* opvul; ~ *with s.o.* § met iem. eerlik *of* openhartig wees.

level³ [adj. & adv.] *be dead* ~ waterpas wees; kop aan kop wees; *draw* ~ kop aan kop kom; *draw* ~ *with s.o.* iem. inhaal; *keep* ~ *with s.o.* by iem. byhou; *be* ~ *with* ... waterpas met — wees *(iets);* by — wees *(iem.).*

lever ~ *off s.t.* iets aflig; ~ *open s.t.* iets oopbreek; ~ *s.o. out of a position* iem. uit 'n amp lig.

leverage *s.t. gives s.o.* ~ iets gee iem. invloed/mag.

levy *a* ~ *on* ... 'n heffing op —.

liability *meet liabilities* verpligtings nakom; *be a* ~ *to s.o.* vir iem. 'n blok aan die been wees.

liable *s.o. is* ~ *to forget/etc.* iem. vergeet/ens. mak=lik; *hold s.o.* ~ iem. aanspreeklik/verantwoordelik hou; *s.t. is* ~ *to occur* iets kan maklik voorkom; *be* ~ *to* ... vir — vatbaar wees; aan — onderhewig wees; aan — ly, las hê van —; HE *renders* HIMSELF ~ *to* ... HY stel HOM aan — bloot; *be* ~ *to military service* diens=pligtig wees.

liaise ~ *with* ..., *(w.g.)* met — skakel.

liaison *establish* ~ *with* ... verbinding met — bewerk=stellig; *maintain* ~ *with* ... met — in verbinding bly; *have a* ~ *with s.o.* met iem. 'n (liefdes)verhouding hê.

liar HE *is a damned* ~ §§ HY lieg dat HY bars ★★, HY is 'n vervlakste leuenaar ★; *prove s.o. a* ~ bewys dat iem. 'n leuenaar is.

libel *a* ~ *on* ... 'n belastering van —.

liberal *be* ~ *with* ... kwistig wees met —; vrygewig wees met —.

liberty *be at* ~ vry wees; op vrye voete verkeer/wees; *s.o. is at* ~ *to* ... dit staan iem. vry om te —; *feel at* ~ *to* ... die vrymoedigheid hê om te —; *set s.o. at* ~ iem. vrylaat/vrystel; *take the* ~ *of* ... die vryheid neem om te —; HE *takes liberties with* ... HY veroorloof HOM vryhede met —.

licence *cancel a driving* ~ 'n rybewys intrek; *endorse*

a driving ~ 'n rybewys endosseer; *manufacture s.t. un=der* ~ iets in lisensie vervaardig.

lick¹ [n.] *at full* ~, *at a great* ~ § in volle vaart; *give s.t. a* ~ *and a promise* § iets oppervlakkig was *of* poets.

lick² [v.] ~ *s.t. clean* iets uitlek, iets skoonlek; *it* ~s *me* § dit slaan my dronk; ~ *off s.t.* iets aflek; ~ *up s.t.* iets oplek.

licking *get/take a* ~ § ('n) pak kry *(lett. & fig.); give s.o. a* ~ § iem. ('n) pak gee *(lett. & fig.).*

lid *blow/lift/take the* ~ *off s.t.* § onthullings oor iets doen, die volle waarheid oor iets ontbloot; *flip one's* ~ §§ woedend word; *put the* ~ *on a scheme* § 'n plan very=del; *that puts the (tin)* ~ *on it* § dit is die toppunt.

lie¹ [n.] *a barefaced/blatant* ~ 'n infame/onbe=skaamde/skaamtelose leuen; *a big/great/spanking/ swing(e)ing/thundering* ~ 'n tamaai/yslike leuen; *a damned* ~ § 'n infame/vervlakste★/vervloekste★ leuen; *a deliberate* ~ 'n publieke leuen; *a down=right/flat* ~ 'n infame/direkte leuen; *give the* ~ *to s.t.* iets loënstraf/weerspreek; *nail a* ~ 'n leuen aan die kaak stel; *that's no* ~ § dis baie waar; *a pack of* ~s 'n boel/hoop/spul leuens ★; *a string of* ~s 'n aaneenska=keling van leuens; *tell s.o. a* ~ vir iem. 'n leuen vertel; *tell* ~s, *(ook)* leuens verkoop; *that's a* ~! dit lieg —! *a tissue/web of* ~s 'n aaneenskakeling/weefsel van leuens; *a white* ~ 'n noodleuen, 'n onskuldige leuen.

lie² [n.] *the* ~ *of the land* →**land.**

lie³ [v.] ~ *like a trooper* lieg soos 'n tandetrekker ★, op 'n streep lieg ★; HE ~s HIMSELF *out of it*, HE ~s HIS *way out of it* HY lieg HOM los; ~ *shamelessly* grof lieg; HE ~s *in* HIS *teeth/throat* HY lieg dat HY bars ★★; ~ *to s.o.* vir iem. lieg.

lie⁴ [v.] ~ *about* rondlê; *s.t.* ~s *ahead for s.o.* iets lê vir iem. voor; ~ *around* rondlê; ~ *back* agteroor lê/leun; *s.t.* ~s *before s.o.* iets lê vir iem. voor; *what* ~s *behind s.t.* wat agter iets sit/skuil/steek; ~ *down* gaan lê; plat lê; HE *takes it lying down* →**lying;** *as far as in me* ~s so ver/vêr ek kan, so ver/vêr dit in my vermoë is, na my beste vermoë; *s.t.* ~s *heavy on s.o.* iets druk swaar op iem. se gewete; ~ *in* in die bed bly; in die kraam wees; ~ *in s.t.* in iets lê; HE ~s *low* HY lê plat/uitgestrek; § HY kruip weg, HY skuil (weg), HY hou HOM skuil, HY gaan skuil; § HY hou HOM eenkant, HY bly op die agtergrond, HY bly doodstil, HY laat nie van HOM hoor nie, HY wag SY tyd af; ~ *on s.t.* op iets lê; *the town* ~s *on a river* die stad lê aan 'n rivier; ~ *open* ooplê; ~ *open to* ... aan — blootstaan; ~ *over* oorlê, bly lê; HE ~s *second/etc.* HY loop tweede/ens.; ~ *to, (sk.)* bygedraai lê; ~ *up* in die bed bly; skuil; ~ *up s.t.* iets stillê/oorlê *('n skip); ~ with s.o.* by iem. lê/slaap; *s.t.* ~s *with s.o.* iets berus by iem., iets hang van iem. af, iets is iem. se saak. →**lying.**

life *in the afternoon of s.o.'s* ~ in iem. se lewensaand; *all* HIS ~ SY hele lewe, SY l. lank; *the amenities of* ~ die lewensgenietinge; HE *began* ~ *as* ... HY het (sy loopbaan) as — begin; *you bet your* ~ *it is!* § natuurlik is dit!; *live a blameless* ~ 'n onbesproke lewe lei, onberispelik leef/lewe; **breathe** new ~ into s.t. iets nuwe lewe inblaas; **bring** to ~ s.t. iets in die l. roep; **bring** s.o. back to ~ iem. bybring; bear/have a **charmed** ~ onkwesbaar wees; **choke** the ~ out of s.o. iem. doodwurg/verwurg; **come** to ~ lewendig word; bykom; in beweging kom; gestalte kry; for **dear** ~ asof sy lewe daarvan afhang, uit alle mag, op lewe en dood; come ~ come **death** wat ook al gebeur; laat kom wat wil; this is a matter of ~ and **death** dit is 'n lewens= kwessie, dit is 'n saak van lewe of dood; dis doodsake dié; have the power of ~ and **death** beskik oor lewe en dood; **depart** (from) this ~ die tydelike met die ewige verwissel, sterf; there's ~ in the old **dog** yet §hy is nog lank nie dood nie; lead a **dog's** ~ →**dog**; lead a **double** ~ 'n dubbele bestaan voer; in s.o.'s **early** ~ in iem. se jeug; HE **escaped** with HIS ~ HY het met sy lewe daarvan afgekom, HY het lewend(ig) daaruit ge= kom; **eternal** ~, **everlasting** ~, ~ **everlasting** die ewige lewe; s.o.'s **expectation** of ~ iem. se verwagte lewensduur; HE **exposes** HIS ~ HY waag sy lewe, HY stel sy l. bloot; **fear** for s.o.'s ~ vir iem. se l. vrees, vir iem. se l. bevrees wees; HE **goes** in **fear** of HIS ~ HY vrees vir sy l., HY is bevrees vir sy l.; in the **flower** of ~ in die bloei/fleur van die l.; for ~ lewenslank; vir sy lewe; not **for** the ~ of me §om die dood nie ⋆, nie met die beste wil van die wêreld nie; I cannot do it **for** the ~ of me §al slaan jy my dood, kan ek dit nie regkry nie ⋆; HE lives HIS ~ to the **full** HY leef/lewe HOM uit; the **future** ~ die (lewe) hiernamaals; a **good** ~ 'n goeie lewe; the **good** ~ 'n lekker l.; HE takes HIS ~ in HIS **hands** HY waag sy l., HY plaas sy l. op die spel; a **hard** ~ 'n swaar l.; **in** ~ in die l.; the **kiss** of ~ mond-tot-mond-asemhaling; as **large** as ~ lewensgroot; **larger** than ~ meer as lewensgroot; HE **lays** down HIS ~ HY gee sy lewe; **lead** s.o. a ~ iem. se l. versuur; get a new **lease** of/on ~ 'n nuwe l. kry; nuwe moed skep; weer beter/fris/gesond word; ~ and **limb** lyf en lede/lewe; a **danger** to ~ and **limb** 'n doodsgevaar/lewensgevaar; be safe in ~ and **limb** ongedeerd wees; HIS ~ **long** SY lewe lank; **lose** one's ~ die l. inskiet/laat/verloor; **loss** of ~ verlies van menselewens; there was great **loss** of ~ baie (mense) het gesterf/omgekom, daar was 'n groot verlies van menselewens; five **lives** were **lost** vyf mense het gesterf/omgekom; five **lost** their **lives** vyf (mense) het die lewe verloor; **never** in (all) my ~ nooit in my dag des lewens nie; not on your ~! §vol= strek nie!; **nothing** in ~ niks ter wêreld nie, hoege= naamd niks; **of** ~ van die lewe; the … **of** HIS ~ die grootste—van sy l.; in **private** ~ in die private l.; **put** ~ into s.o. iem. opwek; lead a **quiet** ~ 'n stil lewe lei; **restore** s.o. to ~ iem. in die l. terugroep, iem. opwek; **return** to ~ herleef/herlewe; I couldn't do it to **save** my ~ ek kan dit om die dood nie doen nie ⋆; **see** ~ die lewe/wêreld leer ken; they **seek** s.o.'s ~ hulle wil iem. om die l. bring; s.o. has **seen** ~ iem ken die l., iem. het baie lewenservaring; **sentence** s.o. for ~ iem. tot le= wenslange gevangenisstraf veroordeel, iem. tot le=

wenslank veroordeel; HE got the **shock** of HIS ~ HY was nog nooit so geskok nie; a **slice** of ~ iets uit die werklike lewe; a **soft** ~ 'n luilekker l.; HE **sold** HIS ~ dearly HY het sy l. duur verkoop; the ~ and **soul** of the … die siel van die — (bv. beweging, partytjie); **spare** s.o.'s ~ iem. se lewe spaar; iem. begenadig; not a **spark** of ~ geen vonkie/sprankie lewe nie; HE **spends** HIS ~ HY slyt sy lewe; HE **stakes** HIS ~ HY plaas sy l. in die weegskaal; lead a **stirring** ~ 'n veel= bewoë l. lei; **such** is ~ so is die l., so gaan dit in die l.; in the **summer** of ~ in die somer van die l.; **take** a ~ iem. om die l. bring, iem. ombring, iem. van die l. beroof; HE **takes** HIS own ~ HY bring HOMSELF om die l., HY pleeg selfmoord; **taken** from ~ na die l. geteken; uit die l. gegryp; the **term** of s.o.'s ~ iem. se lewens= duur; **this** is the ~! §dit noem ek lewe!; **throughout** HIS ~ SY hele l. lank, gedurende SY hele l.; at HIS **time** of ~ op SY leeftyd/jare; have the **time** of one's ~ →**time**; **to** the ~ sprekend; net soos dit is; be on **trial** for (one's) ~ teregstaan weens 'n halsmisdaad; **true** to ~ lewensgetrou, getrou na die lewe; **upon** my ~! §by my siel! ⋆; HE **ventures** HIS ~ HY waag sy lewe, HY plaas sy l. op die spel; in all **walks** of ~ in alle (werk)= kringe; a **way** of ~ 'n leefwyse/lewenswyse; 'n lewens= vorm; 'n lewenstyl.

lifetime the chance of a ~ 'n kans wat nooit terugkeer nie, 'n kans wat (iem.) nooit weer kry nie; the experi= ence of a ~ 'n eenmalige ondervinding; last a ~ le= wenslank hou.

lift¹ [n.] **get** a ~ met iem. saamry, opgelaai word, 'n geleentheid kry; **give** s.o. a ~ iem. oplaai, iem. laat saamry; s.t. **gives** s.o. a ~ §iets beur iem. op; **hitch** a ~ § duimry⋆; **take** the ~ met die hyser opgaan of afgaan; **thumb** ~s § ryloop, duimgooi⋆.

lift² [v.] ~ **down** s.t. iets aftel; ~ **down** s.t. from … iets van — aftel; ~ **off** s.t. iets aftel; the rocket ~s **off** die vuurpyl styg op; ~ **up** s.t. iets optel; iets ophef; HE ~s **up** HIS … HY lig SY — op (kop); HY hef/slaan SY — op (oë); HY verhef SY — (stem).

light¹ [n.] HE acts **according** to HIS ~s HY handel volgens die lig wat HOM gegee is; a **beam** of ~ 'n lig= bundel; **bring** s.t. to ~ iets te voorskyn bring, iets aan die lig/dag bring; **come** to ~ aan die lig kom, voor die dag kom; in the **cold** ~ of **day** goed beskou; HE **sees** it in a **different** ~ daar gaan vir HOM 'n lig op; a **dim** ~ 'n dowwe l.; **dim** ~s ligte demp/verdof; ligte domp/ neerslaan; **dip** ~s ligte domp/neerslaan; by **early** ~ met dagbreek; place/put … in a **false** ~ — in 'n vals(e) lig plaas/stel; a **feeble** ~ 'n swak l.; at **first** ~ met dagbreek/daglumier; **place** s.t. in a **good** ~ iets in die beste plooie/voue lê; s.o. is no **great** ~ iem. is geen lig nie; **get** the **green** ~ goedkeuring/toestemming kry; vry(e) baan kry; **give** the **green** ~ goedkeuring/toe= stemming gee; vry(e) baan gee; HE **hides** HIS ~ under a bushel HY verberg SY lig onder 'n maatemmer; in the ~ of … met die oog op —, in die l. van — (gesien); **jump** the red ~, **jump** the (traffic) ~s deur die ver=

keerslig ry, teen die verkeerslig deurry/deurja(ag); HE *is a leading* ~ HY is 'n voorperd *(fig.)* ★; *lesser* ~*s* mindere gode; *be* ~*s out* §katswink wees; ~*s out!* ligte dood/uit!; *put out a* ~ 'n lig afskakel/afslaan; *see the red* ~ onraad merk, die gevaar besef, van die gevaar bewus word; *see the* ~ die (eerste) lewenslig aanskou; die lig sien *('n boek);* die l. sien, tot inkeer kom; *shed/throw* ~ *on/upon s.t.* l. op iets werp, 'n kyk op iets gee; iets in die daglig stel; *s.o. is a shining* ~ iem. is 'n sieraad, iem. is 'n ligtende ster *(fig.);* *s.o. is no shining* ~ iem. is geen lig nie, iem. is geen groot gees nie; *stand in s.o.'s* ~ in iem. se l. staan; iem se kanse bederf; *strike a* ~ l. maak, 'n vuurhoutjie trek; *transmit* ~ l. deurlaat.

light² [v.] ~ *up* lig maak; ligte aanskakel; 'n sigaret/ ens. aansteek; ~ *up s.t.* iets verlig; iets opsteek *('n pyp);* iets aansteek *('n sigaret);* *s.t.* ~*s up* iets verhel= der *(iem. se gesig).*

light³ [v.] ~ *into s.o.* §iem. te lyf gaan; §iem. invlieg ★; ~ *on/upon* … op — neerdaal/neerstryk; op — gaan sit; — teëkom/teenkom, — raak loop; ~ *out for* … spore maak na — ★

light⁴ [adj.] *as* ~ *as a feather* so lig soos 'n veer(tjie), veerlig; *it is no* ~ *matter* dit is geen kleinigheid nie; *this car is* ~ *on petrol* hierdie motor gebruik min petrol.

lightning *a flash of* ~ 'n weerligstraal; *be killed by (a stroke of)* ~ deur die weer(lig)/blits doodgeslaan word; *like greased* ~, *like a streak of* ~ §soos 'n vet= gesmeerde blits ★; *be struck by* ~ deur die weerlig getref word.

like¹ [n.] *and the* ~ en so meer; *did you ever hear* or *see the* ~? het jy al ooit so iets/wat gehoor of gesien?; *we'll never see HIS* ~ *again* SY gelyke sal jy nie weer kry nie, daar is maar een soos HY; *the* ~*s of HIM* § mense soos HY, SY soort; *or the* ~ of so iets.

like² [n.] *s.o.'s* ~*s and dislikes* (die goed) waarvan iem. hou en nie hou nie.

like³ [v.] *what I* ~ *about s.o.* wat my by/in iem. trek; *(just) as you* ~ net soos jy wil/verkies; *do as you* ~! maak/doen soos/wat jy wil!; ~ *s.o. best* or *least* die meeste *of* minste van iem. hou; *not* ~ *it one bit* niks daarvan hou nie; HE *doesn't* ~ *s.o.* HY hou nie van iem. nie, iem. staan HOM nie aan nie; HE *doesn't* ~ *it* HY hou nie daarvan nie, dit geval HOM nie; *get/grow to* ~ … van — begin hou, mettertyd/naderhand van — hou; *how do you* ~ *the country?* hoe vind jy die land?, hoe geval die land jou?; *how do you* ~ *HIM?* hoe vind jy HOM?, hoe voel jy oor HOM?; *how do you* ~ *it?* hoe vind jy dit?, wat dink jy daarvan?, hoe geval dit jou?; hoe smaak dit?; hoe drink jy dit *(van 'n drankie);* hoe gaar moet dit vir jou wees? *(van 'n vleisgereg);* hoe verkies jy dit? *(van kos, drank);* *if you* ~ as jy wil, as jy lus het; HE'll *just have to* ~ *it* or *lump it* →**lump;** ~ *it or not* §of HY nou daarvan hou of nie; *quite* ~ *s.o.* nogal van iem. hou; *I* ~ *that!* dis 'n mooi grap!; *how do you* ~ *that!* wat sê jy daarvan!; HE ~*s to* … HY hou

daarvan om te —; HE ~*s to swim/etc.* HY hou van swem/ens., HY swem/ens. graag; HE *would* ~ *to* … HY wil graag —; HY sou graag wil —; *whenever* HE ~*s* net wanneer HY wil; *s.o. would* ~ *a* … iem. wil graag 'n — hê; *s.o. would* ~ *action/etc.* iem. wil aksie/ens. hê; *s.o. would* ~ *to know/etc.* iem. sou (graag) wil weet/ ens.

like⁴ [adj., adv. & prep.] *as* ~ *as chalk and cheese* § heeltemal verskillend; *be as* ~ *as two peas (in a pod)* soos twee druppels water na/op mekaar lyk, op 'n haar (na) eenders/eners lyk, sprekend na/op mekaar lyk; *look exactly* ~ *s.o.* op 'n druppel na iem. lyk; *s.o.* ~ HIM iem. soos HY; *that's just* ~ HIM dis nes HY is, (') mens kan dit van HOM verwag; dis nou van HOM; *that's more* ~ *it* §dis beter; *as* ~ *as not* bes/heel moontlik; ~ *so* § so; *what is HE* ~? watter soort mens is hy?; *what was it* ~? hoe het jy dit gevind?

likelihood *in all* ~ hoogs/heel waarskynlik, na alle waarkynlikheid; *is there any* ~ *of it happening?* sal dit dalk gebeur?; *what is the* ~ *of it happening?* hoe waar= skynlik is dit dat dit sal gebeur?

likely *in all* ~ *and unlikely places* op alle moontlike en onmoontlike plekke; *as* ~ *as not* bes/heel moontlik; *most/very* ~ heel/hoogs waarskynlik, bes/heel moontlik; *not* ~! § beslis nie!; *it is* ~ *to* … dit sal waarskynlik —.

liken ~ *s.t. to* … iets met — vergelyk.

likeness *bear a* ~ *to* … op/na — lyk; *catch a* ~ 'n gelykenis tref; *bear a distant* ~ *to* … enigsins op/na — lyk, iets van — hê; *a speaking* ~ 'n sprekende gelykenis/portret.

liking *s.o.'s* ~ *for s.t.* iem. se lus/smaak vir iets; *have a* ~ *for s.t.* sin in iets hê; van iets hou; *have no* ~ *for s.t.* nie van iets hou nie; *take a* ~ *to s.o.* tot iem. aange= trokke voel; *s.t. is to s.o.'s* ~ iets is na iem. se sin/ smaak, iets staan iem. aan.

lily *gild the* ~ iets onnodig mooier (probeer) maak.

limb *be out on a* ~ §in 'n netelige posisie wees; *tear s.o.* ~ *from* ~ iem. uitmekaar skeur.

limber ~ *up* litte losmaak.

limbo *in* ~ in die doofpot.

limelight *be in the* ~ op die voorgrond wees, die aan= dag trek; *s.o. steals the* ~ iem. trek al die aandag.

limit¹ [n.] *go the* ~ tot die uiterste gaan; *off* ~*s, (Am.)* verbode (terrein); *drive over the* ~ te vinnig ry, die snelheidsperk oortree; *push s.o. to the* ~ iem. tot die uiterste (aan)dryf; HE *pushes* HIMSELF *to the* ~ HY span HOM tot die uiterste in; *put/set a* ~ *on s.t.* iets beperk, 'n beperking op iets plaas/stel; *set* ~*s to s.t.* perke aan iets stel, beperkings op iets plaas/stel, paal en perk aan iets stel; *that/this is the* ~ §dit is die top= punt, nou word dit te erg, dit gaan te ver/vêr, dit gaan alle perke te buite; *s.o. is the* ~ §iem. is onmoontlik; *to the* ~ tot die uiterste; *the utmost* ~*s* die uiterste gren= se; *everything within* ~*s* alles binne perke; *true within* ~*s* tot op sekere hoogte waar.

limit² [v.] ~ *s.o.* or *s.t. to* … iem. *of* iets tot — beperk.

limitation HE knows HIS (own) ~s HY ken SY eie beperkings.

limited be ~ to … tot — beperk wees.

limp have a ~ mank loop.

line¹ [n.] **adopt** a ~ (of reasoning) 'n redenering volg; all **along** the ~ op alle punte; (mil.) langs/oor die hele linie; **along/on** these ~s soos hier aangedui, op hierdie grondslag, volgens hierdie beginsels; **along/on** the ~s of … min of meer soos —; **behind** the ~s agter die front; the **bottom** ~ is … §wat op die end saak maak, is —, — gee die deurslag; **bring** s.t. into ~ with … iets met — in ooreenstemming bring; **bring** s.o. into ~ iem. tot orde roep, iem. tot samewerking dwing; the **broad** ~s of a policy die hoofsake/hooftrekke van 'n beleid; **clear** a ~ 'n lyn vrymaak; 'n treinspoor begaanbaar maak; **come/fall/get** into ~ with s.t. met iets saamgaan; met iets saamstem; **cross** the ~ oortree, oor die tou trap; oor die ewenaar gaan; (rugby) oor die doellyn gaan; **do** ~s strafreëls skryf/skrywe; sign on the **dotted** ~ iets onderteken; **down** the ~ langs/met die lyn af; **draw** a ~, (lett.) 'n streep trek; (fig.) 'n grens stel; this is where I **draw** the ~ tot hier toe en nie verder/vêrder nie, dis so ver/vêr as ek sal gaan, verder/vêrder (as dit) gaan ek nie, hier steek ek vas; one must **draw** the ~ somewhere êrens moet die grens getrek word; **drop** s.o. a ~ vir iem. 'n briefie skryf/skrywe; HE has come to the **end** of the ~/road, HE has reached the **end** of the ~/road HY kan nie voortgaan nie; **fall** into ~ aantree (soldate); **fall/come/get** into ~ with s.t. →**come/fall/get;** take a **firm** ~ ferm/ kragtig/streng optree; **form** into ~ aantree (soldate); the **general** ~ die algemene beleid/rigting; **get** ~s strafreëls kry; **get** a ~ on s.t. §op die spoor van iets kom; **get/come/fall** into ~ with s.t. →**come/fall/ get;** come of a **good** ~ van goeie afkoms wees; take a **hard** ~ ontoegewend optree; onversoenlik wees; it is **hard** ~s §dit is jammer/spytig, dit is 'n jammerte; it is **hard** ~s on s.o. § dis hard/ongelukkig vir iem.; **hard** ~s! §jammer!, simpatie!; **hew** to the ~ in die spoor bly (fig.); **hold** a ~, (mil.) 'n linie handhaaf; **hold** the ~, (telef.) aanbly, wag; **hold** the ~!, (telef.) bly aan!, hou vas!, wag so 'n bietjie!; s.t. is in s.o.'s ~ iets is in iem. se vak, iets val binne iem. se gebied/terrein, iets is in iem. se kraal ★; s.o. is **in** ~ for s.t. iem. kom vir iets in aanmerking, iem. het 'n kans op iets; **in** the ~ of … in die loop van — (iem. se pligte); **in** ~ with … in ooreenstemming met —; ooreenkomstig —; be **in** ~ with … met — ooreenkom/strook; **keep** s.o. in ~ iem. in die pas hou; **lay** s.t. on the ~ §iets waag, iets in gevaar stel; **lay/put** it on the ~ to s.o. § reguit met iem. praat; a **new** ~ 'n nuwe soort artikel (in 'n winkel); 'n nuwe rigting; **on** ~ gekoppel (rekenaars); **on** the ~ op die lyn; aan die lyn; op die treinspoor; aan die treinspoor; (telef.) verbind; **on/along** these ~s →**along/on; out** of ~ uit die lyn (uit); skeef; s.t. is **out** of s.o.'s ~ iets is buite iem. se vak/gebied; HE is **out** of ~ HY is uit die pas, HY gaan HOM te buite, HY wyk af; HE keeps to HIS

own ~ HY volg SY eie koers; **put/lay** it on the ~ to s.o. →**lay/put; read** between the ~s tussen die reëls lees; on the **same** ~s op dieselfde lees geskoei; **shoot** a ~ § spekskiet★; **stand** in ~ op/in 'n ry staan; toustaan; **step** out of ~ oor die tou trap; take a **strong** ~ beslis/ kragtig optree; 'n sterk standpunt inneem; **take** a ~ 'n gedragslyn/rigting inslaan/volg, 'n standpunt inneem; **toe** the ~ gehoorsaam, na die pype van 'n leier dans ★; make s.o. **toe** the ~ iem. verplig om te gehoorsaam; **trace** a ~ 'n lyn trek.

line² [v.] ~ **off** s.t. iets (met 'n streep) afskei; ~ **out** s.t. iets skets/uitstippel; ~ **through** s.t. iets deurhaal, 'n streep deur iets trek; ~ **up** aantree, in gelid/rye gaan staan; they or we ~d **up** behind …, (ook) §hulle of ons het hulle of ons agter — geskaar, hulle of ons het — gesteun; ~ **up** people mense in rye laat staan, mense in gelid bring/stel; ~ **up** s.t. iets in lyn bring, iets haaks maak; iets rangskik/opstel; iets reël.

lined have s.t. ~ **up** iets gereël hê.

linen wash one's dirty ~ in public private moeilikhede/ onenigheid oopgooi, private onsmaaklikhede in die openbaar lug, huishoudelike sake uitbasuin.

linger ~ **on** voortkwyn; ~ **on** a subject lank by 'n onderwerp stilstaan; ~ **over** a meal lank aan tafel sit; ~ **over** a drink lank met 'n drankie sit; ~ **over** a task lank met 'n taak besig bly.

link¹ [n.] **forge** ~s bande smee (fig.); the missing ~ die ontbrekende skakel.

link² [v.] people ~ **up** mense kom saam; things ~ **up** dinge hang saam; ~ **up** with … by — aansluit; met — saamhang; ~ s.o. **with** … iem. met — in verband bring, iem. aan — koppel.

linked they are romantically ~ daar is glo 'n romantiese verhouding tussen hulle.

lion HE beards the ~ in HIS **den** HY waag HOM/dit in die leeu se hok (fig.); a **pride** of ~s 'n trop leeus; the ~'s **share** die leeueaandeel.

lip HE bites HIS ~s HY byt op SY lip(pe); **button** your ~! §bly stil!, hou jou mond!; HE curls HIS ~s HY trek SY lippe op; be on **everybody's** ~s op almal se lippe wees; HE **gives** s.o. a lot of ~ §HY hou HOM baie astrant/parmantig; **hang** on s.o.'s ~s aan iem. se lippe hang, iem. se woorde indrink; HE **licks** HIS ~s HY lek SY lippe af; **none** of your ~! §moenie jou astrant/parmantig hou nie!; HE doesn't **open** HIS ~s HY maak SY mond nie oop nie; from s.o.'s **own** ~s uit iem. se eie mond; nothing has **passed** HIS ~s HY het nog niks oor SY lippe gehad nie; **read** ~s lippe lees; HE **screws up** HIS ~s HY trek SY lippe saam; HIS ~s are **sealed** HY mag niks sê nie, HY moet swyg; HY is aan geheimhouding gebonde; HE **smacks** HIS ~s HY lek SY lippe af; HE keeps a **stiff** upper ~ HY toon selfbeheersing, HY hou moed, HY hou die blink kant bo ★, HY hou HOM taai/groot; keep a **stiff** upper ~! hou moed!, hou die blink kant bo! ★; with a **stiff** upper ~ met saamgeperste lippe, met selfbeheersing.

lip service pay ~ ~ to … lippehulde aan — bring.

liquidation *go into* ~ in likwidasie gaan, gelikwideer word; *in* ~ in likwidasie.

liquor *HE can hold HIS* ~ HY kan baie drank verdra; *be in* ~, *be the worse for* ~ onder die invloed van drank wees, beskonke/besope/dronk wees.

lisp *speak with a* ~ met die tong stoot.

list *the active* ~ die lys van aktiewes; *compile a* ~ 'n l. opstel; *s.t. is high on the* ~ iets geniet voorrang; *a* ~ *of names* 'n lys name; *appear/be on a* ~ op 'n l. staan; *be on the retired* ~ gepensioeneer(d) wees; *a short* ~ 'n kort lys(ie); 'n groslys; *top the* ~, *be at the top of the* ~ eerste op die l. staan, boaan die l. staan.

listen *listen!* hoor hier!; ~ *attentively/closely* aandagtig/goed/mooi/skerp luister; ~ *for* … na — luister, op — let; *HE* ~*s for* … HY luister of HY — kan hoor; ~ *in* inluister; ~ *in to a conversation* 'n gesprek afluister; na 'n gesprek luister; ~ *to* … na — luister *(lett. & fig.)*; — aanhoor *(iem., 'n versoek)*; — te woord staan *(iem.)*; — verhóor *(iem. se gebed)*; ~ *to s.o., (ook)* iem. gehoorsaam; vir iem. luister; *just* ~ *to this!* luister ('n) bietjie hier!

lists *enter the* ~ in die strydperk tree.

lit *be* ~ *up* verlig wees; §aangeklam wees ★, hoog in die takke wees ★

literature *in* ~ in die letterkunde.

litre *hundreds* or *thousands of* ~*s* honderde *of* duisende liters; *in* ~*s* in liters; *a* ~ *of milk/etc.* 'n liter melk/ens.; *two* ~*s of milk/etc.* twee liter melk/ens.

litter *the cat is in* ~ die kat is dragtig; *the place is in a* ~ die plek is deurmekaar; *a* ~ *of kittens* or *pigs* or *puppies* 'n werpsel katjies *of* varkies *of* hondjies; *be strewn with* ~ met rommel besaai(d)/bestrooi wees.

littered *be* ~ *with* … met — besaai(d)/bestrooi wees.

little *a* ~ 'n bietjie; *a* ~ *disappointed/etc.* effens/effe(ntjies) teleurgestel(d)/ens.; *after a* ~ na 'n rukkie/tydjie; ~ *if anything,* ~ *or nothing* weinig of niks; *as* ~ *as a cent/etc.* selfs net 'n sent/ens., al is dit net 'n sent/ens.; ~ *by* ~ langsamerhand, geleidelik, trapsgewys(e); bietjie(s)-bietjie(s); *count for* ~ nie veel werd wees nie; *for a* ~ 'n rukkie/tydjie; *every* ~ *helps* alle bietjies help; *just a* ~ (net) effens/effe(ntjies); net 'n bietjie *(bv. water)*; *make a* ~ *go a long way* ver/vêr kom met 'n klein bietjie, ver/vêr kom met min; *make* ~ *of s.t.* weinig van iets begryp; weinig belang aan iets heg; *not a* ~ taamlik (baie), nie min nie, nie 'n bietjie nie; *be not a* ~ *surprised* taamlik verbaas wees; *a* ~ *one* 'n kleintjie; *precious* ~ §bitter/bedroef min, bloedweinig; *a* ~ *at a time* bietjie(s)-bietjie(s); *(far) too* ~ (glad/veels) te min; *very* ~ baie min; *very* ~ *indeed* bitter/bedroef min; *wait a* ~ 'n bietjie wag; *wait a* ~! wag 'n bietjie!; *what* ~ *s.o. has* die bietjie wat iem. het; *what* ~ *s.o. knows* die bietjie wat iem. weet.

live [v.] *HE* ~*s alone* HY woon alleen, HY woon op SY eentjie; ~ *apart from s.o.* weg van iem. woon; ~ *by hunting/etc.* van die jag/ens. leef/lewe; ~ *close* skraps/suinig leef/lewe; ~ *dangerously* met gevaar leef/le-

we; ~ *down s.t.* iets te bowe kom; ~ *for s.t.* vir iets leef/lewe; *HE* ~*s by HIMSELF* HY woon op SY eentjie; ~ *in* inwoon; ~ *in a flat/etc.* in 'n woonstel/ens. woon; *we* ~ *and learn* (P) ('n) mens word nooit te oud om te leer nie (P); ~ *and let live* (P) leef/lewe en laat leef/lewe (P); ~ *off s.t.* van iets leef/lewe; ~ *off s.o.* op iem. se koste leef/lewe; ~ *on* voortleef/voortlewe, aan die lewe bly; ~ *on/upon s.t.* van iets leef/lewe *(bv. brood, 'n pensioen)*; ~ *out the night* die nag oorleef/oorlewe; ~ *s.t. over again* iets herbeleef/herbelewe; ~ *on one's own* alleen woon; ~ *to see s.t.* iets beleef/belewe; ~ *through s.t.* iets deurmaak; ~ *to be a hundred/etc.* honderd/ens. jaar (oud) word, honderd/ens. haal/word; ~ *together* saamwoon; ~ *together (as man and wife)* saamleef/saamlewe; ~ *it up* §hoog leef/lewe; ~ *up to s.t.* ooreenkomstig iets leef/lewe *(bv. beginsels)*; iets ophou, iets eer aandoen *(bv. 'n reputasie)*; iets nakom, iets gestand doen *(bv. 'n belofte)*; ~ *well* 'n goeie lewe lei; in weelde leef/lewe; *where does HE* ~? waar woon hy?; ~ *with s.o.* by iem. woon; met iem. saamwoon; met iem. saamleef/saamlewe; ~ *with s.t.* iets verdra/verduur; *HE has learnt to* ~ *with it* HY het dit aanvaar, HY het HOM daarby neergelê, HY het daarin berus.

lived *be* ~ *in* bewoon word; *look* ~ *in* lyk (as)of dit bewoon word.

livelihood *earn/gain/get a* ~ *from* … 'n bestaan uit — maak.

lively *as* ~ *as a cricket* springlewendig; *look* ~ → **look**; *make it* ~ *for s.o.* die wêreld vir iem. moeilik maak, iem. laat hotagter kry ★, iem. hotagter gee ★

liven ~ *up* opleef/oplewe, lewendig word; op dreef kom; ~ *up s.o.* iem. opbeur/opvrolik; ~ *up s.t.* iets verlewendig, lewe in iets bring.

livid *be* ~ *with* … bleek wees van — *(woede)*.

living *make a comfortable* ~ 'n goeie bestaan maak, goed leef/lewe; *the cost of* ~ die lewenskoste; *the high cost of* ~ die lewensduurte; *the* ~ *and the dead* die lewendes en die dooies; *for a* ~ vir 'n bestaan; *what does HE do for a* ~? wat is SY nering/werk?; *it's a* ~ dit hou ('n) mens aan die lewe; *make/earn/get a* ~ 'n bestaan maak; *do s.t. merely to make a* ~ iets om den brode doen; *scrape/scratch a* ~ net aan die lewe bly; *s.o.'s way of* ~ iem. se leefwyse/lewenswyse; *wrest a* ~ *from* … met moeite 'n bestaan uit — maak.

lo ~ *and behold!* so waarlik!; siedaar!

load¹ [n.] *carry a heavy* ~ 'n swaar vrag dra; 'n swaar las dra; *take the* ~ *off one's feet* §gaan sit; *get a* ~ *of s.t.* §heelwat van iets te sien kry; §goed na iets luister; *it is a* ~ *off HIS mind* dit is 'n las/pak van SY hart af, HY voel baie verlig; *a* ~ *of* … 'n vrag —; §'n hoop/spul — ★; ~*s of* … §baie —, §'n hope — ★; *have a* ~ *on* §besope wees; *relieve s.o. of a* ~ iem. van 'n las bevry.

load² [v.] ~ *s.o. with* … iem. met — oorlaai *(bv. geskenke)*.

loaded *be* ~ gelaai wees; §hoog in die takke wees ★; §skatryk wees; *be* ~ *down with* … onder — gebuk gaan; *be* **heavily** ~ *with* ... swaar gelaai wees van —; *be* ~ **with** ..., *(ook)* met — oorlaai wees *(bv. geskenke)*.

loaf¹ [n.] *half a* ~ *is better than no bread* (P) 'n halwe eier is beter as 'n leë dop (P), beter/liewer(s) 'n halwe eier as 'n leë dop (P), krummels is ook brood (P); *use your* ~! § gebruik jou kop/verstand!

loaf² [v.] ~ *about/around* § (vir kwaadgeld) rondloop, ronddrentel, rondslenter.

loan *ask* for the ~ *of* s.t. iets te leen vra; *grant a* ~ 'n lening toestaan; *may I* **have** *the* ~ *of your* ...? mag ek jou — leen?; *float/issue a* ~ 'n lening uitskryf/ uitskrywe; *it is on* ~ dit is geleen; dit is te leen; *have* s.t. *on* ~ iets in bruikleen hê; *raise a* ~ 'n lening aangaan/sluit/verkry; *take up a* ~ 'n lening opneem.

loath, loth *be* ~ *to do* s.t. nie lus wees om iets te doen nie; *be nothing* ~ gewillig wees, glad nie onwillig wees nie.

loathing *have a* ~ *for* ... 'n weersin in — hê, 'n afkeer van — hê.

location *film on* ~ buiteopnames vir 'n rolprent maak.

lock¹ [n.] *force a* ~ 'n slot forseer; *keep* s.t. *under* ~ *and* **key** iets agter slot en grendel hou; *pick a* ~ 'n slot oopsteek; ~, **stock** *and* **barrel** romp en stomp, die hele boel ★

lock² [v.] ~ *away* s.t. iets wegsluit; ~ *in* s.o. iem. insluit/opsluit/toesluit; ~ *on to* s.t. op iets gerig word; iets aangryp; ~ *out* s.o. iem. uitsluit/buitesluit; HE ~ed HIMSELF *out* HY het HOMSELF uitgesluit; HE ~s *up before* HE *leaves* HY sluit (alles) voor HY vertrek; ~ *up* s.o. iem. opsluit; ~ *up* s.t. iets toesluit *(bv. 'n kamer)*; iets wegsluit *(bv. kosbaarhede)*.

locked s.o. *is* ~ *up* iem. is opgesluit, iem. sit agter tralies; s.o.'s *capital is* ~ *up* iem. se kapitaal is vasgelê.

lodge ~ *with* s.o. by iem. loseer/inwoon; ~ s.t. *with* s.o. iets by iem. indien/inlewer.

loft *in the* ~ op (die) solder.

log¹ [n.] *keep a* ~ *of* s.t. van iets boekhou; *wood in the* ~ ongekapte hout.

log² [v.] ~ *off* afteken; ~ *on* aanteken; ~ *up* 500/*etc.* **kilometres** 500/ens. kilometer aflê; ~ *up many successes* talle suksesse boek.

loggerheads *they are at* ~ hulle is haaks, hulle lê met mekaar oorhoop(s); *be at* ~ *with* s.o. met iem. haaks wees, met iem. oorhoop(s) lê; *set people at* ~ mense aan die stry maak.

logic *chop* ~ hare kloof/klowe; *cold* ~ nugtere logika.

loins *gird up the* ~ die lendene omgord.

loiter ~ *about/around* ronddrentel, rondslenter.

long¹ [n.] *before* ~ binnekort, een van die dae, eersdaags; *before* ~ *it happened* dit het spoedig gebeur, nie te lank nie of dit het gebeur; *not for* ~ nie lank nie; *the* ~ *and the* **short** *of it is that* ... dit kom daarop neer dat —; *the* ~ *and the* **short** *of it is this* dit kom hierop neer; *it takes* ~ dit duur lank, dit kos baie tyd; *it did not take* ~ *before* ... dit was nie (te) lank nie of —;

it did not take HIM ~ *to* ... dit het HOM nie baie tyd gekos om te — nie; *not take* ~ *over* s.t. iets gou afmaak; *it will not take you* ~ jy kan dit gou klaar hê.

long² [v.] ~ *for* ... na — verlang.

long³ [adj. & adv.] ~ *ago* lank gelede; lankal; vanmelewe, vanslewe; *as* ~ *ago as* ... reeds — *(bv. verlede jaar, die vorige eeu)*; *as/so* ~ *as* ... so lank —; mits —; *a list as* ~ *as your arm* § 'n ellelange lys; *grow as* ~ *as* 10/*etc.* m tot 10/ens. m lank groei/word; *as* ~ *as* s.o. *lives* so lank iem. leef/lewe; *not be* ~ nie lank bly *of* wegbly nie; *don't be* ~! maak gou (klaar)!, moenie draai nie!, maak gou!; kom gou!; HE *was not* ~ *in coming* HY het nie lank weggebly nie; *the* ~ *one* die lange; *rather* ~ langerig; *it is* ~ *since* dit is lank gelede; *so* ~! § tot siens!.

longer ~ *and* ~ al hoe langer; *no* ~, *not any* ~ nie langer/meer nie.

longest *at its* ~ op sy langste.

longing *be sick with* ~ siek van verlange wees.

longitude *a degree of* ~ 'n lengtegraad.

look¹ [n.] *by the* ~(s) *of it* soos dit wil voorkom; *take a* **closer** ~ *at* s.t. iets van nader(by) bekyk/beskou; *give* s.o. *a* **dirty** ~ § iem. afkeurend/skeef aankyk; *get a* ~ *at* s.t. iets te sien kry; *give* s.o. *a* ~ iem. kwaad aankyk; *have a* **good** ~ *at* s.t. iets van naby bekyk; *take a* **good** ~ goed kyk; *take a* **hard** ~ *at* s.t. iets noulettend bekyk; *have a* ~ *at* s.t. na iets kyk; *I don't* **like** *the* ~(s) *of* HIM HY maak 'n onaangename indruk op my; HY lyk vir my sleg/siek; *a* **meaning** ~ 'n veelseggende blik; *give* s.o. *a* **meaning** ~ veelseggend na iem. kyk; *get a* **new** ~ opgeknap word; *give* s.o. *an* **old-fashioned** ~ § teregwysend na iem. kyk; *have a* **quick** ~ *at* s.t. gou na iets kyk; *have a* **remote** ~ *in one's eyes* dromerige/ peinsende oë hê; *a* **searching** ~ 'n deurdringende/ ondersoekende/skerp blik; *give* s.o. *a* **searching** ~ iem. deurdringend/ondersoekend/skerp aankyk; *give* s.o. *a* **severe** ~ iem. kwaai/streng aankyk; *have a* **sickly** ~ siek lyk; *a* **significant** ~ 'n betekenisvolle/ veelseggende blik; *steal a* ~ *at* ... skelmpies/steels/ steelsgewys(e) na — kyk; *take a* ~ *at* s.t. iets bekyk; iets nagaan/ondersoek; *take a* ~ *at that!* kyk net daar!; *wither* s.o. *with a* ~, *give* s.o. *a* **withering** ~ iem. middeldeur kyk. →**looks.**

look² [v.] ~ *about* rondkyk; HE ~s *about* HIM HY kyk rond; HY hou SY oë goed oop; ~ *after* ... na — omsien, — oppas, na — oplet; 'n ogie oor — hou; vir — sorg, — versorg; ~ *after the children* die kinders oppas, na die kinders kyk; HE ~s *after* HIMSELF HY sorg (goed) vir HOMSELF; HE *can* ~ *after* HIMSELF HY kan SY man staan; ~ *after* s.o.'s *interests* iem. se belange behartig; ~ *ahead* vooruitkyk; ~ *alive/lively!* § maak gou!, skud op! ★, opskud!★, roer jou (litte/riete)! ★; ~ *around/round* rondkyk; wakker loop; op die uitkyk wees; ~ *as if* ... lyk (as)of —; ~ *askance at* ... skuins na — kyk, — met agterdog bejeën; ~ *at* ... na — kyk, — bekyk/beskou, — in oënskou neem; ~ *at* *s.o.* na iem. kyk, iem. aankyk; HE *would not* ~ *at it* HY wou daar niks van hoor/weet nie; ~ *back* terugkyk, omkyk, agteruitkyk; HE *has never* ~*ed back* dit het met HOM steeds voor die wind gegaan; ~ *back on/ upon* ... op — terugkyk, op — terugsien, 'n terugblik werp op —; ~ *bad* sleg lyk, 'n slegte indruk maak; ~ *behind o.s.* omkyk; ~ *closely at s.t.* iets noukeurig bekyk/beskou; ~ *at s.t. more closely* iets nader be= skou, iets van nader(by) bekyk/beskou; ~ *down* af= kyk; ~ *down on/upon* ... op — afkyk/neerkyk; ~ *down on/upon s.o.* op iem. neersien, iem. verag; ~ *for* ... (na) — soek; op — let, na — oplet; ~ *forward to s.t.* na iets (voor)uitsien/uitkyk; HE ~*s in front of* HIM HY kyk voor HOM uit; ~ *good* goed lyk, 'n goeie in= druk maak; ~ *hard at s.o.* iem. skerp aankyk; ~ *hard at s.t.* aandagtig/stip na iets kyk; ~/*see here!* kyk hier!; ~ *in* inkyk; ~ *in on s.o.* § by iem. inloer ⋆, by iem. 'n draai gooi/maak ⋆; ~ *into s.t.* in iets (in)kyk; op iets ingaan, iets ondersoek; ~ *before you leap* (P) besin eer jy begin (P); ~ *like s.o.* na/op iem lyk; HE ~*s like* HIS *father, (ook)* HY trek na SY pa; *it* ~*s like* it dit lyk daarna; *you* ~ *like it!* § jy lyk daarna! ⋆, jy lyk/is 'n mooi bobbejaan/bog! ⋆; *it* ~*s like rain* dit lyk na reën, dit lyk of dit gaan reën; *it* ~*s like this* dit lyk so; ~ *lively/alive!* →*alive/lively;* ~ *on* toekyk; ~ *on/ upon s.o.* or *s.t. as* ... iem. *of* iets as — beskou; ~ *oneself again* weer lyk soos altyd, weer perdfris/ge= sond lyk, weer na die ou — lyk; ~ *onto* ... op — uit= kyk; ~ *out* uitkyk, na buite kyk, buite(n)toe kyk; op= pas; op die uitkyk staan/wees; ~ *out (there)!* pas op (daar)!; ~ *out for* ... na — uitsien, — verwag; na — op die uitkyk wees; ~ *out on* ... op — uitkyk; ~ *s.t. over* iets bekyk/opneem; iets nagaan/nasien; ~ *round* om= kyk; HE ~*s sharp* § HY maak gou, HY roer SY litte/ riete ⋆; ~ *sharp!* § maak gou!, skud op! ⋆, opskud! ⋆, roer jou (litte/riete)! ⋆; ~ *at s.o. significantly* iem. betekenisvol/veelseggend aankyk; HE ~*s small* HY lyk beteuterd, HY kyk op SY neus; ~ *smart, (lett.)* deftig lyk; *(fig.)* § gou maak; ~ *smart!/snappy!* § maak gou!, skud op! ⋆, opskud! ⋆, roer jou (litte/riete)! ⋆; ~ *through s.t.* iets deurkyk; HE ~*s through s.o.* HY maak asof HY iem. nie sien nie; ~ *s.o. through and through* iem. van kop tot tone beskou; ~ *to s.t.* vir iets sorg; op iets let; vir iets oppas; iets in orde bring, iets opknap, iets nasien; na iets mik, die oë op iets gevestig hou; werk van iets maak; ~ *to s.o.* na iem. opsien; op iem. staatmaak/reken/vertrou; ~ *to s.o. for help/sup= port* op iem. se hulp/steun reken; ~/*see to it that* ... sorg dat —; ~ *toward(s)* ... na — kyk; op — uitkyk; ~ *up* opkyk, boontoe kyk; opsien; beter word, verbe= ter; styg *(bv. aandelepryse);* ~ *up s.t.* iets naslaan/op= slaan/opsoek; ~ *up s.o.* § iem. besoek/opsoek; ~ *s.o. up and down* iem. van kop tot tone bekyk, iem. van bo tot onder bekyk; ~ *up to s.o.* na/tot iem. opsien, iem. vereer; ~ *upon/on s.o.* or *s.t. as* ... →*on/upon; s.o.* ~*s well* iem. kyk goed; iem. lyk goed, iem. sien daar goed uit, iem. lyk gesond.

looked *have s.t.* ~ *to* iets laat nasien *(bv. 'n motor);* iets laat ondersoek *(bv. 'n mens se oë).*

look-in *not get a* ~ § geen kans hê nie.

looking ~ *back* van agterna beskou; *s.o. is* ~ *for trou= ble* iem. soek moeilikheid.

lookout *that is* HIS ~ § dit is SY (eie) saak, HY moet daarvoor sorg; *keep a* ~ wag hou, uitkyk, op wag staan; *be on the* ~ *for* ... na — op die uitkyk wees; na — op soek wees; na — op loer wees; HE *keeps a sharp* ~ HY hou SY oë goed oop, HY let fyn op.

looks *by the* ~ */look of it* soos dit wil voorkom; *from s.o.'s* ~ na iem. se voorkoms te oordeel; *good* ~ mooi= heid, skoonheid, 'n mooi gesig, aansienlikheid; *lose one's* ~ nie meer so mooi wees (as vroeër) nie.

loom *s.t.* ~*s ahead* iets dreig; iets lê voor; ~ *large* die voorgrond tree, 'n belangrike plek inneem; ~ *up* opdoem.

loop *knock s.o. for a* ~ § 'n oorweldigende indruk op iem. maak; *loop the* ~ bol(le)makiesie vlieg.

loose[1] [n.] *in the* ~, *(rugby)* in die los spel; *be on the* ~ los wees; aan die swier wees.

loose[2] [v.] ~ *off s.t.* iets loslaat; ~ *off a shot* lostrek.

loose[3] [adj.] *break* ~ losbreek; *cast* ~ *s.t.* iets los= gooi/losmaak; *come* ~ losgaan; *get* ~ los raak; *let* ~ *s.t.* iets loslaat; iets ontketen; *set s.o.* ~ iem. los= laat/vrylaat; *turn s.o.* ~ iem. loslaat/vrylaat; *work* ~ loswerk.

loosen ~ *up* litte losmaak; ontdooi *(fig.); s.t.* ~*s s.o. up* iets laat iem. ontspan.

lop ~ *off s.t.* iets afkap.

Lord *good* ~*!, oh* ~*!* (goeie) hemel!, goeie genugtig!; ~ *(only) knows* die hemel weet; *the* ~ die Here; HE *trusts in the* ~ HY vertrou op die Here; *in the year of our* ~ *1838/etc.* in 1838/ens. na Christus.

lord[1] [n.] *like a* ~ soos wie, soos 'n grootmeneer; *live like a* ~ leef/lewe soos 'n prins; ~ *and master* heer en meester; *my* ~ u lordskap; *(teenoor 'n regter)* u edele; *treat s.o. like a* ~ iem. vorstelik onthaal.

lord[2] [v.] ~ *it over s.o.* oor iem. baasspeel, iem. hiet en gebied.

lordship *your* ~ u lordskap; *(teenoor 'n regter)* u edele.

lose ~ *s.t. by* ... iets verloor deur —; *you can't* ~ dit kan net tot jou voordeel wees; *come to* ~ *s.t.* iets kwytraak; ~ *oneself* verdwaal; ~ *oneself in s.t.* in iets verlore raak; in iets verdiep raak; ~ *out* § 'n verlies ly; § uitsak, agterraak; ~ *out on s.t.* § 'n verlies op iets ly; *stand to* ~ *s.t.* gevaar loop om iets te verloor; ~ *a seat to the opposition* 'n setel aan die opposisie afstaan. →**lost.**

loser HE *is a bad* ~ HY kan nie verdra om te verloor nie.

loss HE *can ill afford the* ~ HY kan dit beswaarlik mis; *sell s.t. at a* ~ iets met 'n verlies verkoop; *be at a* ~ dronkgeslaan wees, ten einde raad wees, geen raad weet nie, buite raad wees, verslae wees, met die hand in die hare sit, in die middel van die wêreld wees, nie weet na watter kant toe nie, die spoor byster wees, nie vorentoe of agtertoe weet nie; *be at a* ~ *for s.t.* iets nie kan vind nie; HE *is at a* ~ *for s.t. to say* HY weet nie wat om te sê nie, HY staan met SY mond vol tande ★; *never be at a* ~ *for* ... altyd met — klaar wees, altyd — gereed/klaar hê, nooit — soek nie, nooit om — verleë wees nie; *s.o. is never at a* ~ *for an answer* iem. is altyd klaar met 'n antwoord, iem. bly nooit die antwoord skuldig nie; HE *cuts* HIS ~ *(es)* HY skryf/skrywe SY verlies af, HY vergeet SY verlies (en begin opnuut); *it is a dead* ~ § dit is 'n volslae verlies; *s.o. is a dead* ~ § iem. beteken regtig niks; *inflict* ~*es on the enemy* die vyand verliese laat ly; *meet with a* ~ 'n verlies ly; *recoup* ~*es* skade inhaal; *a severe* ~ 'n swaar verlies; *show a* ~ met 'n verlies werk; *the car was a total* ~ die motor was 'n volslae wrak.

lost *be* ~ verlore wees; verdwaal wees; omkom; vergaan *('n skip)*; *get* ~ wegraak; verdwaal; soek raak/wees; *get* ~! § ek wil jou nie sien nie!, maak dat jy wegkom! ★; *give s.o. or s.t. up for* ~ iem. *of* iets as verlore beskou; *s.o. is* ~, *(ook)* dit is klaar(praat) met iem. ★; *it is* ~ *on/upon s.o.* iem. begryp/snap dit nie; dit is bo(kant) iem. se vuurmaakplek ★; iem. het niks daaraan nie, dit het geen vat op iem. nie; *s.t. is* ~ *to s.o.* iets is vir iem. verlore; *s.o. is* ~ *to a sense of shame* iem. het geen skaamte meer nie; *be* ~ *without s.t.* geskore wees sonder iets.

lot *that is a* ~ *to ask of s.o.* dit is baie om van iem. te verwag; *s.o. is a bad* ~ § iem. deug nie, iem. is 'n deugniet/niksnut(s); *buy the* ~ alles voor die voet koop; *by* ~ deur loting; *cast/draw* ~*s* lootjies trek, loot; *by casting/drawing* ~*s* deur loting; HE *casts/throws in* HIS ~ *with* ... HY deel die lot van —, HY deel lief en leed met —, HY verbind SY lot aan —, HY skaar HOM aan die kant van —; *s.t. falls to the* ~ *of s.o.* iets val iem. te beurt; iets is iem. beskore; iets is iem. se lot/deel; *the* ~ *falls upon s.o.* die lot val op iem.; *a fat* ~ § baie min, omtrent niks; *a fat* ~ *I care* § wat traak dit my?, wat kan dit my skeel?; *like s.o. a* ~ § baie van iem. hou; *a* ~ *of* ..., ~*s of* ... § baie —, volop —, hope — ★; ~*s of money* § hope geld ★, geld soos bossies ★; *a* ~ *of people/etc.* § 'n klomp mense/ens., baie mense/ens.; *put a* ~ *into s.t.* § baie moeite doen met iets; *quite a* ~ § sommer baie; *have a* ~ *to say* § baie te sê hê; *s.t. says a* ~ *for s.o.* § iets sê veel vir iem.; *sell in* ~*s* in lotte verkoop; *a sorry* ~ § 'n armsalige spul ★; *s.o. takes a* ~ *of stopping* § dit is moeilik/swaar om iem. te keer; *it will take a lot of* ... *to* ... § dit sal moeilik wees om te —; *it took a* ~ *of* ... *to* ... § dit het moeilik gegaan om te —; *that* ~ § daardie spul ★; *the* ~ § alles; § die hele boel★/klomp★/spul★; *that's the* ~ § dit is alles; *the* ~ *of them* § hulle almal; *think a* ~ *of* ... § baie van — dink; HE *thinks a* ~ *of* HIMSELF § HY verbeel HOM HY is wie, HY is verwaand, HY gooi HOMSELF nie weg nie ★; *it is s.o.'s* ~*/destiny to be* or *do s.t.* dit is iem. beskore om iets te wees *of* doen, die lot is iem. beskore om iets te wees *of* doen; *the whole* ~ §

die hele boel★/klomp/spul★; *the* ~ *of you* § julle almal; § julle hele spul ★

loud *out* ~ hardop; luidkeels.

lounge ~ *about/around* rondlê, rondluier; ~ *back* gemaklik agteroor lê.

louse ~ *s.t. up* § iets bederf/verfoes.

lousy *the place is* ~ *with* ... § die plek krioel/wemel van —.

love[1] **[n.]** *bear* ~ *for* ... liefde vir — koester, — liefde toedra; ~ *is blind* (P) die l. is blind (P); *be crossed in* ~ ongelukkig in die l. wees; *deeply/desperately/madly in* ~ smoorverlief, tot oor die ore verlief ★; *fall in* ~ *with s.o.* op iem. verlief raak, iem. liefkry; *fall out of* ~ *with s.o.* ophou om iem. lief te hê; ~ *at first sight* liefde op die eerste gesig; *for* ~ *of* ... uit l. vir —; HIS ~ *for* HIS ... SY l. vir SY — *(bv. land, vrou)*; *give my* ~ *to* ... beste groete aan —; *for the* ~ *of God* om godswil; *be in* ~ *with s.o.* op iem. verlief wees; *it kindled s.o.'s* ~ *for* ... dit het iem. se liefde vir — laat ontbrand; *a labour of* ~ ('n) liefdewerk; *live on* ~ *and fresh air* van liefde en koue water leef/lewe; *there is no* ~ *lost between them* hulle hou niks van mekaar nie, hulle kan mekaar nie uitstaan/veel nie, hulle sit nie langs een/dieselfde vuur nie; *make* ~ *to a girl* (geslagtelike) gemeenskap met 'n meisie hê, geslagsomgang met 'n meisie hê; *marry for* ~ uit liefde trou; *for the* ~ *of Mike* →**Mike**; *not for* ~ *or money* § nie vir geld of mooi woorde nie ★; *have no* ~ *for s.t.* nie van iets hou nie; *a* ~ *of art/etc.* liefde vir die kuns/ens.; *old* ~ *never dies* (P) ou l. roes nie (P); *be out of* ~ nie meer verlief wees nie; *do s.t. out of* ~ *for s.o.* iets uit liefde vir iem. doen; *pangs of* ~ minnepyn; *s.o.'s* ~ *of self* iem. se eieliefde; *send one's* ~ groete/groetnis laat weet; *unrequited* ~ onbeantwoorde liefde; *all's fair in* ~ *and war* (P) in die l. en in oorlog is alles geoorloof (P); ~ *will find a way* (P) die l. maak altyd 'n plan (P); *win s.o.'s* ~ iem. se l. verwerf; *(yours) with* ~ met liefdegroete.

love[2] **[v.]** ~ *s.o. dearly* iem. innig liefhê; *s.o.* ~*s it* iem. hou baie daarvan; iem. geniet dit; ~ *s.o.* iem. liefhê; ~ *s.t.* vir iets lief wees, dol wees op/oor iets *(bv. tennis)*; *s.o.* ~*s swimming/etc.* iem. swem/ens. graag; *I* ~ *that!* § dis kostelik!; § dis 'n mooi grap! ★; ~ *to do s.t.*, ~ *doing s.t.* iets graag doen; *I'd* ~ *to* ... ek sou graag (wil) —; *I'd* ~ *to!* graag!

loved ~ *ones* dierbares.

lovely *too* ~ *for words* oorheerlik; wondermooi.

low[1] **[n.]** *be at an all-time* ~, *reach an all-time* ~ laer as ooit wees; *reach a new* ~ 'n nuwe laagtepunt bereik.

low[2] **[adj. & adv.]** *go as* ~ *as* ... daal tot —; ~ *down* laag (af), laag by die grond; *feel* ~ bedruk/neerslagtig voel; *be* ~ *on s.t.* § min van iets (oor)hê.

low-down *get the* ~ *on s.t.* § die ware feite oor iets agterkom; *give s.o. the* ~ *on s.t.* § iem. die ware feite oor iets meedeel.

lower HE ~*s* HIMSELF HY verlaag HOM.

loyal *be* ~ *to* ... aan — (ge)trou wees, teenoor — lojaal wees.

loyalty *unswerving* ~ onwrikbare trou.

luck *have* **bad** ~ teenspoed/teëspoed kry, ongelukkig wees; sleg vaar; *it was plain* **bad** ~ dit was blote teenspoed/teëspoed; *s.o. is pursued by* **bad** ~ die ongeluk ry iem. ⋆; **bad** ~*!* dis jammer/ongelukkig!; **better** ~ *next time!* dalk gaan dit 'n volgende keer beter!; *HE has the* **devil's** *own* ~ § HY is 'n gelukkige duiwel ⋆; *be* **down** *on one's* ~ § in die nood/verknorsing wees, ongelukkig wees, geen geluk hê nie; *for* ~ om geluk te bring; *good* ~ 'n geluk; 'n geluksslag; *good* ~*!* al die beste! alles van die beste!, alle heil/sukses/voorspoed!, dit gaan jou goed/wel!; *by* **good** ~, *by a* **stroke** *of* ~ per geluk; *good* ~ *to HIM!* eerder HY as ek!; *have the* ~ *to* ... die geluk hê om te —; *as* ~ *would* **have** *it* soos die toeval dit wou hê; *here's* ~*!* voorspoed!; *ill* ~ teenspoed, teëspoed; *s.o. is in* ~, *s.o.'s* ~ *is in* iem. is gelukkig, iem. tref dit gelukkig; *(it's)* **just** *my* ~ so gaan dit maar met my; *there is* ~ *in* **odd** **numbers** (P) alle goeie dinge bestaan uit drie (P); *s.o. is* **out** *of* ~, *s.o.'s* ~ *is* **out** iem. is ongelukkig, iem. tref dit ongelukkig, die geluk is teen iem., die geluk loop iem. teë; *have a* **piece** *of (good)* ~ 'n geluksslag/gelukskoot/meevaller kry; *HE* **pushes** *HIS* ~ *(too far)* § HY waag te veel, HY tart SY geluk uit; *it is* **rotten/rough/tough** ~ § dit is regtig 'n jammerte, dit is 'n nare teenspoed/teëspoed; *have* **rotten/rough/tough** ~ § teenspoed/teëspoed hê; *HIS* ~ *has* **run** *out* die geluk het HOM verlaat; *it is* **sheer** ~ dis pure geluk; *by a* **stroke** *of* ~ per geluk; *have a* **stroke** *of* ~ 'n geluksslag/gelukskoot/meevaller kry; *no* **such** ~ § helaas nie; *HE* **tries** *HIS* ~ HY beproef SY geluk, HY probeer/waag dit; **trust** *to* ~ op goeie geluk afgaan, iets op goeie geloof doen, op die geluk vertrou, hoop alles sal regkom; *s.o.'s* ~ *has* **turned** dit gaan voorspoediger met iem., iem. se fortuin het verander; *s.o. was in* ~*'s* **way** iem. het 'n geluksslag gekry, iem. het dit goed getref; *with* ~ *HE* ... *as* HY gelukkig is, kan/sal HY —; *without* ~ sonder geluk; sonder sukses; **worse** ~ § ongelukkig (genoeg).

lucky *be* ~ gelukkig wees, geluk hê; *HE can consider HIMSELF* ~ dis SY geluk, HY kan van geluk praat/spreek; *get* ~, *strike it* ~ 'n geluk(slag) kry.

lucre *filthy* ~ vuil gewin, aardse slyk.

lug ~ *along s.t.* iets saamsleep; iets saampiekel.

lull[1] [n.] *a* ~ *in the conversation* 'n pouse in die gesprek; *the* ~ *before the storm* die stilte voor die storm.

lull[2] [v.] ~ *s.o. to sleep* iem. aan die slaap sus.

lumber ~ *up* aangerol kom; ~ *s.o. with s.t.* iem. met iets opsaal.

lumbered *be* ~ *with s.t.* met iets opgesaal wees.

lump[1] [n.] *in a* ~ op een slag; *in the* ~ deur die bank; *a* ~ *of sugar* 'n klontjie suiker, 'n suikerklontjie; *a* ~ *in the throat* 'n knop in die keel.

lump[2] [v.] *if HE doesn't* **like** *it, HE can* ~ *it* § as dit HOM nie aanstaan nie, kan HY dit laat bly; *HE'll just have to* **like** *it or* ~ *it* § HY sal maar moet vat wat HY kry; ~ *things* **together** dinge saamgooi; ~ *people* **together** mense oor een/dieselfde kam skeer.

lunch *before or after* ~ voor of ná die middagete; *s.o. is out for/to* ~ iem. het gaan eet; *take* ~ die middagete nuttig/gebruik, gaan eet.

lunch-time *at* ~ in die middaguur; met etenstyd.

lunge ~ *(out) at s.o.* na iem. slaan of skop of steek.

lurch[1] [n.] *give a* ~ ruk.

lurch[2] [n.] *leave s.o. in the* ~ iem. in die steek laat.

lure ~ *away s.o.* iem. weglok/wegrokkel; ~ *on s.o.* iem. aanlok/verlok.

lurk ~ *about/around* rondsluip.

lust ~ *after/for s.o. or s.t.* iem. of iets vurig begeer.

lustre *add* ~ *to* ... luister aan — verleen.

luxuriate ~ *in s.t.* ten volle van iets geniet; in iets gedy *(van plante);* in iets swelg.

luxury *HE indulges in a* ~ HY veroorloof HOM 'n weeldede; *live in (the lap of)* ~ in weelde leef/lewe.

lying *take s.t.* ~ *down* iets gedwee verdra, iets sluk; *HE does not take it* ~ *down* HY verset HOM daarteen; *s.t. is* ~ *on or under the table/etc.* iets lê op of onder die tafel/ens.

M

machine *operate a* ~ 'n masjien bedien/hanteer; *service a* ~ 'n m. versien/onderhou.

Mackay, McCoy *the real* ~ § die ware Jakob ★

mackerel *holy* ~*!* § goeie genugtig(heid)!

mad *be* ~ *about* ... gek wees na —, dol/versot wees op —, mal wees oor —; *(as)* ~ *as a March hare, (as)* ~ *as a hatter* stapelgek, te gek om los te loop; *be* ~ *at/with* *s.o.* § vir iem. kwaad wees; *drive/send* *s.o.* ~ iem. gek maak; *go* ~ gek/mal word; *(Am.)* § baie kwaad word; *hopping* ~ § briesend, smoorkwaad, woedend (kwaad); *s.o. is hopping* ~, *(ook)* § iem. kan slange vang ★; *like* ~ § hewig, heftig; § soos 'n besetene; *raging* ~ rasend; *raving* ~ stapelgek; § smoorkwaad, briesend/woedend (kwaad); *(stark) staring* ~ stapelgek; *be that* ~ so mal wees; § so boos/kwaad/ woedend wees; *be* ~ *with* ... § dol wees van — *(bv. vreugde)*; § rasend wees van — *(bv. pyn)*.

made *be* ~ *to do* *s.t.* verplig word om iets te doen; *be* ~ *for* ... vir — uitgeknip wees ★; *they are* ~ *for each other* § hulle pas uitstekend by mekaar; *s.o. has (got) it* ~ § iem. se sukses is verseker; *s.o. is* ~ *for life* § iem. se toekoms is verseker, iem. se fortuin is gemaak; *s.t. is* ~ *of* ... iets word van — gemaak; *s.t. was* ~ *of* ... iets is van — gemaak; *show HIM what one is* ~ *of* HOM wys met wie HY te doen/make het; *s.o. was* ~ *to* ... iem. moes —; *it is* ~ *up of* ... dit is uit — saamgestel, dit bestaan uit —.

madness *stark* ~ louter/pure kranksinnigheid/malheid.

magic *as if by* ~, *like* ~ soos met 'n towerslag, soos deur towerkrag.

magnitude *of the first* ~ van die eerste grootte *('n ster)*; van die eerste rang.

maiden *the answer to a* ~*'s prayer* die kêrel van wie 'n meisie droom.

mail *by* ~ per pos.

main *in the* ~ hoofsaaklik, in hoofsaak; oor die algemeen, in die geheel; in die reël.

maintain *s.o.* ~*s that* ... iem. bly daarby dat —.

maize *shell* ~ mielies afmaak; *a stand of* ~ 'n lap/ stand/stuk mielies.

major *s.o.* ~*s in English/etc.* Engels/ens. is iem. se hoofvak.

majoring ~ *in English/etc.* met Engels/ens. as hoofvak.

majority *an absolute* ~ 'n volstrekte meerderheid; *attain one's* ~ mondig/meerderjarig word; *a bare* ~ 'n skrale meerderheid; 'n blote/gewone m.; *carry s.t. by a* ~ iets met 'n m. aanneem; *in the* ~ *of cases* mees(t)al, merendeels; *get/secure a* ~ 'n meerderheid behaal; *be in the* ~ in die m. wees; *join the (great*

silent) ~ die weg van alle vlees gaan, heengaan, sterf; *a narrow* ~ 'n klein/geringe meerderheid; *the* ~ *of people* die meeste mense; *the* ~ *of the people* die meerderheid van die volk; *the silent* ~ die stomme m.; *a simple* ~ 'n gewone m.; *a swing(e)ing* ~ 'n verpletterende m.; *a thumping* ~ § 'n klinkende m.; *the* ~ *of votes* die m. van stemme; *by a* ~ *of votes* met/by m. van stemme.

make¹ [n.] *be on the* ~ § eie voordeel soek; § by iem. aanlê ★; *s.t. is (of) one's own* ~ iets is eie maaksel.

make² [v.] ~ *after s.o.* iem. agternasit; ~ *as if* ... maak asof —; *as* ... *as they* ~ *them* § so — as kan kom ★; ~ *at s.o.* iem. dreig; ~ *away with s.o.* iem. uit die weg ruim, iem. doodmaak; ~ *away with o.s.* selfmoord pleeg; ~ *away/off* padgee, weggaan, wegloop, wegstap; weghardloop; *it's* ~ *or break* dis daarop of daaronder; ~ *s.t. clear* iets verhelder/verklaar; ~ *s.o. do s.t.* iem. iets laat doen; iem. dwing om iets te doen; sorg dat iem. iets doen; *HE* ~*s do with* ... HY behelp HOM met —, HY kom klaar met —; ~ *fast s.t.* iets vasmaak; ~ *for a place* na 'n plek koers vat, na 'n plek se kant toe gaan/staan; ~ *straight for* ... op — afpyl; *s.t.* ~*s for* ... iets lei tot —; iets dra tot — by; ~ *good* presteer, sukses behaal; naam maak; ~ *good s.t.* iets goedmaak, iets vergoed *(skade)*; iets bywerk; iets aanvul *('n tekort)*; iets nakom *('n belofte)*; iets gestand doen *(bv. 'n waarborg)*; *HE made good HIS escape* HY het (dit regekry om te) ontsnap, HY het weggekom; *she* ~*s him a good wife* sy is vir hom 'n goeie vrou; ~ *it* § betyds wees; § dit haal, dit regkry; § lewend uitkom; § slaag, sukses behaal; *HE couldn't* ~ *it, (ook)* § HY kon nie SY draai kry nie; ~ *it to a place* § 'n plek haal/bereik; ~ *light of s.t.* geen ophef van iets maak nie, niks van iets maak nie, iets van geen/weinig belang beskou, iets lig opneem; *s.o. will never* ~ *a teacher/etc.* iem. sal nooit 'n onderwyser/ens. word nie; ~ *s.t. of* ... iets van — maak/vervaardig; iets van — dink, iets uit — wys word; *s.o. can* ~ *nothing of it* iem. kan daar niks uit wys word nie; *what do you* ~ *of* ...? hoe takseer jy —? *(iem.)*; *what do you* ~ *of that?* hoe verstaan jy dit?; ~ *off/away* →*away/off*; ~ *off with s.t.* iets steel en verdwyn/weghardloop, met iets die wyk neem, iets soek maak ★; ~ *out* § slaag; § vooruitgaan; ~ *out that* ... voorgee/beweer dat —; ~ *out s.t.* iets ontsyfer/uitmaak; iets beken/onderskei/sien; iets begryp; iets wys word; iets opstel/opmaak *(bv. 'n lys)*; iets uitskryf/ uitskrywe *(bv. 'n rekening, 'n tjek)*; *HE cannot* ~ *s.o. out* HY kan iem. nie kleinkry nie ★, HY kan nie vat(tigheid) aan iem. kry nie ★, HY verstaan iem. nie; ~ *over s.t.* iets oormaak; iets oormaak/oordra *(bv. eiendom)*; ~ *to speak/etc.* probeer praat/ens., mik om te praat/

ens.; ~ *towards* ... na—koers vat; ~ *up* goedmaak, weer maats/vriende wees; *the actor* or *woman* ~*s up* die akteur *of* vrou grimeer hom *of* haar; ~ *up* *s.t.* iets voltallig maak; iets aanvul/saamstel/voltooi *(bv. 'n be= drag, 'n getal)*; iets aansuiwer *('n tekort)*; iets inhaal *(bv. 'n agterstand, skade, tyd)*; iets uitdink/versin, iets uit die duim suig *(bv. 'n storie)*★; iets bylê/skik *(bv. 'n geskil)*; iets grimeer/opmaak *('n gesig)*; iets opmaak *(bv. 'n bed, 'n blad, hare, 'n pakkie, rekeninge)*; iets toeberei *(medisyne)*; ~ *up* for *s.t.* iets goedmaak/ vergoed *(skade)*; teen iets opweeg; ~ *up* *to* *s.o.* by iem. flikflooi, by iem. witvoetjie soek ★; ~ *it* *up* to *s.o.* iem. vergoed; ~ *it up with* *s.o.* met iem. versoen raak, weer met iem. vriende maak; ~ *with* *s.t.* §§ met iets woel.

making *s.t.* *is the* ~ *of* *s.o.* iets verseker iem. se sukses; *a ... in the* ~ *'n* — in wording, 'n wordende —; *s.t. is in the* ~ iets is in die maak; *s.t. is of s.o.'s own* ~ iets is deur iem. self veroorsaak, iets is iem. se eie skuld.

makings *s.o. has the* ~ *of a* ... daar skuil 'n — in iem., iem. het aanleg vir —.

malice *with* ~ *aforethought, of* ~ *prepense* met voor= bedagte rade, voorbedag, met opset, met bose bedoe= ling; *bear* *s.o.* ~ *'n* wrok teen iem. hê/koester; *out of* ~ uit wrok, kwaadwillig.

man¹ [n.] *as a* ~ as man; as mens; *he proves himself the* *better* ~ hy bewys sy meerderheid; ~ *and* *boy* sy hele lewe; *be* ~ *enough* *to ...*, *be enough of a* ~ *to ...* mans genoeg wees om te —; *come to* ~*'s estate* die manlike/manbare jare/leeftyd bereik; ~ *for* ~ een vir een; man vir man; *my good* ~*!* my liewe man!; *the* *inner* ~ die inwendige mens; *be just the* ~ *for* it die aangewese persoon daarvoor wees, net die regte lyf daarvoor hê ★; *to the last* ~ tot die laaste man (toe); almal; *make a* ~ *of s.o.* van iem. 'n mens maak; *a* *man's* ~ 'n flink/stewige kêrel; *a marked* ~ 'n ge= brandmerkte man; 'n verdagte; *a* ~ *of men* 'n man honderd/duisend; *be a new* ~ 'n ander/nuwe mens wees; *put on the new* ~ die ou mens aflê; *the odd* ~ *out* →**odd man;** *the old* ~ die ou Adam; § die ou= baas ★, die oukêrel ★; *old* ~, *(aanspreekvorm)* § ou maat/kêrel ★; *as one* ~ soos een man; *the outer/out= ward* ~ die uitwendige mens, die uiterlik(e); *he is his own* ~ hy is sy eie baas; *per* ~ per kop/hoof; *the* *plain* ~ die gewone man; *play a* ~ 'n speler inspan/ kies/opneem; *he plays the* ~ hy gedra hom manlik, hy gedra hom soos 'n man; hy hou hom groot/sterk; hy speel die man (nie die bal nie); ~ *proposes, God dis= poses* (P) die mens wik, maar God beskik (P); *s.o.'s* *right-hand* ~ iem. se regterhand *(fig.)*; *he is quite a* ~ hy is 'n man honderd; hy is al 'n man; *a solid* ~ 'n man uit een stuk; *the* ~ *in the street* die gewone man, die groot publiek, die deursneemens/deursnitmens, die (groot) gros (van die mense); *a tall* ~ 'n lang man; *to a* ~ die laaste een, man vir man, soos een man, almal sonder uitsondering; *perish to a* ~ man en muis vergaan; *as* ~ *to* ~ van man tot man; *from* ~ *to* ~ van

man tot man; van mens tot mens; *fight* ~ *to* ~ man teen man veg; *the top* ~ die hoofpersoon, die groot= baas; *the very* ~*!* die einste hy!; *he is the very* ~ *for the post* hy is uitgeknip vir die pos ★, hy is die aangewe= se man vir die pos; *you are the very* ~ *I am looking for* jy is net die man wat ek soek; *they are* ~ *and wife* hulle is man en vrou, hulle is getroud; *a young* ~ 'n jong man; *her young* ~ haar kêrel; *I'm your* ~*!* § afge= sproke!, akkoord!, top! →**men.**

man² [v.] *he* ~*s* himself hy verman hom.

manage *HE can* ~ *HY* sal regkom; *HY* sal oor die weg kom; ~ *on* ... met — klaarkom; ~ *somehow* sien kom klaar; ~ *to* ... (dit) regkry om te —; ~ *well* goed regkom.

management *under die* ~ *of* ... onder beheer van —.

maneuver →**manoeuvre.**

man Friday *be s.o.'s* ~ ~ iem. se handlanger wees.

manhood *grow to* ~ man word; *reach* ~ man word, die manbare/manlike jare/leeftyd bereik, meerderjarig word.

manifest¹ [v.] *God* ~*s himself* ... God openbaar hom.

manifest² [adj.] *become* ~ blyk, aan die lig kom.

manner *after/in the manner of* ... op die manier van —, soos —; *all* ~ *of people* allerhande (soorte) mense; *bad* ~*s* slegte maniere; *do s.t. as to the* ~ *born* iets doen asof dit aangebore is, 'n gebore — wees; ~*s and customs* sedes en gewoontes; *good* ~*s* goeie manie= re; *in a* ~ op 'n manier; in 'n sekere sin; *in/after the* ~ *of* ... →*after/in; in this* ~ op dié/hierdie manier; *in like* ~ net so, op gelyke wyse, op dieselfde manier; *polished* ~*s* beskaafde/verfynde maniere; *polite* ~*s* hoflike maniere; *in such a* ~ op so 'n manier; *what* ~ *of man* or *woman is he* or *she?* hoe 'n man of vrou is hy of sy?

manoeuvre¹ [n.] *freedom of* ~ bewegingsvryheid; *be on* ~*s* maneuvers hou, krygsoefeninge doen.

manoeuvre² [v.] ~ *s.o. into* ... dit so bewerk dat iem. —; *have room to* ~ speelruimte hê.

mantle *s.o.'s* ~ *has fallen on* ... iem. se mantel het op die skouers van — geval; *under a* ~ *of snow* met 'n sneeukleed bedek.

manufacture *of South African* ~ in Suid-Afrika vervaardig.

many ~ *a sailor/etc.* menige matroos/ens.; *one among* ~ een uit/van baie; *as* ~ *again* nog/weer so= veel; *as* ~ *as a hundred/etc.* tot honderd/ens. toe; *full* ~ *a* ... menige —; *a good* ~ taamlik baie, heelwat; *a great* ~ baie; *a great* ~ *people* 'n groot aantal mense; *how* ~*?* hoeveel?; *how* ~ *people?* hoeveel mense?; ~ *a man* or *one* menigeen; ~ *people* baie mense; *very* ~ *people* 'n menigte mense, regtig baie mense; *so* ~ soveel, so baie; *like so* ~ ... net soos 'n klomp —; *the* ~ die menigte; ~*'s the* *day/time (that)* ... baiemaal/ dikwels het —; *far too* ~ veels te veel; *one too* ~ een te veel.

map¹ [n.] *it is off the* ~ § dit is afgeleë; § dit bestaan

nie; **put** ... *on the* ~, *(lett.)* — in kaart bring; *(fig.)* §
— bekend maak, bekendheid aan — gee; *read a* ~ 'n
kaart lees; *trace a* ~ 'n k. natrek; *wipe a place off the*
~ 'n plek verwoes, 'n plek met die grond gelykmaak.

map² [v.] ~ *out s.t.* iets ontwerp; iets uitwerk; iets
uitskets; iets uitstippel.

marble HE *has lost* HIS ~*s*, HE *hasn't got all* HIS ~*s* §
HY het nie al SY varkies (in die hok) nie ★

march¹ [n.] *be on the* ~ op mars wees; *the* ~ *on Rome*
die (op)mars na Rome; *steal a* ~ *on s.o.* iem. voor≈
spring, iem. die loef afsteek.

march² [v.] ~ *against* ... teen — opruk/optrek; *for=*
ward ~! voorwaarts mars!; ~ *off* afmarsjeer; ~ *off*
the soldiers die soldate laat afmarsjeer; ~ *on* voort≈
marsjeer; ~ *on a place* na/teen 'n plek opruk/optrek;
~ *out* uitmarsjeer, uittrek; ~ *past* defileer, verby≈
marsjeer.

marching orders *give s.o.* HIS ~ ~ §iem. die trek≈
pas gee ★, iem. die blou pas gee ★, iem. in die pad
steek ★

margin *leave a* ~ speelruimte laat; *by a narrow* ~
net-net/naelskraap(s)★ *(wen)*; *rule a* ~ 'n kantlyn
trek.

marine *tell that to the (horse)* ~*s!* § dit kan jy jou
grootjie gaan wysmaak! ★

mark¹ [n.] *below the* ~ benede peil, onder die stan≈
daard; *find the* ~ die doel tref; *full* ~*s* vol(le) punte;
get off the ~ aan die gang kom; *hit the* ~ raak skiet of
slaan; die doel bereik/tref; die spyker op die kop slaan;
keep s.o. up to the ~ sorg dat iem. se werk op peil bly;
leave ~*s* spore (agter)laat; HE *leaves* HIS ~ *on* ... HY
druk SY stempel op — af; *poverty leaves its* ~ *on s.o.*
armoede druk sy spore op iem. af; *make a* ~, *(rugby)*
die bal skoonvang; HE *makes* HIS ~ HY presteer, HY
maak naam, HY trap diep spore, HY onderskei HOM, HY
behaal sukses/welslae; *a man of* ~ 'n man van beteke≈
nis; *miss the* ~ die doel mis; die pot mis sit ★★; *put a*
~ *against s.o.'s name* 'n merk by iem. se naam plaas; *it*
is near the ~ dit is amper/byna maar nog nie; *on your*
~*s!* op jul(le) merke!; *overshoot the* ~ te ver/vêr
gaan; HE *oversteps the* ~ HY gaan HOM te buite, HY
gaan te ver/vêr, HY oorskry die grens/perke; *be quick*
off the ~ vinnig wegspring; *reach the 500/etc.* ~ die
500/ens. bereik, op 500/ens. te staan kom; *(God) save*
the ~ ekskuus vir die woord; *be slow off the* ~ stadig
aan die gang kom; *s.o. is a soft* ~/*touch* § iem. is alte
goed of vrygewig; *top a* ~ 'n merk verbysteek, 'n m. te
bowe gaan; *be up to the* ~ op peil wees, van die vereis≈
te gehalte wees; *not feel up to the* ~ nie lekker voel
nie, ongesteld voel; *be wide of the* ~ dit heeltemal/ver/
vêr mis/verkeerd hê, kant nóg wal raak; *the answer is*
wide of the ~ die antwoord is heeltemal/ver/vêr ver≈
keerd.

mark² [v.] ~ *down s.t.* iets laer prys, die prys van iets
verminder; ~ *down s.o.* iem. minder punte gee; ~
me! let op my woorde!; ~ *off s.t.* iets afmerk; iets
aftel/aftik; *s.t.* ~*s s.o.* **off** *from others* iets onderskei

iem. van ander; ~ *out s.t.* iets afbaken/aflyn/afmerk/
afsteek *(bv. grond)*; ~ *out s.o.* or *s.t. for* ... iem. of iets
vir — aanwys/bestem; ~ *up s.t.* iets hoër prys; ~ *you!*
let wel!

marked *s.t. is* ~ *by* ... iets word deur — gekenmerk;
be ~ *for life* blywende letsels oorhou; *s.o. is* ~ *out for*
... iem. is vir — bestem(d); *strongly* ~ *features* skerp
besnede trekke; *be* ~ *with* ... vol — wees *(bv. letsels)*;
deur — aangedui word *(bv. 'n asterisk)*.

market *come into/on the* ~ in/op die mark kom; *cor=*
ner the ~ *in* ... 'n monopolie van die handel in —
verkry; *find a* ~ *for s.t.* 'n mark vir iets vind; *be in/on*
the ~ te koop wees, in die handel wees, in/op die mark
wees; *be in the* ~ *for s.t.* in iets belang stel; *no* ~ *for* ...
geen aanvraag na — nie; *in/on the open* ~ in/op die
ope mark; *overstock the* ~ die mark oorvoer; *play*
the ~ met aandele spekuleer; *put s.t. on the* ~ iets in
die handel bring, iets in/op die mark bring; iets te koop
aanbied; *s.t. finds a ready* ~ iets kry/vind goeie aftrek;
rig the ~ die mark manipuleer; *a thin* ~ 'n flou mark.

marriage *relatives by* ~ aangetroude familie; *con=*
sent to a ~ konsent(e) gee; *consummate a* ~ 'n
huwelik volvoer; *the contemplated* ~ die voorgeno≈
me h.; *contract a* ~ 'n h. aangaan/sluit; *dissolve a*
~ 'n h. ontbind; *enter into a* ~ trou, in die h. tree;
give s.o. in ~ iem. ten h. gee *('n dogter)*; *join two*
people in ~ twee mense in die eg/h. verbind; *a prom=*
ise of ~ 'n troubelofte; *a* ~ *by proxy* 'n huwelik met
volmag, 'n h. met die handskoen; *solemnise, -ize a*
~ 'n h. inseën; *take s.o. in* ~ met iem. trou, iem. tot
man of vrou neem.

married *be* ~ getroud wees; *get* ~ trou, getroud
raak, in die huwelik tree; *just* ~ pas getroud; *the*
much ~ ... die dikwels getroude —; *be* ~ *to* ... met
— getroud wees *('n man, 'n vrou)*; *aan* — verknog
wees *(bv. 'n stelsel)*; *they were* ~ *in Durban/etc.* hulle
is in Durban/ens. getroud.

marrow *to the* ~ deur en deur; in murg/merg en
been, in hart en niere.

marry ~ *a girl* or *man* met 'n meisie of man trou; ~ *off*
a daughter 'n dogter uithuwelik; ~ *well* 'n goeie huwe≈
lik doen.

martyr HE *makes a* ~ *of* HIMSELF HY offer HOMSELF
op.

marvel¹ [n.] ... *is a* ~ §— is wonderlik; *s.t. is a* ~ *of*
cheapness/etc. iets is baie goedkoop/ens.; *the* ~ *of it is*
that ... die wonderlikste daarvan is dat —; *work* ~*s*
wonders doen; 'n wonderlike uitwerking hê.

marvel² [v.] HE ~*s at* ... HY is/staan verbaas oor —,
HY verbaas/verwonder HOM oor —.

mask¹ [n.] *drop the* ~, *throw off the* ~ die masker
afwerp; *put on a* ~ 'n m. aansit; *the* ~ *slipped* die m.
het afgeval; *under the* ~ *of* ... onder die m. van —.

mask² [v.] ~ *out s.t.* iets afskerm.

mass¹ [n.] *the great* ~ die massa, die groot meerder≈
heid; *in the* ~ in massa; oor die algemeen; ~*es of* ... 'n
massa —; *the* ~*es* die massa.

mass² [n.] *celebrate* ~ die mis doen/opdra; *high* ~ die hoogmis; *read/say* ~ die mis lees.

mast *sail before the* ~ as gewone matroos vaar; *strike a* ~ 'n mas stryk.

master¹ [n.] *a hard* ~ 'n streng(e) meester; *like* ~, *like man* (P) soos die baas is, so is die kneg (P); so die baas, so die kneg (P); *be* ~ *of* … baas wees van —; — beheers; HE *is* HIS *own* ~ HY is SY eie baas; *a past* ~ *at cards* 'n baaskaartspeler; *serve two* ~s twee here dien; *be* ~ *of a subject* 'n vak beheers, 'n vak meester wees; *become* ~ *of a subject* 'n vak meester word; HE *is a* ~ *of* HIS *trade* HY is 'n meester in SY vak.

master² [v.] HE ~s HIMSELF HY beheers HOM.

mastery *gain the* ~ wen; *have a* ~ *of a subject* 'n vak meester wees, 'n v. beheers.

mat *on the* ~ →**carpet**.

match¹ [n.] *abandon a* ~ 'n wedstryd staak; *be a* ~ *for* s.o. iem. ewenaar; HE *has found/met (more than)* HIS ~ HY het SY dreuning/druiwe/moses teëgekom/ teengekom ★, HY het SY rieme styfgeloop ★; *they make a good* ~ hulle maak 'n goeie paar uit; s.t. *is a good* ~ *for* s.t. else iets pas goed by iets anders; *be more than a* ~ *for* s.o. iem. oor wees; *have no* ~ geen gelyke hê nie; *be no* ~ *for* s.o. nie teen iem. opgewasse wees nie; *we will never see* s.o.'s ~ ons sal nooit iem. se gelyke sien nie; *throw a* ~ §'n wedstryd (opsetlik) weggooi ★; *a tight* ~ 'n hewig omstrede wedstryd; *a vital* ~ 'n beslissende/deurslaggewende wedstryd.

match² [n.] *set a* ~ *to* s.t. iets aan die brand steek; *a spent* ~ 'n uitgebrande vuurhoutjie; *strike a* ~ 'n vuurhoutjie trek.

match³ [v.] *can you* ~ *that?* kan jy dit nadoen?; kan jy iets daarteenoor stel?; *a hat/etc.* **to** ~ 'n bypassende hoed/ens.; *it* ~es **up** dit pas (by mekaar); ~ **up** s.t. iets (by mekaar) laat pas; ~ **well** goed saamgaan; ~ *a boxer* or *team* **with** … 'n bokser *of* span met — kragte laat meet.

matched *be evenly/well* ~ (goed) teen mekaar opge= wasse wees; *be well* ~, *(ook)* goed by mekaar pas, goed saamgaan.

matchwood *make* ~ *of* s.t., *smash* s.t. *to* ~ iets ver= pletter, iets fyn en flenters breek.

matey *be* ~ *with* s.o. § met iem. danig/eie wees.

matrimony HE *enters into* ~ HY begeef/begewe HOM in die eg/huwelik.

matter¹ [n.] *about this* ~ oor/aangaande hierdie saak, met betrekking tot hierdie s., wat hierdie s. be= tref; *is anything the* ~? skeel daar iets?; *as a* ~ *of course* →**course**; *a delicate* ~ 'n netelige saak; *that is a different* ~ dit is iets heeltemal anders; *for that* ~, *for the* ~ *of that* →**that**; *it is no great* ~ dis nie van veel betekenis nie; *grey* ~ § harsings, ver= stand; *in the* ~ *of* … wat — betref; *it is no laughing* ~ dis nie iets om oor te lag nie; *mince* ~s doekies om= draai ★; *no* ~! dis niks (nie)!; *no* ~ *how* or *what* or *who* … ongeag hoe *of* wat of wie —; *there is nothing the* ~ *with* … — makeer niks; *a* ~ *of five/etc. rands/etc.* so=

wat/ongeveer vyf/ens. rand/ens., 'n stuk of vyf/ens. rand/ens.; *in a* ~ *of days* or *hours* or *minutes* or *seconds* binne 'n paar dae *of* uur *of* minute *of* sekondes; *in a* ~ *of 5/etc. days* or *hours* or *minutes* or *seconds* binne onge= veer 5/ens. dae *of* uur *of* minute *of* sekondes; *pursue a* ~ 'n saak verder/vêrder voer; *raise a* ~ 'n s. aan= hangig maak, 'n s. opper; *that settled the* ~ dit het die deurslag gegee; dit het die saak in die reine gebring; *there is something the* ~, *something is the* ~ daar skort iets; *how do* ~s *stand?* hoe lyk dit?, hoe staan (die) sake?; *that is how the* ~ *stands* so staan (die) sake; *for that* ~, *for the* ~ *of that* wat dit betref; trou= ens; *a thorny* ~ 'n netelige saak; *what* ~? wat maak dit (saak)?, wat kom dit daarop aan?, watter verskil maak dit?; *what is the* ~? wat makeer/skort?, wat is die fout?; *what is the* ~ *with* HIM? wat makeer HOM?

matter² [v.] *it does not* ~ dit maak nie saak nie, dit is niks, dit maak niks nie, dit maak geen verskil nie, dit kom nie daarop aan nie; *it does not* ~ *a brass farthing* § dit maak geen duit verskil nie, dit kom niks daarop aan nie; *it does not* ~ *to me* dit kan my nie skeel nie; *what does it* ~? watter saak maak dit?, wat maak dit saak?

maturity *at* ~ op die vervaldag; *reach* ~ tot rypheid kom; volle wasdom bereik.

maximum *at a/its* ~ op 'n/sy hoogtepunt.

may *it* ~ *be (so)* dit kan (so) wees; *it* ~ *or* ~ *not be* … miskien is dit —, miskien ook nie; s.t. ~ *be bought/etc.* *there* iets is daar te koop/ens.; *come what* ~ wat ook al gebeur; laat kom wat wil; s.o. ~ *do* s.t. dalk/miskien doen iem. iets; iem. mag iets doen, iem. word toegelaat om iets te doen; s.o. ~ *have bought/etc.* s.t. moontlik het iem. iets gekoop/ens.; *if I* ~ as ek mag; s.o. ~ *lose* or *win* iem. kan verloor of wen, dalk verloor *of* wen iem.; HE ~ *lose* HIS *way* HY kan verdwaal, miskien verdwaal HY, HY sal dalk verdwaal; s.o. ~ *(very) well come/etc.* (heel) moontlik kom/ens. iem.; s.o. ~ *well be dead/etc.* heel moontlik is iem. dood/ens.; *that* ~ *(very) well happen* dit is heel/goed moontlik.

me *it's/that's above* ~ dis bo(kant) my vuurmaak= plek ★, dis vir my te hoog; *it's* ~ dis ek; *leave it to* ~ laat dit aan my oor; *poor* ~! arme ek!; *search* ~! § ek het nie die vaagste benul nie, dit weet joos (alleen) ★

meal *at* ~s aan tafel; *during the* ~ onder die ete; *get a* ~ iets te ete kry; 'n maal(tyd) klaarmaak *of* opdis; HE *makes a good* ~ HY eet goed/lekker; *it makes a good* ~ dit is 'n goeie maal(tyd); *a hearty* ~ 'n stywe maal= (tyd); *make a* ~ *of* s.t. (van) iets eet; iets opeet; § iets oordryf; *prepare a* ~ 'n maal(tyd) berei/klaarmaak; *serve a* ~ 'n ete voorsit/opdis; *a square* ~ 'n stewige maal(tyd).

mean¹ [n.] *the golden/happy* ~ die gulde middeweg; *strike the happy* ~ die/'n middeweg vind.

mean² [v.] *what* s.o. ~s **by** s.t. wat iem. met iets be= doel; s.o. ~s *to do* s.t. iem. wil iets doen, iem. is van plan om iets te doen; HE ~s s.o. *to do* s.t. HY wil hê dat iem. iets (moet) doen; *how do you* ~? hoe so?; *I* ~ *to*

say ... ek wil sê —, ek bedoel —; *HE* ~*s what HE* **says** HY bedoel/meen wat HY sê; ~ ***s.t.*** *(seriously)* iets (ernstig) bedoel/meen; ***that*** ~*s* ... dit wil sê—; *s.o.* ~*s* **well** iem. bedoel/meen dit goed; ~ **well** *by s.o.* dit goed bedoel/meen met iem., iem. goedgesind wees, die goeie met iem. voorhê; **what** *does the word* ~? wat beteken die woord?; **what** *does it* ~? wat beteken dit?; watter sin het dit?; **what** *do you* ~ *by that?* wat bedoel/ meen jy daarmee?

mean³ [adj.] *I call that* ~ ek noem dit gemeen, ek dink dit is gemeen; *s.o. is no* ~ ... iem. is 'n goeie —.

meaning *bear/carry a* ~ 'n betekenis bevat/dra/ hê; **catch** *the* ~ die betekenis snap/vat; *be* **fraught** *with* ~ betekenisvol wees; *be* **full** *of* ~ sinryk wees; **get** *s.o.'s* ~ § iem. volg; **what** *is the* ~ *of this?* wat beteken dit (alles)?; *a* **wider** ~ 'n breër/ruimer bete= kenis; *with* ~ nadruklik.

means *by all* ~ gerus, alte seker, met alle liefde; met alle geweld; op alle moontlike maniere; *by* **all** ~! alte seker!, met alle liefde!; *do it by all* ~! doen dit gerus!; *HE lives beyond HIS* ~ HY leef/lewe te groot, HY leef/ lewe bo SY inkomste; *by* ~ *of* ... deur middel van —; *devise* ~ *to* ... middele soek om te —; *the* ~ *to an end* die middel tot 'n doel; *by* **every** ~ met elke moontlike middel; *employ/use every* ~ alles in die werk stel, elke (moontlike) middel aanwend; *by* **fair** ~ *or* **foul** buig of bars ★, op eerlike of oneerlike manier; *a* **man** *of* ~ 'n bemiddelde/welgestelde man; *by* **no** *(manner of)* ~, *not by any (manner of)* ~ glad/hoegenaamd/volstrek nie, geensins; *HE has* **private** ~ HY het geld van HOM= SELF, HY beskik oor private middele; **scanty/slender** ~ geringe/karige middele; *within s.o.'s* ~ binne iem. se vermoë.

meant *s.t. is* ~ *for s.o.* iets is vir iem. bedoel/be= stem(d) *(bv. 'n pakkie); the words are* ~ *for s.o.* die woorde doel/sien/slaan op iem.; *s.t. is* ~ *to be used* iets is vir gebruik bedoel/bestem(d).

meantime *for the* ~ voorlopig; *in the* ~ intussen.

measure¹ [n.] ... **beyond** ~ uitermate/bomate —; **full** ~ volle maat; **get** *the* ~ *of s.o.* iem. takseer; *for* **good** ~ op die koop toe; *in (a)* **great** ~ grotendeels; in hoë mate; **half** ~*s* halwe maatreëls; *HE has s.o.'s* ~ HY het iem. getakseer, HY weet wat HY aan iem. het; *be* **made** *to* ~ na/op maat gemaak wees of word; *have s.t.* **made** *to* ~ iets na/op maat laat maak; *a* ~ *of* ... 'n sekere (mate van) —; *s.t. is a* ~ *of* ... iets gee/is 'n aanduiding van — *(bv. iem. se vasbeslotenheid); give s.o.* **short** ~ iem. te kort doen; *in some* ~ in sekere mate, tot op sekere hoogte, enigermate, enigsins; **take** *s.o.'s* ~, *(lett.)* iem. se maat neem; *(fig.)* iem. takseer; **take** ~*s* maatreëls tref/neem; **tread** *a* ~ passies maak, 'n paar passies dans.

measure² [v.] *HE* ~*s HIMSELF* **against** *s.o.* HY meet HOM met iem.; ~ *in kilometres or litres or metres* in kilometers *of* liters *of* meters meet; *it* ~*s* **five**/*etc.* **metres** dit is vyf/ens. meter lank; ~ **off** *s.t.* iets af= meet; iets aftree; ~ **out** *s.t.* iets uitdeel; iets uitmeet; ~

up *s.t.* iets opmeet; ~ **up** *to* ... aan — beantwoord/ voldoen; teen/vir — opgewasse wees.

measurement *take* ~*s* metings doen; *take the* ~*s of* ... die maat/mate van — neem.

measuring ~ *15/etc. square* **metres** groot 15/ens. vierkante meter.

meat *a cut of* ~ 'n kap/snit vleis, 'n vleisstuk; *do the* ~ die vleis gaarmaak; ~ *and* **drink** spys en drank, ete en drinke; *this is* ~ *and* **drink** *to s.o.* dit is net na iem. se smaak; *HE is* **easy** ~ §HY laat HOM maklik kul/ens.; *one man's* ~ *is another man's* **poison** (P) smaak verskil (P); *there is no* **real** ~ *in it* dit het nie veel om die lyf nie; **strong** ~ swaar kos *(fig.).*

medal *strike a* ~ 'n medalje/penning slaan.

meddle *HE* ~*s with* ... HY bemoei HOM met —, HY meng HOM in — in; HY lol met—; HY torring aan—; *HE* ~*s in s.o.'s affairs* HY steek SY neus in iem. se sake ★

mediate ~ **between** ... tussen — bemiddel.

medicine *make up* ~ medisyne toeberei; *give HIM a* **dose/taste** *of HIS* **own** ~ §HOM met gelyke munt betaal; **study** ~ (in die) medisyne studeer; **take** ~ medisyne gebruik/(in)neem/drink; *HE must* **take** *HIS* ~ HY moet SY straf ondergaan, HY moet die pil sluk.

meditate ~ **on/upon** *s.t.* (diep) oor iets nadink, iets bepeins/oorpeins/oordink.

meditation *be deep in* ~ in diepe bepeinsing wees.

medium *the happy* ~ die gulde middeweg; *through the* ~ *of* ... deur middel van —.

meek *as* ~ *as a lamb* so sag soos 'n lam; ~ *and mild* sagmoedig en gedwee.

meet *till we* ~ **again** tot weersiens; ~ *s.o. at the air= port/etc.* iem. by die lughawe/ens. afhaal; ~ *s.o.* **half= way** iem. tegemoetkom; *HE may* ~ *s.o.* HY kan iem. teëkom/teenkom; ~ *Mr* ... dit is mnr. —, mag ek jou aan mnr. — voorstel?; **pleased** *to* ~ *you* aangename kennis; ~ **up** *with* ... § — teëkom/teenkom; ~ **with** *s.t.* iets kry/oorkom *('n ongeluk);* iets wegdra *(iem. se goedkeuring);* op iets stuit *('n moeilikheid).* →**met.**

meeting *address a* ~ 'n vergadering toespreek; *at a* ~ op 'n v.; *call/convene a* ~ 'n v. belê/byeenroep.

melt ~ **away** wegsmelt; ~ **down** *s.t.* iets smelt; iets uitbraai; ~ **into** ... geleidelik in/tot — oorgaan.

melting-pot *be in the* ~, *(fig.)* in die wordingsta= dium wees.

member *the* ~ *for* ... die lid vir — *(die naam van 'n kiesafdeling); s.o. is a* ~ *of* ... iem. is lid van — *('n liggaam, 'n vereniging);* ~*s only* net/slegs lede, net vir lede, vir lede alleen.

memorial *a* ~ *to* ... 'n gedenkteken vir —.

memory *of blessed* ~ van salige (na)gedagtenis, sa= liger (gedagtenis); **commit** *s.t. to* ~ iets van buite leer, iets uit die kop/hoof leer, iets memoriseer; *HIS* ~ **deceives** *HIM, HIS* ~ **plays** *HIM false* SY geheue be= drieg HOM, SY geheue speel HOM parte; *be* **engraved** *in/on s.o.'s* ~, *be* **printed** *on s.o.'s* ~ in iem. se geheue gegrif/(in)geprent wees/staan; *quote* **from** ~ uit die hoof aanhaal; *a* **good** ~ 'n goeie geheue; *keep the* ~

green die herinnering lewendig hou; *keep s.o.'s ~* **green** iem. in liefde gedenk; *in ~ of* ... ter (na)gedagtenis aan/van —; ter herinnering aan —; *jog/prod s.o.'s ~* iem. aan iets herinner; *live in the ~* in die herinnering (voort)leef/(voort)lewe; *in/within living ~* sedert/by menseheug(e)nis; *have a long ~* 'n goeie geheue hê, lank van onthou wees; *in loving ~* in liefdevolle herinnering; *HIS ~ plays HIM false →deceives;* be *printed* on s.o.'s ~, be *engraved in/on s.o.'s ~ →engraved/printed; HE prints it on HIS ~* HY prent dit in SY geheue; *prod/jog s.o.'s ~ →jog/ prod; recall memories* herinnerings ophaal; *HE refreshes HIS ~* HY fris SY geheue op; *have a retentive ~* 'n goeie/sterk/taai geheue hê, goed van onthou wees; *sacred to the ~ of* ... gewy aan die nagedagtenis van —; *if my ~ serves* as ek dit wel het, as ek my goed herinner, as my geheue my nie bedrieg nie; *have a short ~* 'n kort geheue hê, kort van gedagte wees; *s.t. sinks into s.o.'s ~* iets bly in iem. se geheue (geprent); *s.t. slipped s.o.'s ~* iem. het iets vergeet, iets het iem. ontgaan; *be stamped on s.o.'s ~* in iem. se geheue gegrif/(in)geprent wees; *s.t. sticks in s.o.'s ~* iets bly iem. by, iem. onthou iets; *HE taxes HIS ~* HY dink goed na, HY probeer onthou, HY span SY geheue in; *a tenacious ~* 'n sterk/taai geheue; *a treacherous ~* 'n onbetroubare geheue; *an unretentive ~* 'n slegte/swak geheue.

men *so many ~, so many minds* (P) soveel hoofde, soveel sinne (P); *~ and women* mans en vroue(ns).

menace *be a ~ to* ... 'n bedreiging/gevaar vir — wees.

mend *s.o. is on the ~* iem. is aan die beterhand, iem. herstel, iem. word beter/gesond.

mention¹ [n.] *honourable ~* eervolle vermelding; *get an honourable ~* eervol vermeld word; *no ~ of* ... geen vermelding van — nie; *make no ~ of* ... geen melding van — maak nie, — nie vermeld nie, — verswyg; *the very ~ of the fact* die blote vermelding van die feit.

mention² [v.] *don't ~ it!* nie te danke!, tot u diens!; *I may ~ that* ... ek moet (ook) sê dat —, ek mag byvoeg dat —; *not to ~* ... wat nog te sê —, laat staan —, om nie eens van — te praat nie; *~ s.t. to s.o.* iets teenoor iem. noem; *~ me to* ...*!* groete aan —!

mentioned *that should be ~* dit behoort vermeld te word.

mentioning *worth ~* vermeldenswaardig; *not worth ~* nie om van te praat nie.

menu *fish is off the ~* die vis is op/gedaan; *on the ~* op die spyskaart.

merciful *be ~ to s.o.* iem. genadig wees, iem. genade betoon; *it was ~ of s.o. to do s.t.* iem. het genadig gehandel deur iets te doen.

mercy *it's a ~* dit is 'n seën/geluk; *be at the ~ of* ... in — se mag wees, aan (die genade van) — oorgelewer/ uitgelewer wees; *beg/plead for ~* om genade pleit/ smeek; *HE casts/throws HIMSELF on/upon s.o.'s ~*

HY beroep HOM op iem. se barmhartigheid/genade; *be grateful/thankful for small mercies* met min tevrede wees, dankbaar wees vir geringe seëninge; *HE has ~ on* ... HY ontferm HOM oor —; *have ~ on us!* wees ons genadig!, erbarm U oor ons!; *let ~ season justice* laat geregtigheid deur barmhartigheid getemper word; *lie at the ~ of* ... van die genade van — afhang; *for ~'s sake* om godswil; *show s.o. ~, show ~ to s.o.* iem. genadig wees, iem. genade betoon; *leave s.o. to the tender mercies of* ... iem. aan die genade van — oorlewer.

merge *~ into* ... in — oorgaan.

merged *be ~ in* ... in — opgeneem word; in — opgaan.

merit *according to ~* na/volgens verdienste; *the ~s and demerits* die voor en teen; *judge s.t. on its (own) ~s, judge s.t. on ~* iets op sigself beskou; *have no ~* waardeloos wees; *(jur.)* sonder grond wees; *see no ~ in s.t.* geen heil in iets sien nie; *on ~* op grond van verdienste, na/volgens v.; *in order of ~* in volgorde van v.; *without ~* waardeloos; *not without ~* nie onverdienstelik nie; *a work of ~* 'n verdienstelike werk.

merry *as ~ as a cricket* so vrolik soos 'n voëltjie; *get/grow* § aangeklam raak ★; *make ~* feesvier, fuif, vrolik wees, pret maak; *HE makes ~ over* ... HY spot met —, HY maak HOM oor — vrolik; *the more the merrier* (P) hoe meer siele, hoe meer vreugde (P); *wax ~* vrolik word.

mesh¹ [n.] *be caught in s.o.'s ~es* in iem. se net verstrik raak *(fig.)*.

mesh² [v.] *s.t. ~es with* ... iets skakel by — in *(bv. planne)*.

mess¹ [n.] *get into a ~* in 'n verknorsing beland; *I'm in a ~* §ek lyk soos 'n voëlverskrikker ★; *s.t. is in a ~* iets is totaal deurmekaar *(bv. 'n huis)*; *make a ~ of s.t.* iets verbrou; *a nice/pretty ~* §'n pragtige gemors ★; *you have made a nice/pretty ~ of things* §jy het alles mooi verbrou.

mess² [v.] *~ about/around* rondpeuter; *~ s.o. about* §iem. sleg behandel; *~ together* saam eet; *~ up s.t.* § iets deurmekaarkrap; iets verfoes; iets verknoei; *~ with s.o.* §met iem. lol ; saam met iem. eet.

message *get the ~* § begryp wat bedoel word; § begryp wat verlang word; *give s.o. a ~* iem. 'n boodskap gee; *run ~s* boodskappe doen/dra; *send a ~* 'n boodskap stuur; *take a ~* 'n b. (aan)neem.

messenger *by ~* per bode.

met *have you ~?* ken julle mekaar?; *we have ~* ons het al kennis gemaak.

metal *beat ~* metaal klop.

mete *~ out s.t.* iets uitdeel *(bv. straf)*.

method *apply/employ/follow/use a ~* volgens 'n metode te werk gaan.

metre *5/etc. ~s* 5/ens. meter; *hundreds* or *thousands of ~s* honderde *of* duisende meters; *in ~s* in meters; *many ~s* baie meters; *a ~ of rope/etc.* 'n meter tou/ens.

mettle *a man of* ~ 'n man van durf en daad; *HE is on HIS* ~ HY is op SY stukke; *put s.o. on HIS* ~ iem. op die proef stel; *HE shows HIS* ~ HY wys SY slag, HY wys wat HY kan.

mickey *take the* ~ *(out of s.o.)* § (met iem.) die gek skeer.

microscope *put s.t. under the* ~ iets onder die loep neem.

midday *at* ~ op die middaguur.

middle *be in the* ~ *of s.t.* midde-in iets wees; *be in the* ~ *of (doing) s.t.* iets aan die doen wees, met iets besig wees; *in the* ~ *of June* middel Junie; *cut s.t. right down the* ~ iets middeldeur sny; *right in the* ~ reg in die middel.

midnight *after* ~ in die nanag.

midnight oil *burn the* ~ ~ laat in die nag nog werk *of* studeer, middernagtelike arbeid *of* studie verrig.

midst *in the* ~ *of* ... te midde van —; midde-in —; tussen —; *in our* ~ in ons midde, onder ons.

midstream *in* ~, *(lett.)* in die middel van die stroom; *(fig.)* halfpad.

midway ~ *between two places* halfpad tussen twee plekke.

miff *be in a* ~ *about s.t.* § oor iets gesteur(d) wees; *get into a* ~ *about s.t.* § oor iets g. raak.

miffed *be* or *get* ~ *at* ... § oor — gesteur(d) voel *of* raak.

might¹ [n.] *with all one's* ~ uit alle mag; *with* ~ *and main* uit alle mag, met mag en geweld/krag; ~ *is right* (P) mag is reg (P).

might² [v.] *s.o.* ~ *do it* dalk doen iem. dit, iem. sal dit dalk doen; iem. sou dit kan doen; *s.o.* ~ *have done it* iem. het dit dalk gedoen; iem. kon dit darem gedoen het; *s.o.* ~ *as well do s.t.* iem. kan gerus maar iets doen.

Mike *for the love of* ~ *!* § in hemelsnaam!, om liefdeswil!

mild *as* ~ *as milk* § so mak soos 'n lam.

mile 5/*etc.* ~*s* 5/ens. myl; ~*s ahead* § ver/vêr voor; ~*s away* myle ver/vêr; *for* ~*s (and* ~*s)* § myle ver/vêr; *hundreds* or *thousands of* ~*s* honderde *of* duisende myle; *many* ~*s* baie myle; *it stands/sticks out a* ~ § dit staan soos 'n paal bo water ★, 'n blinde kan dit met 'n stok voel ★

militate *s.t.* ~*s against* ... iets werk teen —.

milk¹ [n.] *come home with the* ~ § in die vroeë oggendure/môre-ure/more-ure tuiskom; *fresh* ~ vars melk, soetmelk; *a glass* or *jug of* ~ 'n glas *of* beker melk; *a country/land flowing with* ~ *and honey*, a land *of* ~ *and honey* 'n land wat oorloop van melk en heuning; *the cow is in* ~ die koei is in die melk; *a cow not in* ~ 'n droë koei; *the* ~ *of human kindness* mensliewendheid; *a litre* or *pint of* ~ 'n liter *of* pint melk; *skim the cream off the* ~ die melk afroom; *it is no use crying over spilt* ~ (P) gedane sake het geen keer nie (P); wat verby is, is verby; *sweet* ~ soetmelk, vars melk.

milk² [v.] ~ *a cow dry/out* 'n koei uitmelk; ~ *s.o. dry* § iem. uitmelk ★

mill¹ [n.] *that is grist to HIS* ~ →**grist**; *go through the* ~ deur die smeltkroes gaan, 'n swaar tyd deurmaak; deur ervaring wys word; *put s.o. through the* ~ iem. laat swaar kry.

mill² [v.] ~ *about/around* rondmaal *(mense, diere)*.

million *a* ~ 'n miljoen; *by the* ~ by die miljoene; *a man* or *woman in a* ~ 'n man *of* vrou duisend; ~*s of rands/etc.* miljoene rande/ens.

millstone *s.o.* or *s.t. is a* ~ *round s.o.'s neck* iem. *of* iets is 'n meulsteen om iem. se nek.

mincemeat *make* ~ *of s.o.* iem. kafloop ★, van iem. kleingeld maak ★

mind¹ [n.] *s.o.'s absence of* ~ iem. se afgetrokkenheid/verstrooidheid; *it's all in the* ~ dis net verbeelding; *HE applies HIS* ~ *to s.t.* HY verdiep HOM in iets; HY bestee aandag aan iets; *an attitude of* ~, *a cast/state of* ~ 'n stemming/geestestoestand/geestesgesteldheid; *at the back of s.o.'s* ~ agterin iem. se kop; *bear/keep s.t. in* ~ iets onthou, iets in gedagte hou, iets voor oë hou, aan iets dink; *bearing in* ~ *the fact that* ... gelet op die feit dat —; *give s.o. a bit/piece of one's* ~ § iem. (goed) die waarheid sê/vertel ★, iem. voor stok kry; *HIS* ~ *is a blank*, *HIS* ~ *has gone blank* HY kan nie dink nie, SY gedagte staan stil; SY geheue is skoon weg; *s.t. blows s.o.'s* ~ § iets verbyster iem; *the/one's* ~ *boggles*, *it boggles the* ~ ('n) mens se verstand staan stil; *s.t. must be borne in* ~ iets moet onthou word, iets moet in gedagte gehou word, iets moet voor oë gehou word, aan iets moet gedink word; *it brings/calls to* ~ *the* ... dit laat iem. terugdink aan die —, dit herinner iem. aan die —, dit roep die — voor die gees, dit bring die — in herinnering; *it broadens the* ~ dit verruim die gees; *cast one's* ~ *back to* ... aan — terugdink; *a cast/state of*, *an attitude of* ~ →*attitude/cast/state*; *change one's* ~ van gedagte *of* mening *of* plan verander; omswaai; *HE has changed HIS* ~, *(ook)* HY het HOM bedink; *be clear in one's* ~ *about s.t.* iets ten volle besef; helderheid oor iets hê; *HE closes HIS* ~ *to* ... HY is ontoeganklik vir —, HY is doof en blind vir —; *s.t. comes to* ~, *s.t. crosses s.o.'s* ~ iets val iem. by, iets skiet iem. te binne, iets gaan deur iem. se gedagte; *HE dismisses it from HIS* ~ HY sit dit uit SY gedagtes; *s.o.'s* ~ *dwells on s.t.* iem. tob oor iets; *set s.o.'s* ~ *at ease* iem. gerusstel; *HE is easy in HIS* ~ HY is onbesorg; *in s.o.'s* ~'s *eye* voor iem. se geestesoog; *HE follows HIS (own)* ~ HY volg SY eie kop; *s.o.'s frame of* ~ iem. se (gemoed)stemming; *be in a* ... *frame of* ~ in 'n — stemming wees; *nothing is further from my* ~*!* ek dink nie (eens/eers) daaraan nie!; *have a good* ~ *to* ... →**have**; *great* ~*s think alike* ons *of* hul gedagtes het gekruis; *have half a* ~ *to* ... half lus hê om te —, 'n halwe plan hê om te —; *have a (good)* ~ *to do s.t.* (baie) lus hê om iets te doen; *HE improves HIS* ~ HY brei SY kennis uit; *have s.t. in* ~ iets in gedagte hê, aan iets dink; iets bedoel; voornemens wees om iets te doen; *have it in* ~ *to do s.t.* daaraan dink om iets te doen; *keep/bear s.t. in* ~

→*bear/keep; HE* **keeps** *HIS* ∼ *on s.t.* HY spits SY aandag op iets toe; *HE can't* **keep** *HIS* ∼ *off …* HY dink net aan —, HY dink aan niks anders as — nie; *know s.o.'s* ∼ weet hoe iem. dink; *HE* **knows** *HIS own* ∼ HY weet wat HY wil (hê), HY weet waarheen HY wil; *HE does not* **know** *HIS own* ∼, *(ook)* HY is besluiteloos; *s.t.* **leaps/springs** *to s.o.'s* ∼ iets val iem. skielik by, iets skiet iem. te binne; *it is a* **load/weight** *off s.o.'s* ∼ dit is 'n las/pak van iem. se hart af, iem. voel baie verlig; *HE* **loses** *HIS* ∼ HY verloor SY verstand, HY raak van SY verstand af; *HE* **makes** *up HIS* ∼ HY (kom tot 'n) besluit; *HE* **makes** *up HIS* ∼ *to …* HY neem HOM voor om te —; ∼ *over* **matter** die gees bo die stof; *a* **meeting** *of* ∼s ooreenstemming; *have* **no** ∼ *to …* nie lus/sin hê om te — nie; *be* **of** *s.o.'s* ∼ soos iem. dink, dit met iem. eens wees; *have s.t.* **on** *one's* ∼ iets op die hart hê; *deur* iets gehinder word; *we* or *they are of* **one** ∼ ons *of* hulle is dit eens; ons *of* hulle is een van sin; *HE has a* **one-track** ∼ HY dink net aan een ding; HY staar HOM blind op een ding; *have an* **open** ∼ onbevange/onbevooroordeel(d) wees; (nog) geen vaste mening hê nie, vir wenke toeganklik wees; *keep an* **open** ∼ onbevooroordeel(d) bly; *with an* **open** ∼ onbevange, onbevooroordeel(d); *HE is* **out** *of HIS* ∼ HY is van SY kop/verstand af, HY is van SY sinne beroof, HY is nie reg nie ⋆; *drive HIM* **out** *of HIS* ∼ HOM (stapel)gek maak; HOM van SY verstand beroof; *HE goes* **out** *of HIS* ∼ HY raak van SY sinne, HY verloor SY verstand; *s.t.* **passed/went** *out of s.o.'s* ∼ iem. het iets vergeet, iets het iem. ontgaan; *HE follows HIS* **own** ∼ →*follows; HE has a* ∼ *of HIS* **own** HY weet wat HY wil hê; *have* **peace** *of* ∼ gemoedsrus hê; *give s.o. a* **piece/bit** *of one's* ∼ →*bit/piece; s.o.'s* **presence** *of* ∼ iem. se teenwoordigheid van gees; *have the* **presence** *of* ∼ *to …* die t. van g. hê om te —; *HE does not lose HIS* **presence** *of* ∼, *HIS* **presence** *of* ∼ *does not desert HIM* HY behou SY t. van g., HY hou kop ⋆; *s.t.* **presses** *on s.o.'s* ∼ iets druk swaar op iem. se gemoed, iets beswaar iem.; *s.t.* **preys** *on/upon s.o.'s* ∼ iets kwel iem.; *put/set s.o.'s* ∼ *at rest* iem. gerusstel; *s.t.* **puts** *s.o. in* ∼ *of …* iets herinner iem. aan —, iets laat iem. aan — dink, iets maak iem. aan — gedagtig; *HE* **puts** *s.t. out of HIS* ∼ HY sit iets uit SY kop; *HE* **puts** *HIS* ∼ *to it* HY lê HOM daarop toe; *s.t.* **rankles** *in s.o.'s* ∼ iets knaag aan iem. se siel; *s.o.'s* **readiness** *of* ∼ iem. se teenwoordigheid van gees; *HE* **recalls** *s.t. to* ∼ iets val HOM by; *revolve s.t. in one's* ∼ iets oordink/ oorweeg; *HE is in HIS* **right** ∼ HY is by SY volle verstand; *HE is not in HIS* **right** ∼, *(ook)* HY is nie goed by SY sinne nie; *s.o.'s* ∼ **runs** *on s.t.* iem. maal (aanhoudend) oor iets; *s.o. is still of the* **same** ∼ iem. dink nog so, iem. se mening is onverander(d); *they* or *we are of the* **same** ∼ hulle *of* ons is dit eens; *a* **set** *of* ∼ 'n neiging; *HE* **sets** *HIS* ∼ *on s.t.* HY neem HOM iets voor, HY stel HOM iets ten doel, HY is vasbeslote om iets te doen; HY is vasbeslote om iets te kry, HY wil iets baie graag hê; *HE* **sets** *HIS* ∼ *to a task* HY lê HOM op 'n taak toe; *HE has* **set** *HIS* ∼ *on that, (ook)* SY kop staan soon-

toe ⋆; *set/put s.o.'s* ∼ *at rest* →*put/set; with a* **single** ∼ met (net) een doel voor oë; **singleness** *of* ∼ doelgerigtheid; *with* **singleness** *of* ∼ doelgerig; *s.t. has* **slipped** *s.o.'s* ∼ iets het iem. ontgaan, iem. het iets vergeet; **small** *things amuse small* ∼s onbenullighede vermaak nulle; *a* **sound** ∼ *in a sound body* (P) 'n gesonde gees in 'n gesonde liggaam (P); *HE is of* **sound** ∼ HY is by SY volle verstand; *HE* **speaks** *HIS* ∼ HY sê wat HY dink, HY praat reguit, HY spreek HOM uit, HY gee eerlik SY mening; *s.t.* **springs/leaps** *to s.o.'s* ∼ →*leaps/springs; a* **state/cast** *of* ∼, *an* **attitude** *of* ∼ →*attitude/cast/state; take s.o.'s* ∼ *off s.t.* iem. aflei, iem. se aandag van iets aflei, iem. iets laat vergeet; *to my* ∼ na/volgens my mening/oordeel, myns insiens; *a* **turn** *of* ∼ 'n geestesrigting; *be of a pessimistic/etc.* **turn** *of* ∼ pessimisties/ens. aangelê wees; **turn** *s.t. over in one's* ∼ iets goed oordink, iets van alle kante beskou; *be in* **two** ∼s op twee gedagtes hink; *be in* **two** ∼s *about s.t.* onbeslis/onseker wees oor iets, in twyfel wees oor iets; *HE is of* **unsound** ∼ HY is nie by SY volle verstand nie; *HIS* ∼ *seems completely* **vacant** dit lyk of HY totaal niks in SY kop het nie; *s.o.'s* ∼ **wanders** iem. is ingedagte, iem. se gedagtes dwaal; *a* **warped** ∼ 'n verdorwe gees; *it is a* **weight/load** *off HIS* ∼ →*load/weight.*

mind² [v.] *mind!* pas op!; ∼ *and write/etc.!* onthou om te skryf/skrywe/ens.!; *do you* ∼? gee jy om?; asseblief!; hoor hier!; *s.o.* **doesn't** ∼ iem. gee nie om nie; iem. het geen beswaar nie; *s.o.* **doesn't** ∼ *…* iem. het niks teen — nie; *don't* ∼ *…* steur jou nie aan — nie; *I don't* ∼ *if I do!* graag!; *if you* **don't** ∼ as jy nie omgee nie; **never** ∼! toe maar!, dis niks!, dit maak nie saak nie!, dit maak niks nie!, dit kom nie daarop aan nie!; laat maar bly/staan!, laat bly/staan maar!; **never** ∼ *about …!* laat — maar bly/staan!; *never you* ∼! § dit gaan jou nie aan nie!; ∼ *s.o.* or *s.t.* iem. *of* iets oppas; **would** *you* ∼ *coming/etc.?* sal jy asseblief kom/ens.?; **would** *you* ∼ *telling/etc. me?* sê/ens. my asseblief, sal jy so vriendelik wees om my te sê/ens.?; *I* **wouldn't** ∼ *…* ek sou graag —; ∼ **you** weliswaar; onthou, moenie vergeet nie, let wel; ∼ **you** *… (do s.t.)* sorg dat jy — *(iets doen)*; ∼ *your* **head/etc.!** pasop vir jou kop!; ∼ **yourself!** pas jou op!

minded *be* ∼ *to do s.t.* lus hê om iets te doen, van plan wees om iets te doen.

mindful *be* ∼ *of …* aan — gedagtig wees, op — let, aan — dink.

mindless ∼ *of …* sonder om aan — te dink, sonder om op — te let.

mine¹ [n.] *strike a* ∼ op 'n myn loop *(ter see);* op 'n myn trap *(op land);* sweep ∼s myne vee/opruim; *work a* ∼ 'n myn bedryf.

mine² [v.] ∼ *an area for gold* goud in 'n gebied ontgin; ∼ *out an area* die myne in 'n gebied uitput.

mine³ [pron.] *it is* ∼ dit is myne; *through no fault of* ∼ nie deur my skuld nie; *a friend of* ∼ een van my vriende, 'n vriend van my.

mingle ~ *with* ... met — omgaan; tussen — ingaan.

mingled *be* ~ *with* ... met — gemeng/vermeng wees.

miniature *in* ~ in die klein, in miniatuur; *a* ... *in* ~ 'n klein —.

minimum *the absolute/bare* ~ die allerminste, die volstrekte minimum; *keep s.t. to a/the* ~ iets so min moontlik hou; *with a* ~ *of* ... met die minste —.

minister ~ *to* ... aan — voldoen; — bevredig; — streel.

ministry *enter the* ~ predikant word; *form a* ~ 'n kabinet saamstel.

minority *be in a/the* ~ in die minderheid wees; HE *finds HIMSELF in a* ~ HY bevind HOM in die minder= heid; *s.o. is in a* ~ *of one* iem. staan alleen.

mint condition *be in* ~ ~ ongeskonde wees.

minus *8* ~ *3 is* 5 8 minus 3 is 5.

minute *a* ~ *ago* nou-nou; *I shan't be a* ~ ek kom nou-nou; ek is nou-nou klaar; ~ *by* ~ minuut vir minuut; *in a* ~ §nou-nou; *here in ten* ~s binne/oor tien minute hier; *just a* ~! §wag (so) 'n bietjie!, net 'n oomblik!; *at the last* ~ op die laaste oomblik, tcr elf= der ure, op die allerlaaste/nippertjie/tippie; *a matter of* ~s, *only* ~s net enkele minute; *leave on the* ~ op die minuut (af) vertrek; *five/etc. (* ~s*) past ten/etc.* vyf/ens. (minute) oor tien/ens.; *the* ~ *(that)* ... sodra —; *the* ~ *s.t. happened* op die oomblik toe iets gebeur; *the* ~ *s.t. happens* sodra iets gebeur; *this* ~ nou net, so pas; op die daad, dadelik; *to the* ~ op die minuut (af); *five/etc. (* ~s*) to ten/etc.* vyf/ens. (minute) voor tien/ens.; *be up to the* ~ die allernuutste wees *(bv. 'n mode)*; *al die jongste inligting bevat; *come here this very* ~! kom op die daad/plek hier!; *it happened this very* ~ dit het nou net gebeur; *wait a* ~ wag 'n bietjie.

minutes *accept/adopt/approve/confirm the* ~ die notule goedkeur/bevestig; *keep/take* ~ notule hou/ opstel; *take the* ~ *as read* die notule as gelese be= skou.

miracle *by a* ~ wonderbaarlik; ~ *of* ~s wonder bo wonder; *perform/work* ~s wonderwerke verrig; *it is something of a* ~ dit is 'n klein wonderwerk.

mire *drag s.o.'s name through the* ~ iem. deur die mod= der sleep; *be (stuck) in the* ~ in die verknorsing sit.

misapprehension *labour under a* ~ onder 'n mis= verstand verkeer.

misbehave HE ~s HY gedra HOM sleg.

mischief *be a bundle of* ~ §, *be full of* ~ vol streke/ ondeundheid wees; *cause/do* ~ kwaad doen; *do s.o. a* ~ iem. kwaad doen; *keep out of* ~ uit die moeilikheid bly; *make* ~ kwaad steek/stook; kattekwaad aanvang/ doen; *out of pure* ~ uit pure moedswilligheid; *sow* ~ kwaad steek/stook; *be up to* ~ kwaad doen; kwaad steek/stook; kattekwaad aanvang/doen; iets in die skild voer; *work* ~ kwaad doen/veroorsaak.

misconception *a popular* ~ 'n algemene dwaling.

misconduct HE ~s HIMSELF HY gedra HOM sleg; HY trap oor die tou.

miserable *be/feel* ~ ellendig voel; *utterly* ~ uiters ellendig, doodongelukkig.

misery *abject/deep* ~ diepe ellende; *cause* ~ ellende veroorsaak; *fall into* ~ in ellende verval; *make s.o.'s life a* ~ iem. se lewe versuur; *put HIM out of HIS* ~ HOM van SY lyding verlos *('n dier);* HOM nie langer in spanning hou nie *('n mens); be steeped in* ~ in ellende gedompel wees; *a tale of* ~ 'n lydensgeskiede= nis; *untold* ~ eindelose/naamlose/namelose ellende; *in utter* ~ in die diepste ellende.

misfortune *s.o. had the* ~ *to be* ... ongelukkig was iem. —; *to s.o.'s* ~ tot iem. se ongeluk.

misgiving *have* ~s *about s.t.* bedenkings oor iets hê; *voice* ~s bedenkings uitspreek/uit(er).

mishap *have a* ~ teenspoed/teëspoed kry; *without* ~ sonder t.

misinformed *s.o. is* ~ iem. het dit mis.

mislaid *be* ~ soek wees.

miss¹ [n.] *give s.t. a* ~ §iets verbygaan, iets opsy laat; *a* ~ *is as good as a mile* (P) amper is (nog) nie stamper nie (P); *it is a near* ~ dit is amper/byna raak.

miss² [v.] ~ *s.o. or s.t.out* iem. of iets oorslaan; ~ *out on s.t.* §iets nie kry nie, iets nie deelagtig wees nie; ~ *s.o. or s.t. sadly/sorely* iem. of iets deerlik mis.

missing *be* ~ soek/weg wees, vermis word; maker; *go* ~ wegraak, vermis raak *(van mense).*

mission ~ *accomplished* § met die taak afgehan= del; *go on a* ~ 'n sending onderneem; *be somewhere on a* ~ met 'n sending êrens wees; *the* ~ *to the* ... die sending onder die — *(mense onder wie sendingwerk ge= doen word).*

mist¹ [n.] *be wrapped in* ~ toe wees onder die mis.

mist² [v.] ~ *over/up* aanwasem, aanslaan, aangeslaan raak *(bv. 'n ruit).*

mistake¹ [n.] *a bad* ~ 'n lelike fout; 'n growwe mis= tasting/vergissing; 'n flater; *by* ~ per abuis; HE *will find out HIS* ~ HY sal HOM vasloop, HY sal SY les leer; *a glaring* ~ 'n skreeuende/opvallende fout; HE *makes a* ~ HY begaan/maak 'n fout; HY misgis/misre= ken/vergis HOM; *make no* ~! §let well!; *and no* ~ §dit is seker; *there is no* ~ *about it* dit ly geen twyfel nie; *spot a* ~ 'n fout ontdek, 'n f. raak sien.

mistake² [v.] ~ *s.o. or s.t. for* ... iem. of iets vir — aansien.

mistaken HE *is greatly/sadly* ~ HY het dit hopeloos mis, HY misgis HOM deerlik/hopeloos; *if I am not* ~ as ek dit wel het.

mistaking *there is no* ~ ... ('n) mens kan — nie mis kyk nie; — staan buite twyfel; — is onmiskenbaar.

mistress *be* ~ *of* ... baas oor — wees; *the* ~ *of the house* die vrou van die huis; *she is her own* ~ sy is haar eie baas.

mite *just a* ~ §net 'n bietjie; *not a* ~ §geen stuk nie, hoegenaamd nie.

mitten *handle* ... *without* ~s — sonder handskoene aanpak.

mix ~ *in s.t.* iets bymeng; ~ *it* § vuisslaan; ~ *ingre=*

dients **thoroughly/well** bestanddele deurmekaar=
meng; ~ *up* ... — vermeng; — verwar; ~ *up s.o. with
s.o. else* iem. met iem. anders verwar; HE *~es well* HY is
maklik in die omgang, HY pas HOM maklik aan, HY is
oral tuis; ~ *with* ... met — meng/omgaan/verkeer; ~
s.t. with s.t. else iets by iets anders meng.

mixed *be ~ up* deurmekaar/verward wees; *be or get ~
up in* ... in — betrokke wees *of* raak; *be or get ~ up with
s.o.* met iem. omgaan.

mixer HE *is a bad ~* HY gaan nie maklik met mense om
nie, HY pas HOM nie maklik aan nie; HE *is a good ~* HY is
maklik in die omgang, HY pas HOM maklik aan, HY is
oral tuis.

mo *half a ~!* §(net) 'n oomblik!, wag (so) 'n bietjie!

moan ~ *about* ... § oor — kerm.

mock ~ *(at)* ... die spot met — dryf; ~ *up s.t.* iets
saamflans.

mockery *hold* ... *up to* ~ met — die spot dryf; *make a
~ of s.t.* van iets 'n klug maak.

model¹ [n.] *on the ~ of* ... na die model/voorbeeld
van —.

model² [v.] ~ *s.t. after/on* ... iets na die voorbeeld van
— maak; iets na — modelleer/vorm; iets op die lees van
— skoei; HE *~s* HIMSELF *on s.o.* HY neem iem. tot
voorbeeld.

moderation *drinking in ~* matige drankgebruik, die
matige gebruik van drank; *do s.t. in ~* iets met mate
doen, iets matig doen.

modesty *in all ~* sonder grootpraat/grootpratery.

moment *come here a ~!* kom ('n) bietjie hier!; *a ~
ago* nou-nou, nou net, so pas, netnou; *at any ~* elke
oomblik, te eniger tyd; *at the ~* op die oomblik; *I
won't be a ~* ek is nou-nou klaar; ek kom nou-nou;
never a dull ~ jy verveel jou nooit, die onverwagte is
altyd moontlik; *at every ~* onophoudelik; *for a ~*
(vir) 'n oomblik; *not for a/one ~* geen oomblik nie,
hoegenaamd nie; *for the ~* op/vir die oomblik; voorlo=
pig, vir eers; *half a ~!, just a ~!, one ~!* (net) 'n
oomblik!, wag (so) 'n bietjie!; *have* HIS *or its ~s* § by
tye goed wees *(iem. of iets)*; *in the heat of the ~* in 'n
oomblik van woede; *in a ~* in 'n o.; binne 'n o.; net=
nou, nou-nou, aanstons; *just a ~!* →*half; at the last
~* op die laaste oomblik, op die allerlaaste/nippertjie/
tippie, ter elfder ure; *in lighter ~s* in oomblikke van
ontspanning, in minder ernstige oomblikke; *at odd ~s*
so tussenin, wanneer iem. 'n oomblikkie vry het; *of
great or little ~* van groot *of* min belang; *men of ~*
gewigtige/vername manne; *men of the ~* manne van
die dag; *one ~!* →*half; at the present ~* op die oom=
blik; *in a rash ~,* in an *unguarded ~* in 'n onbe=
waakte o.; *can you spare me a ~?* het u 'n o. vir my?,
kan ek 'n o. met u praat?; *on the spur of the ~* op die
(ingewing van die) o., sonder om (na) te dink; *the ~
(that) s.t. happened* dadelik toe iets gebeur; *the ~
(that) s.t. happens* sodra iets gebeur; *it happened this
~* dit het nou net gebeur; *do s.t. this ~* iets dadelik/
onmiddellik doen, iets op die daad/plek doen; *to the ~*

*op die minuut (af); in an unguarded ~, in a rash ~
→rash/unguarded; in a weak ~* in 'n swak oom=
blik.

momentum *gain/gather ~* vaart kry; *lose ~* v. ver=
loor.

money HE *has ~ about* HIM HY het geld by HOM;
*bags of ~, a barrel of ~, barrels of ~, loads of ~,
pots of ~, tons of ~, wads of ~* §hope geld ★, sakke
vol g. ★, g. soos bossies ★; *I bet you any ~ ek* wed jou
vir wat jy wil; *blow ~* geld verkwis; *burn ~* §met g.
gooi ★; *have ~ to burn* §g. soos bossies hê ★; *coin ~,
(lett.) ~* g. munt; *(fig.)* §g. soos bossies verdien ★; *come
into ~* g. kry/ontvang; g. erf; *it's easy ~* dis g. pre=
sent; *it is even ~ whether* ... §dit is heeltemal onseker
of—; *be flush with ~* spandabel wees; HIS *~ is burning
a hole in* HIS *pocket* §SY geld pla HOM ★; *hot ~* vlug=
geld, vlugkapitaal; HE *is in the ~* § HY sit daar goed
in ★; *there's ~ in it* daar steek geld in, daar is g. mee te
verdien; *it's ~ for jam, it's ~ for old rope* § dis g.
present; *keep s.o. in ~* iem. van g. voorsien; *loads of
~* →*bags; lose ~* 'n verlies hê/maak; *I'm not made
of ~* § die geld groei nie op my rug nie ★; *do you think
I'm made of ~?* § dink jy die g. groei op my rug? ★;
make ~ on s.t. 'n wins uit iets maak *('n transaksie);
make ~ out of s.t.* geld uit iets verdien/maak; *marry
~* 'n man of vrou met g. trou; *marry for ~* om g. trou;
a mint of ~ §'n hoop g. ★; *for my ~* wat my betref,
vir my; na my mening; HE *puts* HIS *~ where* HIS
mouth is §HY praat nie net nie, maar doen ook; *~ is no
object* geld is bysaak; HE *has ~ on* HIM HY het g. by
HOM; *have/put ~ on a horse* geld op 'n p. wed; *my ~ is
on* ... §ek dink — gaan wen *of* slaag; §ek glo in —; *have
oodles of ~* § g. soos bossies hê ★; *be out of ~* platsak
wees ★; *pay good ~ for s.t.* §baie vir iets betaal; *pots of
~* →*bags; be pressed for ~* geldgebrek hê, 'n ge=
brek aan geld hê; *put ~ into s.t.* g. in iets steek; *put out
~ at interest* g. op rente belê/uitsit; *raise ~* g. byeen=
bring/insamel; g. opneem; *ready ~* kontant(geld);
relieve HIM *of* HIS *~* HOM SY geld ontneem; *roll in the
~* §g. soos bossies hê ★, in die g. swem ★; *it's ~ for old
rope, it's ~ for jam →jam; ~ is the root of all evil*
(P) g. is die wortel van alle kwaad (P); *save ~* g. spaar;
besuinig; *sink ~ into s.t.* geld in iets belê/steek;
spend ~ g. uitgee/bestee/spandeer; *spend ~ like
water* §met g. mors, g. laat rol ★; *take up ~* g. opneem;
~ talks (P) g. regeer die wêreld (P), met g. kry ('n)
mens alles reg; *throw ~ about/around* g. verkwis;
throw good ~ after bad goeie g. agter kwaad/slegte g.
aan gooi; *~ is tight* g. is skaars; *wads of ~ →bags;
wallow in the ~* §in die g. swem ★; *waste ~* g. mors/
verkwis/verspil, g. in die water gooi ★; *the is ~ well-
spent* die g. is goed bestee; *not for all the ~ in the
world* vir geen g. ter wêreld nie; HE *gets* HIS *~'s
worth* HY kry waarde vir SY g.

monkey¹ [n.] HE *has a ~ on* HIS *back* § HY is totaal
verslaaf; § HY koester 'n wrok; *get one's ~ up* § die
duiwel/hoenders/joos/josie in word ★; *make a ~ out*

of s.o. §iem. vir die gek hou; *put s.o.'s* ~ *up* §iem. die duiwel/hoenders/joos/josie in maak ★

monkey² [v.] ~ *about/around* §rondpeuter; ~ *about with* … §met — foeter★/lol/peuter.

monkey wrench *throw a* ~ ~ *into the works* §'n stok in die wiel steek.

monopoly *have/hold a/the* ~ *of/on s.t.* die monopolie van iets hê.

monster *the green-eyed* ~ afguns, jaloesie.

month *every* ~ elke maand; maandeliks; *for* ~*s* maande (lank); maande aaneen; *I have not seen X for* ~*s* ek het X in geen maande gesien nie, dis maande dat ek X laas gesien het; ~ *in*, ~ *out* maand na maand, maandin en maanduit; *in three* ~*s*, *in three* ~*s' time* oor/binne drie maande; *inside (of) a* ~ binne 'n maand, in minder as 'n m.; *last* ~ verlede m.; *the last* ~ die laaste m. *(van 'n tydperk);* die afgelope m.; *next* ~ aanstaande/volgende m.; *the next* ~ die volgende m.; die m. daarop; *the* ~ *of October/etc.* Oktobermaand/ens., die m. Oktober/ens.; *the previous* ~ die vorige m.; die m. tevore; *never in a* ~ *of Sundays* →**Sunday**; *this* ~ dié/hierdie m., vandeesmaand; *this* day ~, *today* ~ vandag oor 'n m.; *throughout the* ~, *the* **whole** ~ *long* die hele m. (deur), heelmaand.

monument *erect a* ~ 'n gedenkteken/monument oprig; *a* ~ *to* … 'n g./m. vir —, 'n g./m. ter ere van —.

mooch ~ *about/around* § rondslenter.

mood *in a bad* ~ in 'n slegte bui/luim; *be in the* ~ *for* … vir — lus wees, in die stemming vir — wees; *in a good* ~ in 'n goeie bui/luim; *a man or woman of* ~*s* 'n buierige man *of* vrou; *in an ugly* ~ in 'n kwaai bui; in 'n gevaarlike stemming.

moon¹ [n.] *ask/cry for the* ~ die onmoontlike verlang; *bay at the* ~ teen die maan blaf; *once in a blue* ~ §baie/hoogs selde, elke skrikkeljaar ★; *there is a full* ~, *the* ~ *is full* dis volmaan, die m. is vol; *there is a* ~ dis ligte m.; *the man in the* ~ die man(netjie) in die m.; *many* ~*s* baie maande; *there is a new* ~ dis nuwemaan; *there is no* ~ dis donkermaan; *be over the* ~ §in die wolke wees ★; *promise s.o. the* ~ iem. goue berge beloof/belowe; *the* ~ *rises* die maan kom op; *the* ~ *sets* die m. gaan onder; *the* ~ *wanes* die m. neem af; *the* **waning** ~ die afnemende/afgaande m.; *the* ~ **waxes** die m. groei; *the* **waxing** ~ die groeiende/wassende m.

moon² [v.] ~ *about/around* loop en droom; ~ *away one's time* die tyd verdroom.

moonlight ~ *and roses* rosegeur en maneskyn.

moonlight flit *do a* ~ ~ §met die noorderson vertrek ★

moorings *the ship was driven from her* ~ die skip het losgeruk, die s. se meertoue het gebreek; *the ship lies at her* ~ die s. lê vasgemeer.

mop ~ *up s.t.* iets opdweil; iets insluk; *(mil.)* iets opruim.

moral *deprave the* ~*s* die sedes bederf; *point a* ~ moraliseer *(iem.);* 'n sedeles bevat *(iets).*

morale *the* ~ *is high* or *low* die moreel/moraal is goed *of* sleg.

more *all the* ~ des te meer; ~ *and* ~ al (hoe) meer; *are there any* ~*?* is daar nog (meer)?; *not any* ~ (nou) nie m. nie; nie langer/m. nie; *there isn't any* ~, *there is no* ~ daar is nie/niks m. nie; ~ *than anything* else bo alles; hoofsaaklik, vernaamlik; *ask for* ~ nog vra; *the* ~ *the* **better** hoe meer hoe beter; *even* ~ (selfs) nog m.; *far* ~ baie/veel m.; *the* ~ *the* **fool** HE des te dommer van HOM; *just* ~ *than* … iets meer as —; ~ *or less* min of m.; *neither* ~ *nor less* niks m. of minder nie; *that is* ~ *like it* §so moet dit wees; *a little* ~, *slightly* ~ 'n bietjie/rapsie meer, effens/effe(ntjies)/iets m.; *it is little* ~ *than* … dit is weinig m. as —; *little* ~ *than a child* nog byna 'n kind; *many* ~ baie meer; *the* ~ *the* **merrier** →**merry**; *much* ~ baie/veel m.; *as much* ~ nog 'n keer soveel; *so* **much** *the* ~ des te meer; *s.o. needs ten* ~ … iem. het nog tien — nodig; *no* ~ niks meer nie; nie m./langer nie; *s.o. is no* ~ iem. is nie m. nie, iem. is dood; *no* ~ *did* HE HY (het) ook nie; en HY ewe min; *I want no* ~ *of this!* dit moet nou end kry!; *no* ~ *than* … niks meer as — nie; *not* ~ *than* … hoogstens —, op die/sy meeste —; *it has* ~ *of a local character* dit is meer plaaslik van aard, dit is van m. plaaslike aard; *s.o. is* ~ *of a* … iem. is eerder 'n —; … *would be* ~ *of a comfort* — sou 'n beter troos wees; *be* ~ *of a help* 'n groter hulp wees; ~ *often* mees(t)al; *once* ~ nog 'n/een keer, nogeens, nogmaals; ~ *than once* meer as een keer/maal; *one* ~ … nog 'n —; nog (net) een —; *one/etc.* ~ nog een/ens.; *rather* ~ *than a hundred* or *thousand* goed/ruim honderd *of* duisend; *say no* ~*!* genoeg gesê!; *see* ~ *of s.o.* iem. meer sien; *a sight* ~ §baie m., 'n hele boel m. ★; *even* ~ *so* selfs nog m.; *only* ~ *so* des te m., net nog m.; *the* ~ *so as/because* … te meer omdat/aangesien/daar —; *some* ~ nog; nog 'n bietjie; nog 'n paar; *see you some* ~*!* § tot siens!; *something* ~ nog iets; *still* ~ nog meer; ~ *than a hundred* or *thousand* m. as honderd *of* duisend, oor die honderd *of* duisend; *ten* ~ *sheep/etc.* … tien skape/ens. m. as —; ~ *than it did* m. as voorheen; ~ *than it was* m. as voorheen; *the* ~ …, *the* ~ … hoe m. —, hoe m. —; *hoe m. —, des te m. —; the* ~ HE *gets, the* ~ HE *wants* hoe m. HY kry, hoe m. wil HY hê; *there is* ~ *to it than that* daar sit m. agter; *what's* ~, *what is* ~, … wat m. sê, —; en verder/vêrder —; buitendien —; *what* ~ *can s.o. do?* wat kan iem. nog doen?; wat kan iem. meer doen?; *what* ~ *does s.o. want?* wat wil iem. nog hê?; wat wil iem. meer hê?; *yet* ~ … nog m. —.

morning *all* ~ die hele oggend/môre/more, heeloggend, heelmôre, heelmore; *early in the* ~ vroegdag, vroegoggend, vroegmôre, vroegmore; *one fine* ~ op 'n goeie môre/more; *good* ~*!* goeiemôre!, goeiemore!; *in the* ~ in die môre/more/oggend, in die voormiddag; smôrens/smorens/soggens; môreoggend, moreoggend; *first thing in the* ~ soggens heel eerste, soggens vroeg-vroeg; vroeg-vroeg/dadelik môreoggend/moreoggend; *the* ~ *after the night before* olikheid na vrolikheid; *this* ~ vanoggend, vanmôre, vanmore; *throughout the* ~ heeloggend, heelmôre, heelmore; *tomorrow* ~ môreoggend, moreoggend; *the top of the* ~ *to you!* goeiemôre!, goeiemore!; *toward(s)* ~ teen die oggend (se kant); *yesterday* ~ gisteroggend.

morrow *on the* ~ die volgende dag.

mortgage *foreclose a* ~ 'n verband oproep/opsê.

mortgaged *be heavily* ~ swaar verbind/belas wees.

mortification *to s.o.'s* ~ tot iem. se skande.

mortified *feel* ~ afgehaal voel.

mosey ~ *along* § voortslenter.

most ~ *of all* die allermeeste; ... *at (the)* ~, ... *at the very* ~ op die/sy meeste —, uiterlik —; *hoogstens* —; *make the* ~ *of s.t.* die meeste voordeel uit iets probeer trek; die beste gebruik van iets maak; met iets woeker; ~ *people/etc.* die meeste mense/ens.; ~ *of us* die m. van ons.

mote *the* ~ *in another's eye* die splinter in 'n ander se oog.

mothball *keep/put s.t. in* ~s iets bêre, iets nie gebruik nie; iets uit die vaart haal *('n skip)*.

mother *every* ~*'s son* § elkeen sonder uitsondering, van die eerste tot die laaste.

motion[1] [n.] *carry a* ~ 'n mosie/voorstel aanneem; *defeat a* ~ 'n m./v. verwerp; HE *goes through the* ~s *of doing s.o.* HY maak asof HY iets doen; *be in* ~ in beweging wees, aan die gang wees; *introduce a* ~ 'n mosie/voorstel indien; *the* ~ *was lost* die m./v. is verwerp; *of one's own* ~ uit eie beweging; *propose a* ~ 'n mosie voorstel; *put a* ~ 'n mosie/voorstel tot stemming bring; *put/set s.t. in* ~ iets in beweging bring, iets aan die gang maak/sit; *speak to a* ~ oor 'n mosie/voorstel praat; *table a* ~ van 'n.m./v. kennis gee; *an unopposed* ~ 'n onbestrede m./v.; *withdraw a* ~ 'n voorstel terugtrek.

motion[2] [v.] ~ *to* HIM *to do s.t.* (vir) HOM wys dat HY iets moet doen.

motivated *be highly* ~ aangevuur wees.

motive *from certain* ~s uit sekere beweegredes; *have an ulterior* ~ 'n bybedoeling hê, 'n bedekte beweegrede hê.

motor *cut the* ~ die motor/masjien afsit; *start a* ~ 'n m./m. aan die gang sit.

mould[1] [n.] *be cast in the same* ~ op dieselfde lees geskoei wees.

mould[2] [v.] HE *can* ~ *s.o. like wax* HY kan met iem. maak wat HY wil.

mount ~ *(up)* styg, toeneem; ophoop; oploop.

mountain *make a* ~ *out of a molehill, make* ~s *out of molehills* 'n berg van 'n molshoop maak, van 'n muggie 'n olifant maak; *the* ~ *brought forth a mouse* die berg het 'n muis gebaar; *move* ~s berge versit.

mourn ~ *for s.o.*, ~ *over the death/loss of s.o.* oor (die dood/verlies van) iem. rou.

mourning *in deep* ~ swaar in die rou; *go into* ~ in die rou gaan; *be in* ~ in die rou wees.

mouth *s.o. has a big* ~ § iem. lap gewoonlik alles uit; *button up (one's* ~*)* § stilbly; HE *is down in the* ~ HY is bekaf★/bedruk/neerslagtig, SY ore hang ★, HY laat SY kop/ore hang ★, HY lyk of die honde SY kos afgevat het ★; *s.o. is in everybody's* ~ almal praat van iem.; *foam at the* ~ skuimbek; *make a* ~ skewebek trek ★; *it melts in one's* ~ § dit smelt op ('n) mens se tong ★; *out of* HIS *own* ~ uit SY eie mond, met SY eie woorde; *run at the* ~ kwyl; HE *screws up* HIS ~ HY trek SY lippe saam; HE *shoots off* HIS ~ § HY praat SY mond verby; §HY vaar uit, HY rek SY bek ★★; HE *keeps* HIS ~ *shut,* HE *shuts* HIS ~ § HY bly stil, HY hou SY mond; *shut/stop s.o.'s* ~ § iem. stilmaak, iem. se mond snoer, iem. die swye oplê, iem. tot swye bring; *s.o.'s* ~ *waters* iem. se mond water, iem. watertand; *it makes one's* ~ *water* dit laat ('n) mens se mond water, dit laat ('n) mens watertand; *by word of* ~ mondeling(s); *put words into s.o.'s* ~ iem. woorde in die mond lê; *take the words out of s.o.'s* ~ die woorde uit iem. se mond neem; HE *will laugh on the wrong side of* HIS ~ § ons sal sien of HY sal lag; *make a wry* ~ 'n suur gesig trek.

mouthful *say a* ~ § 'n groot/waar woord praat; § 'n hele boel sê ★

move[1] [n.] *make a bad* ~ 'n fout maak; *a clever* ~ 'n slim set; *one false* ~ een verkeerde stap; *get a* ~ *on* § gou maak, opskud★; *get a* ~ *on!* § maak gou!, skud op! ★, opskud!★, roer jou (litte/riete)! ★; *a good* ~ 'n verstandige stap; *make a* ~ stoot *(bv. in dambord, skaak)*; tot stappe oorgaan; in beweging kom; aanstalte(s) maak *(om iets te doen)*; *be on the* ~ aan die beweeg/loop wees, aan die gang wees; aan die rondtrek wees; *keep s.o. on the* ~ iem. aan die gang hou, iem. geen rus gun nie.

move[2] [v.] ~ *about/around* heen en weer loop, rondloop; rondtrek; dikwels verhuis; ~ *about/around s.o. or s.t.* iem. *of* iets rondskuif/rondskuiwe, iem. *of* iets dikwels verskuif/verskuiwe; ~ *along* aanloop, aanstap; aanry; aan die beweeg bly; verder/vêrder gaan/trek; ~ *people along* mense laat aanloop/aanstap *of* aanry; ~ *along!* aanstap!, stap aan!; bly aan die beweeg!; ~ *away* wegtrek; ~ *backwards* teruggaan; *don't* ~! staan stil!; ~ *down* afgaan; ~ *forward* vorentoe gaan; ~ *s.t. forward* iets na vore bring; iets vorentoe skuif/skuiwe; ~ *in* intrek; (die gesag) oorneem; ~ *in on ...* nader na — toe kom; op — toeslaan *(bv. misdadigers)*; ~ *in with s.o.* by iem. intrek; ~ *into a house* 'n huis betrek, in 'n h. intrek; ~ *in a matter* stappe doen in 'n saak; ~ *off* wegstap, wegloop; weggaan, padgee; wegry; ~ *on* aanloop, aanstap; aanry; aan die beweeg bly; verder/vêrder gaan/trek; voortgaan; ~ *people on* mense laat aanloop/aanstap *of* aanry; ~ *on!* aanstap!, stap aan!; bly aan die beweeg!; ~ *out* uittrek, vertrek; wegtrek; ~ *out s.t.* iets verwyder; ~ *out of a house* uit 'n huis trek; ~ *s.o. out of a* *house* iem. uit 'n h. sit; ~ *over* opskuif/opskuiwe, plek maak; ~ *towards* ... nader na — toe kom; ~ *up* op= skuif/opskuiwe, plek maak; nader kom; opgang maak; styg *(bv. pryse).*

moved *s.o. is not to be* ~ iem. mag nie verskuif/ver= skuiwe word nie; niks kan iem. oorreed nie.

movement *s.o.'s* ~*s* iem. se doen en late, iem. se kom en gaan.

moving *get* ~ aan die gang kom; *get s.t.* ~ iets aan die gang/loop kry; *get s.o.* ~ iem. wakker skud; *keep* ~ aanstap; aanry; aan die beweeg bly; *keep* ~*!* aan= stap!, stap aan!; bly aan die beweeg!

mow ~ *down* ... — afmaai *(bv. mense, soldate).*

much *as* ~ ewe veel; *as* ~ *again* twee maal soveel, dubbel soveel, nog ('n keer) soveel; *half as* ~ *again* anderhalf maal soveel; *as* ~ *as* ... ewe veel as —; tot —, selfs —; *as* ~ *as that* (selfs) soveel; *is it as* ~ *as all that?* is dit regtig/werklik so baie?; *be as* ~ *as three/etc. hours late* tot drie/ens. uur laat wees; *it was as* ~ *as HE could do to* ... HY kon skaars —; *I would pay as* ~ *as R100/etc.* ek sou selfs/tot R100/ens. betaal; *as* ~ *as to say* ... asof (HY wou sê) —; *that is as* ~ *as I know about it* dit is al wat ek daarvan weet; *I have as* ~ *as I want* meer wil ek nie hê nie; *a bit* ~ § 'n bietjie baie; § darem te erg; *if it costs ever so* ~ al kos dit ook wat; *do* ~ *to* ... baie help om te —, baie daartoe bydra om te —; *it is ever so* ~ *easier/etc.* § dit is oneindig makliker/ens.; *s.o. wants to do s.t. ever so* ~ § iem. wil iets dolgraag doen; *thank you ever so* ~ § baie, baie dankie; duisend dankies ★; *how* ~ hoeveel *(bv. geld, melk); how* ~*?* hoeveel?; wat kos dit?; *how* ~ *longer?* hoe lank nog?; *(as)* ~ *as I would like to do it* hoe graag ek dit ook (al) sou wil doen; *not be* ~ *to look at* maar lelik wees; *make* ~ baie verdien; *make* ~ *of* ... baie van — dink; 'n ophef van — maak; *never so* ~ *as* ... nie eens — nie, selfs nie — nie; *not* ~ nie veel nie; *not all that* ~ nie so danig veel nie; *s.o. or s.t. is not* ~ *of a* ... iem. *of* iets is nie 'n danige/wafferse★ — nie, as — beteken iem. *of* iets nie veel nie; *it is nothing* ~ dis niks beson= ders nie, dis niks watwonders nie, dit beteken nie veel nie; *it is not worth* ~ dit is nie baie/veel werd nie; dit het nie veel om die lyf nie; *pretty* ~ *the same* § om= trent eenders/eners, ongeveer dieselfde, min of meer dieselfde; *there is* ~ *to be said for* ... daar kan baie ten gunste van — gesê word; *have* ~ *to say* baie te sê hê; *I says* ~ *for* ... dit pleit vir —; dit spreek boekdele vir —; *I'll say that* ~ *for* ... dit moet ek — ter ere nagee; *see* ~ *of s.o.* baie met iem. in aanraking kom; *so* ~ soveel, so baie; dermate; *not so* ~ *as a* ... nie eens 'n — nie; *s.o. did not so* ~ *as* ... iem. het nie eens ge— nie; *without so* ~ *as a* ... selfs sonder 'n —; *ever so* ~ →*ever so; so* ~ *for that* genoeg daarvan, daarmee is dit afgehandel/gedaan, dit is dit, dit is klaar/verby; *so* ~ *(so) that* ... soseer dat —, so erg dat —, in so 'n mate dat —, selfs so dat —; *not so* ~ *that* ... nie soseer dat — nie; *this* ~ *I know* soveel weet ek; *this* ~ *I can tell you* soveel kan ek jou wel sê/vertel; *I thought as* ~ ek dog

so, dit kon ek dink, dit het ek gedink, net soos ek ge= dink het; *s.o. told me as* ~ dit is wat iem. my vertel het; *too* ~ te veel; *far too* ~ veels te veel; *be too* ~ *for s.o.* § vir iem. te erg wees, vir iem. een te veel wees *(iets);* iem. oor wees, vir iem. een te veel wees *(iem.); not expect too* ~ nie watwonders verwag nie; *too* ~ *of a* ... 'n alte groot — *(bv. risiko); be still too* ~ *of a child* nog te veel kind wees; *not be up to* ~ nie veel beteken nie; niks besonders wees nie; nie te waffers wees nie ★; *very* ~ besonder baie/veel, heel veel; *thank you very* ~ baie dankie, hartlik dank; *thank you very, very* ~ baie, baie dankie, baie hartlik dank; ~ *as I want* to hoe graag ek ook al wil; *without as* ~ *as* ... selfs sonder —.

muchness *much of a* ~ vinkel en koljander ★, om= trent eenders/eners.

muck[1] [n.] *make a* ~ *of s.t.* § iets verbrou.

muck[2] [v.] ~ *about/around* § rondpeuter; § rond= slenter; ~ *about s.o.* § iem. vir die gek hou; ~ *about with s.t.* § met iets peuter; ~ *about with s.o.* § met iem. lol; ~ *in (with* ...*)* § hand bysit (met —); ~ *up s.t.* § iets verbrou/verknoei; § iets bederf.

mud *drag s.o.'s name through the* ~ iem. deur die modder sleep; *here's* ~ *in your eye!* § gesondheid!, daar gaan hy! ★. *HIS name is* ~ § HY het SY naam weggegooi ★; *sling/throw* ~ *at s.o.* iem. met modder gooi, iem. beklad/beswadder/slegmaak; *wallow in the* ~ in die modder rol.

muddle[1] [n.] *get into a* ~ in die war raak, deurme= kaar raak *(iets);* in die war raak *(iem.); s.t. is in a* ~ iets is in die war, iets is deurmekaar; *s.o. is in a* ~ iem. is in die war; iem. is deur die wind ★; *make a* ~ *of s.t.* iets verknoei.

muddle[2] [v.] ~ *along/on* voortsukkel; ~ *through* deursukkel; ~ *up people or things* mense *of* dinge ver= war.

muddy *be all* ~ die ene modder wees.

mufti *in* ~ in burgerdrag/burgerklere.

mug[1] [n.] *it's a* ~*'s game* § dit is gek/gekkewerk.

mug[2] [v.] ~ *up s.t.* § hard aan iets leer.

mulct ~ *s.o. of s.t.* iem. van iets beroof.

mull ~ *over s.t.* oor iets nadink.

multiple *in* ~*s of* ... in eenhede van — elk; *be a* ~ *of* ... 'n veelvoud van — wees.

multiply ~ *by* ... met — vermenigvuldig.

multitude *cover a* ~ *of sins* →**sin;** *a* ~ *of things* 'n menigte dinge; *a vast* ~ 'n ontsaglike/onafsienbare menigte.

mum *keep* ~ § stilbly; *keep* ~ *about s.t.* § iets geheim hou, iets stilhou; ~*'s the word!* § bly stil hieroor!, jy sê niks, hoor!

murder *cry/scream/shout blue* ~ § moord en brand skree(u); *a brutal* ~ 'n gruwelike moord; *commit* ~ moord pleeg; *HE gets away with* ~ § HY doen net wat HY wil, HY kry enigiets reg, HY slaag met vermetelheid; *the* ~ *of* ... die moord op —; ~ *will out* (P) moord bly nie verborge nie; *it is plain* ~ dit is niks anders as

moord nie; §dit is verskriklik/vreeslik; *premeditated*
~ moord met voorbedagte rade.

murmur *say s.t. in a* ~ iets mompel; *without a* ~
sonder om te hik of te kik ★

muscle¹ [n.] HE *flexes* HIS ~s HY beweeg/roer SY
spiere; *have political/etc.* ~ politieke/ens. invloed hê;
not move a ~ geen spier vertrek nie; *pull a* ~ 'n spier
verrek.

muscle² [v.] ~ *in on s.t.* §in iets indring.

muse ~ *about/on/over s.t.* oor iets peins.

museum *do a* ~ 'n museum besigtig.

music *dance* to *the* ~ *of* ... op die musiek van —
dans; *execute* ~ musiek uitvoer/speel; *face the* ~ §
die gevolge dra, die storm verduur; *in* ~ in die mu=
siek; *make* ~ m. maak/speel; *a piece* of ~ 'n musiek=
stuk; *play* ~ musiek speel; *set s.t. to* ~ iets toonset,
iets op m. sit.

muss ~ *up s.t.* §iets deurmekaar maak *(bv. iem. se*
hare); §iets verfrommel *(bv. klere)*.

must *you simply* ~*!* jy moet eenvoudig!

muster¹ [n.] *pass* ~ die toets deurstaan; *it will pass* ~
dit is gangbaar, dit is goed genoeg.

muster² [v.] ~ *out troops* troepe afmonster; HE ~s
(up) HIS *courage* HY skraap SY moed bymekaar.

mutiny ~ *against* ... teen — muit *(op 'n skip)*; teen —
in opstand kom.

mutton ~ *dressed as lamb* §te jonk aangetrek *(van 'n*
ouerige vrou gesê).

myself →**himself.**

mystery *there is an aura of* ~ *around* ..., *an aura of* ~
surrounds ... 'n waas van geheimsinnigheid omhul —;
the ~ *deepens* die geheim raak al hoe duisterder/ter=
gender; *be shrouded/veiled/wrapped in* ~ in ('n waas
van) geheimsinnigheid gehul wees.

N

nadir *at a* ~ by 'n laagtepunt; *reach a* ~ 'n laagtepunt bereik.

nag ~ *about s.t.* oor iets sanik/lol; ~ *(at) s.o.* aan iem. torring ★, iem. nie met rus laat nie.

nagging *perpetual* ~ onophoudelike gesanik.

nail¹ [n.] *HE bites HIS* ~*s* HY kou SY naels; *a* ~ *in s.o.'s coffin* 'n spyker in iem. se dood(s)kis *(fig.)*; *hit the* ~ *on the head* die spyker op die kop slaan *(fig.)*; *pare* ~*s* naels knip/afsny; *pay (cash) on the* ~ § dadelik/ kontant betaal, dis botter by die vis ★

nail² [v.] ~ *back s.t.* iets vasspyker; ~ *down s.t.* iets toespyker *(bv. 'n kis)*; iets vasspyker/vasslaan *(bv. 'n kennisgewing)*; ~ *s.o.* **down** *(to s.t.)* iem. (aan iets) vasbind *(fig.)*; ~ *s.t.* **on/onto/to** ... iets aan — vas= spyker/vasslaan; ~ *together s.t.* iets aanmekaarspy= ker/vasspyker; ~ *up s.t.* iets toespyker *(bv. 'n kis)*; iets vasspyker *(bv. 'n kennisgewing)*.

nailed *be* ~ *to* ... aan — genael wees *(fig., bv. die grond, 'n stoel)*.

naked *go* ~ kaal/naak/nakend loop; *stark* ~ poedel= nakend, poedelkaal, moedernaak, moedernakend.

name¹ [n.] *against s.o.'s* ~ agter iem. se naam; *please answer to your* ~ antwoord asseblief wanneer jou naam uitgelees word; *s.o.* **answers** *to the name of* ... iem. word — genoem, iem. antwoord op die n. (van) —; *ask for s.t. by* ~ uitdruklik na iets vra; *have a bad* ~ 'n slegte naam hê; *give a dog a bad* ~ *(and hang him)* (P) 'n slegte n. kleef/klewe iem. steeds aan; *bear s.o.'s* ~ iem. se n. dra; *become a* ~ beroemd word; *be a big* ~ *in* ... 'n groot n. hê in —, 'n groot n. hê op die gebied van —; *by* ~ by name; ... *by* ~ genaamd —; *by the* ~ *of* ... met die naam (van) —; *call s.o. by* ~ iem. by name noem; *call HIM by HIS* HOM op SY naam noem; *call HIM by HIS first* ~ HOM op SY voornaam noem; *call s.o.* ~*s* iem. uitskel, op iem. skel; *not catch s.o.'s* ~ iem. se naam nie mooi hoor nie; *HE does not have a cent/penny to HIS* ~ HY het geen sent op SY n. nie, HY besit geen sent nie, HY besit geen bloue duit nie, HY is platsak ★; *s.o.'s Christian* ~ iem. se voornaam; *HE clears HIS* ~ HY suiwer HOM van blaam; *drop* ~*s* met name te koop loop; *s.o.'s family* ~ iem. se van/familienaam; *fasten a* ~ *on s.o.* iem. met 'n naam opsaal; *s.o.'s first* ~ iem. se voornaam; *HE has a* ~ *for HIS* ... HY is bekend vir SY —; ... *is the* ~ *of the game* § die doel/kern van die saak is —; *s.o.'s given* ~ iem. se voornaam; *HE gives HIS* ~ HY sê/ verstrek SY naam, HY gee SY n. op; *go by the* ~ *of* ... onder die n. (van) — gaan, die n. — dra; vir — deur= gaan; *in God's* ~! in godsnaam!; *have a good* ~ 'n goeie n. hê; *in the* ~ *of s.o.* namens iem., uit naam van iem.; *the property/etc. is in s.o.'s* ~ die eiendom/ens.

staan op iem. se n.; *in the* ~ *of the King, in the King's* ~ in n. van die Koning; *in/under s.o.'s* ~ onder iem. se n.; *HE keeps up HIS good* ~ HY hou SY n. hoog/op, HY laat nie SY n. val nie; *know s.o.'s* ~ weet wat iem. se n. is; *know s.o. by* ~ *(only)* iem. (net) van n. ken; *know s.o. by the* ~ *of* ... iem. met die n. — ken; iem. onder die n. — ken; *s.o. is known by another* ~ iem. is onder 'n ander n. bekend; *HE leaves HIS* ~ HY gee SY n.; *keep s.o.'s* ~ *on a list* iem. (se n.) op 'n lys hou, iem. (se n.) op 'n lys laat bly; *HE lives up to HIS* ~ HY hou SY n. op, HY doen SY n. eer aan; *her maiden* ~ *is* ... sy was 'n no(o)i —, van haarself is sy —, haar no(o)iens= van was —; *HE makes a* ~ *(for HIMSELF)* HY maak n.; *mention* ~*s* name noem; *mention s.o. by* ~ iem. by name noem; *no* ~*s, no pack-drill* § noem geen name nie, moenie name noem nie; *in* ~ *only* net in naam; *HE does not have a penny/cent to HIS* ~ →*cent/penny*; *put s.o.'s* ~ *down as* ... iem. as — inskryf/inskrywe *(bv. lid, kandidaat)*; *put s.t. in s.o.'s* ~ iets op iem. se naam sit *(eiendom)*; *put one's* ~ *to s.t.* iets onderteken; *cannot put a* ~ *to s.o.* kan nie op iem. se naam kom nie; *registered in the* ~ *of the company* op n. van die maat= skappy geregistreer; *HE signs HIS* ~ HY teken SY n.; *HE signs HIS* ~ *to s.t.* HY onderteken iets, HY teken SY n. onder iets; *take s.o.'s* ~ iem. (anders) se n. aanvaar/ oorneem; iem. se n. neerskryf/neerskrywe/opskryf/ opskrywe/aanteken; *take in s.o.'s* ~ iem. aanmeld; *take a* ~ *in vain* 'n naam ydellik gebruik; *s.o.'s* ~ *was taken* iem. (se n.) is opgeskryf/opgeskrywe; *s.o.'s* ~ *was taken off the roll/books* iem. (se n.) is ge= skrap; *in that* ~ op dié/daardie n.; *what is your* ~? hoe is jou n.?, hoe voer jy die van?, hoe heet jy?; *what's in a* ~? wat beteken 'n naam?, wat steek in 'n n.?; *win a* ~ *for o.s.* opgang maak; *without a* ~ son= der naam; *a* ... *worthy of the* ~ 'n — wat die naam verdien; *write down s.o.'s* ~ iem. (se n.) opskryf/op= skrywe.

name² [v.] ~ *a child after/for s.o.* 'n kind na iem. noem; ~ *s.o. as* ... iem. as — aanwys, iem. tot — be= noem; *you* ~ *it!* § noem maar op! ★

named *be* ~ *after/for s.o.* na iem. genoem wees, na iem. heet.

nameless *s.o. who shall be* ~ iem. wat ongenoem sal bly, iem. wie se naam ons nie sal noem nie.

nap *have/take a* ~ 'n uiltjie knip ★, 'n dutjie doen, 'n slapie hou, 'n bietjie gaan rus.

napping *catch s.o.* ~ § iem. (onverhoeds) vang/be= trap; iem. op 'n fout betrap.

nappy *change a baby's* ~ vir 'n baba 'n droë/skoon doek/luier aansit.

narcosis *under* ~ onder narkose.

narrow ~ *down s.t. to* … iets tot — vermi̶ ̶er; *it* ~*s down to this* dit kom hierop neer.

nary ~ *a* … geen enkele — nie.

nasty *it was* ~ *of s.o. to do s.t.* dit was naar ̶an iem. om iets te doen; *a* ~ *one* 'n kwaai/lelike hou; ̶ harde/taai klap; 'n harde/kwaai/lelike slag; *be* ~ *to* ̶.o. naar/on= beskof/onvriendelik teenoor iem. wees ̶ *turn* ~ on= aangenaam word.

nationhood *achieve* ~ 'n selfstandig̶ nasie word.

native¹ [n.] *be a* ~ *of Finland/etc.* ui̶t Finland/ens. geboortig wees, 'n gebore Fin/ens. wees; *be a* ~ *of London/etc.* in Londen/ens. gebore wees, 'n gebore Londenaar/ens. wees.

native² [adj.] *go* ~ soos 'n inboorling (gaan) leef/le= we, verinlands; *s.t. is* ~ *to* … iets is in — inheems.

natural¹ [n.] *be a* ~ *for s.t.* vir iets uitgeknip wees ★

natural² [adj.] *perfectly/quite* ~ doodnatuurlik.

naturally *s.t. comes* ~ *to s.o.* iets is vir iem. maklik, iem. doen iets ongedwonge; *quite* ~ doodnatuurlik.

nature *against* ~ teen die natuur, onnatuurlik; *back to* ~ terug na die natuur; *by* ~ van aard/natuur/ nature; *be cautious/etc.* *by* ~ versigtig/ens. van aard/ natuur/nature wees; *he obeys the call of* ~ hy loop 'n draai ★, hy doen sy gevoeg ★, hy maak broek los ★★; *in/from/by the* ~ *of the case* uit die aard van die saak, uiteraard; *in the course of* ~ in die gewone gang/loop van sake; *draw or paint from* ~ na die natuur teken *of* skilder; *one of* ~'s *gentlemen* 'n gebore heer; *s.o.'s good* ~ iem. se goedgeaardheid; *human* ~ die mens= like natuur; *s.t. in the* ~ *of* … iets soos —, iets op die geaardheid van —; *it is in the* ~ *of a command* dit dra die karakter van 'n bevel; *it is in the* ~ *of an experiment* dit is 'n soort proefneming; *s.t. is in the* ~ *of* …, (*ook*) iets neem die vorm van — aan; *of this* ~ van hierdie aard/soort/stempel; *he relieves* ~ hy loop 'n draai ★, hy doen sy gevoeg ★, hy maak broek los ★★; *s.t. is second* ~ iets is 'n tweede natuur; *have a sweet* ~ 'n liewe geaardheid hê; *in/from/by the* ~ *of things* uit die aard van die saak, uiteraard; *true to* ~ natuurgetrou; *from its very* ~ in sy wese.

naught *come to* ~ op niks uitloop; misluk; in rook opgaan; *it counts for* ~ dit tel nie (mee) nie; dit baat niks, dit is (te)vergeefs; *set s.t. at* ~ iets in die wind slaan, iets van nul en gener waarde ag.

nausea *suffer from* ~ mislik wees.

nauseam *ad* ~ tot vervelens toe; tot walgens toe.

nauseate *s.t.* ~*s s.o., s.o. is* ~*d by s.t.* iets walg iem., iem. walg van iets, iets maak iem. mislik/naar; iem. het 'n walging van iets.

navigate ~ *by the compass* or *stars* op die kompas *of* sterre stuur.

nay *the* ~*s have it* die voorstel is verwerp, die nees is in die meerderheid; *say s.o.* ~ iem. iets weier; *s.o. will take no* ~ iem. wil van geen weiering hoor nie.

near *as* ~ *as damn it*, *as* ~ *as dammit* § (so) hit= tete ★; ~ *by* naby, digby, vlak by; *come* ~ nader kom; *come* ~ *falling/etc.* byna val/ens.; *draw* ~ na=

der kom, nader; ~ *here* hier naby; *nowhere* ~ … § glad nie naby — nie; ~ *on a month* byna 'n maand; ~ *to* … na aan —, naby —; *come* ~ *to doing s.t.* amper/byna iets doen.

nearer ~ *and* ~ al hoe nader; *ever* ~ steeds nader.

nearest *our* ~ *and dearest* ons dierbares; *to the* ~ *cent* tot 'n sent noukeurig.

nearly *not* ~ … op verre na nie — nie, (nog) lank nie — nie; *not* ~ *so* … glad nie so — nie, lank/verreweg nie so — nie, op verre na nie so — nie; *very* ~ (so) am= per/byna, baie amper.

neat *be as* ~ *as a (new) pin* soos 'n splinternuwe sik= spens lyk; *drink s.t.* ~ iets skoon drink, iets (net) so drink.

necessary *absolutely* ~ broodnodig; *consider s.t.* ~ iets nodig/noodsaaklik ag; *whatever is con= sidered* ~ wat ook al nodig geag word; *find it* ~ *to* … dit nodig vind om te —; *most* ~ allernodigs; *it is not* ~ *for s.o. to do s.t.* iem. hoef iets nie te doen nie; *strictly* ~ volstrek noodsaaklik; *very* ~ hoog nodig; *I don't know why it should be* ~ ek weet nie waarom dit nodig is nie.

necessitate *it would* ~ …*ing* dit sou dit nodig maak om te —.

necessity *an absolute* ~ 'n volstrekte/gebiedende noodsaaklikheid; *the bare necessities* die allernodigste; *a dire* ~ 'n droewe noodsaak; *the* ~ *for/of* … die noodsaaklikheid van —; *there is no* ~ *for it* dit is onno= dig, dit hoef nie; daar is geen behoefte aan nie; *forced by* ~ uit nood(saak), deur die nood gedrewe; *from (sheer)* ~, *out of (sheer)* ~, *through (sheer)* ~ uit nood(saak), weens behoefte, deur die nood gedrewe; ~ *knows no law* (P) nood breek wet (P); ~ *is the mother of invention* (P) nood leer bid (P); *of* ~ nood= wendig, noodgedwonge; *be under the* ~ *to* … genood= saak wees om te —.

neck *about one's* ~ om die nek; *be* ~ *and* ~ kop aan kop loop/wees; *breathe down s.o.'s* ~ § kort op iem. se hakke wees; § oor iem. se skouer loer ★; *HE cranes HIS* ~ HY rek SY nek uit; ~ *and crop* § pens en pootjies ★; *throw s.o. out* ~ *and crop* § iem. uitboender; *be dead from the* ~ *up* § 'n houtkop wees ★; *fall on/upon s.o.'s* ~, *throw one's arms round s.o.'s* ~ iem. om die hals val; *get it in the* ~ § uitgetrap word ★, 'n skrobbering kry; *it is* ~ *or nothing* § dit is daarop of daaronder; *have a rick in the* ~ 'n stywe nek hê; *HE risks HIS* ~ HY waag SY lewe; *HE saved HIS* ~ HY het die galg vrygespring; *stick one's* ~ *out* iets waag; *talk through (the back of) one's* ~ § bog/kaf★/twak★ praat; *HE treads on s.o.'s* ~, (*fig.*) HY sit SY voet op iem. se nek; *HE is in it up to HIS* ~ § HY is pens en pootjies daarin (betrokke) ★; *be up to one's* ~ *in debt* § tot oor die ore in die skuld wees ★; *be up to one's* ~ *in work* § tot oor die ore in die werk sit ★; *win by a* ~ met 'n nek(lengte) wen; *this/that* ~ *of the woods* →**wood**; *wring a bird's* ~ 'n voël se nek omdraai; *I'd like to wring s.o.'s* ~ § ek kan iem. se nek omdraai ★

need¹ [n.] *as* or *if* or *when the* ~ *arises* soos *of* as *of wanneer dit nodig is/word; if* ~ *be* as dit nodig is, indien nodig; desnoods, as die nood aan die man kom, as dit moet, as dit al is; *in case of* ~ in geval van nood, in 'n noodgeval; *a crying* ~ 'n dringende behoefte; *a demonstrated* ~ 'n bewese b.; *in case of dire* ~ in die uiterste geval; *fill/fulfil a* ~ in 'n behoefte voorsien; *have a* ~ *filled* geholpe raak; *the* ~ *for* ... die behoefte aan —; *have no further* ~ *of s.t.* iets nie langer/meer nodig hê nie; *your* ~ *is greater than mine* jy het dit nodiger as ek; *have* ~ *of s.t.* aan iets behoefte hê, iets nodig hê; *in s.o.'s hour of* ~ in iem. se nood; *be in* ~ behoeftig wees, gebrek/nood ly; in ellende verkeer; *be in* ~ *of s.t.* iets nodig hê, om iets verleë wees; *it meets a* ~ dit voorsien in 'n behoefte; *there is no* ~ *of that* dit hoef nie, dit is onnodig; *there is no* ~ *to* ... dit is onnodig om te —; *provide* for *s.o.'s* ~s in iem. se behoeftes voorsien; *stand in* ~ *of s.t.* iets nodig hê, behoefte aan iets hê; *supply a* ~ in 'n b. voorsien; *supplying a* ~ voorsiening in 'n b.; *in time(s) of* ~ in tyd/tye van nood, in swaar tye, as die nood druk; *an urgent* ~ 'n dringende behoefte; 'n spoedeis; *be in urgent* ~ *of s.t.* dringend aan iets behoefte hê.

need² [v.] *that's all I* ~*ed!* §en dit ook nog!; ~ *s.t. badly* iets baie/dringend/hoog nodig hê; iets baie graag wil hê; ~ *s.t. very badly,* ~ *s.t. desperately* iets bitter nodig hê, iets uiters dringend nodig hê; ~ *s.o. badly* iem. baie/dringend/hoog nodig hê; iem. baie graag wil hê; sterk na iem. verlang; ~ *to do s.t.* iets moet doen; *s.o.* ~ *not do s.t.* iem. hoef iets nie te doen nie; *s.t.* ~*s doing, s.t.* ~*s to be done* iets moet (volstrek) gedoen word; *everything (that) s.o.* ~*s* alles wat iem. nodig het; *it* ~*s* ... dit vereis —; *it* ~ *not be* dit hoef nie; *it* ~*s only* ... daar is maar net — nodig; *one* ~ *scarcely say that* ... ('n) mens hoef seker nie te sê dat — nie.

needed *s.t. is badly/much* ~ iets is broodnodig, iets is dringend/hoogs nodig.

needful *the* ~ die nodige; geld.

needle *from a* ~ *to an anchor* van 'n naald tot 'n koevoet; *give s.o. the* ~ §iem. prikkel; §iem. vererg, iem. kwaad maak; *look for a* ~ *in a haystack* 'n naald in 'n hooimied soek; *thread a* ~ 'n naald inryg, 'n draad deur 'n naald steek.

needs ~ *must when the devil drives* (P) nood leer bid (P), daar is geen ander genade nie; *HE* ~ *must do it* HY kan nie anders nie; *s.o.* ~ *must (do s.t.)* iem. kan nie anders as (om iets te doen nie); iem. wil met alle geweld (iets doen).

ne'er ~ *a* ... geen enkele — nie.

negative *answer in the* ~ ontkennend antwoord; *the answer is in the* ~ die antwoord is nee.

neglect¹ [n.] *fall into* ~ verwaarloos raak; *be in a state of* ~ verwaarloos wees; *to the* ~ *of* ... met verwaarlosing van —.

neglect² [v.] ~ *to do s.t.* iets nalaat.

neglectful *be* ~ *of s.t.* iets verwaarloos.

negligence *gross* ~ growwe/verregaande nalatigheid.

negligent *be grossly* ~ erg nalatig wees; *be* ~ *about/of s.t.* n. wees wat iets betref.

negotiate ~ *for s.t.* vir iets onderhandel; ~ *on/over s.t.* oor iets o.; ~ *with s.o.* met iem. o.

negotiation ~*s between* ... onderhandelings tussen —; *break off* ~*s* die onderhandelings staak; *(the)* ~*s were broken off* die o.s is gestaak, die o.s het afgespring; *carry on* ~*s, conduct* ~*s* o.s voer; *be engaged in* ~*s* in onderhandeling wees; *enter into* ~*s, open* ~*s* onderhandelings aanknoop, in onderhandeling tree; *pending the* ~*s* terwyl die o.s aan die gang is, terwyl die o.s hangende is.

neighbourhood *in the* ~ *of* ... in die omgewing van — *('n plek);* ongeveer/omtrent/nagenoeg/sowat —, om en by — *('n aantal, 'n bedrag).*

neither ~ ... *nor* ... nóg — nóg —; *be* ~ *one nor the other* (nóg) vis nóg vleis wees; *that is* ~ *here nor there* dit is nie ter sake nie.

nerve¹ [n.] *be all* ~*s* die ene senuwees wees; *HE gets/ has an attack of* ~*s* HY kry dit op SY s.s; *HIS* ~*s have gone to bits* §HY het dit erg op SY s.s; *be a bundle of* ~*s* 'n senuweebol/senuwee-orrel wees; *s.o.'s* ~*s are on edge* iem. se s.s is op hol; *with* ~*s on edge* met gespanne s.s; *get on s.o.'s* ~*s* §op iem. se s.s werk ★, iem. senu(wee)agtig maak; *it grates/jangles/jars on/ upon the/one's* ~*s* dit laat ('n) mens gril, dit folter/martel die s.s, dit laat ('n) mens seerkry; *have the* ~ *to* ... § die durf/moed hê om te —; §die onbeskaamdheid/vermetelheid hê om te —; *have iron* ~*s* senuwees van staal hê; *HE loses HIS* ~ HY kry dit op SY s.s, HY raak verbouereerd; *s.o.'s* ~*s were shattered* iem. se s.s was gedaan/klaar/kapot★; *have* ~*s of steel* stale s.s hê; *strain every* ~ alle kragte inspan; *strained* ~*s* oorspanne s.s; *what a* ~*!* §watter vermetelheid!

nerve² [v.] *HE* ~*s HIMSELF* HY skraap SY moed bymekaar.

nervous *become* ~ senu(wee)agtig word; *make s.o.* ~ iem. senu(wee)agtig maak.

nest *HE feathers HIS* ~ HY vul SY sak(ke), HY spek SY beurs; *HE fouls HIS own* ~ HY bevuil SY eie nes; *it's an ill bird that fouls its own* ~ (P) wie sy neus skend, skend sy aangesig (P); *make a* ~ nesskop.

nest egg *set aside a* ~ iets vir die oudag spaar.

nestle *HE* ~*s down* HY vly HOM neer; *HE* ~*s up against/ to s.o.* HY vly HOM teen iem. aan.

net *at the* ~, *(tennis)* by die net; *at the* ~*(s), (kr.)* in die nette; *cast a* ~ 'n net uitgooi; *HE sweeps everything into HIS* ~ HY pak alles wat HY in die hande kan kry.

nettle *grasp the* ~ die bul by die horings pak.

neutral *remain/stay* ~ *in* ... neutraal bly in — *(bv. 'n oorlog).*

never *well I* ~*!* nou toe nou!, kan jy nou meer!, reken nou net!

never-never *on the* ~ §op huurkoop/afbetaling.

new *as* ~ feitlik nuut; *be* ~ *at/in/to s.t.* nog nie op die hoogte wees nie, nog onervare wees; **brand-~** splinternuut, kraaknuut, vonkelnuut, kersvers; *the ~ one* die nuwe; *that is a ~ one* →**one**; *something ~* iets nuuts, 'n nuwigheid; *spanking ~* splinternuut.

newcomer *s.o. is a ~ to* ... iem. is nuut in —, iem. is nuut op die gebied van —.

news *break the ~ (gently) (to s.o.)* (iem.) die nuus/ tyding (versigtig) meedeel; *the ~ broke* die n./t. het bekend geraak; *confirm the ~* die berig bevestig; *be in the ~* in die nuus wees; *the latest ~* die laaste/ jongste n.; *make ~* in die n. kom, groot aandag trek; *that is no ~* dit is ou n.; *no ~ is good ~* (P) geen n. is goeie n. (P); *~ of* ... berig/tyding van/omtrent —; *a piece of ~* 'n berig; *read the ~, (radio & TV)* die nuus (voor)lees; *stale ~* ou n.; *we had the ~ that* ... ons het die tyding gekry/ontvang dat —, ons het ver= neem dat —; *that is ~ to me* § dit is die eerste wat ek daarvan hoor, dit is vir my nuus; *what ~?, what is the ~?* wat is die n./tyding?, watter n. is daar?

newspaper *take (in) a ~* op 'n koerant inteken.

next *next (please)!* volgende (asseblief)!; *be ~* volg, aan die beurt wees; *be ~ on the list* die volgende op die lys wees; *~ to* ... naas(aan)/langs(aan) —; ná/naas —; *~ to that* daarnaas; *~ to this* hiernaas; *~ to what?* waarnaas?; *what's ~?* wat nou?; *what ~?* § kan jy nou meer!, (ek) bid jou aan!, nou toe nou!; *who's ~?* wie volg?, wie se beurt is dit?

nibble[1] [n.] *feel like a ~* lus hê vir iets om aan te peusel; *the angler never had a ~* die vis het glad nie gebyt nie.

nibble[2] [v.] *~ at s.t.* aan iets peusel *(kos)*; aan iets byt *(die aas)*; belangstelling in iets toon *(bv. 'n aanbod)*.

nibs *his ~, (spottend)* § sy hoogheid.

nice *~ and* ... lekker — *(bv. koel, warm, soet)*; mooi — *(bv. slank)*; *that's not ~ of s.o.* dis nie mooi van iem. nie; *be ~ to s.o.* vriendelik wees teenoor iem.; *not be too ~ about the method* nie te kieskeurig wees om= trent die metode nie.

nicely *to a ~* haarfyn, tot op 'n haar, eksie-perfeksie ★

niche *HE has found HIS ~* HY het SY plekkie gevind.

nick *in bad* or *good ~* § in 'n slegte of goeie toestand; *in the ~* § in die tjoekie★/tronk; *in the ~ of time* →**time**.

nicked *be/get ~* § gevang/gearresteer word.

niggle *~ about/over s.t.* oor iets vit; *s.t. is niggling at s.o.'s mind* iets pla iem.

night *all ~ (long)* heelnag, die hele nag (deur); *at ~* in die nag, snags, by nag; in die aand, saans; *have a bad ~* sleg/onrustig slaap; *in the black of ~, in the dead of ~, at dead of ~, in the depth of ~* in die middel/hol= ste van die nag; *by ~* in die n., snags, by n.; *under cover of ~* in die donker; *~ and day* dag en nag; *turn ~ into day* van die n. 'n dag maak; *at dead of ~, in the dead of ~* →**black; deep in the ~** diep in die n.; *in the depth of ~* →**black; until far into the ~** tot diep in die n.; *have a good ~* 'n goeie nagrus hê/geniet, goed/lekker slaap; *in the ~* in die nag, by n.; *(until)*

well into the ~ tot diep in die n.; *last ~* gisteraand/ gisternag, verlede n., vannag; *the ~ before last* eergis= ternag; *late at ~* laataand; laatnag; *make a ~ of it* § die hele aand pret maak; § deurdruk dag toe ★, laat deurloop dag/ligdag toe ★, die nag deur fuif; *~ after night* elke n.; elke aand; *on a ~* op 'n aand; *s.t. happened one ~* iets het een nag gebeur, iets het op 'n (sekere) n. gebeur; *a ~ out* 'n aand uit; *have a ~ out* 'n aand uitgaan; *pass/spend the ~* die nag deur= bring, vernag, oornag; *stay the ~* oornag, die n. oor= bly; *this ~* vannag, hierdie n.; *all through the ~, throughout the ~* heelnag, die hele n. (deur) *in the watches of the ~* in die nagtelike ure; in die slaaplose/ slapelose ure van die n.

nightfall *at ~* (met) sononder.

nightmare *have a ~* 'n nagmerrie hê/kry; *have ~s* nagmerries hê/kry.

night-watch *in the ~s* in die nagtelike ure; in die slaaplose/slapelose ure van die nag..

nine *be dressed up to the ~s* (piek)fyn uitgevat wees.

ninepins *go down like ~* holdersbolder val.

nineties *HE is in HIS ~* HY is in SY negentigerjare, HY is in die negentig; *it happened in the N~* dit het in die negentigerjare gebeur, dit het in die jare negentig ge= beur.

nip[1] [n.] *~ and tuck, (Am.)* § kop aan kop.

nip[2] [v.] *~ along to* ... § gou na — gaan; *~ in* § inglip, inwip; *~ off* § wegspring; *~ off s.t.* iets afbyt; iets afknyp; *~ out* § uitglip, uitwip; *~ round to* ... § gou na — gaan.

nitty-gritty *come to the ~, get down to the ~* § die kern van die saak aanpak.

no[1] [n.] *not take ~ for an answer* geen weiering aan= neem nie; *answer with a plump ~* botweg weier; *the noes have it* die voorstel is verwerp, die meerderheid sê nee; *a plain ~* 'n weiering sonder meer; 'n ontken= ning sonder meer.

no[2] [adj.] *~ parking/etc.* parkeer/ens. verbode.

noboby *next to ~* so goed as niemand (nie).

nod[1] [n.] *get the ~* goedgekeur word *(iets)*; toestem= ming kry *(iem.)*; *give s.t. the ~* iets goedkeur; *on the ~* § op krediet; § met algemene instemming; *a ~ is as good as a wink* (P) § 'n goeie begrip/begryper het 'n halwe woord nodig (P).

nod[2] [v.] *~ at/to s.o.* vir iem. knik; *~ off* § indut, in= sluimer, aan die slaap raak.

noise[1] [n.] *a big ~* § 'n groot kokkedoor ★; *a great ~* 'n groot geraas/lawaai; *an infernal/unholy ~* § 'n woeste lawaai, 'n lawaai dat hoor en sien vergaan; *kick up a ~* lawaai maak; *make a ~* raas, lawaai maak, rumoer; *make a ~ (in the world)* § opspraak (ver)= wek; § (groot) bekendheid verwerf; *make a ~ about s.t.* § 'n bohaai oor iets maak; *make a great ~* baie raas, 'n groot lawaai/geraas maak; *HE makes en= couraging/etc. ~s* § HY laat HOM aanmoedigend/ens. uit; *stop a ~* ophou (met) raas; *stop that ~!* hou op met raas!, bly stil!

noise² [v.] ~ *s.t. about/abroad/around* iets uitbasuin, iets aan die groot klok hang.

nominate *s.o. as a candidate for* ... iem. as kandidaat vir — benoem; ~ *s.o. to a council* iem. in 'n raad benoem.

nomination ~ *for a seat* benoeming vir 'n setel; *make a* ~ 'n benoeming doen, 'n kandidaat stel.

nonce *for the* ~ voorlopig; hierdie keer/slag.

none ~ *at all* glad/hoegenaamd niks; *bar* ~ sonder uitsondering; ~ *of the money/etc. is* ... niks van die geld/ens. is — nie; ~ *of them is/are* ... geeneen van hulle is — nie; *it is* ~ *of HIS doing* HY het geen aandeel daarin gehad nie; dis nie SY skuld nie; *s.o. would have* ~ *of that* iem. was nie daarvan/daarmee gediend nie; ~ *of that!* hou op!; *be* ~ *of the cleverest/etc.* nie van die slimste/ens. wees nie; ~ *of your* ...! hou jou — vir jouself!; ~ *other but* ... niemand anders as — nie; niks anders as — nie; ~ *other than* ... niemand anders as — nie; *be* ~ *the better/etc.* niks beter/ens. wees nie; ~ *too* ... nie danig/alte — nie; ~ *what(so)ever* geen stuk nie.

nonsense *absolute/arrant/downright/perfect/ plumb/pure/rank/sheer* ~ klinkklare/louter/pure/ volslae onsin, pure bog/kaf★/twak★; *make (a)* ~ *of s.t.* iets bederf; *there is no* ~ *about him* or *her* hy of sy is 'n man of vrou sonder krulle; *a piece of* ~ 'n onsinnigheid; *it is so much* ~ dis alles onsin, dit is klinkklare/ louter/pure/volslae onsin; HE *stands no* ~, HE *does not stand any* ~ HY verdra geen bogtery nie, HY laat nie met HOM speel nie; *stop your* ~! skei uit!; *talk* ~ bog/kaf★/onsin/twak★ praat, kaf verkoop ★; *in die* wind praat; *what* ~! watter onsin!, wat 'n onsin!

nook *in every* ~ *and cranny* in elke hoekie en gaatjie.

noon *at* ~ (om) middag; smiddags; *at high* ~ in die middel van die dag; *toward(s)* ~ teen die middag (se kant).

noose →head.

nor →neither.

norm *conform to the* ~ aan die norm voldoen; *establish a* ~ 'n norm vasstel.

normal *be back to* ~ weer normaal wees; *return to* ~ weer normaal word, tot die normale terugkeer.

north¹ [n.] *from the* ~ uit die noorde, van die noorde (kant); *in the* ~ in die noorde; *the wind is in the* ~ die wind is noord; *to the* ~ noordwaarts, na die noorde; *to the* ~ *of* ... noord van —, ten noorde van —.

north² [adv.] ~ *by east* or *west* noord ten ooste *of* weste; *due* ~ reg noord; *go* ~ noordwaarts gaan; ~ *of* ... noord van —, ten noorde van —; *up* ~ in die noorde; na die noorde.

nose¹ [n.] *with one's* ~ *in the air* uit die hoogte; HE *walks with HIS* ~ *in the air* HY loop met SY neus in die lug; *s.o.'s* ~ *is blocked, s.o. has a blocked* ~ iem. se neus is toe, iem. het 'n toe neus; *give s.o. a bloody* ~ iem. bloedneus slaan; HE *blows HIS* ~ HY snuit SY neus (uit); HE *buries/has HIS* ~ *in a book* HY sit met SY n. in 'n boek; HE *keeps HIS* ~ *clean* § hy trap in SY

spoor/spore; HE *cocks HIS* ~ *at* ... HY trek SY neus vir — op; *count* ~s koppe/neuse tel; HE *cuts off HIS* ~ *to spite HIS face* HY gooi SY eie vensters stukkend, uit kwaadheid/wrok benadeel/skaad HY HOMSELF; HE *follows HIS* ~ HY loop agter SY neus aan; *have/hold/keep one's* ~ *to the grindstone* aan die werk bly, sonder ophou werk; *hold/keep s.o.'s* ~ *to the grindstone* agter iem. staan, iem. hard laat werk; *have a* ~ *for* ... 'n fyn neus vir — hê; HE *holds HIS* ~ HY druk SY n. toe; *put s.o.'s* ~ *out of joint* § iem. uitoorlê, iem. 'n lelike klap gee *(fig.)*; *keep one's* ~ *out of* ... § uit — bly; *lead s.o. by the* ~ iem. aan die neus lei; *make a long* ~ *at* ... vir — 'n lang n. trek; HE *does not look/see beyond (the end of) HIS* ~, HE *does not look/see further than HIS* ~ HY kyk/sien nie verder/vêrder as (wat) SY n. lank is nie; *look down one's* ~ *at s.o.* op iem. neersien, minagtend na iem. kyk, iem. verag; *pay on the* ~ § dadelik/kontant betaal; *pay through the* ~ § deur die nek betaal ★; *make s.o. pay through the* ~ §iem. die ore van die kop af vra ★, iem. die vel oor die ore trek ★; HE *picks HIS* ~ HY krap in SY neus; HE *pokes/sticks HIS* ~ *into* ... §HY steek SY n. in — ★; *don't poke/stick your* ~ *into my affairs* §moenie jou n. in my sake steek nie ★, bemoei jou nie met my sake nie; *powder one's* ~ § 'n draai loop ★, na die toilet gaan; *rub* ~s *with* ... gemeensaam met — omgaan; *rub s.o.'s* ~ *in it* iem. dit onder die neus vryf/vrywe; *thumb one's* ~ *at s.o.* vir iem. langneus maak; *s.o.'s* ~ *turns up* iem. het 'n wipneus(ie); HE *turns up HIS* ~ *at s.t.* §HY trek (SY) neus vir iets op; *under s.o.'s (very)* ~ §vlak voor iem., voor iem. se n. ★; *win by a* ~ met 'n neuslengte wen *('n perd)*; net-net wen.

nose² [v.] ~ *about/around* rondsnuffel; ~ *out s.t.* iets uitsnuffel; iets uitvis.

nosedive *take a* ~, *(lett.)* duik *(bv. 'n vliegtuig)*; *(fig.)* skerp daal *(bv. pryse)*; *(fig.)* erg agteruitgaan *(bv. sake)*.

nostalgia *feel/have* ~ *for* ... na — terugverlang.

nostril *s.t. stinks in s.o.'s* ~s iets walg iem.

not *absolutely* ~ volstrek/hoegenaamd nie; ~ *at all* glad nie; volstrek/hoegenaamd nie; ~ *at all!* nie te danke; *certainly* ~ beslis nie; *damn well* ~ § vervlaks/vervloeks nie ★; ~ *even* ... selfs nie — nie, nie eens/eers — nie; *if* ~ indien nie, so nie; *if* ~ ... miskien selfs —; *one of the best/etc., if* ~ *the best/etc.* een van die beste/ens. of die heel beste/ens.; *an important, if* ~ *the most important part* 'n belangrike of selfs die belangrikste deel; *rather* ~ liewer(s)/liefs nie; ~ *that* ..., *but* nie dat — nie, maar.

notch ~ *up s.t.* § iets aanteken/behaal/insamel *(punte)*.

note¹ [n.] *compare* ~s indrukke/ervarings (uit)wissel; *strike a discordant/false/jarring* ~ 'n wanklank laat hoor, 'n w. veroorsaak; *drop s.o. a* ~ vir iem. 'n briefie skryf/skrywe; *make* ~s aantekenings maak; *make a* ~ *of s.t.* iets aanteken, van iets aantekening hou; HE *makes a mental* ~ *of s.t.* HY knoop iets in

SY oor *, HY prent iets in SY geheue; *of* ~ van belang/
betekenis; noemenswaardig; *a man* or *woman of* ~ 'n
man *of* vrou van aansien/naam; *a* ~ *of* ... 'n toon van
—; *on a* ... ~ op 'n — toon; *strike the right* ~ die
regte toon tref/vind; *strike a* ~, *(fig.)* 'n toon aan=
slaan; *take* ~s aantekenings maak; *take* ~ *of* ... van
— kennis neem, op — let; *speak without* ~s uit die
vuis praat; *be worthy of* ~ opmerklik/opvallend wees;
write s.o. a quick ~ gou vir iem. ('n briefie)
skryf/skrywe.

note² [v.] ~ *down s.t.* iets aanteken/opteken; iets op=
skryf/opskrywe.

noted *it should be* ~ *that* ... daar dien op gelet te word
dat —, daar moet op gelet word dat —.

nothing *be a* ~ 'n nul wees; *absolutely* ~ hoege=
naamd niks; ~ *at all* heeltemal/hoegenaamd niks; *it
will avail HIM* ~ dit sal HOM n. baat/help nie; ~
but ... net —; ~ *but good* niks as goeds nie; *care* ~
for ... n. van — hou nie; *there is* ~ *to choose between
them* →**choose;** ~ *will come of it* daar sal n. van
teregkom nie; *come to* ~ op n. uitloop; *it conveys* ~
to s.o. dit beteken/sê vir iem. n.; *count for* ~ n. tel nie,
nie meetel nie; *be* ~ *daunted* glad nie ontmoedig wees
nie; onverskrokke wees, glad nie verskrik wees nie;
there is ~ *one can do about it* daar is niks aan te doen
nie; *there is* ~ *X can do about it* X kan daar n. aan doen
nie, daar is X magteloos; *have* ~ *to do with s.t.* n. met
iets te doen hê nie; ~ *doing* §daar gebeur n.; §daar is
geen sprake van nie; §dit help n.; ~ *doing!* §daar kom
n. van nie!, daar kom dadels van! *; §pure verniet!; *sit
doing* ~ sit en vlieë vang *; ~ *on earth* niks ter wê=
reld; *like* ~ *on earth* sleg, glad nie goed nie; *feel like*
~ *on earth* §miserabel/verskriklik voel; *look like* ~
on earth §lyk soos wie weet wat *; *if* ~ *else* al sou dit al
wees; *s.o. wants* ~ *else* iem. wil niks verder/vêrder hê
nie; *fade away to* ~ 'n skadu(wee) word; in die niet
verdwyn/versink; *in* ~ *flat* §in 'n kits/japtrap*; *for* ~
verniet; tevergeefs, nutteloos; sonder rede; *not for* ~ §
nie om dowe neute nie; *there is* ~ *for it but to* ... daar is
niks anders aan te doen nie as om te —, daar is geen
ander genade nie as om te —; ~ *for* ~ n. verniet nie;
s.o. gains ~ *by it* iem. verdien daar n. by nie, dit bring
iem. n. in die sak nie; *have* ~ *to go by/on* geen vastig=
heid hê nie; geen aanduiding hê nie; geen leidraad hê
nie; *it goes for* ~ dit tel nie, dit baat niks; dit is tever=
geefs; *have* ~ *on s.o.* § n. teen iem. weet nie; ~ *if
not* ... bo alles —, bowe(n)al —, baie/regtig/werklik
—; *there is* ~ *in it* daar steek niks in nie, dit beteken n.;
§die kanse is volkome gelyk; *there is* ~ *in it for HIM* HY
kry daar niks uit nie, HY het daar n. aan nie; *it's* ~ ! §
nie te danke!; dit maak nie saak nie!; ~ *of the kind/
sort!* § daar is geen/nie sprake van nie!, moenie glo
nie! *; *lack for* ~ niks kortkom nie; ~ *less than* ... n.
minder as — nie; *there is* ~ *like it* §n. kom daarby nie,
dit gaan alles te bowe; ~ *like so good* §lank nie so goed
nie; *make* ~ *of it* daar niks van dink nie; *s.o. can
make* ~ *of it* iem. kan daar n. uit wys word nie; *s.o.*

can make ~ *of X* iem. kan X nie begryp nie; iem. kan
niks met X aanvang nie; *make/think* ~ *of s.t.* iets as
'n kleinigheid beskou, iets gering ag; *s.o. makes/
thinks* ~ *of walking thirty kilometres a day* om dertig
kilometer op 'n dag te loop is vir iem. niks; *a mere* ~
sommer n., sommer 'n nietigheid; ~ *more* n. meer
nie; *it is* ~ *much* dit is n. besonders nie, dit is n.
watwonders nie, dit beteken nie veel nie; *next to* ~ §
byna n., so te sê n., so goed as n., bitter min; *buy* or *sell
s.t. for next to* ~ §iets vir 'n appel en 'n ei koop of
verkoop; *no* ~ §glad niks; ~ *if not* ... →*if not; there
is* ~ *to be said for it* daar is niks voor te sê nie; *to say* ~
of ... om nie van — te praat nie; *HE has* ~ *to say of
HIMSELF* HY kan nie boe of ba sê nie *, HY sit daar met
'n mond vol tande *; *have you* ~ *to say for yourself*
het jy niks te sê nie?, kan jy jou nie verdedig nie?; *HE
sees* ~ *but* ... HY staar HOM blind op —; *it is* ~ *short
of* ... dit is niks minder as — nie; ~ *of the sort* n. van
die aard nie; ~ *of the sort/kind!* →*kind/sort; s.t. is*
~ *to speak of* §iets is glad nie besonders/waffers* nie;
it is ~ *to speak of* dit is niks besonders/noemenswaar=
digs nie; *stick/stop at* ~ vir n. stuit/terugdeins nie;
tot alles in staat wees; *sweet* ~s §verliefde praatjies;
whisper sweet ~s §liefdeswoorde fluister; *it takes* ~
from ... dit doen niks aan— af nie; *thank you for* ~ §
dank jou die duiwel *; *think* ~ *of it* nie aanstoot neem
nie; *think/make* ~ *of s.t.* →*make/think; there is* ~
to it § daar is niks aan nie, dit is doodmaklik, dit is
kinderspeletjies *; *it is* ~ *to s.o.* dit beteken vir iem. n.,
dit is vir iem. (sommer) n.; iem. het daar n. aan nie; dit
is vir iem. 'n kleinigheid; *s.o. is* ~ *to HIM* iem. is niks
teen HOM nie; iem. beteken vir HOM n.; *it is* ~ *to you*
dit gaan jou nie aan nie, dit (t)raak jou nie; ~ *ven=
tured,* ~ *gained;* ~ *venture,* ~ *have/gain/win* (P)
wie nie waag nie, sal nie wen nie (P); ~ *what(so)ever*
hoegenaamd niks; ~ *to write home about* →**write.**

nothingness *fade into* ~ in die niet verdwyn.

notice *at half an hour's* ~ binne 'n halfuur; *bring s.t.
to s.o.'s* ~/*attention* iem. se aandag op iets vestig;
come to s.o.'s ~ onder iem. se aandag kom; *escape* ~
nie raak gesien word nie, onopgemerk bly; *till/until
further* ~ tot nader(e) kennisgewing; *give* ~ kennis
gee; huur opgee; *give s.o.* ~ iem. afdank; iem. se huur
opsê; *give s.o.* ~ *of s.t.* iem. van iets kennis gee, iem.
van iets laat weet, iem. van iets in kennis stel; ~ *is
hereby given* kennis geskied hierby/hiermee, hierby/
hiermee word k. gegee; *lodge* ~ kennis gee; *at a
moment's* ~ dadelik, (byna) oombliklik, op staande
voet; op stel en sprong; *serve* ~ *on/upon s.o.* iem. ken=
nis gee, iem. in k. stel; *at short* ~ skielik, gou-gou; op
kort kennisgewing; op kort termyn; *take* ~ kennis
neem; *HE takes* ~ *of* ... HY neem notisie van —, HY
slaan ag op —, HY steur HOM aan —; *(sit up and) take
~ belangstelling toon; *HE takes no* ~ *of* ... HY neem
nie van — notisie nie, HY steur HOM nie aan — nie.

notify ~ *s.o. of s.t.* iem. van iets in kennis stel.

notion *have no* ~ *of s.t.* geen begrip van iets hê nie; *not*

have the foggiest/slightest/vaguest ~ *of s.t.* nie die flou=
ste/minste/vaagste benul/begrip/idee van iets hê nie,
geen benul van iets hê nie.

notoriety *attain* ~ opspraak (ver)wek, in o. kom; ~
for ... berugtheid vir/weens —.

notorious *be* ~ *for* ... berug wees om/weens/vir —.

nourishment *give* ~ *to* ... — voed; *take* ~ *from* ...
deur — gevoed word.

novice *a rank* ~ 'n volslae beginner/nuweling.

now *(every)* ~ *and again* nou en dan, af en toe, van
tyd tot tyd; *as of* ~ dadelik, van nou af; *but* ~ so pas
nog, nou net; nou eers; *by* ~ teen dié tyd; *s.o. should be
there by* ~ iem. moet nou al daar wees; *even* ~ (selfs)
nou nog; op hierdie oomblik; *for* ~ vir eers, voorlo=
pig, op/vir die oomblik; *(and)* ~ *for a drink* (en) nou
'n drankie; ~ *for it* nou regtig; ~ *for the news* (en)
hier volg die nuus; *from* ~ *on* voortaan, in die ver=
volg; *how* ~? wat nou (gedaan)?; *just* ~ op die oom=
blik; so pas, nou net, netnou, flussies, so-ewe, nou-
nou; aanstons, nou-nou; ~ *or never* nou of nooit; *not*
~ nie nou nie; nie meer nie; ~ *really!* ag neel; *right*
~ op die oomblik; op die daad, dadelik; ~ *that* ...
noudat —; ~ *then* dus; wel dan, nou dan; ~ *then!* toe
dan!, toe tog!, toe nou!; pas op!; *(every)* ~ *and then*
nou en dan, af en toe, van tyd tot tyd; *till/until* ~, *up
to* ~ tot nou toe, tot nog toe, tot dusver/dusvêr; *not
until* ~ nou eers.

nowhere *appear (as if) from* ~, *appear out of* ~ uit
die niet verskyn; uit die lug val; skielik opdaag; *be* ~
nêrens wees nie; totaal buite rekening wees; *get* ~
niks bereik/uitrig nie, geen hond haaraf maak nie ★; *go*
~ nêrens heen gaan nie, nêrens kom nie; *have* ~ *to go*
geen heenkome hê nie; *in the middle of* ~, *miles from*
~ § ver/vêr van alles, in 'n uithoek.

nth *to the* ~ *degree* in die hoogste mate.

nude *in the* ~ naak, nakend.

nuisance *be a* ~ lastig wees; 'n oorlas wees; *I don't
want to be a* ~ ek wil nie pla/steur/stoor nie; *a
beastly* ~ 'n (hele) ellende, 'n narigheid, 'n vervelen=
de gedoente; *be a bit of a* ~ § nogal lastig wees; *be an
infernal* ~ § verduiwels lastig wees ★; *HE makes a* ~
of HIMSELF HY is tot oorlas, HY is lastig; *s.o. is a
positive* ~ iem. is bepaald 'n oorlas; *a public* ~,
(jur.) 'n openbare oorlas/ergernis; *s.o. is a public* ~
iem. is 'n publieke plaag/laspos; *s.o. is a regular* ~
iem. is 'n ware laspos; *a* ~ *to* ... 'n oorlas vir —.

nuisance value *s.t. has* ~ ~ iets is (net) 'n erger=
nis.

null *be* ~ *and void* nietig/ongeldig wees, van nul en

gener waarde wees, kragteloos wees; *declare s.t.* ~ *and
void* iets nietig verklaar.

numb *become/go* ~ verstyf, styf word, verkluim; *be* ~
with ... styf wees van —, verkluim wees van —.

number¹ [n.] *any* ~ *you like* 'n willekeurige getal;
any ~ *of times* § hoeveel maal al ★; *a back* ~ 'n ou/
vorige/vroeëre nommer/aflewering; § 'n ouderwetse
mens; § 'n verouderde ding; *be a back* ~ § uitge=
dien(d) wees; *by* ~*s, (mil.)* met tel; *do a* ~ 'n nommer
aanbied *(op 'n program); by force of* ~ deur oormag;
get s.o.'s ~ § iem. agterkom; *a great/large* ~ 'n
groot aantal, 'n menigte, 'n duisternis; *s.t. has s.o.'s* ~
on it § iets is vir iem. bedoel, iets gaan iem. tref *(bv. 'n
bom); have s.o.'s* ~ § iem. se taks hê ★; *in* ~ in getal; *in
large* ~*s* in groot getalle; *a* ~ *of* ... 'n aantal —; ~*s of*
... 'n hele aantal —; *s.o. is* ~ *one* iem. is die belangrik=
ste, iem. is in bevel, iem. is die hoof; *HE looks after* ~
one, HE takes care of ~ *one* § HY sorg net vir HOMSELF;
one of our or *their* ~ een van ons *of* hulle; *s.o.'s op=
posite* ~ iem. se amp(s)genoot; iem. se teenspeler;
times out of ~ tallose kere/male; *a round* ~ 'n ronde
getal; *superior* ~*s* 'n oormag, 'n getalleoorwig/getals=
oorwig; *take s.o.'s* ~, *(telef.)* iem. se nommer aan=
teken/opskryf/opskrywe; *take a car's* ~ 'n motor se
nommer opskryf/opskrywe; *to the* ~ *of* ... soveel as
—; *an unlucky* ~ 'n ongeluksgetal; *an untold* ~ 'n
onnoemlike getal; *s.o.'s* ~ *is up* § dis klaar(praat) met
iem. ★; *without* ~ talloos, sonder tal; *the wrong* ~
die verkeerde getal; die verkeerde nommer; *get the
wrong* ~, *(telef.)* by die verkeerde nommer uitkom.

number² [v.] *HE* ~*s s.o. among HIS friends* HY tel iem.
onder SY vriende, HY reken iem. as vriend.

numbered *be* ~ *among* ... onder — getel word.

nut *nuts!* § bog!, onsin!; *the* ~*s and bolts*, *(fig.)* § die
werkende (onder)dele; § die praktiese besonderhede;
s.t. or s.o. is a hard ~ *to crack* § iets of iem. is 'n harde
neut om te kraak; *do one's* ~ § baie kwaad word; *not
for* ~*s* § glad nie; *HE is off HIS* ~ § HY is (van lotjie)
getik ★, HY is van SY kop af; *shell* ~*s* neute (af/uit)dop;
s.o. is a tough ~ § iem. is 'n moeilike kêrel; ~*s to you!*
§ bog met jou! ★

nuts *be* ~ *about/over* ... § gek wees na —; *drive s.o.*
~ § iem. stapelgek maak; *go* ~ § gek word; *HE is* ~ §
HY is (van lotjie) getik ★, HY is van SY kop af.

nutshell *in a* ~ in 'n neutedop, in 'n paar woorde,
kort en saaklik; *put s.t. in a* ~ iets in 'n paar woorde
stel/sê, iets kort en saaklik stel.

nutty *as* ~ *as a fruit-cake* § stapelgek.

nuzzle ~ *up against* ... teen — aankruip.

O

oar *feather an* ∼ 'n roeispaan plat draai/hou; HE *puts/sticks* HIS ∼ *in* HY steek SY neus in ⋆, HY meng HOM in; *ship* ∼s ophou met roei, die roeispane inhaal; *unship the* ∼s die roeispane uit die dolle neem.

oath *administer an* ∼ *to s.o.* 'n eed van iem. afneem, iem. beëdig; *break an* ∼ 'n eed (ver)breek; *confirm s.t. on* ∼ iets onder e. bevestig, iets met 'n e. staaf; *I give you my* ∼ *on it* dit sweer ek jou; *grind out an* ∼ knarsetand(end) vloek; *keep an* ∼ 'n eed hou, 'n e. gestand doen; *make an* ∼ ('n e.) sweer, 'n e. aflê/doen; *mutter an* ∼ saggies vloek; *be on/under* ∼ onder eed staan, beëdig wees; *put s.o. under* ∼ iem. onder e. stel; *a round* ∼ 'n kwaai vloek; *a solemn* ∼ 'n dure eed; *swear/take an* ∼ ('n e.) sweer, 'n e. aflê/doen; *utter an* ∼ 'n vloek(woord) uit.

oats *feel one's* § vol lewenslus wees; *be off one's* § geen eetlus hê nie; HE *sows* HIS *wild* ∼ HY leef/lewe wild, HY leef/lewe HOM uit.

obedience *abject/implicit/unquestioning* ∼ blinde/willose gehoorsaamheid; *in* ∼ *to* ... in gehoorsaamheid aan —; ooreenkomstig/ingevolge —.

obedient *be* ∼ *to s.o.* or *s.t.* iem. *of* iets gehoorsaam (wees) *(bv. die wet)*.

obey ∼ *s.o. implicitly* iem. deur dik en dun gehoorsaam, iem. blind gehoorsaam.

object¹ [n.] HE *defeats* HIS ∼ HY streef/strewe SY doel verby, HY verydel SY d.; *with a definite/fixed* ∼ doelbewus; HE *gains* HIS ∼ HY bereik SY doel; *have s.t. as* ∼ iets ten d. hê; HE *makes* it HIS ∼ *to* ... HY stel HOM dit ten d. om te —; *money is no* ∼ geld is bysaak, dit sal nie op geld aankom nie; *the prime* ∼ die hoofdoel, die vernaamste oogmerk; *pursue an* ∼ 'n doel nastreef/nastrewe; *serve no* ∼ *but* ... geen ander d. hê nie as —; *have an ulterior* ∼ 'n bybedoeling hê.

object² [v.] ∼ *to* ... teen — beswaar maak.

objection *meet* ∼s besware weerlê/ondervang; *there is no* ∼ daar is niks op teë nie; *overrule an* ∼ 'n beswaar van die hand wys; *raise* ∼s beswaar maak, besware opper/opwerp/aanvoer, kapsie maak, bedenkings opper; *sustain an* ∼ 'n beswaar handhaaf/billik; *have an* ∼ *to* ... 'n beswaar teen — hê.

obligation *absolve s.o. from an* ∼ iem. van 'n verpligting onthef; HE *discharges/meets* HIS ∼s HY kom SY v.s na; *perform an* ∼ 'n v. nakom; HE *places/puts s.o. under an* ∼ HY stel iem. onder v., HY verplig iem. aan HOM; *be under an* ∼ onder v. staan; *be under an* ∼ *to do s.t.* verplig/gebonde wees om iets te doen; *without* ∼ sonder verpligting.

oblige ∼ *s.o.* iem. ter wille wees; *can/could you* ∼ *me with ...?* het u — vir my?, kan u my aan — help?; *s.o.* ∼s *with s.t.* iem. — goedgunstig iets *(doen, gee, lewer)*.

obliged *feel* ∼ *to* ... verplig voel om te —; *much* ∼! baie dankie!; *I shall be very much* ∼ *if* ... ek sal baie bly wees as —; *be* ∼ *to do s.t.* verplig/gebonde wees om iets te doen.

oblivion *consign s.t. to* ∼ iets aan die vergetelheid prysgee, iets in/op die doodboek skryf/skrywe; *fall/sink into* ∼ in vergetelheid raak, in die vergeetboek raak; *save s.o.* or *s.t. from* ∼ iem. *of* iets aan die vergetelheid ontruk.

oblivious *be* ∼ *of/to s.t.* van iets onbewus wees.

obnoxious HE *makes* HIMSELF ∼ HY gee aanstoot; *be* ∼ *to s.o.* iem. aanstoot gee.

observation *be admitted to a hospital for* ∼ vir waarneming in 'n hospitaal opgeneem word; *escape* ∼ aan die aandag ontsnap; *make an* ∼ 'n opmerking maak; *place/put s.o.* or *s.t. under* ∼ iem. *of* iets waarneem; iem. *of* iets dophou; *s.o.'s powers of* ∼ iem. se waarnemingsvermoë; *be under* ∼ waargeneem word; dopgehou word.

observe ∼ *keenly* skerp waarneem; ∼ *s.o. narrowly* iem. fyn dophou.

obsessed *be* ∼ *with* ... van — vol wees; met — behep wees.

obsession *have an* ∼ *about s.t.* met iets behep wees; *s.t. is an* ∼ *with s.o.* iets is 'n obsessie by iem.

obstacle *overcome/surmount an* ∼ 'n hindernis oorkom; *place/put an* ∼ *in s.o.'s way* 'n klip in iem. 'n pad rol, vir iem. 'n struikelblok in die weg lê; *sweep all* ∼s *from one's path* alle struikelblokke uit die weg vee/ruim; *s.o.* or *s.t. is an* ∼ *to* ... iem. *of* iets staan in die pad van —.

obstruction *practise* ∼ obstruksie voer; *s.t. is an* ∼ *to* ... iets staan in die pad van —.

obtainable *be* ∼ *from* ... *by* — verkrygbaar wees, by — te kry wees.

obtained *s.t. may be* ∼ *from* ... iets is by — verkrygbaar, iets is by — te kry.

obvious *it is* ∼ *that* ... dit lê voor die hand dat —, klaarblyklik is *of* het —; *s.t. is* ∼ *to s.o.* iets is vir iem. duidelik.

occasion *an* ∼ *arose* 'n geleentheid het hom voorgedoen; HE *is equal to the* ∼, HE *rises to the* ∼ HY opgewasse teen die omstandighede, HY is opgewasse vir/teen die taak, HY staan SY man, HY toon HOM die geleentheid waardig; *on every* ∼ by elke geleentheid; *give* ∼ *to* ... tot — aanleiding gee; *have an* ∼ *to* ... 'n geleentheid hê om te —; *have* ∼ *to* ... rede hê om te —; HE *goes about* HIS *lawful* ∼s HY hou HOM met SY eie sake besig; *there is no* ∼ *to* ... daar is geen rede om te — nie; *on/upon* ∼ by geleentheid, soms, af en toe, nou en dan; *on/upon the* ∼ *of* ... by/ter geleentheid van —; *take* ~ *to* ... van die geleentheid gebruik maak om te —.

occupation *by* ~ van beroep; *immediate* ~ onmid= dellike woonreg; *be in* ~ *of s.t.* iets beset.

occupied *be* ~ *in/with s.t.* met iets besig wees.

occupy HE *occupies* HIMSELF *with* ... HY hou HOM met — besig.

occur *s.t.* ~s *to s.o.* iets kom by iem. op, iets val iem. by, iem. dink aan iets.

occurrence *be of frequent* or *rare* ~ dikwels *of* selde gebeur *of* voorkom.

ocean ~s *of* ... § hope — ⋆, 'n magdom van —, 'n groot hoeveelheid —.

o'clock *about* eight/etc. ~ omstreeks ag(t)uur/ens., om en by ag(t)uur/ens.; *at four/etc.* ~ om vieruur/ ens.; *it is just ten/etc.* ~ dit is presies tienuur/ens., dit is op die kop tienuur/ens.; *at ten/etc.* ~ *sharp* presies tienuur/ens., op die kop tienuur/ens.

odd ~ *and even* ewe en onewe; gelyk en ongelyk; paar en onpaar; *fifty/etc.* ~ § 'n stuk of vyftig/ens., in/oor die vyftig/ens., goed/ruim vyftig/ens.

oddly ~ *enough* merkwaardig genoeg.

odd man *the* ~ ~ *out* die man wat oorbly; § die uit- sondering; § die orige jukskei *(fig.)* ⋆

odds *against (all) the* ~ ondanks alles; *by all* ~ na alle waarskynlikheid; *by all* ~ *the best* verreweg die beste; *be at* ~ *with s.o.* met iem. haaks wees; *they are at* ~ hulle haak, hulle kan nie met mekaar oor die weg kom nie, hulle is/lê met mekaar oorhoop(s), hulle sit vas (met mekaar) ⋆; *set people at* ~ mense teen mekaar opmaak; ~ *and ends* stukkies en brokkies, ditjies en datjies; *make the* ~ *even* dinge gelykmaak; *the* ~ *are in s.o.'s favour* iem. het die beste kans, iem. het 'n goeie kans, die voordeel is aan iem. se kant; *give/lay* ~ *of three to one* drie teen een wed; *at long* ~ met 'n groot kans; *at short* ~ met 'n geringe kans; *the* ~ *are that* ... die waarskynlikste is dat —; *what's the* ~? § wat maak dit saak?, watter verskil maak dit?

odour *be in bad* or *good* ~ *with s.o.* by iem. sleg *of* goed aangeskrewe staan.

off¹ [adj. & adv.] *be* **badly** ~ arm wees, swaar kry/leef/ lewe; sleg daaraan toe wees; *s.o. is* **badly** ~ *for* ... iem. se — is baie skraps; *be* ~ vertrek; wegspring; weg= loop, wegstap; afgestel/gekanselleer wees, van die baan wees; vry wees, van diens (af) wees; van stryk wees; *be* ~! weg is jy! ⋆, maak dat jy wegkom! ⋆, loop!, trap!⋆, waai!⋆; *be* **better** ~ ryker wees, meer welge= steld wees; beter daaraan toe wees, beter af wees; *be* **clean** ~ morsaf wees; *s.o. is* **comfortably** ~ iem. sit daar goed/warmpies in; *declare s.t.* ~ weier om met iets voort te gaan; *I'm* or *we're* ~ ek *of* ons moet weg (wees); ek *of* ons gaan nou weg, ek *of* ons vertrek nou; weg is ek *of* ons ⋆; ~ *and on* af en toe, nou en dan; van tyd tot tyd; onseker; *right* ~ heeltemal af; *do s.t.* **right/straight** ~ § iets dadelik doen, iets sonder aar= seling doen; *s.o. is* ~ iem. is vry, iem. is van diens (af); iem. is van stryk; iem. vertrek; *s.t. is* ~ iets gaan nie

deur nie, iets is van die baan, iets is afgestel/gekansel= leer; *straight/right* ~ →*right/straight; they're* ~! daar gaan/trek hulle!; *be* **well** ~ welgesteld wees, daar goed in sit, dit breed hê.

off² [prep.] ~ *Adderley/etc. Street* uit Adderleystraat/ ens.

off-chance *on the* ~ *(that ...)* § vir geval (dat —).

offence *commit an* ~ 'n oortreding begaan; 'n mis= dryf pleeg; *it* **constitutes** *an* ~ dit maak 'n misdryf/ misdaad uit; *give* ~ *to s.o.* iem. aanstoot gee; *make s.t. an* ~ iets strafbaar maak; *mean no* ~ geen kwaad bedoel met/by iets nie; HE **takes** ~ *at s.t.* HY neem aanstoot aan iets, HY erger HOM aan iets; HE *is apt/quick to take* ~ HY is liggeraak, HY is gou op SY perdjie ⋆

offend ~ *against* ... teen — sondig; teen — indruis.

offended *be* ~ *at s.t.* oor iets gekrenk/gebelg/ge= steur(d) wees; *be easily* ~ liggeraak wees; *be mortally* ~ dodelik beledig wees.

offensive *on the* ~ aan die aanval; aanvallend/offen= sief ingestel; *be on the* ~ aanval, aanvallend optree; *take the* ~ tot die aanval/offensief oorgaan.

offer¹ [n.] *accept an* ~ 'n aanbod aanneem; *decline an* ~ 'n aanbod van die hand wys; *entertain an* ~ 'n a. oorweeg; *the* ~ **holds** die a. staan nog, die a. is nog van krag; *make s.o. an* ~ iem. 'n a. doen/maak; iem. 'n bod gee *(by 'n veiling)*; *make s.o. an* ~ *of s.t.* iem. iets aanbied; *be on* ~ te koop wees, verkrygbaar wees; *take up an* ~ 'n aanbod aanneem, van 'n a. gebruik maak.

offer² [v.] *s.t.* ~s *itself* iets doen hom voor *('n kans, 'n geleentheid)*; ~ *s.o. s.t.*, ~ *s.t. to s.o.* iem. iets aanbied; ~ *to do s.t.* aanbied om iets te doen; ~ *up s.t.* iets opoffer.

office *assume (an)* ~ 'n amp aanvaar; *assume* ~ die bewind aanvaar; 'n amp aanvaar; *s.o.'s* **assump= tion** *of* ~ iem. se ampsaanvaarding; iem. se bewinds= aanvaarding; *at the* ~ op kantoor; *at the* ~s *of* ... by die kantoor van —; *come to* ~ aan die bewind kom; *come to the* ~ kantoor toe kom; HE *offers* HIS **good** ~s HY bied SY bemiddeling aan, HY bied SY goeie dien= ste aan; *through the* **good** ~s *of* ... deur die vriendelik= heid van —; *hold* ~ 'n amp beklee; aan die bewind wees; *be in* ~ aan die bewind wees; *by the* **kind** ~s *of* ... deur bemiddeling van —; *perform the* **last** ~s *to s.o.* die laaste eer aan iem. bewys; *be out of* ~ nie aan die bewind nie wees nie; sonder amp *of* betrekking wees; *relieve s.o. of an* ~ iem. van 'n amp onthef; *retire from* ~ 'n amp neerlê; *run for* ~ kandidaat wees; *serve in an* ~ 'n amp/betrekking beklee; *stand for* ~ kandidaat wees; *take* ~ 'n amp aanvaar; die bewind aanvaar; in diens tree; *s.o.'s* **term** *of* ~ iem. se ampstermyn.

officiate ~ *as* ... as — optree/fungeer; ~ *at a marriage/wedding* 'n huwelik waarneem.

offing *be in the* ~ aan die kom wees, op koms wees.

often *as* ~ *as* ... tot — *(bv. drie maal op 'n dag)*; *as* ~ *as not* dikwels; *every so* ~ af en toe, van tyd tot tyd;

elke keer/slag, telkens; *quite* ~ heel dikwels, sommer baie; *more* ~ *than not* gewoonlik, in die reël.

ogle ~ *(at)* … vir — ogies maak, bewonderend na — staar *('n meisie).*

oil *add* ~ *to the fire, pour* ~ *on the flames* olie in/op die vuur gooi, die gemoedere opnuut gaande maak; *paint in* ~s in olie(verf) skilder; *strike* ~ olie raak boor, 'n oliebron ontdek; § skielik ryk word, 'n geluk= (slag) kry, iets goeds op die lyf loop, met SY neus in die botter val; *pour* ~ *on/upon troubled waters* olie op die golwe/water giet/gooi, die gemoedere tot bedaring bring, die gemoedere kalmeer. →**midnight oil.**

oiled *be well* ~ § gekoring wees ⋆, dronk/besope wees.

oil painting *s.o. is no* ~ ~ § iem. is nie juis mooi nie.

ointment *put on* ~ salf aansmeer.

OK *is it/that* ~ *with you?* § is dit in die haak wat jou betref?, keur/vind jy dit goed?

old¹ [n.] *in days of* ~ vanmelewe/vanslewe (se dae), in die ou dae, toeka⋆; *of* ~ vanmelewe, vanslewe, van ouds; *the people of* ~ vanmelewe/vanslewe se mense, die ou mense.

old² [adj.] *as* ~ *as Adam, as* ~ *as the hills* horingoud, so oud soos die Kaapse (wa)pad, so oud soos die berge; *quite* ~ al taamlik oud; *very* ~ horingoud, stokoud.

olive branch *hold out an/the* ~ ~ 'n olyftak aan= bied, toenadering soek, versoenend optree.

omen *s.t. is a bad* ~, *s.t. is an ill* ~ iets is 'n slegte voorteken, iets voorspel niks goeds nie; *a bird of ill* ~ 'n ongeluksvoël.

omission *sins of* ~ *and commission* sondes van doen en laat; *repair/rectify an* ~ 'n leemte aansuiwer; 'n ver= suim goedmaak.

omit ~ *s.t.* or *s.o. from* … iets *of* iem. uit — weglaat.

on¹ [adj. & adv.] *be* ~ *about s.t.* § aanhou praat oor iets; *s.t. is* ~ *again, off again* iets is wisselvallig, iets bestaan *of* gebeur nou, en dan weer nie; *s.t. is almost* ~/*upon us* iets staan voor die deur; *and so* ~ enso= voort(s), en wat dies meer sy; *be* ~ *at s.o.* § op iem. vit; § aan iem. torring ⋆; § op iem. pik ⋆; *be* ~ aan(geska= kel) wees; aan die gang wees, begin het; aan die beurt wees; sal plaasvind; opgevoer word *(in die teater)*; ver= toon word, draai *(in die bioskoop)*; ter sprake wees; *early* ~ al vroeg, vroeërig; *from that day* ~ van dié/ daardie dag af; *further* ~ verder/vêrder weg; verder/ vêrder vorentoe; verder/vêrder (op), hoër op; later; vervolgens; *I'm* ~/! § top!, ek doen mee!; *later* ~ la= ter; naderhand; *it is not* ~ § daar is geen kwessie van nie; ~ *and off* = *off and* ~ af en toe, nou en dan; van tyd tot tyd; onseker; ~ *and on* sonder ophou; ~ *to* … tot by —, na —; ~ *to* …, *onto* … op —; *be* ~ *to s.o.* § iem. deursien *(uitspr.: deursien)*; § op iem. se spoor wees *(die polisie)*; *be* ~ *to s.t.* § iets snap; § agter iets wees *('n geheim)*; *be* ~ *to a good thing* § iets goeds beet= hê; *HE is well* ~ *in HIS fifties* HY is diep in die vyftig; ~ *with your coat!* trek aan jou baadjie! →**onto.**

on² [prep.] *the position as* ~ *May 1* die stand van sake op 1 Mei; ~ *or before* … voor of op —, uiterlik op —.

once ~ *a day* or *month* or *week* or *year* een maal op 'n dag, een maal in 'n/die maand *of* week *of* jaar; ~ *again/more* nog 'n keer/maal/slag, weer(eens), nog= eens, nogmaals, opnuut; al weer; *all at* ~ skielik, met= eens, opeens, eensklaps, plotseling; alles tegelyk; almal gelyk; tegelyk(ertyd); ~ *(and) for all* eens (en) vir altyd, ten ene male; *at* ~ dadelik, onmiddellik, op die daad/oomblik/plek, terstond, op staande voet, onver= wyld; *two things at* ~ twee dinge tegelyk(ertyd); ~ *is enough for s.o.* iem. het aan een maal genoeg; *for* ~ ook 'n keer, (tog) een keer/maal; *never* ~ nie een en= kele keer/maal nie; *(for) this* ~ hierdie een keer, hier= die keer tog; ~ *or twice* 'n paar maal.

once-over *give* … *the* ~ § — vlugtig bekyk/onder= soek *(iem., iets)*; § — oppervlakkig aan die kant maak *('n kamer).*

one *have you heard the* ~ *about* …? § het jy die grap oor — gehoor?; ~ *and all* die laaste een, almal sonder uitsondering; iedereen, 'n ieder en 'n elk; *all in* ~ in een stuk; *it is all* ~ *to s.o.* dit is vir iem. om die/'t ewe, dit maak vir iem. geen verskil nie, dit is vir iem. een= ders/eners; ~ *another* mekaar, die een die ander; ~ *another* vir mekaar; *write/etc. to* ~ *another* aan mekaar skryf/skrywe/ens.; ~ *after another* (die) een na die ander, na mekaar; een-een; ~ *and another* dese en gene; *from* ~ *and another* van dié en daardie; *(taken/taking)* ~ *with another* gemiddeld, deur die bank (geneem); *as* ~ almal tegelyk; soos een man; *be at* ~ dit eens wees, eensgesind wees, saamstem; *bar* ~ op een na, behalwe een; *become* ~ een word, ver= enig; *go* ~ *better* meer aanbied; meer waag; *go* ~ *better than s.o.* iem. oortroef; *the blue/etc.* ~ die bloue/ens.; *the blue/etc.* ~s die bloues/ens.; ~ *by* ~ een-een, een vir een, afsonderlik; *be* ~ *for* … van — hou; tot — geneig wees; *not be* ~ *for* … nie (veel) van — hou nie; nie tot — geneig wees nie; *I for* ~ ek vir my, wat my betref, my aangaande; ~ *and a half* een en 'n half, anderhalf; *have* ~ *on me!* § drink een saam met my!; *s.o.* or *s.t. is* … *and* … *in* ~ iem. *of* iets is — en — tegelyk; *just* ~ net een/enetjie; ~ *among many* een uit/van baie; *be* ~ *too many for s.o.* iem. se baas wees ⋆, iem. oor wees; *that was* ~ *too many for HIM* dit was vir HOM te erg/veel; daarby kon HY nie haal nie; dit was meer as HY kon uitstaan; dit was bo(kant) SY vuurmaakplek ⋆; *never a* ~ ook nie een nie, nie eens/ eers een nie; *that is a new* ~ dit is iets nuuts; *that is a new* ~ *on me!* § daarvan het ek nog nie gehoor nie!; *you're a nice* ~/! § jy is (ook) 'n mooi een! ⋆; *there is no* ~ *like him* or *her* sy *of* haar weerga is nie te vind nie; *be* ~ *of the* … 'n lid van die — wees *(bv. 'n groep, 'n span); the* ~ *and only* die enigste; ~ *or other* die een *of* ander; *from* ~ *to the other* van die een na die ander; *have a quick* ~ § gou 'n drankie drink; ~ *and the same* een en dieselfde; presies dieselfde; *such a* ~ so een, so iemand; ~ *of them* een van hulle; *not* ~ *of them is* … hulle is geeneen — nie; *this* ~ dié/hierdie een; *that* ~ daardie een; ~ *or two people* 'n paar men=

se, enkele mense; *come in/by* ~*s and twos* een-een en twee-twee kom; *be* ~ *up on s.o.* iem. een voor wees, 'n voorsprong op iem. hê; *which* ~? watter een?; *the* ~*s who* ... dié/diegene wat —.

oneself *(all) by* ~ (vinger)alleen; *come to* ~ tot besinning kom; *know s.t.* ~ iets self weet; *not be* ~ nie normaal wees nie; *do s.t. of* ~ iets vanself doen, iets uit eie beweging doen. →**himself.**

one-track mind *HE has a* ~ ~ HY staar HOM op een ding blind; HY dink net aan een ding.

onion *HE knows HIS* ~*s* §HY ken SY somme *, HY weet waarvan/wat HY praat.

only ~ *last week* nog (pas) verlede week; *not* ~ *hear s.t., but see it* iets nie net/alleen hoor nie, maar ook sien; *be the* ~ *one to* ... die enigste wees wat —, al wees wat —; ~ *yesterday* nog (pas) gister.

onset *at the first* ~ *of* ... by die begin van —.

onto *be* ~ *s.o.* §iem. deursien *(uitspr.: deursien)*; §op iem. se spoor wees *(die polisie)*; *be* ~ *s.t.* §iets snap; § agter iets wees *('n geheim)*; *be* ~ *a good thing* § iets goeds beethê.

ooze ~ *away* wegsyfer/wegsypel; verdwyn; ~ *out* uitlek; uitsyfer/uitsypel; ~ *out of* ... uit — syfer/sy= pel; ~ *with* ... van — druip.

open[1] [n.] *in the* ~ buite(kant), in die buitelug, in die ope lug, onder die blote hemel; oop en bloot; *bring s.t. into the* ~, *bring s.t. out in the* ~ iets aan die lig bring; *come into the* ~ te voorskyn tree.

open[2] [v.] *the door* ~*s into the passage* die deur kom/ gaan in die gang uit; *the door* ~*s onto the stoep* die deur gaan op die stoep uit; ~ *out* oopgaan; ~ *out s.t.* iets uitsprei; ~ *up* (die deur) oopmaak; *(mil.)* begin skiet; *(rugby)* oper word; §openhartig praat, uitpak*; ~ *up s.t.* iets oopmaak; iets ontsluit; iets toeganklik maak; iets aan die gang sit *(bv 'n myn)*; *(rugby)* iets oopmaak *(die spel)*; ~ *s.t. wide* iets oopsper.

open[3] [adj.] *s.t. comes* ~ iets gaan oop; ~ *every day* elke dag oop; *be* ~ *(for)* 24 *hours* 24 uur oop wees; *s.t. is* ~ *to* ... iets leen hom tot — *(bv. misbruike)*; iets is vatbaar vir — *(bv. bespreking)*; iets is onderhewig aan — *(bv. twyfel)*; *s.o. is* ~ *to* ... iem. is vir — vatbaar *(bv. oortuiging)*; iem. luister na — *(bv. kritiek)*; *it is* ~ *to s.o. to do s.t.* dit staan iem. vry om iets te doen; *be wide* ~ (wa)wyd oop wees; §hoogs onseker wees *(bv. die uitslag)*; *be* ~ *with s.o.* openhartig met iem. praat; niks vir iem. wegsteek nie.

operate ~ *on a leg/etc.* (aan) 'n been/ens. opereer; ~ *on a patient for* ... 'n pasiënt opereer weens —; ~ *on an ulcer* 'n sweer opereer.

operation *come into* ~ in werking tree; *an* ~ *for* ... 'n operasie weens —; *have/undergo an* ~ geopereer word, 'n operasie ondergaan; *be in* ~ in werking wees; in swang wees; *an* ~ *on a patient* 'n operasie op 'n pasiënt; *perform an* ~ *on s.o.* iem. opereer; *perform an* ~ 'n operasie doen/uitvoer/verrig.

operational *stay* ~ in werking bly; in gebruik bly.

operative *become* ~ in werking tree; in gebruik kom.

opinion *advance an* ~ 'n mening opper; *be of another* ~ anders dink; *s.o. of another* ~ 'n anders= denkende; *have a bad/low* ~ *of* ... min van — dink, 'n swak dunk van — hê; *a clash of* ~*s* 'n meningsverskil; *s.o.'s* ~ *concerning/of s.t.* iem. se mening omtrent iets; *confirm an* ~ 'n m. versterk/bevestig; *a con= sidered* ~ 'n oorwoë m.; *they differ in* ~ hulle ver= skil van m.; *a difference of* ~ 'n meningsverskil, 'n verskil van m.; 'n geskil; *express an* ~ 'n m./oordeel uitspreek/gee; *give an* ~ 'n m./oordeel uitspreek; *earn golden* ~*s* hoë guns/lof verwerf; *have a good* ~ *of* ... baie van — dink, 'n goeie/hoë dunk van — hê; *hazard/venture an* ~ 'n mening waag/opper; *hold an* ~ 'n m./sienswyse hê/huldig, 'n m./s. daarop na= hou, 'n m./s. toegedaan wees; *hold the* ~ *that* ..., *be of the* ~ *that* ... meen dat —, van gedagte/mening wees dat —, die m. huldig dat —, die m. toegedaan wees dat —; *in his* or *my* or *our* ~ syns *of* myns *of* onses insiens; *in her* or *their* ~ volgens haar *of* hul(le) mening; *legal* ~ regsadvies, 'n regsmening; *have a low/bad* ~ *of* →*bad/low*; *it is a matter of* ~ daaroor bestaan ver= skil van mening, dit is 'n onuitgemaakte saak; *in my* ~ myns insiens, na/volgens my m., na my beskouing/ oordeel; *be of the* ~ *that* →*hold*; *s.o.'s* ~ *of/con= cerning s.t.* →*concerning/of*; *offer an* ~ 'n m. uit= spreek; *an* ~ *on* ... 'n m./oordeel/sienswyse oor —; *s.o.'s private* ~ iem. se persoonlike m.; *public* ~ die openbare m.; *the received* ~ die geldende m.; *share s.o.'s* ~ met iem. saamstem, iem. se m. deel; *state/ voice an* ~ 'n m. uitspreek/uit(er)/lug; *HE sticks to HIS* ~ HY bly by SY m.; *take counsel's* ~ regsadvies inwin/verkry, 'n regsmening inwin/verkry; *there can be no two* ~*s about it* daaroor bestaan geen twyfel nie; *venture/hazard an* ~ →*hazard/venture; voice/ state an* ~ →*state/voice; HE is wedded to HIS* ~*s* HY is onwillig om van SY menings af te sien, HY is aan SY eie menings/insigte verknog; *the weight of* ~ *is* ... die meeste mense meen —.

opportunity *afford/give s.o. an* ~ *to* ... iem. ge= leentheid bied/gee om te —; *avail o.s. of the* ~, *take (advantage of) the* ~ →*take; an excellent* ~, *a golden* ~ 'n gulde geleentheid; *have equality of* ~ gelyke geleenthede hê; *get/have an/the* ~ *to* ... ge= leentheid hê/kry om te —; *grasp an* ~ 'n geleentheid aangryp, 'n g. te baat neem; *miss an* ~ 'n g. laat ver= bygaan, 'n kans verspeel; *when an* ~ *presents itself* as die g. hom voordoen; *take (advantage of) the* ~, *avail o.s. of the* ~ die g. aangryp/benut/gebruik/waar= neem, die g. te baat neem, van die g. gebruik maak; *HE uses HIS opportunities* HY maak van SY geleenthede gebruik, HY gryp die geleenthede aan.

oppose ~ *s.t. to* ... iets teenoor — stel.

opposed *s.t. is diametrically* ~ *to* ... iets is lynreg in stryd met —, iets is in lynregte teenstelling met —; *be strongly/vehemently* ~ *to s.t.* sterk/heftig teen iets gekant wees; *as* ~ *to* ... teenoor —, in teenstelling met —; *as* ~ *to that* or *this* daarteenoor *of* hierteenoor, in teenstelling daarmee *of* hiermee; *be* ~ *to* ... teen — gekant wees.

opposite *just* ~ *(to)* ... regoor —; ~ *to* ... regoor —, oorkant —.

opposition *encounter* ~ teenstand kry/ondervind; *be in* ~, *(parl.)* die opposisie wees; *(sterrek.)* in oppo= sisie wees; *be in* ~ *to* ... teen — wees; *met* — in stryd wees; *meet with* ~ teenstand kry/ondervind; *offer* ~ t. bied; *strong* ~ sterk t.; ~ *to* ... t./verset teen —; *wide* ~ t. oor die hele linie.

opt ~ *for* ..., ~ *in favour of* ... — (ver)kies; HE ~*s out of* ... HY onttrek HOM aan —; HY tree uit —; HY verkies om nie te — nie; HY ontduik — *(bv. verpligtings)*.

option *exercise an* ~, *take up an* ~ 'n opsie uit= oefen; HE *keeps*/*leaves* HIS ~*s open* HY behou SY keu= se voor; HY laat alle moontlikhede oop; *s.o. has no* ~ *but to* ... iem. kan nie anders as — nie, daar is vir iem. geen keuse nie as om te —; *leave s.o. no* ~ iem. geen keuse laat nie; *all* ~*s are open* die keuse is vry; *a soft* ~ 'n maklike vak of weg; *without the* ~ *(of a fine)* sonder keuse van boete.

orange *the* ~ *one* die oranje.

orbit *go into* ~ in 'n wentelbaan beweeg; *be in* ~ in 'n w. wees; *put s.t. into* ~ iets in 'n w. plaas.

orchestra *conduct an* ~ 'n orkes dirigeer.

ordeal *s.t. is an* ~ *for s.o.* iets is vir iem. 'n beproe= wing; *go*/*pass through an* ~, *undergo an* ~ 'n beproe= wing deurmaak/deurstaan.

order[1] [n.] *in alphabetical* ~ in alfabetiese volgor= de; *in apple-pie* ~ §agtermekaar, piekfyn, in die bes= te orde; *at s.o.'s* ~ op iem. se bevel; *by* ~ op las; *by* ~ *of* ... op bevel van —; in opdrag van — op las van —; *call s.o. to* ~ iem. tot die orde roep; *call a meeting to* ~ 'n vergadering open; *in chronological* ~ in tydsor= de; *in close* ~ in geslote geledere/orde; kort opme= kaar; *confer an* ~ *on*/*upon s.o.* iem. dekoreer; *s.t. is the* ~ *of the day* iets is aan die orde van die dag; *execute an* ~ 'n bevel uitvoer; 'n bestelling uitvoer; *under doctor's* ~*s* →**doctor**; *in extended*/*loose* ~ in verspreide orde; *until further* ~*s* voorlopig; tot na= der(e) beskikking; *give (s.o.) an* ~ (iem.) 'n bevel gee; *s.t. is in good* ~ iets is agtermekaar/reg, iets is in die haak, iets is in goeie orde; *in* ~ in orde, in die haak; pluis; in volgorde; binne die orde *(op 'n vergadering)*; *s.t. is in* ~, *(ook)* iets werk; *in that* ~ in dié/daardie volgorde; *in* ~ *that* ... sodat —; *in* ~ *to* ... om te —, om te kan —, met die oogmerk om te —, ten einde te —; *issue an* ~ 'n bevel uitreik/uitvaardig; *keep* ~ orde hou, die orde handhaaf, die tug bewaar; *keep s.o. in* ~ iem. in bedwang hou; *keep s.t. in* ~ iets aan die kant hou *(bv. 'n kamer)*; *maintain* ~ die orde hand= haaf; *make an* ~ 'n bevel uitreik; *the natural* ~ *of things* die natuurlike gang van sake; *the new* ~ die nuwe bedeling; *of*/*in the* ~ *of* ... ongeveer —, om en by —; *the old* ~ die ou bedeling; *s.t. is on* ~ iets is bestel; ~*s are orders* 'n bevel is 'n bevel; *be out of* ~ onklaar wees, buite werking wees; buite die orde wees

('n saak of spreker op 'n vergadering); deurmekaar wees; *rule s.o.* or *s.t. out of* ~ iem. of iets buite die orde verklaar; *the pecking* ~ §die hiërargie; *place an* ~ 'n bestelling plaas/gee; *place an* ~ *for s.t.*, *put in an* ~ *for s.t.*, *put s.t. on* ~ iets bestel, 'n bestelling vir iets plaas; *on a point of* ~ op 'n punt van orde; *raise a point of* ~ 'n punt van orde opper; *put s.t. in* ~ iets regmaak; iets in orde bring; iets aan die kant maak; *restore* ~ die orde herstel; *in reverse* ~ in omge= keerde volgorde; *s.t. is in running*/*working* ~ iets is in goeie orde, iets is agtermekaar, iets werk (goed); *in short* ~ dadelik, met spoed, gou-gou; *solicit* ~*s* be= stellings werf/opneem; *a standing* ~ 'n vaste bestel= ling; *standing* ~*s, (parl.)* die reglement van orde; *(mil.)* algemene/staande orders; *take an* ~ 'n bevel in ontvangs neem; 'n bestelling neem; *take* ~*s* bevele volg; bestellings opneem; *take* ~*s from s.o.* iem. ge= hoorsaam; *take (holy)* ~*s* predikant *of* priester word, in die bediening/kerkdiens gaan, bevestig/georden word; HE *does not take* ~*s* HY laat HOM nie (hiet en) gebied nie; *that's a tall* ~ dit is 'n strawwe/onuitvoer= bare opdrag, dit wil gedoen wees ⋆, dit is geen kleinig= heid nie; dit is 'n bietjie te veel gevra/geverg, dit is bietjies te veel gevra/geverg, dit is 'n bietjie dik vir 'n daalder/daler ⋆; dit is 'n bietjie kras/kwaai; *it is in the* ~ *of things* dit lê in die aard van die saak; *to* ~ na bestelling; *be under* ~*s* onder bevel staan; *in working*/*running* ~ →*running*/*working*.

order[2] [v.] ~ *s.o. about*/*around* iem. rondstuur; iem. kommandeer; oor iem. baasspeel, iem. hiet en ge= bied; ~ *s.t. from* ... iets by — bestel *(bv. 'n winkel, 'n vervaardiger)*; iets van — bestel *(bv. 'n stad)*; iets uit — bestel *(bv. 'n land)*; ~ *s.o. home* iem. huis toe stuur; iem. gelas om terug te keer; ~ *s.o. off (the field)* iem. afstuur, iem. van die veld stuur; ~ *s.o. out* iem. uitja(ag), iem. beveel om die klaskamer *of* saal te ver= laat; ~ *s.o. out of the* ... iem. uit die — ja(ag)/stuur; ~ *s.o. right and left* oor iem. baasspeel, iem. hiet en gebied.

ordered *it was otherwise* ~ dit was anders beskik.

ordinary *s.t. out of the* ~ iets buitengewoons; *nothing out of the* ~ niks buitengewoons nie.

ordnance *a piece of* ~ 'n stuk geskut, 'n kanon.

organised, =**ized** *get* ~ alles agtermekaar kry; *be well* ~ goed gereël wees; goed ingerig wees; alles agter= mekaar hê; dinge stelselmatig aanpak.

orientate HE ~*s* HIMSELF HY oriënteer HOM.

origin *s.t. has its* ~ *in* ... iets spruit uit —; *be English in* ~, *be of English* ~ van Engelse oorsprong wees, uit Engeland afkomstig wees; *country of* ~ land van her= koms; *wine of* ~ wyn van oorsprong.

originate ~ *from* ... uit — voortkom; uit — afkoms= tig wees; ~ *from*/*in* ... uit — ontstaan; ~ *from*/*with* ... van — uitgaan.

orphan *leave*/*make* HIM *an* ~ HOM wees maak, HOM van SY ouers beroof.

other *all the* ~*s* al die ander; *among* ~*s* onder ande=

re; *each* ~ mekaar, die een die ander; *every* ~ *day*/ *etc.* al om die ander dag/ens.; *s.t. far* ~ iets heeltemal/ totaal anders; *and a few* ~s en nog 'n paar; *s.o. can do no* ~ iem. kan nie anders nie; *none* ~ *but* ... niemand anders as — nie; niks anders as — nie; *none* ~ *than* ... niemand anders as — nie; ~ *than* ... buiten/behalwe —; *things* ~ *than* ... ander dinge as —.

otherwise ~ *than* ... buiten/behalwe —.

ought *s.o.* ~ *to* ... iem. behoort te —.

ours ~ *is* an important firm ons firma is belangrik; *it is* ~ dit is ons s'n; *it is* ~ *to* ... dit is ons plig om te — *(bv. gehoorsaam); of* ~ van ons.

ourselves →himself.

oust ~ *s.o. from* ... iem. uit — sit/verwyder.

out *be* ~ *and about* op die been wees; *go all* ~ (alles) uithaal, alle kragte inspan, alles inwerp; ~ *and* ~ deur en deur; ~ *and away the best* verreweg die beste; *be* ~ uit wees; nie tuis wees nie; nie op kantoor wees nie; weg van die huis wees; uit lit wees *(bv. 'n arm);* het verskyn *('n boek);* dood wees *('n vuur);* geblus wees *('n brand);* uit die mode wees, in onbruik wees; staak *(werkers);* het uitgelek *('n geheim);* om wees *(bv. 'n dag);* § bewusteloos wees; *(not) far* ~ (nie) ver/vêr verkeerd (nie); *be far* ~, *(ook)* dit ver/vêr mis hê; *be* ~ *for s.t.* agter iets aan wees *(bv. geld); be* ~ *like* a light § vas aan die slaap wees; ~ *loud* hardop, luidkeels; *not* ~ nie uit nie; ~ *of* ... uit/vanuit —; buite(kant) —; by — *(moer van 'n dier); s.o. is (clean/ clear)* ~ *of sugar/etc.* iem. het geen suiker/ens. meer nie, iem. se suiker/ens. is (heeltemal/skoon) op, iem. se suiker/ens. het opgeraak; *s.o. is fresh* ~ *of* ... iem. se — is pas/net op *(bv. suiker);* iem. het pas uit — gekom *(bv. die tronk); make s.t.* ~ *of* ... iets uit/van — maak; *be* ~ *of it* nie meetel nie; nie betrokke wees nie; HE *is well* ~ *of it* HY kan bly wees of HY kan van geluk spreek dat HY daaruit is *of* dat HY daarvan ontslae is *of* dat HY niks daarmee te doen het nie; *that is* ~! § daar kom niks van nie!, daar is geen kwessie van nie!; *be* ~ *to do s.t.* daarop uit wees om iets te doen; ~ *with* HIM! weg met HOM!; gooi HOM uit!; ~ *with it!* (kom) uit daarmee!, voor 'n dag daarmee!; ~ *you go!* uit is jy! *

outbreak *at the* ~ *of (the) war* toe die oorlog uit= breek, by die uitbreek van die o.

outcry *an* ~ *against* ... luide protes teen—; *raise an* ~ *against* ... luid(keels) teen — protesteer.

outdistance *clean* ~ *s.o.* skoon vir iem. weghard= loop, iem. skoon uitloop.

outdone *s.o. was not to be* ~ iem. wou nie agterbly nie.

outdoors *the great* ~ die (vrye) natuur.

outing *go on an* ~ 'n uitstappie doen/maak/onder= neem.

outline *in (broad)* ~ in hooftrekke, in breë/algemene trekke; *a sketchy* ~ 'n vae omtrek.

outlook *a bleak* ~ 'n droewe/slegte vooruitsig; *the* ~ *is dark* dit lyk maar donker; *a narrow* ~ 'n eng/be=

krompe lewensopvatting; *s.o.'s* ~ *(on life)* iem. se le= wensbeskouing/lewensopvatting, iem. se opvatting van die lewe, iem. se kyk op die lewe; *a warped* ~ 'n skewe/verwronge kyk op die lewe.

outnumbered *be* ~ in die minderheid wees; teen 'n oormag te staan kom.

outrage *an* ~ *against* ... 'n vergryp teen —; HE ex= *presses (HIS)* ~ *at s.t.* HY gee uiting aan SY verontwaar= diging oor iets; *it is an* ~ *to* ... dit is 'n wandaad om te —.

outraged *be* ~ *by s.t.* oor iets woedend wees; hoogs verontwaardig wees oor iets.

outset *at the* ~ in/aan/by die begin, eers, aanvanklik; *from the* ~ van die begin (af), uit die staanspoor, met die intrap(slag) *, van meet af aan; *at the very* ~ som= mer aan/in die begin, uit die staanspoor.

outside[1] [n.] *at the* ~ hoogstens, uiterlik, op sy hoog= ste/meeste; *from the* ~ van buite (af); *on the* ~ buite= op, buiteaan; buitekant; van buite; *round the* ~ buite om.

outside[2] [prep.] *just* ~ *the town* kort buite(kant) die dorp *of* stad.

outsider *s.o. is a rank* ~ iem. is 'n randeier *; *a horse is a rank* ~ 'n perd het geen kans nie.

outskirts *on the* ~ *of the town* in die buitewyke van die dorp *of* stad, aan die rand van die dorp *of* stad.

outspoken *be* ~ padlangs/reguit/ronduit praat.

ovation *get a standing* ~ staande toegejuig word; *give s.o. a standing* ~ iem. staande toejuig.

oven *put s.t. in the* ~ iets in die oond steek.

over[1] [adv.] *(all)* ~ *again* van voor af (aan), nog 'n keer/slag, nogmaals, nogeens; ~ *against* ... teenoor —; in teenstelling met —; *all* ~ oral; in alle rigtings; in alle opsigte; van kop tot tone; deur en deur; *that is* HIM *all* ~ dit is net soos HY is, dit is nou van HOM; *it is all* ~ dit is (alles) verby; dit is die end/einde; dit is klaar= praat *; *it is all* ~ *between them* dit is alles uit tussen hulle; *it is all* ~ *with s.o.* dit is klaar(praat) met iem. *, iem. is oor die muur *; *fifty/etc. and* ~ vyftig/ens. en daarbo; ~ *and* ~ *(again)* oor en oor, keer op keer, herhaaldelik, telkens; tot vervelens toe; *it is* ~ *and done with* dit is uit en gedaan; dit is gedane sake; *s.o. is* ~ *in America* iem. is oorkant in Amerika; ~ *and out, (radio)* oor en af; ~ *to* ... — neem nou oor, — is aan die beurt, nou is dit — se beurt; nou skakel ons oor na —.

over[2] [prep.] ~ *and above* ... buiten —, buite en be= halwe —, benewens —; ~ *and above* that boonop, buitendien; *be all* ~ *s.o.* § 'n ophef van iem. maak; *travel all* ~ *South Africa* die hele Suid-Afrika deur= reis; *just* ~ ... effens/effe(ntjies)/iets meer as —; *well* ~ *an hour* ruim 'n uur, 'n goeie/ronde uur; *well* ~ *a hundred* ruim/goed honderd.

overboard *fall/go* ~ oorboord val; *go* ~ § iets oor= dryf; *go* ~ *about/for* ... § van geesdrif vir — oorloop; *throw s.t.* ~ iets oorboord gooi *(lett. & fig.).*

overcome *s.o. was* ~ *by/with emotion* iem. was ge=

weldig aangedaan, iem. se gemoed het volgeskiet; *be ~ by sleep* deur die slaap oorval word.

overdoing *HE is ~ it* HY vermoei HOM te veel, HY span HOM te veel in.

overdue *HE is ~* HY is oor SY tyd; *it is long ~* dit moes lankal gebeur het, ons wag al lank daarop, dit is lankal meer as tyd.

overeat *HE ~s* HY eet te veel, HY ooreet HOM.

over-exert *HE ~s HIMSELF* HY ooreis SY kragte, HY span HOM te veel in, HY oorspan HOM.

overgrown *be thickly ~* ruig wees.

overjoyed *be ~ at s.t.* oor iets verruk wees.

overnight *stay ~* oornag, die *of* 'n nag oorbly.

overpowered *be ~ with ...* van — oorstelp wees *(bv. smart, vreugde)*.

overreach *HE ~es HIMSELF* HY neem te veel op HOM.

overrun *be ~ with vermin* van ongedierte wemel, van o. vergewe wees; *be ~ with weeds* met/van onkruid ver= vuil wees.

overseas *from ~* van oorsee.

oversight *owing to an ~, through an ~* per abuis.

overtime *work ~* oortyd werk; *work ~ to ...* §hard werk om te —, baie moeite doen om te —.

overture *make ~s to ...* toenadering tot — soek; *the ~ to ...*, *(fig.)* die voorspel van/tot —; *(mus.)* die voorspel tot/uit —.

overwork *HE ~s HIMSELF* HY oorwerk HOM.

owe *~ it to s.o. to ...* dit aan iem. verskuldig wees om te —; *~ s.o. much* iem. baie skuld *(bv. geld)*; iem. baie veel verskuldig wees *(bv. dank)*.

owing *~ to ... weens/vanweë* —, omrede *(van)* —, ten gevolge van —, toe te skryf/skrywe aan —, uit hoofde van —; te wyte aan —.

own¹ [adj. & pron.] *s.t. has a value/etc. all its ~* iets het 'n besondere waarde/ens.; *HIS laugh/etc. is all HIS ~* SY lag/ens. is eie aan HOM; *HE comes into HIS ~* HY kry wat HOM toekom, HY kom tot HY reg, HY neem SY regmatige plek in; *get one's ~ back on s.o. for s.t.* §iem. vir iets uitbetaal *(fig.)*, (weer)wraak op iem. neem vir iets; *HE holds HIS ~* HY staan SY man, HY handhaaf HOMSELF; *HE holds HIS ~ with the best* HY staan gelyk met die beste; *HE is more than holding HIS ~* HY staan SY man en meer; *a ... of its ~* 'n eie —; *a ... of one's ~* 'n eie —; *HE has nothing of HIS ~* HY self het niks, HY het self niks, HY het niks wat HY SY eie kan noem nie; *something of HIS ~* iets van HOMSELF (alleen); *have two/etc. of one's ~* self twee/ens. hê; *on HIS ~* op SY eie bene, selfstandig, op SY eie, manalleen; op eie houtjie/verantwoording; vir eie rekening; uit SY eie; *do s.t. (all) on one's ~* iets manalleen doen; *HIS very ~* SY eie alleen, geheel en al SY eie; *HE wants s.t. for HIS very ~* HY wil iets vir HOM alleen hê.

own² [v.] *~ s.t.* iets besit; iets erken *(bv. gebreke)*; *HE ~s to having done it* HY beken dat HY dit gedoen het; *~ up* beken, ronduit erken, met die waarheid uitkom, met die waarheid voor die dag kom, opbieg.

owned *s.t. is South African-~* iets is in Suid-Afri= kaanse besit/hande; *s.t. is ~ by s.o.* iets behoort aan iem., iets is iem. se besit/eiendom.

oyster *the world is HIS ~* die wêreld staan vir HOM oop.

P

p, P *HE minds HIS p's/P's and q's/Q's* § HY bly in SY pasoppens, HY trap in SY spoor/spore.

pace¹ [n.] *at a* … ~ met 'n — pas; met 'n — vaart; *at a* **breakneck** ~ met 'n dolle/rasende/vlieënde/woeste vaart; *at a* **cracking** ~ § met 'n hewige vaart; *set a* **cracking** ~ § baie vinnig hardloop *of* ry *of* vaar *of* vlieg; *force the* ~ hard aanja(ag), die pas forseer; *go the* ~ §vaart maak; §losbandig leef/lewe; *at a* **great** ~ met 'n groot vaart/snelheid; *set a* **hot** ~ §vinnig weg= spring *of* wegtrek; *the* ~ *is too* **hot** *for s.o.* §iem. kan nie byhou nie; **keep** *the* ~ bybly, byhou; **keep up** *the* ~ die pas/vaart volhou; **keep** ~ **with** … by — byhou, met — tred hou; **last** *the* ~ dit volhou; **off** *the* ~ § stadiger as die wenner/beste; **put** *HIM through HIS* ~*s* HOM toets/beproef, HOM laat wys wat HY kan doen, kyk wat HY kan doen, HOM SY passies laat maak; *at a* **quick** ~ met 'n vinnige/snelle pas; **quicken** *the* ~ die pas versnel, aanstoot⋆, aanroer⋆; *a* **rattling** ~ §'n vinnige vaart; **set** *the* ~ die pas aangee; die botoon voer; *HE* **shows** *HIS* ~*s* HY wys wat HY kan doen; HY maak SY passies; **slacken** *the* ~ stadiger gaan, vaart vermin= der; *a* **smart/spanking** ~ 'n vinnige pas/vaart; **stay** *the* ~ byhou, bybly, enduit hou; (die pas/vaart) vol= hou; *keep up a* **steady** ~ 'n gereelde pas volhou, een= stryk aanhou; *a* **stiff** ~ 'n stewige pas; **take** *a* ~ 'n tree gee; *a* **tearing** ~ 'n vlieënde vaart.

pace² [v.] ~ *off/out s.t.* iets aftree; ~ *up and down* op en af/neer loop.

pack¹ [n.] *stay ahead of the* ~ voor die bondel bly.

pack² [v.] ~ *away s.t.* iets wegpak; ~ *down, (rugby)* skrum; ~ *them in, be* ~*ing them in* § vol sale kry/lok; ~ *it in* § ophou; ~ *off s.o.* iem. wegja(ag)/wegstuur; iem. in die pad steek ⋆; ~ *out a hall* 'n saal stampvol/ propvol sit, 'n saal van hoek tot kant vol sit; ~ *up* inpak; § onklaar raak, nie meer werk nie *(bv. 'n masjien)*; § trap⋆; § opgee, tou opgooi; ~ *it up* § ophou.

packed *a place is* ~ *to capacity, a place is* ~ *(out)* 'n plek is stampvol/propvol, daar is nie meer plek vir 'n muis nie; *closely* ~ dig opmekaar; ~ *like sardines* opmekaar geprop; ~ *tight* bankvas, blokvas; *be* ~ *with* … propvol — wees; stampvol — wees.

packet *make a* ~ § 'n fortuin maak.

packing *send s.o.* ~ §iem. wegja(ag)/wegstuur; §iem. die bloupas gee *('n kêrel)* ⋆

pad¹ [v.] ~ *out s.t.* iets opstop; iets met onnodige stof vul; ~ *up, (kr.)* beenskutte aansit.

pad² [v.] ~ *around* rondstap.

page¹ [n.] *turn a* or *the* ~ omblaai.

page² [v.] ~ *through a book* 'n boek deurblaai.

paid *be/get* ~ betaal word; *fully* ~ ten volle betaal; volgestort *(aandele)*; *put* ~ *to s.t.* iets verydel, iets in die wiele ry, 'n end/einde aan iets maak *(bv. 'n plan)*.

pail *a* ~ *of water/etc.* 'n emmer water/ens.

pain *be at (great)* ~*s to* … (baie) moeite doen om te —; *cry with* ~ huil van (die) pyn; *on* ~ *of* **death** op straf van die dood; *double up with* ~ ineenkrimp van (die) pyn; *for HIS* ~*s* vir SY moeite; ondanks al SY moeite; *give* ~ seermaak; *be in* ~ pyn hê/voel; *lose one's* ~*s* vergeefse moeite doen; *s.o. is a* ~ *in the* **neck** § iem. is onuitstaanbaar; *s.t. is a* ~ *in the* **neck** §iets is 'n hoofpyn/tameletjie *(fig.)*; … *gives HIM a* ~ *in the* **neck** §— gee HOM 'n pyn op SY naarheid; *on/under* ~ *of* … op straf van —; *put HIM out of HIS* ~ HOM uit SY pyn verlos; *roar with* ~ kerm *of* brul van (die) pyn; *you may* **save** *your* ~*s* spaar jou die moeite, dis moeite (te)vergeefs; *a* **sharp** ~ 'n skerp pyn; **spare** *no* ~*s* geen moeite ontsien/spaar nie; **squirm** *with* ~ krimp van (die) pyn; **stand** ~ pyn verdra/uithou; **suffer** ~ pyn verduur/ly; **take** *(great)* ~*s over/with s.t.* (baie/ groot) moeite doen (in verband) met iets; *under/on* ~ *of* →*on/under.*

paint¹ [n.] *a coat of* ~ 'n laag verf; 'n verflaag; *give s.t. a coat of* ~ iets skilder/verf; *a lick of* ~ 'n smeerseltjie verf.

paint² [v.] ~ *out/over s.t.* oor iets skilder/verf; iets doodskilder/doodverf.

painter *cut the* ~ die bande verbreek.

painting *a* ~ *by* … 'n skildery deur/van —; *do a* ~ 'n skildery maak; *in* ~ in die skilderkuns; *show* ~*s* skilderye ten toon stel.

pair¹ [n.] *in* ~*s* twee-twee, paarsgewys(e); *they are* **not** *a* ~ hulle is onpaar; *a* ~ *of* **shoes** 'n paar skoene; *two* ~*s of* **shoes** twee paar skoene.

pair² [v.] ~ *off* in pare gaan; ~ *them off* hulle in pare plaas, hulle twee-twee bymekaarsit; *(parl.)* hulle af= paar ~ *off with s.o.* 'n paar vorm saam met iem.; met iem. trou; *(parl.)* met iem. afpaar; ~ *up with s.o.* 'n paar vorm saam met iem.

pal ~ *up with s.o.* met iem. maats maak.

palate *be pleasing to the* ~ die smaak streel; *tickle the* ~ die smaak prikkel, eetlus opwek.

pale¹ [n.] *beyond the* ~ buite die perke/grens; ontoe= laatbaar, verreëgaande; *within the* ~ *of* … binne die perke van —.

pale² [v.] ~ *at* … bleek word by — *(bv. die gedagte aan* …, *die vooruitsig van* …*); it* ~*s beside/before* … dit is nie te vergelyk met — nie.

pale³ [adj.] *as* ~ *as death, as* ~ *as a sheet* so bleek soos die dood, so bleek soos 'n laken, asvaal; *deathly* ~ doodsbleek; *go/grow/turn* ~ *(with fright)* verbleek, bleek word (van skrik).

pall *it* ~*s on one* ('n) mens word moeg/sat daarvan, ('n) mens word teë daarvoor.

palm¹ [n.] *bear away the* ~ die louere wegdra; die kroon span; *cross/grease/oil s.o.'s* ~ §iem. omkoop, iem. iets in die hand stop; *HE has/holds s.o. in the* ~ *of HIS* **hand** HY het iem. volkome in SY mag; *s.o. has an itching/itchy* ~ iem. is inhalig, iem. wil altyd beloon word; *yield the* ~ *to s.o.* vir iem. onderdoen, dit teen iem. gewonne gee.

palm² [v.] ~ *s.t. off as* … §voorgee dat iets — is; ~ *s.t. off on s.o.* §iets aan iem. afsmeer ★; ~ *s.o. off with* … § iem. met — tevrede hou.

pan¹ [n.] *go down the* ~ §§ op die ashoop beland ★

pan² [v.] ~ *out* was *(goud)*; goud oplewer; § uitval, afloop; ~ *out well* § goed uitval/afloop, slaag, geluk; *not* ~ *out well*, *(ook)* §'n misoes wees ★

pancake *toss* ~*s* pannekoeke omgooi/omkeer.

pandemonium ~ *reigns* die hel het losgebars ★

pander ~ *to* … aan — toegee, — paai, probeer om — te behaag.

panic ~ *arises* 'n paniek ontstaan; *get into a* ~ *about s.t.* oor iets paniekerig/paniekbevange raak; *be in a* ~ *about s.t.* p./p. wees oor iets; *throw s.o. into a* ~ iem. angs/skrik aanja(ag).

panic button *push the* ~ ~ §blindelings/paniekerig optree/reageer.

panting *be* ~ *after/for* … na — hunker/snak; *be* ~ *for breath* na asem snak, uitasem wees.

pants *be caught with one's* ~/*trousers down* § onvoorbereid betrap word, onverwags in verleentheid gebring word; *(a pair of)* ~ 'n (lang)broek; *wear* ~ ('n) broek dra; *wear the* ~/*trousers* § die broek dra ★, baasspeel, die baas wees *(van 'n vrou gesê)*.

paper¹ [n.] *a* ~ *about/on* … 'n referaat/lesing oor —; *commit s.t. to* ~ iets neerskryf/neerskrywe/ opskryf/opskrywe, iets op skrif stel; *deliver/present/read a* ~ 'n referaat/lesing hou/lewer, 'n voorlesing hou, 'n verhandeling gee; *get into the* ~*s* in die koerante kom; *on* ~ op skrif; op papier, in teorie; *put s.t. on* ~ iets op skrif stel; *set a* ~ 'n vraestel opstel; *not worth the* ~ *it is printed/written on* waardeloos.

paper² [v.] ~ *over s.t.*, *(lett.)* iets toeplak; *(fig.)* iets toesmeer.

par *above* ~ bo pari; bo die gemiddelde; *at* ~ teen/op pari; *below* ~ benede/onder pari; onder die gemiddelde; §benede peil; *feel below* ~ §ongesteld voel; *s.t. is* ~ *for the course* §iets is gewoon, iets was te verwagte; *be on a* ~ *with* … met — gelyk staan; *put s.t. on a* ~ *with* … iets met — gelykstel; *be up to* ~ § voldoende wees; *feel up to* ~ § goed voel.

parade *hold a* ~ parade hou; *make a* ~ *of s.t.* met iets te koop loop, met iets spog; *on* ~ op parade.

parallel¹ [n.] *draw a* ~ *between* … 'n parallel tussen — trek, — met mekaar vergelyk, 'n vergelyking tussen — maak/trek; *have no* ~ geen gelyke hê nie; *be without* ~ sonder weerga wees.

parallel² [adj.] ~ *to/with* … ewewydig/parallel aan/ met —.

paralysed *be* ~ *with* … lam wees van (die) — *(bv. skrik)*; *be* ~ *with fright*, *(ook)* lam geskrik wees.

paramount *be* ~ *to* … van groter belang as — wees.

parcel¹ [n.] *make up a* ~ 'n pakkie (op)maak.

parcel² [v.] ~ *out s.t.* iets uitdeel; ~ *up s.t.* iets inpak, 'n pakkie van iets maak.

pardon¹ [n.] *beg s.o.'s* ~ iem. (om) verskoning vra; *I beg your* ~ ekskuus (tog)!; verskoon my (asseblief)!; *(I beg your)* ~? ekskuus?, wat sê jy?; *get a* ~ begenadig word; *grant s.o. a* ~ iem. begenadig.

pardon² [v.] ~ *s.o. for (doing) s.t.* iets van iem. verskoon; ~ *me!* ekskuus, verskoon my!; ~ *me?* ekskuus?, wat sê jy?

pare ~ *away/off s.t.* iets afsny/afskil; ~ *down s.t.* iets verminder/inkort/inkrimp.

parenthesis *in* ~/*parentheses* tussen hakies.

parking *no* ~ geen staanplek, parkeer verbode.

parlance *in common* ~ in gewone taal; *in legal* ~ in die regstaal; *in popular* ~ in die volksmond.

Parliament *in* ~ in die Parlement; *stand for* ~ kandidaat vir die Parlement wees.

parody *a* ~/*travesty of* … 'n bespotting van — *(bv. die gereg)*; *a* ~ *on* … 'n parodie op —.

parole *(be released) on* ~ op parool (vrygelaat/losgelaat word).

part¹ [n.] *act a* ~ 'n rol speel; *take an active* ~ *in s.t.* 'n daadwerklike aandeel in iets hê; *take s.t. in bad* ~ iets sleg opneem; *be/form (a)* ~ *of s.t.* deel van iets uitmaak; *the best/better/greater* ~ *of* … die grootste/oorgrote deel van —; die meeste/merendeel van —; *for the best/better/greater* ~ *of a day/etc.* amper 'n dag/ens. (lank); *HE does HIS* ~ HY doen SY plig, HY dra SY deel by; *s.o. doubles* ~*s* iem. speel twee rolle; *form/be (a)* ~ *of s.t.* →*be/form*; *take s.t. in good* ~ iets goed opneem; *for the great* ~ grotendeels; *the greater* ~ *of* … die oorgrote deel van —; die merendeel van —; *by far the greater* ~ *of* … die oorgrote merendeel van —; *have a* ~ *in* … aan — deel hê; 'n rol in — speel/vervul *('n toneelstuk)*; *take s.t. in ill* ~ iem. iets kwalik neem; *in* ~(*s*) deels, gedeeltelik, ten dele, vir 'n deel; *a leading* ~ 'n hoofrol *(in 'n toneelstuk)*; 'n belangrike rol *(in iets)*; *s.o. looks the* ~ iem. lyk ook so; *a person of many* ~*s* 'n veelsydige mens; *most* ~*s of the country* die grootste gedeelte van die land; *for the most* ~ hoofsaaklik, in hoofsaak; merendeels, meestendeels; mees(t)al, in die meeste gevalle; *for my* ~ vir my part, wat my aangaan/betref; *I for my* ~ ek vir my, my aangaande, wat my betref; *s.o. wants no* ~ *in s.t.* §iem. wil niks met iets te doen hê nie; ~ *of* … 'n deel/gedeelte van —; *it is* ~ *of* … dit maak deel van — uit, dit is ('n) deel van —; *it is a mistake on s.o.'s* ~ dit is iem. se eie fout, iem. het self die fout gemaak; *an objection on s.o.'s* ~ 'n beswaar van iem. se kant af, 'n b. by iem.; *be* ~ *and parcel of s.t.* 'n onafskeidelike deel van iets uitmaak; *play a* ~ 'n rol speel; huigel,

veins; **play** an important/a leading ~ in … 'n belang-
rike rol in — speel, 'n groot aandeel in — hê; **play** a
leading ~ 'n hoofrol speel *(in 'n toneelstuk)*; **study** a
~ 'n rol instudeer; **take** ~ in … aan — deelneem;
take s.o's ~, **take** the ~ of s.o. iem. se kant/party kies,
vir iem. party trek, vir iem. opkom; in/round **these** or
those ~s hier of daar rond/langs, in hierdie of daardie
buurt/geweste/omgewing; two/etc. ~s of … **to**
three/etc. ~s of … twee/ens. dele — op drie/ens. dele
—; ~ of the **way** →**way**; the **worst** ~ of it is … die
ergste is —, die naarheid daarvan is —.

part² [v.] ~ from … van — skei, van — afskeid neem;
met — breek; ~ s.o. or s.t. from … iem. of iets van —
skei/losmaak; ~ with … van — afstand doen, van —
afsien, — afstaan/opgee.

partake ~ of s.t. iets eet/gebruik/nuttig/geniet *('n
maaltyd)*; aan iets deel hê; aan iets deelneem *(die Nag-
maal)*; s.t. ~s of … daar is iets (van) — in iets.

partial be ~ to s.t. vir iets lief wees, baie van iets hou
van, 'n voorliefde vir iets hê.

partiality s.o.'s ~ for s.t. iem. se voorliefde vir iets; ~
for/towards … partydigheid vir —; show ~ partydig
wees; met twee mate meet.

participate ~ in s.t. aan iets deelneem *(bv. sport, 'n
debat, 'n misdaad)*; in iets deel *(bv. die wins, 'n onderne-
ming)*.

participation ~ in … deelneming aan — *(bv. sport,
'n debat, 'n misdaad)*; deelneming in — *(bv. die wins, 'n
onderneming)*.

particular¹ [n.] enter/go into ~s in besonderhede
tree; give full ~s volledige besonderhede verstrek/
verskaf/opgee/(aan)gee/vermeld; further ~s nader(e)
besonderhede; in ~ in die besonder, veral.

particular² [adj.] be ~ about/over s.t. besondere aan-
dag/sorg aan iets bestee; kieskeurig wees met iets *(bv.
kos)*.

particularly more ~ meer in die besonder.

parting at the ~ of the ways waar die paaie/weë uitme-
kaar loop, op die tweesprong; we have come to the ~ of
the ways hier loop ons paaie/weë uitmekaar/uiteen.

partition ~ off s.t. iets afskort.

partner be ~s with s.o. iem. se (spel/span)maat wees,
saam met iem. speel.

partnership enter into a ~ with s.o. vennoot van
iem. word, 'n vennootskap met iem. aangaan; they are
in ~ hulle is vennote; hulle speel saam; in ~ with s.o.
tesame met iem., as vennoot van iem., met iem. as
vennoot.

party change parties oorstap, draai; **crash** a ~ §by 'n
party(tjie) indring; **give** a ~ 'n party(tjie) gee; be of a
~ lid van 'n geselskap wees; **throw** a ~ §'n party(tjie)
gee/hou; be a ~ **to** … aan — deelneem, in/aan — deel
hê; 'n party by — wees *('n ooreenkoms)*, 'n deelnemer
aan — wees *('n kontrak)*, 'n medepligtige aan — wees
('n misdaad), 'n party in — wees *('n geding)*; become a
~ **to** … aan — deelneem, tot — toetree; s.o. will not be
a ~ **to** s.t. iem. wil niks met iets te doen hê nie.

party line on ~ ~s volgens party; follow the ~ ~ die
partybeleid gehoorsaam.

pash have a ~ on s.o. § op iem. beenaf wees ⋆

pass¹ [n.] **bring** s.t. to ~ iets teweegbring/veroor-
saak; s.t. **comes** to ~ iets gebeur/geskied; things have
come to a fine/pretty/sad ~, things have **reached** a
fine/pretty/sad ~ § sake het 'n ernstige wending ge-
neem, die toestand is nou beroerd; the **crest** of the ~
die pashoogte; **get** a ~ deurkom, slaag; **make** a ~ at
a girl §by 'n meisie aanlê ⋆; be on a ~ 'n verlofpas hê;
HE **sells** the ~ HY verraai SY eie mense, HY pleeg
verraad.

pass² [v.] allow s.t. to ~, let s.t. ~ iets deurlaat; iets
daar laat; be **allowed** to ~ deurgelaat word; daar ge-
laat word; ~ **along** verder/vêrder gaan; ~ **along** s.t.
iets aangee; ~ **as** … vir — deurgaan; ~ **away** verby-
gaan, oorgaan; ~ **away/on/over** heengaan, sterf; ~
between … tussen — deurgaan; ~ **beyond** … by ~
verbygaan; ~ **by** s.o. or s.t. by iem. of iets verbygaan;
by iem. of iets verbyry; iem. of iets verbysteek; ~ **by**
s.t., (ook) iets opsy laat, van iets wegskram; ~ **by** s.o.,
(ook) iem. oorslaan; iem. oor die hoof sien; ~ **by** on
the other side verlangs/vêrlangs verbygaan; ~ **down**
the street straataf stap; ~ **down** s.t. iets ondertoe aan-
gee; iets deurgee *(bv. 'n tradisie)*; ~ **for** … vir —
deurgaan; ~ **forward** s.t. iets vorentoe aangee; ~
into … in — oorgaan; na/tot — oorgaan; **let** s.t. ~,
allow s.t. to ~ →**allow**; let that ~ dit daar gelate; ~
off verbygaan, oorgaan; oorwaai *('n storm)*; *(goed/
gunstig)* afloop, verloop; ~ **off** s.t. iets ignoreer; HE
~es HIMSELF **off** as … HY doen HOM as — voor; ~ s.t.
off as … voorgee dat iets — is, iets as — voorstel; ~ **on**
verder/vêrder gaan; verder/vêrder vertel; ~ **on/
away/over** →**away/on/over**; ~ **on** s.t. (to …) iets
(vir —) aangee, iets (aan —) deurgee; ~ **on to** … na —
oorgaan *('n plek)*; tot — oorgaan *(iets anders, 'n vol-
gende stap)*; ~ **out** uitgaan, na buite gaan; 'n kursus
voltooi; 'n skool of kollege verlaat; §flou word/val, be-
wusteloos raak; §stomdronk word; ~ **out** s.t. iets uit-
reik; iets uitdeel; ~ **over** oorstap; verbygaan; ~
over/away/on →**away/on/over**; ~ **over** s.t. iets
oorslaan, iets links laat lê; ~ **over** s.o. iem. oorslaan/
verbygaan, iem. oor die hoof sien; ~ **round** s.t. iets
ronddien/rondgee; iets uitdeel; ~ **through** s.t. deur
iets gaan; deur iets reis *(bv. 'n dorp, 'n land)*; deur iets
loop *(bv. 'n kamer)*; deur iets breek; iets deurmaak/
deurleef/deurlewe/ondervind; ~ **to** … tot — oorgaan
(iets anders); ~ s.t. **to** s.o. iets vir iem. aangee; s.t. ~es
to s.o. iets gaan op iem. oor *(eiendom)*; ~ **under** s.t.
onder iets deurgaan of deurloop of deurry of deurvaar;
~ **up** s.t. iets boontoe aangee; § iets laat verbygaan
(bv. 'n kans).

passage have a rough ~ dit opdraand/hotagter kry/
hê ⋆; have a smooth ~ 'n kalm seereis hê; maklik aange-
neem word *('n voorstel, 'n wetsontwerp)*; HE works HIS
~ HY verdien SY passasie/oortog, HY werk vir SY pas-
sasie/oortog.

passenger *be a* ~, *(lett.)* 'n passasier wees; 'n insit= tende wees *(in 'n motor); (fig.)* § nutteloos wees, 'n vyfde wiel aan die wa wees, vir spek en boontjies daar wees ★; *drop a* ~ 'n passasier afsit; *pick/take up* ~s passasiers oplaai/opneem; passasiers aan boord neem *('n skip).*

passing *in* ~ in die verbygaan, terloops.

passion *fly into a* ~ driftig/woedend word; *have a* ~ *for* ... 'n hartstogtelike liefhebber van — wees; *in a* ~ driftig, woedend; HE *indulges* HIS ~s HY botvier SY luste, HY gee/laat aan SY luste die vrye loop; *s.t. puts s.o. in(to) a* ~ iets maak iem. woedend/briesend; *rouse* ~s hartstogte wek.

past¹ [n.] *the dim* ~ die gryse verlede, die voortyd; *in the distant* ~ in die verre verlede; *in the* ~ in die verlede; *live in the* ~ in die v. leef/lewe; ~ *and pres= ent* (die) hede en (die) v.; *s.o.'s purple* ~ iem. se los= bandige v.; *s.t. is a thing of the* ~ iets behoort tot die v.; iets is afgehandel.

past² [adj.] *be* ~ verby wees; *it is* ~ *and gone* dit is klaar verby, dit behoort tot die verlede.

past³ [prep.] *be* ~ *s.t.* § te oud wees vir iets, te oud wees om iets te doen; ~ *five/etc* oor vyf/ens. *(tyd); ten/etc.* ~ *five/etc.* tien/ens. oor vyf/ens.

paste ~ *in s.t.* iets inplak; ~ *on s.t.* iets opplak; ~ *over s.t.* iets toeplak; ~ *up s.t.* iets aanplak/vasplek.

pasting *get a* ~ § slae kry, 'n pak kry; *give s.o. a* ~ § iem. 'n pak (slae) gee; § iem. uittrap/uitvreet ★

pasture ~s *new* § nuwe geleenthede; *put s.o. out to* ~/*graze* § iem. (die) halter afhaal.

pat *get a* ~ *on the back* 'n pluimpie kry; *give s.o. a* ~/*clap/slap on the back* iem. op die skouer klop; *give s.o. a* ~ *on the back* iem. op die skouer klop, iem. 'n pluimpie gee.

patch¹ [n.] *hit/strike a bad* ~ 'n moeilike tyd deur= gaan; *in* ~es plek-plek, kol-kol; *not be a* ~ *on* ... § nie . met — te vergelyk wees nie, nie by — haal nie, nie naby — kom nie; *purple* ~es mooiskrywery.

patch² [v.] ~ *up s.t.* iets lap/heelmaak; iets opknap; iets skik, iets (tydelik) beëindig *('n twis);* ~ *up s.o.* iem. op 'n manier regdokter.

patent *apply for a* ~ 'n patent aanvra; *grant s.o. a* ~ 'n p. aan iem. verleen; ~ *pending* p. toegestaan/toe= gesê; *take out a* ~ *for* ... 'n p. op — (uit)neem.

path *beat a* ~ 'n pad baan, die weg baan; baan breek; *cross s.o.'s* ~ iem. teëkom/teenkom; iem. dwars= boom; *beat a* ~ *to s.o.'s door* op iem. toesak; *tread a perilous* ~ 'n gevaarlike weg bewandel; *the prim= rose* ~ die breë pad/weg; *stand in s.o.'s* ~ in iem. se pad staan; *deviate from the straight* ~ op sygange gaan; *the* ~ *of virtue* die pad van die deug.

patience *exercise* ~ geduld beoefen/gebruik; *have* ~ *(with ...)* geduld (met —) hê; *have the* ~ *of Job* jobsgeduld hê, Job se g. hê, 'n ware Job wees; HE *is losing* ~ *with s.o.* HY verloor SY g. met iem.; *have no* ~ *with* ... geen g. met — hê nie; *s.o. is out of* ~ iem. se g. is op ('n end); *be out of* ~ *with s.o.* or *s.t.* iem. of iets

nie langer kan verdra nie; *it is enough to try the* ~ *of a saint* dit sal 'n engel se geduld op die proef stel; *tax/try s.o.'s* ~ iem. se g. op die proef stel; *s.o.'s* ~ *was worn out* iem. se g. het opgeraak.

patient¹ [n.] *see a* ~ 'n pasiënt besoek *of* ontvang *of* ondersoek; *treat/attend a* ~ 'n p. behandel.

patient² [adj.] *be* ~ *of s.t.* iets geduldig dra; *be* ~ *with s.o.* geduld met iem. hê.

patrol *on* ~ op patrollie.

patronage *under the* ~ *of* ... onder beskerming van —.

patronise, ≈**ize** ~ *s.o.* iem. uit die hoogte behandel, iem. patroniseer; ~ *a shop* by 'n winkel koop, 'n klant van 'n winkel wees.

patronised, ≈**ized** *be well* ~ baie klante hê, goed beklant wees.

patter ~ *about/around* rondtrippel.

pattern¹ [n.] *establish/set a* ~ *for s.t.* 'n voorbeeld vir iets wees; *s.t. follows the usual* ~ iets het die gewone verloop.

pattern² [v.] ~ *s.t. after/on* ... iets na/volgens — maak/vorm, — navolg/naboots.

pave ~ *s.t. with* ... iets met — plavei/uitlê.

pause *s.t. gives s.o.* ~ iets bring iem. tot nadenking, iets laat iem. weifel; *make a* ~ ('n rukkie) rus, 'n pouse maak/hou, pouseer.

pawn *give s.t. in* ~ iets verpand; *be in* ~ *to* ... aan — verpand wees; *take s.t. out of* ~ iets inlos.

pay¹ [n.] *for* ~ teen betaling; *on full* ~ met volle salaris/loon/betaling; met behoud van salaris; *(mil.)* met volle soldy; *on half* ~ met halwe salaris/loon/be= taling; *(mil.)* met halwe soldy; *in the* ~ *of* ... in die diens van —; deur — besoldig; *leave without* ~ onbe= taalde/onbesoldigde verlof.

pay² [v.] ~ *back s.t.* iets terugbetaal; ~ *back s.o. (for s.t.)* iem. (vir iets) laat boet, iem. met gelyke munt betaal; ~ *dearly for s.t.* swaar vir iets boet; ~ *as you earn* deurlopend betaal; ~ *for s.t.* (vir) iets betaal; vir iets boet; *you'll* ~ *for this!* hiervoor sal jy boet!, jy sal dit ontgeld!; ~ *as you go* deurlopend betaal; ~ *in s.t.* iets stort/deponeer; ~ *s.t. into an account* iets op 'n rekening stort; ~ *meanly* min/sleg betaal; ~ *(cash) on the nail* § dadelik/kontant betaal, dis botter by die vis ★; ~ *through the nose* § deur die nek betaal ★; *make s.o.* ~ *through the nose* § iem. die ore van die kop af vra ★, iem. die vel oor die ore trek ★; *s.t. does not* ~ iets is nie lonend/winsgewend nie, iets betaal sleg; ~ *off s.t.* iets afbetaal/delg/aflos *(skuld);* iets buite diens stel, iets uit die vaart neem *('n skip);* ~ *off s.o.* iem. afdank *('n werknemer);* § iem. afkoop; *s.t.* ~s *off* § iets is lonend; § iets beantwoord, iets slaag, iets behaal suk= ses; ~ *out s.t.* iets uitbetaal; iets laat skiet, iets uittol/ uitvier/uitpalm *(bv. 'n tou);* ~ *out s.o.* § iem. laat boet/opdok ★, met iem. afreken, op iem. wraak neem, iem. straf; ~ *over s.t.* iets uitbetaal/stort; *(an amount is) to* ~ ('n bedrag is) verskuldig; ~ *s.t. towards* ... iets vir — bydra/betaal; *s.o. has to* ~ *up* § iem. moet opdok ★;~ *up* s.t. iets volstort *(aandele);* ~ *well* goed betaal.

pay-dirt *hit/strike* ~ § sukses behaal.

payment *demand* ~ *from* s.o. iem. aanskryf/aanskrywe; *in* ~ *for* ... as betaling/vergoeding vir — *(dienste);* *in* ~ *of* ... ter betaling/vereffening van — *(goedere, 'n rekening, skuld);* *make* ~ betaal; *make a* ~ betaal, 'n betaling/storting doen, 'n paaiement betaal/stort; *meet a* ~ 'n betaling voldoen; *on* ~ *of* ... teen betaling van —; *prompt* ~ stipte betaling; *the terms of* ~ die betaalvoorwaardes.

payroll *be on* s.o.'s ~ in iem. se diens wees.

pea *shell* ~s ertjies (uit)dop.

peace *at* ~ in vrede; ~ *between* ... vrede tussen —; *a breach of the* ~ rusverstoring; 'n vredebreuk, 'n verbreking van die vrede; *break the* ~ die rus verstoor/versteur; die vrede verbreek; *conclude* ~ vrede sluit; *find* ~ tot rus kom; *hold one's* ~ stilbly, swyg; *do* s.t. *in* ~ iets rustig doen, iets doen sonder om lastig geval te word; *there is* ~ daar heers vrede; *keep the* ~ die v. bewaar; *leave* s.o. *in* ~ iem. met rus laat, iem. uitlos; *make* ~ vrede sluit; v. maak; v. stig; *make* ~ *with* ... met — v. maak *(iem.);* met — v. sluit *('n oorlogvoerende land);* *make one's* ~ *with* ... met — versoen raak; *not have a moment's* ~ geen (oomblik) rus hê nie; ~ *and quiet* rus en vrede, pais en vree; *for* ~' *sake* om vredeswil, in vredesnaam; *sue for* ~ vrede vra.

peak *at the* ~ *of* ... op die hoogtepunt van —; *reach a* ~ 'n hoogtepunt bereik.

peal ~ *out* uitgalm; weergalm, weerklink.

pearl *a* ~ *of great price* 'n pêrel van groot waarde *(fig.);* *a string of* ~s 'n pêrel(hals)snoer, 'n string pêrels; *string* ~s pêrels inryg/string; *cast* ~s *before swine* pêrels voor/vir die swyne werp/gooi.

pebble *he* or *she is not the only* ~ *on the beach* hulle is nie handvol nie, maar landvol.

peck ~ *at* s.t. na iets pik; ~ *at one's food* met lang tande eet; ~ *up* s.t. iets oppik.

pecker *keep one's* ~ *up* § die blink kant bo hou ★, goeie moed hou.

peculiar *be* ~ *to* ... aan — eie wees.

pedestal *knock* HIM *off* HIS ~ HOM van SY voetstuk stoot; *put/set* s.o. *on a* ~ iem. op 'n voetstuk plaas.

pedigree *of* ~ van goeie afkoms.

peek[1] [n.] s.o. *gets a* ~ *at* ... § iem. kan vlugtig na — kyk; *have/take a* ~ *at* ... § vlugtig na — kyk.

peek[2] [v.] ~ *at* ... § vlugtig na — kyk.

peel ~ *off* afdop, afskilfer; die formasie verlaat *('n vliegtuig);* ~ *off* s.t. iets aftrek/lostrek; HE ~s *off* *(HIS clothes)* HY trek HOM uit, HY spring uit SY klere ★

peep[1] [n.] *not a* ~ § nie 'n dooie/Spaanse woord nie ★; *I don't want to hear a* ~ *out of you!* § ek wil geen kik/woord van jou hoor nie.

peep[2] [n.] *have/take a* ~ *at* ... na — loer.

peep[3] [v.] ~ *at* ... na — loer, — afloer/beloer; ~ *out* uitloer; meteens effens/effe(ntjies) te sien wees.

peer[1] [n.] *create a* ~ iem. tot lord verhef; *without* ~ sonder gelyke/weerga.

peer[2] [v.] ~ *at* ... na — tuur.

peerage *raise* s.o. *to the* ~ iem. in die adelstand verhef, 'n lordskap aan iem. toeken, iem. tot lord verhef.

peg[1] [n.] *a* ~ *to hang* s.t. *on* 'n aanleiding/aanknopingspunt; 'n voorwendsel; *buy clothes off the* ~ klere van die rak koop; s.o. *is a square* ~ *in a round hole* iem. is die verkeerde persoon op die plek, iem. is nommer onpas; *bring/take* HIM *down a* ~ *or two* § HOM op SY plek sit, HOM hokslaan *(fig.);* HOM 'n toontjie laer laat sing.

peg[2] [v.] ~ *away at* s.t. § met iets volhou/volhard, voortswoeg aan iets; ~ *down* s.t. iets vaspen; ~ *down* s.o. §'n beperking aan iem. oplê; ~ s.o. *down to* s.t. § iem. aan iets vasbind *(fig.);* § iem. tot iets beperk; ~ *out* § afklop ★★, bokveld toe gaan ★★, lepel in die dak steek ★★; ~ *out* s.t. iets afpen, afsteek.

pegging *it's level* ~ § hulle loop gelykop, die stemming of telling is gelykop.

pelt[1] [n.] *(at) full* ~ in/met volle vaart.

pelt[2] [v.] ~ s.o. *with questions* iem. met vrae bestook; ~ s.o. *with stones* iem. onder die klippe steek, iem. met klippe gooi.

pelting *the rain is* ~ *down, it is* ~ *with rain* dit reën dat dit giet.

pen *from* s.o.'s ~ uit iem. se pen; HE *dips* HIS ~ *in gall* HY doop SY pen in gal; *put/set* ~ *to paper* die hand op papier sit; *push a* ~ § 'n pennelekker wees ★; *have a ready* ~ vaardig wees met die pen; *a slip of the* ~ 'n skryffout/verskrywing; *with a stroke of the* ~ met 'n haal van die pen, met 'n pen(ne)streek; *take up one's* ~ die pen opneem, die p. ter hand neem.

penalty *award a* ~ *to* ..., *(rugby, sokker)* 'n strafskop aan — toeken/gee; *it carries the* ~ *of death* dis 'n halsmisdaad; *pay the* ~ *for* s.t. vir iets boet; *on/under penalty of* ... op straf van —; *pay the supreme* ~ die doodstraf ondergaan.

penance *do* ~ *for* s.t. vir iets boete doen.

pence *take care of the* ~ *(and the pound will take care of themselves)* (P) wie die kleine nie eer nie, is die grote nie werd nie (P); wees spaarsaam in die kleine.

penchant *have a* ~ *for* ... 'n neiging tot — hê; 'n voorliefde/swak vir — hê.

pencil *write in* ~ met ('n) potlood skryf/skrywe.

pendulum *the swing of the* ~ die swaai van die slinger.

penny *turn up like a bad* ~ onwelkom wees, ontydig opdaag; *it will not cost a* ~ dit sal niks kos nie; *the* ~ *(has) dropped* § daar gaan 'n lig op, HY snap dit nou; *earn/turn an honest* ~ 'n eerlike stukkie brood verdien; *not have a* ~ *to one's name* geen duit besit nie; *not a* ~ geen bloue duit nie; *in for a* ~, *in for a pound* (P) as jy A gesê het, moet jy ook B sê (P); *a pretty* ~ § 'n aardige/mooi sommetjie; *spend a* ~ § gaan lek ★★; *spend every* ~ *on* ... alles aan — bestee/uitgee, alles in — steek; *they are ten/two a* ~, *they are a dime a dozen*

§ jy kan hulle agter elke bos(sie) uitskop ⋆, hulle is volop; hulle is nie veel werd nie; *a ~ for your* **thoughts** waaroor sit jy (so) en dink/peins?; *~ wise and pound foolish* (P) suinig met die sente, rojaal met die rande; *be not a ~ the **wiser*** niks meer weet as tevore nie.

pension¹ [n.] *commute a ~* 'n pensioen (in kon= tant) omsit; *draw/receive a ~* p. kry; *be entitled to a ~* op p. geregtig wees; *go/retire on (a) ~* met p. aftree/gaan.

pension² [v.] *~ off s.o.* iem. pensioeneer; *~ off s.t.* iets afdank ⋆, iets nie meer gebruik nie *('n gebruiks= voorwerp)*; iets uit die diens neem *(bv. 'n skip)*.

pent *s.t. is ~ up* iets is opgekrop/ingehoue.

people¹ [n.] *all ~* alle mense; *all the ~* al die mense; *X of all ~* en dit nogal X, dat dit X moes/moet wees, jou waarlik X, (so) wragtie X, reken X; juis X; *a disease among the ~* 'n siekte onder die mense; *go to the ~* verkiesing hou, die volk laat beslis; *hundreds* or *thousands of ~* honderde *of* duisende mense; *~ say* ... die mense sê —, hulle sê —; *the ~* die volk, die mense; die publiek.

people² [v.] *~ a country with* ... 'n land met — be= volk.

peopled *be thickly ~* dig bevolk wees.

pep¹ [n.] *full of ~* § vol vuur.

pep² [v.] *~ up s.o.* § iem. opkikker; *~ up s.t.* § iets smaak gee *(bv. kos, drank)*.

pepper *~ s.o.* or *s.t. with* ... iem. *of* iets met — be= stook *(bv. vrae)*.

per *as ~* ... volgens/ooreenkomstig —.

percentage *there's no ~ in it* daar steek geen voor= deel in nie; *a large ~ of the children are* ...'n groot deel van die kinders is —.

perch¹ [n.] *knock HIM off HIS ~* HOM van SY voetstuk stoot.

perch² [v.] *~ on/upon* ... op — gaan sit *(van voëls)*.

perched *be ~ on/upon* ... hoog op — sit; op — geleë wees.

perdition *on the road to ~* op die pad na die ver= derf(enis); op die afdraande pad ⋆

perfect *be ~ for* ... uitermate geskik wees vir —.

perfection *attain ~* volmaaktheid bereik; *do s.t. to ~* iets perfek doen.

performance *in the ~ of* ... in die uitoefening van —; *HE puts up a good ~, HE turns in a good performance* HY presteer goed, HY maak 'n goeie vertoning, HY kwyt HOM goed van SY taak.

peril *at one's ~* met groot gevaar/risiko; *do s.t. at one's (own) ~* iets op eie risiko doen; *be in deadly ~* in doodsgevaar verkeer; *be in ~ of one's life* in lewensge= vaar verkeer; *survive all ~s* alle gevare te bowe kom, alle gevare deurstaan/deurleef/deurlewe.

perimeter *on the ~* aan die buiterand.

period *cover a ~* oor 'n tydperk strek; *I'm not going to do it, ~!* § ek gaan dit nie doen nie, en daarmee bas= ta! ⋆; *of the/that ~* uit daardie tyd; *of the/this ~* uit

hierdie tyd; *put a ~ to s.t.* 'n end/einde aan iets maak.

periphery *on the ~ of* ... aan die rand van —.

perish *~ with* ... vergaan van — *(bv. die koue, die honger)*.

perjure *~ o.s.* meineed pleeg, vals sweer.

perjury *commit ~* meineed pleeg, valse getuienis aflê.

perk *~ up* moed skep, opflikker; *~ up s.o.* iem. op= beur/opvrolik.

permeated *be ~ with* ... van — deurtrek wees.

permission *ask ~* verlof/toestemming vra; *by ~ of* ... met v./t. van —; *get ~* v./t. kry; *give/grant ~* v./t. gee; *with the ~ of* ... met v./t. van —.

permit *s.t. does not ~ of* ... iets laat nie — toe nie.

perpetuity *in ~* vir ewig.

persecution *suffer ~ for* ... weens — vervolg word.

persevere *~ in/with s.t.* met iets volhou/volhard.

persist *~ in/with* ... met — volhou/aanhou; in/met — volhard.

persistence *dogged ~* taai volharding.

person *quite another ~* glad iem. anders, 'n totaal ander persoon; *cross a ~* iem. dwarsboom; die voet vir iem. dwars sit; *in ~* in eie persoon, persoonlik, in lewende lywe; *in the ~ of* ... in die persoon van —; *the last ~ that* ... die laaste mens wat —; *have s.t. on HIS ~* iets by HOM hê; *in one's own ~* in eie persoon; *read a ~* iem. deursien *(uitspr.: deursien)*; *the ~ in ques= tion* die betrokke persoon; *regardless of ~s, without respect of ~s* sonder aansien van die persoon, sonder aansien des persoons.

personally *I ~* ek vir my (persoon); *~ I have no objection* self het ek geen beswaar nie; *~ I would not do it* self sou ek dit nie doen nie.

personified *~ by/in* ... verpersoonlik deur/in —.

perspective *get/keep things in ~* sake nugter be= skou; *in ~* in perspektief; *look at s.t. in the right* or *wrong ~* iets uit die regte *of* verkeerde hoek be= skou.

perspiration *beads of ~* sweetdruppels; *s.o. is drip= ping/streaming with ~* die sweet loop iem. af, iem. is papnat van die sweet.

persuade *~ s.o. to do s.t.* iem. oorhaal om iets te doen, iem. tot iets oorhaal; *~ s.o. of s.t.* iem. van iets oortuig.

persuaded *be ~ that* ... (daarvan) oortuig wees dat —, vas glo dat —.

persuasion *power(s) of ~* oorredingskrag.

pertain *s.t. ~s to* ... iets (be)hoort/pas by —; iets slaan op —, iets het op — betrekking.

pertinent *s.t. is ~ to* ... iets het op — betrekking.

pest *be a ~* 'n plaag wees *(bv. in die landbou)*; §'n pes wees *('n mens)* ⋆; *control ~s* plae bestry.

pester *~ s.o. for s.t.* by iem. oor iets neul.

pestle *~ and mortal* stamper en vysel.

pet *be in a ~* in 'n slegte bui/luim wees.

petard *HE has been hoist with HIS own ~* HY het in die kuil/put geval wat HY vir 'n ander gegrawe het, HY het 'n kuil/put vir 'n ander gegrawe en self daarin geval, HY is in SY eie strik gevang.

Pete *for* ~'*s sake!* § in hemelsnaam!, om hemelswil!

Peter *rob* ~ *to pay Paul* onder afsny om bo aan te las, skuld maak om skuld te betaal.

peter ~ *out* doodloop; opraak; opdroog; op niks uitloop.

petition ~ *s.o. for s.t.* iem. in 'n petisie/versoekskrif om iets vra.

petrel *s.o. is a stormy* ~ iem. is 'n woelgees/storm= voël/rusversteurder/rusverstoorder.

petrol *the car is heavy on* ~ die motor gebruik baie petrol; *go and put* ~ *in a car* gaan petrol ingooi.

pew *have/take a* ~! § kom sit!

phase¹ [n.] *in* ~ gelykfasig; *out of* ~ ongelykfasig.

phase² [v.] ~ *in s.t.* iets geleidelik invoer; iets gelei= delik in gebruik neem; geleidelik met die produksie van iets begin; ~ *out s.t.* iets geleidelik uitskakel; iets geleidelik uit die gebruik neem; die produksie van iets geleidelik beëindig.

phone¹ [n.] *answer the* ~ 'n (telefoon)oproep beant= woord/ontvang; *by* ~ oor die telefoon, per t., telefo= nies; *be on the* ~ by die t. wees, oor die t. praat, met 'n telefoongesprek besig wees; 'n t. hê; *s.o. is on the* ~ *for you, you are wanted on the* ~ iem. wil oor diè t. met jou praat; *on/over the* ~ oor die t., telefonies, per t.; *pick up the* ~ die t. optel; *put down the* ~ die t. neersit; *put the* ~ *down on s.o.* die t. neersmyt, die t. summier neer= sit. →**telephone.**

phone² [v.] ~ *(s.o.) back* (iem.) terugbel/terugska= kel; ~ *in* bel; ~ *in s.t.* iets inbel; ~ *up s.o.* iem. (op)bel.

phone call *make a* ~ ~ 'n (telefoon)oproep doen.

photo(graph) *on a* ~ op 'n foto; *take a* ~ 'n foto neem.

photostat *make a* ~ 'n fotostaat maak.

phrase *to coin a* ~ om dit nou maar so te stel; *an overworked* ~ 'n afgesaagde uitdrukking, 'n holrug geryde u.; *a set* ~ 'n vaste u.; *a turn of* ~ 'n uitdruk= kingswyse; *HE has a good turn of* ~ HY kan HOM goed uitdruk.

phut *go* ~ § inmekaar stort/val; § misluk.

piano *at the* ~ voor die klavier; *play the* ~ klavier speel.

pick¹ [n.] *have first* ~ die eerste keuse hê; *take one's* ~ uitsoek; *take your* ~! soek maar uit!; *the* ~ *(of the bunch)* die (aller)beste/(aller)mooiste, die blom/keur.

pick² [v.] ~ *at s.t.* aan iets pluk; aan iets peusel *(kos)*; ~ *and choose* sorgvuldig uitsoek; uitsoekerig wees; *you may* ~ *and choose* jy kan te kus en te keur gaan; ~ *off* … — afpluk *(bv. vrugte)*; — een vir een omkap *(mense, diere)* ★; ~ *on s.o.* § op iem. pik ★, iem. uitson= der vir kritiek of straf; *why* ~ *on me?* § waarom ek?; waarom op my pik? ★; ~ *out* … — iets uitsoek; — uitkies; — onderskei; §— inklim *(iem.)* ★; 'n paar note van — speel *('n deuntjie)*; ~ *over s.t.* iets goed deurkyk; ~ *up* beter word, verbeter, herstel, regkom,

opleef/oplewe; styg; versnel; ~ *up s.o.* or *s.t.* iem. of iets optel; iem. of iets oppik; iem. of iets oplaai, iem. of iets kom of gaan haal; ~ *up s.t., (ook)* iets afhaal; iets opvang *(oor die radio)*; iets oplig *(bv. 'n mens se voe= te)*; iets kry/opdoen *(bv. verkoue)*; iets aanleer *('n ge= woonte, 'n taal)*; iets opdoen *(kennis)*; iets te wete kom *(inligting)*; iets teëkom/teenkom/ondervind *(bv. 'n probleem)*; iets goedkoop kry; iets hervat *(bv. 'n ge= sprek, 'n storie)*; ~ *up s.o., (ook)* iem. aankeer/arre= steer/vang; iem. oppik/opvis *('n drenkeling)*; § toeval= lig met iem. kennis maak; ~ *o.s.* **up** opstaan, (weer) orent kom.

pickaback, piggyback *carry s.o.* ~ iem. abba.

picket *mount a* ~, *set up a* ~ 'n staakwag opstel; *(mil.)* 'n (brand)wag opstel.

picking *be ready for* ~ plukryp/bekwaam wees *(vrugte)*.

pickle *be in a* ~ § in die pekel sit/wees, in die/'n ver= knorsing sit/wees.

picnic *go for a* ~ gaan piekniek hou; *have a* ~ piek= niek hou; *it is no* ~ § dit is nie maklik nie, dit is geen plesier nie.

picture¹ [n.] *be a* ~ pragtig wees; *a* ~ *by* … 'n skil= dery deur/van —; *come into the* ~ 'n rol speel; ter sake wees; betrokke raak, op die toneel kom/verskyn; *get the* ~ § iets begryp, agterkom hoe sake staan; *give s.o. the* ~ § iem. op die hoogte bring; *go to the* ~s bioskoop toe gaan, gaan fliek ★; *in a* ~ in/op 'n prent; *be in the* ~ op die hoogte wees; meetel; *leave out of the* ~ buite rekening laat; *look a* ~ pragtig wees; beeld= skoon wees *('n vrou)*; *be a* ~ *of* … § 'n toonbeeld van — wees *(bv. gesondheid)*; *be out of the* ~ nie meetel nie; nie ter sake wees nie; *paint a dark* ~ *of s.t.* iets in somber kleure skilder; *put s.o. in the* ~ § iem. op die hoogte bring; *the other side of the* ~ die keersy van die penning.

picture² [v.] *HE can* ~ *it to HIMSELF* HY kan HOM dit voorstel, HY kan HOM 'n voorstelling daarvan maak.

pie *eat humble* ~ mooi broodjies bak ★, 'n toontjie laer sing; *it is* ~ *in the sky* dit is koek hiernamaals ★, dit is holle beloftes.

piece¹ [n.] *break in* ~s stukkend raak, breek; *break s.t. to* ~s iets in stukke breek; ~ *by* ~ stuk vir stuk, stuksgewys(e); *come to* ~s uitmekaar val; *cut s.t. in/ into* ~s iets stukkend sny, iets aan/in stukke sny, iets opsny/versnipper; *cut* … *to* ~s, *(mil.)* — in die pan hak; *fall to* ~s uitmekaar val; stukkend val; *fly to* ~s uiteenvlieg; *go to* ~s stukkend raak, breek; versleg, veragter; inmekaar sak, ineenstort; in duie stort/val; *hew s.t. to* ~s iets stukkend kap, iets aan stukke kap; *be in* ~s in stukke wees, stukkend wees; uitmekaar wees; *a* ~ *of* … 'n stuk(kie) —; *be (all) of a* ~ eenders/eners wees; in een stuk wees; *be of a* ~ *with* … aan — gelyk wees; van dieselfde soort as — wees; *in one* ~ in een stuk; § heel, ongedeerd; *of one* ~ uit een stuk; *pick up the* ~s § die breekspul herstel; *pick/pull/tear s.t. to* ~s iets aan/in stukke pluk/ruk/skeur/trek, iets uitme=

kaar pluk/ruk/skeur/trek, iets stukkend pluk/ruk/ skeur/trek, iets flenters skeur; §iets afbrekend beoordeel, iets skerp kritiseer; **pound** *s.t. to* ~*s* iets flenters slaan, fyngoed van iets maak ⋆; **save** *the* ~*s* §red wat (daar nog) te red is; HE **says** HIS ~ §HY sê SY sê, HY sê wat HY te sê het; **take** *s.t. to* ~*s* iets uitmekaar haal; iets aftakel/demonteer; § iets afbrekend beoordeel, iets skerp kritiseer; **tear/pull** *s.t. to* ~*s* →**pull/tear;** *s.o. is a nasty* ~ *of* **work** § iem. is 'n nikswerd/liep= lapper.

piece² [v.] ~ *out s.t.* iets ontrafel; ~ *together s.t.* iets saamvoeg/aanmekaarsit; iets opbou; iets agtermekaar kry *(bv. feite, 'n storie).*

piffle *talk* ~ § twak praat ⋆

pig¹ [n.] ~*s might fly* (P) 'n koei kan moontlik 'n haas vang, wonders kan gebeur; HE *makes a* ~ *of* HIMSELF § HY gedra HOM soos 'n vark, HY gedra HOM varkagtig; § HY is vraterig; HE *bought a* ~ *in a poke* HY het HOM 'n kat in die sak gekoop.

pig² [v.] ~ *it* soos varke saamboer ⋆

piggyback →**pickaback.**

pile¹ [n.] *make a/one's* ~ § ryk word; *make a* ~ *of s.t.* iets op 'n hoop pak; *put things on a* ~ goed op 'n hoop pak, goed opstapel.

pile² [v.] ~ *in* instroom; inklim; ~ *things in* goed oplaai; ~ *in!* klim maar in!; ~ *into s.t.* §goed aan iets weglê *(bv. kos)* ⋆; ~ *on s.t.* iets ophoop/opstapel; ~ *it on* §dit dik aanmaak ⋆, oordryf, vergroot; ~ *s.t. on s.o.* iem. met iets oorlaai *(bv. werk);* ~ *out* uitstroom, uitborrel *(fig.);* ~ *up* ophoop *(bv. dokumente, werk, probleme);* §bots, in 'n kettingbotsing wees *(motors);* ~ *up s.t.* iets op(een)stapel/op(een)hoop.

pilgrimage *go on a* ~, *make a* ~ 'n pelgrimstog onderneem.

pill *a bitter* ~ 'n bitter pil *(lett. & fig.);* *s.t. is a bitter* ~ *for s.o. to swallow* iets is vir iem. 'n bitter p.; *gild/ sugar/sweeten the* ~ die pil verguld; *go on the* ~ § die p. begin gebruik; *be on the* ~ die p. gebruik; *take a* ~ 'n p. (in)neem/sluk.

pillar *from* ~ *to post* heen en weer, van bakboord na stuurboord, van Pontius na Pilatus.

pillion *ride* ~ agterop ry.

pillory *(put s.o.) in the* ~ (iem.) aan die skandpaal (bind).

pilot ~ *through s.t.* iets deurloods.

pin¹ [n.] HE *doesn't care a* ~, HE *doesn't care two* ~*s* § HY gee niks om nie, HY gee geen flenter om nie, HY gee nie 'n f. om nie, dit kan HOM niks skeel nie; *you could have heard a* ~ *drop* jy kon 'n speld hoor val; HE *has* ~*s and* **needles** *in* HIS *foot,* HIS *foot is all* ~*s and* **needles** § SY voet slaap; *be on* ~*s and* **needles** § op hete kole sit; *for two* ~*s I'd do it* §as ek my sonde nie ontsien nie, doen ek dit.

pin² [v.] ~ *s.o. against* ... iem. teen — vasdruk; ~ **down** *s.t.* iets vasspeld; ~ **down** *s.o.* iem. vaspen; iem. vasdruk/vaslê; ~ *s.t.* **down** *(exactly)* mooi agterkom wat iets is; ~ *s.o.* **down** *to* ... iem. aan — hou *('n*

belofte); ~ **on** *s.t.* iets aanspeld; iets aansteek; ~ *s.t.* **on** *s.o.* die skuld (van iets) op iem. pak; ~ **together** *s.t.* iets aanmekaarspeld; ~ **up** *s.t.* iets opspeld; iets vasspeld; iets toespeld.

pinch¹ [n.] *at/in a* ~, *if/when it comes to the* ~ as dit moet, desnoods, as die nood druk, as die nood aan die man kom, as puntjie by paaltjie kom; *feel the* ~ in die nood wees/raak.

pinch² [v.] ~ *s.t. from s.o.* §iets van iem. steel/skaai⋆; ~ *and scrape* raap en skraap.

pinched *s.o. is* ~ *for money* iem. se geld is skraps; *be* ~ *with cold* verkluim wees van die koue.

pine ~ *away* wegkwyn; ~ *for* ... na — hunker/smag *(iets);* vurig na — verlang *(iem.).*

pink¹ [n.] *be in the* ~ *(of condition/health)* § perdfris wees, in blakende gesondheid/welstand verkeer, 'n toonbeeld van gesondheid wees.

pink² [adj.] *the* ~ *one* die pienke; *shocking* ~ fel ligroos; *strike me* ~*!* §nou toe nou!, kan jy nou meer!

pinnacle *at the* ~ *of* ... op die toppunt van —.

pinned *be* ~ **under** ... onder — vasgedruk/vasgepen wees.

pint *a* ~ *of* ... 'n pint —.

pip *give s.o. the* ~ § iem. die piep gee ⋆, op iem. se senuwees werk; *have the* ~ § die piep hê ⋆

pipe¹ [n.] *fill a* ~ 'n pyp stop; *light a* ~ ('n) pyp opsteek; *a nest of* ~*s* 'n pyp(e)bundel; HE *puffs at* HIS ~ HY trek/damp aan SY pyp; *put that in your* ~ *and smoke it!* §kou maar aan daardie pruimpie! ⋆, dit kan jy in jou sak steek! ⋆, dit kan jy op jou brood smeer! ⋆; *smoke a* ~ ('n) pyp rook.

pipe² [v.] ~ *s.o. aboard* iem. die fluitsaluut gee; ~ **down** § stilbly; § bedaar, 'n toontjie laer sing; ~ **down!** § bly stil!, stilte!; ~ **up** begin speel/sing; § (skielik) begin praat, tussenin praat.

pipeline *be in the* ~ aan die kom wees, op koms wees.

piper *pay the* ~ die gelag betaal, (vir iets) opdok ⋆; *he who pays the* ~ *calls the tune* (P) die man wat betaal, mag die toon aangee; wie betaal, kan bepaal.

pique¹ [n.] *in a (fit of)* ~ gebelg, gekrenk, gesteur(d), vererg.

pique² [v.] ~ *o.s. on s.t.* op iets trots wees.

pistol *beat the* ~ te gou wegspring; te vroeg begin; *draw a* ~ 'n pistool uitpluk; *hold a* ~ *to s.o.'s head* iem. met dreigemente dwing om iets te doen.

pit¹ [n.] *a bottomless* ~ 'n bodemlose put; *the bottomless* ~ die hel; *dig a* ~ 'n kuil/put/gat grawe; *dig a* ~ *for s.o.* vir iem. 'n kuil/put/gat grawe; *at/in the* ~ *of the* **stomach** →**stomach.**

pit² [v.] HE ~*s* HIS *strength against* ... HY meet kragte met —, HY durf — aan; ~ *s.o. against* ... iem. met — kragte laat meet.

pitch¹ [n.] *touch* ~ met pik omgaan.

pitch² [v.] *things are at concert* ~ →**concert pitch;** *queer the* ~ *for s.o., queer s.o.'s* ~ iem. se saak bederf, iem. (se planne) in die wiele ry; in iem. se slaai krap ⋆; *s.t. reaches such a* ~ *that* ... iets word so hewig dat —.

pitch³ [v.] ~ *in* §inspring, aan die werk spring; §weg=
val *(met eet)* ⋆; ~ *in with s.t.* §met iets voor die dag
kom *(bv. 'n aanbod);* §iets aanbied, iets bydra; ~ *into*
s.t. § iets pak *(bv. werk);* § aan iets weglê *(bv.*
kos) ⋆; ~ *into s.o.* §iem. te lyf gaan; §iem. invlieg/in=
klim ⋆; ~ *up* at … § by — opdaag.

pitchfork ~ *s.o. into a job* iem. in 'n betrekking in=
stoot.

pittance *work for a (mere)* ~ vir 'n hongerloon werk.

pity *feel* ~ *for s.o.* iem. jammer kry; medelye met iem.
hê; HE *has/takes* ~ *on* … HY ontferm HOM oor —, HY
is — genadig; *it is a (great)* ~ dit is (bitter) jammer;
more's the ~ jammer genoeg, des te jammerder/er=
ger, en dis juis so jammer; *out of* ~ uit jammerte; *for*
~*'s sake!* in hemelsnaam!, om hemelswil!; *the* ~ *of*
it! hoe jammer (tog)!; *the* ~ *of it is that* … die ongeluk
is dat —; *it is a* **thousand** *pities* dit is alte jammer;
what a ~*!* hoe jammer (tog)!, dis alte jammer!, dis 'n
jammerte!

pivot ~ *on s.t* om iets draai, van iets afhang.

place¹ [n.] *there of all* ~s nou juis daar, en dit nogal
daar, daar – verbeel jou; *all over the* ~ oral(s), die
(hele) wêreld vol, links en regs, hot en haar ⋆; *be/lie all*
over the ~ die hele plek vol wees/lê, die wêreld vol
wees/lê, oral rond wees/lê; *it is all over the* ~ § die
hele wêreld weet daarvan, almal praat daarvan; *in any*
old — §net waar jy wil; *appoint a* ~ *for a meeting* 'n
plek vir 'n vergadering aanwys; *at a* ~ op 'n plek; *at*
s.o.'s ~ by iem. (se huis); *change* ~s plekke (om)ruil;
van plek verwissel; *to two/etc.* **decimal** ~s tot
twee/ens. desimale; *everything will* **fall** *into* ~ alles sal
duidelik word; *in the* **first** ~ in die eerste plaas/plek;
allereers, vir eers, ten eerste; in die begin, aanvanklik,
oorspronklik; *why did* HE *do it in die* **first** ~? waarom
het HY dit ooit/hoegenaamd gedoen?; *give* ~ *to* … vir
— plek maak; vir ~ padgee; vir — agteruitstaan; deur
— gevolg word; *go* ~s §uitgaan; §rondreis; §opgang
maak; *in* **high** ~s onder/by hooggeplaastes; *in* ~ op
sy plek; gepas, geskik; *in a* ~ op 'n plek; *in* ~s op
sommige/party plekke, hier en daar, plek-plek; *in* ~ *of*
… in plaas van —, pleks van —; *keep* HIM *in* HIS ~
HOM op SY plek sit; HE *knows* HIS ~ HY is beskeie, HY
matig HOM nie/niks aan nie; *lay/set a* ~ 'n plek dek,
vir iem. (tafel) dek; *make a* ~ *for* →**room**; *make a*
~ 'n plek bereik; *no* ~ §nêrens; *this is no* ~ *for* … —
hoort nie hier (tuis) nie; *it is not* HIS ~ *to* … dit is nie
SY saak om te — nie, dit lê nie op SY weg om te — nie;
out of ~ nie op sy plek nie; misplaas; onvanpas, on=
paslik, ongeskik; *feel* **out** *of* ~ ontuis voel; *it or* HE
looks **out** *of* ~ dit lyk of dit *of* HY nie daar hoort nie;
give **pride** *of* ~ *to* … die voorrang/ereplek aan — gee;
have/hold/take **pride** *of* ~ die ereplek inneem, voor=
aan staan; *give/yield* **pride** *of* ~ *to* … die ereplek aan
— afstaan; *put* HIM *in* HIS ~ HOM op SY plek sit, HOM
hokslaan; HE *puts* HIMSELF *in s.o. else's* ~ HY stel HOM
in iem. anders se plek; *in the* **second**/*etc.* ~ ten twee=
de/ens., in die tweede/ens. plaas/plek, tweedens/ens.;

touch on a **sore** ~ 'n teer/tere snaar aanraak/aanroer,
aan 'n teer/gevoelige plek raak; *a* **sure** ~ 'n veilige
plek; *swap/swop/switch* ~s plekke (om)ruil; *take*
~ plaasvind, gebeur, voorval, geskied; *s.t. will* **take** ~
in spite of … iets gaan deur ondanks —; *take the* ~ *of*
s.o. iem. vervang, die plek van iem. inneem; *take* **first**/
etc. ~ die eerste/ens. plek inneem, eerste/ens. wees;
take your ~s! neem julle plekke in!, gaan sit!; *(if I*
were) in **your** ~ (as ek) in jou plek (was), as ek jy was.

place² [v.] ~ *s.t.* **above** … iets belangriker/beter as
— ag; ~ *s.t.* **behind** … iets agter — stel; ~ **out** *s.o.*
iem. in 'n betrekking plaas; iem. uitplaas *('n kind);* ~
s.o. iem. eien; weet wat om van iem. te dink.

placed *be* ~ 'n plek (onder die eerste drie of vier) kry.

plague *like the* ~ soos die pes; *a* ~ *on it!* na die dui=
wel daarmee! ⋆⋆; ~s *and pests* peste en plae.

plain *it is as* ~ *as a pikestaff, it is as* ~ *as the nose on*
your face §dit is so duidelik soos daglig, dit is so duide=
lik soos die dag, dit staan soos 'n paal bo water, ('n)
mens *of* 'n blinde kan dit met 'n stok voel ⋆; *make s.t.* ~
to s.o. iem. iets duidelik te verstaan gee; *be* ~ *with s.o.*
openlik met iem. praat, nie doekies omdraai nie ⋆

plan¹ [n.] *go* **according** *to* ~ volgens plan verloop;
draw up a ~ 'n p. opstel/ontwerp *(bv. vir 'n huis);*
lay ~s planne beraam; *make a* ~ 'n p. maak/beraam;
produce a ~ met 'n p. (te voorskyn) kom, met 'n p.
voor die dag kom.

plan² [v.] ~ *ahead* planne vir die toekoms maak; (iets)
vooruit reël; ~ *on doing s.t.* van plan wees om iets te
doen; ~ *to* … van plan wees om te —.

plane ~ *down s.t.* iets afskaaf/wegskaaf.

plank¹ [n.] *walk the* ~, *(sk.)* oor die plank loop.

plank² [v.] ~ *o.s. down* §neerplof; ~ *down s.t.* §iets
neerplak/neergooi/neersmyt.

planned *as* ~ volgens plan, volgens besluit, soos be=
sluit.

plant ~ *o.s. somewhere* êrens gaan staan; ~ *s.t. on s.o.* §
iets aan iem. versteek; ~ *out s.t.* iets uitplant.

plaster¹ [n.] *be in* ~ in gips wees.

plaster² [v.] ~ *s.t. with* … iets met — besmeer/be=
plak; iets met — oorlaai.

plastered *be or get* ~ §aangeklam wees *of* word ⋆

plate *hand s.o. s.t. on a* ~/*platter* §iem. iets op 'n skink=
bord aanbied *(fig.);* HE *has too much on* HIS ~ HY het
te veel hooi op SY vurk *(fig.).*

platter *hand s.o. s.t. on a* ~/*plate* § iem. iets op 'n
skinkbord aanbied *(fig.).*

play¹ [n.] *be at* ~ aan die speel wees; *bring s.t. into* ~
iets aanwend, iets laat geld; iets te voorskyn roep; *s.t. is*
(no) **child's** ~ →**child**; *come into* ~ in die spel
kom; *do/perform/present/stage a* ~, *put on a* ~
'n (toneel)stuk opvoer, 'n (toneel)stuk op die planke
bring; *it is not* **fair** ~ dit is nie eerlik nie; dit is kierang;
foul ~ 'n misdaad *(in verband met iem. se dood);*
(sport) vuil spel; *allow/give* **free**/**full** ~ *to* … die vrye
loop aan — gee/laat, die vrye teuels aan — gee; *in* **full**
~ in volle werking; *give* ~ *to* … speelruimte aan —

laat, ruimte aan—gee; *go to a* ~ na 'n opvoering gaan; *in* ~ spelenderwys(e), skertsend; *the ball is in* ~ die bal is in spel; *make a* ~ *for* ... §by — aanlê ★, na — vry *('n meisie)*; na — vry *(stemme)* ★; *make great* ~ *of s.t.* 'n ophef van iets maak; *the ball is out of* ~ die bal is buite spel; *produce a* ~ 'n (toneel)stuk regisseer; 'n (toneel)stuk opvoer, 'n (toneel)stuk op die planke bring; ~ *produced by* ... stuk onder regie van —; *ragged* ~, *(rugby)* los spel; ~ *started late* die spel het laat begin; ~ *was stopped* die spel is gestaak; *a* ~ *on/upon words* 'n woordspeling.

play² [v.] ~ *about/around* rondspeel; ~ *about/a= round with* ... met — die gek skeer; met — peuter; ~ *along with* ... met — saamgaan; met — gemene saak maak; ~ *around/about* →*about/around;* ~ *at* ... — speel; maak asof—, speel-speel—, kamma—; ~ *at centre* or *wing*, *(rugby)* senter of vleuel speel; ~ *away* 'n uitwedstryd speel; ~ *away s.t.* iets uitdobbel *(bv. geld)*; iets verspeel *(bv. kanse)*; ~ *back s.t.* iets terug= speel/oorspeel; ~ *it cool* §kophou ★; ~ *down s.t.* iets (ver)kleineer; iets op die agtergrond hou/skuif/skuiwe; ~ *fair* eerlik speel; eerlik handel; ~ *false* bedrieg, oneerlik handel; ~ *s.o. false* iem. bedrieg; ~ *fast and loose* onbetroubaar wees; onverantwoordelik handel; rond en bont spring ★, heen en weer swaai; ~ *fast and loose with s.o.* van iem. 'n speelbal maak; ~ *foul* vuil speel, kierang speel; *HE* ~*s HIMSELF in* HY speel HOM in; ~ *off s.o. against another* iem. teen 'n ander uit= speel; ~ *on* voortspeel; *(kr.)* die bal op die paaltjies speel; ~ *on/upon s.t.* op iets speel, iets bespeel *('n instrument)*; van iets misbruik maak *(bv. iem. se goed= hartigheid)*; ~ *the guns on* ... die kanonne op — laat speel; ~ *itself out* afloop; ~ *out time* die (speel)tyd vul; *HE* ~*s (it) safe* HY bly aan die veilige kant, HY waag niks nie, HY handel versigtig, HY neem geen risi= ko nie, HY bly/is op SY hoede, HY kyk die kat uit die boom; ~ *it smart* §verstandig/slim wees; ~ *up* hard speel; *(mus.)* begin speel; *(mus.)* harder speel; lol; las= tig wees; ~ *up s.t.* iets opblaas *(fig.)*; iets op die voor= grond stel; ~ *up to s.o.* iem. na die mond praat, iem. vlei; ~ *upon/on s.t.* →*on/upon;* ~ *with* ... met — speel; met — die gek skeer, — vir die gek hou; in — speel, saam met — speel *('n orkes)*.

played *be* ~ *out* uitgedien(d)/verouderd wees; poot= uit★/uitgeput/afgemat wees; *s.o. is* ~ *out, (ook)* iem. se blus is uit.

plea *cop a* ~ § op 'n minder ernstige aanklag skuld beken; *enter a* ~ 'n pleidooi lewer; *(jur.)* 'n pleit aan= teken; *make a* ~ *for* ..., *put in a* ~ *for* ... 'n pleidooi vir — lewer; *on the* ~ *of* ... onder voorwendsel dat —.

plead ~ *for s.t.* om iets pleit/smeek; ~ *for s.o. with* ... iem. se saak by — bepleit, vir iem. by — voorspraak doen/wees; ~ *to* ... op — pleit *('n aanklag)*.

please *s.o. aims to* ~ iem. probeer tevrede stel, iem. probeer voldoening gee; *be anxious to* ~ gretig/bege= rig wees om te behaag; *as you* ~ soos jy wil, soos jy lus het; *do as you* ~! gaan jou gang!, maak soos jy wil!,

maak soos jy lekker kry! ★; ~ *do!* doen dit gerus!; ~ *do it!* doen dit asseblief (tog)!; ~ *don't!* moet asse= blief nie!, asseblief tog nie!; *enclosed* ~ *find* ... inge= slote vind u —; ~ *God* so God wil, so die Here wil, as dit God behaag; *if you* ~! asseblief!; *if you* ~ §jou warempel, sowaar; ~ *yourself!* gaan jou gang!, maak soos jy wil!, maak soos jy lekker kry! ★

pleased *HE is as* ~ *as Punch* HY is hoog(s) in SY skik, HY is in SY noppies ★; *be* ~ *at s.t.* oor iets bly/ verheug wees; *HE is highly/very* ~ HY is hoog(s) in SY skik; *s.o. is* ~ *to do s.t.* iem. sal graag iets doen, iem. sal met plesier iets doen; *s.o. will be only too* ~ *to do s.t.* iem. sal iets maar alte graag doen; *HE is* ~ *with* ... HY is in SY skik/noppies★ met —, HY is ingenome met —.

pleasure *s.t. affords s.o.* ~ iets verskaf iem. genoeë; *it affords me* ~ *to* ... dit doen/verskaf my genoeë om te —; *at the State President's* ~ vir onbepaalde tyd, so lank dit die Staatspresident behaag; *do s.o. the* ~ *of* ... iem. die genoeë doen om te —; *find* ~ *in s.t.* behae in iets skep; *I have* ~ *in/to* ..., *it's a* ~ *to* ... dit is vir my 'n genoeë om te —, dit is vir my aangenaam om te —; *have/take* ~ *in announcing s.t.* met genoeë iets aan= kondig, die genoeë hê om iets aan te kondig; *have/ take* ~ *in inviting* ... die genoeë hê om — (uit) te nooi; *a man of* ~ 'n losbol; *the* ~ *is mine* dit was 'n plesier; *pending s.o.'s* ~ na iem. se goeddunke, so lank dit iem. behaag; *pursue* ~ plesier naja(ag); *HE takes* ~ *in* ... HY skep behae in —, HY verlekker HOM in — *(bv. iem. anders se teenspoed/teëspoed)*; *take/have* ~ *in* →*have/take;* *do s.t. with* ~ iets met plesier/genoeë/ graagte doen, iets graag doen; *with* ~! ek doen dit graag!, met graagte!

pledge¹ [n.] *give s.t. in* ~ iets verpand; *hold s.t. in* ~ iets in pand hou; *redeem a* ~ 'n p. aflos/inlos; 'n belofte gestand doen; *under* ~ *of secrecy* onder belof= te van geheimhouding; *sign/take the* ~ afskaffer word, die onthoudingsbelofte aflê; *take s.t. out of* ~ iets los; *an unredeemed* ~ 'n onopgeëiste/onafge= haalde pand.

pledge² [v.] *HE* ~*s HIMSELF to s.t.* HY verbind HOM tot iets.

plenty *in* ~ volop, in oorvloed; ~ *of* ... baie/volop —.

pliers *(a pair of)* ~ 'n (knyp)tang; 'n draadtang.

plight *in a sad/sorry* ~ in 'n benarde/ellendige/treuri= ge toestand.

plod ~ *along/on* voortsukkel, voortploeter; ~ *away at s.t.* met iets voortswoeg; ~ *through s.t.* deur iets swoeg.

plonk, plunk ~ *down s.t.* §iets neerplak/neergooi/ neersmyt.

plot¹ [n.] *hatch a* ~ 'n sameswering smee; *the* ~ *thickens* die storie raak ál ingewikkelder; dit begin ál ernstiger/leliker lyk.

plot² [v.] ~ *against s.o.* teen iem. saamsweer; ~ *out s.t.* iets afbaken; ~ *and scheme* konkel; ~ *together* saamsweer.

plough¹ [n.] *put/set one's hand to the* ~ die hand aan die ploeg slaan; *land under the* ~ ploegland.

plough² [v.] ~ *back* s.t., *(lett.)* iets onderploeg/in= ploeg; *(fig.)* iets in die saak belê; ~ *down* s.t. iets omploeg/toeploeg; iets onderploeg/inploeg; ~ *in* s.t. iets inploeg/onderploeg; ~ *out* s.t. iets uitploeg; ~ *through* s.t. deur iets ploeg *(bv. modder)*; iets deur= worstel *(bv. 'n boek)*; ~ *under* s.t. iets onderploeg/in= ploeg; ~ *up* s.t. iets omploeg.

ploughed be ~ § dop *(in 'n eksamen)* ★

pluck ~ *at* ... aan—trek; ~ *away* s.t. iets wegruk; ~ *out* s.t. iets uitruk *(bv. 'n haar)*; ~ *up* s.t. iets byme= kaarskraap *(bv. moed)*.

plug¹ [n.] *give a* ~ *to* ..., *put in a* ~ *for* ... § vir — reklame maak; *pull the* ~ die prop uittrek *(bv. van 'n bad)*.

plug² [v.] ~ *away at* s.t. §met iets voortswoeg; ~ *in* s.t. iets inprop; iets inskakel; ~ *up* s.t. iets digstop/ toestop.

plumb *out of* ~ uit die lood, skuins, nie regop/verti= kaal nie.

plume¹ [n.] *with borrowed* ~s met geleende vere; *be dressed in borrowed* ~s met 'n ander se vere pronk.

plume² [v.] *HE* ~s *HIMSELF on/upon* s.t. HY pronk/ spog met iets, HY roem op iets, HY beroem HOM op iets.

plummet ~ *(down)* neerstort.

plump¹ [v.] ~ *down* neerplof; ~ *down* s.t. iets neer= gooi; ~ *for* s.t. iets kies, ten gunste van iets besluit; ~ *for* s.o. soos een man vir iem. stem, sterk vir iem. uitkom.

plump² [adj.] *as* ~ *as a partridge* spekvet, moddervet, rondvet.

plunge¹ [n.] *take the* ~ dit waag, die sprong waag, die stoute skoene aantrek.

plunge² [v.] ~ *down* neerstort; ~ *in* inspring; in= dons; ~ *in* s.t. iets indompel; ~ s.t. *into* ... iets in — dompel; ~ *into a matter* met die deur in die huis val; ~ *into a room* 'n kamer binnestorm; *HE* ~s *into* ... HY begeef/begewe HOM halsoorkop in —.

plunged be ~ *in* ... in — verdiep wees *(bv. gedagtes, werk)*.

plunk →**plonk.**

ply ~ *between* ... *and* ... tussen — en — heen en weer vaar *of* ry; *the ship plies to* ... die skip vaar op —; ~ s.o. *with* ... iem. met — oorlaai/volstop *(bv. kos, drank)*; iem. met — bestook *(vrae)*.

poach ~ *on* s.o.'s *preserve(s)/territory* op iem. se regte inbreuk maak, in iem. se slaai krap ★, in iem. se kraal kom ★, onder iem. se duiwe skiet ★

pocket *with empty* ~s platsak★; *put one's* **hand** *in one's* ~ →**hand;** *HE is R20 in* ~ HY het nog R20; HY het R20 gewen; *HE has* s.o. *in HIS* ~ HY kan met iem. maak wat HY wil, HY kan iem. om SY vinger draai, HY het iem. (skoon) in die sak; *HE has it in HIS* ~ HY het dit so te sê reeds gekry *of* reggekry *of* gewen; *HE* **lines** *HIS* ~(*s*) HY vul SY sak(ke); *they* **live** *in each other's* ~s §hulle is altyd bymekaar; *be* **out** *of* ~ verloor, skade/

verlies ly, onkoste hê; *HE is R20* **out** *of* ~ HY het R20 verloor; *pick* ~s sakke rol; *HE* **puts/sticks** s.t. *in HIS* ~ HY steek iets in SY sak; *HE* **turns** *out HIS* ~s HY keer SY sakke om, HY skud SY sakke leeg.

point¹ [n.] *at all* ~s oral(s); in elke opsig; *a* ~ *arises* 'n punt is ter sake; *at a* ~ op 'n punt; *beat/defeat* s.o. *on* ~s, *(sport)* iem. met punte klop/verslaan; s.t. *is be= side the* ~ iets is nie ter sake nie; ~ *by* ~ puntsge= wys(e); *HE* **carries** *HIS* ~ HY kry SY sin, HY dryf SY sin deur; HY bereik SY doel; *come to a* ~ in een punt uitloop; *come/get to the* ~ ter sake kom; *when it comes to the* ~ op stuk van sake; as dit daarop aan= kom, as die nood aan die man kom, as puntjie by paal= tjie kom; *defeat/beat* s.o. *on* ~s →*beat/defeat; in* ~ *of* **fact** →**fact;** *not to put too* **fine** *a* ~ *on it* sonder om doekies om te draai ★; *the* **finer** ~s die fynighede, die fyner puntjies; **gain** *a* ~ 'n punt aanteken; 'n slag slaan; **get** *the* ~ iets snap; *get/come to the* ~ →*come/get; get/go right/straight to the* ~ reg op die doel afgaan; met die deur in die huis val; *never get/go right/straight to the* ~ altyd met 'n draai loop; s.o. *can* **give** *HIM* ~s iem. kan HOM iets leer, iem. is SY moses ★; *you* **have** *a* ~ *there* daar het jy iets, daar steek iets in, dit is 'n argument; *a case in* ~ 'n goeie voor= beeld, 'n dergelike/pertinente/analoë/toepaslike geval; *that is* **just** *the* ~ dit is juis waarom/waaroor dit gaan; **labour** *a* ~ (te) lank by iets stilstaan; **lose** *all* ~ alle sin verloor; *HE has* **made** *HIS* ~ HY het SY argument duidelik gestel; **make** *a* ~ 'n punt/argument stel/ opper/aanvoer; 'n punt beredeneer; *HE* **makes** *a* ~ *of it* HY stel HOM dit ten doel, HY lê/spits HOM daarop toe, HY maak werk daarvan; HY staan daarop; *HE* **makes** *a* ~ *of doing* s.t. HY sorg daarvoor dat HY iets doen; **miss** *the* ~ die kern miskyk, iets nie snap nie, nie snap waar= om/waaroor dit gaan nie; *my* ~ *is that* ... my betoog is dat —, ek wil beklemtoon dat —; *at* **no** ~ nêrens; nooit; *there is* **no** ~ *in it* dit het geen sin nie; *there is* **no** ~ *in doing* s.t. dit het geen sin om iets te doen nie; *that is* **not** *the* ~ dit is nie die vraag nie; **notch** *up* ~s punte aanteken/behaal/insamel; *be on the* ~ *of doing* s.t. op die punt staan om iets te doen; *be* **on** *the* ~ *of going* op vertrek staan, op die punt staan om te vertrek; *on that* ~ wat daardie punt betref; **press** *a* ~ daarop aan= dring; **pursue** *a* ~ op 'n punt deurgaan; *the* ~ *in* **question** die saak waarom/waaroor dit gaan; **raise** *a* ~ 'n punt opper/opwerp, 'n punt ter sprake bring; **raise** *a* ~ *with* s.o. iets by iem. opper; *the* **salient** ~ die hoofpunt; **score** ~s punte behaal/aanteken; **score** ~s *off* s.o. ten koste van iem. skitter; *see the* ~ iets snap/insien, iets raak sien; *fail to* **see** s.o.'s ~ nie be= gryp wat iem. bedoel nie; s.t. *is a* **sore** ~ *with* s.o. iets is by iem. 'n teer/gevoelige punt; **stretch** *a* ~ tege= moetkomend wees, dit nie so nou neem nie; van die reël afwyk; oordryf, te ver/vêr gaan; **stretch** *a* ~ *for* s.o. iem. tegemoetkom; s.t. *is* s.o.'s **strong** ~ iem. munt in iets uit, iem. se krag lê in iets, iets is iem. se sterk kant/punt; *have a* **strong** ~ 'n goeie argument hê; ... *is not HIS* **strong** ~ HY munt nie uit in — nie, SY krag lê nie in — nie, — is nie SY sterk kant/punt nie; **take** *a* ~ 'n punt/argument stel/aanvoer; **take** *s.o.'s* ~ iem. (se argument) begryp; *the* ~ *is well* **taken** die argument is (goed) gegrond, die a. hou steek; *at* **that** ~ op dié/daardie tydstip; *at* **this** ~ *(in time)* op dié tydstip, nou; **throw** ~*s* 'n wissel oorhaal; *to the* ~ ter sake; raak; saaklik, op die man af; *to the* ~ *of* ... tot — toe; *up to a* ~ tot (op) sekere hoogte, in sekere mate; *s.t. is s.o.'s* **weak** ~ iets is iem. se swak punt/kant/sy; **what's** *the* ~ *of trying/etc?* waarom nog probeer/ ens.?; *that's the* **whole** ~ presies, daarom/daaroor gaan dit juis; **win** *on* ~*s* met punte wen; **yield** *a* ~ (op 'n punt) toegee.

point² [v.] ~ *at* ... na — wys; na/op — mik; die aan= dag op — vestig; ~ *out* *s.t.* na iets wys/beduie; iets wys/aantoon; op iets wys; iets aanstip; ~ *out* *s.o.* iem. uitwys; ~ *to* ... na — wys; op — wys; die aandag op — vestig; op — dui, na — heenwys; ~ *up* *s.t.* iets laat uitkom, iets beklemtoon/onderstreep, iets na vore bring. →**pointed.**

point duty *be on* ~ ~ die verkeer reël.

pointed *it has been* ~ *out that* ... daar is op gewys dat —; *it must be* ~ *out that* ... daar moet op gewys word dat —.

pointer *give s.o.* ~*s on s.t.* iem. oor iets wenke gee; *be/give a* ~ *to s.t.* 'n aanduiding van iets wees/gee.

poke¹ [n.] *a* ~ *in the ribs* 'n pomp in die ribbe(s); *take a* ~ *at s.o.* na iem. slaan.

poke² [v.] ~ *about/around* rondsnuffel; ~ *in* *s.t.* iets insteek; ~ *s.o. in the ribs* iem. in die ribbe(s) pomp; ~ *up the fire* die vuur oppook/oprakel.

pole¹ [n.] *be up the* ~ § in die knyp/verknorsing sit/ wees, in 'n dikkedensie★/penarie wees.

pole² [n.] *be* ~*s apart* hemelsbreed verskil, soos dag en nag verskil.

police *the* ~ *have done their duty* die polisie het hul plig gedoen.

policy¹ [n.] *a* **declared** ~ 'n uitgesproke beleid; **lay** *down a* ~ 'n b. bepaal; *a* ~ *on* *s.t.* 'n b. oor iets, 'n b. ten opsigte van iets, 'n b. met betrekking tot iets; **pur= sue** *a* ~ 'n b. volg; **under** *a* ~ kragtens/volgens 'n beleid.

policy² [n.] *take out a* ~ 'n polis sluit/aangaan; *under a* ~ kragtens 'n polis.

polish ~ *off* *s.t.* iets in 'n kits klaarmaak, iets gou klaarmaak, gou met iets klaarspeel *(bv. werk)* ★; iets gou klaar eet, iets wegsluk *(bv. kos, 'n maaltyd)*; ~ *off* *s.o.* § iem. kafloop ★, met iem. afreken/klaarspeel★; ~ *up* *s.t.* iets blink vryf, iets poleer/(op)poets; iets opknap/opfris.

polite *it is scarcely* ~ *to* ... dit is nie juis beleef(d) om te — nie; *be* ~ *to s.o.* beleef(d) wees teenoor iem.

politics *what are* *HIS* ~*s?* wat is SY politieke gesind= heid?; *in* ~ in die politiek; ~ *is an interesting subject* staatsleer is 'n interessante onderwerp; **play** ~ konkel.

poll *at the* ~*s* by die stembus; *be at the* **bottom** *of the* ~ die minste stemme kry; **declare** *the* ~ die uitslag (van die stemming) bekend maak; **go** *to the* ~*s* gaan stem; **head/top** *the* ~ die meeste stemme kry; *there is a* **heavy** ~ daar word druk/goed gestem; **take** *a* ~ 'n stemming hou.

pomp ~ *and ceremony/circumstance/pageantry* prag en praal.

ponder ~ *(on/over)* *s.t.* oor iets (na)dink.

poor¹ [n.] *the* ~ die armes.

poor² [adj.] *as* ~ *as a church mouse* so arm soos 'n kerkmuis, straatarm; *we are the* ~*er for s.o.'s death* or *departure* iem. se dood *of* vertrek laat/maak ons armer; *be* ~ *in* ... arm wees aan —.

pop ~ *along to* ... gou 'n bietjie na — gaan; ~ *at* ... § na — skiet; ~ *away* *s.t.* iets wegstop; ~ **down** neer= val; ~ *down* *s.t.* iets skielik neersit; ~ *in* skielik bin= nekom; inwip, 'n oomblik *(by iem.)* aangaan/inloer; ~ *in* *s.t.* iets instop; iets insteek; ~ *off* § verkas ★; § aan die slaap raak; § afklop★★/doodgaan; ~ *s.t. into* ... iets in — steek *(bv. die oond)*; ~ *out* uitglip/uitwip; ~ *out* *s.t.* iets uitsteek; ~ *over to* ... gou na — gaan; ~ **round** gou 'n bietjie oorkom/oorgaan; ~ *up* opduik; skielik opdaag; opskiet *(van iets)*.

pops *be top of the* ~ § die gewildste plaat wees; § die gewildste wees *(van iem.)*.

popular *be* ~ gewild wees *(iem., iets)*; in tel wees *(iem.)* ★; in die smaak val *(iets)*; *become* ~ gewild word *(iem., iets)*; ingang vind *(iets)*; *be* ~ *with* ... by — gewild wees.

popularity *lose* ~ gewildheid inboet, uitbak★, uitge= bak raak ★; *seek* ~ guns soek.

populated *be* ~ *by* ... deur — bewoon word; *densely/heavily/thickly* ~ dig bevolk wees; *be sparse= ly* ~ yl bevolk wees.

population *the growth of the* ~, *the increase in the* ~ die bevolkingsaanwas.

pore ~ *over s.t.* in iets verdiep wees, iets bepeins; iets aandagtig (be)studeer.

porn *hard* ~ § harde porno★/pornografie; *soft* ~ § mak porno★/pornografie.

port *call at a* ~ 'n hawe aandoen/aanloop; *in* ~ in die h.; **make** ~ die *of* 'n h. bereik; **put** *into* ~ die *of* 'n h. binneloop/binnevaar; *any* ~ *in a* **storm** (P) in geval van nood is alles welkom; **touch** *at a* ~ 'n hawe aan= doen, by 'n h. aangaan.

portion¹ [n.] *in equal* ~*s* in gelyke dele.

portion² [v.] ~ *out* *s.t.* iets uitdeel.

portrait *do/paint s.o.'s* ~ iem. se portret skilder.

pose¹ [n.] *assume/strike a* ~, *take up a* ~ poseer, 'n houding aanneem.

pose² [v.] *HE* ~*s as* ... HY gee HOM vir — uit, HY doen HOM as — voor.

position *adopt a* ~ 'n houding aanneem; 'n stand= punt inneem; *in a* **difficult** ~ in 'n netelige posisie; *in* ~ op sy plek, reg, klaar; *be* *in a* ~ *to* ... in staat wees om te —, by magte wees om te —, in die geleentheid

positive wees om te —; *put s.o. in an invidious* ~ iem. in 'n onbenydenswaardige posisie plaas; *jockey/manoeuvre for* ~ 'n goeie/gunstige posisie probeer verkry; *be in no* ~ *to* … nie in staat wees om te — nie, nie by magte wees om te — nie; *s.o. is not in a* ~ *to* … iem. kan nie — nie, iem. is nie in staat om te — nie, iem. is nie by magte om te — nie; *out of* ~ nie op sy plek nie, nie klaar/reg nie; *place s.t. in* ~ iets op sy plek aanbring; *HE puts HIMSELF in* …'s ~ HY verplaas HOM in — se toestand; *take* ~ stelling neem; *take a* ~, *(mil.)* 'n stelling inneem/verower; *take up a* ~ 'n standpunt inneem; *be in a ticklish/tricky* ~ in 'n netelige posisie wees, in 'n lastige parket verkeer.

positive *be (quite)* ~ *about/of s.t.* heeltemal seker van iets wees.

possess *not know what* ~*es s.o.* nie weet wat iem. makeer nie, nie weet wat in iem. gevaar het nie.

possessed *be* ~ *by/with s.t.* gedurig oor een ding maal, nie van iets kan loskom nie, van iets vervul wees *(bv. 'n gedagte)*; *be* ~ *of s.t.* besit van iets hê; *like one* ~ soos 'n besetene.

possession *s.t. comes into s.o.'s* ~ iets kom in iem. se besit; *get* ~ *of s.t.* in die besit van iets kom; *be in* ~ *of s.t.* in besit van iets wees, iets besit; *s.t. is in the* ~ *of s.o.* iets behoort aan iem.; ~ *is nine points/tenths of the law* (P) salig is die besitters (P); *take* ~ *of s.t.* iets in besit neem, van iets besit neem; op iets beslag lê; iets beset.

possibility *not by any* ~ onmoontlik; *is there any* ~ *that* …? bestaan daar 'n moontlikheid dat —?; *have great possibilities* groot moontlikhede hê; *the* ~ *of s.t. happening* die moontlikheid dat iets sal gebeur; *preclude* a 'n moontlikheid uitskakel; *s.t. is within the range of* ~ iets is moontlik, iets is nie onmoontlik nie; *a remote/slender/slight* ~ 'n geringe moontlikheid.

possible *as soon/etc. as* ~ so gou/ens. moontlik; *do everything* ~ al die moontlike doen; *it is just* ~ dis nie onmoontlik nie; *dit kan net gebeur; *it is quite* ~ dit is heel/bes moontlik; *the best/etc.* ~ … die bes/ens. moontlike —.

possibly *quite* ~ heel/bes moontlik.

possum *HE plays* ~ § HY hou HOM dood; § HY maak asof HY slaap.

post¹ [n.] *be beaten at the* ~ op die nippertjie geklop word; *be left at the* ~ ver/vêr agtergelaat word, uit die staanspoor agter wees; *pip s.o. at the* ~ § iem. op die laaste uitknikker ★

post² [n.] *assume a* ~ 'n betrekking/pos aanvaar; *HE is at HIS* ~ HY is op SY pos; *fill/hold a* ~ 'n betrekking/pos beklee; *the last* ~, *(mil.)* die laaste taptoe; *a vacant* ~ 'n vakante pos/betrekking.

post³ [n.] *by* ~ per pos, met/oor die pos; *by return of* ~ per kerende pos, per omgaande; *send s.t. by separate* ~ iets onder aparte omslag stuur.

post⁴ [v.] ~ *up s.t.* iets opplak/aanplak *(bv. 'n kennisgewing)*.

post⁵ [v.] ~ *s.o. to* … iem. na — stuur, iem. in/op — aanstel.

posted *keep s.o.* ~ iem. op die hoogte hou.

postpone ~ *s.t. for a week/etc* iets 'n week/ens. uitstel; ~ *s.t. till/until/to tomorrow/etc.* iets tot môre/more/ens. uitstel.

posture *HE* ~*s as* … HY gee HOM vir — uit, HY doen HOM as — voor.

pot¹ [n.] *keep the* ~ *boiling* die pot aan die kook hou, die skoorsteen laat rook, die skoorsteen aan die rook hou; *go to* ~ § na die hoenders gaan ★, verwaarloos raak; *the* ~ *calls the kettle black* die pot verwyt die ketel (dat hy swart is); ~*s of money* § sakke vol geld ★, hope geld ★, geld soos bossies ★, geld lank ★; *a* ~ *of* …, ~*s of* … § hope★/baie —; ~*s and pans* potte en panne; *if ifs and ans were* ~*s and pans* →*if*; *put the* ~ *on* die pot opsit; *shoot s.t. for the* ~ iets vir die pot skiet; *a watched* ~ *never boils* (P) wag maak die tyd lank.

pot² [v.] ~ *at* … na — skiet; ~ *away* wild skiet.

potato *a hot* ~ § 'n turksvy ★; *drop s.t. like a hot* ~ § iets soos 'n warm patat los ★; *be small potatoes* § van min/weinig belang wees.

pother *make a* ~ *about/over s.t.* 'n bohaai oor iets maak.

potluck *take* ~ vir lief neem met wat jy (te ete) kry.

potshot *take a* ~ *at* … op goeie geluk (af) na — skiet.

pottage *sell for a mess of* ~ vir 'n skottel/bord/pot lensiesop verkoop/verkwansel.

potter ~ *about/around* ronddrentel; rondwerskaf; ~ *away one's time* die tyd verbeusel.

potty *be* ~ *about s.o. or s.t.* § dol wees oor/op iem. of iets.

pounce¹ [n.] *make a* ~ *at/on s.t.* op iets neerskiet/afspring.

pounce² [v.] ~ *on/upon* … op — neerskiet/afspring, — gryp, — skielik aanval; — aangryp.

pound ~ *away at* … — aanhoudend bombardeer.

pour ~ *down* neerstroom; ~ *forth* uitstroom; ~ *forth s.t.* iets uitstort, iets laat uitstroom; ~ *in* instroom; ~ *in s.t.* iets ingooi; iets inskink; ~ *into s.t.* iets binnestroom; ~ *s.t. into* … iets in — gooi; iets in — skink; *s.t.* ~*s off* … iets stroom van — af; ~ *off s.t.* iets afgiet; iets afskink; iets afwater; ~ *it on* § dit dik aanmaak ★; ~ *out* uitstroom; uitstort; ~ *out of the* … uit die — stroom; ~ *out s.t.* iets uitgiet; iets skink; ~ *s.t. over* … iets oor — giet/gooi.

poverty *abject* ~ volslae armoede; *grinding* ~ nypende armoede; *when* ~ *comes in at the door, love flies out at the window* (P) as armoede by die deur inkom, vlieg die liefde by die venster uit (P); *s.o.'s* ~ *of* … iem. se gebrek aan —, iem. se gebrekkige —; *reduce s.o. to* ~ iem. tot armoede bring; *be reduced to* ~ tot armoede verval/geraak.

powder *HE keeps HIS* ~ *dry* HY hou SY kruit droog; ~ *and shot* kruit en lood; *s.o. takes a* ~ §§ iem. vertrek met die noorderson ★, iem. verdwyn; *not be worth* ~ *and shot* geen skoot kruit werd wees nie.

power *HE will do all in HIS* ~ HY sal alles in SY vermoë doen; *the* **balance** *of* ~ die magsewewig; *hold the* **balance** *of* ~ die deurslag (kan) gee; *the* ~*s that be* die owerheid, die gesaghebbers/maghebbers; **beyond** *s.o.'s* ~*(s)* bo iem. se krag(te)/vermoë; buite iem. se bevoegdheid; **come|get into** ~ aan die bewind kom, die mag in (die) hande kry; **cut** *off the* ~ die krag af= sluit/afsny; *be* **drunk** *with* ~ magsdronk wees; *more* ~ *to your* **elbow!** §sterkte!, alle voorspoed!; *more* ~ *to his or her* **elbow** §ek wens hom *of* haar sterkte toe, ek hoop hy *of* sy slaag; **exercise** ~*s* bevoegdhede uit= oefen; **fall** *from* ~ die mag verloor; *s.t. does s.o. a* ~ *of* **good** iets doen iem. baie goed; *the* **great** ~*s* die groot moondhede; *be* **in** ~ aan die bewind/roer wees, die mag in die hande hê, regeer; *HE is* **in** *s.o.'s* ~ HY is in iem. se mag; *s.t. is/lies* **in** *s.o.'s* ~ iets is in iem. se mag; *s.t. is not* **in** *s.o.'s* ~, *s.t. does not lie* **in** *s.o.'s* ~ iets is bo(kant) iem. se mag, iets is nie in iem. se mag nie; **merciful** ~*s!* goeie hemel!; *s.t. is out of s.o.'s* ~ iets is buite iem. se mag; *under one's* **own** ~ met eie krag; **raise** *s.t. to the third/etc.* ~ iets tot die derde/ens. mag verhef; **return** *to* ~ weer aan die bewind kom; *be* **re= turned** *to* ~ weer aan die bewind gebring word; **rise** *to* ~ mag kry; *HE is* **stretching** *HIS* ~*s* HY gaan SY bevoegdheid te buite; HY ooreis SY kragte; **take** ~ die bewind in hande neem; *the* ~ *behind the* **throne** die mag agter die skerms; *to the third/etc.* ~ tot die der= de/ens. mag; **unlimited** ~*s* onbeperkte mag(te); **vest** *s.o. with* ~*s* mag aan iem. verleen, iem. met mag be= klee; *the* ~ *is* **vested** *in s.o.* die mag berus by iem.; **wield** ~ mag uitoefen; *a task well* **within** *s.o.'s* ~*s* 'n taak waartoe iem. goed in staat is.

practice *(an)* **established** ~ 'n vaste gewoonte; **have** *a large* ~ 'n groot praktyk hê *(bv. 'n dokter)*; **in** ~ in die praktyk; *be* **in** ~ praktiseer, 'n praktyk hê, in die praktyk staan; **make** *a* ~ *of s.t.* van iets 'n gewoon= te maak; **make** *a* ~ *of doing s.t.* 'n gewoonte daarvan maak om iets te doen; *the* ~ *of doing s.t.* die gewoonte om iets te doen; *s.o. is* **out** *of* ~ iem. het lank laas geoefen; ~ *makes* **perfect** (P) al doende leer ('n) mens (P); **put** *s.t. into* ~ iets toepas; **shady** ~*s* twyfelagtige praktyke; **sharp** ~ wanpraktyk(e), knoeiery, kullery, bedrog, verneukery*, slimstreke; **turn** *out for* ~ vir oefening opdaag; **with** ~ deur/met oefening.

practise *HE* ~*s what HE* **preaches** HY doen wat HY sê, SY woorde en dade stem ooreen, SY dade strook met SY woorde.

praise¹ [n.] ~ **be!** dankie tog!; *be* **beyond** ~ bo alle lof (verhewe) wees; **damn** *s.o. or s.t. with faint* ~ iem. *of* iets met karige lof afmaak/veroordeel; **deserve** ~, *be* **deserving** *of* ~ lof verdien; **earn/win** ~ lof ver= werf; **give** ~ *to s.o.* iem. loof; **have** *nothing but* ~ *for* ... net lof vir — hê; **high** ~ groot/hoë lof; **in** ~ *of* ... tot lof van —; ~ *be to the* **Lord** die Here sy dank; *be* **loud** *in one's* ~*s of s.o. or s.t.* iem. *of* iets ophemel, hoog opgee van/oor iem. *of* iets; *get more* ~ *than* **pudding** net mooi woorde as loon ontvang; **sing|sound** *the* ~*s*

of s.o. or s.t. iem. *of* iets ophemel, iem. *of* iets se lof verkondig/uitbasuin, iem. *of* iets aanprys/opvysel; **un= reserved** ~ onvoorwaardelike lof.

praise² [v.] ~ *s.o. for s.t.* iem. oor iets prys; ~ *s.o.* **highly** iem. groot/hoë lof toeswaai; ~ ... **profusely** — uitbundig prys; ~ ... *to the* **skies** — hemelhoog prys.

prance ~ *about/around* rondloop, rondspring.

prank *be full of* ~*s* vol streke wees; *play a* ~ *on s.o.* iem. 'n poets bak.

pray ~ *be* **careful!** pas tog op!; ~ *be* **quiet!** bly asse= blief still!; ~ **do!** doen dit gerus!; ~ *for* **rain/etc.** om reën/ens. bid; ~ *for s.o.* vir iem. bid; ~ **tell** *me!* sê my asseblief/tog!; ~ *to* **God** tot God bid.

prayer *answer* *a* ~ 'n gebed verhoor; *an* **answer** *to* ~ gebedsverhoring; *when it happened, it was an* **an= swer** *to my* ~ my gebed is verhoor en dit het gebeur; **call** *s.o. to* ~*s* iem. tot die gebed oproep; **have** ~*s* godsdiens hou; *not have a* ~ §geen hoop/kans hê nie; **in** *s.o.'s* ~*s* in iem. se gebede; **lead** *in* ~ in (die) gebed voorgaan; *the* **Lord's** ~ die Ons(e) Vader; **offer** *up a* ~ 'n gebed opstuur; **say** *a* ~ bid, 'n gebed doen; *HE* **says** *HIS* ~*s* HY bid, HY sê SY gebed op.

praying *it is past* ~ *for* daar is geen salf meer aan te smeer nie.

preach ~ *at s.o.* vir iem. preek, iem. bepreek; ~ *to the converted* →**converted;** ~ *to* ... vir — preek.

precaution *take* ~*s* voorsorg tref; *do s.t. by way of* ~ iets versigtigheidshalwe doen.

preceded *s.t. is* ~ *by* ... iets word deur — vooraf= gegaan.

precedence *give* ~ *to s.o.* iem. laat voorgaan, aan iem. die voorrang verleen; *have/take* ~ *over* ... die voorrang bo — hê; *in order of* ~ in volgorde van belangrikheid.

precedent¹ [n.] *create/establish/set a* ~ 'n presedent skep; *it is without* ~ dit is ongeëwenaar(d), dit is son= der weerga, daar bestaan nie nog so 'n geval nie; dit is ongehoord.

precedent² [adj.] ~ *to* ... voorafgaande aan —.

precinct *within the* ~*s of* ... binne die grense van —.

precipice *stand on the edge of a* ~ op die rand van 'n afgrond wees, in groot gevaar verkeer.

precision *with* ~ noukeurig.

preclude ~ *s.o. from doing s.t.* iem. verhinder om iets te doen.

predicament *be in a* ~ in 'n penarie/verknorsing sit/wees.

predicated *be* ~ *on/upon s.t.* op iets berus, op iets gegrond wees.

prediction *the* ~ *came true* die voorspelling het uit= gekom; *make a* ~ 'n v. doen/maak.

predilection *have a* ~ *for* ... 'n voorliefde vir — hê.

predispose *s.t.* ~*s s.o. to* ... iets maak iem. vir — ontvanklik/vatbaar; iets maak iem. tot — geneig.

predisposed *be* ~ *to* ... vir — ontvanklik/vatbaar wees; geneig wees om te —.

preen *HE* ~*s HIMSELF* HY vat HOM uit, HY maak HOM mooi; *HE* ~*s HIMSELF on* ... HY roem op —, HY beroem HOM op —, HY is trots op —, HY spog met —.

preface¹ [n.] *the* ~ *to* ... die voorwoord by —, die woord vooraf by —.

preface² [v.] ~ *s.t. with* ... iets deur — laat vooraf= gaan.

prefer ~ *s.o.* or *s.t. to s.o.* or *s.t. else* iem. *of* iets bo iem. *of* iets anders verkies; *I would much* ~ *to* ... ek sou veel eerder —.

preferable *be* ~ *to* ... bo — verkieslik wees, bo — te verkies wees.

preference *give* ~ *to* ... die voorkeur aan — gee; *have* ~ die voorkeur geniet; *have a* ~ *for* ... 'n voor= keur vir — hê, — verkies, meer van — hou; *choose X in* ~ *to Y* eerder X as Y kies; *undue* ~ onbehoorlike voorkeur.

preferred *be* ~ die voorkeur geniet; *if* ~ desverkie= send; *s.o.* or *s.t. is* ~ *to s.o.* or *s.t. else* iem. *of* iets is verkieslik bo iem. *of* iets anders.

pregnant *become/fall* ~ swanger word/raak; ~ *with* ... vol — *(bv. betekenis, moontlikhede)*.

prejudice *a* ~ *against* ... 'n vooroordeel teen —; *break down* ~*s* vooroordele oorwin; *s.o.'s* ~ *in fa= vour of* ... iem. se vooringenomenheid met —; *have a* ~ *against* ... 'n vooroordeel teen — hê, teen — bevoor= oordeel(d) wees; *s.t. is mere* ~ iets is blote vooroor= deel; *to the* ~ *of* ... tot nadeel/skade van —, ten nadele van —, skadelik vir —; *without* ~ onbevooroor= deel(d), sonder vooroordeel; sonder inkorting (van regte); *without* ~ *to* ... behoudens —, sonder om aan — af te doen.

prejudiced *be* ~ *against* ... teen — bevoor= deel(d)/vooringenome wees; *be* ~ bevooroordeel(d) wees *(iem.);* benadeel word, in die gedrang kom *(iets); be* ~ *in favour of* ... ten gunste van — bevoor= oordeel(d)/vooringenome wees.

prejudicial ~ *to* ... tot nadeel/skade van —, ten na= dele van —, skadelik vir —; *be* ~ *to* ..., *(ook)* aan — afbreuk doen.

preliminary ~ *to* ... voor —.

prelude *the* ~ *to* ... die voorspel tot —.

premise *on the* ~ *that* ... in die veronderstelling dat —; *on the* ~*s* op die plek, ter plaatse.

premium *at a* ~ bo pari; *s.t. is at a* ~ iets is sterk in aanvraag, daar is 'n sterk (aan)vraag na iets; iets is hoog op prys; iets is skaars; *put a* ~ *on s.t.* 'n premie op iets stel, iets aanmoedig; *sell s.t. at a* ~ iets met 'n wins verkoop.

premonition *have a* ~ *of* ... 'n voorgevoel van — hê.

preoccupation *s.o.'s* ~ *with s.t.* iem. se besorgd= heid oor iets.

preoccupied *be* ~ *with* ... deur — in beslag geneem word.

preparation *in* ~ *for* ... as voorbereiding vir —; *be in (course of)* ~ in voorbereiding wees; *make* ~*s for* ... vir — voorbereidsels tref, klarigheid maak vir —.

preparatory ~ *to s.t. being done* voordat iets gedoen word.

prepare ~ *s.o. for s.t.* iem. vir iets voorberei *(bv. 'n eksamen);* iem. op iets voorberei *(bv. slegte tyding); HE* ~*s HIMSELF for* ... HY berei HOM vir — voor, HY maak HOM klaar vir —, HY hou SY lyf reg vir — ★, HY is op — voorberei.

prepared *be* ~ *for* ... op — voorberei wees; vir — gereed wees; op — bedag wees; *be* ~ *to* ... bereid wees om te —.

preparedness ~ *for war* strydbaarheid; *be in a state of* ~ in gereedheid wees.

preponderate ~ *over* ... meer as — wees, — in getal oortref; van groter belang as — wees; 'n groter deel as — uitmaak.

prerequisite *a* ~ *for* ... 'n eerste/onmisbare vereis= te vir —, 'n voorvereiste vir —.

prerogative *exercise a* ~ 'n prerogatief uitoefen; *have the* ~ *of doing s.t.* die voorreg hê om iets te doen.

prescience *have* ~ *of s.t.* voorkennis van iets hê.

prescribe ~ *s.t. for* ... iets vir — voorskryf/ voorskrywe.

prescription *make up a* ~, *fill/prepare a* ~ 'n voor= skrif berei *(medisyne); on* ~ op voorskrif.

presence *s.o.'s bodily* ~ iem. se aanwesigheid in lewende lywe; *HE makes HIS* *felt* HY laat HOM geld; *in the* ~ *of* ... in aanwesigheid/teenwoordigheid/by= syn van —; ten aanhore van —; ten aanskoue van —; *saving your* ~ met u verlof.

present¹ [n.] *at* ~ teenswoordig, tans, deesdae; nou, op die oomblik; *for the* ~ vir eers, voorlopig, op/vir die oomblik, vir die huidige; *(there is) no time like the* ~ (P) van uitstel kom afstel (P), die geskikste tyd is nou; *up to the* ~ tot nou/nog toe, tot op hede.

present² [n.] *a* ~ *for* ... *from* ... 'n present/geskenk vir — van —; *give s.o. s.t. as a* ~ iem. iets skenk, iem. iets present gee; *make s.o. a* ~ *of s.t.* iem. iets present gee.

present³ [v.] *HE* ~*s HIMSELF* HY meld HOM aan; ~ *s.t. to s.o.*, ~ *s.o. with s.t.* iem. iets aanbied, iem. iets gee/skenk, iem. iets present gee; iets aan iem. oorhan= dig.

present⁴ [adj.] *be* ~ *at* ... by — (aanwesig/teenwoor= dig) wees, — bywoon.

presentable *HE makes HIMSELF* ~ HY knap HOM op.

presentation *make s.o. a* ~ *of s.t.* iem. iets aanbied; *on* ~ *of* ... by aanbieding van —, op vertoon van —.

presentiment *have a* ~ *of* ... 'n voorgevoel van — hê.

preservation *for the* ~ *of* ... tot behoud van —; *in good* ~ in 'n goeie toestand.

preserve¹ [n.] *poach on s.o.'s* ~*(s)* op iem. se regte inbreuk maak, in iem. se slaai krap ★, in iem. se kraal kom ★, onder iem. se duiwe skiet ★

preserve² [v.] ~ *s.o. from* ... iem. van — red *(bv. die dood).*

preserved *HE is well* ~ HY dra SY jare goed, ('n) mens sal nooit sê HY is so oud nie.

preside ~ *at/over a meeting* op 'n vergadering voorsit, die voorsitter van 'n vergadering wees; ~ *over an organisation* 'n organisasie lei, die leier van 'n o. wees; ~ *over s.t.*, *(ook)* aan die bewind wees wanneer iets gebeur.

press¹ [n.] *get/have a **bad** or **good*** ~ ongunstig *of* gunstig deur die pers beoordeel word; ***go to*** ~ ter perse gaan; *at the time of **going** to* ~ by die ter perse gaan, met druktyd; *be **in** the* ~ in die pers wees, ter perse wees *('n boek)*; *be **off** the* ~ van die pers wees, gedruk wees; *s.o. is **on** the* ~ iem. is by die pers, iem. is aan die pers verbonde; *see s.t. **through** the* ~ iets vir die druk besorg; *send s.t. to* ~ iets na die pers stuur; *watch the* ~ *for s.t.* gereeld kyk of iets in die koerante is.

press² [v.] ~ *against* ... teen — druk; ~ *ahead/on* gou maak, opdruk, voortbeur; voortruk; ~ *ahead/on with s.t.* haastig/onverwyld met iets voortgaan, iets deurdruk; ~ *along* aanstoot, verder/vêrder gaan; ~ *for* ... op — aandring; ~ *s.o. for s.t.* by iem. op iets aandring *(bv. 'n antwoord)*; ~ *s.o. for payment* iem. aanskroef/opskroef (om te betaal); ~ *forward* vooruitbeur; ~ *s.o. (hard)* iem. opdruk/opkeil; ~ *home s.t.* iets (diep) indruk *(bv. 'n mes)*; iets deurdryf *(bv. 'n sienswyse)*; iets uitbuit *(bv. 'n voordeel)*; ~ *on s.t.* op iets druk; ~ *s.t. on/upon s.o.* iets aan iem. opdring; ~ *out s.t.* iets uitpers/uitdruk.

pressed *be* ~ *for* ... gebrek aan — hê *(bv. geld)*; min — hê *(tyd)*; *be hard* ~ in die knyp/nood/noute wees, noustrop trek; opgedruk word; skerp agtervolg word.

pressure *apply* ~ *to* ... druk op — uitoefen; ***bring*** ~ *to bear on/upon* ..., ***put*** ~ *on/upon* ... druk op — uitoefen, — aan druk onderwerp; ***put*** the ~ *on* druk uitoefen, die skroef aandraai; ***sustained*** ~ volgehoue druk; *be **under*** ~ aan druk onderhewig wees; noustrop trek; *do s.t. **under*** ~ iets haastig doen; iets onder dwang doen; *owing to* ~ *of **work*** weens te veel werk, weens drukke werksaamhede.

prestige *enjoy/have* ~ hoë aansien geniet, hoog in aansien staan; *gain (in)* ~ aan aansien wen.

presume ~ *on/upon* ... van — misbruik maak.

presumption *act on the* ~ *that* ... van die veronderstelling uitgaan dat —.

pretence *by/under false* ~s onder valse voorwendsels; *HE makes a* ~ *of doing s.t.* HY maak asof HY iets doen, HY gee voor dat HY iets doen; *on the slightest* ~ by die geringste aanleiding; *under the* ~ *of* ... onder voorwendsel van —.

pretend ~ *to be* ... voorgee om — te wees; ~ *to s.t.* op iets aanspraak maak.

pretender *the* ~ *to the Throne* die troonpretendent.

pretext *on/under/upon the* ~ *of* ... onder die skyn/voorwendsel van —.

pretty¹ [adj.] *be as* ~ *as a picture* pragtig wees.

pretty² [v.] ~ *up* ... § — opsmuk.

prevail ~ *against/over* ... die oorhand oor — kry, oor

— seëvier, — oorwin; ~ *on/upon s.o. to do s.t.* iem. omhaal/ompraat/oorhaal/oorreed om iets te doen.

prevent ~ *s.o. from doing s.t.* iem. verhinder om iets te doen.

prevention ~ *is better than cure* (P) voorsorg voorkom nasorg (P); *for the* ~ *of* ... ter voorkoming van —.

previous ~ *to* ... voor —.

prey¹ [n.] *be* ~ *to* ... 'n prooi/slagoffer van — wees; *fall (a)* ~ *to* ... die/'n slagoffer van — word, — ten prooi val.

prey² [v.] ~ *on/upon* ... op — aas; — beroof/plunder; — kwel, aan — knaag *(die gewete)*; *s.t.* ~s *on/upon s.o.'s mind* iets kwel iem.

price¹ [n.] *above/beyond/without* ~ onskatbaar, onbetaalbaar, nie vir geld te koop nie; *at any* ~ tot elke prys; *at a* ~ as jy bereid is om te betaal; *cut* ~s die pryse verlaag/(be)snoei; ~s *drop* die pryse daal; *at a fair* ~ vir/teen 'n billike p.; *s.t. fetches a* ~ iets behaal 'n p.; *fix a* ~ 'n p. vasstel; *a fixed* ~ 'n vaste p.; *freeze* ~s die pryse vaspen; ~s *go down* die pryse daal; ~s *go up* die pryse styg; *a* ... *of great* ~ 'n baie waardevolle —; *s.o. has a* ~ iem. kan omgekoop word; *place/put/set a* ~ *on s.o.'s head* 'n prys op iem. se kop sit, 'n p. op iem. se hoof stel; *name a* ~ 'n p. maak; *pay a high* ~ *for s.t.* iets duur koop *(bv. vryheid)*; *put a* ~ *on s.t.* die waarde van iets bepaal; *put up the* ~ die prys verhoog/opslaan/opstoot; *quote a* ~ 'n p. opgee/verstrek/noteer; ~s *rise* die pryse styg; *two articles are the same* ~ twee artikels kos ewe veel; *set a* ~ 'n prys maak; ~s *skyrocket* die pryse skiet die hoogte in; ~s *are soaring* die pryse styg vinnig, die pryse skiet die hoogte in; *state a* ~ 'n prys opgee; *a stiff* ~ 'n hoë p.; *what* ~ ... *now?* wat beteken — nou?, wat bly nou oor van —?, wat sê jy nou van —?; *what is the* ~ *of* ...? wat kos —?; *without/above/beyond* ~ →*above/ beyond/without*.

price² [v.] ~ *s.t. or o.s. out of the market* die prys onmoontlik hoog maak, onmoontlik duur produseer.

prick ~s *of conscience* →**conscience**; *kick against the* ~s teen die prikkels skop, die versene teen die prikkels slaan.

pride¹ [n.] *s.t. is a blow to s.o.'s* ~ iets is 'n knou vir iem. se trots; *burst with* ~ baie trots wees; *be consumed with* ~, *be eaten up with* ~ vergaan van hoogmoed, verteer wees deur h.; ~ *will have a fall*, ~ *comes/goes before a fall* (P) hoogmoed kom voor die val (P); *be filled with* ~ *in s.t.* met trots op iets vervul wees; *hurt/wound s.o.'s* ~ iem. se eer te na kom; *be s.o.'s* ~ *(and joy)* iem. se trots (en vreugde) wees; iem. se oogappel wees; *give/yield* ~ *of place to* →**place**; *HE pockets/swallows HIS* ~ §HY sluk SY trots (in) ⋆; *HE has to put HIS* ~ *in HIS pocket, HE has to pocket HIS* ~ §HY moet SY trots sluk ⋆, HY moet SY hoogmoed (maar) tot later bêre; *puncture s.o.'s* ~ iem op SY neus laat kyk ⋆; *HE takes* ~ *in it* HY is trots daarop; HY laat SY trots/eer daarin; *wound/hurt s.o.'s* ~ →*hurt/ wound*.

pride² [v.] HE ~s HIMSELF on … HY roem op —, HY beroem HOM op —, HY is trots op —, HY spog met —.

prim ~ and proper danig sedig.

prime in s.o.'s ~ in iem. se fleur; op iem. se toppunt; in the ~ of life in die bloei van die lewe; HE is past HIS ~ SY beste jare is verby, SY beste jare is agter die rug.

prince live like a ~ leef/lewe soos 'n prins.

principle adhere/keep to a ~ by 'n beginsel bly/hou, aan 'n b. vashou, 'n b. handhaaf/volg; against s.o.'s ~s teen iem. se beginsels; cut across a ~ teen 'n beginsel indruis, met 'n b. stry; the first ~s of … die eerste beginsels van—; in ~ in beginsel, prinsipieel; a lack of ~(s) beginselloosheid; lay down a ~ 'n beginsel bepaal/vasstel; as a matter of ~ uit beginsel; a man or woman of ~ 'n beginselvaste man of vrou; a man or woman of no ~s 'n beginsellose man of vrou; on ~ uit beginsel; recognise a ~ 'n b. huldig; stick to one's ~s, be true to one's ~s beginselvas wees; be without ~ beginselloos wees.

print¹ [n.] appear in ~ in druk verskyn; die lig sien; see s.t. in cold ~ iets swart op wit sien; commit s.t. to ~ iets in druk laat verskyn; read the fine/small ~ op die fyner bepalings let; in ~ in druk; make a ~ 'n afdruk maak; be out of ~ uit druk wees; the public ~s die koerante; rush into ~ na die pers hardlooop; rush s.t. into ~ iets (oor)haastig laat druk/publiseer; take s.o.'s ~s iem. se vingerafdrukke neem.

print² [v.] ~ out s.t. 'n drukstuk van iets maak.

printed have s.t. ~ iets laat druk.

prior ~ to … voor —.

priority give ~ to … die voorrang aan — verleen; have ~ over … die voorrang bo — hê; HE must get HIS priorities right HY moet besef wat die belangrikste is; s.t. is s.o.'s top ~ iets is vir iem. die dringendste saak, iets gaan by iem. voor alles.

prise, prize ~ loose s.t. iets loswikkel; ~ off s.t. iets loswikkel; ~ open s.t. iets oopbreek; ~ out s.t. iets uitlig; ~ s.t. out of s.o. iets uit iem. kry (bv. inligting, 'n geheim); ~ up a cover 'n deksel oopbreek.

prison break (out of) ~ uit die tronk (uit)breek; clap/thrust s.o. in ~ iem. in die tronk stop/gooi/smyt; commit s.o. to ~ iem. tot gevangenisstraf veroordeel; put s.o. in ~ iem. in die tronk sit.

prison bars behind ~ ~ agter die tralies.

prisoner the ~ at the bar die gevangene voor die hof; keep s.o. ~ iem. gevange hou; make/take s.o. ~ iem. gevange neem.

privacy in ~ privaat, afgesonder.

private¹ [n.] in ~ privaat; in die geheim; onder vier oë; agter/met geslote deure (vergader).

private² [adj.] ~ and confidential streng vertroulik; keep s.t. ~ iets stilhou.

privileged be ~ to … die eer/voorreg hê om te —.

privy be ~ to s.t. in iets ingewy wees ('n geheim); van iets weet, op die hoogte van iets wees, met iets bekend wees.

prize¹ [n.] the distribution of ~s die prysuitdeling;

draw a ~ 'n prys trek; take first ~ die eerste p. kry; get a ~ 'n p. kry; land a ~ 'n p. wen/verwerf; offer a ~ 'n p. uitloof; 'n prysvraag uitskryf/uitskrywe; present ~s pryse uitdeel; take a ~ 'n prys wen/verwerf; win a ~ 'n p. wen/verwerf.

prize² [n.] make (a) ~ of a ship 'n skip buit.

prize³ [v.] →prise.

pro ~ and con voor en teen/teë; the ~s and cons die voor en teen/teë; die voordele en nadele; weigh the ~s and cons wik en weeg.

probability in all ~ na alle waarskynlikheid, stellig; the balance of probabilities is … die waarskynlikste is —; on a balance of probabilities wanneer die twee teen mekaar opgeweeg word; the probabilities are that … waarskynlik sal —; know the probabilities weet wat waarskynlik sal gebeur; there is no ~ of s.t. happening iets sal beslis nie gebeur nie; the weight of probabilities is that … die waarskynlikste is dat —.

probable it is highly ~ dit is hoogs waarskynlik; the most ~ … die waarskynlikste —.

probably more ~ eerder; most/very ~ heel/hoogs waarskynlik.

probation be on ~ op proef wees; serve one's ~ 'n proeftyd uitdien/deurloop.

probe ~ into s.t. iets (noulettend) ondersoek, in iets deurdring.

problem address a ~ 'n vraagstuk hanteer; a bit of a ~ §'n probleempie, 'n bietjie moeilikheid; cause ~s hoofbrekens/las gee/veroorsaak; experience ~s las/moeite hê/ondervind; the ~ is how to do it die vraag is hoe om dit te doen; no ~(s) with … geen moeite/moeilikheid met — nie; pick up ~s moeilikhede/probleme ondervind/teëkom/teenkom; s.t. poses a ~ iets lewer 'n probleem op; solve a ~ 'n vraagstuk oplos; tackle a ~ 'n vraagstuk (aan)pak; that is the ~ daar lê die knoop; a thorny ~ 'n netelige vraagstuk; understand s.o.'s ~s iem. se probleme begryp.

procedure follow a ~ 'n prosedure volg.

proceed ~ against s.o. 'n saak teen iem. maak, 'n aksie teen iem. instel; s.t. ~s from … iets ontstaan uit —, iets kom/spruit uit — voort; how to ~ hoe om te werk te gaan; ~ to … na — oorgaan (die volgende punt); tot — oorgaan (bv. die aanval); HE ~s to … HY gaan na—, HY begeef HOM na— ('n plek); ~ with s.t. met iets deurgaan/voortgaan, iets voortsit.

proceedings institute/start/take (legal) ~ against s.o. 'n geding/aksie teen iem. instel, 'n saak teen iem. maak.

process by due ~ (of law) volgens regsvoorskrifte, op geregtelike wyse; be in ~ aan die gang wees; be in ~ of construction in aanbou wees; in the ~ algaande; sodoende; op die koop toe; in the ~ HE …, (ook) terwyl HY daarmee besig was, het HY —, terselfdertyd het HY —, dit het HOM gehelp om te —; be in the ~ of doing s.t. met iets besig wees, iets aan die doen wees; serve ~ on/upon s.o. prosesstukke aan iem. beteken/bestel.

procession *form a* ~ 'n stoet vorm; *in (a)* ~ in optog; *in quick* ~ vinnig die een na die ander.

proclivity *a* ~ *to* ... 'n neiging tot —.

procrastination ~ *is the thief of time* (P) van uitstel kom afstel (P).

prod¹ [n.] *give s.o. a* ~ iem. aanpor.

prod² [v.] ~ *s.o. into doing s.t.* iem. aanpor om iets te doen.

prodigal *be* ~ *of s.t.* kwistig/rojaal met iets wees/ werk.

produced ~ *by ..., (toneel)* onder regie van —.

production *s.t. goes into* ~ die produksie van iets begin; *s.t. is in* ~ iets word vervaardig, iets is in produksie; *make a (big)* ~ *out of s.t.* § 'n (groot) bohaai oor/van iets maak; *on* ~ *of* ... op vertoon van —; *step up the* ~ *of s.t.* meer van iets produseer, die produksie van iets verhoog/versnel.

productive *be* ~ *of* ... aanleiding tot — wees; die oorsaak van — wees.

profanity *indulge in* ~ vloek en swets/sweer.

profess *HE* ~*es to be* ... HY gee voor om — te wees, HY doen HOM as — voor.

profession *HE is a ... by* ~ HY is — van beroep; *follow/practise/pursue a* ~ 'n beroep uitoefen/beoefen; *take up a* ~ 'n b. kies, in 'n b. gaan.

professional *become a* ~, *turn* ~ beroepspeler word.

professor *a* ~ *of English/etc.* 'n professor in Engels/ ens.; *a professor of history/etc.* 'n professor in die geskiedenis/ens.

proficient *be* ~ *in a language* 'n taal goed ken/beheers; *be* ~ *in a subject* knap wees in 'n vak.

profile *draw a* ~ *of s.o.* 'n profiel van iem. skets; *HE keeps a low* ~ HY bly op die agtergrond, HY hou HOM op die agtergrond, HY hou HOM koes.

profit¹ [n.] *at a* ~ met 'n wins; *at a* ~ *of R*—. met 'n w. van R—; *derive* ~ *from s.t.* nut uit iets haal/trek; by iets baat vind; *make a* ~ *on s.t.* wins op iets maak; *not for* ~ sonder winsoogmerk/winsmotief; *for personal* ~ vir eie gewin; *return/yield a* ~ wins afwerp/oplewer; *sell s.t. at a* ~ iets met 'n w. verkoop; *the firm shows a* ~ die firma werk met 'n w.; *do s.t. to one's* ~ by iets baat vind; veel aan iets hê.

profit² [v.] ~ *by/from s.t.* voordeel uit iets trek; deur iets gebaat/bevoordeel word, voordeel van iets hê; uit iets munt slaan.

profusion *in* ~ in oorvloed; *a* ~ *of* ... 'n oorvloed van —; 'n magdom van —; 'n weelde van —.

progress *in* ~ aan die gang; *work in* ~ werk onder hande; *make* ~ vorder, vordering maak; vooruitgaan, vooruitkom; *make no* ~ niks vorder nie, geen vordering maak nie; *report* ~ vooruitgang/vordering rapporteer; die debat afsluit, voortgang rapporteer.

prohibit ~ *s.o. from doing s.t.* iem. belet/verbied om iets te doen.

prohibited *be* ~ *from smoking/etc.* rook/ens. verbied

word; *s.t. is strictly* ~ iets is streng verbode, iets is ten strengste verbode.

prologue *the* ~ *to* ... die inleiding tot —; die voorspel van —.

prominence *come into* ~, *acquire/gain* ~ op die voorgrond kom/tree, bekendheid verwerf; *give* ~ *to s.t.* iets na vore bring, iets goed laat uitkom, iets op die voorgrond bring, iets onder die aandag bring.

promise¹ [n.] *break a* ~ 'n belofte (ver)breek, 'n b. nie nakom nie; *fulfil a* ~ 'n b. nakom; *aan* 'n b. voldoen; *be full of* ~ veelbelowend wees, veel beloof/belowe; *an idle* ~ 'n leë belofte; *keep a* ~ 'n b. hou/nakom, 'n b. gestand doen; *make a* ~ 'n b. doen/aflê; *a player/etc. of (great)* ~ 'n (veel)belowende speler/ ens.; *show* ~ belowend lyk, veel beloof/belowe; *stand by a* ~ 'n belofte hou, 'n b. gestand doen; *an unredeemed* ~ 'n onvervulde b.; *make a verbal* ~ *that* or *to* ... by monde beloof/belowe dat *of* om te —.

promise² [v.] ~ *faithfully* vas beloof/belowe; *s.o.* ~*s to* ... iem. beloof/belowe om te —; *you* ~*d to,* *(ook)* jy het dit beloof/belowe; *it* ~*s to be* ... dit lyk na —, dit beloof/belowe om — te word, — kan verwag word; ~ *well* goed beloof/belowe; *I* ~ *you* ek verseker jou.

promote ~ *s.o. to* ... iem. tot — bevorder.

promotion *get/win* ~ bevorder word.

prompt *what* ~*s you to* ...? wat besiel jou om te —?

prompted *feel* ~ *to do s.t.* gedronge voel om iets te doen.

prone *be* ~ *to* ... tot — geneig wees; aan — onderhewig wees; vir — vatbaar wees; vir — ontvanklik wees.

pronounce ~ *a word as in English* 'n woord op Engels uitspreek; *HE* ~*s HIMSELF against* or *for* ... HY spreek HOM teen — uit *of* HY spreek HOM ten gunste van — uit; *HE* ~*s on/upon s.t.* HY gee oor iets uitsluitsel; HY laat HOM oor iets uit, HY spreek 'n/SY mening oor iets uit.

pronouncement *make a* ~ *on/upon s.t.* 'n verklaring omtrent/aangaande iets doen.

proof *the burden of* ~ die bewyslas; *be capable of* ~ bewysbaar wees; *conclusive* ~ afdoende bewys; *as/in* ~ *of* ... as bewys van —, ter/tot stawing van —; *positive* ~, ~ *positive* afdoende bewys; *produce* ~ bewys lewer; *the* ~ *of the pudding is in the eating* →**pudding;** *put* ... *to the* ~ — op die proef stel; *satisfactory* ~ genoegsame/afdoende bewys; *serve as* ~ tot bewys dien; *stand the* ~ die proef deurstaan; *s.t. is not susceptible of* ~ iets is onbewysbaar; *under* ~ onder proef.

prop ~ *up s.o.* or *s.t.* iem. *of* iets stut; iem. *of* iets staande hou; iem. *of* iets aan die gang hou; ~ *up s.o., (ook)* iem. regop laat sit *(bv. 'n sieke in die bed)*.

propaganda *carry on* ~ *for ..., conduct* ~ *for* ... *in* — propaganda maak, — propageer; *sheer* ~ blote/louter/pure propaganda.

propensity *a* ~ *for doing s.t., a* ~ *to s.t.* 'n neiging om iets te doen, 'n neiging tot iets.

proper *it is not quite* ~ dit hoort nie heeltemal so nie.

properly *very* ~ heel/seer tereg.

property *common* ~ gemeengoed; *a man* or *woman of* ~ 'n grondbesitter; *private* ~ private besit; *s.t. is public* ~ iets behoort aan die gemeenskap; iets is algemeen bekend.

prophecy *a* ~ *comes true* 'n voorspelling kom uit, 'n v. word bewaarheid; *make a* ~ 'n v. doen/maak.

prophet *a* ~ *is not without honour, save in his own country* (P) 'n profeet is nie geëerd in sy eie land nie (P).

proportion *in* ~ na verhouding/eweredigheid; dienooreenkomstig; *in* ~ *as* ... namate —, na gelang —; *in the* ~ *of* ... *to* ... in die verhouding van — tot —; *in* ~ *to* ... in verhouding tot —, na verhouding/eweredigheid van —, na gelang van —; *in inverse* ~ *to* ... in omgekeerde verhouding tot —; *out of (all)* ~ *to* ... buite (alle) verhouding tot —; *have a sense of* ~ 'n gevoel/sin vir verhoudings hê.

proportional ~ *to* ... eweredig aan —.

proportionate ~ *to* ... eweredig aan —.

proposal *accept/adopt a* ~ 'n voorstel aanneem; *make a* ~, *put forward a* ~ 'n v. doen/maak.

propose *I* ~ *to* ... ek is van plan/voorneme om te —, ek is voornemens om te —; *man* ~*s, God disposes* →**man**; ~ *to a girl* die hand van 'n meisie vra, die jawoord vra, 'n huweliksvoorstel aan 'n meisie doen.

proposition *make s.o. a* ~ iem. 'n aanbod/voorstel doen.

propriety *s.t. is a breach of* ~ iets is in stryd met die welvoeglikheid; *observe the proprieties* die ordentlikheid in ag neem, nie buite die perke van die welvoeglikheid gaan nie; *HE is a stickler for the proprieties* HY is baie op SY fatsoen gesteld.

prosecute ~ *s.o. for* ... iem. weens — vervolg.

prospect¹ [n.] *s.o. is a* ~ *as* ... iem. is 'n moontlike —; *a bleak* ~ 'n droewe/slegte vooruitsig; *bright* ~*s* gunstige vooruitsigte; *the* ~*s are dim* die kanse is gering; *hold* out the ~ *of s.t.* iets in die vooruitsig stel; *in* ~ in die vooruitsig; *have no* ~*s* geen toekoms hê nie; *HE does not relish the* ~ die vooruitsig staan HOM nie aan nie.

prospect² [v.] ~ *for* ... na — soek/prospekteer.

prostrate *HE* ~*s HIMSELF* HY buig/kniel neer, HY buig HOM in die stof.

prostrated *be* ~ *by the heat* flou wees van die hitte; *be* ~ *by/with grief* gebroke wees van verdriet.

protect ~ *s.o. against* ... iem. teen/vir — vrywaar; ~ *s.o.* or *s.t. from* ... iem. of iets teen — beskerm.

protection ~ *against* ... beskerming/beskutting teen — *(bv. die reën, koue)*; vrywaring teen/vir — *(bv. verlies)*; *for the* ~ *of* ... ter beskerming van —; *under the* ~ *of* ... onder beskerming van —.

protest¹ [n.] *enter/lodge a* ~ *against* ... protes teen — aanteken, teen — protesteer, ('n) protes teen — indien; *in* ~, *as a* ~ uit p., by wyse van p.; *make/*

register *a* ~ p. aanteken, protesteer; *under* ~ onder p.

protest² [v.] ~ *against* ... teen — protesteer, teen — beswaar maak; ~ *to* ... *by* — protesteer, by — beswaar maak.

proud *as* ~ *as a peacock, as* ~ *as Punch* so trots soos 'n pou; *do s.o.* ~ iem. goed onthaal/trakteer, iem. ekstra goed behandel; iem. eer aandoen; *be* ~ *of* ... trots wees op —; *be* ~ *that* ... trots wees daarop dat —.

prove *it goes to* ~ *that* ... dit wys net dat —, dit toon dat —, dit dien om te bewys dat —; *HE* ~*s HIMSELF* HY wys wat HY kan doen, HY wys SY slag/vermoë, HY presteer; *HY staan SY man; HE* ~*s HIMSELF a good player* HY toon HOM 'n goeie speler; *s.t.* ~*s itself* iets wys sy waarde; ~ *s.o. a* ... bewys dat iem. 'n — is; *that* ~*s it* dit is die proef op die som; ~ *all things and hold fast that which is good* ondersoek alle dinge en behou die goeie; *s.t.* ~*s to be true/etc.* dit blyk dat iets waar/ens. is.

proverb *s.t. is a* ~ iets is spreekwoordelik.

provide ~ *against s.t.* (voorsorg)maatreëls teen iets neem/tref, voorsorg teen iets tref; vir iets sorg; ~ *for s.o.* vir iem. sorg, in die onderhoud van iem. voorsien; ~ *for s.t.* iets moontlik maak; bepaal dat iets gedoen moet of sal word *(bv. van 'n wet gesê)*; *HE* ~*s for HIMSELF* HY krap SY eie potjie ★; ~ *s.o. with s.t.* iem. van iets voorsien, iets aan iem. verskaf.

provided *it was* ~ *by* ... dit is deur — verskaf; *be* ~ *for* al die nodige hê; ~ *(that)* ... mits —, op voorwaarde dat —.

providence *tempt* ~*/fate* die noodlot/gevaar trotseer, roekeloos wees.

providential *s.t. is* ~ iets is 'n bestiering.

providing ~ *(that)* ... mits —, op voorwaarde dat —.

province *s.t. is outside s.o.'s* ~, *s.t. does not come within s.o.'s* ~ iets val buite iem. se vak of terrein/gebied, iets val nie in iem. se gebied nie; iets is buite iem. se bevoegdheid.

provision *after* ~ *for* ... ná aftrek van —; *make* ~ *for* ... vir — sorg, in — voorsien, vir — voorsiening maak; — *behels; under the* ~*s of* ... kragtens/volgens die bepalings van —.

proviso *make a* ~, *put in a* ~ 'n voorbehoud maak/stel; *with the* ~ *that* ... onder voorbehoud dat —, met dien verstande dat —, mits —.

provocation *at/on the slightest* ~ by die geringste aanleiding; *suffer great/severe* ~ erg uitgetart word, kwaai uittarting verduur; *under* ~ met aanleiding; *without the least/slightest* ~ sonder die minste aanleiding.

provoke ~ *HIM to s.t.*, ~ *HIM into doing s.t.* HOM so gaande maak dat HY iets doen; HOM (uit)tart totdat HY iets doen.

prowl¹ [n.] *be on the* ~ op roof uit wees; op die loer wees, rondsluip.

prowl² [v.] ~ *about/around* rondsluip.

proxy *by* ~ by volmag *(bv. stem, trou)*; met die hand-

skoen *(trou)*; HE makes s.o. HIS ~ HY gee iem. vol=
mag.

prune ~ *away* s.t. iets wegsnoei/afsnoei; ~ *back* s.t.
iets wegsnoei; iets besnoei.

pry HE *pries into s.o.'s affairs* HY steek SY neus in iem. se
sake ★

public¹ [n.] *in* ~ in die openbaar; *appear in* ~ in die
openbaar optree.

public² [adj.] *make* s.t. ~ iets wêreldkundig/rugbaar
maak.

publicity *give* ~ *to* ... publisiteit aan — gee, — publi=
siteit gee *(iem.* of *iets)*; rugbaarheid aan — gee *(iets)*.

pucker ~ *up* s.t. voue in iets maak; HE ~s *up* HIS
brows HY frons SY wenkbroue.

pudding *the proof of the* ~ *is in the eating* (P) as ('n)
mens dit opgeëet het, weet jy hoe dit smaak.

puff¹ [n.] *give/take a* ~ 'n skuif(ie) trek *(aan 'n pyp, 'n
sigaret)*.

puff² [v.] ~ *at a pipe* aan 'n pyp damp/trek; *the train
~s away* die trein stoom weg; ~ *away* s.t. iets weg=
blaas; ~ *and blow* hyg en blaas; HE ~s *out* HIS *cheeks*
HY maak SY wange bol; HE ~s *out* HIS *chest* HY stoot SY
bors uit; ~ *up* s.t. iets opblaas.

puffed *be* ~ *out* uitasem wees; *be* ~ *up with* ... opge=
blase wees van — *(bv. verwaandheid)*.

pull¹ [n.] *have* ~ *with s.o.* §invloed by iem. hê; *a long*
~ 'n hele/stywe ent, 'n lang tog; 'n groot skuif *(aan 'n
pyp, 'n sigaret)*; 'n groot sluk/teug *(bv. uit 'n glas)*;
take a ~ *at* ... 'n skuif(ie) aan — trek *('n pyp, 'n siga=
ret)*; 'n sluk/teug uit — neem *(bv. 'n glas)*.

pull² [v.] ~ *about/around* s.o. or s.t. iem. of iets
rondtrek/rondpluk/rondruk; ~ *ahead* voorkom; ~
alongside ... langs — stilhou; langs — kom ry; ~
apart s.t. iets uitmekaar/vanmekaar trek; iets kwaai
kritiseer; ~ *at* ... aan — trek; ~ *at/on* s.t. aan iets suig
(bv. 'n pyp, 'n sigaret); ~ *away* wegtrek; aanhou trek;
~ *away from* ... — agterlaat; ~ s.o. or s.t. *away from*
... iem. of iets van — wegtrek; ~ *back* terugtrek; reti=
reer; ~ *down* s.o. or s.t. iem. of iets neertrek/aftrek;
iem. of iets plattrek; ~ *down* s.t., *(ook)* iets afbreek/
sloop, iets plat slaan *('n gebou)*; §iets verdien *('n groot
salaris)*; ~ *in* inry *(bv. 'n bus)*; instoom *('n trein)*; ~
in s.o. iem. intrek/betrek; § iem. lok *(toeskouers)*; §
iem. aankeer *('n verdagte)*; ~ *in* s.t. iets intrek; §iets
verdien *(geld)*; ~ *off* s.t. iets aftrek/af=
ruk; iets uittrek *(bv. skoene)*; iets regkry; ~ *it off* dit
regkry, die paal haal; ~ *on* s.t. iets aantrek *(bv. skoe=
ne)*; ~ *out* uittrek, wegtrek; retireer, uitskei; uitwyk;
wegtrek *(bv. die trein)*; HE ~s *out of* ... HY onttrek
HOM aan/uit —; HY maak dat HY wegkom uit — ★, HY
trap uit — ★; ~ *out* s.t. iets uittrek *(bv. onkruid)*; iets
onttrek *(bv. soldate)*; ~ *over* uit die pad trek, eenkant
toe trek *(met 'n motor)*; ~ *over* s.t. iets omtrek; ~
round regkom, herstel, gesond word; ~ *round* s.o.
iem. deurhaal, iem. laat regkom/herstel; ~ *s.t.
straight* iets regruk; ~ *through* regkom, herstel, ge=
sond word; ternouernood slaag; ~ *through* s.o. iem.

deurhaal, iem. laat regkom/herstel; ~/*draw* s.t. *tight*
iets vastrek, iets styf trek; ~ *to* s.t. iets toetrek *(bv. 'n
deur)*; ~ *together* saamwerk, saamstaan; HE ~s HIM=
SELF *together* §HY ruk HOM reg; ~ *up* stilhou; gaan
staan; ~ *up short* skielik gaan staan; skielik stilhou; ~
up s.t. iets uittrek *(bv. 'n plant)*; iets inhou, iets tot
staan bring *(bv. 'n perd)*; ~ s.o. *up (short)* iem. beris=
pe/teregwys/opruk★, iem. in die bek ruk ★

pulp *beat* s.o. *to a* ~, *knock* s.o. *into a* ~ iem. pap/voos
slaan, iem. vermorsel, fyngoed maak van iem. ★

pulse *feel/take* s.o.'s ~, *(lett.)* iem. se pols voel;
(fig.) iem. pols, iem. se pols voel; *the* ~ *is quick=
ening* die pols klop vinniger; *a rapid* ~ 'n vinnige
pols(slag); *stir* s.o.'s ~ iem. in vervoering bring; *a
weak* ~ 'n swak pols(slag).

pump¹ [n.] *prime the* ~ sake 'n stoot gee.

pump² [v.] ~ s.t. *dry* iets leeg pomp, iets droogpomp;
~ s.o. *dry* §iem. uitsuig; ~ s.o. *full of* ... §iem. vol—
pomp *(bv. koeëls)* ★; §iem. vol — stop *(bv. leuens)* ★;
~ *in* s.t. iets inpomp; ~ s.t. *into* ... iets in — pomp;
iets in — stop *(bv. geld in 'n onderneming)*; ~ *out* s.t.
iets uitpomp; ~ s.t. *out of* ... iets uit — pomp; ~ s.t.
out of s.o. iets uit iem. pers; ~ *s.o.* iem. uitvra/invra;
die boer die kuns afvra; ~ *up* s.t. iets oppomp.

pun¹ [n.] *make a* ~ 'n woordspeling maak; *a* ~ *on* ...
'n woordspeling met —.

pun² [v.] ~ *on* ... woordspelings met — maak.

punch¹ [n.] *beat* s.o. *to the* ~ die eerste hou slaan;
iem. voorspring; *pack a (hard)* ~ § 'n (harde) hou
slaan; *pull no ~es* geen doekies omdraai nie ★; *pull
one's ~es* die teenstander spaar/ontsien, saggies/sag=
kens werk, krag agterhou; *roll with the* ~ wegkoes
voor die hou; *swing/throw a* ~ 'n (vuis)hou slaan.

punch² [v.] ~ *out* s.t. iets uitslaan; ~ *up* s.t. iets regi=
streer *(op 'n kasregister)*.

puncture *get/have a* ~ 'n pap band kry, 'n lek kry/op=
doen; *mend a* ~ 'n lek(plek) heelmaak.

punctuate ~ *a speech with* ... 'n toespraak met —
deurspek.

punish ~ s.o. *for* s.t. iem. vir/weens iets straf.

punishment *administer* ~ *to* s.o. straf aan iem.
toedien; *as a* ~ vir/tot straf, by wyse van straf; *come
in for* ~ straf kry/ondergaan; s.t. *is deserving of* ~
iets is strafwaardig; *hand/mete out* ~ straf uitdeel;
inflict ~ *on/upon* s.o. straf aan iem. toedien; *receive/
take* ~ straf kry *(fig.)*, deurloop, swaar leef/lewe, ge=
kasty word.

pup *be in* ~ dragtig wees *('n hond)*; *sell* s.o. *a* ~ §iem.
in die nek kyk ★, iem. kul/beetneem.

purchase HE *made a bad* ~ HY het HOM vasgekoop;
by ~ deur aankoop; *make a* ~ iets (aan)koop; *get/ob=
tain a* ~ *on* ... vatplek aan/op — kry.

purdah *in* ~ in afsondering.

pure *as* ~ *as the driven snow* engelrein; s.t. *is* ... ~ *and
simple* iets is sonder meer —, iets is blote/(dood)een=
voudig/gewoonweg/louter —, iets is niks anders as —
nie.

purely ~ *and simply* ... bloot/(dood)eenvoudig/ge‐woonweg —, niks anders as — nie, sonder meer —.

purge ~ *s.t. of* ... iets van — suiwer.

purity *the degree of* ~ die suiwerheidsgraad.

purler *come a* ~ § (plat) neerslaan.

purple¹ [n.] *be born in/to the* ~ van koninklike af‐koms/bloed wees; *be raised to the* ~ tot kardinaal ver‐hef word.

purple² [adj.] *become/go* ~ *with rage* rooi word van woede.

purport HE ~s *to be* ... HY beweer dat HY — is, HY gee voor dat HY —is.

purported *s.o. is* ~ *to be* ... iem. is na bewering —; *s.t. is* ~ *to be or do* ... iets sou — wees *of* doen.

purpose HE *achieves* HIS ~ HY bereik SY doel; *s.t. alters* HIS ~ iets laat HOM van plan verander, iets bring HOM van SY plan af; *answer a or the* ~ aan 'n *of* die doel beantwoord; *s.t. does not* **answer** *the* ~ iets beantwoord/deug nie; *will this* **answer** *the* ~? sal dit aan die doel beantwoord?; *be at* **cross**~s →**cross-purposes;** *s.o.'s* **deliberate** ~ iem. se vooropge‐sette doel; *do s.t. of* **deliberate/set** ~ iets opsetlik doen, iets met voorbedagte rade doen; *for that/this* ~ met dié/daardie doel, te dien einde; *for the* ~s *of this regulation* vir die toepassing van dié/hierdie regulasie; *for the* ~ *of doing s.t.* met die doel om iets te doen; *for business* ~s vir sake; *for commercial or recreational/etc.* ~s vir die handel *of* vir ontspanning/ens.; *for income-tax/etc.* ~s met die oog op inkomstebelasting/ens.; *full of* ~ doelgerig; vasberade; *general* ~s algemene doel‐eindes; algemene sake; *to* **good/some** ~ met goeie gevolg, doeltreffend, met sukses/voordeel, terdeë; *s.o.'s* **infirmity** *of* ~ iem. se besluiteloosheid; *to little* ~ met weinig gevolg/sukses/voordeel; *it is* **more** *to the* ~ *to* ... dit is doelmatiger om te —; *to* **no** ~ tever‐geefs/verniet/vrugteloos, sonder gevolg; *s.t. is to* **no** ~, *(ook)* iets baat/help niks; *for* **no** *other* ~ *than* ... met geen ander doel nie as —; *the* ~ *of* ... die doel van —; *on* ~ opsetlik, met opset, aspres/aspris, moedswillig, met voorbedagte rade; *for all* **practical** ~s prakties, in die praktyk; in die gewone loop; *for all* **practical** ~s *it is* ... dit is feitlik/prakties —; *s.o.'s* **sense** *of* ~ iem. se doelgerigtheid; *have a* **sense** *of* ~ doelgerig wees; *s.t. serves a good/useful* ~ iets het nut, iets is van nut, iets kom (goed) te pas, iets deug; *s.t.* **serves** *no (good/use‐ful)* ~ iets het geen nut nie, iets is nutteloos, iets is van geen nut nie, iets is sonder nut, iets dien nêrens toe nie; iets baat/help niks; *s.t. does not* **serve** *the* ~ iets is nie geskik vir die doel nie; *s.t. has* **served** *its* ~ iets het sy doel bereik; iets is uitgedien(d); *have a* **set** ~ 'n vaste/bepaalde doel hê, 'n vaste voorneme hê; *do s.t. of* **set/deliberate** ~ →**deliberate/set;** *with a* **single** ~ met (net) een doel voor oë; *s.o.'s* **singleness** *of* ~ iem. se doelgerigtheid/koersvastheid; *with* **singleness** *of* ~ doelgerig, met (net) een doel voor oë; *to* **some/good** ~ →**good/some;** *s.t.* **suits** *s.o.'s* ~ iets pas in iem. se kraam; **swerve** *from one's* ~ die doel uit die

oog verloor, van die spoor afwyk; *to the* ~ doeltref‐fend; ter sake, toepaslik; *s.o. is* **wanting** *in* ~ iem. is besluiteloos; *s.o.'s action is* **wanting** *in* ~ daar is geen beslistheid in iem. se optrede nie.

purse¹ [n.] *give a* ~, *put up a* ~ 'n prys uitloof; *you cannot make a silk* ~ *out of a sow's ear* (P) nie alle hout is timmerhout nie; *a slender* ~ 'n skrale beurs.

purse² [v.] ~ *(up)* *s.t.* iets plooi, iets op 'n plooi trek (*'n mond*).

purse-strings *hold the* ~ oor die beurs/geld beskik; *loosen the* ~ die hand in die sak steek, ruimskoots gee; *tighten the* ~ suinig met die geld werk, spaarsaam wees.

pursuance *in (the)* ~ *of* ... ooreenkomstig/kragtens/ingevolge —.

pursuant ~ *to* ... ooreenkomstig/kragtens/ingevolge —; ~ *to instructions* volgens opdrag.

pursuit *in close/hot* ~ *of the enemy* op die vyand se hakke, kort agter die vyand; *go in (hot)* ~ *of s.o.* iem. (vinnig) agternasit; *hot* ~ hakkejag; *be* **in** ~ *of s.o.* agter iem. aan wees, iem. agternasit.

purview *in/within the* ~ *of* ... binne die bestek van —; *outside the* ~ *of* ... buite die b. van —.

push¹ [n.] *at a* ~ § ineens, in een slag; § in geval van nood, as dit regtig nodig is, as dit daarop aankom; *the* **big** ~ die groot aanval/offensief/opmars; *when it comes to the* ~, *when* ~ *comes to shove* as dit moet, desnoods, as die nood druk, as die nood aan die man kom, as dit begin knyp ★, as puntjie by paaltjie kom; *at the first* ~ ineens, in een slag; *get the* ~ § die trekpas kry ★, in die pad gesteek word ★, afgedank word; *give s.o. or s.t. a* ~ iem. *of* iets stoot; *give s.o. the* ~ § iem. die trekpas gee ★, iem. in die pad steek ★, iem. afdank; *make a* ~ 'n aanval doen; hard probeer, alles uithaal.

push² [v.] ~ *ahead/along/on* § aanstoot, deurdruk; ~ *ahead/forward/on with s.t.* § iets voortsit; § vasbe‐slote met iets voortgaan; ~ *around* *s.t.* iets rondstoot; ~ *around* *s.o.* iem. rondstamp, rondruk; § iem. rond‐ja(ag), iem. hiet en gebied; ~ *aside* *s.o. or s.t.* iem. *of* iets wegstoot/wegdruk, iem. *of* iets opsy stoot; ~ *away* *s.o. or s.t.* iem. *of* iets wegstoot; ~ *back* *s.o. or s.t.* iem. *of* iets terugstoot; iem. *of* iets terugdruk; HE ~s *by/past* *s.o.* HY druk iem. uit SY pad om verby te kom; ~ *down* *s.t.* iets afdruk/afstoot; iets instamp; ~ *s.t. too* **far** iets te ver/vêr dryf; ~ *s.o. too* **far** iem. oor die kerf stoot; ~ *for* ... op — aandring; ~ *s.o.* **for** *s.t.* iets by iem. eis, hard probeer om iets by iem. te kry; ~ *s.o.* **for** *payment* iem. aanskroef/opskroef (om te be‐taal); ~ *forward, (mil.)* opruk; ~ *forward* *s.t.* iets voortstoot; ~ *forward* *s.o.* iem. aandryf; iem. bevor‐der; HE ~es HIMSELF *forward* HY dring na vore; HY dring HOM op; ~ *forward/ahead/on with s.t.* →*ahead/forward/on;* ~ *s.o.* **hard** iem. opdruk/op‐keil; ~ *in* indring; *(sk.)* na die kus vaar; ~ *in* *s.t.* iets instoot; iets indruk; ~ *off, (lett., sk.)* van wal steek; *(fig.)* § verkas ★; ~ *off* *s.o. or s.t.* iem. *of* iets afstoot; ~ *off!* § trap! ★, weg hier! ★; ~ *on* § aanstoot, deurdruk;

(mil.) opruk; ~ **on|ahead|forward** with s.t. →**ahead|forward|on;** ~ **on** s.t. iets voortstoot/vooruitstoot; ~ **out** uitsteek; ~ **out** s.o. or s.t. iem. of iets uitstoot; ~ **out** s.o., *(ook)* iem. uitskuif/uitskuiwe; iem. uitstuur; ~ **over** s.o. or s.t. iem. of iets omstoot/omstamp; iem. of iets oorstoot; ~ **past|by** s.o →**by|past;** ~ **through** opkom *('n plantjie);* ~ **through** s.t. iets deurdryf/deurdruk/deurvoer; ~ **up** s.t. iets opstoot; iets opskuif/opskuiwe; iets opja(ag) *(bv. pryse).*

pushed s.o. was really ~ iem. moes uithaal om voor te bly *(in 'n wedloop);* be ~ for … § 'n gebrek aan — hê *(geld);* § min — hê *(tyd).*

pushing¹ [n.] ~ and shoving 'n gestoot en gestamp.

pushing² [adj.] be ~ fifty/etc. § amper vyftig/ens. (jaar oud) wees.

pushover be a ~ § doodmaklik wees; § 'n maklike teenstander wees.

put ~ **about** omdraai, terugdraai; ~ **about** a ship 'n skip laat omdraai; ~ **about** s.t. iets in omloop bring *(bv. 'n gerug);* ~ **across** na die oorkant roei; ~ **across** s.t., *(lett.)* iets oorsit; *(fig.)* iets oorbring, iets laat inslaan, iets ingang laat vind; ~ **it across** s.o., ~ **it over** on s.o. § iem. fop/kul, iem. in die nek kyk ★; ~ s.t. **against** … iets teen — plaas/sit; iets by — plaas *(bv. iem. se naam);* ~ **ashore** s.o. iem. ontskeep, iem. aan land/wal sit; ~ **aside** s.t. iets opsysit/wegsit/bêre; iets tersyde laat/stel; iets uitskakel; ~ s.t. **at** … iets op — skat; ~ **away** s.t. iets wegsit/wegpak/bêre; iets spaar *(geld);* iets opeet/wegslaan★ *(kos);* iets van kant maak *('n dier);* iets laat vaar *(bv. 'n gedagte, 'n plan);* ~ **away** s.o. iem. opsluit, iem. agter die tralies sit; iem. uit die weg ruim, iem. ontslae raak; iem. wegstuur/verstoot *('n vrou);* ~ **back,** *(sk.)* terugvaar; ~ **back** s.t. iets agteruitsit; iets terugsit/terugplaas, iets weer op sy plek sit; iets agteruit stel *('n horlosie/oorlosie);* iets uitstel/vertraag; ~ s.t. **before** s.o. iets aan iem. voorlê; ~ s.t. **before** s.t. else iets bo iets anders stel; HE has ~ it **behind** HIM wat hom betref, is dit agter die rug; I would not ~ it **beyond** HIM HY is kapabel en doen dit ★; ~ **by** s.t. iets opsysit/wegsit/bêre/spaar; iets verwerp; ~ s.t. **clearly** iets duidelik uitdruk/stel; ~ **down** s.t. iets neersit/neerlê; iets van kant maak *('n dier);* iets neerskryf/neerskrywe; iets indien *('n voorstel);* iets onderdruk *('n opstand);* iets deponeer *(geld);* met iets neerstryk *('n vliegtuig);* ~ HIM **down** § HOM op SY plek sit, HOM (goed) die waarheid sê/vertel ★; § HOM afjak; ~ s.t. **down** for … iets as — beskou; iets op — skat; ~ s.o. **down** for … iem. as — beskou; ~ s.o. **down** for R… iem. se bydrae op R— stel, iem. vir R— laat teken; ~ s.t. **down** to … iets aan — toeskryf/toeskrywe; ~ **forth** s.t. iets uitsteek; iets verkondig; iets uitvaardig; iets uitgee; ~ **forward** s.t. iets voorstel *(bv. 'n plan);* iets indien/voorbring *('n voorstel);* iets opper *(bv. 'n gedagte);* iets aan die hand doen; iets te berde bring; iets verkondig; iets op die voorgrond bring; iets vervroeg *(bv. 'n vergadering);*

iets vorentoe sit *('n horlosie|oorlosie);* iets aanvoer *(bv. 'n argument);* HE ~s HIMSELF **forward** HY stel HOM op die voorgrond; be **hard** ~ to it →**to;** ~ **in** s.t. iets insit/insteek; iets ingooi; iets indien/inlewer *('n dokument);* ~ **money in** an undertaking geld in 'n onderneming steek; HE ~s HIMSELF **in** …'s position HY verplaas HOM in — se toestand; ~ **in** for … om — aansoek doen *(bv. verlof);* ~ **in** an hour on s.t. 'n uur aan iets bestee/wy; ~ s.t. **in** … iets in — sit; iets in — gooi *(bv. water in 'n ketel, melk in koffie, petrol in 'n motor);* ~ s.o. **inside** § iem. bêre ★, iem. in die tronk sit; ~ s.t. **into** … iets in — sit/plaas; iets in — vertaal/oorsit; iets in — opneem/plaas/sit *(bv. die koerant); how shall I ~ it?* hoe sal ek sê?, hoe sal ek dit uitdruk/stel?; ~ s.t. **mildly** iets sag uitdruk/stel, iets op sy sagste stel; to ~ it **mildly** om dit sag uit te druk, om dit sag te stel; ~ **off** s.t. iets uitstel; iets op die lange baan skuif/skuiwe; iets uittrek *(klere);* ~ **off** s.o. iem. afskrik, by iem. afkeer wek; iem. onthuts; iem. van slag/stryk bring, iem. van haar of sy wysie bring, iem. verbouereerd maak; iem. met 'n kluitjie in die riet stuur; uitvlugte soek; iem. (tydelik) ontslaan; that won't ~ me **off,** *(ook)* ek is nie vermaak se kind nie ★; HE ~s on HY stel HOM aan, HY is vol aanstellings/aanstellery, HY is aanstellerig; HY gaan te kere; ~ **on** s.t. iets opsit *(bv. 'n hoed, 'n bril);* iets aansit *(bv. 'n das);* iets aantrek *(bv. klere, skoene);* iets omsit *('n das);* iets aansmeer *(bv. salf);* iets vorentoe sit *('n horlosie|oorlosie);* iets reël *(bv. 'n wedren, ekstra vlugte);* iets opvoer, iets op die planke bring *(bv. 'n toneelstuk);* *(kr.)* iets aanteken *(lopies);* HIS anger/etc. is all ~ **on** HY gee maar net voor dat HY so kwaad/ens. is, HY maak asof HY kwaad/ens. is; ~ s.t. on — skat; ~ **on** s.o., *(kr.)* iem. laat boul; ~ s.t. **on|upon** … iets op — sit/plaas; iets aan — oplê; ~ **money on** a horse geld op 'n perd sit/verwed, op 'n perd wed; ~ s.o. **on to** s.o. else iem. met iem. anders in aanraking bring; iem. met iem. anders verbind *(per telefoon);* iem. op iem. anders se spoor bring; ~ s.o. **on to** s.t. iem. op iets bring; ~ **out** s.t. iets uitsit, iets na buite bring; iets uitsteek *(iem. se hand);* iets uitgee/publiseer; iets verstuit, iets uit lit maak; iets doodmaak/doodblaas *('n kers);* iets afskakel *('n lig);* iets doodmaak/blus/doof *('n vuur);* iets blus *('n brand);* iets uithang/uitsteek *('n vlag);* iets gereed sit *(klere);* iets belê/uitsit *(geld);* ~ **out** s.o. iem. ongerief aandoen, iem. lastig val, iem. ontrief; iem. van stryk bring, iem. uit die veld slaan, iem. deurmekaar/verleë maak; iem. bewusteloos maak; iem. onder narkose bring/sit; ~ o.s. **out** moeite doen, omslag maak; HE ~s HIMSELF **out** HY doen moeite, HY span HOM in; ~ **over** s.t. iets oorsit; iets aangeneem kry, iets laat inslaan, iets ingang laat vind; ~ s.t. **over** … iets oor/bo — sit; ~ **it over** on s.o., ~ **it across** s.o. →**across|over;** ~ **paid** to →**paid;** I would ~ nothing **past** HIM HY is tot alles in staat; ~/set **right** s.t. iets reg stel; iets in orde bring; iets opknap; iets regmaak/herstel/verhelp; ~/set **right** s.o. iem. reg-

help/korrigeer; ~ *s.t. to* **rights** iets in orde bring;
stay ~ →**stay;** ~ *things* **straight** sake in orde
bring; ~ *it* **there!** § vat so! ⋆; ~ **through** *s.t.* iets
deurvoer; iets deurloods *(bv. 'n wetsontwerp);* iets
klaarmaak/voltooi *('n taak);* ~ *s.o.* **through** *to ...*
iem. na — deurskakel, iem. met — verbind; ~ *s.o.*
through *to the wrong number* iem. die verkeerde nom=
mer gee, iem. met die verkeerde nommer verbind; ~
s.t. **to** *s.o.* iets aan iem. stel; *I* ~ *it* **to** *you* ek vra jou; ek
gee jou aan die hand, ek gee jou in oorweging; *(jur.)* ek
stel dit aan jou; *s.o. is hard* ~ **to** *it* dit gaan broekskeur
met iem. ⋆, iem. het dit benoud, iem. kry/leef/lewe
swaar; ~ **together** *s.t.* iets saamstel/bymekaarsit; ~
s.o. **under** iem. narkotiseer; ~ *s.t.* **under** *...* iets on=
der — sit; ~ **up** *s.t.* iets opsit; iets opstoot/verhoog
(bv. die prys); iets opsteek *(bv. 'n hand);* iets in die lug
steek *(hande);* iets voorstel *(bv. 'n plan);* iets hang
(bv. gordyne); iets hys *('n vlag);* iets bou/oprig/op=
trek *(bv. 'n huis);* iets opslaan *('n tent);* iets aanteken/
behaal/bereik *(lopies);* iets afkondig *(gebooie);* iets
opkam/opsteek *(hare);* iets span *(draad);* iets ver=
skaf/voorskiet *(geld);* ~ **up** *s.o.* iem. herberg/loseer/
huisves, (aan) iem. onderdak/losies/slaapplek/verblyf
gee; ~ **up** *a candidate* 'n kandidaat stel; *HE* ~*s* **up** *at ...*
HY gaan by — tuis, HY bly by — oor *(bv. 'n hotel),* HY
neem SY intrek by —; ~ *s.t.* **up** *at/to auction* iets op=
veil; ~ *s.t.* **up** *for sale* iets te koop aanbied; ~ *s.o.* **up** *to*
s.t. iem. aanhits/ophits/opsteek om iets te doen; *HE* ~*s*
up *with ...* HY verdra/duld —, HY neem met — vir lief,
HY neem met — genoeë, HY berus in —, HY lê HOM by
— neer, HY laat HOM — welgeval; ~ **up** *with s.o.* iem.
verdra/veel; *have to* ~ **up** *with s.o. or s.t.* met iem. of
iets opgeskeep sit; ~ *s.t.* **upon/on** *...* →**on/upon;** *be*
~ **upon** bedrieg word; verdruk/onderdruk word; ~
s.t. **well** iets goed uitdruk/stel.
putt *sink a* ~, *(gholf)* die bal inspeel.
putty *be* ~ *in s.o.'s hands* maklik deur iem. beïnvloed
word.
puzzle¹ [n.] *solve/read a* ~ 'n raaisel oplos.
puzzle² [v.] *HE* ~*s* *about/over s.t.* HY breek SY kop oor
iets ⋆; ~ *out s.t.* iets oplos/uitpluis/ontsyfer; *s.t.* ~*s s.o.*
iets is vir iem. 'n raaisel.
puzzled *be* ~ dronkgeslaan wees; *look* ~ dronkge=
slaan/verward lyk, uit die veld geslaan lyk; *be* ~ *over a*
problem nie weet hoe om 'n vraagstuk op te los nie.

Q

q.t. *on the* ~ § stilletjies, stil-stil, skelm(pies), in die stilligheid.

quadruplet *they are* ~s hulle is 'n vierling.

quadruplicate *in* ~ in viervoud.

quail ~ *at s.t.* vir iets terugdeins.

quake ~ *with* ... bewe/bibber van — *(bv. die koue)*.

qualification *have the necessary* ~s *for* ... die nodige bevoegdheid/kwalifikasies vir — hê; *s.t. needs* ~ iets moet gekwalifiseer word.

qualified *be well* ~ goed onderleg/onderlê wees.

qualify HE *qualified as a* ... HY het HOM as — bekwaam; ~ *for* ... vir — in aanmerking kom; aan die kwalifikasies/vereistes vir — voldoen.

quality *be of the best/finest* ~ van die beste/suiwerste gehalte wees; *be of good/high* ~ van goeie/hoë gehalte wees; *s.t.* **has** *certain qualities* iets het sekere eienskappe; *be of low/poor* ~ van lae/slegte/swak gehalte wees; *people of* ~, *the* ~ die hoëlui.

qualm *be beset by* ~s bedenkings kry; ~s *of conscience* gewetenswroeging; *feel/have* ~s *about s.t.* bedenkings oor iets hê; *without any* ~s, *without the slightest* ~ sonder die minste kwelling.

quandary *be in a* ~ in verleentheid wees, nie mooi weet wat om te doen nie, nie vorentoe/vooruit of agtertoe/agteruit weet nie, in die knyp sit/wees.

quantity *in large quantities* in groot hoeveelhede; *by die groot maat*; *s.o. or s.t. is a* **negligible** ~ iem. of iets kan buite rekening gelaat word; *an* **unknown** ~ 'n onbekende hoeveelheid; *(mat.)* 'n onbekende grootheid; *s.o. is an* **unknown** ~ ('n) mens weet nie wat jy aan iem. het nie.

quarantine *be in* ~ onder/in kwarantyn wees; *put s.o. or s.t. in* ~ iem. of iets onder/in kwarantyn plaas/sit/stel/lê.

quarrel¹ [n.] *have a* ~ *with s.o.* met iem. rusie maak, 'n uitval met iem. hê; *have no* ~ *with/against s.o.* niks teen iem. hê nie; *have no* ~ *with/against s.t.* niks op iets teen/teë hê nie, geen beswaar teen iets hê nie, niks teen/op iets te sê hê nie, niks teen iets in te bring hê nie; *pick/seek a* ~ rusie/skoor soek; *settle a* ~ 'n rusie/geskil besleg/bylê, 'n rusie/geskil uit die weg ruim, 'n r./g. uit die wêreld maak.

quarrel² [v.] *they* ~ *among themselves* hulle maak onder mekaar rusie; *nobody can* ~ *with that, you can't* ~ *with that* daar is niks teen in te bring nie, niemand kan daarteen beswaar hê nie, daarteen kan jy nie beswaar hê nie; ~ *with s.o. about/over s.t.* met iem. oor iets rusie maak, met iem. oor iets twis.

quart *put a* ~ *into a pint pot* die onmoontlike probeer.

quarter *from all* ~s van alle kante; *from all* ~s *of* ... uit alle oorde van —; *ask for* ~ genade vra, om genade

smeek; *by the* ~ per kwartaal; *at close* ~s op kort afstand, van digby/naby; *in close* ~s in geslote kolonne; *come/get to close* ~s handgemeen/slaags raak; *in high* ~s in hoë kringe; *a* ~ *of an hour* 'n kwartier; *give/receive no* ~ geen genade betoon/ontvang nie; *occupy* ~s, *(mil.)* in kwartier wees/gaan; *it is a* ~ *past ten/etc.* dit is kwart oor tien/ens.; *for* ~ *the price* vier maal so goedkoop; HE *takes up* HIS ~s HY neem SY intrek; *from that* ~ van daardie kant, uit daardie oord; *it is a* ~ *to ten/etc.* dit is kwart voor tien/ens.

queasy *feel* ~ naar/aardig/mislik voel; *be/feel* ~ *about/at* ... oor — onrustig wees/voel.

queen¹ [n.] *the uncrowned* ~ *of* ... die ongekroonde koningin van —.

queen² [v.] ~ *it over* ... oor — baasspeel.

queer *come over* § 'n nare gevoel kry; *feel* ~ naar/aardig voel, nie lekker voel nie; *be* ~ *in the head* §(van lotjie) getik wees ★

Queer Street *be in* ~, ~ § in die/'n verknorsing wees/sit, in die knyp wees/sit.

query¹ [n.] *raise a* ~ *about s.t.* iets in twyfel trek.

query² [v.] ~ *s.o. about s.t.* iem. oor iets uitvra/ondervra; ~ *s.t. with s.o.* by iem. oor iets navraag doen; by iem. vasstel of iets in orde is.

quest *in* ~ *of* ... op soek na —.

question¹ [n.] *that is another* ~ dis 'n (ander) vraag; dis heeltemal iets anders; *answer a* ~ 'n vraag beantwoord, op 'n v. antwoord; *the* ~ **arises** *whether* ... die v. kom op of —, die v. ontstaan of —; *the* ~ *has* **arisen** *whether* ... die v. het ontstaan/opgekom of —; *ask a* ~ 'n v. vra/stel; *no* ~s *asked* § sonder allerlei vrae; *be* **assailed** *with* ~s met vrae bestook/oorval word; *beg the* ~ die punt ontwyk; *that is* **begging** *the* ~ dit ontwyk die punt; dit neem aan wat bewys moet word, dit is sirkelredenering; *it is* **beside** *the* ~ dit is nie ter sake nie, dit het niks daarmee te doen nie; *beyond (all)* ~ buite/sonder twyfel, ongetwyfeld; *be* **beyond** *(all)* ~ buite kwessie wees; *a* **burning** ~ 'n brandende vraagstuk; *call s.t. in/into* ~ iets in twyfel trek, iets betwyfel; *come into* ~ ter sprake kom, onder bespreking kom; *the sixty-four (thousand)* **dollar** ~ die belangrike/groot/moeilike vraag, die hamvraag, die maak-of-breek-vraag, waarop dit aankom; *that's a* **good** ~ dit mag jy wel vra; *be in* ~ in die gedrang wees; *invite* ~s geleentheid vir vrae gee; *a* **leading** ~ 'n voorsêvraag, 'n suggestiewe vraag; *put a* **leading** ~ die getuie voorsê; *a* **loaded** ~ 'n vraag met 'n angel; *there can be no* ~ *of it* daar kan geen sprake van wees nie; *there's no* ~ *about* ... daar is geen twyfel oor — nie; *there's no* ~ *about/of it* daar is geen twyfel aan nie, dit staan buite twyfel; *there's no* ~ *that* ... daar is geen twyfel aan dat — nie, dit ly geen twyfel dat — nie; *there's no ~ but that* HE *has* or *will* ... HY het *of* sal ongetwyfeld —; *that is* **not** *the ~* dit is nie die vraag nie, daaroor/daarom gaan dit nie; *be* **open** *to ~* aan twyfel onderhewig wees; *it is* **out** *of the ~* dit is buite die kwessie, dit is uitgeslote/onmoontlik, daar is geen sprake van nie; *the* **point** *in ~* die saak waarom/waar= oor dit gaan; *pop a ~* §skielik iets vra; *pop the ~* §die jawoord vra; *put a ~* 'n vraag stel/vra; *put the ~* die voorstel in stemming bring, tot stemming oorgaan; *raise a ~* 'n vraag opper/opwerp, 'n v. ter sprake bring; *set ~s for an examination* vrae vir 'n eksamen opstel; *that* **settles** *the ~* daarmee is die saak afgehan= del/opgelos; *the* **sixty-four** *(thousand) dollar ~* →*dollar*; *spot ~s* vrae raai *(vir 'n eksamen)*; *spring a ~ on s.o.* skielik met 'n vraag op iem. afkom; *a* **straight** *~* 'n v. op die man af; *that is the ~* dit is die v., daaroor/daarom gaan dit; *a* **ticklish** *~* 'n netelige kwessie; *it is only a ~ of time* →*time*; *a* **tough** *~* 'n kwaai vraag; *a* **tricky** *~* 'n pootjievraag ★; *a* **vexed** *~* 'n lastige/omstrede vraagstuk; *a* **vital** *~* 'n uiters be= langrike vraag/vraagstuk; *without* **~** sonder twyfel, ongetwyfeld; sonder teenspraak, sonder meer.

question² [v.] *~ s.o. about/on s.t.* iem. oor iets uitvra; *~ s.o. closely* iem. skerp ondervra; *~ whether* ... dit betwyfel of —.

questioning *close ~* skerp ondervraging.

queue¹ [n.] *form a ~* toustaan, op/in 'n ry staan; *jump a ~* voor(in 'n tou) indruk, voorin 'n tou gaan staan.

queue² [v.] *~ for the bus* toustaan om die bus te haal; *~ for tickets* toustaan om kaartjies te koop; *~ (up)* toustaan, op/in 'n ry staan.

quibble *~ about/over s.t.* oor iets kibbel; oor iets hare kloof/klowe.

quick¹ [n.] HE **bites** HIS *nails to the ~* HY byt SY naels tot op die vleis/lewe; *s.o. was* **cut/stung** *to the ~* iem. se gevoelens is diep gekwets; *the ~ and the* **dead** die lewendes en die dooies.

quick² [adj.] HE *is ~* **about** *it* HY maak gou daarmee, HY laat nie op HOM wag nie; *be ~* **about** *it!* maak gou!, roer jou! ★; *(as) ~* **as a flash**, *(as) ~* **as lightning**, *(as) ~* **as thought** blitsig, blitsvinnig, blitssnel, soos blits ★; *be ~* **at** ... vinnig wees met — *(bv. syfers)*; *be ~* **to** *do s.t.* iets sommer doen, gou klaar wees om iets te doen, nie wag om iets te doen nie.

quid *a ~* *pro quo* 'n quidproquo, 'n teenprestasie.

quiet¹ [n.] *a deadly ~* 'n doodse stilte; *do s.t. on the ~* iets stilletjies/stil-stil/skelm(pies) doen, iets in die stil= ligheid doen; iets agteraf doen; *restore ~* die rus her= stel.

quiet² [v.] *~ down* rustig word; *~ down s.o.* iem. kalmeer.

quiet³ [adj.] *as ~ as a lamb* so mak soos 'n lam, doodmak; *as ~ as a mouse* so stil soos 'n muis; *deadly ~* doodstil; *go ~* stil word; *keep ~* stilbly, swyg; *keep s.t. ~*, *keep ~ about s.t.* iets verswyg; iets stilhou/dighou.

quieten *~ down* rustig word; *~ down s.o.* iem. kal= meer.

quintuplet *they are ~s* hulle is 'n vyfling.

quip *make a ~* 'n kwinkslag maak.

quirk *a ~ of fate* 'n gril van die noodlot; *s.o. is full of ~s* iem. is vol krulle ★

quit¹ [v.] HE *~s* HIMSELF *well* HY kwyt HOM goed van SY taak, HY gedra HOM knap.

quit² [adj.] *be (well) ~ of* ... (gelukkig) van — ontslae wees.

quite *~ (so)!* presies!, net so!, juistement!

quits *we are ~* ons is kiets; *let's* **call** *it ~* kom ons sê ons is kiets; *cry ~* kopgee; *be ~ with s.o.* kiets wees met iem.; *get ~ with s.o.* met iem. afreken.

quittance *give* HIM HIS *~* HOM die deur wys.

quiver¹ [n.] *in a ~* sidderend; *be in a ~* sidder.

quiver² [v.] *~ with* ... sidder van — *(bv. vrees)*; tintel van — *(bv. opwinding)*.

qui vive HE *is on the ~ ~* HY loop wakker, HY is op SY hoede.

quod *be in ~* § agter die tralies wees.

quotation *a ~ from* ... 'n aanhaling uit — *('n ge= skrif)*; *give s.o. a ~ for* ... (aan) iem. 'n kwotasie/prys= opgawe vir — gee.

quotation marks *in ~ ~* tussen aanhalingstekens.

quote¹ [n.] *in ~s* § tussen aanhalingstekens.

quote² [v.] *~ from* ... uit — aanhaal *('n geskrif)*; *~ s.o. on s.t.* aanhaal wat iem. oor iets gesê *of* geskryf/ geskrywe het.

quoted *the shares are ~ at* ... *cents* die aandele word teen — sent genoteer.

R

R *the three Rs/R's* lees, skryf en reken.

race¹ [n.] *it is a close ~, it is an even ~* dit is baie gelykop; HE *enters a ~* HY skryf/skrywe vir 'n wed= loop in, HY laat HOM vir 'n wedloop inskryf/inskrywe; *be in the ~ for* ... aan die wedloop om — deelneem; *it is a level ~* hulle loop kop aan kop; *run a ~* aan 'n wedren deelneem; in 'n wedloop hardloop; *a ~ against time* 'n wedloop met die tyd.

race² [v.] *~ against* ... teen — hardloop; teen — ja(ag); teen — re(i)sies ja(ag); *~ along/on* voortsnel.

rack¹ [n.] *go to ~ and ruin* tot niet gaan; te gronde gaan, na die verderf(enis) gaan.

rack² [n.] *on the ~* in die nood, in die uiterste span= ning; *put s.o. on the ~* iem. op die pynbank plaas.

racket *kick up a ~, make a ~* 'n lawaai maak; *an un= holy ~* § 'n woeste lawaai.

radiate *roads ~ from* ... paaie loop in alle rigtings uit/van —.

radio *s.o. was on the ~* iem. het oor die radio opgetree; *it was on the ~* dit is oor die r. uitgesaai.

radius *within a ~ of* ... binne 'n omtrek van — *(bv. tien kilometer)*.

raft *a whole ~ of* ... § 'n hele klomp — *(bv. mense, geld)*.

rafter *make the ~s ring* die lug laat dawer/weergalm.

rag *chew the ~* §gesels, klets; *glad ~s* §kisklere; *go in ~s* in verflenterde klere loop; *be in ~s* verflenter(d) wees; *lose one's ~* §die hoenders in raak/word ⋆; *not have a ~ to wear* §geen draad hê om aan te trek nie ⋆; *it's like a red ~ to a bull* dis soos 'n rooi doek vir 'n bul; *from ~s to riches* van armoede tot rykdom; *in ~s and tatters* verflenter(d); *feel like a wet ~* §uitgeput voel.

rage¹ [n.] HE *is beside* HIMSELF *with ~* HY is buite HOMSELF van woede; *be in a blind ~* blind wees van w.; *fall into a ~* woedend word, in woede verval; *a fit of ~* 'n woedeaanval; *fly/get into a ~* woedend word; *be in a ~* woedend wees; *be livid with ~* bleek wees van woede; *become/go purple with ~* rooi word van w.; *seethe with ~* briesend (kwaad) wees, siedend wees, kook van w.; *be in a tearing/towering ~* ra= send wees van w.; *it is (all) the ~* §dit is hoog in die mode; *in a transport of ~* in 'n vlaag van woede; HE *vents/wreaks* HIS *~ on* ... HY koel SY w. op —.

rage² [v.] *~ against* ... teen — woed/toorn; teen — uitvaar; *~ on* voortwoed; *the storm ~s itself out* die storm woed (hom) uit.

raid *make a ~* 'n klopjag hou/uitvoer; 'n inval doen; *a ~ on* ... 'n klopjag op —; 'n inval in —.

rail¹ [n.] *by ~* per spoor; *go off the ~s* ontspoor; van die spoor (af) raak, die spoor byster raak; getik raak ⋆; *jump the ~s, leave the ~s* ontspoor, van die spoor (af) loop *('n trein); keep/stay on the ~s* op die regte pad bly; *be off the ~s* van die spoor (af) wees, die spoor byster wees *('n mens); (van lotjie)* getik wees ⋆

rail² [v.] *~ in/off s.t.* iets met tralies toemaak.

rail³ [v.] *~ against/at* ... teen — uitvaar.

railroad *~* HIM *into doing s.t.* HOM dwing om iets teen SY sin te doen; *~ s.t. through* iets deurdryf *(bv. 'n wetsontwerp, 'n voorstel)*.

rain¹ [n.] *driving ~* swiepende reën; *a gust of ~* 'n reënvlaag; *heavy ~* swaar reën, plasreën, slagreën; *it looks like ~* dit lyk na r., dit lyk of dit gaan r., die weer is belowend/mooi; *it pours with ~* dit stortreën, dit giet/stroom, dit r. of jy die water met emmers gooi ⋆; *pouring/teeming ~* stortreën; *~ or shine, (lett.)* reën of mooi weer, r. of sonskyn; of dit r. ofte nie; *come ~, come shine = in ~ or shine, (fig.)* in voorspoed of teenspoed/teëspoed, in lief en leed, in alle omstandig= hede; *a shower of ~* 'n reënbui/reënvlaag.

rain² [v.] *it ~ed cats and dogs* §dit het gereën dat dit stort/giet, dit het paddas en platannas gereën ⋆, dit het gereën of jy die water met emmers gooi ⋆; *s.t. ~s down on s.o.* iets reën op iem. neer *(bv. houe); ~ off/out* doodreën *(bv. 'n wedstryd); ~ blows on s.o.* houe op iem. laat reën; *it never ~s but it pours* (P) 'n ongeluk kom nooit alleen nie (P), dis altyd te veel of te min. →**raining.**

rainbow *in all the colours of the ~* veelkleurig.

rain check *I'll take a ~ ~* § ek sal anderdag (jou uitnodiging of aanbod aanneem), liewer(s) 'n volgende keer.

raining *it is ~* dit reën.

rainy day *provide/save s.t. for a ~ ~, put away s.t. for a ~ ~* →**day.**

raise¹ [n.] *get a ~/rise* 'n verhoging kry.

raise² [v.] *~ s.t. to* ... iets tot — verhoog; *~ s.o. to* ... iem. tot verhef; *~ s.t. with s.o.* iets by iem. opper, iets met iem. bespreek, met iem. oor iets praat.

rake *~ it in* §geld soos bossies verdien ⋆; *~ out s.t.* iets uithark; iets uitkrap; *~ over s.t.* iets omhark; *~ through s.t.* iets deursoek; *~ up/over s.t.* iets opra= kel/ophaal *(bv. griewe)*.

rally *~ from* ... van — herstel; *they ~ round* ... hulle skaar hulle om —, hulle snel — te hulp.

ram *~ against/into* ... teen — stamp; *~ down s.t.* iets vasstamp; *~ home s.t., (lett.)* iets vasstamp; *(fig.)* iets sterk benadruk *(bv. 'n argument); ~ in s.t.* iets instop; *~ s.t. into* ... iets in — stop.

ramble *~ on* eindeloos deurmekaar voortpraat.

rampage *be on the ~* woes te kere gaan; *go on the ~* amok maak.

rancour *feel no* ~ *against s.o.*, *bear s.o. no* ~ geen wrok teen iem. hê/koester nie.

rand *at R100 a/per hectare* vir/teen R100 per/die hektaar; ~ *for* ~ rand vir rand; *in* ~s in rande; *many* ~s baie rande; *millions* or *thousands of* ~s miljoene *of* duisende rande; *thirty* ~s *odd* iets oor die dertig rand.

Rand *on the* ~ aan die Rand.

random *at* ~ lukraak, op goeie geluk (af); los en vas; die eerste die beste, voor die voet, deurmekaar.

range¹ [n.] *at close* ~ op kort afstand; *find the* ~ die afstand bepaal; iem. *of* iets onder skoot kry; HE *gives free* ~ *to* HIS *thoughts* HY gee/laat SY gedagtes die vrye loop; *the full* ~ *of* ... die volledige stel/reeks —; *out of* ~ buite bereik; buite skoot(sbereik), onder skoot uit; buite hoorafstand; *take* ~ afstand (op)neem; *a wide* ~ *of* ... 'n groot verskeidenheid van —; *within* ~ onder skoot, binne skoot(s)afstand, binne skootsbereik; binne trefafstand.

range² [v.] ~ *far* ver/vêr dwaal *(bv. iem. se gedagtes)*; ~ *free* los loop, in die veld wei; ~ *from* ... *to* ... van — tot — wissel; HE ~*es* HIMSELF *on our* or *their side* HY skaar HOM aan ons *of* hulle kant; *it* ~*s over* ... dit strek — ver/vêr; dit omvat —.

ranged *be* ~ *against* ... teen — opgestel wees.

rank¹ [n.] *of all* ~s van alle stande; *break* ~*(s)* uit die gelid tree; *close (the)* ~s die geledere sluit; *with depleted* ~s met uitgedunde geledere; *the* ~ *and fashion* die hoë kringe; *the* ~ *and file* die laer range, die gewone soldate; die gewone lede; die gewone mense; die laer stande; *give first* ~ *to* ... die eerste plek aantoeken; *a player/etc. of the first* ~ een van die allerbeste spelers/ens.; *in the front* ~, *(lett.)* in die voorste ry; *(fig.)* van die eerste rang; *join the* ~s soldaat word; HE *joins the* ~*s of* ... HY skaar HOM by —; *keep* ~*(s)* in die gelid bly; *other* ~s manskappe, minderes; HE *pulls* ~ *on s.o.* HY oordonder/imponeer iem. met SY groter gesag, HY probeer iem. met SY groter gesag oordonder/imponeer; *quit the* ~s uit die gelid tree; *reduce s.o. to the* ~s, *(mil.)* iem. degradeer; *rise from the* ~s van onder af opkom; *in serried* ~s in aaneengeslote geledere.

rank² [v.] ~ *above* ... in rang bo — staan; ~ *after/below* ... in rang op — volg; ~ *among* ... onder — tel, onder — getel word, 'n plek onder — inneem; ~ *as* ... as — beskou word; — wees; ~ *with* ... met — gelykstaan, op een lyn met — staan; ~ *s.o.* or *s.t. with* ... iem. *of* iets met — gelykstel, iem. *of* iets op een lyn met — stel.

ransom *hold s.o. to* ~ 'n losprys van iem. eis; iem. afdreig; *not for a king's* ~ vir geen geld ter wêreld nie.

rant ~ *and rave* raas en tier, te kere gaan.

rap¹ [n.] *beat the* ~ §vrykom; HE *gets a bum* ~ §HY word gestraf oor iets wat HY nie gedoen het nie; *not care/give a* ~ §geen flenter omgee nie, nie 'n f. omgee nie; *get a* ~ *on/over the knuckles* op die vingers getik word; *give s.o. a* ~ *on/over the knuckles* iem. op

die vingers tik; *take the* ~ §die gelag betaal, die gevolge dra.

rap² [v.] ~ *at the door* aan die deur klop; ~ *out s.t.* iets blaf, iets kortaf uiter *(bv. 'n bevel, woorde)*.

rapid *shoot the* ~s oor die stroomversnellings heenskiet.

rapport *be in* ~ *with s.o.* 'n goeie verstandhouding met iem. hê.

rapture *be in* ~s, *be filled with* ~ in vervoering/ekstase wees, verruk wees; *go into* ~s in v./e. raak.

rarely *very* ~ baie selde, by hoë uitsondering.

raring *s.o. is* ~ *to go* §iem. wil baie graag gaan *of* begin.

rascal *you lucky* ~! jou geluksvoël!; *a regular* ~ 'n egte skurk; *the ruddy* ~ §die vervlakste skurk ★

rash *break/come out in a* ~, *get a* ~ uitslaan.

rat¹ [n.] *like a drowned* ~ nat en koud; *smell a* ~ hond se gedagte kry ★, lont ruik, onraad merk.

rat² [v.] ~ *on s.o.* §teenoor iem. ontrou word; §iem. verraai.

rate¹ [n.] *at a* ~ *of* ... met 'n vaart van — *(by 'n vaartuig)*, met 'n snelheid van — *(by 'n voertuig)*; *at the* ~ *of* ... teen —, teen die koers/tarief van —; *at any* ~ in elk/ieder/alle geval, ten minste; *at a great* ~ vinnig, in 'n vinnige tempo; *at that/this* ~ met dié snelheid; op dié voet; op dié manier.

rate² [v.] ~ *s.o.* or *s.t. among/with* ... iem. *of* iets onder/tot — reken; *s.o.* or *s.t.* ~s *as* ... iem. *of* iets geld as —; ~ *s.o.* or *s.t. highly* iem. *of* iets hoog aanslaan.

rather *much* ~ veel eerder/liewer(s).

ratification *subject to* ~ onderworpe aan bekragtiging.

ratio *in the* ~ *of 3 to 10* in die verhouding 3 tot 10.

ration¹ [n.] *on short* ~s op halwe rantsoen.

ration² [v.] ~ *out s.t.* iets uitdeel; ~ *s.o. to* ... iem. net — toelaat.

rattle ~ *off s.t.* iets aframmel; ~ *up a good score*, *(kr.)* vinnig 'n stewige telling opstapel.

rattled *be* ~ *by s.t.* §deur iets van stryk gebring word; *get* ~ §van stryk raak, verbouereerd raak.

ravage *the* ~s *of time* die tand van die tyd.

rave¹ [n.] *s.t. is all the* ~ §iets is hoog in die mode.

rave² [v.] ~ *about* ... §met — dweep, in vervoering wees oor —; ~ *against/at* ... teen — te kere gaan, teen — uitvaar; ~ *it up* §wild jolyt maak.

raw *in the* ~ in Adamsgewaad *('n man)*, in Evasgewaad *('n vrou)*, naak, kaal; primitief, rou; *touch s.o. on the* ~ 'n teer plek by iem. aanraak, 'n tere snaar by iem. aanroer.

razor-edge *be on a* ~ op 'n tweesprong staan/wees; in 'n netelige toestand verkeer/wees; in lewensgevaar verkeer/wees, aan 'n draadjie hang.

razzle *be* or *go on the* ~ §groot pret maak.

reach¹ [n.] *be above s.o.'s* ~, *(lett.)* te hoog wees vir iem. om by te kom; *(fig.)* bo(kant) iem. se vuurmaakplek wees ★; *the lower* ~es die benedeloop *(van 'n rivier)*; *be out of* ~ buite bereik wees; *the upper* ~es die boloop *(van 'n rivier)*; *be* **within** ~ binne bereik wees, byderhand/naby wees; **within** *easy* ~ *of* ... naby —.

reach² [v.] ~ **down** *s.t. from* ... iets van — afhaal *of* aangee; ~ **for** *s.t.* die hand na iets uitsteek/uitstrek; na iets reik; na iets gryp *(bv. 'n geweer)*; ~ **high** hoog bykom; HE ~es **out** *for s.t.* HY steek SY hand uit om iets te vat; ~ **out** *a hand* 'n hand uitsteek; ~ **out** *to s.o.* met iem. probeer kontak maak, met iem. probeer kommunikeer; ~ *a* **place** op 'n plek aankom/uitkom; ~ **to** ... tot — reik; tot — hoorbaar wees.

reached *the* **number** *has* ~ ... die getal staan op —.

react ~ **against** ... teen — in verset kom; ~ **on/upon** ... op — reageer; deur — beïnvloed word; *s.o. is* **quick** *or* **slow** *to* ~ iem. reageer vinnig *of* stadig; ~ **to** ... op — reageer.

reaction *in* ~ by wyse van reaksie; van die weeromstuit; ~ *sets in* daar kom 'n reaksie, daar tree 'n r. in; *the* ~ *to* ... die r. op —.

read¹ [n.] *have a good* ~ lekker lees; *this book is a good* ~ dié boek lees lekker.

read² [v.] ~ **about** *s.t.* oor/van iets lees; ~ *all about it!* lees alles daarvan!; ~ *s.t.* **again** iets oorlees/herlees; ~ **aloud** hardop lees; ~ **back** *s.t. to s.o.* iets vir iem. teruglees; *be* **deeply** ~ goed belese wees; ~ **for** ... vir — werk *('n graad)*; vir — studeer *('n eksamen)*; ~ *too much* **into** *a report/etc.* te veel uit 'n verslag/ens. aflei; ~ **off** *s.t.* iets aflees; ~ **out** *s.t.* iets voorlees/aflees; iets teruglees; ~ **over** *s.t.* iets oorlees; ~ **silently** stil lees; ~ *s.o.* iem. deursien *(uitspr.: deursien)*; **take** *s.t. as* ~ iets as gelees/gelese beskou; ~ **through** *s.t.* iets deurlees; ~ *s.t.* **to** *s.o.* iets aan/vir iem. (voor)lees; ~ **up** *(on) a subject* 'n onderwerp naslaan/bestudeer/nalees; *s.o. is* **well/widely** ~ iem. is belese; ~ **widely** uitgebreid lees; *a* **widely** ~ ... 'n belese — *(persoon)*; 'n algemeen gelese — *(boek)*; 'n veelgelese — *(blad)*.

readiness *be in* ~ klaar/gereed wees, in gereedheid wees; *hold s.t. in* ~ iets gereed/klaar hou; *in a state of* ~ in gereedheid.

reading *light* ~ ontspanningslektuur; *at a* **second** ~ by herlesing; *the* **second** ~ die tweede lesing *(van 'n wetsontwerp in die Parlement)*; **wide** ~ *is good* dis goed om baie te lees; *s.o.'s* **wide** ~ iem. se (groot) belesenheid; *a man* or *woman of* **wide** ~ 'n belese man *of* vrou; *s.t. is* **worth** ~ iets is lesenswaardig.

ready¹ [n.] *at the* ~ gereed, in gereedheid, oorgehaal; slaggereed; *be at the* ~, *(ook)* gereed staan.

ready² [adj.] *be* **all but** ~ byna gereed wees; *be* ~ **for** ... klaar/gereed wees vir —, klaar wees om te —, reg staan vir —; *get* ~ klaarmaak; *get s.t.* ~ iets gereed maak; **make** *s.t.* ~ iets gereed maak, iets klaarmaak, iets in gereedheid bring; *be* **quite** ~ heeltemal gereed/klaar wees; **stand** ~ gereed wees; ~, **steady, go!** staan, klaar, weg!; *be* ~ **to** ... gereed wees om te —.

real *for* ~ § werklikwaar.

realisation, **=zation** *come to the* ~ *that* ... tot die besef kom dat —.

realise, **=ize** *make s.o.* ~ *s.t.* iem. iets aan die verstand bring, iem. iets bybring; ~ *that* ... besef dat —.

reality *become a* ~ werklikheid word, verwesenlik word; *s.t. is* **divorced** *from* ~ iets is ver/vêr van die werklikheid; *the* **harsh** ~ die harde/roue werklikheid; *in* ~ in werklikheid, werklik, waarlik.

really *not* ~? ag nee!, nou toe nou!; ~ *and truly* weldeeglik, waarlikwaar.

reap ~ *as* HE *has sown* maai wat HY gesaai het; HE ~s *where* HE *has not sown* HY maai waar HY nie gesaai het nie, HY trek uit 'n ander se arbeid voordeel.

rear *at the* ~ agter, aan die agterkant; *at the* ~ *of* ... agter —; *bring up the* ~ die agterhoede vorm; *by the* ~ agter om, agter langs; **cover** *the* ~ die rug dek; *far in the* ~ heel agter(aan); *from the* ~ van agter (af); *go to the* ~ agtertoe gaan; *in the* ~ agter; *be in the* ~, *(ook)* agteraan kom; **protect** *the* ~ die rug beskerm; **second** *from the* ~ naasagter; **send** *s.o. to the* ~ iem. agtertoe stuur; **take** *the enemy in the* ~ die vyand van agter aanval, die v. in die rug aanval.

reason¹ [n.] **advance** *a* ~ 'n rede aangee/opgee/aanvoer; **against** ~ strydig met die rede; *the* ~ *does not* **appear** die rede blyk nie; *have* ~ *to* **believe** *that* ... rede hê om te glo dat —; *be* **beyond/past** *all* ~ buitensporig wees; **bring** *s.o. to* ~ iem. tot besinning bring, iem. rede laat verstaan; **by** ~ *of* ... weens/vanweë —; omrede van —; ten gevolge van —; op grond van —, uit krag van —; uit hoofde van —; **come** *to* ~ na rede luister, rede verstaan; *no* **earthly** ~ geen rede op aarde nie, geen rede hoegenaamd nie; *s.o. has* **every** ~ *to* ... iem. het alle rede om te —; *for a* ~ om 'n rede; **give** ~s *for s.t.* iets motiveer; **give** *s.o.* ~ *to* ... iem. aanleiding gee om te —; **have** ~ *to* ... rede hê om te —; **hear** ~ na rede luister, rede verstaan; *in/within* ~ redelikerwys(e); *s.o. will do anything in/within* ~ iem. sal alles doen wat redelik is, iem. sal doen wat redelikerwys(e)/billikerwys(e) verwag kan word; *there* **is** ~ *in what s.o. says* daar sit waarheid in wat iem. sê; **listen** *to* ~ na rede luister, rede verstaan; HE *has* **lost** HIS ~ HY is van SY verstand af; *the* **main** ~ die hoofrede, die vernaamste r.; *for* **no** ~ sonder r.; *for no* **particular** ~ om geen besondere/bepaalde r. nie, sommer; *for* **obvious** ~s om verklaarbare redes; *for* ~s *of* **economy** spaarsaamheidshalwe, om te bespaar; *be* **open** *to* ~ vir oortuiging vatbaar wees; **out** *of all* ~ buitensporig; **past/beyond** *all* ~ →**beyond/past;** **see** ~ tot besinning kom, rede verstaan; *the* ~ *is not far to* **seek** die rede lê voor die hand; *for* **some** ~ *or (an)other* om die een of ander rede; **speak/talk** ~ verstandig praat; *it* **stands** *to* ~ dit spreek vanself, dit is vanselfsprekend; dit is te verstaan; dit lê voor die hand; *it* **stands** *to* ~ *that* ..., *(ook)* uiteraard —; *no* ~ *under the* **sun** *why* ... geen rede op aarde waarom — nie; **talk/speak** ~ →**speak;** *for* **that** ~ daarom, daaroor, om dié/daardie rede; derhalwe; *for* **this** ~ hierom, hieroor, om dié/hierdie rede; *not for* **this or that** ~ nie hierom of daaroor nie; *for that* **very** ~ juis om dié/daardie rede; *for whatever* ~ om watter r. ook (al); *with (good)* ~ tereg, met reg; *within/in* ~ →*in*.

reason² [v.] ~ *out* s.t. iets uitredeneer; iets bereken *(bv. die gevolge)*; ~ s.o. *out* of s.t. iem. iets uit die kop praat; ~ *with* s.o. met iem. redeneer.

reasonable *find* s.t. ~ iets redelik ag/vind.

reasoned *be closely* ~ logies beredeneer(d) wees.

reasoning *there's no* ~ *with* s.o. iem. luister nie na rede nie.

rebel¹ [n.] *a sworn* ~ 'n verstokte rebel.

rebel² [v.] ~ *against* ... teen — rebelleer, teen — in opstand kom, teen — opstaan; HE ~s *against* ..., *(ook)* HY verset HOM teen —.

rebellion *be in* ~ in opstand wees; *a smouldering* ~ 'n dreigende/broeiende/smeulende opstand; *stir up* ~ opstand aanblaas.

rebound¹ [n.] *on the* ~ uit reaksie; *catch* s.o. *on/at the* ~ van iem. se reaksie gebruik maak; *catch/hit a ball on the* ~ 'n bal vang/slaan wanneer dit terugspring/opspring.

rebound² [v.] *it will* ~ *on/upon* HIM dit sal op HOMSELF terugkom.

rebuff *meet with a* ~ 'n teenslag kry/ondervind.

recall¹ [n.] *be beyond/past* ~ onherroeplik wees.

recall² [v.] *not* ~ s.t. iets nie kan onthou nie; ~ HIM *to* ... HOM aan — herinner *(bv. SY plig)*.

recap *give a* ~ *of* s.t. § iets kortliks herhaal.

receipt *acknowledge (the)* ~ *of* ... die ontvangs van — erken; *be in* ~ *of* s.t. iets ontvang het, in besit van iets wees; *make out a* ~ *for* ... 'n kwitansie vir — uitskryf *(geld)*; 'n ontvangsbewys vir — uitskryf *(goedere)*; *on* ~ *of* s.t. by ontvangs van iets.

receive ~ s.t. *from* s.o. iets van iem. ontvang.

recently *as* ~ *as* 1980 nog pas in 1980, selfs nog in 1980; *as* ~ *as last week* or *month* maar/pas verlede week *of* maand, verlede week *of* maand nog; *until as* ~ *as last year* tot verlede jaar nog; *just* ~ so pas; *more* ~ korter gelede; *quite* ~ heel onlangs; *so* ~ so kort gelede.

reception *a cordial* ~ 'n hartlike/warm(e) ontvangs; *give/hold a* ~ 'n onthaal/resepsie gee; *give* s.o. *a* ... ~ iem. 'n — ontvangs gee; *meet with a* ... ~ 'n — ontvangs kry; *a rousing* ~ 'n geesdriftige ontvangs; *a warm* ~ 'n hartlike/warm(e) ontvangs; 'n vyandige ontvangs; *a wintry* ~ 'n yskoue ontvangs.

receptive *be* ~ *to* ... vir — ontvanklik wees.

recess *go into* ~ op reses gaan; *be in* ~ op r. wees; *the innermost* ~es die diepste skuilhoeke.

recipe *follow a* ~ 'n resep volg; *a* ~ *for* ... 'n r. vir —.

recital *give a* ~ 'n uitvoering gee.

reckless HE *is* ~ *of danger* HY steur HOM nie/niks aan gevaar nie.

reckon ~ s.o. or s.t. *among* ... iem. *of* iets onder — tel; ~ *by* ... met — reken; ~ *in* s.t. iets bytel; ~ *on/upon* ... op — reken/staatmaak; ~ *out* s.t. iets uitreken; ~ *up* s.t. iets uitreken/optel; ~ *with* ... met

— rekening hou; ~ *without the fact that* ... nie daarmee rekening hou nie dat —.

reckoned s.o. or s.t. *is* ~ *to be* ... iem. *of* iets word as — beskou; s.o. *to be* ~ *with* iem. met wie rekening gehou moet word.

reckoning *the day of* ~ die dag van afrekening/vergelding; *in the final* ~ op stuk van sake, per slot van rekening; *leave* s.t. *out of* ~ iets buite rekening laat; HE *is out in* HIS ~ HY reken verkeerd, HY vergis HOM.

reclaim¹ [n.] *be beyond/past* ~ onherroeplik verlore wees.

reclaim² [v.] ~ s.t. *from* ... iets van — herwin.

recline ~ *in* ... in — agteroor lê; ~ *on/upon* ... op — lê/leun.

recognisance, =zance *enter into* ~(s) 'n borgakte aangaan; *on one's own* ~(s) op eie borgakte/verantwoordelikheid.

recognise, =ize ~ s.o. or s.t. *as* ... iem. *of* iets *as* — herken/eien *(as iem. of iets wat tevore gesien is)*; iem. *of* iets *as* — erken *(bv. as die wettige regering)*.

recognition *accord* ~ *to* ... aan — erkenning verleen; *change beyond* ~, *change out of all* ~ onherkenbaar verander; *gain* ~ erkenning verkry; *in* ~ *of* ... ter erkenning van —, uit erkentlikheid vir —; *receive* ~ erkenning verkry; erkenning geniet.

recoil ~ *at* ... vir — (terug)skrik; ~ *from* ... vir/van — terugdeins; s.t. ~s *on/upon* s.o. iets kom op iem. self terug.

recollection *to the best of* s.o.'s ~ so ver/vêr iem. onthou; HE *has a (faint)* ~ *of it* daar staan HOM iets van voor, HY het 'n herinnering van so iets, dit sweef/swewe HOM voor die gees; s.t. *is in* s.o.'s ~ iem. onthou iets; *not to my* ~ nie so ver/vêr ek kan onthou nie; s.o.'s ~s *of* ... iem. se herinnerings aan — *(bv. mense, dinge)*; iem. se herinnerings uit/van — *(bv. die oorlog)*; *a vague* ~ 'n flou herinnering; HE *has a vivid* ~ *of it* HY kan HOM dit nog helder/lewendig voorstel, HY kan HOM dit nog helder/lewendig voor die gees roep, HY kan dit nog baie duidelik onthou; *it happened within* HIS ~ HY kan dit nog onthou, HY kan HOM dit nog herinner.

recommend ~ s.o. *for* ... iem. vir — aanbeveel *(bv. 'n betrekking)*; ~ s.o. or s.t. *to* ... iem. *of* iets by — aanbeveel.

recommendation *make a* ~ *to* s.o. 'n aanbeveling by iem. doen; *on the* ~ *of* ... op aanbeveling van —.

reconcile HE ~s HIMSELF *to* HIS *fate* HY berus in SY lot; ~ s.o. *with* s.o. *else* iem. met iem. anders versoen; ~ s.t. *with* ... iets met — in ooreenstemming bring; iets met — rym *(bv. die feite)*; iets met — verenig.

reconciled *be* ~ versoen wees *(met mekaar)*; *be* ~ *to* ... met — versoen wees; in — berus.

record HIS ~ *is against* HIM SY verlede tel teen HOM; HE *has a bad* ~ HY het 'n swak verlede, HY het baie op SY kerfstok; *a blot on* s.o.'s ~ 'n klad op iem. se (goeie) naam; *break/improve a* ~ 'n rekord verbeter/slaan/breek; s.o. *with a clean* ~ iem. met 'n skoon verlede/

lei; *have a criminal* ~ vorige oortredings hê; *a crim=
inal's* ~ 'n misdadiger se vonnislys; *for the* ~ om die
feite te gee; om dit reg te stel; *go on* ~ *as saying that* ...
in die openbaar verklaar dat —; *s.o.* **has** a *(criminal/
police)* ~ iem. is al gevonnis, iem. het vorige oortre=
dings; *hold the* ~ die rekord hou; *improve/break a*
~ →*break/improve; inside the* ~ beter as die re=
kord; *keep a* ~ *of s.t.* iets aanteken/opskryf, van iets
aantekening hou; *as a matter of* ~ as 'n geboekstaaf=
de feit; *s.o.* has **no** *(criminal/police)* ~ iem. is nog nooit
gevonnis nie, iem. het geen vorige oortredings nie;
there is **no** ~ *that it happened* so ver/vêr bekend het dit
nie gebeur nie); *off the* ~ nieamptelik, onoffisieel; *s.t.
is on the* ~ iets is opgeteken/bekend; *the biggest/etc.* **on**
~ die grootste/ens. wat bekend is; *the only* ... **on** ~ die
enigste bekende —; *outside the* ~ onder die rekord;
place/put s.t. **on** ~ iets opteken/neerskryf/boekstaaf,
iets op skrif stel; iets te boek stel; *play a* ~ 'n plaat
speel/draai; *put/place s.t.* **on** ~ →*place/put; keep
the* ~ **straight** by die feite bly; *put/set the* ~ **straight**
die (ware) feite gee; *an* **unbeaten** ~ 'n onoorwonne
loopbaan.

recording *make a* ~ 'n opname maak.

record purposes *for* ~ ~ vir dokumentasie.

recourse *have* ~ *to* ... toegang tot — hê *('n hof)*; die
toevlug tot — neem *(bv. onwettige maatreëls); without*
~ sonder verhaal; *do s.t. without* ~ *to* ... iets doen
sonder gebruikmaking van —.

recover ~ *from illness* gesond/beter word, regkom
van 'n siekte; ~ *s.t. from* ... iets uit — haal *(bv. goud uit
erts, 'n lyk uit 'n rivier)*; iets van/uit — terugkry; iets
uit — terugvind; ~ *s.t. from s.o., (ook)* iets op iem.
verhaal.

recovery *be beyond/past* ~ reddeloos wees, onher=
stelbaar (verlore) wees; buite hoop wees; ongeneeslik
wees; *make a* **complete** ~ volkome herstel; *make a*
~ *from s.t.* oor iets (heen) kom; *be on the* **road** *to* ~ aan
die beterhand/herstel wees; *wish so a* **speedy** ~ iem.
'n spoedige herstel toewens.

recruit *raise* ~s rekrute (aan)werf; *a raw* ~ 'n baar/
ongeoefende rekruut; *a* ~ *to* ... 'n nuwe lid/ondersteu=
ner/aanhanger van —.

recuperate ~ *from an illness* gesond/beter word,
aansterk na 'n siekte.

recur *s.t.* ~s *to s.o.'s mind* iets val iem. by, iets skiet
iem. te binne; ~ *to a subject* op 'n onderwerp terug=
kom.

recuse *the judge* ~s *himself* or *herself* die regter ont=
trek hom *of* haar (aan die saak).

red¹ [n.] *be* **in** *the* ~ met 'n verlies werk; in die skuld
wees; oortrokke wees; *be* **out** *of the* ~ met 'n wins
werk; uit die skuld wees; *HE sees* ~ HY word woe=
dend, HY vererg HOM bloedig; *s.t. makes s.o.* **see** ~ iets
maak iem. woedend, iets vererg iem. bloedig.

red² [adj.] *as* ~ **as a beetroot/lobster/turkeycock**
so rooi soos 'n beet/kreef/kalkoen, bloedrooi; *blood-*
~ bloedrooi; *go/grow* ~ rooi word, bloos; *the* ~ *one*

die rooie; *staring* ~ knalrooi; *turn* ~ rooi word.

red-carpet treatment *give s.o. the* ~ ~ iem. met
trompetgeskal ontvang *(fig.)*. →**carpet.**

redemption *be beyond/past* ~ reddeloos (verlore)
wees; *s.o. is beyond/past* ~, *(ook)* daar is geen salf aan
iem. te smeer nie.

redolent *s.t. is* ~ *of* ... iets ruik na —; iets herinner
aan —.

redound ~ *to* ... tot — strek *(iem. se eer, voordeel).*

redress ~ *of* ... herstel van — *(onreg); seek* ~ ver=
goeding vra; herstel (van onreg) verlang; *without* ~
sonder verhaal.

reduce ~ *s.t. to* ... iets tot — herlei; iets tot — ver=
minder; ~ *s.o. to* ... iem. tot — dwing *(bv. onderwer=
ping)*; iem. tot — bring *(bv. armoede, wanhoop)*; iem.
tot — dryf/drywe *(bv. wanhoop).*

reduced *be* ~ *to doing s.t.* verplig/genoop wees om
iets te doen.

reduction *sweeping* ~s algemene/kolossale/reusagti=
ge prysverlagings.

re-echo ~ *with* ... van — weergalm.

reed *a broken* ~ 'n geknakte/gekrookte riet *(fig.); s.o.
is a broken* ~, *(ook)* jy kan nie op iem. staatmaak nie.

reek ~ *of* ... na — ruik.

reel¹ [v.] ~ *in s.t.* iets inkatrol; iets inhaal/oprol; ~ *off
s.t.* iets aframmel; ~ *out s.t.* iets afrol/afdraai/uitvier.

reel² [v.] ~ *back* terugsteier; ~ *from/under* ... onder
— steier *(bv. houe, skok); make s.o.* ~ iem. laat waggel;
~ *to and fro* heen en weer slinger. →**reeling.**

re-election *HE offers HIMSELF for* ~, *HE makes HIM=
SELF available for* ~ HY stel HOM herkiesbaar.

reeling *send s.o.* ~ iem. laat waggel.

refer ~ *s.t.* **back** *to* ... iets na — terugverwys; *refer to*
... op — betrekking hê, op — slaan, op — bedoel wees,
op — doel; van — melding maak, — vermeld, van —
praat of skryf/skrywe, na — verwys; — naslaan/raad=
pleeg *(bv. 'n woordeboek)*; ~ *to s.o. as* ... iem. —
noem; ~ *to s.o. as a* ... iem. as 'n — bestempel; ~ *s.o.
or s.t.* **to** *s.o.* iem. *of* iets na iem. verwys.
→**referring.**

reference *for future* ~ vir toekomstige gebruik;
have ~ *to* ... op — betrekking hê, op — slaan; *make
(a)* ~ *to* ... van — melding maak, na — verwys; *an
oblique* ~ *to* ... 'n sydelingse verwysing na —; *make
an oblique* ~ *to* ... sydelings na — verwys; *with spe=
cial* ~ *to* ... met besondere aandag aan —; *terms of*
~ opdrag *(aan 'n kommissie); with* ~ *to* ... met be=
trekking tot —, met verwysing na —; na aanleiding van
—; in aansluiting by —.

referring ~ *to* ... met betrekking tot —, met verwy=
sing na —; na aanleiding van —.

reflect *s.t.* ~s *credit on/upon s.o.* iets strek iem. tot
eer; ~ *on/upon s.t.* iets oordink/oorweeg/bepeins,
oor/omtrent iets besin; *HE* ~s *on/upon s.o.* HY laat
HOM ongunstig oor iem. uit, HY stel iem. in 'n slegte
lig, HY werp 'n blaam op iem., HY skimp op iem., HY
maak iem. verdag; *s.t.* ~s *on/upon s.o.* iets stel iem. in

'n slegte lig, iets werp 'n blaam op iem., iets tas iem. se karakter aan.

eflected *be* ~ *on to* ... op — afstraal.

eflection *cast* ~*s on/upon s.o.* iem. se karakter aan=tas, blaam op iem. werp, iem. in 'n slegte lig stel, op iem. skimp, iem. verdag maak; *on* ~ by nadere(e) oor=weging; *s.t. is a* ~ *on/upon s.o.* iets is 'n belediging vir iem., iets tas iem. se karakter aan, iets stel iem. in 'n slegte lig, iets werp 'n blaam op iem., iets maak iem. verdag.

eform *radical* ~ deurtastende/radikale hervorming.

efrain *HE* ~*s from doing s.t.* HY weerhou HOM daar=van om iets te doen; *please* ~ *from* ... moet asseblief nie — nie.

efreshment *serve* ~*s* verversings ronddien/rond=bring/rondgee; verversings verskaf.

efuge *grant* ~ *to s.o.* aan iem. skuilplek verleen; *seek* ~ *with* ... by — skuiling soek, die toevlug tot — neem; *take* ~ *behind* ... agter — skuil; *take* ~ *in a country* in 'n land skuiling soek, die toevlug tot 'n l. neem, die wyk neem na 'n l.

efund ~ *s.t. to s.o.* die koste van iets aan iem. terugbetaal.

efusal *a blunt/flat/point-blank* ~ 'n botte/direkte/volstandige weiering; *meet with a* ~ iets geweier word.

efuse ~ *bluntly/flatly/point-blank* botweg/vierkant/volstandig weier; verseg; ~ *s.o.* iem. se versoek van die hand wys, iem. iets weier/ontsê, vir iem. nee sê, iem. 'n bloutjie laat loop ★; ~ *to do s.t.* weier om iets te doen; verseg om iets te doen.

efutation *in* ~ *of* ... ter weerlegging van —.

egale ~ *o.s.* smul; ~ *s.o. with* ... iem. op — trakteer/vergas.

egard¹ [n.] *having* ~ *to all the circumstances* met inagneming/inagname van al die omstandighede; *have a great* ~ *for s.o., hold s.o. in high* ~ groot agting vir iem. hê, iem. hoogag; *kind* ~*s to* ... beste groete aan —; *with kind* ~*s* met beste/vriendelike groete; *have a lingering* ~ *for s.o.* darem nog iets vir iem. oorhê; *have no* ~ *for s.o.'s advice* geen ag op iem. se raad slaan nie; *out of* ~ *for* ... uit agting vir —; *pay* ~ *to s.t.* op iets let, iets in aanmerking neem, met iets rekening hou; *have a sneaking* ~ *for s.o.* in die stilligheid nogal van iem. hou; *in this* ~ in hierdie opsig; *in/with* ~ *to* ... in verband met —, met betrekking tot —, insake —, ten opsigte van —.

egard² [v.] *as* ~*s* ... wat — (aan)betref/aangaan; ~ *s.o. or s.t. as* ... iem. *of* iets as — beskou; ~ *s.o. as one of the greatest/etc.* iem. onder die grootstes/ens. reken; *HE* ~*s* ... *as a friend* HY beskou — as 'n vriend, HY reken/tel — onder SY vriende; ~ *s.o. intently* iem. aandagtig beskou/betrag; *not* ~ *s.o.'s advice* nie op iem. se raad ag slaan nie; ~ *s.o. or s.t. with* ... iem. *of* iets met — bejeën (*bv. afkeuring, agterdog*).

egardful ~ *of* ... met inagneming/inagname van —; *be* ~ *s.t.* iets in ag neem.

egarding ~ ... wat — betref.

regardless ~ *of* ... sonder om op — te let; *onge=ag* — (*bv. die koste*); ~ *of persons* sonder aansien van die persoon, sonder aansien des persoons; ~ *what* ... sel(f)de/ongeag wat —; ~ *of whether* ... on=geag of —.

region *in the* ~ *of* ... in die omgewing van —; onge=veer/sowat/omtrent — (*bv. 100, R100) the lower/nether* ~*s* die hel/doderyk/onderwêreld; *the upper* ~*s* die lug; die hemel.

register¹ [n.] *keep a* ~ *of* ... van — register hou; *be on the* ~ op die lys/rol staan.

register² [v.] *HE* ~*s as a student* HY laat HOM as stu=dent inskryf/inskrywe; *s.t. does not* ~ *with s.o.* iets dring nie tot iem. deur nie, iets maak geen indruk op iem. nie.

regret¹ [n.] *deep* ~ innige spyt; diepe leedwese; *ex=press* ~ *for s.t.* spyt oor iets te kenne gee; *it is a mat=ter of* ~ dit is jammer, dit is te betreur; *HE has no* ~*s* HY het HOM niks te verwyt nie; *to s.o.'s* ~ tot iem. se spyt/leedwese; *with* ~ met leedwese.

regret² [v.] *I* ~ *to do it* dit spyt my om dit te doen; *I* ~ *to say/state that* ... dit spyt my om te sê dat —; *HE will* ~ *it* dit sal HOM berou, dit sal HOM duur te staan kom, dit sal HOM suur bekom.

regretted *the error is* ~ dit spyt my *of* ons van die fout; *it is* ~ *that I or we cannot* ... tot my *of* ons spyt kan ek *of* ons nie —.

regular *as* ~ *as clockwork* so gereeld soos 'n klok.

reign¹ [n.] *during/in/under the* ~ *of* ... onder die rege=ring van —, tydens die bewind van —.

reign² [v.] ~ *over* ... oor — heers; *s.t.* ~*s supreme* iets vier hoogty.

reimburse ~ *s.o. for s.t.* die koste van iets aan iem. terugbetaal.

rein¹ [n.] *draw* ~ stilhou; *give free* ~ *to* ..., *give the* ~*(s) to* ... aan — die vrye teuels gee, aan — die vrye loop gee/laat; *give a horse the* ~*s* 'n perd die teuels gee, 'n perd sy gang laat gaan; *with a loose* ~ met los/slap leisels; *pull in the* ~*s* die teuels *of* leisels sty=wer trek; *keep a slack* ~ laks wees, sake hul eie gang laat gaan; *take over the* ~*s of office* die bewind oor=neem; *keep s.o. or s.t. on a tight* ~, *keep a tight* ~ *on s.o. or s.t.* iem. *of* iets streng in toom hou.

rein² [v.] ~ *in s.o. or s.t.* iem. *of* iets beteuel, iem. *of* iets in toom hou.

rejoice ~ *at/over s.t.* oor iets verheug wees; *HE* ~*s in (the possession of) s.t.* HY verheug HOM in iets.

rejoiced *be* ~ *to hear that* ... bly wees om te hoor/ver=neem dat —.

relapse¹ [n.] *have a* ~ terugval; 'n insinking hê, ag=teruitgaan (*'n sieke*).

relapse² [v.] ~ *into* ... in — terugval, weer in — verval.

relate *strange to* ~, ... hoe ongelooflik dit ook al is, —; *it* ~*s to* ... dit het op — betrekking, dit staan in verband met —, dit hou met — verband; *s.o.* ~*s to* ... iem. vind aansluiting by —; ~ *s.t. to* ... iets met — in verband bring; iets aan — vertel; ~ *s.t.* **with** … iets met — in verband bring.

related *be* **closely** ~ na verwant wees *(mense)*; nou verwant wees *(dinge)*; *they are* **closely** ~ hulle is na(by) familie; *be* **distantly/remotely** ~ verlangs/vêrlangs verwant/familie wees; *be* ~ **to** *s.o.* met iem. verwant wees, familie van iem. wees.

relating ~ *to* … aangaande —, betreffende —, rakende —, met betrekking tot —, in verband met —.

relation *bear* ~ *to* … op — betrekking hê, met — verband hou; *the* ~*s* **between** *two people* die verhouding tussen twee mense; *the* ~ **between** *two things* die verband tussen twee dinge; **break** *off* ~*s*, **sever** ~*s* die betrekkinge verbreek/afbreek; **diplomatic** ~*s* diplomatieke betrekkinge; **enter** *into* ~*s with* … betrekkinge met — aanknoop; **have** *business* or *friendly* ~*s with s.o.* sakebetrekkinge *of* vriendskaplike betrekkinge met iem. hê; **intimate** ~*s* geslagsgemeenskap; *a* **near** ~ 'n na(as)bestaande; *s.o.'s* **nearest** ~ iem. se naasbestaande; *s.o. is* **no** ~ *of* … iem. is nie familie van — nie, iem. en — is nie familie nie; **poor** ~*s* arm familie; **sever** ~*s*, **break** *of* ~*s* →*break;* have **(sexual)** ~*s* (geslagtelike) gemeenskap/omgang hê; **strained** ~*s* 'n gespanne verhouding; *in* ~ **to** … met betrekking tot —; in verhouding tot —; *is HE any* ~ **to** …? is HY familie van —?

relationship *the* ~ **between** *two people* die verhouding tussen twee mense; die verwantskap tussen twee mense; *the* ~ **between** *two things* die verband tussen twee dinge; *the* ~ *of s.o.* **to** *s.o. else* die verwantskap van iem. met iem. anders; *the* ~ *of s.t.* **to** … die verhouding van iets tot —.

relative¹ [n.] *a close/near* ~ 'n na(as)bestaande; *close/near* ~*s* na familie; *s.o. is a a distant* ~ *of* … iem. is verlangs/vêrlangs familie van —.

relative² [adj.] ~ *to* … met betrekking tot —, in verband met —.

relay¹ [n.] *(work/etc.) in* ~*s* mekaar (in die werk/ens.) aflos.

relay² [v.] ~ *s.t. to* … iets aan — oordra.

release¹ [n.] *on general* ~ oral te sien *(van 'n rolprent).*

release² [v.] ~ *s.o. from* … iem. uit — ontslaan/vrylaat/vrystel *(bv. bewaring);* iem. van — losmaak *(bv. pligte).*

relegate ~ *s.o.* or *s.t. to* … iem. *of* iets na — afskuif/afskuiwe.

relevant *be* ~ *to s.t.* op iets betrekking hê; op iets van toepassing wees.

reliance *place* ~ *on/upon* … vertroue in — hê, op — vertrou. →**rely.**

relief *bring* ~ verligting gee *(bv. medisyne);* **bring** *s.t. out in bold/full* ~ iets duidelik laat uitkom, iets in 'n duidelike lig stel; *with a* **feeling** *of* ~ met 'n verligte hart; **get** ~ *from* … verligting kry van — *(bv. pyn); in* ~ verhewe; **profound** ~ salige verligting; *breathe a* **sigh** *of* ~ 'n sug van verligting slaak; **stand** *out in* ~

skerp afgeteken wees, duidelik uitkom; *to s.o.'s* ~ tot iem. se verligting; *be a* ~ **to** *s.o.* iem. verlig laat voel, vir iem. 'n verligting wees; *by* **way** *of* ~ by wyse van afwisseling.

relieve *HE* ~*s HIMSELF* HY ontlas HOM; ~ *s.o. of* … iem. van — onthef *(bv. 'n amp);* iem. van — bevry *('n las);* iem. — ontneem *(bv. sy of haar geld);* ~ *s.o.* iem. aflos.

relieved *feel* ~ verlig voel; *be/feel profoundly* ~ hoogs verlig wees/voel; *s.o. is* ~ *to hear it* iem. is bly om dit te hoor/verneem, dit is vir iem. 'n verligting om dit te hoor/verneem.

religion *get* ~ § meteens erg godsdienstig word.

relish *have no* ~ *for* … geen sin/smaak vir — hê nie; geen behae in — skep nie; *with little* ~ met lang tande; *with* ~ met lus; met lus/smaak *(bv. eet).*

rely *HE relies on/upon* … HY maak op — staat, HY reken/vertrou op —, HY verlaat HOM op —.

remain ~ **behind** agterbly; *let s.t.* ~ *as it is* iets laat bly/staan soos dit is; **nothing** ~*s for s.o. but to* … al wat iem. nog moet doen is om te —; *it* ~*s to be* **seen** →**seen.**

remand¹ [n.] *HE is on/under* ~ HY is in aanhouding terwyl SY saak uitgestel is.

remand² [v.] ~ *s.o. on bail* iem. op borg vrylaat; ~ *s.o. in custody* iem. in hegtenis hou; ~ *s.o. for trial* iem. ter strafsitting verwys.

remark¹ [n.] **address** *a* ~ *to s.o.* iem. iets toevoeg; *a* **cutting** ~ 'n bitsige/bytende/snydende aanmerking; *HE* **drops** *a* ~ HY laat HOM 'n opmerking ontval; *make an* **invidious** ~ 'n haatlikheid kwytraak; **make** ~*s about* … aanmerkings op — maak; **make/pass** *a* ~ 'n aanmerking maak; *a* **snide** ~ 'n kwetsende/honende aanmerking; *it is* **worthy** *of* ~ dit is opmerklik.

remark² [v.] ~ *on/upon* … 'n opmerking oor — maak; 'n aanmerking op — maak.

remedy *a* ~ **against/for** … 'n middel teen —; *be* **beyond/past** ~ onherstelbaar wees; ongeneeslik wees; *a* **desperate** ~ 'n wanhoopsmiddel; **have** *a* ~ 'n middel hê; *a* **legal** ~ 'n regsmiddel; *the* ~ **lies** *in* … die redmiddel moet in — gesoek word; *a* **proven** ~ 'n beproefde middel.

remember *HE did not* ~ *to do it* HY het nie onthou om dit te doen nie, HY het vergeet om dit te doen; *HE does not* ~ **doing** *it* HY kan nie onthou dat HY dit gedoen het nie, HY kan nie onthou of HY dit gedoen het nie; *s.o.* **needs** *to* ~ *s.t.* iem. behoort iets te onthou; *if I* ~ **right(ly)** as ek dit wel het, as ek my goed herinner, as ek my nie vergis nie; *HE* ~*s* **that** … HY onthou dat —; dit val HOM by dat —, dit skiet HOM te binne dat —, HY kry daarvan gedagte dat —; *one should* ~ **that** … ('n) mens moet daaraan dink dat —; *it is a day to* ~ dit is 'n gedenkwaardige dag; ~ **to** *do s.t.* onthou om iets te doen; ~ *me to HIM* sê groete aan/vir HOM; *HE will* ~ *s.o. in HIS* **will** HY sal in SY testament aan iem. dink.

remembered *s.o. is* ~ *as* … iem. se naam leef/lewe voort as —; *ask/beg to be* ~ *to s.o.* groete aan iem. stuur.

remembrance *in* ~ *of* ... ter herinnering aan —.

remind *allow me to* ~ *you that* ... mag ek jou daaraan herinner dat —?; ~ *s.o.* **of** *s.t.* iem. aan iets herinner, iem. iets help onthou; *it* ~*s s.o.* **of** *s.t.* dit laat iem. aan iets dink; dit laat iem. van iets gedagte kry; *s.o.* ~*s X of s.o. else* iem. laat X aan iem. anders dink; *that* ~*s me* nou dink ek aan iets.

reminded *be* ~ *of s.t.* van iets gedagte kry; aan iets herinner word.

reminder *a gentle* ~ 'n vriendelike aanmaning/waar= skuwing; *give s.o. a* ~ *to do s.t.* iem. daaraan herinner om iets te doen.

reminiscent *it is* ~ *of* ... dit herinner aan —, dit laat ('n) mens aan — dink.

remit ~ *s.t. to s.o.* iets aan iem. oormaak.

remonstrate ~ *with s.o. about s.t.* iem. oor iets berispe/teregwys/vermaan.

remorse *feel* ~ *for s.t.*, *be filled with* ~ *for s.t.* be= rou/wroeging hê oor iets; *the pangs of* ~ die knaende wroeging; *be stricken/stung with* ~ berouvol wees, deur wroeging gekwel wees; *a twinge of* ~ wroeging; *be without* ~ geen berou/wroeging hê nie; meedoën= loos wees.

remote *be* ~ *from* ... ver/vêr van — wees *(bv. die dorp)*; sonder veel verband met — wees *(bv. die onder= werp)*.

remove¹ [n.] *at a* ~ op 'n afstand; *one* ~ *from* ... een trap van —.

remove² [v.] ~ *s.t. from* ... iets van — verwyder; ~ *s.o. from office* iem. afsit; ~ *s.o. from school* iem. uit die skool haal/neem.

removed *be far* ~ *from* ... ver/vêr van — wees; baie anders as — wees; *have s.o.* or *s.t.* ~ iem. *of* iets laat verwyder/wegneem; *a cousin once* ~ 'n kleinneef of kleinniggie.

remunerate ~ *s.o. for* ... iem. vir — vergoed.

render ~ *down s.t.* iets uitsmelt; ~ *s.t. into* ... iets in — vertaal; ~ *up s.t.* iets oorgee/afstaan; iets teruggee.

renege ~ *on s.t.* iets breek *(bv. 'n belofte)*.

renown *a* ... *of* ~ 'n beroemde —.

rent *be* ~ *asunder* in twee geskeur wees.

repair *be in bad* ~, *be in a bad state of* ~ vervalle/ verwaarloos wees, in 'n slegte toestand wees; *beyond* ~ onherstelbaar; *be in good* ~ in 'n goeie toestand wees; *keep s.t. in* ~ iets onderhou, iets in stand hou; *s.t. is in need of* ~ iets moet reggemaak/herstel word *(bv. 'n masjien)*; iets moet opgeknap word *(bv. 'n huis)*; *be out of* ~ buite werking wees, onklaar/stuk= kend wees; *it is under* ~ dit word herstel/reggemaak/ gerepareer.

reparation *make* ~ *for s.t.* iets goedmaak; *make* ~ *to s.o.* iem. skadeloos stel.

repartee *be good/quick at* ~ gevat wees.

repay ~ *s.o. for s.t.* iem. vir iets vergeld; iem. vir iets beloon.

repayment *in* ~ *of* ... ter vereffening van — *(bv. skuld)*.

repeat ~ *s.t. after s.o.* iets agter iem. aan sê, iem. iets nasê; *make s.o.* ~ *s.t.* iem. iets laat herhaal; ~ *o.s.* die= selfde oor en oor sê, in herhaling verval.

repeating *it bears* ~ dit kan gerus herhaal word.

repel ~ *s.o. from* ... iem. van — terugdryf.

repelled *s.o. is* ~ *by s.t.* iets laat iem. walg.

repercussion *cause* ~*s* opslae maak, 'n nadraai/ nasleep hê; *have* ~*s on* ... 'n uitwerking op — hê.

repetition *it bears* ~ dit kan gerus herhaal word.

replace ~ *s.o.* or *s.t. with/by s.o.* or *s.t. else* iem. *of* iets deur iem. *of* iets anders vervang.

replacement ~ *with/by* ... vervanging deur —.

replete *be* ~ *with* ... versadig wees met —; vol wees van —; sat wees van —.

reply¹ [n.] *a crushing* ~ 'n vernietigende antwoord, 'n dooddoener; *in* ~ *to* ... in antwoord op —; *make no* ~ nie antwoord nie, geen a. gee nie; *pending a* ~ in afwagting van 'n a.

reply² [v.] ~ *to* ... op — antwoord, — beantwoord; ~ *to a debate* repliek lewer.

report¹ [n.] *be of good* ~ 'n goeie naam hê, goed aan= geskrewe wees; *a* ~ *of* ... 'n verslag van — *(bv. 'n vergadering)*; *a* ~ *on* ... 'n verslag oor — *(bv. 'n vraagstuk)*; 'n berig oor —; *table a* ~ 'n verslag ter tafel lê.

report² [v.] ~ *back* verslag uitbring; HE ~*s for* ... HY meld HOM vir — aan *(bv. diens)*; HY doen vir — verslag *(bv. die koerant)*; ~ *on* ... van — verslag doen *(bv. 'n vergadering)*; verslag oor — uitbring *(bv. 'n vraag= stuk)*; HE ~*s to* ... HY meld HOM by — aan; HY is aan — verantwoordelik; ~ *s.t. to s.o.* iets by iem. aanmeld; *s.o. to* ... iem. by — verklaa.

reported *it is reliably* ~ *that* ... van betroubare kant word berig dat —; *it is* ~ *that* ... daar word berig dat —; daar word gesê dat —, die gerug lui dat —; *it was* ~ *that* ... daar is berig dat —; *X is* ~ *to have done it* na bewering het X dit gedoen, volgens berig het X dit gedoen, X sou dit gedoen het, die gerug wil dat X dit gedoen het; *it is widely* ~ *that* ... van oral word berig dat —; algemeen word vertel dat —.

repose¹ [n.] *be in* ~ rustig wees.

repose² [v.] ~ *confidence/trust in s.o.* op iem. vertrou.

represent HE ~*s HIMSELF as* ... HY gee HOM vir — uit; ~ *a constituency in Parliament* 'n kiesafdeling in die Parlement verteenwoordig; ~ *a ward on the coun= cil* 'n wyk in die raad verteenwoordig; HE ~*s HIMSELF to be* ... HY gee voor dat HY — is.

representation *a false* ~ 'n valse voorstelling, 'n wanvoorstelling; *make* ~*s to* ... vertoë tot — rig.

representative¹ [n.] *a* ~ *on a body* 'n verteenwoor= diger in 'n liggaam.

representative² [adj.] *be* ~ *of* ... tipies/verteen= woordigend van/vir — wees, 'n goeie voorbeeld van — wees.

reprieve *grant s.o. a* ~ iem. begenadig; iem. grasie verleen.

reprisal *a* ~ *against* ... weerwraak teen —; *as a* ~, *in* ~, *by way of* ~ uit weerwraak; *a* ~ *for* ... weerwraak vir —; *in* ~ *for* ... uit weerwraak vir —; *make* ~*s* weerwraak neem.

reproach¹ [n.] *be above/beyond* ~ bo verdenking wees; *heap* ~*es on s.o.* iem. verwyte toeslinger; *s.t. is a* ~ *to s.o.* iets strek iem. tot oneer/skande; *a word of* ~ 'n berisping/verwyt.

reproach² [v.] HE ~*es* HIMSELF *for* HIS *lack of sym= pathy* HY verwyt HOMSELF oor SY gebrek aan simpatie; *HE has nothing to* ~ HIMSELF *for/with* HY het HOMSELF niks te verwyt nie; ~ HIM *for being miserly/etc.* HOM SY vrekkerigheid/ens. verwyt.

reprove ~ HIM *for being late* HOM berispe omdat HY laat gekom het.

republic *proclaim a* ~ 'n republiek uitroep; *proclaim the country a* ~ die land tot republiek uitroep/ver= klaar; *the R*~ *of South Africa* die Republiek van Suid-Afrika.

repugnance *s.o.'s* ~ *for/to(wards)* ... iem. se af= keer/afsku van —; iem. se weersin/teensin in —; iem. se walging van —.

repugnant *s.t. is* ~ *to s.o.* iets is vir iem. walglik/weersinwekkend; iem. walg van iets; iets stuit iem. teen die bors; *s.t. is* ~ *to s.t. else* iets is in stryd met iets anders, iets is onbestaanbaar/onverenigbaar/strydig met iets anders.

repulse¹ [n.] *meet with a* ~ , *suffer a* ~ afgewys word, 'n bloutjie loop ⋆, 'n klap in die gesig kry *(fig.)*; *(mil.)* afgeslaan/teruggeslaan word.

repulse² [v.] ~ *s.o. from* ... iem. van — terugdryf.

repulsion *feel (a)* ~ *for* ... 'n afkeer van — hê, 'n weersin/teensin in — hê.

reputation *have a bad* ~ 'n slegte naam/reputasie hê; *HE wants to clear* HIS ~ HY wil HOM van blaam suiwer; *HE has a* ~ *for* ... HY het die naam/reputasie dat HY —; HY staan bekend as —; HIS ~ *for* ... SY reputasie dat HY —; *have a good* ~ 'n goeie naam hê; *HE keeps up* HIS ~ HY hou SY naam/reputasie hoog/op; *HE lives on* HIS ~ HY teer op SY roem; *HE is living up to* HIS ~ HY hou SY naam/reputasie op, HY doen SY n./r. eer aan; *HE has the* ~ *of being* ... HY het die n./r. dat HY —; *HE raises* HIS ~ HY verhoog SY aansien/reputasie; *have an unblemished* ~ 'n onaan= tasbare naam hê; *have a wide* ~ algemeen/oral be= kend wees; *win a* ~ *(for o.s.)* naam maak.

repute *by* ~ na bewering; *a ... of evil* ~ 'n berugte —, 'n — met 'n slegte reputasie; *be held in high* ~ hoog aangeskrewe staan, hoog in aansien staan , in hoë aansien staan; *be of ill* ~ 'n slegte naam hê; *know s.o. by* ~ baie van iem. gehoor het; *a man* or *woman* or *dealer/etc. of* ~ 'n man *of* vrou *of* handelaar/ens. van aansien/naam.

reputed *be* ~ *(to be)* ... vir — deurgaan *(bv. ryk)*, as — beskou word, vir — gereken word *(bv. die beste)*.

request *address a* ~ *to s.o.* 'n versoek tot iem. rig; *at the* ~ *of* ... op versoek van —; *by* ~ op v.; *consent to a* ~ 'n v. toestaan/inwillig; *entertain a* ~ 'n v.

oorweeg; *a* ~ *for* ... 'n aanvraag om —; *grant a* ~ aan 'n versoek voldoen, 'n v. toestaan/inwillig; *make a* ~ *for* ... om — v., 'n v. om — doen, om — aanvraag doen *on* ~ op aanvraag; *by public* ~ op aandrang van die publiek; *refuse/reject a* ~ 'n versoek weier.

require ~ *s.t. of s.o.* iets van iem. vereis.

required *as* ~ na gelang van behoefte; *if* ~ as dit nodig word; as dit vereis/verlang word; desgewens.

requirement *conform to* ~*s*, *meet* ~*s*, *satisfy* ~*s* aan vereistes/eise voldoen, vereistes nakom.

requisition ~ *s.t. from s.o.* iets van iem. komman= deer.

rescue¹ [n.] *come to the* ~ redding bring; *come to s.o.'s* ~ iem. red; iem. te hulp kom/snel; vir iem. in die bres tree.

rescue² [v.] ~ *s.o. from* ... iem. van — red *(bv. die dood)*, iem. uit — red *(bv. die see)*.

research *do* ~ navorsing doen; ~ *into* ... navorsing na —.

resemblance *bear a* ~ *to* ... na/op — lyk; *the* ~ *between* ... die ooreenkoms tussen —; *a close* ~ 'n sterk o.; *there is some* ~ *between them* hulle lyk 'n bietjie na/op mekaar.

resent ~ *s.t. bitterly/strongly* erg gegrief voel oor iets, iem. iets erg kwalik neem.

resentment *arouse/cause* ~ aanstoot gee, veront= waardiging wek.

reserve¹ [n.] *have/hold/keep s.t. in* ~ iets in reserwe hou; *accept s.t. without* ~ iets sonder voorbehoud aan= neem, iets onvoorwaardelik aanneem; *sell s.t. without* ~ iets sonder inhou/reserwe(prys) verkoop.

reserve² [v.] ~ *s.t. for* ... iets vir — bespreek; iets vir — hou; iets vir — in reserwe hou; ~ *s.t. to* ... iets vir — voorbehou.

reside ~ *at/in* ... op — woon *('n dorp)*, in — woon *('n stad, 'n voorstad)*; *by* — woon *('n adres)*; *s.t.* ~*s in* ... iets berus by —; iets word in/by — aangetref.

residence *be in* ~ inwoon *(bv. in 'n universiteitskos= huis)*; tuis wees *(bv. in 'n ampswoning)*; *HE is taking up* ~ *at/in* ... HY kom/gaan woon op *of* in —, HY vestig HOM op *of* in —.

resident *be resident at/in* ... op *of* in — woonagtig wees.

resign ~ *from* ... uit — bedank *(bv. 'n pos, 'n raad, 'n vereniging)*; *HE* ~*s* HIMSELF *to* ... HY lê HOM by — neer; HY gee HOM aan — oor; HY berus in —, HY onder= werp HOM aan — *(bv. SY lot)*.

resignation *HE hands* or *sends in* HIS ~, *HE tenders* HIS ~ HY dien SY bedanking in.

resigned *be* ~ *to* ... in — berus.

resile ~ *from* ... uit — terugtree *('n ooreenkoms)*.

resistance *break the* ~ die verset breek; *take the line of least* ~ die maklikste weg volg; *meet with* ~ teenstand/weerstand ondervind; *offer* ~ *to* ... aan — t./w. bied; *HE offers* ~, *(ook)* HY sit HOM teë; *passive* ~ lydelike verset; *put up* ~ teenstand/weerstand bied; *stiff/stout* ~ taai t./w.; ~ *to s.o.* or *s.t.* teenstand/weerstand teen iem. *of* iets; *s.t.'s* ~ *to* ... die bestandheid van iets teen —; *all* ~ *is vain* alle teen=stand/weerstand is (te)vergeefs.

resistant *be* ~ *to* ... teen — bestand wees.

resolution *abandon a* ~ van 'n voorstel/beskry=wingspunt afstap; *form a* ~ 'n voorneme opvat; *move a* ~ 'n voorstel/beskrywingspunt indien; *pass a* ~ 'n v./b. aanneem; *put down a* ~ 'n v./b. indien.

resolve ~ *that* ... besluit dat —, 'n besluit neem dat —.

resolved *be* ~ *to do s.t.* vasbeslote wees om iets te doen.

resonant *be* ~ *with* ... van — weerklink.

resort[1] [n.] *be s.o.'s last* ~ iem. se laaste toevlug wees; *as a last* ~, *in the last* ~ as laaste uitweg, as die nood aan die man kom; *s.o.'s only* ~ iem. se enigste uitweg.

resort[2] [v.] *HE* ~*s to* ... HY neem SY toevlug tot —, HY maak van — gebruik.

resound ~ *with* ... van — weerklink.

resource *be at the end of one's* ~*s* raadop/radeloos wees, ten einde raad wees; *be full of* ~ vindingryk wees, vol planne wees; *HE is left to HIS own* ~*s, HE is thrown on HIS own* ~*s* HY moet self/alleen die mas opkom, HY moet maar sien kom klaar ★, HY moet op SY eie bene staan; *they are pooling their* ~*s* hulle maak saam.

respect[1] [n.] *in all* ~*s* in alle opsigte; *command/compel* ~ agting afdwing; *in every* ~ in elke/iedere opsig; *give* ... *my* ~*s* (sê) groete aan/vir —; *have* ~ *for* ... agting vir — hê; ontsag vir — hê; *have* ~ *to* ... op — betrekking hê; *be held in (great)* ~ (hoog)geag word, hoog in aansien staan; *hold s.o. in* ~ iem. agting toedra, agting vir iem. hê; *in* ~ *of* ... ten opsigte van —; *a mark of* ~ 'n eerbewys/eerbetoon; *have no* ~ *for anything* niks ontsien nie; *out of* ~ *for* ... uit eer=bied/respek vir —; *owe* ~ *to* ... agting aan — verskul=dig wees; *HE pays HIS* ~*s to* ... HY maak SY opwagting by —; *without* ~ *of persons* sonder aansien van die persoon, sonder aansien des persoons; *show* ~ *to* ... eerbied aan — betoon; *in some* ~*s* in sommige opsig=te; *with (all due)* ~ met (alle verskuldigde) agting/eerbied; *with (great)* ~ met (alle) agting/eerbied; *with* ~ *to* ... wat — betref, met betrekking tot —, ten opsigte van —.

respect[2] [v.] ~ *s.o. for s.t.* iem. om iets hoogag; *HE does not* ~ *HIMSELF* HY het geen selfrespek nie.

respecter *no* ~ *of persons* geen aannemer van die persoon nie.

respite *get/have a* ~ *from work* 'n ruskans kry/hê; *without* ~ sonder onderbreking.

respond ~ *to* ... op — reageer; aan — gehoor gee *(bv. 'n oproep)*; op — antwoord, — beantwoord *(bv. 'n heildronk)*; *s.o. does not* ~ *to s.t.* iets maak geen indruk op iem. nie.

response *in* ~ *to* ... as antwoord op —; ingevolge —; *make no* ~ geen antwoord gee nie; *show* ~ *to treatment* op behandeling reageer.

responsibility *HE accepts/takes* ~ *for s.t.* HY staan vir iets vader; HY neem iets vir SY rekening; *s.t. is s.o.'s* ~ iem. dra die verantwoordelikheid vir iets, iem. is vir iets verantwoordelik, iets is aan iem. opgedra, iem. is met iets belas, iem. moet vir iets sorg, iets is iem. se taak/werk; die verantwoordelikheid vir iets rus op iem.; *on HIS own* ~ op eie verantwoordelikheid; op (SY) eie houtjie; *release HIM on HIS own* ~ HOM op eie verantwoordelikheid vrylaat; *be relieved of* ~ vry wees van v.; *have a sense of* ~ verantwoordelikheids=gevoel hê; *HE shirks* ~ HY skuif/skuiwe die verant=woordelikheid van HOM af; *HE shoulders the* ~ HY neem die v. op HOM; *throw* ~ *upon s.o.* v. op iem. laai, iem. met v. belas.

responsible *not* ~ *for one's actions* nie toereken=baar/toerekeningsvatbaar nie; *be* ~ *for* ... vir — ver=antwoordelik wees; met — belas wees; tot — meewerk, die oorsaak van — wees; *be* ~ *to* ... teenoor — verant=woordelik/aanspreeklik wees, aan — verantwoording verskuldig wees.

rest[1] [n.] *absolute* ~ volkome rus; *be at* ~ rustig wees; stil wees; in rus wees, in die russtelling wees; *come to* ~ tot rus kom; tot stilstand kom; neerdaal; *give s.o. a* ~ iem. laat (uit)rus; *give s.t. a* ~ met iets ophou; *go to* ~ gaan rus; gaan slaap; *lay s.o. to* ~ iem. ter ruste lê, iem. ter aarde bestel, iem. weglê; *lay s.t. to* ~ 'n end/einde aan iets maak *(bv. 'n gerug)*; iets uit die weg ruim *(bv. vrees)*; *have no* ~ geen rus hê nie; *set s.o.'s mind/heart at* ~ iem. gerusstel; *take a* ~ gaan rus; (uit)rus; *without* ~ sonder rus.

rest[2] [n.] *among the* ~ onder andere; *for the* ~ wat die res aangaan/betref; vir die res, origens, verder/vêrder.

rest[3] [v.] ~ *against* ... teen — leun; *s.o. can* ~ *as=sured* iem. kan gerus wees; ~ *assured!* wees gerus!; *s.t. cannot* ~ *here* iets kan nie hierby gelaat word nie; ~ *from* ... van — uitrus; *let s.t.* ~ iets daarby laat; *on/upon* ... op — rus; op — leun; op — gevestig wees; op — berus/steun; ~ *s.t. on/upon* ... met iets op — leun; iets op — baseer; ~ *s.o.* iem. laat rus; ~ *up* § goed/heeltemal uitrus; *s.t.* ~*s with s.o.* iets berus by iem., iets is iem. se saak, iets hang van iem. af.

rested *be quite* ~ heeltemal uitgerus wees; *be well* ~ goed uitgerus wees.

restitution *make* ~ *of s.t. to s.o.* iets aan iem. terug=gee.

restore ~ *s.t. to* ... iets aan — terugbesorg/teruggee.

restrain ~ *s.o. from s.t.* iem. van iets weerhou; ~ *s.o. from doing s.t.* iem. daarvan weerhou om iets te doen, iem. verhinder om iets te doen; *HE* ~*s HIMSELF* HY bedwing HOM.

restraint *exercise* ~ beheers wees; matig wees; *in* ~ *of* ... tot inkorting van —; *be under* ~ onder be=dwang wees; in hegtenis gehou word; *be under no* ~ geheel en al vry wees; *with* ~ ingehoue, besadig, be=heers; *without* ~ onbeperk, vry(e)lik; onbeheers.

restrict ~ *s.o.* or *s.t. to* ... iem. *of* iets tot — beperk.

restricted *be* ~ *to* ... tot — beperk wees.

restriction *place* ~*s on/upon s.o.* beperkings aan iem. oplê; *without* ~ sonder beperking; sonder voorbe= houd.

result¹ [n.] *as a* ~ *of* … as gevolg van —, ten gevolge van—, weens/vanweë—; *as a* ~ *of that* gevolglik, ten gevolge daarvan; *get* ~*s* iets bereik; *get no* ~*s* niks bereik nie; *meagre* ~*s* 'n skrale oes, powere resultate; *a satisfactory* ~ 'n bevredigende uitslag; *s.o. wants to see* ~*s* iem. wil hê iets moet bereik word; *the* ~ *is wide open* die uitslag is hoogs onseker; *with the* ~ *that* … sodat —; *without* ~ tevergeefs, vrugteloos.

result² [v.] *s.t.* ~*s from* … iets vloei/spruit/kom uit — voort; iets word deur — veroorsaak; *s.t.* ~*s in* … iets lei tot —, iets loop op — uit, iets het — tot gevolg, iets gee — af; iets veroorsaak — *(bv. die dood)*.

retail¹ [n.] *sell s.t. at/by* ~ iets by die klein maat verkoop.

retail² [v.] *it* ~*s at* … die kleinhandel(s)prys/win= kelprys daarvan is —, jy koop dit in die winkel vir —.

retail³ [adj. & adv.] *sell s.t.* ~ iets by die klein maat verkoop.

retaliate ~ *against s.o. by doing s.t.* op iem. weer= wraak neem deur iets te doen.

retaliation *in* ~ *for* … uit weerwraak vir —.

retention *with* ~ *of* … met behoud van —.

rethink *have a* ~ *about s.t.* iets heroorweeg.

retire ~ *from* … uit — tree, — verlaat; — neerlê *(die praktyk);* HE ~*s from* …, *(ook)* HY onttrek HOM aan — *(die openbare lewe);* HE ~*s into* HIMSELF HY is afge= trokke/stil; HY keer tot HOMSELF in; ~ HIM HOM af= dank; HOM van SY amp onthef.

retired *s.o. is* ~ iem. is rustend/gepensioeneer(d), iem. het afgetree.

retirement *come out of* ~ terugkeer; *go into* ~ stil gaan leef/lewe; *live in* ~ stil leef/lewe; *on s.o.'s* ~ by iem. se aftrede.

retort¹ [n.] *a crushing* ~ 'n vernietigende antwoord, 'n dooddoener; *in* ~ as weerwoord.

retort² [v.] ~ *sharply* skerp antwoord, terugkap, teë= kap/teenkap.

retreat¹ [n.] *beat a* ~ die aftog blaas, terugtrek, wyk; die stryd gewonne gee; *cover the* ~ die aftog/terugtog dek; *beat a hasty* ~ haastig die aftog blaas, haastig terugtrek/wyk; *be in⁻ (full)* ~ in (volle) aftog wees; *make good one's* ~ veilig wegkom, daarin slaag om weg te kom; *sound the* ~ die aftog blaas; die aandsin= jaal blaas.

retreat² [v.] ~ *from* … uit — wyk; ~ *to* … na — uitwyk.

retribution *in* ~ as vergelding.

retrieval *beyond/past* ~ onherstelbaar.

retrieve¹ [n.] *beyond/past* ~ onherstelbaar.

retrieve² [v.] ~ *s.t. from* … iets uit — red.

retrospect *in* ~ agteraf/agterna beskou, van agter beskou.

return¹ [n.] *against s.o.'s* ~ teen iem. se terugkoms; *by* ~ *(of post/mail)* per kerende pos; *diminishing*

~*s* afnemende opbrengs; *empty* ~*s* leë houers; *many happy* ~*s of the day!* geluk met die verjaar(s)dag!, nog baie jare!, mag jy hierdie dag nog dikwels beleef/bele= we!; *in* ~ *for* … in ruil vir —; *get nothing in* ~ niks vir iets kry nie; *on s.o.'s* ~ by iem. se terugkeer/terug= koms; *pending s.o.'s* ~ totdat iem. terugkom; *render a* ~ opgawe doen.

return² [v.] ~ *from* … van — terugkeer/terugkom; *s.o left never to* ~ iem. het vertrek en nooit terugge= keer/teruggekom nie; ~ *to* … in — terugkom *(bv. 'n kamer, 'n vergadering),* na — terugkom/terugkeer/te= ruggaan *('n plek),* tot — terugkeer *(bv. 'n metode),* op — terugkom *(bv. 'n onderwerp);* ~ *to sender!* stuur terug aan afsender!

rev ~ *up* § die toeretal opstoot, 'n motor aanja(ag).

reveal HE ~*s* HIMSELF *as* … HY ontpop (HOM) as —; ~ *s.t. to s.o.* iets aan iem. onthul/openbaar.

revealed *be* ~ aan die lig kom.

revel HE ~*s in* … HY verlustig HOM in —.

revenge¹ [n.] *breathe* ~ wraak adem; *brood on* ~ op w. sin; *cry for* ~ om w. roep; *get/have one's* ~ w. neem; *in* ~ *for* … uit w. vir —; ~ *is sweet* (P) die w. is soet (P); *take* ~ *on s.o. for s.t.* op iem. w. neem vir iets.

revenge² [v.] HE ~*s* HIMSELF *on s.o. for s.t.* HY neem op iem. wraak vir iets, HY wreek HOM op iem. vir iets.

reverence ~ *for* … eerbied vir —; *hold* … *in* ~ eerbied vir — koester, — vereer; *pay* ~ *to s.o.* (aan) iem. eer betoon.

reverie *be lost in (a)* ~ mymer, in gepeins versink/ versonke wees.

reverse *in* ~ in trurat *(van 'n motor);* omgekeerd; *do s.t. in* ~ iets agterstevoor doen; *meet with a* ~, *suffer a* ~ 'n (hewige) teenslag/terugslag kry; *be the* ~ *of* … alles behalwe — wees; *put a car in* ~ 'n motor in trurat sit; *(just) the* ~ (net/heeltemal) die teenoor= gestelde.

reversion ~ *to* … terugkeer tot —; terugval(ling) in —; ~ *to type* terugaarding, terugslag, atavisme.

revert ~ *to* … tot — terugkeer; op — terugkom *('n onderwerp);* aan — terugval/verval *('n ander erfge= naam).* →**type.**

review¹ [n.] *give a* ~ *of s.t.* 'n oorsig van iets gee; *pass s.t. in* ~ 'n oorsig van iets gee, 'n terugblik op iets werp; *be/come under* ~, *be/come up for* ~ in hersie= ning geneem word, opnuut in oënskou geneem word; *the year under* ~ die oorsigjaar, die jaar onder be= skouing, die verslagjaar.

review² [v.] ~ *and rescind s.t.* iets herroep.

revolt¹ [n.] *break out in* ~ in opstand kom; *be in* ~ *against* … teen — in o. wees; *quell a* ~ 'n o. onder= druk; *stir up* ~ o. aanblaas.

revolt² [v.] ~ *against* … teen — in opstand kom; HE ~*s at/against/from s.t, s.t.* ~*s* HIM, HE *is* ~*ed by s.t.* iets walg HOM, iets laat HOM walg, HY walg van iets.

revolted *be* ~ *by st.* →**revolt².**

revolting *s.t. is* ~ *to s.o.* iem. vind iets walglik.

revolve *the earth* ~*s about/(a)round the sun* die aarde

draai/wentel om die son; HIS life ~s around HIS family
SY gesin is die middelpunt van SY lewe, SY lewe draai
om SY gesin; the earth ~s on its axis die aarde draai/
wentel om sy as.

revolver draw a ~ 'n rewolwer uitpluk.

revulsion have a ~ against/from ... 'n (heftige) af=
keer van — hê, walg van —.

reward¹ [n.] as a ~ for ... as beloning vir —; HE gets
HIS ~ HY kry SY verdiende loon; HE has gone to HIS ~
hy is oorlede, HY is ter siele; in ~ for ... ter beloning
vir —; offer a ~ for s.t. 'n b. vir iets uitloof; a
princely ~ 'n vorstelike b.

reward² [v.] ~ s.o. with ... for ... iem. met — vir —
beloon.

rewarded be ~ abundantly ryklik/ruimskoots be=
loon/vergoed word.

rheumatism a touch of ~ 'n ligte aanval van ruma=
tiek.

rhyme¹ [n.] in ~ op/in rym; without ~ or reason son=
der sin/betekenis; sonder die minste rede.

rhyme² [v.] ~ with ... met/op — rym.

rib¹ [n.] dig/poke s.o. in the ~s iem. in die ribbes pomp/
por/stamp.

rib² [v.] ~ s.o. §iem. terg, iem. se siel uittrek ★, met
iem. die gek skeer.

ribbon in ~s aan flenters/flarde(s)/toiings.

rich¹ [n.] the ~ die rykes; soak the ~ §die rykes laat
opdok ★

rich² [adj.] be considered ~ vir ryk deurgaan; grow
~ r. word; be ~ in ... r. wees aan —; ~ and poor die
rykes en die armes; be stinking ~ §stik in die geld ★,
vrot wees van die g. ★; strike it ~ 'n ryk vonds doen;
'n slag slaan; that's ~! dit is kostelik!

riches the pursuit of ~ die jag na rykdom.

rid be ~ of ... van — ontslae wees; get ~ of ... van —
ontslae raak; HE ~ HIMSELF of ... HY het HOM van —
vrygemaak; be well ~ of ... gelukkig van — ontslae
wees.

riddance good ~! §dankie tog!; and good ~ too en ek
is maar dankiebly.

ridden ~ by fears met vrees bevange.

riddle¹ [n.] ask/set a ~ 'n raaisel vra/opgee; speak in
~s in raaisels praat.

riddle² [v.] ~ s.o. or s.t. with bullets iem. of iets vol
gate skiet.

riddled be ~ with ... deur — deurboor wees (koeëls);
van — deurtrek wees (siekte), vrot wees van die —
(siekte) ★

ride¹ [n.] come or go along for the ~ sommer saam=
kom of saamgaan, vir die lekkerte saamkom of saam=
gaan; give s.o. a ~ iem. oplaai; go for a ~ ('n entjie)
gaan ry; hitch a ~ §duimry★; give s.o. a rough ~
iem. hotagter gee ★; have a rough ~ dit hotagter
hê/kry ★; take s.o. for a ~ met iem. gaan ry, 'n rit met
iem. doen/maak; §iem. om die bos lei, iem. bedrieg/
kul/verneuk★; §iem. van kant maak.

ride² [v.] ~ down s.o. iem. omry, iem. onderstebo ry;

iem. doodry; ~ s.o. hard §iem. met spore ry ★; let s.t.
~ §iets daarby laat; ~ off wegry; ~ on aanry; ~ on
s.t. op iets ry; HE ~s s.o. on HIS back HY laat iem. op SY
rug ry; ~ out s.t. veilig deur iets kom (bv. 'n storm);
HE ~s roughshod over ... HY veron(t)agsaam — heel=
temal, HY steur HOM nie aan — nie (iem., iets); HY tree
hardhandig teen — op (iem.); ~ up optrek, opkruip
(van klere).

ridicule hold s.o. or s.t. up to ~, pour ~ on s.o. or s.t.,
subject s.o. or s.t. to ~ iem. of iets belaglik/bespotlik
maak; HE lays HIMSELF open to ~ HY maak HOM belag=
lik/bespotlik; raise ~ spot (ver)wek.

ridiculous be faintly ~ effens/effe(ntjies) verspot
wees.

rife be ~ baie voorkom, algemeen wees; oral rondgaan
(gerugte); be ~ with ... vol van — wees, van — wemel.

riffle ~ through s.t. vinnig deur iets blaai.

rift a ~ between ... onenigheid tussen —; cause a ~
onenigheid veroorsaak; heal a ~ onenigheid bylê; a
~ in ... 'n skeuring in — (bv. 'n party); a ~ in the
lute 'n wanklank(ie).

rig¹ [n.] be in full ~ §uitgedos/uitgevat wees.

rig² [v.] ~ out s.o. iem. uitrus; HE ~s HIMSELF out in ...
HY dos/vat HOM in — uit; ~ up s.t. iets optakel ('n
skip); iets opstel (toerusting); iets aanmekaartimmer;
iets saamflans.

right¹ [n.] as of ~ regtens; assert a ~ op 'n reg staan;
at/on the ~ regs, aan die regterkant, op regterhand;
op die regterflank; by ~(s) na regte, eintlik; regtens,
van regsweë; by ~ of ... kragtens —, uit krag van —,
op grond van —; by the ~ regs gerig; the ~s of the
case die ware toedrag; cut across ~s op regte inbreuk
maak, regte skend; have s.o. dead to ~s §iem. behoor=
lik vas hê, iem. geen uitkomkans/wegkomkans bied
nie; diminish ~s regte inkort; by divine ~ by die
grasie Gods; have every ~ to ... alle reg hê om te —;
exercise a ~ 'n reg uitoefen; forfeit a ~ 'n reg ver=
beur; s.o. has the ~ dit is iem. se reg; s.o. has a ~ to
s.t. iem. het reg op iets, iets kom iem. toe; have a/the
~ to do s.t. die reg hê om iets te doen; be in the ~
gelyk/reg hê; keep to the ~ regs hou; s.o. has no ~ to
s.t. iem. het geen reg/aanspraak op iets nie; of the ~
regs (in die politiek); on/at the ~ →at/on; in HIS
own ~ self; uit eie reg; op eie gesag/verantwoording,
onafhanklik, selfstandig; in its own ~ op sigself; put/
set s.t. to ~s →put, set; reserve a ~ 'n reg voorbe=
hou; all ~s reserved alle regte voorbehou; a sacred
~ 'n heilige reg; HE stands on/upon HIS ~s HY staan
op SY regte; surrender a ~ 'n reg afstaan, van 'n reg
afstand doen; the ~ die regsgesindes (in die politiek);
s.o.'s ~ to s.t. iem. se reg op iets; to the ~ regs; na regs;
op regs; to the ~ of ... regs van —; uphold a ~ 'n reg
handhaaf; a vested ~ 'n gevestigde/verkreë/onver=
vreem(d)bare reg; ~ of way ryreg, ryvoorrang (vir
motors); voorrang (vir voetgangers); (jur.) deur=
gangsreg, reg van deurgang/oorpad, reg van weg; HE is
within HIS ~s dit is SY reg; ~ and wrong reg en

onreg; *the* ~*s and* **wrongs** *of a matter* alle kante van 'n saak.

right² [v.] *s.t.* ~*s itself* iets kom vanself reg; ~ *o.s.* orent kom.

right³ [adj. & adv.] ~ *about* regsom; *be* ~ *about s.t.* dit gelyk/reg hê oor iets, iets by die regte ent hê; *all* ~*!* goed (so)!, nou maar goed!, in die haak!; toe maar!; afgesproke!; gaan jou gang!; *be all* ~ in orde wees, in die haak wees; niks makeer nie; *it is all* ~ dis in orde, dis in die haak, dis agtermekaar; *is X all* ~*?* is X ver= sorg/voorsien?; voel X wel?; *X will come all* ~ X sal kom so seker as wat; X sal wel kom; *are you (feeling) all* ~*?* voel jy goed?; *are you all* ~*?, (ook)* is jy gehol= pe?; *I'm all* ~, *Jack* met my gaan dit goed; *s.o. is a* ... *all* ~ iem. is 'n —, dis nou maar klaar; *be a bit of all* ~ §glad nie sleg wees nie; ~ *you are!* §afgesproke!; §toe maar!, gaan jou gang!; *as* ~ *as rain, as* ~ *as a trivet* § so reg soos 'n roer ★; ~ *away/off* dadelik, op die daad; *be* ~ reg wees *(iets)*; reg/gelyk hê *(iem.)*; ~ *enough* nie sleg nie; inderdaad; *just* ~ doodreg; ~ *and left* links en regs, oral(s); ~, *left and centre* aan alle kante; *do s.t.* ~ *off* iets dadelik doen, iets sonder aarseling doen; ~ *on!* § ek wil dit hê! ★; *it is only* ~ *that* ... dis nie meer as reg nie dat —, billikheidshalwe behoort —; *be perfectly* ~ groot/volkome gelyk/reg hê; *prove s.o.* ~ iem. in die gelyk stel; *put/set* ~ *s.o.* →**put, set**; *put/set* ~ *s.t.* →**put, set**; *be quite* ~ volkome gelyk/reg hê; *see s.o.* ~ →**see**; *that serves* HIM ~ →**serve**; *set/put* ~ →**put/set**; *is that* ~*?* is dit reg?; is dit waar?; *that's* ~ so is dit, dis waar, presies, juis(tement); dis in orde; dis goed (so); mooi so!; *it is not* ~ *to* ... dit is nie reg om te — nie; *it is* ~ *of s.o. to* ..., *s.o. is* ~ *to* ... dit is reg dat iem. —, dit is reg van iem. om te —; ~ *or wrong* reg of verkeerd.

rightly ~ *or wrongly, whether* ~ *or not* tereg of ten onregte.

Riley *live the life of* ~ § lekker leef/lewe.

ring¹ [n.] *blow* ~*s* kringe blaas; *make/run* ~*s around/ round s.o.* §iem. ver/vêr oortref, iem. die loef afsteek; § iem. uitstof/kafloop ★, iem. onder stof loop ★

ring² [n.] *there is a* ~ *at the door* die deurklokkie lui; *have a familiar* ~ bekend klink; *give the bell a* ~ die klok lui; *give s.o. a* ~ iem. (op)bel.

ring³ [v.] ~ *about/in/round* ... 'n kring om — maak, — omsingel/insluit.

ring⁴ [v.] ~ *back* terugbel; ~ *down s.t.* iets laat sak *(die gordyn)*; *s.t.* ~*s false* iets klink oneg/onopreg/ vals; ~ *for s.o.* die klokkie lui om iem. te roep; ~ *for s.t.* die klokkie lui om iets te kry; ~ *in s.t.* iets inlui; ~ *off* afbel, aflui; *s.t.* ~*s out* iets weerklink; iets klap *('n skoot)*; ~ *out s.t.* iets uitlui; *s.t.* ~*s true* iets klink eg/opreg; ~ *(up)* (op)bel, (op)lui; ~ *up s.t.* iets (laat) ophaal *(die gordyn)*; iets registreer *('n verkoop)*; ~ *with* ... weergalm/weerklink van/met —.

ringed *be* ~ *about/around by/with* ... deur — omring wees.

ringer *be a dead* ~ *for s.o.* §op 'n haar na iem. lyk, die ewebeeld van iem. wees.

rinse¹ [n.] *give s.t. a good* ~ iets goed uitspoel; iets goed afspoel.

rinse² [v.] ~ *(out) s.t.* iets (uit)spoel; ~ *s.t. out of* ... iets uit — spoel.

riot¹ [n.] *cause a* ~ oproer maak; *run* ~ handuit ruk, amok maak; te kere gaan; hoogty vier; wild groei.

riot² [v.] ~ *against* ... gewelddadig teen — betoog.

riot act *read the* ~ ~ *to s.o.* iem. streng waarsku, iem. die leviete voorlees.

rip ~ *along* §voortsnel; ~ *apart s.t.* iets uiteenskeur, iets uitmekaar skeur; ~ *down s.t.* iets afskeur of afruk; *let her/it* ~*!* §laat loop/waai! ★, gee vet! ★, steek los! ★; ~ *off s.t.* iets afskeur of afruk; ~ *off s.o.* §iem. te veel laat betaal, iem. besteel/bedrieg; ~ *open s.t.* iets oop= skeur of oopruk; ~ *out s.t.* iets uitskeur of uitruk; iets uittorring *(bv. 'n voering)*; ~ *up s.t.* iets opskeur; iets opgrawe.

rise¹ [n.] *a blind* ~ 'n blinde bult/hoogte; *the* ~ *and fall of* ... die opkoms en ondergang van — *(iem.)*; die styging en daling van — *(bv. pryse)*; *the* ~ *and fall of ground* die terreindeining; *get a* ~*/raise* 'n verhoging kry; *get/take a* ~ *out of s.o.* §iem. vir die gek hou, met iem. die gek skeer; *give* ~ *to* ... tot — aanleiding gee, — veroorsaak; *on a* ~ teen 'n bult; *be on the* ~ aan die styg wees *(bv. pryse)*; *a sharp/steep* ~ 'n skerp/skie= like styging *(bv. van pryse)*; *a steep* ~, *(ook)* 'n steil helling/bult.

rise² [v.] ~ *above s.t.* bo(kant) iets uitstyg; bo iets verhewe wees; ~ *against* ... teen — in opstand kom; ~ *by* ... met — styg; ~ *from* ... uit — verrys *(bv. die see)*; uit — opstaan *(die dood)*; ~ *and shine!* § op= staan!; ~ *steeply* skerp styg; ~ *to* ... tot — styg.

riser *s.o. is an early* ~ iem. staan vroeg op, iem. is 'n vroegopstaner; *s.o. is a late* ~ iem. is 'n laatslaper.

risk¹ [n.] *be at* ~ in gevaar wees; *at the* ~ *of* ... op gevaar (af) van —; *s.o. is a bad* ~ iem. is onbetrou= baar; *at buyer's* ~ voetstoots; *a calculated* ~ 'n be= rekende/weloorwoë risiko; *incur a* ~ gevaar loop, 'n risiko loop; *at the* ~ *of HIS life* met lewensgevaar; *at one's own* ~ op eie risiko; *run a* ~ 'n risiko loop; *run the* ~ *of* ... gevaar loop om te —; *HE takes a* ~ HY loop/aanvaar 'n risiko, HY neem 'n risiko op HOM; HY stel HOM aan gevaar bloot; *take* ~*s* dinge/iets waag; *take a big* ~ baie waag; *take the* ~ *of doing s.t.* dit waag om iets te doen.

risk² [v.] ~ *s.t. on* ... iets aan — waag.

rival *cut out a* ~ iem. se hand in die as slaan ★, iem. uitsit; *s.o. is without a* ~ iem. is sonder weerga, iem. se maters is dood ★

river *the* ~ *burst its banks* die rivier het sy walle oor= stroom; *down (the)* ~ stroomaf, laer af aan die rivier, stroomafwaarts; *the* ~ *flows north/etc.* die r. vloei/ stroom noordwaarts/ens.; *the town is on the* ~ die dorp lê aan die r.; *sell* HIM *down the* ~ §HOM verraai, HOM aan SY vyande oorlewer/uitlewer; *HE is selling* HIS *own side down the* ~, *(ook)* § HY laat SY kant in die steek; *the* ~ *is in* **spate** die rivier kom af, die r. lê kant en wal, die r. is vol; *the* ~ **stops** *flowing* die r. gaan staan; *a* **swollen** ~ 'n vol r.; **up** *(the)* ~ stroomop, hoër op aan die r., stroomopwaarts.

riveted *be* ~ *on* … stip op — gevestig wees; *be* ~ *to* … aan — (vas)genael wees *(bv. die grond)*; aan — vassit *(bv. 'n pos)*.

road *by* ~ padlangs, met die pad; per motor *of* bus; *the* ~ **crosses** *the farm* die pad loop deur die plaas; *at the* **end** *of the* ~ aan die end van die pad; HE *has come to the* **end** *of the* ~/*line*, HE *has reached the* **end** *of the* ~/*line* HY kan nie voortgaan nie; **go** *on the* ~ handels‑ reisiger word; 'n toneelreis maak; *the* **high** ~ die grootpad; **hit** *the* ~ §in die pad val ⋆, die pad vat ⋆; HE **hogs** *the* ~ §HY maak of die hele pad SYNE is, HY maak of die pad aan HOM behoort, HY ry in die middel van die pad; **hold** *the* ~ *well* padvas wees *(van 'n motor‑ voertuig)*; *in the* ~ in die pad; *be in s.o.'s* ~ §in iem. se pad staan; **keep** *to the* ~ op/in die pad bly, in die pad hou; **leave** *the* ~ van die pad (af) loop; *by the* **nearest** ~ met die kortste pad; *on the* ~ op pad, onderweg; *be on the* ~ *to* **recovery** →**recovery;** *have one for the* ~ §'n loopdop maak ⋆; *on the* ~ *to* **perdition** op pad na die verderf(enis); **ready** *for the* ~ padvaardig, reis‑ vaardig; *the* **royal** ~ *to* … die maklike weg na —; *the* **rule** *of the* ~ die uitwykreël; **rules** *of the* ~ verkeers‑ reëls; *a bad* **stretch** *of* ~ 'n slegte ent pad; **take** *to the* ~ in die pad val ⋆, die pad vat ⋆; landloper/boemelaar word; *the* ~ *is* **up** die pad is gesluit *of* opgebreek; ~ **up** pad gesluit.

roam ~ *about/around* rondswerf, rondswerwe; rond‑ dwaal.

roar ~ *at s.o.* teen iem. bulder; ~ *off* met 'n lawaai wegtrek; ~ *with* … skater/brul van — *(die lag)*; kerm/ brul van — *(die pyn)*.

roasting *give s.o. a* ~ iem. roskam, iem. 'n skrobbe‑ ring gee.

rob ~ *s.o. of s.t.* iem. van iets beroof.

robber *a nest of* ~*s* 'n rowersnes.

rock¹ [n.] *the ship is hard on the* ~*s* die skip is vas op die rotse; *be on the* ~*s* op die rotse wees *(lett.)*; §ver‑ ongeluk wees *(bv. 'n huwelik)*; §in 'n penarie wees; § platsak⋆/bankrot wees; *a drink on the* ~*s* §'n drankie met ys; *run on/upon the* ~*s* op die rotse loop *(van 'n skip)*, skipbreuk ly; §verongeluk; **throw** ~*s at s.o. or s.t.* iem. *of* iets met klippe gooi.

rock² [v.] ~ **gently** wiegel; ~ **slightly** wikkel; ~ *s.o. to sleep* iem. aan die slaap wieg/sus; ~ **with** … skud van — *(die lag)*.

rock‑bottom *reach/touch* ~ die (aller)laagste punt bereik.

rocker *be off one's* ~ §(van lotjie) getik wees ⋆, stapel‑ gek wees.

rocket *get a* ~ §'n skrobbering kry, geroskam word; *give s.o. a* ~ §iem. roskam, iem. 'n skrobbering gee.

rod HE *is making a* ~ *for* HIS *own* **back** HY haal HOM‑

SELF moeilikheid op die hals; *rule with a* ~ *of* **iron** met 'n ystervuis regeer; **kiss** *the* ~ die roede kus, straf geduldig ondergaan; *have a* ~ *in* **pickle** *for s.o.* nog met iem. sal afreken, 'n appeltjie met iem. te skil hê; **spare** *the* ~ *and spoil the child* (P) wie sy kind liefhet, kasty hom (P), wie die roede spaar, bederf die kind (P).

rogue *a consummate* ~ 'n deurtrapte skurk, 'n aarts‑ skurk; *a pack of* ~*s* 'n bende/klomp skurke.

role, rôle *dance a* ~ 'n rol dans; *fill a* ~ 'n r. beset/ vervul; *play a* ~ 'n r. speel.

roll¹ [n.] *call the* ~ appèl hou, die name afroep, die presensyels afroep/opmaak, die rol/register lees; *put s.o. or s.o.'s name on the* ~*(s)* iem. (se naam) inskryf/ inskrywe; *strike s.o. or s.o.'s name off the* ~ iem. (se naam) (van die rol) skrap.

roll² [v.] ~ **along** voortrol; ~ **back** terugrol; ~ **back** *s.t.* iets ooprol; ~ **back** *the enemy* die vyand terug‑ druk; ~ **by** verbyrol; verbygaan *(bv. die jare)*; ~ **down** afrol; ~ **down** *s.t.* iets afrol/afstroop *(bv. moue)*; iets neerlaat *(bv. 'n venster)*; ~ **in** inrol; in‑ stroom, binnestroom; ~ **in** … in — rol; §baie — hê; ~ **off** *s.t.* iets afwentel; ~ **on** voortrol; verbygaan *(bv. die jare)*; ~ **on** …! §mag — spoedig aanbreek/kom!; *s.t.* ~*s* **out** iets rol uit; ~ **out** *s.t.* iets platrol/uitrol; iets ooprol; iets laat rol; ~ **over** omrol; ~ **over** *s.t* oor iets rol; iets omrol; iets vernuwe *('n lening)*; ~ *and* **pitch** slinger en stamp *(van 'n skip)*; *s.o.* ~*s* **up** §iem. daag op; ~ **up** *s.t.* iets oprol *(bv. wol)*; iets oprol/opstroop *(bv. moue)*.

rolled ~ *into one* in een persoon (verenig/tegelyk).

rolling *send s.o.* ~ *down the stairs* iem. die trap afsmyt, iem. die trap laat aftuimel.

Rome ~ *was not built in a day* (P) môre is nog 'n dag (P), Rome is nie in een dag gebou nie (P); *when in* ~ *do as the Romans do* (P) skik jou na die omstandighede; *all roads lead to* ~ (P) alle paaie/weë gaan/lei na Rome (P).

romp HE ~*s home* HY wen maklik/fluit‑fluit⋆, HY wen op SY (dooie) gemak; ~ *off with* … met — wegloop; ~ *through s.t.* iets maklik deurkom *(bv. 'n eksamen)*.

roof¹ [n.] *a flat* ~ 'n plat dak; *go through the* ~, *hit the* ~ §'n kabaal opskop, te kere gaan, baie kwaad word; *prices are going through the* ~ §die pryse styg hemel‑ hoog, die pryse ruk handuit; *have a* ~ *over* HIS *head* onderdak hê, 'n dak oor SY kop hê; *under* HIS *own* ~ onder SY eie dak, in SY eie huis; *raise a* ~ 'n dak opsit; *raise the* ~ § 'n yslike lawaai maak, die balke laat dreun ⋆; 'n kabaal opskop, te kere gaan; *a* **steep** ~ 'n spits/steil dak; *a* **thatched** ~ 'n rietdak/grasdak; *a* **tiled** ~ 'n teëldak; *wet the* ~ § dak natmaak ⋆

roof² [v.] ~ *in/over s.t.* 'n dak op iets sit; iets bedek, 'n dak oor iets vorm.

room¹ [n.] *there is no* ~ *to swing a* **cat**, *there is not enough* ~ *to swing a* **cat** §jy kan jou daar skaars roer of draai; *do a* ~ 'n kamer aan die kant maak; **find** ~ plek kry; ~ **for** … plek vir —; ruimte vir —; grond vir —; **give** ~ *to* … vir — plek maak; **keep** *to one's* ~ in die kamer bly, die k. hou; **leave** ~ *for* … vir — ruimte laat; **make** ~ plek maak; padgee; **make** ~ *for* … vir — plek maak; **plenty** *of* ~ baie/volop plek/ruimte; **take** *up* ~ plek/ruimte inneem, plek/ruimte in beslag neem; **tidy** *a* ~ 'n kamer aan die kant maak; *the* ~ *is* **tidy** die k. is aan die kant, die k. is netjies.

room² [v.] ~ *with s.o.* 'n kamer met iem. deel; by iem. inwoon.

roost *it will come home to* ~ dit sal op SY eie kop neer= kom; *rule the* ~ baasspeel, die lakens uitdeel. →**chicken.**

root¹ [n.] *at the* ~ in sy kern, in wese; *be/lie at the* ~ *of s.t.* aan iets ten grondslag lê; ~ *and* **branch** met wortel en tak, grondig; *the* ~ *of all evil* die wortel van alle kwaad; *find a* ~, *(mat.)* 'n wortel trek; *blush to the* ~s *of one's hair* so rooi soos 'n kalkoen word; *s.t.* **has** *its* ~s *in* … iets spruit uit — (voort); *get/go to the* ~ *of a* **matter** tot die kern/grond van 'n saak deurdring, 'n saak grondig ondersoek; *pull s.t. up by the* ~s, *(lett.)* iets met wortel(s) en al uittrek; *(fig.)* iets met wortel en tak uitroei; HE *is* **pulling** *up* HIS ~s HY ontwortel HOM; *push out* ~s wortelskiet; *put down* ~s wortelskiet; *strike/take* ~ wortelskiet, groei; posvat; *strike at the* ~ *of s.t.* die wortel van iets raak/aantas; iets met ondergang bedreig; *take/strike* ~ →**strike/take;** *tear s.t. up by the* ~s iets met wortel(s) en al uitruk/uittrek.

root² [v.] ~ *out s.t.* iets uitroei; ~ *up s.t.* iets ontwor= tel, iets met wortel(s) en al uitruk/uittrek.

root³ [v.] ~ *for s.o.* § iem. aanmoedig/toejuig; § vir iem. propaganda maak; ~ *out s.t.* iets uitsnuffel; ~ *up s.t.* iets omvroetel/rondvroetel; iets uitsnuffel.

rooted *s.o.'s deeply* ~ … iem. se diepgewortelde —; *s.t. is* ~ *in* … iets spruit uit —; *be/stand* ~ *to the spot* aan die grond (vas)genael wees.

rope¹ [n.] *the end of a* ~ die ent/punt van 'n tou; *get the* ~ die strop kry; *give* HIM *(plenty of)* ~ HOM (baie) skiet gee, HOM SY (vrye) gang laat gaan, HOM vryheid van beweging gee; *give* HIM *enough* ~ *to* **hang** HIMSELF HOM kans gee om SY eie ondergang te be= werk; *know the* ~s touwys/gekonfyt★ wees, weet wat om te doen; HE *is getting to* **know** *the* ~s, HE *is* **learning** *the* ~s HY werk HOM in; *be on the* ~s, *(lett., boks)* teen die toue wees; *(fig.)* § so goed as verslaan wees; *the* ~ **parts** die tou breek; **show** *s.o. the* ~s iem. touwys maak, iem. inlig, iem. wenke gee.

rope² [v.] ~ *in s.t.* iets (met 'n tou) vang; iets nader trek, iets binnehaal; ~ *in s.o.* iem. inspan; iem. (as helper/lid) werf; ~ *off s.t.* iets met toue toespan; ~ *up s.o. or s.t.* iem. *of* iets vasbind.

roped *be* ~ (met 'n tou) vasgebind wees.

rose *not always a* **bed** *of* ~s nie altyd sonskyn nie; HIS *is not a* **bed** *of* ~s SY weg gaan nie oor rose nie; *s.o.'s path is* **strewn** *with* ~s iem. se pad is met rose be= strooi, alles gaan vir iem. voor die wind; *no* ~ *without a* **thorn** (P) geen roos sonder dorings nie (P); **under** *the* ~ § in die geheim, stilletjies; onder vier oë.

rot¹ [n.] *the* ~ *has* **set** *in* die agteruitgang/verderf/ont= aarding het begin, dit gaan nou alles afdraand ★; *stop the* ~ 'n end/einde maak aan die verderf; *talk* ~ § kaf/twak praat/verkoop ★; *that's* **utter** ~ § dis die grootste onsin.

rot² [v.] ~ *away* afvrot; ~ *off* afvrot.

rotation *in* ~ beurtelings, om die beurt.

rote *learn s.t. by* ~ iets soos 'n papegaai leer.

rotten *be* ~ *to the core* deur en deur verrot wees, tot in die grond bedorwe wees; *feel* ~ § ellendig voel.

rough¹ [n.] *write a letter in* ~ 'n brief in klad skryf/ skrywe; *in the* ~ onafgewerk; in die ruwe/natuurlike staat; *(gholf)* in die ruveld; *the* ~ *and the* **smooth** lief en leed, die soet en die suur van die lewe; *take the* ~ *with the* **smooth** dit neem soos dit val, teenslae vir lief neem.

rough² [v.] ~ *in s.t.* iets inskets; ~ *it* ongerief/ontbe= rings deurmaak, vir lief neem, dit moeilik hê; ~ *out s.t.* 'n ruwe skets/ontwerp van iets maak, iets uitstip= pel/voorteken; iets ru bewerk; ~ *up s.o.* § iem. karnuf= fel/mishandel; ~ *up s.t.* iets deurmekaarmaak *(bv. hare).*

rough³ [adj. & adv.] *cut up* ~ § kwaad word, uitvaar, te kere gaan; *be* ~ *on s.o.* iem. hard behandel; iem. swaar laat kry/leef/lewe; *s.t. is* ~ *on s.o.* iets is hard/ swaar vir iem.; *be* ~ *with s.o.* iem. hard behandel.

roughshod *ride* ~ *over* … oor — baasspeel, — ver= trap; — nie ontsien nie, — totaal veron(t)agsaam.

round¹ [n.] *the daily* ~ die daaglikse roetine/arbeid; die alledaagse sleur; *do/go/make the* ~s die rondte doen *(bv. 'n skildwag); the story goes the* ~s *that* … die ver= haal doen die ronde dat —, daar word vertel dat —.

round² [v.] ~ *off s.t.* iets afrond; iets afwerk/voltooi; ~ *on/upon s.o.* teen iem. draai; iem. inklim★/in= vlieg★/roskam; ~ *out* rond word; ~ *out s.t.* iets uit= rond; iets uitbou/aanvul; iets afrond; ~ *up animals* diere bymekaarmaak/bymekaardryf/bymekaarja(ag)/ aankeer; ~ *up people* mense byeenbring; mense aan= keer/vang, mense gevange neem.

round³ [adv.] *all* ~ in die rondte, oral(s) rond; in alle opsigte; vir almal; deur die bank; voor die voet; in/oor die algemeen, in die geheel; ~ *and* ~ om en om; *right* ~ heeltemal om; rondom.

round⁴ [prep.] *go right* ~ *the country* deur/oor die hele land gaan; ~ *(about) eight (o'clock)* om en by ag(t)= uur, omtrent/omstreeks ag(t)uur; ~ *a hundred* omtrent/ongeveer/sowat honderd, om en by die hon= derd.

rouse HE ~s HIMSELF hy word wakker; HY ruk HOM reg.

rout¹ [n.] *put s.o. to* ~ iem. totaal verslaan, iem. op die vlug ja(ag).

rout² [v.] ~ *out s.o.* iem. uitwoel/uitja(ag)/opja(ag).

route [n.] *en* ~ *to* … op pad/weg na —, onderweg na —, op die deurreis na —; *follow a* ~ 'n roete volg; *on the* ~ op die r.; *take the longest* or *shortest* ~ die lang= ste *of* kortste r./pad kies.

route² [v.] ~ *s.t. through* … iets oor — stuur *(bv. 'n pakket)*; iets oor — laat loop *(bv. 'n trein)*.

routine *the daily* ~ die daaglikse roetine; die alle=daagse sleur; *as a matter of* ~ in die gewone loop van sake.

row¹ [n.] *have a* **hard** ~ *to hoe* 'n swaar/moeisame taak hê; *in a* ~ in/op 'n ry; op 'n streep, agter mekaar; aaneen, agtereen(volgens); *a* ~ *of* … 'n ry —; *stand in a* ~ op 'n ry staan; ~ *upon* ~ *of seats* rye-rye banke, die een ry banke op die ander.

row² [n.] *get into a* § in 'n rusie/twis betrokke/ge=wikkel raak; *have a* §rusie maak, twis; *kick up a* ~, *make a* ~ § lawaai maak/opskop, 'n herrie maak/op=skop ★; *kick up a* ~ *over s.t.*, *make a* ~ *over s.t.*, *(ook)* §oor iets te kere gaan; *a* ~ *with s.o. over s.t.* §'n rusie/twis met iem. oor iets.

row³ [v.] ~ *with s.o.* §met iem. rusie maak; § iem. 'n skrobbering gee, iem. roskam.

rub¹ [n.] *give s.t. a* ~ iets ('n bietjie) opvryf; *the* ~ *of the green* 'n ongelukige toeval; *(golf)* die toeval op die baan; *there's the* ~ daar lê die moeilikheid, daar sit die knoop/haakplek.

rub² [v.] ~ *against* … teen — skuur; *HE* ~*s HIMSELF* **down** HY droog HOM af; ~ **down** *s.t.* iets glad skuur, iets afskuur; iets roskam *('n perd)*; ~ *in s.t.* iets in=vryf/invrywe; ~ *it in* dit vir iem. onder die neus vryf/vrywe; ~ *off s.t.* iets afvryf/afvrywe; ~ *off on s.t.* op iets afgee; ~ *off on s.o.* 'n uitwerking op iem. hê, iem. beïnvloed; ~ *out s.t.* iets uitvryf/uitvrywe; iets uitvee; ~ *out s.o.* §§ iem. uit die weg ruim, iem. van kant maak, iem. van die gras af maak ★; ~ *up s.t.* iets op=vryf/poets/poleer, iets blink maak; iets opknap/opfris *(kennis)*; ~ *s.o.* **up** *the wrong way* →**way.**

rubber *square the* ~ die reeks deel.

rubbish *rubbish!* bog (met jou)!; *it is so much* ~ dit is pure kaf ★; *talk* ~ bog/kaf★/twak★ praat, kaf/twak ver=koop ★

Rubicon *cross the* ~ die Rubicon oorsteek, die teer=ling werp, die beslissende stap doen.

ruby *be above rubies* onskatbaar wees.

ruck¹ [n.] *the (common)* ~ die massa, die gewone mense.

ruck² [v.] ~ *up* opkreukel, optrek, opkruip.

ruction *cause* ~*s* §'n herrie afgee ★; *there will be* ~*s* § daar sal 'n herrie wees ★

rude *be* ~ *to s.o.* teenoor iem. onbeskof wees.

rue *HE'll (live to)* ~ *it*, *HE'll* ~ *the day* HY sal dit (nog) berou, dit sal HOM (nog) berou.

ruffle *nothing* ~*s HIM* niks versteur/verstoor HOM nie.

rug *pull the* ~ *(out) from under s.o.* iem. pootjie *(fig.)*.

ruin¹ [n.] *be the* ~ *of s.o.* iem. se ondergang wees; *bring about s.o.'s* ~ iem. se ondergang/val bewerk; *bring s.o. to* ~ iem. ruïneer; iem. in die ongeluk stort, iem. in die verderf(enis) bring; *fall into* ~(*s*), *go to* ~ verval, bouvallig word, in puin val; *go to* ~, *(ook,fig.)* in duie stort/val; *be/lie in* ~*s, (lett.)* in puin lê/wees, 'n bouval wees; *(fig.)* het in duie gestort/geval; *HE is now*

merely *a* ~ *of what HE used to be* HY is nou net 'n skim van wat HY was; *reduce a building to* ~*s* 'n gebou in puin lê; *s.t.* **spells** ~ *to* … iets beteken die ondergang van —; *utter* ~ volslae ondergang.

ruin² [v.] *HE* ~*s HIMSELF* HY bewerk SY eie ondergang.

rule¹ [n.] *against the* ~*s* teen die reëls; *as a (general)* ~ oor/in die algemene, gewoonlik, in die reël; *HE* **bends** *the* ~*s* HY lê die reëls uit soos dit HOM pas; *by* ~ volgens reël, volgens 'n vaste r.; *in conflict with the* ~*s* teen die reëls; *the* **exception** *proves the* ~ (P) die uit=sondering bevestig die r. (P); *a* ~ *to go by* 'n r. om te volg; *the* **golden** ~ die gulde r.; *no* **hard** *and fast* ~ geen vaste r. nie; *keep/stick to the* ~*s* die reëls na=kom/naleef/nalewe, die reëls in ag neem; *lay down a* ~ 'n r. voorskryf/voorskrywe; *by* ~ *and line* haarfyn, presies; *make a* ~ *of it to* … 'n r. daarvan maak om te —; *observe the* ~*s* die reëls nakom, die reëls in ag neem; *the* ~*s and* **regulations** die reglement; *a* **standing** ~ 'n vaste/vasstaande reël; 'n erkende ge=bruik; *the* **standing** ~*s and orders* die reglement van orde; *a* ~ *of* **thumb** 'n praktiese reël/metode; *do s.t. by* ~ *of* **thumb** iets volgens die praktyk doen; *under s.o.'s* ~ onder iem. se bewind; *work to* ~ presies/streng volgens reël werk, stadig werk, sloerstaak.

rule² [v.] ~ *against s.t.* teen iets beslis; ~ *off s.t.* 'n streep onder *of* langs iets trek; ~ *out s.t.* iets uitsluit; iets buite beskouing/rekening laat, iets nie in ag neem nie; ~ *over* … oor — heers, — regeer.

ruled *HE is willing to be* ~ *by* … HY is bereid om na — te luister, HY is bereid om HOM deur — te laat lei; *that is* ~ *out* dit is uitgeslote.

ruling *give a* ~ 'n beslissing gee.

ruminate ~ *about/on/over s.t.* iets oorpeins, oor iets nadink, diep oor iets dink.

rumour *there is a* ~ *abroad, a* ~ *is going around/round* daar gaan/loop 'n gerug, 'n g. doen die ronde, 'n g. is in omloop, 'n g. lê hier rond; ~*s are* **afloat** gerug=te doen die ronde, daar is gerugte in omloop, gerugte lê rond; *deny a* ~ 'n g. weerspreek; ~ *has it that* … die g. wil dat —, hulle sê dat —, volgens die g. het *of* is —; *hear a (vague)* ~ *that* … 'n voëltjie hoor fluit dat — ★; *an* **idle** ~ 'n los gerug; *there is a* ~ daar gaan/loop 'n gerug, daar gaan 'n g. rond, 'n g. doen die ron=de, 'n g. is in omloop; *put about a* ~ 'n g. in omloop bring; *quash/scotch/spike a* ~ 'n g. die nek inslaan, 'n g. dooddruk/ontsenu; *spread a* ~ 'n g. versprei.

rumoured *I hear it* ~ *that* … ek hoor hulle sê dat —; *it is* ~ *that* … daar gaan gerugte (rond) dat —, hulle sê dat —, die storie gaan dat —.

rumpus *cause a* ~ § 'n herrie veroorsaak ★; *kick up a* ~, *make a* ~ § 'n herrie maak/opskop ★

run¹ [n.] *do s.t. at a* ~ iets op 'n draf doen; *a* ~ *on the* **bank** 'n stormloop na die bank, 'n bestorming van die bank; *it was a* **close** ~ dit was so hittete ★; *the* **com=mon/general/ordinary** ~ *of* … die gewone —, die deursnee—/deursnit—; *make a* **dry** ~ 'n oefenlopie doen; *the* **general** ~ *of affairs* die gewone loop van sake; **get** ~s, *(kr.)* lopies kry/aanteken; **go** *on the* ~ op loop gaan/sit/slaan; **have** *the* ~ *of a house* oral(s) mag gaan in 'n huis; vrye toegang tot 'n huis hê; *in the* **long** ~ op die duur; mettertyd; *s.o. has a* ~ *of luck* dit gaan voor die wind met iem.; **make** *a* ~ *for it* weghardloop, vlug; *HE has a (good)* ~ *for HIS* **money** HY kry waarde vir SY geld; §SY moeite is nie vergeefs nie; *be* **on** *the* ~ op die vlug wees, voortvlugtig wees; *have s.o.* **on** *the* ~ iem. op loop ja(ag); *shoot s.o.* **on** *the* ~ iem. in die hardloop skiet; *a* ~ *on s.t.* 'n groot vraag na *(bv. goudaandele, suiker)*; *the* **ordinary/common/ general** ~ →**common/general/ordinary**; *in the* **short** ~ op kort termyn; *with a* ~ met 'n vaart.

run² [v.] ~ *about* rondhardloop; ~ *across s.o.* iem. raak loop, iem. op die lyf loop; ~ *after s.o.* iem. agternahardloop, agter iem. aan hardloop; iem. agternaloop; ~ *after s.t.* iets naja(ag); ~ *aground* strand; ~ *ahead* vooruithardloop; ~ *ahead of things* dinge vooruitloop; ~ *along!* § weg is jy! ★; ~ *amok/ amuck* amok maak; *the ship* ~s *ashore* die skip strand, die skip loop op die strand; ~ *a ship ashore* 'n skip laat strand, 'n skip op die strand laat loop; ~ *at ...* — stormloop/bestorm, op — afstorm; ~ *away* weghardloop; wegloop; dros; ~ *away from s.o.* vir iem. weghardloop; (onder) iem. uithardloop; ~ *away from s.t.* iets ontwyk/ontduik; ~ *away with s.o.* met iem. wegloop; ~ *away with s.t.* iets maklik wen; met iets op loop sit; ~ *back* terugloop *(bv. van vloeistof, 'n bal)*; ~ *back s.t.* iets laat terugloop *(bv. 'n film, 'n band)*; ~ *behind* agter wees; ~ *s.o.* *close* op iem. se hakke wees; iem. byna ewenaar; ~ *concurrently* saamval; *the sentences* ~ *concurrently* die vonnisse is gelyklopend; ~ *counter to ... met* — in stryd wees; ~ *down* afloop *(bv. 'n horlosie/oorlosie, 'n rivier)*; agteruitgaan; ~ *down s.o. or s.t.* iem. of iets omry; iem. of iets slegmaak; ~ *down s.t., (ook)* iets afbreek/aftakel; *be* ~ *down* afgewerk wees; afgeloop wees *('n horlosie/oorlosie)*; omgery word; *s.t.* ~s *down to ...* iets loop/strek tot by —; ~ *dry* opdroog; leegloop, leeg raak; droogloop; ~ *fast* vinnig hardloop; ~ *for ...* hardloop om — te haal *(bv. die bus)*; kandidaat vir — wees *('n amp)*; ~ *for it* weghardloop; vinnig êrens kom; ~ *foul of ... met* — bots; ~ *from ... van/vir* — weghardloop; *the period* ~s *from ... to ...* die tydperk loop van — tot —; ~ *hard* hard/vinnig hardloop; ~ *high* hoog wees *(bv. koors)*; hooggespanne wees *(bv. verwagtings)*; (hoog) styg *(bv. opgewondheid)*; gaande wees, hoog loop *(bv. die gemoedere)*; ~ *in* inhardloop; inloer *(by iem.)*, 'n vlugtige besoek aflê; ~ *in s.o.* § iem. gevange neem, iem. in die tronk sit; ~ *in s.t.* iets inry *(bv. 'n motor)*; iets laat inloop *('n masjien)*; ~ *in among the people* onder/tussen die mense in hardloop; ~ *into ... teen* — vasloop/bots *(iem., iets)*; in — beland *(moeilikheid)*; — teëkom/teenkom, — raak loop *(iem.)*; — raak ry, teen — vasry *(iem., iets)*; in — loop *(bv. die duisende)*; in — raak *(bv. die skuld)*; in — raak *(bv. die moeilikheid)*; — ondervind *(bv. 'n probleem)*;

~ *s.t. into ...* met iets teen — vasry *(bv. met 'n motor teen 'n boom)*; ~ *loose* los loop, vir kwaadgeld rondloop ★; *s.t.* ~s *low* iets word min, iets raak op, iets is byna op; ~ *to meet s.o.* iem. tegemoethardloop; ~ *to* **meet** *s.t.* iets vooruitloop *(bv. moeilikheid)*; ~ *off* weghardloop; wegloop; afvloei, afloop; ~ *off s.t.* iets afdruk *(drukwerk)*; iets aframmel *(bv. name, syfers)*; ~ *off with ... met* — wegloop; saam met — wegloop; ~ *on* voorthardloop; (voort)babbel, eenstryk praat; verbygaan; aanloop *(drukwerk)*; ~ *on s.t.* iets laat aanloop *(drukwerk)*; ~ *on petrol* met petrol loop *('n motorvoertuig)*; ~ *out* uithardloop, na buite hardloop; uitloop, uitstroom *(bv. vloeistof, sand)*; opraak; verstryk *(bv. 'n termyn)*; afloop *(bv. 'n kontrak)*; kort min raak *(tyd)*; ~ *out s.o., (kr.)* iem. uitloop; ~ *out s.t.* iets afrol/afwikkel *(bv. 'n tou)*; *s.o. has* ~ *out of ...* iem. se — is op, iem. se — het opgeraak *(bv. sigarette, geduld)*; ~ *out on s.o.* iem. verlaat; iem. in die steek laat; ~ *over* oorloop *(bv. 'n dam)*; oorloop; oorry; ~ *over s.t.* iets oorgaan/nagaan; ~ *over s.o.* iem. omry, iem. onderstebo ry; ~ *over to ... na* — oorloop *('n ander bladsy)*; ~ *over with ... oorloop van* — *(bv. geesdrif)*; ~ *... over s.t.* — oor iets laat gaan/gly *(bv. vingers)*; ~ *past s.o. or s.t.* by iem. of iets verbyhardloop; ~ *second* tweede eindig; ~ *short of s.t.* iets kortkom; *s.t. ran* **short** iets het skaars geword; iets het opgeraak; ~ *through s.t.* iets deursteek; iets deurhaal/uitkrap; iets vlugtig deurlees; iets deurbring *(bv. geld)*; ~ *s.o.* **through** *with s.t.* iem. met iets deurboor/ steek *(bv. 'n bajonet)*; *it* ~s *to ...* dit beloop —; *s.o.'s finances* ~ *to s.t.* iem. kan iets bekostig; ~ *together* saam hardloop; inmekaar loop; vervloei; ~ *true* suiwer loop; ~ *up* aangehardloop kom, 'n aanloop neem *('n bouler, 'n springer)*; ~ *up s.t.* iets gou/inderhaas maak; iets gou/inderhaas bou; iets maak *(skuld)*; iets laat oploop *(rekenings)*; iets hys *('n vlag)*; ~ *up against s.o.* iem. raak loop; ~ *up against s.t.* op iets stuit *(bv. teenstand, 'n probleem)*; ~ *wild* vry (rond)loop; wild te kere gaan; verwilder; vervuil *(van plante)*.

run-around *give s.o. the* ~ iem. (se versoeke/vrae) ontwyk.

run-down *give s.o. a* ~ *on s.t.* iem. 'n oorsig van iets gee.

running¹ [n.] *be in the* ~ *for s.t.* vir iets in aanmerking kom, 'n (goeie) kans hê om iets te kry; *make (most of) the* ~ die voortou neem; die toon aangee; *be out of the* ~ geen kans hê nie, nie in aanmerking kom nie, daaruit wees, uitgesak het; nie meetel nie; *take up the* ~ →*make*.

running² [teenw.dw.] *time is* ~ *out* die tyd raak kort/min.

run-up *in the* ~ *to ...* aan die vooraand van —.

rush¹ [n.] *give s.o. the bum's* ~ §§ iem. uitsmyt/wegja(ag); *come with a* ~ met geweld kom; *a* ~ *for ...* 'n groot vraag na —; *make a* ~ *for ... na* — storm; op — afstorm; storm om — te kry; *what's the/your* ~? waarheen is die/jou haas?

rush² [v.] ~ *at* … (na) — storm, — stormloop, — (be)storm, op — afstorm; ~ *in* instorm; ~ *into* s.t. iets instorm/binnestorm *(bv. 'n kamer);* iets oorhaas⸗ tig doen *(bv. 'n besluit neem);* ~ *matters* oorhaastig wees, oorhaastig te werk gaan; ~ *out* uitstorm; sterk uitvloei; ~ *out* s.t. iets inderhaas uitstuur; ~ *past* verbysnel; ~ *past* s.o. or s.t. by iem. of iets verbysnel; ~ *s.o.* iem. aanja(ag); ~ *through* deursnel; ~ *through* s.t. deur iets snel; iets deurja(ag); ~ s.o. *to* … met iem. na — haas/ja(ag) *(bv. die hospitaal);* ~ *up* opstorm; nader storm; ~ *up* to … na — toe storm.

rushed *be* ~ min tyd hê; gejaag(d) wees; *HE refuses to be* ~ HY laat HOM nie aanja(ag) nie; *HE is* ~ *off HIS feet* HY kan skaars grondvat, HY is verskriklik besig.

rust ~ *away* oproes.

rustle ~ *up a meal* § iets te ete saamflans.

rusty *grow* ~ verroes.

rut *get into a* ~ in 'n groef raak, in sleur verval; *get out of the* ~ uit die groef/sleur kom; *be in a* ~ in 'n groef wees, in sleur vassit.

S

Sabbath *break the* ~ die Sabbat skend/ontheilig; *keep the* ~ die S. heilig/vier.

sabotage *commit* ~ *on s.t.* op iets sabotasie pleeg.

sack *get the* ~ § die trekpas kry ★, in die pad gesteek word ★, afgedank/ontslaan/uitgeskop★ word; *give s.o. the* ~ § iem. die trekpas gee ★, iem. in die pad steek ★, iem. afdank/ontslaan/uitskop★; *hit the* ~/*hay* § in die kooi kruip ★, (gaan) inkruip ★, gaan slaap; *s.o. is a sad* ~ § iem. is 'n droefheid op note ★

sackcloth *be in* ~ *and ashes* in sak en as sit.

sacrament *administer the last* ~*s to s.o.* iem. die laaste sakramente toedien.

sacred *hold s.t.* ~ iets heilig ag; ~ *to the memory of ...* gewy aan die nagedagtenis van —, ter nagedagtenis van/aan —; *nothing is* ~ *to HIM* niks is vir HOM heilig nie.

sacrifice *at a* ~ met groot verlies; *at the* ~ *of ...* ten koste van —, met opoffering van —; *make* ~*s* offers bring, opofferings doen; *HE makes the supreme* ~ HY bring die hoogste offer, HY offer SY lewe op.

sad *feel* ~ *about s.t.* treurig voel oor iets; *s.t. makes s.o.* ~ iets stem iem. treurig; *be sadder but wiser* gryser maar wyser wees.

sadness *a touch of* ~ iets treurigs.

saddle¹ [n.] *cling to the* ~ saalboom ry; *sit firmly in the* ~ vas/stewig in die saal sit *(lett. & fig.)*; *get into the* ~ in die s. klim; *be in the* ~, *(lett.)* in die s. wees; *(fig.)* in die s. wees, aan die bewind wees; *keep the* ~ in die s. bly.

saddle² [v.] ~ *up* opsaal; ~ *s.o. with s.t.* iem. met iets opsaal, iets op iem. pak/skuif/skuiwe.

saddled *be* ~ *with s.t.* met iets opgesaal sit/wees, met iets sit ★

safe¹ [n.] *crack a* ~ 'n brandkas oopbreek.

safe² [adj.] *as* ~ *as houses* doodveilig, so veilig as kan kom; *be* ~ *from ...* teen — (be)veilig wees; teen — beskut wees; teen — gevrywaar wees; *play (it)* ~ →**play**; ~ *and sound* veilig of gesond en wel, fris en gesond.

safeguard ~ *s.o. against s.t.* iem. teen iets vrywaar.

safety ~ *first* veiligheid/versigtigheid bo alles; *the margin of* ~ die veiligheidsgrens; *there's* ~ *in numbers* (P) in 'n groep is dit veiliger; *play for* ~ versigtig speel *(lett.)*; versigtig te werk gaan; *reach* ~ in veiligheid kom; *remove/take s.o. or s.t. to* ~ iem. *of* iets in veiligheid bring; *for* ~'s *sake* veiligheidshalwe; *HE seeks* ~ *in flight* HY soek SY heil in vlug.

said *it can be* ~ *more briefly* dit kan korter (gesê word); *after/when all is* ~ *and done* op stuk van sake, per slot van rekening, alles in aanmerking/ag geneem/genome, op die keper beskou; *it's easier* ~ *than done*

dis maklik om te praat; *no sooner* ~ *than done* so gesê, so gedaan; *it has been truly* ~ *...* daar is tereg gesê —; *least* ~, *soonest mended* (P) hoe minder daarvan gesê word hoe beter; *that may be* ~ *of all of us* dit geld vir ons almal; *it is* ~ *that ...* daar word beweer dat —, die mense sê —; *it was* ~ *that ...* daar is beweer dat —, die mense het gesê —; *there is much to be* ~ *for it* daar is veel voor te sê; *s.o. is* ~ *to be ...* iem. is glo —; *you('ve)* ~ *it!* § presies!, inderdaad!, net so!, ek stem saam! →**say.**

sail¹ [n.] *in/under full* ~ met volle/staande seile; *get under* ~ onder seil gaan; *hoist all* ~*s* alle seile bysit; *loose* ~ die seile span; *make* ~ seil bysit; *set* ~ uitvaar, onder seil gaan; *set* ~*s* seile span; *with all* ~ *set* met volle/staande seile; *spread* ~*s* seile span; *strike* ~*s* seile stryk; *the wind swells the* ~*s* die seile bol van die wind, die wind vul die seile; *take in* ~ (ver)minder; *HE trims HIS* ~*s to the wind* HY hang/span SY seile na die wind, HY draai/hang SY mantel na die wind; *under* ~ onder seil; *unfurl* ~*s* seile losgooi/uitskud/ontplooi.

sail² [v.] ~ *along* voortseil, voortvaar; ~ *away* wegseil, onder seil gaan, wegvaar; ~ *for the Cape* na die Kaap vertrek; ~ *forth* uitvaar, uitseil; ~ *in* invaar; ~ *into a port* 'n hawe binnevaar; ~ *into s.o.* § iem. invlieg ★; ~ *the sea* die see bevaar; ~ *through* deurseil, deurvaar; § met vlieënde vaandels deurkom; ~ *through the air* deur die lug trek.

sailing *it is plain* ~ dit is maklik genoeg; dit gaan klopdisselboom ★, dit gaan so glad soos seep ★

sailor *s.o. is a bad* ~ iem. word gou seesiek.

sake *for convenience(')* ~ geriefshalwe, gerieflikheidshalwe, gemakshalwe; *for God's* ~ om godswil, om hemelswil, in hemelsnaam; *for goodness'* ~ in hemelsnaam, om liefdeswil; *for the* ~ *of love* uit liefde; *for my* ~ om my ontwil/onthalwe; *for the* ~ *of ...* ter wille van —; *for both our* ~*s* om ons albei se ontwil, ter wille van ons albei; *for all our* ~*s* om ons almal se ontwil; *for the* ~ *of peace, for peace'* ~ om vredeswil, in vredesnaam, vredesonthalwe, ter wille van die (liewe) vrede; *for their* ~*s* om hulle onthalwe; *for your* ~ om jou onthalwe; *I am glad for your* ~ ek is vir jou bly.

salary *at/on a* ~ *of ...* met/op 'n salaris van —; *earn a good* ~ 'n goeie salaris kry/verdien; *on/with full* ~ met volle salaris; met behoud van salaris.

sale *for* ~ te koop; ~*s increased* die afset het toegeneem; *make a* ~ iets verkoop; *offer s.t. for* ~ iets te koop aanbied; *s.t. is on* ~ iets is te k.; *put s.t. up for* ~ iets te k. aanbied; iets (laat) opveil; *s.t. finds a ready* ~ iets verkoop goed, iets kry/vind goeie aftrek; *s.t.*

*is **up** for* ~ iets is te koop, iets word te k. aange=
bied.
sally¹ [n.] *make a* ~ 'n uitval doen; *a witty* ~ 'n gees=
tige inval.
sally² [v.] ~ *forth* uitgaan; *(mil.)* uittrek.
salt¹ [n.] *like a **dose** of* ~s §soos 'n pyl uit 'n boog;
the ~ *of the **earth*** die sout van die aarde; *a **pinch** of* ~
'n knypie/knippie sout; *take s.t. with a **pinch**/**grain***
of ~ iets met 'n korreltjie/greintjie sout neem/op=
vat; ***rub*** ~ *into the wound*, ***rub*** ~ *into s.o.'s wounds*
die pyn vererger; *a **touch** of* ~ 'n knypie/knippie
sout; HE is **worth** HIS ~ HY verdien SY sout/kos/
loon.
salt² [v.] ~ *away s.t.* §iets wegsteek/opgaar *(bv. geld)*.
salute *acknowledge a* ~ 'n saluut beantwoord;
***come to** the* ~ in die saluuthouding kom; ***fire** a* ~
saluutskote los; ***in*** ~ *as* groet/begroeting; ***return** a* ~
terugsalueer, 'n saluut erken/beantwoord; ***stand** at*
the ~ in die saluuthouding staan; ***take** the* ~ die sa=
luut beantwoord/waarneem.
salvage ~ *s.t. from the* ... iets uit die — red.
salvation *find* ~ redding vind; tot bekering kom; *s.t.*
is s.o.'s ~ iets is iem. se behoud; *HE works out HIS own*
~ HY werk SY eie heil uit.
Samaritan *a good* ~ 'n barmhartige Samaritaan.
same *the* ~ ***again**, please* nog so een, asseblief; ***all** the*
~ tog, nietemin, nogtans, desondanks, desnieteen=
staande; *it is **all** the* ~ *to me* dit is vir my om 't/die ewe,
dit is vir my so lank as wat dit breed is; *if it is **all** the* ~
to you as jy nie omgee nie; as dit vir jou om 't/die ewe is;
***always** the* ~ altyd eenders/eners; *s.o. or s.t. is the* ~
*as **always*** iem. *of* iets het nog niks verander nie; ~ *as*
... §soos —; ~ *here!* §ook so! ⋆; §ek ook; §dit dink ek
ook; ***just** the* ~ net dieselfde; tog, nietemin, nogtans,
desondanks, desnieteenstaande; *(pretty)* ***much** the* ~
baie/omtrent eenders/eners, min of meer dieselfde,
ongeveer dieselfde; ***one** and the* ~ een en dieselfde;
presies dieselfde; ***the*** ~ dieselfde; ewe veel; *the **very***
~ die einste ⋆, presies dieselfde; *the **very*** ~ *man* die
einste man ⋆, die nimlike hy ⋆; *the* ~ *to **you!*** vir jou
ook!
sample *take a* ~ *at random* 'n steekproef neem.
sanction *apply* ~s *against* ... sanksies teen — toepas;
HE gives HIS ~ *to s.t.* HY heg SY goedkeuring aan iets,
HY laat iets toe.
sanctuary *seek/take* ~ 'n skuilplek soek.
sand¹ [n.] *be **built** on* ~ op sand gebou wees; *on the*
~s op die strand; ***plough** the* ~*(s)* tevergeefs arbei;
the ~s *are **running** out* die tyd raak kort, die tyd is
byna om.
sand² [v.] ~ *down s.t.* iets glad skuur.
sane *HE is quite* ~ HY is by SY volle verstand/posi=
tiewe.
sarcasm *scathing* ~ vlymende sarkasme.
sardine *be (packed) like* ~s saamgehok wees.
sat *HE does not want to be* ~ *on/upon* §HY laat nie op
SY kop sit nie ⋆

Satan ~ *quoting Scripture*, ~ *rebuking sin* die vos wat
die passie preek.
sated *be* ~/*satiated with* ... versadig wees van —; sat
wees van —, teë wees vir —.
satiated *be* ~ *with* →**sated.**
satiety *to* ~ tot satwordens/walgens toe.
satisfaction *have an **air** of* ~ 'n uitdrukking van
(self)voldaanheid hê; *a **cause** for* ~ 'n rede vir tevre=
denheid; ***demand*** ~ voldoening vra; ***feel*** ~ *at s.t.*
tevrede wees oor iets; ***find*** ~ *in s.t.*, ***take*** ~ *from s.t.*
voldoening vind in iets; ***give*** ~ bevredig, voldoening
gee; ***in*** ~ *of* ... ter voldoening van —; ***receive*** ~ be=
vredig word; *to s.o.'s* ~ tot iem. se bevrediging; *prove*
s.t. to s.o.'s ~ iem. van iets oortuig; *s.t. is a great* ~ *to*
s.o. iets is vir iem. 'n groot genoeë, iets gee iem.
groot g.
satisfied *s.o. can rest* ~ *that* ... iem. kan gerus/seker
wees dat —; *be* ~ *that* ... daarvan oortuig wees dat —;
HE is ~ *with* ... HY is tevrede met —; HY lê HOM by —
neer.
satisfy *HE satisfies HIMSELF* HY oortuig HOM; *HE satis=*
fies HIMSELF as to s.t. HY vergewis HOM van iets; ~ *s.o.*
that ... iem. *(bv. die hof)* oortuig dat —.
saturate *HE* ~s *HIMSELF **in** a subject* HY dompel/ver=
diep HOM in 'n vak; ~ *s.t. **with** water* iets mct water
deurdrenk.
saturated *be* ~ §deurnat wees *(van iem. wat in wa=*
ter of die reën was); be ~ *with* ... met — deurdrenk
wees, van — deurtrokke wees.
saturation point *reach* ~ ~ die versadigingspunt
bereik.
Saturday *do s.t. on* ~ iets Saterdag doen; *on a* ~ op
'n Saterdag; *(on)* ~s *(op)* Saterdag, Saterdae, Sater=
dags.
sauce *what is* ~ *for the goose, is* ~ *for the gander* (P)
wat geld vir die een, geld vir die ander; *none of your* ~!
§moenie jou so astrant hou nie!
saunter ~ *off* wegdrentel.
save¹ [v.] ~ *(up) for* ... vir — spaar; ~ *s.o. **from** s.t.*
iem. uit/van iets red; ~ *on s.t.* op iets besuinig; ~ *up*
for s.t. vir iets spaar; ~ *up s.t.* iets opgaar/oppot; iets
bêre/bewaar.
save² [prep. & voegw.] *all* ~ ... almal behalwe —; ~
for ... afgesien van —, (buite en) behalwe —; met die
uitsondering van —; *the last* ~ *one* die voorlaaste.
saving *effect a* ~ bespaar, 'n besparing bewerkstellig;
be past ~ reddeloos wees.
savour *it* ~s *of* ... dit ruik/sweem na —, dit laat dink
aan —.
saw¹ [n.] *the old* ~ *that* ... die ou gesegde dat —; *a wise*
~ 'n wyse spreuk.
saw² [n.] *set a* ~ 'n saag skerpmaak, 'n s. aansit.
saw³ [v.] ~ *down s.t.* iets plat saag; ~ *off s.t.* iets af=
saag; ~ *through s.t.* iets deursaag; ~ *up s.t.* iets in stuk=
ke saag.
say¹ [n.] *have **all** the* ~ alles te sê hê; *have the **final*** ~
die laaste woord spreek; ***have** a* ~ *in a matter* seggen=

skap in 'n saak hê, oor 'n saak saampraat; *let* HIM *have* HIS ~ HOM SY sê laat sê, HOM laat uitpraat, HOM klaar laat praat; *have no* ~ *in a matter* geen seggenskap in 'n saak hê nie, niks in 'n saak te sê hê nie.

say² [v.] ~ *s.t. about* ... iets omtrent/oor/van — sê; ~ *s.t. after s.o.* iets agter iem. aan sê, iem. iets nasê; *you can* ~ *that again!* § presies!, inderdaad!, net so!, ek stem saam!, daar sê jy iets!, dit kan jy gerus sê!, so moet 'n bek praat! ★; ~ *s.t. against* ... iets op — aanmerk; *as they* ~ §na hulle sê; *it* ~*s in the Bible that* ... in die Bybel staan dat —, die Bybel sê dat —; *I cannot* ~ ek weet nie, ek kan nie sê nie; *never* ~ *die* →**die;** *you don't* ~ *(so)!* §regtig?, sowaar?, waarlik?, so?, nou toe nou!, dis (ook) nou te sê!, ag nee!, wil jy glo?, nee tog!, dit kan nie waar wees nie!, ag loop! ★; ~*s.t. evenly* iets rustig/bedaard sê; *what s.o.* ~*s goes* iem. se woord is wet; *it happens,* ~ *once a month* dit gebeur, laat ons sê, een keer per maand, dit gebeur ongeveer/sowat een keer per maand; *have a great deal to* ~ *about s.t.* die mond oor/van iets vol hê ★; *I* ~! hoor hier!, hêi! ★; *I* ~, *what a beauty!* maar hoor, dis 'n pragstuk!; *I'll* ~! §net so!, ek stem saam!; HE ~*s what HE likes* HY sê wat HY wil; ~ *what you like!* al sê jy wat!; *you may well* ~ *that* dit mag jy wel/gerus sê; *as you might* ~ so te sê; *I must* ~ ... dit moet ek sê, —; ~ *s.o. nay* vir iem. nee sê; *one need scarcely* ~ ..., *needless to* ~ ... ('n) mens hoef seker nie te sê — nie; ~ *no to s.o.* vir iem. nee sê; *I wouldn't* ~ *no to a* ... ek sou nogal van 'n — hou; *not to* ~ ... om nie te sê — nie; amper/byna/selfs —; *take a number,* ~ *ten* neem 'n getal, byvoorbeeld tien; neem 'n getal, sê nou maar tien; ~ *on!* §praat maar!; *one* ~*s one thing and the other another* die een sê sus en die ander (sê) so; ~ *out* ... reguit/ronduit sê —; ~ *s.t. pat off* iets glad opsê; *sad to* ~ helaas; *it is safe to* ~ ... ('n) mens kan met sekerheid sê —; *shall we* ~ ... laat ons maar sê —; *and so* ~ *I* en ek stem saam; *and so* ~ *all of us* en ons stem almal saam; *so they* ~ so word vertel; *so to* ~ so te sê, by wyse van spreke; *strange to* ~ vreemd genoeg; *that is to* ~ ... dit wil sê —, dit is te sê —, met ander woorde —; *they* ~ ... §die mense sê—, hulle sê—, daar word vertel —; HE ~*s to HIMSELF* ... §HY sê by HOMSELF —; ~ *s.t. to s.o.* iets aan/vir iem. sê; *it is for you to* ~ dit hang van jou af, dit berus by jou, dit is jou saak; *what did you* ~ HIS *name was?* hoe is SY naam nou weer?; *what do you* ~? §hoe voel jy daaroor?; *what do/would you* ~ *to a swim?* §hoe sal dit wees as ons gaan swem?; ~ *when!* § hoeveel?; ~*s who?* §wie sê (so)?; ~*s you!* §dit dink jy (maar)! →**said.**

saying *as the* ~ *goes* soos die spreekwoord sê, soos die gesegde lui; *there is no* ~ *what* or *when* or *who* ... dit is uiters moeilik om te sê wat of wie of wanneer —, ('n) mens weet nie wat of wie of wanneer — nie; *it goes without* ~ dit spreek vanself; *witty* ~*s* sêgoed ★

say-so *(just) on s.o.'s* ~ § (net) op iem. se blote woord.

scale¹ [n.] *if it is done on any* ~ as dit op aanmerklike/

noemenswaardige skaal gebeur; *draw s.t. to* ~ iets op skaal teken; *on a large* ~ op groot skaal, in die groot; *practise* ~*s* toonlere oefen; *on a small* ~ op klein skaal, in die klein; *to a* ~ *of 1 in 50* op 'n skaal van 1 op 50.

scale² [n.] *the* ~*s fell from s.o.'s eyes* die skille het van iem. se oë geval.

scale³ [n.] *hold the* ~*s even* onpartydig oordeel; *(a pair of)* ~*s* 'n (weeg)skaal; *tip/turn the* ~*s* die deurslag gee; *tip/turn the* ~ *at* ... *kg* — kg weeg.

scale⁴ [v.] ~ *down s.t.* iets na verhouding verklein, iets na v. kleiner maak; iets na v. verlaag; iets inkrimp; ~ *up s.t.* iets na v. vergroot, iets na v. groter maak; iets na v. verhoog; iets uitbrei.

scale⁵ [v.] *s.t.* ~*s off* iets skilfer af.

scamper ~ *away/off* weghardloop, weghol ★

scandal *cause a* ~, *give rise to a* ~ opspraak (ver)wek.

scarce HE *makes* HIMSELF ~ §HY maak dat HY wegkom ★, HY maak HOM uit die voete, HY verdwyn; *very* ~ baie/bitter skaars.

scare¹ [n.] *cause/create a* ~ 'n paniek veroorsaak; *get a* ~ 'n skrik kry; *give s.o. a* ~ iem. laat skrik; *get the* ~ *of one's life* groot skrik, 'n paniese s. kry; *give* HIM *the* ~ *of* HIS *life* HOM groot laat skrik, HOM die skrik op die lyf ja(ag).

scare² [v.] ~ *away/off s.o.* or *s.t.* iem. of iets wegja(ag)/verwilder; iets opja(ag) *(wild);* ~ *the (living) daylights out of s.o.* § iem. die doodskrik op die lyf ja(ag); *s.o.* ~*s easily* iem. skrik gou, iem. word gou bang; ~ *up a meal* §raap en skraap om 'n maaltyd voor te sit; ~ HIM *out of* HIS *wits* §HOM 'n groot skrik op die lyf ja(ag).

scared *be* ~ *to death* doodsbang wees; *be* ~ *of* ... bang wees vir —; *s.o. is running* ~ §iem. het die skrik op die lyf; HE *was* ~ *silly/stiff,* HE *was* ~ *out of* HIS *senses/wits* §HY was doodsbang, HY het HOM (boeg)lam/kapot ★ geskrik.

scarlet *turn* ~ vuurrooi word.

scatter ~ *things about/around* goed rondstrooi; ~ *s.t. with* ... iets met — bestrooi.

scene *appear/come on the* ~ op die toneel verskyn; *behind the* ~*s* agter die skerms; *a change of* ~ 'n verandering van omgewing; *disappear from the* ~ van die toneel verdwyn; sterf; *the* ~ *is laid in* ... die stuk/verhaal speel in — *('n plek, 'n tyd);* *make a* ~ 'n baan/herrie opskop ★, 'n lawaai maak/opskop; *it is not my* ~ § dit is nie my gebied nie, ek weet nie juis iets daarvan nie; §ek stel nie daarin belang nie; *be on the* ~ daar wees, op die toneel wees; *quit the* ~ van die toneel verdwyn; sterf; *set a* ~ die toneel skik/monteer; *set the* ~ *for s.t.* iets voorberei; *the* ~ *is set* alles is gereed; *the* ~ *is set in* ... die stuk/verhaal speel in —; *steal the* ~ § met die applous wegloop.

scent¹ [n.] *follow up the* ~ die spoor volg; *get the* ~ *of s.t.* die snuf van iets in die neus kry; *s.t. has no* ~ iets ruik nie; *be on the* ~ *of* ... op die spoor van — wees; *pick up the* ~ die spoor vind; *put/throw s.o. off* *the* ~/*track* iem. van die spoor bring, iem. op 'n dwaal= spoor bring.

scent² [v.] ~ *out* s.t. iets uitsnuffel/uitruik; iets uitvis.

sceptre *wield the* ~ die septer swaai.

schedule s.t. *goes according to* ~ iets verloop/vor= der volgens plan/rooster; s.t. *is ahead of* ~ iets is voor sy tyd; *as per* ~ volgens rooster; *be behind* ~ agter wees; *be on* ~ op tyd wees; *a tight* ~ 'n vol program; *be up to* ~ op tyd wees.

scheduled s.o. or s.t. *is* ~ *to arrive at* … iem. of iets word om — verwag; s.o. or s.t. *is* ~ *to leave at* … iem. of iets moet om — vertrek, iem. of iets is bestem(d)/be= paal om om — te vertrek; s.o. *is* ~ *to leave at* …, *(ook)* iem. se vertrek is vir — gereël; s.t. *is* ~ *to take place at* … iets is vir — bepaal.

scheme¹ [n.] *abandon a* ~ 'n plan opgee, 'n p. laat vaar; *the* ~ *of things* die bestel van die wêreld.

scheme² [v.] ~ *against* s.o. teen iem. saamsweer; ~ *for* … planne beraam vir —.

school¹ [n.] *after* ~ ná die skool, ná skooltyd; *at* ~ op skool; in die s.; *attend* ~ skoolgaan; *before* ~ voor skooltyd; *when the* ~s *break up* wanneer die sko= le sluit; *from* ~ van die skool; uit die s.; *go to* ~ skoolgaan, skool toe gaan; *go to the* ~ na die s. toe gaan; *in* ~ in die s.; *keep* s.o. *after* ~ iem. laat skool= sit; *leave* ~ die skool verlaat; *there will be no* ~ *today* daar sal vandag nie s. wees nie; *be of the old* ~ van die ou s. wees *(fig.)*, ouderwets wees; *out of* ~ uit die s.; buite skoolverband; *put a child to* ~ 'n kind in die s. sit, 'n kind op s. sit; *stay after* ~ skoolsit; *tell tales out of* ~ uit die skool klik/klap.

school² [v.] ~ *o.s. to* … leer om — te wees.

schooled *be well* ~ *in* s.t. goed in iets opgelei of ge= oefen wees.

scintilla *not a* ~ *of* … geen sweempie — nie.

scissors *(a pair of)* ~ 'n skêr.

scoff ~ *at* … met — spot, — bespot, op — smaal.

scolding *get a* ~ raas kry.

scoop¹ [n.] *HE gets a* ~ HY klop SY opponente met die nuus; *make a big* ~ 'n groot slag slaan; *at one* ~ in een slag.

scoop² [v.] ~ *out* s.t. iets uitskep; iets uithol; ~ *up* s.t. iets opskep; iets optel.

scope *allow* s.o. *more* ~ iem. meer vryheid laat; *ample* ~ oorgenoeg vryheid/ruimte; *it is beyond/ outside the* ~ *of* … dit val buite die bestek van —; *give* s.o. *ample/free/full* ~ iem. vry(e) spel laat/gee; *there is* ~ *for improvement* dit kan nog beter; *of wide* ~ van groot omvang; *offer a wide* ~ ruim veld bied; *within the* ~ *of* … deel van — *(bv. iem. se werk)*, binne — *(bv. iem. se bevoegdheid, vermoë).*

score¹ [n.] *by the* ~, *by* ~s by hope ★; *compile a* ~ 'n telling opstel; *keep* ~ die telling hou; *know the* ~ § weet hoe sake staan; *on the* ~ *of* … op grond van —, weens —; *on that* ~ wat dit betref, in daardie opsig, op daardie punt; *pay one's* ~ betaal wat jy skuldig is; *pay off old* ~s *against* s.o., *settle old* ~s *with* s.o. met

iem. afreken; *run up a* ~ 'n rekening laat oploop; *settle a* ~ *with* s.o. met iem. afreken; *ask what the* ~ *is* vra wat die telling is; §vra hoe sake staan; *wipe off a* ~ 'n skuld vereffen.

score² [v.] ~ *by* s.t. deur/by iets wen; *fail to* ~ geen punte aanteken nie; ~ *music for certain instruments* musiek vir bepaalde instrumente orkestreer; ~ *off* s.o. §iem. oortroef; ~ *runs off a bowler* lopies teen 'n bou= ler aanteken; ~ *out* s.t. iets skrap/deurhaal *(bv. woor= de)*; *that is where* … ~s dit is waar — die voorsprong het.

scorn *heap/pour* ~ *on* s.o. or s.t. iem. of iets bespot; *hold* s.o. or s.t. *up to* ~ iem. of iets bespot, iem. of iets 'n voorwerp van minagting maak; s.o.'s *intense* ~ *for* … iem. se diepe minagting vir —; *laugh* s.o. or s.t. *to* ~ iem. of iets uitlag/bespot, iem. of iets belaglik voor= stel; *be a* ~ *to* … vir — 'n voorwerp van minagting wees; *treat* s.o. or s.t. *with* ~ iem. of iets met minag= ting behandel.

scornful *be* ~ *of* s.o. or s.t. iem. of iets verag/ver= smaai.

scot-free *go/escape* ~, *get off* ~ ongedeerd uitkom, ongedeerd daarvan afkom; vrykom, loskom, ongestraf daarvan afkom.

scoundrel *a beastly* ~ 'n ellendige skurk; *a consum= mate/thorough(-paced)* ~, *an unmitigated* ~ 'n deur= trapte skurk, 'n aartsskurk, 'n skurk deur en deur, 'n aartsskelm.

scour ~ *out* s.t. iets uitskuur.

scout¹ [n.] *a good* ~ § 'n staatmaker; *be on the* ~ op verkenning uit wees.

scout² [v.] ~ *about/around for* s.t. na iets soek; ~ *out* s.t. § iets verken.

scowl ~ *at* s.o. iem. boos/kwaad/nors/suur aankyk.

scramble¹ [n.] *a* ~ *for* s.t. 'n stormloop/wedloop om iets.

scramble² [v.] ~ *for* s.t. om iets wedywer; oor me= kaar val om iets te kry *(bv. plek)*; ~ *to one's feet* orent sukkel.

scrap¹ [n.] *every* ~ elke stukkie/brokkie; *there is not a* ~ *left* daar is geen krieseltjie oor nie; *sell* s.t. *for* ~ iets vir aftakeling/afbraak verkoop.

scrap² [n.] *have a* ~ §baklei; §haak ★; *be in a* ~ §in 'n bakleiery wees.

scrap³ [v.] ~ *with* s.o. § met iem. baklei, met iem. rusie maak.

scrape¹ [n.] *be in a* ~ §in die knyp/nood/verknorsing sit, in die moeilikheid/nood wees; *get into a* ~ §in die moeilikheid kom, in die nood raak.

scrape² [v.] ~ *against* s.t. teen iets krap/skuur; ~ *along/by on* … met — klaarkom; ~ *away* s.t. iets afkrap/afskraap; ~ *home* naelskraap(s)★/net-net wen, net die paal haal; ~ *off* s.t. iets afkrap/afskraap; ~ *out* s.t. iets uitkrap/uitskraap; iets uithol; ~ *through* net-net deurglip, net die paal haal; ~ *to= gether* s.t. iets bymekaarskraap, raap en skraap.

scrap heap *be thrown on the* ~ ~, *be consigned to the*

~ ~ weggegooi word, op die ashoop gegooi word; afgedank word; in die doofpot gestop word *(bv. 'n plan)*.

scratch¹ [n.] *start from* ~ met niks begin, by nul begin; *be/come up to* ~ aan die eise voldoen, bevredigend wees; *s.o.'s work is not up to* ~ iem. se werk is onbevredigend, iem. se werk is nie van die vereiste gehalte nie; *without a* ~ ongedeerd.

scratch² [v.] ~ *about for* ... rondkrap op soek na—; *HE* ~*s from the contest* HY onttrek HOM aan die wedstryd; ~ *out s.t.* iets uitkrap *(uit 'n plek)*; iets skrap/deurhaal/doodkrap/doodtrek *(bv. woorde op papier)*; ~ *through s.t.* iets deurhaal/skrap; ~ *together s.t.* iets bymekaarskraap.

scream¹ [n.] *give a* ~ 'n skree(u) gee; *it was a (perfect)* ~ § dit was om jou slap te lag, dit was skree(u)snaaks, dit was baie verspot; § dit was belaglik; § dit was 'n volslae misoes; *an unearthly* ~ 'n bloedstollende kreet.

scream² [v.] ~ *for* ... om — skree(u) *(iets wat jy wil hê)*; om — skree(u)/gil *(bv. hulp)*; ~ *one's head off* § soos 'n maer vark skree(u) ★; ~ *out s.t.* iets uitgil; ~ *with* ... skree(u)/gil van — *(bv. die lag, die pyn)*.

screen¹ [n.] *throw s.t. on the* ~ iets op die doek of skerm wys.

screen² [v.] ~ *s.o. or s.t. from* ... iem. *of* iets teen — beskerm; ~ *(off) s.t.* iets afskerm/afskut.

screw¹ [n.] *HE has a* ~ *loose (somewhere)* §HY is (van lotjie) getik ★, HY is nie reg wys nie ★, HY het nie al SY varkies (in die hok) nie ★, daar is 'n skroef los by HOM ★; *put the* ~*s on/to s.o.* §iem. opkeil, iem. die duimskroef aansit; *thread a* ~ 'n draad insny/aansny; *tighten a* ~ 'n skroef aandraai.

screw² [v.] ~ *down s.t.* iets vasskroef; iets toeskroef; ~ *in s.t.* iets inskroef/indraai; ~ *off s.t.* iets afskroef; ~ *on s.t.* iets aanskroef; ~ *s.t. out of s.o.* iets van iem. afpers; ~ *up s.t.* iets dig maak, iets opskroef; iets opfrommel; iets bymekaarskraap *('n mens se moed)*; iets op 'n skrefie trek *('n mens se oë)*; iets op 'n plooi trek, iets vertrek *('n mens se gesig)*; iets saamtrek *('n mens se lippe)*; §§ iets verbrou.

scrimp ~ *and save* uiters spaarsaam leef/lewe.

scrounge ~ *around for s.t.* § rondkrap/rondsnuffel op soek na iets; ~ *s.t. from/off s.o.* § iets by/van iem. bedel.

scrub ~ *off s.t.* iets afskrop; ~ *out s.t.* iets uitvryf; § iets afstel/kanselleer.

scruff *take s.o. by the* ~ *of the neck* iem. agter die nek beetkry.

scrum *a set/tight* ~ 'n vaste skrum.

scruple¹ [n.] *have* ~*s about s.t.* bedenkings teen iets hê; *make no* ~ *to do s.t.* nie ontsien om iets te doen nie, iets sonder die minste kwelling doen; *have no* ~*s* niks ontsien nie; *a man of no* ~*s, a man without* ~ 'n gewetenlose man.

scruple² [v.] *not* ~ *to do s.t.* nie ontsien om iets te doen nie, iets sonder die minste kwelling doen.

scrutiny *close* ~ noukeurige ondersoek; *be subject to* ~ aan o. onderworpe wees; *subject s.t. to* ~ iets ondersoek, die soeklig op iets werp, iets onder die loep neem; *be under* ~ ondersoek word, onder die loep wees.

scuffle ~ *with s.o.* met iem. handgemeen raak.

scum *they are the* ~ *of the earth* § hulle is gespuis.

scurry ~ *for* ... in aller yl — soek *(bv. skuiling)*.

scuttle ~ *away/off* weghardloop, op loop sit.

sea *at* ~ op/ter see, op die see; *be (all) at* ~ dit mis hê, dwaal, (totaal) in die war wees, die kluts (glad) kwyt wees, die spoor byster wees; *by* ~ oor see *(reis)*, per skip; *by/on the* ~ aan die s.; *follow the* ~ seeman wees, op see vaar, die s. bevaar; *go to* ~ op s. gaan, die s. gaan, matroos word; *there is a heavy/high* ~ die s. is onstuimig; *on the high* ~*s* in die oop/ope see, in volle s.; *by* ~ *and land* ter s. en te land; *on/upon the* ~ op s.; *the town is situated on the* ~ die stad of dorp lê aan die s.; *put (out) to* ~, *stand to* ~ uitvaar, van wal steek, die s. invaar, s. kies, in s. steek; *sail the seven* ~*s* die wêreld se oseane bevaar; *ship a* ~ 'n stortsee kry; *sweep the* ~*s* die see deurkruis; die s. skoonvee.

sea front *on the* ~ ~ aan die strand/waterkant.

seal¹ [n.] *set the* ~ *on s.t.* die seël op iets druk, iets beseël; *HE sets HIS* ~ *to s.t.* HY heg SY seël aan iets, HY keur iets goed; *under* ~ verseël; *given under my hand and* ~ deur my geteken en geseël/verseël.

seal² [n.] *kill* ~*s* robbe slaan.

seal³ [v.] ~ *off s.t.* iets afdig; ~ *up s.t.* iets verseël; iets toeplak *(bv. vensters)*; ~ *it with* ... dit met — beseël *(bv. 'n soen)*.

sea legs *HE does not have HIS* ~ ~ *yet* HY het nog nie SY seebene nie, HY kan nog nie op 'n skip loop nie.

sea level *above/below* ~ ~ bo/onder (die) seespieël/seevlak; *at* ~ ~ by die seespieël/seevlak, op seespieël/seevlak.

seam *be bursting at the* ~*s* propvol wees, tot barstens toe vol wees; baie vinnig groei *(bv. 'n stad)*; *come/fall apart at the* ~*s* § in duie stort/val.

search¹ [n.] *the* ~ *for* ... die soektog/soekery na — *(bv. iem. of iets wat vermis is)*; die soeke na — *(bv. die raaisel van die lewe)*; *go in* ~ *of* ... na — gaan soek; *in* ~ *of s.t.* op soek na iets; *make a* ~ *for* ... na — soek; *a massive* ~ 'n uitgebreide/omvattende soektog.

search² [v.] ~ *for s.t.* na iets soek; ~ *s.o. for s.t.* iem. visenteer op soek na iets *(bv. wapens)*; ~ *a place for* ... 'n plek deursoek na —; ~ *me!* § ek het nie die vaagste benul nie!, dit weet joos (alleen)! ★; ~ *out s.o.* iem. opspoor *(bv. die skuldige)*; ~ *out s.t.* iets naspoor/vasstel *(bv. die oorsaak)*; ~ *through s.t.* iets deursoek; ~ *through s.t. for* ... deur iets soek na —.

seaside *at the* ~ aan die strand; *go to the* ~ strand toe gaan.

season *the festive* ~ die feestyd/feesdae; *the four* ~*s* die vier jaargetye; *at the height of the* ~ in die drukte van die seisoen; *in* ~ *and out* te alle tye, te pas en te onpas, tydig en ontydig; *fruit in* ~ vrugte na die seisoen; ... *are* or *is in* ~ dit is nou —tyd *(bv. kersie=, snoek=)*; *in the off* ~ buiten(s)tyds; *out of* ~ buiten(s)tyds; te onpas; ontydig; onvanpas; ... *are* or *is out of* ~ dit is nie nou —tyd nie *(bv. kersie=, snoek=)*; *the rainy* ~ die reëntyd; *the shooting* ~ die jagtyd; *the silly* ~ die komkommertyd *(fig.)*.

seasoned *be highly* ~ sterk gekrui wees.

seat¹ [n.] *all* ~*s!* inklim!, instap!; *take a back* ~ §'n ondergeskikte plek inneem, op die agtergrond bly; *have a* ~ *on the* **board** sitting in die raad/direksie hê, 'n setel in die raad/direksie hê; *book* ~*s* plek(ke) bespreek; *carry a* ~ in 'n setel verkies word, 'n setel wen; *contest/fight a* ~ 'n setel betwis; *a contested* ~ 'n betwiste setel; *be in the driver's* ~ die hef in die hande hê; *an empty* ~ 'n oop sitplek; *gain a* ~ *from the opposition* 'n setel van die opposisie wen; *have/ take a* ~*!* sit (gerus)!; *s.o. is in the hot* ~ §iem. moet die moeilike besluit(e) neem; HE *keeps* HIS ~ HY bly sit; HY bly in die saal *('n ruiter)*; HY behou SY setel *(in 'n verkiesing)*; HE *loses* HIS ~ HY verloor SY setel, HY word nie herkies nie; *lose a* ~ *to the opposition* 'n setel aan die opposisie afstaan; *the* ~*s of the* **mighty** die voorgestoelte, die gestoelte van die magtiges; *do s.t. by the* ~ *of one's* **pants** § iets op gevoel af doen; ~*s please!* inklim!, instap!; sit asseblief!; *resume one's* ~ weer gaan sit; *take a* ~ gaan sit; in 'n setel verkies word; *take/have a* ~*!* →*have*; HE *takes* HIS ~ HY gaan sit, HY neem SY plek in; HY neem sitting; *take* ~*s* plekke bespreek; *an unopposed* ~ 'n onbetwiste setel; HE *vacates* HIS ~ HY doen afstand van SY setel.

seat² [v.] HE ~*s* HIMSELF HY gaan sit.

seated *s.o. is* ~ iem. sit; *s.t. is deeply* ~ iets is diep (in)gewortel.

secede ~ *from* ... van — afskei.

second¹ [n.] *the* ~ *in* **command** die onderbevelhebber; *the* ~ *from the* **front** die een naasvoor; *be a good* ~ kort agter die wenner wees; *have* ~*s* §nog daarvan eet; *the* ~ *from the* **rear** die een naasagter.

second² [n.] *in a* **fraction** *of a* ~, *in a* **split** ~ in minder as 'n sekonde, in 'n oogwenk/oogwink; *half a* ~*!* § net 'n oomblik!, wag 'n bietjie!; *in/within* ~*s* binne enkele oomblikke; *wait a* ~*!* § (wag) net 'n oomblikkie!

second³ [v.] ~ *s.o. to* ... iem. (tydelik) aan — afstaan/leen.

second⁴ [adj.] *come in* ~, *gain* ~ *place* tweede wees, die tweede plek behaal; *it is* ~ *to none* dit staan vir niks agteruit nie; *s.o. is* ~ *to none* iem. staan vir niemand agteruit nie, iem. is bobaas.

second-best *come off* ~ aan die kortste ent trek, die onderspit delf.

secrecy *under a* **blanket** *of* ~ agter 'n sluier van geheimhouding; *in the* **deepest/greatest** ~ in die diepste geheim, onder die diepste geheimhouding; *in* ~ in die geheim, heimlik; *there is* **no** ~ *about it* dit is geen geheim nie, dit word nie geheim gehou nie;

swear *s.o. to* ~ iem. plegtig laat belowe om iets geheim te hou, iem. laat sweer om iets g. te hou; *be veiled in* ~ in (die) verborgenheid gehul wees.

secret¹ [n.] *confide a* ~ *to s.o.* 'n geheim vir iem. vertel, iem. deelgenoot maak van 'n geheim; *a dark* ~ 'n diepe g.; *give away a* ~ 'n g. verklap/uitlap; *have no* ~*s from one another* niks vir mekaar wegsteek nie; *in* ~ in die geheim, stilletjies; *be in (on) a* ~ in 'n g. wees, ingewyd wees; *initiate s.o. into a* ~ iem. in 'n g. inwy; *keep a* ~ 'n g. bewaar; *keep s.t. a* ~ iets geheim hou; *let s.o. into a* ~ iem. in 'n g. inwy; *let out a* ~ 'n g. verklap/uitlap; *make no* ~ *of s.t.* iets nie onder stoele of banke wegsteek nie, geen g. van iets maak nie; *it is no* ~, *it is an open* ~ almal weet dit, dit is 'n openbare g.; *it is no* ~ *that* ..., *it is an open* ~ *that* ... almal weet dat —, dit is 'n openbare g. dat —; *nurse a* ~ 'n g. sorgvuldig bewaar; *it is an open* ~ →*no; the* ~ *is out* die g. het uitgelek; *s.t. remains a* ~ iets bly verborge.

secret² [adj.] *keep s.t.* ~ *from s.o.* iets vir iem. geheim hou; *it is top* ~ dit is hoogs/uiters geheim.

section *under the* ~ *(of the Act)* ingevolge/volgens/ kragtens die artikel (van die wet).

secure¹ [v.] ~ *s.t. against/from* ... iets teen — beveilig.

secure² [adj.] *be* ~ *against/from* ... teen — (be)veilig wees.

security *against* ~ op onderpand/sekuriteit; *find/ furnish* ~ sekerheid stel; *in* ~ in veiligheid; *in* ~ *for* ... as pand/waarborg vir —; as borg vir —.

sedation *under* ~ onder verdowing.

see ~ *about s.t.* vir iets sorg, werk maak van iets; oor iets dink; *we'll* ~ *about that, (ook)* dit sal ons nog moet sien; *for all to* ~ oop en bloot; ~ *s.t. as* ... iets as — opvat; iets as — beskou; iets — ag; *come and* ~ *s.o.* iem. kom besoek/opsoek; by iem. kom kuier; *come and* ~ *for yourself!* kom kyk self!, kom self kyk!; ~ *s.t. differently now* iets nou anders insien; *do you* ~? sien/ begryp/verstaan/snap jy?; ~ *that s.t. is done* sorg/ toesien dat iets gedoen word; *s.o.* ~*s double* iem. sien dubbel; *as far as I can see* so ver/vêr ek kan sien/ oordeel; ~ *fit to do s.t.* dit goed/dienstig/raadsaam/ gepas ag/dink om iets te doen; *I could not* ~ *the road for dust* ek sien die pad deur die stof sien nie; *I* ~ *from your letter* ... ek sien in u brief —; *I saw s.o. grow up* iem. het voor my grootgeword; ~*/look here!* kyk hier!; ~ *s.o.* **home** iem. huis toe bring/vergesel; ~ *how* ... kyk hoe —; *I* ~*!* ek begryp/verstaan!; nou snap ek dit!; ag so!; *as I* ~ *it* na my mening/oordeel; *I* ~ *you are right* ek sien (in) dat jy gelyk/reg het; *I'll* ~, *I will* ~ ek sal kyk, ek sal daaroor dink; ~ *s.t. in s.o.* van iem. hou; *not know what s.o.* ~*s in* ... nie weet waarom iem. van — hou nie *('n persoon)*; ~ *the new year in* die nuwe jaar inlui; ~ *into s.t.* →*look;* ~ *you later!* tot siens!, ons sien mekaar weer!; *let me* ~, *(lett.)* laat my sien/kyk; *(fig.)* laat ek sien, laat ek eers dink, wag net so 'n bietjie; *let me* ~ *it* laat ek/my dit

sien, wys dit vir my, wys my dit; *may I* ~ *you?* mag ek
u spreek?; *not* ~ *properly* nie mooi sien nie; *s.o.* ~*s but
does* ***not*** *perceive* iem. is siende blind; ~ *s.o.* *off at the
airport* or *station* iem. by die lughawe *of* stasie gaan
groet, iem. by die lughawe *of* stasie wegsien; iem. lug-
hawe *of* stasie toe wegbring; ~ *s.t. for oneself* self na
iets kyk; ~ *out s.o.* iem. uitlaat, iem. deur toe bring; ~
out *s.t.* tot die end van iets leef/lewe *(bv. 'n tydperk);*
~ ***out*** *the old year* die ou jaar uitlui; ~ *over s.t.* iets
bekyk/besigtig *(bv. 'n huis);* ~ *page 15* sien bl. 15,
kyk (op) bl. 15; *refuse to* ~ *s.o.* weier om iem. te ont-
vang; ~ *s.o.* ***right*** iem. weghelp; iem. goed behandel;
~ ***someone*** iem. sien; iem. te woord staan; iem. ont-
vang; by iem. kom; ~ ***that*** *s.t. is done* sorg/toesien dat
iets gedoen word; ~ ***through*** *s.t.* begryp wat agter
iets skuil, iets deurgrond/deursien *(uitspr.: deur-
sien),* iets agterkom *(bv. 'n plan);* ~ ***through*** *s.o.*
iem. deursien *(uitspr.: deursien);* ~ *s.t.* ***through,*** ~
through *s.t.* iets deurvoer/deursit, iets afhandel/klaar-
maak; ~ *s.o.* ***through,*** ~ ***through*** *s.o.* iem. deurhelp/
weghelp; *s.t. will* ~ *s.o.* ***through*** *the day/etc.* iets sal
vir iem. genoeg wees vir die dag/ens.; ~ ***to*** *s.t.* vir iets
sorg; op iets let; vir iets oppas; iets in orde bring, iets
opknap, iets nasien; werk van iets maak; na iets kyk
(bv. 'n stukkende toestel); ~ ***to*** *s.o.* iem. oppas *(bv. 'n
kind);* ~ ***to it*** *that* ... sorg/toesien dat —, sorg dra dat
—; *I will* ~ ***to it*** ek sal daarvoor sorg, ek sal werk maak
daarvan; ~ ***what*** *can be done* kyk wat gedoen kan
word; *I hope I* ~ *you* ***well*** gaan dit goed?; ~ ***whether***
... kyk of —; *not (be able to)* ~ *the* ***wood*** *for the trees*
die bos nie (kan) sien nie vanweë die bome; *you* ~ ...
sien jy —; *begryp wel* —; *(do you)* ~? sien/begryp/
verstaan/snap jy?; ~ *you again/later, I'll be* ~*ing you!*
tot siens!, (tot) wederom!, ons sien mekaar weer!; *I'll*
~ *you damned first!* loop na die duiwel! **; ~ *you
don't* ... pas op dat jy nie — nie; ~ *for yourself!* kyk
self! →**seeing; seen.**

seed *go/run to* ~, *(lett.)* saadskiet; *(fig.)* verwaarloos/
afgetakel/verslons raak; *plants that are in* ~ plante wat
in die saad staan, plante wat saadgeskiet het; *sow the* ~
of s.t. iets saai.

seeing¹ [n.] ~ *is believing* (P) sien is glo (P); *s.t. is
worth* ~ iets is werd om te sien.

seeing² [voegw.] ~ *that* ... aangesien —.

seek ~ *after s.t.* iets nastreef/nastrewe, na iets streef/
strewe; iets soek *(bv. die waarheid);* *it is not far to* ~
('n) mens hoef dit nie ver/vêr te soek nie; dit lê voor die
hand; ~ *s.t.* ***from*** *s.o.* iets by iem. aanvra; ~ *out s.o.*
iem. opsoek; iem. opspoor. →**sought.**

seem *it* ~*s as if* ... dit lyk asof —; *silly/etc. as it may*
~ hoe dwaas/ens. dit ook (al) mag lyk; *s.o.* ***can't*** ~ *to
understand/etc.* § iem. kan blykbaar nie verstaan/ens.
nie, iem. is blykbaar nie in staat om te verstaan./ens.
nie; *s.o.* ***doesn't*** ~ *to understand/etc.* § iem. verstaan/
ens. blykbaar nie; *it* ~*s* ***not*** dit lyk nie so nie; *things are
not *always what* they ~ (P) skyn bedrieg (P); *it* ~*s* ***so,***
so it ~*s* dit lyk so, so lyk dit; *it* ~*s* ***that*** *s.o. is* ..., *it*

would ~ ***that*** *s.o. is* ... iem. is blykbaar —; *s.o.* ~*s to
be tired/etc.* iem. lyk moeg/ens.; *HE* ~*s to be lazy/etc.*
but *HE isn't* skynbaar is HY lui, maar HY is dit nie; *s.o.*
~*s to have done s.t.* blykbaar het iem. iets gedoen; *i*
~*s to me* ... dit lyk (vir) my —, dit smaak my —, di
kom my voor —; *it* ~*s funny/etc.* ***to me*** dit lyk/is vi
my snaaks/ens.; *I* ~ ***to see*** ... *still* dit is of ek — nog
sien; *it* ***would*** ~ *that* ..., *it* ***would*** ~ *as if* ... dit lyk
amper/half/enigsins asof —, dit wil voorkom asof —

seen *be* ~ *as* ... as — beskou word; *s.t. can be* ~ iet
is te sien; iets is sigbaar; *as can be* ~ soos te sien is; *i*
can be ~ *there* dit is daar te sien; *s.o.* ***cannot*** *be* ~ *nou*
iem. is nie nou te spreek nie; *it* ***remains*** *to be seen* di
is nog die vraag, dit moet ons nog sien, dit moet
nog blyk, dit staan (nog) te besien; *have s.t.* ~ ***to*** iets
laat nasien *(bv. 'n motor);* iets laat ondersoek *(bv. 'n
mens se oë);* *s.o. was* ~ ***to*** *fall/etc.* hulle het iem. sien
val/ens.

seethe ~ *with* ... kook van — *(bv. woede).*

seize ~ *s.o. by the neck/etc.* iem. aan die nek/ens.
gryp; ~ *(on/upon) s.t.* iets aangryp *(bv. 'n geleent-
heid);* ~ *(up)* vasbrand; vassit; vas raak.

seized *be* ~ *with* ... met — besiel wees *(bv. 'n
ideaal);* deur — bevange wees *(bv. skrik).*

seldom ~ *if ever* selde of (n)ooit.

selected *be* ~ *for* ... as lid van — aangewys word
(bv. 'n span); gekies word weens/om — *(sekere hoeda-
nighede);* *HE has been* ~ *on HIS good performance* HY is
op grond van SY goeie prestasie aangewys/gekies.

selection *a fine* ~ *of* ... 'n ruim keuse van — *(bv.
stowwe);* 'n keurige versameling (van) — *(bv. kunswer-
ke);* *a* ~ *from* ... 'n keuse uit —; 'n keur uit —, uittrek-
sels uit —; *a wide* ~ *of* ... 'n groot verskeidenheid
van —.

self *s.o.'s better* ~ iem. se beter natuur/inbors; *s.o.'s
former/old* ~ soos iem. vroeër was, wat iem. was; *s.o.'s
second* ~ iem. se tweede ek, iem. se onafskeidelike
helper/vriend.

self-condemned *HE stands* ~ HY veroordeel HOM-
SELF.

self-control *HE loses HIS* ~ HY verloor SY selfbeheer-
sing, HY beteuel nie SY drif nie; *HE regains HIS* ~ HY
kry SY selfbeheersing terug.

self-defence *in* ~ uit selfverdediging/noodweer.

self-determination *s.o.'s right of* ~ iem. se selfbe-
skikkingsreg.

self-evident *it is* ~ *that* ... dit spreek vanself dat —;
dit behoef geen betoog nie dat —; dit lê voor die hand
dat —; klaarblyklik —.

self-praise ~ *is no recommendation* (P) eie lof/roem
stink (P).

self-respect *wound HIS* ~ HOM te na kom, HOM in SY
eer krenk/aantas.

sell ~ *s.t as is* iets voetstoots verkoop; *s.t.* ~*s at R5
each* iets verkoop vir/teen R5 stuk; ~ *by* ... verkoop
voor — *(datum);* *s.o.* ~*s s.t. for R5* iem. verkoop iets
vir R5; *it* ~*s for* ... dit kos —, die prys is —; *s.t.* ~*s*

like hot cakes iets gaan soos soetkoek; ~ *off* s.t. iets uitverkoop *(goedere)*; iets afverkoop *(grond)*; ~ s.o. *on* s.t. §iem. tot iets oorhaal, iem. van iets oortuig; HE ~s *out* HY verkoop alles; HY v. SY hele voorraad; HY v. uit, HY v. SY saak *of* plaas; ~ *out* s.t. iets v.; iets uitverkoop; ~ *out* s.o. iem. verraai/uitlewer; s.o. ~s *short* iem. verkoop op daling; ~ s.o. *short* iem. nie na waarde skat nie, iem. te kort doen; ~ s.t. *to* s.o. iets aan iem. verkoop; HE ~s *up* HY v. uit, HY v. SY saak *of* plaas; ~ *up* s.o. iem. uitverkoop; *it* ~s *well* dit kry/geniet/vind goeie aftrek.

selling *heavy* ~ druk(ke) verkope.

semblance *bear* the ~ *of* ... na — lyk, die voorkoms van — hê; *have the* ~ *of* ... die skyn van — hê; *not a* ~ *of* ... geen skyn van — nie *(bv. waarheid)*; HE *puts on a* ~ *of* ... HY maak of HY — is *(bv. spyt)*, HY doen HOM — voor *(bv. vriendelik)*; *without a* ~ *of* ... sonder 'n sweem van — *(bv. berou)*.

send ~ s.o. *after* s.o. else iem. agter iem. anders aan stuur; ~ s.o. *ahead* iem. vooruitstuur; ~ s.o. *along with* s.o. else iem. saam met iem. anders stuur; ~ *away* s.o. or s.t. iem. *of* iets wegstuur; ~ *away/off* for s.t. iets laat kom; iets laat haal; iets bestel; ~ *back* s.o. or s.t. iem. *of* iets terugstuur; ~ *down* s.t. iets afstuur, iets ondertoe stuur; iets laat daal *(bv. die pryse, die temperatuur)*; iets verminder *(bv. die koors)*; ~ *down* s.o. iem. ondertoe stuur; iem. uit die universiteit sit; iem. tronk toe stuur; ~ *for* s.t. iets laat kom; iets laat haal; iets bestel; ~ *for* s.o. iem. ontbied, iem. laat kom; iem. laat haal; iem. laat roep; ~ *forth* s.o. or s.t. iem. *of* iets uitstuur; ~ *forth* buds →**bud**; ~ *in* s.o. or s.t. iem. *of* iets instuur; ~ *in* s.t., *(ook)* iets laat inskryf/inskrywe *(bv. 'n mens se naam)*; ~ *off* s.t. iets afstuur/wegstuur; ~ *off* s.o. iem. wegsien, 'n afskeidsgroet aan iem. bring; iem. van die veld stuur *('n speler)*; ~ *on* s.t. iets deurstuur; iets aanstuur; iets vooruitstuur; iets nastuur; ~ *on* s.o. iem. vooruitstuur; ~ *out* s.t. iets uitstuur/wegstuur; iets versprei *('n reuk)*; ~ *over* s.o. or s.t. iem. *of* iets oorstuur; ~ *round* s.t. iets omstuur/rondstuur; ~ *up* s.t. iets opstuur, iets boontoe stuur; iets laat styg *(bv. die pryse, die temperatuur)*; iets verhoog *(bv. die koors)*; iets laat opstyg *(bv. 'n ballon)*; ~ *up* s.o. or s.t. §iem. *of* iets belaglik maak, met iem. *of* iets die draak steek.

send-off *give* s.o. a good ~ deeglik van iem. afskeid neem.

send-up a ~ *of* s.o. or s.t. §'n draakstekery met iem. *of* iets.

senior s.o. is ... *years* s.o. else's ~, s.o. is ... *years* ~ to s.o. else iem. is — jaar ouer as iem. anders; iem. is — jaar voor/bo iem. anders; *the most* ~ die hoogste in rang; die oudste in diensjare.

seniority *by virtue of* ~ op grond van diensjare.

sensation *cause/create/produce* a ~ 'n opskudding veroorsaak, opspraak (ver)wek, opsien baar, sensasie maak/(ver)wek.

sense HE is *bereft of* HIS ~s HY is van SY sinne be-

roof; *bring* HIM *to* HIS ~s HOM tot besinning bring; HE *comes to* HIS ~s HY kom weer by SY sinne; *common* ~ (gesonde) verstand; *in every* ~ in elke opsig; in alle opsigte; *the five* ~s die vyf sinne; *good* ~ verstandigheid, verstand; *have the good* ~ *to do* s.t. so verstandig wees om iets te doen, die verstand hê om iets te doen; *it gratifies the* ~s dit streel die sinne; *have a* ~ *of humour* →**humour**; *in* a *(certain)* ~ in sekere sin; *knock* some ~ *into* s.o. iem. tot rede bring; *it makes* ~ dit het sin, dit is sinvol; *make* ~ *(out) of* s.t. iets verstaan; *it makes* ~ *to* ... dit is verstandig om te —; *it makes no* ~ dit is sinloos, dit het geen sin nie; ('n) mens kan niks daaruit wys word nie; *be a man* or *woman of* ~ 'n verstandige man *of* vrou wees; *in the narrow* ~ in die beperkte sin; *there is no* ~ *in it* dit is sinloos, dit het geen sin nie; ('n) mens kan niks daaruit wys word nie; *of the* ~s sin(ne)lik; HE is *out of* HIS ~s HY is van SY verstand/kop/wysie af, HY is van SY verstand beroof; *are you out of your* ~s? is jy mal?, is jy van jou verstand/kop/wysie af?, is jy nie by jou volle verstand nie?; *not have a particle of* ~ geen greintjie verstand hê nie; HE *recovers* HIS ~s, HE *returns to* HIS ~s HY kom weer by SY sinne; *one's sixth* ~ ('n) mens se sesde sintuig; *in the same* ~ in dieselfde gees; *in* HIS *sound and sober* ~s by SY volle verstand, in die volle/ongesteurde/ongestoorde besit van SY geesvermoëns; *in the strict* ~ in engere sin, in die enge sin; noukeurig beskou; HE *takes leave of* HIS ~s HY raak van SY verstand/kop af; *take the* ~ *of the meeting* die gevoelens van die vergadering toets; *talk* ~ §verstandig praat; *talk* ~! §moenie kaf praat nie! *;* now you're *talking* ~! §nou praat jy! *;* *what is the* ~ *of doing a thing like that?* wat baat/help dit om so iets te doen?; *be a woman* or *man of* ~ →**man;** *in the strict/ full/proper* ~ *of the word* in die eintlike/volle/werklike sin/betekenis van die woord.

senseless *knock* s.o. ~ iem. bewusteloos slaan.

sensible *be* ~ *about* s.t. iets verstandig beskou; *be* ~ *of* s.t. iets besef; van iets bewus wees; vir iets gevoelig wees.

sensitive *be* ~ *to* ... vir — gevoelig wees.

sensuality *wallow in* ~ in wellus/sin(ne)likheid swelg.

sentence[1] [n.] ~ *of death* die doodsvonnis; *execute the* ~ *of death* die doodsvonnis voltrek; *impose* a ~ *on* s.o. iem. 'n vonnis oplê, 'n vonnis aan iem. oplê; *pass* ~ *on* s.o. 'n vonnis oor iem. vel/uitspreek, iem. vonnis; *pronounce* ~ die vonnis vel/uitspreek; *serve* a ~ 'n vonnis/straftyd uitdien/uitsit; *be under* ~ *of death* ter dood veroordeel wees; *a person under* ~ 'n veroordeelde.

sentence[2] [v.] ~ s.o. *to death* iem. ter dood veroordeel; ~ s.o. *to five years* iem. tot vyf jaar tronkstraf vonnis/veroordeel.

sentiment *create* ~ *against* ... teen — stemming maak; *these are my* ~s so dink ek daaroor, dit is my mening; *share* s.o.'s ~s *on* st. dit met iem. oor iets eens

wees; *HE is swayed by* ~ HY laat HOM deur SY gevoel
lei.

sentimentality *sloppy* ~ § stroperige sentimentali=
teit, stroperigheid.

sentry *post sentries* wagte uitsit; *stand* ~, *be on* ~ *duty*
(op) wag staan.

sentry-go *be on* ~ op wag wees.

separate ~ *s.o.* or *s.t. from* … iem. *of* iets van —
losmaak/skei.

sepulchre *whited* ~*s* witgepleisterde/witgeverfde
grafte *(fig.)*.

sequel *as a* ~ *to* … as gevolg van —; *in the* ~ soos
sake later geloop het; *the* ~ *to* … die vervolg op —; die
nasleep van —; *have an* **unfortunate** ~ sleg afloop.

sequence *a* or *the* ~ *of events* 'n of die opeenvolging
van gebeurtenisse; *in* ~ in volgorde; *in rapid* ~ kort na
mekaar.

sequential *be* ~ *to*/*upon s.t.* op iets volg.

series *a* ~ *of accidents* 'n aaneenskakeling van on=
gelukke, die een ongeluk op die ander; *a* ~ *of events*
'n reeks (van) gebeurtenisse; *in* ~ agtereenvolgens;
square *the* ~, *(sport)* die reeks deel.

serious *s.o. is* ~ *about s.t.* iets is iem. se erns; iem.
bedoel iets in alle erns; *be* ~ *about s.o.* dit ernstig
meen met iem.; *are you* ~? meen/bedoel jy dit?, is dit
jou erns?; *deadly* ~ doodernstig, uiters/hoogs erns=
tig; *things look* ~ sake lyk sleg; *be quite* ~ *about s.t.*
iets in alle erns bedoel; *and now to be* ~ alle gekheid/
grappies op 'n stokkie ★

seriousness *in all* ~ in alle erns; *in dead* ~ in dode=
like erns.

sermon *deliver*/*hold*/*preach a* ~ *on* … 'n preek oor—
hou/lewer.

serpent *HE cherishes a* ~ *in HIS bosom* HY koester 'n
adder aan SY bors; *the old S*~ ou Satan.

servant *your obedient* ~ u dienswillige dienaar.

serve ~ *as* … dien as —; fungeer as —; ~ *at table* aan
tafel bedien; ~ *s.o.* **faithfully**/**loyally**/**truly** iem.
trou dien; ~ *s.o. ill* iem. sleg behandel; ~ *on* … in —
dien, lid van — wees *(bv. 'n komitee, 'n raad)*; ~ *s.t.*
on s.o., ~ *s.o.* **with** *s.t.* iets aan iem. bestel/beteken
(bv. 'n dagvaarding); ~ *out s.t.* iets ronddien *(bv. kos,
drank)*; iets uitskep; iets uitdien *(bv. 'n termyn)*; *that*
~*s HIM* **right!** dit is SY verdiende loon!, dit het HY
verdien!, goed so!; ~ *round s.t.* iets uitdeel/rondgee;
it ~*s to* … dit strek om te —; ~ *under s.o* onder iem.
dien; ~ *up s.t.* iets opskep/opdien/opdis, iets op tafel
sit; *HE* ~*s s.o.* **well** HY behandel iem. goed; HY maak
HOM verdienstelik teenoor iem.; *s.t.* ~*s s.o.* **well** iets
lewer goeie diens aan iem.; *that excuse* **will not** ~ *HIM*
dié verskoning/uitvlug sal HOM nie baat/help nie; ~
with *s.o.* onder iem. dien *('n generaal)*; ~ *s.o.* **with**
s.t. iets vir iem. inskep *(kos)*; iem. van iets voorsien; ~
s.t. **with** … iets met — berei *(in die kookkuns)*.

served *are you being* ~? is u (al) gehelp?

service *on active* ~ in aktiewe diens, in krygsdiens,
te velde, aktief; *s.t. is at one's* ~ iets staan iem. ten

diens; *at your* ~ tot u diens; *breach of* ~ diensver
lating; *break s.o.'s* ~, *(tennis)* iem. se afslaan deur
breek *(uitspr.: deurbreek)*; *discharge s.o. from* ~
iem. uit die diens ontslaan; *do s.o. a* ~ iem. 'n diens
bewys, iem. van diens wees; *enlist s.o.'s* ~*s* iem. se
dienste verkry; *be exempt from (military)* ~ diens
vry wees; *be called to* **higher** ~ tot hoër diens opge
roep word; *hold a* ~ 'n diens hou, godsdiens hou; *do*
s.o. an ill ~ iem. 'n ondiens bewys; *s.t. is in* ~ iets is in
gebruik; *s.o. is in* ~ iem. werk as huisbediende; **long**
~ lang diensjare; *be of* ~ *to s.o.* iem. van diens wees
iem. 'n diens bewys; *be out of* ~ buite gebruik wees
press s.o. into ~ iem. inspan; *be pressed into* ~ inge
span word; *put s.t. into* ~ iets in gebruik neem; *quit*
the ~ die diens verlaat; *for* ~*s rendered* vir gelewer
de/bewese dienste; *see* ~ krygsdiens verrig, in die
weermag dien; 'n kampanje/veldtog meemaak; *render*
signal ~*(s)* buitengewone dienste bewys; *take* ~
diens neem; *take a* ~ 'n diens lei, 'n godsdiensoefe
ning lei; *take s.o. into one's* ~ iem. in diens neem; *take*
~ *with* … by — in diens gaan; *HE tenders HIS* ~*s HY*
bied SY dienste aan; ~ *to the nation*/*people* volksdiens
~ *to the nation*/*state* diens aan die land/staat; *unstint*
ing ~ toegewyde diens; *whose* ~ *is it?*, *(tennis)* wie
moet afslaan?; *withdraw s.t. from* ~ iets uit die ge
bruik neem; iets uit die vaart neem *('n skip)*.

sesame *open* ~! sesam, gaan oop!

session *Parliament is in* ~ die Parlement sit.

set¹ [n.] *make a dead* ~ *at s.o.* hard probeer om in iem.
se guns te kom; 'n hewige aanval op/teen iem. rig, op
iem. toeslaan; *the smart* ~ die windmakerklas, die
elite; *win in straight* ~*s*, *(tennis)* in opeenvolgende/
skoon stelle wen.

set² [v.] ~ *about s.o.* iem. aanpak/aanval; ~ *about*
s.t. iets aanpak, met iets begin, aanstalte(s) maak met
iets; ~ *about s.t. the right* or *wrong way* iets reg *of*
verkeerd aanpak, reg *of* verkeerd met iets te werk gaan;
~ *afire s.t.* iets aan die brand steek; ~ *afoot s.t.* iets
aan die gang sit; iets op tou sit *(bv. 'n beweging, 'n*
veldtog); ~ *s.t.* **against** … iets teenoor — plaas; ~
s.o. **against** … iem. teen — opstook; *HE* ~*s HIMSELF*
against … HY verset HOM teen —, HY bied weerstand
aan —, HY is teen — gekant; ~ *alight s.t.* iets aan die
brand steek; ~ *apart s.t.* iets apart hou, iets afsonder;
iets opsysit/reserveer; *s.t.* ~*s s.o.* **apart from** … iets
onderskei iem. van —; ~ *aside s.t.* iets opsysit/bêre;
iets herroep/vernietig/ophef/verwerp, iets nietig ver=
klaar *(bv. 'n uitspraak, 'n vonnis)*; iets buite beskouing
laat; ~ *aside a time for* … 'n tyd vir — uithou; ~
back *s.t.* iets terugsit; iets agteruitsit; iets vertraag;
(drukwerk) iets laat inspring; *it* ~*s HIM* **back** *R50* § dit
kos HOM R5O; ~ *s.o.* or *s.t.* **beside** … iem. *of* iets met
— vergelyk; ~ *by s.t.* iets spaar/opsysit; iets bêre/be=
waar; ~ **down** *s.t.* iets neersit; iets neerskryf/neer=
skrywe/opteken; ~ **down** *s.o.* iem. neersit; iem. aflaai,
iem. laat afklim; ~ *s.o.* **down** *as a* … iem. as 'n —
beskou; *a case is* ~ **down** *for a certain day* 'n saak sal

op 'n bepaalde dag dien; ~ *a case* **down** *for hearing* 'n saak op die rol plaas; ~ *s.t.* **down** *to* … iets aan — toeskryf/toeskrywe; iets op rekening van — sit; ~ *s.t.* *on* **foot** iets aan die gang sit; iets op tou sit *(bv. 'n beweging, 'n veldtog)*; ~ **forth** vertrek, op reis gaan, 'n r. begin; ~ **forth** *s.t.* iets bekend/openbaar maak; iets uiteensit; ~ *s.t.* **going** iets aan die gang sit/maak; iets op dreef bring; *s.t.* ~*s in* iets begin; *it* ~*s in to rain/etc.* dit begin (te) reën/ens.; ~ *s.o.* **laughing/etc.** iem. aan die lag/ens. maak/sit; ~ **off** vertrek, op reis gaan, 'n r. begin; ~ **off** *s.t.* iets aan die gang sit/maak; iets laat ontplof *(bv. 'n bom, 'n myn)*; *s.t.* ~*s* **off** …, *(ook)* iets versier — *(bv. 'n kledingstuk)*; iets laat — uitkom *(bv. die kleur)*; ~ **off** *s.o.* iem. aan die praat of lag maak; ~ **off** *s.t.* *to advantage* iets goed laat uitkom/vertoon; ~ **off** *s.t. against* … iets teenoor — stel; iets teen — laat opweeg; iets teen — in rekening bring; iets teen — verreken *(bv. 'n bedrag)*; ~ *s.t.* **on** … iets op — plaas/ sit; ~ **on** *s.o.* iem. aanhits/ophits/aanpor; iem. aan= spoor; ~ … **on/upon** *s.o.* — op iem. loslaat *(bv. 'n hond)*; ~ **out** vertrek, op reis gaan; begin; ~ **out** *s.t.* iets uitsit; iets uiteensit; iets uitlê; iets afmerk/afpen/ afsteek; iets uitplant/verplant; iets ten toon stel; iets aanwys, iets gereed sit *(bv. werk)*; ~/put *s.o.* **right** iem. reghelp/korrigeer; ~/put *s.t.* **right** iets reg stel; iets korrigeer; iets in orde bring; iets opknap; iets her= stel/regmaak/verhelp; ~/put *s.t. to* **rights** iets reg stel; iets in orde bring; ~ *to* begin, iets aanpak; ~ **up** *s.t.* iets begin/oprig/stig; iets opstel *(bv. 'n kamera, 'n re= kord)*; iets instel; iets monteer; iets stel *('n masjien)*; iets aanhef *(bv. 'n geskree/geskreeu)*; iets opwerp *(bv. 'n verdediging)*; iets uitlok/veroorsaak *('n reaksie)*; ~ **up** *s.o.* iem. weer op die been bring; *s.t.* ~*s s.o.* **up** §iets maak iem. gesond; ~ **up** *for o.s.*, ~ **up** *on one's own* 'n eie saak of huishouding begin; ~ **up** *in business* 'n saak begin; ~ **up as** *a butcher* 'n slagtery begin; ~ **up as** *a dentist* as tandarts begin praktiseer; *HE* ~*s HIMSELF* **up as** *a* … HY gee HOM vir 'n — uit, HY doen HOM as 'n — voor; ~ **up house** →**house**; *s.o. is well* ~ **up** iem. is fris gebou; ~ **upon** *s.o.* iem. aanval/aanrand; ~ … **upon/on** *s.o.* →**on/upon**; ~ **up shop** →**shop**.

set³ *[adj.] be (dead)* ~ **against** … (heeltemal/sterk) teen — gekant wees; *be all* ~ (slag)gereed wees, oorge= haal wees, kant en klaar wees; *be all* ~ **for** *the journey* reisvaardig wees; *get* ~ in gereedheid kom; *get* ~! gereed!; *HE* **gets** ~ *for* … HY maak HOM vir — gereed; *s.t. is hard* ~ iets is hard/vas; *s.o. is hard* ~ iem. is in die moeilikheid/nood; *be (dead)* ~ *on an idea* vasbe= slote wees; *be (all)* ~ **to do** *s.t.* gereed wees om iets te doen.

setback *suffer a* ~ 'n terugslag/teenslag kry; *a* ~ *to* … 'n terugslag/teenslag vir —.

settle ~ **back** agteroor leun; *HE* ~*s* **down** HY gaan rustig sit; HY vestig HOM; HY kom tot rus/stilstand; HY bedaar, HY kom tot bedaring; ~ **down** *to a meal* aan tafel gaan sit; *let s.t.* ~ **down** iets laat bedaar *(bv. die opwinding)*; ~ **down** *to work* aan die werk kom; ~ **for**

s.t. iets aanvaar, met iets genoeë neem, iets vir lief neem; *HE* ~*s in* HY neem SY intrek, HY vestig HOM; HY raak gevestig; HY rig HOM in, HY maak HOM tuis; *HE* ~*s in Durban/etc.* HY vestig HOM in Durban/ens., HY gaan in Durban/ens. woon; *that* ~*s it* daarmee is die saak opgelos/afgehandel/afgedaan; dis die proef op die som; ~ **on** *s.t.* op iets gaan sit *(van bv. 'n vlieg, 'n voël)*; iets kies, tot iets besluit; ~ *s.t.* **on/upon** *s.o.* iets aan iem. oormaak/bemaak; ~ **s.o.** met iem. afreken/ klaarspeel★; ~ **up** *with s.o.* iem. betaal.

settled *HE gets* ~ HY vestig HOM; *it's* ~ dis afge= spreek/afgesproke.

settlement *come to a* ~ *with s.o.* 'n skikking met iem. tref; *in* ~ *of* … ter vereffening van —.

seventeen *be sweet* ~ 'n no(o)ientjie van sewentien wees.

seventies *HE is in HIS* ~ HY is in die sewentig, HY is in SY sewentigerjare; *it happened in the S*~ dit het in die sewentigerjare gebeur, dit het in die jare sewentig gebeur.

sever *HE* ~*s HIMSELF from* … HY skei HOM van — af *(bv. die kerk)*.

sew ~ **down** *s.t.* iets vaswerk; ~ **on** *s.t.* iets aanwerk/ vaswerk; ~ **together** *s.t.* iets aanmekaarwerk; ~ **up** *s.t.* iets toewerk; §iets geheel en al oplos; §iets beklink *(bv. 'n benoeming)*.

sewn *have s.t.* ~ **up** §volkome beheer oor iets hê; §iets in kanne en kruike hê.

sex *the* **fair/gentle** ~ die skone geslag; **have** ~ *with s.o.* § (geslags)omgang/(geslags)gemeenskap met iem. hê; *the* **softer/weaker** ~ die swakke(re) vat/geslag, die vrou.

sexed *be highly* ~ 'n sterk geslagsdrang hê.

shack ~ **up** *somewhere* §êrens 'n lêplek vind ★; ~ **up** **together** §saamwoon sonder om te trou; ~ **up** *with s.o.* § met iem. saamwoon sonder om te trou.

shackled *be* ~ **with** *s.t.* met iets opgesaal sit.

shade¹ *[n.] a* ~ **better** effens/effe(ntjies) beter, 'n ietsie/rapsie beter; *in the* ~ in die skadu(wee); ~*s of* … dit herinner ('n) mens aan —; *put s.o. or s.t. in the* ~ §iem. *of* iets in die skadu(wee) stel, iem. *of* iets ver= vêr oortref; *sit in the* ~ in die koelte sit.

shade² *[v.]* ~ *in s.t.* iets arseer; ~ **off** *into* … langsaam in — oorgaan.

shadow *HE is* **afraid** *of HIS own* ~ HY skrik vir koue pampoen ★, HY skrik vir SY skadu(wee); *coming events* **cast** *their* ~*s before* gebeurtenisse kondig hulself aan; **cast** *a* ~ *on s.t.* 'n skadu(wee) op iets werp *(lett. & fig.)*; **catch** *at a* ~ na 'n skadu(wee) gryp, die skyn vir werklikheid aansien; *the* ~ *of* **death** die doodskadu= (wee); *beyond/without the* ~ *of a* **doubt**, *without a* ~ *of* **doubt** sonder die minste twyfel; ~*s under the* **eyes** kringe onder die oë; *HE is a* ~ *of HIS former* **self** HY is erg afgetakel, HY is 'n skadu(wee) van wat HY was; *be* **s.o.'s** ~ iem. soos sy of haar skadu(wee) volg; ~ *and* **substance** skyn en wese; *there is not a* ~ *of* **truth** *in it* dit bevat geen sweem van waarheid nie; *HE* **wears**

HIMSELF to a ~ HY rem HOM af; *be worn to a* ~ afge=
rem wees.
shaft *put down a* ~, *sink a* ~ 'n skag grawe/sink.
shake¹ [n.] *be all of a* ~ die bewerasie hê ∗; *get a fair*
~, *(Am.)* §eerlik/billik behandel word, 'n eerlike kans
kry; *get the* ~s §die bewerasie kry; *give s.t. a* ~ iets
(uit)skud; *s.t. is no great* ~s §iets is nie (te) watwon=
ders/waffers∗ nie; *s.o. is no great* ~s §iem. is nie wat=
wonders nie, iem. is nie besonders nie, daar steek nie
veel in iem. nie; *in two* ~s *(of a duck's/lamb's tail)* §in
'n kits/japtrap∗, sommer gou-gou.
shake² [v.] ~ *down* aanpas, tuis raak; ~ *down s.t.*
iets afskud; iets uitsprei; ~ *down s.o.* §iem. uitskud ∗;
~ *off s.o. or s.t.* iem. *of* iets afskud; van iem. *of* iets
ontslae raak *(bv. 'n laspos, 'n verkoue)*; ~ *out s.t.* iets
uitskud; iets regskud; ~ *s.o. rigid* iem. skok, iem.
groot laat skrik; ~ *up s.t.* iets deurmekaarskud, iets
opskud; iets opskommel; ~ *up s.o.* iem. wakker skud,
vuur maak onder iem. ∗; *s.t.* ~s *(up) s.o.* iets ontstel/
skok/verbaas/verstom iem; ~ *with* ... bewe/rittel van
— *(bv. die koue)*; bewe/bibber van — *(bv. angs)*.
shaken *be* ~ *to the core* hewig geskok/ontsteld wees.
shaky *feel* ~ bewerig voel; skrikkerig voel; *s.o. looks*
~ iem. sien daar vaal/sleg uit.
shallow *become* ~ vlak word.
shamble ~ *off* wegwaggel.
shambles *be in a* ~ in (die uiterste) wanorde wees
(bv. 'n kamer); *make a* ~ *of s.t.* 'n gemors van iets
maak.
shame¹ [n.] *shame!* foei/fooi tog!; *it is a* ~ dit is 'n
skande; dit is gemeen; dit is baie jammer; *it's a* ~ *you*
couldn't ... dis baie jammer jy kon nie — nie; *bring* ...
to ~, *bring* ~ *upon* ... — in die skande steek, — tot
skande strek; *cry* ~ *upon* ... skande roep oor —; *a*
crying ~ 'n skreiende skande; *be devoid of* ~ skaam=
teloos wees; HE *dies of* ~ HY skaam HOM dood; *a*
downright ~ 'n skreiende skande; HE *feels no* ~ *for*
HIS *actions* HY is nie skaam oor SY optrede nie; *be*
flushed with ~ skaamrooi wees; *for/from (very)* ~
uit (pure) skaamte; *(for)* ~!, ~ *on you!* foei!; skan=
de!; skaam jou!, jy moet jou skaam!; sies! ∗; *have no* ~
skaamteloos wees, sonder skaamte(gevoel) wees; *be*
lost to ~ skaamteloos wees, sonder skaamte(gevoel)
wees; *a mortal* ~ 'n ewige skande; *the* ~ *of it!* wat 'n
skande!; *put s.o. to* ~ iem. in die skande steek, iem. tot
skande strek; iem. beskaam(d) maak; *through* ~ uit
skaamte; *s.o. is a* ~ *to* ... iem. is 'n skande vir —; *to*
s.o.'s ~ tot iem. se skande; *what a* ~! hoe jammer
tog!; wat 'n skande!; *be without* ~ skaamteloos wees,
sonder skaamte(gevoel) wees.
shame² [v.] ~ HIM *into doing s.t.* HOM so beskaam(d)
maak dat HY iets doen.
shank *go on Shanks's/shanks's mare/pony, ride*
Shanks's/shanks's mare/pony §met dapper en stapper
gaan ∗, te voet gaan.
shape¹ [n.] *in any* ~ *(or form)* in watter vorm ook al;
be in bad ~ in slegte kondisie wees; *get s.t. into* ~ iets

in orde bring, iets agtermekaar kry; *give* ~ *to s.t.* (aan
iets vorm gee; *be in good* ~ perdfris wees, fris en ge=
sond wees, in goeie kondisie wees, daar goed uitsien; *in*
human ~ in die gedaante van 'n mens, in menslike
gedaante; *be in* ~ fiks wees; *in the* ~ *of* ... in die
gedaante van —; HE *shows* HIS *gratitude/etc. in the* ~
of ... HY toon SY dankbaarheid/ens. deur middel van
—; *keep in* ~ fiks bly; *lick/put/throw s.t. into* ~
(aan) iets vorm gee; *be out of* ~, *(lett.)* uit fatsoen
wees; *(fig.)* onfiks wees; *take* ~ vorm aanneem/kry
the ~ *of things to come* die toekomsbeeld.
shape² [v.] *see how things* ~ die verloop van sake
dophou, oplet hoe sake ontwikkel; ~ *s.t. into a* ... 'n
— uit iets vorm; ~ *up* vorm kry/aanneem; ontwikkel;
vorder; vertoon; ~ *(up) well* mooi op stryk kom; veel
beloof/belowe.
shaped *be* ~ *like a pear/etc.* peervormig/ens. wees.
share¹ [n.] ~ *and* ~ *alike* op gelyke voet; *bear a* ~
in ... 'n aandeel in — hê; *in equal* ~s in gelyke dele;
s.o.'s fair ~ iem. se regmatige deel; *s.t. falls to s.o.'s* ~
iets val iem. ten deel; iets is iem. se lot; *I for my* ~
wat my betref —, ek vir my —; HE *gets* HIS ~ HY
SY deel; *give s.o. a* ~ *in s.t.* iem. in iets laat deel; *go* ~s
with s.o. met iem. deel; *have a* ~ *in s.t.* deel hê in iets;
met iets te doen hê, tot iets bydra; *have* ~s *in s.t.* aan=
dele in iets hê *('n sakeonderneming)*; *I have had my*
~ *of it* ek het my deel daarvan gehad; *place* ~s aande=
le plaas; *take up* ~s aandele neem.
share² [v.] ~ *and* ~ *alike* gelykop deel; *they* ~ *it*
between them hulle (ver)deel dit onder mekaar; ~ *in*
s.t. deelgenoot in/aan iets wees; iets met iem. deel *(bv.*
die koste); iem. met iets help *(bv. die werk)*; ~ *out s.t.*
iets uitdeel; ~ *out s.t. among* ... iets onder — uitdeel;
~ *a room/etc. with s.o.* 'n kamer/ens. met iem. deel.
shared *a belief* ~ *by* ... iets wat — glo; *an opinion* ~
by ... 'n mening wat — huldig.
shark *be infested with* ~s vol haaie wees.
sharp *as* ~ *as needles, as* ~ *as a razor, razor-*~ §
so slim soos die houtjie van die galg ∗; *as* ~ *as a*
razor, razor-~, *(ook, lett.)* vlymskerp; *look* ~
→**look**; *at ten/etc. o'clock* ~ presies om tienuur/
ens., om tienuur/ens. op die kop; *be too* ~ *for s.o.* te
oulik/slim wees vir iem.; ~'s *the word!* §roer jou (lit=
te/riete)! ∗, maak gou!, opskud!∗, skud op! ∗
shattered *feel* ~ geskok voel.
shave¹ [n.] *it was a close/narrow* ~ § dit was so
hittete ∗, dit het min geskeel ∗, dit het naelskraap/
broekskeur gegaan ∗; dit was 'n noue ontkoming; *have*
a close/narrow ~ §'n noue ontkoming hê; HE *has a*
~ HY skeer HOM; HE *needs a* ~ HY moet HOM skeer.
shave² [v.] ~ *off s.t.* iets afskeer *(bv. 'n baard)*.
shaving HE *is* ~ HY skeer HOM.
shear ~ *off s.t.* iets afskeer; ~ *through* ... deur — sny.
shears *(a pair of)* ~ 'n skêr of tuinskêr of skaapskêr;
the fatal ~ die skêr van die noodlot.
shebang *the whole* ~ §die hele boel/gedoente/spul ∗
sheep *two* ~ twee skape; *the black* ~ die swart

skaap; *in* ~*'s clothing* in skaapsklere; *cast/make* ~*'s eyes at s.o.* §iem. verliefderig aankyk; *a flock of* ~ 'n trop skape, 'n skaaptrop; *divide/separate the* ~ *from the goats* die skape van die bokke skei; *(s.o.) may/ might as well be hanged for a* ~ *as for a lamb* §doller as kopaf kan dit tog nie; *like* ~ soos 'n trop skape; *the lost* ~ die verlore skaap.

sheer ~ *away from* ... van — wegdraai; van — weg‑ skram *(fig.)*; ~ *off* wegdraai, padgee; van koers ver‑ ander.

sheet *between the* ~*s* in die vere★/bed; *change* ~*s* lakens wissel; *start with a clean* ~/*slate* met 'n skoon lei begin; *with flowing* ~*s* met volle seile; *in* ~*s* in los velle *(bv. papier); the rain is coming down in* ~*s* dit stort(reën), die reën val in strome; *be three* ~*s in the wind* § aangeklam wees ★, hoog in die takke wees ★, dronk wees.

shelf *be on the* ~ opsygesit/vergete wees; afgedank wees; afgeskryf wees; *she is on the* ~ sy is/sit op die stoppelland ★, sy is 'n oujongno(o)i.

shell¹ [n.] HE *has* **come out** *of* HIS ~ HY het uit SY dop/skulp gekruip; *an* **empty** ~ 'n leë dop; HE *goes/ retires into* HIS ~ HY kruip in SY dop/skulp; *in the* ~ in die dop.

shell² [v.] ~ *out s.t.* §iets opdok★/betaal *(geld);* ~ *out for s.t.* § vir iets opdok★/betaal.

shelter¹ [n.] *give* ~ *from* ... teen — beskut, beskut‑ ting gee teen —; *in the* ~ *of* ... onder die beskutting van —; *make for* ~ skuiling soek; *take* ~ skuiling soek, skuil; *be under* ~ beskut wees, onder dak wees.

shelter² [v.] *s.o.* ~*s from* ... iem. skuil teen —; ~ *s.o. or s.t. from* ... iem. of iets teen — beskut.

shelve *s.t.* ~*s down or up* iets loop geleidelik af of op.

shepherd *be without a* ~ herderloos wees.

shield ~ *s.o. or s.t. from* ... iem. of iets teen — beskerm.

shift¹ [n.] *make* ~ sien kom klaar; *make* ~ *with s.t.* met iets klaarkom; *make* ~ *without* ... sonder — klaarkom; *be on day* ~ *or night* ~ dagskof of nagskof werk.

shift² [v.] ~ *down* verder/vêrder (weg)skuif/(weg)‑ skuiwe; *(mot.)* laer skakel; HE ~*s for* HIMSELF HY kom self die mas op, HY krap sy eie potjie ★, HY sien self om reg te kom; ~ *off s.t.* iets afskuif/afskuiwe *(bv. die verantwoordelikheid); the wind* ~*s to the east* die wind draai oos; ~ *up* opskuif/opskuiwe, plek maak; *(mot.)* hoër skakel.

shilling *take the King's or Queen's* ~ soldaat word.

shin¹ [n.] HE *barks* HIS ~ HY stamp SY maermerrie.

shin² [v.] ~ *down or up a pole* teen 'n paal afklouter of opklouter.

shindy *kick up a* ~ §'n herrie opskop ★, lawaai maak.

shine¹ [n.] *give a* ~ *to s.t., put a* ~ *on s.t.* iets blink maak, iets laat blink *(bv. skoene); s.t. has a* ~ iets (is) blink; *take the* ~ *out of s.t., take the* ~ *off s.t.* iets van sy glans beroof; *take a* ~ *to s.o.* §baie van iem. begin hou.

shine² [v.] ~ *forth s.t.* iets afstraal; HE ~*s* HIS *lamp in s.o.'s face* HY lig met SY lamp in iem. se gesig; ~ *with* ... van — straal *(bv. vreugde);* ~ *with a lantern* met 'n lantern lig.

shingle HE *hangs out/up* HIS ~ § HY begin SY/'n eie praktyk *(bv. as dokter).*

ship¹ [n.] *abandon* ~ die skip verlaat; ~ *ahoy!* skip ahooi!; *board a* ~ aan boord van 'n s. gaan; 'n s. aan‑ klamp/enter; *by* ~ met 'n s., per s.; *clear* ~*s* skepe inklaar of uitklaar; *when my* ~ *comes home/in* as my skip (met geld) kom; *jump* ~ van 'n s. dros; *the* ~ *was lost* die s. het vergaan; *name a* ~ 'n s. doop; ~*s that pass in the night* oomblikskennisse; *on board* ~ aan boord; *raise a* ~ 'n skip vlot maak; *spoil the* ~ *for a ha'porth of tar* uit suinigheid die boel bederf; *take* ~ aan boord gaan, skeepgaan; *a tall* ~ 'n seilskip met hoë maste; *run a tight* ~ streng beheer/dissipline toepas.

ship² [v.] ~ *off s.t.* iets verskeep; ~ *off s.o.* § iem. wegstuur; ~ *out as* matroos skeepgaan; ~ *out s.t.* iets per skip stuur.

shipshape *be* ~ *(and Bristol fashion)* agtermekaar wees, in orde wees.

shipwrecked *be* ~ skipbreuk ly.

shirt HE *does not have a* ~ *to* HIS *back* HY het geen hemp aan SY lyf nie, HY het nie 'n hemp om aan te trek nie; HE *bets* HIS ~ §HY wed al wat HY het; HE *gives away the* ~ *off* HIS *back* § HY trek SY baadjie vir iem. uit ★; *keep your* ~ *on!* §moenie op jou perdjie klim nie! ★, moenie kwaad word nie!; *lose one's* ~ §alles of baie verloor; *put one's* ~ *on s.t.* §alles op iets verwed; *a stuffed* ~ § 'n opgeblase persoon.

shirtsleeves *in one's* ~ sonder baadjie, in hemps‑ moue.

shiver ~ *with* ... ril van — *(bv. koue, vrees).*

shivers *s.t. gives s.o. the* **cold** ~ iets laat iem. koue‑ koors kry; *get the* ~ die bewerasie kry; *s.t. gives s.o. the* ~ iem. kry die bewerasie van iets; *have the* ~ die bewerasie hê; *s.t. sends (cold)* ~ *up and down s.o.'s spine* iets laat iem. ril.

shoal ~*s of people* hope mense ★

shock *s.t. comes as a* ~ *to s.o.* iets is vir iem. 'n skok; *express* ~ *at s.t.* ontsteltenis oor iets lug; *get a* ~ skrik; *(elektr.)* 'n skok kry; *give s.o. a* ~ iem. laat skrik; *(elektr.)* iem. 'n skok gee/toedien; HE *got a nasty/rude* ~ HY is onaangenaam verras; HY het SY dreuning teëgekom/teengekom ★; *s.t. is a* ~ *to s.o.* iets is vir iem. 'n skok; *be treated for* ~ vir/teen s. behan‑ del word.

shocked *s.o. is* ~ *at/by s.t.* iets is vir iem. 'n skok; iets laat iem. skrik; iets ontstig iem.; *be* ~ *to hear s.t.* ver‑ stom wees om iets te hoor.

shoe *cast/throw a* ~ 'n hoefyster verloor *(van 'n perd); fill s.o.'s* ~*s* iem. se plek inneem; *if the* ~/*cap fits, wear it* as die skoen jou pas, trek hom aan; *be in s.o.'s* ~*s* in iem. se skoene staan; *lick s.o.'s* ~*s/boots* § iem. lek ★, voor iem. in die stof kruip; *an odd* ~ 'n enkele skoen; *odd* ~*s* onpaar skoene; *a pair of* ~*s* 'n paar skoene; *that is where the* ~ *pinches* daar lê/sit die knoop; HE *pulls/puts on* HIS ~s HY trek SY skoene aan; *shake in one's* ~s sidder en beef/bewe; *step into* s.o.'s ~s iem se plek inneem; HE *takes off* HIS ~s HY trek SY skoene uit; *throw/cast a* ~ →*cast/throw; tight* ~s skoene wat druk, nou skoene; *s.o. is wearing* ~s iem. het skoene aan; *s.o. seldom wears* ~s iem. dra selde skoene.

shoe-leather *save* ~ min loop.

shoestring *on a* ~ § op die goedkoopste (manier), met geringe middele.

shoo ~ *away/off people* or *animals* mense of diere wegja(ag).

shoot¹ [n.] *the whole (bang)* ~ § die hele boel/spul ★

shoot² [v.] ~ *accurately* net skiet; ~ *ahead* vooruitskiet; vinnig vooruitgaan; ~ *at* ... na/op — skiet; ~ *away* uitskiet; ~ *away s.t.* iets wegskiet; ~ *s.o. dead,* ~ *and kill s.o.* iem. doodskiet; ~ *down the street* in die straat afpyl; ~ *down s.t.* iets neerskiet *(bv. 'n vliegtuig)*; § iets afkeur/torpedeer *(bv. 'n plan)*; ~ *for s.t.* § na iets streef/strewe, iets probeer bereik; ~ *s.o. for treason/etc.* iem. weens verraad/ens. doodskiet; ~ *forth* opkom, opskiet, ontspruit; HE ~s HIMSELF HY skiet HOMSELF; ~ *and kill s.o.,* ~ *s.o. dead* iem. doodskiet; ~ *to kill* skiet om dood te maak, iem. opsetlik doodskiet; ~ *off a rocket* 'n vuurpyl afvuur/afskiet; ~ *out* uitskiet; uitsteek; uitspring; ~ *out a team, (kr.)* § 'n span uitknikker; ~ *it out* § dit met gewere of rewolwers uitveg; ~ *out of* ... uit — skiet; ~ *straight, (lett.)* net/raak/sekuur skiet; *(fig.)* § eerlik handel/wees; ~ *through* deurskiet, deursnel; ~ *through s.t.* deur iets skiet; deur iets trek; *it* ~s *through s.o.'s mind* dit val iem. skielik by, dit skiet iem. te binne; ~ *up* opskiet; in die hoogte skiet, die hoogte inskiet, skielik styg; opskiet, vinnig groei *(van 'n kind)*; ~ *up s.o.* or *s.t.* iem. of iets beskiet/bestook; ~ *wide* mis skiet.

shooting-match *the whole* ~ § die hele boel/spul ★

shop¹ [n.] *a closed* ~ geslote geledere; *deal at a* ~ by 'n winkel koop/handel; *keep a* ~ 'n w. hou; *all over the* ~ § links en reg ★, hot en haar ★; *set up* ~ 'n saak begin; *set up* ~ *as a baker/etc.* 'n bakkersaak/ens. begin; *shut up* ~ die winkel toemaak/sluit; tou opgooi; *they talk* ~ hulle praat/gesels oor hul werk/vak, hulle hou vakpraatjies.

shop² [v.] HE ~s *around* HY loop van winkel tot winkel, HY kyk goed rond voor HY koop; ~ *at* ... by — koop; ~ *for a* ... 'n — soek om te koop.

shopping HE *does* HIS ~ HY doen SY inkope; *go* ~ inkope gaan doen, winkel(s) toe gaan.

shore¹ [n.] *off the* ~ naby die kus; *on* ~ aan wal, aan/op land; *on the* ~*(s) of* ... op die oewer van — *(bv. 'n meer)*; *these* ~s hierdie land.

shore² [v.] ~ *up s.t.* iets stut/steun/skoor.

shorn *be* ~ *of* ... sonder — wees, van — ontdaan wees.

short *be R10* ~ R10 te min hê *(iem.)*; R10 te min wees *('n bedrag)*; *for* ~ sommer, kortweg, kortheidshalwe; *s.t. is* ~ *for* ... iets is die afkorting van —; *in* ~

kortom, om kort te gaan; kortliks, kortweg, in kort; *keep s.t.* ~ iets korthou; *s.t. is little* ~ *of* ... iets i amper dieselfde as —; iets is byna —; *a little* ~ *of* .. 'n bietjie minder as —; *it is nothing* ~ *of* ... dit is nik anders as — nie; *s.o. is* ~ *of money* iem. kom geld kort iem. kort geld, geld is skaars by iem., iem. het geld nood, iem. is knap van geld; *3 metres* ~ *of the record* meter duskant/deuskant/buite die rekord, 3 meter kor ter as die rekord; *anything* ~ *of* ... alles buiten — *(bv geweld)*; ~ *of war* duskant/deuskant/buiten oorlog; be ~ *on* ... § sonder veel — wees; *the* ~ *one* die korte (tjie); *s.o. is rather* ~ iem. is korterig; ~ *and sweet* kort en klaar; *be* ~ *with s.o.* iem. kortaf behandel.

shortage *a desperate* ~ 'n nypende tekort; *a* ~ *o capital* or *labour* 'n kapitaaltekort of arbeidstekort.

shorter ~ *and* ~ al hoe korter.

shortfall *make good the* ~ die tekort aanvul.

shorthand *take s.t. down in* ~ iets in snelskrif opneem/neerskryf/neerskrywe/aanteken.

shot¹ [n.] *a* ~ *in the arm* § 'n versterking/aansporing opknapper; *give* ... *a* ~ *in the arm* §— aanspoor, — 'n stoot vorentoe gee; *make a bad* ~ swak skiet; swak raai; HE *gives it* HIS *best* — § HY doen SY uiterste bes; *a big* ~ § 'n grootbaas, 'n kokkedoor ★, 'n groot kokkedoor/kanon/haan ★, 'n hele/hoë/grote piet ★; *a* ~ *across the bows* 'n waarskuwing; *call the* ~s § die lakens uitdeel *(fig.)* ★; *a crack* ~ § 'n baasskut; *a* ~ *in the dark* 'n skoot op goeie geluk (af); 'n wilde raaiskoot; *exchange* ~s skote oor en weer skiet; *(good)* ~! doodhou!, mooi skoot!, skote Pretoors! ★; *have a* ~ *at* ... na/op — skiet; *have a* ~/*bash/crack/go/stab at s.t.* § iets probeer (doen); *have another* ~ § nog 'n slag probeer; *a* ~ *in the head* 'n kopskoot; *like a* ~ § op die daad/plek, onmiddellik, soos 'n koeël uit 'n roer/geweer; § sonder aarseling, alte graag; *it is a long* ~ dit is ver/vêr om te skiet; § dit is 'n waagstuk; *not by a long* ~ § lank nie, op verre na nie, verreweg nie; *out of* ~ buite skoot, te ver/vêr; *a Parthian* ~ 'n Partiese pyl; *a parting* ~ 'n laaste skoot; *put the* ~ gewigstoot *(v.)*; *putting the* ~ gewigstoot *(n.)*; *a* ~ *rings out* 'n skoot klap; ~ *and shell* koeëls en granate; *take a* ~ 'n skoot skiet; *(fotogr.)* 'n opname maak; *take a* ~ *at s.o.* or *s.t.* na iem. of iets skiet; *take a* ~ *at s.t.* →*have; within* ~ onder skoot.

shot² [n.] HE *pays* HIS ~ § HY betaal SY aandeel, HY betaal die gelag.

shot³ [adj. & verl.dw.] *s.o. was* ~ *and killed* iem. is doodgeskiet; *be* ~ *of* ... § van — ontslae wees; *get* ~ *of* ... § van — ontslae raak; *be* ~ *(through) with* ... met — deurweef wees, van — deurtrek wees; HE *had* HIS *arm* ~ *off* SY arm is afgeskiet/weggeskiet; *be* ~ *up* flenters geskiet wees ★

should *the total* ~ *be about* ... die totaal moet sowat — wees; *s.o.* ~ *be home by now* iem. moet nou al tuis wees; *this horse* ~ *win* hierdie perd sal waarskynlik wen.

shoulder¹ [n.] *s.o. has broad* ~s, *(fig.)* iem. se skouers/rug is breed, iem. kan die las/verantwoordelikheid dra; **brush/rub** ~s *with* … met — omgaan, met — in aanraking kom; *get the* **cold** ~ *from s.o.* deur iem. veron(t)agsaam word, deur iem. met die nek aangekyk word ★; *give s.o. the* **cold** ~ iem. veron(t)agsaam, iem. die rug toekeer/toedraai, iem. met die nek aankyk ★; *s.o. wants a* ~ *to* **cry** on iem. soek troos; *give it to s.o. (straight) from the* ~ reguit/padlangs/vryvuis met iem. praat, op die man af met iem. praat, iets padlangs/reguit/onomwonde vir iem. sê; *HE* **looks** *over HIS* ~, *(lett.)* HY kyk om; *(fig.)* HY is ongerus, HY voel HOM bedreig; *(fig.)* HY is onseker; **open** *one's* ~s, *(fig.)* afhaak, vastrap, lostrek; **rub/brush** ~s *with* … →**brush/rub**; *HE* **shrugs** *HIS* ~s HY haal SY skouers op; **tap** *s.o. on the* ~ iem. op die skouer tik; ~ **to** ~ skouer aan skouer; *put/set one's* ~ *to the* **wheel** skouer aan/teen die wiel sit, alle kragte inspan, die hande uit die moue steek, hand uit die mou steek.

shoulder² [v.] ~ *aside s.o.* iem. uit die pad stoot/stamp, iem. wegstoot/wegstamp; ~ *out s.o.* iem. uitstamp/wegstamp.

shoulder-high *carry s.o.* ~ iem. op die skouers dra.

shout¹ [n.] *give a* ~ 'n skree(u) gee; *give s.o. a* ~ iem. roep; *it's s.o.'s* ~ §dis iem. se beurt (om drankies te bestel); *a* ~ *of* **joy** 'n juigkreet; *a* ~ *of* **surprise** 'n verbaasde uitroep; *a* ~ *of* **triumph** 'n triomfkreet.

shout² [v.] *it is nothing to* ~ **about**, *it is not worth* ~*ing about* dis niks om van te praat nie, dis geen ophef werd nie; ~ **at** *s.o.* vir iem. skree(u); iem. beskree(u); ~ **down** *s.o.* iem. doodskree(u)/oorskree(u); ~ **for** *s.o.* na iem. roep/skree(u); ~ **for help** om hulp skree(u)/roep; ~ **for joy** juig/jubel van blydskap; *HE* ~s *HIMSELF* **hoarse** HY skree(u) tot HY hees is; *s.o.* ~s **out** iem. roep uit; ~ **to** *s.o.* na/vir iem. skree(u)/roep; *HE* ~s *at the top of HIS* **voice** HY skree(u) so hard as HY kan.

shouting *it is all over bar/but the* ~ §dis feitlik alles verby.

shove¹ [n.] *give s.o. or s.t. a* ~ iem. *of* iets 'n stoot gee.

shove² [v.] ~ **about/around** *s.t.* iets rondskuif/rondskuiwe/rondstoot; ~ **about/around** *s.o.* §iem. rondja(ag), iem. hiet en gebied; ~ **aside** *s.o. or s.t.* iem. *of* iets wegdruk/wegstoot, iem *of* iets opsystoot; ~ **away** *s.o. or s.t.* iem. *of* iets wegstoot; ~ *s.t. in a drawer* §iets in 'n laai stop/sit/gooi; ~ **off** van wal steek *(met 'n boot)*; §trap★, waai★ *(van iem.)*; *let's* ~ **off!** § kom ons waai! ★

show¹ [n.] *it is all* ~ dit is alles skyn; *win a prize at the* ~ 'n prys op die skou/tentoonstelling wen; **bad/poor** ~! §swak!; *s.t. makes a* **brave** ~ iets vertoon pragtig; *HE puts on a* **brave** ~ HY gedra HOM moedig; *give s.o. a* **fair** ~ § iem. 'n billike kans gee; *make a* **fine** ~ 'n goeie vertoning maak; 'n goeie figuur slaan; *just for* ~ net vir die skyn; net om te spog, net om 'n vertoon te maak; *give the* ~/**game** *away* §die aap uit die mou laat, met die (hele) mandjie patats uitkom ★, die geheim uitlap/verklap; **go** *to a* ~ na 'n tentoonstelling gaan; na die teater gaan, 'n opvoering gaan kyk; *the* ~ **must**

go **on!** die spel gaan deur/voort!; **good** ~! §mooi so/skoot!; *make a* **good** ~ §'n goeie indruk maak; *put on a* **good** ~ §'n goeie vertoning maak *(fig.)*; *HE* **makes** *a* ~ *of regret* HY maak asof HY spyt is; *this is my* ~ §dit is my saak, hier is ek die baas; *make* **no** ~ *of* … nie met — te koop loop nie; *be on* ~ vertoon word, uitgestal word; *on with the* ~! (laat die vertoning) begin!; **outward** ~ uiterlike skyn; *all over the* ~ § rond en bont ★; *make a* **poor** ~ §'n treurige/armsalige vertoning maak; §'n treurige/swak figuur slaan; **poor/bad** ~! →**bad/poor**; *get the* ~ *on the* **road** §aan die gang kom *(met iets)*; **run** *the* ~ §die baas wees, die lakens uitdeel ★; **steal** *the* ~ die meeste aandag trek, die hoofaandag inpalm; *the* **whole** ~ § die hele boel/spul ★

show² [v.] *s.t.* ~s *to* **advantage** iets kom op sy voordeligste uit; ~ *s.o.* **around/round** *a place* iem. 'n plek wys, iem. deur 'n plek rondlei; *s.o.* **did** *not* ~ § iem. het nie opgedaag nie; *have nothing to* ~ *for it* geen resultaat kan wys/toon nie, niks oorhou nie; *what has HE got to* ~ *for it?* wat het dit HOM in die sak gebring?; *it* **goes** *to* ~ *that* … dit bewys dat —, dit wys net dat —, dit toon dat —, dit dien om te bewys dat —; *I'll* ~ **him!** §ek sal HOM leer!; ~ *in s.o.* iem. binnelaat, iem. laat binnekom; ~ *s.o.* **into** *the* … iem. die — laat binnegaan; ~ **off** §spog, pronk, vertoon maak; ~ **off** *s.t.* iets (duidelik) laat uitkom; §met iets te koop loop; *HE hardly ever* ~ *HIMSELF* HY laat HOM byna nooit sien nie; HY gaan baie selde uit; ~ **out** *s.o.* iem. uitlaat; ~ *s.o.* **over** *a house or factory* iem. 'n huis *of* fabriek wys, iem. deur 'n huis *of* fabriek rondlei; *it* ~s **through** *the* … ('n) mens kan dit deur die — sien; ~ *s.t. to s.o.*, ~ *s.o. s.t.* iets aan iem. wys, iem. iets wys; *s.t.* ~s **up** iets is (duidelik) te sien; *s.o.* ~s **up** § iem. daag op; ~ **up** *badly or well* sleg *of* goed vertoon, 'n slegte *of* goeie vertoning maak; ~ *s.o.* **up** *as/for a crook* iem. as 'n skelm aan die kaak stel; *that* ~s **you!** daar het jy dit! →**showing.**

showdown *a* ~ *between* … 'n (beslissende) botsing/konfrontasie tussen —; *have a* ~ *with* … 'n (beslissende) botsing/konfrontasie met — hê.

shower¹ [n.] *have/take a* ~ stort, 'n stortbad neem.

shower² [v.] ~ *s.t. on/upon s.o.*, ~ *s.o. with s.t.* iem. met iets oorlaai *(bv. geskenke)*; iets op iem. laat reën *(bv. klippe)*.

showing¹ [n.] *on s.o.'s own* ~ volgens iem. self, volgens iem. se eie verklaring; *make a good or poor* ~ goed *of* swak vertoon/presteer/vaar; *on the present* ~ soos sake nou staan.

showing² [teenw.dw.] *now* ~ draai nou *(in die bioskoop)*; ~ *shortly* draai binnekort *(in die bioskoop)*.

shred **hang** *in* ~s verflenter wees; *in* ~s aan flarde(s)/flenters; *HIS reputation is in* ~s HY het SY aansien heeltemal verloor; *not a* ~ *of evidence* geen greintjie bewys nie, geen sweem van getuienis nie; *not a* ~ *of truth* geen greintjie waarheid nie; **tear** *s.t. to* ~s iets (aan) flenters skeur; **tear** *s.o. to* ~s, *(fig.)* kleingeld maak van iem. ∗; *without* a ∼ *of clothing (on HIM)* sonder 'n draad klere (aan SY lyf).

shriek¹ [n.] *give* a ∼ gil, skree(u).

shriek² [v.] ∼ *out* uitgil; ∼ *with* … skree(u) van die — *(bv. pyn);* ∼ *with laughter* →**laughter.**

shrift *give* … *short* ∼ gou speel met —, kort(e) mette maak met —.

shrink ∼ *back* terugdeins; ∼ *from* … vir — terug= deins; van — wegskram; huiwer om te —; *HE* ∼*s into HIMSELF* HY kruip in SY dop; ∼ *up* inmekaar krimp.

shrivel ∼ *(up)* verskrompel.

shrivelled *be* ∼ *(up)* verskrompel(d) wees.

shrouded *be* ∼ *in* … in — gehul wees *(bv. geheimsin= nigheid).*

shrug¹ [n.] *HE gives a* ∼ HY haal SY skouers op; *with a* ∼ *of the shoulders* met 'n skrouerophaling.

shrug² [v.] ∼ *off s.t.* iets veron(t)agsaam, iets met 'n skrouerophaling afmaak.

shudder¹ [n.] *s.o. gives a* ∼ iem. ril/gril; *it gives one the* ∼*s* dit is om van te r./g., dit laat ('n) mens r./g.

shudder² [v.] *HE* ∼*s at the thought of* …, *HE* ∼*s to think of* … HY gril by die gedagte aan —, HY gril as HY aan — dink; ∼ *with* … van — sidder *(bv. angs).*

shuffle ∼ *along* aanslof, aansukkel; ∼ *into s.t.,* ∼ *on s.t.* iets halsoorkop aantrek *(klere);* ∼ *off s.t.* iets af= skuif/afskuiwe *(bv. die verantwoordelikheid); HE* ∼*s out of s.t.* HY draai HOM uit iets *(bv. die veranwoordelik= heid, 'n taak).*

shut *s.t.* ∼*s down* iets sluit, iets maak toe; ∼ *down s.t.* iets sluit; iets stopsit; *be fast* ∼ styf toe wees; *be* ∼ *in* ingesluit wees; omring wees; *be or get* ∼ *of* … §van — ontslae wees *of* raak; ∼ *off s.t.* iets afsluit; ∼ *off s.o. from* … iem. uit — uitsluit; ∼ *out s.o.* iem. uitsluit; ∼ *out s.t.* keer dat iets nie inkom nie; ∼ *s.t. tightly* iets dig toemaak; *be tightly* ∼ dig toe wees; ∼ *up* §stilbly; ∼ *up!* §hou jou mond!, bly stil!, skei uit!; *be* ∼ *up in* … in — opgesluit wees; ∼ *up s.o., (lett.)* iem. opsluit; *(fig.)* §iem. stilmaak; *(fig.)* §iem. die/se mond snoer; ∼ *up s.t.* iets toesluit.

shutter *put up the* ∼*s, (fig.)* §toemaak, die saak sluit.

shy¹ [n.] *have/take a* ∼ *at s.t.* §na iets gooi/mik, iets probeer raak gooi; § iets probeer doen.

shy² [v.] ∼ *at* … vir — skrik; ∼ *away from* … van — wegskram, vir — terugdeins, kopsku wees vir —.

shy³ [adj.] *be* ∼ *of* … skaam wees vir —; *feel* ∼ skugter wees.

sick¹ [n.] *the* ∼ *and the well* die siekes en die gesondes.

sick² [adj.] *as* ∼ *as a dog* so siek soos 'n hond; *be* ∼ siek wees; opbring; *be* ∼ *(un)to death* doodsiek wees; *be* ∼ *to death of s.t., be* ∼ *and tired of s.t.* §moeg wees vir iets, sat wees vir/van iets, teë wees vir iets; *fall* ∼ siek word; *feel* ∼ siek/ongesteld voel; naar/mislik voel; *be* ∼ *for* … na — smag; *go* ∼ siek word; *look* ∼ siek lyk; §sleg afsteek; *s.t. makes s.o.* ∼ iets maak iem. naar; iets laat iem. walg, iem. walg van iets; § iets gee iem. die piep ∗; *be heartily* ∼ *of s.t.* §sat/buikvol∗ wees van iets; *be* ∼ *of s.o.* §sat/dik∗/buikvol∗ wees vir iem.;

be off ∼ met siekte tuis/weg wees, met siekteverlof wees; *HE reports* ∼ HY laat weet SY werk dat HY siek is, HY meld HOM siek; *take* ∼, *be taken* ∼ siek word; *be* ∼ *and tired of* →*death; be* ∼ *with s.t.* siek wees van iets, aan iets ly.

sicken *s.o.* ∼*s at the sight of* … iem. word mislik by die sien van —; ∼ *of s.t.* buikvol∗/dik∗/moeg/sat raak van iets.

sickening *be* ∼ *for/with s.t.* iets onder lede hê *('n siekte).*

side¹ [n.] *from all* ∼*s* van alle kante; *on all* ∼*s* oral; *at/by s.o.'s* ∼, *(lett.)* langs iem.; *(lett. & fig.)* aan iem. se sy; *on the big* ∼ groterig, aan die groot kant; *on both* ∼*s of* … weerskant(e) van —, aan albei kante van —; *look on the bright* ∼ die blink kant bo hou ∗; ∼ *by* ∼ langs mekaar; *by/at s.o.'s* ∼ →*at/by; change* ∼*s* plekke omruil; van party/ens. verander; *choose/pick* ∼*s* spanne kies; *the dark* ∼ die donker kant *(lett. & fig.);* die skadu(wee)sy *(fig.); on either* ∼ aan die een of die ander kant; aan albei kante, aan weerskant(e); wedersyds; *err on the* ∼ *of leniency* eerder te sag wees; *on every* ∼ aan elke kant; *from* ∼ *to* ∼ heen en weer; *on the high* ∼ aan die hoë kant, taamlik hoog; *HE holds HIS* ∼*s (with laughter)* HY hou SY maag vas van die lag; →*split; on the large* ∼ groterig, aan die groot kant; *HE lets the* ∼ *down* HY laat SY vriende/ens. in die steek; *the light* ∼ die ligte kant *(lett.);* die ligsy *(fig.); on the lighter* ∼ in ligte luim; *be on the losing* ∼ aan die verloorkant wees, geen kans hê om te wen nie; die lydende party wees; *on the* ∼ aan die kant; as bysaak; agteraf; *earn s.t. on the* ∼ 'n byverdienste hê; *be on s.o.'s* ∼ aan iem. se kant wees; *on the high/etc.* ∼ aan die hoë/ens. kant, taamlik hoog/ens.; *to/on one* ∼ eenkant, opsy; *put s.t. on/to one* ∼ iets opsysit; *take s.o. on/to one* ∼ iem. opsy neem; *the other* ∼ die keer= sy, die ander kant; die oorkant; ommesy; *on the other* ∼ anderkant, oorkant, aan die ander kant; *pass by on the other* ∼ verlangs/vêrlangs verbygaan (sonder om te help); *pick/choose* ∼*s* →*choose/pick; HE puts on* ∼ HY stel HOM aan, HY is aanstellerig, HY is vol aanstel= lings/houdings/aanstellery; *on the right* ∼ op regs; *on the right* ∼ *of forty* duskant/deuskant die veertig; *keep/stay on the right* ∼ *of s.o.* iem. se guns behou; *right* ∼ *up* met die regte kant bo; *err on the safe* ∼ (alte) versigtig wees; *remain on the safe* ∼ versigtig wees, aan die veilige kant bly; *to be on the safe* ∼ ver= sigtigheidshalwe; *the seamy* ∼ *of life* die donker/leli= ke kant van die lewe; *the shady* ∼ die skadu(wee)kant; *on the shady* ∼ *of forty* aan die verkeerde kant van veertig; *be on the short* ∼ korterig wees, aan die kort kant wees; *be on the small* ∼ kleinerig wees, aan die klein kant wees; *HE (nearly) splits HIS* ∼*s (with laughter)* HY lag HOM (byna) 'n boggel/papie ∗; *the sunny* ∼ *of life* die ligte/helder kant van die lewe; *take* ∼*s* kant/party kies; *not take* ∼*s* onpartydig bly, nie kant/party kies nie; *this* ∼ *of* … duskant/deuskant —; § sonder om te —; *this* ∼ *up* dié kant bo; *on the*

wrong ~ aan die verkeerde kant; *get out of bed on the* **wrong** ~ met die verkeerde been/voet uit die bed klim; *get on the* **wrong** ~ *of s.o.* by iem. in onguns raak; **wrong** ~ *out* verkeerd om, binne(n)stebuite.

side² [v.] ~ *against s.o.* teen iem. kant/party kies; ~ *with s.o.* vir iem. kant/party kies, iem. se kant kies; vir iem. opkom.

sidle ~ *up to s.o.* aarselend na iem. toe kom.

siege *lay* ~ *to a town* 'n stad beleër, die beleg slaan voor 'n stad; *raise a* ~ 'n beleg opbreek/ophef, ('n *stad of vesting)* ontset; *in a state of* ~ in staat van beleg; *declare/proclaim a state of* ~ die staat van beleg afkondig.

siesta *have/take a* ~ 'n middagslapie/middagdutjie geniet.

sieve *(try to) carry water in a* ~, *(fig.)* sop met 'n vurk (probeer) eet *(fig.).*

sift ~ *out s.t.* iets uitsif; iets uitpluis; ~ *through s.t.* iets deurgaan/deursoek.

sigh¹ [n.] *a deep* ~ 'n diep/swaar sug; *give/heave a* ~ *of relief* 'n sug van verligting slaak.

sigh² [v.] ~ *for ...* na — hunker/smag/verlang.

sight *at* ~ op die eerste gesig, by/met die eerste oog= opslag; *at the* ~ *of ... as* HY — sien *(teenw.t.);* toe HY — sien *(verl.t.);* *at/on* ~ op sig; *in the fog the* ~ *is* **bad** in die mis is die sig sleg; *be a* ~ 'n lus wees om te sien *(bv. 'n tuin);* § lyk soos 'n voëlverskrikker *(iem.)* ★; HE *cannot* **bear** *the* ~ *of s.o.* HY kan iem. nie onder SY oë verdra nie, HY kan iem. nie uitstaan/veel nie; *s.o. cannot* **bear** *the* ~ *of s.t.* iem. kan nie na iets kyk nie; *a (long)* ~ **better/etc.** *than ...* § 'n hele ent beter/ens. as —, stukke beter/ens. as ★; *know s.o.* **by** ~ iem. van sien ken; **catch** ~ *of s.o. or s.t.* iem. of iets te sien kry, iem. of iets in die oog kry; **draw** *s.t. at* ~, *(fin.)* iets op sig trek; *as soon as one* **comes** *in* ~ *of ...* sodra ('n) mens — kan sien; *when ...* **comes** *in* ~ wan= neer — in sig kom; *s.t.* **costs** *a* ~ *(of money)* §iets kos 'n boel/hoop geld ★; **far** ~ versiendheid/vêrsiendheid *(lett.);* *at* **first** ~ op die eerste gesig, met die eerste aanblik, by/met die eerste oogopslag; *love at* **first** ~ liefde op die eerste gesig; *get a* ~ *of s.o. or s.t.* iem. of iets te sien kry; *(get)* **out** *of my* ~! weg onder my oë!, gee pad onder my oë!, maak dat jy wegkom! ★; *s.o. has* **good** ~ iem. het goeie/skerp oë; HE **hates** *the* ~ *of s.o.* HY kan iem. nie onder SY oë verdra nie, HY kan iem. nie uitstaan/veel nie; **have** *s.t. in one's* ~s, **have/set** *one's* ~s *on s.t.* na/op iets mik, iets op die oog hê; **heave** *in* ~ in sig kom, in die gesig kom; **in/within** ~ in sig, sig= baar; *s.t. happens* **in/within** ~ *of s.o.* iets gebeur waar iem. dit kan sien, iets gebeur voor iem. se oë, iets ge= beur ten aanskoue van iem; *find favour* **in** *s.o.'s* ~ ge= nade vind in iem. se oë; *s.o. has* **keen/sharp** ~ iem. het 'n skerp gesig, iem. het skerp oë; HE **keeps** *in* ~ *of s.o.* HY bly waar iem. HOM kan sien; **keep** *s.o. or s.t. in* ~ iem. of iets in die oog hou; **know** *s.o. by* ~ iem. van sien ken; *a* ~ **less** *or* **more** *than ...* § 'n hele boel minder *of* meer as — ★; **long** ~ versiendheid/vêr=

siendheid *(lett.);* *a* **long** ~ →**better/etc.;** *not by a* **long** ~ §lank nie, glad nie; **look** *a* ~ §afgryslik/pot= sierlik/snaaks lyk, soos 'n voëlverskrikker lyk ★; **lose** ~ *of s.o. or s.t.* iem. of iets uit die oog verloor *(lett. & fig.);* *be* **lost** *to* ~ uit die gesig wees; **love** *at first* ~ →**first;** HE **makes** *a* ~ *of* HIMSELF § HY maak HOM belaglik; **near** ~ bysiendheid; **night** ~ donkersig; **on/at** ~ op sig; **out** *of* ~ uit sig, uit die gesig, uit die oog, onder die oë uit; baie hoog *(bv. pryse);* §uitste= kend; *(get)* **out** *of my* ~! →**get;** **out** *of* ~, *out of mind* (P) uit die oog, uit die hart (P); **pass** *out of* ~ (uit sig) verdwyn, (uit die gesig) verdwyn; **pay** *at* ~ op sig betaal; **payable** *at* ~ op sig betaalbaar; **play** *(music) at* ~ (musiek) van die blad speel; *a* **proud** ~ 'n trotse/pragtige gesig; **raise** *the* ~s die visier opklap; HE **raises** HIS ~s HY stel SY visier hoër; *a* **rare** ~ 'n seldsame gesig; **read** *s.t. at* ~ iets voor die vuis lees; **second** ~ heldersiendheid, profetiese gawe; *have* **second** ~ heldersiende wees; **see** *the* ~s die besiens= waardighede bekyk/besigtig; *be a* ~ *to* **see** pragtig wees; §'n spektakel wees; **set** *one's* ~s *on s.t.* op/na iets mik, iets op die oog hê; *s.o. has* **sharp/keen** ~ →**keen/sharp;** **shoot** *at/on* ~ dadelik skiet, op staande voet s., voor die voet s.; **short** ~ bysiendheid; *a* ~ *for* **sore** *eyes* § 'n lus vir die oë; *a* **sorry** ~ 'n treurige gesig; *be a* **sorry** ~ sleg lyk; HE *cannot* **stand** *the* ~ *of s.o.* HY kan iem. nie onder SY oë verdra nie, HY kan iem. nie uitstaan/veel nie; **take** ~ korrel vat; **take** *a* ~ 'n waarneming doen; *buy s.t.* ~ **unseen** iets onbe= siens/ongesiens koop; **within/in** ~ →**in/within.**

sightseeing *go* ~ op besigtiging gaan; *go* ~ *in the town* die stad gaan bekyk; *be out* ~ die besienswaardig= hede bekyk/besigtig.

sign¹ [n.] *as a* ~ *of ...* as teken van —; as blyk van —; *make the* ~ *of the* **cross** die kruisteken maak; *give a* ~ 'n teken gee; *no* ~ *of* **life** geen t. van lewe nie; **make** *a* ~ 'n t. gee; **show** ~s *of ...* tekens van — toon; aanstal= te(s) maak om te —; *s.t. is a* **sure** ~ *of or that ...* iets is 'n seker teken van *of* dat —; *it is a* ~ *of the* **times** dit is 'n t. van die tyd; ~s *and* **wonders** tekens en wonders.

sign² [v.] ~ *away s.t.* skriftelik van iets afstand doen; ~ *for s.o.* namens/vir iem. teken; HE ~s **for** *s.t.* HY teken dat HY iets ontvang het; HY teken vir iets ('n *bedrag);* HE ~s **in** HY teken in, HY teken by SY aan= koms; *s.o.* ~s **off** iem. tree uit; *(radio)* iem. sluit 'n uitsending af; ~ **off** *s.o.* iem. se diens beëindig; iem. afmonster *(bv. 'n matroos);* ~ **on** aansluit; *(radio)* 'n uitsending begin; ~ **on** *s.o.* iem. in diens neem, iem. se dienste verkry; iem. aanmonster *(bv. 'n matroos);* HE ~s **out** HY teken by SY vertrek; ~ **over** *s.t. to s.o.* iets aan iem. oormaak/oordra; HE ~s HIS *name* **to** *s.t.* HY teken SY naam onder iets, HY onderteken iets; *s.o.* ~s **up** iem. sluit aan; ~ **up** *for s.t.* vir iets inskryf/inskry= we; ~ **up** *s.o.* iem. in diens neem, iem. se dienste verkry.

signal¹ [n.] *be the* ~ *for s.t.* iets aan die gang sit, iets laat begin.

signal² [v.] ~ *to s.o.* iem. die/'n teken gee.

signatory *the signatories to/of a treaty* die ondertekenaars van 'n verdrag.

signature HE *affixes HIS* ~ *to s.t.*, HE *puts HIS* ~ *on s.t.* HY onderteken iets, HY heg SY handtekening aan iets; *trace a* ~ 'n handtekening nateken.

signed ~, *sealed and delivered* in die allerbeste orde.

significance *it has great* ~ *for* …, *it is of great* ~ *to* … dit is van groot belang vir —; *be of no* ~ onbelangrik wees; onbeduidend wees; *what s.o. does/etc. is of no* ~ dit kom nie daarop aan wat iem. doen/ens. nie; *read* ~ *into s.t.* betekenis aan iets heg.

significant *s.t. is* ~ *of* … iets is 'n teken van —, iets dui aan dat —, iets is kenmerkend vir —.

signify *it does not* ~ dit kom nie daarop aan nie, dit is van geen belang nie.

silence *break the* ~ die stilte verbreek; HE *breaks HIS* ~ HY verbreek SY stilswye; ~ *gives consent* (P) wie swyg, stem toe (P); *there is dead* ~ doodse stilte heers; *amid a dead* ~ te midde van 'n doodse stilte; *a* ~ *falls* dit word stil; ~ *is gold(en)* (P) swye is goud (P); →**speech;** *in* ~ in stilte; *keep* ~ swyg, stilbly, die swye bewaar; *listen to s.o. in* ~ iem. stilswyend aanhoor; *be met by* ~ met stilswye beantwoord word; *observe* ~ stilbly, die stilswye bewaar; *s.o.'s* ~ *on s.t.* iem. se stilswye oor iets; *pass s.t. over in* ~ iets stilswyend verbygaan; *pray* ~ *for* … ek vra u aandag vir —; *put/reduce s.o. to* ~ iem. stilmaak, iem. laat swyg, iem. tot swye bring; ~ *reigns* alles is (dood)stil, stilte heers; *swear* ~ *to* ~ iem. plegtig laat beloof/belowe om nie oor/van iets te praat nie, iem. laat sweer om nie oor/van iets te praat nie; *a stony* ~ 'n kille (stil)swye; *an ugly* ~ 'n dreigende stilte; *an uneasy* ~ 'n gespanne stilte.

silent *be* ~ *about s.t.* nie oor/van iets praat nie, oor iets swyg; *as* ~ *as the grave* geslote soos die graf; doodstil; *be as* ~ *as the grave* swyg soos die graf; doodstil wees; *be/keep/remain* ~ stilbly, swyg, die swye bewaar; *be* ~! bly stil!; *become/fall* ~ stil raak; *keep completely* ~ geen woord sê nie, niks sê nie.

silhouetted *be* ~ *against* … teen — afgeteken staan.

silk *swishing* ~ ruisende sy; *take* ~ senior advokaat word; koningsadvokaat/koninginsadvokaat word *(in Brittanje);* *throw* ~ sy fileer.

silly *don't be* ~! moenie laf/verspot wees nie!; HE *looks* ~ HY lyk verspot; HY kyk op SY neus ⋆; *s.o. makes HIM look* ~ iem. laat HOM op SY neus kyk ⋆, iem. laat HOM belaglik lyk; *be utterly* ~ die verspotheid self wees; *too* ~ *for words* te gek om los te loop.

silt ~ *up* toeslik, verslik.

silver *thirty pieces of* ~, *(Byb.)* dertig silwer(munt)stukke.

similar *be* ~ *to* … soortgelyk wees aan —; gelykvormig wees met —; *they are very* ~ hulle is baie eenders/eners; *they are very* ~ *in appearance* hulle lyk baie eenders/eners.

similarity *the* ~ *between* … *and* … die ooreenkoms

tussen — en —; *the* ~ *of* … *to* … die ooreenkoms van — met —.

simmer¹ [n.] *s.t. is on the* ~ iets is saggies/effens/effe(ntjies) aan die kook; *s.o. is on the* ~ dit kook in iem.; *bring s.t. to a* ~ iets saggies laat kook.

simmer² [v.] ~ *down* afkoel, bedaar *(van iem.).*

simple *as* ~ *as ABC* doodeenvoudig; *it is as* ~ *as that* dit is só eenvoudig; *s.t. is quite* ~ iets is doodeenvoudig; iets is baie maklik.

simplicity *it is* ~ *itself* dit is doodeenvoudig; dit is doodmaklik.

simply *quite* ~ doodenvoudig; ~ *and solely* enkel en alleen.

simultaneous(ly) ~ *with* … gelyktydig/tegelyk met —.

sin¹ [n.] HE *atones for HIS* ~*s* HY boet vir SY sonde; *s.o.'s besetting* ~ iem. se boesemsonde/gewoontesonde; iem. se hoofgebrek, iem. se grootste swakheid; *s.o.'s burden of* ~ se skuldelas/sondelas/sondeskuld; *a capital* ~ 'n hoofsonde; *commit a* ~ sonde doen; *conceived in* ~ in sonde ontvang (en gebore); *confess* ~*s* sonde bely/bieg; *cover a multitude of* ~*s* 'n menigte foute bedek; *a deadly/mortal* ~ 'n doodsonde; *for HIS* ~*s* vir SY straf; *live in* ~ in sonde leef/lewe; *a secret* ~ 'n verborge sonde; *a* ~ *of omission* 'n sonde van versuim/nalatigheid; *original* ~ die erfsonde; *it is a* ~ *and a shame* dit is sonde en skande; *a venial* ~ 'n daaglikse sonde.

sin² [v.] ~ *against* … teen — sondig. →**sinned.**

since¹ [adv.] *ever* ~ sedertdien, van toe af nog altyd; *how long is it* ~? hoe lank gelede is dit?

since² [voegw.] ~ *that is so* aangesien dit so is.

sincerity *in all* ~ in alle opregtheid.

sing ~ *high* or *low* hoog of laag sing; ~ *out* uit volle bors sing, hard sing; ~ *out for s.t.* roep/skree(u) om iets; ~ *out s.t.* iets uitroep; ~ *to s.o.* vir iem. sing; ~ *to an audience* vir/voor 'n gehoor sing; ~ *to a piano* etc. by 'n klavier/ens. sing; ~ *s.o. to sleep* iem. aan die slaap sing; ~ *up* harder sing.

singing *lead the* ~ die gesang insit.

single¹ [v.] ~ *out s.o.* or *s.t.* iem. of iets uitkies/uitsoek/aanwys; iem. of iets uitsonder; ~ *out s.t..* *(ook)* iets uitlig, iets na vore bring.

single² [adj.] *not a* ~ *person* niemand.

sink ~ *away* wegsink, wegsak; ~ *back* terugsink; ~ *down* insink, wegsink; neersak, neersink, neersyg; ~ *in* insink; deurdring; intrek *(bv. reën);* ~ *money in s.t.* geld in iets belê/steek; ~ *into* … in — wegsink; *s.t.* ~*s into s.o.'s memory* iets bly in iem. se geheue (geprent); HE ~*s HIS teeth into* … HY slaan SY tande in — vas; ~ *like a stone* soos 'n baksteen/klip sink; ~ *or swim* buig of bars ⋆, daarop of daaronder.

sinking *be* ~ daal; swak word, agteruitgaan, aan die sterwe wees.

sinned *s.o. is more* ~ *against than sinning* iem. is meer versondig as sondig.

sinner *a hardened* ~ 'n verstokte sondaar.

sip¹ [n.] *a ~ of water/etc.* 'n mondjie vol water/ens., 'n slukkie water/ens.; *take a ~ of* ... 'n mondjie vol — drink, 'n slukkie — drink.

sip² [v.] *~ at s.t.* 'n mondjie vol van iets drink, 'n slukkie van iets drink.

siphon *~ off s.t.* iets afhewel; *~ off s.t. from ... into ...* iets uit — in — oorhewel *('n vloeistof);* iets uit — in — oorplaas *(bv. geld); ~ out s.t.* iets uithewel.

siren *the ~ screams* die sirene loei.

sister *big ~* ousus; *little ~* kleinsus.

sit *~ about/around* rondsit; *~ back* agteroor sit; *~ by s.o.* by iem. sit; *s.o. ~s down* iem. gaan sit; *~ down!* sit!; *~ s.o. down* iem. laat sit; *~ down to a meal* aansit; *~ down under s.t.* iets geduldig verdra; *~ for s.t.* vir iets sit/poseer *('n portret);* iets aflê/skryf/skrywe *('n eksamen),* iets doen/skryf/skrywe *(eksamen);* iets verteenwoordig *('n kiesafdeling); ~ in* 'n sitbetoging hou; *~ in at/on s.t.* aan iets deelneem, by iets aanwesig wees; *~ knitting/etc.* sit en brei/ens.; *HIS learning ~s lightly upon HIM* HY maak geen vertoon van geleerdheid nie; *~ next to s.o.* langs iem. sit; *HE ~s HIMSELF next to s.o.* HY gaan/kom langs iem. sit; HY plak HOM langs iem. neer ⋆; *~ on* aanhou sit; *~ on s.t.* op iets sit; § met iets sloer; *~ on/upon s.o.* § op iem. se kop sit ⋆; § iem. kortvat ⋆; *HE does not want to be sat on/upon →***sat;** *~ on a case* in/oor 'n saak sit; *~ on a chair* op 'n stoel sit; *~ on a committee* in 'n komitee dien, lid van 'n komitee wees; in 'n bestuur dien, bestuurslid wees; *~ on a question* oor 'n saak beraadslaag; *~ out* buitekant sit; *~ out s.t.* nie aan iets deelneem nie; tot die end/einde van iets bly (sit), iets uitsit *(bv. 'n opvoering); ~ still* stilsit; bly sit; *~ through s.t.* iets uitsit *(bv. 'n vergadering); HE ~s tight* § HY sit vas/stewig/styf; § HY sit vas in die saal; § HY sit doodstil, HY doen niks, HY verroer HOM nie; § HY staan pal/vas, HY hou voet by stuk; § HY hou wat HY het; § HY wag SY kans/tyd af, HY kyk die kat uit die boom; *s.t. ~s tightly* iets sit/pas nou aan die lyf; *~ up* regop sit; orent sit; opbly, wakker bly; § skrik, verbaas wees; *make s.o. ~ up* § iem. laat opkyk; § iem. verbaas laat staan; *~ up and take notice* § belangstelling toon; *~ upon/on s.o. →***on/upon;** *~ up with so.* by iem. waak; *s.t. ~s well on s.o.* iets pas iem. goed.

sitting¹ [n.] *at a/one ~* in een slag; *give a ~* poseer.

sitting² [teenw.dw.] *be ~ pretty* § goed af wees, in 'n gunstige posisie wees/verkeer.

situated *be ~ at ... te* — geleë wees.

situation *accept a ~* in 'n toestand berus, met 'n toestand genoeë neem; *in a difficult/tricky ~* in 'n netelige situasie, in 'n lastige parket; *s.o. has to face the ~ that ...* iem. moet die situasie onder die oë sien dat —; *retrieve/save the ~* die situasie/toestand red; *an ugly ~* 'n gevaarlike/dreigende toestand.

sit-up *do ~s* opsitoefeninge doen.

six *get ~ of the best* § ses houe kry; *it is ~ of one and half a dozen of the other* dis vinkel en koljander (die

een is soos die ander), dis so lank as (wat) dit breed is, dis om 't/die ewe, dit kom op dieselfde neer; *hit a ~* 'n ses(hou) slaan; *hit a ball for (a) ~* 'n ses(hou) van 'n bal slaan; *hit a bowler for (a) ~* 'n ses(hou) teen 'n bouler slaan; *hit/knock s.o. for (a) ~* § iem. 'n mokerhou toedien *(fig.); be at ~es and sevens* in die war wees, in 'n harwar wees *(van iem. of iets);* onenig wees.

sixteen *be sweet ~* 'n no(o)ientjie van sestien wees.

sixties *HE is in HIS ~* HY is in die sestig, HY is in SY sestigerjare; *it happened in the S~* dit het in die sestigerjare gebeur, dit het in die jare sestig gebeur.

size¹ [n.] *cut HIM down to ~* § HOM op SY plek sit; *s.t. is the ~ of a* ... iets is so groot soos 'n —; *be of a ~* ewe groot wees *(van twee mense gesê); that's (about) the ~ of it* § so is dit (ongeveer), dit kom daarop neer; *they are much of a ~* hulle is omtrent ewe groot; *arrange ... in order of ~* — volgens/na grootte rangskik; *be quite a ~* heeltemal/taamlik groot wees; *be s.o.'s ~* so groot soos iem. wees; *be of some ~* taamlik groot wees; *take a ~* 'n maat/nommer dra; *try s.t. for ~* kyk of iets pas; *try that on for ~!* § wat dink jy daarvan!

size² [v.] *~ up s.o. or s.t., (lett.)* die grootte van iem. of iets skat; *(fig.)* § iem. of iets deurkyk/skat/takseer/beoordeel, 'n oordeel omtrent iem. of iets vorm; *~ up a situation* § sake deurkyk, kyk hoe sake staan.

skate¹ [n.] *HE'll have to get/put HIS ~s on* § HY sal HOM moet roer ⋆, HY sal SY litte/riete moet roer ⋆

skate² [v.] *~ lightly over/round s.t.* lugtig oor iets heengly *(bv. 'n vraagstuk).*

skeleton *be a ~* uitgeteer wees, 'n wandelende geraamte wees; *a ~ in the cupboard* 'n geheime skande.

sketch¹ [n.] *make a ~* 'n skets maak.

sketch² [v.] *~ out s.t.* iets skets.

skid *go into a ~* aan die gly gaan/raak; *hit the ~s* § op die afdraand(e) beland ⋆; *s.o. is on the ~s* § iem. is op die afdraand(e) ⋆, dit gaan afdraand met iem. ⋆; *put the ~s under s.o.* § iem. na die verdoemenis help; § iem. laat misluk; § iem. laat opskud ⋆

skilled *be ~ in ... in* — bedrewe/geskool/ervare/gekonfyt ⋆ wees.

skim *~ the cream off the milk* die melk afroom; *~ off the best* (net) die beste afskep; *~ over s.t.* oor iets heengly; *~ (through) a book* 'n boek vlugtig lees, 'n boek blaailees.

skimp *~ on s.t.* op iets besuinig; *~ and save* suinig leef/lewe.

skin¹ [n.] *s.o. is (just) ~ and bone(s), s.o. is reduced to ~ and bone(s)* iem. is (net) vel en been, iem. is brandmaer; *cast/change the ~* vervel; *get under s.o.'s ~* § iem. (hewig) vererg; § iem. (diep) raak; *I would not be in X's ~* ek sou nie in X se skoene wil staan nie; *HE jumps/leaps out of HIS ~* § hy spring uit SY vel ⋆, HY is buite HOMSELF *(van blydskap); wear s.t. next to the ~* iets op die blote lyf dra; *it's no ~ off HIS nose* § dit traak HOM nie; *save one's ~* § heelhuids daarvan afkom; *(in order) to save HIS ~* § om SY bas te red ⋆;

save *s.o.'s* ~ §iem. se bas red ★; *a snake sheds its* ~ 'n slang vervel; *HE escaped by the* ~ *of HIS teeth* §HY het (net) met SY lewe daarvan afgekom, HY het nael-skraap(s)★/ternouernood ontkom, dit was op 'n nerf na of HY het in die slag gebly ★; *a tender* ~ 'n gevoelige vel; *have a thick* ~ dikvellig/dikhuidig/onbe-skaam(d)/ongevoelig wees; *have a thin* ~ dunvellig/fyngevoelig/liggeraak wees; *throw* ~ vervel; *under the* ~ *is wet to the* ~ HY is tot op SY vel nat.

skin² [v.] ~/*flay s.o. alive* §iem. vermorsel *(fig.)*.

skinful *have a* ~ § besope wees.

skip ~ *it* §met die noorderson vertrek ★; ~ *it!* §los dit!, vergeet dit (maar)!

skirt ~ *around/round s.t.* om iets gaan.

skit *a* ~ *on* ... 'n parodie op —.

skittle ~ *out a team, (kr.)* 'n span uitknikker.

skull *HE is out of HIS* ~ §HY is van SY kop/verstand af, HY is van SY sinne beroof, HY is nie reg nie (in sy kop) nie.

sky *a clear* ~ 'n helder lug; *out of a clear (blue)* ~ onverwags, ewe skielik, sonder aanleiding; *in the* ~ in die lug; aan die hemel/uitspansel; *laud/praise s.o. to the skies* iem. hemelhoog prys, iem. ophemel/opvysel; *the* ~'*s the limit* §daar is geen grens(e) nie; *under the open* ~ onder die blote hemel; *reach to the skies* na die hemel reik; *sweep the* ~ die lug bestryk *('n soek= lig)*.

sky-high *blow s.t.* ~ §iets in die lug blaas, iets vernie= tig; *go* ~ die hoogte inskiet *(bv. pryse)*.

slack¹ [n.] *take up the* ~ iets styf trek *(bv. 'n tou)*; die agterstand inhaal; die daling wegwerk.

slack² [v.] ~ *off* verslap; minder bedrywig word; nie so hard werk nie; ~ *off/up* stadiger ry.

slack³ [adj.] *grow* ~ los word; slap word; laks word.

slacken ~ *off* or *up* →**slack²**.

slain *be* ~ sneuwel *(in 'n oorlog)*; doodgemaak word; *the* ~ die gevallenes/gesneuweldes *(in 'n oorlog)*; die slagoffers *(van 'n moord)*. →**slay**.

slam ~ *down s.t.* iets neersmyt/neerplak; ~ *into* ... teen — bots; ~ *on s.t.* iets (skielik) aanslaan *(die rem)*; ~ *s.t. to* iets toeklap.

slant *give s.t. a* ~ 'n kleur/aksent aan iets gee; *a* ~ *on a subject* 'n kyk op 'n saak, 'n opvatting van 'n saak; *on/at a/the* ~ skuins.

slap¹ [n.] *give s.o. a* ~/*clap/pat on the back* iem. op die skouer klop; *s.t. is a* ~ *in the face for s.o.* iets is vir iem. 'n klap in die gesig, iets is vir iem. 'n belediging; *give s.o. a* ~ *in the face, (lett.)* iem. in/deur die gesig klap; *(fig.)* iem. in die gesig vat; *a bit of* ~ *and tickle* §'n vryery; *a* ~ *on the wrist* 'n teregwysing, 'n ver-maning.

slap² [v.] ~ *down s.t.* iets neerplak/neersmyt; ~ *down s.o.* iem. hokslaan; ~ *on s.t.* iets opplak *(bv. verf)*; ~ *s.t. on s.o.* iets op iem. laai *(bv. belas-ting)*.

slap³ [adv.] *hit s.o.* ~ *in the eye* iem. reg in die oog slaan; *run* ~ *into s.o.* reg teen iem. vasloop.

slate *start with a clean* ~/*sheet* met 'n skoon lei be-gin; *wipe the* ~ *clean* die dinge van die verlede agter-laat; *s.o. has a* ~ *loose* § daar is 'n skroef los by iem. ★; *put s.t. on the* ~ §iets opskryf/opskrywe *(op 'n rekening)*.

slated *be* ~ *for* ... vir — bestem(d) wees *(bv. bevorde-ring)*.

slaughter *wholesale* ~ 'n groot slagting, 'n slagting op groot skaal.

slave¹ [n.] *be a* ~ *of* ... 'n slaaf van — wees; *be a* ~ *to* ... *aan* — verslaaf wees aan, die s. van — wees *(bv. drank, luste)*; *HE becomes a* ~ *to* ... HY word 'n s. van — *(iem.)*; HY gee HOM aan — oor *(iets)*.

slave² [v.] ~ *away at s.t.* aan iets swoeg.

slay ... ~*s HIM* § HY kan HOM oor — doodlag. →**slain**.

sleep¹ [n.] *be in a deep* ~ vas slaap; *fall into a deep* ~ vas aan die s. raak; *try to get some* ~ probeer om ('n bietjie) te s.; *get to* ~ slaap; *go to* ~ aan die s. raak; gaan s.; *sleep the* ~ *of the just* 'n ligte s.; *not lose* ~ *over s.t.* § nie oor iets wakker lê nie; *lull s.o. to* ~ iem. aan die slaap sus; *put s.o. to* ~ iem. aan die s. maak; iem. aan die s. sus *('n kind); (boks)* §iem. uitslaan/uitklop; *put an animal to* ~ 'n dier pynloos doodmaak; *rock s.o. to* ~ iem. aan die slaap sus/wieg; *send s.o. to* ~ iem. aan die s. maak, iem. aan die s. laat raak; *sing s.o. to* ~ iem. aan die s. sing; *sound* ~ vaste s.; *start from one's* ~ wakker skrik.

sleep² [v.] ~ *around* § rond en bont slaap ★; ~ *the hours away* die tyd verslaap; ~ *badly* sleg/onrustig slaap; ~ *fast* vas s.; ~ *lightly* lossies s.; ~ *like a log/top* soos 'n klip/os s.; ~ *off a hangover* 'n roes uitslaap; ~ *it off* §'n roes uitslaap; ~ *on* voortslaap; ~ *on/over s.t.* oor iets slaap; ~ *out* uitslaap, by ander mense slaap; in die ope lug slaap; ~ *over* oorslaap; ~ *soundly* vas slaap; ~ *through s.t.* deur iets heen s.; ~ *tight!* § lekker s.!; ~ *together* by mekaar s.; ~ *well* goed/lekker s., 'n goeie nagrus hê/geniet; ~ *well!* s. gerus!, lekker s.!, wel te ruste!; *not* ~ *a wink* nie 'n oog toemaak nie; ~ *with s.o.* by iem. slaap. →**slept**.

sleeper *a heavy* ~ 'n vaste slaper; *s.o. is a light* ~ iem. slaap baie los.

sleepy *be* ~ vaak wees/hê; *become/get* ~ vaak word/kry.

sleeve *have/keep s.t. up one's* ~ iets in die skild voer, iets in die mou hê, iets agter die hand hê, (gehei-me) planne hê; *HE laughs in/up HIS* ~ HY lag in SY vuis, HY lag agter SY hand; *HE rolls up HIS* ~*s* HY rol moue op, HY steek SY hande uit die moue *(om te werk)*, HY maak HOM klaar *(om te werk of te baklei)*; *a wide* ~ 'n wye mou.

slew ~ *around/round* omswaai; ~ *off* wegswaai.

slept *s.o.'s bed has not been* ~ *in* daar is nie in iem. se bed geslaap nie. →**sleep**.

slice¹ [n.] *a* ~ *of* ... 'n sny — *(bv. brood)*; 'n stuk(kie)

— *(bv. koek)*; 'n skyf — *(bv. waatlemoen)*; 'n deel van — *(bv. die wins)*; *a* ~ *of life* →**life.**

slice² [v.] *any way you* ~ *it* §hoe jy dit ook al bekyk; ~ *into s.t.* 'n sny in iets maak; ~ *up s.t.* iets sny *(bv. brood)*; iets stukkend sny *(bv. iem. se gesig)*.

slick ~ *down s.t.* iets glad stryk *(bv. hare)*.

slide ~ *into s.t.* in iets ingly *(bv. die water)*; in iets verval *(bv. sonde)*; *let things* ~ § sake hul gang laat gaan, Gods water oor Gods akker laat loop, dinge aan hulself oorlaat; ~ *off* afgly.

slightest *not in the* ~ nie in die minste nie.

sling¹ [n.] HE *has* HIS *arm in a* ~ HY dra/het SY arm in 'n verband.

sling² [v.] ~ *s.t. across* ... iets oor — span *(bv. 'n draad oor 'n kloof)*; ~ *s.t. at s.o.* § iem. met iets gooi *(bv. 'n klip)*; ~ *out s.o.* § iem. uitsmyt.

slink ~ *away/off* wegsluip; ~ *out* uitsluip.

slip¹ [n.] *a Freudian* ~ 'n Freudiaanse verspreking; *give s.o. the* ~ iem. ontglip; *in the* ~*s, (kr.) in die* glippe; *make a* ~ 'n flater/fout maak; *there's many a* ~ *'twixt the cup and the lip* (P) van die hand na die mond val die pap op die grond (P), van die hand na die tand val die pap in die sand (P), tussen lip en beker lê 'n groot onseker (P); *a* ~ *of the pen* →**pen;** *s.o.'s* ~ *is showing* § iem. se onderrok hang uit *(fig.)* ★; *a* ~ *of the tongue* →**tongue.**

slip² [v.] ~ *across to* ... na — oorwip; ~ *away* weg‑ glip, weggly *(iets)*; wegsluip, stilletjies weggaan *(iem.)*; omvlieg *(die tyd)*; ~ *down* afgly; ~ *in* inglip, ingly *(iets)*; insluip *(iem.)*; ~ *in s.t.* iets invoeg *(bv. 'n woord)*; ~ *into s.t.* iets haastig aantrek, in iets spring *(klere)*; ~ *s.t. into s.o.'s hand* iem. iets in die hand stop; *let s.t.* ~ iets laat verbygaan *('n kans)*; iets laat uitglip *(bv. 'n geheim)*; ~ *off* afskuif/afskuiwe *(iets)*; wegsluip *(iem.)*; ~ *off s.t.* iets uitpluk, iets gou‑gou uittrek *(klere)*; ~ *a ring off a finger* 'n ring van 'n vinger afskuif/afskuiwe; ~ *on s.t.* op iets gly; iets in‑ skuif/inskuiwe *(bv. 'n ring)*; iets oorgooi/aansmyt, iets haastig aantrek, in iets spring *(klere)*; ~ *out* uitglip *(iets, iem.)*; uitglip, stilletjies uitgaan *(iem.)*; *the word* ~*s out* die woord ontglip HOM; ~ *out of s.t.* uit iets glip; iets haastig uittrek *(klere)*; ~ *one/s.t. over on s.o.* § iem. kul/beetneem; ~ *past* ... *by* — verbyglip *(bv. die wagte)*; ~ *s.t. past* ... iets by — verbysmokkel; ~ *s.o. s.t.* iem. iets in die hand stop; ~ *through* deur‑ glip; ~ *through s.t.* deur iets glip; ~ *up* uitgly; § 'n flater/fout maak.

slippery *as* ~ *as an eel* so glad soos 'n paling.

slippy *be/look* ~*!* §maak gou!, roer jou (litte/riete)! ★

slobber ~ *over s.o.* § stroperig wees oor iem.

slog¹ [n.] *a hard* ~ *lies ahead* daar sal nog hard gewerk moet word; daar lê 'n moeilike skof voor.

slog² [v.] HE ~*s along/on* HY sleep HOM voort; ~ *away at s.t.* aan iets voortswoeg.

slop ~ *about/around* rondklots *(vloeistof)*; § rondslof *(iem.)*; ~ *over* oorstort; ~ *over s.o.* stroperig wees oor iem.

slope¹ [n.] *a gentle/slight* ~ 'n skotige afdraand(e) of opdraand(e); *be on the slippery* ~ op 'n gevaarlike koers wees.

slope² [v.] ~ *down to* ... na — afloop/afglooi; ~ *off* § wegsluip; ~ *upwards* oploop.

slosh ~ *about* rondplas; ~ *about s.t.* iets rondroer; ~ *s.t. on* ... iets op — stort.

sloshed *be* or *get* — §aangeklam★/besope/dronk wees *of* raak.

slot¹ [n.] *fill a* ~ 'n plek inneem; 'n plek vul.

slot² [v.] ~ *in s.t.* iets (laat) inpas; vir iets plek vind; vir iets tyd vind; *two things* ~ *together* twee dinge pas in‑ mekaar; ~ *things together* dinge saamvoeg.

slouch¹ [n.] HE *is no* ~ §HY laat nie op HOM wag nie; *be no* ~ *at* ... § nogal handig wees met —.

slouch² [v.] ~ *about/around* rondluier.

slough¹ [n.] *be in the* S~ *of Despond* op moedverloor se vlakte wees.

slough² [v.] ~ *off s.t.* iets afwerp *(bv. sorge)*.

slow¹ [v.] ~ *down/up/off* stadiger gaan *of* loop *of* ry; vaart/snelheid verminder; ~ *down s.o.* or *s.t.* iem. *of* iets vertraag.

slow² [adj. & adv.] *dead* ~ doodstadig; *go* ~ →**go;** ~ *but sure* stadig maar seker; *take it* ~ § versigtig wees; *be* ~ *to anger/etc.* nie gou kwaad/ens. word nie; *be* ~ *to do s.t.* iets nie gou/sommer doen nie.

slowly *it is moving, if* ~ dit beweeg, hoewel stadig.

slug ~ *it out* dit uitbaklei; volhou, volhard, deurdruk, deurbyt, nie opgee nie.

sluice ~ *out s.t.* iets skoonspoel/skoonspuit.

slum ~ *it* § soos die armes leef/lewe.

slur¹ [n.] *cast a* ~ *on s.o.* 'n smet op iem. se naam werp, iem. se naam beklad; *speak with a* ~ onduidelik/slor‑ dig/diktong praat.

slur² [v.] ~ *over s.t.* iets agteloos verbygaan, iets op‑ pervlakkig beskou.

sly *on the* ~ stilletjies, agteraf, in die geheim.

smack¹ [n.] *a* ~ *in the eye/face* 'n klap in/deur die gesig; *get a* ~ 'n k. kry; *give s.o. a* ~ iem. 'n k. gee; *have a* ~ *at s.t.* § iets probeer (doen).

smack² [n.] *s.t. has a* ~ *of* ... iets smaak 'n bietjie na —.

smack³ [v.] *s.t.* ~*s of* ... iets smaak na —; iets sweem na — *(bv. bedrog)*.

smack⁴ [adv.] *hit* HIM ~ *in the eye* §HOM (mooi) reg op SY oog slaan *of* tref; *be* ~ *up against* ... §reg teenaan — wees.

small *a* ~ *enough sum* darem maar 'n klein sommetjie; *feel* ~ klein/skaam/nederig voel; *a* ~ *one* 'n kleintjie.

smaller ~ *and* ~ al hoe kleiner.

smart¹ [v.] ~ *under s.t.* oor iets bitter voel *(bv. 'n teenslag)*.

smart² [adj. & adv.] *look* ~ →**look;** *play it* ~ →**play.**

smarten HE ~*s up* HY trek HOM beter aan, HY gee meer aandag aan SY voorkoms; ~ *up s.t.* iets op‑ knap.

smash¹ [n.] *go to* ~ tot niet gaan; in duie stort/val; *be (involved) in a* ~ in 'n botsing (betrokke) wees.

smash² [v.] ~ *down* s.t. iets afbreek; iets intrap *(bv. 'n deur)*; ~ *in* s.t. iets inslaan *(bv. 'n ruit)*; ~ *into* ... teen — bots; teen — vasloop; ~ *up* s.t. iets verpletter; HE ~ed *up* HIS *car* SY motor is in 'n botsing verwoes.

smattering *have a* ~ *of English/etc.* 'n paar woord= jies Engels/ens. ken, so 'n mondjie vol Engels/ens. ken; *have a* ~ *of history/etc.* so 'n bietjie van geskiede= nis/ens. weet.

smear ~ s.t. *on* ... iets aan/op — smeer; ~ *over* s.t. iets toesmeer; ~ s.t. *with* ... iets met — besmeer; iets met — insmeer.

smell¹ [n.] *get the* ~ *of* s.t. iets ruik; s.t. *has a* bad or *nice* ~ iets ruik sleg *of* lekker; s.o. *has a keen* ~ iem. het 'n fyn reuk, iem. is fyn van reuk; *take a* ~ *at* s.t. aan iets ruik.

smell² [v.] ~ *at* s.t. aan iets ruik; s.t. ~s *good* iets ruik lekker; s.o. or s.t. ~s *like/of* ... iem. *of* iets ruik na —; ~ *out* s.t. iets uitruik; iets uitsnuffel *(fig.)*, iets uitvis; ~ *out* s.o. iem. opspoor.

smile¹ [n.] *be all* ~s van oor tot oor glimlag, die ene vriendelikheid wees; *a broad* ~ 'n breë glimlag; *a dazzling* ~ 'n stralende g.; *a feigned* ~ 'n aange= plakte g.; s.o. *forces a* ~ iem. glimlag gedwonge; *a forced* ~ 'n gedwonge g.; *give* s.o. *a* ~ vir iem. g.; *a sickly* ~ 'n flou g.; *a vacuous* ~ 'n onnosele/wesen= lose g.; *a warm* ~ 'n vriendelike g.; *a wide* ~ 'n breë g.; *a wintry* ~ 'n suur g.; s.o.'s *face is wreathed in* ~s iem. se gesig is die ene glimlag; *with a wry* ~ met 'n wrange g.

smile² [v.] ~ *at* s.o. vir iem. glimlag; ~ *at* s.t. oor iets g.; ~ *broadly* breed g.; ~ *faintly* effens/effe(ntjies) g.; *fortune* ~s *on/upon* s.o. →**fortune**; ~ *thinly* onwillig/gedwonge g.; ~ *wryly* grim.

smiling *come up* ~ § nuwe moed kry; *keep* ~ goeie moed hou; *keep* ~! hou goeie moed!, hou die blink kant bo! ★

smithereens *in* ~ fyn en flenters; *smash* s.t. *into/to* ~ iets fyn en flenters slaan.

smitten *be* ~ *with* s.o. smoorverlief wees op iem.; *be* ~ *with* s.t. met iets ingenome wees; deur iets geteister word *(bv. die pes)*.

smoke¹ [n.] *(there's) no* ~ *without fire, where there's* ~ *there's fire* (P) geen rokie sonder vuur(tjie) nie (P), waar daar 'n rokie is, is daar 'n vuurtjie (P); *go up in* ~ in rook opgaan/verdwyn *(lett. & fig.)*; op niks uit= loop, in duie stort; *have a* ~ § 'n dampie maak ★, rook; s.o. *wants a* ~ § iem. wil rook.

smoke² [v.] ~ *heavily* straf/sterk rook; ~ *out* s.o iem. uitrook.

smoker *a heavy* ~ 'n strawwe/sterk roker; *a light* ~ 'n matige roker.

smoking *no* ~ rook verbode.

smooth ~ *away* s.t. iets wegstryk; iets uit die weg ruim *(bv. moeilikhede)*; ~ *down* s.t. iets glad stryk; ~ *down* s.o. iem. paai; ~ *off* s.t. iets glad afwerk; ~ *out*

s.t., *(lett.)* iets glad stryk, iets uitstryk; *(fig.)* iets uit= stryk, iets uit die weg ruim *(bv. verskille)*; ~ *over* s.t. iets bewimpel, iets in die beste voue lê.

smothered *be* ~ *in* ... onder — begrawe wees, toe wees onder —; *be* ~ *up* stilgehou word, in die doofpot gestop word; *be* ~ *with* ... met — oorlaai word.

smuggle ~ *in* or *out* s.t. iets insmokkel *of* uitsmok= kel; ~ s.t. *past* ... iets by — verbysmokkel.

snack *have a* ~ 'n happie eet.

snag¹ [n.] *come upon a* ~, *hit/strike a* ~, *run into a* ~ vashaak, op 'n moeilikheid stuit; *that's/there's the* ~ dit is die moeilikheid, daar lê/sit die knoop; *what's the* ~? waar lê/sit die knoop?

snag² [v.] ~ *on* s.t. aan iets vashaak.

snagged *get* ~ vashaak.

snail *at a* ~'s *pace* voetjie vir voetjie; met 'n slakke= gang.

snake¹ [n.] *be bitten by a* ~ deur 'n slang gepik word; *there's a* ~ *in the grass* § daar is 'n s. in die gras ★, daar skuil gevaar; *the* ~ *struck* die slang het gepik.

snake² [v.] *the road* ~s *through* ... die pad kronkel/ slinger deur —.

snap¹ [n.] *a cold* ~ 'n skielike koue.

snap² [v.] ~ *at* ... na — hap/byt; na — gryp; — gretig aanneem; ~ *at* s.o., *(ook)* iem. afjak/afsnou; iem. toe= snou; ~ *(off)* s.t. iets afbreek *of* afbyt *of* afknak; ~ *on* s.t. iets aanknip; ~ *out* s.t. iets snou; HE ~s *out of it* § HY ruk HOM reg; ~ *out of it!* § ruk jou reg!, komaan!; ~ *to* toeklap, toeknip; ~ *to it!* § opskud!★, roer jou (litte/riete)! ★; ~ *up* s.t. iets opraap/oppik/opgryp; iets aangryp *(bv. 'n geleentheid)*.

snappy *make it* ~! § opskud!★, roer jou (litte/riete)! ★

snare *lay a* ~ *for* ... 'n strik vir — span/stel, 'n wip vir — stel.

snarl ~ *at* s.o. iem. toesnou/afsnou.

snarled *be* ~ *(up)* totaal verward wees; in die war wees; opgekinkel wees; *get* ~ *up in* s.t. in iets verstrik raak; in iets vasgevang raak *(die verkeer)*.

snatch¹ [n.] *in/by* ~es met rukke en stote; met tussen= poses; *make a* ~ *at* ... na — gryp.

snatch² [v.] ~ *at* ... na — gryp; — aangryp *(bv. 'n aanbod)*; ~ *away* s.t. iets weggryp; iets wegruk; ~ s.t. *from* ... iets van — wegruk; ~ *off* s.t. iets afruk; ~ s.o. or s.t. *out of* ... iem. *of* iets uit — red; ~ *up* s.t. iets opgryp.

sneak ~ *away/off* wegsluip, stilletjies wegloop/weg= raak; ~ *in* insluip; inkruip; ~ s.t. *into the house* iets die huis insmokkel; ~ *out* uitsluip; ~ *up behind* s.o. iem. van agter bekruip; ~ *up on* s.o. iem. bekruip.

sneer ~ *at* ... met — spot, — bespot; HE ~s *at* ..., *(ook)* HY spot met —, HY trek SY neus vir — op.

sneezed *not to be* ~ *at* § nie te versmaai nie, glad nie so sleg nie.

sniff HE ~s *at* ... HY ruik aan —; HY stel effens/effe= (ntjies) in — belang; HY trek SY neus vir — op; ~ *out* s.t. iets uitsnuffel; ~ *up* s.t. iets opsnuif/opsnuiwe.

sniffed *it is not to be* ~ *at* ('n) mens kan nie jou neus daarvoor optrek nie.

snifter *take a* ~ § 'n dop(pie) steek ★

snip ~ *off s.t.* iets afknip.

snipe ~ *at s.o.* uit 'n hinderlaag op iem. skiet; iem. (geniepsig) aanval.

snook *cock a* ~ *at s.o.* iem. uitkoggel.

snoop ~ *about/around* rondsnuffel.

snooze *have/take a* ~ § 'n uiltjie knip ★, ('n bietjie) dut.

snort *give a* ~ *of contempt* minagtend snuif; *give a* ~ *of rage* snuif van woede; *have a* ~ § 'n dop(pie) steek ★

snow *perpetual* ~ ewigdurende sneeu.

snowball *not have a* ~'s *chance (in hell)* →**chance.**

snowed *be* ~ *in/up* toegesneeu wees; *be* ~ *under* (met werk) oorlaai wees.

snowing *it is* ~ dit sneeu.

snuff¹ [n.] *a pinch of* ~ 'n snuifie, 'n snuifknippie; *take* ~ snuif; *be up to* ~ § nie onder 'n kalkoen uitgebroei wees nie ★; § op peil wees, van die vereiste/gewenste gehalte wees.

snuff² [v.] ~ *it* §§ lepel in die dak steek ★★; ~ *out s.t.* iets uitsnuit/dooddruk ('n kers); iets onderdruk (bv. 'n opstand).

snug *be as* ~ *as a bug in a rug* § so knus wees soos 'n vlooi in 'n kooi ★, lekker warm en gemaklik voel; *leef/ lewe soos 'n koning, dit lekker hê; lie* ~ lekker lê; wegkruip.

snuggle ~ *down* lekker gaan lê; *HE* ~s *up to s.o.* HY vly HOM teen iem. aan.

so ~, ... dus, —; ~ *and* ~ dinges; *(and)* ~ *HE* ... (en) toe — HY; (en) daarom het HY —; *and* ~ *to bed* en daarmee is — bed toe; ~ *as not to* ... om nie te — nie; ~ *be it* laat dit so wees; ~ *it can be* dit kan, ja; *that being* ~ aangesien dit so is, derhalwe; *HE did* ~ HY het dit gedoen; ~ *do I* ek ook; *even* ~ selfs dan; nog₌ tans, desnieteenstaande, nietemin; ~ *s.o. will have to* ... iem. moet dus —; *how* ~? hoe so?; hoe dan?; *if* ~ so ja, indien wel, as dit so is, as dit waar is; *and* ~ *it is* en dit is ook so; ~ ... *is back?* — is dus terug?, dan is — terug?; *is that* ~? so?, waarlik?, regtig?, ag nee!; *just* ~! juis!, net so!, presies!, juistement!; *more* ~ nog meer; *(all) the more* ~ des te meer; *not* ~ glad nie; dis nie so nie; *not* ~? nie waar nie?, dan nie?, dit is so, nè?; *a day or* ~ 'n dag of wat; *three days or* ~ 'n dag of drie, ongeveer drie dae; *half a dozen or* ~ (so) 'n stuk of ses; *a week or* ~ om en by 'n week, ongeveer 'n week; *or* ~ *X said* so het X ten minste gesê; *quite* ~! presies!, juistement!, net so!; ~ *I think that* ... ek dink dus dat —; ~ *are you!* (en) jy ook!

soak¹ [n.] *s.t. needs a good* ~ iets moet deurweek word; *be in the* ~ in die week wees/staan; *put s.t. to/in* ~ iets in die week sit; *a* ~, *an old* ~ § 'n dronklap.

soak² [v.] *HE* ~s *HIMSELF in* ... HY verdiep HOM in —; *s.t.* ~s *in* iets trek in; iets dring deur *(tot iem.);* ~ *in s.t.* iets insuig; ~ *up s.t.* iets opsuig.

soaked *be* ~ deurnat/papnat wees; *be* ~ *in/with* ... met — deurweek wees; *van* — deurtrek wees; van — deurdrenk wees.

soaking *get a* ~ deurnat/papnat word.

soap *a bar of* ~ 'n steen seep; *a cake of* ~ 'n koekie seep; *soft* ~ § mooipraatjies, vleiery, vleitaal, heuning₌ smeerdery.

soar ~ *above* ... bo — sweef//swewe/uitstyg; ~ *(aloft)* die hoogte inskiet.

sob¹ [n.] *give a* ~ snik.

sob² [v.] ~ *out s.t.* iets uitsnik.

sober¹ [v.] ~ *down* bedaar, kalm word; ~ *up* nugter word; ~ *up s.o.* iem. nugter maak; iem. ontnugter.

sober² [adj.] *as* ~ *as a judge* so sedig/stemmig soos 'n ouderling; *(stone-)cold* ~ doodnugter, volkome nugter.

socialise, ₌**ize** ~ *with* ... met — omgaan.

society *the affluent* ~ die gegoedes, die gegoede ge₌ meenskap; *in polite* ~ in beskaafde geselskap.

sock¹ [n.] *HE pulls HIS* ~s *up* § HY ruk HOM reg, HY skrik wakker; *put a* ~ *in it!* §§ bly stil!, hou jou bek★★/ mond/smoel★★/snater★★!

sock² [n.] *a* ~ *in the eye* 'n hou op die oog.

sock³ [v.] ~ *it to HIM* § HOM op SY herrie gee ★; § HOM goed die waarheid sê/vertel ★

sock⁴ [adv.] *hit s.o.* ~ *on the jaw* § iem. reg op die kaak slaan.

sod *turn the first* ~ die eerste graaf in die grond steek; *be under the* ~ onder die kluite/sooie wees, in die graf wees.

sodden *be* ~ *with* ... met — deurweek wees; *van* — deurtrek wees; *be* ~ *(with drink)* besope wees.

soft *become* ~, *go* ~ pap word, verweeklik; *be* ~ *on s.o.* § saggies/sagkens met iem. werk; § op iem. verlief wees; *be* ~ *on s.t.* § saggies/sagkens met iets werk, pap optree teen *of* in verband met iets.

soften ~ *up s.t.* iets verswak *(bv. die weerstand);* ~ *up s.o.* iem. mak/week maak.

soil *cultivate/till the* ~ die grond bewerk; *fall on fer₌ tile* ~ op goeie aarde val; *s.o.'s native* ~ iem. se ge₌ boortegrond; *poor* ~ skraal grond; *rich* ~ ryk/vrug₌ bare grond; *a son of the* ~ 'n kind van die land, 'n landseun; 'n landman/boer.

solace *find* ~ *in s.t.* in iets troos vind; *seek* ~ *in s.t.* in iets t. soek.

sold *HE is sold on* ... § HY is geesdriftig oor —, HY is hoog/baie in SY skik met —; *be* ~ *out* uitverkoop wees *(iets),* nie meer in voorraad wees nie, onverkrygbaar wees; nie meer voorraad hê nie *(iem.);* vol bespreek wees. →**sell.**

solder ~ *on s.t.* iets aansoldeer; ~ *up s.t.* iets toesol₌ deer.

soldier¹ [n.] *a* ~ *of fortune* 'n huursoldaat; 'n avon₌ turier; *old* ~s *never die(, they only fade away)* (P) ou strydrosse doodkry is min (P); *play at* ~s soldaatjie speel; *seasoned* ~s geharde soldate; *turn* ~ soldaat word.

soldier² [v.] ~ *on* voortstry, in die stryd volhard, die stryd volhou.

solicit ~ *s.o. for s.t.*, ~ *s.t. of s.o.* iem. om iets vra/ smeek.

solicitous *be* ~ *about/for/of* ... oor — begaan/besorg wees.

solid *be* ~ *for* ... eenparig ten gunste van — wees; *for a* ~ *hour* 'n ronde/volle uur.

solidarity *in* ~ *with* ... uit saamhorigheid/samehorigheid met —.

solitude *live in* ~ in afsondering leef/lewe.

Solomon *a judg(e)ment of* ~ 'n Salomo se oordeel.

soluble *be* ~ *in* ... in — oplosbaar wees.

solution *find a* ~ *to s.t.* iets oplos *(bv. 'n vraagstuk); the* ~ *for/of/to a problem* die oplossing van/vir 'n vraagstuk; *in* ~ in opgeloste vorm.

some ~ *days* or *months* or *years ago* enige dae *of* maande *of* jare gelede, 'n paar dae *of* maande *of* jare gelede; *drink* ~ *water/etc.* 'n bietjie water/ens. drink; *eat* ~ *bread/etc.* 'n stukkie brood/ens. eet; *give s.o.* ~ iem. 'n bietjie gee; *have* ~, *(iets)* kry *(bv. suiker);* 'n bietjie *(iets)* eet *of* drink; 'n paar *(bv. neute)* neem/kry; *have* ~ *of mine!* kry van myne!; stop van myne! *(tabak/twak);* *may we have* ~ *tea?* kan ons 'n bietjie tee kry?; ~ *of* ... (party/sommige) van — *(bv. die mense);* 'n deel van — *(bv. die water);* ~ *of the best* ... van die beste —; ~ *of those present were X, Y and Z* onder die aanwesiges was X, Y en Z; ~ *of them* (party/sommige) van hulle; ~ ... *or other* (die) een of ander —; ~ *(people) say* party (mense) sê; *and then* ~! §en nog baie meer!; *try* ~! probeer daarvan!; proe daarvan!; ~ *twenty/etc. people* ongeveer/sowat twintig/ens. mense, om en by (die) twintig/ens. mense, 'n stuk of twintig/ens. mense.

somebody *HE thinks HE's* ~ HY verbeel HOM wat, HY dink HY is wie ⋆

somehow ~ *or other* op (die) een of ander manier/wyse, hoe dan ook.

someone ~ *else* iemand anders; nog iemand; ~ *like that* so iemand; ~ *or other* die een of ander.

something *that will be* ~ dit is ten minste iets; *do* ~ *about* ... iets in verband met — doen; *it does* ~ *for s.o.* § dit staan iem. goed; *it does* ~ *to s.o.* § dit het 'n besondere uitwerking op iem.; ~ *else* iets anders; § iets besonders; ~ *of everything* van alles wat; *have* ~ *to go on* 'n aanduiding hê; 'n leidraad hê; *you have* ~ *there* nou sê jy iets; *there is* ~ *in/to what you say* jy het iets beet, daar sit iets in wat jy sê, daar is iets van waar; ~ *indefinable* iets onbeskryfbaars; ~ *like* ... 'n bietjie soos —; ~ *like a hundred/etc.* so ongeveer honderd/ens., sowat honderd/ens.; *make* ~ *of* ... iets van — maak; *HE makes* ~ *of HIMSELF* HY kom êrens in die lewe; *do you want to make* ~ *of it?* §wil jy moeilikheid sock daaroor?; *this is not* ~ *new* dit is niks nuuts nie; *it is* ~ *of a disappointment* § dit is in sekere mate teleurstellend, dit is enigsins teleurstellend; *HE is* ~ *of a gardener* §HY is nogal 'n tuinier, HY is op SY manier 'n

tuinier; *it is* ~ *of a miracle* §dit is 'n klein wonderwerk; *be* ~ *of a sportsman* §nogal sportief wees; *s.o. is a* ... *or* ~ §iem. is 'n — of so iets; *s.o. is ill or* ~ §iem. is glo siek; *are you stupid or* ~? § is jy onnosel of wat?; *I'll think of* ~ *or other* iets sal my (wel) byval; *be quite* ~ § iets besonders wees; *ten/etc. rands* ~ § tien/ens. rand en nog wat; *that is really* ~ §daar's (vir jou) 'n ding ⋆; *and that's saying* ~ §en dit wil wat sê; *see* ~ *of s.o.* af en toe met iem. gesels; *start* ~ §moeilikheid maak; *there's* ~ *for you* §daar's (vir jou) 'n ding ⋆, dis nou weer te sê; ~ *tells me* ... §ek vermoed —; *think* ~ *of s.o.* nogal iets van iem. dink; *HE thinks HIMSELF* ~ HY verbeel HOM wat, HY dink HY is wie ⋆; *there is* ~ *to/in what you say* →*in; s.o. has* ~ *to do with* ... iem. het iets met — te doen; iem. se werk staan in verband met —.

sometime ~ *or other* eendag, een van die (mooi) dae.

somewhat ~ *like* ... 'n bietjie soos —; *be more than* ~ ... nie bietjie — wees nie *(bv. verbaas)* ⋆

somewhere ~ *about* ... ongeveer —; ~ *else* êrens anders; elders; *get* ~, *(lett.)* êrens kom; *(fig.)* §iets bereik; *(fig.)* §opgang maak; *or* ~ of so 'n plek; ~ *or other* op (die) een of ander plek, êrens, iewers; *I'll see you* ~ *first* §voor dit gebeur, kan jy na die duiwel/josie gaan ⋆⋆; ~ *there* daar êrens/rond/langs.

somersault *turn a* ~ bol(le)makiesie slaan; *turn* ~s bol(le)makiesie slaan.

son *son!* ou seun!; *HE is HIS father's* ~ HY aard *of* lyk na SY pa; *the* ~ *of a gun!* § so 'n karnallie!

song *break/burst into* ~ begin sing, aan die sing gaan, 'n lied aanhef, met 'n lied lostrek; *buy s.t. for a (mere)* ~ §iets vir 'n appel en 'n ei koop, iets vir 'n oulap en 'n bokstert koop ⋆; *make a* ~ *and dance about s.t.* § 'n ophef van iets maak; §oor iets te kere gaan; *give us a* ~! sing iets!, sing 'n stukkie!; *go for a* ~ §vir 'n appel en 'n ei verkoop word, baie goedkoop van die hand gesit word; *join in a* ~ saamsing; *the same old* ~ die ou liedjie; *sell s.t. for a (mere)* ~ § iets vir 'n appel en 'n ei verkoop, iets vir 'n oulap en 'n bokstert verkoop ⋆

soon *as* ~ *as* ... sodra —, so gou as —; *s.o. would (just) as* ~ ... iem. sou liewer(s) —, iem. sou al so lief —; *as* ~ *as possible* so gou (as) moontlik, so spoedig moontlik; *quite* ~ ... dit was nie hoe lank nie of —, dit was nie honderd jaar nie of — ⋆; *all too* ~ veels te gou, (maar) alte gou.

sooner *the* ~ *the better* hoe eerder hoe beter; *s.o. would* ~ *die than* ... iem. sou liewer(s) sterf as —; ~ *or later* vroeër of later, more-oormore/môre-oormôre ⋆; *no* ~ *said than done* →*said; we had no* ~ *arrived than* ... ons het skaars/nouliks aangekom of —.

sop¹ [n.] *throw a* ~ *to Cerberus* iem. (voorlopig) paai; *as a* ~ *to s.o.'s pride* as troos vir iem.

sop² [v.] ~ *up s.t.* iets opsuig; iets opdroog.

sore¹ [n.] *a festering/running* ~ 'n lopende seer; *the* ~ *gathers* die seer sweer; *(re)open old* ~s ou wonde oopmaak, ou koeie uit die sloot grawe ⋆

sore² [adj.] *be/feel* ~ *about s.t.* §iets erg voel, oor iets gekrenk voel, oor iets vies voel/wees.

sorrow¹ [n.] *more in* ~ *than in anger* meer jammer as kwaad; *cause s.o.* ~ iem. verdriet aandoen; *HE drowns HIS* ~*s* HY verdrink SY verdriet, HY soek troos by/in die bottel; *express* ~ *for s.t.* berou oor iets toon; *feel* ~ *at s.t.* bedroef voel/wees oor iets; *the Man of S*~*s* die Man van Smarte; *be a (great)* ~ *to s.o.* iem. (groot) kommer besorg; *to s.o.'s* ~ tot iem. se spyt; *with* ~ met droefheid.

sorrow² [v.] ~ *over/at/for s.t.* oor iets treur, oor iets hartseer wees.

sorry *be* ~ *about s.t.* oor iets spyt wees/voel/hê; *s.o. is awfully/terribly* ~ dit spyt iem. verskriklik; *be/feel* ~ *for s.o.* vir iem. jammer wees, iem. jammer kry; *HE looks* ~ *for HIMSELF* HY lyk bekaf ⋆; *don't feel so* ~ *for yourself!* moenie so oor jouself begaan wees nie!; *(I'm)* ~*!* ekskuus (tog)!, verskoon my!; *I'm* ~ *to hear it* dit spyt my om dit te hoor; *I'm* ~ *to say ...* tot my spyt moet ek sê —; *you'll be* ~*!* dit sal jou berou!, jy sal dit berou!

sort¹ [n.] *after a* ~ op 'n manier; tot op sekere hoogte; *be all* ~*s* van alle soorte wees; *all* ~*s of ...* alle soorte —; *people of all* ~*s* alle soorte mense, mense van allerlei soort/slag; *all* ~*s of things* allerhande/allerlei dinge, alles en nog wat; *it takes all* ~*s (to make a/the world)* (P) sulke mense moet daar ook wees; *anything of the* ~ so iets, iets dergeliks; *not a bad* ~ nie 'n onaardige mens of kêrel of meisie nie; *be a good* ~ 'n gawe mens of kêrel of meisie wees; *nothing of the* ~ → **nothing;** *a* ~ *of ...* 'n soort —; *be* ~ *of ...* §taamlik — wees; ~ *of expect s.t.* §iets so half (en half) verwag; *be a ... of* ~*s, be a ... of a* ~ §op 'n manier 'n — wees; *feel out of* ~*s* nie lekker voel nie, olik/siekerig/kaduks/oeserig voel; *some* ~ *of ...* die een of ander soort —; *something of the* ~ so iets, iets dergeliks; *not be that* ~ nie daardie soort/slag mens wees nie.

sort² [v.] ~ *out s.t.* iets (uit)sorteer; iets uitpluis *(bv. sake)*; iets uit die weg ruim, iets uitstryk/oplos *(bv. moeilikhede, probleme)*; ~ *out s.o.* met iem. afreken; *HE* ~*s HIMSELF out* HY kry SY sake in orde; HY kom met HOMSELF in die reine; *things will* ~ *themselves out* dit sal vanself regkom, dit sal vanself koers kry.

sortie *make a* ~ 'n uitval doen.

sought *it is* ~ *after* dit is gesog/gewild, daar is aanvraag na/om. →**seek.**

soul *with all my* ~ met my hele hart; *HE bares HIS* ~ *to s.o.* HY stort SY hart aan iem. uit; *bless my* ~*!* liewe hemel/deug!, op dees aarde!, goeie genade!, nou toe nou!; *the cure of* ~*s* sielesorg; *be a good* ~ 'n goeie siel/mens wees; *they are a hundred* ~*s* hulle is honderd siele; *a kindred* ~ 'n geesverwant/geesgenoot; *every living* ~ al wat leef en beef; *like a lost* ~ soos 'n verlore siel; *not a (living)* ~ geen sterfling/sterweling nie, geen lewende wese/siel nie; *be the* ~ *of ...* uiters — wees, die — self wees *(bv. eerlikheid)*, die ene — wees *(bv. diskresie)*; *HE cannot call HIS* ~ *HIS own* HY het

niks te sê nie, HY het geen seggenskap oor HOMSELF nie; *poor* ~*!* arme ding!/drommel!; ..., *God rest his or her* ~, ... —, saliger, —; *HE sells HIS* ~ HY verkoop SY siel; *upon my* ~*!* op my woord!, by my siel!; by my kool! ⋆

sound¹ [n.] *s.o. does not like the* ~ *of s.t.* iets klink vir iem. nie goed/lekker/pluis nie; *make a* ~ 'n geluid gee *(iets)*; *not make a* ~, *(ook)* doodstil/tjoepstil bly *(iem.)*; *nie hik of kik nie (iem.)* ⋆; *don't make a* ~*!* bly doodstil!; *transmit* ~ geluid voortplant; *not utter a* ~ nie 'n geluid laat hoor nie; nie 'n kik gee nie ⋆, geen kik gee nie ⋆, nie hik of kik nie ⋆; *hear the* ~ *of voices* stemme hoor.

sound² [v.] *it* ~*s ... as if ...* dit klink/gaan (as)of —; *it* ~*s like a ...* dit klink na 'n —, dit gaan soos 'n —; ~ *off* hard praat; 'n mening luid verkondig/lug; lawaai maak *(oor iets)*; ~ *out s.o. about s.t.* iem. oor iets pols.

sound³ [adj.] *(as)* ~ *as a bell* fris en gesond, perdfris; kerngesond.

sounding *take* ~*s* iets peil *(bv. die diepte, menings)*.

soup¹ [n.] *clear* ~ helder sop; *be or land in the* ~ §in die knyp/verknorsing wees of raak, in die pekel wees of beland; *thick* ~ dik sop; *thin* ~ dun sop.

soup² [v.] ~ *up s.t.* §iets aanja(ag) *('n motor)*.

sour *feel* ~ *about s.t.* oor iets verbitter(d) wees; *go/turn* ~ suur word *(bv. melk)*; versuur *(bv. iem., 'n verhouding)*; sleg afloop *(bv. 'n plan)*; *the joke has gone* ~ dit is nie meer 'n grap nie.

source *at the* ~ aan die bron; *be s.o.'s* ~ iem. se segsman wees; *draw on the* ~*s* uit die bronne put; *from this* ~ uit dié bron; *from a reliable* ~ uit betroubare/gesaghebbende bron; *s.o. is a* ~ *of strength* daar gaan krag van iem. uit.

soured *be* ~ *by ...* deur — verbitter word.

soused *be* ~ § besope/dronk wees; *get* ~ § besope raak, dronk word.

south¹ [n.] *from the* ~ uit die suide, van die suide(kant); *to the* ~ *of ...* suid van —, ten suide van —, besuide —; *to the* ~ na die suide.

south² [adv.] ~ *by east or west* suid ten ooste of weste; *down* ~ in die suide; *due* ~ reg suid; *go* ~ suidwaarts gaan; ~ *of ...* suid van —, ten suide van —, besuide —; *the wind blows* ~ die wind kom uit die suide, die wind is suid.

sow *as you* ~, *so shall you reap* (P) wat jy saai, sal jy maai (P); ~ *a field with wheat/etc.* koring/ens. op 'n land saai.

sown *be thickly* ~ dig gesaai wees; *be* ~ *with ...* met — besaai(d) wees.

sozzled *be* ~ § besope/dronk wees; *get* ~ § besope raak, dronk word.

space¹ [n.] *after a short* ~ na 'n rukkie/tydjie; *HE gazes/looks/stares into (vacant)* ~ HY staar voor HOM uit; *in the* ~ *of an hour/etc.* binne 'n uur/ens.; *a lack of* ~ 'n gebrek aan ruimte; *limitations of* ~ ruimtebeperkings; *outer* ~ die buitenste ruimte; *does not permit* die ruimte ontbreek; *take up* ~

ruimte/plek inneem, ruimte/plek in beslag neem; **vanish** *into* ∼ in die niet verdwyn; in die lugruim verdwyn; *in the* **wide open** ∼*s* in die vrye natuur.

space² [v.] ∼ *out s.t.* iets spasieer.

spaced *houses are* ∼ *out along the highway* hier en daar staan huise langs die grootpad; *s.o. is* ∼ *out* §§iem. is in 'n dwelmroes.

spade *call a* ∼ *a* ∼ § die kind by sy naam noem ⋆, nie/geen doekies omdraai nie ⋆, reguit praat; *wield a* ∼ met 'n graaf werk.

spanner *throw a* ∼ *in the works* § 'n stok in die wiel steek.

spare *s.o.* **cannot** ∼ ... *now* iem. kan nie nou sonder — klaarkom nie; *s.o.* **cannot** ∼ *the money for* ... iem. het nie geld vir — nie; *can you* ∼ *me a moment?* het jy 'n oomblik vir my?, kan ek 'n oomblik met jou praat?; *can you* ∼ *me a rand?* kan jy my 'n rand leen?; *HE does* **not** ∼ *HIMSELF* HY spaar HOMSELF nie; *there is one to* ∼ daar is een oor; *enough and to* ∼ meer as genoeg; *have a few* ... *to* ∼ 'n paar orige — hê; *there is an hour to* ∼ daar is 'n uur oor.

spared *be* ∼ *s.t.* iets bespaar word.

sparing *be* ∼ *of s.t.* spaarsaam wees met iets; *be* ∼ *of words* swygsaam wees.

spark¹ [n.] **advance** *the* ∼, *(mot.)* die vonk vervroeg; *s.o. is a* **bright** ∼ §iem. is skrander, iem. het 'n skrander kop; **emit** ∼*s* vonke afgee; ∼*s are* **flying** die vonke spat *(fig.)*; *make the* ∼*s* **fly** die vonke laat spat *(fig.)*; **give/throw** *off* ∼*s* vonke afgee; **lay** *a* ∼ *to s.t.* iets aan die brand steek; *a* ∼ *of* ... 'n greintjie ∼ *(bv. gevoel)*; **retard** *the* ∼, *(mot.)* die vonk vertraag; *the* **vital** ∼ die lewensvonk.

spark² [v.] ∼ *off s.t.* iets aan die gang sit, iets veroorsaak, tot iets aanleiding gee, iets uitlok *(bv. 'n oorlog, 'n stormloop)*.

sparkle ∼ *with* ... van — vonkel.

spate *the river is in* ∼ die r. kom af, die rivier lê kant en wal, die r. is vol.

spatter ∼ *s.t. on* ..., ∼ ... *with s.t.* iets op — spat; iets op — laat spat.

speak ∼ *about* ... oor — praat; *HE* ∼*s* **against** ... HY praat teen —, HY spreek HOM teen — uit; ∼ **authoritatively** met gesag praat; **call** *upon s.o. to* ∼ iem. aan die woord stel, iem. die w. gee; *be* **called** *upon to* ∼ die w. kry; ∼ **evenly** rustig/bedaard praat; *it* ∼*s* **for** *itself* dit spreek vir sigself; ∼ **for** *s.o.* namens iem. praat; vir iem. opkom; *it* ∼*s* **well for** ... dit getuig/pleit vir —; ∼ **for** *yourself!* dit geld nie vir my nie; **hardly** ∼ *(to each other)* skaars met mekaar praat; *HE* ∼*s* **highly** *of* ... HY praat met lof van —, HY gee hoog op oor/van —, HY laat HOM waarderend oor — uit; ∼ **like** *a book* praat soos 'n boek; ∼ **low** saggies praat; ∼ **of** ... van — praat; *s.t. is nothing to* ∼ **of** §iets is niks besonders nie, iets is nie (so) waffers nie ⋆; ∼ **on** *s.t.* oor iets praat *('n onderwerp)*; *HE* ∼*s* **out** HY praat hard; HY praat reguit, HY sê reguit wat HY dink, HY lug SY gevoelens; *HE* ∼*s* **out** *against* ... HY spreek HOM teen — uit, HY verhef SY

stem teen —, HY kom teen — op; ∼ **out** *for* ... vir opkom; **so to** ∼ (om) so te sê, by wyse van spreke, om dit so uit te druk; ∼ **to** *s.o.* met iem. praat; iem. aanspreek; iem. toespreek; § iem. vermaan; ∼ **to** *s.t.* oor iets praat *(bv. 'n voorstel)*; *not know s.o. to* ∼ **to** iem. net van sien ken; ∼ **up** harder praat; *(please)* ∼ **up!** praat (asseblief) harder!; ∼ **up** *against* ... teen — opkom; ∼ **up** *for* ... vir — opkom; *HE* ∼*s* **well** *of* ... HY praat met lof van —, HY sê gunstige dinge van —, HY laat HOM gunstig oor — uit. →**speaking; spoken.**

speaker *call on/upon a* ∼ 'n spreker aan die woord stel; *a polished* ∼ 'n gladde spreker.

speaking ∼ *at* ... in 'n toespraak op —; **broadly** ∼ oor die algemeen; **comparatively** ∼ betreklik; vergelykenderwys(e); ∼ **for** *myself* wat my betref; **generally** ∼ oor die algemeen; *in a* **manner** *of* ∼ by wyse van spreke, (om) so te sê; ∼ **of** *that* wat dit betref, daarvan gepraat, in verband daarmee; **practically** ∼ prakties, in die praktyk; **roughly** ∼ so min of meer; **strictly** ∼ streng genome. →**speak.**

spec *on* ∼ § by wyse van spekulasie; § op goeie geluk (af).

specialise, *꞊***ize** *HE* ∼*s in* ... HY spesialiseer in —; HY lê HOM op — toe; HY maak 'n (besondere) studie van —.

specie *in* ∼ in klinkende munt.

species *a* ∼ *of animal* or *plant* 'n diersoort of plantsoort; *an extinct* ∼ 'n uitgestorwe soort/spesie; *a threatened* ∼ 'n bedreigde/kwynende/uitsterwende soort/spesie.

specific *be more* ∼ iets presieser stel *of* beskryf/beskrywe; ..., *to be* ∼ —, om presies te wees; *s.t. is* ∼ *to* ... iets is kenmerkend vir —.

spectacle *HE makes a* ∼ *of HIMSELF* HY gedra HOM verspot; HY trek HOM verspot aan.

spectacles *dark* ∼ 'n donker bril; *(a pair of)* ∼ 'n bril; *(kr.)* 'n dubbele nul; **put** *on* ∼ 'n bril opsit; *look at s.t. through* **rose-coloured** ∼, *see/view s.t. through* **rose-coloured** ∼ iets deur 'n gekleurde/rooskleurige bril sien; *s.o.* **wears** ∼ iem. dra ('n) bril, iem. bril.

speculate ∼ *about/on/upon* ... oor — bespiegel *(bv. die aard van die heelal)*; oor — gis *(bv. kanse)*; ∼ *in* ... met — spekuleer *(bv. goudaandele)*.

speech *colloquial* ∼ omgangstaal, gewone/alledaagse taal/spraakgebruik; **deliver/give/make** *a* ∼ 'n toespraak hou/afsteek/lewer; **direct** ∼ die direkte rede; *a* **figure** *of* ∼ 'n stylfiguur; **free** ∼, **freedom** *of* ∼ die vrye woord, vryheid van spraak; **indirect** ∼ die indirekte rede; *s.o.'s* **maiden** ∼ iem. se nuwelingstoespraak/intreetoespraak; *a* **set** ∼ 'n voorbereide toespraak; ∼ *is* **silver,** *silence is gold(en)* (P) spreek is silwer, swye is goud (P); **thick** ∼ belemmerde spraak; *be* **thick** *of* ∼ swaar van tong wees; *a* ∼ **to** ... 'n toespraak voor —; *a* **turn** *of* ∼ 'n segswyse/spraakwending.

speechless *be* ∼ spraakloos/sprakeloos wees, met die mond vol tande staan ⋆; *render s.o.* ∼ iem. verstom.

speed¹ [n.] *do s.t. with all* ~ iets in aller yl doen; *at* ~ in die vaart; *at a* ~ *of* ... met 'n snelheid van — *(km/h)*; in 'n tempo van — *(lopies per boulbeurt)*; *drive at* ~ vinnig/hard ry; *at a breakneck* ~ met 'n dolle/rasende/vlieënde/woeste vaart; *at full* ~ in volle vaart; *gather* ~, *pick up* ~ vaart kry, versnel; *good* ~! alle voorspoed/heil!; *do s.t. at great/high* ~ iets baie vinnig doen; iets in aller yl doen; *a high* ~ 'n hoë snelheid; *at a high* ~ met 'n groot snelheid, baie vinnig; *a low* ~ 'n lae snelheid; *slacken* ~ vaart verminder, stadiger gaan; *at top* ~ so vinnig as moontlik; *s.o. has a fine/good turn of* ~ iem. het vaart, iem. beskik oor vaart, iem. kan vinnig hardloop *of* ry.

speed² [v.] ~ *on* voortsnel; ~ *up* vinniger ry; ~ *up s.t.* iets bespoedig/verhaas/versnel.

speed limit *exceed the* ~ die snelheidsperk oorskry/oortree.

spell¹ [n.] *break the* ~ die betowering verbreek; *cast a* ~ *on s.o.* iem. betower; *fall under the* ~ *of* ... deur — betower word, onder die bekoring van — kom; *lay s.o. under a* ~ iem. betower; *under the* ~ *of* ... onder die bekoring van —.

spell² [n.] *at a* ~ sonder onderbreking; *a cold* ~ 'n skielike koue; *for a* ~ 'n ruk/tyd lank; *take a* ~ *at* ... 'n ruk lank —; *take* ~*s at s.t.* iets om die beurt doen.

spell³ [v.] *s.t.* ~*s* ... *for s.o.* iets beteken — vir iem.; ~ *out s.t.* iets uitspel; iets uitstippel.

spellbound *HE holds the children* ~ *with HIS stories* die kinders verluister hulle aan SY stories.

spend ~ *freely* kwistig wees met geld; *s.t.* ~*s itself* iets woed hom uit *(bv. 'n storm)*; ~ *money like water* met druk mors, geld laat rol; ~ *money on s.t.* geld aan iets bestee/uitgee/spandeer.

spending spree *go on a* ~ ~ wild begin geld uitgee.

spew ~ *out s.t.* iets uitspoeg/uitspu(ug).

spice¹ [n.] *add* ~ *to s.t.* aan iets smaak gee; *the* ~ *of life* die pikante in die lewe.

spice² [v.] ~ *s.t. with* ... iets met — krui(e).

spill¹ [n.] *have/take a (nasty)* ~ (lelik) neerslaan/val.

spill² [v.] ~ *out* uitval; uitstort; uitstroom; ~ *out of the* ... uit die — val *of* stort *of* stroom; ~ *over into* ... na — oorloop.

spin¹ [n.] *HE is in a flat* ~ §HY is die klyts kwyt, HY weet nie waar HY is nie *(fig.)*, HY is in 'n ligte paniek; *go for a* ~, *take a* ~ §('n entjie) gaan ry; *go into a* ~ begin tol *('n vliegtuig)*; *go into a flat* ~ § die kluts kwytraak; *put* ~ *on a ball* 'n bal laat draai/tol; *the wicket takes* ~, *(kr.)* die kolfblad laat die bal draai.

spin² [v.] ~ *out s.t.* iets uitspin; iets (lank) uitrek *(bv. 'n storie)*; ~ *out a team, (kr.)* 'n span met draaiballe uithaal; ~ *round* in die rondte draai.

spinning *send s.o.* ~ iem. in die rondte laat draai.

spin-off *a* ~ *from* ... 'n byvoordeel by —; 'n neweproduk van —.

spiral *s.t.* ~*s up* iets kring boontoe *(bv. rook)*; iets styg al hoe hoër *(bv. die pryse)*.

spirit¹ [n.] *animal* ~*s* lewenslus, lewendigheid, natuurlike opgewektheid; *the animating* ~ *of a movement* die siel van 'n beweging; *in a cooperative/co-operative* ~ in 'n gees van samewerking; *damp(en) s.o.'s* ~*s* iem. se stemming bederf; *there is a dangerous* ~ *abroad* daar heers 'n gevaarlike gees; *HE enters into the* ~ HY doen mee, HY pas HOM by die stemming aan; *the* ~ *is ready/willing but the flesh is weak* die gees is gewillig, maar die vlees is swak; *be in good* ~*s* in 'n goeie bui wees, in 'n opgewekte stemming wees; *high* ~*s* opgeruimdheid, opgewektheid, uitbundigheid, uitgelatenheid; *be in high* ~*s* opgeruimd/opgewek/uitbundig/uitgelate wees; *the Holy S*~ die Heilige Gees; *in (the)* ~ in die gees; *HE is with s.o. in (the)* ~ HY is in die gees by iem., HY is in SY gedagtes by iem.; *in a* ~ *of* ... aangevuur deur —, uit — *(bv. hulpvaardigheid)*; *infuse* ~ *into s.o.* iem. moed gee, iem. inspireer; *keep up one's* ~*s* moed hou; opgeruimd bly; *a kindred* ~ 'n geesverwant/geesgenoot; *they are kindred* ~*s* hulle is geesgenote/geesverwante; *lack of* ~ papheid, lamlendigheid; *s.t. lifts s.o.'s* ~*s* iets beur iem. op; *low* ~*s* mismoedigheid, moedeloosheid, neerslagtigheid, terneergedruktheid, verslaen(t)heid; *be in low/poor* ~*s* mismoedig/moedeloos/neerslagtig/terneergedruk/verslae wees; *the* ~ *moves s.o.* die gees word oor iem. vaardig; *pick up one's* ~*s* (weer) moed skep; *be in poor/low* ~*s* →*low*; *raise s.o.'s* ~*s* iem. opbeur; *take s.t. in the right* ~ →*take*; *s.o.'s* ~*s are rising* iem. skep weer moed; *HIS* ~ *sinks* SY moed begeef/begewe HOM; *take s.t. in the right* or *wrong* ~ iets reg *of* verkeerd opneem, iets in die regte *of* verkeerde gees opneem; *that's the* ~! §mooi so!; *with* ~ vol vuur; *take s.t. in the wrong* ~ →*take*.

spirit² [v.] ~ *away/off s.o.* iem. heimlik wegvoer; ~ *away/off s.t.* iets laat verdwyn, iets verdonkermaan/wegtoor.

spit¹ [n.] *be the dead* ~ *of* ..., *be the* ~ *and image of* ... § uitgedruk/uitgeknip — wees ✶, die ewebeeld van — wees; ~ *and polish* poetswerk.

spit² [v.] ~ *out s.t.* iets uitspoeg/uitspu(ug); ~ *it out!* § sê dit reguit!, (kom) uit daarmee!, kom voor die dag daarmee!; ~ *on/upon* ..., *(lett.)* op — spoeg/spu(ug); *(fig.)* op — spoeg/spu(ug), — verag.

spite *from* ~, *out of* ~ uit nyd/wrok, kwaadwillig; *have a* ~ *against s.o.* 'n wrok teen iem. koester, iets teen iem. hê; *in* ~ *of* ... ten spyte van —, ondanks —, ongeag —, in weerwil van —; *in* ~ *of o.s.* teen wil en dank; *in* ~ *of that/this* ten spyte daarvan, desondanks, desnieteenstaande, dit ten spyt; *in* ~ *of the fact that HE did it* al het HY dit (ook) gedoen, hoewel/ofskoon/nieteenstaande HY dit gedoen het.

splash¹ [n.] *make a* ~, *(fig.)* uithang✶, 'n groot vertoon maak; *make a* ~ *of s.t.* 'n ophef oor iets maak, 'n lawaai oor iets maak ✶, iets in groot letters druk *(in die pers)*.

splash² [v.] ~ *about* rondplas; ~ *down* neerplons; ~

on ... op — spat; ~ *out on s.t.* §baie geld aan iets uitgee; § iets op groot skaal koop.

splay ~ *out s.t.* iets uitsprei.

spleen *a fit of* ~ 'n woedebui; HE *vents* HIS ~ *on* ... HY braak teen — gal uit, HY lug SY ergernis teenoor —.

spliced *get* ~ § hul skapies bymekaarja(ag) ★, trou.

splint *be in* ~*s* gespalk wees; *put s.t. in* ~*s* iets spalk *(bv. 'n been)*.

splinter ~ *off* afsplinter.

split¹ [n.] *do the* ~*s* spreibeen sak; *a* ~ *in a party* 'n skeuring in 'n party.

split² [v.] ~ *into two* in twee splits; ~ *off from* ... van — afbreek; van — losgaan; van — wegbreek; ~ *on s.o.* § iem. verklap/verklik; ~ *open* oopbars; ~ *open s.t.* iets oopkloof/oopklowe; ~ *up* ontbind; uitmekaar gaan; ~ *up s.t.* iets splits; iets verdeel; ~ *up people* or *things into groups* mense of dinge in groepe verdeel.

splurge ~ *on s.t.* § baie geld aan iets uitgee.

splutter ~ *out s.t.* iets vinnig brabbel.

spoiling *s.o. is* ~ *for a fight* iem. soek skoor/rusie, iem. se hande jeuk om te baklei, iem. is strydlustig/veglustig.

spoke *put a* ~ *in s.o.'s wheel* vir iem. 'n stok in die wiel steek, iem. dwarsboom, iem. in die wiele ry.

spoken *be* ~ *for* (al) bespreek wees; *s.o. is well* ~ *of* iem. geniet groot/hoë agting, iem. het 'n goeie naam; *well* ~! goed gesê!, so moet 'n mond/bek★ praat! →**speak**.

sponge¹ [n.] *chuck in/up the* ~ § = *throw in/up the* ~ tou opgooi, dit gewonne gee.

sponge² [v.] ~ *down s.o.* or *s.t.* iem. of iets afspons; ~ *s.t. from/off s.o.* § iets by iem. afbedel; ~ *on s.o.* § op iem. se nek lê ★, op iem. teer; ~ *up s.t.* iets opdroog; iets opsuig.

sponsored *be* ~ *by* ... deur — geborg word; onder — se beskerming staan.

spoof *a* ~ *on* ... § 'n parodie op —.

spool *take up a* ~ 'n spoel oprol.

spoon¹ [n.] HE *needs a long* ~ *who sups with the devil* (P) sorg altyd dat jy 'n slag om die arm hou; *be born with a silver* ~ *in one's mouth* ryk gebore wees, 'n gelukskind/Sondagskind wees, met 'n goue lepel in die mond gebore wees, met 'n silwerlepel in die mond gebore wees; *get the wooden* ~ nommer laas wees, onderaan staan.

spoon² [v.] ~ *out s.t.* iets uitskep/uitlepel; ~ *up s.t.* iets oplepel.

spoonful *by* ~*s* lepelsgewys(e); *a* ~ *of* ... 'n lepel (vol) ~.

sport *be a* ~ sportief/gaaf/tegemoetkomend wees; *a good* ~ 'n gawe kêrel of meisie; *be good at* ~*(s)* 'n goeie sportman of sportvrou wees; *in* ~ in die sport/(lewe); vir die aardigheid/grap/pret, uit 'n grap; *make* ~ *of s.o.* met iem. gekskeer, met iem. die draak steek, iem. vir die gek hou; *old* ~ § ou maat/kêrel ★; *s.o. is a real* ~ iem. is 'n gawe/lekker kêrel of meisie; *take up a* ~ 'n sport aanpak.

spot¹ [n.] *a blind* ~ 'n blinde vlek; *have a blind* ~ *for s.t.* vir iets blind wees; *s.o. comes out in* ~*s* iem. slaan uit, iem. kry 'n uitslag; *have a* ~ § 'n snapsie maak ★; *the high* ~ die glanspunt; *in* ~*s* hier en daar; af en toe; *be killed on the* ~ op slag dood wees; *knock* ~*s off s.o.* § iem. kafloop ★; *a* ~ *of* ... § 'n bietjie —; *on the* ~ op die plek, ter plaatse, byderhand; dadelik, onmiddellik, sonder versuim, op die daad; § in die knyp/nood; HE *is on the* ~, *(ook)* HY is daar/by, HY is op SY pos; *put s.o. on the* ~ iem. in verleentheid bring; *be put on the* ~ in die knyp/nood raak; in verleentheid gebring word; *without a* ~ *on* HIS *reputation* sonder 'n klad op SY naam; *be rooted to the* ~ aan die grond genael wees; *have a soft* ~ *for s.o.* 'n swak vir iem. hê; *know s.o.'s soft* ~ iem. se swak kant ken; *be in a tight* ~/*corner* in die knyp/moeilikheid/noute/verknorsing sit/wees; *put s.o. in a tight* ~/*corner* iem. in die knyp/moeilikheid/noute/verknorsing laat beland; *touch a tender* ~ 'n tere snaar aanroer; *the very* ~ die presiese/einste plek.

spot² [adv.] *be* ~ *on* § in die kol wees, presies reg wees; *be* ~ *on time* § presies op tyd kom.

spotlight *in the* ~, *(fig.)* op die voorgrond, in die middelpunt van die belangstelling.

spout *s.t. is up the* ~ § iets is niks werd nie; *s.o. is up the* ~ §§ iem. is swanger.

sprat *set/throw/use a* ~ *to catch a herring/mackerel/whale* 'n spiering uitgooi om 'n kabeljou te vang.

sprawl HE ~*s out* HY (gaan) lê uitgestrek, HY (gaan) lê plat op SY rug.

sprawled *be* ~ *out* uitgestrek lê/wees.

sprawling *send s.o.* ~ iem. in die grond laat ploeg, iem. plat slaan.

spray ~ ... *on s.t.*, ~ *s.t. with* ... iets met — (be)spuit.

spread ~ *like wildfire* soos 'n veldbrand versprei; ~ *s.t. on* ... iets op — oopgooi/uitsprei *(bv. 'n kombers op die grond)*; iets op — smeer *(bv. margarien op brood)*; ~ *o.s.* uithang *(fig.)* ★; uitwei★; ~ *out s.t.* iets oopgooi/uitsprei *(bv. 'n kombers)*; iets ooprol *bv. 'n tapyt)*; iets ontplooi *(bv. 'n vlag)*; iets uitslaan *(vlerke)*; *s.t.* ~*s out* iets word breër *(bv. 'n rivier)*; iets strek (hom) uit *(bv. 'n vlakte)*; *the rains were* ~ *over five days* die reën het oor vyf dae geval; *s.t.* ~*s to* ... iets word na — versprei, iets slaan ook in/op — uit; ~ *unchecked* ongehinderd versprei word; *be* ~ *with* ... met — bedek/oortrek wees *(bv. blomme)*; met — belaai wees *(bv. 'n tafel met lekkernye)*.

spree *be on the* ~ § aan die fuif/swier wees; *go on the* ~, *have a* ~ § fuif, jol, kattemaai, pierewaai, rinkink.

spring¹ [n.] *the advent of* ~ die koms/intrede van die lente; *in* ~ in die lente; *a nest of* ~*s* 'n verebundel; *have no* ~ geen veerkrag hê nie.

spring² [v.] ~ *away* wegspring; ~ *back* terugspring; ~ *from* ... uit — ontspruit; van — afstam; uit — ontstaan/spruit; *where did X* ~ *from?* waar kom X so skielik vandaan?; ~ *s.t. on s.o.* skielik met iets op iem. afkom; ~ *out* uitspring; *s.t.* ~*s to* iets slaan/spring toe *(bv. 'n deur)*; ~ *up* opspring; soos paddastoele opskiet; ontstaan; opsteek *(van die wind)*.

sprinkle ~ ... *on s.t.,* ~ *s.t. with* ... iets met — besprinkel/bestrooi.

spruce ~ *up s.t.* iets netjies aan die kant maak *(bv. 'n huis)*; HE ~s HIMSELF *up,* HE *gets* ~d *up* HY maak HOM mooi, HY skik HOM op, HY trek HOM piekfyn/netjies aan.

spunk *have no* ~ § sonder fut wees.

spur¹ [n.] *clap/put* ~s *to a horse* 'n perd die spore gee; *on the* ~ *of the moment* →**moment**; HE *wins* HIS ~s HY verdien SY spore.

spur² [v.] ~ *s.o. on to* ... iem. aanspoor/aanpor tot —, iem. aanspoor/aanpor om te —.

spurred *be* ~ *on by* ... deur — aangespoor/aangepor word *(iem.)*; deur — aangevuur word *(bv. ambisie, vaderlandsliefde)*.

spurt¹ [n.] *in* ~s met rukke (en stote), by/in/met vlae; *make a* ~, *put on a* ~ (vaart) versnel.

spurt² [v.] ~ *from* ... uit — spuit; ~ *out* uitspuit.

sputter ~ *out* sputterend doodgaan *(bv. 'n kers)*; doodloop *(bv. 'n opstand)*.

spy ~ *on/upon s.o.* iem. bespied/bespioeneer; iem. af= loer; ~ *out the land* die land bespied/verken; die ter= rein verken *(fig.)*.

squabble ~ *with s.o. about/over s.t.* met iem. oor iets kibbel.

square¹ [n.] HE *is back to* ~ *one* →**square one;** *on/in the* ~ op die plein *(bv. van 'n vergadering)*; aan die plein *(van 'n gebou)*; *on the* ~, *(ook)* op die dwar= ste, reghoekig; gelyk; *be on the* ~ §eerlik wees; *out of* ~ nie haaks/reghoekig nie, uit die haak; *raise s.t. to the* ~ iets tot die kwadraat verhef.

square² [v.] ~ *away s.t.* iets in orde bring, iets agter= mekaar kry; ~ *off* reg staan (om te baklei), in die aan= valshouding kom; ~ *off s.t.* iets reghoekig maak; ~ *s.o.* §iem. omkoop; ~ *up* reg staan (om te baklei), in die aanvalshouding kom; afreken, die rekening betaal; ~ *up s.t.* iets loodreg plaas; iets reghoekig maak; iets in orde bring; ~ *up to s.t.* iets onder die oë sien; ~ *up to s.o.* vir iem. reg staan, iem. aandurf, teen iem. in die aanvalshouding kom; ~ *up with s.o.* met iem. afreken, skuld by iem. vereffen; *s.t.* ~s *with* ... iets strook/klop met —, iets kan met — versoen word, iets is met — te rym, iets is in ooreenstemming met —.

square³ [adj. & adv.] *all* ~ gelykop; sonder verlies; sonder skuld; *be (all)* ~ *with s.o.* met iem. kiets wees; iem. niks skuld nie; *get* ~ uit die skuld raak; *get things* ~ sake in orde bring, sake agtermekaar kry, sake in die haak kry; *get* ~ *with s.o.* iem. betaal, met iem. afreken; ~ *on* ... haaks/loodreg op —; ~ *on the jaw* mooi/reg op die kakebeen; ~ *to* ... vlak teenoor —; *treat s.o.* ~ iem. eerlik behandel.

square one HE *is back to* ~ §HY is terug waar HY begin het, HY moet weer van voor af begin.

squash ~ *in s.t.* iets indruk/inprop.

squashed *be* ~ *into* ... in — saamgedruk wees; *be* ~ *up* saamgedruk wees.

squat HE ~s *down* HY gaan sit op SY hurke, HY hurk neer; HY plak HOM neer.

squeak¹ [n.] *a narrow* ~ 'n noue ontkoming; *it was a narrow* ~, *(ook)* dit was so hittete ★

squeak² [v.] ~ *through* §net-net deurkom *('n eksa= men)*.

squeal ~ *like a stuck pig* §soos 'n maer vark skree(u) ★

squeeze¹ [n.] *give s.t. a* ~ iets druk; HE *gives s.o. a* ~ HY druk iem. teen HOM (aan), HY druk iem. vas; *be in a (tight)* ~ in die klem/verknorsing sit; *put the* ~ *on s.o.* §druk op iem. uitoefen; *it is a tight* ~ dit pas knap *(bv. klere)*; dit is 'n groot/yslike gedrang, daar is min plek.

squeeze² [v.] ~ *in* inbeur; net-net/ternouernood in= kom; ~ *in s.t.* iets indruk/inprop; ~ *into a room* in 'n kamer inbeur; ~ *out s.t.* iets uitdruk; iets uitpers; iets uitwring *(bv. 'n nat doek)*; ~ *s.t. out of s.o.* iets uit iem. pers; ~ *money out of s.o.* geld van iem. afpers; ~ *through* net-net deurkom *(bv. deur 'n nou opening)*.

squib *a damp* ~ § 'n fiasko/mislukking/misoes★

squint¹ [n.] *have a* ~ skeel kyk; *have/take a* ~ *at s.t.* § 'n bietjie na iets kyk.

squint² [v.] ~ *at* ... skuins na — kyk; na — loer.

squirm HE ~s *out of s.t.* HY kom uit iets los, HY wikkel HOM uit iets los; ~ *with* ... van — (ineen)krimp *(bv. pyn, verleentheid)*.

squirrel ~ *away s.t.* iets opgaar.

squirt¹ [n.] *a cheap* ~ § 'n goedkoop ventjie.

squirt² [v.] ~ *water at s.o.,* ~ *s.o. with water* iem. natspuit; ~ *out* uitspuit; ~ *out of s.t.* uit iets spuit.

stab¹ [n.] *a* ~ *in the back* 'n steek in die rug, 'n verra= derlike aanval; *give s.o. a* ~ *in the back* iem. in die rug steek *(lett. & fig.)*; *have a* ~/*bash/crack/go/shot at s.t.* § iets 'n slag probeer (doen).

stab² [v.] ~ *at* ... na — steek; ~ *s.o. in the back* iem. in die rug steek *(lett. & fig.)*; ~ *s.o. to death* iem. dood= steek.

stable *cleanse the Augean* ~s die Augiasstal reinig.

stable door *lock the* ~ ~ *after the horse has bolted, lock the* ~ ~ *after the horse has been stolen* (P) die put demp as die kalf verdrink het (P).

stack¹ [n.] ~s *of* ... §hope — *(bv. geld, tyd, werk)* ★; 'n massa/boel★ — *(bv. werk)*.

stack² [v.] ~ *away s.t.* iets wegbêre; ~ *up s.t.* iets opstapel; *that is how things* ~ *up* §dit is hoe sake staan; *how s.t.* ~s *up against* ... § hoe iets met — meeding.

stacked *be* ~ *up* opgestapel wees *(bv. kiste)*; ophoop *(van verkeer)*; wag om te land *(van vliegtuie)*.

staff¹ [n.] *bread is the* ~ *of life* (P) sonder brood kan die mens nie leef/lewe nie (P); *the editorial* ~ die redaksie; *be the* ~ *of HIS old age* SY steun in SY ouder= dom wees; *be on the* ~ by die personeel wees; *(mil.)* by die staf wees; *s.o.'s* ~ *and stay* iem. se staf en steun.

staff² [v.] ~ *s.t. with* ... iets met — beset.

stage *at one* ~ op een tydstip; in een stadium; *at that* ~ toe; op dié/daardie tydstip; in dié/daardie sta= dium; op dié/daardie punt; *at this* ~ tans, op die

oomblik; op dié/hierdie tydstip; in dié/hierdie sta=
dium; op dié/hierdie punt; *not at this* ~ nou nog nie;
bring|put *s.t. on the* ~ iets opvoer, iets op die planke/
toneel bring; *by/in **easy*** ~*s* geleidelik; rus-rus; HE
*travels by **easy*** ~*s* HY reis op SY gemak, HY reis *of ry
kort skofte*; *go on the* ~ toneelspeler word, op die to=
neel gaan; ***hold*** *the (centre of the)* ~ alle aandag/be=
langstelling trek; *in* ~*s* trapsgewys(e); stap vir stap;
geleidelik; *be **on*** *the* ~ toneelspeel, toneelspeler wees;
*be **past*** *that* ~ dié/daardie stadium verby wees;
put|bring *s.t. on the* ~ →*bring|put; **reach*** *a* ~
where ... 'n punt bereik waar —; ***set*** *the* ~ die toneel
inrig; alles klaarmaak; ***set*** *the* ~ *for* ... die weg vir —
berei; *the* ~ *was **set*** *for* ... alles was voorberei vir —,
die tyd was ryp vir —; ***the*** ~ die toneel(wêreld); ***up to***
that ~ tot dan toe, tot op daardie tydstip; tot daardie
stadium.
stager *an old* ~ 'n veteraan.
stage whisper *say s.t. in a* ~ ~ iets hoorbaar
fluister.
stagger ~ *about/around* rondsteier.
staggered *be* ~ *by s.t.* verstom/versteld staan oor
iets.
stain *be **covered** with* ~*s* vol vlekke wees; *s.t. **leaves** a*
~ iets laat 'n vlek agter, iets vlek; *a* ~ *on s.o.'s charac=
ter* or *reputation* 'n klad op iem. se naam; ***remove*** *a* ~,
take *out a* ~ 'n vlek verwyder.
stair *a **flight*** *of* ~*s* 'n trap; *on the* ~*s* op die trap; *at the
top* *of the* ~*s* bo-op die trap; *the **top*** ~ die boonste
treetjie.
stake¹ [n.] *s.t. is **at*** ~ iets staan op die spel, iets is
daarmee gemoeid, iets hang daarvan af, dit gaan om
iets; ***die|perish*** *at the* ~, *go to the* ~ op die brandsta=
pel sterf; ***have*** *a* ~ *in s.t.* belang by iets hê; *s.o. plays
for **high*** ~*s* iem. plaas/sit baie op die spel; ***pull*** *(up)*
~*s* verhuis.
stake² [v.] ~ *off s.t.* iets afpen; ~ *s.t. **on*** ... iets op —
verwed; ~ *out s.t.* iets afpen; iets aan paaltjies/stok=
kies opbind *(plante)*; §iets dophou/waarneem *(bv. 'n
gebou)*; ~ *(out)* *a* claim *for/to s.t.* op iets aanspraak
maak.
stale *get* ~ suf raak *(iem.)*; afgesaag raak *(iets)*; *go/
turn* ~ muf word *(brood)*; verslaan, verskaal *(bier)*.
stalk ~ *out* (kwaad) uitstap.
stammer ~ *out s.t.* iets mompel/uitstotter *(bv. 'n
verskoning)*.
stamp¹ [n.] ***bear*** *the* ~ *of* ... die stempel van — dra;
cancel *a* ~ 'n seël afstempel; HE ***leaves*** HIS ~ *on* ...
HY druk SY stempel op — (af); *of a certain* ~ van 'n
sekere soort.
stamp² [v.] *s.t.* ~*s s.o.* *(as)* *a* ... iets stempel iem. tot
'n —, iets dui aan dat iem. 'n — is; ~ *on s.t.* op iets
trap; iets vertrap, iets plat trap; ~ *out s.t.* iets uitpons/
stans; iets doodtrap *(bv. 'n vuur)*, 'n end/einde aan iets
maak *(bv. 'n wanpraktyk)*; iets demp/onderdruk *(bv.
'n opstand)*; iets uitroei/uitwis; ~ *out of* ... uit —
storm *(bv. 'n kamer)*.

stand¹ [n.] HE *makes a* ~ *against* ... HY verset HOM
teen —, HY bied weerstand aan —; ***bring*** *s.t. to a* ~
iets tot staan/stilstand bring; ***come*** *to a* ~ tot staan/
stilstand kom; ***take*** *a **(firm)*** ~ *on/over s.t.* sterk stel=
ling inneem oor iets; HE *makes a **gallant*** ~ HY weer
HOM dapper; *s.o.'s **last*** ~ iem. se laaste verset; ***make*** *a
last* ~ tot die laaste (toe) weerstand bied; ***make*** *a* ~
weerstand bied; vastrap, vasskop, standhou, pal staan;
stelling (in)neem; ***take*** *a* ~ 'n standpunt inneem;
take *(up)* *one's* ~ *somewhere* êrens gaan staan; ***take***
one's ~ *on s.t.* van iets uitgaan *(bv. 'n beginsel)*; ***take***
the ~ in die getuiebank gaan.
stand² [v.] ~ *about/around* rondstaan; HE ~*s
against* X HY stel HOM teen X verkiesbaar; ~ *s.t.
against* ... iets teen — sit/plaas; *s.o.* or *s.t.* ~*s **alone***
iem. *of* iets het geen gelyke nie; HE ~*s **aloof*** HY hou
HOM op 'n afstand; *s.o.* ~*s **as*** *a Nationalist/etc.* iem. is
die kandidaat van die Nasionaliste/ens.; *buy s.t. **as** it*
~*s* iets voetstoots koop; ~ ***aside*** opsy staan, opsy
gaan (staan); *the fund* ~*s **at*** ... die fonds staan op —; ~
back agteruitstaan, terugstaan; ~ ***back*** *from* ... 'n
entjie van — geleë wees; ~ ***by*** bystaan, naby staan;
toeskouer wees; klaar/gereed staan/wees, in gereed=
heid staan/wees; ~ ***by*** *s.o.*, *(lett.)* by iem. staan; *(fig.)*
iem. (onder)steun, iem. bystaan; iem. steun, agter iem.
staan *(bv. 'n leier)*; ~ ***by*** *s.t.* iets gestand doen, iets
hou *(bv. 'n belofte)*; by iets bly, iets handhaaf, aan iets
vashou, in iets volhard *(bv. 'n beleid)*; *s.o. will not* ~
by *and allow this to happen* iem. sal nie bystaan en
toelaat dat dit gebeur nie; ~ ***by*** *me!*, *(lett.)* staan by
my!; *(fig.)* steun/help my, staan my by!; ~ ***by*** *for* ...
vir — wag; vir — gereed wees; ~ ***by*** *for the news!* die
nuus sal nou gelees wees, die nuus volg net hierna; ~
clear padgee, opsy staan, wegstaan; ~ ***clear*** *of* ... van
— wegstaan; ~ ***clear!*** gee pad!, uit die pad (uit)!; ~
*and **deliver!*** jou geld of jou lewe!; ~ ***down*** terug=
staan, terugtree, nie meer kandidaat wees nie; uit die
getuiebank gaan; *(mil.)* verdaag word; ~ ***down*** sol=
diers soldate laat rus; ~ ***down!*** alarm verby!; ~ ***easy!***
staan in rus!; ~ *or **fall*** *by s.t.* met iets staan of val; ~
fast|firm|pat vas/pal staan, bly staan, standhou, vas=
trap, onversetlik wees; ~ *for s.t.* iets beteken, iets aan=
dui, vir iets staan; iets voorstaan, 'n voorstander van
iets wees, vir iets opkom, iets steun *(bv. 'n beleid)*; iets
beoog/nastreef/nastrewe *(bv. versoening)*; iets duld/
gedoog/verdra *(bv. onbeskoftheid)*; vir iets kandidaat
wees *(bv. die Parlement, 'n setel)*; iets betwis *(bv. 'n
setel)*; ~ ***forth*** vorentoe kom; ~ ***high*** *with* ... by —
in die guns wees; ~ ***in*** *for s.o.* iem. se plek (in)neem,
vir iem. waarneem, as iem. se plaasvervanger optree;
~ ***in*** *towards* ..., *(sk.)* na — vaar; ***make*** *s.t.* ~ iets laat
staan *(bv. 'n besem teen 'n muur)*; *s.o.* ~*s* ... *metres*
iem. is — meter lank, iem. meet — meter; *not* ~ *(for)
s.t.* iets nie veel/verdra nie; *not* ~ *s.o.* iem. nie veel/
verdra nie; ~ ***off*** wegstaan, opsy staan, op 'n afstand
bly; *(sk.)* seewaarts hou; ~ ***off*** *s.o.* iem. (tydelik) ont=
slaan; ~ ***on***, *(sk.)* (dieselfde) koers hou; ~ ***on|upon***

s.t. op iets staan *(lett.);* op iets aandring/staan; op iets berus; op iets gegrond wees; vir iets opkom *(bv. 'n mens se regte);* op iets gesteld wees *(bv. 'n mens se waar=digheid); if you ~ on/upon it* as jy daarop aandring/staan; ~ *out* uitblink, skitter, uitmunt; na vore tree; duidelik afgeteken staan; nie meedoen/deelneem nie; *s.t.* ~s *out above* … iets rys/steek bo(kant) — uit; *s.o.* ~s *out above* … iem. troon bo(kant) — uit; ~ *out against* … teen — afsteek; pal/vas staan teen —; ~ *out for* … vir — ywer; — verdedig; op — aandring; *s.o.* ~s *out (from the rest)* iem. val op, iem. trek die aandag; *s.t.* ~s *over* iets staan oor, iets bly tot later, iets word uitgestel; *let s.t.* ~ *over* iets laat wag/oorbly; ~ *pat/fast/firm →fast/firm/pat;* ~ *pat on/upon s.t.* van niks anders wil weet nie; ~ *still* stilstaan; ~ *talking/etc.* staan en praat/ens.; ~ *to* klaar/gereed staan; ~ *s.o. to, (mil.)* iem. gereed laat staan *(soldate);* ~ *to=gether* saamstaan; ~ *up* opstaan; regop staan; geldig bly; pal/vas staan; ~ *up and be counted* openlik vir of teen iem. *of* iets opkom; ~ *up s.t.* iets regop sit/plaas, iets regop laat staan; ~ *up s.o.* §iem. verniet laat wag, 'n afspraak met iem. nie nakom nie; ~ *up for* … vir — opkom; — ondersteun; *HE has only the clothes HE* ~s *up in* HY het net die klere aan SY lyf; *HE* ~s *up to* … HY bied weerstand aan/teen —, HY staan SY man teen —; *s.t.* ~s *up to* … iets is teen — bestand; iets deurstaan —; ~ *up under s.t.* iets verduur; ~ *upon/on →on/upon;* ~ *well with s.o.* by iem. goed aangeskrewe staan; *HE wants to know where HE* ~s HY wil weet waar HY staan, HY wil weet wat SY posisie is, HY wil weet waar HY aan toe is; *show where one* ~s kleur beken.
→**standing.**

standard *apply a* ~ 'n maatstaf/norm aanlê; *be below* ~ benede peil wees; *by s.o.'s* ~s volgens iem. se eise/vereistes; *come up to* ~ die gewenste/vereiste peil/gehalte bereik, aan die norm voldoen; *a high* ~ 'n hoë peil/standaard; *be of low* ~ van lae gehalte wees; *maintain a* ~ 'n peil/standaard handhaaf; *meas=ured by those* ~s volgens dié maatstawwe; *be up to* ~ op peil wees, van die vereiste/gewenste gehalte wees.

standby *be on* ~ in gereedheid wees, op gereedheids=voet wees.

standing¹ [n.] *in good* ~ van goeie naam (en faam), van aansien; *s.t. is of long* ~ iets bestaan al lank, iets bestaan lankal; iets is gevestig; *a dispute of long* ~ 'n ou twis; *s.o. of (high)* ~ iem. van naam/aansien; *a newspaper of* ~ 'n invloedryke koerant.

standing² [adj.] *leave s.o.* ~ iem. ver/vêr agter=laat.

standstill *be at a* ~ stilstaan; *bring s.t. to a* ~ iets tot stilstand bring; *chase s.o. or s.t. to a* ~ iem. *of* iets flou ja(ag) *(bv. 'n mens, 'n wildsbok); come to a* ~ tot stil=stand/staan kom; *HE works HIMSELF to a* ~ HY werk HOM gedaan/kapot★/oorhoeks★

star *the* ~s *are against s.t.* die noodlot wil iets nie hê nie; *s.o.'s* ~ *is in the ascendant* iem. maak opgang; *with* ~s *in one's eyes* in vervoering; *navigate/steer by the* ~s op die sterre stuur; *HE sees* ~s, *(fig.)* HY sien sterretjies, HY sien vonke voor SY oë; *studded with* ~s met sterre besaai(d); *HE can thank HIS (lucky)* ~s HY kan van geluk praat/spreek, HY kan SY sterre dank, HY kan die hemel dank; *an unlucky* ~ 'n ongelukster.

starboard *on the* ~ *side* aan stuurboord; *to* ~ na stuurboord.

stare¹ [n.] *an icy* ~, *a stony* ~ 'n koue/strakke blik; *an unwinking* ~ 'n starende b.; *a vacant* ~ 'n we=senlose b.

stare² [v.] ~ *at s.o.* iem. aanstaar/aangaap, iem. stip aankyk, na iem. staar; ~ *HIM down/out* HOM laat weg=kyk, HOM SY oë laat neerslaan.

stark *be* ~ *and stiff* stokstyf wees, styf en strak wees.

start¹ [n.] *at the* ~ eers, aanvanklik; by die aanvang, aan/by/in die begin; *s.o. is at the* ~ *of* … iem. staan aan die begin van — *(bv. 'n loopbaan); a bad* ~ 'n slegte begin; *(sport)* 'n slegte wegspring; *make a bad* ~ sleg begin; *(sport)* sleg wegspring; *make an early* ~ vroeg begin; *a false* ~ 'n verkeerde begin; *(sport)* 'n onklaar wegspring; *make a false* ~ verkeerd begin; *(sport)* onklaar wegspring, te gou wegspring; *from* ~ *to finish* van (die) begin tot (die) end/einde, deurgaans; *be/get off to a flying* ~ vinnig wegspring; blitsig begin met 'n voorsprong, dadelik 'n voorsprong hê; *for a* ~ §vir eers, om mee te begin; *make a fresh* ~ oorbegin, op=nuut begin, 'n nuwe begin maak; *(right) from the* ~ van die begin af, uit die staanspoor, van die staanspoor af, al dadelik, uit die vier spore ★, (sommer) met die intrap(slag) ★; *get a* ~ voorkry; *get a* ~ *on s.o.* 'n voorsprong op iem. kry; *get off to a bad* of *good* ~ sleg *of* goed begin; *(sport)* sleg *of* goed wegspring; *give s.o. a* ~ iem. voorgee; iem. laat skrik; *give s.o. a* ~ *(in life)* iem. op die been help, iem. aan die gang help, iem. op dreef help; *be/get off to a good* ~ 'n goeie begin maak; *(sport)* goed wegspring; *have a* ~ *on/over s.o.* 'n voorsprong op iem. hê; *have a head* ~ dadelik los voor wees; *make a* ~ begin, 'n begin/aanvang maak; vertrek; *make a* ~ *on s.t.* met iets begin *(bv. 'n taak); make a shaky* ~ swak begin; *get off to a slow* ~ stadig begin; *(sport)* stadig wegspring; *with a* ~ met 'n ruk; *look up with a* ~ verskrik opkyk; *wake with a* ~ wakker skrik.

start² [v.] ~ *afresh,* ~ *(all) over again,* ~ *anew* oorbegin, opnuut begin, weer begin, van meet/nuuts/voor af begin; met 'n skoon lei begin; ~ *at* … by — begin; vir — skrik; *HE* ~*ed at the sound of the shot* HY het geskrik toe HY die skoot hoor; ~ *back* terugskrik; ~ *crying/etc.* aan die huil/ens. gaan; ~ *doing s.t.* iets begin doen; ~ *for* … op pad na — vertrek; ~ *from* … uit — wakker skrik *(bv. 'n droom);* ~ *in on s.t.* §met iets begin *(bv. 'n taak);* aan iets wegval *(bv. kos)* ★; ~ *off* begin; wegval★; vertrek; ~ *off on s.t.* (met) iets begin *(bv. 'n lang storie);* op iets vertrek *(bv. 'n reis);* ~ *s.o. off on s.t.* iem. met iets laat begin; ~ *on s.t.* met iets begin; ~ *out* vertrek; ~ *out from* … van

— uitgaan *(bv. 'n veronderstelling); ~ **something** §* moeilikheid maak; ~ **talking/etc.** begin praat/ens.; ~ **up** opspring; skrik; aan die gang kom; ~ **up** *s.t.* iets aan die gang sit *(bv. 'n motor); to ~* **with** vir eers, om mee te begin, in die eerste plaas/plek.

started *get* ~ begin, 'n begin maak, aan die gang kom; *get* ~ *on s.t.* met iets begin, 'n begin met iets maak.

starter *a doubtful* ~ 'n onsekere deelnemer; *be under* ~'s *orders* op die afsitter se teken wag; *s.o. is a slow* ~ iem. kom stadig aan die gang.

starters *for* ~ § om mee te begin.

starve ~ *for s.t.* na iets smag/hunker *(bv. liefde)*; ~ *out s.o.* iem. uithonger, iem. deur uithongering dwing om oor te gee; ~ *s.o. to death* iem. van honger laat omkom.

starved *be* ~ *of* ... 'n groot behoefte aan — hê, te min — kry.

starving *be* ~ verhonger; vergaan van die honger, dood wees van die honger.

stash ~ *away s.t.* § iets wegsteek; § iets opberg.

state *appear in* ~ in staatsie verskyn; *get into a* ~ § ontsteld/oorstuur(s)/opgewonde/senu(wee)agtig raak, van stryk raak; *be* **in** *a* ~ § ontsteld/oorstuur(s)/opgewonde/senu(wee)agtig wees; *s.o. is* **in** *a* ~ *about s.t., (ook)* §iets maak iem. glad opgewonde; *lie in* ~ in staatsie lê, op 'n praalbed/staatsiebed lê; *live in great* ~ op 'n groot voet leef/lewe; *in a* **reduced** ~ in 'n verswakte toestand; *in* **solemn** ~ met groot staatsie; *what a* ~ *HE is in!* § kyk hoe lyk HY!

stated *as* ~ soos opgegee; *a condition is expressly* ~ 'n voorwaarde word uitdruklik gestel; *unless otherwise* ~ tensy anders vermeld.

statement *draw* **up** *a* ~ opgawe doen; 'n verklaring opstel; *make a* ~ 'n bewering maak/doen; 'n verklaring doen/aflê; *a* **sweeping** ~ 'n veralgemening, 'n wilde stelling, 'n oordrewe/verregaande bewering; *the* ~ *is* **unfounded** die bewering is ongegrond, die b. is van alle waarheid ontbloot.

station *above s.o.'s* ~ bo iem. se stand; *all* ~s *from* ... *to* ... elke stasie van — tot —; *below/beneath s.o.'s* ~ benede iem. se stand; *of* **high** ~ van hoë rang; **men** *or* **women** *of (high/exalted)* ~ hooggeplaaste manne *of* vroue; *HE* **takes** *up HIS* ~ HY neem SY plek in.

stationed *s.o. is* ~ *at* ... iem. is op *of* in — gestasioneer(d), iem. se standplaas is —.

stature *of* ~ van formaat/kaliber; *be short in* ~ kort wees, klein van gestalte/postuur/stuk/persoon wees.

statute *by* ~ by wet; deur wetgewing.

statute-book *place s.t. in/on the* ~ iets in die wetboek opneem.

stave ~ *in s.t.* iets inslaan/instamp/instoot; ~ *off s.t.* iets afweer/afwend *(bv. 'n krisis)*.

stay ~ **abreast** bybly; op die hoogte bly; ~ **ahead** *of* ... voor — bly; ~ **alive** →**alive;** ~ **at** ... by *of* in — loseer, by *of* in — tuisgaan, by *of* in — wees *(bv. 'n hotel)*; ~ **away** wegbly, uitbly; ~ **away** *from s.t.* van

iets wegbly *(bv. 'n vergadering); HE has been told to* ~ **away** *from* ... HY is aangesê om HOM nie met — te bemoei nie; ~ **behind** agterbly; ~ **clear** *of s.o. or s.t.* iem. *of* iets vermy; iem. *of* iets ontwyk; **come** *to* ~ kom woon *(iem.);* kom kuier *(iem.);* bly, ingeburger raak, 'n vaste instelling word, 'n vaste plek verwerf *(iets); it has* **come** *to* ~, it is **here** *to* ~, *(ook)* dit sal bly, dit is en bly hier, dit is vir vas hier; ~ **down** onder bly; binne bly *(bv. kos);* ~ **for** ... vir/op — wag *(bv. 'n antwoord);* ~ **for/to** *dinner* or *lunch* vir aandete *of* middagete bly; *it is* **here** *to* ~ →**come;** ~ **in** binne bly; tuisbly; skoolbly, op skool bly; ~ **on** aanbly, aan die brand bly; aanbly, in diens bly; langer bly; ~ **out** uitbly; buite bly; met 'n staking voortgaan; *HE* ~s **out** *of* ... HY bly weg van — *(bv. die kroeg);* HY hou HOM uit — *(bv. ander se twiste);* ~ **over** oorlê, oorstaan; *HE* ~s **put** HY bly op die/een plek; HY bly waar HY is; ~ **to/for** ... →**for/to;** ~ **up** opbly; ~ **up** *with s.o.* by iem. waak *('n sieke);* ~ **with** *s.o.* by iem. bly; by iem. woon; by iem. tuis wees; by iem. kuier; by iem. byhou; § verder/vêrder na iem. luister.

stead *in s.o.'s* ~ in iem. se plek; *s.t. stands s.o. in good* ~ iets kom iem. goed te pas.

steady *(as)* ~ *as a* **rock** rotsvas; *go* ~ →**go;** *keep a ship* ~ 'n skip reguit stuur; *not* ~ *on HIS* **legs** onvas op SY bene; **make** *s.t.* ~ iets vas laat staan; ~ **(now!/on!)** kalm nou!; stadig!; stadig oor die klippe! ★

steal[1] [n.] *it's a* ~ § dis spotgoedkoop.

steal[2] [v.] ~ **away** wegsluip, stilletjies weggaan; ~ **from** *s.o.* iem. besteel; ~ *s.t.* **from** *s.o.* iets by iem. steel; ~ **in** insluip, stilletjies inkom *of* ingaan; ~ **out** uitsluip, stilletjies uitgaan; ~ **through** deursluip; ~ **up** nader sluip; ~ **up** *on s.o.* iem. bekruip/besluip.

stealth *by* ~ stilletjies, steels, heimlik; agterbaks, onderduims.

steam[1] [n.] **blow/let/work** *off* ~ stoom afblaas *(lett. & fig.); HE* **blows/lets/works** *off* ~, *(ook)* HY gee SY gemoed lug; *(at)* **full** ~ volstoom, met volle stoom, met alle/volle krag; **full** ~ **ahead** volstoom vorentoe, met volle krag vorentoe; **get** *up* ~, *(lett.)* stoom maak; *(fig.)* vaart kry; *get up a* **head** *of* ~ die ketels opstook; *under one's* **own** ~ met/op eie krag; **raise** ~ stoom maak/ontwikkel/opwek; **run** *out of* ~ vaart verloor *(fig.);* moeg/uitgeput raak; **under** ~ onder stoom; *with* ~ **up** onder stoom.

steam[2] [v.] ~ **ahead** voortstoom, voortvaar; ~ **off** *s.t.* iets afstoom *(bv. 'n seël);* ~ **up** aanwasem, vol wasem raak, beslaan raak *(bv. 'n bril)*.

steamed *be* or *get (all)* ~ **up** *about s.t.* § briesend/gesteur(d)/vererg/woedend wees *of* raak oor iets.

steel[1] [n.] *an opponent worthy of one's* ~ 'n waardige teenstander.

steel[2] [v.] *HE* ~s *HIMSELF* **against/for** ... HY berei HOM op — voor; *HE* ~s *HIMSELF* **to** ... HY dwing HOM(SELF) om te —.

steeled *be* ~ **against** *s.t.* teen iets gehard wees *(bv. teenspoed/teëspoed)*.

steep¹ [v.] *HE ~s HIMSELF in* ... HY verdiep HOM in —.

steep² [adj.] *that's a bit ~, that's pretty ~* §dit is ('n) bietjie erg/kwaai, dit is nogal kras, dit is 'n bietjie te veel gevra, dit is bietjies te veel gevra.

steeped *be ~ in* ... *in* — gekonfyt wees *(bv. 'n onder=werp)* ⋆; *in* — verhard/verstok wees *(bv. misdadig=heid)*; *in* — gedompel wees *(bv. ellende)*.

steer¹ [n.] *give s.o. a bum ~* §§iem. verkeerde inligting gee; §§ iem. slegte raad gee.

steer² [v.] *~ away from* ... van — wegskram; *~ by the compass or stars* op die kompas *of* sterre stuur; *~ clear of* ... van — wegbly *(iets)*; *uit* — se pad bly, buite bereik van — bly, — ontwyk/vermy *(iem.)*; *~ for* ... na — koers vat.

stem¹ [n.] *from ~ to stern* van voor tot agter.

stem² [v.] *~ from* ... uit — ontstaan/voortspruit.

step¹ [n.] *break ~* uit die pas raak; *~ by ~* stap vir stap, stapsgewys(e), trapsgewys(e); voetjie vir voetjie, versigtig; *change ~* die pas verander; *HE directs/turns HIS ~s to* ... HY wend SY skrede na —; *fall into ~ with* ... in die pas met — loop; dit met — eens wees; *fall out of ~* uit die pas raak; *a false ~* 'n misstap; *with a firm ~* met vaste tred; *get out of ~* uit die pas raak; *in ~* in die pas; *be in ~ with* ... met — tred hou; *keep ~* in die pas bly; *keep in ~ with* .. met — tred hou; *a light ~* 'n ligte/sagte stap/tred; *mind the ~!* pas op die trappie!; *mind your ~!* pas op!; *HE has to mind/watch HIS ~, (lett.)* HY moet versigtig trap; *(fig.)* HY moet oppas, HY moet in SY pasoppens bly, HY moet opletloop, HY moet kyk wat HY doen; *keep one ~ ahead of* ... net voor — bly; *out of ~* uit die pas; *be out of ~ with* ... nie met — tred hou nie; *pick one's ~* versigtig loop/stap; *HE retraces HIS ~s* HY gaan (op SY voetspore) terug; *take a ~* 'n tree gee; *take ~s* stappe doen, (handelend) optree; *with tottering ~s* met waggelende treë; *HE turns/directs HIS ~s to* ... →*directs/turns; walk in ~* in die pas loop; *watch/mind one's ~* →*mind/watch.*

step² [v.] *~ across s.t.* oor iets loop; oor iets tree; *~ along* aanstap; *~ aside* opsy staan/stap/tree; *~ back* agteruit staan/tree, terugstaan, terugtree; *~ care=fully, (lett.)* versigtig loop/trap; *(fig.)* fyn trap; *HE ~s down* HY klim/stap af; HY staan/tree terug, HY trek HOM terug; HY tree af; *~ forward* vorentoe tree; *~ high* die voete hoog oplig/optel; *~ in* binnestap, bin=netree; ingryp, intree, tussenbei(de) kom/tree; *~ in=(side)* ingaan, inkom, instap; *~ lively!* roer jou (lit=te/riete)! ⋆; *~ off* afstap; *~ off s.t.* van iets afstap; iets aftree *('n afstand)*; *~ on* opstap; *~ on s.t.* op iets trap; *~ on a thorn* in 'n doring trap; *~ on it* § gou maak; § vet gee ⋆; *~ on it!* § gee vet! ⋆, vinniger!; *~ out* uitgaan, uitloop, uitstap, buite(n)toe gaan/loop/stap; (vinnig) aanstap, die treë rek; pret maak; *~ out s.t.* iets aftree *('n afstand)*; *~ outside* § dit met die vuis uitmaak; *~ over s.t.* oor iets tree; *~ up* vorentoe tree; aantree; *~ up to s.o.* na iem. toe loop, iem. nader;

~ up s.t. iets opstoot *(bv. die produksie)*; iets versnel *(bv. die pas)*; iets verhoog/vermeerder *(bv. die span=ning)*; iets verskerp *(bv. die beheer)*; iets verhewig *(bv. die druk)*; *HE has to ~ warily* HY moet oppas, HY moet in SY pasoppens bly, HY moet opletloop, HY moet kyk wat HY doen.

stereotype *s.o. is the ~ of the* ... iem. is 'n tipiese —.

stern *the ship is down by the ~* die skip se agterstewe is onder water.

stew *be in a ~ (about s.t.)* § kook (oor iets) ⋆

steward *the unjust ~, (Byb.)* die onregverdige/on=eerlike bestuurder.

stewed *be or get ~* §gekoring⋆/besope/dronk wees *of* raak.

stick¹ [n.] *use/wield the big ~* dreigemente/dwang ge=bruik; *be (caught) in a cleft ~* in die knyp/moeilik=heid/noute/verknorsing sit/wees; *it is easy to find a ~ to beat a dog* (P) as jy 'n hond wil slaan, kry jy maklik 'n stok (P); *a dry old ~* § 'n droë ou bokkem/bok=kom ⋆; *get the dirty end of the ~* §aan die kortste ent trek; *s.o. has hold of the wrong end of the ~* § iem. het dit by die verkeerde ent beet; *give s.o. or s.t. (a lot of) ~* §iem. *of* iets kwaai kritiseer; *in the ~s* §in die gram=(m)adoelas ⋆; *a poor old ~* § 'n arme ou drommel/suk=kelaar; *take a ~ to s.o.* iem. met 'n stok bydam; *up ~s* § verhuis.

stick² [v.] *~ about/around* § rondhang; § in die buurt bly; § nie weggaan nie; *~ at s.t.* § met iets vol=hou; *~ at it* §vasbyt⋆, volhard, volhou; *~ by s.o.* iem. trou bly, iem. nie in die steek laat nie; *~ by/to s.t.* by iets hou *(bv. 'n argument)*; aan iets vashou, aan iets getrou bly *(bv. beginsels)*; by iets bly *(bv. 'n mens se woord)*; *~ close to* .. na aan — bly; *~ down s.t.* iets vasplak *of* vassteek; § iets neerskryf/neerskrywe; *~ fast* vassit, bly steek; *~ in s.t.* in iets vassit *(bv. mod=der)*; *~ s.t. in* ... iets in — steek; *~/cling like a bur(r)/leech/limpet* klou soos klitsgras, (vas)klou, vas=sit; *make s.t. ~* iets laat vassit; § iets laat insink; *not ~ s.o.* §iem. nie verdra/veel nie; *not ~ s.t. any longer* § iets nie langer uithou/verdra nie; *~ on s.t.* iets opplak *(bv. 'n posseël)*; *~ out* uitsteek; *~ out for s.t.* op iets aandring/staan, iets eis; *~ it out* §deurbyt⋆, volhard, volhou, nie opgee nie; *~ to* ... aan — vassit, aan — (vas)kleef/(vas)klewe, aan — (vas)klou; *~ to it* §vas=byt⋆, volhard, volhou; *~ to/by s.t.* →*by/to; ~ to=gether* § bymekaar bly; § aan mekaar getrou bly; *~ together s.t.* iets aanmekaarplak; *~ up* regop staan; *~ up s.t.* iets omhoog hou; iets regop sit; iets opsit *(bv. 'n skyf)*; *~ up s.o.* iem. hendsop ⋆; *~ 'em up!* §hends=op!⋆; *~ up for s.o.* vir iem. opkom, vir iem. 'n lansie breek; *HE ~s up for HIMSELF* HY staan SY man; *HE ~s up to* ... HY staan SY man teen —, HY gee nie vir — kop nie; *~ with* ... §by — bly. →**stuck.**

stickler *be a ~ for* ... baie/erg op — gesteld wees.

stick-up *this is a ~!* § gee jou geld!

stiff *as ~ as a poker* stokstyf; *HE is as ~ as a poker/ramrod* HY lyk of HY 'n laaistok ingesluk het ⋆; *that's* *a bit* ~, *that's pretty* ~ §dit is 'n bietjie erg/kwaai, dit is nogal kras, dit is 'n bietjie te veel gevra, dit is bietjies te veel gevra; ~ *and stark* stokstyf.

stigmatise, =**ize** ~ *s.o. as* … iem. as — brand=merk/doodverf/bestempel.

still ~ *and all* §nogtans, tog, desnieteenstaande; *be as* ~ *as the grave* so stil soos die graf wees; soos die graf swyg; *as* ~ *as a stone* stokstil; *s.o. is* ~ *doing it* iem. doen dit nog (steeds).

stilt *on* ~s op stelte.

sting[1] [n.] *have a* ~ *in it* skerp/prikkelend wees *(bv. die lug)*; venynig wees *(bv. woorde, boulwerk)*; *the* ~ *is in the tail* die angel sit in die stert; *take the* ~ *out of s.t.* die angel uit iets haal.

sting[2] [v.] ~ *s.o. for R100* § iem. met R100 ruk ★ →**stung.**

stink[1] [n.] *kick up a* ~, *raise a* ~ § 'n herrie maak/opskop ★

stink[2] [v.] *it* ~*s to high heaven* §dit skrei ten hemel; *s.t.* ~*s in s.o.'s nostrils* §iets walg iem.; ~ *a place out* § 'n plek stink maak.

stint[1] [n.] *do a* ~ *at* … 'n beurt hê/kry om te —; *HE does HIS daily* ~ HY verrig SY dagtaak; *without* ~ sonder beperking, volop, mild, rojaal.

stint[2] [v.] *HE* ~*s HIMSELF* HY doen HOMSELF te kort, HY skeep HOMSELF af; *HE* ~*s HIMSELF of food/etc.* HY gun HOMSELF nie genoeg kos/ens. nie.

stir[1] [n.] *cause/create/make a* ~ opspraak (ver)wek, 'n opskudding veroorsaak.

stir[2] [n.] *s.o. is in* ~ §§ iem. is in die tjoekie★/tronk.

stir[3] [v.] ~ *early,* ~ *at an early hour* vroeg in die weer wees; *HE* ~*s HIMSELF* HY begin roer; ~ *in s.t.* iets inroer; ~ *up people* mense aanhits/ophits/oprui; ~ *up s.t.* iets omroer; iets (ver)wek *(bv. ontevredenheid)*; iets gaande maak *(bv. nuuskierigheid)*; iets aanblaas *(bv. 'n opstand)*; iets aanwakker *(bv. vyandskap)*.

stirring *s.o. is not* ~ *yet* iem. is nog nie op nie; *s.o. needs/wants* ~ *up* iem. moet wakker geskud word.

stitch[1] [n.] *drop a* ~ 'n steek laat val; *be in* ~*es* §krom lê van die lag; *have s.o. in* ~*es* § iem. laat skater/skree(u) van die lag, iem. laat krom lê van die lag; *not have a* ~ *on, not be wearing a* ~, *be without a* ~ *of clothing* § geen draad (klere) aanhê nie, in Adamsgewaad wees *('n man)*, in Evasgewaad wees *('n vrou)*; *put in* ~*es* 'n wond heg/toewerk/toenaai; *a* ~ *in the side* 'n steek in die sy; *take out* ~*es* steke uithaal; *a* ~ *in time saves nine* (P) betyds keer is 'n goeie geweer (P), werk op tyd maak wel bereid (P), kleine luiheid groot verdriet (P).

stitch[2] [v.] ~ *on s.t.* iets aanwerk; ~ *up s.t.* iets heelmaak/toewerk/vasnaai *(bv. 'n stukkende plek in 'n kledingstuk)*; iets heg/toewerk/toenaai *('n wond)*.

stock[1] [n.] *carry* ~*s* voorraad aanhou; *clear* ~*s* voorraad opruim; *be/come of good* ~ van goeie afkoms wees; *have s.t. in* ~ iets in voorraad hê, iets voorradig/voorhande hê; *hold* ~ aandele hê; *keep s.t. in* ~

iets in voorraad hou; *lay in* ~ voorraad inslaan; *be on the* ~*s* in voorbereiding wees; op stapel wees *('n skip)*; in bewerking wees *('n boek)*; *s.t. is out of* ~ iets is onvoorradig; *s.o. is out of* ~ iem. is uitverkoop, iem. het iets nie in voorraad nie; *s.t. sends up s.o.'s* ~*s* iets verhoog iem. se aansien; ~*s and shares* effekte en aandele; *take* ~ (die) voorraad opneem, (die) inventaris opmaak; *take* ~ *of s.t.* iets in oënskou neem, iets betrag; *take* ~ *of s.o.* iem. opsom/deurkyk, iem. krities in oënskou neem; iem. noukeurig beskou, iem. van kop tot tone bekyk.

stock[2] [v.] ~ *up on/with s.t.* voorraad van iets inslaan; ~ … *with s.t.* — van iets voorsien; — met iets toerus.

stocking *in HIS* ~*s* op SY kouse, op kousvoete, sonder skoene.

stoke ~ *(up)* § wegpak★, baie eet; ~ *up s.t.* iets opstook *(bv. 'n vuur)*.

stomach[1] [n.] *an empty* ~ 'n leë/hol maag; *on an empty* ~ op 'n nugter maag; *have no* ~ *for s.t.* nie/niks lus hê vir iets nie *(bv. baklei)*; *at/in the pit of the* ~ op die krop van die maag; *food sits heavy on s.o.'s* ~ kos lê swaar op iem. se maag; *s.o. has a strong* ~ iem. se maag kan baie verdra; *s.t. turns s.o.'s* ~ iets maak iem. mislik/naar, iets walg iem., iets laat iem. walg; *s.o.'s* ~ *is upset* iem. se maag is onderstebo/oorstuur(s).

stomach[2] [v.] *s.o. cannot* ~ *s.t.* iem. kan iets nie verdra/sluk nie.

stomp ~ *out* § (kwaad) uitstap.

stone[1] [n.] *the* ~*s will cry out* die klippe sal (dit) uitroep; *cast the first* ~, *(Byb.)* die eerste 'n klip gooi; ~*s fly* die klippe reën/spat; *the* ~ *is well and truly laid* die steen is heg en deeglik gelê; *a rolling* ~ *gathers no moss* (P) 'n rollende klip vergaar geen mos nie (P), 'n swerwer bly 'n derwer (P); *be a rolling* ~ 'n voël op 'n tak wees ★; 'n rondvaller wees, geen vastigheid hê nie, vandag hier en môre daar wees; *throw* ~*s at s.o.* iem. met klippe gooi, iem. onder die klippe steek; *a* ~*'s throw* 'n hanetreetjie *(afstand)*; *leave no* ~ *unturned* alles in die werk stel, niks onbeproef laat nie, hemel en aarde beweeg, geen steen onaangeroer laat nie.

stone[2] [v.] ~ *s.o. to death* iem. stenig, iem. met klippe doodgooi.

stone-cold *s.t. leaves s.o.* ~ iets laat iem. yskoud.

stoned *be* ~ § hoog in die takke wees ★, besope/dronk wees.

stool[1] [n.] *s.o. falls between two* ~*s* iem. wil op twee stoele tegelyk sit.

stool[2] [v.] ~ *forth/out* uitstoel.

stoop[1] [n.] *have a* ~, *walk with a* ~ vooroor/krom loop.

stoop[2] [v.] *HE* ~*s to* … HY daal tot — af, HY verneder/verlaag HOM tot —.

stop[1] [n.] *bring s.t. to a* ~ iets tot stilstand bring; *come to a* ~ tot stilstand kom; gaan staan; stilhou; end kry, eindig, ophou; *come to a dead* ~ botstil (gaan) staan; in SY vier spore vassteek; *a full* ~ 'n punt; *come to a full* ~ botstil (gaan) staan; heeltemal stilhou; heeltemal ophou; *make a* ~ *somewhere* êrens halt maak/hou; *pull out (all) the* ~s iets met mening doen, niks agterweë laat nie, SY uiterste bes doen; *put a* ~ *to s.t.* iets stopsit, 'n end/einde aan iets maak, 'n stok(kie) voor iets steek ★; *without a* ~ sonder ophou, eenstryk, een stryk deur; sonder om stil te staan; sonder om stil te hou.

stop² [v.] ~ *at home* tuisbly; ~ *at a hotel* by/in 'n hotel tuisgaan; ~ *away from* ... van — wegbly; ~ *behind* agterbly; ~ *by* aankom; ~ *by s.o.'s house* by iem. se huis langs gaan; *s.t.* ~s HIM *cold* iets laat HOM in SY vier spore vassteek; ~ *dead/short* skielik gaan staan, skielik stilstaan/vassteek; skielik afbreek/ophou/vassteek; skielik stilhou; skielik stilbly; ~ *doing s.t.* ophou om iets te doen; ~ *down, (fotogr.)* toemaak, die lensopening verklein; ~ *for s.t.* vir iets bly; ~ *s.o. from doing s.t.* iem. belet om iets te doen; iem. verhinder om iets te doen; *this has (got) to* ~! dit moet end kry!; ~ *it!, (ook)* hou op!, skei uit!, kry nou end!; *it will not* ~ *there* dit sal nie daarby bly nie; ~ *at nothing* →**nothing**; ~ *off/over somewhere* 'n reis êrens onderbreek; ~ *off s.t.* iets toestop/digstop; ~ *out* buite bly; 'n staking volhou; ~ *over somewhere* êrens oorbly/oorstaan/vertoef; êrens oornag; →*off/over; it* ~s *raining/etc.* dit hou op met reën/ens.; ~ *short/dead* →**dead/short;** ~ *short at/of* ... van — terugdeins; by — vassteek; ~ *talking/etc.* ophou met praat/ens.; ~ *up s.t.* iets toestop; ~ *with s.o.* by iem. oorbly, by iem. tuisgaan, by iem. wees, by iem. kuier.

stopper *put a* ~ *on s.t.* 'n end/einde aan iets maak, 'n stok(kie) voor iets steek ★

stopping *s.o. takes a lot of* ~ dis moeilik om iem. te keer; *no* ~ stilhou verbode; *there is no* ~ *s.o.* iem. is onkeerbaar.

storage *be in* ~ weggepak/weggebêre wees; *put s.t. into cold* ~, *(fig.)* iets op die lange baan skuif/skuiwe.

store¹ [n.] *be in* ~ in voorraad wees; *s.t. is/lies in* ~ *for s.o.* iets staan vir iem. voor die deur, iets is iem. se voorland, iets staan iem. te wagte; *what the future has in* ~ wat die toekoms sal bring; *there is a surprise in* ~ *for s.o.* daar wag 'n verrassing vir iem., iem. kan 'n verrassing te wagte wees; *set* ~ *by s.t.* op iets gesteld wees, waarde aan iets heg, iets op prys stel; *set great* or *little* ~ *by s.t.* baie *of* min waarde aan iets heg.

store² [v.] ~ *away s.t.* iets wegbêre/wegpak; ~ *up s.t.* iets opgaar; ~ *up s.t. in one's heart* iets in die hart bewaar.

storey, story *a bit weak in the upper* ~ §nie slim nie; *HE is wrong in the upper* ~, *HE has s.t. wrong in the upper* ~ §HY het nie al SY varkies in die hok nie ★, HY het nie al SY varkies bymekaar nie ★

storm¹ [n.] *a* ~ *is blowing up, a* ~ *is brewing* 'n storm steek op, 'n s. is aan die broei/kom, daar is onweer in die lug; *the* ~ *breaks* die s. bars los; *a* ~ *bursts over s.o.'s head* 'n s. bars oor iem. los; *the* ~

sinks/subsides die s. bedaar, die s. gaan lê; *the* ~ *is spent* die s. het (hom) uitgewoed; ~ *and stress* s. en drang; *take s.o.* or *s.t. by* ~ iem. *of* iets stormenderhand verower; *a* ~ *in a teacup* 'n storm in 'n glas water, 'n groot bohaai/geraas/lawaai oor niks; *weather the* ~ die s. deurstaan/trotseer, veilig deurkom.

storm² [v.] ~ *at s.o.* teen iem. uitvaar, iem. uitskel/inklim★, met iem. raas; ~ *in* instorm; ~ *into a room* 'n kamer binnestorm; ~ *out* uitstorm; ~ *and rave* tier en raas.

storming *it is* ~ dit storm.

story *that is quite another* ~ dit is glad 'n ander ding; *it is quite another* ~ *now* die saak is nou heeltemal anders; *a concocted* ~ 'n versinsel; *the* ~ *goes that* ... daar word gesê/vertel dat —; die verhaal lui dat —; *a gripping* ~ 'n boeiende/pakkende/spannende verhaal; *that is HIS* ~ dis wat HY sê; *it's a long* ~ dis 'n lang geskiedenis; *to cut/make a long* ~ *short* kortom, om kort te gaan; *make up a* ~ 'n storie uitdink/versin; *the (same) old* ~ die ou liedjie ★; *a tall* ~ § 'n wolhaarstorie ★, 'n kwaai/ongelooflike verhaal; *that's a tall* ~! §sak Sarel! ★; *tell tall stories* §spekskiet★, kluitjies verkoop ★, wolhaarstories vertel ★; *tell a* ~ *to s.o.* aan/vir iem. 'n verhaal vertel; *don't tell stories!* §moenie jok nie!; *a true* ~ 'n waar/ware verhaal; *that is not the whole* ~ dis nie al nie, dis nie die end/einde nie, daarmee is dit (nog) nie klaar nie.

stow *HE* ~s *away* HY kruip op die skip weg, HY versteek HOM op die skip; ~ *away s.t.* iets wegbêre/wegpak/wegsit; ~ *it!* §hou op!, skei uit!, kry nou end!; bly stil!

straight¹ [n.] *be on the* ~ reglynig wees; ewewydig wees; *keep to the* ~ *and narrow* op die regte pad bly *(fig.);* eerlik bly; *be out of the* ~ skeef/krom wees.

straight² [adj. & adv.] *(as)* ~ *as an arrow* pylreguit; *as* ~ *as a die* so reguit soos 'n roer; *for the third* ~ *day* die derde agtereenvolgende dag; *three* ~ *days* drie agtereenvolgende dae, drie dae aaneen/agtereen, drie dae agter/na mekaar; *win four* ~ *games* vier potte/spelle op 'n streep wen; *go* ~ →**go;** *do s.t.* ~ *off* § iets dadelik/onmiddellik doen, iets sonder meer/aarseling doen; *I cannot tell you* ~ *off* §ek kan jou dit nie op die oomblik sê nie; ~ *on* reg deur; ~ *out* §prontuit, ronduit; *s.o. is perfectly* ~ iem. is volkome betroubaar; ~ *through* reg deur, dwarsdeur; ~ *up* regop; penorent.

straighten *s.t.* ~s *out* iets word reguit *(bv. 'n pad);* iets word glad *(bv. hare);* ~ *(out) s.t.* iets reguit maak/bring; iets in orde bring; iets opknap; iets regruk; iets rangskik; iets uitrek/uitstrek *(bv. 'n mens se bene);* iets in die reine bring; *s.t. will* ~ *itself out* iets sal vanself weer regkom; ~ *out s.o.* iem. reghelp, iem. die ware toedrag meedeel; iem. op die regte pad bring; iem. iets aan die verstand bring; *HE* ~s *up* HY kom regop, HY rig HOM op.

strain¹ [n.] *s.t. is a* ~ *on s.o.* iets eis baie van iem.; *a* ~

on the eyes oogspanning; *put too much* ~ *on s.o.* or *s.t.* iem. *of* iets oorspan/ooreis; *relieve* ~ spanning verlig; *in the same* ~ in dieselfde trant; *stand the* ~ *of s.t.* teen iets bestand wees; *take the* ~ die spanning ver= duur; die spanning opneem; *the* ~ *tells on s.o.* die spanning tas iem. aan; *to the* ~s *of* ... onder die klanke van— *(bv. 'n lied); be under a* ~ onder druk verkeer; in spanning verkeer.

strain² [n.] *come of a good* ~ van goeie afkoms wees; *there is a* ~ *of cruelty/etc. in s.o.* iem. het 'n wrede/ens. trek, daar is 'n trek van wreedheid/ens. in iem. vreemd, iem. is nog nie met iets bekend nie *(bv. werk); ~ but true* raar maar waar.

strain³ [v.] ~ *at s.t.* hard aan iets beur/trek; ~ *under s.t.* onder iets swoeg *(bv. 'n swaar las).*

straitened *be* ~ *for* ... gebrek aan — hê, knap van — wees.

straits *be in dire* ~ hoog in die nood wees.

stranded *be* ~ nie verder/vêrder kan kom nie; alleen agtergelaat wees.

strange *feel* ~ ontuis voel; naar voel, nie lekker voel nie; *s.t.* *seems* ~ iets lyk *of* klink vreemd; *s.t. is* ~ *to s.o.* iem. ken iets nie; *s.o. is* ~ *to s.t.* iets is vir iem. vreemd, iem. is nog nie met iets bekend nie *(bv. werk); ~ but true* raar maar waar.

strangely ~ *enough* vreemd genoeg.

stranger *be a* ~ 'n vreemdeling wees; onbekend wees; *a complete/perfect* ~ 'n wildvreemde, 'n vol= slae vreemdeling; *be a complete/perfect* ~ *some= where* êrens heeltemal vreemd wees; *s.o. is a* ~ *to fear* →fear; *he* or *she is no* ~ *to me* ons twee ken mekaar; *s.o. is no* ~ *to* ..., *(ook)* iem. het baie ervaring van —; *you are quite a* ~ ('n) mens sien jou byna nooit; *be a* ~ *to the truth* →truth.

stranglehold HE *broke the* ~ HY het HOM uit die wurggreep losgeruk; HE *has a* ~ *on s.o.* HY het iem. in SY greep/mag, HY het 'n wurggreep op iem.

strap ~ *down s.t.* iets toegespe; ~ *on s.t.* iets aangespe; ~ *up s.t.* iets vasgespe; iets stewig verbind *(bv. 'n wond).*

straw *catch/clutch/grasp at* ~s aan strooihalms vasklou; *draw* ~s lootjies trek; *this is the last* ~ dit is die end; nou kan HY nie meer nie, dit is die druppel wat die emmer laat oorloop; *it's the last* ~ *that breaks the camel's back* (P) die laaste druppel laat die emmer oor= loop (P), die laaste opdraand(e) maak die perd flou (P); *a man of* ~ 'n strooiman/strooipop; *a* ~ *in the wind* 'n aanduiding/aanwysing.

stray ~ *from* ... van — afdwaal.

streak¹ [n.] *like a* ~ *(of lightning)* soos blits ★, blik= semsnel; *be on a winning* or *losing* ~ aan die wen *of* verloor bly; *s.o. has a yellow* ~ iem. is 'n taamlike lafaard.

streak² [v.] ~ *along* voortsnel; ~ *past* verbyflits.

stream¹ [n.] *against the* ~ stroomop, teen die stroom; *come on* ~ begin produseer; *down (the)* ~ stroomaf; *go against the* ~ teen die stroom in gaan; *go with the* ~ met die stroom meegaan/saamgaan; *be on* ~ in werking wees, op dreef wees; *up (the)* ~

stroomop, teen die stroom (op); *with the* ~ stroom= af.

stream² [v.] ~ *down* afstroom; ~ *in* instroom; ~ *into s.t.* iets binnestroom; ~ *out* uitstroom; ~ *out of s.t.* uit iets stroom.

street *be* ~s *ahead of* ... §stukke beter as — wees ★; *Church and Market Streets* Kerk- en Markstraat; *beat/tramp the* ~s (op straat) rondslenter, die strate afloop/platloop; *clear a* ~ 'n straat skoonvee *(fig.); cross the* ~ die s. oorsteek; *down the* ~ straataf, in die straat af; laer af in die s.; onder in die s.; *down s.o.'s* ~ →*up; s.o. lives down the* ~ iem. woon onder in die s.; *at the end of the* ~ op die ent/punt van die s., waar die s. ophou; *go on the* ~s op straat gaan; 'n straatvrou word; *in the* ~ in die s., op s.; *the man in the* ~ die gewone man, die groot publiek, die deursneemens/ deursnitmens, die (groot) gros (van die mense); *off the* ~ van die straat af; *a* ~ *off Church Street* 'n s. uit Kerkstraat; *be on the* ~ *(s)* dakloos wees; 'n straatvrou wees; *not be in the same* ~ *with s.o.* §nie naby iem. kom nie, nie by iem. se hakke/stof kom nie ★, ver/vêr agter iem. staan, nie van dieselfde gehalte as iem. wees nie; *take to the* ~s 'n straatbetoging hou; *tramp/beat the* ~s →*beat/tramp; turn s.o. out into the* ~ iem. op straat sit; *up the* ~ in die straat op; bo in die s.; *s.t. is (right) up s.o.'s* ~ §iets is (so reg) in iem. se kraal ★; *walk the* ~s (op straat) rondslenter, die strate afloop/ platloop; 'n straatvrou wees.

strength *be below/under* ~ nie op volle krag/sterk= te wees nie; *bring s.t. up to* ~ iets voltallig maak; *from* ~ met krag agter HOM; *go (on) from* ~ *to* ~ van krag tot krag gaan; *at full* ~ met volle sterkte; voltallig; op volle krag/sterkte; *gain/gather* ~ in kragte toeneem; aansterk *(na 'n siekte); gather* ~, *(ook)* kragte versamel; *s.o.'s Herculean* ~ iem. se reusekrag; *in* ~ in groot getalle; *measure one's* ~ *with s.o.* met iem. kragte meet; HE *musters all* HIS ~ HY span al SY kragte in; *negotiate from* ~ onderhan= del met krag daaragter; HE *nurses* HIS ~ HY spaar SY krag(te); *be on the* ~ in diens wees, by die personeel wees, op die monsterrol wees; *on the* ~ *of* ... op grond van —, kragtens —; na aanleiding van —; HE *is recovering* HIS ~ HY sterk aan *(na 'n siekte); HE saves* HIS ~ HY spaar SY kragte; *make a show of* ~ 'n magsvertoon lewer; *s.t. taxes s.o.'s* ~ iets verg al iem. se kragte; *a test of* ~ 'n kragmeting; *be a tower of* ~ 'n steunpilaar/staatmaker wees; *a trial of* ~ 'n krag= meting; *under/below* ~ →*below/under; be up to* ~ voltallig wees; op volle krag/sterkte wees.

stress *lay/put (the utmost)* ~ *on s.t.* iets (ten sterk= ste) beklemtoon, (die grootste) nadruk op iets lê; *be put under* ~ aan spanning onderwerp word; ~es *and strains* spannings *(van die lewe); under the* ~ *of* ... onder die drang/druk van — *(bv. omstandighede);* deur — genoodsaak *(bv. armoede).*

stretch¹ [n.] *at a* ~ aaneen, aanmekaar, sonder op= hou, oor 'n/een boeg; as dit moet, desnoods; *do a* ~ §

'n tyd sit ★, tronkstraf uitdien; *at full* ~ volledig uitge= strek; met inspanning van al SY kragte; *by no* ~ *of the imagination* nie in iem. se wildste drome nie; *not by a long* ~ lank/glad nie; op verre na nie.

stretch² [v.] *it* ~*es from east to west* dit strek van oos tot wes; ~ *s.t. to the limit* iets so lank as moontlik uitrek; *s.t.* ~*es out* iets hou; ~ *out s.t.* iets reik/uit= steek/uitstrek *('n mens se hand);* ~ *out s.o.* iem. oop= spalk; *HE* ~*es HIMSELF out* HY strek HOM uit.

strewn *be* ~ *with* ... met — bestrooi/besaai(d) wees.

strict *be* ~ *on s.t.* nougeset op iets wees/let; *be* ~ *with s.o.* streng teenoor iem. wees.

stricture *make/pass* ~*s on/upon* ... aanmerkings op — maak, — kritiseer.

stride¹ [n.] *at/in a* ~ in een stap; *HE gets into HIS* ~, *HE hits HIS* ~ HY kom op dreef/stryk; *make great* ~*s* goeie vordering maak, met rasse skrede vorder; *with rapid* ~*s, (lett.)* met vinnige stappe; *(fig.)* met rasse skrede; *HE takes it in HIS* ~ HY doen dit maklik/fluit-fluit★, HY doen dit sonder sukkel, HY handel dit maklik af; HY bekommer HOM nie daaroor nie, HY steur HOM nie daaraan nie; HY gly daaroor heen *(bv. 'n struikelblok); throw s.o. out of HIS* ~ iem. van stryk bring.

stride² [v.] ~ *along* voortstap; ~ *away/off* wegstap; *HE* ~*s out* HY stap uit; HY stap vinnig aan, HY rek SY treë.

strife *create* ~ stryd wek, verdeeldheid bring; *stir up* ~ kwaad stook.

strike¹ [n.] *call a* ~ 'n staking uitroep; *call off a* ~ 'n s. afgelas; *go on* ~, *stage a* ~ staak, 'n staking begin, tot 'n staking oorgaan; *make a lucky* ~ 'n gelukslag kry; *make a* ~ iets vind *(bv. olie);* iets raak boor *(olie); be on* ~ staak.

strike² [v.] ~ *against s.t.* uit protes teen iets staak; *s.t.* ~*s s.o. as exaggerated/etc.* iets lyk vir iem. oordre= we/ens., iets kom iem. oordrewe/ens. voor; *s.t.* ~*s s.o. as funny* iem. vind iets grappig; ~ *at* ... na — slaan; op — toeslaan *(bv. die vyand);* — aantas, op — in= breuk maak *(bv. regte);* ~ *back* terugslaan; ~ *s.o. blind* iem. met blindheid slaan; ~ *me dead!* §mag ek doodval!; §ou toe nou!, kan jy nou meer!; ~ *down s.o.* iem. plat slaan, iem. teen die grond slaan; iem. tot 'n val bring; ~ *for* ... om — staak *(bv. hoër lone);* ~ *s.o.('s name) from* ... iem. (se naam) van — skrap *(bv. die rol);* ~ *home* raak slaan; iem. 'n kopskoot gee *(fig.);* ~ *into s.t.* iets inslaan *('n pad);* iets binnegaan *(bv. 'n bos); it* ~*s s.o.* dit val iem. op; *how does it* ~ *you?* hoe lyk dit vir jou?, wat dink jy daarvan?; ~ *off s.t.* iets afkap/afslaan; iets aftik; iets skrap/deurhaal; iets van die rol skrap; ~ *on/upon s.t.* iets raak/tref, teen iets bots; op iets kom *(bv. 'n gedagte);* ~ *out* aanstap; 'n hou slaan, die vuis gebruik; kragtig swem; ~ *out at s.o.* iem. te lyf gaan; *HE* ~*s out for HIMSELF, HE* ~*s out on HIS own* HY baan SY eie weg; ~ *out for/to= wards* ... vinnig na — begin stap *of* swem; ~ *out s.t.* iets skrap/deurhaal; ~ *me pink!* §nou toe nou!, kan jy

nou meer!; *the cold* ~*s through s.o.'s clothes* die koue dring (dwars)deur iem. se klere; ~ *through s.t.* iets deurhaal/skrap; ~ *up* inval, begin speel *(bv. 'n orkes);* ~ *up s.t.* iets aanknoop *('n kennismaking, 'n gesprek);* iets insit *('n lied);* ~ *upon/on s.t.* →*on/upon.* →**struck.**

string¹ [n.] *HE has two* ~*s to HIS bow, HE has a second* ~ *to HIS bow* HY het twee pyle op SY boog, HY het twee pyle in SY koker; *HE has more than one* ~ *to HIS bow* HY het meer as een pyl op SY boog, HY het meer as een pyl in SY koker; *for* ~*s* vir strykorkes/strykers; *have/ keep s.o. on a* ~, *have/keep s.o. at the end of a* ~ iem. aan die/'n lyntjie hou; *with no* ~*s attached, without* ~*s* sonder (hinderlike) voorwaardes/beperkings; *a piece of* ~ 'n toutjie; *pluck the* ~*s* die snare tokkel; *pull* ~*s/wires* toutjies trek, knoei, agter die skerms werk, in die geheim invloed uitoefen; *be the person who pulls the* ~*s* die een wees wat werklik die mag uit= oefen; *harp on the same* ~ altyd op dieselfde aam= beeld hamer/slaan, altyd dieselfde (ou) liedjie sing ★, altyd op dieselfde onderwerp terugkom, altyd dieself= de saak aanroer; *play second* ~ tweede viool speel; *have a second* ~ *to one's bow* →*bow; the* ~ *has snapped* die snaar het gespring; *touch a* ~ 'n snaar aanroer; *without* ~*s* →*no.*

string² [v.] ~ *along with* ... §met — saamgaan; ~ *s.o. along* §iem. aan die sleeptou hou; ~ *together s.t.* iets aanmekaarryg *(bv. woorde);* ~ *up s.t.* iets ophang; ~ *up s.o.* §iem. ophang. →**strung.**

strip¹ [n.] *tear a* ~ *off s.o., tear s.o. off a* ~ §iem. 'n skrobbering gee, iem. uittrap ★; *tear s.t. to* ~*s* iets aan flenters/repe skeur.

strip² [n.] *do a* ~ 'n ontkleevertoning gee.

strip³ [v.] ~ *down s.t.* iets stroop; iets uitmekaar haal; *HE* ~*s down to* ... HY hou net SY — aan; ~ *s.o. naked, (lett.)* iem. kaal uittrek; *(fig.)* §iem. kaal uittrek ★, iem. uitskud ★; ~ *s.o. of s.t.* iets van iem. wegneem; *HE* ~*s (off)* HY trek HOM (kaal) uit; ~ *off s.t.* iets afstroop; iets afruk/afskeur/aftrek; iets uittrek *(klere); HE* ~*s to the waist* HY maak SY bolyf kaal. →**stripped.**

stripe *HE gets HIS* ~*s* HY kry SY strepe, HY kry verho= ging; *HE loses HIS* ~*s* HY verloor SY strepe, hy word in rang verlaag.

stripped *be* ~ *of* ... sonder — wees, van — ontdaan/ ontdoen wees; *be* ~ *to HIS pants/etc.* op SY broek/ ens. na uitgetrek wees; *be* ~ *to the skin* poedelnakend wees; *s.o. is* ~ *to the waist* iem. se bolyf is kaal.

strive ~ *after st.* iets nastreef/nastrewe; ~ *against* ... teen — stry/veg *(bv. die versoeking);* ~ *for s.t.* iets nastreef/nastrewe, na iets streef/strewe.

stroke¹ [n.] *at a* ~ in een slag; *a clever* ~ 'n slim set; *on the* ~ *of twelve/etc.* op die kop twaalfuur/ens., klok= slag twaalfuur/ens.; *put HIM off HIS* ~ HOM van stryk (af) bring.

stroke² [v.] ~ *down s.o.* iem. tot bedaring bring.

stroll¹ [n.] *go for a* ~, *take a* ~ 'n entjie gaan loop/ stap/wandel, 'n wandeling doen/maak.

stroll² [v.] ~ *around the town* in die stad rondloop/rondwandel.

strong *as* ~ *as a horse* so sterk soos 'n os; *be going* ~ goeie vordering maak; *be still going* ~ nog fluks aan die gang wees; nog goed op stryk wees; *be a hun=dred* ~ honderd (man) sterk wees; *pretty* ~ §nogal kras/kwaai.

strongly *most* ~ ten sterkste; *put s.t.* ~ iets sterk stel/uitdruk.

struck *s.o. is* ~ *by s.t.* iem. word deur iets getref; iets val iem. op; *be* ~ *on s.o.* §op iem. beenaf★/verlief wees. →**strike²**.

struggle¹ [n.] *the* ~ *for existence* die stryd om die/'n bestaan, die bestaanstryd; *the* ~ *for liberty* die vry=heidstryd; *give up the* ~ die stryd opgee, die s. gewon=ne gee; *have a* ~ *to* ... met moeite —, sukkel om te —; *be locked in a* ~ in 'n stryd gewikkel wees; *a tremen=dous* ~ 'n reusestryd; *an uphill* ~ 'n opdraande stryd; *wage a* ~ *against* ... 'n stryd teen — voer.

struggle² [v.] ~ *against* ... teen — veg; ~ *along* aansukkel, voortsukkel; ~ *and kick* spartel en skop; ~ *on* voortstry; aansukkel, voortsukkel; ~ *through* deurworstel; met moeite deurdring; ~ *to do s.t.* iets met moeite doen; ~ *with s.o.* met iem. worstel; ~ *with s.t.* teen iets stry/worstel; met iets worstel, met iets te kampe hê *(bv. moeilikhede)*.

strung *be highly* ~ uiters senu(wee)agtig wees, fyn besnaar(d) wees, oorgevoelig wees; *be* ~ *out* uitgerek wees; versprei(d) wees; *be* ~ *up* opgewonde wees; § opgehang word. →**string²**.

strut ~ *about/around* windmaker(ig) rondloop.

stub ~ *out s.t.* iets dooddruk *('n sigaret)*.

stubborn *as* ~ *as a mule* so koppig soos 'n don=kie/esel/muil.

stuck *be* ~ vassit *(iem., iets)*; bly staan, vassit *('n voertuig)*; nie in of uit kan nie; nie vorentoe of agtertoe kan nie; *be* ~ *for s.t.* iets nie hê nie; *be* ~ *for an answer* nie weet wat om te sê nie; *get* ~ bly staan/steek, vassit, vassteek, vasval; *get* ~ *in* §regtig begin werk; §wegval *(aan kos)* ★; *get* ~ *in s.t.* in iets vassit; *get* ~ *into s.t.* § iets met mag/mening aanpak; §aan iets weglê/wegval *(kos)* ★; *be* ~ *on s.o.* §op iem. beenaf★/verlief wees; *be* ~ *up* §gehendsop word ★; *be/get* ~ *with* ... §met — vasval; § met — bly sit, met — opgeskeep sit. → **stick²**

stud *a horse is at* ~ 'n perd word vir teel gebruik; *put a horse to* ~ 'n perd vir teel gebruik.

studded *be* ~ *with* ... met — besaai(d) wees *(bv. sterre)*.

student *a* ~ *of* ... 'n —student; 'n student in die — *(bv. regte)*; 'n kenner van — *(bv. die politiek, die Skrif)*; 'n waarnemer van — *(bv. die weer)*; *HE regis=ters as a student* HY laat HOM as student inskryf/in=skrywe.

study¹ [n.] *be in a brown* ~ in gepeins (versink) wees, (diep) ingedagte wees; *s.o.'s face is a* ~ iem. se gesig is 'n prentjie, dis die moeite werd om iem. se gesig te

sien; *make a* ~ *of s.t.* iets studeer; iets bestudeer; iet= navors; iets ondersoek; *the* ~ *of* ... die studie in — *(bv die medisyne, die regte)*; *HE is pursuing HIS studies* HY sit SY studie voort, HY studeer verder/vêrder; *s.t. is un=der* ~ iets word ondersoek.

study² [v.] ~ *for a degree* vir 'n graad studeer/werk ~ *for the law* in die regte studeer; ~ *to be a doctor* vi= dokter studeer/leer; ~ *under/with Professor X* by = onder prof. X studeer.

stuff¹ [n.] *all that/this* ~ *about* ... § al daardie/di= praatjies oor —; *a bit of* ~ §§ 'n meisie; *do your* ~! = laat ons sien wat jy kan doen!; *good* ~ § goeie goed = iets goeds; *the hard* ~ § hardehout★, sterk drank = **have** *the* ~ *to* ... die talent *of* vermoë hê om te —; *hot* ~ §iets besonders wees; §gewaag(d) wees; *hot* ~ = §mooi so/skoot!, ryperd!★; *HE knows HIS* ~ §HY ken = die ding ★, HY ken SY werk/vak, HY weet waarvan HY = praat; ~ *and nonsense* (alles) pure bog; *poor/sorry* = ~ § snert; *rough* ~ §hardhandigheid; *HE writes sad* = ~ §SY skryfwerk is maar beroerd; *that's the* ~! §dit= sem!★, ditsit!★, so wil ek dit hê! ★, dis die ware Jakob! = dis net hy! ★; *that's the* ~ *to give HIM!* §dis reg!, dons = HOM op! ★, steek HOM los! ★; *HE shows what* — *HE*'= *made of* HY wys uit watter hout HY gesny is.

stuff² [v.] ~ *away s.t.* iets wegstop; *HE* ~s *HIMSELF* § = HY eet HOM dik ★, HY smul; ~ *in s.t.* iets inprop/instop; = ~ *s.t. into a* ... iets in 'n — prop/stop; *if HE doesn't* = *like it, HE can* ~ *it* §§as dit HOM nie aanstaan nie, kan = HY dit laat bly; ~ *up s.t.* iets toestop; ~ *s.t. with* ... = iets met — opstop; iets met — volprop; iets met — = toestop; ~ *s.o. with s.t.* iem. met iets volprop/volstop.

stuffed *(tell HIM to) get* ~ §§ (vir HOM sê HY kan) = gaan/loop bars ★★; *be* ~ *up* toe wees; verstop wees; *be* = ~ *with* ... met — opgestop wees; met — volgeprop = wees; met — toegestop wees; *be* ~ *with facts* vol feite = geprop wees.

stuffing *knock/take the* ~ *out of s.o.* §iem. opdons ★; § = iem. kleinkry.

stumble ~ *across/on/upon s.o. or s.t.* iem. *of* iets raak = loop; ~ *along* voortstrompel; ~ *over s.t.* oor iets val/= struikel.

stump¹ [n.] *draw* ~s, *(kr.)* ophou speel, uitskei, = die spel staak; *when* ~s *were drawn, (kr.)* met uitskei= tyd; *s.o. is on the* ~ §iem. hou politieke vergaderings; = *HE'll have to stir HIS* ~s § HY sal SY litte/riete moet = roer ★

stump² [v.] *a question* ~s *s.o.* 'n vraag is bo(kant) iem. = se vuurmaakplek ★; ~ *up* § opdok★

stumped *be* ~ dronkgeslaan wees; met die hande in = die hare sit, ten einde raad wees, raadop wees; *be* ~ *for* = *an answer* nie weet wat om te sê nie; nie weet wat om te = doen nie.

stung *s.o. got* ~, *(fig.)* § iem. is in die nek gekyk ★ = →**sting²**.

stunt *do* ~s toere uithaal; *pull a* ~ 'n streek uithaal.

stupid *become* ~ verdom; *s.t. makes s.o.* ~ iets verdom = iem.; *not half as* ~ lank nie so dom nie.

stupidity *crass* ~ stomheid, stommiteit; *the height of* ~ die toppunt van dwaasheid.

stutter¹ [n.] *have a bad* ~ erg stotter/hakkel.

stutter² [v.] ~ *out s.t.* iets stotterend sê/uitbring.

style *cramp s.o.'s* ~ iem. belemmer/strem; *have* ~ styl hê; *in* ~ met styl; windmakerig; *do things in* ~ alles met s. doen; *in the latest* ~ na/volgens die nuutste s.; *live in (grand)* ~ op ('n) groot voet leef/lewe; *a polished* ~ 'n (goed) versorgde styl; *that's the* ~*!* § so moet dit wees!

subject¹ [n.] *that brings me to the* ~ dit bring my op/by die onderwerp; *broach a* ~ 'n onderwerp aanroer/opper, 'n o. te berde bring, 'n o. ter sprake bring; *change the* ~ 'n wending aan die gesprek gee; van die o. afstap; *to change the* ~, ... van die os op die esel, ... ✶; *debate (on) a* ~ 'n onderwerp bespreek, oor 'n o. debatteer; *drop a* ~ van 'n o. afstap, 'n o. los; *enter into a* ~ 'n o. behandel; *leave a* ~ van 'n o. afstap, 'n o. los; *on the* ~ *of* ... in verband met —, omtrent —, wat — betref; *read a* ~ 'n vak studeer; *take a* ~ 'n vak hê/leer/loop/studeer; *a tender* ~ 'n teer saak, 'n delikate onderwerp; *a topical* ~ 'n aktuele o.; *touch on a* ~ 'n o. aanroer; *merely touch (on) a* ~ net aan 'n o. vat-vat; *a touchy* ~ 'n netelige kwessie.

subject² [v.] ~ *s.o.* or *s.t. to* ... iem. *of* iets aan — onderwerp *(bv. heerskappy)*; iem. *of* iets aan — blootstel *(bv. kritiek)*; iem. *of* iets — laat ondergaan.

subject³ [adj.] *be* ~ *to* ... aan — onderhorig wees *(bv. 'n land)*; aan — onderworpe wees *(bv. bekragtiging, goedkeuring, wette)*; aan — onderhewig wees *(bv. siektes, storms)*; vir — vatbaar wees *(bv. siektes)*; aan — blootgestel wees *(bv. storms)*; van — las hê *(bv. verkoue)*.

sublime *from the* ~ *to the ridiculous* van die verhewene tot die belaglike.

submission *in my* ~ volgens my betoog; *make a* ~ betoog; 'n voorlegging doen; *my* ~ *is that* ... my betoog is dat —, ek betoog dat —, ek gee in oorweging dat —.

submit *HE* ~*s to* ... HY onderwerp HOM aan —; HY buig voor —; *s.o.* ~*s that* ... iem. beweer dat —, iem. hou vol dat —; ~ *s.t. to s.o.* iets aan iem. voorlê.

subordinate¹ [v.] ~ *s.t. to* ... iets aan — ondergeskik maak; iets van — afhanklik maak; iets by — agterstel.

subordinate² [adj.] *be* ~ *to* ... aan — ondergeskik wees; van minder belang as — wees.

subpoena *serve a* ~ *(up)on s.o.* iem. dagvaar.

subscribe ~ *for s.t.* op iets inskryf/inskrywe *(bv. aandele)*; ~ *to s.t.* op iets inteken *(bv. 'n tydskrif)*; tot iets bydra *(bv. 'n fonds)*; iets onderskryf/onderskrywe, met iets akkoord gaan, met iets saamstem *(bv. 'n sienswyse)*.

subscribed *be fully* ~ volteken wees *(bv. 'n lening)*.

subscription *cancel/terminate a* ~ 'n intekening staak/opsê, vir 'n blad bedank; *by public* ~ met by-

draes van die publiek; *take out a* ~ *to s.t.* op iets inteken *(bv. 'n tydskrif)*.

subsequent ~ *to* ... na —; ~ *to that* daarna, vervolgens.

subservient *be* ~ *to* ... teenoor — onderdanig wees; aan — ondergeskik wees; *make s.t.* ~ *to* ... iets aan — diensbaar maak.

subsidiary *be* ~ *to* ... aan — ondergeskik wees.

subsidy *the* ~ *on bread/etc.* die broodsubsidie/ens.

subsist ~ *on* ... van — leef/lewe.

subsistence *a meagre* ~ 'n karige bestaan.

substance *agree in* ~ in hoofsaak/wese saamstem; *there is* ~ *in the argument* die betoog dra gewig; *give the* ~ *of s.t.* die (hoof)inhoud van iets gee; iets in breë trekke vertel; *in* ~ in hoofsaak/wese, wesenlik; *s.t. lacks* ~ iets is sonder inhoud; iets het niks om die lyf nie *(bv. 'n argument)*; *s.t. has little* ~, *s.t. is of little* ~ iets het nie veel om die lyf nie *(bv. 'n argument)*; *the* ... *has no* ~ daar is geen grond vir die — nie *(bv. klag)*; die — het niks om die lyf nie *(bv. argument)*; *a person of* ~ 'n bemiddelde/vermoënde/welgestelde mens; *sacrifice the* ~ *for the shadow* die wese aan die skyn opoffer; *HE is wasting HIS* ~ HY bring SY goed deur.

substitute¹ [n.] *the* ~ *for* ... die plaasvervanger van —.

substitute² [v.] ~ *for s.o.* as plaasvervanger van iem. optree, iem. se pligte waarneem, iem. vervang; ~ *s.o.* or *s.t. for s.o.* or *s.t. else* iem. *of* iets deur iem. *of* iets vervang, iem. *of* iets in die plek van iem. *of* iets stel.

subsumed *be* ~ *under* ... by — ondergebring word.

subtract *it* ~*s nothing from* ... dit doen niks aan — af nie; ~ *s.t. from* ... iets van — aftrek.

succeed ~ *admirably* uitstekend/uitmuntend slaag; ~ *in* ... in — slaag; *s.o.* ~*s in* ..., *(ook)* iem. slaag daarin om te —, iem. kry dit reg om te —, dit geluk iem. om te —; ~ *in doing s.t.*, *(ook)* iets regkry; *s.o.* or *s.t. just* ~*s* iem. *of* iets slaag net-net; ~ *to s.t.* in iets opvolg *(bv. 'n amp)*; iets erf *(bv. 'n titel)*; iets bestyg *(die troon)*.

success *achieve* ~ sukses behaal; opgang maak; *make a* ~ *of s.t.* in/met iets slaag, iets laat slaag, sukses/welslae met iets behaal; *an outstanding* ~, *a re-sounding/roaring/smashing* ~ 'n reusesukses, 'n dawerende s.; *a pronounced* ~ 'n ontwyfelbare s.; *a prospect of* ~ 'n kans op s.; *with scant* ~ met min s.; *score a* ~ s. hê/behaal; *a signal* ~ 'n glansryke s.; *nothing succeeds like* ~ (P) vir die gelukkige loop alles reg; *taste* ~ sukses behaal; *s.o. has never tasted* ~ iem. het nooit s. behaal nie, iem. ken die woord s. nie; *an unqualified* ~ 'n volslae s.; *wish s.o.* ~ iem. voorspoed toewens; *with* ~ met goeie gevolg; *without* ~ tevergeefs; onsuksesvol.

successful *be* ~ slaag; sukses behaal; *it was* ~ dit het geslaag.

succession *in* ~ na/agter mekaar, agtereen(volgens), aaneen, aanmekaar; *a* ~ *of* ... 'n reeks — *(bv. nederlae)*; *in quick/rapid* ~ vinnig na/agter mekaar,

met kort tussenposes; **settle** *the* ~ 'n opvolger aan=
wys; *in* ~ *to* ... as opvolger van —.

succour *give* ~ *to* ... hulp aan — verleen.

succumb ~ *to* ... voor — beswyk *(bv. die versoe=*
king); aan — beswyk *('n siekte, beserings)*.

such ~ *a* ... so 'n —; ... *and* ~ — en so, — en sulkes;
~ *are* ... sodanig is — *(bv. die gevare)*; *as* ~ as soda=
nig, op sigself; in dié bevoegdheid; ~ *as* ... soos —;
..., ~ *as it is* —, hoe swak ook al; *HIS contribution*, ~
as it is, ~ *contribution as HE makes* die ou bydraetjie
wat HY wel lewer; *be* ~ *a nice girl/etc*. 'n alte gawe
meisie/ens. wees; *have* ~ *a headache/etc*. tog so 'n
hoofpyn/ens. hê; *more* ~ ... nog sulke —; ~ *is not* ...
dit is nie —; *there is no* ~ *person* daar is nie so iemand
nie; *there is no* ~ *thing* daar bestaan nie so iets nie;
some ~ ... so 'n —.

suck¹ [n.] *give* ~ laat drink; *have/take a* ~ *at* ... aan —
suig.

suck² [v.] ~ *down/under* *s.o.* or *s.t.* iem. *of* iets in=
suig; ~ *s.t.* **dry** iets droog suig; ~ *s.o.* **dry** iem. uit=
suig; ~ *in s.t.* iets insuig/opsuig; iets indrink *(bv. ken=*
nis); ~ *in s.o.* iem. insuig; iem. *(by iets)* betrek; ~ *up*
s.t. iets opsuig; ~ *up to s.o.* § iem. lek ★, by iem.
flikflooi.

sucker *be a* ~ *for s.t.* § gek wees na iets; *s.o. has been*
had for a ~ § iem. is in die nek gekyk ★; *make a* ~ *of s.o.*
§ iem. in die nek kyk ★

sudden *all of a* ~ skielik, meteens, opeens, eens=
klaps, plotseling.

sue ~ *s.o. for* ... iem. om — dagvaar *(bv. skadevergoe=*
ding), — van iem. eis *(bv. skadevergoeding, 'n bedrag)*;
iem. weens — dagvaar *(bv. laster)*.

suffer ~ *for s.t.* vir iets boet; ~ *from s.t.* aan iets ly;
van iets las hê; met iets gepla wees; onder iets ly; onder
iets gebuk gaan; aan iets mank gaan *('n gebrek)*; ~
greatly swaar ly; ~ *under* ... onder — gebuk gaan.

sufferance *on* ~ op/uit genade; *(jur.)* met vergun=
ning; *s.o. is somewhere only on* ~ iem. word êrens slegs
geduld.

suffice *s.t.* ~*s s.o.* iets is genoeg vir iem.; ~ *it to say*
... dit is voldoende om te sê —, ek kan volstaan met te
sê —; *that* ~*s to prove it* dit is voldoende bewys; *that*
will ~ dit is voldoende.

suffrage *universal* ~ algemene stemreg.

suffused *be* ~ *with* ... vol — wees *(bv. trane)*, met —
oorgiet wees *(bv. lig)*.

sugar *HE takes* ~ *in HIS coffee* HY gebruik/neem sui=
ker in SY koffie.

suggest ~ *s.t. to s.o.* iets by iem. aan die hand doen/
gee; *s.t.* ~*s itself to s.o.* iets kom by iem. op.

suggestion *at s.o.'s* ~ op iem. se voorstel; *a* ~ *of* ...
'n sweem van —; 'n tikkie —; *make/offer a* ~, *put*
forward a ~ iets aan die hand doen; *throw out a* ~ 'n
wenk gee; iets te kenne gee; iets insinueer.

suggestive *s.t. is* ~ *of* ... iets suggereer —, iets laat
. aan — dink, iets laat ('n) mens aan — dink.

suicide *commit* ~ selfmoord pleeg.

suit¹ [n.] *follow* ~ dieselfde doen, ook so maak, die
voorbeeld volg; *(kaartspel)* kleur beken; *not follow*
~, *(kaartspel)* troef/kleur versaak; *lay a* ~ 'n aksie
instel; *HE presses HIS* ~ HY pars SY pak; HY vra/ver=
soek met aandrang, HY bevorder SY saak ywerig; HY
probeer hard om die jawoord te kry; *that is HIS strong*
~ daarin lê SY krag.

suit² [v.] *s.t.* ~*s s.o.* iets pas iem.; iets is vir iem. gelee
(bv. 'n tyd); iets staan iem. (goed) *(bv. klere)*; iets is
na iem. se sin; iets is in iem. se kraal ★; iem. is vir iets
uitgeknip *(bv. 'n werk, 'n rol)* ★; *it* ~*s HIM down to the*
ground § dit is so in SY kraal ★, dit is net so na SY sin
dit pas HOM uitstekend/volkome, dit kon HOM nie
beter pas nie; ~ *yourself!* net soos jy wil!, soos jy
verkies!

suitable *be* ~ *for* ... vir — geskik wees; *be* ~ *to* ... vir
— paslik wees *(bv. die geleentheid)*.

suited *be (admirably)* ~ *to* ... (besonder) geskik wees
vir —; (uitstekend) by — pas.

suite *en* ~ en suite, *('n slaapkamer)* met eie bad=
kamer.

sulks *have the* ~, *be in (a fit of) the* ~ nukkerig/dik=
mond★/dikbek★ wees.

sum¹ [n.] *clear a* ~ 'n bedrag skoon wins maak; *do*
~*s* somme maak; *for the* ~ *of* ... vir die som van —
(bv. R100); *in* ~ in totaal; kortom, kortweg, om kort
te gaan; *in the* ~ *of* ... ten bedrae van —; *a lump* ~
één bedrag, 'n ronde som; *a large* ~ *of money* 'n groot
bedrag, 'n groot som geld; *a respectable* ~ 'n aan=
sienlike bedrag; *a tidy* ~ § 'n aardige/mooi/taamlike
bedrag(gie)/som(metjie).

sum² [v.] *to* ~ *up* opsommenderwys(e); ~ *up s.t.* iets
optel *(syfers, bedrae)*; iets opsom/saamvat *(bv. 'n be=*
spreking); ~ *up s.o.* iem. takseer, 'n oordeel oor iem.
vorm.

summary *give* or *make a* ~ *of s.t.* 'n opsomming/sa=
mevatting van iets gee *of* maak.

summer *at the height of* ~ in die hartjie van die
somer; *high* ~ hoogsomer; *in* ~ in die somer; *an In=*
dian ~ 'n opslagsomer(tjie); *in the* ~ *of life* →**life**.

summit *at the* ~ op die kruin *(van die berg)*; op die
hoogste punt; op die hoogste vlak; *reach the* ~ die
kruin bereik.

summon ~ *s.o. to* ... iem. na — ontbied; *HE* ~*s up*
courage HY skep nuwe moed, HY skraap SY moed by=
mekaar.

summons¹ [n.] *issue a* ~ *for debt* iem. vir skuld dag=
vaar; *serve a* ~ *on/upon s.o.* 'n dagvaarding aan iem.
bestel/beteken; *take out a* ~ *against s.o.* iem. laat dag=
vaar.

summons² [v.] ~ *s.o. for debt* iem. vir skuld dagvaar.

sun¹ [n.] *s.o. catches the* ~ die son brand iem.; *there is*
nothing new under the ~ (P) daar is niks nuuts onder
die s. nie (P); *a place in the* ~ 'n kans in die lewe; *the*
~ *rises* die son kom op; *rise with the* ~ douvoordag
opstaan; *the rising* ~ die opkomende/opgaande son;
the ~ *sets* die s. gaan onder; *s.o.'s* ~ *is set* iem. se s.

het ondergegaan, iem. se tyd is verby; *on which the* ~
never sets waaroor die s. nooit ondergaan nie; *the set=*
ting ~ die ondergaande s.; *the* ~ *is setting* die s. is
aan die ondergaan, die s. trek water; *the* ~ *is sinking*
die s. sak; *take the* ~ in die s. sit; *a touch of the* ~
sonsteek; *under the* ~ op aarde; wat moontlik is; *the*
~ *is up* die son is op.

un² [v.] ~ *o.s.* in die son bak *of* lê *of* sit.

Sunday *a month of* ~s § 'n eindelose tyd; *never in a*
month of ~s § nooit; *on* ~s (op) Sondae, Sondags.

Sunk *s.o. is* ~ § dit is klaar(praat) met iem. ★

Sunrise *at* ~ (met) sonop.

Sunset *at* ~ (met) sononder.

Superabundance *have a* ~ *of s.t.*, *have s.t. in* ~ 'n
oorvloed van iets hê, meer as genoeg van iets hê.

Superimpose ~ *s.t. on/upon* … iets oor — druk; iets
(bo-)op — plaas/lê/sit.

Superior¹ [n.] *be s.o.'s* ~ iem. se meerdere wees, bo=
(kant) iem. staan; iem. oortref, iem. oor wees; *have no*
~ *in* … almal in — oortref.

Superior² [adj.] *be* ~ *to* … bo(kant) — staan *(iem.);*
— oortref *(iets);* bo — verhewe wees *(iets).*

Supervision *under the* ~ *of* … onder toesig van —.

Supper *have* ~ die aandete gebruik.

Supplement¹ [n.] *a* ~ *to* … 'n bylaag/bylae by —, 'n
byvoegsel tot —; 'n aanvulling van —.

Supplement² [v.] ~ *s.t. with* … iets met — aanvul.

Supplementary ~ *to* … aanvullend by —, ter aan=
vulling van —.

Supply¹ [n.] ~ *and demand* vraag en aanbod; *be in*
full ~ volop wees; *an inexhaustible* ~ 'n onuitput=
like voorraad; *s.t. is in short* ~ iets is skaars; *vote*
supplies middele/gelde bewillig/toestaan.

Supply² [v.] ~ *s.o. with s.t.*, ~ *s.t. to s.o.* iem. van iets
voorsien, iets aan iem. lewer/verskaf.

Support *accord* ~ *to* … hulp/steun aan — verleen;
HE assures … *of HIS* ~ HY sê — SY steun toe; *give* ~
to s.o. hulp/steun aan iem. verleen; iem. aanmoedig,
iem. se hande sterk; *with* … *troops in* ~ met — hulp=
troepe, met — soldate in reserwe; *in* ~ *of* … ten bate
van —, tot steun van — *(bv. 'n goeie saak);* tot stywing
van — *(bv. die fonds);* tot stawing van — *(bv. 'n bewe=*
ring); *(praat)* tot steun van —, ter ondersteuning van
— *(iem., iets);* *(praat)* ten gunste van — *(bv. 'n voor=*
stel); *lend* ~ *to* … steun aan — verleen; *with no visible*
means of ~, *without means of* ~ sonder bestaans=
middele; *moral* ~ morele/sedelike steun; *s.o. is the*
only ~ *of s.o.* iem. is die enigste sorg van iem; *rally to*
the ~ *of s.o.* iem. te hulp snel; *require* ~ bystand/
hulp/steun nodig hê; *give strong* ~ *to s.o.* or *s.t.* iem.
of iets kragtig (onder)steun.

Supporter *a keen/staunch/strong* ~ 'n geesdriftige/
vurige ondersteuner, 'n staatmaker.

Suppose *I* ~ *it is* ek reken/skat so, dit is seker (maar)
so; ~ *it was* … gestel dit was —; *let us* ~ … sê nou —;
~ *s.o. saw HIM* sê nou iem. sien HOM; *I* ~ *so* ek re=
ken/skat so, dit is seker (maar) so; ~ *we* … kom ons

—; *hoe sal dit wees* as ons —?; *I* ~ *s.o. will* … iem. sal
seker/vermoedelik —.

Supposed *s.o. is* ~ *to be* … iem. is glo —; *s.t. is* ~ *to*
be … iets is kamma/sogenaamd —; iets is bedoel as —;
s.o. is ~ *to do s.t.* iem. moet iets doen, dit is iem. se
plig om iets te doen; iem. kan glo iets doen; iem. doen
glo iets; *s.o. is not* ~ *to do s.t.* iem. mag iets nie doen
nie; *s.o. is* ~ *to get* … iem. moet — kry, — kom iem.
toe; *s.o. is* ~ *to help HIM* iem. behoort HOM te help, HY
verwag hulp van iem.; *s.t. is* ~ *to help HIM* iets is
bedoel om HOM te help; *HE is not* ~ *to know it* HY mag
dit nie weet nie; HY behoort dit nie te weet nie; *HE is not*
be ~ *to say it* HY mag dit nie sê nie.

Supposing *always* ~ *that* … natuurlik in die veron=
derstelling dat —.

Supposition *the* ~ *is that* … daar word vermoed/
veronderstel dat —; *on the* ~ *that* … in die veronder=
stelling dat —; *act on the* ~ *that* … uitgaan van die
veronderstelling dat —.

Sure *sure!* § ja seker!, bepaald!; *be* ~ *and/to* …! jy
moet beslis —!; *are you* ~ *of it?* is jy seker daarvan?; *as*
~ *as death, as* ~ *as eggs are eggs, as* ~ *as fate, as*
~ *as a gun, as* ~ *as God made little apples, as* ~
as nails, as ~ *as sure (can be)* § so waar as padda
manel dra ★, so waar as wragtig ★, so seker as wat, so
seker as twee maal twee vier is; *s.t. will happen as* ~ *as*
fate iets sal onvermydelik gebeur; *be* ~ *to* …! sorg dat
jy —!; moenie vergeet/versuim om te — nie!, *(doen*
iets) seker!; *you can be* ~ *of that!* dit moet jy weet!; *I*
cannot be ~ *of it* ek is nie seker daarvan nie, ek het
geen sekerheid daaromtrent nie; *dead* ~ § doodseker,
so seker as wat; *I'm dead* ~ *of it, (ook)* § ek sal my kop
daarvoor op 'n blok sit ★; *and* ~ *enough* … § en jou
waarlik —, en so warempel —; *s.t. will happen* ~
enough § iets sal wis en seker gebeur; *HE feels* ~ *of*
success HY voel (daarvan) oortuig dat HY sal slaag; *for*
~ § gewis, beslis, (vir) seker, sonder twyfel; *HE is* ~ *of*
HIMSELF HY is selfversekerd, HY is seker van SY saak;
I'm ~ *I don't know* ek weet (dit) glad nie; *I'm* ~ *it is*
so ek is daarvan oortuig dat dit waar is; *I'm not* ~ *that*
it isn't … miskien is dit —; *I'm* ~ *I didn't mean to* …
ek het regtig nie bedoel om te — nie; *HE makes* ~ *of*
s.t. HY verseker/vergewis/oortuig HOM van iets, HY
verkry sekerheid omtrent iets; HY verseker iets *(bv. 'n*
oorwinning); *HE wants to make* ~ *of it* HY wil seker=
heid daaroor/daaromtrent hê, HY wil HOMSELF daar=
omtrent oortuig; *make* ~ *that* … verseker dat —,
sorg (dra) dat —; *you may be* ~ *of HIS loyalty/etc.* jy
kan op SY lojaliteit/ens. staatmaak; *one thing is* ~ een
ding staan vas, een ding is seker; *be* ~ *to/and* …!
→*and/to;* *HE is* ~ *to* … HY sal beslis — *(bv. slaag),*
— is SY voorland *(bv. verdwaal);* *to be* ~ weliswaar,
inderdaad, ongetwyfeld; gewis, waarlik, wraggies,
warempel.

Surely *s.o. will* ~ *do s.t.* iem. sal iets beslis doen, iem.
sal iets seer seker doen; ~ *you don't believe that?* jy glo
dit tog seker nie?

surety *of a* ~ gewis, seker, stellig; *stand* ~ *for s.o.* vir iem. borg staan/teken.

surface *below/beneath/under the* ~ onder die op= pervlak(te); *break (the)* ~, *rise to the* ~ bo (die water) kom, opkom, opduik; *on the* ~ aan die opper= vlak(te); bo-op; van bo (gesien); van buite (gesien); op die oog af; oppervlakkig beskou; bolangs; *scratch the* ~ *of s.t.* die moontlikhede van iets nie behoorlik ont= gin nie; iets oppervlakkig behandel.

surfeit¹ [n.] *s.o. has had a* ~ *of* ... iem. is teë van/ vir —.

surfeit² [v.] *HE* ~*s HIMSELF with* ... HY eet HOM teë aan —.

surge ~ *forward* vorentoe beur/dring; vorentoe skiet.

surname *what is your* ~? hoe/wat is jou van?, hoe voer jy die van?

surpass *HE* ~*es HIMSELF* HY oortref HOMSELF.

surplus *have a* ~ *of* ... 'n oorskot/surplus aan — hê *(bv. mielies);* oortollige — hê *(bv. energie).*

surprise *a* ~ *awaits s.o.* 'n verrassing wag vir iem.; *a bit of a* ~ § 'n effense verrassing; *catch s.o. by* ~ iem. verras; *cause* ~ verbasing wek; *s.t. comes as a* ~ *to s.o.* iets verras iem., iets is vir iem. 'n verrassing; *give s.o. a* ~ iem. verras; *spring a* ~ *on s.o.* iem. verras, iem. 'n verrassing besorg; *take s.o. by* ~ iem. verras; iem. oorrompel/oorval *(bv. 'n vyand); to s.o.'s (great)* ~, *(much) to s.o.'s* ~ tot iem. se (groot) verba= sing; *what a* ~*!* dis 'n groot verrassing!, wat 'n verras= sing!

surprised *be agreeably* ~ aangenaam verras wees; *s.o. is* ~ *at/by s.t.* iem. is verbaas/verwonder(d) oor iets, iets verbaas/verwonder iem.; *I shouldn't be* ~ dit sou my nie verbaas/verwonder nie; *HE is* ~ *to hear/ etc. s.t.* dit verbaas/verwonder HOM om iets te hoor/ ens.

surprising *it's hardly* ~ *that* ... dis nie te verwonder dat — nie; *it's not* ~ *that* ... dit is geen wonder dat — nie.

surrender¹ [n.] *unconditional* ~ onvoorwaardelike oorgawe.

surrender² [v.] *HE* ~*s to* ... HY gee HOM aan — oor *(bv. die vyand).*

surrounded *be* ~ *by/with* ... deur — omring wees.

surveillance *be under* ~ onder bewaking wees.

survey *do/make a* ~ *of* ... 'n opname van — maak.

survive ~ *s.o. by a year* iem. 'n jaar oorleef/oorlewe.

susceptibility *offend s.o.'s susceptibilities* iem. se ge= voeligheid kwets.

susceptible *be* ~ *to* ... vir — gevoelig wees *(bv. kritiek);* vir — ontvanklik wees *(bv. vleiery);* vir — vatbaar wees *(bv. verkoue).*

suspect¹ [n.] *a prime* ~ 'n hoogs verdagte.

suspect² [v.] ~ *HIM of having done s.t.* HOM daarvan verdink dat HY iets gedoen het.

suspected *be* ~ *of* ... van — verdink word *(bv. moord).*

suspend ~ *s.t. from* ... iets aan — ophang; ~ *s.o.*

from membership iem. as lid skors; ~ *HIM from office* HOM in SY amp skors.

suspended *be* ~ *from* ... aan — hang; *as* — geskor= wees *(bv. lid van 'n vereniging);* in — geskors wees *(bv. 'n amp).*

suspense *be fraught with* ~ spanningsvol wees; *keep s.o. in* ~ iem. in spanning/onsekerheid laat, iem. in spanning hou; *the* ~ *is killing s.o.* die spanning word nou vir iem. ondraaglik.

suspension *be in* ~ sweef/swewe, in swewende toe= stand wees, in suspensie wees.

suspicion *be above* ~ bo/buite (alle) verdenking staan/wees; *arouse/rouse* ~ agterdog/argwaan wek; *s.o.'s* ~ *are aroused/roused* iem. word agterdogtig, iem. kry hond se gedagte ★; *not a breath of* ~ geen greintjie agterdog nie; *cast/throw* ~ *on s.o.* iem. ver= dag maak, iem. in verdenking bring; ~ *falls on s.o.* iem. word verdink; *harbour* ~*(s)* agterdog koester; *have a* ~ *that* ... vermoed dat —; *incur* ~ in/onder verdenking kom; *just a* ~ *of* ... net 'n titseltjie/krie= seltjie —; *not a* ~ *of* ... geen sweem van — nie, nie die minste bewys van — nie; *on* ~ *of* ... onder verdenking van — *(bv. moord);* *have a shrewd* ~ *that* ... 'n nare voorgevoel hê dat —; *sow* ~ agterdog/verdenking saai; *be under* ~ onder verdenking staan/wees.

suspicious *there is s.t.* ~ *about s.t.* iets kom verdag voor; *become* ~ agterdogtig raak/word, onraad be= speur/merk; *be* ~ *of s.o.* or *s.t.* iem. *of* iets wantrou, agterdogtig wees teen/jeens iem. *of* iets.

swab ~ *down s.t.* iets afdweil.

swallow¹ [n.] *one* ~ *doesn't make a summer* (P) een swa(w)eltjie maak (nog) geen somer nie (P).

swallow² [v.] ~ *anything/everything* § alles H! soetkoek opeet ★; ~ *down s.t.* iets insluk; ~ *hard* swaar sluk; *it is hard to* ~ §min mense sal dit glo, dit is moeilik om dit te glo; ~ *up s.t.* iets verslind; iets ver= swelg; iets inpalm/insluk; ~ *s.t. whole* §iets vir soet= koek opeet ★

swamped *be* ~ *with* ... met — oorval wees *(bv. na= vrae);* toe wees onder — *(bv. die werk).*

swap¹, swop¹ [n.] *do a* ~ *with s.o.* met iem. 'n ruil aangaan.

swap², swop² [v.] ~ *s.t. for s.t. else* iets vir iets an= ders ruil; ~ *over/round* plekke omruil; *HE wouldn't* ~ *with anyone* HY sou nie graag met iemand wil ruil nie.

swarm¹ [n.] *a* ~ *of bees/etc.* 'n swerm bye/ens.

swarm² [v.] ~ *over/through* ... oor — uitswerm; *s.t.* ~*s with* ..., *s.t. is swarming with* ... iets krioel/wemel van — *(bv. die miere).*

swath, swathe *cut a* ~ *through s.t.* 'n weg deur iets baan; groot verwoesting in iets aanrig.

swathed *be* ~ *in* ... in — toegedraai/toegewikkel wees; in — gehul wees.

sway *hold* ~ *over* ... oor — heers/regeer, die heer= skappy oor — voer, die septer oor — swaai; *under the* ~ *of* ... onder die bewind van —; onder die heerskap= py van —.

wayed *be* ~ *by* ... deur — beheers/gelei word *(bv. haat)*.

wear ~ *at s.o.* iem. (uit)vloek, iem. uitskel, op iem. skel; ~ *on the **Bible*** op die Bybel sweer; ~ *blind* § hoog en laag sweer ⋆; ~ *by s.o.* or *s.t.* by iem. of iets sweer, volkome op iem. of iets vertrou; ~ *by all/every= thing that's **holy*** hoog en laag sweer ⋆; ~ *in s.o.* iem. beëdig, iem. die eed afneem; ~ *like a bargee/lord/ trooper* vloek soos 'n matroos; ~ *off s.t.* iets afsweer; ~ *by all that one holds **sacred*** hoog en laag sweer ⋆; *will you* ~ *that* ...? kan jy sweer dat —?; ~ *to s.t.* iets onder eed bevestig, iets besweer; ~ *s.o. to secrecy/etc.* iem. plegtig laat beloof/belowe om iets geheim/ens. te hou, iem. laat sweer om iets geheim/ens. te hou.

sweat¹ [n.] *in/by the* ~ *of your **brow/face*** in die sweet van jou aangesig, net deur harde werk; *s.o. **breaks** into a cold* ~ die koue sweet slaan (by) iem. uit; *HE is **dripping/streaming** with* ~ HY is papnat van die sweet, die sweet loop/tap HOM af; *get into a* ~ *about s.t.* §oor iets opgewonde raak; *in a* ~ nat van die sweet; *in a (cold)* ~ benoud, bang, in die benoudheid, paniekerig; *that's too **much*** ~ §dis te veel moeite; *no* ~ §geen probleem nie, dis maklik; *an old* ~ §'n vete= raan, 'n ou soldaat.

sweat² [v.] ~ *out s.t.* iets uitsweet *(bv. 'n verkoue)*; ~ *it out* § dit verduur; § *(iets)* so geduldig moontlik afwag.

sweating *s.o. is* ~ *profusely* die sweet tap iem. af.

sweep¹ [n.] *with a* ~ *of the **arm*** met 'n armswaai; *beyond the* ~ *of* ... buite bereik van — *(bv. die oog)*; buite die grense van — *(bv. die mens se begrip)*; *a **clean*** ~ 'n totale opruiming; 'n volslae oorwinning; *make a **clean*** ~ alles opruim; skoonskip maak; al die pryse wen, alles wen; 'n groot oorwinning behaal; *make a **clean*** ~ *of* ... heeltemal van — ontslae raak; van al — ontslae raak; *give a room a* ~ 'n kamer uit= vee; *make a* ~ 'n boog/draai/kromming maak *(bv. 'n rivier)*.

sweep² [v.] ~ *along* aanstryk, voortsnel; ~ *along s.o.* iem. meevoer *(bv. 'n gehoor)*; ~ *aside s.t.* iets wegvee; ~ *away s.t.* iets wegvee; iets saamsleep; iets meesleur/wegsleur/wegspoel; iets vernietig; iets weg= slaan *(bv. 'n mas)*; ~ *down* on ... op — afstorm; ~ *into a room* 'n kamer statig instap/binnestap; ~ *off s.t.* iets wegvee; iets met swier afhaal *(bv. 'n hoed)*; ~ *off people* mense afmaai *(bv. die pes)*; ~ *out s.t.* iets uit= vee; ~ *out of a room* 'n kamer statig uitstap; ~ *past* verbysnel, verbyskiet, verbystryk, verbystuif; statig verbystap; *the fire* ~*s **through** the trees/etc.* die brand ja(ag) deur die bome/ens.; *the plague* ~*s **through** the country* die pes trek deur die land; ~ *up* vee; ~ *up s.t.* iets wegvee/opvee; iets opgryp; iets opdof *(hare)*.

sweet¹ [n.] *the* ~ *and the bitter of life, die* ~*s and bitters of life* die soet en suur van die lewe, (die) lief en (die) leed; *the* ~*s of life* die genietings van die lewe; *my* ~ my liefie/skat/soetlief.

sweet² [adj.] *HE likes HIS coffee* ~ HY hou van soet koffie; *be **nice** and* ~ lekker soet wees; *be* ~ *on* ... §op — verlief wees; *smell* ~ lekker/soet ruik.

sweetheart *they are* ~*s* hulle is no(o)i en kêrel.

sweetness *be all* ~ *and light* die ene redelikheid wees.

swell ~ *into* ... tot — aangroei *(bv. 'n gebrul)*; ~ *out* uitswel; ~ *(up)* opswel, opsit; *s.o.* ~*s **with*** ... iem. swel op van — *(bv. boosheid, trots)*, iem. wil bars van — *(bv. hoogmoed, verontwaardiging)*.

swerve ~ *aside* afswenk; ~ *from* ... van — afry *(bv. die pad)*; van — afdwaal/afwyk; ~ *in* inswenk; ~ *out* uitswenk; ~ *to(wards)* ... na — afwyk/swenk.

swift *s.o. is* ~ *to anger* iem. word gou kwaad.

swig¹ [n.] *have/take a* ~ *at/from a bottle* 'n sluk uit 'n bottel neem.

swig² [v.] ~ *down s.t.* iets wegsluk.

swim¹ [n.] *go for a* ~ gaan swem; *be in the* ~ op die hoogte wees; in die mode wees, met die mode saam= gaan, meedoen.

swim² [v.] ~ *(across) a river* oor/deur 'n rivier swem; ~ *for it* uitswem; ~ *in s.t.* in iets swem *(bv. die see, die geld)*; in iets dryf/drywe *(bv. botter)*; in iets baai *(bv. weelde)*; deur iets seil/dryf/drywe *(bv. die lug, van die maan)*.

swimming *go* ~ gaan swem.

swindle ~ *money out of s.o.,* ~ *s.o. out of money* iem. met geld vastrek/verneuk ⋆

swing¹ [n.] *be in **full*** ~ in volle gang wees; *get into the* ~ *of s.t.* met iets op dreef/gang/stryk kom; *it goes with a* ~ daar sit aksie/beweging/gang/lewe in; dit verloop heeltemal vlot; *let HIM have HIS* ~ § HOM maar laat begaan, HOM die vrye teuels gee; *HE loses on the* ~*s what HE gains/makes/wins on the roundabouts* HY is nog maar ewe ver/vêr; *take a* ~ *at s.o.* 'n hou na iem. slaan; *a* ~ *to a party* 'n omswaai na 'n party, 'n verskuiwing (van steun) na 'n p.

swing² [v.] ~ *at* ... na — slaan; *they* ~ *behind their leader* hulle skaar hulle agter hul leier; ~ *for* ... § die strop kry weens — *(moord)* ⋆; ~ *from* ... aan — swaai *(bv. 'n tak)*; §aan — hang *(die galg)*; ~ *off* wegswaai; ~ *on s.t.* aan iets swaai; ~ *out* uitswaai; ~ *over* om= swaai, oorswaai; ~ *round* omswaai; ~ *to* toeklap/toe= slaan/toeswaai *('n deur)*; ~ *to* ... na — oorswaai; na — oorslaan; ~ *up(wards)* opswaai.

swipe¹ [n.] *take a* ~ *at* ... § na — slaan.

swipe² [v.] ~ *at* ... § na — slaan.

swirl ~ *about* rond(d)warrel.

switch¹ [n.] *throw a* ~ 'n skakelaar aanslaan.

switch² [v.] ~ *around/round* plekke omruil; ~ *around/round s.t.* iets omruil; *HE* ~*es **off*** §HY luister nie meer nie, HY steur HOM nie meer aan iem. of iets nie; ~ *off s.t.* iets afskakel/afslaan; ~ *off s.o.* §iem. se tjank aftrap ⋆, iem. stilmaak; ~ *on s.t.* iets aanskakel/ aanslaan; ~ *over* oorskakel; ~ *s.o. **through** to* ..., *(telef.)* iem. na — deurskakel, iem. met — verbind; ~ *to* ... na — oorslaan; na — oorgaan.

switched *be* ~ *on* § byderwets wees.

swivel ~ *round* omdraai.

swoop¹ [n.] *come down with a* ~ neerskiet; *at one (fell)* ~ met een (wrede) slag; alles ineens.

swoop² [v.] ~ *down* neerskiet; ~ *(down) on* ... op — afvlieg; op — neerskiet; op — afstorm; ~ *up* s.t. iets opgryp/opraap, iets skielik gryp; ~ *upon* ... op — neerskiet; op — toesak *(bv. die vyand)*.

swop →**swap.**

sword *cross* ~*s with* ... met — kragte meet, die degens met — kruis, 'n potjie met — loop ★; *the* ~ *of* **Damocles** die swaard van Damokles; *draw the* ~ die swaard trek, na die s. gryp; *with drawn* ~ met getrokke s./sabel; *perish by the* ~ deur die s. val; *put people to the* ~ mense neersabel, mense met die swaard doodmaak; *the* ~ *sleeps in the scabbard* die s. rus in die skede; *sheathe the* ~ die s. in die skede steek, die oorlog staak; *unsheathe the* ~ die s. trek.

sword point *at* ~ ~ met die mes op die keel.

swot ~ *for* ... §vir — blok *(bv. die eksamen)*; *HE* ~*s up* s.t. §HY kry iets haastig in SY kop.

syllabus *cover the* ~ die leerplan afwerk.

symbol *be a* or *the* ~ *of* ... die of 'n simbool van — wees.

sympathetic *be* ~ *to(wards)* ... simpatiek staan teenoor/jeens —, met — meevoel/saamvoel.

sympathise, ⹀**ize** ~ *with* s.o. met iem. meevoel/saamvoel; deelneming teenoor iem. betuig/toon.

sympathy *come out in* ~ uit simpatie staak; *feel* ~ *for* ... met — meevoel/saamvoel met, meegevoel me — koester; *have* ~ *with* s.o. met iem. meevoel/saamvoel, met iem. meegevoel hê; *be in* ~ *with* ... dit met — eens wees, ten gunste van — wees *(bv. 'n plan)*; *s.o.'* *sympathies lie that way* iem. voel daarvoor; *a vote o* ~ 'n mosie van deelneming; ~ *with* s.o. *in a bereavement* deelneming met iem. in 'n verlies, meegevoel me iem. by die heengaan van 'n geliefde.

symptom *a* ~ *of* ... 'n simptoom van —.

symptomatic *be* ~ *of* ... op — dui, 'n teken van — wees, simptomaties vir — wees.

sync *be out of* ~ §nie gelyk wees nie.

synchronise, ⹀**ize** ~ s.t. *with* ... iets met — sin chroniseer/sinkroniseer.

synonym *a* ~ *of* ... 'n sinoniem van —.

synonymous *be* ~ *with* ... met — sinoniem wees.

system *you can't buck the* ~ §jy kan jou nie teer die stelsel verset nie; *get* s.t. *out of one's* ~ §iets af skud, van iets herstel; *all* ~*s go!* alles gereed!; *pass into* s.o.'s ~ deur iem. se hele gestel/liggaam versprei; *work with* ~, *work on a* ~ stelselmatig werk, volgens plan werk.

T

cross *the/one's* ~*'s* →**i** *(dot the/one's i's); to a T* §op 'n haar, presies; §op 'n druppel water; *have s.t. down to a T* die kuns om iets te doen haarfyn ken; *s.t. suits s.o. to a T* §iets pas iem. volkome.

ab *keep* ~*s on s.o.* §iem. in die oog hou, iem. noukeurig dophou; *keep* ~*s on s.t.* §iets noukeurig dophou; *pick up the* ~ *for s.t.* §(die rekening) vir iets betaal.

able *at* ~ aan tafel; *be at* ~ aan tafel sit; *clear the* ~ die t. afdek/afruim/afneem; *get round the* ~ gaan sit en praat, onderhandel; *keep a good* ~ 'n goeie tafel hê/hou, goeie kos voorsit; *lay the* ~ (die) t. dek; *lay s.t. on a* ~ iets op 'n t. sit/plaas; *lay s.t. on the* ~, *(parl.)* iets ter t. lê; *s.t. has been laid on the* ~, *(ook, parl.)* iets lê ter t.; *leave the* ~ van t. opstaan; *a nest of* ~*s* 'n stel inskuiftafeltjies; *the book is on the* ~ die boek lê op die tafel; *the food is on the* ~ die kos is/staan op die t.; *put s.t. on a* or *the* ~ iets op 'n of die t. sit; *rise from the* ~ van t. opstaan; *set the* ~ (die) t. dek; *at the top of the* ~ aan die bo-ent/koppenent/hoof van die t.; *turn the* ~*s (on s.o.)* die bordjies verhang; *the* ~*s are turned* die bordjies is verhang, die rolle is om= gekeer, die wiel het gedraai; *drink s.o. under the* ~ § iem. onder die tafel drink ★; *wait at* ~ aan t. bedien.

ack¹ [n.] *get down to brass* ~*s* §by die kern van die saak kom; *change one's* ~, *try another* ~ 'n saak anders aanpak, dit oor 'n ander boeg gooi, 'n ander koers inslaan; *be on the right* ~ op die regte koers wees; *take a* ~ 'n koers kies/inslaan; *be on the wrong* ~ op die verkeerde koers wees.

ack² [v.] ~ *down s.t.* iets vasspyker; ~ *s.t. onto ...* iets aan — (vas)ryg; iets by — aanlas.

tackle ~ *s.o. about/on/over s.t.* iem. oor iets pak.

tag ~ *after s.o.* §agter iem. aandraf/aanloop; ~ *along* §saamgaan; ~ *along behind s.o.* §agter iem. aandraf/aanloop; ~ *along with s.o.* §met iem. saamgaan; *HE* ~*s HIMSELF on to s.o.* §HY dring HOM aan iem. op.

tail¹ [n.] *the cow switches her* ~ die koei swaai haar stert, die koei se s. piets heen en weer; *the dog wags its* ~ die hond swaai sy s., die hond kwispel met sy s.; *the* ~ *is wagging the dog* Klaas is baas, die mindere regeer die meerdere; ~ *first* agterstevoor; *have/put a* ~ *on s.o.* §iem. laat agtervolg/dophou; *tuck one's* ~ *between one's legs* stert tussen die bene loop; *with one's* ~ *be= tween one's legs* druipstert, stert tussen die bene; *tweak the lion's* ~ die leeu in sy stert knyp; *be on s.o.'s* ~ op iem. se hakke wees; *turn* ~ die hasepad kies ★, omspring, op loop sit, weghol★; *HE has HIS* ~ *up* HY is vol moed; *keep one's* ~ *up* moed hou.

tail² [v.] ~ *after s.o.* agter iem. aan tou; ~ *off/away* uitsak, agterbly; (stadigaan) verminder; (stadigaan) wegraak; *s.o.'s voice* ~*s off* iem. se stem sterf weg.

tailored *be* ~ *for ...* vir — uitgeknip wees ★; op — toegespits wees; *be well* ~ goed gesny wees *(van klere)*; goed geklee(d) wees *(van iem., veral 'n man)*.

tainted *be* ~ *with s.t.* met iets besmet wees.

take¹ [n.] *do a double* ~ § verbaas weer kyk.

take² [v.] *s.t.* ~*s s.o. aback* iets verbluf/verstom iem., iets slaan iem. uit die veld, iets slaan iem. dronk, iets laat iem. oopmond staan ★; ~ *aboard s.o.* or *s.t.* iem. *of* iets oplaai; ~ *abroad s.t.* iets na die buiteland neem; ~ *across s.o.* or *s.t.* iem. *of* iets na die ander kant bring; ~ *s.o.* or *s.t.* **across to ...** iem. *of* iets na — oorbring; ~ *after s.o.* na iem. aard; soos/na/op iem. lyk; agter iem. aanstorm; *HE* ~*s along ... (with HIM)* HY neem — (met HOM) saam; ~ *s.t. amiss* iets ver= keerd opneem, iem. iets kwalik neem, iem. iets ten kwade dui; ~ *s.o. apart* iem. opsy neem; §iem. op= dons ★; ~ *s.t. apart* iets uitmekaar haal; ~ *s.t. as ...* iets as — beskou; ~ *s.o. aside* iem. opsy neem; ~ *away s.t.* iets wegneem/wegvat; iets saamneem; ~ *s.o. away from ...* iem. *of* iets van — wegneem; ~ *s.t. away from s.o.* iets van/by iem. afneem/afvat; *HE* ~*s ... away with HIM* HY neem — met HOM saam; ~ *back s.t.* iets terugneem/terugvat; iets terugtrek *(bv. woorde)*; ~ *s.t. back to ...* iets laat iem. aan — terugdink; *HE* ~*s it badly* HY neem dit sleg op; HY trek HOM dit baie aan; ~ *s.o.* or *s.t. by ...* iem. *of* iets aan — vat; ~ *down s.t.* iets afhaal; iets wegneem; iets neerskryf/neerskrywe/opskryf/opskrywe/opteken/no= teer/aanteken; iets afbreek/sloop *(bv. 'n gebou)*; ~ *down s.o.* iem. verneder; ~ *s.t. down with difficulty* iets swaar sluk, swaar aan iets sluk; *HE* ~*s it easy* HY neem dit maklik op, HY span HOM nie alte veel in nie; HY neem dit kalm op; HY doen dit op SY gemak; ~ *it easy!* kalm nou!, bedaar!; ~ *s.o.* or *s.t. for ...* iem. *of* iets vir — aansien; *what do you* ~ *me for?* wat dink jy van my?; ~ *s.t. from ...* iets van — wegneem/afneem; iets van — aftrek; *it* ~*s nothing from ...* dit doen niks aan — af nie; ~ *it from me!* glo my!; ~ *it from me that ...* jy kan my glo dat —, ek sê vir jou —, jy kan van my aanneem dat —; ~ *it from here* van hier voort= gaan; ~ *it from here!* gaan van hier voort!; ~ *it from there* kyk wat gebeur; ~ *s.t. from s.o.* iets van/by iem. afneem; *take ... for granted* →**granted;** *s.o.* ~*s s.t. hard* iem. word swaar/hard deur iets geslaan; ~ *s.t. ill* iem. iets kwalik neem; ~ *in s.t.* iem. inneem; iets ver= staan/begryp/volg; iets raak sien; iets insluit/omvat/in= begryp; iets ontvang; iets laai/inlaai/inneem/opneem; iets glo/sluk; iets verklein *(klere)*; iets aanneem *(was= goed)*; iets (ver)minder *(seil)*; ~ *in s.o.* iem. inlei; iem. fop/kul/bedrieg, iem. om die bos lei, iem. knolle vir sitroene verkoop ★; iem. 'n rat voor die oë draai; iem.

vastrek ★; ~ *in boarders* kosgangers neem/hou; ~ *in
everything* alles noukeurig volg; *the tour* ~*s in* ... §die
toer gaan by — langs; HE *can* ~ *it* § HY kan SY man
staan; *s.o. can't* ~ *it* § iem. is te swak; ~ *it that* ...
aanneem dat —; ~ *kindly to s.t.* van iets hou, met iets
ingenome wees; ~ *it or leave it!* neem dit (aan) of laat
dit staan!; ~ *s.t. lightly* iets lig opneem; ~ *long over
s.t.* lank met iets besig wees, baie tyd aan iets bestee;
not ~ *any* ... § geen — verdra nie; *not* ~ *s.o.* or *s.t.
any more* § iem. *of* iets nie langer verduur/verdra nie;
not ~ *that sort of thing* § so iets nie veel/verdra/ver=
duur nie; ~ *off* wegspring; vertrek; opstyg *(bv. 'n
vliegtuig)*; ~ *off for* ... § na — vertrek; ~ *off to* ... § na
— vertrek; HE ~*s HIMSELF off* § HY gee pad ★, HY
verkas ★, HY maak dat HY wegkom ★; ~ *off s.t.* iets
uittrek *(bv. klere, skoene);* iets afhaal *(bv. 'n hoed, 'n
das);* iets uit die diens neem; iets afkap/afsny; iets ver=
wyder; ~ *off s.o.* iem. wegvoer; § iem. naboots/na-aap,
iem. komieklik voorstel; *(kr.)* iem. vervang/onttrek
('n bouler); ~ *a day/etc. off* 'n dag/ens. vry neem; *it
~s off from the value* dit verminder die waarde; ~ *a set
off s.o., (tennis)* 'n stel teen iem. wen; HE ~*s on (over
s.t.)* § HY trek HOM iets aan; HY gaan (oor iets) te kere;
s.t. ~s on iets slaan in, iets word populêr; ~ *on s.t.* iets
aanneem; iets oplaai; iets inskeep; iets aanpak/aandurf;
iets op HOM neem; iets aangaan *('n weddenskap);* ~ *on
s.o.* iem. aanstel, iem. in diens neem; iem. uitdaag; ~
on a special interest van besondere belang word; ~ *out
s.t.* iets uithaal; iets uitneem *(bv. boeke);* iets verwyder
(bv. 'n vlek); iets neem *('n patent);* iets sluit/aangaan
('n polis); (mil.) iets vernietig/verwoes; ~ *out s.o.*
met iem. uitgaan; ~ *s.o. out for a walk* met iem. gaan
stap/loop; HE ~*s it out in* ... § HY sorg dat HY — (in
ruil) daarvoor kry; ~ *s.t. out of* ... iets uit — weg=
neem/verwyder; iets van — aftrek; *s.t.* ~*s it out of s.o.* §
iets put iem. uit; ~ *s.t. out of s.o.* iem. iets afleer; *it* ~*s
HIM out of HIMSELF* dit laat HOM SY sorge vergeet; ~
it out on s.o. § iem. dit laat ontgeld; § iem. (vir iem.
anders) laat boet/opdok★, op iem. weerwraak neem; ~
over (die beheer *of* bevel) oorneem; die hef in die han=
de kry; aan die bewind kom; ~ *over from s.o.* iem.
aflos; iem. in 'n betrekking *of* amp opvolg; *s.o.* ~*s a
year/etc. over s.t.* iem. bly 'n jaar/ens. met iets besig,
dit kos iem. 'n jaar/ens. om iets te doen; ~ *over s.t.*
iets oorneem; ~ *s.o.* or *s.t. over to* ... iem. *of* iets na
— oorbring; ~ *round s.t.* iets ronddien/rondbring
(bv. verversings); ~ *round s.o.* iem. rondlei; ~ *s.t.
seriously* iets ernstig opneem/opvat; ~ *s.o. s.t.* vir
iem. iets bring; ~ *s.o. for s.t.* iem. vir iets aansien; *I* ~
it that ... ek veronderstel dat —, ek neem aan dat —;
~ *to drink(ing)/etc.* begin drink/ens.; ~ *to the moun=
tains/etc.* die berge/ens. in vlug; ~ *to s.o.* van iem.
(begin) hou, tot iem. aangetrokke voel; ~ *s.o.* or *s.t. to*
... iem. *of* iets na — (weg)bring; ~ *the score to* ... die
telling op — bring; *it* ~*s a* ... *to do that* net 'n — kan
dit doen, dit kan net 'n — doen; dit sal/kan net 'n —
doen; *it* ~*s a long time to* ... dit kos baie tyd om te —; *it*

~*s six weeks to* ... dit kos ses weke om te —; ~ *s.o. c*
s.t. to be ... iem. *of* iets vir — aansien; iem. *of* iets a
— beskou; ~ *s.t. to be an experiment* iets as 'n proefn⌐
ming beskou/opvat; ~ *s.o. unawares* iem. verra⌐
iem. oorval; onverwags met iets op iem. afkom; ~ *u⌐*
s.t. iets opvat, opneem; iets opbreek; iets oplig/opte⌐
iets in beslag neem *(bv. plek, tyd);* iets inneem *(plek*⌐
iets verkort, iets korter maak; iets aanpak, iets ter han⌐
neem; iets aanneem, iets in gebruik neem; iets aan⌐
hangig maak; aandag aan iets gee, van iets werk maak⌐
in iets belang stel; aan iets meedoen; iets opsuig *(vloe⌐*
stof); HE ~*s up s.o.* HY bekyk iem. aandagtig; HY neem⌐
iem. onder SY beskerming; ~ *s.o. up on s.t.* 'n aanbo⌐
van iem. aanvaar; ~ *s.o. up short* iem. in die rede va⌐
iem. opruk *(fig.); I'll* ~ *you up on that!* top!; ~ *u⌐*
with s.o. met iem. omgaan; ~ *s.t. up with s.o.* iets me⌐
iem. bespreek, iets by iem. aanroer, iets by iem. aan⌐
hangig maak, iem. oor iets spreek; iem. oor iets aan⌐
spreek; HE ~*s s.t. upon HIM* HY neem iets op HOM; ~
s.t. well iets goed opneem; *have what it* ~*s* § aan di⌐
vereistes voldoen; HE ~*s s.t. with HIM* HY neem iet⌐
met HOM saam; HE ~*s s.o. with HIM* HY neem iem. me⌐
HOM saam; HY oortuig iem.; ~ *a crowd with one* '⌐
skare meevoer/meesleep.

taken *be* ~ *aback* verbluf/verstom wees, uit die veld⌐
geslaan wees, dronkgeslaan wees, oopmond staan ★; b⌐
~ *by* ... deur — gevang word; *have s.t.* ~ iets laa⌐
neem *(bv. 'n foto); be* ~ *in by s.t.* iets sluk ★, iets som⌐
mer glo, iets vir soetkoek opeet ★; *not to be* ~ vir uit⌐
wendige gebruik, nie vir inwendige gebruik nie; *s.o.⌐
was* ~ *to three sets, (tennis)* iem. moes drie stelle uit⌐
veg; *be* ~ *unawares by s.t.* nie op iets bedag wees nie⌐
be ~ *up with ..., be* ~ *with* ... met — ingenome wees⌐
baie in — belang stel; *be* ~ *with a fit* stuipe kry, '⌐
toeval kry.

taker *there were no* ~*s* niemand wou dit hê nie, nie⌐
mand het belang gestel nie, niemand wou byt nie ★

taking *it is HIS for the* ~ HY kan dit kry as HY wil.

tale *carry* ~*s* skinder; *dead men tell no* ~*s* (P) die⌐
dooies klik nie; wat die dooie weet, word met hom be⌐
grawe; *thereby hangs a* ~ daar is 'n verhaal aan ver⌐
bonde, daar sit iets agter, daardie muisie het 'n stert⌐
jie ★; *a stirring* ~ 'n aangrypende/spannende ver⌐
haal; *tell* ~*s* klik; *tell* ~*s out of school* uit die skoo⌐
klap; *it tells its own* ~ dit het geen verklaring nodig⌐
nie; HE *lived to tell the* ~, HE *is alive to tell the* ~ H⌐
het dit oorleef/oorlewe.

talk¹ [n.] *a* ~ *about/on* ... 'n praatjie oor —; *it is all⌐*
~ § dis net grootpratery/windlawaai★; *s.o. is all* ~ §⌐
iem. is net bek ★; ~ *is cheap (but money buys the whis⌐*
ky) (P) praatjies vul geen gaatjies (P); *empty* ~ holle⌐
frases; *give a* ~ 'n praatjie lewer/hou; *have a* ~ 'n⌐
bietjie praat/gesels; *have* ~*s* samesprekings voer; *idle⌐*
~ sommer praatjies, bogpraatjies, klets(praatjies)⌐
praatjies vir die vaak; *meet for* ~*s* samesprekings⌐
voer; *there is* ~ *of* ... daar is sprake van —; *small* ~⌐
(ligte) geselsery, kletsery, praatjies oor koeitjies en kal⌐

fies; *indulge in small* ~, *make small* ~ oor koeitjies en kalfies gesels; *soft* ~ mooipraatjies; *tall* ~ grootpra= tery; ... *is the* ~ *of the town* almal praat van —, almal het die mond vol van — ★

alk² [v.] ~ *about s.t.* oor/van iets praat/gesels; iets bespreek; ~ *about* ...! § van — gepraat!; ~ *at s.o.* iem. toespreek; ~ *away* voortbabbel; ~ *away the morning/etc.* die oggend/ens. ombabbel; ~ *back* as= trant antwoord; teenpraat/teëpraat; ~ *back to s.o.* teenpraat/teëpraat wanneer iem. iets sê; ~ *big* §groot= praat; ~ *the hind leg off a donkey*, ~ *nineteen to the dozen* §land en sand aanmekaar praat ★, aan die/'n tou praat ★, die ore van iem. se kop (af) praat ★, aanmekaar babbel/klets; ~ *down s.o.* iem. doodpraat; ~ *down an aeroplane* 'n vliegtuig binnepraat; ~ *down to s.o.* uit die hoogte met iem. praat, iem. se begripsvermoë onderskat; ~ *nineteen to the dozen*, ~ *the hind leg off a donkey* →*donkey;* HE ~*s* HIS *head off* § HY praat HOM flou; *HE* ~*s* HIMSELF *hoarse* HY praat HOM hees; ~ *idly* in die wind praat; ~ *s.o.* *into doing s.t.* iem. ompraat om iets te doen; ~ *low* saggies praat; ~ *nineteen* to the ~ *dozen* →*donkey;* ~ *of nothing else* die mond van iets vol hê ★; ~ *of s.o.* or *s.t.* van iem. of iets praat; ~ *o.s.* *out* uitpraat; ~ *out s.t.* iets uitvoe= rig bespreek; ~ *s.o.* *out of s.t.* iem. uit iem. se kop praat; ~ *out a motion* 'n voorstel doodpraat; ~ *s.t.* *over* iets bespreek; ~ *s.t.* *over with s.o.* iets met iem. bespreek; ~ *s.o.* *over* iem. ompraat/oorhaal/oorreed; ~ *at ran= dom* in die wind praat; ~ *round s.t.* al om iets praat; ~ *s.o.* *round* iem. ompraat/oorhaal/oorreed; ~ *sport/etc.* van/oor sport/ens. praat; ~ *for the sake of talking* praat net omdat praat praat is; ~ *tall* groot= praat; *do not* ~ *like that!* moenie so praat nie!; ~ *about this and that* oor koeitjies en kalfies praat; ~ *to s.o.* met iem. praat/gesels; iem. onder handte neem, iem. aanspreek, iem. (goed) die waarheid sê/vertel ★; *it's all very well for* HIM *to* ~ HY kan maklik praat; ~ *with s.o.* met iem. praat/gesels; *you can('t)* ~*!* §hoor wie praat!

talked HE *does not want to be* ~ *about* HY wil nie hê dat die mense van HOM praat nie, HY wil nie hê die mense moet van HOM praat nie.

talking¹ [n.] *do the* ~ die woord voer, die praatwerk doen; *it was straight* ~ daar is reguit gepraat, dit was 'n openhartige gesprek.

talking² [teenw.dw.] HE *knows what* HE *is* ~ *about* HY ken SY onderwerp, HY weet wat HY praat/sê; *get* ~ begin praat, aan die gesels raak, 'n gesprek aanknoop; *now you're* ~*!* §nou praat jy! ★; ~ *of* ... noudat ons van — praat.

talking-to *give s.o. a* ~ met iem. raas, iem. skrobbeer, iem. voor stok kry, iem. se kop (vir hom) was, iem. die les lees, iem. die leviete voorlees, iem. (goed) die waar= heid sê/vertel ★

tall *the* ~ *one* die lange *('n mens);* die hoë *('n boom, 'n gebou).*

taller ~ *and* ~ al hoe langer; al hoe hoër.

tally¹ [n.] *keep a* ~ *of s.t.* iets noteer/kontroleer, van iets aantekening hou.

tally² [v.] *it tallies with* ... dit strook/klop/rym met —, dit slaan/stem ooreen met —.

tamp ~ *down s.t.* iets vasstamp.

tamper ~ *with s.t.* aan/met iets peuter; iets vervals *(dokumente);* HE ~*s with* ..., *(ook)* HY bemoei HOM met — *(getuies).*

tangent *fly/go off at a* ~ van die os op die esel spring ★, skielik 'n ander koers inslaan.

tangle¹ [n.] *be in a* ~ in die war wees, deurmekaar wees.

tangle² [v.] ~ *with s.o.* §met iem. bots, met iem. te doen kry.

tangled *be* ~ *in s.t.* in iets verstrik wees.

tank ~ *up* volmaak, petrol ingooi, brandstof inneem; § suip★

tanked *be* ~ *up* § besope/dronk wees.

tanning *give s.o. a* ~ §iem. 'n pak slae gee, iem. uit= looi ★

tantamount *be* ~ *to* ... op — neerkom, met — gelyk= staan(de wees).

tantrum HE *is in a* ~ HY het SY kwaai mus op ★; *get into a* ~ kwaad word; *throw a* ~ te kere gaan.

tap¹ [n.] *have s.t. on* § iets steeds gereed/beskikbaar hê; *beer on* ~ bier uit die vat; *turn a* ~ 'n kraan oopdraai.

tap² [v.] ~ *s.o. for s.t.* iets uit iem. kry *(bv. geld, inlig= ting);* ~ *off s.t.* iets uittap.

tap³ [v.] ~ *on s.t.* aan iets klop *(die deur);* op iets klop/ tik; ~ *out a message* 'n boodskap in Morsekode stuur.

tape¹ [n.] *break/breast the* ~ die lint breek *(in 'n wed= loop);* *on* ~ op band; *red* ~ rompslomp, ampsleur, amptelike/burokratiese omslagtigheid.

tape² [v.] ~ *off s.t.* iets afbind; ~ *up s.t.* iets met lint verbind.

taped *have s.o.* ~ §iem. klaar getakseer hê, 'n opinie oor iem. gevorm hê; *have s.t.* ~ §iets onder die knie hê.

taper *s.t.* ~*s off* iets word geleidelik dunner *of* nouer; iets verminder geleidelik; ~ *off s.t.* iets afdun; iets ge= leidelik minder maak.

tar ~ *and feather s.o.* iem. teer en veer.

tares ~ *among the wheat* onkruid tussen die koring.

target *hit a* ~ 'n teiken raak skiet; *a sitting* ~ 'n dood= maklike teiken.

targeted *be* ~ *on* ... op — gerig wees.

tart *she* ~*s herself up* § sy takel haar op.

task HE *applies* HIMSELF *to a* ~ HY lê HOM op 'n taak toe; *a* ~ *awaits s.o.* 'n taak lê vir iem. voor; *be equal to a* ~ vir/teen 'n t. opgewasse wees; *a gigantic* ~ 'n reusetaak, 'n reusagtige taak; *a Herculean* ~ 'n reu= setaak, 'n Herkulesarbeid; *an impossible* ~ 'n onbe= gonne taak; HE *sets* HIMSELF *the* ~ *of* ... HY stel HOM tot t. om te —; *set s.o. a* ~ 'n t. aan iem. opdra/oplê; *s.o.'s sole* ~ iem. se enigste/uitsluitlike t.; *take s.o. to* ~ iem. voor stok kry, iem. op die vingers tik, iem. die les lees, iem. berispe/roskam/bestraf; *a thankless* ~ 'n ondankbare taak; *an uphill* ~ 'n moeilike t.; *venture on a* ~ 'n t. aanpak.

taste¹ [n.] *according to* ~ na smaak; *there is no accounting for* ~*s* (P) oor smaak val nie te twis nie (P); dis onbegryplik, (ek) kan dit nie kleinkry nie; *acquire a* ~ *for s.t.* 'n smaak vir iets aanleer; *bad* ~ slegte s. *(lett. & fig.)*; wansmaak *(fig.)*; *be in bad/poor* ~ wansmaaklik/smakeloos wees, slegte smaak toon, van slegte s. getuig; *leave a bad/nasty* ~ *in the mouth* 'n slegte nasmaak agterlaat/hê; *leave a bitter* ~ *in the mouth* 'n bitter nasmaak agterlaat/hê; ~*s differ* (P) smaak verskil (P), oor mooi en lelik kan ('n) mens stry; *have a* ~ *for* ... in — sin hê, 'n lus vir — hê, 'n smaak vir — hê; *give s.o. a* ~ *for s.t.* iem. 'n s. vir iets laat kry; *give s.o. a* ~ *of s.t.* iem. iets laat proe *(bv. kos)*; *be in good* ~, *show good* ~ van goeie smaak getuig, smaakvol wees; *have no* ~ *for s.t.* nie van iets hou nie; *a person of* ~ iem. met smaak; *be pleasant to the* ~ smaaklik wees; *be in poor/bad* ~ →*bad/poor; the sense of* ~ die smaaksin; *suit all* ~*s* na elkeen/iedereen se smaak wees; *to* ~ na smaak; *to s.o.'s* ~ na iem. se smaak; na iem. se sin; *be to s.o.'s* ~, *(ook)* in iem. se s. val; *everyone to his* ~ (P) elkeen na sy s. (P); *be too sweet/etc. to/for s.o.'s* ~ na iem. se s. te soet/ens. wees; *leave one with an unpleasant* ~ *in the mouth* 'n onaangename nasmaak agterlaat/hê; ~*s vary* (P) smaak verskil (P).

taste² [v.] *it* ~*s good* dit smaak lekker; *it* ~*s like* ... dit smaak na —; *it* ~*s of* ... dit smaak na —.

tatter *be in* ~*s* flenters wees, aan flarde(s) wees; in toiings (geklee/gekleed) wees.

tattered *s.t. is* ~ *and torn* iets is flenters; *HE is* ~ *and torn* HY is in toiings, HY lyk of die aasvoëls HOM beetgehad het ★

taunt ~ *s.o. with s.t.* iem. oor iets (be)spot.

tax¹ [n.] *after* ~ *(es)* ná (aftrek van) belasting; *direct* ~ regstreekse/direkte belasting; *impose a* ~ 'n b. hef/oplê; *indirect* ~ onregstreekse/indirekte b.; *levy* ~*es on goods* belasting op goedere hef; *levy* ~*es on people* belasting aan mense oplê; *be a heavy* ~ *on/upon s.o.* iem. swaar op die proef stel, baie van iem. verg; *pay R10 000 in* ~*es* R10 000 aan belasting betaal; *raise a* ~ 'n b. hef; 'n b. verhoog.

tax² [v.] ~ *s.o. with s.t.* iem. van iets beskuldig/betig.

taxed *be heavily* ~ swaar belas wees/word.

taxi *hail a* ~ 'n taxi roep/voorkeer; *take a* ~ 'n t. neem.

tea *ask s.o. to* ~ iem. vir tee vra/nooi; *not for all the* ~ *in China* vir geen geld ter wêreld nie; *a cup of* ~ 'n koppie tee; *that is another cup of* ~ § dit is glad iets anders, dit is 'n glad ander saak; *that's just HIS cup of* ~ § dis so in SY kraal ★, dis so na SY smaak; *not be s.o.'s cup of* ~ § nie iem. se smaak wees nie; *have* ~ te drink; *make* ~ t. maak; *one* ~ een t., t. vir een; *stir* ~ t. (om)roer; *take* ~ t. drink; *(kr.)* 'n teepouse maak; *weak* ~ flou tee; *have/take* ~ *with s.o.* by iem. t. drink.

teach *that will* ~ *HIM!* dit het HY daarvan!; *that wi* ~ *HIM to* ... dit sal HOM leer om te —.

team¹ [n.] *be in/on a* ~ in 'n span wees/speel.

team² [v.] ~ *up with s.o.* met iem. saamwerk.

tear¹ [n.] *be bathed in* ~*s* in trane swem; *bitter* ~ hete t.e; *burst into* ~*s* in t.e uitbars, aan die huil gaan s.o. *dissolves in* ~*s* iem. versmelt in t.e; *draw* ~ *from s.o.* iem. in t.e laat uitbars, iem. laat huil; *HE drie HIS* ~*s* HY droog SY t.e af; *fetch* ~*s* t.e trek/voort bring; *HE fights back HIS* ~*s* HY hou SY t.e in; *force* ~*s from s.o.* t.e van iem. afdwing; ~*s gather in s.o.'* *eyes* t.e wel in iem. se oë op; *be in* ~*s* in/onder t.e wees *move s.o. to* ~*s* iem. tot t.e beweeg/roer; *raise* ~*s* die t.e laat loop, t.e te voorskyn bring; *reduce s.o. to* ~*s* iem. laat huil, iem. aan die huil maak; *scalding* ~*s* brandende/hete trane; *shed* ~*s* t.e stort; *be swimming in* ~*s* betraan(d) wees; *eyes swimming with* ~*s* betraande oë, oë wat swem in trane; *a vale of* ~*s* 'n tranedal; *with* ~*s* met/onder trane; *without* ~*s* sonder moeite.

tear² [n.] →**wear¹**.

tear³ [v.] ~ *after s.o.* § iem. agternasit; ~ *along* § voortstorm, nael; ~ *apart s.t.* iets stukkend skeur, iets verskeur; ~ *at s.t.* aan iets ruk/pluk; ~ *away s.t.* iets afskeur/afruk; *HE* ~*s HIMSELF away from* ... HY skeur HOM van — los; *HE is unable to* ~ *HIMSELF away* kan nie wegkom nie; ~ *down s.t.* iets afskeur/afruk *(bv. 'n kennisgewing)*; iets afbreek/sloop *(bv. 'n huis)*; ~ *down the street or hill* § in die straat af *of* teen die heuwel af storm; *s.t.* ~*s easily* iets skeur maklik/gou; ~ *s.o. from* ... iem. van — wegskeur; ~ *s.t. from s.o.* iets van iem. wegruk; *HE* ~*s HIMSELF from* ... HY skeur HOM van — los; ~ *s.t. in half* iets middeldeur skeur, iets in twee skeur; ~ *into s.t.* 'n gat in iets slaan; ~ *into a room* § in 'n kamer instorm; ~ *into s.o.* § iem. invlieg ★; ~ *off s.t.* iets afskeur; ~ *open s.t.* iets oopskeur; ~ *out* § uithardlop, buite(n)toe storm; ~ *out s.t.* iets uitskeur *(bv. 'n blad)* ~ *s.t. to pieces/shreds* iets aan stukke skeur, iets stukkend skeur; ~ *up s.t.* iets opskeur, iets stukkend skeur *(bv. papier, 'n verdrag)*; iets verskeur *(bv. die prooi van 'n roofdier)*; iets met wortel en tak uitruk/uittrek *(bv. 'n struik)*.

tee ~ *off, (gholf)* afslaan; ~ *up, (gholf)* (op)pen; ~ *up with s.o., (gholf)* met iem. saamspeel.

teem ~ *with* ... van — wemel.

teens *HE is in HIS* ~ HY is in SY tienderjare.

teeth *be armed to the* ~ tot die tande (toe) gewapen wees; *back* ~ kiestande; *HE would give HIS back* ~ § HY sou wat wou gee; *be fed (up) to the back* ~ *with* ... →**fed**; *cast/fling/throw s.t. in s.o.'s* ~ iem. iets verwyt, iem. iets voor die kop gooi, iets voor iem. se kop gooi; *HE clenches HIS* ~ HY byt op SY tande, HY klem SY tande opmekaar, HY byt SY tande vas; *the child is cutting its* ~ die kind se tande begin deurkom, die kind kry tande; *cut one's* ~ *on s.t.* ervaring met iets opdoen; *draw s.o.'s* ~, *(lett.)* iem. se tande trek; *(fig.)* § iem. se mag aan bande lê, iem. onskadelik maak; *set* *one's* ~ *on edge* deur merg/murg en been gaan/sny; *s.t. sets s.o.'s* ~ *on edge, (ook)* iets laat iem. gril; *fling/cast/throw s.t. in s.o.'s* ~ →*cast/fling/throw; get one's* ~ *into s.t.* iets met mening aanpak; *HE gnashes/grates/grinds HIS* ~ HY kners (op/met) SY tande; *HE grits HIS* ~ HY byt op SY tande; HY byt vas ★, HY druk deur; *in the* ~ *of* ... nieteenstaande —, in die aangesig van —; *in the* ~ *of s.o.'s instructions* lynreg teen iem. se bevele/opdragte in; *kick s.o. in the* ~, *give s.o. a kick in the* ~ §iem. 'n kinnebakslag/kennebakslag gee, iem. 'n hou in die gesig gee *(fig.)*; *lie in one's* ~ →*lie; HE picks HIS* ~ HY stook SY tande, HY krap in SY tande; *pull* ~ tande trek; *put* ~ *into a law* 'n wet krag gee; *HE shows HIS* ~ HY wys SY tande, HY neem 'n dreigende houding aan; *HE sinks HIS* ~ *into* ... HY slaan SY tande in — vas; *escape by the skin of one's* ~ →*skin; throw/cast/fling s.t. in s.o.'s* ~ →*cast/fling/throw; to the* ~ tot die tande (toe); *in the* ~ *of the wind* reg teen die wind (in), in die slag van die wind. →**tooth.**

telephone *answer the* ~ 'n (telefoon)oproep beantwoord/ontvang; *by* ~ oor die telefoon, per t., telefonies; *cut off s.o.'s* ~ iem. se t. afsluit; *be on the* ~ by die t. wees, oor die t. praat, met 'n telefoongesprek besig wees; *'n t. hê; s.o. is on the* ~ *for you, you are wanted on the* ~ iem. wil oor die t. met jou praat; *on/over the* ~ oor die t., telefonies, per t.; *pick up the* ~ die t. optel; *put down the* ~ die t. neersit; *put the* ~ *down on s.o.* die t. neersmyt, die t. summier neersit. →**phone.**

telescope ~ *s.t. into* ... iets in — indruk.

television *be on* ~ op die televisie/beeldradio verskyn; *see s.t. on* ~ iets op die t./b. sien; *show s.t. on* ~ iets oor die t./b. uitsaai; *watch* ~ t./b. kyk.

tell ~ *s.o. about s.t.* (vir) iem. (van) iets vertel; *s.t.* ~*s against s.o.* iets strek tot iem. se nadeel; ~ *me another!* § dit kan jy my nie wysmaak nie; ~ *things apart* dinge onderskei; ~ *people apart* mense uitmekaar ken; *s.o. is burning to* ~ *s.t.* iets brand op iem. se tong; ~ *by/from* ... aan — sien, uit — agterkom; *I can* ~ *you* ... ek kan jou verseker —; *how can they* ~? hoe weet hulle dit?; *you never can* ~, *you can never* ~ ('n) mens kan nie/nooit weet nie, ('n) mens weet nooit; *who can* ~? wie kan sê?, wie weet?; ~ *s.o. s.t. confidentially* iem. iets in vertroue meedeel; *how does one* ~ ...? hoe weet jy —?; *do* ~ *me!* vertel my tog!; ~ *s.o. s.t. flat* iem. iets definitief sê, iem. iets sonder doekies omdraai sê ★; ~ *s.t. from s.t. else* iets van iets anders onderskei; ~ *from/by* ... →*by/from; you're telling me!* §nou praat jy! ★, moenie praat nie! ★, net so!; §ek sou so dink!; *don't* ~ *me that!* moenie my dit wysmaak nie!, dit laat ek my nie vertel/wysmaak nie!; *you never can* ~ →*can;* ~ *s.o. of s.t.* (vir) iem. (van) iets vertel; ~ *off s.t.* iets aftel; ~ *off s.o. for s.t.* iem. aanwys/aansê om iets te doen; §iem. oor iets berispe/skrobbeer/roskam; ~ *on s.o.* §iem. verklik; *s.t.* ~*s on/upon s.o.* iets vermoei iem.; iets tas iem. aan *(bv. span-*

*ning); * ~ *s.o. s.t.* iets aan/vir iem. sê/vertel; ~ *s.o. s.t. straight* iem. iets reguit sê; ~ *s.t. to s.o.* iets aan/vir iem. sê/vertel; ~ *s.o. what to say* iem. voorsê; ~ *HIM what you think of HIM* HOM slegsê; *s.o. can* ~ *whether* ... iem. weet of —; *what did I* ~ *you?* wat het ek jou gesê?, daar het jy dit!; *it is ..., I* ~ *you!* maar hoor, dit is —!

telling *there is no* ~ *what* ... niemand kan raai wat — nie, ('n) mens weet nie wat — nie; *that would be* ~ klik is kierang.

telling-off *give s.o. a* ~ § iem. skrobbeer/roskam/slegsê/betig.

temper[1] [n.] *be in a bad* in 'n slegte bui/luim wees; *have a fiery* ~ opvlieënd wees; *HE flies/gets into a* ~ HY word kwaad/boos, HY verloor SY humeur; *be in a good* ~ in 'n goeie bui/luim wees; *be of a hasty* ~ driftig van geaardheid wees; *HE has a* ~ HY word gou kwaad; *HE is in a* ~ HY is uit SY humeur; *HE does s.t. in* ~ HY doen iets in SY woede; *HE keeps HIS* ~ HY bly kalm/bedaard, HY beteuel SY drif; *HE loses HIS* ~ HY verloor SY humeur, HY word kwaad/boos, HY raak uit SY humeur; *HE is out of* ~ HY is uit SY humeur; *put s.o. out of* ~ iem. vererg, iem. boos maak; *have a quick/short* ~ kort van draad wees ★, kortgebonde/driftig/opvlieënd wees; *HIS* ~ *is ruffled* HY is uit SY humeur; *be in an ugly* ~ moeilik wees ★; *an uneven* ~ 'n ongelyke humeur; *s.o.'s* ~ *is up* iem. is kwaad; *be in a vile/violent* ~ woedend wees, in 'n vreeslike/verskriklike bui/luim wees.

temper[2] [v.] ~ *justice with mercy* reg met genade versag.

temperature *at a certain* ~ by 'n bepaalde temperatuur; *at a* ~ *of ... degrees* by 'n temperatuur van — grade; *a change of* ~ 'n temperatuurverandering; *a difference in* ~ 'n t.verskil; *a fall in* ~ 'n t.daling, 'n t.vermindering; *a fluctuation in/of* ~ 'n t.skommeling; *have/run a* ~ koors hê, koorsig wees; *read the* ~ die temperatuur meet; *be at the required* ~ op t. wees; *bring s.t. to the required* ~ iets op t. bring; *a rise in* ~ 'n t.styging, 'n t.verhoging; *take s.o.'s* ~ iem. se koors/t. meet; *a variation in/of* ~ 'n t.wisseling.

tempo *at a rapid* or *slow* ~ in 'n vinnige of stadige tempo; met 'n snelle/vinnige of stadige pas.

tempt ~ *s.o. into s.t.* iem. in die versoeking bring om iets te doen; ~ *s.o. strongly* iem. in ('n) groot v. bring; ~ *s.o. with s.t.* iem. met iets probeer oorreed.

temptation *fall/yield to the* ~ vir die versoeking swig/beswyk; *fight against* ~ teen die v. stry; *get into* ~ in v. kom; *lead us not into* ~ lei ons nie in v. nie, laat ons nie in v. kom nie; *resist the* ~ *to* ... die v. weerstaan om te —; *wrestle with* ~ teen die v. stry.

tempted *be/feel* ~ *to do s.t.* in die versoeking wees *of* kom om iets te doen; *be sorely* ~ in sware v. wees.

ten *nine in* ~ nege uit die tien; ~ *to one* tien teen een; *it is* ~ *to one that s.t. will happen* dit is hoogs/baie

waarskynlik dat iets sal gebeur; *they are* ~ *a penny* §
hulle is volop; § hulle is nie veel werd nie.

tend¹ [v.] ~ *to s.t.* iets versorg.

tend² [v.] ~ *to* … geneig wees om te —, die neiging hê
om te —; tot — bydra.

tendency *a* ~ *to* … 'n neiging om te —, 'n geneigd=
heid tot —; *develop a* ~ *to* … 'n neiging toon om te —;
have a ~ *to* …, *(ook)* na — oorhel.

tender¹ [n.] *call for* ~*s*, *invite* ~*s* inskrywings/tenders
vra/inwag; *give s.t. out on* ~, *put s.t. out to* ~ vir iets
laat tender, iets aanbestee.

tender² [v.] ~ *for s.t.* vir iets tender, op iets inskryf/
inskrywe, 'n tender/inskrywing vir iets instuur.

tendril *shoot* ~*s* rank.

tenor *the even* ~ *of s.o.'s life* die rustige gang van iem.
se lewe.

tense¹ [v.] ~ *up* verstrak; gespanne raak.

tense² [adj.] *become* ~ verstrak; gespanne raak.

tensed *be* ~ *up* gespanne wees.

tension *ease the* ~ die spanning verlig; ~ *mounts* die
s. styg, die s. neem toe.

tent *pitch a* ~, *put up a* ~ ('n) tent opslaan; *strike a* ~
'n t. afslaan/afbreek; *strike one's* ~, *(ook)* vertrek,
wegtrek.

tenterhooks *be on* ~ op hete kole sit, in spanning
verkeer.

term *not on any* ~*s* glad nie; onder geen voorwaardes
nie; *be on bad* ~*s with s.o.* op slegte voet met iem.
wees/staan; HE *brings s.o. to* ~*s* HY dwing/noodsaak
iem. om (SY) voorwaardes aan te neem; *buy on* ~*s* op
afbetaling koop; *come to* ~*s* tot 'n vergelyk kom; dit
eens word; *come to* ~*s with o.s.* tot selfkennis kom; HE
comes to ~*s with s.t.* HY aanvaar iets, HY berus in iets,
HY lê HOM by iets neer; *come to* ~*s with s.o.* met iem.
'n vergelyk tref, 'n akkoord met iem. bereik; dit met
iem. eens word; ~*s and conditions* (bepalings en)
voorwaardes; *discuss* ~*s* onderhandel; *during the* ~
gedurende die kwartaal; *on easy* ~*s* op maklike beta=
lingsvoorwaardes; *on equal* ~*s* op gelyke voet; *be on
even* ~*s* niks of mekaar voorhê nie; *express a quan-
tity in* ~*s of another* 'n hoeveelheid as deel van 'n ander
uitdruk; *in the most flattering* ~*s* in die vleiendste
taal/bewoording; *in general* ~*s* in breë trekke; in al=
gemene/vae bewoording/terme; *be on good* ~*s with
s.o.* op goeie voet met iem. wees/staan; *speak of s.o. in
the highest* ~*s* met die hoogste lof van iem. praat; *in*
~ in die (skool)kwartaal; *in* ~*s of* … ooreenkomstig/
ingevolge/kragtens —, uit krag van —; luidens —; uit
die oogpunt van —; *in the long* ~ op die duur; *reduce
s.t. to its lowest* ~*s* iets soveel moontlik vereenvoudig;
reduce a fraction to its lowest ~*s* 'n breuk verklein;
make ~*s* tot 'n vergelyk kom; ~*s monthly* maande=
liks betaalbaar; *in plain* ~*s* sonder om doekies te om te
draai ★, ronduit; in eenvoudige taal; *a prison* ~ 'n
straftyd/straftermyn; *relative* ~*s* betreklike/relatie=
we terme; HE *serves* HIS ~ HY dien SY tyd uit; *set a*
~ *to s.t.* 'n end/einde maak aan iets; *in the short* ~ op

kort termyn; binne die nabye toekoms; *they are not o*
speaking ~*s* hulle praat nie met mekaar nie, hulle i
kwaaivriende; *not be on speaking* ~*s with s.o.* nie me
iem. praat nie; ~*s strictly 30 days* stiptelik binne 3
dae betaalbaar; *in the strongest* ~*s* ten sterkste
think in ~*s of* … aan — dink; *in no uncertain* ~
duidelik, sonder om doekies om te draai ★; *be on vis
iting* ~*s with s.o.* huisvriende van iem. wees, by iem
aan huis kom, iem. goed genoeg ken om te besoek; *pa
on weekly* ~*s* by die week betaal.

terminate ~ *in* … op/met — eindig; op — uitloop
op — uitgaan.

termination *bring s.t. to a* ~ 'n end/einde aan iets
maak; iets ten einde laat loop; iets afbreek *(bv. 'n ge-
sprek, betrekkinge)*.

terrified *be* ~ *at s.t.* oor iets verskrik/ontsteld wees;
be ~ *of* … doodsbang wees vir —.

terror *s.t. has/holds no* ~*s for s.o* iem. is nie bang vir
iets nie; *s.o. is a (holy)* § iem. is 'n onmoontlike kind
of mens; a reign of ~ 'n skrikbewind; *be stricken/
struck with* ~ angsbevange/skrikbevange/vreesbe=
vange wees; *strike* ~/*fear into s.o.('s heart)* iem. (se
hart) met skrik vervul; *to the* ~ *of s.o.* tot iem. se skrik;
be a ~ *for work* § 'n werkesel wees ★

test¹ [n.] *the acid* ~ die vuurproef; *apply a* ~ 'n toets
toepas/aanlê; *carry out a* ~ 'n t. toepas; *pass a* ~ 'n t.
deurstaan; (in) 'n eksamen slaag; *s.t. is a* ~ *of* … iets is
'n toets van — *(bv. iem. se vaardigheid)*; *put s.o. or s.t.
to the* ~ iem. of iets op die proef stel; *a severe* ~ 'n
streng toets; 'n swaar/sware t.; *stand the* ~ die toets/
proef deurstaan; *fail to stand* a ~ 'n t./p. nie deur=
staan nie; *a stiff* ~ 'n strawwe t.; *subject s.o. to a* ~
iem. aan 'n t. onderwerp; *the supreme* ~ die hoog=
ste/swaarste t.

test² [v.] ~ *s.o. in a subject* iem. in 'n vak toets, iem. se
kennis van 'n vak t.; ~ HIM *on* HIS *knowledge of s.t.* iem.
kennis van iets t.; ~ *(out) s.t.* iets t., iets op die proef
stel.

testify ~ *against s.o.* teen iem. getuig, teen iem. ge=
tuienis aflê; ~ *to s.t.* van iets getuig.

testimony *bear* ~ *to s.t.* van iets getuig; *call s.o. in*
~ iem. tot getuie roep; *s.t. is* ~ *of* … iets is 'n bewys
van —; *on the* ~ *of* … volgens die getuienis van —;
produce ~ *of* … van — bewys lewer.

tether *be at the end of one's* ~ raadop wees, ten einde
raad wees; *pootuit*★/*gedaan* wees, nie meer kan nie.

text HE *sticks to* HIS ~ HY hou HOM by SY teks.

thank ~ *s.o. for s.t.* iem. vir iets bedank; ~ *God!*
goddank!; *have s.o. to* ~ *for s.t.* iets aan iem. te danke
hê; HE *has only* HIMSELF *to* ~ *for that* dit is SY eie
skuld; ~ *s.o. profusely for s.t.* vir iem. baie, baie dan=
kie sê vir iets; ~ *s.o. most sincerely* iem. die hartlikste
dank betuig; ~ *you!* dankie!; ~ *you kindly!* hartlik
dank!; ~ *you very much!* baie dankie!; *no,* ~ *you!, no
thanks!* nee dankie!; daarvoor bedank ek!; *I'll* ~ *you to
leave me alone* laat my asseblief met rus.

thankful *be* ~ *for s.t.* dankbaar wees vir iets, iets op

prys stel; *have much to be* ~ *for* baie rede tot dankbaar=
heid hê; *be truly* ~ opreg dankbaar wees.

hanking ~ *you for* ... met dank vir —.

hanks *thanks!* (baie) dankie!; HE **expresses** HIS ~
to ... HY spreek SY dank teenoor — uit, HY betuig SY
dank aan —; *give* ~ dankie sê; aan tafel bid; *s.o.'s*
heartfelt ~ iem. se innigste dank; *hearty* ~ hartlike
dank; *many* ~*!* baie dankie!; ~ *very* **much!** baie dan=
kie!; *no* ~*!, no thank you!* nee dankie!; *get what one*
wants, but **no/small** ~ *to s.o.* geholpe raak ondanks
iem.; *a speech of* ~ 'n dankbetuiging; *tender* ~
dank betuig/uitspreek; *a thousand* ~ duisend maal
dank; ~ *to s.t.* danksy iets; ~ *to s.o.* deur iem. se toe=
doen; *a vote of* ~ 'n mosie van dank; *warm* ~ innige/
hartlike dank; *receive s.t. with* ~ iets met dank ont=
vang; *a word of* ~ 'n woord van dank, 'n dankwoord.

that¹ [pron.] *and* ~*s* ~*!* →*is; about* ~ daarvan, daar=
omtrent; daarom(heen); ongeveer soveel; *above* ~
daarbo; *after* ~ daarna; *against* ~ daarteen; daar=
teenoor; *all* ~ dit alles; *and all* ~ so meer, enso=
voort(s), en wat daarop volg, en dergelike dinge; *all* ~
one has al wat jy het; alles wat jy het; *not as bad/etc as*
all ~ nie heeltemal so sleg/ens. nie; *is it as much as all*
~*?* is dit regtig/werklik so baie?; *and* ~ *because* ... en
wel omdat —; *as to* ~ wat dit betref; *at* ~ daarop;
daarmee, daarby; *leave s.t. at* ~, *let s.t. go at* ~ iets
daarby laat, iets daar laat; *and the* ... *at* ~ en dit nogal
die —; ~ *which has* **been** wat verby is, wat was; *be=*
fore ~ daarvóór; voor die tyd; *behind* ~ daaragter;
by ~ daardeur; daarby; derhalwe; daarmee; *for* ~
daarvoor; *for all* ~ nietemin, desnieteenstaande, nog=
tans, ondanks dit alles, (en) tog, darem; *from* ~ daar=
uit; daarvan; *in front of* ~ daarvóór; ~*'s/there's a*
good ....! §toe nou!; ~ *is how* ... so —; *ten if* ~ tien of
nog minder; *in* ~ HE ... deurdat HY —, daarin dat HY
—; aangesien HY —; in sover HY —; *there is s.t.* **in** ~
daar sit/steek iets in, daar is iets van waar; ~ *is* ... dit
wil sê —; *and* ~ *is* ~, *and* ~*'s* dis klaar, dis al; en
daarmee is dit uit, en daarmee uit (en gedaan), genoeg
daarvan, en daarmee basta★/klaar, en klaar daarby;
dit is tot daarnatoe; dis nou verby, daar's niks aan te
doen nie; *is it as* **late/etc.** *as* ~*?* is dit so laat/ens.?; *like*
~ so; op dié manier; *(just)* **like** ~ sommer(so); *more*
than ~, *(ook)* boonop, buitendien, daarby; *it is* **more**
than ~ dit is meer; *of* ~ daarvan; *on* ~ daarop; *out of*
~ daaruit; *over* ~ daaroor; *over against* ~ daarteen=
oor; *so* ~ ... sodat —; *so* ~*'s* ~ daarop kom dit nou
neer; *is* ~ **so?** o so?, regtig?; *so* **much for** ~ genoeg
daarvan; *to* ~ daaraan; daartoe; *under* ~ daaronder;
upon ~ daarop; *fool* ~ *I was* dwaas wat ek was; ~*'s*
what dis wat dit is; *with* ~ daarmee; *without* ~
daarsonder; ~*'s* **why** dis waarom.

that² [adj.] ~ *one* daardie een.

that³ [adv.] *be* ~ *cold/etc.* § so koud/ens. wees.

that⁴ [voegw.] *not* ~ ..., *but* ... nie dat — nie, maar —.

thaw ~ *out* ontdooi *(lett. & fig.)*; ~ *out s.t.* iets
ontdooi.

the ~ *earlier* HE *leaves,* ~ *sooner* HE *will arrive* hoe
eerder HY vertrek, hoe gouer sal HY aankom; ~ *more*
~ *better* hoe meer hoe beter.

theirs *it is* ~ dit is hulle s'n; ~ *is a large family* hulle
gesin is groot; *of* ~ van hulle.

them *John and* ~ Jan-hulle; *they have R10 between* ~
hulle het tesame R10; *there were hundreds of* ~ daar
was honderde.

themselves →**himself.**

then ~ *again* aan die ander kant; *before* ~ voor dié/
daardie tyd; *by* ~ teen dié/daardie tyd, toe; *even* ~
(selfs) toe al; *from* ~ *(on)* van toe af; *just* ~ net toe;
~ *and now* toe en nou/tans; *only* ~ slegs dan; eers
toe, toe eers; *since* ~ van/sedert dié/daardie tyd, van
toe af, sedertdien; *so* ~ en toe; so is dit dus; ~ *and*
there, there and ~ op die plek/daad, op staande voet,
dadelik, onmiddellik, net daar, terstond, op stel en
sprong; *till/until* ~ tot dié/daardie tyd, vantevore;
tot dié/daardie tyd, tot dan (toe); *not till/until* ~ toe
eers; ~ *why did you* ...? waarom het jy dan —?

theorise, =ize ~ *about s.t.* oor iets teoretiseer.

theory *expound a* ~ 'n teorie voordra; *in* ~ in teorie,
teoreties; *on the* ~ *that* ... op grond van die teorie
dat —.

there *there, there!* toe maar!, stil maar!; HE *is all* ~ §
HY weet wat HY doen, HY is nie onder 'n kalkoen uitge=
broei nie ★; HE *is not all* ~ §HY is nie heeltemal reg nie,
HY is nie reg wys nie, HY het nie al SY varkies in die hok
nie ★; *along* ~ daar langs; ~ *and back* heen en terug;
uit en tuis; *but* ~ maar nou ja; *from* ~ daarvandaan;
get ~ →**get;** ~*'s/that's a good* ...! §toe nou!; ~ *you*
have me! §nou het jy my vas!; *in* ~ daar binne; ~ *s.o.*
or *s.t. is!* daar is iem. of iets!; *but* ~ *it is* dit is nou
(maar) eenmaal so; *just* ~ net daar; *leave* ~ daarvan=
daan vertrek; *near* ~ daar naby; *be* **nearly** ~ am=
per/byna daar wees, so goed as daar wees; ~ *now!* toe
maar!, stil maar!; *out* ~ daar buite; *over* ~ daarso,
daar oorkant; *right* ~ net daar, op die plek; *so* ~*!* §
nou weet jy dit!, daar het jy dit!; en daarmee klaar/bas=
ta★!; wê!★; ~ *and* **then,** *then and* ~ op die plek/daad,
op staande voet, dadelik, onmiddellik, net daar, ter=
stond, op stel en sprong; ~ *are those who think that* ...
sommige meen dat —; *up* ~ daar bo; ~ *you are!* §
daar is dit!; §daar het jy dit!; ~ *is* ...*for you!* dit noem
ek —!

thermometer *the* ~ *reads 30 degrees* die termometer
wys 30 grade.

these →**this.**

they ~ *say that* ... die mense sê dat —, daar word gesê
dat —.

thick¹ [n.] *in the* ~ *of the fight* in die hewigste van die
geveg; *through* ~ *and thin* deur dik en dun, in voor=
spoed en teenspoed/teëspoed; *be in the* ~ *of it/things* in
die middel/hartjie van sake wees.

thick² [adj. & adv.] *be as* ~ *as flies* wemel; *be as* ~ *as*
thieves §kop in een mus wees, dik vriende wees, groot
maats wees; *that is a bit* ~ §dit is dik vir 'n daalder/da=

ler *, dit is ('n) bietjie kras/kwaai, dit is ('n) bietjie oordrewe; *come* ~ *and fast* vinnig op mekaar volg; *the blows came* ~ *and fast* dit het houe gereën, die houe het gereën; *lay it on* ~ →**lay**; *be* ~ *with* ... vol — wees; *be* ~ *with s.o.* §dik bevriend wees met iem., 'n intieme vriend van iem. wees.

thief *set a* ~ *to catch a* ~ (P) jy moet 'n dief met 'n dief vang (P); *a den of thieves* 'n diewenes; *fall among thieves* onder diewe verval/beland; *like a* ~ *in the night* soos 'n dief in die nag; *a pack of thieves* 'n spul diewe *; *stop* ~! keer die dief!; *be as thick as thieves* →**thick**.

thin¹ [v.] ~ *down s.t.* iets verdun; ~ *out* dunner word; ~ *out s.t.* iets uitdun *(plantjies);* iets uitkap/uitdun *(bome);* iets uitpluk *(vrugte).*

thin² [adj.] *as* ~ *as a lath/rake* rietskraal; brand= maer, so maer soos 'n kraai.

thing *above all* ~s bo alles; *be all* ~s *to all men* vir almal alles wees; *all* ~s *considered* op stuk van sake, per slot van rekening, alles in aanmerking/ag geneem/ genome, op die keper beskou; *in all* ~s in elke opsig; ... *of all* ~s sowaar —, (jou) waarlik —, reken/sowaar/ warempel —, (en dit) nogal —, verbeel jou —; *an-other* ~ iets anders; nog iets; *and another* ~ en nog iets; *and another* ~ ...en dan nog —; *that is another* ~ *altogether* dit is glad iets anders; *one* ~ *and another* allerlei dinge; *taking one* ~ *with another* alles in aan= merking/ag geneem/genome; *any old* ~ net wat voor= kom, sel(f)de wat; *as* ~s *are* soos die sake nou staan; ~s *are looking bad* dit/sake lyk sleg/gevaarlik; ~s *are going badly* dit gaan/lyk sleg; *a* ~ *of beauty* iets moois; *have better* ~s *to do* iets beters te doen hê; *it was a close/near* ~ dit was so hittete *, dit het die min geskeel; ~s *to come* die toekoms, toekomstige dinge; *do* ~s *to s.o.* §'n besondere uitwerking op iem. hê; *one can't do a* ~ *with it* jy kan daar niks mee aanvang nie; *that was a foolish/etc.* ~ *to do* dit was dom/ens. om so iets te doen; *the done* ~ §die gebruik/gewoonte; *it's/ that's not the done* ~ §dit doen ('n) mens nie; *all* ~s *being equal* in gelyke omstandighede, as alles gelyk is; *other* ~s *being equal* wat dit origens gelyk is; *first* ~s *first* wat die swaarste is, moet die swaarste weeg; *the first* ~ die eerste van alles; *do s.t. first* ~ *in the morn= ing* § iets in die oggend heel eerste doen; § iets môre/ more heel eerste doen; *not know the first* ~ *about s.t.* nie die flouste/vaagste benul van iets hê nie; *it was a foolish/etc.* ~ *to do* dit was dom/ens. om so iets te doen; *as a general* ~ oor die algemeen; *a good* ~ iets goeds; 'n voordelige saak; 'n geluk; *and a good* ~ *too!* en maar gelukkig ook!; dit is maar goed!; *that is a good* ~ dit is goed, dit is iets goeds; *that is one good* ~ dit is een troos, dit is een geluk; *make a good* ~ *of s.t.* 'n (lekker) slag met iets slaan; munt uit iets slaan; *too much of a good* ~ te erg; *that is too much of a good* ~ dit is 'n bietjie te erg, dit is bietjie(s) te erg, moenie die ding oordryf nie, wat te erg is, is te erg; dit gaan te ver/vêr; *the good* ~s *of life* die aangenaamhede van die

lewe; *be onto a good* ~ §iets goeds beethê; *it would be a good* ~ *all over* dit sou in alle opsigte goed wees; *a great* ~s groot dinge doen; *do the handsome* ~ *by s.o.* iem. rojaal behandel; *have a* ~ *about s.o.* or *s.t.* § baie van iem. of iets hou, dol oor iem. of iets wees; §iets teen iem. of iets hê, niks van iem. of iets hou nie, 'n afkeer van iem. of iets hê; *HE hears* ~s HY verbeel HOM HY hoor iets; *not hear a* ~ hoegenaamd niks hoor nie; *how are* ~s? §hoe gaan dit?, hoe staan die sake?; *the* ~ *is* ... die vernaamste is —; die vraag is —; *that is just the* ~ dis die ware Jakob *, dit is net die regte ding; daar lê die knoop; *know a* ~ *or two* ouer wees as twaalf, nie vandag se kind wees nie, nie 'n pampoenkop wees nie *, goed op die hoogte wees; *it is the last* ~ *s.o. would do* dit is glad nie iem. se bedoeling nie; *the latest* ~ §die allernuutste mode; *not a living* ~ geen lewen= de wese nie; *make a* ~ *of s.t.* §'n ophef van iets maak; *no mean* ~ geen kleinigheid nie; *not mean a* ~ hoe= genaamd niks beteken nie, glad geen betekenis hê nie; *it was a near/close* ~ →*close/near*; *not a* ~ niks nie; *not notice a* ~ niks gewaar nie; *old* ~! §ou kind! *; *for one* ~ ... vir eers —, in die eerste plaas —; om maar een ding te noem —; om iets op te noem —; *that's one* ~ *about HIM* dis nou (maar) van HOM; *life is just one (damn)* ~ *after another* hoe meer dae hoe meer dinge/neukery*; *with one* ~ *and another* deur een en ander; *the only* ~ *now is to* ... al wat HY nou kan doen, is om te —; *the only* ~ *that s.o. can do* al wat iem. kan doen; *among other* ~s onder meer/andere; *HE does HIS own* ~ §HY gaan SY eie gang; *be a* ~ *of the past* tot die verlede behoort, (klaar) verby wees; agter die rug wees; *poor* ~! arme ding!, sies tog!; arme drommel *(net van mans gesê);* *this is quite the* ~ § dit is die nuutste mode, dit is erg in die mode; *that is nog quite the* ~ §dit is nie heeltemal soos dit hoort nie, dit doen ('n) mens darem nie; *s.t. is the real* ~ iets is eg; *do the right* ~ *by s.o.* reg doen teenoor iem.; *it amounts/ comes to the same* ~ dit kom op dieselfde neer; *it's not the same* ~ dis nie dieselfde nie, dis iets anders; *HE sees* ~s HY verbeel HOM dinge, HY is in 'n dwaling; *as I see* ~s soos ek dit sien, soos ek die saak sien; *I've never seen such a* ~ so wat het ek nog nooit gesien nie; *not take* ~s *too seriously* dit nie te ernstig opneem/be= skou nie; *show s.o. a* ~ *or two* §iem. die een en ander leer; *all sorts of* ~s allerhande/allerlei dinge, alles en nog wat; *no such* ~ glad nie so iets nie; *sure* ~! alte/ja seker!; *that is a sure* ~ §dit kan nie misloop nie; *teach s.o. a* ~ *or two* iem. 'n les leer; iem. wys waar Dawid die wortels gegrawe het *; *tell s.o. a* ~ *or two* iem. die leviete voorlees, iem. roskam; *it is (just) one of those* ~s § dis nou (maar) eenmaal so; *all* ~s *taken together* alles in aanmerking/ag geneem/genome; *an unusual* ~ iets buitengewoons; *the very* ~ net die regte ding; *that's the very* ~ *I need* dit is net wat ek nodig het; *not have a* ~ *to wear* niks hê om aan te trek nie; ~s *are going well* dit gaan goed, dit gaan voor die wind; *what a* ~ *to do* or *say* hoe kan ('n) mens so iets

doen *of* sê?; **work** ~s *out* probleme oplos; ~s *are going*
wrong dit/sake loop skeef.

hink¹ [n.] *HE has (got) another* ~ *coming* §HY het dit
ver/vêr mis, HY misreken HOM totaal; *have a* ~ *about*
s.t. § oor iets dink, iets oorweeg.

hink² [v.] ~ *about/of* ... aan — dink; ~ *about s.t.*,
(ook) oor iets dink, iets oorweeg; *give s.o. s.t. to* ~
about iem. laat kopkrap; ~ *again* iets heroorweeg; ~
ahead vooruitdink; *they or we* ~ *alike* hulle *of* ons
dink eenders/eners; ~ *aloud* hardop dink; ~ *back*
terugdink; ~ *back to* ... aan — terugdink; ~ *better*
of it van plan/gedagte verander; ~ *better of s.o.* 'n
hoër dunk van iem. hê; ~ *big* groot planne hê, iets
groots aanpak; *I can't* ~ ... ek weet glad nie —; *come*
to ~ *of it* ... noudat ek daaraan dink —; *if you come to*
~ *of it* eintlik, as jy daaroor nadink; *it is difficult to* ~
that ... ('n) mens kan beswaarlik dink dat —; *I don't*
~*!* §moenie glo nie! ⋆; ~ *fit to do s.t.* dit goed/nodig/
raadsaam/dienstig/gepas ag/dink om iets te doen; *if*
you ~ *(it) fit* as jy dit goedvind; *give s.o. furiously to*
~ iem. diep laat dink; ~ *hard* diep (na)dink, goed
nadink; *I hardly/scarcely* ~ *(so)* ek glo amper nie;
~ *highly of* ... baie van — dink, 'n hoë dunk van —
hê, 'n goeie opinie van — hê; *HE* ~s *for HIMSELF* HY
vorm SY eie oordeel, HY dink selfstandig; *HE* ~s *to*
HIMSELF HY dink by HOMSELF; *I* ~ *it (is)* ... ek vind
dit —; *just* ~*!* verbeel jou!, dink ('n) bietjie!, nou toe
nou!; ~ *little of* ... min van — dink, nie 'n hoë dunk
van — hê nie; *make HIM* ~ *again* HOM SY planne *of*
oordeel laat heroorweeg; *make s.o.* ~ *of* ... iem. aan
— laat dink; ~ *meanly of s.o.* sleg van iem. dink; ~
much of ... baie van — dink, 'n hoë dunk van — hê;
hoë agting vir — hê; *HE* ~s *much of HIMSELF* HY het
'n hoë dunk van HOMSELF; *I* ~ *not* ek glo nie; *s.o.*
would/could not ~ *of doing s.t.* iem. sou iets glad nie
doen nie; *HE* ~s *of s.t.* HY dink aan iets; HY kry van iets
gedagte, HY herinner HOM iets; HY bedink iets, HY
maak 'n plan; HY oorweeg iets; ~ *of s.o.* aan iem. dink;
~ *of it!* dink net (daaraan)!; *what do you* ~ *of* ...?
→*what; only* ~*!* dink nou net!, dink ('n) bietjie!; ~
out s.t. iets uitdink; iets behoorlik oorweeg; ~ *s.t.*
over oor iets nadink; ~ *poorly of* ... min van — dink,
'n swak dunk van — hê; ~ *s.t. probable* iets waar=
skynlik ag; ~ *it proper* dit goedvind; dit geskik ag; *I*
scarcely/hardly ~ *(so)* →*hardly/scarcely; I*
should ~ ... ek sou dink —; *yes, I* ~ *so* ja, ek dink so;
ek meen van wel; *I don't* ~ *so* ek dink dit nie; ek glo
nie; *I should (jolly well)* ~ *so!* natuurlik!, ek sou so
dink!; *stop to* ~ 'n oomblik nadink; ~ *straight* lo=
gies dink; ~ *s.t. through* goed oor iets nadink, iets
deeglik oorweeg; ~ *to do s.t.* daaraan dink om iets te
doen; ~ *twice about s.t.* iets nog 'n slag oorweeg, hui=
werig wees om iets dadelik te doen, die kat eers uit die
boom kyk; ~ *up s.t.* §iets uitdink/bedink; ~ *well of*
s.o. 'n hoë dunk van iem. hê; *that's what you* ~*!* dit
dink jy (maar!); *not know what to* ~ *about* ... nie weet
wat om van — te dink nie; *what do you* ~ *you're doing?*

wat vang jy nou aan?; *what do you* ~ *of* ...? wat dink jy
van —?, hoe hou jy van —? *(iem. of iets)*, hoe geval —
jou? *(iets); s.o. wouldn't* ~ *of doing it* dit sou nooit in
iem. se gedagte opkom om dit te doen nie.

thinking *straight* ~ padlangse denke; *to HIS way of*
~ na SY mening/oordeel; *to his way of* ~, *(ook)* syns
insiens; *to my way of* ~ myns insiens, na my mening/
oordeel; *to our way of* ~ onses insiens, na ons mening/
oordeel; *to their way of* ~ na hulle mening/oordeel;
HE brings s.o. round to HIS way of ~ HY haal iem. tot SY
sienswyse oor; *without* ~ onnadenkend; onwillekeu=
rig; *woolly* ~ verwarde denke.

thinking cap *put on one's* ~ ~ § begin dink, begin
planne maak.

thirst¹ [n.] *a* ~ *after s.t.* 'n dors na/vir iets; *die of* ~
sterf van dors; *have a* ~ d. wees/hê; *be parched with*
~ vergaan/versmag van die d.; *HE quenches/slakes*
HIS ~ HY les SY d.; *an unquenchable* ~ 'n onles=
bare d.

thirst² [v.] ~ *after/for s.t.* na iets dors, vurig na iets
verlang.

thirsty *be* ~ dors wees/hê.

thirties *HE is in HIS* ~ HY is in die dertig, HY is in SY
dertigerjare; *it happened in the T~* dit het in die derti=
gerjare gebeur, dit het in die jare dertig gebeur.

this¹ [pron.] *about* ~ hierom; hieromtrent; hiervan;
after ~ hierna; voortaan, na dese, in die vervolg;
against ~ hierteen; *(as) against* ~ hierteenoor; *all*
~ dit alles; *as to* ~ wat dit betref; *before* ~ hiervóór,
voorheen, tevore; *behind* ~ hieragter; *by* ~ hier=
deur; *for* ~ hiervoor; *for all* ~ tog, darem, nogtans,
nietemin; *from* ~ hiervan; hieruit; hiervandaan; *in*
front of ~ hiervóór; ~ *is the man* or *woman* dis hy *of*
sy dié; ~ *is the book I want you to read* dit is die boek
wat ek wil hê jy moet lees; ~ *is an interesting/etc. book*
hierdie boek is interessant/ens., dit is 'n interessan=
te/ens. boek dié; ~ *is the highest mountain* hierdie berg
is die hoogste; *like* ~ so, op dié manier; *it's like* ~ die
ding is so; *of* ~ hiervan; *on* ~ hierop; *out of* ~ hier=
uit; *over* ~ hieroor; *over against* ~ hierteenoor; ~
and that § dit en dat ⋆; *talk of* ~ *and that* § hieroor en
daaroor gesels/praat, hiervan en daarvan gesels/praat,
oor dit(jies) en dat(jies) gesels/praat ⋆; *of* ~, *that and*
the other § hiervan en daarvan, van alles en nog wat; *to*
~ hieraan; hiertoe; *under* ~ hieronder; *upon* ~
hierop; *what's all* ~? § wat is hier aan die gang?; *with*
~ hiermee; *without* ~ hiersonder.

this² [adj.] ~ *one* dié/hierdie een.

Thomas *a doubting* ~ 'n ongelowige Thomas.

thorn *be a* ~ *in s.o.'s flesh/side* vir iem. 'n doring in die
vlees wees; *be/sit on* ~s op hete kole sit; *step on a* ~ in
'n doring trap.

thoroughfare *no* ~ geen deurgang.

those ~ *who* ... dié/diegene wat —; *there are* ~ *who*
... daar is mense wat —, sommige —; ~ *of you who* ...
dié van julle wat —; *there are* ~ *among you who* ...
sommige/party van julle —.

though *as* ~ ... (as)of —; *even* ~ ... selfs as —, al —; *s.o. is a nice person* ~ iem. is tog 'n gawe mens.

thought¹ [n.] *be absorbed/plunged/wrapped in* ~ in gedagtes/gepeins verdiep/versonke wees; *at the* ~ *of s.t.* by die gedagte aan iets; *the bare* ~ net die gedagte (alleen), die blote gedagte; *a body of* ~ 'n denkrigting; HE *collects* HIS ~*s* HY kry SY gedagtes bymekaar; *be deep in* ~ ingedagte wees, in gedagtes verdiep/versonke wees; *in deep* ~ in diep(e) gepeins; *s.o.'s every* ~ al iem. se gedagtes, elke gedagte van iem.; *s.t. is food for* ~ iets laat ('n) mens dink, iets gee te denke; ~ *is free* elkeen kan dink wat hy of sy wil; *freedom of* ~ vryheid van denke; *take* ~ *for the future* vir die toekoms sorg; *give a* ~ *to* ... aan — dink; oor — nadink; *give s.t. a lot of* ~, *give s.t. much* ~ goed oor iets nadink, iets baie goed/deeglik oorweeg; *not give s.t. a* ~ glad nie aan iets dink nie; *a happy* ~ 'n gelukkige inval; HE *harbours the* ~ *of* ... HY dra die gedagte aan — in HOM om; *s.o.'s line of* ~ iem. se gedagtegang; *be lost in* ~ in gedagtes/gepeins verdiep/versonke wees; *the mere* ~ net die gedagte (alleen), die blote gedagte; *at the mere* ~ *of it* reeds by die gedagte daaraan; *without a moment's* ~ sonder om twee keer te dink, sonder om 'n oomblik na te dink, sonder om HOM 'n oomblik te bedink; HE *takes no* ~ *of the morrow* HY bekommer HOM nie oor die dag van môre/more nie; *have no* ~ *of doing s.t.* nie meen om iets te doen nie; nie van plan wees om iets te doen nie; *s.o.'s* ~*s on s.t.* wat iem. van iets dink; *s.o.'s one* ~ *is to* ... al waaraan iem. dink, is om te —; *perish the* ~! dit sy verre (van my)!, die blote gedagte!; *be plunged/absorbed/wrapped in* ~ →*absorbed/plunged/wrapped;* *a school of* ~ 'n denkrigting/denkwyse; HE *gets* or *has second* ~*s about/on s.t.* HY kry of het bedenkings oor iets, HY oorweeg iets opnuut, HY besin HOM; *on second* ~*s* ná verdere/vêrdere oorweging, by nader(e) oorweging, ná ryper beraad; *after serious* ~ ná ryp beraad, ná ernstige oorweging; *have some* ~*s of doing s.t.* half en half van plan wees om iets te doen; *take* ~ goed dink, ernstig nadink, ernstig oorweeg; *a train/trend of* ~ 'n gedagtegang/gedagteloop; *s.o.'s* ~*s turn to s.t.* iem. dink oor iets; *the very* ~ *of it* net die gedagte daaraan, die blote gedagte (daaraan); *act without* ~ handel sonder om (na) te dink; *be wrapped/absorbed/plunged in* ~ →*absorbed/ plunged/wrapped.*

thought² [verl.t. & verl.dw.] *s.o.* or *s.t. is* ~ *to be* ... iem. *of* iets is vermoedelik —; *it is not to be* ~ *of* dit is ondenkbaar; *I* ~ *so* dit kon ek dink, dit het ek gedink. →**think.**

thoughtful *be* ~ *of others* altyd aan ander dink; *how* ~ *of you!* hoe vriendelik van jou om daaraan te dink!, baie bedagsaam van jou!

thousand *a* ~ ... duisend —; ~*s and* ~*s of* ... duisende der duisende —, derduisende —; *make a* ~ *and one excuses* allerhande ekskuse/verskonings hê; *by the* ~ by (die) duisende; *in (their)* ~*s* by (die) duisende;

be a man in a ~ 'n man duisend wees, een uit duisend wees; ~*s of kilometres/etc.* duisende kilometers/ens.; *one in a* ~ een uit duisend; *it is a* ~ *to one chance* dis duisend teen een; *tens of* ~*s of* ... tienduisende —; ~*s upon* ~*s of* ... duisende der duisende —, derduisende —.

thrall *be in* ~ *to* ... die slaaf van — wees; *hold s.o. in* ~ iem. verkneg.

thrash ~ *about/around* rondspook; ~ *out a matter* 'n saak uitpluis, 'n saak van alle kante bekyk; agter die waarheid kom in verband met 'n saak.

thread¹ [n.] *a ball of* ~ 'n bol garing; HE *does not have a dry* ~ *on* HIM §HY het geen droë draad aan SY lyf nie; *gather/pick up the* ~*s* die drade saamvat; *hang by a (silken)* ~ aan 'n dun draadjie hang, aan 'n sydraadjie hang; *the* ~ *of life* die lewensdraad; *lose the* ~ afdwaal, van die punt afraak; die kluts kwytraak; *a* ~ *runs through s.t.* 'n draad loop deur iets; *take up the* ~ vervat, vervolg; *be worn to a* ~ gaar gedra wees *(bv. 'n kledingstuk).*

thread² [v.] HE ~*s* HIS *way through the* ... HY vleg tussen die — deur, HY baan vir HOM 'n weg deur die —.

threat *carry out a* ~ 'n dreigement uitvoer; *an empty* ~ 'n holle dreigement; *pose a* ~ *to* ... gevaar vir — inhou, 'n bedreiging vir — inhou/wees; *be a* ~ *to* ... 'n bedreiging/gevaar vir — wees; *under* ~ *of* ... onder bedreiging met/van —; *a veiled* ~ 'n bedekte dreigement.

threaten ~ *to do s.t.* dreig om iets te doen; ~ *s.o. with* ... iem. met — dreig.

three *all* ~ al drie; *all* ~ *of them* or *us* hulle *of* ons al drie; ~ *by* ~, *in* ~*s* drie-drie; *the rule of* ~ die reël van drie, die verhoudingswet.

thresh ~ *out s.t.* iets uitdors; ~ *out a matter* →**thrash.**

threshold *on the* ~ *of* ... op die drumpel van — *(fig.).*

thrill¹ [n.] *s.t. gives s.o. a* ~ iets is vir iem. opwindend.

thrill² [v.] *s.o.* ~*s to s.t.* iets laat 'n trilling deur iem. gaan.

thrilled HE *is* ~ *to bits* §HY spring uit SY vel van blydskap/vreugde ★

thrive ~ *on s.t.* op iets floreer.

throat *be at each other's* ~*s, be at one another's* ~*s* rusie maak; *clear one's* ~ keelskoonmaak; *cut/slit s.o.'s* ~ iem. se keel afsny, iem. keelaf sny, iem. keel afsny; *cut each other's* ~*s* mekaar keelaf sny ★, mekaar keel afsny ★, mekaar benadeel; HE *cuts* HIS *own* ~ HY sny SY eie keel af ★, HY bewerk SY eie ondergang, HY benadeel HOMSELF; *force/ram/shove/stuff/thrust s.t. down s.o.'s* ~ §iets aan iem. opdwing; *jump down s.o.'s* ~ § iem. inklim/invlieg ★, teen iem. uitvaar; *lie in one's* ~ →**lie;** HE *pours everything down* HIS ~ § HY ja(ag) alles deur SY keelgat ★; *slit/cut s.o.'s* ~ →**cut/slit;** *it sticks in* HIS ~ §dit steek HOM dwars in die krop; *the words stick in s.o.'s* ~ §die woorde bly in iem. se keel steek; *take s.o. by the* ~ iem. aan die keel/strot/bors

gryp; **thrust/force/ram/shove/stuff** *s.t. down s.o.'s*
~ →**force/ram/shove/stuff/thrust;** *go down the*
wrong ~ by die verkeerde keel(gat) ingaan.

throb ~ *with* ... bons van — *(bv. blydskap);* van —
wemel *(bv. mense).*

throes *be in the* ~ *of* ... hard met — besig wees; *the
last* ~ die doodstryd.

throne *s.o.'s* **accession** *to the* ~ iem. se troonsbesty=
ging; **ascend** *the* ~, **come** *to the* ~, **mount** *the* ~ die
troon bestyg; **place** *s.o. on the* ~ iem. op/tot die t.
verhef; **restore** *s.o. to the* ~ iem. op die t. herstel; *the*
speech *from the* ~ die troonrede; *the* **succession** *to
the* ~ die troonopvolging.

thronged *be* ~ *with* ... van — wemel *(bv. mense).*

throttle¹ [n.] *at full* ~ met volle krag; in volle vaart.

throttle² [v.] ~ *back/down* vaart verminder.

through¹ [adj. & adv.] ~ *and* ~ deur en deur, in alle
opsigte; *read s.t.* ~ *and* ~ iets oor en oor lees; *s.o. is*
~ § iem. is klaar (met iets); § dit is klaar(praat) met
iem. ✶; **right** ~ deur en deur, dwarsdeur, van voor tot
agter; *the* **whole** *day/etc.* ~ die hele dag/ens. deur; *be*
~ *with s.t.* § klaar wees met iets, iets klaar hê *(bv.
werk);* § iets deurgelees hê *(bv. 'n boek); be* ~ *with
s.o.* § klaar wees met iem., niks meer met iem. te doen
wil hê nie.

through² [prep.] ~ *HIM* deur HOM; ~ *it* daardeur;
right ~ ... dwarsdeur —; ~ *that* daardeur; ~ *this*
hierdeur; ~ *what?* waardeur?; ~ *which* ... waar=
deur —.

throw¹ [n.] *have a* ~ *at* ... gooi na —; *stake all on a
single* ~ alles op een kaart verwed; *a stone's* ~ 'n
klipgooi.

throw² [v.] ~ *about s.t.* iets rondgooi; ~ *aside s.t.*
iets opsy gooi; ~ *o.s. at s.o.* agter iem. aanloop *(ge=
woonlik gesê van 'n vrou wat agter 'n man aanloop);* ~
stones at s.o. iem. met klippe gooi; ~ *away s.t.* iets
weggooi; iets vermors; iets laat verlore gaan, iets laat
verbygaan, iets laat glip *(bv. 'n kans);* ~ *back* terug=
aard; ~ *back s.t.* iets teruggooi; iets terugkaats *(bv. 'n
aanmerking);* ~ *back s.o.* iem. terugdryf/terugslaan/
terugwerp *(bv. die vyand);* ~ *down s.t.* iets afgooi;
iets neergooi/neerwerp; iets omgooi/omvergooi/om=
vêrgooi, iets plat gooi; ~ *down s.o.* iem. ondergooi; ~
o.s. down plat val, plat gaan lê; ~ *in s.t.* iets ingooi; ~
in s.t. (in a transaction) iets op die koop toe gee, iets
bygee/bysit (in 'n transaksie); ~ *o.s. into s.t.* iets met
hart en siel aanpak, met hart en siel vir iets werk *(bv. 'n
saak);* ~ *o.s. into the water* in die water spring/duik;
~ *off s.t.* iets afgooi; iets uitpluk *(bv. klere);* iets ople=
wer *(bv. wins);* van iets ontslae raak *(bv. 'n verkoue);*
iets afgee *(bv. vonke);* ~ *off s.o.* iem. ontglip; ~ *on
s.t.* iets opgooi; gou-gou/haastig iets aantrek/aanpluk
(klere); ~ *open s.t.* iets oopgooi; iets oopmaak/oop=
stel; ~ *open s.t. to* ... iets vir —oopstel; ~ *out s.t.* iets
uitgooi; iets verwerp *(bv. 'n voorstel);* iets uitstoot
(bv. 'n mens se bors); iets aan die hand gee *(bv. 'n
wenk);* iets te kenne gee; iets afgee *(bv. warmte);* iets

verkeerd maak *(bv. 'n berekening);* ~ *HIM* out HOM
uitgooi/uitsmyt; HOM deurmekaarmaak, HOM van SY
wysie bring; ~ *s.o. or s.t. out of* ... iem. *of* iets by —
uitgooi *(bv. die deur, die venster);* ~ *over s.t.* iets oor=
gooi; ~ *over s.o.* §iem. verlaat, iem. in die steek laat; §
iem. afsê *(bv. 'n kêrel);* ~ *s.t.* **overboard** iets oor=
boord gooi *(lett. & fig.);* ~ *things* **together** goed
saamgooi; ~ *together s.t.* iets gou maak, iets saam=
flans; ~ *people* **together** mense saambring; ~ *up* §
opbring, opgooi, vomeer; ~ *up s.t.* iets opgooi; iets
opgee, iets laat vaar; iets opskuif/opskuiwe *(bv. 'n ven=
ster);* iets oplewer *(bv. 'n leier);* iets opsteek *(bv. 'n
mens se hand);* iets prysgee *(bv. die spel).*

thrown *be* ~ afgegooi word; *HE is* ~ *back on/upon* ...
HY is op — aangewese; HY moet HOM op — verlaat; HY
moet SY toevlug tot — neem; *be* ~ *from a horse, be* ~
from the saddle deur 'n perd afgegooi word; *they are*
~ *together* hulle is op mekaar se geselskap aangewe=
se; *be* ~ *upon each other* op mekaar aangewese wees.

thrust ~ *aside s.o. or s.t.* iem. *of* iets opsy stoot; ~ *at
s.o. (with a knife)* (met 'n mes) na iem. steek; ~ *forth
s.t.* iets uitstoot; iets uitsteek; *HE* ~*s HIMSELF* **for=
ward** HY dring HOM op die voorgrond; ~ *in* indring;
inbeur; ~ *s.t. into* ... iets in — steek; iets in — stop; ~
out s.t. iets uitstoot; iets uitsteek *('n mens se hand);* ~
s.t. through ... iets deur — steek; *HE* ~*s HIMSELF*
upon *s.o.* HY dring HOM aan iem. op; ~ *s.t. upon s.o.*
iets aan iem. opdring.

thud *s.t.* ~*s into/on* ... iets tref — met 'n dowwe slag.

thumb¹ [n.] *be all* ~*s* onhandig/lomp wees; *it's* ~*s
down for s.o. or s.t.* iem. *of* iets word afgewys; *have a*
green ~ →**finger;** *hold* ~*s for s.o, keep one's fingers
crossed for s.o.* vir iem. duim vashou, aan iem. dink;
stick out like a **sore** ~ § erg hinderlik wees; *HE* **twid=
dles/twirls** *HIS* ~*s* HY speel met SY duime, HY ver=
kwis tyd; *be under s.o.'s* ~ onder iem. se duim wees,
onder iem. se plak sit; *hold s.o. under one's* ~ iem.
onder die duim hou, oor iem. baasspeel; ~*s up!* hou
moed!, hou die blink kant bo! ✶

thumb² [v.] ~ *through s.t.* deur iets blaai *(bv. 'n boek).*

thump ~ *out s.t.* iets tokkel.

thunder¹ [n.] *a crack of* ~ 'n donderslag; ~ *and
lightning* donder en blitse, swaar weer; *like* ~ woe=
dend; *a roll of* ~ 'n dreuning/gerommel van die don=
derweer; *the* ~ *rumbles* die donder dreun/rommel;
steal s.o.'s ~ die wind uit iem. se seile haal, iem. voor=
spring; *what in* ~? § wat die/de duiwel/ongeluk/don=
der? ✶

thunder² [v.] ~ *across* ... oor — dreun; ~ *against*
... teen — uitvaar; ~ *down* neerstort; *it* ~*s* dit don=
der, die weer dreun; ~ *out s.t.* iets uitslinger *(bv. 'n
vloek).*

thunderstorm *a* ~ *is brewing* daar is onweer in die
lug.

tick¹ [n.] *half a* ~*!* §'n oomblikkie!; *in a* ~, *in two* ~*s* §
in 'n kits/japtrap✶, sommer gou-gou.

tick² [n.] *buy on* ~ § op skuld koop.

tick³ [v.] *make* *s.t.* ~ § iets aan die gang maak/hou; *find out what makes* *s.o.* ~ §agterkom hoe iem. se kop werk; ~ *off* *s.t.* iets (af)merk; iets aanstip; ~ *off* *s.o.* § iem. op die vingers tik, iem. 'n skrobbering gee, iem. berispe; ~ *over* stadig draai, luier; net aan die gang bly.

ticket *punch* ~s kaartjies knip; *that's the* ~! § dis die ware Jakob! ★, dis net reg!, daar's hy mos! ★, dis net hy! ★

tickets *it's* ~ *with* *s.o.* § dis klaarpraat met iem. ★

ticking-off *give* *s.o.* *a* ~ § iem. 'n skrobbering gee.

tickled *HE is* ~ *to death by* *s.t.*, *HE is* ~ *pink by* *s.t.* §HY is hoogs in SY skik met iets; § HY lag HOM 'n boggel (tjie)/papie oor iets ★, HY kry groot lag oor iets.

tide¹ [n.] *against the* ~ teen die stroom in; *the* ~ *is coming in* die gety kom op; *go/swim with the* ~ § die stroom volg, met die stroom saamgaan; *the* ~ *is going out* die gety gaan/loop af, die gety verloop; *high* ~ hoogwater; *the* ~ *is in* dis hoogwater; *the in= coming* ~ die opkomende gety; *low* ~ laagwater; *the* ~ *is out* dis laagwater; *the outgoing* ~ die afgaande gety; *stem the* ~ die stroom keer; *try to stem the* ~ teen die stroom ingaan; *take the* ~ *at the flood* die geleentheid aangryp; *the turn of the* ~ die keerpunt *(fig.)*; *turn the* ~ die deurslag gee; *the* ~ *has turned*, *(fig.)* die gety het gekeer, daar het 'n kentering/wen= ding gekom; *the* ~ *turns* die gety keer/verander.

tide² [v.] ~ *s.o. over a difficulty* iem. oor 'n moeilik= heid heen bring/help, iem. uithelp.

tidy ~ *away* *s.t.* iets wegpak; *HE tidies HIMSELF (up)* HY knap HOM op, HY maak HOM reg; ~ *up* *s.t.* iets op= ruim; iets opknap; iets aan die kant maak *(bv. 'n kamer)*.

tie¹ [n.] *establish/form* ~s *with* … bande met — aan= knoop; *close* ~s *with* … noue bande met —; *cut/ sever* ~s *with* … die bande met — verbreek; *knot a* ~ 'n das knoop; 'n d. strik; *play off a* ~ 'n beslissende wedstryd speel; *put on a* ~ 'n das omsit/aansit; *the result was a* ~ die uitslag was gelykop; *HE takes off HIS* ~ HY haal SY das af; *tie a* ~ 'n das knoop.

tie² [v.] ~ *back* *s.t.* iets vasbind; ~ *down* *s.t.* iets vasbind; ~ *down* *s.o.* iem. se hande bind; iem. besig hou; ~ *in with* …met — ooreenkom, by — (in)pas; ~ *off* *s.t.* iets afbind; ~ *things together* dinge (aan me= kaar) vasbind; ~ *up* *s.t.* iets vasbind/vasmaak; iets verbind *(bv. 'n wond)*; iets opbind *(bv. 'n vrou se hare)*; iets toebind/toeknoop *(bv. 'n sak)*; iets vasmeer *('n skip)*; iets vassit *(geld)*; iets afhandel *(bv. reëlings, sake)*; ~ *up* *s.o.*, *(lett.)* iem. vasbind/vasmaak; *(fig.)* iem. druk besig hou; ~ *with* … met — gelykop speel.

tied *be* ~ *down* gebind/gebonde wees; *s.o. is fit to be* ~ §iem. is briesend; *be* ~ *up* vas belê wees *(van geld)*; druk besig wees; aan bande gelê wees; *be* ~ *up with* … met — in verband staan; met — te doen hê; met — verbonde wees.

tiff *have a* ~ stry/rusie kry.

tight *as* ~ *as a drum* § so dronk soos 'n hoender/tol ★

tighten ~ *up* *s.t.* iets stywer span; iets strenger maak; iets verskerp/opknap *(bv. reëls)*; ~ *up control, (ook)* strenger toesig uitoefen.

tile *HE has a* ~ *loose* §HY het nie al SY varkies in die hok nie ★, HY is (van lotjie) getik ★; *be (out) on the* ~s §aan die kattemaai wees ★

till¹ [n.] *have one's fingers in the* ~ § die firma se geld steel.

till² [prep.] *not* ~ … nie voor — *(tyd)* nie; eers —; ~ *then* tot dan; ~ *when?* tot wanneer?, hoe lank?

tiller *shoot* ~s (uit)stoel.

tilt¹ [n.] *(at) full* ~ in/met volle vaart; *run full* ~ *against* … in/met volle vaart op — aanstorm; *give* *s.t. a* ~ iets skuins/skeef hou, een kant van iets oplig.

tilt² [v.] ~ *at* *s.o.* iem. aanval, op iem. lostrek; ~ *over* skeef staan; omkantel.

time¹ [n.] *it's about* ~ dis hoog tyd; *be abreast of the* ~s op die hoogte van die tyd wees; *after a* ~ nader= hand, na 'n rukkie; ~ *after* ~, ~ *and (* ~ *) again* keer op keer, telkens (weer), slag vir/om slag, herhaaldelik, telkemale; *it is a race against* ~ dit is 'n wedloop met/teen die tyd; *work against* ~ ja(ag) om betyds klaar te kom/kry, alles uithaal om betyds klaar te kom/kry; *ahead of* ~ vroeg, voor die gestelde tyd; *HE was ahead of HIS* ~, *HE was in advance of HIS* ~ HY was SY tyd vooruit; *all the* ~ die hele t., heeltyd, (heel= dag en) aldag, al die t., deurentyd/deurgaans; *at all* ~s altyd, altoos, steeds, te alle tye, deurentyd; *for all* ~ vir altyd; eenmaal en klaar; *of all* ~ van alle tye; *have all the* ~ *in the world* volop tyd hê; *another* ~ ander= dag; *at any* ~ te eniger tyd; te alle tye; *any* ~ *(you like)* net wanneer jy wil; *appoint a* ~ *for a meeting* 'n tyd vir 'n vergadering aanwys; *at the appointed* ~ op die bestemde t.; *arrive on* ~ betyds aankom; *when the* ~ *arrives* wanneer die tyd aanbreek/kom; *ask the* ~ vra hoe laat dit is; *ask for* ~ uitstel vra; *at* ~s af en toe, nou en dan, soms, by/met tye, by wyle; *(two/three/ etc.) at a* ~ (twee/drie/ens.) tegelyk, op 'n keer/ slag; *at the* ~ destyds, toe, toentertyd; *at the* ~ *of* … ten ty(d)e van —; *have a bad* ~ swaar kry, dit hotagter kry/hê ★, 'n swaar tyd deurmaak; *fall on bad* ~s teen= spoed/teëspoed kry; *beat* ~ die maat slaan; *a minute before* ~ 'n minuut voor die bestemde tyd; 'n minuut voor die end/einde *(van 'n wedstryd)*; *s.t. happened before* *s.o.'s* ~ iets het voor iem. se tyd gebeur; *HE is before HIS* ~ HY is te vroeg; HY is SY t. vooruit; *and not before* ~ §en glad nie te gou nie; *HE begrudges HIMSELF the* ~ *necessary to* … HY gun HOM nie die nodige tyd om te — nie; *beguile the* ~ die t. verdryf/ kort; *behind* ~ (te) laat; *be behind the* ~s ouderwets wees, uit die tyd wees, verouderde opvattings hê; ag= terlik wees; *for the* ~ *being* voorlopig, tydelik, vir eers, vir die oomblik, solank; *at the best of* ~s op sy beste; *in between* ~s tussenin; *HE bides/waits HIS* ~ HY wag SY tyd af, HY wag 'n geleentheid/kans af; *make the big* ~ §die top bereik; *three* ~s *as big as* … drie maal/keer so groot as —; *by the* ~ *that* … wan=

neer —, teen dat —; ~s *change* (P) die tye verander (P); ~s have *changed* die tye/wêreld het verander; *for a considerable* ~ geruime tyd; *in the course of* ~ mettertyd, met/na verloop van t., met die jare, naderhand; *the* ~ *of day* →**day**; *at different* ~s meermale; *difficult* ~s swaar tye; *give s.o. a difficult* ~ iem. laat swaar kry; *have a difficult* ~ *(of it)* dit hotagter kry/hê ⋆, swaar kry; *do/serve* ~ §'n straf uitdien/uitsit, agter die tralies sit; *in due* ~ op die gesette tyd; te(r) geleëner/gelegener/bekwamer t.; mettertyd, met verloop van t., naderhand; HE *employs* HIS ~ ... HY bestee SY t. —; *the train's estimated* ~ *of arrival is ...* die trein word om — verwag; *every* ~ elke/iedere keer; telkens, altyd, gedurig; *every* ~ HE ... elke keer/ maal dat HY —; *every (single)* ~ altyd, hou vir hou ⋆, skoot vir skoot ⋆; *there is a* ~ *(and place) for everything* (P) alles het/op sy tyd (P), daar is 'n t. vir alles (P); ~ *fails me* die t. ontbreek my; *make fast/good* ~ vinnig vorder; vinnig reis; *fill (up)* ~ die tyd vul/ omkry; *find* ~ *to do s.t.* die t. kry/vind om iets te doen; die t. inruim om iets te doen; *find* ~ *for ...* vir — t. kry/vind; vir — t. inruim; HE *does not find* ~ *to do s.t.*, *(ook)* HY kry nie SY draai nie ⋆; *this is a fine* ~ *to ...!* HY het regtig 'n goeie tyd gekies/uitgesoek om te —!; *have a fine/high/rare old* ~ § die grootste pret hê, verjaar ⋆; *for the first* ~ (vir) die eerste keer/maal; ~ *is fleeting* (P) die tyd snel verby (P); ~ *flies* (P) die t. vlieg (P); *for a* ~ 'n ruk, 'n t. lank; *for some* ~ *(to come)* nog 'n hele/geruime t.; voorlopig; *it is* ~ *for ...* dit is t. om te —; dit is t. dat —; *take* ~ *by the forelock* die geleentheid aangryp, die kans waarneem; *from* ~ *to* ~ (so) nou en dan, van tyd tot tyd; *in the ful(l)ness of* ~ op die gestelde t.; in die volheid/voleinding van die tye, op die jongste dag; *gain* ~ tyd wen; *get* ~ t. kry; §tronkstraf kry; ~ *is getting on* die t. gaan verby; dit word laat; *give/tell s.o. the* ~ vir iem. sê hoe laat dit is; *can you give me the* ~ *for it?* kan jy die tyd daarvoor afstaan?; *as* ~ *goes on* mettertyd; *a good* ~ 'n lekker/plesierige tyd; *a good* ~ *to do s.t.* 'n goeie/ geskikte t. om iets te doen; *have a good* ~ plesier/ pret hê/maak, dit (besonder) geniet, te kere gaan, rinkink, verjaar⋆; *a good* ~ *was had by all* almal het dit gate-uit geniet ⋆; *in good* ~ ruim betyds; tydig; *all in good* ~ te(r) geleëner/gelegener tyd; *the good old* ~s die goeie ou(e) tyd; *make good/fast* ~ →*fast/good*; *have good* ~s voorspoed geniet; *half the* ~ §dikwels; ~ *hangs heavy on s.o.'s hands* die tyd is vir iem. lank/ swaar; *fall on/upon hard* ~s moeilike tye beleef/belewe; *give s.o. a hard* ~ iem. swaar laat leef/lewe; *have a hard* ~ *(of it)* swaar leef/lewe, harde bene kou ⋆; *have* ~ *for s.t.* tyd hê vir iets, t. vir iets kan afstaan; *have a* ~ *doing s.t.* sukkel om iets te doen; *have you (got) the* ~? kan jy my sê hoe laat dit is?, het jy die tyd?; *have you (got) the* ~ *(for it)?* het jy die t. (daarvoor)?, kan jy die t. (daarvoor) afstaan?; *have the* ~ *to ...* tyd hê om te —; ~ *will heal it* daar sal gras oor groei; ~ *is the great healer* (P) die tyd is die beste

heelmeester (P), die t. heel alle wonde (P); *it is high* ~ *that ...* dit is hoog t. dat —; *have a high/fine/rare old* ~ →*fine/high/rare*; *from/since* ~ *immemorial* sedert onheuglike tye, van toeka se tyd/dae (af) ⋆, sedert die jaar nul, uit jare/eeue her; *in* ~ op tyd, betyds; uiteindelik; *in (the course of)* ~ mettertyd, met/na verloop van t., met die jare, naderhand; *in HIS ~/day* HE *could or was ...* op SY dae/dag kon *of* was HY —, in SY tyd kon *of* was HY —; *in* ~ *to come* mettertyd, in die toekoms; *in a week's/etc.* ~ in/binne 'n week/ens.; oor 'n week/ens.; *well in* ~ ruim betyds; 5 ~s 10 *is* 50 5 maal 10 is 50; *keep* ~ die maat hou; die maat slaan; in die pas bly; goed loop *('n horlosie/oorlosie)*; *keep track of the* ~ die tyd dophou; *keep up with the* ~s, *move with the* ~s met die tyd saamgaan/meegaan; *kill* ~ die t. omkry/ombring/verdryf; *because of a lack of* ~ omdat die t. iem. ontbreek; *with the lapse of* ~ met/na verloop van t.; *for the last* ~ vir oulaas; *last s.o.'s* ~ iem. se leeftyd duur, hou/duur so lank as iem. leef/lewe; *last for some length of* ~ geruime tyd duur; *have the* ~ *of one's life* 'n heerlike t. beleef/belewe, dit besonder geniet; HE *has a lively* ~ HY het SY hande vol; HY het/kry dit hotagter ⋆; *be a long* ~, *be gone for a long* ~ lank wegbly, lank weg wees; *it takes a long* ~ dit duur lank, dit kos baie tyd; *s.o. has not done it for a long* ~ iem. het dit lank laas gedoen; *s.o. has been here for a long* ~ iem. is al lank hier; *look at the* ~ op die horlosie/oorlosie kyk, kyk hoe laat dit is; *look at the* ~! kyk hoe laat is dit al!, kyk na die horlosie/oorlosie!; *lose no* ~ *in doing s.t.* iets sonder versuim doen; gretig wees om iets te doen; *make up for lost* ~, *recover lost* ~ verlore tyd inhaal; *lots of* ~ §volop t.; *lots of* ~s § dikwels, baiekeer, baiemaal; *make* ~ tyd wen; betyds aankom; *make fast/good* ~ vinnig vorder; *make* ~ *for s.t.* vir iets tyd maak; *what* ~ *do you make it?*, *what do you make the* ~? hoe laat het jy dit?; *make* ~ *with s.o.* §by iem. aanlê ⋆; *many (and many) a* ~ dikwels, baiekeer, baiemaal, keer op keer; *many* ~s dikwels, baie kere/male; *ever so many* ~s hoeveel maal al; *the march of* ~ die verloop van die tyd; ~ *marches on* die t. staan nie stil nie; *mark* ~, *(mil.; algemeen)* die pas markeer; *(mus.)* die maat aangee; *it is only a matter/question of* ~ dit is net 'n kwessie van tyd, met die t. sal dit kom; ~ *out of mind* lank gelede, sedert onheuglike tye; ~ *is money* (P) tyd is geld (P); *most of the* ~, *most* ~s gewoonlik, mees(t)al; *most of the* ~, *(ook)* byna die hele tyd; *most of s.o.'s* ~ die meeste van iem. se tyd; *move with the* ~s, *keep up with the* ~s met die tyd saamgaan/meegaan; *s.o. hasn't all that much* ~ iem. het nie soveel t. nie; *s.o.'s* ~ *is drawing near* iem. se tydjie word kort; iem. se einde nader; *in the nick of* ~ op die tippie/nippertjie, net betyds, op die laaste oomblik; net op die regte tyd; *nine* ~s out of ten nege uit die tien keer/maal; *at no* ~ nooit; in geen stadium nie; *have no* ~ *for s.t.*, *(lett.)* geen tyd vir iets hê nie; *(fig.)* §niks goeds van iets te sê hê nie, niks vir iets voel nie; *have no* ~ *for s.o.* §iem. nie kan veel/verdra nie; §niks vir iem. oorhê nie; *in less than no* ∼, *in (next to) no* ∼, *in no* ∼ *at all* in 'n kits/japtrap★/oogwink/oogwenk/ommesientjie, so gou soos blits ★; *this is no* ∼ *to* … dis nie nou die tyd om te — nie; ∼*s without number*, ∼*s out of number* male sonder tal, tallose kere/male; *at odd* ∼*s* op ongereelde tye, af en toe, nou en dan; *at the* ∼ *of* … ten ty(d)e van —; tydens —; *at the* ∼ *of (writing/etc.)* terwyl ek (skryf/skrywe/ens.); *the* … *of the* ∼ die — van destyds; *get/have* ∼ *off* tyd vry hê; *take* ∼ *off* ('n) bietjie met verlof gaan, ('n) bietjie uitspan; *olden* ∼*s* die ou dae/tyd; *on* ∼ op (die bepaalde) tyd, betyds; *be bang/dead on* ∼ §presies op die regte tyd kom; *once upon a* ∼ eendag, eenmaal, eenkeer, lank gelede; *at one* ∼ vroeër, voorheen, eenmaal; 'n tyd lank *(in die verlede)*; *at one (and the same)* ∼ gelyktydig, tegelyk, tegelykertyd; *one at a* ∼ een-een; *at other* ∼*s* dan weer; *our* ∼*(s)* ons tyd/tye, hierdie tyd; *out of* ∼ uit die maat; uit die pas; te laat; *over* ∼ mettertyd; *if one could have one's* ∼ *over again* as jy jou lewe opnuut kon hê; *in HIS own* ∼ in SY vry(e) tyd; *in HIS own good* ∼ §wanneer dit HOM pas; *pass the* ∼ die tyd deurbring; die t. omkry/kort/verdryf; *pass the* ∼ *of day with s.o.* →*day*; ∼ *passes (rapidly)* die t. gaan (gou) om/verby, (die t. vlieg); ∼ *is passing* die t. gaan verby; *be past one's* ∼ uitgedien(d) wees; *s.o.'s* ∼ *is past* iem. is uitgedien(d); *for some* ∼ *past* nou al 'n tyd lank; *at the appointed* ∼ *and place* op die bestemde t. en plek; *play for* ∼ tyd (probeer) wen; *in point of* ∼ in tydsorde; *at the present* ∼ tans, teenswoordig, deesdae; *(there is) no* ∼ *like the present* (P) van uitstel kom afstel (P), die geskikste tyd is nou; *s.o. is pressed for* ∼ iem. het min t., iem. se t. is baie beperk; iem. is haastig; ∼ *presses* die t. word kort, daar is haas; *the proper* ∼ die regte/geskikte t.; *it is only a question/matter of* ∼ →*matter/question; quite* some ∼ 'n hele ruk/t.; *it is a race against* ∼ dit is 'n wedloop met/teen die t.; *have a rare/fine/high old* ∼ →*fine/high/rare; recover lost* ∼ verlore t. inhaal; *at the right* ∼ op die regte t.; *the* ∼ *is ripe for s.t.* die t. is ryp vir iets; *give s.o. a rough* ∼ iem. swaar laat kry/leef/lewe, iem. hotagter gee ★, iem. hard behandel, iem. hardhandig aanpak; *have a rough* ∼ dit opdraand(e) kry/hê ★, swaar leef/lewe/kry, dit hotagter hê/kry ★; *have a royal* ∼ dit koninklik hê/geniet; ∼ *has run out* die tyd is op; ∼ *is running out* die tyd raak kort, die t. word min, die t. verloop; *at the same* ∼ terselfdertyd, meteen; gelyktydig, tegelyk, tegelykertyd; tewens; daarteenoor; (en) tog, desondanks, nogtans, desnieteenstaande, nietemin; *at the same* ∼ *as* … tegelyk met —; *save* ∼ tyd spaar; *at seasonable and unseasonable* ∼*s* tydig en ontydig; *a second* ∼ andermaal, weer; *happen for the second* ∼ nog 'n keer/maal gebeur, 'n tweede keer/maal gebeur; *serve/do* ∼ →*do/serve; at set* ∼*s* op gesette tye; *several* ∼*s* verskeie kere/male; *a short* ∼ 'n tydjie/rukkie; ∼ *is getting short* die tyd raak min; *be/work (on) short*

∼ *ondertyd* werk, verkorte werktyd hê; *put workers on short* ∼ werkers se tyd inkort; ∼ *will show* die tyd sal leer; *it is a sign of the* ∼*s* dit is 'n teken van die t.; *have a smashing* ∼ §hewige pret hê, dit gate-uit geniet ★; *some* ∼ *ago* 'n hele ruk gelede; *for some* ∼ in 'n lang tyd; 'n tyd lank; *s.o. has been here (for) some* ∼ iem. is al 'n ruk hier, iem. is al 'n tyd lank hier; *for some* ∼ *to come* nog 'n hele t.; *we must do it some* ∼ ons moet dit op (die) een of ander t. doen; *quite some* ∼ 'n hele ruk/t.; *a space of* ∼ 'n tydsbestek; *in s.o.'s spare* ∼ in iem. se vrye tyd; *spare the* ∼ *for s.t.* t. aan iets afstaan; *have no* ∼ *to spare* nie/geen t. oorhê nie; HE *spends* HIS ∼ *on* … HY bestee SY t. aan —; HE *spends* HIS ∼ *reading/etc.* HY bring SY t. met lees/ens. deur; HE *spends most of* HIS ∼ *on* … HY bestee die meeste van SY tyd aan —; *state a* ∼ 'n t. aangee/bepaal; *at a suitable* ∼ te(r) geleëner/gelegener t.; HE *takes* HIS ∼ HY haas HOM nie; HE *takes* HIS ∼ *about/over s.t.* HY gebruik/neem SY tyd vir iets, HY haas HOM nie met iets nie; HY draai LANK met iets; *it takes* ∼ dit vereis tyd, hiervoor het ('n) mens t. nodig; *it takes* ∼ *to* … ('n) mens het t. nodig om te —; dit duur 'n ruk voordat —; *take up* ∼ t. in beslag neem; *take your* ∼! moenie haastig wees nie!, haas jou nie!, daar's baie tyd!, neem die t. daarvoor!; *tell the* ∼ op die horlosie/oorlosie kyk, weet hoe laat dit is; sê hoe laat dit is; *be able to tell the* ∼ op die horlosie/oorlosie kan kyk; ∼ *will tell* die tyd sal leer; *tell/give s.o. the* ∼ →*give/tell; ten* ∼*s over* tiendubbel; *at that* ∼, *at the* ∼ destyds, toe, toentertyd; *by that* ∼ toe al/reeds, teen daardie tyd *(in die verlede)*; dan, teen daardie tyd *(in die toekoms)*; *by that* ∼ *it will be over* dit sal dan (al) verby wees; *have a thin* ∼ §dit sleg tref, 'n moeilike tyd deurmaak; *third* ∼ *lucky* alle goeie dinge bestaan uit drie; *at this* ∼ tans, teenswoordig, deesdae; *by this* ∼ teen dié tyd, nou (al/reeds); *by this* ∼ *next week/etc.* aanstaande week/ens. dié t.; *a thousand* ∼*s easier/etc.* §oneindig makliker/ens., honderd maal makliker/ens.; ∼ *and tide wait for no man* (P) jy moet die geleentheid aangryp as jy dit kry; *have a tough* ∼ §les opsê ★, dit hotagter hê/kry ★; *live in troubled/troublous* ∼*s* in 'n (veel)bewoë/beroerde tyd leef/lewe; *I have told you umpteen* ∼*s* §ek het jou al hoeveel maal gesê; *for the umpteenth* ∼ § die hoeveelste maal; *at an unearthly/ungodly* ∼ §op 'n onmoontlike/onmenslike tyd, onmenslik vroeg; *spend an unconscionable* ∼ *on s.t.* verskriklik lank met iets besig wees; *unquiet* ∼*s* bewoë tye; *until such* ∼ *as* … tot tyd en wyl —; *the* ∼ *is up* die t. is om/verstreke; *have to wait some* ∼ 'n rukkie/tydjie moet wag; HE *waits/bides* HIS ∼ →*bides/waits;* ∼ *was when* … daar was 'n tyd toe —; *waste* ∼ t. verspil/verkwis/mors; *it is a waste of* ∼ dit is tydverkwisting/tydverspilling; *s.o.'s watch gains* ∼ iem. se horlosie/oorlosie loop voor; *s.o.'s watch keeps good* ∼ iem. se horlosie/oorlosie loop goed; *it is* ∼ *well-spent* die tyd is goed bestee; *have a whale of a* ∼ §groot pret hê, dit gate-uit

geniet ★; **what** ~ *is it?, what is the* ~*?* hoe laat is dit?; *at*
what ~*?* hoe laat?; wanneer?; *at a* ~ **when** ... op 'n
tydstip toe —; in 'n tyd toe —; *the* ~ **(when)** *s.o.* ...
die keer toe iem. —; *the* ~ *by* **which** ... die tyd waar=
binne —; wanneer —; *while away the* ~ die t. omkry;
win *a race in a* ~ *of* ... 'n wedloop *of* wedren wen in
—; *have all the* ~ *in the* **world** volop tyd hê; *the* ~ *is*
not yet die t. het nog nie gekom nie; *now is* **your** ~ nou
is jou kans.

time² [v.] *HE* ~*s HIMSELF* HY hardloop *of* werk/ens.
presies na die afgemete tyd; HY stel vas hoe gou HY iets
kan doen; HY meet hoe vinnig HY die afstand geloop *of*
gehardloop het.

timed *s.t. is* ~ *to take place at* ... iets is vir — gereël,
iets is so gereël dat dit om — plaasvind; *be well* ~ geleë
wees, op die geskikte tyd plaasvind; *not be well* ~ onge=
leë wees, nie op die geskikte tyd plaasvind nie.

time limit *set a* ~ ~ *for* ... 'n tydgrens vir — stel.

tinged ~ *with* ... met 'n tikkie —.

tinker¹ [n.] *HE doesn't care/give a* ~*'s damn/curse/cuss*
→**care²**.

tinker² [v.] ~ *with s.t.* met iets peuter.

tinkle *give s.o. a* ~ § iem. bel; *have a* ~ §§ water af=
slaan ★★

tip¹ [n.] *the* ~ *of the iceberg* →**iceberg**; *from* ~ *to* ~
van punt tot punt; *s.t. is on the* ~ *of HIS tongue*
→**tongue**.

tip² [n.] *give s.o. a* ~ iem. 'n fooitjie gee; iem. 'n wenk
gee, iem. op die spoor van iets bring; *take a* ~ 'n wenk
aanneem.

tip³ [v.] ~ *s.o.* or *s.t.* **into** ... iem. *of* iets in — gooi; *s.t.*
~*s over* iets val om, iets kantel (om); ~ *over s.t.* iets
omstoot/omgooi; *s.t.* ~*s* **up** iets wip op; iets klap op; ~
up s.t. iets opklap; iets skuins hou.

tip⁴ [v.] ~ *off s.o.* iem. waarsku, iem. die wete gee; iem.
'n wenk gee.

tipped *s.o. is* ~ *as* ... iem. word as — genoem, iem. sal
volgens die ingewydes — wees *(bv. die nuwe kaptein);*
s.o. is ~ *to* ... iem. gaan volgens die voorspellings —
(bv. wen).

tire ~ *of s.t.* vir iets moeg word; ~ *s.o. out* iem. afmat.

tired *be bone* ~, *be* ~ *to* **death** doodmoeg wees; *be*
dog-~ doodmoeg/pootuit★ wees; *get* ~ moeg word;
be ~ *of s.t.* moeg wees van iets; *be (sick and)* ~ *of s.t.*
moeg wees vir iets, sat wees vir/van iets, teë wees vir
iets; *be* ~ **out** doodmoeg/afgemat/uitgeput/gedaan/
kapot★/pootuit★ wees.

tit ~ *for tat* tik jy my dan pik ek jou; *give s.o.* ~ *for tat*
iem. met gelyke munt betaal.

title *bear a* ~ 'n titel voer; *compete for the world* ~
om die wêreldtitel meeding; *confer a* ~ *on s.o.* 'n
titel aan iem. toeken; *have a* ~ *to s.t.* op iets geregtig
wees.

tizzy *be in a* ~, *be all of a* ~ § opgewonde wees;
§ verbouereerd wees; *get into a* ~ § opgewonde raak;
§ verbouereerd raak.

to *as* ~ ... aangaande —, wat — betref; ~ *and fro* heen

en weer, op en neer; oor en weer; *that's all there is* ~ *it*
dis al; *there is nothing* ~ *it* →**nothing**.

toady ~ *to s.o.* by iem. inkruip ★, by iem. witvoetjie
soek ★

toast *drink a* ~ 'n heildronk drink; *give a* ~ 'n h.
instel; *HE has s.o. on* § HY het iem. in SY mag; *pro=*
pose a ~ *to* ... 'n heildronk op — instel; *be the* ~ *of the*
town/day die held van die dag wees, die gevierde
vrou *of* man wees.

tocsin *sound the* ~ die alarm blaas, die alarmklok lui.

today *here* ~ *and gone tomorrow* vandag hier en môre
daar; *HE is here* ~ *and gone tomorrow* HY is 'n voël op 'n
tak ★

toddle ~ *along* § koers kry ★, huis toe gaan.

to-do *it was a great* ~ dit was 'n yslike gedoente; dit
was 'n hele herrie ★; *make a* ~ *about s.t.* 'n ophef van
iets maak.

toe¹ [n.] *be/keep on one's* ~*s* (op en) wakker wees, ywe=
rig wees; slaggereed wees; *you'll have to be on your* ~*s*
jy sal moet wakker loop; *keep HIM on HIS* ~*s* agter
HOM staan, sorg dat HY SY plig doen; *step/tread on*
s.o.'s ~*s/corns* op iem. se tone trap, iem. te na kom,
iem. aanstoot gee; *HE* **stubbed** *HIS* ~, *(lett.)* HY het
SY toon gestamp; *(fig.)* HY het SY kop gestamp; *turn*
up one's ~*s* §§ bokveld toe gaan ★★, afklop ★★, lepel in
die dak steek ★★

toe² [v.] ~ *in* instaan *(van voete); HE* ~*s in* HY draai SY
voete na binne, HY loop met SY voete na binne; ~ *out*
uitstaan *(van voete); HE* ~*s out* HY draai SY voete na
buite, HY loop met SY voete na buite.

toff *HE* ~*s up* § HY dos HOM uit.

toffee *s.o. cannot do s.t. for* ~ § iem. kan iets glad nie
doen nie.

tog *HE* ~*s HIMSELF out/up* § HY dos/vat HOM uit.
→**togged.**

together *all* ~ almal saam/tesame; alles op een hoop;
close ~ dig bymekaar; dig opmekaar; *for* **days** ~ dae
aanmekaar/aaneen; ~ **with** ... saam/tesame met —;
tegelyk met —.

togged *be* ~ *up* § uitgedos/uitgevat wees. →**tog.**

toil¹ [n.] ~ *and moil* 'n geswoeg; *unremitting* ~ onver=
drote arbeid.

toil² [v.] ~ *at/over s.t.* aan iets werk/slaaf; ~ *and moil*
swoeg en slaaf.

toilet *flush the* ~ die toilet (uit)spoel.

toils *in the* ~ *of* ... in die strikke van —.

token *in* ~ *of* ... as/ten teken van —; *by the same* ~ om
dieselfde rede; op dieselfde wyse.

told *all* ~ altesame; *be* ... *all told* altesame — wees
('n aantal); I am ~ *that* ... ek verneem dat —;
I ~ *you so!* ek het jou mos gesê!, daar het jy dit!
→**tell.**

tolerance ~ *of* ... verdraagsaamheid teenoor/jeens
—; ~ *of/to* ... weerstand(svermoë) teen —; bestand=
heid teen —.

tolerant *be* ~ *of s.o.* or *s.t.* iem. *of* iets kan verdra/
duld.

toll *take a heavy* ~ swaar verliese veroorsaak; *s.t. takes a/its* ~ *of* … iets het 'n/sy uitwerking op —.

Tom *(every)* ~, *Dick and Harry* Jan Rap en sy maat; Piet, Paul en Klaas; *a peeping* ~ 'n afloerder/loervink; ~ *Thumb* Klein Duimpie.

tomorrow ~ *afternoon/etc.* môremiddag/moremiddag/ens.

ton *come down on s.o. like a* ~ *of bricks* →**brick**; *have* ~*s of money* →**money**; ~*s of people* §hope mense ★

tone¹ [n.] *adopt a* ~ 'n toon aanslaan; *a flippant* ~ 'n ligsinnige toon; *take a high* ~ *with s.o.* 'n hoë t. teenoor iem. aanslaan; *in a* … ~ op 'n — t.; *speak in a low* ~ op sagte t. praat; *lower the* ~ *of a conversation* die gehalte van 'n gesprek laat daal; *lower the* ~ *of a place* die aansien van 'n plek verlaag; *the* ~ *of the market* die stemming op die mark; *in measured* ~*s* op afgemete toon; *raise the* ~ *of a place* die aansien van 'n plek verhoog; *the* ~ *of a school* die gees in 'n skool; *set the* ~ die toon aangee; *take a* ~ 'n t. aanslaan; *in a threatening* ~ op dreigende t.

tone² [v.] ~ *down* bedaar; ~ *down s.t.* iets versag/temper; iets sagter uitdruk; iets minder skerp kleur; ~ *in with* … by — pas, met — harmonieer; ~ *up s.t.* iets versterk *(bv. 'n mens se spiere)*; iets 'n skerper kleur gee.

tongs *(a pair of)* ~ 'n tang; *I would not touch it with a pair of* ~ ek sou dit nie met 'n tang wil aanraak nie.

tongue *a Babel/confusion of* ~*s* 'n (Babelse) spraakverwarring; *HE bites HIS* ~ HY byt op sy lip; *I could have bitten off my* ~ §ek kon my tong afbyt ★; *have one's* ~ *in one's cheek, speak with one's* ~ *in one's cheek* skertsend/ironies/spottend praat; *keep a civil* ~ *in one's head* beleef(d) bly; *a confusion/Babel of* ~*s* →**Babel/confusion**; *find one's* ~ begin praat; *HE couldn't find HIS* ~ HY kon nie woorde kry nie, SY tong wou nie los raak nie, HY kon nie SY spraak terugkry nie; *HE has a fluent/ready/smooth* ~ HY het 'n gladde tong, HY is nie op SY mond geval nie; *get one's* ~ *(a)round a word* 'n (moeilike) woord uitspreek; *the gift of* ~*s* talespraak; *give* ~ blaf *(van honde)*; 'n mening gee; *give* ~ *to s.t.* iets uitspreek *(bv. twyfel)*; *HIS* ~ *is hanging out* HY is dors; HY lek SY lippe af, HY is vol verwagting; *HE holds HIS* ~ HY hou SY mond hou, HY bly stil; *hold your* ~! hou jou mond!, bly stil!; *have a long* ~ baie praat; *s.o. has a long* ~ iem. se tong staan nooit stil nie; *HE loses HIS* ~ HY verloor SY tong; *HE puts out HIS* ~ HY steek SY tong uit; *a* ~ *as keen as a razor* 'n tong soos 'n skeermes; *HE has a ready/fluent* ~ →**fluent/ready;** *give s.o. (a lick with) the rough edge/side of one's* ~ iem. terdeë inklim ★, iem. se/die kop was ★, iem. uitskel, iem. 'n skrobbering gee; *a sharp* ~ 'n skerp tong, 'n t. soos 'n rasper/skeermes; *have a silver* ~ welsprekend wees; *a slip of the* ~ 'n verspreking; *HE makes a slip of the* ~ HY verspreek HOM; *s.t. slipped from s.o.'s* ~ iets het iem. ontglip; *HE has a smooth/fluent/ready* ~ →**fluent/ready/smooth;** *speak with a thick* ~ swaar van tong

wees; *tie s.o.'s* ~ iem. se/die mond snoer; *s.t. is on the tip of HIS* ~ iets is op (die punt van) SY tong; *an unbridled* ~ 'n los t.; *wag one's* ~ los en vas praat; ~*s are wagging about s.t.* die tonge is los oor iets; *set the* ~*s wagging* die tonge laat los raak.

tongue-tied *be/feel* ~ met die mond vol tande staan ★

tonic *s.o. is a* ~ iem. se opgewektheid is aansteeklik.

too *it is* ~ *big a subject* dit is 'n te groot onderwerp, die onderwerp is te groot; *it is* ~ *long a story* dit is 'n te lang storie, die storie is te lank; *be altogether* ~ *small/etc., be* ~ *small/etc.* **altogether** heeltemal/veels te klein/ens. wees; *be only* ~ *glad/etc.* maar alte bly/ens. wees.

tool¹ [n.] *be s.o.'s* ~ iem. se werktuig wees; *down* ~*s* ophou werk, uitskei met werk, staak; … *are the* ~*s of HIS trade* HY werk met —.

tool² [v.] ~ *up, ('n fabriek)* toerus.

tooth *extract a* ~ 'n tand trek; *fill a* ~ 'n t. stop/vul; *be long in the* ~ lank in die t. wees *('n perd)*; aan die ou kant wees *('n mens)*; *fight* ~ *and nail* met hand en tand veg; *fight s.t.* ~ *and nail* iets (met) hand en t. beveg; *have a sweet* ~ van soetigheid hou, lief wees vir soetigheid. →**teeth.**

top¹ [n.] *on* ~ *of it all* tot oormaat van ellende/ramp; *at the* ~ (heel) bo, boaan; op die boonste sport; *blow one's* ~ §uitbars, ontplof *(fig.)*, woedend word; *from* ~ *to bottom* van bo tot onder; *HE came out (at the)* ~ *of HIS class* HY het eerste in SY klas gestaan; *come out on* ~ wen, die beste vaar; *come to the* ~ bo uitkom, na bo kom; *get on* ~ *of s.t.* iets baasraak, iets onder die knie kry; *s.t. gets on* ~ *of s.o.* iets word vir iem. te veel *(bv. probleme)*; *get to the* ~ die hoogste sport bereik; *go over the* ~, *(lett.)* bo-oor gaan; *(fig.)* uitgelate/baldadig word; te ver/vêr gaan; *at the* ~ *of the list* boaan die lys; *be on* ~ bo(-op) wees; aan die wenkant wees, bo(baas) wees, voor wees, boaan wees; *on* ~ *of that* →**that;** *be on* ~ *of s.t., (lett.)* bo-op iets wees; *(fig.)* iets baasraak, iets onder die knie hê; *be over the* ~ te ver/vêr gaan; ~ *of the pops* →**pops;** *reach the* ~ bo uitkom; die boonste sport bereik; *right at the* ~ heel bo; *rise to the* ~ bo uitkom, na bo kom; *stay on* ~ bo bly; *take it from the* ~ bo begin; *on* ~ *of that* bo en behalwe dit, afgesien daarvan; boonop, buitendien; tot oormaat van ellende/ramp; *be thin on* ~ §min hare hê, bles word; *from* ~ *to toe* van kop tot tone/toon; *at the very* ~ heel bo; *HE is on* ~ *of HIS work* HY raak SY werk baas, HY het SY werk onder die knie.

top² [v.] *that* ~*s all* dit oortref alles; ~ *off s.t.* iets voltooi; ~ *off s.t. with* … iets met — eindig; ~ *out* dak natmaak; *HE* ~*s all HIS rivals* HY klop al SY mededingers, HY stof al SY mededingers uit; *HE* ~*s up* HY laat SY petroltenk volmaak; ~ *up s.t.* iets volmaak *(bv. 'n glas, 'n petroltenk)*; ~ *up s.o. with s.t.* vir iem. nog iets skink. →**topped.**

topic *the* ~ *of the day* die onderwerp van gesprek, die saak waaroor almal praat; *introduce a* ~ 'n onderwerp

topped *be* ~ *with* … met — bedek wees. →**top²**.

topple ~ *down* aftuimel; omtuimel; ~ *over* omtuimel.

topsy-turvy *turn everything* ~ alles onderstebo keer.

torch *carry a* ~ *for s.o.* hopeloos verlief wees op iem.; *hand on the* ~ die vuur aan die lewe hou; *put s.t. to the* ~ iets aan die brand steek.

torment *HE is in* ~, *HE suffers* ~*s* HY verduur groot/baie pyn; HY kwel HOM verskriklik.

torn *be* ~ *between* … dit moeilik vind om tussen — te kies; *be* ~ *by* … deur — verskeur/verdeel wees; *that's* ~ *it!* § nou is alles bederf/verfoes!; nou is dit klaarpraat! ⋆ →**tear³**.

torrent *in* ~*s* in strome; *it is raining in* ~*s* die reën val in strome, dit reën of jy die water met emmers gooi.

torture *be put to the* ~ gemartel/gefolter word.

toss¹ [n.] *argue the* ~ § oor 'n beslissing stry; *lose the* ~ die loot verloor; *take a* ~ van 'n perd afval, baken steek; *win the* ~ die loot wen.

toss² [v.] ~ *about* rondrol *(bv. in die bed)*; ~ *about s.t.* iets rondgooi/rondsmyt; ~ *aside s.t.* iets opsy gooi; ~ *away s.t.* iets weggooi/wegsmyt; ~ *for s.t.* oor iets loot; ~ *off s.t.* iets gou-gou klaarmaak; iets uitdrink/wegslaan⋆ *(bv. 'n drankie)* ~ *and turn* rondrol, woel *(in die bed)*; ~ *up* loot; ~ *up s.t.* iets opgooi.

tot¹ [n.] *have/take a* ~ 'n dop steek ⋆; *a stiff* ~ 'n stywe dop ⋆; *a tiny* ~ 'n kleintjie.

tot² [v.] ~ *up s.t.* iets optel *(syfers, bedrae)*; *it* ~*s up to* … dit beloop/bedra —, die totaal is —.

total *for a* ~ *of* … vir altesame —; *the grand* ~ die eindtotaal/groottotaal; *in* ~ altesame, in sy geheel; *swell the* ~ die totaal laat oploop; *a tidy* ~ § 'n aansienlike totaal.

totality *in its* ~ in sy geheel.

toto *in* ~ § geheel en al, in sy geheel.

touch¹ [n.] *s.t. opens at a* ~ iets gaan oop as 'n mens net daaraan raak; *be in close* ~ *with* … in noue aanraking met — wees; *be cold to the* ~ koud wees om aan te voel; *have the common* ~ gemaklik/vlot wees in die omgang; *s.o. is an easy* ~ § 'n mens kry maklik iets by iem.; *find* ~, *(rugby)* uitskop, die buitelyn haal; *HE finds HIS* ~ HY vind SY slag; *the finishing* ~ die laaste afronding/afwerking; *put the finishing* ~*es to the work* die werk afrond, die laaste hand aan die werk lê; *get in* ~ *with* … met — in verbinding tree, met — in aanraking/voeling kom; *the ball is in* ~, *(rugby)* die bal is uit; *be in* ~ *with* … met — in verbinding wees/staan, met — in aanraking/voeling wees; *keep in* ~ *with* … met — voeling hou, met — in verbinding/voeling/aanraking bly; *kick into* ~, *(rugby)* (die bal) uitskop; *a light* ~ 'n ligte/sagte aanraking; *have a light* ~ 'n ligte aanslag hê; *HE loses HIS* ~ HY verloor SY slag; *lose* ~ *with* … voeling/kontak met — verloor; *be out of* ~ *with* … geen voeling meer met — hê nie; *s.t. has the personal* ~ iets dra die persoonlike stempel; *put s.o. in* ~ *with* … iem. met — in aanraking bring, iem. met — in verbinding stel; *a soft* ~ 'n ligte aanra-

king; *(mus.)* 'n ligte aanslag; *s.o. is a soft* ~/*mark* § iem. is alte goed of vrygewig; *s.t. is soft to the* ~ iets voel sag, iets is sag op die gevoel; *be warm to the* ~ warm wees om aan te voel.

touch² [v.] *all but* ~ … aan — vat-vat; ~ *at* … by — aangaan; ~ *down* neerstryk *(bv. 'n vliegtuig)*; *(rugby)* (die bal) druk; *(rugby)* (die bal) dooddruk; ~ *s.o. for s.t.* § iets uit iem kry; ~ *s.o. for money/etc.* § geld/ens. by iem. leen; *don't* ~ *me!* hou jou hande tuis!; *no one can* ~ … niemand kom naby — nie; *HE does not* ~ *s.t.* HY sit nie SY mond aan iets nie *(bv. kos, drank)*; ~ *off s.t.* iets laat ontplof; iets laat afgaan; iets veroorsaak, tot iets aanleiding gee, iets uitlok; ~ *on/upon s.t.* iets aanroer *(bv. 'n onderwerp)*; ~ *up s.t.* iets opknap *(bv. grimering)*; iets retoesjeer *('n foto)*.

touch-and-go *it is* ~ *whether* … dit is hoogs onseker of —.

tough *as* ~ *as leather* so taai soos 'n ratel *(iem.)*; *as* ~ *as nails* so taai soos 'n ratel *(iem.)*; klipsteenhard *(iem.)*; *as* ~ *as old boots* vreeslik taai *(iets)*; *get* ~ *with s.o.* § kwaai/hardhandig teen iem. optree, iem. hard aanpak; *it is* ~ § dit is swaar/jammer/ongelukkig.

toughen ~ *up s.o.* iem. gehard maak; ~ *up s.t.* iets sterker maak; iets strenger maak *(bv. reëls)*.

tour *make a* ~ *of the town* 'n rondrit deur die stad maak; *be on* ~ op reis wees.

tout ~ *about/around s.t.* § met iets smous ⋆

tow¹ [n.] *give s.o. a* ~ iem. (se motor) insleep; *have/take s.t. in/on* ~ iets sleep *(bv. 'n motor, 'n skip)*; *have/take s.o in/on* ~ iem. op sleeptou hê/neem; *with all the* … *in/on* ~ met al die — (op 'n streep) agterna; *on* ~ op sleeptou *(kennisgewing)*.

tow² [v.] ~ *away s.t.* iets wegsleep *(bv. 'n motor)*; ~ *in s.t.* iets insleep *(bv. 'n motor)*.

towel *throw in the* ~ die handdoek ingooi *(by boks)*; tou opgooi.

tower¹ [n.] *in an ivory* ~ in 'n invoortoring; *a* ~ *of strength* →**strength.**

tower² [v.] ~ *above/over* … bo(kant) — uitrys/uittroon/uitstyg/uitsteek.

town *about* ~ in die stad *of* dorp (rond); *do a* ~ § 'n stad *of* dorp bekyk; *down* ~ in die middestad; *go down* ~ stad toe gaan; *ten kilometres from* ~ tien kilometer uit die stad *of* dorp; *go (out) on the* ~ § fuif; *go to* ~ stad *of* dorp toe gaan; § fuif; § te kere gaan; *in* ~ in die stad; op die dorp; *live in* ~ in die stad woon; op/in die dorp woon; *a man about* ~ 'n uitgaande/wêreldwyse man, 'n veel gesiene man; 'n losbol/pierewaaier/windmaker; *be on the* ~ § aan die fuif wees; *out of* ~ buite(kant) die stad *of* dorp; *be out of* ~ uitstedig wees; *paint the* ~ *(red)* § die stad *of* dorp op horings neem; *it is the talk of the* ~ die hele dorp het die mond daarvan vol; *toward(s)* ~ stad *of* dorp se kant toe.

toy ~ *with* … met — speel; *HE* ~*s with HIS food* HY eet met lang tande, HY peusel aan SY kos; ~ *with the idea of doing s.t.* daaraan dink om iets te doen.

trace¹ [n.] *HE covers HIS* ~s HY wis SY spore uit; *disappear without (a)* ~ spoorloos verdwyn; *keep* ~ *of* ... — in die oog hou; *leave* ~s spore (agter)laat; *leave no* ~ geen spoor (agter)laat nie; *lose* ~ *of* ... — uit die oog verloor; *not the slightest* ~ *of it* geen spoor daarvan nie; nie die minste sweem daarvan nie.

trace² [v.] ~ *s.t. back to* ... iets tot — terugvoer; iets tot — nagaan; ~ *out s.t.* iets uitstippel.

traced *s.t. was* ~ *back to s.o.* dit het geblyk dat iets van iem. afkomstig was.

traces *kick over the* ~, *(lett.)* onklaar raak/trap; *(fig.)* oor die tou trap, handuit ruk, onregeerbaar word.

track¹ [n.] *off the beaten* ~ weg van die geweoel, afgeleë; ongewoon, buite die gewone; *HE covers HIS* ~s HY wis SY spore uit; *follow in s.o.'s* ~s iem. se voetspore volg; *HE freezes in HIS* ~s §HY steek in SY vier spore vas; *fresh* ~s vars spore; *the inside* ~, *(lett.)* die binnebaan; *(fig.)* die voordeel; *keep* ~ *of* ... op die spoor van — bly; op die hoogte van — bly; *leave the* ~ van die spoor loop *('n trein); lose* ~ *of s.t.* iets uit die oog verloor, die spoor van iets kwytraak; *have lost* ~ *of s.o.* nie meer weet waar iem. is nie; *make* ~s § spore maak ⋆; *die rieme neerlê ⋆; make* ~s *for* ... §na — ja(ag)/oôplê⋆, op — afpyl; *be off the* ~ van die spoor af wees, die s. byster wees; *s.t. is on* ~ iets is op dreef, iets loop/vorder goed *(bv. 'n plan); be on s.o.'s* ~ op iem. se spoor wees; *be on the* ~ *of s.t.* op die s. van iets wees; *pick up a* ~ 'n s. vind; 'n paadjie (terug)vind; *put/throw s.o. off the* ~/*scent* iem. van die s. bring, iem. op 'n dwaalspoor bring; *put s.o. on the (right)* ~ iem. op die (regte) spoor bring; *be on the right* ~ op die regte s. wees; *HE stops (dead) in HIS* ~s §HY steek in SY vier spore vas; *stop HIM in HIS* ~s §HOM in SY vaart stuit; *be on the wrong* ~ die spoor byster wees; op 'n dwaalspoor wees; die verkeerde pad volg.

track² [v.] ~ *down s.o.* iem. opspoor; iem. vang; ~ *down s.t.* iets opspoor *(bv. 'n fout).*

track record *s.o.'s* ~ ~ iem. se prestasies tot dusver/dusvêr; *s.o. has a good* ~ ~ iem. het tot dusver/dusvêr goed/uitstekend gevaar/gepresteer.

trade¹ [n.] *a brisk* ~ *in* ... 'n lewendige handel in —; *be a baker/etc. by* ~ bakker/ens. van beroep wees, bakker/ens. van SY nering/amp wees; *carry on* ~ handel dryf/drywe; *carry on a* ~ 'n ambag uitoefen; handel dryf/drywe; *do a brisk/etc.* ~ lewendige/ens. sake doen; *be good for* ~ bevorderlik wees vir die handel; *s.o. is a jack of all* ~s iem. se hande staan vir niks verkeerd nie; *s.o. is a jack of all* ~s *and master of none* iem. is 'n man van twaalf ambagte en dertien ongelukke; *learn a* ~ 'n vak/ambag leer; *every/each man to HIS* ~ (P) skoenmaker, hou jou by jou lees (P); *pursue a* ~ 'n ambag uitoefen; *have a roaring* ~ reusesake doen, geld maak soos bossies ⋆; *a roaring* ~ *in* ... 'n bloeiende handel in —; *sell only to the* ~ net in die groot(handel) verkoop; *in restraint of* ~ tot inkorting van handelsvryheid; *take up a* ~ 'n ambag

kies; *the terms of* ~ die ruilvoet; *the* ~ dìe handel; *the* ~s die passaat(wind); die passaatgordel.

trade² [v.] ~ *on one's own account* vir eie rekening handel; *trading as* ... wat sake doen as —; ~ *s.t. for s.t. else* iets vir iets anders ruil; ~ *in s.t. for* ... iets vir — inruil; ~ *in certain goods* handel (dryf/drywe) in sekere goedere; ~ *on s.o.'s name* met iem. se naam smous; ~ *on/upon s.t.* van iets misbruik maak, iets uitbuit/eksploiteer; ~ *with s.o.* met iem. handel (dryf/drywe); ~ *punches* or *insults with s.o.* vuishoue of beledigings met iem. wissel.

tradition *according to* ~ volgens (die) oorlewering; *in the* ~ *of* ... na/volgens die tradisie van —; *be a slave to* ~ aan die tradisie verslaaf wees.

traffic¹ [n.] *control the* ~ die verkeer reël; *heavy* ~ druk(ke) verkeer; *the* ~ *in* ... die handel in/met —; *have no* ~ *with s.o.* niks met iem. te doen hê nie, geen omgang met iem. hê nie.

traffic² [v.] ~ *in* ... in/met — handel (dryf/drywe).

tragedy *the* ~ *of it is* ... die tragiese daarvan is —.

trail¹ [n.] *(arms) at the* ~ (wapens) in die hand; *blaze a/the* ~ die weg baan, die baanbreker/pionier/voorloper wees; *follow (up) a* ~ 'n spoor volg, spoorsny; *be hard/hot on s.o.'s* ~ kort op iem. se hakke wees; *hit the* ~ §in die pad val ⋆; *leave a* ~ 'n spoor agterlaat; *lose the* ~ die s. kwytraak, die s. byster raak; *pick up a* ~ 'n s. (terug)vind.

trail² [v.] *HE* ~s *along* HY sleep HOM met moeite voort; ~ *away/off* wegsterf *('n geluid); ~ behind* ... agter — sleep; *s.o.* ~s *behind* iem. sukkel agterna; ~ *for* ... na — dreg; *s.t.* ~s *on the ground* iets sleep op die grond; ~ *HIM* op SY hakke volg, HOM op SY spoor volg.

train¹ [n.] *board a* ~ in/op 'n trein klim; *bring s.t. in its* ~ iets meebring; *go/travel by* ~ per trein gaan/ry/reis, met die t. gaan/ry/reis; *send s.t. by* ~ iets per spoor stuur; *catch a* ~ 'n trein haal, betyds wees vir 'n t.; *change* ~s oorklim, oorstap; *a* ~ *of events* gebeure, 'n reeks (van) gebeurtenisse; *in the* ~ *of* ... as nadraai van —; *miss a* ~ 'n trein mis, 'n t. nie haal nie, te laat kom vir 'n t.; *on the* ~ in/op die t.; *set s.t. in* ~ iets aan die gang sit *(fig.); take a/the* ~ met 'n/die trein ry, 'n/die t. haal/neem, per t. gaan/ry/reis; *travel by* ~ met die t. reis, per t. reis.

train² [v.] *HE* ~s *for* ... HY oefen vir —; HY bekwaam HOM as —; ~ *a gun on/upon* ... 'n kanon op — rig.

trained *be* ~ *as* ... as — opgelei word.

training *be in* ~ geoefen wees; aan die oefen wees; opgelei word; *go into* ~ begin oefen; *undergo* ~ opgelei word, opleiding ontvang.

traipse ~ *after s.o.* § agter iem. aandrentel.

traitor *be a* ~ *to* ... 'n verraaier van — wees —; *turn* ~ verraad pleeg, verraaier word.

tramp ~ *down s.t.* iets vastrap; iets plattrap/vertrap; ~ *on/upon s.t.* op iets trap; ~ *mud/etc. all over the floor/etc.* die vloer/ens. vol modder/ens. trap.

trample ~ *s.o. to death* iem. doodtrap; ~ *down s.t.*

iets plat trap; iets vertrap ~ *s.t. under foot,* ~ *s.t.* **underfoot** iets met die voete vertrap; ~ *on/upon s.t.* op iets trap, iets vertrap; ~ *all over s.o., (fig.)* geheel en al oor iem. baasspeel.

trance *fall/go into a* ~ in 'n beswyming raak.

transaction *conclude a* ~ 'n transaksie aangaan.

transfer ~ *s.t. to s.o.* iets aan iem. oordra; ~ *s.t. to an account* iets op 'n rekening oordra; ~ *s.o. to ...* iem. na — verplaas.

transform ~ *s.o.* or *s.t. from ... into ...* iem. *of* iets van — tot/in — omskep.

transformation *a complete* ~ 'n volslae verande= ring; *the* ~ *of s.o.* or *s.t. from ... into ...* die omskepping van iem. *of* iets van — tot/in —; *undergo a* ~ 'n veran= dering ondergaan.

transfused *be* ~ *with ..., (lett.)* van — deurtrek/ deurdring wees; *(fig.)* met — vervul wees *(bv. vreugde).*

transfusion *give s.o. a* ~ iem. 'n bloedoortapping gee.

transit *be in* ~ onderweg wees, in transito wees; *be damaged in* ~ gedurende die vervoer beskadig word.

translate ~ *s.t. from one language into another* iets uit een taal in 'n ander vertaal; ~ *words into action* woorde in dade omsit.

translation *a close* ~ 'n getroue/noukeurige verta= ling; *do a* ~ *of s.t.* iets vertaal; 'n vertaling van iets maak.

transport *in a* ~ *of ...* in 'n vlaag van — *(bv. woede);* *be in* ~s verruk wees, in verukking wees.

transported *be* ~ *with ...* blind wees van — *(bv. woede);* verruk wees van — *(bv. vreugde).*

trap[1] [n.] *fall into a* ~ in 'n slagyster trap; in 'n val loop; 'n stel aftrap; *lay/set a* ~ 'n val/wip stel, 'n strik span/stel; *set a* ~ *for s.o.* vir iem. 'n (lok)val/wip stel, vir iem. 'n strik span; *HE keeps HIS* ~ *shut* §§ HY hou SY mond; *shut your* ~! §§hou jou bek! ★★; *spring a* ~ 'n stel aftrap; *walk (right/straight) into a* ~ (reg) in 'n val loop.

trap[2] [v.] ~ *s.o. into doing s.t.* iem. deur lis iets laat doen, 'n slim plan maak om iem. iets te laat doen.

trash *talk* ~ bog/kaf★/twak★ praat.

travail *be in* ~ in barensnood verkeer *(lett. & fig.).*

travel[1] *on s.o.'s* ~s op iem. se reise.

travel[2] [v.] ~ *by ...* met die/'n — reis, per — reis; ~ *in wine/etc.* in wyn/ens. reis; ~ *light* met min bagasie reis; *s.t. does not* ~ *well* iets verdra nie om vervoer te word nie; ~ *widely* ver/vêr en veel reis.

travelled *a (widely)* ~ *man* or *woman* 'n bereisde/be= rese man *of* vrou.

traveller *a seasoned* ~ 'n ervare reisiger.

travesty *a* ~/*parody of ....* 'n bespotting van — *(bv. die gereg).*

treachery *scent* ~ verraad vermoed.

tread[1] [n.] *s.o.'s heavy* ~ iem. se swaar voetstappe; *with a velvet* ~ met sagte/onhoorbare tred.

tread[2] [v.] ~ *delicately* omsigtig/versigtig te werk

gaan; ~ *down s.t.* iets vertrap; iets vastrap *(bv. die grond);* ~ *in s.t.* in iets trap; iets (in die grond) vas= trap; ~ *lightly* saggies loop; omsigtig/versigtig te werk gaan; ~ *on/upon s.t.* op iets trap; ~ *out s.t.* iets uittrap/blus *('n vuur); HE has to* ~ *warily* HY moet lig loop, HY moet versigtig wees, HY moet op SY hoede wees.

treason *it is rank* ~ dit is niks anders as verraad nie.

treasure ~ *(up) s.t.* iets opgaar/vergaar.

treat[1] [n.] *give s.o. a* ~ iem. trakteer; *it is a* ~ dit is kostelik; *it is a* ~ *to see her* or *him act* dit is 'n genot/lus om haar *of* hom te sien toneelspeel; *a real/regular* ~ 'n ware genot; 'n hele aardigheid; *stand* ~ trakteer.

treat[2] [v.] ~ *s.o. abominably* iem. verskriklik sleg behandel; ~ *s.t. as ...* iets as — beskou; ~ *s.o. for ...* iem. vir — behandel; ~ *s.o. gently* mooi met iem. werk, sagkens/saggies met iem. handel; *it* ~*s of ...* dit handel/gaan oor —; ~ *s.t. seriously* erns met iets maak; ~ *s.o. shabbily* iem. afskeep; ~ *s.o. to ...* iem. op — vergas/trakteer; ~ *with s.o.* met iem. on= derhandel; ~ *s.o.* or *s.t. with ...* iem. *of* iets met — be= handel.

treatment *get* ~ *for rheumatism/etc.* behandeling teen rumatiek/ens. kry/ontvang; *severe* ~ strenge/har= de behandeling; *undergo* ~ behandel word, behande= ling kry/ontvang.

treaty *conclude a* ~ 'n verdrag sluit/aangaan; *de= nounce a* ~ 'n v. opsê; *enter into a* ~ 'n v. sluit/aan= gaan; *sell s.t. by private* ~ iets uit die hand verkoop; *under the* ~ ingevolge/kragtens die verdrag.

tree *climb a* ~ (in) 'n boom klim; *a clump of* ~s 'n klompie bome; *know a* ~ *by its fruit* 'n boom aan sy vrugte ken; *a tall* ~ 'n hoë b.; *at the top of the* ~, *(lett.)* bo in die b.; *(fig.)* op die boonste sport; *be up a* ~, *(lett.)* in 'n boom wees; *(fig.)* §in 'n hoek wees, in die verknorsing/penarie/knyp wees/sit, met die hand in die hare sit; *bark up the wrong* ~ op die verkeerde spoor wees, by die verkeerde adres wees.

tremble[1] [n.] *be all of a* ~ §die bewerasie hê, beef/be= we soos 'n riet.

tremble[2] [v.] ~ *at ...* beef/bewe by — *(bv. die aan= skou van iets vreesliks);* sidder/beef/bewe by — *(bv. die gedagte);* ~ *for ...* vir — vrees *(bv. iem. se veilig= heid);* ~ *with ...* sidder van — *(bv. angs);* beef/bewe van — *(bv. kwaadheid).*

trend *a* ~ *away from ...* 'n neiging teen —; *a down= ward* ~ 'n daling; 'n dalende neiging; *follow a* ~ 'n mode volg; *set the* ~ die toon aangee; *a* ~ *towards ...* 'n neiging in die rigting van —; *an upward* ~ 'n styging; 'n stygende neiging.

trespass[1] [n.] *forgive us our* ~es vergeef ons ons skul= de *(OAB),* vergeef ons ons oortredinge *(NAB).*

trespass[2] [v.] ~ *against s.t.* iets oortree *(bv. die wet);* iets skend, op iets inbreuk maak *(bv. regte);* teen iets sondig; ~ *on/upon ...* van — misbruik maak *(bv. iem. se gasvryheid);* op — inbreuk maak *(bv. iem. se eiendom, privaatheid).*

trespasser ~*s will be prosecuted* oortreders sal ver= volg word.

trial *be awaiting* ~ in voorarres wees/sit; *bring s.o. to* ~, *bring s.o. up for* ~ iem. voorbring, iem. ver- hoor, iem. voor die hof bring; *come to* ~, *come up for* ~ voorkom, voor die hof kom, teregstaan; *commit s.o. for* ~ iem. ter strafsitting verwys; *by* ~ *and error* deur/volgens die metode van leer en probeer, deur/ volgens die metode van tref of fouteer, deur/volgens die proefmetode, deur/volgens die lukraakmetode; HE *finds s.o. a* ~ iem. stel SY geduld erg op die proef; *be on* ~ *for ..., stand* ~ *for ...* weens — verhoor word, weens — teregstaan; *give s.o. a* ~ iem op proef aan- stel; *give s.t. a* ~ iets probeer; iets op die proef stel; *go on* ~ voorkom, teregstaan, verhoor word *(iem.); go to* ~ voorkom, verhoor word *('n saak); be on* ~ tereg- staan, verhoor word; op proef wees; getoets word, op die proef gestel word; *pending the* ~ hangende die verhoor; *put s.o. on* ~ iem. verhoor; *put s.t. on* ~ iets op die proef stel, iets toets; *remand s.o. for* ~ iem. vir verhoor verwys; *a ship is undergoing its* ~*s* 'n skip is op sy proefvaart(e); *s.t. is a sore* ~ *to s.o.* iets is vir iem. 'n swaar beproewing; *stand* ~ teregstaan, verhoor word; *subject s.t. to* ~ iets aan 'n toets onderwerp; *take s.t. on* ~ iets op proef neem; *be up for* ~ teregstaan.

trial run *give s.t. a* ~ iets op die proef stel; 'n proefrit met iets maak *(bv. 'n motor)*.

triangle *the eternal* ~ die ewige (liefdes)driehoek.

tribute *be a* ~ *to ...* getuig van —; *pay a last* ~ *to s.o.* iem. die laaste eer bewys; *pay (a)* ~ *to ...* aan — hulde bring; — lof toeswaai.

trice *in a* ~ in 'n japtrap★/kits/oomblik, gou-gou, een- twee-drie★, so gou soos nou ★

trick¹ [n.] HE *is at* HIS *old* ~*s again* §HY is weer met SY ou laai besig; *the whole bag of* ~*s* §alles; *a dirty* ~ 'n gemene/smerige poets/streek, 'n lelike poets; *do the* ~ §werk, die ding doen ★; *this will do the* ~ §dit sal werk; *this ought to do the* ~ §dit behoort te werk; *get up to* ~*s* streke uithaal/aanvang; *how's* ~*s?* §hoe gaan dit?; *learn the* ~ *of s.t.* die slag van iets kry, iets onder die knie kry; *make a* ~, *(kaartspel)* 'n slag maak; *never/ not miss a* ~ §altyd presies weet wat aan die gang is; § altyd weet hoe om voordeel te trek; *there is no* ~ *to it* dit is geen groot kuns nie; *pick up a* ~ 'n streek/slag aanleer; *play s.o. a* ~, *play a* ~ *on s.o.* iem. 'n poets bak, iem. 'n streep trek; *play* ~*s* streke uithaal/aan- vang; *a scurvy/shabby* ~ 'n smerige/gemene poets; *play s.o. a shabby* ~, *(ook)* iem. gemeen behandel; *take a* ~, *(kaartspel)* 'n slag neem; *the* ~*s of the trade* die vakgeheime, die kunsies van die vak; *s.o. is up to all kinds of* ~*s* §iem. is vol streke; HE *is up to ...'s* ~*s* HY laat HOM nie deur — fop nie.

trick² [v.] ~ *s.o. into s.t.* iem. deur lis tot iets beweeg; ~ *s.o. out of s.t.* iem. deur skelmstreke iets van iem. ver- kry.

tricked *be* ~ *out* uitgedos/opgetakel/opgesmuk wees.

trickle ~ *down* neerdrup; neerbiggel; ~ *in* indrup; insyfer/insypel; ~ *out* uitlek.

tried *be* ~ *for ...* weens — teregstaan, weens — ver- hoor word; *be severely/sorely* ~ swaar beproef word. →**try²**.

trifle ~ *away s.t.* iets verkwis *(bv. geld);* iets verspil *(bv. 'n mens se kragte);* iets verspeel *(bv. tyd);* ~ *with s.o.* met iem. speel; met iem. gekskeer; ~ *with s.t.* met iets peuter.

trifled HE *is not to be* ~ *with* HY laat nie met HOM speel nie, HY laat HOM nie vir die gek hou nie, HY is niemand se speelgoed nie.

trigger¹ [n.] *pull the* ~ aftrek, losbrand; *s.o. is quick on the* ~ iem. skiet vinnig; iem. reageer vinnig.

trigger² [v.] ~ *off s.t.* iets aan die gang sit, iets veroor- saak, tot iets aanleiding gee.

trim¹ [n.] *be in fighting* ~ slaggereed/strydvaardig wees; *give s.o.'s hair a* ~ iem. se hare top; *be in* ~ in orde wees, in die haak wees; netjies geklee(d) wees; *(sk., lugv.)* in die trim wees; *be out of* ~ onklaar wees; *(sk., lugv.).* uit die trim wees.

trim² [v.] ~ *away s.t.* iets (weg)snoei; ~ *down s.t.* iets besnoei; ~ *down one's figure* verslank; ~ *off s.t.* iets afknip; iets afskaaf.

trimmed *be* ~ *with ...* met — gegarneer/versier wees *(van 'n kledingstuk).*

trip¹ [n.] *go on a* ~, *be off on a* ~, *take a* ~ op reis gaan, 'n reis maak/onderneem; 'n uitstappie doen/maak/on- derneem; *a round* ~ 'n reis heen en terug.

trip² [v.] ~ *over s.t.* oor iets struikel; ~ *(up)* struikel; ~ *up s.o.* iem. pootjie; iem. op 'n fout betrap.

tripe *talk* ~ §kaf praat/verkoop ★

triplicate *in* ~ in drievoud/triplo; *make a* ~ *of s.t.* 'n triplikaat van iets maak.

triumph¹ [n.] *achieve a* ~ 'n oorwinning behaal; *in* ~ in triomf, triomferend.

triumph² [v.] ~ *over ...* oor — seëvier, — oorwin.

troop ~ *away/off* op 'n streep weggaan; ~ *together* saamdrom.

troops *a concentration of* ~ 'n troepesametrekking; *deploy* ~ troepe laat ontplooi; *review* ~ troepe inspekteer.

tropics *in the* ~ in die trope.

trot¹ [n.] *at a* ~ op 'n draf; *break into a* ~ in 'n draf oorgaan; *go for a* ~ 'n entjie gaan draf; 'n entjie gaan ry; *be on the* ~ §ronddraf, nie stilsit nie; *keep s.o. on the* ~ §iem. laat ronddraf, iem. gedurig besig hou; *three times on the* ~ §drie keer na mekaar; *at a quick* ~ op 'n vinnige draf; *a slow* ~ 'n drafstap; *a smart* ~ 'n stywe draf; *win at a* ~ §fluit-fluit★/speel-speel wen. →**trots.**

trot² [v.] ~ *after s.o.* iem. agternadraf; ~ *along* aan- draf; ~ *away* wegdraf; ~ *off* wegdraf; ~ *out* uitdraf; ~ *out s.t.* met iets voor die dag kom, iets voor die dag bring *(bv. 'n ekskuus, 'n argument),*

troth HE *pledges/plights* HIS ~ HY gee SY woord; HY verloof HOM.

trots *have the* ~ §§ buikloop hê.

trouble¹ [n.] *ask for* ~, *be asking for* ~ moeilikheid soek/uitlok; *there is* ~ *between them* hulle het rusie (met mekaar); *cause* ~ moeilikheid veroorsaak; moles maak; kwaad stook, onmin stig/uitlok; *cause s.o.* ~ iem. moeite/las gee; *cause* ~ *for s.o.* iem. in die moeilikheid bring; *court* ~ m. soek; *get into* ~ in die m. kom, in die nood/m. raak; vasbrand; *get s.o. into* ~ iem. in die moeilikheid bring; *get a girl into* ~ §'n meisie in die ander tyd sit *; *give* ~ las gee; moeite gee/veroorsaak; onklaar raak, lol *(van 'n masjien)*; HIS *back is giving* HIM ~ SY rug tel HOM op; *go to all this* ~ al die moeite doen; *go to a lot of* ~ baie moeite doen; *go to the* ~ *of …* die moeite doen om te —; *have* ~ *with …* moeite/las met — hê/kry, met — sukkel, sonde met — hê, las van — hê; *be in* ~ in die moeilikheid/knyp/verknorsing wees/sit; in die nood wees; swaar leef/lewe/kry; *be in* ~ *with s.o.* by iem. in onguns wees; *invite* ~ moeilikheid soek/uitlok; *be in all kinds of* ~ diep in die m. wees; *land in* ~ in die m. beland; in die nood raak; *s.t. lands s.o. in* ~ iets bring iem. in die moeilikheid, iets laat iem. in die m. beland; *look for* ~ m. soek; *you're looking for* ~ jy soek m., jy soek my; *give o.s. a lot of* ~, *go to a lot of* ~ baie moeite doen; *give s.o. a lot of* ~ iem. baie las gee; iem. baie sonde gee/aandoen; *make* ~ moeilik eid veroorsaak, moles maak; kwaad/twis stook, onmin stig; onrus stook; *meet* ~ *halfway* die bobbejaan agter die bult gaan haal *, moeilikhede vooruitloop; *be no* ~ *at all* geen moeite wees nie; *no* ~ *at all!* nie te danke!; *s.o. has not been* ~ iem. het geen las gegee nie; *s.o.'s old* ~ iem. se ou kwaal; *be out for* ~ moeilikheid soek; *get s.o. out of* ~ iem. uit die m. help; *go to a lot of* ~ *over s.t.*, *take a lot of* ~ *over s.t.* baie moeite (in verband) met iets doen; *pick up* ~ teenspoed/teëspoed kry/ondervind; *put o.s. to a lot of* ~ baie moeite doen; *put s.o. to* ~ iem. moeite aandoen, iem. las veroorsaak; HE *saves/spares* HIMSELF *the* ~ HY spaar HOM die moeite; *you may save/spare yourself (the)* ~ spaar jou die moeite, dis moeite (te)vergeefs; *a sea of* ~s teenhede/teenspoed/teëspoed sonder end; *stay out of* ~ uit die moeilikheid bly; *take* ~ moeite doen, omslag maak; *take particular* ~ besonder (baie/veel) moeite doen; *take the* ~ *to …* die moeite doen om te —; *that is the* ~ daar lê die knoop; *what is the* ~? wat makeer/skort?, wat is die fout?; *there will be* ~ daar sal perde wees *

trouble² [v.] *don't* ~ *(yourself)* moenie moeite doen/ maak nie; laat staan maar, laat dit maar, laat maar staan/bly; *don't* ~ *to …* moenie die moeite doen om te — nie, dis onnodig om te —; *can/could/may I* ~ *you for the …?* sal jy asseblief die — aangee?, mag ek asseblief die — kry?; HE *does not let …* ~ HIM bekommer/kwel HOM nie oor — nie; *not* ~ *to …* nie die moeite doen om te — nie; dit nie die moeite werd ag om te — nie; ~ *s.o.* iem. las gee, iem. hinder; *sorry to* ~ *you* dit spyt my om jou lastig te val; *can/could/may*

I ~ *you to …?* sal jy so goed wees om te —?

troubled *sorry you've been* ~ jammer van die moeite/ oorlas; *be* ~ *with …* van — las hê; met — gepla wees.

trousers *be caught with one's* ~/*pants down* § onvoorbereid betrap word, onverwags in verleentheid gebring word; *(a pair of)* ~ 'n (lang)broek; *wear* ~ 'n broek dra; *wear the* ~/*pants* § die broek dra *, baasspeel, die baas wees *(van 'n vrou)*; *wide* ~ 'n wye broek.

trowel *lay it on with a* ~ § dit dik aanmaak *, dit dik opsmeer *, die heuningkwas gebruik *

truant *play* ~ stokkiesdraai.

truck *have no* ~ *with s.o. or s.t.* niks met iem. *of* iets te doen wil hê nie.

truckle ~ *to s.o.* voor iem. kruip, kruiperig wees teenoor iem.

true¹ [n.] *be out of the* ~ nie haaks wees nie; uit die spoor wees; skeef wees.

true² [v.] ~ *up s.t.* iets haaks maak; iets waterpas maak; iets spoor; iets in die regte posisie bring.

true³ [adj.] *as* ~ *as God* so waar as God, so waar as ek leef/lewe; *as* ~ *as God made little apples* § so waar as vet *, so waar as padda manel/baadjie/broek dra *; *as* ~ *as I live* so waar as ek leef/lewe; *as* ~ *as steel* so eerlik soos goud; volkome getrou; ~ *as it is,* … al is dit waar, —; ~ *enough* volkome juis; *(it is)* ~, HE *or it has or is …* weliswaar het of is HY of dit —; *be* ~ *of …* van — waar wees; *be out of* ~ nie haaks wees nie; uit die spoor wees; skeef wees; *s.t. proves to be* ~ iets blyk waar te wees; *be or remain* ~ *to s.o.* aan iem. (ge)trou wees of bly; *be only too* ~ maar alte waar wees.

trump¹ [n.] *the last* ~ die laaste basuin.

trump² [n.] *be a* ~ § 'n staatmaker wees; *draw* ~s troewe (uit)vra/uitspeel; HE *holds all the* ~s HY het al die troefkaarte in SY hand; *turn/come up* ~s § goed uitval, alle verwagtings oortref.

trump³ [v.] ~ *up s.t.* iets uit die duim suig *, iets versin, iets uit die lug gryp *(bv. 'n aanklag)*.

trump card HE *plays* HIS ~ ~ HY speel SY troefkaart.

trumpet HE *blows* HIS *own* ~ HY verkondig SY eie lof/roem, HY basuin SY eie lof uit, jakkals prys sy eie stert *

truss ~ *up s.o. or s.t.* iem. *of* iets vasbind.

trust¹ [n.] *accept s.t. on* ~ iets op goeie geloof aanneem; *a breach of* ~ troubreuk; 'n skending van vertroue; *hold s.t. in* ~ iets in bewaring hê; *be in* ~ in bewaring wees; *be in s.o.'s* ~ onder iem. se toesig wees; *s.o.'s* ~ *in God* iem. se geloofsvertroue; *inspire* ~ *in s.o.* by iem. vertroue inboesem; HE *places/puts* HIS ~ *in s.o.* HY vertrou iem., HY stel vertroue in iem.; *be in a position of* ~ 'n vertrouenspos beklee; *repose* ~ *in s.o.* iem. vertrou, vertroue in iem. stel; *a sacred* ~ 'n heilige/onskendbare verpligting; *take s.t. on* ~ iets op goeie geloof aanneem.

trust² [v.] *trust …!* dit kan ('n) mens van — verwag!; ~ *s.o. implicitly* iem. blind(weg) vertrou; HE ~s *in*

... HY vertrou op —, HY stel vertroue in —, HY verlaat HOM op —; ~ *to* **luck** →**luck**; *I* ~ *not* hopelik nie; ~ *that* s.t. has happened hoop dat iets gebeur het; *HE* ~*s to* ... HY maak op — staat, HY verlaat HOM op —; ~ s.o. *with* s.t. iets aan iem. toevertrou; ~ *you!* dit kan ('n) mens van jou verwag!

trusted ... *is not to be* ~ ('n) mens kan — nie vertrou nie.

truth *not an atom of* ~ geen greintjie waarheid nie; *the bare/naked/plain* ~ die naakte w.; *come/get at the* ~ die w. agterkom; *be completely devoid of* ~ van alle w. ontbloot wees; *an element of* ~ 'n kern van w.; *an established* ~ 'n uitgemaakte w.; ~ *is stranger than fiction* (P) die w. is vreemder as 'n storie (P), die w. klink soms na 'n fabel; *get/come at the* ~ →**come/get**; *it is God's* ~ dit is die reine w.; *a grain of* ~ 'n kern van w.; *tell* s.o. *a few home* ~*s* iem. goed/kaal= kop/vierkant die w. sê/vertel ★; *in* ~ in werklikheid, in der waarheid; om die w. te sê; *there is* ~ *in what* s.o. *says* daar sit iets in wat iem. sê; *the* ~ *of the matter is that* ... die saak staan so —; *the moment of* ~ die oomblik van waarheid/ontnugtering; *the naked/bare/plain* ~ →**naked/bare/plain**; ~ *prevailed* die waarheid het geseëvier; *recognise/-ize the* ~ die w. insien/besef; s.t. *has the ring of* ~ *(about/to it)* iets klink eg/opreg; *tell the simple* ~ die eenvoudige waarheid vertel; *a stranger to the* ~ 'n leuenaar, iem. wat die w. spaar; *stretch the* ~ die w. geweld aan= doen, oordryf; *tell the* ~ die w. praat; *to tell the* ~, ~ *to tell, if the* ~ *were told,* ~ *be told* om die w. te sê, eintlik; *trifle with the* ~ die w. te na kom; *an unpal= atable* ~ 'n onaangename w.; *the unvarnished* ~ die reine/onverbloemde/onopgesmukte w.; *vouch for the* ~ *of* s.t. vir die w. van iets instaan; *be wide of the* ~ ver/vêr van die w. wees; *the* ~ *will out* (P) al is die leuen nog so snel, die w. agterhaal hom wel (P); *there is no word of* ~ *in it* daar is geen woord van waar nie.

try¹ [n.] *convert a* ~ 'n drie doel; *give it a* ~ dit probeer (doen); *have a* ~ probeer; *have a* ~ *at* s.t. iets probeer (doen); *save a* ~ 'n drie verhoed; *score* ~ 'n drie druk/aanteken.

try² [v.] ~ *and come/etc.,* ~ *to come/etc.* probeer kom/ens.; ~ *desperately* wanhopige pogings aan= wend; ~ *to do* s.t. iets probeer doen; ~ *for* ... na — mik, — probeer kry; ~ *hard* hard probeer; ~ *on* s.t. iets aanpas *(klere)*; iets oppas *('n hoed)*; § iets pro= beer/waag; *don't* ~ *it on with me!* §moenie sulke stre= ke by my uithaal nie!; ~ *out* s.t. iets op die proef stel; iets toets/probeer; iets uitkook/uitbraai; iets suiwer; ~ s.t. *out on* ... iets by — toets; ~ *to swim/etc.* probeer (om te) swem/ens.; ~ *valiantly* moedig probeer. →**tried.**

trying *there is nothing like* ~ (P) probeer is die beste geweer (P).

tuck ~ *away* s.t. iets bêre; iets wegsteek; ~ *in* weglê★; ~ *in* s.t. iets insteek; ~ *in* s.o. iem. dig toemaak, iem. toedraai/inrol/invou; ~ *into* s.t. aan iets wegval★/

weglê★/smul *(kos)*; ~ *up* s.o. iem. lekker inrol/toe= draai, iem. warm toemaak; ~ *up* s.t. iets oprol/op= stroop *(bv. hempsmoue)*..

tucked *be* ~ *away* weggesteek wees.

tug ~ *at* ... aan — ruk/pluk.

tumble¹ [n.] *have a* ~ (neer)val, neerslaan; *be in a* ~ deurmekaar wees; *have/take a nasty* ~ lelik val; *take a* ~ (neer)val, neerslaan; sterk daal *(pryse)*.

tumble² [v.] ~ *about* rondrol; ~ *down* neerstort= neerslaan, neerval, omval, omtuimel; ~ *into bed* in kruip★; ~ *off* afval, aftuimel; ~ *out of bed* uit die be= rol; ~ *over* omval, omtuimel, omkantel; ~ *to* s.t. iets snap/vat, agterkom hoe sake inmekaar sit.

tumult *be in a* ~ in beroering wees; *the* ~ *within* s.o. die storm in iem. se gemoed.

tune¹ [n.] *call the* ~ die toon aangee, die lakens uit= deel; *change one's* ~, *sing another* ~, *sing a differen= ~* 'n ander toon aanslaan, 'n toontjie laer sing, 'n an= der liedjie/wysie/deuntjie sing; *dance to* s.o.'s ~ na iem. se pype dans ★; *in* ~ nootvas; *be in* ~ *with* ... in harmonie met — wees, met — harmonieer; *out of* ~ vals; *be out of* ~ *with* ... nie met — harmonieer nie; *pick out a* ~ 'n paar note van 'n deuntjie speel; *sing in* ~ die wysie hou; *sing out of* ~ vals sing; *to the* ~ *of* ... op die wysie van —; § ten bedrae van —, ter waarde van —.

tune² [v.] ~ *in to* ... op — inskakel; ~ *up stem ('n orkes)*; begin speel of sing; ~ *up* s.t. iets instel *(bv. 'n radio)*; iets stel *('n masjien)*.

tunnel¹ [n.] *dig a* ~ 'n tonnel grawe; *drive a* ~ 'n t. grawe/boor.

tunnel² [v.] ~ *through a mountain* 'n tonnel deur 'n berg grawe.

turf ~ *out* s.o. § iem. uitsmyt.

Turk *Young T*~*s* Jong Turke.

turkey *go cold* ~ §§meteens met dwelms ophou; *talk* ~ § reguit/ernstig praat.

turmoil *be in (a)* ~ in beroering wees.

turn¹ [n.] *do* s.t. ~ *(and* ~*) about* iets (al) om die beurt doen, iets beurt om beurt doen, iets om beurte doen, iets beurtelings/beurt-beurt/beurtsgewys(e) doen; *make an about* ~ 'n regsomkeer maak; *do* s.o. a *bad/ill* ~ iem. 'n ondiens bewys; *put* ~ *on a ball* die bal laat draai/tol; *take a* ~ *for the better* 'n gunstige wending neem, 'n w. ten goede neem; *by* ~*s, in* ~ (al) om die beurt, beurtelings, beurt om beurt; *agter me= kaar; they (did* s.t.*) by* ~*s* elkeen het die haar *of* sy beurt gekry om (iets te doen); *the* ~ *of the century or month or year* die wisseling van die eeu *of* maand *of* jaar; *at the* ~ *of the century* by die eeuwisseling; *one good* ~ *deserves another* (P) as twee hande mekaar was, word albei skoon (P); *be done to a* ~ § net lekker gaar wees *(van vleis)*; *do a* ~ *of duty* 'n diensbeurt/ dienstyd hê; *at every* ~ gereeld, om elke hoek (en draai); *take a favourable* ~ 'n gunstige wending neem, 'n w. ten goede neem; *give a (new)* ~ *to* s.t. 'n w. aan iets gee; s.t. *gives* s.o. a ~ §iets laat iem. skrik, iets bring iem. van stryk, iets maak iem. verbouereerd; *do s.o. a good* ~ iem. 'n guns/diens/vriendskap be= wys; *take a grave* ~ veel erger word, 'n ernstige wen= ding neem; *never do a hand's* ~ *(of work)* nooit 'n steek (werk) doen nie; *a* ~ *of the handle* 'n draai van die slinger; *have a* ~ 'n beurt kry; *do s.o. an ill/bad* ~ →*bad/ill; in* HIS ~ op SY beurt; *in* ~, *by* ~*s* →*by; a (new)* ~ 'n wending; 'n kentering/keerpunt; *give a (new)* ~ *to the* … 'n wending aan die — gee; *be of a* … ~ *(of mind)* — aangelê wees, — van aard wees; *be on the* ~ begin te keer *(van die gety);* op die keerpunt staan; §aan die suur word wees *(van melk);* HE *speaks/ talks* out *of (*HIS*)* ~ HY praat uit SY beurt; HY praat SY mond verby; *do a right-about* ~ 'n regsomkeer maak *(lett. & fig.); a* ~ *of the river* 'n draai/bog in die rivier; *a* ~ *in the road, a* ~ *of the road* 'n draai in die pad; *a sharp* ~ 'n kort/skielike draai; *s.o. takes a sud= den* ~ *(to the left or right)* iem. draai skielik (links of regs) weg; *take a* ~ 'n beurt waarneem; 'n dansie doen; 'n entjie gaan stap/loop; draai, om 'n draai gaan; *s.t. takes a* ~ iets neem 'n wending; *take a* ~ *for the better or worse* →*better; worse; take* ~*s* beurte maak, mekaar aflos/afwissel; *take s.t. in* ~*s, take* ~*s with s.t.* beurte maak, mekaar aflos/afwissel; *take the* ~ om die draai gaan; *the* ~ *of the tide* die keerpunt *(fig.); it is s.o.'s* ~ *to* … dit is iem. se beurt om te —; HE *waits* HIS ~ HY wag SY beurt af; *take a* ~ *for the worse* veel erger word, 'n ernstige wending neem; *at the* ~ *of the year* by die wisseling van die jaar.

turn² [v.] ~ *about* omdraai; ~ *s.t. adrift* iets die ose= aan instuur *('n boot);* ~ HIM *adrift* HOM aan SY lot oorlaat, HOM die (wye) wêreld instuur; HE ~*s against s.o.* HY draai HOM teen iem.; *s.t.* ~*s* HIM *against s.o.* iets laat HOM teen iem. draai; HE ~*s around/round* HY draai HOM om; HY verander van opinie; HY slaan 'n ander weg in; HY draai om, HY keer/kom terug; ~ *aside* uitdraai, wegdraai; ~ *aside s.t.* iets afwend; iets uitkeer *(water);* ~ *away* wegdraai, wegloop, weg= stap; ~ *away s.t.* iets wegwys; iets afwys, iets van die hand wys; ~ *away s.o.* iem. wegstuur/wegja(ag); iem. wegwys; nie plek vir iem. hê nie; HE ~*s away from* … HY wend HOM van — af; ~ *back* omdraai; terugkeer; ~ *back s.o.* iem. laat omdraai; iem. keer/voorkeer/ terugdryf; ~ *back s.t.* iets omkeer; iets omslaan *(bv. moue); s.t.* ~*s down* iets vou om; iets klap af; ~ *down s.t.* iets omvou; iets afklap; iets afdraai, iets kleiner draai; iets omkeer *(bv. 'n kaart);* iets afwys/verwerp/ afstem; iets van die hand wys; ~ *s.t. down cold* iets sonder meer afwys/verwerp/afstem; iets sonder meer van die hand wys; ~ *from s.t.* iets verlaat *(bv. die pad);* van iets afstap *('n onderwerp);* van iets weg= stuur; HE ~*s from* …, *(ook)* HY draai van — weg, HY wend HOM van — af; ~ *in* § gaan lê, inkruip★, gaan slaap; *it is time to* ~ *in* §dit is slaaptyd/slapenstyd; ~ *in s.t.* iets invou; iets oorhandig/indien/inlewer; ~ *in s.o.* iem. oorlewer; ~ *in a good performance* goed pres=

teer; ~ *in and out* kronkel, draaie loop; ~ *s.t. inside out* iets omdop; iets deurmekaargooi; ~ *into* … in — verander; in — indraai *('n pad);* ~ *s.t. into* … iets in — (laat) verander; iets in — wegkeer; iets in — oorsit/ oorbring/vertaal *('n taal);* ~ *left* links af gaan; ~ *loose* … — loslaat; — losmaak; — die halter afhaal; ~ *off* afdraai, uitdraai, wegdraai; ~ *off s.t.* iets afkeer/ aflei; iets afdraai/afsluit *(bv. die water, die gas);* iets toedraai *(die kraan);* iets afskakel *(bv. die lig, die ra= dio); s.t.* ~*s s.o. off* §iem. het 'n afkeer van iets; *s.t.* ~*s on* … iets hang van — af; iets gaan/loop oor — *(bv. 'n gesprek);* ~ *on s.o.* iem. aanval; ~ *on s.t.* iets oop= draai/aandraai; iets aanskakel *(bv. die lig, die radio); s.t.* ~*s s.o. on* §iets prikkel iem.; ~ *out* buitekant toe draai; opdaag, verskyn, opkom; aantree *(van soldate);* op die veld gaan *(van spelers); as it* ~*ed out* op stuk van sake; ~ *out badly* sleg misloop; ~ *out early* vroeg op wees; ~ *out for* … na — uitdraai; ~ *out for a team* vir 'n span speel; *s.o.* ~*s out a* … iem. word 'n —; ~ *out like this* hierop uitloop; *it* ~*s out that* … dit blyk dat —; *s.t.* ~*s out to be false/etc.* dit blyk dat iets vals/ ens. is; ~ *out well* sukses behaal; geslaag(d) wees; goed afloop; ~ *out s.t.* iets omdop; iets omkeer/om= draai; iets lewer/maak/vervaardig; iets omkeer, iets leeg skud *('n mens se sakke);* iets uitkeer *('n skottel);* iets aan die kant maak *('n kamer);* iets leegmaak *(bv. 'n kamer)* ~ *out people* mense wegja(ag)/uitja(ag)/ verdryf; mense op straat gooi, mense buitekant die deur sit; ~ *out soldiers* soldate laat aantree; ~ *over* omdraai; omslaan, omval, omkantel, omtuimel; ~ *over s.t.* iets omgooi, iets laat omval/omkantel; iets oormaak; iets omwerk; iets omdolf/omdolwe *(grond);* ~ *over s.o.* iem. oorlewer/uitlewer; *s.o.* ~*s over R…a week* iem. se weeklikse omset is R—; ~ *over (a page)* omblaai, 'n blad omslaan *(in 'n boek); please* ~ *over* sien ommesy, blaai om, omblaai; *(lett.)* draai assebliief om; ~ *s.t. over to* … iets aan — oordra/oormaak; iets aan — oorhandig; ~ *right* regs af gaan; ~ *round/ around* →*around/round;* HE ~*s to* … HY wend HOM tot —; HY slaan oor in/tot —; HY pak — aan *(werk);* HE ~*s to s.o. for* … HY wend HOM tot iem. om — *(bv. raad, hulp);* ~ *to page* … kyk op bl. —; *toss and* ~ →*toss;* ~ *up* opdaag, verskyn; te voorskyn kom; opklap; ~ *up unexpectedly* onverwags opdaag; *s.o.'s nose* ~*s up* iem. het 'n wipneus(ie); ~ *up s.t.* iets opspoor, iets vind, op iets afkom; iets naslaan/opslaan; iets opklap *(bv. 'n tafelblad);* iets uitploeg of uitspit of uitgrawe; iets omkeer *(grond);* iets omslaan *(broeks= pype);* iets opslaan *('n kraag);* iets insit *('n soom);* iets opdraai *('n lamp);* ~ *upon s.o.* iem. aanval; *it* ~*s upon* …, *(lett.)* dit draai op —; *(fig.)* dit hang van — af; ~ *upside down* onderstebo draai; ~ *s.t. upside down* iets omkeer; iets deurmekaarkrap; iets in ver= warring bring.

turned *be* ~ *against s.o.* teen iem. gekant wees; *be finely* ~ mooi gevorm wees *(bv. 'n enkel); be well* ~ *out* goed aangetrek/geklee(d) wees.

turn-up *s.t. is a* ~ *for the book(s)* § iets is heeltemal onverwag.

turtle *turn* ~ omslaan, omkantel, onderstebo val.

tussle ~ *with* ... met — worstel *(bv. probleme)*; *in 'n stryd met* — gewikkel wees.

TV *be on* ~ op die televisie/beeldradio verskyn; *see s.t. on* ~ iets op die televisie/beeldradio sien; *show s.t. on* ~ iets oor die televisie/beeldradio uitsaai; *watch* ~ televisie/beeldradio kyk.

twain *be cut in* ~ middeldeur gesny wees.

Tweedledum ~ *and Tweedledee* vinkel en koljander (die een is soos die ander).

twenties *HE is in HIS* ~ HY is in die twintig, HY is in SY twintigerjare; *it happened in the T*~ dit het in die twintigerjare gebeur, dit het in die jare twintig gebeur.

twice ~ *a day* twee maal/keer per dag, twee maal/keer op 'n dag; ~ *a month or week* twee maal/keer per maand *of* week, twee maal/keer in 'n maand *of* week.

twiddle ~ *with s.t.* met iets speel.

twig *as the* ~ *is bent, the tree is inclined* (P) buig die boompie terwyl hy jonk is (P); *hop the* ~ § lepel in die dak steek ★★, bokveld toe gaan/wees ★★, afklop ★★

twinkling *in a* ~, *in the* ~ *of an eye* in 'n oogwenk/ oogwink/kits.

twist[1] [n.] *give s.t. a* ~ iets draai; iets verdraai *(woorde)*; *be full of* ~*s and turns* vol swaaie en draaie wees, vol kinkels en draaie wees.

twist[2] [v.] ~ *s.t. around/round* ... iets om — draai; ~ *off s.t.* iets afdraai; *HE* ~*s and turns* HY loop draaitjies, HY wring HOM in allerhande bogte *(fig.)*.

twit ~ *HIM about/on/with* ... HOM oor — terg *(bv. SY gebreke)*.

twitter *be all of a* ~ § senu(wee)agtig wees, die bewerasie hê.

two ~ *and* ~, ~ *by* ~ twee-twee; *by* ~*s* twee-twee; ~ *can play at that game* dit kan ek ook doen; ~*'s company* →**company**; *cut s.t. in* ~ iets middeldeur sny, iets in twee sny; ~ *deep* twee agter mekaar; ~ *of a kind* →**kind**; ~ *to one* twee teen een; ... *are* ~ *a penny* — is volop, jy skop — agter elke bossie uit ★; *put* ~ *and* ~ *together* gevolgtrekkings maak; *it takes* ~ *to* ... twee is nodig om te —; *in* ~*s or threes* twee-twee of drie-drie; *just the* ~ *of us* net ons twee; *the* ~ *of you* julle twee; ~ *of you will have to stay* twee van julle sal moet bly; *walk* ~ *and* ~ twee-twee loop.

type[1] [n.] *the book is already in* ~ die boek is reeds geset; *a rare* ~ *of* ... 'n seldsame soort/tipe —; *revert to* ~ terugslaan; *people of that* ~ daardie klas mense; *true to* ~ raseg, soorteg; eg, tipies, kenmerkend.

type[2] [v.] ~ *in s.t.* iets intik; ~ *out s.t.* iets uittik; ~ *up s.t.* iets tik, iets netjies uittik.

typical *be* ~ *of* ... kenmerkend/tiperend/tipies vir/ van — wees, — kenmerk/tipeer; tekenend van/vir — wees.

tyrannise, =**ize** ~ *over s.o.* iem. tiranniseer.

tyre *a flat* ~ 'n pap band; *a spare* ~ 'n ekstra band, 'n noodband; § 'n maagwal(letjie) ★

U

gly *as* ~ *as sin* so lelik soos die nag, skree(u)lelik, hondlelik; *downright* ~ bepaald lelik, in een woord lelik; *turn* ~ 'n dreigende houding aanneem *(van 'n skare)*; dreigend word *(van die weer, die situasie)*.

ltimate *be the* ~ *in* … die allernuutste — wees.

ltimatum *deliver an* ~ 'n ultimatum stel; *present s.o. with an* ~ aan iem. 'n u. stel.

mbrage *give* ~ aanstoot gee, iem. vererg; *HE takes* ~ *about/at s.t.* HY neem aan iets aanstoot, HY erger HOM oor iets, HY word oor iets kwaad, HY neem iem. iets kwalik.

mbrella *under the* ~ *of* … onder die seggenskap/bewind/beskerming van —; *unfurl an* ~ 'n sambreel oopmaak.

mpteen *I've told you* ~ *times* §ek het jou al hoeveel maal gesê.

naccounted *be* ~ *for* vermis wees.

naccustomed *be* ~ *to s.t.* aan iets ongewoond/ongewend wees.

nacquainted *be* ~ *with s.t.* iets nie ken nie, met iets onbekend wees, nie met iets vertroud wees nie; omtrent/van iets onkundig wees.

nanimity *reach* ~ *about s.t.* eenstemmigheid oor iets bereik.

nanswered *go* ~ onbeantwoord bly; *leave a statement* ~ 'n bewering daar laat.

nattended *leave s.t.* ~ iets sonder toesig laat.

naware *be* ~ *of s.t.* nie van iets weet nie, van iets onbewus wees; *be blissfully* ~ *of s.t.* van die hele saak niks weet nie; *be* ~ *that* … nie weet dat — nie.

unawares *catch/take s.o.* ~ iem. verras; iem. oorval; onverwags met iets op iem. afkom; iem. onverhoeds betrap; *be taken* ~ *by s.t., (ook)* nie op iets bedag wees nie.

unbearable *find s.t.* ~ iets ondraaglik vind.

unbeatable *be* ~ *at/in s.t.* onoorwinlik/onoortreflik wees in iets.

unbecoming *be* ~ *to s.o.* iem. nie pas nie, nie by iem. pas nie.

unbeknown *do s.t.* ~ *to s.o.* iets sonder iem. se medewete doen.

unbelief *in* ~ ongelowig.

unbosom *HE* ~*s/unburdens HIMSELF* HY praat/stort SY hart uit, HY ontboesem HOM, HY gee SY gevoelens lug; HY pak alles uit ★

unburden ~ *o.s.* →**unbosom.**

uncertainty *in trembling* ~ in kwellende onsekerheid.

unchallenged *go/pass* ~ nie voorgekeer word nie; sonder beswaar/protes verbygaan; *this should not pass* ~ hierteen behoort protes aangeteken te word.

uncharacteristic *be* ~ *of* … nie kenmerkend/karakteristiek van — wees nie, nie eie aan — wees nie.

uncle *treat s.o. like a Dutch* ~ iem. die leviete voorlees, iem. vermaan; *HE says* ~, *(Am.)* §HY gee HOM gewonne.

unconcerned *HE is quite* ~ *about s.t.* HY is ewe ongeërg oor iets, HY is houtgerus oor iets, HY trek HOM iets glad nie aan nie.

unconnected … *is* ~ *with* … daar is geen verband tussen — en — nie.

uncritical *be* ~ *of* … onkrities wees/staan teenoor —.

undaunted *be* ~ *by* … nie deur — afgeskrik wees nie.

undecided *leave s.t.* ~ iets onbeslis laat, iets in die midde laat.

under *the total falls/is* ~ *what was expected* die totaal is laer/kleiner as wat die verwagting was, die totaal is benede die verwagting; *just* ~ … effens/effe(ntjies)/ iets minder as —; ~ *that* daaronder; ~ *this* hieronder; ~ *what?* waaronder?; ~ *which* … waaronder —; ~ *whom* … onder wie —.

underbelly *the soft* ~ *of Europe* die Achilleshiel/ Agilleshiel van Europa, die kwesbaarste deel van Europa.

underclothes *change one's* ~ skoon onderklere aantrek, onderklere verwissel.

underfoot *trample s.t.* ~, *trample s.t. under foot* iets met die voete vertrap; *be trampled* ~ vertrap word.

underground *go* ~, *(lett.)* onder die grond gaan; in 'n myn afgaan; *(fig.)* onderduik, wegkruip, in die geheim begin werk/organiseer, ondergronds begin werk/ organiseer.

underline ~ *s.t. heavily, (lett.)* iets dik onderstreep; *(fig.)* iets dik onderstreep, iets sterk benadruk/beklemtoon, nadruk/klem op iets lê.

understand *bring s.o. to* ~ *s.t.* iem. iets aan die verstand bring; *what do you* ~ *by* …? wat verstaan jy onder —?; ~ *each other* mekaar verstaan; ~ *from s.o. that* … van iem. verneem dat —; aan/van iem. verstaan dat —, iem. so begryp dat —, uit iem. se woorde aflei dat —; ~ *s.t. from s.o.'s words* iets uit iem. se woorde aflei; *get s.o. to* ~ *s.t.* iem. iets bybring, iem. iets aan die verstand bring; *give s.o. to* ~ *that* … iem. laat verstaan dat —, iem. te verstaan gee dat —, iem. onder die indruk bring dat —, vir iem. laat deurskemer/deurstraal dat —; *now* ~ *me!* verstaan my nou goed!; ~ *one another* mekaar verstaan; ~ *s.o.* or *s.t. properly* iem. *of* iets reg verstaan; *be quick to* ~ vinnig/vlug/snel van begrip wees; ~ *that* … begryp/verstaan dat —; verneem dat —; *I* ~ *that it is* …, *(ook)* dit is glo —; *do I* ~ *that* …?, *am I to* ~ *that* …? moet ek aanneem dat —?, moet ek daaruit aflei dat —?; *s.o. does not ~ a thing about it* iem. verstaan geen snars daarvan nie. →**understood.**

understandable *it is ~ that* ... dit is te begrype dat —.

understanding *come to an ~* tot 'n verstandhou= ding/skikking kom; *on the distinct ~ that* ... op die uitdruklike voorwaarde dat —; *people of ~* verstandi= ge mense; *s.o.'s ~ of s.t.* iem. se begrip van/vir iets, iem. se insig in iets; *do s.t. on the ~ that* ... iets doen op voorwaarde dat —, iets doen onder die verstandhou= ding dat —; *on this ~* op dié voorwaarde; *s.t. passes s.o.'s ~* iets gaan iem. se verstand te bowe; iets is bo= (kant) iem. se vuurmaakplek ★; *be slow of ~* bot/toe★ wees; *s.o.'s slowness of ~* iem. se botheid, iem. se stadige begrip; *s.o. without ~* iem. sonder verstand.

understatement *that is an ~* dit is sag gestel, dit sê glad te min, dit is glad te min gesê; *that is the ~ of the year* dit is 'n hopelose onderskatting.

understood *that is ~* dit spreek vanself; dit word stilswyend aangeneem; *it is ~ that* ... daar word ver= neem dat —, volgens berig —; *HE makes HIMSELF ~* HY maak HOM verstaanbaar; *I ~ you to say* ... my in= druk was dat jy gesê het —.

undertake *~ to do s.t.* beloof/belowe om iets te doen.

undertaking *give s.o. an ~* aan iem. 'n belofte doen; *run an ~* 'n saak bedryf/bedrywe; *an ~ to do s.t.* 'n belofte om iets te doen.

undertone *in an ~* met 'n gedempte stem, met 'n fluisterstem.

undeserving *be ~ of* ... geen — verdien nie *(bv. lof, medelye)*.

undesirous *be ~ of* ... nie — begeer/verlang/wens nie.

undeterred *HE is ~ by* ... HY laat HOM nie deur — afskrik nie.

undisturbed *leave s.t. ~* iets ongehinderd/onge= steur(d)/ongestoor(d) laat.

undoing *s.t. is s.o.'s ~, s.t. leads to s.o.'s ~* iets gee iem. 'n nekslag, iets bewerk iem. se ondergang, iets laat iem. te gronde gaan.

undone *be ~, (lett.)* los(gemaak) wees; *(fig.)* verlo= re/geruïneer(d) wees; *come ~* losgaan, los raak; *what is done, cannot be ~* (P) gedane sake het geen keer nie (P); *leave s.t. ~* iets ongedaan laat.

undress *in a state of ~* ongeklee(d).

undressed *HE gets ~* HY trek HOM uit, HY ontklee HOM, HY trek SY klere uit.

uneasiness *cause ~* onrus wek; *cause ~ to s.o.* iem. ongerus maak.

uneasy *HE is/feels ~ about* ... HY is/voel ongerus oor —, HY maak HOM oor — ongerus; *HE seems ~* HY lyk nie gerus nie, HY lyk nie op SY gemak nie.

unenthusiastic *be ~ about s.t.* langtand aan iets vat, weinig lus voel vir iets.

unequal *be ~ to a task* nie vir 'n taak opgewasse wees nie, nie mans genoeg vir 'n werk wees nie.

unfaithful *be ~ to* ... aan — ontrou wees.

unfaithfulness *s.o.'s ~ to* ... iem. se ontrou aan —

unfamiliar *be ~ with s.t.* met iets onbekend/onver= troud wees; aan iets ongewoond wees.

unfastened *come ~* losgaan, los raak.

unfit *be ~ for s.t.* ongeskik wees vir iets; *declare s.o. or s.t. ~* iem. of iets afkeur.

unfortunately *~ I cannot help/etc.* ek kan to' my spyt nie help/ens. nie; *~ for s.o.* tot iem. se on= geluk.

unfounded *s.t. is utterly ~* iets is heeltemal onge= grond, iets is uit die lug gegryp.

unfriendly *be ~ with s.o.* onvriendelik wees teenoor iem.

unhappy *be ~ with s.t.* oor iets ontevrede/misnoeg wees.

unhinged *HIS mind becomes ~* HY raak van SY ver= stand/wysie (af); *HE is quite ~* HY is skoon van SY ver= stand/wysie (af).

unhonoured *go ~* onopgemerk verbygaan.

uniform[1] [n.] *be in ~* in uniform wees, 'n uniform aanhê; in die weermag *of* polisie wees; *out of ~* in burgerdrag..

uniform[2] [adj.] *be ~ with* ... eenvormig met — wees.

unintelligible *be ~ to s.o.* vir iem. onverstaanbaar wees.

union *be in perfect ~* volkome eensgesind wees; *~ is strength* (P) eendrag maak mag (P).

unison *in ~* in harmonie; eensgesind, eenstemmig.

unite *they ~ in doing s.t.* hulle doen iets saam; *~ with* ... met — verenig.

united *become ~* een word, saamsmelt; *~ we stand, divided we fall* (P) eendrag maak mag, tweedrag breek krag (P); *be ~ with* ... met — verenig wees.

unity *live in ~ with* ... in eendrag met — saamleef/ saamlewe; *~ is strength* (P) eendrag maak mag (P).

university *at the ~* aan/op die universiteit; *s.o. is at a ~* iem. is op universiteit; *the U~ of Stellenbosch* die Universiteit van Stellenbosch.

unjust *be ~ to s.o.* onregverdig wees teenoor iem.

unknown *be ~ to s.o.* by/vir iem. onbekend wees; *do s.t. ~ to s.o.* iets sonder iem. se medewete doen, iets buite iem. se wete doen; *~, unloved* (P) onbekend maak onbemind (P).

unlike *be ~ s.o.* nie na iem. lyk nie; nie na iem. aard nie; *it is ~ s.o. to do such a thing* so iets sal iem. nooit doen nie.

unlikely *be highly ~* hoogs onwaarskynlik wees; *s.o. is ~ to* ... iem. sal waarskynlik nie — nie.

unload *~ s.t. onto s.o.* iets op iem. aflaai.

unlucky *it is ~ for s.o.* iem. tref dit ongelukkig.

unmanageable *become ~* onhandelbaar raak.

unmask *HE ~s HIMSELF* HY toon HOM in SY ware gedaante.

unmindful *HE is ~ of* ... HY is nie aan — gedagtig nie, HY let nie op — nie, HY dink nie aan — nie, HY steur HOM nie aan — nie; *HE does s.t., ~ of* ... HY doen iets sonder om aan — te dink, HY doen iets sonder om HOM aan — te steur.

unmoved *s.t. leaves s.o.* ~ iets laat iem. koud.

unperceived ~ *by/of anyone* ongemerk deur iem.

unpopular *HE makes HIMSELF* ~ HY maak HOM ongewild/ongelief; *be* ~ *with s.o.* ongewild wees by iem.

unprepared *be* ~ *for s.t.* onvoorbereid wees vir iets; onbedag/onvoorbereid wees op iets.

unprovided *be* ~ *for* onversorg wees; *leave s.o.* ~ *for* iem. onversorg agterlaat.

unpunished *go* ~ ongestraf bly.

unqualified *be* ~ *for a post* onbevoeg wees vir 'n betrekking.

unquestioned *go* ~ nie betwyfel word nie, nie in twyfel getrek word nie.

unsaid *leave s.t.* ~ iets ongesê laat (bly).

unstuck *come/get* ~ losgaan, los raak; uitmekaar val; § misluk.

unsuitable *be* ~ nie pas/deug nie; *be* ~ *for hot weather* ongeskik wees vir warm weer; *be* ~ *to the occasion* onvanpas wees vir die geleentheid.

unsusceptible *be* ~ *of proof* onbewysbaar wees; *be* ~ *to* … onvatbaar wees vir — *(bv. verkoue)*; onontvanklik wees vir — *(bv. vleiery)*; nie vir — gevoelig wees nie *(bv. krtiek)*.

unthought *be* ~ *of* ondenkbaar wees.

until *s.o. did not come/etc.* ~ *twelve o'clock* iem. het eers twaalfuur gekom/ens.

untinged *not* ~ *with* … nie sonder 'n tikkie — nie.

untruth *tell an* ~ 'n onwaarheid vertel/verkondig.

unused *be* ~ *to s.t.* ongewoond wees aan iets, nie aan iets gewoond/gewend wees nie.

unusual *there is s.t.* ~ *about it* daar is iets ongewoons aan.

unwashed *the great* ~ die skorriemorrie/gepeupel.

up¹ [n.] ~*s and downs* wisselvallighede, wederwaardighede; *HE has HIS* ~*s and downs* HY het SY voor- en teenspoed/teëspoed; *on the* ~ opwaarts, stygende; *on the* ~ *and* ~ § aan die opkom.

up² [adv.] *HE is* ~ *and about* HY is op die been, HY het (van SY siekbed) opgestaan; *be* ~ *and about* early vroeg uit die vere wees; *be* ~ *against* … teenaan — wees; *be* ~ *against a wall* teen 'n muur wees; *be or come* ~ *against s.t.,* *(ook)* §met iets te kampe/doen hê of kry; *be* ~ *against it* §probleme ondervind; *it is all* ~ dit is die end; dit is uit daarmee; *it is all* ~ *with s.o.* dit is klaar(praat) met iem. ★, iem. is oor die muur ★; *be* ~ *by* 5 % 5 % hoër wees; *be* ~ *and doing* bedrywig wees, (op en) wakker wees, aan die werk wees, in die weer wees; *s.o. has to be* ~ *and doing* iem. moet uitspring; ~ *and down* op en af/neer; *s.o. is* ~ *and down* dit gaan soms beter en dan weer slegter met iem.; *look* ~ *and down for* … oral (rond) na — soek; *look s.o.* ~ *and down* iem. van kop tot tone bekyk; *be* ~ *early* vroeg op wees, vroeg uit die vere wees; *the figures are* ~ die syfers het gestyg; *be* ~ *for election* kandidaat wees in 'n verkiesing; *be* ~ *for sale* te koop wees;

be ~ *for theft* weens diefstal voorkom; *be* ~ *for trial* teregstaan; *further* ~ hoër op; *high* ~ *in the air* hoog in die lug; *be well* ~ *in s.t.* goed in iets tuis wees *('n onderwerp)*; goed op die hoogte van iets wees; *HE is well* ~ *in history/etc.* HY is goed onderleg/onderlê in geskiedenis/ens., HY ken SY geskiedenis/ens.; *be* ~ *late* laat opbly; *be two* ~ *on s.o.* iem. twee voor wees; *one* ~ een voor; *prices are* ~ die pryse het gestyg; *something is* ~ daar is iets aan die gang, daar is iets gaande; ~ *the Maties!* die Maties bo!; ~ *there* daar bo; ~ *till* … tot — *('n tyd)*; ~ *to* … tot — *('n tyd)*; tot by— *('n plek)*; *lose* ~ *to R100* tot R100 verloor; ~ *to and including* … tot en met —; *the date* ~ *to which* … die datum tot wanneer —; *s.t. is* ~ *to s.o.* iets is iem. se plig; iets berus by iem.; iets is iem. se saak; iets word aan iem. oorgelaat; *be* ~ *to s.t.* tot iets in staat wees, vir iets opgewasse wees; iets in die mou hê, iets in die skild voer; iets aanvang; *is X* ~ *to it?* sal X dit kan doen?, is X daartoe in staat?; is X gesond genoeg om dit te doen?; *what is X* ~ *to?* wat voer X in die skild?; *what tricks has X been* ~ *to?* watter streke/kattekwaad het X aangevang?; *HE does not feel* ~ *to it* HY voel HOM nie daartoe in staat nie, HY voel HOM nie daarvoor opgewasse nie; *be well* ~ goed by wees, (goed) op die hoogte wees; *be well* ~ *in s.t.* →*in; what's* ~? §wat makeer/skort?; wat is aan die gang?; *what's* ~ *with HIM?* §wat makeer HY?, wat skeel HOM?; ~ *with you!* op is jy!; *from youth* ~ van jongs af.

up³ [v.] *then he upped and hit me* § toe haak hy af en slaan my.

up-and-up *on the* ~ →**up¹**.

upgrade *be on the* ~ aan die toeneem/styg wees; aan die verbeter wees; aan die herstel wees.

uphold ~ *s.t. sturdily* moedig vir iets opkom.

upholstered *s.o. is well* ~ iem. is goed gevlees.

upon ~ *that* daarop; ~ *this* hierop; *thousands* ~ *thousands* duisende der duisende, derduisende; ~ *what?* … waarop —?; ~ *which* … waarop —.

upper *be (down) on one's* ~*s* § brandarm wees.

upright *bolt* ~ penregop, kersregop, kiertsregop, penorent; *plumb* ~ loodreg; *set s.t.* ~ iets regop laat staan, iets staanmaak ★

uproar *cause an* ~ 'n opskudding veroorsaak/verwek; *be in* ~ in wanorde wees *(bv. 'n vergadering)*.

upset *be* ~ *about s.t.* oor iets ontsteld wees; *HE becomes* ~ HY ontstel HOM; *be* ~ *by s.t.* deur iets ontstel word.

upside *be* ~ *down* onderstebo wees; agterstevoor wees; in die war wees, deurmekaar wees; *turn a place* ~ *down* 'n plek omkrap, 'n plek op horings neem ★

upsides *be* ~ *with s.o.* § met iem. kiets wees.

upstairs *go* ~ boontoe gaan, na bo gaan, die trap opgaan.

uptake *be quick on the* ~ § snel/vinnig/vlug van begrip wees; *be slow on the* ~ § stadig/traag van begrip wees, bot/toe ★ wees.

upwards ~ *of 200/etc.* meer as 200/ens.

urge¹ [n.] *feel/get/have an/the* ~ *to* ... 'n/die drang voel/kry/hê om te —.

urge² [v.] ~ *s.o. on* iem. aanspoor; vuur maak onder iem. *(fig.)* ★; ~ *s.t. on/upon s.o.* by iem. op iets aandring; ~ *s.o. to* ... by iem. aandring om te —.

urgency *a matter of* ~ 'n dringende saak; *be of the utmost* ~ uiters dringend wees.

us *all of* ~ ons almal; *all of* ~ *do it* ons doen dit almal; *and so say all of* ~ en ons sê almal so; *we have R10 between* ~ ons het tesame R10.

use¹ [n.] *make the best possible* ~ *of s.t.* iets ten beste gebruik; *bring s.t. into* ~ iets in gebruik neem; *come into* ~ in swang kom; *it is in common* ~ dit is gebruiklik, dit is algemeen in gebruik/swang; *be in daily* ~ elke dag gebruik word, elke dag in gebruik wees; *be of no earthly* ~ §hoegenaamd van geen nut wees nie, van geen nut ter wêreld wees nie; *make effective/good* ~ *of s.t.* goeie gebruik van iets maak; *for the* ~ *of* ... vir die gebruik van—, ten dienste van—; *have a* ~ nut hê; *it has its* ~*s* dit het sy nut; *be in* ~ gebruik word, in gebruik wees; gebruiklik/gangbaar wees, in swang wees; *not be in* ~ nie gebruik word nie, buite gebruik wees; ongebruiklik wees, weinig gebruiklik wees; *for internal* ~ vir inwendige gebruik, om in te neem; *lose the* ~ *of s.t.* die gebruik van iets verloor *(bv. 'n arm)*; *make* ~ *of* ... van—gebruik maak, — te baat neem; *be of no* ~ geen nut hê nie, van geen nut wees nie, nêrens toe dien nie; *it is no* ~ dit baat/help niks (nie); *it is no* ~ *talking/etc.* dit help nie om te praat/ens. nie; *s.t. is (of) no* ~ *to s.o.* iem. kan iets nie gebruik nie; *s.o. has no* ~ *for* ... iem. kan — nie gebruik nie; iem. dink niks van — nie; iem. kan — nie veel/duld/verdra nie; *it is not much* ~ dit help/baat nie veel nie; *be of* ~ *to s.o.* vir iem. nuttig wees, vir iem. van nut wees; vir iem. van diens wees; *be out of* ~ nie gebruik word nie; in onbruik wees; *for s.o.'s private*

~ vir iem. se eie/private gebruik; *put s.t. into* ~ iets i gebruik neem; iets in diens stel; *put s.t. to (a) good* ~ goeie gebruik van iets maak; *a variety of* ~*s* 'n verskeidenheid van aanwendings; *what is the* ~ *of trying etc.?* wat help/baat dit om te probeer/ens.?; ~ *an wont* vaste gewoonte.

use² [v.] *s.o. could* ~ *s.t.* §iem. sou iets graag wil hê iem. het lus vir iets; *s.t. could* ~ ... §— sou iets verbeter; ~ *s.t. sparingly* suinig met iets te werk gaan; ~ up *s.t.* iets opgebruik.

used *be commonly* ~ gebruiklik wees; *be or get* ~ *t* ... aan — gewoond wees *of* raak; *s.o. is* ~ *to s.t.* iem. aan iets gewoond; *s.o.* ~ *to be* ... iem. was gewoonli —; *s.o.* ~ *to do s.t.* iem. het iets gewoonlik gedoen; *b* ~ *up* op(gebruik)/gedaan wees; uitgeput/gedaar kapot★/pootuit★ wees.

useful *come in* ~ (goed) te pas kom, nuttig wees; *H makes HIMSELF* ~ HY help waar HY kan; *be pretty* ~ *o s.t.* nogal knap/vaardig wees met iets.

usefulness *s.t. has outlasted its* ~ iets is uitged dien(d); *HE has outlived HIS* ~ HY is uitgedien(d).

useless *be* ~ *as* ... nie deug as — nie; *s.o. is* ~ *at s.* iem. kan iets glad nie doen nie, iem. het geen slag me iets nie; *HE feels* ~ §HY voel gedaan/pootuit★, HY voe glad nie op SY stukke nie; *it's* ~ *to* ... dit baat/help ni om te — nie, dis nutteloos om te —.

usher ~ *in s.o.* iem. binnelei; ~ *in s.t.* is inlui *(bv. ' tydperk)*; ~ *out s.o.* iem. na buite (be)gelei.

usual *as* ~ soos gewoonlik; ouder gewoonte; op die ou trant; *it is* ~ *to* ... dit is die gewoonte om te —.

utmost *at the* ~ op die/sy hoogste/meeste; *HE doe HIS* ~ HY doen SY uiterste (bes), HY haal uit; *to the* ~ tot die uiterste; ten sterkste.

utterance *give* ~ *to* ... aan — uiting/uitdrukking gee.

U-turn *make a* ~ 'n U-draai maak.

V

acancy *fill a* ~ 'n vakature vul; *a* ~ *for* ... plek vir —, 'n vakature vir —; *have no vacancies* geen vakatures hê nie *(in 'n personeel)*; geen kamers beskikbaar hê nie, vol wees *(van 'n hotel)*; *a* ~ *on the* **staff** 'n vakature in die personeel.

acant *become* ~ oopval *('n pos)*; leeg word *('n huis)*.

acation *be on* ~ vakansie hou, met vakansie wees; *go on* ~ gaan vakansie hou, met vakansie gaan; *spend a* ~ *somewhere* 'n vakansie êrens deurbring, êrens gaan vakansie hou; *take a* ~ gaan vakansie hou.

accinate ~ *s.o. against a disease* iem. teen 'n siekte inent.

accination *give s.o. a* ~ *against* ... iem. teen — inent; *the* ~ *takes* die ent groei.

acillate ~ *between ... and* ... tussen — en — weifel.

acuum *create/leave a* ~ *in* ... 'n leemte in — veroorsaak/laat; *fill a* ~ 'n leemte (aan)vul; *in a* ~ in 'n lugleegte.

ague *be* ~ *about s.t.* vaag wees oor iets.

ain *HE is* ~ *about/of HIS appearance* HY verbeel HOM wat oor SY voorkoms; *be in* ~ tevergeefs wees; *do s.t. in* ~ iets tevergeefs doen; *take a name in* ~ 'n naam ydellik gebruik; *it is* ~ *to* ... dit help nie om te — nie.

alid ~ *for three months* drie maande geldig; *make s.t.* ~ iets geldig maak.

alour *show/display* ~ onverskrokkenheid/dapperheid aan die dag lê.

aluation *take HIM at HIS own* ~ SY eie skatting van HOMSELF aanvaar; *set too high a* ~ *on s.o.* or *s.t.* iem. of iets te hoog aanslaan; *at a low* ~ teen 'n lae prys.

value¹ [n.] *attach* ~ *to s.t.* waarde aan iets heg; *determine the* ~ *of s.t.* die waarde van iets bepaal; *be equal in* ~ *to* ... aan — gelykwaardig wees; *HE gets (good)* ~ *for HIS money* HY kry (goeie) waarde vir SY geld; *s.t. is good* ~ iets is die geld/prys werd; *be of great* ~ baie waardevol/kosbaar wees; *set a high* ~ *on/upon s.t.* iets hoog waardeer; baie waarde aan iets heg; *count s.t. of little* ~ min van iets dink; *be of no* ~ *to s.o.* geen waarde vir iem. hê nie, van geen waarde vir iem. wees nie; *be of* ~ waardevol/kosbaar wees, waarde hê, van waarde wees; *place/put/set a* ~ *on/upon s.t.* 'n waarde aan iets heg/toeken; *to the* ~ *of* ... ter waarde van —; *under the* ~ onder die waarde.

value² [v.] ~ *s.t. at* ... iets op — waardeer/skat/takseer; ~ *s.t. highly*, ~ *s.t. very much* iets hoog op prys stel; iets hoog aanslaan; baie gesteld wees op iets.

valued *be* ~ *at* ... op — gewaardeer word.

vamp ~ *up s.t.* iets saamflans; iets oplap.

van *in the* ~ *of* ... vooraan —, op die voorpunt van —, in die voorhoede van —.

vandalism *commit* ~ vandalisme pleeg.

vanguard *in the* ~ *of development* op die voorpunt van ontwikkeling.

vanish ~ *completely* heeltemal verdwyn/wegraak; ~ *from* ... uit/van — verdwyn; ~ *into nothing (ness)* in die niet verdwyn; ~ *into thin air* soos 'n groot speld verdwyn.

vanity *all is* ~ alles is ydelheid; *it tickled HIS* ~ dit het SY ydelheid gestreel.

variance *they are at* ~ *on that issue* oor daardie saak is hulle dit oneens; oor daardie saak is hulle haaks/oorhoop(s)/onenig; *it is at* ~ *with* ... dit is strydig met —, dit is in stryd/botsing met —.

variation *the* ~ *in temperature* die wisseling in die temperatuur; ~s *on a theme* variasies op 'n tema.

variety *in a* ~ *of colours/etc.* in verskeie kleure/ens.; *a* ~ *of toys/etc.* 'n verskeidenheid van speelgoed/ens.; *for the sake of* ~ vir/ter afwisseling; ~ *is the spice of life* (P) verandering van spyse gee eetlus (P), afwisseling krui(e) die lewe; *by way of* ~ vir/ter afwisseling; *a wide* ~ *of* ... 'n groot verskeidenheid van —.

vary *prices* ~ *from* ... *to* ... die pryse wissel van — tot —; ~ *greatly/widely* baie wissel; *the* ... ~ *in size* die groottes van die — wissel.

vault ~ *into* or *on* or *over s.t.* in of op of oor iets spring.

veer¹ [v.] ~ *from the course* van die koers afgaan; ~ *round* draai, omslaan; van koers verander; van mening verander.

veer² [v.] ~ *out s.t.* iets uitvier/uitpalm *('n tou)*.

vehicle *a* ~ *for* ... 'n medium vir —; *a powerful* ~ 'n kragtige voertuig; 'n magtige medium.

veil *beyond the* ~ aan die ander kant van die graf; *draw a* ~ *over s.t.* die sluier oor iets laat val; *lift/raise the* ~ die sluier (op)lig; *take the* ~ die sluier aanneem, non word; *under the* ~ *of* ... onder die dekmantel van —.

veiled *be* ~ *in* ... in — gehul wees *(bv. geheimsinnigheid)*.

vein *in HIS* ~s in SY are; *in lighter* ~ in ligter luim; *in the same* ~ in dieselfde trant/gees; *in serious* ~ in ernstige luim.

velocity *at the* ~ *of light* met die snelheid van lig.

velvet *be on* ~ dit koninklik hê; in gunstige omstandighede verkeer; aan die wenkant wees.

vendetta *carry on a* ~ *against s.o.*, *conduct a* ~ *against s.o.* 'n vendetta teen iem. voer, iem. wraaksugtig vervolg.

veneer *under a* ~ *of* ... onder 'n dun lagie —.

veneration *hold s.o. in great* ~, *have a great* ~ *for s.o.* iem. hoog vereer, groot verering vir iem. hê.

vengeance *exact* ~ *from s.o.* wraak neem/(uit)oefen op iem.; *s.o. seeks* ~ *for s.t.* iem. wil wraak neem

vir iets; **take** ~ *on/upon s.o.* op iem. wraak neem; *vow*
~ wraak sweer; *with a* ~ met mening, dat dit help/
gons/kraak ⋆; erg, kwaai; *this is punctuality/etc.* **with** *a*
~ dit is vir jou stiptheid/ens., hoor!; HE **wreaks** HIS
~ *on/upon s.o.* HY koel SY wraak op iem.

vent¹ [n.] HE *gives* ~ *to* HIS *feelings or indignation* HY
gee uiting aan SY gevoel *of* verontwaardiging.

vent² [v.] HE ~s HIS *anger/rage on s.o.* HY koel SY woe≈
de op iem.

venture¹ [n.] *do s.t. at a* ~ iets op goeie geluk (af)
doen.

venture² [v.] ~ *boldly* die stoute skoene aantrek; HE
~s *into the water* HY waag HOM in die water; ~ *on/*
upon s.t. iets waag; HE ~s *out* HY waag HOM buite=
(kant); ~ *to do s.t.* waag om iets te doen, iets durf
doen; *I* ~ *to differ from you* ek verstout my om met/
van jou te verskil, ek wil so vry wees om met/van jou te
verskil; *I* ~ *to say* ek durf sê.

venue *change the* ~ na 'n ander plek verskuif/ver=
skuiwe; op 'n ander plek vergader; (*'n hofsaak*) op
'n ander plek laat voorkom, na 'n ander regsgebied
verwys.

verdict *arrive at a* ~, *reach a* ~ oor 'n uitspraak
besluit; *bring in a* ~, *deliver/give/return a* `~,
hand down a ~ uitspraak doen/lewer; *consider a* ~
oor 'n u. nadink; *a* ~ *for the plaintiff* 'n u. ten gunste
van die eiser; *an open verdict* 'n onbesliste u.

verge¹ [n.] *on the* ~ *of* ... aan die rand van — *(die*
graf), op die rand van — *(die dood, die hongerdood)*;
kort by— *(die sewentig/ens.)*; aan die vooraand van —;
be on the ~ *of doing s.t.* op die punt staan/wees om iets
te doen—; *be on the* ~ *of tears* klaar wees om te huil,
amper in trane wees.

verge² [v.] *it* ~s *on/upon* ... dit grens aan —; dit kom
naby aan —.

verification *in* ~ *of* ... as bewys van —, ter stawing
van —; *in* ~ *whereof* ... as bewys waarvan —, ter sta=
wing waarvan —.

vermin *be infested with* ~ van die ongedierte/goggas
vervuil wees.

verse *in* ~ in verse/digvorm/digmaat; op rym.

versed *be well* ~ *in s.t.* in iets bedrewe/ervare/onder=
lê/onderleg/gekonfyt⋆ wees.

version *s.o.'s own* ~ *of a matter* iem. se eie voorstel=
ling/verklaring van 'n saak.

vertical *out of the* ~ nie loodreg nie, skuins, uit die
lood.

verve *full of* ~ vol geesdrif/gloed/vuur.

vessel *empty* ~s *make the most sound/noise* (P) leë vate
maak die meeste geraas/lawaai (P); *the weaker* ~ die
swakker(e) vat, die vrou.

vest ~ *s.o. with powers* iem. met mag beklee, mag aan
iem. verleen.

vested *the power is* ~ *in* ... die mag berus by —.

vestige *the last* ~s *of* ... die laaste spore/oorblyfsels
van —; *not a* ~ *of* ... geen spoor/sweem van — nie.

veto *exercise a* ~ 'n veto uitoefen; *put a* ~ *on a pro*=

posal die veto oor 'n voorstel uitspreek; *put a* ~ *o*.
s.t. iets verbied.

vexed *be* ~ *at s.t.* vererg wees oor iets.

vial *pour out* ~s *of wrath upon s.o.* fiole van toorn oo
iem. uitgiet.

vibes *pick up bad* ~ § 'n slegte/ongunstige stemmin;
aanvoel.

vicinity *in this* ~ hier rond, in hierdie omgewing; *i*
the ~ *of* ... in die omgewing van — *('n plek)*; *onge*
veer/naaste(n)by — *('n aantal)*; *in s.o.'s* ~ naby iem

victim *fall (a)* ~ *to* ... die/'n slagoffer van — word

victory *concede* ~ die stryd gewonne gee; *b*
flushed with ~ in die roes van die oorwinning wees
gain the ~ *over* ... teen — wen, die o. oor — behaal
oor — seëvier; *a landslide* ~ 'n yslike oorwinning, 'r
politieke ommekeer; *a moral* ~ 'n morele oorwin-
ning; *a narrow* ~ 'n naelskraap(se) o. ⋆; *an outrigh*
~ 'n volkome o.; *a Pyrrhic* ~ 'n Pyrrhusoorwinning
pull off a ~ die paal haal; *a resounding/signal* ~ 'n
klinkende oorwinning; *an upset* ~ 'n skokoorwin-
ning; *win a* ~ wen, 'n o. behaal.

vie ~ *with s.o. for* or *in s.t.* met iem. om *of* in iets
meeding.

view *air* ~s menings/opinies lug; *s.o.'s broad* ~s iem.
se onbekrompe siensswyse; *on a closer* ~ op die keper
beskou; *by nader(e) beskouing; *come in* ~ in sig kom,
in die gesig kom; *come round to a* ~ tot 'n siensswyse
oorgehaal word; *have definite/pronounced* ~s *on* ...
besliste menings oor — hê; *take a detached* ~ *of s.t.*
iets objektief beskou; *take a different* ~ *of s.t.* 'n an-
der standpunt oor iets inneem, 'n ander kyk op iets hê,
'n ander mening toegedaan wees; *the two of them hold*
different ~s hulle twee verskil van mening; *take a*
dim ~ *of s.t.* §nie veel van iets dink nie, maar min van
iets dink; *exchange* ~s gedagtes wissel; *expose s.t. to*
~ iets ontbloot, iets aan die oog vertoon; *it happened in*
full ~ *of* ... dit het gebeur waar — dit goed kon sien,
— kon goed sien wat gebeur; *take a gloomy* ~ *of s.t.*
iets swart insien; *take a grave/serious* ~ *of s.t.* iets in
'n ernstige lig beskou/sien; *have s.t. in* ~ iets beoog,
die oog op iets hê, iets op die oog hê, iets ten doel hê;
have ~s *on/upon s.t.* menings/beskouings omtrent/oor
iets hê; *hold a* ~ 'n mening/siensswyse hê/huldig, 'n
mening/siensswyse daarop nahou, 'n mening/siensswy=
se toegedaan wees; *be in* ~ te sien wees; in sig wees;
with this in ~ met die oog hierop; *with this end/object*
in ~ met dié doel voor oë; *in s.o.'s* ~ na iem. se
mening/oordeel/beskouing; *in* ~ *of* ... gesien —, met
die oog op —, gelet op —, gesien dat —, — in aanmer-
king geneem/nemende; in die lig van —; *do s.t.* **in** ~ *of*
... iets voor — doen; *in the* ~ *of X* volgens X; *with that*
in ~ met die oog daarop, te dien einde; *take a jaun-*
diced ~ *of s.t.* iets met lede oë aanskou; *keep s.t. in* ~
iets in gedagte hou; iets in die oog hou; *a* ~ *of life* 'n
lewensbeskouing/lewensopvatting; *on a long* ~ met
die oog op die toekoms; *take a/the long* ~ (ver/vêr)in
die toekoms kyk, versiende/vêrsiende wees; *be lost to*

~ uit die oog/gesig wees; *a* ~ *of* ... 'n kyk op —, 'n
opvatting van —; 'n gesig op — *('n plek)*, 'n uitsig
op/oor — *('n plek)*; *be on* ~ te sien wees; uitgestal
wees; *pass from* ~ uit die gesig verdwyn; *a point of*
~ 'n standpunt/gesigspunt/oogpunt; *assume a point
of* ~ 'n standpunt inneem; *from his* or *my* or *our point
of* ~ syns *of* myns *of* onses insiens; *from their point of*
~ uit hulle oogpunt; *take a poor* ~ *of s.t.* min van iets
dink, nie veel van iets dink nie; *a private* ~ 'n per=
soonlike sienswyse; *have* **pronounced/definite** ~s
on ... →**definite/pronounced;** *take a* **serious/
grave** ~ *of s.t.* →**grave/serious;** *share s.o.'s* ~
iem. se beskouing deel; *take a* **short** ~ kortsigtig
wees; HE *states* HIS ~s HY gee SY mening/oordeel;
strong ~s besliste menings; *take a* ~ 'n mening/op=
vatting huldig, 'n mening toegedaan wees; 'n stand=
punt inneem; *a* ~ *of the* **town** 'n uitsig op/oor die stad;
with *a* ~ *to* ... met die doel om te —, met die oog op
—, ten einde te —; **with** *a* ~ *to increasing/etc. s.t.* met
die oog op die vermeerdering/ens. van iets.

igil *keep* ~ *over s.o.* oor iem. waak, oor iem. wag hou.

illain *the* ~ *of the piece, (lett.)* die skurk in die stuk;
(fig.) die skuldige; *play the* ~ (die rol van) die skurk
speel.

indicated *s.o. has been completely* ~ iem. is volkome
in die gelyk gestel.

iolation *in* ~ *of* ... in stryd met —.

iolence *by* ~ met geweld; *death by* ~ 'n geweldda=
dige dood; *die by* ~ 'n gewelddadige dood sterf; *do* ~
to s.o. iem. aanrand, iem. geweld aandoen; iem. ver=
krag; *offer* ~ *to s.o.* iem. met geweld bedreig; *use* ~
geweld gebruik.

iolent *become* ~ woes/wild begin word.

iolet *a shrinking* ~ 'n skugter mens.

iolin *s.o. plays the* ~ iem. speel viool; *s.o. plays on an
old/etc.* ~ iem. speel op 'n ou/ens. viool.

iper HE *is nourishing a* ~ *in* HIS *bosom* HY koester 'n
adder aan SY bors.

irtue *by* ~ *of* ... ooreenkomstig —; kragtens —; op
grond van —; uit hoofde van —; *by* ~ *of* HIS *office*
ampshalwe, uit hoofde van SY amp; *a woman of* **easy**
~ 'n vrou van ligte/losse sedes, 'n onkuise vrou; *have
the* ~ *of* ... die deug hê dat —; *make a* ~ *of* **necessity**
van die nood 'n deug maak; ~ *is its own* **reward** (P)
deug bring sy eie beloning (P); *be the* **soul** *of* ~ die
deug in persoon wees; *because of s.o.'s* **very** ~s juis om
iem. se deugde.

isibility ~ *is bad* or *good* die sig(baarheid)/lig is sleg
of goed.

ision *beyond s.o.'s* ~ buite iem. se gesig/gesigsein=
der, onder iem. se oog/oë uit, verder/vêrder as wat
iem. kan sien; *s.o.'s* **breadth** *of* ~, *s.o.'s* **wide** ~ iem.
se breedheid/ruimheid van blik/gees, iem. se onbe=
krompenheid; HE **has** *a* ~ *of s.t.* HY sien iets in SY
verbeelding; *be a* ~ *of* ... 'n droom van — wees.

visit¹ [n.] *come on a* ~ kom kuier, iem. kom besoek;
pay a **flying** ~ 'n vlugtige besoek bring; *go on a* ~ *to*

... — gaan b.; *have a* ~ *from s.o.* deur iem. b. word;
pay s.o. a **long** ~ lank by iem. kuier; *the* ~ *is off* die
besoek is van die baan; *be on a* ~ *to s.o.* by iem. op
b./kuier wees; *pay s.o. a* ~ iem. b., 'n b. aan iem.
bring, 'n b. by iem. aflê, by/vir iem. gaan *of* kom kuier;
return *a* ~ 'n b. beantwoord, 'n teenbesoek bring;
pay s.o. a **short** ~ 'n bietjie/rukkie vir/by iem. gaan *of*
kom kuier; *a* ~ *to* ... 'n besoek by — *(iem.);* 'n besoek
aan — *(iem., 'n plek).*

visit² [v.] ~ *with s.o., (Am.)* met iem. gesels; iem.
besoek.

visited *be* ~ *by s.o.* deur iem. besoek word.

visitor ~s *are* **coming** daar kom besoek(ers); *expect*
~s besoek(ers) verwag; *have* ~s besoek(ers) hê/kry;
~s *to the show* besoekers van/by die tentoonstelling; *a*
~ *to the town* 'n besoeker in die stad; 'n besoeker op
die dorp.

visualise, =**ize** HE ~s *s.o. as* ... HY stel HOM iem. as
— voor.

vital *be* ~ *to* ... vir — van die hoogste belang wees; *be*
~ *to s.o.'s purpose* vir iem. se doel onontbeerlik wees.

vitamin *be rich in* ~s vitamienryk wees.

vocation *feel a* ~ *for* ... 'n roeping vir — voel; HE *has
missed* HIS ~ HY het SY roeping gemis.

vogue *bring s.t. into* ~ iets in swang bring; *come
into* ~ in swang kom; in die mode raak; *have a great* ~
baie/danig/erg in die mode wees; 'n groot aanhang hê;
be in ~ in die mode wees; in swang wees; *be out of* ~
uit die mode wees; *s.t. is the* ~ iets is in die mode.

voice *s.o.'s* ~ *is* **breaking** iem. se stem breek/wissel;
s.o.'s ~ **broke** iem. se stem het deurgeslaan; *in a* **clear**
~ hardop; *s.o.'s* ~ **cracks** iem. se stem breek; HE
drops HIS ~ HY praat sagter, HY laat SY stem sak; *in a*
feeble ~ met 'n swak stem; HE **finds** HIS ~ HY vind
weer woorde; *in a* **flat** ~ met 'n toonlose stem; *for* ~s
meerstemmig; *give* ~ *to* ... aan — uiting/uitdrukking
gee, — vertolk; *have a* ~ *in a matter* seggenskap in 'n
saak hê; *be in good* or *poor* ~ goed *of* sleg by stem wees;
HE **lifts** *(up)* HIS ~ HY verhef SY stem; HE *has* **lost** HIS
~ SY stem is weg; *in a* **loud** ~ met luide stem, hardop;
in a **low** ~ sag(gies) *(praat)*; laag *(sing)*; HE **lowers**
HIS ~ HY praat sagter, HY laat SY stem sak; *s.o. has* **no**
~ *in the matter* iem. het niks daaroor te sê nie, iem. het
geen seggenskap daaroor nie, iem. het geen seggen=
skap in die saak nie; *with one* ~ eenstemmig, eenpa=
rig, met algemene stemme; *the* **popular** ~ die volk=
stem; HE **raises** HIS ~ HY praat harder, HY verhef SY
stem, HY maak SY stem dik ★; *in a* **raised** ~ met luide
stem; *no one* **raised** *his* or *her* ~ niemand het 'n woord
gesê nie, niemand het sy *of* haar stem verhef nie; ~s *are*
raised *in favour of* ... stemme gaan op ten gunste van
—; *a* **sepulchral** ~ 'n grafstem; *in a* **small** ~ met 'n
sagte/fyn stemmetjie; HE **strains** HIS ~ HY forseer SY
stem; *a* **thin** ~ 'n dun/skraal stemmetjie; *a* **throaty** ~
'n keelstem; *a* ~ *like* **thunder** 'n donderende/bulde=
rende stem; *at the* **top** *of* HIS ~ luidkeels, uit volle
bors, so hard soos HY kan; *speak with* **two** ~s met twee

monde praat; *a* ~ *crying in the* **wilderness** 'n stem roepende in die woestyn.

void¹ [n.] *fill a* ~ 'n leemte vul.

void² [adj.] *declare s.t.* ~ iets nietig verklaar; *be* ~ *of* ... sonder — wees, van — ontbloot wees; vry van — wees; sonder enige — wees; *render s.t.* ~ iets nietig maak *(bv. 'n kontrak)*.

volition *of one's own* ~ uit eie beweging, uit vrye wil.

volley *discharge/fire a* ~ 'n salvo afvuur.

volte-face *make a* ~ omspring, 'n regsomkeer maak.

volume *by* ~ volgens inhoud/volume; *gather* ~ in omvang toeneem; *in three* ~s in drie dele; *odd* ~s los dele, 'n paar dele *(uit 'n reeks boeke); it speaks* ~s *for* ... dit spreek boekdele vir —.

volunteer¹ [n.] *call for* ~s om vrywilligers vra; *serve as a* ~ as vrywilliger diens doen.

volunteer² [v.] ~ *for a task* aanbied om iets te doen.

vote¹ [n.] *canvass (for)* ~s stemme werf; *carry a proposal by a hundred* ~s 'n voorstel met 'n meerder= heid van honderd stemme aanneem; *cast a* ~ 'n stem uitbring; ~s *cast/polled* uitgebragte stemme; *have a casting* ~ 'n beslissende stem hê; *try to catch* ~s na stemme vry; *a close* ~ 'n gelyke stemming; *a delib= erative* ~ 'n gewone stem; *a dissentient* ~ 'n teen= stem/teëstem; *without a dissentient* ~ sonder teen= stem/teëstem, eenparig, eenstemmig; HE *drew many* ~s HY het baie stemme op HOM verenig; *an equality of* ~s 'n staking van stemme; *the floating* ~ die vlotten= de stem; *gain many* ~s baie stemme kry; *have a* ~ 'n stem hê; *have the/a* ~ stemgeregtig/kiesgeregtig wees, die stemreg/kiesreg hê; HE *polled many* ~s HY het baie stemme op HOM verenig; *poll a thousand* ~s duisend stemme kry/ontvang/trek; *be chosen by popu= lar* ~ by algemene stemming verkies word; *proceed to the* ~ tot stemming oorgaan; *propose a* ~ *of confi= dence/etc.* 'n mosie van vertroue/ens. voorstel; *put s.t. to the* ~ iets in/tot stemming bring, oor iets laat stem; *record/return a* ~ 'n stem uitbring, stem; *a secret*

~ 'n geheime stemming; *a solid* ~ 'n eenparige/blok vaste stem; *split the* ~ die stemme verdeel; *spoilt* ~ bedorwe/ongeldige stembriewe; *take a straw* ~ ' (steek)proefstemming hou; *swing* ~s stemme (laat omswaai, stemme beïnvloed, kiesers omhaal; *take* ~ *on the question* 'n stemming oor die saak hou, oor di saak (laat) stem, tot stemming oorgaan oor die saak; *b without a* ~ sonder stem wees; *approve/etc. s.t. with out a* ~ iets goedkeur/ens. sonder om te stem, iet sonder stemming goedkeur/ens.

vote² [v.] ~ *against* teen stem; ~ *against s.o. or s.t* teen iem. *of* iets stem; ~ *down s.t.* iets afstem/uit stem/doodstem/verwerp; ~ *for* voor stem; ~ *for s.o.* or *s.t.* vir iem. *of* iets stem; *I* ~ *we do s.t.* ek stel voo ons doen iets, kom ons doen iets; ~ *in s.o.* iem. instem verkies; ~ *s.o. into the chair* iem. tot voorsitter ver kies; ~ *on s.t.* oor iets stem; ~ *out s.o.* iem. uitstem ~ *solidly* blokvas stem; ~ *with the Government* o Opposition vir die regering *of* opposisie stem, aan rege ringskant *of* opposisiekant stem.

voted *it was* ~ *a failure* or *success* almal het gereken gesê dit was 'n mislukking *of* sukses.

voting *abstain from* ~ buite stemming bly; *the* ~ *is* *tie* die stemme staak.

vouch ~ *for s.t.* vir iets goedstaan/instaan *(bv. di waarheid van 'n stelling); ~ *for s.o.* vir iem. goedstaan.

vow *make/take a* ~ *to do s.t.* 'n gelofte aflê/doen om iets te doen; *take one's* ~s die (klooster)gelofte aflê, ' kloosterling word, 'n monnik word *('n man),* 'n non word *('n vrou); be under a* ~ *to do s.t.* deur 'n gelofte gebind word om iets te doen.

voyage *go on a* ~ op 'n seereis gaan; *a ship's maiden* ~ 'n skip se eerste vaart, 'n s. se inwydingsvaart; *make a* ~ 'n seereis doen/maak.

vulnerable *be* ~ *to* ... vir — vatbaar wees *(bv. vleiery);* vir — kwesbaar wees *(bv. aanvalle);* vir — gevoelig wees *(bv. kritiek).*

W

wade ~ *in* in die water inloop; §met mening begin; § *(in 'n debat)* indons★; ~ *into* s.o. §iem. inklim ★; ~ *into* a task §'n taak met mening aanpak; ~ *through* deurwaad, deurloop, oorgaan, deur die water loop; ~ *through* s.t., *(lett.)* deur iets waad/loop; *(fig.)* iets deurworstel, deur iets worstel *(bv. 'n verslag)*.

waffle *talk* ~ § twak praat ★

wage *at* a ~ *of* ... vir 'n loon van—; s.o. *earns/gets* a good ~, s.o. *earns/gets* good ~s iem. het 'n goeie verdienste, iem. trek/verdien 'n goeie loon; *freeze* ~s lone vaspen; *a living* ~ 'n bestaanbare loon; *pay* s.o. a good ~ iem. 'n goeie l. betaal; *stop* s.o.'s ~s iem. se l. agterhou/inhou.

wager¹ [n.] *lay/make a* ~ wed, 'n weddenskap aangaan.

wager² [v.] ~ s.t. on ... iets op — verwed.

wag(g)on s.o. is on the (water-) ~ § iem. drink nie meer nie, iem. het die drank laat staan/vaar, iem. het die drank gelos; *hitch one's* ~ *to a star* op 'n sterkere staatmaak; 'n hoë ideaal nastreef/nastrewe, hoog mik.

waif ~s and strays daklose/hawelose/verlate kinders.

wailing a ~ *and gnashing of teeth* wening en knersing van die tande.

wait¹ [n.] *lie in* ~ op die loer lê; *lie in* ~ *for* s.o. iem. voorlê, na/vir iem. op die loer lê; s.o. *will have a long* ~ iem. sal lank moet wag.

wait² [v.] *it is better to* ~ *before* speaking dit is raadsaam om te wag met praat; ~ *a bit/minute!* wag 'n bietjie!; s.o. *cannot* ~ *to do* s.t. iem. is haastig om iets te doen; s.o. *cannot* ~ *for* s.t. *to happen* iem. kan nie wag dat iets gebeur nie; *don't* ~ *dinner* *for me* §moe= nie met die ete vir/op my w. nie; ~ *for* s.o. op/vir iem. w.; ~ *for it!* §w. net 'n bietjie!; *just you* ~! w. maar!, eendag is eendag!; *make* s.o. ~ iem. laat w.; ~ *a minute/bit!* →*bit/minute*; ~ *on/upon* s.o. iem. bedien; ~ *out* s.t. vir iets wag om oor/verby te gaan; *I'll* ~ *and see* ek sal kyk wat gebeur; *follow a policy of* ~ *and see* 'n beleid van afwagting volg; ~ *up for* s.o. vir iem. opbly/opsit.

waiting *keep* s.o. ~ iem. laat wag.

wake¹ [n.] *in the* ~ *of* ... na —, kort agter —, op die hakke van —, in die voetspore van—; *it followed in the* ~ *of* ... dit het onmiddellik op — gevolg.

wake² [v.] ~ *(up)* wakker word; ~ *(up)* s.o. iem. wakker maak; ~ *up!* word wakker!; ~ *up to* s.t. van iets bewus word, wakker word/skrik in verband met iets, agterkom/begryp wat gaande is; ~ *up to the fact that* ... skielik agterkom dat —.

walk¹ [n.] *at* a ~ op 'n stap; *go for a* ~, *take a* ~ ('n entjie) gaan stap/loop/wandel, 'n wandeling maak/ doen; *win in a* ~ fluit-fluit★/maklik wen.

walk² [v.] ~ *about* rondloop, rondstap, rondslenter, ronddrentel; ~ *along* aanloop, aanstap; ~ *away* wegloop, wegstap; ~ *away from* s.o. iem. maklik uit= loop, iem. ver/vêr agterlaat; ~ *away from* s.t. iets uit= los, niks met iets te doen wil hê nie; ~ *away from an accident* niks in 'n ongeluk oorkom nie; ~ *away/off with* s.t. §iets fluit-fluit★/maklik wen; ~ *by* verbystap, verbyloop, verbygaan; ~ s.o. *home* met iem. huis toe stap; ~ *in* binnekom, inloop, instap, binnestap; ~ *in on* s.o. by iem. ingestap kom; ~ *into a room* 'n vertrek/ kamer binnekom/binnestap; ~ *into* a tree teen 'n boom bots; HE ~s *into* ..., *(ook)* §HY loop HOM in — vas *(bv. 'n hou)*; ~ *it* voetslaan; § fluit-fluit★/maklik wen; ~ *off* wegstap, wegloop; ~ *off/away with it* →*away/off*; ~ *off* with s.t. belonging to s.o. else §iem. anders se goed wegdra; ~ *off* s.t. iets afskud deur te loop/stap; ~ *on* aanstap, aanloop, verder/vêrder loop/ stap; (kortliks) op die planke verskyn; ~ *out* uitloop, uitstap; *the workers* ~ *out* die werkers staak; ~ *out on* s.o. uit iem. se vergadering loop/stap; § iem. in die steek laat; ~ *out of an association* § uit 'n vereniging bedank; ~ *out with* s.o. met iem. uitgaan; ~ *over* oorloop, oorstap; ~ *(all) over* s.o. §iem. maklik klop; § iem. plat trap, iem. vermorsel *(fig.)*; ~ *past* ... by — verbyloop; ~ *singing/etc.* loop en sing/ens.; HE *can* ~ *tall* § HY kan SY bors uitstoot; ~ *through* a part die bewegings van 'n rol repeteer; ~ s.o. *through* a part iem. die bewegings van 'n rol laat repeteer; ~ *up* oploop, boontoe loop; aangestap kom; ~ *up to* ... na — toe loop, op — afstap; ~ *with* s.o. met iem. saamloop/saamstap.

walk-out *stage a* ~ uitstap.

walk-over *have a* ~ wen sonder speel; fluit-fluit★/ maklik wen; *it was a* ~ die wedstryd is prysgegee; *it was a* ~ *for* HIM HY het fluit-fluit gewen ★, HY het SY teenstander kafgeloop ★

wall¹ [n.] ~ *have one's* *back to the* ~ →*back*; *a blank* ~ 'n kaal muur; 'n soliede/blinde muur; *come up against a blank* ~ voor 'n klipmuur te staan kom *(fig.)*; *drive/send* s.o. up the ~ §iem. rasend maak; *(even the)* ~s have ears (P) (die) mure het ore (P); *go to the* ~ ten onder gaan, ondergaan, te gronde gaan; *the picture hangs on the* ~ die prent hang aan/teen die muur; HE *bangs/knocks/runs* HIS *head against a (brick/ stone)* ~ →*head*; *safe within the* ~s veilig binne die mure; *up the* ~ →*drive/send*.

wall² [v.] ~ *in* s.t. iets toemessel; iets ommuur; ~ *off* s.t. iets afhok; iets afkamp *(fig.)*; ~ *up* s.t. iets toebou/ toemessel.

wallop *give* s.o. a ~ §iem. 'n taai klap gee.

walloping *give* s.o. a ~ §iem. 'n loesing gee.

wallow ~ *in s.t.* in iets swem *(bv. die geld)*; in iets rol *(bv. die modder)*; in iets swelg *(bv. wellus)*.

waltz ~ *off with the prize* §die prys fluit-fluit★/maklik verower.

wander ~ *about* ronddwaal; ~ *from/off the subject* van die onderwerp afdwaal; ~ *off somewhere* êrens heen verdwyn.

wane *be on the* ~ aan die afneem/verswak wees; aan die taan wees, in verval wees.

want¹ [n.] *for/from* ~ *of ...* uit/by gebrek aan —; *live in* ~ gebrek ly, in armoede leef/lewe; *be in* ~ *of s.t.* iets nodig hê, aan iets behoefte hê; *be in* ~ *of money* in geldnood verkeer; *there was no* ~ *of ...* daar was 'n oorvloed van —; *satisfy/supply a* ~ in 'n behoefte voorsien; *it was not for* ~ *of trying* dit was nie omdat iem. nie geprobeer het nie.

want² [v.] ~ *s.t. badly* iets baie graag wil hê, iets dolgraag wil hê; verleë wees om/oor iets; ~ *s.o. badly* iem. baie graag wil hê; sterk na iem. verlang; *s.o. doesn't* ~ *to* iem. wil nie; *s.o. doesn't* ~ *to do s.t.* iem. wil iets nie doen nie, iem. het nie lus om iets te doen nie; *I don't* ~ *your ...* ek wil nie jou — hê nie *(bv. besittings)*; ek het nie lus vir jou — nie *(bv. grappe)*; *you don't* ~ *to do that* § dit moet jy (liewer/liewers) nie doen nie; *not* ~ *for s.t.* geen gebrek aan iets hê nie; *s.o.* ~*s for nothing* dit ontbreek iem. aan niks; *please tell my assistant I* ~ *him or her* sê asseblief vir my assistent ek roep hom of haar; *s.o.* ~*s in, (Am.)* §iem. wil inkom; §iem. wil deelneem, iem. wil 'n aandeel hê; ~ *none of s.o. or s.t.* niks met iem. of iets te maak wil hê nie; *it only* ~*s repairing/etc.* § dit moet net reggemaak/ens. word; *s.o.* ~*s out, (Am.)* §iem. wil uitgaan; §iem. wil kop uittrek; *if s.o.* ~*s to* as iem. wil; *s.o.* ~*s to go/etc.* iem. wil gaan/ens.; ~ *s.o. to do s.t.* wil hê dat iem. iets doen, wil hê iem. moet iets doen; *HE knows what HE* ~*s* HY weet wat/waarheen HY wil; *what do they* ~ *with me?* wat wil hulle van my hê?

wanted *s.o. is* ~ *by the police* iem. word deur die polisie gesoek; ~ *to buy* te koop gevra.

wanting *s.o. was found* ~ iem. is te lig bevind; iem. het in gebreke gebly; *s.o. is* ~ *in ...* dit ontbreek iem. aan — *(bv. moed)*.

war *be at* ~ *with ...* met — in oorlog verkeer/wees; *carry the* ~ *into the enemy's camp/territory* aanvallend optree; *the chances of* ~ die oorlogskanse; *declare* ~ *on a country* teen 'n land oorlog verklaar, 'n land die o. aansê; *the dogs of* ~ die verskrikkings van die o.; *enter a* ~ tot 'n o. toetree, aan 'n o. deelneem; *fight a* ~ 'n o. voer; *go to* ~ *against* teen — o. verklaar/maak; *go to the* ~*s* na die oorlog vertrek; *in* ~ in die o.; *s.o. has been in the* ~*s* §iem. is lelik toegetakel; *be involved in a* ~ in 'n oorlog gewikkel wees; *it is* ~ *to the knife* dit is 'n stryd op lewe en dood; *make* ~ oorlog voer; *make* ~ *on/upon/against/with s.o.* teen iem. o. voer; *there is a* ~ *on* dit is o.; *plunge a country into* ~ 'n land in o. dompel/stort; *be prepared for* ~ strydvaardig wees; *a private* ~ 'n persoonlike vete; *the sinews*

of ~ die lewensbloed van oorlog; *be in a state of* ~ i staat van o. verkeer; *start a* ~ 'n o. ontketen; *th tumult of* ~ die oorlogsgedruis/krygsgedruis; *wag* ~ *against/on/upon ...* teen — o. voer/maak. →**wa footing; warpath.**

ward ~ *off s.t.* iets keer/afweer/afwend; iets verhoe **ware** *cry one's* ~*s* goed uitvent.

war footing *be on a* ~ ~ op oorlogsvoet wees; *bring country on a* ~ ~ 'n land op oorlogsvoet bring.

warm¹ [v.] *HE* ~*s HIMSELF at the fire* HY maak HO; by die vuur warm; *HE* ~*s to/towards s.o.* HY voe HOM tot iem. aangetrokke; *HE* ~*s to HIS subject* H raak geesdriftig oor SY onderwerp; ~ *up* warm wor op stryk/dreef kom, aan die gang kom; *an athlete* ~ *up* 'n atleet maak litte los; *the room* ~*s up* die kame word warm; ~ *up s.t.* iets warm maak; iets verwarr *(bv. 'n kamer)*; iets opwarm *(kos)*; iets warm dra *('n enjin)*; ~ *up s.o., (lett.)* iem. warm maak; *(fig. iem. warm maak, iem. in die regte stemming bring HE* ~*s HIMSELF up at the fire* HY maak HOM by di vuur warm.

warm² [adj.] *be as* ~ *as (a) toast* heerlik/lekkc warm kry; *you are getting* ~ §jy word warm *(in ' speletjie)* ★; *grow* ~ warm word; *make it/things* ~ *for s.o.* §die wêreld vir iem. benoud maak; *it is quite* ~ dit is taamlik/nogal warm.

warn ~ *s.o. about s.t.* iem. teen iets waarsku; ~ *against ...* teen — waarsku; ~ *s.o. of s.t.* iem. teen iet w. *(bv. gevaar)*; iem. op iets opmerksaam maak; ~ *of s.o.* iem. aansê/beveel om weg te bly; ~ *the accused t appear in court* die beskuldigde aansê/beveel om voo die hof te verskyn; ~ *s.o. to do s.t.* iem. dringend aan raai om iets te doen.

warned *be* ~ gewaarsku wees; *you have been* ~! wee gewaarsku!

warning *give* ~ *that ...* waarsku dat —; *give/issu a* ~ 'n waarskuwing gee/uitspreek/uiter, 'n waarsku wing laat hoor; *a grim* ~ 'n somber waarskuwing *heed a* ~ op 'n waarskuwing ag gee/slaan; *at a mo ment's* ~ oombliklik; *sound a (note of)* ~ 'n waar skuwende stem laat hoor; *take* ~ *from s.t., take s.t. a a* ~ deur iets gewaarsku wees, 'n waarskuwing ter har te neem; *a timely* ~ 'n tydige waarskuwing; *s.t. is a* ~ *to s.o.* iets dien vir iem. as waarskuwing; *a word of* ~ 'n waarskuwing.

warp ~ *and woof* skering en inslag.

warpath *be/go on the* ~ op die oorlogspad wees/gaan, die stryd aanknoop, te velde trek; strydlustig wees, kwaai/veglustig/bakleierig wees.

warped *become* ~ krom/skeef trek *(van 'n plank)*, ontaard, versleg *(iem.)*; verwronge raak *(bv. iem. se oordeel)*; verdorwe raak *(bv. iem. se gees)*.

warrant¹ [n.] *issue a* ~ *for s.o.'s arrest* 'n lasbrief/be vel uitreik tot iem. se aanhouding/arres/inhegtenisna me/inhegtenisneming; *HE had no* ~ *for what HE did* H het geen reg gehad om te doen wat HY gedoen het nie.

warrant² [v.] *I/I'll* ~ *(you)* dit kan jy my glo, dit kan

k jou verseker; *nothing can* ~ *such behaviour* niks kan
sulke gedrag regverdig nie.

arranty *the new car/etc. is still under* ~ die nuwe
motor/ens. is nog onder waarborg.

art ~*s and all* net soos HY *of* dit is.

ary *be* ~ *of* ... lig loop vir —, lugtig wees vir —,
oppas vir —.

as *s.o.* ~ *angry/etc.* iem. was kwaad/ens.; *s.o. was*
~ *born in* l923 iem. is in l923 gebore; *it* ~ *done* dit is
gedoen; HE ~ *to have done it* HY sou dit doen, HY sou
dit gedoen het; HE ~ *here yesterday* HY was gister
hier; *Mrs A (Miss B that* ~ *)* mev. A (gebore mej. B);
it ~ *printed/etc. in Cape Town/etc.* dit is in Kaapstad/
ens. gedruk/ens.; *our neighbour that* ~ ons gewese/
vroeëre buurman.

ash¹ [n.] HE *has a* ~ *and brush-up* HY knap HOM
op; *it came out in the* ~*, (lett.)* dit het in die was
skoon geword; *(fig.)* §dit het agterna geblyk; *do the* ~
(die wasgoed) was; *give s.t. a good* ~ iets deeglik was;
HE *has/takes a* ~ HY was HOM; *s.t. is in the* ~ iets is
in die was; *put s.t. in the* ~ iets in die was gooi.

ash² [v.] ~ *ashore* op die strand uitspoel; ~ *away*
uitwas; wegspoel; verspoel; ~ *s.t. clean* iets skoon-
was; ~ *down s.t.* iets afspoel; iets afwas; HE ~*es
down* HIS *food with* ... HY drink — by die ete; HE ~*es
HIMSELF* HY was HOM; ~ *off s.t.* iets afwas *(bv. mod-
der, bloed)*; ~ *out* doodreën; ~ *out s.t.* iets uitwas;
iets uitspoel; iets wegspoel; §iets uitwis; §iets kansel-
leer; *the sea* ~*es the shore* die see bespoel die strand; ~
up die skottelgoed/borde was; HE ~*es up, (Am.)* HY
was SY hande; *s.t.* ~*es up (on the beach)* iets spoel (op
die strand) uit, iets spoel aan land; *that won't* ~ §dit
gaan nie op nie, dit sal nie aanvaar/geglo word nie *(bv.
'n verskoning)*.

ashed *be* ~ *off by the rain* afreën; *be* ~ *out* doodge-
reën wees *('n wedstryd); feel* ~ *out* §uitgeput/poot-
uit*/gedaan voel; *be* ~ *overboard* oorboord gespoel
word; *s.o. is (all)* ~ *up* §dit is uit en gedaan met iem.

ashing *do the* ~ (die wasgoed) was.

waste¹ [n.] *go to* ~ vermors/verkwis/verspil word,
verlore gaan; *lay s.t. to* ~ iets verwoes; *this water runs
to* ~ dié water loop ongebruik weg; *it is a sheer* ~ *of
time* dit is pure tydverspilling; *wanton* ~ moedswil-
lige vermorsing.

waste² [v.] ~ *away* wegteer; ~ *not, want not* (P) as jy
vandag spaar, sal jy môre/more hê.

waste³ [adj.] *lay s.t.* ~ iets verwoes; *it lies* ~ dit lê
onbewerk/onbebou.

wasted *s.t. is* ~ *on s.o.* iets beteken vir iem. niks, iem.
het niks aan iets nie.

watch¹ [n.] *a close* ~ →*keep; this* ~ *is five minutes
fast* dié horlosie/oorlosie is vyf minuut voor; *s.o.'s* ~
gains iem. se horlosie/oorlosie loop voor; *go on* ~
gaan wag staan, die wag betrek; *keep* ~ wag hou/
staan, uitkyk, op wag staan; *keep* ~ *for* ... na — op die
uitkyk wees; *keep* ~ *on s.o.* iem. dophou; *keep (a)
careful/close* ~ *on s.o. or s.t.* iem. *of* iets fyn/goed dop-

hou; HE *looks at* HIS ~ HY kyk op SY horlosie/oorlo-
sie; *set a* ~ *before my mouth* sit 'n wag voor my mond;
in the ~*es of the night* →**night;** *pass as a* ~ *in the
night* gou vergeet wees; *be on the* ~ op die wag wees;
op die uitkyk wees; op die loer wees; *be on the* ~ *for* ...
na — op die uitkyk wees; *relieve the* ~ die wag aflos;
set a ~ 'n horlosie/oorlosie stel; *set a* ~ *on s.o. or s.t.*
iem. *of* iets laat bewaak; *this* ~ *is five minutes slow* dié
horlosie/oorlosie is vyf minute agter; *s.o.'s* ~ *has
stopped* iem. se horlosie/oorlosie het gaan staan; *keep*
~ *and ward over s.o.* iem. bewaak, wag hou oor iem.;
wind (up) a ~ 'n horlosie/oorlosie opwen.

watch² [v.] ~ *by s.o.('s side) all night* die hele nag by
iem. waak; ~ *for s.t.* uitkyk na iets, op die uitkyk/loer
wees na iets; ~ *it/out!* §pas op!, oppas!; ~ *s.o. like a
hawk* iem. fyn dophou; HE *has to* ~ *out for* ... HY
moet op die uitkyk wees na —; HY moet oppas vir —,
HY moet op SY hoede wees teen/vir —; ~ *over s.o. or
s.t.* oor iem. *of* iets waak, oor iem. *of* iets wag hou; ~
and pray waak en bid.

watched *have s.o.* ~ iem. laat dophou, iem. in die oog
laat hou.

watchful *be* ~ *for* ... op die uitkyk wees na —.

water¹ [n.] *above* ~ bo water; *a body of* ~ 'n water-
massa; HE *casts* HIS *bread (up)on the* ~*s* HY werp SY
brood op die water; *a lot of* ~ *has flowed/passed/gone
under the bridge* daar het baie water in die see geloop;
it is ~ *under the bridge* dit behoort tot die verlede;
pour/throw cold ~ *on/over s.t., (lett.)* koue water op
iets gooi; *(fig.)* koue water op iets gooi, iets doodpraat/
afkeur, die demper op iets plaas/sit; *a column of* ~ 'n
watersuil; *be in deep* ~*(s)* in die moeilikheid wees,
hoog in die nood wees, in benarde omstandighede ver-
keer/wees; op gevaarlike terrein wees; swaar beproef
wees; *get into deep* ~*(s)* in die moeilikheid raak; *s.o.
has been through deep* ~*s* iem. het al harde bene ge-
kou ★; *draw* ~ water put/skep; *the ship draws five
metres of* ~ die skip het vyf meter diepgang; *like* ~ *off
a duck's back* soos water op 'n eend se rug, so goed as
vet op 'n warm klip; *of the first* ~ van die eerste water,
van die beste/fynste; *fish in troubled* ~*s* in troebel wa-
ter vis(vang); ~ *flows/runs* water vloei/loop; *the* ~
of forgetfulness die vergetelheid; *it holds* ~, *(lett.)*
dit is waterdig; *(fig.)* dit is geldig, dit hou steek; *s.o.
gets into hot* ~ §iem. beland in die moeilikheid/pekel;
s.o. is in hot ~ §iem. is in die pekel/moeilikheid; *in the*
~ in die water; *be in low* ~ § in geldnood wees, aan
laer wal wees; *make* ~ water, water afslaan ★★, uri-
neer, fluit★★; *(sk.)* lek, water maak; *it brings the* ~ *to
one's mouth* dit laat ('n) mens se mond water, dit laat
('n) mens watertand; *pour oil on troubled* ~*s* →**oil;** *on
the* ~ op die water; *over the* ~ oor die water (heen);
oor(kant) die see; *pass* ~ water, urineer, water af-
slaan ★★, fluit★★; ~ *runs/flows* water loop/vloei; HE
is back in smooth ~ § HY is oor al SY moeilikhede
heen, HY kan weer vry asemhaal; *the boat ships* ~ die
boot lek; *still* ~*s run deep* (P) stille waters diepe

grond, (onder draai die duiwel rond) (P); **take** *the* ~s
die baaie gebruik; **take in** ~ water inneem, water aan
boord neem; lek *(van 'n boot)*; **take to the** ~ in die
water spring; van stapel loop; **take up** ~ water absor=
beer/trek *(bv. 'n spons)*; **tread** ~ watertrap; **under** ~
onder (die) water; **writ(ten) in** ~ verganklik, kort=
stondig.

water² [v.] ~ **down** *s.t.* iets verwater *(bv. bier, begin=
sels)*.

Waterloo *HE meets HIS* ~ HY loop SY rieme styf ★, HY
kom SY dreuning/druiwe/kaiings/moses teë/teen ★

water-wag(g)on →**wag(g)on**.

waterworks *turn on the* ~ §aan die huil gaan, begin
huil.

wave¹ [n.] *the* ~s **beat** die golwe klots; *ride on the*
crest *of the* ~ op die hoogtepunt wees, op die hoogtes
wandel; *give s.o. a* ~ iem. toewuif, vir iem. wuif/waai;
make ~s §'n beroering veroorsaak; *a* ~ *of* ... 'n vlaag
van —; *be* **tossed** *by the* ~s deur die golwe heen en
weer geslinger word.

wave¹ [v.] ~ **away/off** *s.o.* iem. wegwys, vir iem.
beduie om (weg) te gaan; ~ *s.o.* **nearer** vir iem. wink
om nader te kom; ~ **on** *s.o.* vir iem. beduie om voort te
gaan; vir iem. beduie om nader te kom; ~ *(one's hand)*
to *s.o.* (met die hand) vir iem. wuif/waai.

wavelength *they are on the same* ~ hul koppe werk
eenders/eners.

waver *HE* ~s *between* ... *and* ... HY kan nie besluit of
HY moet — of — nie.

wax ~ *and wane* groei en afneem.

way **across** *the* ~ oorkant; *all the* ~ die hele ent/pad,
heelpad; tot die end/einde toe; *agree with s.o.* **all** *the* ~,
be with s.o. **all** *the* ~ geheel en al met iem. saamstem,
volkome met iem. saamstem; *I'm with you* **all** *the* ~,
(ook) ek sal jou enduit steun; *run/etc.* **all** *the* ~ *to* ...
die hele ent/pad na — (toe) hardloop/ens., die hele ent/
pad — toe hardloop/ens.; *all* *the* ~ **down** or *up* tot heel
onder *of* bo; *in* **another** ~ andersins; *in* **any** ~ in
enige opsig, op enigerlei wyse; *in* **any** ~ *(whatever)*
hoe ook al, op enigerlei wyse; *in* **any** ~ *HE likes* net
soos HY wil; *not in* **any** ~ hoegenaamd nie, volstrek
nie, geensins; **around** *our* ~ by ons rond/langs; *ask*
s.o. the ~ by iem. pad vra, iem. (na) die pad vra, iem.
vra hoe die pad loop/gaan, iem. vra hoe om daar (uit) te
kom; *the* ~ **back** die terugpad/terugweg; *round the*
back ~ agter om; *s.o. is in a* **bad** ~ dit gaan sleg met
iem., dit is sleg gesteld met iem.; *things are in a* **bad** ~
sake staan sleg, dit lyk (maar) sleg; **bar** *s.o.'s* ~ iem.
voorkeer, iem. se pad versper; *in a* **big** ~ op groot
skaal; in hoë mate; met geesdrif; *HE wants to have it*
both ~s HY wil SY mes na albei kante laat sny; *s.o.*
cannot have it **both** ~s iem. moet een van die twee kies,
iem. moet die een of die ander doen; *it cuts* **both** ~s
→**cuts; break** *a* ~ 'n weg baan; **by** *the* ~ langs die
pad, onderweg; terloops, tussen hakies, van die os op
die esel ★; *come* or *go* **by** *way of* ... oor/via — kom *of*
gaan; *HE is* **by** ~ *of being a farmer/etc.* HY is 'n soort

boer, HY is op SY manier 'n boer; *that is* **by** ~ *of being a*
joke dit is 'n soort grap, dit moet 'n grap wees; **by** ~ *of*
thanks by wyse van dank; *s.t.* **came** *s.o.'s* ~ iets het
iem. te beurt geval; *HE* **changes/mends** *HIS* ~s HY
slaan 'n beter weg in, HY verbeter sy lewe; HY verbeter
hom; HY gedra HOM beter; **clear** *the* ~ die pad skoon=
maak, die weg baan/berei; padgee, opsy staan; *s.t.*
comes *the* ~ *of s.o.* iets val iem. te beurt; *it* **cuts** *both*
~s, *(lett.)* dit sny na twee kante; *(fig.)* dit het sy voor=
dele en nadele; dit bevoordeel geen kant nie, dit slaan
na weerskant(e); dit geld vir albei kante; **down** *s.o.'s* ~
in iem. se buurt(e); **down** *Mexico* ~ daar onder in
Mexiko; *take the* **easy** ~ *out of s.t.* die maklikste uit=
weg kies; *the result can go* **either** ~ enige kant kan
wen; die twee moontlikhede is ewe sterk; *HE* **elbows**
HIS ~ *through* HY stamp vir HOM 'n pad oop; *HE sees*
the **error** *of HIS* ~s HY sien SY dwaling in; *in* **every** ~
in elke opsig; **every** *which* ~ in alle rigtings; oral rond;
be in a **fair** ~ *to win/etc.* goed op pad wees om te wen/
ens., 'n goeie kans hê om te wen/ens.; *HE* **feels** *HIS* ~,
(lett.) HY loop voel-voel, HY gaan op die tas af; *(fig.)*
HY gaan versigtig/voel-voel te werk; HY verken die ter=
rein; HY steek SY voelhorings uit; **fight** *one's* ~ 'n weg
baan; **fight** *one's* ~ *out* 'n pad oopveg; **find** *the* ~ die
pad kry; regkom; **find** *one's* ~ **back** daarin slaag om
terug te kom; **find** *one's* ~ *to* ... die pad na — kry; by
— uitkom; **find** *a* ~ *to do s.t.* dit regkry om iets te
doen; *go the* ~ *of all* **flesh** die weg van alle vlees gaan;
HE **forces** *HIS* ~ HY baan SY weg (met geweld);
gather ~ vaart kry; in beweging kom; *in a* **general**
~ oor die algemeen; **get** *in the* ~ in die pad wees,
hinder; **get** *in the* ~ *of doing s.t.* daaraan gewoond raak
om iets te doen; in die gewoonte verval om iets te doen;
HE **gets/has** *HIS (own)* ~ HY kry SY sin; **get** *under* ~
→**under; get** *out of the* ~ padgee, uit die pad staan;
get *s.t. out of the* ~ iets opruim/afhandel; **give** ~ pad=
gee; agteruitstaan, (terug)wyk; meegee; **give** ~ *to* ...
vir — plek maak, deur — vervang word; voor — swig
(bv. die oorwinnaar); **give** ~ *to one's emotions* aange=
daan raak; *HE* **goes** *HIS* ~ HY vertrek, HY gaan weg; HY
gaan SY gang; *go out of one's* ~, *(lett.)* uit die pad gaan;
HE **goes** *out of HIS* ~ *to do s.t.*, *HE* **goes** *out of HIS* ~
for s.t. HY doen moeite vir iets, HY span HOM vir iets in;
HY doen iets opsetlik; HY lê HOM op iets toe, HY is daar=
op uit om iets te doen; *a* **good** ~ *off* 'n hele ent ver/
vêr/weg; *s.o. has come a* **good** ~ iem. het ver/vêr ge=
kom; **grope** *one's* ~ iets voel-voel doen, iets op die tas
af doen; *if HE had HIS* ~ *as* HY SY sin kon kry, as dit
van HOM afgehang het; *do s.t. the* **hard** ~ iets op die
moeilike manier doen; *learn the* **hard** ~ deur onder=
vinding wys word; *learn s.t. the* **hard** ~ iets deur bit=
tere ervaring leer; *s.o. has a* ~ *with children* iem. het
die slag om met kinders te werk; *HE* **has** *a* ~ *with HIM*
HY is innemend; *HE* **has/gets** *HIS (own)* ~ →**gets/**
has; *let HIM have HIS* ~ HOM SY sin gee; **have** *a* ~ *of*
... die manier/gewoonte hê om te —; *HE* **hews** *HIS* ~
HY kap SY pad oop, HY slaan SY pad deur; HY baan SY

weg; *in a* ~ op 'n manier; in sekere sin; enigsins; *be in the* ~ in die pad wees/staan; hinder; steur, stoor; HE *keeps* out of the ~ HY bly uit die pad; HY hou HOM stil; *keep* out of s.o.'s ~ uit iem. se pad bly; *keep* s.o. out of the ~ iem. uit die pad hou; HE *knows* HIS ~ about HY ken SY pad, HY kan SY weg vind; *lead the* ~ voorgaan, voorloop; die pad wys; leiding gee; die toon aangee, die voorbeeld gee/stel; *lead the* ~! gaan voor!; *a little* ~ 'n (klein) entjie; *s.o.'s little* ~s iem. se maniertjies; *s.o. lives Stellenbosch/etc.* ~ iem. woon in die buurt van Stellenbosch/ens., iem. woon êrens by Stellenbosch/ ens. (rond); *a long* ~ 'n ver/vêr ent, 'n groot afstand; *s.o. has come a long* ~, *(lett.)* iem. het van ver/vêr af gekom; *(fig.)* iem. het ver/vêr gevorder; *it comes a long* ~ dit kom van ver/vêr (af); *it goes a long* ~ dit hou lank; *it goes a long* ~ *to/towards* ... dit help baie om te —, dit dra baie daartoe by om te —; *it is a long* ~ *(off)* dit is 'n hele ent (daarnatoe), dit is ver/vêr (weg); *it is a long* ~ *off perfection/etc.* dit is nog lank nie volmaak/ens. nie, dit is op verre na nie volmaak/ ens. nie; *it is a long* ~ *about/round* dit is 'n groot om= pad/omweg; *s.o. has a long* ~ *to go, (lett.)* iem. moet nog ver/vêr gaan; *(fig.)* iem. moet nog baie leer; *it is a long* ~ *to go* dit is ver/vêr; *not by a long* ~ op verre na nie, verreweg nie, (nog) lank nie; *not finished/etc. by a long* ~ nog lank nie klaar/ens. nie; *it looks that* ~ dit lyk so; *lose* one's/the ~ verdwaal, afdwaal, van die pad afraak; *lose* ~, *(sk.)* vaart verminder/verloor; *make* ~ vorder, vooruitgaan; *(sk.)* vaart loop; HE *makes* HIS ~ HY beweeg (voort), HY gaan; HY baan/vind SY weg; HY kom vooruit (in die wêreld); *make* ~ *for s.o.* vir iem. padgee; *s.t. makes* ~ *for* ... iets maak vir — plek, iets word deur — vervang; ~s *and means* (weë en) middele; *committee of* ~s *and means* middeleko= mitee; HE *mends/changes* HIS ~s →*changes/ mends; miss* one's ~ verdwaal, verkeerd loop of ry; *do it my* ~! doen dit soos ek!; doen dit soos ek dit wil hê!; *I will do it my* ~ ek sal dit op my manier doen; *(in) no* ~ hoegenaamd nie, volstrek nie, geensins; *on the* ~ op pad, onderweg; langs die pad; *s.t. is on the* ~ iets is aan die kom; *I'll be on my* ~ ek moet nou gaan, ek moet nou (my) koers kry; *it is on my* ~ dit is op my pad; *on the* ~ *to* ... op pad na —, op pad — toe; *be on the* ~ *to* ..., *(ook)* na — op reis wees, na — onderweg wees; *on the* ~ *to school* op pad skool toe; *the one* ~ die een manier; die enigste manier; *in one* ~ in een opsig; in sekere sin; *in one* ~ *and another* op allerlei maniere; in allerlei opsigte; *in one* ~ *or another, in some* ~ op (die) een of ander manier; *one* ~ *or the other* hoe ook al; *the only* ~ *s.o.* ... al manier waarop iem. —; *in the ordinary* ~ normaalweg, in die gewo= ne loop van sake; HE *looks the other* ~ HY kyk weg, HY kyk anderkant toe; HY maak of HY iem. nie sien nie; *the other* ~ *about/(a)round* omgekeerd; andersom; *a* ~ *out* 'n uitgang; 'n uitkomkans; *on the* ~ *out* op pad buite(n)toe; *be on the* ~ *out, (ook)* § aan die verdwyn wees; *out of the* ~ uit die pad; afgeleë; buitengewoon,

buitenissig; *out of the* ~! gee pad (voor)!; *out that* ~ daardie kant uit; *it is nothing out* of the ~ dit is niks ongewoons/buitengewoons nie; *that is out* of the ~ dit is afgehandel, dit is agter die rug; *the house over the* ~ die huis (aan die) oorkant, die oorkants(t)e huis; HE *goes* HIS *own (sweet)* ~ HY gaan SY eie gang, HY loop SY eie pad, HY steur HOM nie aan ander nie, HY steur HOM aan die wêreld nie, HY maak soos HY lekker kry ★; HE *has it (all)* HIS *own* ~ HY (kan) maak/doen net wat HY wil, HY kan SY eie sin volg; *have it your own* ~! (net) soos jy wil!, nes jy wil!, maak dan maar so!, doen/ maak soos jy verkies!; *part of the* ~ 'n ent; *be at the parting of the* ~s staan waar die paaie/weë uitmekaar loop, op die tweesprong staan; *we have come to the parting of the* ~s hier loop ons paaie/weë uitme= kaar/uiteen; *pave the* ~ *for* ... die pad vir — oopmaak, die weg vir — baan/berei; HE *pays* HIS ~ HY dek SY onkoste, HY bly uit die skuld, HY bly vry van skuld; *pick* one's ~ versigtig loop/stap; *the proper* ~ die juiste/regte manier; *put s.o. in the* ~ *of* ... iem. in die geleentheid stel om te —; *put s.o. out of the* ~ iem. verwyder, iem. uit die weg ruim; van iem. ontslae raak; iem. onskadelik maak; iem. van kant maak, iem. van die gras af maak ★; iem. in die tronk sit; *show s.o. a quick* ~ *to do s.t.* iem. wys hoe om iets gou te doen; *the right* ~ *to go about it* die regte manier om dit te doen; *round* our ~ by ons langs; by ons rond; *s.o. goes the same* ~ iem. gaan dieselfde weg op *(fig.)*; *s.t. goes the same* ~ iets het dieselfde verloop; *in the same* ~ op dieselfde manier; *see* one's ~ *(clear/open) to* ... kans sien om te —, in staat wees om te —; *be set in one's* ~s, *have set* ~s 'n gewoontemens wees, vaste gewoontes hê; *show the* ~, *(lett.)* die pad wys; *(fig.)* die weg (aan)wys; *in a small* ~ in geringe mate; op klein skaal, op beskeie voet; *smooth the* ~ die pad skoonmaak, die weg baan *(fig.)*; *in some* ~ op (die) een of ander manier; *in some* ~s in party/sommige opsigte; *stand in s.o.'s* ~ in iem. se pad staan; HE *lets nothing stand in* HIS ~ HY laat niks in SY pad staan nie; *step this* ~! kom hiernatoe!, kom hier langs!; *take the* ~ *to/ towards* ... die pad na — vat, die weg na — inslaan; *that* ~ daarheen, daarnatoe, soontoe; daarlangs, so= langs; dié/daardie kant toe, in daardie rigting; so, op daardie manier; *up that* ~ in daardie geweste; *that's the* ~ *it is* so is dit, dit is nou (maar) eenmaal so; *that is the* ~ *to do it* so moet dit gedoen word, dit is die manier om dit aan te pak; *that's the* ~ *to talk!* nou praat jy!, so moet 'n man/bek★ praat!; *let us keep it that* ~ laat ons dit so hou; *this* ~ hierheen, hiernatoe; in hierdie/ dié rigting; solangs, hier langs; *it is this* ~ ... die ding is so —; *in this* ~ op dié manier, so; in dié opsig; sodoende; HE *threads/thrusts/twists* HIS *way through the* ... HY vleg tussen die — deur, HY baan vir HOM 'n weg deur die —, HY dring deur die —; *the* ~ *to unity* die weg na eenheid; *there are no two* ~s *about it* dit ly geen twyfel nie, dis nie altemit nie ★, dis nou maar klaar ★; *be under* ~ onderweg wees; aan die gang wees, in beweging wees; *(sk.)* aan die vaar wees; *get* **under** ~ in beweging kom, aan die gang kom; koers vat; op dreef/stryk kom; *(sk.)* begin vaar; HE **wends** HIS ~ *to* ... HY begeef/begewe HOM na —, HY slaan die weg na — in; *in* **what** ~? hoe?, hoe so?, op watter manier?; **which** ~? waarheen?; waarlangs?; **which** ~ *shall we go?* watter kant toe sal ons gaan?, waarlangs sal ons gaan?; HE *does not know* **which** ~ *to turn* HY weet nie vorentoe of agtertoe nie; HY trap klei ⋆; die wêreld het vir HOM te nou geword; **work** *one's* ~ *through s.t.* iets deurwerk; deur iets worstel; *that/such is the* ~ *of the* **world** so gaan dit in die (ou) wêreld; dit is die wêreld se beloop; *make one's* ~ *in the* **world** vooruitkom in die wêreld; *(in) the* **wrong** ~ op die verkeerde manier/wyse; *go the* **wrong** ~ *about it* iets verkeerd aanpak, agterstevoor/verkeerd te werk gaan; *s.o.'s food goes the* **wrong** ~ iem. se kos beland/gaan in die verkeerde keel; *the* **wrong** ~ *round* verkeerd, binne(n)stebuite; agterstevoor; onderstebo; *rub s.o. up the* **wrong** ~, *stroke s.o. the* **wrong** ~ iem. omkrap/vererg/irriteer, iem. kwaad/boos maak, iem. die hoenders in maak ⋆, iem. in die harnas ja(ag), iem. verkeerd aanpak.

wayside *by the* ~ langs die pad; *fall by the* ~ uitsak/uitval.

weak *as* ~ *as a kitten* kuikenswak.

weakness *have a* ~ *for s.t.* 'n swak vir iets hê.

weal ~ *and woe* voor- en teenspoed/teëspoed, wel en wee; ~ *or woe* voor- of teenspoed/teëspoed, wel of wee; *come* ~ *come woe* wat ook al gebeur, laat kom wat wil.

wealth *a man* of ~ 'n rykaard; *a* ~ *of* ... 'n magdom van —; 'n skat van —; 'n oormaat van —; volop —; **untapped** ~ onontgonne rykdom; **untold** ~ onmeetlike rykdom.

wean ~ *s.o. (away) from s.t.* iem. iets afleer.

wear¹ [n.] *not* **fit** *for evening* ~ nie geskik om in die aand te dra nie; *have s.t.* **in** ~ iets gewoonlik dra; *s.t. will* **stand** *a lot of* ~ iets sal lank dra *(bv. skoene, 'n kledingstuk)*; ~ *and* **tear** slytasie; *be the* **worse** *for* ~ verslete/verslyt/gehawend/afgedra wees.

wear² [v.] ~ *away* afslyt, wegslyt, verslyt; verweer; ~ *down s.t.* iets aftrap *(bv. 'n skoen se hak)*; ~ *down s.o.* iem. uitput; ~ *off* afslyt, wegslyt; verdwyn, oorgaan, verbygaan; ~ *on* voortsleep, langsaam verbygaan; ~ *out* uitslyt, afslyt, verslyt; afgemat/uitgeput raak; ~ *out s.t.* iets opdra *(bv. skoene, 'n kledingstuk)*; iets uittrap *('n tapyt)*; iets uitry *('n pad)*; ~ *out s.o.* iem. uitput/afmat, iem. gedaan maak; ~ **thin** →**wearing**; ~ *through* deurslyt; ~ *through s.t.* iets deurslyt; ~ *through the day* die dag op een of ander manier omkry; ~ **well** goed/lank hou, nie gou slyt nie, goed dra, duursaam wees *(iets)*; daar nog goed uitsien, nog heeltemal jonk lyk *(iem.)*. →**worn.**

wearing *s.t. is* ~ *thin* iets is aan die opraak *(bv. iem. se geduld)*.

weary¹ [v.] ~ *of s.t.* sat/moeg raak/word van/vir iets.

weary² [adj.] *be bone* ~ doodmoeg wees; *be* ~ *of s.* sat/moeg wees van iets.

weasel ~ *out of s.t.* iets ontduik.

weather *in all* ~s, *in all* **kinds/sorts** *of* ~ in win en weer, ongeag die weer; *bad* ~ onweer, slegte weer; *beastly* ~ hondeweer; *bleak* ~ gure weer; *a chang* *in the* ~, *a* **change** *of* ~ 'n weersverandering; **changeable** ~ onseker/onbestendige weer; *the* ~ ~ **clearing** die w. trek oop, die w. klaar op; *dirty/foul* **nasty/ugly** ~ ellendige/gure/onaangename/slegte vuil w.; *dismal* ~ triestige w.; *fair* ~ mooi w.; *the* ~ *is* **fair** die w. is mooi; *if the* ~ *is* **favourable** as die w saamspeel, as die w. gunstig is; *fine* ~ mooi w.; *foul* **dirty/nasty/ugly** ~ →**dirty/foul/nasty/ugly;** *ir* **good** ~ by goeie w.; *make* **heavy** ~ *of s.t.* (dit) op draand/swaar kry met iets; *if the* ~ **holds** as die weer goed bly; *mild* ~ sagte/aangename w.; *nasty/dirty* **foul/ugly** ~ →**dirty/foul/nasty/ugly;** ~ **permitting** as die w. daarna is, met/by gunstige w.; *seasonable* ~ net w. vir die tyd van die jaar; *under* **stress** *of* ~ weens stormagtige w.; *sultry* ~ bedompige/drukkende/swoel/broeiende w.; *threatening* ~ onweer, dreigende w.; *ugly/dirty/foul/nasty* ~ →**dirty/foul/ nasty/ugly;** *be* **under** *the* ~ ongesteld wees; *unfriendly/ungenial/unkind* ~ ongunstige weer; *unseasonable* ~ ontydige w.; *unsettled* ~ ongestadige w.; *wintry* ~ winterweer.

weather eye *keep one's* ~ ~ *open* 'n oog in die seil hou, goed uitkyk.

weave ~ *in and out of the* ... deur die — vleg; ~ *s.t. into a story* or **speech** iets in 'n toespraak *of* verhaal inweef.

wedded HE *is* ~ *to HIS opinions* HY is onwillig om van 'n mening af te sien, HY is verknog aan SY eie insigte/ menings.

wedge *drive a* ~ *between* ... 'n wig tussen — indryf; *the thin end of the* ~ die eerste (klein) begin, die eerste toegewing, die eerste stappie.

wedged *be* ~ *(in)* **between** ... tussen — vasgeknel wees.

wedlock *be born in* ~ uit 'n huwelik gebore wees; *be born out of* ~ buite-egtelik wees, buite die huwelik/eg gebore wees.

weed¹ [n.] *ill* ~s *grow apace* (P) onkruid vergaan nie (P); *be infested with* ~s vervuil wees van die onkruid.

weed² [v.] ~ *out the* ... die — uitsoek/uitgooi, van die — ontslae raak *(bv. die slegtes, swakkes)*; die — uitdun; die — uitroei.

week ~ *and* ~ **about** al om die ander week; ~s *ago* weke gelede; *some* ~s *ago* 'n paar weke gelede; *all* ~ die hele week, heelweek; *every* ~ elke week; weekliks; *for* ~s *on end* (lank); weke aaneen; *I have not seen HIM for* ~s ek het HOM in geen weke gesien nie, dis weke dat ek HOM laas gesien het; ~ *in,* ~ *out* week na week, weekin en weekuit; *in three* ~s, *in three* ~s' *time* oor/ binne drie weke; *inside (of) a* ~ binne 'n week, minder as 'n week; *last* ~ verlede week; *the last* ~

die laaste week *(van 'n tydperk)*; die afgelope week; *on Monday/etc. of last* ~ verlede week en Maandag/ens.; *Monday/etc.* ~ Maandag/ens. oor ag(t) dae, Maan= dag/ens. oor 'n week; *next* ~ aanstaande/volgende week; *the next* ~ die volgende week; die week daarop; *the previous* ~ die vorige week; die week tevore; *this* ~ dié week, vandeesweek; *all this* ~ al die hele week, die hele week al; *throughout the* ~, *the whole* ~ die hele week (deur), heelweek; *today* ~ vandag oor ag(t) dae, vandag oor 'n week.

veekday *on* ~s in die week.

veekend *at the* ~ in die naweek; *spend a* ~ *some= where* 'n naweek êrens deurbring, êrens naweek hou.

veep *s.o.* ~s *for* ... iem. huil van — *(bv. blydskap)*; ~ *for/over s.o.* or *s.t.* iem. *of* iets beween; *HE* ~s *HIS heart out* HY huil HOM dood; *HE* ~s *HIMSELF out* HY huil HOM uit.

veigh *s.t.* ~s *(heavily) against* ... iets tel (erg) teen —; ~ *one argument against another* die een argument teen die ander opweeg; ~ *down s.t.* iets neerdruk/af= druk, swaar op iets druk; *the fruit* ~s *down the branch* die tak buig onder die vrugte; ~ *in* ('n) mens se baga= sie laat weeg *(by die lughawe)*; inspring, *(tot 'n veg= tery)* toetree, tussenbei(de) kom/tree; ~ *in s.o.* iem. inweeg *('n bokser voor 'n geveg, 'n jokkie na 'n wedren)*; ~ *in with s.t.* § iets bydra; ~ *on/upon s.t.* swaar op iets druk; *s.t.* ~s *on/upon s.o.* iem. gaan onder iets gebuk; ~ *out s.t.* iets afweeg *(bv. 'n kilogram wors)*; ~ *out s.o.* iem. uitweeg *('n jokkie voor 'n wedren)*; ~ *up s.t.* iets deurkyk/takseer *(bv. 'n situasie)*; iets (teen me= kaar) opweeg *(bv. argumente, alternatiewe)*; ~ *up s.o.* iem. (goed) deurkyk; ~ *upon/on* ... →*on/upon*; *s.t.* ~s *with s.o.* iem. heg gewig aan iets, iets weeg swaar by iem.

veighed *be* ~ *down with* ... onder — gebuk gaan *(bv. sorge)*.

weight¹ [n.] *attach/give* ~ *to s.t.* gewig aan iets heg, op iets nadruk lê; *by* ~ volgens gewig; *carry* ~ ge= sag/gewig/invloed hê; *s.t.* *carries (great/much)* ~ *with s.o.* iem. heg baie gewig aan iets, iets weeg swaar by iem.; *give due/full* ~ *to s.t.* iets ten volle in aanmer= king neem; *the* ~ *of evidence* die oorwig van die be= wyse; *excess* ~ oorgewig; *get/take the* ~ *off one's feet/legs* gaan sit; *gain* ~ swaarder word, bykom, gewig aansit, in gewig toeneem; *s.t. is worth its* ~ *in gold* iets. is sy gewig in goud werd; *HE is worth HIS* ~ *in gold* HY is SY gewig in goud werd; *lift* ~s gewigte optel/hef; *lose* ~ afval, gewig verloor, ligter word; maer word, vermaer; ~s *and measures* mate en ge= wigte; *a man of* ~ 'n man van gewig/invloed/gesag/ betekenis; *it is a* ~*/load off HIS mind* dit is 'n las/ pak van SY hart af, HY voel baie verlig; *what they say is of no* ~ wat hulle sê tel nie; *pick up* ~ swaarder word, groei, bykom, gewig aansit; *HE pulls HIS* ~ HY bring SY kant, HY doen SY deel, HY staan SY plek vol, HY verdien SY sout; *not pull one's* ~ laat slap lê; *put on* ~

swaarder word, groei, bykom, gewig aansit, dik/vet word; *HE reduces* ~ HY verslank, HY verminder SY gewig, HY bring SY gewig af; *give short* ~ klante te kort doen; *throw one's* ~ *about/around* astrant optree, grootmeneer speel, drukte maak, gewigtig doen; *HE throws HIS* ~ *against* ... HY werp SY gewig teen — in; *HE throws in HIS* ~ *with* ... HY gee SY steun aan —, HY span HOM vir — in, HY werp SY gewig in die skaal vir —, HY leen SY kragte aan —.

weight² [v.] ~ *s.t. against* ... iets teen — beïnvloed; ~ *s.t. in favour of* ... iets ten gunste van — beïnvloed.

weighted *be* ~ *down with* ... swaar met — belaai wees.

weird ~ *and wonderful* wonderlik vreemd.

welcome¹ [n.] *bid s.o.* ~ iem. welkom heet; *HE out= stays/overstays HIS* ~ HY bly te lank, HY bly langer as wat HY welkom is; *receive an enthusiastic/etc.* ~ geesdriftig/ens. verwelkom/ontvang word; *receive a tumultuous* ~ luidrugtig verwelkom word; *give s.o. a warm* ~, *extend a warm* ~ *to s.o.* iem. hartlik ver= welkom, iem. hartlik welkom heet; *wear out s.o.'s* ~ van iem. se gasvryheid misbruik maak.

welcome² [v.] ~ *s.o. back* iem. terugverwelkom; ~ *s.o. to a town* iem. in 'n stad verwelkom; iem. op 'n dorp verwelkom..

welcome³ [adj.] *make s.o.* ~ iem. hartlik ontvang; iem. tuis laat voel; *s.t. is* ~ *to s.o.* iets is vir iem. wel= kom; *you're* ~! nie te danke (nie)!, tot u diens!; *you are* ~ *to* ... jy kan gerus —; jy word uitgenooi om te —; dit staan jou vry om te —; *you are* ~ *to it* jy kan dit gerus kry, vat dit maar vir jou, ek gun jou dit.

welcome⁴ [tw.] ~ *home!* welkom tuis!; ~ *to Cape Town!* welkom in Kaapstad!

weld ~ *together s.t.* iets saamsmee.

well¹ [n.] *the* ~ *ran dry* die put het opgedroog; *sink a* ~ 'n put grawe.

well² [n.] *leave* ~ *alone* iets laat rus, iets met rus laat, nie slapende honde wakker maak nie, nie aan die be= staande torring nie; *leave* ~ *alone!* moenie slapende honde wakker maak nie!, laat dit met rus!; *wish s.o.* ~ iem. die beste toewens.

well³ [v.] ~ *up* opwel.

well⁴ [adv. & adj.] ~ *above a hundred* ruim/goed hon= derd; *all is* ~ alles (is) in orde; *all is not* ~ dis nie alles pluis nie; *all's* ~ *that ends* ~ (P) end/eind(e) goed, alles goed (P); *that is all very* ~ dit is alles goed en wel; *as* ~ ewe goed; ewe-eens/eweneens, ook; *s.o. can sing/etc. (just) as* ~ *as* ... iem. kan net so goed as/soos — sing/ens.; *that is just as* ~ dit is (ook) maar goed; *it is just as* ~ *that* ... dit is (ook) maar goed dat —; *it is just as* ~ *to* ... dit is maar goed om te —, dit is raad= saam om te —; *it may be (just) as* ~ *to* ... dis dalk raadsaam om te —; *it would be (just) as* ~ *to* ... dit sou raadsaam wees om tog maar te —; *HE might as* ~ *go/etc.* HY kan gerus (maar) gaan/ens.; *HE might just as* ~ *have gone/etc.* HY kon ook maar gegaan/ens. het; *that one as* ~ daardie een ook; *HE gave me* ... *as* ~ HY het my ook/boonop — gegee; *s.o.* or *s.t.* **as** ~ **as** … iem. *of iets* asook —; *women* **as** ~ **as** *men* sowel vroue as mans; *be* ~ **away** ver/vêr wees, 'n hele ent van — wees; los voor wees; goed af wees; **darned** ~ §deksels goed ★; *it is* ~ **enough** dit is goed genoeg; dit is gangbaar/taam= lik, dit is nie (te) sleg nie; *s.o. is as* ~ **as** *ever* iem. is so gesond as ooit; *that is* ~ **and good** dit is alles goed en wel; *is* HE ~ **or ill?** is HY gesond of siek?; *just as* ~ →*as; not be a* ~ **man** or **woman** nie 'n gesonde man *of* vrou wees nie; *s.o. is* **not** ~ iem. is ongesteld/onwel; *not do s.t.* **over** ~ iets nie te/danig goed doen nie; *s.o. is not* **over** ~ iem. is nie (al)te gesond nie; *pretty* ~ … § so goed as —, amper/byna —; ~ **then** nou ja; nou goed; ~ *and* **truly** deeglik; ~ *and* **truly** *laid* heg en reg/deeglik gelê, goed en behoorlik gelê *('n hoek= steen);* **very** ~ baie/heel goed; uitstekend; blakend gesond, fris en gesond; **very** ~|*good!* (nou) goed!, goed dan!, in orde!; toe (dan) maar!; *I am* **very** ~ dit gaan heeltemal goed (met my); *s.o. does s.t.* **very** ~ iem. doen iets baie/besonder goed; HE *cannot do it* **very** ~ HY kan dit nie juis goed doen nie; HE *cannot* **very** ~ *do it* dit kan HY nie doen nie.

well⁵ [tw.] *well, well!* wel, wel!, nou toe (nou)!; ~ *I never!* nou toe nou!, goeie genugtig!; ~ *now!* nou toe (nou)!

well-advised *s.o. would be* ~ *to* … iem. sou verstan= dig handel deur te —, dit is vir iem. gerade om te —.

well-disposed *be* ~ *towards s.o.* iem. goedgesind wees.

well-grounded *be* ~ *in* … goed in — onderleg/on= derlê wees.

well-informed *be* ~ *about s.t.* goed oor iets ingelig wees.

welsh HE ~*es on a promise* HY skend SY belofte, HY breek SY woord.

went →**go.**

were *as it* ~ as 't ware; *as you* ~*!* herstel!; *neighbours that* ~ gewese/voormalige bure. →**be.**

west¹ [n.] *from the* ~ uit die weste, van die weste= (kant); *in the* ~ in die weste; *the wind is* **in** *the* ~ die wind is wes; *to the* ~ weswaarts, na die weste; *to the* ~ *of* … wes van —, ten weste van —.

west² [adv.] ~ **by** *north* or *south* wes ten noorde *of* suide; *due* ~ reg wes; *go* ~ na die weste gaan, wes= waarts gaan; § bokveld toe gaan ★★; *gone* ~ na die weste gegaan, weswaarts gegaan; § bokveld toe wees ★★; oor die muur wees ★; ~ *of* … wes van —, ten weste van —.

wet¹ [n.] *in the* ~ in die nat(tigheid).

wet² [adj.] *dripping* ~ druipnat; *get* ~ nat word; HE *will get* HIS *feet*/*etc.* ~ SY voete/ens. sal nat word; HE *is* ~ *to the skin* HY het geen droë draad aan SY lyf nie, HY is deurnat; *soaking*|*sopping* ~ deurweek, deurnat, papnat, waternat, kletsnat; ~ *through* deurnat, deur en deur nat; *wringing* ~ papnat.

whack HE *does* HIS ~ §HY doen SY deel; HE *gets* HIS ~ §HY kry SY (aan)deel; *give s.o.* or *s.t. a* ~ iem. *of iets*

'n hou gee; *have a whack at s.t.* §iets probeer doen; *be out of* ~ § buite werking wees.

whacked *be completely* ~ *(out)* §doodmoeg/gedaan/ uitgeput/kapot★/pootuit★ wees.

whacking *get a* ~ § 'n loesing kry; *give s.o. a* ~ §iem. 'n loesing gee.

whale *a* ~ *of a* … § 'n yslike —; *have a* ~ *of a time* →**time.**

what ~ *about it?* wat daarvan?; hoe lyk dit (daar= mee)?; ~ *is it about?* waaroor gaan/handel dit?; ~ *is it all about?* wat beteken dit alles?; ~ *are you about?* waarmee is jy besig?; wat voer jy uit?; *after* ~? waar= na?; *programmes being* ~ *they are* omdat programme nou so is; *not a day but* ~ *it rains* geen dag dat dit nie reën nie; *come along,* ~*!* kom ons loop, wat (bog)!; ~ *are we coming to?* waar moet dit heen?; ~ *ever* …? wat op aarde —?; *for* ~? waarvoor?; § waarom?, vir wat?; *give s.o.* ~ *for* §iem. uittrap ★; ~'*s for dinner* or *lunch?* wat eet ons vanaand *of* vanmiddag?; *just* ~ *hap= pened?* wat het presies gebeur?; ~ HE *has suffered!* wat HY nie al gely het nie!; *or* ~ *have you* §en wat ook al, en wat nie al nie; §en wat alles; *s.o. will give s.o.* ~ *help is possible* iem. sal iem. alle moontlike hulp ver= leen; ~ *ho!* hallo!, haai!, hêi!; ~ *if it is so?* waarom nie?; wat daarvan?; ~ *if* …? sê nou —?; ~ *if we (were to) try?* hoe sal dit wees as ons probeer?; *in* ~? waar= in?; *I know* ~ ek het 'n plan, ek sal vir jou sê; *s.o. knows what's* ~ §iem. weet hoe die vurk in die steel/ hef steek, iem. weet hoe sake staan; §iem. is goed op die hoogte, iem. is goed ingelig; *s.o. knows* ~ *difficul= ties there are* iem. ken die moeilikhede; ~ *a man*|*etc.!* wat 'n man/ens.!, dis vir jou 'n man/ens.!; *come* ~ *may* wat ook al gebeur, laat kom wat wil; *to* ~ *it might have been* in vergelyking met wat dit kon gewees het; ~ *more do you want?* wat wil jy meer hê?; ~ *next?* wat nou?; § nou toe nou!, nou praat ek geen woord meer nie!, mooier wil ek dit nie hê nie!; *no matter* ~ sel(f)de/ongeag wat, dit kom nie daarop aan wat nie; *and* ~ *not* ensovoort(s), en so meer, en wat nie al nie; *of* ~? waarvan?; ~ *of it?* waarom nie?; wat daarvan?; *so* ~? §en dan?; §en waarom nie?, ~ *and* daaran?; *some* …, ~? §arrie, maar dis vir jou 'n —!, maar kyk so 'n —!; *have* ~ *it takes* →**take;** ~ *the* …? wat de/die —?; ~ *then?* wat dan?, en nou?; ~ *though we are poor* al is ons arm, wat maak dit saak dat ons arm is?; *to* ~? waartoe?; *to* ~|*which place?* waarheen?, waarnatoe?; ~ *is that to* HIM? wat gee HY om?, wat kan dit HOM skeel?; *with* ~? waarmee?; ~ *with* … §van= weë/weens —; ~ *with it being* … §deurdat dit — is *of* was.

whatever ~ HE *may do* al staan HY op SY kop ★; ~ *for?* §maar waarvoor dan?, waarvoor dan tog?; maar waarom dan?, waarom dan tog?; ~ *happens* wat ook al gebeur; ~ *have you got there?* §wat op aarde het jy daar?; ~ *I have is yours* al wat ek het, is jou(n)e; HE *does* ~ HE *likes* HY maak net wat HY wil; *or* ~ § of wat ook al.

heat *put a field under* ~ 'n land vol koring saai, 'n land onder koring sit; *separate the* ~ *from the chaff* die kaf van die koring skei; *a stand of* ~ 'n lap/stand/stuk koring.

wheedle ~ *s.o. into doing s.t.* iem. (met mooipraat= jies) omhaal/oorhaal om iets te doen; ~ *s.t. out of s.o.* iets van iem. afsoebat.

wheel¹ [n.] *at the* ~ aan die stuur; agter die wiel; *the big* ~ die sirkuswiel; *s.o. is a big* ~ §iem. is 'n groot= kop ⋆; *break s.o. on the* ~ iem. radbraak; *break a (butter)fly on the* ~ 'n vlieg met 'n voorhamer dood= slaan, hase/muggies/mossies/vlieë met 'n kanon skiet; *a fifth* ~ 'n vyfde wiel aan die wa; *Fortune's* ~ die rat van die fortuin; *everything goes on (oiled)* ~s alles gaan so glad soos seep; *the* ~s *of life* die lewensgang; *the man at the* ~ die bestuurder; *set the* ~s *in motion* sake/iets aan die gang sit *(fig.)*; *oil the* ~s die wiele smeer; sake glad laat loop; *on oiled* ~s so glad soos seep; *on* ~s op wiele; →*goes; the* ~ *has turned full circle* ons is terug waar ons was; die rolle is omgekeer; ~s *within* ~s magte agter die skerms; ingewikkelde masjinerie; 'n duistere saak.

wheel² [v.] ~ *about/(a)round* omdraai; ~ *and deal* knoei; ~ *in s.t.* iets instoot.

wheeling ~ *and dealing* knoeiery.

when¹ [n.] *the* ~ *and the how of it* hoe en wanneer alles gebeur het, alle besonderhede daarvan.

when² [pron., adv. & voegw.] ~ HE *arrived,* ~ HE *got there* toe HY daar (aan)kom; HE *died* ~ HE *fell 100 metres* HY het omgekom deurdat HY 100 meter ge= val het; *from* ~? van wanneer (af)?, sedert wanneer?; ~ *did it happen?* wanneer het dit gebeur?; *just* ~ *it happened* net toe dit gebeur; *I had hardly/scarcely arrived* ~ *s.o. ordered me to go* ek het pas aangekom toe beveel iem. my om te loop; HE *was killed* ~ HIS *car overturned* HY het omgekom deurdat SY motor omge= slaan het; HE *did it I don't know* ~ HY het dit vergeet al gedoen; *how could you* ~ *you knew that* ...? hoe kon jy terwyl jy geweet het dat —?; *no matter* ~ sel(f)de/ ongeag wanneer, dit kom nie daarop aan wanneer nie; ~ *it rains* HE *stays at home* as dit reën, bly HY tuis; HE *set a new record* ~ HE *ran the 100 metres in ... seconds* HY het 'n nuwe rekord opgestel deur die 100 meter in — sekondes te hardloop; HE *stopped* ~ HE *saw me* HY het gaan staan toe HY my sien; *since* ~ *things have been better* en van toe af gaan dit beter, en sedertdien gaan dit beter; *till* ~ *can you stay?* tot wanneer kan jy bly?; HE *was crossing the street* ~ *a car knocked* HIM *over* 'n motor het HOM omgery toe HY oor die straat loop.

whence ~ *s.o. comes* waarvandaan iem. kom, waar iem. vandaan kom; ~ *comes it that* ...? hoe is dit dat —?, hoe kom dit dat —?; *take it (from)* ~ *it comes van* 'n esel moet jy 'n skop verwag.

where ~ *will* HE *be if* ...? wat word van HOM as —?; ~ *does* HE *come from?* waarvandaan kom HY?, waar kom HY vandaan?; ~ *do we go from here?* wat nou ge=

daan/gemaak?; ~ *is* HE *going (to)?* waarheen/waar= natoe gaan HY?; HE *doesn't know* ~ HE *is* HY weet nie waar HY is nie; HY weet nie waar HY staan nie, HY weet nie hoe HY dit het nie; *no matter* ~ sel(f)de/ongeag waar, dit kom nie daarop aan waar nie; ~ *to?* waar= heen, waarnatoe?

whereabouts *know s.o.'s* ~ weet waar iem. is; ~ *unknown* verblyf(plek) onbekend.

wherewithal *not have the* ~ *to* ..., *lack the* ~ *to* ... § nie die middele hê om te — nie.

whether ~ HE *may do it* of HY dit mag doen; ~ *it was ... or ...* of dit — en of dit — was; ~ *or no/not* al dan/of nie; ~ *s.o. is ... or not* ongeag of iem. — is of nie, of iem. nou — is of nie.

which *about* ~ ... waaroor/waarvan —; *above* ~ ... waarbo —; *after* ~ ... waarna —; *against* ~ ... waar= teen —; *behind* ~ ... waaragter —; *for* ~ ... waar= voor —; *from* ~ ... waarvandaan —; *in* ~ ... waarin —; *know* ~ *is* ~ mense *of* dinge uitmekaar ken; *of* ~ ... waarvan —; ~ *of us* or *them* or *you* ...? wie van ons *of* hulle *of* julle —? *on* ~ ... waarop —; *opposite* ~ ... waarteenoor —; *out of* ~ ... waaruit —; *over* ~ ... waarbo —; *round* ~ ... waarom —; waaromheen —; *tell* ~ *is* ~ mense *of* dinge onderskei, die onder= skeid tussen mense *of* dinge agterkom; *through* ~ ... waardeur —; *to* ~ ... waarnatoe —; waartoe —; *un= der* ~ ... waaronder —; *upon* ~ ... waarop —; *with* ~ ... waarmee —; *without* ~ ... waarsonder —.

whichever ..., ~ *is the larger/etc.* —, na gelang van wat die grootste/ens. is.

whiff *catch/get a* ~ *of s.t.* iets ruik.

while¹ [n.] *after a* ~ naderhand; *all the* ~ die hele tyd; *for a* ~ *s.o. helped/etc.* iem. het 'n rukkie gehelp/ ens.; *I have not seen X for/in a long* ~ ek het X lank nie gesien nie; *a good* ~ 'n hele ruk/tyd(jie); *in a (little)* ~ binnekort, spoedig, aanstons; *once in a* ~ af en toe, nou en dan, 'n enkele maal; *quite a* ~ 'n hele/taamlike ruk/tyd(jie); *s.o. takes a* ~ iem. bly 'n tydjie besig *of* weg; *s.t. takes a* ~ iets duur 'n tydjie, iem. moet 'n tydjie vir iets wag; *the* ~ HE ... intussen/ondertussen het HY —; *it is not worth one's* ~ dit is nie die moeite werd nie; *make it worth s.o.'s* ~ sorg dat dit iem. die moeite loon, sorg dat iem. goed betaal word.

while² [v.] ~ *away the time* die tyd omkry.

while³ [voegw.] *get cramp* ~ *swimming* in die swem 'n kramp kry.

whim *s.o.'s every* ~ elke gril van iem.; *a passing* ~ 'n tydelike gril.

whimper ~ *for s.t.* om iets soebat.

whip¹ [n.] HE *accepts/takes the* ~, *(parl.)* HY onder= werp HOM aan die partytug; *crack a* ~ met 'n sweep klap; *get a fair crack of the* ~ § 'n eerlike kans kry; § billik behandel word; *give s.o. a fair crack of the* ~ § iem. 'n eerlike kans gee; § iem. billik behandel; *be given a taste of the* ~ onder die kweperlat deurloop.

whip² [v.] ~ *away s.t.* iets weggryp; ~ *off s.t.* iets uitpluk *(bv. 'n mens se baadjie)*; iets afpluk *(bv. 'n mens*

se hoed); ~ *the horses* **on** die perde onder die peits kry;
~ **out** *s.t.* iets uitpluk *(bv. 'n mes)*; ~ **up** *s.t.* iets in 'n
kits maak/berei *('n ete)*; iets (gou) gryp *(iets wat êrens
lê)*; ~ **up** *a crowd* 'n skare opsweep.

whip hand *have the* ~ ~ die hef in die hande hê; HE
has the ~ ~ *over s.o.* HY het iem. in SY mag.

whip-round *have a* ~ §met die hoed rondgaan, die
h. laat rondgaan, haastig 'n kollekte hou.

whirl *give s.t. a* ~ §iets probeer doen; *s.o. is in a* ~ dit
gaan dol met iem.; *s.o.'s head is in a* ~, *s.o.'s thoughts
are in a* ~ iem. se kop draai, alles draai in iem. se
kop.

whisk ~ *away/off s.t.* iets weggryp; ~ *away/off s.o.*
iem. vinnig weghaal; iem. vinnig wegbring; ~ *off s.t.*
iets afpluk; ~ *out s.t.* iets uitpluk; HE ~s *round* HY
draai HOM vinnig om; ~ *up s.t.* iets klop *(bv. eiers)*.

whisker *by a* ~ §net-net *(bv. wen)*; *grow* ~s 'n
baard kweek; *s.t. has* ~s §iets het al baard ★, iets is al
baie oud *(bv. 'n storie, 'n grap)*; HE came *within a* ~ *of
becoming the new champion* §HY het so byna-byna die
nuwe kampioen geword.

whisper¹ [n.] *talk in a* ~ fluister, met 'n fluisterstem
praat.

whisper² [v.] ~ *s.t. to s.o.* vir iem. iets fluister; iem.
iets toefluister/influister; ~ *s.t. in s.o.'s ear* iets in iem.
se oor fluister.

whispered *it is* ~ *that* ... daar word gefluister dat—.

whistle¹ [n.] *blow (on) a* ~ (op) 'n fluitjie blaas; *the*
~ *blows* die fluitjie blaas; *blow the* ~ *on s.t.* §aan iets
'n end/einde maak; *blow the* ~ *on s.o.* §iem. aan die
kaak stel; *give a* ~ 'n fluit gee; HE *wets* HIS ~ §HY
maak keel nat ★, HY slaan 'n doppie weg ★

whistle² [v.] ~ *at* or *to s.o.* vir iem. fluit; ~ *in the
dark* by die kerkhof fluit; HE *can/may* ~ *for it*, HE *will
have to* ~ *for it* §dis neusie verby (met HOM) ★, HY kan
dit op SY maag skryf/skrywe ★; HE *lets s.o.* **go** ~ §HY
steur HOM glad nie aan iem. nie.

whit *every* ~ *as good/etc. as* ... net so goed/ens. as —;
not a ~ glad nie, nie (in) die minste nie.

white *as* ~ *as a sheet* §doodsbleek; HE *turned as* ~
as a sheet, (ook) §HY het HOM asvaal geskrik ★; *as* ~
as snow sneeuwit, spierwit; *gleaming* ~ kraakwit;
go/turn ~ wit word; bleek word; *the* ~ *one* die witte.

whittle ~ *away/down s.t.* iets afsnipper; iets inkort/
verminder *(bv. regte)*.

whiz(z)¹ [n.] *be a* ~ *at* ... §'n uitblinker in — wees.

whiz(z)² [v.] ~ *past* verbygons.

who ~ *else?* wie anders?; wie nog?; *you and* ~ *else?*
jy en wie nog?; ~ *ever can it be!* § wie kan dit tog
wees?, wie in die wêreld kan dit wees?; ~'s *for* ...? wie
wil —?; wie wil — hê?; HE *knows* ~'s ~ HY ken al die
mense; *no matter* ~ sel(f)de/ongeag wie, dit maak
nie saak wie nie; →**whom.**

whole¹ [n.] *as a* ~ in die/sy geheel; *the country as a*
~ die hele land, die land in sy geheel; *the* ~ *of Africa*
die hele Afrika; *on the* ~ oor die geheel, in/oor die
algemeen.

whole² [adj.] *three* ~ *days* drie volle dae; *through the*
~ *day* heeldag, die hele dag.

wholesale *buy* ~ by die groot maat koop, in die
groothandel koop.

whom *about* ~ ... oor/van wie —; *against* ~ ...
teen wie —; *by* ~ ... deur wie —; *for* ~ ... vir wie —;
of ~ ... van wie —; *the leader (~)* HE *follows* die leier
wat HY volg; *through* ~ ... deur wie —; *to* ~ ... aan
wie —; vir wie —; *the official to* ~ HE *should send it* die
amptenaar aan wie HY dit moet stuur; *under* ~ ...
onder wie —; *with* ~ ... met wie —; *without* ~ ...
sonder wie —.

whoop ~ *it up* §fuif, pret maak.

whoopee *make* ~ §fuif, pret maak.

whopper *a* ~ *of a* ... §'n yslike —; *tell a* ~ §'n yslike
kluitjie bak ★

whose *the farmer* ~ *fruit they stole* die boer wie se
vrugte hulle gesteel het.

why¹ [adv.] ~ *ever* §waarom tog?; *just* ~ ...? waar=
om presies —?; *no matter* ~ sel(f)de/ongeag waar=
om, dit maak nie saak waarom nie; *oh* ~? waarom tog?;
~ *so?* hoe so?; *that is* ~ ... dis dié dat —, dit is waar=
om —; HE *is lazy, that's* ~ HY is lui, dis dié.

why² [tw.] ~, *it's Peter!* maar dit is mos Piet!

wicket *at the* ~, *(kr.)* voor die paaltjies; ~s *fall/
tumble, (kr.)* paaltjies val/kantel/spat; *a good* ~,
(kr.) 'n goeie kolfblad; *be on a good* ~ §goed af wees;
keep ~, *(kr.)* paaltjiewagter wees; *a plumb* ~, *(kr.)*
'n mak kolfblad; *be/bat on a sticky* ~, *(kr.)* op 'n
moeilike kolfblad speel; § in die verknorsing wees;
take a ~, *(kr.)* 'n paaltjie kry.

widen *s.t.* ~s *out* iets word breër *(bv. 'n rivier)*; iets
word wyer *(bv. 'n mou)*.

widow *he leaves a* ~ hy laat 'n weduwee na/agter; *she
was left a* ~, *she has been left a* ~ sy het as weduwee
agtergebly, sy het 'n w. geword, haar man is dood.

wife *he makes her his* ~ hy trou met haar, hy neem haar
tot vrou; *take a* ~ trou, 'n vrou neem; vrou vat ★; *take
s.o. to* ~ iem. tot vrou neem, met iem. trou.

wiggle HE ~s *out of* ... HY wikkel HOM uit — los.

wild¹ [n.] *in the* ~ wild; *(out) in the* ~s § in die
wildernis/gram(m)adoelas★

wild² [adj. & adv.] *be* ~ *about* ... §dol wees op —; §
woedend wees oor —; *drive s.o.* ~ §iem. dol/gek/ra=
send maak; *go* ~ wild word; §te kere gaan, woed; HE
goes ~ *with delight* HY gaan HOM te buite van blyd=
skap; *run* ~ vry (rond)loop; wild te kere gaan; wild
groei; verwilder, vervuil; ~ *with excitement* dol van
opwinding; ~ *and woolly* ru, ongepoets.

wilderness *a howling* ~ 'n huilende woesteny; *be in
the (political)* ~ in die (politieke) woestyn wees.

wildfire *spread like* ~ soos 'n veldbrand versprei.

wild-goose chase *lead s.o. a* ~ ~, *send s.o. on a* ~
~ iem. verniet laat soek, iem. op 'n dwaalspoor bring.

will¹ [n.] *against s.o.'s* ~ teen iem. se sin; *at* ~ wille=
keurig, na willekeur, na wens, na keuse, na goeddunke,
(net) wanneer iem. wil; *at HIS own sweet* ~ na SY eie

sin en wil; *at the* ~ *of* ... na goeddunke/goedvinde van
—; HE *bends* s.o. to HIS ~ HY dring SY wil aan iem. op;
break a ~ 'n testament omverwerp/omvêrwerp;
break s.o.'s ~ iem. se wil breek; HE *gets/has* HIS ~
HY kry SY sin; *men of good* ~ manne van goeie wil;
last ~ *and testament* testament, laaste/uiterste wil,
uiterste wilsbeskikking; *leave* s.t. *by* ~ iets by testa=
ment bemaak; *make one's* ~ 'n testament maak; HE
has a ~ *of* HIS *own* HY het 'n eie wil, HY weet wat HY
wil; *this child has a* ~ *of its own* die kind het 'n eie
willetjie; *of one's own free* ~ uit vrye wil, uit eie bewe=
ging; s.o.'s *own sweet* ~ iem. se eie goeddunke; HE
remembers s.o. in HIS ~ HY dink in SY testament aan
iem.; HE *submits* to God's ~ HY onderwerp HOM aan
die wil van God; *take the* ~ for *the deed* die wil vir die
daad neem; *Thy* ~ *be done* laat u wil geskied; *under*
a ~ volgens/ingevolge/kragtens 'n testament; *where*
there's a ~, *there's a way* (P) waar 'n wil is, is 'n weg
(P), wie wil, dié kan (P); *with a* ~ met lus, (met)
hart en siel; HE *works* HIS ~ HY sorg dat HY SY sin
kry, HY dryf SY sin deur; *with the best* ~ *in the world*
met die beste wil in die wêreld, met die beste wil ter
wêreld.

will² [v.] HE ~s HIMSELF *to do* s.t. HY dwing HOMSELF
met wilskrag om iets te doen; ~ s.t. *to* s.o. iets aan iem.
bemaak/nalaat/vermaak.

will³ [v.] *it shall be as you* ~ jy kan jou sin kry, jou
wens sal vervul word; *I* ~ *be glad if you* ~ *come* ek sal
bly wees as jy kan kom; s.o. ~ *do* s.t. iem. sal iets doen;
~ *do!* §ja goed!, ek sal!; s.o. ~ *have it that* ... iem.
meen dat—; s.o. ~ *not do* s.t. iem. sal iets nie doen nie;
whether HE ~ *or no* of HY wil of nie.

willing God ~ so die Here wil, as dit Gods wil is; *be*
quite ~ heeltemal gewillig wees; *be* ~ *to do* s.t. bereid/
gewillig wees om iets te doen.

willies s.t. *gives* s.o. *the* ~ §iets maak iem. kriewelrig.

willow *handle/wield the* ~, (kr.) § die kolf swaai.

will-power *by sheer* ~ deur louter wilskrag.

win¹ [n.] *an outright* ~ 'n algehele/volkome oorwin=
ning.

win² [v.] ~ *back* s.t. iets herwin; ~ *by nine points to*
six met nege punte teen ses wen; ~ *by* 9-6 met 9-6
wen; *you can't* ~ § dit help (alles) niks; *you can't* ~
them all §('n) mens kan nie altyd wen nie; ~ *in a can=*
ter, ~ *easily*, ~ *with ease*, ~ *hands down* mak=
lik/fluit-fluit★/loshand(e)★ wen; ~ s.t. *from* s.o. iets
van iem. w.; ~ *territory from a country* gebied op 'n
land verower; ~ *hands down* →*canter;* ~ *on a*
knock-out met 'n uitklophou wen; ~ *or lose, you* ...
of jy w. of verloor, jy —; ~ s.t. *off* s.o. iets van iem. w.;
~ *out*, ~ *through (all difficulties)* bo uitkom, alle
moeilikhede oorwin, alle moeilikhede te bowe kom; ~
outright voluit wen; ~ *over* s.o. iem. omhaal/om=
praat/oorhaal/oorreed; ~ *on points* met punte wen;
be set to ~ oorgehaal wees om te w.; *this horse* or *team*
should ~ dié perd *of* span sal waarskynlik w., dié
perd *of* span moet w.; s.o. *stands to* ~ iem. het 'n kans

om te w.; ~ *through* →*out;* ~ *in a time of* ... in
— w.

wind¹ [n.] *the* ~ *abates* die wind bedaar, die w. gaan
lê; *against the* ~ windop, teen die w. (in); HE *has the*
~ *against* HIM HY kry/het die w. van voor; *before the*
~ windaf, voor die w. (uit), met die w. van agter; *a*
bleak ~ 'n skraal windjie; *the* ~ *blows* die wind
waai; *what* ~ *blows you here?* wat voer jou hierheen?;
see how the ~ *blows, find out how the* ~ *blows, find*
out which way the ~ *blows* kyk uit watter hoek die
wind waai, die kat uit die boom kyk; *break* ~ 'n w.
laat/los; *cast/fling/throw* s.t. *to the (four)* ~s iets
oorboord gooi *(bv. versigtigheid)*; *the* ~ (s) *of change*
die wind van verandering; *close to the* ~ →*sail close*
to the ~; *the* ~ *comes on* die w. kom op; *a contrary*
~ 'n teenwind; *down the* ~ windaf, voor die w. (uit),
met die w. van agter, met die w. in die rug, saam met
die w.; onder(kant) die w.; *the* ~ *drops* die w. gaan lê,
die w. bedaar; *in the* ~'s *eye* vlak teen die w.; *the* ~
failed die w. het gaan lê; *a fair* ~ 'n gunstige w.; *the*
~ *fell* die w. het gaan lê, die w. het bedaar; die w. het
afgeneem; *fling/cast/throw* s.t. *to the (four)* ~s
→*cast/fling/throw; from the four* ~s uit alle hoeke/
rigtings; *get/have* ~ *of* s.t. iets agterkom, 'n snuf in
die neus kry van iets, 'n voëltjie hoor fluit oor iets ★;
get/have the ~ *up* §verskrik wees, die skrik op die lyf
hê, lelik in die nood wees, in die knyp raak, vrekbang
wees/word ★; s.o. *has a good* ~ iem. het 'n lang asem;
a gust of ~ 'n windvlaag, 'n rukwind; *a high* ~ 'n
stormwind, 'n sterk wind; *it's an ill* ~ *that blows no-*
body any good (P) geen kwaad sonder baat (P), geen
ongeluk nie of daar is 'n geluk by (P); *there is* s.t. *in the*
~ daar is iets aan die gang, daar broei iets; *into the* ~
teen die wind (op); *knock the* ~ *out of* s.o., *(lett.)* iem.
se w. uitslaan; *(fig.)* iem. se asem laat wegslaan; *go*
like the ~ (so vinnig) soos die w. gaan; *sound in* ~ *and*
limb liggaamlik kerngesond, gesond van lyf en lede;
lose one's ~ uitasem raak; *the* ~ *picks up* die wind
word sterker; *the prevailing* ~ die heersende w.; *put*
the ~ *up* s.o. §iem. bang maak, iem. die skrik op die lyf
ja(ag); *recover one's* ~ weer asem kry; *the* ~ *is rising*
die wind word sterker; *sail close to the* ~, *sail near the*
~ skerp by die w. seil, soveel moontlik teen die w. seil;
§op die kantjie *(bv. van onwelvoeglikheid)* af wees; *take*
the ~ *out of* HIS *sails* die wind uit SY seile haal, SY
wapen uit SY hand slaan; HOM die loef afsteek; HE *gets*
HIS *second* ~ HY kry SY tweede asem; *the* ~ *shifts*
round to the east/etc. die wind draai oos/ens.; *be short*
of ~ uitasem wees; *the* ~ *sinks* die wind bedaar, die
w. gaan lê; *sits the* ~ *there?* waai die w. uit daardie
hoek?, waai die w. van daardie kant?, staan sake so?;
sow the ~ *and reap the whirlwind* (P) wie w. saai, sal
storm maai (P); *a strong* ~ 'n sterk w.; *in the teeth of*
the ~ reg teen die w. (in); God *tempers the* ~ *to the*
shorn lamb (P) God gee krag na kruis (P); *throw/cast/*
fling s.t. *to the (four)* ~s →*cast/fling/throw; the* ~
is up die wind het opgesteek; *get/have the* ~ *up* →*get/*

have the ~ *up;* *up into* *the* ~ (met die kop) teen die
w. (in); *find out which* *way* *the* ~ *blows* →*blows;* ~
and *weather* w. en weer; *whistle* *down the* ~ iets laat
vaar, iets opgee; *with* *the* ~ windaf. →**winded;**
windfall; windmill; windward.

wind² [v.] HE ~s *s.o. in* HIS *arms*, HE ~s HIS *arms*
around/round s.o. HY vou/slaan SY arms om iem.; ~
a bandage *around/round s.o.'s* *finger* 'n verband om
iem. se vinger draai; ~ *back s.t.* iets terugdraai; ~
down ontspan *(iem.);* afloop *(iets);* ~ *down s.t.* iets
laat sak; ~ *in s.t.* iets inkatrol; ~ *off s.t.* iets afdraai/
afrol/afwen/losdraai; *s.o.* ~s *up by saying/etc.* iem.
sê/ens. ten slotte; ~ *up with* ... §met — bly sit; HE ~s
HIMSELF *up to do s.t.* HY span al SY kragte in om iets te
doen; ~ *up s.t.* iets oprol; iets aandraai; iets ophys/
ophaal; iets afwikkel *(sake);* iets likwideer *('n maat=
skappy);* iets afsluit *('n vergadering);* iets tot 'n einde
bring; ~ *(up) a* *watch* 'n horlosie/oorlosie opwen.
→**wound².**

winded *be* ~ uitasem wees; winduit wees.
windfall *get a* ~ 'n geluk/meevaller kry.
windmill *fight* ~s, *tilt at* ~s teen windmeule(ns) veg.
window *appear at the* ~ voor die venster verskyn.
window-shopping *do* ~ winkels kyk; *go* ~ gaan
winkels kyk.
windward *get to* ~ *of* ... bo die wind van — kom.
wine¹ [n.] *be flushed with* ~ deur wyn verhit wees,
aangeskote wees; *good* ~ *needs no bush* (P) goeie wyn
behoef geen krans (P); *be in* ~ aangeklam/lekker
wees ★
wine² [v.] ~ *and dine s.o.* iem. gul onthaal.
wing¹ [n.] *the* *bird* *beats/flaps its* ~s die voël klap met
sy vlerke; *clip s.o.'s* ~s iem. kortvat/kortwiek; HE *gets*
HIS ~s HY kry SY vleuels/vlerkies/vliegbewys; *give/
lend* ~s *to s.o.* iem. aanspoor om gou te maak; *give/
lend* ~s *to s.t.* iets bespoedig/verhaas; *in the* ~s agter
die skerms; *on the* ~ in die vlug; *(sport)* op die vleuel;
play (on the) ~ (op die) vleuel speel; *on a* ~ *and a*
prayer met skrale hoop; HE *has* *singed* HIS ~s HY het
SY vingers verbrand *(fig.);* HE *spreads/stretches*
HIS ~s HY slaan SY vlerke uit *(fig.);* *take* ~ opvlieg;
wegvlieg; HE *takes s.o. under* HIS ~ HY neem iem.
onder SY beskerming/vlerke/vleuels; HE *is* *waiting in*
the ~s HY is gereed, HY wag SY kans af; *on the* ~s *of the*
wind op die vleuels van die wind.
wing² [v.] ~ *away* wegvlieg.
wink¹ [n.] *have/take* *forty* ~s § 'n uiltjie knip ★, 'n
slapie maak, 'n dutjie doen; *give s.o. a* ~ vir iem. knik/
knipoog; *in a* ~ in 'n oogwenk/oogwink; *not* *sleep* *a*
~, *not get/have a* ~ *of* *sleep* nie 'n oog toemaak nie;
s.o. *tipped* HIM *the* ~ §iem. het HOM gewaarsku, iem.
het HOM op SY hoede gestel; §iem. het HOM 'n wenk
gegee.
wink² [v.] ~ *at s.o.* vir iem. knik/knipoog; HE ~s *at s.t.*
HY maak of HY iets nie sien nie, HY sien iets deur die
vingers.
winking *like* ~ in 'n oogwenk/oogwink.

winkle ~ *s.o.* or *s.t. out of* ... iets *of* iem. uit — kry; ~
s.t. out of s.o. iets uit iem. kry.
winner *be onto a* ~ § 'n blink plan hê *of* kry; § '▪
belowende onderneming aanpak; *pick/spot* *the* ~ die
wenner kies; ... *is a* *sure* ~ — sal beslis wen; *tip the* ~
die wenner voorspel.
winter *in the* *dead/depth* *of* ~ in die hartjie van di▪
winter; *a* *hard/severe* ~ 'n strawwe/kwaai w.; *in* ~
in die w.; *a mild* ~ 'n sagte w.; *pass the* ~ *somewher▪*
êrens oorwinter.
wipe¹ [n.] *give s.t. a* ~ iets afvee.
wipe² [v.] ~ *away s.t.* iets afvee; iets wegvee; ~
down s.t. iets skoonvee; iets afdroog; ~ *off s.t.* iets
afvee/wegvee; iets skoonvee; iets afskryf/afskrywe *(b▪*
'*n verlies);* iets delg/vereffen *('n skuld);* ~ *out s.t.* iets
uitvee; iets delg *('n skuld);* iets goedmaak *('n tekort),*
iets uitwis *(bv. 'n skande);* ~ *out* *people* mense uit▪
delg/uitroei/uitwis/vernietig; ~ *up s.t.* iets afdroog
(skottelgoed); iets opvee.
wire¹ [n.] *by* ~ telegrafies; *we got/had our* ~▪
crossed §ons het mekaar nie reg verstaan nie; *s.o. is a*
live ~ iem. is op en wakker, iem. is 'n voorslag/vuur▪
slag/woelwater, iem. is 'n wakker/lewendige entjie mens,
iem. is 'n deurdrywer/vroegopstaner; *a naked* ~ 'n kaal
draad; *pull* ~s/*strings* toutjies trek, knoei, agter die
skerms werk, in die geheim invloed uitoefen; *put up a* ~
('n) draad span; *send a* ~ 'n telegram stuur.
wire² [v.] ~ *a house for* *electricity* 'n huis vir elektrisi▪
teit bedraad; ~ *in s.t.* iets omhein; ~ *s.o. about s.t.* 'n
telegram aan iem. stuur oor iets; ~ *s.t.* *to s.o.* iets tele▪
grafies aan iem. laat weet.
wisdom *doubt the* ~ *of doing s.t.* twyfel of dit verstan▪
dig is om iets te doen; *in one's* ~ *decide to do s.t.* dit
goed ag om iets te doen; *show great* ~ *by doing s.t.* bai▪
verstandig optree deur iets te doen.
wise¹ [n.] *in no* ~ hoegenaamd nie, op generlei wyse;
in this ~ op hierdie wyse, op dié manier, so.
wise² [v.] ~ *up* §wakker word ★, agterkom wat aan die
gang is; ~ *up to s.t.* § iets agterkom.
wise³ [adj.] *it is easy to be* ~ *after the* *event* dis maklik
om nou/agterna te praat; *get* ~ *to s.o.* or *s.t.* § agter▪
kom hoe iem. *of* iets werklik is; *s.o. is* *none the* ~r iem.
is nog net so in die duister, iem. het niks te wete gekom
nie, *put s.o.* ~ §iem. reghelp, iem. uit die droom help;
§iem. op die hoogte bring, iem. die regte inligting gee;
no one *will be the* ~r niemand sal (iets) daarvan weet
nie, geen haan sal daarna kraai nie; *it would* *not be* ~
dit sou nie raadsaam/verstandig wees nie; *be* ~ *to s.o.* §
goed weet wat agter iem. se planne steek; *be* ~ *to s.t.*
goed weet wat agter iets steek; *s.o. is* ~ *to* ..., *it is* ~ *of*
s.o. to ... iem. tree verstandig op deur te —.
wisecrack *make a* ~ *about* ... 'n kwinkslag oor
— maak/kwytraak.
wish¹ [n.] *best/good* ~es beste wense, seënwense,
heilwense; *with best* ~es met beste wense, met seën▪
wense, met heilwense, alles van die beste; *consult*
s.o.'s ~es iem. se wense in aanmerking neem; *s.o.'s* *ex=*

pressed ~ iem. se uitdruklike wens; HE **gets** HIS ~ HY kry SY sin; with every **good** ~ met alle goeie wense; **grant** s.o.'s ~ iem. se versoek toestaan/inwillig, aan iem. se versoek voldoen; if ~es were **horses**, beggars would ride (P) wens in die een hand, spoeg/spu(ug) in die ander en kyk in watter een het jy die meeste (P); **make** a ~ iets wens; a **pious** ~ 'n vrome wens; the ~ is father to the **thought** (P) die wens is die vader van die gedagte (P).

vish² [v.] ~ **away** s.t. iets wegwens; one could not ~ it **better** beter kon ('n) mens dit nie wil hê nie; ~ **for** s.t. na iets verlang, iets begeer; ~ s.t. **on** s.o. iem. iets (slegs) toewens; ~ **someone** s.t. iem. iets toewens (bv. geluk); s.o. ~es **to** go/etc. iem. wil (graag) gaan/ens.

vit¹ [n.] HE has/keeps HIS ~s **about** HIM HY het al SY positiewe bymekaar, HY is nie aan die slaap nie, HY weet wat HY doen; be at one's ~'s/~s' **end** raadop wees, ten einde raad wees; have ~ **enough** to … genoeg verstand hê om te —; HE was **frightened/scared** out of HIS ~s HY was doodsbang, HY het HOM (boeg)lam/kapot★ geskrik; **live** by one's ~s op die een of ander manier 'n bestaan voer, van skelmstreke leef/lewe; HE is **out** of HIS ~s HY is van SY kop/verstand af, HY is van SY sinne beroof, HY is nie reg nie ★; s.o. has **quick/sharp** ~s iem. is vlug/snel/vinnig van begrip, iem. is skerpsinnig/skrander/gevat, iem. het 'n skerp verstand; s.o. has a **ready** ~ iem. is gevat; s.o.'s **ready** ~ iem. se gevatheid.

wit² [v.] to ~ …, (veroud.) te wete —, dit wil sê —, naamlik —.

with be ~ s.o. by iem. wees; saam met iem. wees, iem. steun; who **was** she ~? wie was by haar?; ~ no **children** sonder kinders; be ~ **it** § byderwets wees; get ~ **it** § saam vrolik/ens. wees; are you ~ **me?** steun jy my?; volg/begryp jy my?; HE has no **money** ~ HIM HY het geen geld by HOM nie; do s.t. ~ **that** iets daarmee doen; ~ **that** … daarop —; who is not ~ **us,** is against us wie nie met/vir ons is nie, is teen ons; what does HE **want** ~ …? wat wil HY van — hê?; I am ~ **you** there daar(oor) stem ek (met jou) saam.

withdraw HE ~s **from** … HY onttrek HOM aan — (bv. 'n verkiesing, 'n wedstryd, 'n regering); HY tree uit — (bv. die regering); ~/scratch a horse **from** a race 'n perd aan 'n wedren onttrek; HE withdrew **from** society HY het HOM afgesluit; ~ troops **from** from an area troepe uit 'n gebied onttrek.

withdrawal cover the ~ die aftog dek.

wither ~ **away** kwyn; ~ **up** verskrompel, verdor, uitdor.

withhold ~ s.t. from s.o. iem. iets weier/ontsê.

within¹ [adv.] from ~ van binne, van die binnekant; **clean** ~ and without skoon van binne en (van) buite.

within² [prep.] HE does s.t. ~ HIMSELF HY doen iets sonder om al SY kragte in te span.

without¹ [adv.] from ~ van buite, van die buitekant.

without² [prep.] ~ HIM sonder HOM; ~ it daarsonder.

witness¹ [n.] **bear** ~ getuig, getuienis aflê; **bear** ~ to s.t. van iets getuig; **call** a ~ 'n getuie oproep; **call** s.o. to ~ iem. as getuie oproep, iem. tot getuie roep; **in** ~ **of** … ten getuie/bewyse van —; **lead** a ~ 'n getuie voorsê; **produce** ~es getuies bring.

witness² [v.] (as) ~ … waarvan — die bewys is; ~ to s.t. van iets getuig.

wits →**wit.**

wittingly ~ or unwittingly bewus of onbewus.

wizard s.o. is a ~ at playing the piano iem. is 'n baasklavierspeler; s.o. is a ~ with a skateboard iem. toor met 'n skaatsplank ★

wobble ~ about/around rondwaggel.

woe ~ **betide** HIM if … die hemel bewaar HOM as —; ~ is **me** wee my; HE **pours** out HIS ~s HY vertel van al SY ellendes; a **tale** of ~ 'n jammerverhaal.

wolf¹ [n.] **cry** ~ onnodig alarm maak; **keep** the ~ **from** the **door** die honger op 'n afstand hou, sorg dat daar genoeg is om van te leef/lewe; have/hold a ~ **by** the **ears** nie hot of haar kan nie, nie vooruit of agteruit kan nie, in 'n netelige situasie wees; a **lone** ~ 'n alleenloper; a ~ **in sheep's** clothing 'n wolf in skaapsklere; **throw** s.o. to the wolves iem. vir die wolwe gooi.

wolf² [v.] ~ (down) s.t. iets verslind, iets vinnig sluk.

woman she is all ~ sy is deur en deur vrou; HE made an honest ~ of her HY het haar tot SY wettige v. gemaak; there's a ~ **in it** 'n v. sit daaragter; a **kept** ~ 'n bywyf/houvrou★; the **little** ~ § die/my v.; a **plain** ~ 'n vaal (ou) vroutjie; the **other** ~ die ander vrou in die driehoek; a **single** ~ 'n ongetroude v.; the **very** ~ die einste sy; a ~ **of** the **world** 'n vrou van die wêreld.

womb in the ~ in die moederskoot.

won s.o.'s dearly ~ … iem. se swaar verkreë — (bv. vryheid); iem. se duur bevogte — (oorwinning).

wonder¹ [n.] ~s never **cease** (P) dis 'n wonder!; **for** a ~ wonderlik/vreemd genoeg; be … **for** a ~ waarlikwaar — wees (bv. betyds); **it's** a ~ **that** … dis 'n wonder dat —; it was a **nine days'** ~ dit was die/'n ag(t)ste wêreldwonder; (it's) **no** ~ that … (dit is) geen wonder dat — nie; and (it is) **no** ~ en dit is geen w. nie; … is a **perpetual** ~ **to** HIM HY verwonder HOM altyd oor —; in **silent** ~ met stomme verbasing; **small** ~! geen wonder nie!; it is **small** ~ that … dit is nie verwonderlik dat — nie; ~ **of wonders** wonder bo wonder; **work** ~s wonders doen; 'n wonderlike uitwerking hê, 'n verbasend goeie uitwerking hê.

wonder² [v.] s.o. ~s **about** … iem. sou graag wil weet wat —; iem. twyfel aan — (iem.); iem. het bedenkings oor — (iem., iets); HE ~s **at** … HY verwonder HOM oor —; can you ~ **at it?** is dit 'n wonder?, kan jy jou daaroor verwonder?; I shall never **cease** to ~ at it ek sal my altyd daaroor verwonder; I ~ s.o. or s.t. didn't … dis vir my vreemd dat iem. of iets nie — nie; I ~ **what** or **who** … ek vra my af wat of

wie —; ek sou graag wil weet wat *of* wie —; HE ~*s*
whether ... HY vra HOM af of —.

wondered *that's hardly*/*not to be* ~ *at* dis nie te ver-
wonder nie.

wonderful *perfectly* ~ gewoonweg wonderlik.

wont¹ [n.] *according to* HIS ~, *as is* HIS ~ volgens (SY)
gewoonte.

wont² [adj.] *be* ~ *to do s.t.* iets gewoonlik doen.

wood *cut out the* **dead** ~ van die nuttelose werkers *of*
dele ontslae raak; *in the* ~ in die vat *(bv. wyn)*; **knock**
on ~*!*, **touch** ~*!* hou duim vas!; *a* **log** *of* ~ 'n stomp
hout, 'n houtblok; *this* or *that* **neck** *of the* ~*s* §hierdie
of daardie kontrei; *be* **out** *of the* ~*(s)* uit die moeilik-
heid/verleentheid wees; buite gevaar wees; *a* **piece** *of*
~ 'n (stuk) hout; *not (be able to)* **see** *the* ~ *for the trees*
die bos nie (kan) sien nie vanweë die bome.

wool *a ball of* ~ 'n bol wol; *pull the* ~ *over s.o.'s* **eyes**
sand in iem. se oë strooi, iem. sand in die oë strooi,
iem. kul/mislei; **wear** ~ wol(klere) dra.

word *suit the* **action** *to the* ~ die daad by die woord
voeg; *translate* ~*s in* **action** woorde in dade omsit; *at*
a ~ onmiddellik; *a* **bad** ~ 'n lelike woord, 'n vloek-
woord; **bandy** ~*s with s.o.* met iem. woorde hê, met
iem. redekawel/stry; *not* **believe** *a* ~ *of it* niks daarvan
glo nie, geen woord daarvan glo nie; **beyond** ~*s* onuit-
spreeklik; **big** ~*s* groot woorde; grootpratery; HE
breaks HIS ~ HY (ver)breek/skend SY woord; *not*
breathe *a* ~ *to s.o.* geen woord teenoor iem. laat val
nie; ~ **came** *that* ... daar het tyding/berig gekom dat
—; HE **clips** HIS ~*s* HY byt SY woorde af; **coin** ~*s*
woorde smee/maak/uitdink/versin; *a* ~ *of* **command**
'n bevel/kommando; *in* ~ *and* **deed** met woord en
daad; ~*s cannot* **describe** *it* ('n) mens kan dit nie met
woorde beskryf/beskrywe nie; *a* **dirty** ~ 'n smerige
woord; *to* HIM ... *is a* **dirty** ~ §HY verafsku —; *a* ~ *in*
s.o.'s **ear** 'n vertroulike mededeling, 'n woordjie pri-
vaat; *have a* ~ *in s.o.'s* **ear** vertroulik/privaat met iem.
praat; HE *will have to* **eat** HIS ~*s* HY sal SY woorde
moet sluk/terugtrek/terugneem; **empty** ~*s* holle
woorde; **exchange** ~*s* woorde wissel, 'n woordewis-
seling hê; ~*s* **fail** *me* ek kan geen woorde vind nie,
woorde ontbreek my; **fair/fine** ~*s butter no parsnips*
(P) (mooi) praatjies vul geen gaatjies (nie) (P), praat en
doen is twee (P); *a* **man** or *woman of* **few** ~*s* 'n man *of*
vrou wat min praat; *s.o. is a* **man** or *woman of* **few** ~*s*
iem. praat min; ~ *for* ~ woordelik(s), woord vir
woord; **get** *a* ~ *in (edgeways)* 'n woord tussenin kry;
HE *cannot* **get** *a* ~ *out of s.o.* HY kan geen woord uit
iem. kry nie; **give** *the* ~ *to do s.t.* die bevel/sein gee om
iets te doen; HE **gives/pledges** HIS ~ HY gee SY
woord, HY beloof/belowe plegtig; **go** **back** *on*/*upon*
one's ~ 'n belofte verbreek; HE *is as* **good** *as* HIS ~ HY
hou woord; HIS ~ *is (as* **good** *as)* HIS **bond** jy kan op
SY w. reken, jy kan op HOM staatmaak, SY w. is SY eer;
have a **good** ~ *for* ... 'n goeie w. vir — oorhê; *say a*
good ~ *for s.o.*, *put in a* **good** ~ *for s.o.* vir iem. 'n
goeie woordjie doen; *not have a* **good** ~ *(to say) for*

s.o. iem. uitmaak vir al wat sleg is; **hang** *on s.o's* ~*s*
iem. se woorde indrink, aan iem. se lippe hang; *a* **hard**
~ 'n moeilike/swaar woord; **hard** ~*s* harde/kwaai/
streng/stroewe woorde; **have** ~ *of* ... tyding/berig
van — ontvang; **have** *a* ~ *with s.o.* met iem. praat;
have ~*s with so.* met iem. rusie hê/kry, met iem. woor-
de hê/kry/wissel; *may I have a* ~ *with you?* mag ek 'n
oomblik(kie) met jou praat?; *I have a* ~ *to say* ek het
'n woordjie op die hart, ek het iets te sê; *on my* ~ *of*
honour op my woord van eer, op my erewoord; *in* ~*s*
in woorde; *in a* ~, *in one* ~ in/met een woord, kort-
om, om kort te gaan; *there you have it* **in** *a* ~ met die
een w. is alles gesê; HE **keeps** HIS ~ HY hou w., HY
doen SY w. gestand; *have the* **last** ~ die laaste w. hê/
spreek; *it is the* **last** ~ *in rockets*/*etc.* dit is die aller-
nuutste/allerbeste vuurpyl/ens.; *the* **last** ~ *on s.t.* die
finale uitspraak oor iets; *s.o.'s* ~ *is* **law** iem. se woord
is wet; *one* ~ **leads** *to another* (dit is) die een woord op
die ander, die een w. lok die ander uit; **leave** ~ *of s.t.*
'n boodskap oor iets laat; **leave** ~ *that* ... 'n boodskap
laat dat —; **leave** ~ *with s.o.* 'n boodskap by iem. laat;
lose *a* ~ 'n woord nie hoor nie, 'n w. verloor; HE *is not*
at a **loss** *for* ~*s* HY is nie op SY mond geval nie; ~*s of*
love liefdewoorde; *he is a* **man** *of his* ~ hy is 'n man
van sy woord, hy hou woord; *in so* **many** ~*s* met so-
veel woorde, uitdruklik; *put it in so* **many** ~*s* met so-
veel woorde sê; **mark** *my* ~*s!* let op my woorde!;
mince *one's* ~*s* doekies omdraai *; gemaak praat; *by*
~ *of* **mouth** mondeling(s); *put* ~*s into s.o.'s* **mouth**
iem. woorde in die mond lê; *you're taking the* ~*s out of*
my **mouth** jy haal/neem die woorde uit my mond;
mum's *the* ~ § stilbly!, sjt!; § maar hou jou mond,
hoor!; §jy sê niks, hoor (jy)!; **never** *a* ~ geen stomme
woord nie; **not** *one* ~ geen enkele w. nie; *that is* **not** *the*
~ *for it* dit is nie die (juiste) w. daarvoor nie; dit is nog
baie erger, dit is nog nie sterk genoeg (uitgedruk) nie;
on/upon *my* ~ *(of honour)* op my woord (van eer); *the*
operative ~ die beslissende w.; *in* **other** ~*s* met an-
der woorde; **plain** ~*s* eenvoudige taal; HE **pledges/**
gives HIS ~ →**gives/pledges;** HE **plights** HIS ~
HY gee/verpand SY woord, HY sweer trou; **put** *in a* ~
ook 'n woordjie sê, 'n woordjie te sê kry/hê; **put** *in a*
(good) ~ *for s.o.* vir iem. 'n goeie woordjie doen
→**good;** **put** *s.t. into* ~*s* iets in woorde uitdruk, iets
onder woorde bring, iets verwoord; **say** *the* ~ die sein
gee; toestemming gee; *just* **say** *the* ~*!* sê net (ja)!; **say** *a*
few ~*s* 'n paar woorde sê, 'n toesprakie hou; **say** *a good*
~ *for s.o.*, **put** *in a (good)* ~ *for s.o.* vir iem. 'n goeie
woordjie doen →**good;** *a* ~ *in* **season** 'n woordjie op
sy tyd; **send** ~ *to s.o.* iem. laat weet, berig/tyding aan
iem. stuur; *not say a* **single** ~ nie 'n enkele/dooie
woord sê nie, geen enkele/dooie w. sê nie; *be* **sparing**
of ~*s* swygsaam wees; *a* **spate/torrent** *of* ~*s* 'n
woordevloed; *the* **spoken** ~ die gesproke woord; HE
sticks *to* HIS ~ HY bly by SY w., HY hou w.; HE *had to*
swallow HIS ~*s* HY moes SY woorde terugtrek; **take**
HIM *at* HIS ~ HOM op SY woord glo, op SY w. afgaan;

HOM letterlik opneem; **take** s.o.'s ~ for s.t. glo wat iem. sê; dit van iem. aanneem; you may **take** my ~ for it daarvan kan ek jou verseker, daarop kan jy reken; ek gee jou my woord (van eer); the ~s stick in s.o.'s **throat** § die woorde bly in iem. se keel steek; **throw** in a ~ now and again nou en dan 'n woordjie tussenin sê; s.o. or s.t. is **too** ... for ~s iem. of iets is baie/te/verskriklik —; iem. of iets is wonder— (bv. mooi); it was **too** ... for ~s ek kan nie sê hoe — dit was nie, dit was onbe= skryflik; a **torrent/spate** of ~s →**spate/torrent**; **twist** ~s woorde verdraai; **unsaid** ~s ongesegde/ versweë woorde; **upon/on** my ~ (of honour) →**on/ upon; upon** my ~! op my woord!, by my siel!; nou toe nou!, goeie genugtig!; s.o. could not **utter** a ~ iem. kon geen woord uitkry nie; s.o.'s **very** ~s iem. se eie woor= de; s.o. is **wasting** ~s iem. praat verniet, iem. verspil woorde; HE **weighs** HIS ~s HY weeg SY woorde, HY kies SY woorde sorgvuldig; **wild** and **woolly** ~s (wilde) wolhaarpraatjies; **winged** ~s gevleuelde woorde; ~s of **wisdom** wyse woorde; a ~ to the **wise** is enough (P) 'n goeie begryper/begrip het 'n halwe woord nodig (P); **without** a/another ~ sonder om 'n w. te sê; ~ for **word** woordelik(s), w. vir w.

worded be strongly ~ kragtig/sterk gestel/uitgedruk wees; a strongly ~ letter/etc. 'n skerp gestelde/bewoor= de brief/ens.

work¹ [n.] **after** ~ ná die werk; be **at** ~ by die w. wees; in die w. wees; aan die w. wees; be **at** ~ on s.t. met iets besig wees; **before** ~ vóór die werk; **come** from ~ van die w. (af) kom; HE has HIS ~ **cut out** (for HIM) HY het SY hande vol (met iets); it's all in a/the **day's** ~ →**day;** ~(s) of the **devil** duiwelswerk; **dirty** ~ vuil werk; 'n skurkestreek; do s.o.'s **dirty** ~ iem. se vuil w. doen; **fall** to ~ aan die w. gaan/spring; **find/get** ~ w. kry; **go** to ~ gaan w., w. toe gaan, na die w. gaan; aan die w. gaan/spring; **go/set** to ~ on s.o. iem. onder hande neem, iem. aanpak; **good/nice** ~! knap/goed gedaan!, mooi so!, dis fluks (van jou)!; **good** ~s goeie werke, liefdadigheid; many **hands** make light ~ (P) vele hande maak ligte werk (P); **hard** ~ swaar/harde w.; **make hard** ~ of s.t. met iets suk= kel; be **hard** at ~ hard aan die werk wees; **look** for ~ w. soek; s.o. is **looking** for ~ iem. soek w.; a **man** of all ~ 'n hansie-my-kneg, 'n algemene werk(s)man; a **nasty** bit/piece of ~ § 'n ongure mens; § 'n gevaarlike kalant; s.o. is a **nasty** bit/piece of ~, (ook) § iem. is naar/onaangenaam; **nice/good** ~! →**good/nice; on** with the ~! werk voort!; be **out** of ~ werkloos wees, sonder werk wees; all ~ and no **play** makes Jack a dull boy (P) die boog kan nie altyd gespan bly nie (P); HE **plunges** into HIS ~ HY verdiep HOM in SY werk; ~ in **progress** onafgehandelde w.; I must **put** in some ~ ek moet w./iets gedaan kry; **put** s.o. to ~ iem. aan die w. sit; that was **quick** ~ dit het gou gegaan; **scamp** ~ werk afskeep; halwe w. doen; **set** to ~ aan die w. gaan/ spring; **shoddy** ~ knoeiwerk, prulwerk; make **short** ~ of s.o. or s.t. gou speel met iem. of iets, kort proses

maak met iem. of iets, kort(e) mette maak met iem. of iets; HE goes to **sleep** over HIS ~ HY raak by SY werk aan die slaap; **sloppy** ~ slordige w.; put in two hours of **solid** ~ twee uur oor 'n boeg w., twee uur aaneen/aan= mekaar w.; ~ has **started** die w. het begin; **stop** ~ ophou/uitskei met w.; die w. staak; not do a **stroke** of ~ geen steek w. (doen) nie; it is **thirsty** ~ dit maak ('n) mens dors; it was **warm** ~ dit het daar warm toegegaan; **what** ~ does HE do? wat werk hy?

work² [v.] ~ **against** s.t. iets teenwerk/teëwerk; ~ **among** ... onder — werk; ~ **around/round** to s.t. iets met 'n ompad bereik; ~ (away) **at** s.t. met iets besig wees, aan iets werk; ~ **away** aan die werk bly; s.t. ~s **down** iets sak af (bv. 'n kous); HE ~s **for** a cause HY werk vir 'n saak, HY beywer HOM vir 'n saak; ~ **for** a degree vir 'n graad studeer/werk; ~ **hard** hard w.; ~ s.o. too **hard** iem. te hard laat w.; ~ **in** s.t. iets inbring; ~ **in** with s.o. met iem. saamgaan; ~ o.s. **into** a rage al hoe kwater word; ~ **like** a **beaver** ywerig werk; s.t. ~s **like** a **dream** § iets w. uitstekend; ~ **like** a **horse** § hard w.; HE ~s **like** a **Trojan** HY w. baie hard, HY spaar HOM nie; ~ **loose** los raak; s.t. does **not** ~ iets is buite werking (bv. 'n masjien); iets slaag nie (bv. 'n plan); ~ **off** s.t. van iets ontslae raak (bv. energie, opge= kropte gevoelens); iets bywerk (die agterstallige); it will ~ **off** dit sal oorgaan/verbygaan; ~ **off** s.t. on ... iets op — uithaal; ~ **on** aanhou werk, deurwerk, voortwerk; ~ **on** s.t. aan iets werk; ~ **on/upon** s.o. iem. bearbei, invloed op iem. uitoefen; 'n invloed/uit= werking op iem. hê; ~ **out** oefen (bv. 'n bokser); reg= kom (sake); slaag (bv. 'n huwelik); uitkom ('n som); not ~ **out,** (ook) skipbreuk ly, misluk (bv. 'n huwe= lik); it ~s **out** at R100 dit kom uit op R100, dit kom op R100 te staan; ~ **out** s.t. iets uitwerk (bv. 'n plan); iets uitreken/bereken/uitwerk (bv. die totaal); iets oplos (bv. probleme); things ~ themselves **out** sake kom van= self reg; ~ s.o. **over** § iem. hardhandig behandel; ~ **round/around** to s.t. →**around/round;** ~ and **scrape** as you may arbei en besuinig soveel as jy wil; **start** ~(ing) begin werk, inval, aan die w. spring/ gaan; ~ **through** s.t. iets deurwerk; ~ **to** ... volgens — werk (bv. 'n rooster); ~ **together** saam werk; ~ **towards** s.t. iets probeer bereik/verkry; s.t. ~s **up** to ... iets styg tot — ('n klimaks/hoogtepunt); s.o. ~s **up** to s.t. iem. stuur op iets af; ~ **up** s.t. iets kry (eetlus); iets bywerk; iets deeglik bestudeer; ~ **up** s.o. iem. aan= hits/aanspoor; iem. opgewonde maak; ~ **upon/on** s.o. →**on/upon;** ~ **with** s.t. met iets werk; ~ **with** s.o. saam met iem. w.; it **won't** ~ dit sal nie deug nie.

worked be easily ~ maklik bewerkbaar wees; be ~ **out** uitgeput/uitgewerk wees ('n myn); be or get (all) ~ up about s.t. opgewonde wees of raak oor iets.

working s.t. is ~ for s.o. iets begunstig/bevoordeel iem.

works give s.o. the ~ § iem. mishandel; § iem. alles vertel; §§ iem. van kant maak; **gum** up the ~ § 'n stok in die wiel steek, alles bevark ★; it's **in** the ~ daar word aan gewerk, daar word werk van gemaak; *the (whole)* ~ § alles en alles; § al die moontlike.

world *all the* ~ die hele wêreld; *s.o. is all the* ~ *to* HIM iem. is vir HOM alles; *all the* ~ *and his wife* almal, die laaste een; *for all the* ~ *as if* … presies asof —; *alone in the* ~ alleen op die wêreld; *be* ~*s apart* hemels= breed verskil; *the best in the* ~ die beste op aarde, die beste ter wêreld, die beste in die w.; *get/have the best of both* ~*s* dubbel bevoorreg wees; *bring a child into the* ~ die lewe aan 'n kind skenk *('n moeder)*; by 'n kind se geboorte help *('n dokter, 'n vroedvrou)*; *come down in the* ~ agteruitgaan in die lewe; *come into the* ~ ge= bore word, in die wêreld kom; *what is the* ~ *coming to?* waar gaan dit heen?, wat word van die w.?; *the* ~ *to come* die hiernamaals; *be dead to the* ~ vas aan die slaap wees; ~ *without end* vir ewig; *I would not do it for the* ~ ek sou dit vir niks ter wêreld doen nie, ek sou dit vir geen geld ter w. doen nie; HE *would give the* ~ *to* … HY sou wat wou gee om te —; *it does* HIM *a* ~ *of good* dit doen HOM baie goed, dit doen HOM die wêreld se goed, HY vind groot baat daarby; *what or where or who in the* ~ *is it?* wat of waar of wie op aarde is dit?; *s.o. who has knocked about the* ~ 'n man of vrou met ervaring; 'n bereisde/berese man of vrou; *s.o. is not long for this* ~ iem. sal dit nie meer lank maak nie; *the lower/nether* ~ die onderwêreld; *a man or woman of the* ~ 'n man of vrou met ervaring; *the next/other* ~ die ander wêreld, die hiernamaals; *it is out of this* ~ § dit is hemels/manjifiek; *all over the* ~, *the* ~ *over* die hele wêreld deur, oor die hele w.; *put/set the* ~ *to rights* die w. in orde bring; *rise in the* ~ opgang maak in die w.; *see the* ~ die w. bereis; baie ondervin= ding opdoen; *it's a small* ~, *the* ~ *is a small place* die w. is (baie) klein; berge en dale ontmoet mekaar; *all the* ~*'s a stage* die w. is 'n speeltoneel; *tell the* ~ alles uitblaker; *think the* ~ *of s.o.* baie van iem. dink, 'n hoë dunk van iem. hê; *this* ~ die ondermaanse; *throughout the* ~ oor die hele wêreld, oral in die w., die w. oor; HE *is on top of the* ~ § die wêreld is syne, HY is hoog in sy skik, HY is opgetoë, HY is in SY glorie, HY is baie bly; *a troubled* ~ 'n wêreld vol beroeringe; *how is the* ~ *using you?* hoe gaan dit met jou?; *the way of the* ~ →**way**; *the wide* ~ die wye wêreld; *all the* ~ *and* HIS *wife* almal, die laaste een.

worm¹ [n.] *(even) a* ~ *will turn* (P) selfs 'n lam skop (P).

worm² [v.] HE ~*s* HIS *way in* HY kruip in, HY woel HOM in; HE ~*s* HIMSELF *into* …, HE ~*s* HIS *way into* … HY dring HOM in — in *(bv. iem. se guns, vertroue)*; ~ *s.t. out of s.o.* iets uit iem. kry *(bv. 'n geheim)*.

worn *the rock has been* ~ *away* die rots is uitgehol/uit= gevreet; *be badly* ~ erg verslete wees *(bv. 'n kleding= stuk)*; erg uitgetrap wees *(bv. 'n tapyt)*; *be* ~ *to a shadow with care* na 'n geraamte lyk van al die bekom= mernis; HE *was* ~ *to a shadow* HY was net 'n skadu= (wee) van wat HY vroeër was.

worried HE *is* ~ *to death about* …, HE *is* ~ *sick|*

silly *about* … HY bekommer/kwel HOM dood oor — HE *is much* ~ HY is baie bekommerd, HY bekom= mer/kwel HOM erg; HY word baie lastig geval; HE *is* ~ *that s.t. could happen* HY bekommer HOM daaroor da= iets kan gebeur.

worry¹ [n.] *s.t. causes* ~ iets wek kommer; *s.t. is great* ~ *to s.o.* iem. bekommer hom baie/erg oor iets *have worries* bekommernisse hê; … *is the least of* HI worries oor — bekommer HY HOM nog die minste; *it is* ~ *to* HIM *that* … HY bekommer HOM daaroor dat —

worry² [v.] HE *worries about/over* … HY bekom= mer/kwel HOM oor —; HE *worries because* … dit be kommer HOM dat —; HE *worries* HIMSELF *to death,* HI worries HIMSELF *sick/silly* HY bekommer/kwel HOM dood; *don't* ~! moenie moeite doen nie!, laat maar staan!; *don't* ~ *(yourself)!* moenie bekommerd wees nie!, bekommer/ontstel/kwel jou nie!; *not to* ~! moenie bekommerd wees nie!; ~ *the life out of s.o.* iem. se lewe versuur/vergal; ~ *s.o. with s.t.* iem. met iets lastig val.

worse¹ [n.] *from bad to* ~ →**bad**; *a change for the* ~ 'n agteruitgang; 'n verslegting; 'n verswakking; *there is* ~ *to come* dit word nog erger; *but* ~ *followed* maar die ergste moes nog kom.

worse² [adj.] *a deal* ~ baie/veel erger; baie/veel sleg= ter; HE *is the* ~ *for drink* →**drink**; *it is getting* ~ dit word erger; *grow* ~ erger word, vererger; *make s.t.* ~ iets vererger, iets erger maak; *that makes it all the* ~ dit maak dit des te erger; *to make things* ~ tot oormaat van ramp; *much* ~ baie/veel slegter; *so much the* ~ des te erger; HE *is none the* ~ *for it* dit het HOM geen kwaad gedoen nie, HY het niks daarvan oorgekom nie; *be none the* ~ *for the accident* onge= deerd daarvan afkom, niks van die ongeluk oorhou nie; *be* ~ *than* … slegter as — wees; erger as.— wees; *be the* ~ *for wear* →**wear.**

worship *His* W~ *the Mayor* die agbare Burgemees= ter; HE *looks at* … *with* ~ *in* HIS *eyes* HY kyk met oë vol aanbidding na —.

worst *at (the)* ~ op sy ergste, in die ergste geval; *you saw* HIM *at* HIS ~ jy het HOM op SY slegste of ergste of swakste gesien; *if the* ~ *comes to the* ~ as die nood aan die man kom, in die allerergste geval; *do one's* ~ dit so erg moontlik maak; *let* HIM *do* HIS ~ laat HOM maak wat HY wil; *fear the* ~ die ergste vrees; HE *gets/has the* ~ *of it* HY verloor, HY kom die slegste daarvan af, HY is/trek aan die kortste ent, HY loop HOM vas, HY delf die onderspit; *the* ~ *of it is that* … die ergste is dat —; *much the* ~ verreweg die slegste; verreweg die ergste.

worsted *be* ~ die onderspit delf.

worth¹ [n.] *men or women of* ~ verdienstelike manne of vroue; *be of no* ~ waardeloos wees; HE *shows* HIS *true* ~ HY wys wat (regtig/werklik) in HOM steek.

worth² [adj.] *all* HE *is* ~ alles wat HY besit; *for all* HE *is* ~ § so (al) wat HY kan, uit alle mag, so hard/vinnig soos HY kan; *it is* ~ *hearing* dit is die moeite werd om

te hoor; *it is* ~ *it* § dit is die moeite werd; *be* ~ *men=*
tioning noemenswaardig wees; *not* ~ *a bean/cent/*
straw, *not* ~ *a brass button* § nie 'n (bloue) duit werd
nie, nie 'n stuiwer werd nie; *be* ~ *nothing* niks werd
wees (nie); *be* ~ *preserving* bewarenswaardig wees;
be ~ *s.t.* *to s.o.* vir iem. iets werd wees; *it is* ~ *the*
trouble dit is die moeite werd; *be* ~ HIS *weight in*
gold SY gewig in goud werd wees; *what is it* ~ *to me?*
wat steek daar vir my in?, wat kry ek?; *for what it is* ~
wat dit ook al werd mag wees; HE *takes it for what it is*
~ HY glo daarvan wat HY wil; *it is* ~ *(one's) while* dit
is die moeite werd; *it is* ~ *(one's) while going/etc.* jy
kan gerus gaan/ens.

worthy *be* ~ *of s.o.* iem. waardig wees; *be* ~ *of s.t.* iets
waardig wees, by iets pas *(bv. die geleentheid)*; *s.o. is* ~
of ... iem. verdien —.

would HE ~ *go home early* HY was gewoond om vroeg
huis toe te gaan; HE ~ *have done it* HY sou dit gedoen
het; HE ~ *have me do it* HY wil hê dat ek dit moet doen,
HY wil hê ek moet dit doen; ~ *it were otherwise* was
dit (tog) maar anders!; ~ *to God that* ... mag God gee
dat —; ~ *to God I were dead* was ek (tog) maar dood!

wound[1] [n.] *dress a* ~, *put a dressing on a* ~, *apply*
a dressing to a ~ 'n wond behandel/verbind; HE
licks HIS ~s HY lek SY wonde; *receive a* ~ gewond
word; *stop a* ~ die bloed stelp.

wound[2] [verl.dw.] *be* or *get* ~ *up* opgewonde wees *of*
raak; *expectations were* ~ *up to a high pitch* die verwag=
tings was hooggespan. →**wind**[2].

wounded *be badly* ~ swaar gewond wees; *be/get* ~
gewond word.

wrack *go to* ~ *and ruin* →**rack.**

wrangle ~ *about/over* ... oor — twis.

wrap ~ *s.t. around/round* ... iets om — wikkel; ~
s.t. in paper iets in papier toedraai; ~ *up!* §bly stil!; ~
(up) s.t. iets toedraai; iets inpak; ~ *up s.t.* iets afhan=
del; met iets klaarspeel ⋆, aan iets beslag gee; HE ~s *up*
well when HE *goes out* HY maak HOM goed toe wanneer
HY uitgaan.

wrapped *be* ~ *in* ... in — toegedraai wees *(bv. pa=*
pier); *in* — *gehul wees (bv. duisternis, geheimsinnig=*
heid); *toe wees onder* — *(bv. die mis)*; *in* — versonke
wees *(bv. gedagtes, gepeins)*; *have* ~ *up* iets sukses=
vol afgehandel hê; *s.t. is* ~ *up in* ... iets is in — vervat;
iets hang ten nouste met — saam; *the mother is* ~ *up in*
her child die moeder leef/lewe net vir haar kind, die
moeder gaan heeltemal op in haar kind; HE *is* ~ *up in*
the subject HY gee al SY aandag aan die vak, HY gaan
(heeltemal) in die vak op; *be* ~ *up with* ... ten nouste
by — betrokke wees.

wraps *keep s.t. under* ~ iets geheim hou; *take the* ~
off s.t. iets onthul; iets bekend stel.

wrath HE *incurs s.o.'s* ~ HY haal HOM iem. se toorn
op die hals; *s.t. kindles s.o.'s* ~ iets laat iem. se toorn
ontsteek; *stir s.o.'s* ~ iem. boos maak, iem. tot toorn
verwek; HE *vents* HIS ~ HY gee uitdrukking aan SY
toorn.

wreath *lay/place a* ~ *at* ... 'n krans by — lê.

wreathed *be* ~ *in* ... deur — omkrans wees; in
— gehul wees; *s.o.'s face is* ~ *in smiles* iem. se gesig is
die ene glimlag.

wreck *s.o. is a nervous* ~ iem. is 'n senu(wee)wrak.

wrench ~ *away s.t.* iets wegruk; ~ *off s.t.* iets afruk;
~ *open s.t.* iets oopruk/oopbreek *(bv. 'n deur)*.

wrest ~ *s.t. from s.o.* iets uit iem. se hande ruk; iets
met moeite uit iem. kry; iets van iem. afpers; ~ *a living*
from ... met moeite 'n bestaan uit — maak.

wrestle ~ *with* ... met — worstel *(bv. 'n probleem)*;
teen — stry *(bv. die versoeking)*.

wriggle HE ~s *out of* ... § HY draai/wikkel HOM uit —.

wring[1] [n.] *give s.t. a* ~ iets uitwring *(bv. klere)*; iets
styf druk *(iem. se hand)*.

wring[2] [v.] ~ *s.t. from s.o.*, ~ *s.t. out of s.o.* met moeite
iets uit iem. kry; iets van iem. afpers *(bv. geld)*; ~
(out) clothes klere uitwring, klere (droog) uitdraai.

wringer *put s.o. through the* ~ § iem. hotagter gee ⋆;
§ iem. 'n moeilike tyd laat deurmaak.

wrinkle[1] [n.] HE *screws* HIS *face into* ~s HY trek SY
gesig op 'n plooi, HY vertrek SY gesig.

wrinkle[2] [v.] HE ~s HIS *forehead* HY trek SY voorkop
op 'n plooi.

wrinkled *be* ~ *with age* vol rimpels wees van ouder=
dom, gerimpel(d) wees van ouderdom.

wrist *slap s.o. on the* ~ iem. teregwys/vermaan; HE
slashes HIS ~s HY sny SY polsare af.

writ[1] [n.] HIS ~ *does not run here* HY het/besit geen
gesag hier nie; *serve a* ~ *on s.o.* 'n dagvaarding aan iem.
bestel.

writ[2] [v.] *it has* ... ~ *large on it* dit is duidelik dat dit 'n
— is.

write ~ *about s.t.* oor iets skryf/skrywe; ~ *back* te=
rugskryf/terugskrywe; ~ *down s.t.* iets opskryf/
opskrywe/neerskryf/neerskrywe/opteken; iets afbre=
kend kritiseer; ~ *for the papers* in die koerante skryf/
skrywe; ~ *a good hand* 'n duidelike handskrif hê; ~
home huis toe skryf/skrywe; *nothing to* ~ *home about*
niks waffers nie ⋆, niks watwonders nie, niks om oor te
kraai nie; ~ *in s.t.* iets inskryf/inskrywe/inlas/op=
neem; iets byvoeg/invoeg; iets instuur; ~ *in for s.t.*
skryf/skrywe om iets te bestel; ~ *in ink* met ink skryf/
skrywe; ~ *s.t. into* ... iets in — inskryf/inskrywe/op=
neem; ~ *off s.t.* iets afskryf/afskrywe *(bv. skuld, 'n*
verlies); iem. iets kwytskeld; ~ *off s.o. as* ... iem. as
— afskryf/afskrywe; ~ *off for s.t.* skryf/skrywe om iets
te bestel; ~ *on s.t.* op iets skryf/skrywe *(bv. papier)*;
oor iets skryf/skrywe *('n onderwerp)*; ~ *out s.t.* iets
uitskryf/uitskrywe; iets voluit skryf/skrywe; iets ko=
pieer; ~ *with a pen* met 'n pen skryf/skrywe; ~ *s.o.*
the result aan/vir iem. skryf/skrywe wat die uitslag is;
~ *to s.o.* aan/vir iem. skryf/skrywe; ~ *to* ... *(an ad=*
dress) na — skryf/skrywe *('n adres)*; ~ *up s.t.* iets
behandel/beskryf/beskrywe; iets byhou/byskryf/by=
skrywe/bywerk *(boeke)*; 'n bespreking/resensie van
iets skryf/skrywe; vir iets reklame maak, iets opvysel.

writer *be a poor* ~ 'n arm skrywer wees; 'n swak skry=
wer wees; geen groot briefskrywer wees nie.

writhe ~ *with* ... krimp van — *(bv. pyn)*.

writing *commit/consign s.t. to* ~ iets op skrif stel;
in ~ skriftelik, op skrif; *put s.t. in* ~ iets op skrif stel,
iets neerskryf/neerskrywe, iets swart op wit gee; *put
an objection in* ~ 'n beswaar skriftelik indien; *the* ~ *is
on the* **wall** die (hand)skrif is aan die muur.

written *s.t. is* ~ *by* ... iets is deur — geskryf/geskry=
we; *HE has* ... ~ *in HIS* **face** — staan op SY gesig te lees
(bv. eerlikheid); *be* ~ **off** afgeskryf/afgeskrywe wees
(bv. skuld, 'n verlies); heeltemal verwees wees, 'n wrak
wees *('n motor in 'n botsing);* *HE has* ~ *HIMSELF* **out**
HY is uitgeskryf/uitgeskrywe, HY weet nie meer wat
om te skryf/skrywe nie; *it is* ~ *that* ... daar staan ge=
skryf/geskrywe dat —.

wrong¹ [n.] *do* ~ sonde doen, sondig; kwaad doen;
oortree; *s.o. is in the* ~ iem. het dit mis, iem. het onge=
lyk; *s.o. is clearly in the* ~ iem. het dit klaarblyklik mis;
put s.o. in the ~ iem. in die ongelyk stel; *redress/
right/undo a* ~ 'n onreg herstel; *two* ~*s don't make a
right* (P) twee maal swart is nie wit nie.

wrong² [adj.] *it's all* ~ dis heeltemal verkeerd; *be* ~
verkeerd/foutief wees *(bv. 'n antwoord);* dit mis/ver
keerd hê, ongelyk hê, mistas *(iem.);* *s.o. is not far* ~
iem. het dit nie ver/vêr mis nie; *there is s.t.* ~ *here* hie
is fout, hier skort iets; *s.o. is* ~ *in doing s.t., it is* ~ *o*
s.o. to do s.t., s.o. is ~ *to do s.t.* dit is verkeerd van iem
om iets te doen, iem. handel verkeerd deur iets te doen
iem. tree verkeerd op deur iets te doen; *there r*
nothing ~ *with that (if you want to do it)* daar is nik
op teë nie; *prove s.o.* ~ iem. in die ongelyk stel; *ther*
is something **radically** ~ daar is iets radikaal verkeerd
it is ~ *to* **say** *that* ... dit is onjuis dat —; *it is* ~ *to* ..
dit is verkeerd om te —; *what is* ~? wat makeer?
what is ~ *here?* wat skort hier?, wat is die skorting
hier?; *and what is* ~ *with that?* en waarom nie?; *s.t. i*
~ *with s.o.* iem. makeer iets, daar skort iets met iem.
daar is fout met iem., dis nie alles pluis met iem nie, di
nie alles in orde met iem. nie; *there is s.t.* ~ *with it* di
makeer iets, daar skort/skeel iets aan/mee.

wrought *be* ~ *up* gespanne/oorspanne wees; opge
wonde wees; *be* ~ *up over s.t.* oor iets opgewonde
wees.

Y

ank ~ *at s.t.* aan iets ruk/pluk; ~ *off s.t.* iets afruk; ~ *out s.t.* iets uitruk/uitpluk.

ardstick *apply a* ~ met 'n maatstaf meet, 'n m. aan= lê/gebruik; *use s.t. as a* ~ iets as m. gebruik.

arn *spin a* ~, *(lett.)* 'n draad spin; *(fig.)* §'n storie vertel, 'n verhaal opdis.

awn *smother/stifle a* ~ 'n gaap onderdruk; *a smoth= ered/stifled* ~ 'n onderdrukte g.

ear *be advanced in* ~s bejaard wees, op jare wees; ~ *after/by* ~ jaar na/op jaar; elke jaar; *after a* ~ 'n j. daarna/later; *be ten* ~s *of age*, *be ten* ~s *old* tien jaar (oud) wees; ~s *ago* jare gelede; *some* ~s *ago* 'n paar jaar gelede; *all (the)* ~ *(round)* die hele j. (deur), heeljaar; ~s *and* ~s *ago* jare der jare gelede; *do s.t. for* ~s *and* ~s iets jare der jare lank doen; ~s *back* jare gelede; *some* ~s *back* 'n paar jaar gelede; *have many* ~s *behind one* baie jare agter die rug hê; ~ *by/after* ~ →*after/by;* HE *carries/wears* HIS ~s *well* HY dra SY jare goed, HY lyk nog heeltemal jonk vir SY jare; *for many* ~s *to come* nog baie jare, tot in lengte van dae; *in the course of the* ~s met die jare, in die loop van die jare; *the current* ~ die lopende jaar; *in* HIS *declining* ~s HE … op hoë/gevorderde leeftyd het HY —; *from/ since the* ~ *dot* §van toeka (se dae/tyd) af ★; *down the* ~s deur die jare heen; *from s.o.'s earliest* ~s van iem. se vroegste kinderjare af; *in s.o.'s early* ~s in iem. se jeugjare; *from* ~'s *end to* ~'s *end* van jaar tot jaar; *every* ~ elke/iedere jaar, aljare, jaarliks →*other/ second; for* ~s *(and* ~s*)* jare lank; *for many long* ~s jare lank; *s.o. has been here for* ~s iem. is al jare lank hier; *I have not seen …for* ~s ek het — in geen jare gesien nie *(iem.);* HE *is young for* HIS ~s HY is jonk vir SY jare, HY dra SY jare goed; *go to …for a* ~ vir 'n jaar — toe gaan; *a* ~ *from today/etc.* vandag/ens. oor 'n j.; *be full of* ~s baie oud wees, bejaard wees, sat van dae wees; *s.o. is getting on in* ~s iem. word oud, iem. staan (na die) ou kant toe ★; *as the* ~s *go by* met die jare; ~ *in*, ~ *out* jaarin en jaaruit; *in a* ~*('s time)* oor 'n jaar; binne 'n j.; HE *is in* HIS *thirtieth/etc.* ~ HY is in SY dertigste/ens. j.; *last* ~ verlede j.; *the last* ~ die laaste j. *(van 'n tydperk);* die afgelope j.; *of late* ~s (in) die laaste jare; *five or more* ~s vyf jaar of langer; *next* ~ aanstaande/volgende j.; *the next* ~ die vol= gende j.; die jaar daarop; *not for* ~s in jare nie *(in die verlede);* eers oor jare *(in die toekoms);* boxer/etc. *of the* ~ bokser/ens. van die jaar; *twenty/etc.* ~s *on* oor twintig/ens. jaar; *once a* ~ een maal in die j., een maal per j.; *in the* ~ *one* in die j. nul; *every other/second* ~ al om die ander j.; *the past* ~ die afgelope j.; *the previous* ~ die vorige j.; die j. tevore; *put on* ~s jare ouer word; *s.t. puts* ~s *on s.o.* iets maak iem. jare ouer,

iets laat iem. jare ouer word; iets laat iem. jare ouer lyk; *it is* ~s *since I saw …* ek het — in geen jare gesien nie, ek het — jare laas gesien *(iem., die—); it is* ~s *since I saw a …* ek het in geen jare 'n — gesien nie, ek het jare laas 'n — gesien; *some* ~s 'n paar jaar; party jare; *s.t. takes* ~s *off s.o.* iets maak iem. jare jonger; iets laat iem. jare jonger lyk; *s.t. takes* ~s *off* HIS *life* iets kos HOM jare van SY lewe; *s.o. is of tender* ~s iem. is bloed= jonk; *this* ~ vanjaar, vandeesjaar, dié jaar; *over the* ~s deur die jare, met die verloop van die jare; *(all) through the* ~s deur (al) die jare heen; *throughout the* ~, *the whole* ~ *(round)* die hele jaar (deur), heel= jaar; *throughout those* ~s gedurende al daardie/dié jare; *until a few* ~s *ago* tot 'n paar jaar gelede, tot voor enkele jare; *wait through ten/etc. long* ~s tien/ens. lange jare wag; HE *wears/carries* HIS ~s *well* →*carries/wears; the whole* ~ *(round), through= out the* ~ →*throughout; within a* ~ *of s.o.'s death* binne 'n jaar na iem. se dood; HE *is young for* HIS ~s HY is jonk vir SY jare, HY dra SY jare goed.

yearn ~ *after/for s.t.* na iets smag; ~ *for s.o.* na iem. verlang; ~ *to …* brand van verlange om te …

yeast *a cake of* ~ 'n koekie suurdeeg; *the* ~ *begins to work* die s. begin rys/werk.

yell[1] [n.] *give a* ~, *let out a* ~ skree(u), 'n kreet uitstoot.

yell[2] [v.] ~ *at s.o.* op iem. skree(u); ~ *out* uitskree(u); ~ *with …* skree(u) van — *(bv. die pyn);* brul/gil van — *(bv. die lag)*.

yellow *the* ~ *one* die gele; *turn* ~ geel word.

yen *have a* ~ *for …* §'n drang/begeerte na — hê; *have a* ~ *to …* §'n drang/begeerte hê om te —.

yeoman *render* ~*('s) service* kragtige/onskatbare hulp/steun verleen.

yes *yes?* ja?; waarmee kan ek help?; ~ *and no* ja en nee; *say* ~ ja sê; *say* ~ *to s.t.* iets beaam; iets aanvaar; iets toestaan *(bv. 'n versoek)*.

yesterday ~ *afternoon/etc.* gistermiddag/ens. →**day.**

yet ~ *again* weer 'n keer; ~ *another accident* al weer 'n ongeluk; *as* ~ tot nog/nou toe, voorlopig; *has it happened* ~? het dit al gebeur?; *never* ~ nog nooit; *not just* ~ nog nie, vir eers nie, nie nou al nie; *not* ~ nog nie; *not* ~ *fifty/etc.* nog nie vyftig/ens. nie; *there is* ~ *time* daar is nog tyd; *he has* ~ *to …* hy het nog nie ge— nie; *strange (and)* ~ *true* vreemd maar tog waar.

yield[1] [n.] *give a high* ~ 'n goeie opbrengs lewer.

yield[2] [v.] ~ *to …* vir — terugstaan *(bv. iem.);* vir — swig *(bv. die versoeking);* voor — beswyk *(bv. die ver= soeking);* — toestaan *(bv. 'n versoek);* voor — swig/

wyk *(bv. die oormag)*; ~ *s.t. to s.o* iets aan iem. afstaan; iem. iets toegee; ~ *(up)* *s.t.* iets oplewer.

yoke¹ [n.] *bear the* ~ die juk dra; *in the* ~ in die j.; *submit* to the ~ *of* ... onder die j./gesag van — buig; *throw* off the ~ die j. afgooi.

yoke² v.] ~ *the oxen to the wag(g)on* die osse voor die wa span.

yolk *the* ~s *of six eggs* ses eiergele, die geel/gele van ses eiers.

yore *in days of* ~ in toeka se dae/tyd ⋆, in die ou dae/ tyd; *from days of* ~ uit vergange se dae; *of* ~ vanmele= we, vanslewe, van ouds, toeka⋆, in vanmelewe/vansle= we se dae/tyd.

you *you* ...! jou —! *(bv. swaap, verraaier)*; *after* ~! gaan (jy) voor!; ~ *and I* u en ek; ek en jy; *it is for* ~ *to* ... dit berus by jou om te —; dit is jou beurt om te —; *there's a man for* ~ dis nou sommer 'n pure man daar= die; *here's to* ~! (op jou) gesondheid!; *if I were* ~ →I; *over to* ~ neem jy oor; jy is aan die beurt, nou is dit jou beurt; *what is that to* ~? wat gaan dit jou aan?, wat raak dit jou?, wat kan dit jou skeel?, wat het jy daarmee te doen?

young¹ [n.] *be in/with* ~ dragtig wees; ~ *and old* oud en jonk; *the* ~ die jong mense, die jeug.

young² [adj.] *the night is yet* ~ dis nog vroeg; *be quite* ~ nog maar jonk wees.

youngster *s.o. is only a* ~ iem. is nog maar jonk.

your ~ *taxpayer* die belastingbetaler (in die algemeen).

yours ~ *affectionately* jou liefhebbende; *it's all* ~ dit behoort alles aan jou; § sien jy maar kom klaar, neem jy nou maar oor, snork jy nou maar daarmee op ⋆, kyk jy maar wat jy daarmee kan uitrig; *you and* ~ jy en jou mense/gesin; *mine is* **better** *than* ~ myne is beter as jou(n)e; *ever* ~ steeds die uwe; ~ *faithfully* die uwe, u dienswillige; *I am no* **friend** *of* ~ ek is nie jou vriend nie; *it* **is** ~ dit is jou(n)e; ~ *obediently* dienswillig die uwe; *of* ~ van jou; ~ *respectfully* hoogagtend die uwe; ~ *sincerely* geheel die uwe; ~ *truly* (geheel) die uwe, hoogagtend, met hoogag= ting; ~ *very truly* hoogagtend die uwe, met die mees= te hoogagting; *what's* ~ § wat sal jy drink?

yourself *by* ~ alleen; *do it* ~! doen dit self!; *enjoy* ~! *or yourselves!* geniet dit!; *come and see for* ~! kom kyk self!; *have you* **hurt** ~? het jy seergekry?; *pull together!* § ruk jou reg!; *you* **said** *so* ~ jy het dit self gesê; *go and* **wash** ~! gaan was jou! →**himself.**

youth *in s.o.'s (early)* ~ in iem. se (prille) jeug.

Z

zeal *damp s.o.'s* ~ 'n domper op iem. plaas; *be full of* ~ *for a cause* met ywer vir 'n saak vervul wees; ***show great*** ~ groot ywer aan die dag lê; *with **unflagging*** ~ met onverdrote y.; ***work with*** ~ ywerig werk, met ywer werk.

zealous *be* ~ *for a cause* vir 'n saak ywer.

zenith *at the* ~ *of s.o.'s career* op die toppunt van iem. se loopbaan.

zero¹ [n.] *at/on* ~ op nul.

zero² [v.] *HE zeroes in on…* HY mik na —; HY spits SY aandag op — toe.

zest *add* ~ *to s.t.* iets interessant/boeiend maak, lewe in iets sit; *do s.t. with* ~ iets met lus aanpak; *HE loses HIS* ~ *for life* HY verloor SY lewensvreugde.

zip ~ *along* voortsnel, voortspoed; ~ *(up) s.t.* iets vasrits, iets met 'n rits sluit/toemaak.

zone ~ *an area as an industrial area,* ~ *an area for industry* 'n gebied as nywerheidsgebied aanwys, 'n gebied vir nywerhede aanwys.

zoom ~ *in on … (fotogr.)* na — inzoem.

Toeligting by die gebruik van die woordeboek

~

die tilde stel die titelwoord voor
absentia *in* ~ = *in absentia*

~ ~

twee tildes stel die twee titelwoorde voor
action stations *be at* ~ ~ = *be at action*
stations

...

enige toepaslike Engelse woord(e) kan hier gebruik
word
accompany ~ *s.o. to* ... = *accompany someone*
to the theatre etc.

—

enige toepaslike Afrikaanse woord(e) kan hier gebruik
word
iem. na — vergesel = iem. na die teater ens. vergesel

/

woorde wat deur / geskei word, is alternatiewe; dis om 't
ewe watter van die woorde gebruik word
acceptance *find/gain* ~ ingang/inslag vind.
[= *find acceptance* of *gain acceptance*, met die Afrikaans
"ingang vind" of "inslag vind"]

( )

die letters of woorde tussen hakies kan weggelaat word
hulle is/lê (met mekaar) oorhoop(s)
[dit kan "oorhoop" of "oorhoops" wees en die woorde
"met mekaar" kan weggelaat word]
waar ooreenstemmende dele in die Engels en Afrikaans
tussen hakies staan, moet albei gebruik of albei wegge-
laat word
news *break the* ~ *(gently) (to s.o.)* (iem.) die
nuus/tyding (versigtig) meedeel;
[die woorde *gently* en "versigtig" moet albei gebruik of
albei weggelaat word; insgelyks *to s.o.* en "iem."]

→

soek die woord na die pyl; **vet romeinse letters**
beteken dis 'n titelwoord; *vet kursief* beteken dis in
dieselfde paragraaf]
air *tread/walk on* ~ § in die wolke wees ★,
baie bly wees, opgetoë wees; *be up in the*
§ in die wolke wees ★, baie bly wees; in die lug
hang ★, onseker wees *(bv. planne)*; *walk/tread*
on ~ →*tread/walk.*
[soek *tread/walk* in hierdie paragraaf]
Adam *not know s.o. from* ~ →**know**
[die frase is by die titelwoord **know** te vind]

---

§

die Engels net voor die teken is informeel
altogether *in the* ~ §
[die frase is informeel]
flak *pick up* ~, *run into* ~ lugafweer teëkom,
teenkom; § teëkanting/teenkanting kry.
[die Engels is net in die volgende betekenis informeel]

---

§§

die Engels is hoogs informeel; pas op hoe u dit gebruik!
bucket *kick the* ~ §§
[die frase is hoogs informeel]
screw ~ *up s.t.* iets dig maak, iets opskroef;
iets opfrommel; iets bymekaarskraap *('n mens*
se moed); iets op 'n skrefie trek *('n mens se oë)*
iets op 'n plooi trek, iets vertrek *('n mens se*
gesig); iets saamtrek *('n mens se lippe)*; §§ iet
verbrou.
[die Engels is hoogs informeel net wanneer dit die vol-
gende beteken]

e Afrikaans onmiddellik voor die teken is informeel
HY is (van lotjie) getik ★, HY is nie reg wys nie ★,
HY het nie al SY varkies (in die hok) nie ★, daar
is 'n skroef los by HOM ★

aar die ★ op 'n hele frase slaan, staan dit los agterna,
soos hierbo; waar dit net op 'n bepaalde woord of
woorde slaan, is dit vas daaraan, soos hieronder
oodmoeg/gedaan/pootuit★ wees
et "pootuit" is informeel]
y fut/gô★ is uit
et "sy gô is uit" is informeel]

★

ie Afrikaans net voor die teken is hoogs informeel; pas
op hoe u dit gebruik!
epel in die dak steek ★★, afklop ★★, bokveld toe
gaan/wees ★★

fkortings

voorde wat in die Afrikaanse teks dikwels herhaal
word, word soms tot die eerste letter afgekort, soos die
woorde "skool" en "ril/gril" onderskeidelik in die uit=
treksels hieronder
school go to ~ skoolgaan, skool toe gaan; *go
to the* ~ na die s. toe gaan; *in* ~ in die s.; *keep
s.o. after* ~ iem. laat skoolsit; *leave* ~ die
skool verlaat; *there will be* ***no*** ~ *today* daar sal
vandag nie s. wees nie; *be of the* ***old*** ~ van die
ou s. wees (*fig.*), ouderwets wees;
shudder[1] [n.] *s.o. gives a* ~ iem. ril/gril; *it
gives one the* ~*s* dit is om van te r./g., dit laat
('n) mens r./g.

(*as*) ~ *as* ...

as ~ 'n adjektief is, word sulke frases by die adjektief
gegee
cool[3] [adj.] *as* ~ ***as a cucumber*** doodkalm,
doodbedaard, doodluiters;
(sien ook ...-*dark* hieronder]

(bv.)

voorbeelde van woorde wat in die plek van — gebruik
kan word, word kursief tussen hakies geplaas
subject[3] [adj.] *be* ~ *to* ... aan — onderhorig
wees (*bv. 'n land*); aan — onderworpe wees
(*bv. bekragtiging, goedkeuring, wette*); aan —
onderhewig wees (*bv. siektes, storms*); vir —
vatbaar wees (*bv. siektes*); aan — blootgestel
wees (*bv. storms*); van — las hê (*bv. verkoue*).

...-*dark*

woorde soos *pitch-dark, red-hot*, ens. verskyn by **dark**,
hot, ens.
dark[2] [adj.] *as* ~ *as* ***night/pitch*** so donker
soos die nag, pikdonker; *pitch-* ~ pikdonker.

E ~

'n hoofletter voor 'n tilde beteken dat die woord in hier=
die geval met 'n hoofletter moet of kan begin

/etc.
/ens.

'n hele paar ander toepaslike woorde kan gebruik word
accusation *bring an* ~ *of theft/etc. against
s.o.* 'n beskuldiging van diefstal/ens. teen iem.
inbring
smattering *have a* ~ *of English/etc.* 'n paar
woordjies Engels/ens. ken, so 'n mondjie vol
Engels/ens. ken; *have a* ~ *of history/etc.* so 'n
bietjie van geskiedenis/ens. weet.
some ~ ***twenty/etc.*** *people* ongeveer/sowat
twintig/ens. mense, om en by (die) twintig/ens.
mense, 'n stuk of twintig/ens. mense.
space[6] [n.] *in the* ~ *of an hour/etc.* binne 'n
uur/ens.;

far ~ *and* **wide**

segswyses soos *far and wide, hale and hearty*, ens. word
onder die eerste woord geplaas

feet – foot

waar die meervoudsvorm van 'n woord heeltemal an=
ders as die enkelvoud geskryf word, word dit afsonder=
lik behandel; *get cold feet* verskyn dus by **feet** en *go on
foot* by **foot**

going

frases soos *get going, keep going, catch someone napping, keep someone waiting*, ens. word by **going**, **nap= ping**, **waiting**, ens. gegee

---

HE, HIS, HIM, HIMSELF
HY, SY, HOM, HOMSELF

---

wanneer hierdie woorde in klein hoofletters gedruk is, kan enige ander toepaslike persoonlike voornaam= woorde daar gebruik word, bv. *she, her, we, our*, ens.; of "sy", "haar", "ons", ens.

aim¹ [n.] *HE has* **achieved** *HIS* ~ HY het SY doel bereik;
[dit kan ook lui: *I have achieved my aim* ek het my doel bereik; *she has achieved her aim* sy het haar doel bereik; *we have achieved our aim* ons het ons doel bereik; ens.]

---

iem.

"iem." (vir "iemand") verteenwoordig 'n persoon of persone, by die naam genoem of anders aangedui

---

iets

"iets" verteenwoordig enigiets toepasliks

---

intransitief (onoorganklik)
& transitief (oorganklik)

---

die onoorganklike en die oorganklike gebruik van werk= woorde word onderskei deur by die oorganklike altyd 'n objek (voorwerp) aan te dui, in Engels deur ..., *s.t.* of *s.o.*, en in Afrikaans deur —, "iets" of "iem."

blow² [v.] ~ **out** uitwaai; bars *(bv. 'n motor= band)*; ~ **out** *s.t.* iets uitblaas/doodblaas *(bv. 'n kers)*; iets uitblaas/skoonblaas *(bv. 'n pyp)*; ~ **up** ontplof *(lett. & fig.)*; in die lug vlieg; skielik ontstaan *(bv. 'n krisis)*; ~ **up** *s.t.* iets opblaas *(bv. 'n ballon)*; iets oppomp *(bv. 'n motorband)*; iets opblaas, iets in die lug laat spring *(bv. 'n brug)*; iets vergroot *('n foto)*; iets oordryf.

=ise, =ize

die woord kan met *s* of met *z* gespel word
agonise, **=ize**

---

jy

in frases waar iemand in Engels as *you* aangespree word, gebruik die Afrikaanse teks kortheidshalwe di enkelvoudige en gemeensame "jy"; dit moet vanself sprekend in toepaslike gevalle deur die meervoud "jul le" of die beleefde "u" (enkelvoud of meervoud) ver vang word

---

like

frases waarin 'n werkwoord deur *like* gevolg word word by die werkwoord opgeneem

burn ~ *like a torch* soos 'n fakkel brand;
lie³ [v.] ~ *like a trooper* lieg soos 'n tandetrek ker ★, op 'n streep lieg ★;

(mil.), *(rugby)*

waar die Afrikaanse ekwivalent van 'n Engelse frase deur 'n etiket soos *(mil.)*, *(rugby)*, ens. voorafgegaan word, beteken dit dat dit op dié terrein die juiste ekwi= valent is

open² [v.] ~ *up* (die deur) oopmaak; *(mil.* begin skiet; *(rugby)* oper word; § openharti praat, uitpak★; ~ *up* *s.t.* iets oopmaak; iet ontsluit; iets toeganklik maak; iets aan die gan sit *(bv. 'n myn)*; *(rugby)* iets oopmaak *(di spel)*;

---

of

uitdrukkings soos *a slip of the pen, a stroke of lightning*, ens. word by die tweede selfstandige naamwoord ge= gee

pen *a slip of the* ~ 'n skryffout/verskrywing *with a* **stroke** *of the* ~ met 'n haal van die pen. met 'n pen(ne)streek;

(ook)

(ook) voor 'n Afrikaanse ekwivalent van 'n Engelse fra= se dui aan dat dit aanvullend is by wat reeds gegee is; of dat die Engelse frase die volgende bykomende beteke= nis het

snap² [v.] ~ *at* ... na — hap/byt; na — gryp; — gretig aanneem; ~ *at* *s.o.*, *(ook)* iem. afjak/afsnou;
of: die betekenis bly dieselfde, maar dit kan in Afrikaans ook só weergegee word

queak¹ [n.] *a narrow* ~ 'n noue ontkoming; *it was a narrow* ~ , *(ook)* dit was so hittete ⋆ anneer *a narrow squeak* saam met *it was a* gebruik vord, kan dit in Afrikaans ook wees "dit was so hitte= e" naas "dit was 'n noue ontkoming"]

– *of*

r" tussen Engelse en *of* tussen Afrikaanse woorde dui an dat albei woorde daar gebruik kan word, maar dat ulle nie dieselfde beteken nie

treak¹ [n.] *be on a winning* or *losing* ~ aan die ven *of* verloor bly; *e on a winning streak* = aan die wen bly; *be on a losing treak* = aan die verloor bly]

')

(P) onmiddellik na 'n Engelse of Afrikaanse inskry= wing beteken dis 'n spreekwoord

aid – **say**

die verlede deelwoord anders as die infinitiefvorm geskryf word, word dit afsonderlik behandel; *no sooner said than done* verskyn dus by **said** en *you may well say that* by **say**, maar *read aloud* en *s.o. is well/widely read* albei by **read**

.o.

o. (vir *someone*) verteenwoordig 'n persoon of persone, by die naam genoem of anders aangedui

.t.

t. (vir *something*) verteenwoordig enigiets toepasliks

to ...
om te —

enige toepaslike werkwoord kan hier gebruik word

to do s.t.
om iets te doen

enige toepaslike werkwoord kan hier gebruik word

transitief (oorganklik) & intransitief (onoorganklik)

die oorganklike en die onoorganklike gebruik van werk= woorde word onderskei deur by die oorganklike altyd 'n objek (voorwerp) aan te dui, in Engels deur ..., *s.t.* of *s.o.*, en in Afrikaans deur —, "iets" of "iem." [sien die voorbeelde by "intransitief (onoorganklik)" hierbo]

(uitspr.: deursien)

om verwarring te voorkom, word die uitspraak van 'n woord soms aangedui deur die beklemtoonde deel in vet letters te druk – in hierdie geval die tweede deel; sien ook die volgende uittreksel

keep ~ *down s.o.* iem. onderhou *(uitspr.: onderhou)*; iem. onderdruk; iem. onder die duim hou; *HE* ~*s HIMSELF* HY onderhou HOM= SELF *(uitspr.: onderhou);*]

X

'n kruis stel die naam van 'n persoon voor

Notes/Aantekenings

Notes/Aantekenings

Notes/Aantekenings

Notes/Aantekenings

Notes/Aantekenings

Notes/Aantekenings

Notes/Aantekenings